U0815931

象山年鉴

(2017)

象山县地方志编纂委员会　编

方志出版社
Publishing House of Local Records

图书在版编目(CIP)数据

象山年鉴.2017 / 象山县地方志编纂委员会编.—北京:方志出版社，2017.12
ISBN 978-7-5144-2905-3

Ⅰ.①象… Ⅱ.①象… Ⅲ.①象山县—2017—年鉴 Ⅳ.①Z525.54

中国版本图书馆CIP数据核字(2017)第321973号

象山年鉴(2017)

编　　者：象山县地方志编纂委员会
责任编辑：罗　滔
出 版 人：冀祥德
出 版 者：方志出版社
地址　北京市朝阳区潘家园东里9号(国家方志馆4层)
邮编　100021
网址　http://www.fzph.org
发　　行：方志出版社图书经销中心
电话(010) 67110500
经　　销：各地新华书店
印　　刷：杭州富春电子印务有限公司
开　　本：889×1194　1/16
印　　张：47.25
字　　数：1270千字
版　　次：2017年12月第1版　2017年12月第1次印刷
印　　数：001～600册
ISBN 978-7-5144-2905-3　定价：220.00 元

·版权所有　翻印必究·

象山县地方志编纂委员会

名誉主任　叶剑鸣

主　　任　黄焕利

副 主 任　罗来兴　陈兴立　唐骏汉　吴志辉

委　　员　张沉忠　吴雅敏　张荣飞　励胜利　翁华清　曹智慧

曾伟标　金　艳　董连胜　胡海峥　俞　湛　孙国夫

倪旭光　黄秀贵　干　焊　王忠凯　林曙光　周良虹

徐展群　胡金文　袁明全　干文熙　芦祖水　章志鸿

杨梓良　黄建国　吴宇俊　吴家唯

象山县地方志编纂委员会办公室

主　　任　张沉忠

副 主 任　吴家唯

《象山年鉴(2017)》编辑部

主　　编　吴家唯

副 主 编　沈学东

编　　辑（以姓氏笔画为序）

厉　攀　张利民　陈洪杰　邵　鹏

金华勇　钱永兴　盛繁国　谢立光

校　　对　许土根

编辑说明

一、《象山年鉴》是中共象山县委、象山县人民政府主办的政府公报性质的集资料、信息、知识于一体的大型综合性工具书。《象山年鉴》由象山县地方志编纂委员会主持编纂，各部、委、办、局、街道(乡镇)和有关单位供稿，象山县地方志编纂委员会办公室负责全书编辑工作。

二、《象山年鉴》以马克思列宁主义、毛泽东思想、邓小平理论、“三个代表”重要思想、科学发展观、习近平时代中国特色社会主义思想为指导，坚持运用辩证唯物主义和历史唯物主义的立场、观点、方法，真实、全面、准确地反映象山年度的历史。

三、《象山年鉴(2017)》卷是《象山年鉴》的第11卷本，记载时限为2016年1月1日至2016年12月31日。

四、年鉴由地图、照片、大事记、特载、专记、正文以及索引等组成。正文采用分类编辑法。设置类目、分目、条目三个层次的框架，并以条目为独立主题信息的主要载体。编排次序根据年鉴的基本体例、行业归类的特点以及读者的阅读需求和习惯确定。

五、年鉴使用规范的语体文记述。采用统计公报公布的数据。统计公报未作统计的，以有关业务部门所供为据。

六、年鉴采用双重检索系统，卷前有中英文目录，卷后有关键词索引，按关键词第一字的数字顺序、字母顺序或词首字汉语拼音字母顺序排列。

七、年鉴所载文字资料，由象山县各有关职能部门提供，并经各级领导审核。所用图片，由有关单位和个人提供。

◎ 12月25日，中国共产党象山县第十四次代表大会隆重开幕 （蒋曼儒 摄）

◎ 12月28日，中共象山县第十四届县委常委合影。左起：陈爱武、范焕平、罗来兴、孙小雄、叶剑鸣、黄焕利、胡杰、陈兴立、干维岳、奚海峰 （蒋曼儒 摄）

◎ 1月21日,象山县十七届人大五次会议隆重开幕 (陈洪杰 摄)

◎ 1月20日,中国人民政治协商会议象山县第九届委员会第五次会议隆重开幕 (陈洪杰 摄)

◎ 5月11-12日，省委书记、省人大常委会主任夏宝龙在象山调研

◎ 9月30日，市委常委、宣传部长万亚伟考察黄避岙乡西沪港畔“斑斓海岸”文明示范线创建工作

（张银艳　摄）

◎ 11月4日，象山荣膺首批省美丽乡村示范县称号。图为定塘镇中站村　　　（陈洪杰　摄）

◎ 11月28日，爱情味“稻”获评宁波市“十大乡村爱情旅游胜地”　　　（陈洪杰　摄）

◎ 3月31日，象山荣膺“国家生态县”称号。图为象山海岸线 （陈洪杰 摄）

◎ 12月7日，象山县成功创建省级森林城市。图为丹城殷夫公园（陈洪杰 摄）

◎ 12月9日，墙头村、东门渔村跻身宁波市历史文化名村。图为东门渔村 （陈洪杰 摄）

◎ 8月2日，晓塘乡黄埠村、墙头镇溪里方村、西周镇儒雅洋村、东陈乡东陈村入选第五批浙江省历史文化名村。图为西周镇儒雅洋村 （陈洪杰 摄）

◎ 7月5日，茅洋乡花墙村获评省级农家乐集中村 （陈洪杰 摄）

◎ 12月1日，墙头镇溪里方村获评宁波市第二批“最洁美村庄” （陈洪杰 摄）

◎ 5月18日，南大河滨水景观带美颜初露　（陈洪杰　摄）

◎ 3月8日，象山县再次上榜“全国平安渔业示范县”　（陈洪杰　摄）

◎ 1月14日，县档案馆迁入南部新城商务楼　（陈洪杰　摄）

◎ 11月8日，县红十字台胞医院迁建工程顺利竣工，新址是石浦凤栖路420号　（陈洪杰　摄）

◎ 4月7日，三门湾大桥及接线工程完成投资20亿元　　（陈洪杰　摄）

◎ 12月16日，三门湾大桥最长隧道大狮子隧道顺利贯通　　（陈洪杰　摄）

◎ 6月13日，大目湾松兰大道全线贯通　（陈洪杰　摄

◎ 1月19日，大目湾新城最长桥梁合龙（陈洪杰　摄）

◎ 4月1日，县71个重大项目入列宁波市经济社会转型发展三年行动计划2016年度项目，总投资794亿元。其中，“五水共治”项目涉及象山海峡两岸石斑鱼产业化示范基地、宁波(象山)东部沿海防洪潮工程等12个项目；现代产业培育项目涉及东海铭城、象保合作区邻里中心等21个项目；城市功能提升项目涉及影视星光小镇、滨海智造小镇等21个项目。图为在建的象山客运东站

（陈洪杰　摄）

◎ 3月21日，大目湾新城中心区河道景观全线开工（陈洪杰　摄）

◎ 1月29日,道人山围涂工程竣工并通过验收　　(陈洪杰　摄)

◎ 12月19日,水湖涂二期围涂工程顺利合龙　(张文珍　摄)

◎ 1月5日,石浦高速公路新桥连接线项目开工建设　　(陈洪杰　摄)

◎ 5月27日，大塘港强大湾闸工程　　（陈洪杰　摄）

◎ 11月10日，宁波航天智慧科技城开工建设　　（陈洪杰　摄）

◎ 8月10日，象山申菱广场项目、金汇精密制造项目、普思拓金属科技项目、高塘岛乡直落岙地块太阳能发电项目、象山县农村信用合作联社综合办公大楼、石浦港海岸带综合整治及修复工程等6个省市县重大产业联动项目集中开工，图为象山申菱广场　　（陈洪杰　摄）

◎ 4月13日,工业·开放型经济风云榜颁奖典礼隆重举行 (周 科 摄)

◎ 12月20日,天安再次上榜“中国电气工业100强”。图为天安集团CGIS厂机器人生产流水线 (郭 杰 摄)

◎ 10月25日，晚稻收割。全县晚稻单季种植面积13.05万亩，连作晚稻0.38万亩，总产量达7692万公斤 （陈洪杰　摄）

◎ 8月3日，象山攻克海滩涂地种稻难题 （周　科　摄）

◎1月6日，县新增6家市级示范性家庭农场。图为新桥石昌鱼种场 （陈洪杰　摄）

◎ 3月3日，命名县树为香樟、县花为丹桂(红木樨)、县果为象山柑橘。图为丹桂 （陈洪杰　摄）

◎ 1月4日，石浦镇7家农村淘宝服务站开业。图为延昌社区农村淘宝服务站　　（陈洪杰　摄）

◎ 6月6日，台湾“蜜宝”火龙果安家晓塘乡　　（陈洪杰　摄）

◎ 10月24日，定塘“红美人”搭上互联网快车，才下枝头便上“案头”（陈洪杰　摄）

◎ 12月7日，银鲳人工养殖获得成功　　（陈洪杰　摄）

◎ 3月16日，象山鱼片掘金日本市场　　（夏　雨　摄）

◎ 8月8日，百万尾鱼苗放流象山港　　（黄美珍　摄）

◎ 10月，省美丽公路工程Ⅱ标段竣工　（陈洪杰　摄）

◎ 6月12日，林善岙隧道左洞贯通　（陈洪杰　摄）

◎ 1月6日，石浦大金山隧道二期工程开工（陈洪杰　摄）

◎ 8月25日，盛宁线东陈至茅洋段改建工程

（陈洪杰　摄）

◎ 7月20日，海岛14条公交线路开通　（陈洪杰　摄）

◎ 7月15日，超前淘汰黄标车，护航G20环保

（陈洪杰　摄）

◎ 8月3日，茅石线新桥段改道工程竣工　（陈洪杰　摄）

◎ 8月5日，甬台温高速公路复线戴港至丹城连接线工程获2016年度浙江省建设工程钱江杯奖　（陈洪杰　摄）

◎ 8月11日，龙元集团连续十七次荣膺全国进沪建筑施工企业综合实力排名第一名 （陈洪杰 摄）

◎ 2012年，龙元集团承建的沈阳龙之梦亚太中心竣工 （陈洪杰 摄）

◎ 2007年3月，龙元集团承建的上海越洋广场竣工 （陈洪杰 摄）

◎ 9月30日，宁波市"斑斓海岸"文明示范线创建正式启动（陈洪杰　摄）

◎ 十一黄金周，百万游客畅游象山（陈洪杰　摄）

◎ 7月13日，花园半岛拥抱全域旅游时代　　（陈洪杰　摄）

◎ 5月16日，方家岙村着力打造乡村生态旅游“样板” （陈洪杰 摄）

◎ 4月30日，象山影视城民国城开城迎客 （陈柯言 摄）

◎ 6月2日，茅洋乡入列宁波市首批乡村全域旅游示范区创建单位 （陈柯言 摄）

◎ 9月16日，第十二届中国海洋论坛隆重举行　　　（陈洪杰　摄）

◎ 6月15日，中日韩徐福文化研讨会在象山举行　　　（蒋曼儒　摄）

◎ 9月11日,县文化产品创意园开园 (陈洪杰 摄)

◎ 8月22日,文化礼堂泽润半岛 (张银艳 摄)

◎3月28日,2015年度"最美象山人"揭晓 (周 科 摄)

总　目

Table of Contents

目　录

2016年大事记

特　载

专　记

县情概览

中国共产党象山县委员会

象山县人民代表大会

象山县人民政府

政协象山县委员会

纪检监察

民主党派　群众团体

法 治

农业　农村

水利水务

工 业

金融保险

商　贸

旅 游

信息化和信息产业

城乡建设和管理

环境保护

交通　邮政

人力资源管理

社 会 服 务

综合管理

人民生活

教 育

科学技术

文化艺术

新闻传媒

卫　生

街道镇乡

2016年大事记

1月

1日，全县统一启动一孩、二孩生育登记服务工作。引导群众按政策有序生育，确保全面二孩政策平稳落地实施。

是日，象山第二批32家农村淘宝服务站正式开业。全县建成1个县级农村淘宝服务中心和55个村级农村淘宝服务站，覆盖18个镇乡、街道。

4日，石浦高速公路新桥连接线与71省道盛宁线东陈至茅洋连接线项目同时开工建设。石浦高速公路新桥连接线全长7公里；双向四车道，项目估算总投资5亿元。71省道盛宁线东陈至茅洋段改建工程项目，全长10.5公里，项目估算总投资5亿元。计划于2018年建成。

6日，石浦大金山隧道二期工程开工，总长2.7公里，造价约1.17亿元。

7日，象山制成亚洲最大整体运输塔器。该塔器由中石化炼化工程集团宁波工程公司承制，设备总重量达2300吨，长120余米、内径8.8米。该运输塔器用于中海油惠州炼油二期项目100万吨／年乙烯装置丙烯塔。

是日，大塘港流域6个行政村的生活污水治理项目，获2015年中央水污染防治专项资金1000万元。该工程涉及新桥下七里村、晓塘新厂村、月楼村、中岙村、胡家峙村、定塘小湾6个村。

8日，根据全国人大常委会通过的《中华人民共和国人口与计划生育法(修正案)》，2016年1月1日以后出生的所有二孩都是合法的。至8日，全县共有18名“二孩”出生，其中男孩12名、女孩6名。

是日，象山县镇乡党委(街道党工委)书记抓基层党建工作述职评议会在县委党校召开。市委组织部副部长、市老干部局局长俞小勋应邀出席会议。县委书记叶剑鸣作重要讲话，县委常委、组织部长陈兴立主持会议，县委副书记、代县长黄焕利，县委副书记俞骏等出席会议。

12日，中共象山县委制定象山国民经济和社会发展第十三个五年规划。该规划经县委十三届九次全体会议通过。

13日，象山县第十七届人民代表大会常务委员会第三十三次会议举行。常委会组成人员22人出席会议。会议听取县人民政府办公室主任奚海峰所作的关于《政府工作报告(草案)》起草过程和主要内容说明，对《政府工作报告(草案)》进行审议，提出修改建议和意见。

18日，淘宝“特色中国·象山馆”自2015年9月16日正式运营后，百日交易额突破1000万元。象山馆作为县域范围唯一的农产品电子商务公益服务平台，拓宽象山生鲜、海干、海味零食等农特产品的销售渠道，为农民增收致富开通快车道。

20日，政协象山县第九届第五次会议召开。会议紧抓改革发展，着眼民生改善，奋力开创“十三五”发展新局面，白国璋作工作报告，叶剑鸣、黄焕利、金红旗等到会祝贺。

20至22日，中国人民政治协商会议第九届象山县委员会第五次全体会议在丹城召开。出席会议的委员229人。会议听取和协商讨论县人民政府代县长黄焕利所作的《政府工作报告》及《象山县国民经济和社会发展第十三个五年规划纲要(草案)》等。

21日，环港公路(林善岙至黄避岙)工程全线通车。公路全长32.84公里，总投资约12.82亿元。

是日，“畜牧天使”陈淑芳当选“最美浙江人”。

21日至23日，县第十七届人大五次会议开幕。会议以《推动县城发展、高标准振兴崛起、加快建设现代化滨海休闲城市》为主题。叶剑鸣担任大会执行主席，金红旗主持会议，黄焕利作政府工作报告，白国璋等出席。

24日，县第十七届人大五次会议举行第三次全体会议。黄焕利当选象山县人民政府县长。

26日，象山“一打三整治”行动领跑全省，取缔“三无”渔船1659艘，率先实现“三年任务一年完成”。

是日，象山最低气温跌破历史极值。全县普遍跌至-5℃、-8℃，山区-10℃，有严重冰冻。寒冷天气带来少见的冰冻景观。

2月

3日上午，县召开水务体制改革动员暨水务集团成立大会。

是日，县委、县政府印发象山婚丧礼俗整治工作的重要文件《象山县党员、干部操办婚丧喜庆事宜若干规定》。

14日，中共象山县委作出决定，号召全县人民向“最美浙江人”陈淑芳同志学习。

16日，副省长郑继伟在象山县调研。

17日，象山县召开建筑经济工作会议召开。省建管局副局长柴林奎、市住建委总工程师沈浩等应邀出席会议。县委书记叶剑鸣作重要讲话，县委副书记、县长黄焕利作工作报告，县委常委、常务副县长励志纲主持会议，县领导金红旗、白国璋、俞骏、周坚栋等出席会议。会议回顾总结象山县建筑业2015年工作，部署2016年建筑业发展的目标和任务。

是日，市委副书记、市长卢子跃在象山县调研棚户区改造工作，副市长王仁洲、市政府秘书长王建社等随同调研。

是日，中国科协发布《关于命名2016—2020年度全国科普示范县(市、区)的决定》，象山荣登榜单，成为首批2016—2020年度全国科普示范县。

23日，宁波象保合作区与航天科工集团旗下的中国航天建设集团共建宁波航天智慧科技城投资合作签约仪式在象山举行。

24日，象保合作区与航天科工合作项目签约仪式举行，宁波航天智慧科技城落户象山。宁波航天智慧科技城由宁波市政府与中国航天科工集团合作共建。位于宁波象保合作区，规划面积28平方公里，一期开发3—5平方公里，基础设施投资50亿元。

26日，渔山海域完成百艘人工船礁投放，形成浙江省最大人工鱼礁群。

29日上午，象山县召开平安建设暨政法信访工作会议。县委书记叶剑鸣作重要讲话，县委副书记、政法委书记俞骏作工作报告，县委常委、常务副县长励志纲主持会议。县领导余承嗣、孙小雄、柳建根、赖明和及法院、检察院领导出席会议。会议肯定2015年平安建设及政法信访工作取得的成绩，分析形势，部署2016年平安建设及政法信访工作。

3月

1日，促发展迎新春大型招聘会在县体育馆举行，机械化工、电子汽配、针织服装、商贸服务等行业两百家企业提供两千余个工作岗位，千余人达成就业意向。

3日，县第十七届人大常委会第三十四次会议召开，决定命名县树为香樟，县花为丹桂(象山红木樨)、县果为象山柑橘。

是日上午，象山县召开农村工作会议。县委书记叶剑鸣作重要讲话，县委副书记、县长黄焕利主持会议，金红旗、白国璋、俞骏等县领导出席会议。会议回顾总结“十二五”“三农”工作，明确“十三五”“三农”工作目标。

4日下午，全县美丽县城建设暨棚户区改造工作会议召开。县领导黄焕利、孙小雄、应伟刚、吴安定、周坚栋；各镇乡(街道)镇乡长(街道办事处主任)、城建副镇乡长(副主任)、城建办主任；县级有关部门主要负责人及部分单位中层正职以上干部共230余人参加会议。

8日，农业部、国家安全监督总局发文公布第三批“全国平安渔业示范县”名单，象山县再度榜上有名，为全省四个获评县区之一，全市唯一。这是

2010年起，农业部组织开展“平安渔业示范县”创建活动后，象山第二次获此荣誉称号。

10日上午，中共象山县委召开全面深化改革领导小组扩大会议。县委书记叶剑鸣主持会议并讲话，黄焕利、金红旗、白国璋、俞骏等县领导参加。会议听取2015年全面深化改革工作汇报，审议通过2016年象山县全面深化改革工作要点、2016年度全县重点改革项目清单，以及《关于有效推进改革项目的意见》。

11日下午，县长黄焕利主持召开县政府第四十八次常务会议，励志纲、叶富兴、干维岳、张海琪、周坚栋、石坚定、宋三旭、奚海峰等参加会议，县人大常委会副主任应伟刚、县人武部部长钱旭勇应邀出席会议。会议听取并原则同意县住建局提交的《关于组建象山县城投集团的实施意见》、县水利局提交的《象山县水利发展“十三五”规划纲要》等。

14日，下午16时，一艘载有950吨废用电机的柬埔寨籍货船经鹤浦镇南田岛东南海域时发生火灾，象山县派渔政船等全力救助，9名船员成功获救。至清晨6时，船上火源全部扑灭。

21—23日，以省人大环资委副主任谭庆华为组长的考核验收组在象山县考核验收“无违建县”创建工作。市政府副秘书长、市城管局局长李谦等参加考核验收。考核组通过三天核验，认为象山在“无违建县”创建中发挥示范引领作用。

25日，象山县编委办发文同意将象山县东陈乡小学更名为象山县汉章小学，并予以办理事业单位法人登记。

29日，2015年“最美象山人”揭晓，分别是县农林局畜牧兽医总站站长陈淑芳，黄避岙乡龙屿村村民干根才，爵溪街道敬老院院长冯国民，县第三人民医院护理部主任石辉东，大徐镇陈山村人、上海解放军八五医院医生石华铮，西周镇蚶岙村村民何宏女，鹤浦镇蟹厂村村民金彩花，松兰山海景大酒店总经理周可刚，贤庠镇退休教师贺耀峰，鹤浦镇双下湾村村民戴福林，新桥镇关爱老小服务站。

是日，大目湾亲和源养老社区获国家7000万元扶持基金。

30日，市委常委、宣传部部长万亚伟一行在象山调研“斑斓海岸”文明示范线打造工程和乡村文化旅游工作。

是日，象山县商贸流通工作会议召开。

4月

1日，中心城区景点实时电子考勤系统正式启动。

是日，宁波市经济社会转型发展三年行动计划2016年度项目安排正式下达，象山71个重大项目名列其中，2016年计划投资102亿元。

8日，环境保护部公布了新一批“国家生态县（市、区）”名单，浙江省共有5地获此荣誉，象山县名列其中。

11日，象山核发“五证合一”营业执照3233件次。“五证合一”为：加载注册号、组织机构代码号、税务登记证号、社会保障登记号和统计登记证号的营业执照。

13日，县纪委出台《关于全县纪检监察系统进一步做好服务　保障工业强县工作的通知》（象纪〔2016〕10号），按照“鼓励大胆探索、宽容改革失误”的原则，建立健全免于责任追究或从轻处理的干部监督管理机制，以此树立鼓励干事、遏制腐败的正确执纪导向。

14日，2015年度象山工业、开放型经济风云榜颁奖典礼举行，县领导出席，叶剑鸣讲话。

19日，2015年中国·天津第二十三届投资贸易洽谈会暨PECC国际贸易投资博览会闭幕。象山代表团借助洽谈会平台，宣传优势产业和投资环境，展销名优特新产品，斩获意向订单合计5000万元。

20日，省政府表彰一批2015年全省“无违建县（市、区）”创建先进，象山获评省首批“基本无违建县”。

21日上午，县长黄焕利主持召开县政府第四十九次常务会议，王安静、叶富兴、干维岳、陈军、周坚栋、陈爱武、石坚定、宋三旭、奚海峰等参加会议，县人大常委会副主任励茂平、县政协副主席周平飞应邀出席会议。会议听取并原则同意县人社局提交的《关于象山县城乡居民基本医疗保险实施意见》、县交通运输局提交的《关于组建象山县交通开发建设集团有限公司的实施意见》、县经信局提交的《关于组建象山县工业投资集团有限公司的实施意见》等。

是日，参加2016年“中美渔业双边会谈”的代表团成员一行在象山考察交流。

22日,副省长孙景淼在象山县调研海洋经济工作,省政府秘书长谢济建、副市长王剑侯等随同调研。

23日,2016年全县建筑施工企业安全生产工作会议召开。

25日,象山县连续两年荣膺全省“农村生活污水治理优胜县”。

26日,2016年市重点工程项目计划下达,象山44个项目名列其中,累计总投资567万元,其中年内计划投资45亿元。

28日,市委党史办在宁波举行《象山县志》复审会,专家组给与高度肯定和评价。

29日,县畜牧兽医总站站长陈淑芳荣获2016年全国“五一劳动奖章”。

5月

3日,象山县第十七届人民代表大会常务委员会第三十五次会议举行。会议审议并通过《象山县人民代表大会常务委员会关于加强镇乡人大财政监督工作的指导意见》和《象山县人民代表大会常务委员会关于加强街道财政监督的办法》。

4日,县委召开统战工作会议,深入学习贯彻落实《中国共产党统一战线工作条例(试行)》和中央、省委、市委统战工作会议精神,研究部署当前和今后一个时期象山统战工作的目标任务。

6日,省、市海经办先后印发“2016年海洋经济重大建设项目实施计划”。象山共有18个项目列入省海洋经济重大建设项目,总投资508亿元,年度计划投资57.8亿元,为历年最多。

11日至12日,省委书记、省人大常委会主任夏宝龙在象山调研,省委常委、秘书长陈金彪,省委副秘书长、政研室主任李火林,省委副秘书长朱重烈、吴伟斌等随同调研。市委副书记、代市长、市政协主席唐一军,市委副书记余红艺,市委常委、秘书长王剑波等陪同调研。

15日,2016新兴城镇化与美丽乡村协调发展全国研讨会在象山召开。国务院发展研究中心农村经济研究部部长、清华大学中国农村研究院学术委员会委员叶兴庆,国务院研究室信息司司长刘应杰,中国社科院农村发展研究所所长魏后凯等参加会议。

17日,象山县“走进象山传统家训”活动座谈会在泗洲头镇横埕村召开。会议由县纪委正局级纪检员、监察员黄晟贤主持,县纪委、宣传部、县文联、县妇联、团县委、党史办、各镇乡等有关领导参加会议。各部门领导和各乡镇纪委书记围绕“如何弘扬传统文化,推动党员干部廉洁齐家、自觉带头树立良好家风”进行座谈交流。

是日,象山争取到中央财政水利建设资金4918万元。2016年,县共计划安排283个水利项目建设,有169个项目顺利开工。

是日,县人大常委会组织部分县人大代表,对县“四城联创”情况进行专题视察,召开座谈会,听取创建办、住建局、农林局等部门工作汇报,指出在督查、协调、反馈等环节存在的问题,要求县政府及相关职能部门加强宣传,引导全民参与,形成创建活动的良好局面。

21日,在河南郑州举办的首届中国考古学大会上,象山“小白礁1号”水下考古发掘项目等全国21个考古项目,获得中国考古学界最高质量奖——“田野考古奖”。

30日,市人大常委会主任王勇、副主任胡谟敦、秘书长杨剑耀一行在象山调研。

31日,中国电信宁波分公司与象山县人民政府签订加快“十三五”信息经济发展战略合作协议。

是日,民革中央副主席修福金在象山县考察。民革中央宣传部部长吴先宁,江苏省政协副秘书长、民革江苏省委员会副主委殷志强等随同考察。此行主要考察象山对台交流工作情况。

6月

1日,中国社科院非洲总统顾问研讨班及智库研修班代表团在象山县考察交流,县委书记叶剑鸣等出席座谈会。

是日12时至9月16日12时,东海将全面进入伏季休渔期。象山3000多艘渔船进港锚泊,自觉执行国家伏季休渔规定,做到船进港、网入库、证集中、人上岸。

2日，市委常委、宁波杭州湾区党工委书记梁群等一行在象山县考察临港装备工业园、象保合作区，县领导叶剑鸣等陪同考察。

3日，在发布的2015年宁波创业创新风云榜中，象山有13家企业荣登光荣榜。

7日，第十八届浙洽会象山县投资环境推介会暨项目签约仪式举行。有27个项目现场签约，总投资79亿元。

12日，林善岙隧道左洞顺利贯通，标志着全线路基基本形成，年底可通车运行。

14日，县委书记叶剑鸣率领县党政代表团赴桐庐县、余杭区、桐乡市等地，学习考察特色小镇建设、全域旅游发展、城市规划建设等情况。

15日下午，2016中日韩徐福文化研讨会在象山举行。研讨会以“徐福东渡与东亚文化”为主题，来自中日韩三国的百余位徐福文化研究专家围绕“徐福精神与东亚价值”“徐福东渡文化资源的当代价值”“徐福文化与象山海洋文化建设”等专题展开研究和探讨。文化部原副部长、国家图书馆名誉馆长周和平，副市长张明华，省文化厅党组副书记、副厅长陈瑶，中国徐福会会长张云方，市文化广电新闻出版局局长赵慧峰；日本前首相羽田孜的次子、日本羽田孜事务所秘书羽田次郎，韩国前驻华大使馆总领事、驻日本名古屋总领事柳洲烈等日韩嘉宾；叶剑鸣、黄焕利、白国璋、俞骏等县四套班子领导出席开幕式。

16日，省委常委、纪委书记任泽民在象山县专题调研换届准备工作和换届纪律保障等情况。市委副书记、代市长唐一军，省纪委常委、秘书长陈章永，市委常委、纪委书记李会光，市政府秘书长王建社等随同调研。

是日，县一院取消门诊输液。感冒发烧，就去医院输液，这种看病模式要改了。

17日，成立第4家异地商会——江苏象山商会，在江苏象山籍企业共52家，经营范围涉及建筑、模具、汽配、新材料、餐饮等行业。

是日，宁波象保合作区牵手央企航天科工集团合作成立航天科技城建设有限公司，完成工商注册。加快打造千亿级航天智慧科技城。

20日，日升集团入选省电子信息50家成长型特色企业。象山唯此一家。

21日，在神州国际会展中心举行的第六届中国国际储能大会上，宁波锦浪新能源科技股份有限公司荣获“2016年度中国储能产业最佳逆变器供应商”奖。

22日，副省长黄旭明在象山县调研，副市长林静国、市政府副秘书长金伟平、县领导黄焕利等陪同调研。

23日，2016海上风电领袖峰会在象山召开。国家能源局新能源和可再生能源司副司长史立山，丹麦王国驻华大使馆商务参赞晏森，中国三峡集团副总经理毕亚雄，县长黄焕利等分别在开幕式致辞。来自国内外海上风电领域300多名专家、学者、企业家等出席开幕式。

29日，象山县第十七届人民代表大会常务委员会第三十六次会议举行。常委会组成人员26人出席会议。会议分别听取和审议县财政局局长董连胜受县人民政府委托所作的《关于2015年象山县财政决算草案的报告》和县审计局副局长徐小平代表局长蔡建鹤受县人民政府委托所作的《关于2015年象山县本级预算执行和其他财政收支的审计工作报告》，审查并通过《关于批准2015年象山县本级决算的决议》。

30日下午，象山县举行庆祝中国共产党成立95周年大会。县委书记叶剑鸣作重要讲话，县委副书记、县长黄焕利主持会议，金红旗、白国璋、俞骏等县领导出席大会。会议强调，全县各级党组织和广大共产党员要振奋精神、牢记使命，敢于争先、勇当先锋，为加快建设现代化滨海休闲城市而奋斗。

7月

7日，象山县国家卫生县城复评省级考核汇报会反馈会召开。省复评检查组肯定象山在巩固工作中取得的成绩，评审通过省级考核。

8日，省委宣传部副部长、省文明办主任黄明辉在象山县调研精神文明建设工作。

13日，全县旅游发展大会暨创建国家全域旅游示范区动员大会召开。

是日，象山县召开大数据智慧应用总体规划项目评审会，宁波市经信委推进处副处长姚坚、浙江省智促会专家王昌华、象山县电子政务办主任邱达乐等人参加。项目承建单位为宁波中科大数据研究院。

是日，市委副书记、代市长唐一军在象山县调研，市委常委、秘书长王剑波，市政府副秘书长、办公厅主任高庆丰，县领导陪同调研。

19日，市委副书记余红艺率市农业相关部门负责人在象山县调研。县领导叶剑鸣等陪同调研。

21日，副市长林静国率相关部门负责人来象调研"一打三整治"工作。

22日至8月7日，2016象山购物节。该节日由县人民政府主办，县商务局具体承办。购物节以"购时尚，享生活"为主题，涵盖"购物—欢乐购""电商—欢乐淘""商娱—欢乐享""旅游——欢乐游"等四大主题板块内容。

26日，全省示范文明城市创建培训会在象山召开。全省11个市和12个创建县(市)区，共50余人参加培训。会上，县委常委、宣传部长罗来兴介绍象山创建省示范文明城市经验。

27日，省委常委、组织部部长廖国勋在象山县调研人才建设工作。市委常委、组织部部长杨立平，省委组织部副部长、办公室主任赵雄文随同调研。

29日上午，县政协召开第九届第四十七次主席会议，对开展精准扶贫、促进县低收入农户增收脱贫进行专项议政。向县政府提出《关于开展精准扶贫促进我县低收入农户增收脱贫的建议案》。

8月

1日，象山再次获得"全国双拥模范县"荣誉称号，这是象山连续第五次获此殊荣。

是日，三类海上捕捞作业结束伏休期，1712艘渔船率先解禁开捕。

是日下午，中共象山县委全面深化改革领导小组扩大会议在象山宾馆召开。县委书记叶剑鸣主持并讲话，县委副书记、县长黄焕利，县政协主席白国璋，县委副书记俞骏等出席会议。会议传达近期中央和省委、市委全面深化改革领导小组会议精神，通报全县深化改革工作半年度情况，研究部署下阶段改革工作。

2日，县举行抗击"八一台风"六十周年纪念活动。

3日，昔日荒海变粮仓，象山攻克滩涂地种稻世界级难题，13.33公顷"海水稻"丰收在望。

是日，浙江省第五批省历史文化名镇名村街区名单公布。历史文化名村名单中，象山有4个村上榜，分别是晓塘乡黄埠村、墙头镇溪里方村、西周镇儒雅洋村、东陈乡东陈村。

4日，"山海风华"谢才华民间剪纸艺术展在中国美术馆开幕，这是象山民间文化艺术家第一次进入国家艺术殿堂进行展览。中国文联党组成员、书记处书记陈建文、中国文联国内联络部巡视员罗江华，中国民间文艺家协会副主席，秘书长周燕屏，宁波市委宣传部部长万亚伟，县委书记叶剑鸣等出席开幕式。

是日，全国象棋男子甲级联赛在象山举行。

8日，丹城青草巷区块改造项目顺利推进。该项目是象山一期棚改项目的重点区块之一，其征收范围东至县政府广场，南至西街，西至北山路，北至后堂街。征收总用地面积约28310平方米，总建筑面积27738平方米，总户数440户。

9日，渔业部门在象山海域开展增殖放流活动，将110万尾岱衢族大黄鱼和黑鲷鱼苗放流象山港海域。

10日，象山举行省市县重大产业项目联动集中开工仪式。金汇精密制造项目，普思拓金属科技项目，高塘岛乡直落岙地块太阳能发电项目，象山县农村信用合作联社综合办公大楼，象山申菱广场项目，石浦港海岸带综合整治及修复工程6个项目集中开工。

11日，龙元集团荣获2015年度上海市建筑施工综合实力30强，全国进沪建筑施工企业综合实力第一名。2015年，龙元集团在沪施工产值30亿元，上缴税金7609万元，这是该企业自1999年以来连续17年获此殊荣。

15日上午，县政协第九届常委会举行第二十一次(扩大)会议，专题听取县政府关于全县上半年经济社会发展情况通报和县府办关于县政协九届五次会议以来的委员提案办理情况汇报。

是日，副省长梁黎明在象山调研外贸工作，副市长王剑侯随同调研。

16日，市委常委、常务副市长陈奕君在象山调研经济社会发展工作。

19日，启鑫电力全国招商培训会正式启动百万家庭屋顶光伏计划。各地市民可凭借房产证申请建造5500瓦太阳能“家庭电站”，预计使用寿命25年，每年产生约6600元的经济效益。

22日，县渔业捕捞协会成立。1.6万渔民有了“娘家”。该协会将根据自身的优势和职能，为渔民排忧解难，维护合法效益，同时加强行业自律。

24日、25日，省人大常委会副主任袁荣祥一行在象山调研“一打三整治”和海洋渔业发展情况。

25日，中共象山县委十三届十一次全体（扩大）会议暨“找短板、补短板”县委读书会在县委党校报告厅召开。

28日，象山县浙师大幼教集团附属大目湾幼儿园建成。

9月

5日，在上海举行的“2016年亚洲光伏创新领奖盛典”上，宁波锦浪能源科技股份有限公司捧回了“2016亚洲光伏创新企业奖”。

9日，市人大常委会党组副书记、副主任宋伟在象山调研县乡两级人大换届选举工作。

11日，第十九届中国（象山）开渔节活动之一的第二届“中国创翼”文创大赛华东区总决赛在象山举行。晋级区域总决赛的25个团队，将在此进行为期三天的精彩角逐。

12日，钟鼓齐鸣，山海响应，数百名渔民把酒祭酹，祝告沧海祈求平安，渔业丰收。第十九届中国（象山）开渔节祭海仪式在石浦中国渔村举行，再现了象山渔区古老而隆重的民俗盛典。

15日，第十九届中国（象山）开渔节暨第十二届中国海洋论坛新闻发布会举行。人民网、《经济日报》《浙江日报》《宁波日报》等多家中央、省、市记者参加新闻发布会。

是日，中国渔业协会渔文化成立大会在象山召开。中国渔业协会常务副会长兼秘书长林毅、中国渔业协会专家委员会主任王德芬、宁波市商务委员会主任陈秀忠等出席。中国渔业协会渔文化分会同时在象山成立。

16日，由中国太平洋学会、中国海洋学会、浙江省人民政府、宁波市人民政府共同主办，象山县人民政府、宁波市海洋与渔业局联合承办的第十二届中国海洋论坛在石浦隆重举行。中国太平洋协会会长、国家海洋局原副局长张宏声，中国太平洋学会副会长兼秘书长盖广生，国家、省、市相关部门的领导，县领导参加会议。

18日，省委常委、市委书记唐一军在象山检查防台抗台工作。第16号台风“马勒卡”外围台风影响象山。全县转移人员9206人，船只267艘。

20日，随着台风“马勒卡”转向北上，石浦港600艘渔船起锚出海，再现百舸争流的开渔盛景。

是日下午，象山县镇乡换届工作动员会在县委党校召开。县委书记叶剑鸣作重要讲话，县委副书记俞骏主持会议，县领导胡杰、陈兴立、林胜国出席会议。会议要求高标准高质量做好镇乡换届工作。

23日，国家食药监管总局副局长焦红一行在象山调研食品、药品监督检验情况。

是日，县委老干部局召开宁波市“银辉”志愿者联合会象山分会成立大会。宁波“银辉”志愿者联合会象山分会由文明创建、建言献策、道德宣讲、网吧监督、助学关爱、文艺宣传、关爱老小和老爷爷法律服务工作室、应师傅农技工作室、郑老师红娘工作室共十支老干部志愿服务团队组成，会员200余名。

是日，《象山县公务用车制度改革实施方案》正式出台。按照实施方案规定和要求，9月23日至30日期间，县机关事务管理局联合县编委办、财政局、人社局、组织部等部门对97家涉改单位纸质报表完成审批。

10月

1日至7日，全县各主要收费景区累计接待游客128.6万人次，门票收入3035万元。

11日、12日，台北象山同乡会会长朱志平率参访团一行23人在象山参观交流。

13日，省农业厅、林业厅、海洋与渔业局、食品药品监督管理局联合发文，公布浙江省首批农产品质量安全放心县名单，全省共26个县入选，象山名列其中。

13日上午，象山县委、县政府召开平安护航G20峰会总结表彰大会。

14日，中央文明办发布9月份“中国好人榜”，县国土局退休干部、剪纸大师谢才华荣登榜单，被评为“助人为乐好人”。

16日，第四届环象山自行车挑战赛在国际风情街拉开帷幕，来自全国各地的800名自行车运动员展开角逐。

20日，2016年县中学生田径运动会隆重开幕，来自全国各中小学的800多名运动员在18个项目上展开了角逐。

21日，象山警方成功侦破一起特大农机诈骗案，打掉了长期以来以贴牌照销售农用收割机方式骗取国家补贴的犯罪团伙。这个团伙在两年间骗取国家补贴近千万元。

25日，象山县第三届苍水文化节在鹤浦镇、高塘岛乡两地举行。来自全省各地的80余名专家、学者汇聚海岛，共同缅怀民族英雄张苍水，探讨苍水文化如何与地方旅游融合发展等课题。

26日，象山县商务局召集中国电信、中国移动、中国联通、中通服等四家通信运营商，召开网络基础设施共建共享会议，讨论共建共享机制落实情况。

是日下午，中共象山县委召开第十三届第十二次全体会议，县委书记叶剑鸣主持会议并作《关于召开中国共产党象山县第十四次代表大会(草案)的说明》，县领导俞骏、黄敏求、胡杰、励志纲、罗来兴、余承嗣、孙小雄、刘国中、陈兴立、蔡特和县委委员、县委候补委员出席会议，县纪委委员列席会议。会议表决通过《关于召开中国共产党象山县第十四次代表大会的决议》。

27日，由中国共产党宁波市委员会、中国国民党高雄市委员会主办，中国共产党象山县委员会承办的宁波·高雄蓝色护海青年志愿者交流活动在石浦举行，由中国国民党高雄市委员会主任委员、市议员黄柏霖率领的台湾青年工作者参访团一行52人参加交流访问活动。

31日上午，县政协第九届常委会举行第二十二次(扩大)会议，就县政协常委会重点调研课题《培育建设旅游特色小镇》进行参政议政。县政协主席白国璋主持会议。

11月

5日，全省美丽乡村和农村精神文明建设现场会召开。会议表彰了浙江省首批美丽乡村示范县、示范乡镇和魅力乡镇建设突出贡献者。全省共6个县(市)荣获省美丽乡村示范县称号，象山作为全市唯一入选的县受到表彰。

8日，副市长王仁洲率市相关部门负责人在象山专题调研美丽城镇建设和棚户区改造工作。

12日，中国机械工业联合会在象山召开日升集团2016年新产品鉴定会，日升集团11项自主研制的新产品通过鉴定。

16日，全县棚改工作组织纪律保障座谈会在县纪委会议室召开，县府办、县委组织部、县住建、县房改办、教育局等棚改拆迁相关部门、责任镇乡街道负责人参会交流，副县长周坚栋出席座谈会。会议通报全县棚改工作进程，要求各地各部门强化对棚改工作的组织领导。

19日，由县人民政府、中国渔业协会渔文化分会主办，县商务局承办的第十四届象山海鲜美食节于县人民广场拉开帷幕。

28日，县隆重召开全县科技创新暨人才工作会议。县委书记叶剑鸣强调，要把科技创新和人才工作摆在经济发展全局的核心位置，深入实施创新驱动发展战略。

12月

1日，宁波市第二批“最洁美村庄”名单出炉，墙头镇溪里方村名列其中。这是继2015年方家岙村荣获宁波市首批“最洁美村庄”后，该镇又一次获此荣誉。

是日，在“全国金融系统劳动竞赛示范单位”评选活动中，农行象山县支行被授予“十二五”期间“全国金融系统劳动竞赛示范单位”。这是继该行获得全国金融系统思想政治工作先进单位、全国金融系统职工代表大会制度建设示范单位后，获得又一项国家级荣誉称号。

2日，欢乐家园二期293套公租房交付使用。

6日，环港公路互通至龙屿、龙屿至高泥段工程通过交工验收，开始通车试运行。

7日，“出海即死”的银鲳，在象山港湾水产苗种有限公司成功养活，4200余条银鲳生长良好，银鲳不能人工养殖的这一世界性难题就此攻克。

8日，省政协副主席陈艳华率领考核组一行在象山检查验收浙江省森林城市创建工作，象山成功创建省级森林城市。

是日，2016年中国品牌影响力100强名单出炉，天安集团荣膺2016中国品牌影响力（行业）十大企业。

9日，在公布的第四批“宁波市历史文化名村”中，墙头镇墙头村、石浦镇东门渔村榜上有名。

11日至15日，第三届“东方大港杯”全国业余围棋公开赛在松兰山举办。14支队伍、144位选手参加比赛。象山代表团获得团体亚军。

13日，第一届全国文明家庭表彰大会召开，陈淑芳家庭赴北京受奖。受到习近平总书记的亲切接见。

是日，国家发改委正式下达2016年第三批国家专项建设基金申报结果。象山半边山旅游度假区（一期）项目获2亿元支持额度，资金将由国家开发银行发放，并以资本金形式投入项目。

15日，县委第十三届第十三次全体（扩大）会议召开。会议认真贯彻中共十八届六中全会和省、市委员会精神，总结回顾年内工作，部署安排明年任务，审议通过县第十四次党代会代表候选人预备人选等。

16日，三门湾大桥最长大狮子隧道顺利贯通，大狮子隧道按双向四车道标准设计，双线全长7765米。

20日统计，1—11月份，全县207个实施类政府投资项目完成投资48.22亿元，完成率为84.71%。

22日，省旅游局党委书记、局长王文娟一行在象山调研旅游工作。

25日，中国共产党象山县第十四次代表大会开幕。会议听取副书记俞骏代表第十三届县委作第十四次党代会筹备工作报告，表决通过了中共象山县委第十四次代表大会议程；通过了大会主席团成员和秘书长建议名单；通过了代表资格审查委员会和代表提案工作委员会成员建议名单。叶剑鸣代表中共象山县第十三届委员会向大会作报告，黄焕利主持大会。

26日，宁波市交响乐团在象山剧院开演，拉开2017年象山县首届群众文化艺术节的序幕。

28日上午，中国共产党象山县第十四次代表大会，圆满完成各项议程，在县综合文化活动中心胜利闭幕。

是日下午，中国共产党象山县第十四届委员会召开第一次全体会议。叶剑鸣主持会议，第十四届县委委员、候补委员出席会议，县纪委全体委员列席会议。会议审议通过《中国共产党象山县第十四届委员会第一次全体会议选举办法》，中共象山县第十四届委员会常务委员会委员、书记、副书记候选人名单，监票人名单。会议以无记名投票方式选举产生中共象山县第十四届委员会常务委员会委员、书记、副书记。

29日，中共象山县第十四次代表大会胜利闭幕，并召开第十四届委员会第一次全体会议。选举产生中共象山县第十四届常委会委员、书记、副书记。叶剑鸣当选为书记，黄焕利、孙小雄当选为副书记。

30日，象山县人民政府与中国联通宁波市分公司在宁波联通办公大楼举行“十三五”信息经济发展战略合作签约仪式。

是日，由县委宣传部、县文化广电新闻出版局（体育局）、县文学艺术界联合会主办，县文化馆、县音乐家协会承办的“象山县原创歌曲音乐会”在县文化活动中心激情唱响。

特 载

凝心聚力 务实奋进 改革创新 追赶跨越
为加快建设宁波现代化滨海城区而努力奋斗

——在中国共产党象山县第十四次代表大会上的报告

中共象山县委书记 叶剑鸣

(2016年12月25日)

同志们:

中国共产党象山县第十四次代表大会的主要任务是:高举中国特色社会主义伟大旗帜,以邓小平理论、"三个代表"重要思想和科学发展观为指导,深入贯彻习近平总书记系列重要讲话精神,回顾总结县第十三次党代会以来的工作,确定今后五年的奋斗目标和主要任务;选举产生中国共产党象山县第十四届委员会和第十四届纪律检查委员会,选举产生象山县出席中国共产党宁波市第十三次代表大会代表;动员全县广大党员和干部群众,凝心聚力、务实奋进、改革创新、追赶跨越,为加快建设宁波现代化滨海城区而努力奋斗。

下面,我代表中国共产党象山县第十三届委员会作工作报告。

一、过去五年工作回顾

县第十三次党代会以来的五年,是我县应对挑战、克服困难、负重前行的五年。面对复杂严峻的宏观环境和繁重艰巨的工作任务,县委按照中央"四个全面"战略布局要求,认真贯彻省委、市委决策部署,牢固树立创新、协调、绿色、开放、共享五大发展理念,扎实实施桥海兴县和"双突破双驱动"战略,全县经济、政治、文化、社会以及生态文明建设和党的建设取得新进展。象山港大桥建成通车。先后荣获国家生态县、国家卫生县城、全国双拥模范县"五连冠"和省美丽乡村示范县、省示范文明县城、省"平安银鼎",较好完成了县第十三次党代会确定的各项目标任务。

五年来,我们积极适应引领新常态,转型升级呈现新态势。始终把发展作为第一要务,审时度势出台稳增长调结构防风险系列政策举措,全县经济保持平稳健康发展,转型升级成效初显。2016年,预计实现地区生产总值435亿元,年均增长6.9%,三次产业结构从16.7:47.1:36.2调整到15.4:43:41.6;

财政总收入62.6亿元，年均增长8.1%。实施对接大桥转型跨越三年行动计划，“千百十”工程全面完成。突出工业强县首要地位，扎实实施“四创四强”工程，整合提升经济开发区，大力推进“四换三名”“两化融合”，跻身省工业强县第二梯队，战略性新兴产业、高新技术产业增加值年均增速达到10%以上，工业投资年均增长16%，新增上市挂牌企业6家。旅游经济强劲发展，全域景区化扎实推进，乡村旅游方兴未艾，全县旅游经济综合收入年均增长17%，成功入选国家全域旅游示范区首批创建名单，获评中国最美休闲度假旅游名县。服务业保持较快发展，第三产业增加值年均增长7.8%，文化创意、电子商务等新业态加快兴起。建筑业在深度调整中平稳发展，PPP领域实现突破，完成施工产值1220亿元。农业总产值保持全省领先地位，渔民减船转产稳步推进，全省农业“两区”建设现场会在象召开，获评省农产品质量安全放心县。招商引资态势良好，累计实际利用外资4.6亿美元、内资173亿元，其中浙商回归资金86亿元。外贸出口保持平稳增长，外经工作走在省市前列。全面落实项目中心制，重大平台和重大项目建设加快推进，累计完成固定资产投资820亿元。象山影视城成为省现代服务业集聚示范区和市级特色小镇，大目湾新城框架基本形成，象保合作区宁波航天智慧科技城启动建设，浙台（象山石浦）经贸合作区开发建设积极推进。环象山港公路建成通车，三门湾大桥及接线工程动工建设，道人山围垦工程完工，东海涂围垦前期有序推进，中国海影城、半边山旅游度假区等一批重大产业项目加快建设，发展后劲不断增强。

五年来，我们狠抓创新驱动和改革攻坚，县域发展涌现新活力。深入实施创新驱动五大行动计划，全社会研发投入占GDP比重从1.64%提高到2.45%，新增高新技术企业43家，获批国家级农业科技园区，科技企业孵化器、加速器达到5万平方米。国家企业技术中心和省企业研究院实现突破，建成市级以上工程技术中心57家，累计申请发明专利1350件、增长3.3倍，浙江高校产学研联盟、宁波工程学院象山研究院引进设立。深入实施人才强县战略，加大引才育才留才力度，新增各类人才3.7万人，累计引进培养国家、省“千人计划”等高层次人才65名，建成院士工作站6家、博士后流动站4家。海洋科技人才创业园开园运行，人才公寓建成投用，“人才绿卡”制度有效落实，人才环境进一步优化。统筹推进82项重点改革任务，实施市级以上改革试点12项。推进以“三去一降一补”为重点的供给侧结构性改革，企业降本减负、房地产去库存、落后产能淘汰等取得明显进展。实施“四张清单一张网”“五证合一”“三测合一”等改革，建立基本建设项目快速审批机制，开展综合执法体制改革，探索公共服务质量评估，推进便民利民、便企利企改革，政府公共服务水平全面提升。深化金融创新和投融资体制改革，组建五大国有集团，设立政府产业引导基金，实施一批PPP项目，有效防控“两链”风险，规范政府性债务管理，民间投资较快增长，金融生态总体良好。大力推进农村综合改革，启动户籍制度改革，深化农村确权赋权活权改革，“三农”发展活力进一步激发。

五年来，我们大力推进城乡环境综合治理，美丽象山显现新面貌。以国家生态县和“两城”创建为抓手，推进城乡环境大整治大提升。扎实开展“五水共治”“三改一拆”“四边三化”“一打三整治”等专项行动，全面整治黑臭河、消除垃圾河，防洪排涝能力显著提升，累计拆除违法建筑553万平方米，获评省“基本无违建县”、国家级海洋生态文明示范区。实施主城区品质提升专项行动，涌金广场、国际风情街、汽车广场等一批综合体集聚效应显现，南部新城商务区一期投用，现代物流园区主体工程基本建成，实施棚户区改造19万平方米，打通城区断头路23条，城市路网进一步完善，城市功能品质不断提升。“四城”联创有序推进，城市文明指数显著提高。石浦国家级建制镇示范试点扎实开展，小城市品质加快提升。西周、贤庠中心镇功能逐步完善。实施美丽集镇建设三年行动计划，4个试点镇扎实启动。美丽乡村建设全省领先，“四村一线”示范创建成效显著，累计建成全面小康村82个、精品线4条，以“一户多宅”清理为主的村庄梳理式改造全省推广，走出了一条低成本、可复制、可持续的美丽乡村建设之路。实施生态环境综合整治三年行动计划，“低小散”行业专项整治成效明显，万元产值综合能耗累计下降20%，中心城区三期等一批污水处理厂建成投用，430个村建成生活污水处理设施。

五年来，我们持续加快社会民生事业发展，生活品质实现新提升。坚持民生优先，每年集中70%

以上财力保障和改善民生。城乡居民人均可支配收入年均分别增长8.7%、10.3%，家庭人均年收入6000元以下贫困现象全面消除。大力培育和弘扬社会主义核心价值观，"善行象山"品牌打响，婚丧礼俗整治富有成效，未成年人德育大课程模式创新开展。海洋文化强县建设成果扩大，新增全国重点文物保护单位3处，获批省级非遗保护综合试点县，国家级海洋渔文化生态保护实验区建设有序推进。文化产业发展壮大，文化惠民服务不断深化，农村文化礼堂建设走在省市前列。中国开渔节、中国海洋论坛影响力进一步提升，中日韩徐福文化象山研讨会成功举办。推动各类教育协调优质发展，获评全国义务教育发展基本均衡县、省教育基本现代化县。深化医药卫生体制改革，推进三级医联体建设，石浦台胞医院迁建投用，成功创建省卫生强县。加强就业和社会保障工作，累计新增就业岗位4.3万个，社会保障覆盖面稳步提升，住房保障体系不断完善。县老年公寓建成运营，农村集中式居家养老服务走在全省前列。基本完成城乡公交一体化。社会救助体系不断健全，慈善、残疾人、红十字事业发展水平持续提高。深化法治象山、平安象山建设，"三大中心"功能拓展提升，"一张网"基层治理网格体系不断完善，社会治安防控体系逐步健全，护航G20取得圆满成功，"六五"普法顺利完成，信访维稳、安全生产、防汛防台等工作扎实有效，群众安全感进一步增强。

五年来，我们着力推进全面从严治党，党的作风展现新气象。坚持以严的精神、实的作风，把全面从严治党落到实处。强化理论武装，扎实开展群众路线教育实践活动、"三严三实"专题教育、"两学一做"学习教育。健全党委(党组)中心组学习制度，推动学习型党组织和学习型干部队伍建设。加强党对意识形态工作的领导，健康清朗的舆论氛围和网络环境进一步形成。树立正确用人导向，选优配强领导班子尤其是"一把手"，出台党政正职监督管理实施意见，完善领导干部积分量化管理考核办法，实行"双对双排"制度，畅通干部能上能下渠道。在编不在岗和领导干部超职数配备清理工作基本完成。实施基层党建全面提升三年行动计划，落实县委常委领衔破解党建难题制度，推行"书记账本"、选派"第一书记"等做法，创新推广"和村惠民四步法"，推进农村小微权力规范化运行，一批软弱落后党组织完成整转。全面落实"两个责任"，认真贯彻中央八项规定精神，严格执行省市县作风建设各项规定，全力推进省委巡视组巡视意见整改，保持正风肃纪高压态势，"四风"问题明显遏制。坚持有腐必反、有贪必肃，查处了一批违纪违法案件。坚持总揽全局、协调各方，支持人大及其常委会依法履行地方国家权力机关职能，支持政协依章依法履行职能，协商民主建设有序展开，爱国统一战线发展壮大，民族、宗教、侨台、档案、史志等工作深入推进，党管武装切实加强，工青妇、工商联、科协等群团组织围绕中心、服务大局，形成了团结共进的浓厚氛围。

各位代表、同志们，过去的五年，是不平凡的五年。五年来，最振奋人心的是象山港大桥建成通车，难能可贵的是县域经济保持了稳中有进态势，引以自豪的是城乡面貌发生了可喜变化，令人欣慰的是干部作风展现了新的气象，值得珍惜的是全县上下呈现了心齐气顺劲足实干的局面。这些成绩的取得，离不开省委、市委的关怀支持，离不开历届历任曾为象山付出心血和汗水的老领导、老同志的关心帮助，离不开全县各级党组织、广大共产党员和全县人民的共同奋斗，离不开社会各界人士和驻象部队、武警官兵的协力推动。在此，我谨代表中共象山县委，向所有关心、支持和参与象山经济社会发展的同志们、朋友们，表示衷心的感谢并致以崇高的敬意！

成绩来之不易，经验值得总结。五年来的探索和实践，我们深深体会到：

一是必须坚持发展为要，把握时势、彰显特色。五年来，我们始终坚持发展第一要务不动摇，按照中央和省委、市委的决策部署，牢牢把握发展趋势，立足象山资源优势和产业基础，与时俱进优化发展路径，突出强化工业和旅游两大支柱产业，聚焦培育改革和创新两大动力，新常态下加快发展的态势正在形成。

二是必须坚持统筹兼顾，突破重点、带动全局。五年来，我们始终坚持重点论与两点论的统一，把解决基础性、根本性问题作为突破口，以重大平台、重大项目建设牵引产业发展，以"一户多宅"整治引领美丽乡村建设，以"两城"创建推动城市文明程度提升，以治水拆违厚植生态环境优势，实现了全县整体发展水平的提高。

三是必须坚持善作善成，抓铁有痕、一抓到底。五年来，我们始终坚持定了就干、干则必成，一以贯之抓落实，县领导领衔破解重大难题，“双对双排”定标工作实绩，用好干部树立实干导向，严格奖惩力促效能提升，一级带着一级干、抓实抓细抓具体，干成了一批大事难事要事。

四是必须坚持廉洁为民、从严治党、造福百姓。五年来，我们始终坚持“权为民所赋，权为民所用”，严格落实全面从严治党要求，从严加强干部队伍管理，狠抓党的作风建设，大力践行群众路线，倾听民生诉求、办好民生实事、建好为民服务平台，形成了共建共享美好家园的良好局面。

同时，必须清醒看到，我们工作中还存在许多不足，发展中还有不少困难和问题：一是应对经济下行严峻局势的办法不够多，经济增长的内生动力不够强，发展速度不够快，工业重大项目引进未取得突破，区域竞争压力加大。二是影响发展的体制性、机制性障碍未根本上消除，企业和群众办事难、办事繁的现象仍有发生，营商环境尚需优化，改革攻坚任重道远。三是公共服务供给不足，交通、教育、医疗等民生事业尚有短板，维护社会稳定任务繁重，社会治理能力需进一步提升。四是一些干部作风不实、担当不足，为官不为、明哲保身等问题依然不同程度存在，“四风”问题反弹压力不小，基层组织战斗力有待提高，党风廉洁建设仍需加强，党要管党、从严治党还需深入推进。对此，我们必须高度重视并采取有效措施，切实加以解决，不辜负全县广大党员和人民群众的期望与重托。

二、今后五年的指导思想和奋斗目标

综观新形势、新阶段，象山未来五年的发展机遇与挑战并存，但总体上机遇大于挑战。从国内外发展环境来看，世界经济发展进入转型期，科技发展酝酿新突破，我国经济发展进入速度变化、结构优化、动力转化的新常态，随着供给侧结构性改革、大众创业万众创新等一系列重大举措的出台，新产业、新技术、新业态、新模式层出不穷，这为我县发展新经济、培育新动能提供了难得机遇。从区域发展来看，随着“一带一路”、长江经济带、长三角世界级城市群等重大发展战略的实施，区域发展格局和竞争优势加快重塑；我省全力打造中国方案、中国道路、中国智慧之“浙江样本”；宁波加快建设“一圈三中心”，“中国制造2025”试点示范等国家级试点陆续获批，战略地位更加突出，这为我县借势发展、借力提升提供了良好契机。从象山实际来看，经过多年的努力，我县产业平台框架基本形成，海洋、生态、文化优势日益凸显，随着甬台温高速复线全线贯通和城际轨道动建，我县将进入“高速时代”和“同城时代”，这为我县融入宁波都市区、实现追赶跨越创造了有利条件。同时也要看到，我县面临的区域竞争日趋加剧，加快发展的压力越来越大；经济增长的传统动能明显减弱，培育经济增长新引擎的任务越来越紧迫；发展中需要突破的矛盾和问题增多、难度加大，对干部队伍的要求越来越高。总体上看，今后五年是象山加快崛起的机遇期、爬坡过坎的攻坚期、大有作为的窗口期，处在提升发展水平和奠定区域地位的关键阶段。我们必须深刻把握时代发展趋势，站在建设宁波现代化滨海城区的高度，因势而谋、应势而动、顺势而为，抢抓机遇、攻坚克难、追赶跨越，真正不负时代所赋、不负群众所盼、不负使命担当。

今后五年的指导思想是：高举中国特色社会主义伟大旗帜，深入贯彻党的十八大和十八届三中、四中、五中、六中全会精神，以马克思列宁主义、毛泽东思想、邓小平理论、“三个代表”重要思想、科学发展观为指导，学习贯彻习近平总书记系列重要讲话精神，落实中央“四个全面”战略布局和省市决策部署，牢固树立五大发展理念，全面融入宁波都市区，深入实施“双突破双驱动”战略，统筹推进经济、政治、文化、社会以及生态文明建设和党的建设，着力打造“一城四地”，高水平全面建成小康社会，为加快建设经济实力强、特色功能强和生态美、生活美的宁波现代化滨海城区而努力奋斗。

今后五年的奋斗目标是：在高标准高质量完成“十三五”目标任务的基础上，到2021年，实现经济综合实力、滨海特色功能、创新发展活力、社会文明水平、人民生活品质的明显提升，奠定建设宁波现代化滨海城区的坚实基础。

——经济综合实力明显提升。地区生产总值、财政总收入年均增长7.5%，固定资产投资、规模以上工业产值、旅游经济综合收入比2016年翻一番。三次产业结构优化为12:44:44，海洋经济增加值占地区生产总值的比重提高到60%，高新技术产业产值占规模以上工业产值比重超过40%。

——滨海特色功能明显提升。精美滨海之城

和海洋新兴产业基地、滨海休闲度假胜地、现代农渔业示范基地、海洋特色文化高地基本建成,休闲生态港湾、智慧科创新城、影视文化名城等特色功能凸显,城乡共荣、城旅共兴、主客共享的局面形成,成功创建全国生态文明示范区,成为宁波大都市重要功能区。

——创新发展活力明显提升。区域创新体系更趋完善,全社会研发投入占GDP比重达到3%,科技进步贡献率提高到65%以上,进入省创新强县和人才强县行列。全面深化改革取得新突破,对内对外开放全方位扩大,治理体系和治理能力现代化迈上新台阶。

——社会文明水平明显提升。法治象山和平安象山建设水平进一步提高,渔文化名城魅力彰显,文化事业、文化产业繁荣发展,精神文明建设丰富多彩,社会主义核心价值观入脑入心,全民文化素养和道德素质持续提升,成功创建全国文明城市。

——人民生活品质明显提升。社会就业更加充分,城乡居民收入增长与经济增长保持同步,社会保障扩面提质,社会救助更加有力。建成省教育现代化县,全民健康水平显著提高,医疗卫生、社保、养老等基本公共服务加快均等化,公共安全全面加强。

三、加快建设宁波现代化滨海城区

按照"秉持浙江精神,干在实处、走在前列、勇立潮头"的要求,扎实推进五大发展理念在象山的实践,全面开启转型跨越新征程。

(一)主动融入宁波都市区,加快特色功能区建设。紧紧围绕建设宁波现代化滨海城区目标,落实省市湾区经济发展战略,以交通对接、产业承接、功能融入为重点,着力构筑与宁波中心城区同城发展新格局。

积极对接宁波中心城区。高起点谋划象山城市发展目标定位、功能布局,高标准修编县域总体规划,积极推动撤县设区,适时推进乡镇行政区划调整。坚持交通先行,加快构建外联内畅、多元立体现代化综合交通体系。建成甬台温高速复线(象山段)及石浦连接线,力争开工建设城际铁路和象山港二桥及接线工程,动建岳井洋大桥及接线工程,启动通用机场建设,打造宁波都市区的重要交通节点。全面提升县域交通网络,建成高速公路东陈、新桥、定塘3条连接线,建设环石浦港公路,实施农村公路加密提升工程。推进东海涂围垦工程。

加快建设休闲生态港湾。以百里黄金海岸带为依托,实施多湾联动开发,突出休闲生态功能,打造宁波大都市的滨海蓝湾。高水平开发松兰山—大目湾,加快东海铭城、省海洋运动基地等重大项目建设,大力提升功能品质,建成国家级旅游度假区,使之成为象山乃至宁波城市的滨海公园。精致建设半边山海湾,提升中国渔村景区,加快旅游度假区开发,建设滨海运动特色小镇。提升发展石浦港湾,建设中国渔乡小镇,建成国家5A级渔文化休闲旅游区。高标准建设西沪港湾"斑斓海岸"风情带,谋划推进道人山海湾、南部海岛海湾、蟹钳港湾开发建设,打造各具特色的魅力海湾。

加快建设智慧科创新城。以智能制造为主攻方向,举全县之力推动临港装备工业园、宁波航天智慧科技城建设,着力构筑智能经济发展的南北引擎。积极对接梅山新区,倾力打造临港装备工业园,引进建设一批重大临港产业项目,做大做精海洋科技人才创业园,创建省级能源装备高新区和市级临港装备制造基地。全力推动象保合作区开发,深化与航天科工战略合作,推进高端制造、创新研发、职业技术培训、健康养生、工业旅游等五大基地和航天云网服务中心建设,加快产城融合步伐,争创省级特色小镇,创建全国军民融合创新示范区。

加快建设影视文化名城。以宁波建设影视之城为契机,强化象山影视城的核心带动作用,推动影视旅游向影视全产业链跨越,建成省级星光影视小镇,争创国家级文化产业示范基地,打造具有全国影响力的影视文化名城。加快高科技数字摄影棚等"影视工厂"建设,整合全市影视拍摄资源,打造全天候、多场景、数字化影视拍摄基地。做大做强影视产业链,建成中国海影城,深化与国内外影视巨头、专业技术团队合作,引进建设影视学院,大力发展影视创意、影视制作、影视教育、影视金融等产业。

(二)全力突破工业和旅游,提升产业竞争力。以提高质量和效益为核心,以工业和旅游为突破口,加快产业融合发展、转型升级,促进全县经济迈入快速发展轨道。

推动工业经济全面振兴。按照"奋战二三五、跻身一梯队"目标,制定实施对接宁波"中国制造

2025”试点示范城市方案，大力推进“四创四强”工程，全力以赴推动规模以上工业产值迈上千亿台阶。实施“6+1”产业振兴计划，建设产业联盟，推动传统产业和新兴产业融合发展，重点发展新装备、海洋生物（生命健康）、新材料、新能源、汽配模具、时尚针织等六大产业，培育发展智能经济。坚持招大引强选优，深化“浙商回归”工程，充分利用沪杭甬等城市制造业溢出效应，突出专业化、市场化招商，实施创新发展合伙计划，推行招商项目全生命周期管理服务，着力形成“五个一批”重大项目推进局面。全面提升象山经济开发区建设水平，加强基础开发和产城融合，加大项目招商推进力度，加快构建“一区多园”特色发展新格局，争创国家级经济开发区。培育壮大一批超百亿工业强镇（乡、街道）。实施行业龙头骨干企业、科技“小巨人”、企业上市三大培育计划，深入实施“四换三名”“两化融合”，壮大创新型企业群体。健全工业强县推进机制，进一步形成合力兴工的良好局面。

建成高水平全域旅游示范区。把旅游业作为区域振兴和富民强县的主导产业，大力实施“四全四特”工程，提升全域化、精品化、智慧化水平，成为全国知名海洋休闲度假目的地。实施全域旅游发展规划，优化“一带四区”旅游发展布局。编制重点区块实施方案，加大重大特色功能性项目引进与建设力度，做精做强龙头景区，加快建成一批旅游特色小镇、特色乡村、特色民宿。大力提升旅游业态，实施亲海、入乡、融文策略，充分挖掘文化内涵，深度开发海洋旅游产品，丰富乡村旅游产品体系。充分发挥旅游融合带动作用，发展文化创意、健康养生、体育、会展等产业。加快完善以旅游交通为重点的配套设施，建成一站式智慧旅游管理服务平台，推动旅游服务标准化、规范化。推进旅游名品名店建设，全面提升“吃住行游购娱”等要素服务水平。完善旅游开发管理体制，创新旅游营销机制，打响“东方不老岛、海山仙子国”旅游品牌。

加快发展现代服务业。把服务业作为转型发展的重要引擎，促进县域经济向城市经济转型。大力发展现代物流业，优化物流业发展布局，建成象山现代物流基地，加大物流企业引进培育力度，提高海运企业竞争力。加快发展金融服务业，推动股权投资基金、互联网金融、保险服务业发展，有效防范金融风险，提升金融服务实体经济能力，维护良好金融生态。重视发展总部经济，积极发展楼宇经济，推动房地产稳增长、调结构、去库存。培育发展云计算、大数据、电子商务等产业，做大做强电子商务园。优化城市商贸综合体布局，促进传统商贸业转型升级。

大力发展现代农渔业。深入推进农业供给侧结构性改革，重点发展精致农业，打造农业“两区”升级版，构建都市农业发展新格局。扎实推进国家级农业科技园区建设，提升大塘港现代农业综合区建设水平。深化“7+1”龙型产业发展，做强农业龙头企业，组建产业联盟，促进农业全产业链发展。谋划建设渔港经济区，建设远洋渔业基地，提升发展中国水产城和水产品加工园区，创建渔业转型发展先行区。突出科技引领，大力实施种子种苗工程，强化科技成果转化，推广生态循环技术，构建智慧农业体系。完善农产品质量监管体系，推进农业生产绿色化、标准化，打造区域公用品牌，创建国家农产品质量安全县。推动农业“接二连三”，建设一批种养一体、农旅融合的现代农渔业综合体。

推动建筑业转型升级。加大培育扶持力度，推动龙头骨干企业向PPP综合运营商转型，推进中小企业做精做强专业领域。大力支持企业科技创新，引导企业规范管理，优化股权结构和管理制度，积极推动企业上市，提高企业竞争力和防风险能力。加快推进建筑工业化，转变建筑产业发展方式。支持企业“走出去”，参与“一带一路”建设。

（三）强化改革创新驱动，增强转型发展新动能。大力推进大众创业、万众创新，发挥技术创新和制度创新协同作用，激发市场活力，释放发展红利，引领推动经济转型升级、跨越发展。

深化重点领域改革。全面贯彻落实中央和省市改革任务，全力抓好国家全域旅游示范区、石浦国家级建制镇等重大改革试点。强力推进供给侧结构性改革，突出工业、旅游、科技创新体制机制改革，创新土地管理制度，健全“亩产效益”综合评价体系、企业减负长效机制，有效提高供给体系的质量和效率。深化投融资体制改革，完善国有资产监管模式，做强五大国有集团，健全政府和社会资本合作机制，重视和规范地方政府债务管理。深入推进海洋资源管理创新，探索海域使用权收储、海岛产权分割，健全资源使用权交易出让机制，规范海域、海岛二级交易市场。深化农村产权制度改革，推动城乡资源要素合理流动。全力推动政府职能转变,深化“四张清单一张网”建设,编制公共服务清单,健全公共服务质量评估和反馈机制,推行“互联网+政务服务”。推进市县审批层级一体化改革,全面落实快速审批机制,健全事中事后监管制度,探索建立行政审批局。深化综合执法体制改革,健全镇乡(街道)综合执法体系,实施海上联合执法改革。深化户籍制度改革,提高户籍人口城市化率。健全责任落实体系,强化改革督察,确保改革任务落地见效。

深入实施创新驱动。把创新作为引领发展的第一动力,以实施“八大计划”为重点,全面提升创新要素集聚能力、企业自主创新能力和创新服务供给能力。实施大孵化器建设计划,整合建设县级综合性创新创业平台,培育发展专业孵化器,鼓励兴办各类众创空间。突出企业创新主体地位,加大对企业研发平台的支持,推动国家省市县四级企业工程技术中心和省市两级企业研究院建设。实施科技重大专项,推进重点产业、关键领域创新。强化科技合作,支持重点科研机构和技术转移平台建设,积极推动企业与科研院所合作。强化科技成果转移转化,建设科技大市场,建立健全科技产品市场化机制。整合科技财政资金和政府科技服务功能,引进培育科技中介机构,构建“一中心三平台”服务体系,实行科技服务清单制和“创新券”制度。实施科技金融突破计划,建立健全科技创业投资基金体系,不断创新金融信贷产品。

加快建设人才强县。实施“半岛英才”计划,开展万名产业英才集聚三年行动,建立象山人才库,为象山创新发展提供人才支撑。实施象山籍人才回归工程,设立在外人才联谊中心,建设在外企业家总部经济落户基地。加大招才引智力度,办好人才创业大赛、人才科技周等活动,引进一批高层次创新创业人才。强化柔性引才,提升院士工作站、教授专家工作坊、博士后流动站等平台效能,建成省“151”人才服务基地。实施技能象山行动,推进名师、名匠培育,完善产教协同创新创业园建设,创建象山港技师学院。完善人才评价机制,推进人才资本化,引导企业建立健全与人才价值相匹配的收入分配机制,营造“人尽其才、才有所值”的良好氛围。加强人才综合服务平台建设,完善“人才绿卡”制度,打造“识才爱才敬才聚才”的人才生态环境。

激发开放活力。以开放促进改革创新,主动对接宁波港口经济圈建设,进一步提高开放水平。大力推动综合保税区、石浦港区口岸开放尽早获批,深化对台对外经贸合作,扎实推进两岸渔业合作示范区建设。规范港口岸线管理,加快开发建设步伐。推进外贸发展方式转变,推动出口市场多元化,积极发展跨境电商,提高自主品牌和技术产品出口比重。支持上市公司开展跨国并购重组,支持企业到境外建立生产销售基地、研发设计机构,实现产业链价值链全球布局。以促进投资贸易便利化为重点,全面落实优化营商环境实施意见,着力打造宽松有序的市场环境、高效透明的服务环境和公平公正的法治环境。

(四)充分发挥生态优势,高标准建设美丽象山。加强生态环境综合治理,精致建设美丽县城、美丽集镇和美丽乡村,彰显“山海风貌、田园风光、半岛风情”特色,厚植生态文明新优势。

大力提升城乡品质。强化规划引领,推进“多规合一”,构筑“一主一副三组团”新型城镇化格局。深入实施中心城区品质提升专项行动,加快南部新城开发以及城中村、棚户区等重点区块改造,提升科技创新、文化创意、金融、物流等重要功能。强化城市设计,塑造门户节点区域景观,完善城市路网与休闲慢行系统,开展未利用地综合整治,推进海绵城市和地下综合管廊建设,成功创建省园林城市。健全城市管理体制,完善网格管理模式,推进社区自治制度化、规范化,提高城市精细化管理水平。实施城市管理方式改革,推动城市公用设施管理服务市场化、专业化。加快智慧城市建设,推进城市智慧式管理和运行。加快石浦改革发展,打造更具影响力的千年渔港新城。积极推动西周建设成为工业实力强劲的小城市,推进贤庠中心镇与临港装备工业园融合发展。扎实实施美丽集镇建设三年行动计划,集中开展小城镇环境综合整治,强化一镇一特色的产业支撑,力争“三年出成效、五年出形象”。深入开展农村“安居宜居美居”专项行动,深化美丽乡村风景线、示范镇(乡)、示范村建设。积极推进农村社区化,健全村民共建共享长效机制。实施村集体经济增收计划,以盘活农村各类资源资产为重点,创新扶持方式,全面消除年收入10万元以下集体经济薄弱村。

攻坚推进治水拆违。按照省市要求,持之以恒打好省市专项行动组合拳。深入推进“五水共治”，进一步落实以河长制为主体的长效监管机制，确保污水管网、排水许可证、农村生活污水治理实现全覆盖，建成污水零直排区。持续加大“三改一拆”力度，健全防违控违管理机制，实现新增违建零增长，存量违建处置和拆后利用全覆盖，高水平建成“无违建县”。深入实施“一打三整治”专项行动，落实蓝色港湾整治，加快建设“海洋牧场”，促进东海渔场修复振兴。创建国家森林城市，提高全县绿化水平。

创建国家生态文明示范区。深入开展清洁空气、清洁土壤行动，推广清洁能源应用，有效处置固体废弃物。推进畜禽养殖业转型提升，切实减少农业面源污染。加强生态保护，加大海洋重点生态功能区、生态环境敏感区和脆弱区保护力度，推进美丽海岛建设，提升渔山列岛、韭山列岛国家级保护区管理水平。健全生态文明制度体系，建立多元生态补偿机制，深入推进基层生态创建，推动形成绿色生活方式和消费方式。完善环境综合执法监管机制，实行生态环境损害责任终身追究制。

（五）深化海洋文化强县建设，增强文化软实力。充分挖掘海洋文化底蕴，推动文化事业和文化产业繁荣发展，构筑海洋特色文化高地。

加快建设文明之城。积极培育和践行社会主义核心价值观，大力弘扬“海纳百川、勇立潮头”的象山精神，巩固提升“善行象山”品牌。深入开展社会公德、职业道德、家庭美德、个人品德教育，加强和改进未成年人思想道德建设，不断扩大以婚丧礼俗整治为重点的移风易俗成果，培育形成良好的文明道德风尚。广泛开展基层文明创建活动，推进市县文明示范线建设，深化“文明象山我行动”系列活动，创建全国文明城市。

提升发展文化事业。以海洋渔文化（象山）生态保护实验区建设为主线，推动石浦老街文化空间保护、非遗传承人保护等工程，打造具有全国影响力的渔文化名城。大力实施文化惠民工程，完善公共文化基础设施，推进“书香象山”建设，深入开展群众性文化活动，进一步完善“十五分钟文化服务圈”。扎实实施文化名品精品工程，巩固提升中国开渔节等海洋文化节庆品牌，创作一批在省市乃至全国具有较大影响的文艺精品。积极传承和保护文化遗产，深化历史文化街区、历史文化村落、名人故居的保护与利用。

培育壮大文化产业。重点围绕海洋旅游文化、海洋体育文化、影视文化、民俗文化，发展文化产业。加快建设文化产业园区、特色街区等文化产业发展平台，大力引进培育文化企业，促进文化产业快速发展，文化产业增加值占GDP比重提高到7%。深化文化体制改革，推动传统媒体和新兴媒体融合发展；鼓励社会资本参与，拓宽文化产业发展路径，拓展文化消费市场。

（六）推进民主法治建设，构建现代社会治理体系。坚持党的领导、人民民主和依法治县的有机统一，深入推进法治象山建设，完善社会治理体制机制，推动治理体系和治理能力现代化。

加强民主政治建设。坚持和完善人民代表大会制度，支持人大及其常委会依法履行职能，拓展人大常委会与人大代表联系渠道，充分发挥各级人大代表作用。坚持和完善中国共产党领导的多党合作和政治协商制度，支持人民政协履行政治协商、民主监督、参政议政职能，充分发挥协调关系、汇聚力量、建言献策、服务大局的作用。巩固壮大最广泛的爱国统一战线，加强和民主党派、无党派人士合作共事，依法规范管理宗教事务，认真做好民族和侨务工作。加强国防动员和后备力量建设，推进军民融合深度发展，力争蝉联全国双拥模范县“六连冠”。推进群团组织改革，更好地发挥工会、共青团、妇联、工商联、科协等群团组织的桥梁纽带作用。

推进依法治县。强化法治意识，加快建设权责法定、执法严明、廉洁高效的法治政府。健全重大决策目录管理制度，完善政府法律顾问制度，提升科学民主依法决策水平。完善行政执法程序，进一步规范自由裁量权适用标准。深入推进政务公开，完善政府信息公开制度。落实司法改革，支持“两院”依法独立行使检察权和审判权，健全司法权力运行机制，持续提升司法公信力。推进公共法律服务提质增效，深化调委会规范化建设，提高依法调处矛盾纠纷水平。加强法治队伍建设，实施律师培养工程。扎实推进“七五”普法，营造尊法学法守法用法的良好环境。

创新社会治理。深化平安象山建设，严厉打击违法犯罪活动，完善社会治安立体防控体系，推进信访工作制度改革，健全“大调解”工作体系。完善

“三大中心”功能，发挥基层社会治理综合指挥平台作用，加强镇乡(街道)“四个平台”建设，健全“一张网”基层综合治理机制。积极有序培育发展社会组织，推动政府向社会组织购买公共服务，广泛开展志愿服务活动。建立完善集中统一的人口信息管理系统，提高流动人口服务管理水平。完善社会信用体系，加快建设“信用象山”。强化公共安全保障，严格落实安全生产责任制，提升防灾减灾应急处置能力，加强食品药品、网络信息等领域安全监管。

(七)大力发展社会民生事业，提升群众幸福指数。坚持以人民为中心，切实保障和改善民生，让群众共享改革发展成果，提升幸福感和获得感。

持续增加城乡居民收入。全面深化创业型城市和充分就业县建设，完善终身职业培训体系、公共创业就业服务体系和失业救济制度，做好高校毕业生、农业转移人口等重点群体就业工作。落实收入分配制度改革，完善最低工资制度，构建和谐劳动关系，保障职工基本权益。健全精准扶贫工作机制，增强低收入群体自我发展能力。

完善社会保障服务体系。深入推进社会保障扩面提标和制度整合，推动新业态从业人员、灵活就业人员参保，健全城乡统一的居民基本医疗保险制度，完善大病保险制度。积极推进医养融合发展，鼓励社会力量兴办养老机构和参与居家养老服务，构建多层次、多元化的养老服务供给体系。完善社会救助主动发现工作机制，大力发展慈善、残疾人和红十字事业。

加快推进教育现代化。深化教育领域综合改革，强化素质教育，提高教育质量，成功创建省教育现代化县。推进学前教育公益普惠发展，加快义务教育优质均衡发展，实施名优教师培育工程，深化城乡学校共同体建设，缩小城乡、区域和校际差距。做强高中教育和特色职业教育，引进发展高等教育，完善终身教育体系。

全面提升全民健康水平。推进健康象山建设，加快医疗卫生事业发展，基本建成覆盖城乡居民的基本医疗卫生制度。深入推进县级公立医院综合改革，加强医联体建设，健全分级诊疗体系和转诊服务工作机制，实施名医培育工程，完善“双下沉、两提升”长效机制。扩大医疗领域开放，支持社会资本办医。落实优生优育，提高人口素质。大力实施全民健身计划，广泛开展群众性体育活动，提高全民健康素质。

四、深入推进全面从严治党

加快建设宁波现代化滨海城区，关键在党，关键在党要管党、从严治党。要认真学习贯彻党的十八届六中全会精神，坚持思想建党和制度治党紧密结合，不断增强自我净化、自我完善、自我革新、自我提高能力。

(一)充分凝聚引领发展的思想力量。强化理论武装，组织党员干部认真学习马克思主义和中国特色社会主义理论体系，深入学习党的十八大以来党中央治国理政新理念新思想新战略，把学习党章党规和习近平总书记系列重要讲话精神作为重大政治任务，切实做到真学真懂真信真用，不断坚定理想信念和道路自信、理论自信、制度自信、文化自信。坚持理论联系实际，大兴调查研究之风，着力破解事关发展全局的基础性、根本性问题。加强党校等学习阵地建设，进一步健全各级党组织理论中心组学习制度，深化学习型党组织和学习型干部建设。严格落实意识形态工作责任制，强化舆论阵地管理，加强网络生态治理，弘扬主旋律、传播正能量，牢牢掌握意识形态工作的领导权和主动权。

(二)严守党内政治生活的基本准则。认真学习贯彻《关于新形势下党内政治生活若干准则》《党内监督条例》，牢固树立“四个意识”特别是核心意识、看齐意识，坚定地向党中央看齐、向习近平总书记这个核心看齐，始终做到思想上拥护、政治上维护、行动上紧跟，坚决维护党中央权威和党中央集中统一领导，坚决贯彻落实党中央各项重大决策部署。认真贯彻民主集中制，完善县委和各级党组织议事规则，实施重大决策调研论证制度，落实主要领导末位表态、民主讨论机制。严格执行党政主要领导“五不直接分管”“三重一大”决策记实报备等制度，建立健全重大决策终身追究制度。完善决策落实机制，坚持集体领导和个人分工相结合，强化分管领导的落实责任，保证集体决策执行到位。加强党内民主建设，畅通党员参与讨论党内事务的途径，保障全体党员平等享受权利、履行党员义务。坚持“三会一课”、民主生活会和组织生活会、谈心谈话、民主评议等制度，用好批评和自我批评武器，增强党的组织生活活力。

（三）打造忠诚干净担当的干部队伍。从严加强干部队伍建设，努力打造一支绝对忠诚、干事担当、干净自律、充满活力的铁一般干部队伍。坚持正确选人用人导向，大力选拔任用政治强、懂专业、善治理、敢担当、作风正的干部。建立健全干部正向激励机制，加大关心关爱关怀力度，落实容错免责机制，旗帜鲜明地为敢于担当的干部担当、为敢于负责的干部负责。切实加大培训干部力度，办好“青春塔山”干部读书会，加快提升各级各类干部思想政治素质和业务能力。加强干部梯度储备，健全轮岗交流、一线锻炼、跟踪培养等机制，加大优秀年轻干部选拔力度，统筹做好女干部、党外干部选配，发挥不同年龄段干部积极性。坚持严管就是厚爱，健全日常谈话提醒、函询、诫勉等干部日常管理制度，严格执行领导干部重大事项报告制度，落实“双对双排”制度，健全领导干部实绩考评机制，加大治庸治懒力度，切实做到“能者上、庸者下、劣者汰”。加强退出现职领导干部管理。重视老干部工作。

（四）着力夯实执政为民的基层基础。强化基层党组织领导地位和服务功能，深化推进“党建+”工作模式，继续实施基层党建全面提升三年行动计划，开展“三创三强”活动，推动基层党建“整乡推进、整县提升”。扩大有形有效覆盖，加大产业型、网络型、功能型等基层党组织建设力度。加强基层党组织队伍建设，实施“基层培养选优计划”，选优配强基层带头人队伍，继续做好“第一书记”选派工作，探索实行农村区域治理社区化、主职干部社工化。健全基层干部激励处置双向管理机制，管理上从严，关爱上加重，着力营造心情舒畅、气顺劲足的干事氛围。坚持“和村惠民四步法”，规范农村基层权力运行，实行村级重大决策报备、集体产权交易管理和新增债务申报制度，落实“三资”管理和工程项目管理规定，完善村级“三务”公开制度，促进基层治理民主化法治化规范化。加强基层党员教育管理，推进“两学一做”学习教育常态化，严把党员入口关，严格处置不合格党员，保持基层党员队伍先进性和纯洁性。

（五）持续营造风清气正的政治生态。严格落实全面从严治党党委主体责任、纪委监督责任，强化党委主要负责人第一责任和班子成员“一岗双责”，构建层层抓落实的责任体系。紧抓纪律规矩这一核心，深入贯彻党章和《廉洁自律准则》《纪律处分条例》，把握运用监督执纪“四种形态”，让纪律规矩真正成为带电的“高压线”，成为广大党员干部的行为底线。紧抓改进作风这一重点，毫不松懈落实中央八项规定精神和省市县作风建设相关规定，保持正风肃纪高压态势，坚决整治为官不为，加大问责力度，以整治“四风”的新成效推动党风政风持续好转。大兴实干苦干之风，深化效能革命，密切联系群众，引导推动党员干部顶着困难上、奔着难题去，强化执行力、创造新业绩。紧抓反腐倡廉这一关键，推进监察体制改革，发挥县委巡察利剑作用、纪委派驻监督作用，完善“一案双查”机制，以零容忍的态度惩治腐败。紧抓制度建设这一根本，健全权力运行制约监督体系，推进审计制度改革，推行权力清单和责任清单制度，加大源头防范力度；加强廉政教育阵地建设，强化正反典型和廉政应知应会教育，加快构建不敢腐、不想腐、不能腐的有效机制，实现干部清正、政府清廉、政治清明。

各位代表、同志们，宏伟壮丽的蓝图振奋人心，振兴崛起的使命催人奋进。让我们紧密团结在以习近平同志为核心的党中央周围，在省委和市委的坚强领导下，团结带领广大党员和全县人民，凝心聚力、务实奋进、改革创新、追赶跨越，为加快建设“两强两美”宁波现代化滨海城区而努力奋斗！

政府工作报告

——在象山县第十七届人民代表大会第五次会议上

代县长　黄焕利

（2016年1月21日）

黄焕利在象山县第十七届人民代表大会第五次会议上作政府工作报告。

各位代表：

现在，我代表县人民政府向大会报告政府工作，请予审议，并请县政协委员和其他列席人员提出意见。

一、2015年工作回顾

2015年，面对严峻复杂的国内外经济环境和艰巨繁重的工作任务，县政府在县委的正确领导下，在县人大、县政协的监督支持下，主动适应新常态，深化桥海兴县战略，坚持工业强县不动摇，扎实推进大平台大项目建设，狠抓改革创新、专项治理、民生改善、法治象山各项工作，实现了经济社会平稳发展。预计完成地区生产总值406亿元，比上年增长7%；财政总收入61.4亿元，增长8.4%；固定资产投资160亿元；城乡居民人均可支配收入分别增长9%、10%。

（一）经济发展稳中有进

工业强县扎实推进。深入实施工业强县战略，召开工业强县誓师大会，研究制定17条工业扶持政策，全力稳生产促发展。实现规上工业产值549亿元，完成工业投资56.7亿元。加强企业梯队培育，新增省成长型培育企业10家、国家高新技术企业6家。加快企业上市步伐，云朵网络实现新三板挂牌，合力模具进入上市辅导期，15家企业引入券商合作。开展精准服务企业活动，完善政银企合作机制，帮助企业解决一批实际困难，累计转贷资金20余亿元。加大招商引资力度，全年协议利用外资2.3亿美元，实际利用外资1.2亿美元、内资43亿元，其中浙商回归资金25亿元。努力保持外经贸稳定发展，支持企业开拓国际市场，完成自营出口22.8亿美元、境外承包工程营业额4.8亿美元。推动建筑业转型发展，强化困难企业帮扶，实现建筑业总产值1160亿元，增长3.6%。

农业经济稳步发展。实现农业总产值114亿元，其中渔业总产值84.8亿元；完成农业龙头企业产值77.2亿元。深化农业“两区”建设，新建标准化粮食生产功能区1.4万亩，实施现代农业园区项目7个。推动产业融合发展和适度规模经营，流转土地累计达到19万亩，大塘港区域综合开发有序实施。转变渔业发展方式，完成养殖塘标准化改造1万亩，推广立体综合和生态循环养殖模式5万亩。深入推进渔业领域“一打三整治”，全国清理整治“绝户网”和涉渔“三无”船舶现场会在象召开。重视农业科技应用和品牌建设，新认定市级以上名牌农产品2个、“三品一标”31个，获批国家级农业科技园区。

服务业发展态势良好。实现服务业增加值171亿元，增长14%。大力发展休闲旅游业，全年接待游客1782万人次，旅游经济综合收入162.8亿元，分别增长12.7%、11.4%。旅游项目稳步推进，东海铭城海鲜街、半边山皇冠假日酒店基本建成，宁波工人疗养院、石浦渔港旅游综合改造等项目积极实施。乡村旅游蓬勃发展，新增省级农家乐特色村3个，被农业部、国家旅游局评为全国休闲农业与乡村旅游示范县。优化商贸环境，通过举办节庆、发展夜市等拉动市场消费，实现社会消费品零售总额150亿元，增长10%。推动商贸集聚发展，国际风情街投入运行，汽车广场初步形成，创建省级放心农贸市场3家。发展电子商务，电商创业园24家落户企业完成销售额1.2亿元，县级农村电商运营中心及55个村级服务站建成运营。加大金融服务实体经济力度，防范化解企业资金链、担保链风险，强化重点领域融资保障，新增贷款33.2亿元。

(二)发展基础得到夯实

平台开发稳步推进。改革经济开发区、产业区管理体制，提升园区服务功能。加快生产生活配套设施建设，完成投资5.7亿元。强化项目引进建设，新增投产企业23家、落户企业10家。抓好石浦经贸合作区建设，国际水产冷链物流基地一期主体完工，石浦港主航道一期工程动建，石浦港口岸对外临时开放。全面启动象保合作区基础配套建设，新引进商贸项目26个，实现税收6100万元。推进大目湾新城开发，主干道基本贯通，功能性项目稳步实施，完成投资22亿元。增强影视文化产业区集聚功能，接待拍摄剧组51个，新落户影视文化企业52家，浙江广电影视基地一期主体建成。

重点改革持续深化。加快“四张清单一张网”建设，健全清单动态调整机制，推进权力清单、责任清单向乡镇(街道)延伸。有序实施行政体制改革，新一轮政府机构改革顺利完成，综合行政执法体制改革着手启动。开展不动产登记制度改革，整合不动产登记职责，成立登记服务中心。深化行政审批制度改革，落实“五证合一”商事登记制度，建立基本建设项目快速审批机制，工业项目审批时限缩减一半以上。推进投融资体制改革，探索PPP实施模式，启动整合政府投融资平台。加强农村产权制度改革，搭建县、镇、村三级产权交易平台，基本完成农村经济合作社股份合作制改革。

创新能力逐步增强。推进创新平台建设，建立象山海洋科技人才创业园，县科技创业园被列为市创客服务中心，新增市级以上工程技术中心7家、省级院士工作站1家。加强企业自主创新，开展市级以上科技项目30个，新增市级新产品160个。深化“四换三名”工程，实施“机器换人”项目25个、“两化”融合项目36个。加大招才引智力度，引进海外高层次人才创业项目6个，宁波工程学院象山研究院服务功能进一步发挥，宁波中科大数据智慧应用研究院挂牌成立。

(三)城乡面貌持续改观

专项治理深入开展。大力推进“五水共治”，完成企业治污改造374家，新建城镇污水管网72公里、农村生活污水处理村130个，整治畜禽养殖场539家、黑臭河38条，“清三河”达标县创建通过市级验收。提升防洪排涝能力，完成新丰路排洪渠改造、丹城南片防洪排涝一期工程，西周和大塘港防洪排涝工程扎实推进，山塘分类治理在全省率先完成。深化“三改一拆”，改造旧住宅区、旧厂区、城中村157.5万平方米，拆除违法建筑119.1万平方米，减少民间信仰场所247处，实现“无违建乡镇(街道)”创建全覆盖。开展棚户区改造，青草巷、罐头厂、塔山路及石浦临海路区块启动实施。抓好“两路两侧”“四边三化”治理，完成乱搭乱建、山体复绿等整治510处，迁移坟墓5646座。强化生态环境治理，完成大唐乌沙山电厂2台机组烟气清洁化改造，淘汰高污染燃料锅炉56台、黄标车2131辆，规上工业万元增加值能耗下降6.5%。

城乡建设力度加大。强化规划引领，积极推进“多规合一”，完成县域总体规划评估，土地利用总体规划调整获省政府批准。加快城区功能性项目建设，南部新城商务中心一期投入使用，一兆韦德体育广场、象山港一号文化广场、申怡广场积极推进。完善市政设施，客运东站动建，3条“断头路”实现贯通，新增停车泊位2784个。加快卫星城和中心镇发展，石浦入选国家建制镇示范试点，西周、贤庠等乡镇建设取得新进展。开展“四城”联创，市场管理、文明出行等整治深入开展，南大河滨水景观带建设扎实推进，建成市级森林城镇2个、森林村庄17个。深化美丽乡村建设，开展农村环境集中整治，新实施“一户多宅”清理和村庄梳理式改造195个，“四村一线”建设水平进一步提升。

基础设施不断完善。出台重点工程督查办法，健全工作推进机制，86项重点工程完成投资104亿元。加快完善交通路网，三门湾大桥及接线工程象山段全线建设，高速新桥、东陈茅洋连接线及大金山隧道二期动建，环象山港公路林善岙至黄避岙段建成通车。拓展用地空间，黄沙岙围涂基本完工，水糊涂二期、大中庄围涂加快推进，东海涂围垦防洪潮工程完成工可编制。强化用电保障，220千伏湾山变、110千伏新丹城变建成投用。

（四）公共服务逐步改善

保障体系更加健全。统筹做好就业服务，帮助大学生创业就业，城镇登记失业率控制在2%。深入开展全民参保登记，健全被征地人员、渔民养老保障制度，本地户籍人员养老保险参保率达到87.2%。强化城乡住房保障，新建保障性住房10万平方米，解除危旧房10.4万平方米。廉租房和公租房并轨管理，住房公积金提取放贷9.4亿元。深化养老服务体系建设，鼓励社会资本参与养老服务，新增民办养老机构4家，建成农村居家养老公寓房605套。加强社会救助，城乡低保标准再次提高，医疗救助、临时救助力度加大，慈善援助、扶残助残、红十字等工作扎实开展。落实优抚安置政策，全国双拥模范县建设全面推进。

社会事业协调发展。深化海洋文化强县建设，第十八届中国开渔节、第十一届中国海洋论坛成功举办，完成县博物馆、健身休闲步道等一批文体设施建设，各类文化惠民活动深入开展。推进教育现代化，象山中学成功创建省一级特色示范学校，象山二中与镇海中学开展联合办学，新改建学校（幼儿园）10所，通过全国义务教育发展基本均衡县复评。提高医疗卫生服务水平，区域医联体建设不断深化，县急救中心组建成立，家庭医生契约式服务逐步推行。加强人口计生管理，出生人口性别比得到控制。强化科普宣传，全国科普示范县创建通过验收。工会、共青团、妇联及工商联、文联等作用有效发挥，档案、外事、烟草、盐业等管理进一步加强，民族宗教、侨务、对台、方志、老龄、邮政等工作实现新进展。

社会治理不断改进。推进法治象山建设，拓展社会治理三大创新平台功能，完善“一张网”基层治理网格体系，社会治理法治化水平得到提高。深化平安象山建设，加大各类违法犯罪活动打击力度，深入开展安全生产大排查大整治，连续9年评为省平安县，荣获“平安银鼎”。实施重大决策风险评估，依法规范信访秩序，一批矛盾纠纷有效化解。强化食品药品安全监管，防止重大食品药品安全事故发生。加强社区管理，改善社区服务用房，社区服务品牌建设扎实推进。高度重视防灾减灾体系建设，开展公众应急避险教育，成功防御“灿鸿”台风等自然灾害。

（五）政府自身建设切实加强

行政效能有效提升。扎实开展“三严三实”专题教育，强化守纪律讲规矩意识，抓好重点问题整改，一批实事难题得到破解。大力整治“四风”，持续开展正风肃纪行动，先后查处违规人员37名。推行“岗位对责、绩效对账”制度，着力整治“中梗阻”等问题，行政机关执行力进一步增强。强化行政问责，完善机关工作人员问责办法，发挥电视网络问政监督作用，累计问责工作推进不力人员78名。

依法行政得到加强。认真执行重大事项向人大报告、政协协商制度，全年承办人大代表建议231件、政协委员提案256件。完善领导干部集体学法制度，推行县管干部任前依法行政考察，各级公务人员法律素养得到增强。健全行政决策机制，实行重大行政决策清单制度，加强行政机关合同管理，深化政府信息公开，政府行政行为进一步规范透明。强化行政执法监督，推进行政复议规范化建设，落实行政机关负责人依法出庭应诉制度。

廉政建设深入推进。全面落实党风廉政建设“一岗双责”，深入实施“一案双查”制度，坚决查处违纪违法案件。配合做好省委第二巡视组巡视工作，切实抓好反馈问题整改，进一步提高行政管理水平。推行主要领导“五不直接分管”制度，实行重大工作事项请示报告，建立巡查工作机制，廉政监督体系不断健全。加大审计监督、行政监察力度，出台政府债务管理办法，规范政府投资项目招投标和政府采购程序。强化机关事务管理，厉行勤俭节约、反对铺张浪费，“三公”经费支出下降22.5%。

各位代表，2015年是“十二五”收官之年。回顾“十二五”，全县上下深入实施桥海兴县战略，全面推进“两区”建设，经济社会实现持续健康发展。五年来，我们坚持扩大总量、优化结构，综合实力明显增强。“千百十”工程全面完成，产业平台基本成型，海洋经济加快发展，地区生产总值、财政收入分别突破400亿元、60亿元，农业总产值稳居全省首位，工业经济迈入全省第二梯队，旅游服务业快速增长，建筑业总产值跨上千亿台阶。五年来，我们坚持以城带乡、协调发展，城乡面貌明显改善。基础设施体系发生质的变化，象山港大桥建成通车，三门湾大桥及接线工程开工建设，城乡供水实现一体化。人居环境得到优化，城市框架进一步扩大，美丽乡村建设全省领先，治水拆违深入推进，国家级生态县创建十年功成。五年来，我们坚持解放思想、大胆尝试，改革开放不断深入。重点领域改革有力推进，政府职能加快转变，行政审批效率大幅提升，海洋管理创新等改革走在全国前列。对外开放合作水平进一步提升，累计实际利用外资4.9亿美元、内资183亿元。五年来，我们坚持共建共享、惠民利民，人民生活质量不断提高。民生投入逐年增长，城乡收入差距逐步缩小，社会保障体系日趋健全，社会事业全面进步，法治象山、平安象山建设取得新成效，省示范文明县城、国家卫生县城、全国义务教育发展基本均衡县、省卫生强县成功创建。

各位代表，"十二五"期间尤其是过去的一年，全县人民同心协力、共克时艰，携手走过了一段难忘的奋斗历程，取得了难得的发展成果。这些成绩的取得，离不开上级党委、政府和县委的正确领导，离不开社会各界的大力支持，更离不开全县人民的奋力拼搏。在此，我谨代表县人民政府，向全县人民，向县人大代表、政协委员，向离退休老同志，向各民主党派、社会各界人士，向驻象部队、武警官兵，以及所有关心支持象山发展的海内外朋友，表示衷心的感谢！

同时，我们也清醒地认识到，当前我县经济社会发展中还存在不少困难和问题：地区生产总值、规上工业产值、固定资产投资等年度目标未能完成，部分行业和企业生产经营困难，资金链、担保链风险增大。转型升级步伐不快，创新驱动发展基础还不够扎实，重大项目招商难、落地难，区域竞争压力较大。财政收支平衡难度加大，城乡建设、环境保护等领域还有不少薄弱环节，社会事业投入与群众所需所求仍有差距，维护社会稳定、公共安全任务艰巨。政府自身建设有待加强，少数单位和部分干部法治意识、服务意识、担当意识不强，消极腐败现象依然存在。对于这些问题，我们将认真研究对策措施，切实加以解决，努力把各项工作做得更好。

二、"十三五"发展展望

"十三五"时期，是象山适应变革新时代、开启转型跨越新征程的关键期，是高水平全面建成小康社会的决胜期，也是加强制度供给、实现治理能力和治理体系现代化的攻坚期，既面临大有可为的重大战略机遇，也存在诸多矛盾风险的严峻挑战。一方面，新一轮科技革命和产业变革蓄势待发，我国大力实施"一带一路"、京津冀协同发展、长江经济带战略，省市推进海洋经济强省、港口经济圈建设，以及沈海高速甬台温复线全线建成，有利于象山更好发挥海洋、生态、文化优势，建设更高层次开发开放平台，激发县域发展潜能，推动振兴崛起。另一方面，宏观环境不稳定不确定因素增多，围绕人才、技术、平台等高端资源的竞争更趋激烈，象山发展也面临体制性、结构性、素质性的矛盾和问题。为此，我们必须增强机遇意识、忧患意识、责任意识，始终保持昂扬向上、奋发有为的精神状态，科学谋划、真抓实干，努力开创"十三五"发展新局面。

根据《中共象山县委关于制定象山县国民经济和社会发展第十三个五年规划的建议》，"十三五"发展的指导思想是：高举中国特色社会主义伟大旗帜，以邓小平理论、"三个代表"重要思想和科学发展观为指导，深入贯彻习近平总书记系列重要讲话精神，落实中央"四个全面"战略布局和省委"八八战略"、市委"双驱动四治理"战略部署，坚持创新、协调、绿色、开放、共享的发展理念，以转型升级为主线，以提高发展质量和效益为中心，实施"双突破双驱动"发展战略，着力打造"一城四地"，推动县域发展高标准振兴崛起，高水平全面建成小康社会，加快建设现代化滨海休闲城市。

总体目标是：到2020年，高水平全面建成小康社会，推动县域发展高标准振兴崛起。县域竞争力和综合实力显著提升，地区生产总值、财政总收入年均增长7.5%，固定资产投资五年累计达到1200亿元，规上工业产值达到1000亿元，城镇化率达到60%以上，城乡居民收入年均增长8%以上，基本公共服务均等化、优质化水平不断提高，现代社会治理体系基本形成，群众的获得感和满意度不断提升。根据象山资源禀赋和现实基础，着力打造"一城四地"发展新格局。

——打造精美滨海之城。"一主一副三组团"城镇格局全面形成，历史记忆、山海风貌、半岛风情的地域特色充分展现，美丽县城、特色小城镇和美丽乡村建设更加精致，休闲体验功能更加突出，宜居宜业宜游品质明显提升，成为全省乃至长三角更具影响力的精美滨海之城。

——打造浙江省海洋新兴产业基地。工业强县取得明显进展,临港装备工业园、象保合作区等发展平台建设水平明显提高,以高端制造业为主的产业体系加快形成。海洋资源优势加速转化,海洋科技创新活跃,专业人才支撑有力,新能源、海工装备、海洋生物、海洋新材料等海洋新兴产业突破发展,成为全省海洋新兴产业基地。

——打造长三角滨海休闲度假胜地。海洋、生态、文化综合优势全面凸显,海洋旅游突破发展,文化体验旅游大力推进,生态旅游蓬勃兴起,乡村休闲旅游厚积薄发,滨海休闲体系进一步完善,全域景区化格局基本形成,成为长三角滨海休闲度假胜地。

——打造国家级现代农渔业示范基地。"一核一带多园百点"现代农业布局全面构建,特色农渔产业不断壮大,农业生态循环体系、一二三产业融合体系形成,农业规模化、农民职业化引领作用充分发挥,农产品质量安全全过程监管体系、现代农业科技创新推广体系、农业社会化服务体系健全,成为全国现代农渔业示范基地。

——打造浙江省海洋特色文化高地。国家级海洋渔文化生态保护实验区建设扎实推进,文化遗产保护与传承有效落实,文化积淀明显提升,海洋特色文化产业体系进一步健全,渔文化产业链基本形成并不断完善壮大,海洋影视产业快速发展,建成国家级影视产业基地。

为实现上述目标,我们必须抢抓机遇、乘势而上,全力实施"双突破双驱动"发展战略。一是突破工业和旅游发展,加快建设实力象山。始终把工业强县摆在首位,全力以赴推动工业经济全面振兴,"奋战二三五,跻身一梯队"。做大做强旅游业,全面提升休闲旅游发展质量和效益,打造象山崛起新支撑。推进现代农渔业发展,健全新型农业产业体系,打响象山现代生态农业品牌。积极参与港口经济圈建设,大力发展湾区经济,培植发展新动力。二是强化改革和创新驱动,加快建设活力象山。全面推进县域经济体制改革,进一步转变政府职能,形成有利于创新发展的体制机制。认真谋划新一轮对外开放,推动开放型经济转型升级,拓展经济增长新空间。健全创业创新生态系统,促进大众创业、万众创新。三是着力提升城乡品质,加快建设美丽象山。主动对接、积极融入宁波都市区,推进现代基础设施建设,完善城市服务和管理,不断增强城市功能。进一步改善区位条件,研究筹建象山港二通道及城际铁路。深化生态文明建设,提升生态保护和治理水平,推进城乡协调绿色发展,彰显生态优势,建设独具魅力的滨海之城。四是坚持惠民安民为本,加快建设幸福象山。创新公共服务提供方式,增强公共服务供给,切实保障和改善民生,进一步增强群众的获得感。深化法治象山、平安象山建设,推进社会治理精细化,构建全民共建共享的社会治理格局。

三、2016年工作建议

2016年是"十三五"发展开局之年。按照中央经济工作会议关于结构性改革和"去产能、去库存、去杠杆、降成本、补短板"五大任务要求,根据县委十三届九次全会部署,今年政府工作将积极适应新常态,坚持稳中求进工作总基调,统筹做好稳增长、促转型、抓改革、惠民生、防风险各项工作,推动经济社会平稳健康发展,努力实现"十三五"发展良好开局。主要预期目标是:实现地区生产总值442亿元,增长7.5%;财政总收入66亿元,增长7.5%;固定资产投资176亿元,增长10%;社会消费品零售总额165亿元,增长10%;城乡居民人均可支配收入分别增长8%、9%。围绕上述目标,重点抓好以下七方面工作:

(一)建设工业强县,推进工业振兴发展

实施强链强企工程。始终把工业发展作为重中之重,夯实工业强县基础,完成规上工业产值580亿元,增长6%。发挥海港、海湾、海岛优势,培育壮大以海洋装备为重点的海洋新兴产业。编制新能源及电力装备、海洋高技术及生命健康、汽车部件及模具制造、针织服装及时尚休闲四大重点产业发展规划,引导企业共建产业联盟,打造区域优势产业集群。坚持扶强扶优,推进"三名"企业培育,实施科技型"小巨人"计划,优化企业梯队结构。加大政策扶持力度,支持企业上市发展,力争新上市、挂牌企业3家。加强企业家队伍建设,实施新生代企业家成长工程。

推进强区强镇建设。按照"一区多园"模式,整合优化发展平台,实施强区扩权改革,提升经济开发区建设水平。完善园区规划,突出专业园建设,加快临港装备工业园创建省级能源装备高新园。

推进石浦经贸合作区和象保合作区建设，做好综合保税区创建工作，抓紧实施生产力中心、石斑鱼产业化合作示范基地等项目。加强口岸建设，落实石浦港口岸对外开放工作，开展石浦港清淤，完成石浦港主航道一期炸礁工程。实施工业强镇培育计划，加大政策倾斜力度，强化工业发展支撑。整合提升乡镇工业功能区，有序发展特色产业园、中小企业创业园。

加大招商引资力度。优化利用外资环境，培育招商新优势，全年协议利用外资2.5亿美元，实际利用外资1.3亿美元、内资47.3亿元。构筑大招商格局，实行重大招商项目县级领导全程领衔机制，强化园区与驻外机构、重点部门、乡镇联动招商，优化招商氛围。开展产业链招商，深化浙商回归工程，全力引进一批大项目好项目。狠抓项目落地，推行招商项目全程跟踪服务，做好外来资本与本地产业嫁接文章，完成工业投资60亿元。发挥出口退税、信用保险等政策作用，完善外贸服务平台，促进外贸稳步发展，实现自营出口24亿美元。加快“走出去”步伐，稳步拓展境外工程承包业务，引导企业开展海外并购、建立境外基地，积极参与国际竞争与合作。

深化建筑强县建设。适应建筑业发展新趋势，推动建筑业提档升级，完成建筑业总产值1220亿元。转变建筑业发展方式，推进新型建筑工业化，引导发展绿色建筑。优化建筑业结构，积极推行工程总承包，支持建筑企业拓展PPP业务。抢抓“一带一路”等发展机遇，推动抱团开拓市场，巩固传统市场份额，拓展中西部地区和海外市场。加快构建新型建筑业服务体系，强化金融保障、人才培养、资质就位等服务。完善建筑企业管理模式，推动实施项目经理委派制，提升企业风险防范能力。优化建筑业经营环境，完善司法部门联动机制，切实维护企业合法权益。

（二）突出旅游业引领，提升现代服务业水平

突破旅游发展。建立县旅游委员会，制定全域旅游三年行动计划，推动旅游业大整合、大发展。召开旅游业发展大会，出台旅游业扶持政策，充分调动各方面发展旅游积极性，全年接待游客1900万人次以上。着力提升旅游品质，以大景区理念发展旅游集聚区。开展松兰山国家级旅游度假区创建，抓好东海铭城、白沙湾度假村等项目建设，提升区域功能和发展品质。积极打造石浦渔港国家级海洋渔文化休闲旅游目的地，推进港、城、海、岛联动开发，基本建成宁波工人疗养院，建设半边山五彩渔镇、花岙岛地质公园。提升影视文化旅游业，完善影视文化产业链，建成浙江广电影视基地二期，建设游客影视体验中心。鼓励发展品质民宿，创建省市休闲旅游（示范）基地3家，促进乡村旅游提质升档。完善旅游服务体系和保障体系，推进智慧旅游建设，优化旅游市场环境。实施“旅游+”行动，推动旅游业与其他产业深度融合，扩大旅游富民强县效应。

活跃市场消费。优化区域商贸布局，加强商圈培育，引进品牌商家，推动商贸繁荣发展。加快重点商贸项目建设，建成申怡广场，完成汪家河菜市场改造，争取动建鑫海广场。引导发展夜市经济，建设一批特色街区，促进消费升级。健全商贸流通体系，推进农超对接、直供直销。增强城镇商贸服务功能，加快农村菜市场改造，推动实施申菱商业综合体等项目。强化粮食供应保障，建成定塘粮库，动建石浦、西周粮库。发挥市场机制在化解房地产库存中的基础性作用，着力稳定房地产市场。

发展新兴服务业。推动特色产业与电子商务融合发展，引导企业入驻电子商务创业园，通过“互联网+”等模式开展线上线下一体化经营，扩大营销渠道。实施健康养生产业发展规划，培育健康养生产业。加快发展现代物流业，建设现代物流园区公共服务中心，建立物流企业网站。稳步发展金融服务业，支持信用联社商业银行改制，鼓励金融产品创新，年末金融机构新增贷款50亿元。依法打击各类非法金融活动，集中精力化解不良贷款，维护良好金融生态环境。积极培育新兴服务业态，着力发展科技信息、商务中介等产业，构建现代服务业新体系。

（三）夯实“三农”基础，扎实推进新农村建设

发展现代精品农业。优化农业产业布局，新建标准化粮食功能区5000亩，加快建设大塘港国家级农业综合示范区。推进生态循环农业发展，组建农产品产业联盟，打响有机绿色、无公害原产地品牌。转变农业发展方式，促进一二三产业融合发展。推动渔业转型升级，稳步发展现代捕捞业，推广生态健康养殖和设施渔业。加强渔业资源保护，

进一步抓好海洋牧场建设和海岸带整治修复。培育新型农业经营主体,鼓励大学生投身发展现代农业,新增市级以上龙头企业2家、示范性家庭农场5家。加强农技服务,健全农业技术推广体系。

促进农民持续增收。深化强村富民工程,探索多种集体经济发展模式,着力壮大村级集体经济。大力发展农村电商和乡村旅游,建成农村电商服务站150个、农家客栈示范村30个。推进农村"三资"管理规范化、标准化建设,控制村级债务规模,提升农村集体财务管理水平。实施农村普惠金融,丰富农村抵押贷款品种,新增涉农贷款10亿元。优化农业基层服务,加大产业型、技术型帮扶,强化低收入农户培训,努力增加农民收入。

深化美丽乡村建设。实施农村品质提升行动,凸显半岛山海风貌、田园风光特色,打造美丽乡村升级版。开展美丽乡村精品线、示范镇分类建设,争创省级新农村建设示范县。巩固农村环境整治成果,建立环卫保洁长效机制,深化"美丽庭院"创建,促进农村环境洁化美化。加强农村生态环境保护提升,加快农村生活污水处理设施建设,推进农业面源污染治理。统筹村庄整治建设,基本完成全县"一户多宅"清理和梳理式改造。

(四)强化改革创新,激发区域发展活力

狠抓改革攻坚。加强改革试点,健全改革推进机制,统筹抓好改革试点项目。以政府自身改革撬动经济社会各领域改革,创新发展体制机制。加快投融资体制改革,组建水务、旅游等集团公司,健全PPP政策体系,构建多元化投资主体格局。推进户籍制度改革,实施居住证制度,促进城镇常住人口有序市民化。建立健全不动产登记制度,完善农村产权交易体系,规范产权流转交易。深化农村综合改革,全面开展农村产权确权颁证。整合涉农政策性资金,进一步提高资金使用绩效。

加强创业创新。推进创业、创新、创投联动,努力构建良好的创业创新生态圈。培育特色小镇和创客空间,提升县科技创业园、海洋科技人才创业园功能,完善创业服务体系,努力打造大众创业高地。突出企业创新主体地位,加强企业研究院梯队培育,新增国家高新技术企业5家、创新型初创企业100家,新建市级以上工程技术中心5家。深化产学研合作,推动校企协同创新。积极引进各类创投机构,联合设立产业发展基金,建立多元化科技金融服务体系。加大人才引进力度,鼓励象山籍人才回归,引进高层次人才创业项目10个。完善人才综合服务体系,妥善解决人才工作生活问题,让人才扎根象山干事创业。

优化发展环境。出台优化发展环境实施意见,建立公共服务测评体系,统筹提升服务环境和市场环境。高度重视投资者,尊重纳税人,关爱企业家,大力营造重商护企的良好氛围。开展"带着感情走企业、带着问题走企业"活动,推动各级干部精准服务企业,增强企业投资和发展信心。清理规范企业各类收费,落实企业减负政策,打好降低企业成本"组合拳"。强化审批事项动态管理,健全中介服务竞争机制,进一步提速项目审批。加强建设环境整治,整顿规范建材市场,坚决打击强揽工程、阻扰施工等行为。

(五)提升城市品质,加快新型城镇化步伐

完善城镇功能。遵循城市发展规律,推动城市发展由外延扩张向内涵提升转变。优化城市空间布局,开展县域总体规划修编。实施美丽县城三年行动计划,抓好城区未利用土地整治开发,着力建设一批功能性项目。积极创建省级园林城市,建设殷夫公园二期、南大河滨水景观带,实施史家山隧道、戴港高速出入口等重要节点景观改造。推进大目湾新城开发,加快华美主题乐园建设,基本建成亲和源养老项目,实现浙师大附属大目湾实验学校招生开学。强化卫星城建设和中心镇培育,深化石浦国家级建制镇改革,促进西周、贤庠中心镇产城融合发展,推动鹤浦、定塘等城镇协调发展。巩固"无违建县"创建成果,加大重点区域拆违攻坚力度,坚决遏制新增违法建筑。实行棚户区改造竞争性征收机制,推行货币化安置,全面推进青草巷等区块改造,启动二期棚户区改造。加强危旧房监管排查,落实解危措施,切实抓好危旧房改造。

加强城市管理。树立"精细化、智慧化、社会化"理念,整合资源优势,完善工作机制,着力提高城市管理水平。创新城市管理模式,组建智慧城管指挥中心。深化交通拥堵治理,建设客运东站、环城西路,实施沿海南线滨海大道至金开路拓宽工程,进一步完善公共停车场等设施。强化社区建设管理,增强社区服务功能。提升物业管理水平,继续推进老小区改造。加大治废力度,深入开展建筑垃圾、餐厨垃圾管理整治。

加大基础投入。强化项目攻坚,完善项目联系、督查等机制,全年安排重点工程79项,年度计划投资117亿元。加快交通网络建设,实现环象山港公路全线通车,推进三门湾大桥及接线工程和高速新桥、东陈茅洋连接线建设,实施高速定塘连接线、丹大线、石三线改建工程,力争动建石浦高速连接线。抓好围垦工程建设,续建水糊涂二期、黄沙岙、大中庄等围垦工程,动建东海浍围垦防洪潮工程。优化电网布局,建成110千伏城北变,动建110千伏柴溪变、石浦变。加快供气、供水、通信等管网建设,启动管输天然气管网工程前期。

推进生态建设。深化"五水共治",创建省级"清三河"达标县。加快治水项目建设,建成贤庠污水处理系统和中心城区污水三期、石浦科技园区污水一期、鹤浦污水处理厂,续建中心城区、西周、大塘港防洪排涝等项目。推进"两路两侧""四边三化"治理,加强公路主干道沿线整治,完成45个矿山生态修复。加大植树造林力度,平原绿化2000亩,争创省级森林城市。强化生态环境综合治理,深入开展清洁空气、清洁水源、清洁土壤行动,推进生活垃圾分类处理,启动国家级生态文明示范县创建。抓好节能减排,实施印花行业整治、燃煤锅炉淘汰改造,新增清洁生产企业10家,确保万元生产总值能耗下降率、主要污染物削减量完成年度目标任务。

(六)加强民生保障,持续增进群众福祉

深化文化强县建设。推进国家级海洋渔文化生态保护实验区建设,办好中国海洋论坛和中国开渔节,做好宁波市"东亚文化之都"象山特色文化展示工作,着力扩大象山文化影响力。加强文艺精品创作,巩固非物质文化遗产保护成果,提升海洋文化特色。传承弘扬优秀传统文化,做好名人名村名居保护工作。完善公共文化服务体系,健全公共文体设施网络,提升广播电视服务水平,不断丰富群众文化生活。强化文化重点企业扶持,壮大影视传媒、文化旅游等产业。贯彻落实全民健身计划,培育海洋休闲体育,支持老年体育事业发展。

加快发展社会事业。深化教育教学改革,加强学校精细化管理,提升各级各类教育质量,争创省教育现代化县。改善办学条件,争取动建工业示范园集成小学、象山电大迁建工程,全面推进智慧教育。加大名校长名教师培养力度,强化师德师风建设,提高教师整体素质。健全医疗卫生服务体系,继续开展公立医院改革,支持发展民营医疗机构,全面推行家庭医生契约式服务,成功创建省级慢性病综合防控示范县。完善卫生基础设施,迁建县中医院,新改建乡镇卫生院7家。落实"全面两孩"政策,促进人口均衡发展。支持工会、共青团、妇联、工商联等开展工作,加强档案、方志、外事、侨务管理,推进民族宗教、老干部、老龄、邮政等事业进一步发展。

健全社会保障制度。拓宽就业渠道,强化就业服务,促进多途径就业。完善全民参保体系,深化社保扩面提质,推动社会保险从制度全覆盖向人员全覆盖转变。加强保障性住房建设管理,保障质量安全和分配公平。提升社会救助水平,完善精准扶贫机制,进一步加大对困难群众的关爱和帮扶。实施残疾人共享小康工程,发展红十字、慈善公益事业。推进养老服务业综合改革,探索养老机构公建民营机制。深化双拥共建活动,做好优抚安置工作。

(七)创新社会治理,维护社会和谐稳定

提高公共文明水平。培育和践行社会主义核心价值观,强化"善行象山"品牌建设,弘扬社会正气。推进文明城市创建,持续开展"文明象山"系列活动,加大基层文明创建力度,做好国家卫生县城复评工作。推进移风易俗,规范操办婚丧喜庆有关事宜,推行文明殡葬,倡导文明新风。壮大志愿者队伍,建立志愿服务网络平台,打造志愿服务品牌。加快基层科普设施建设,强化科学知识普及。重视关心下一代工作,广泛开展青少年爱国主义教育和思想道德建设。

促进社会公平正义。全面深化法治象山建设,推进多层次多领域依法治理,以法治守护公平正义。开展"七五"普法教育,健全城乡公共法律服务体系,增强全民法治观念,推动全社会学法守法用法。加快社会信用体系建设,建立守信激励和失信惩戒机制,营造诚实守信社会环境。创新基层社会治理,规范发展社会组织,发挥村规民约作用,提升基层自治水平。谋划开展村级组织换届工作,配齐配强班子,不断增强基层组织战斗力和凝聚力。

深化平安象山建设。健全社会治安立体防控体系,增强"双联"中心服务功能,狠抓治安突出问题整治,全力做好G20峰会等重大活动安保工作。

强化行政、司法、信访良性互动,完善大调解工作体系,建立多元化矛盾解决机制,依法解决群众合理诉求。发挥网络民情会办中心作用,重视网络舆情引导,维护网络安全。落实安全生产责任制,强化重点行业和领域安全监管,坚决防止重大事故发生。健全食品药品全程管控机制,开展阳光厨房、平安药房系列创建,守牢食品药品安全底线。加大应急管理宣教力度,提升基层应急救援保障能力。

各位代表,群众对美好生活的向往,就是我们的奋斗目标。我们将继续围绕群众急需急盼,切实办好环境治理、养老就业、交通出行等八方面民生实事,不断实现好、维护好、发展好群众的根本利益。

四、加强政府自身建设

改革发展任务越是艰巨,政府自身建设越要加强。新的一年,我们将深化改革、转变职能,努力建设负责任、敢担当、办实事、有作为的政府。

(一)*真抓实干,高效勤政*。深化"四张清单一张网"建设,推动简政放权、放管结合、优化服务向纵深发展,促进政府治理能力现代化。突出民生导向,健全为民服务长效机制,切实谋民利、解民忧。大力倡导敢于担当、敢闯敢试精神,着力营造允许试错、宽容失败的良好氛围。进一步精简会议文件,改进文风会风,集中更多时间和精力抓落实、促发展。推进行政效能建设,强化"岗位对责、绩效对账"和政风行风民主评议。健全督查激励问责机制,整治庸政懒政怠政行为,提升政府执行力。

(二)*规范行为,依法行政*。自觉接受人大依法监督、政协民主监督,认真办理人大代表建议、政协委员提案。接受司法监督、社会监督和舆论监督,完善政府内部层级监督和专门监督,让权力在阳光下运行。加强领导干部学法用法,不断增强法治思维、法治意识。完善重大决策目录管理制度,健全重大决策责任倒查机制,确保决策于法有据、科学高效。以公开为常态,强化公共资源配置、社会公益事业等领域信息公开。健全行政执法体制,完成行政综合执法体制改革。严格规范行政执法行为,坚决纠正行政不作为、乱作为。

(三)*清正廉洁,从严治政*。全面落实党风廉政建设主体责任,深化正风肃纪行动,持续推进"四风"整治和腐败惩治。加强干部队伍教育、管理和监督,认真学习贯彻《廉洁自律准则》《纪律处分条例》,争做守纪律、讲规矩表率。坚持用制度管权管事管人,强化行政监察和审计监督,抓好工程招投标、政府采购、国有资产管理等重点领域监管,严肃查处违纪违法行为。加强财政专项资金管理,完善财政预算管理和政府债务风险防控机制。坚持勤俭节约,深化公务用车改革,严控"三公"经费,持续压缩行政成本,用政府的"紧日子"换取群众的"好日子"。

各位代表!机遇成就梦想,拼搏创造未来。让我们在中共象山县委的坚强领导下,凝聚全县人民的智慧和力量,以只争朝夕、奋发有为的精神状态,以雷厉风行、求真务实的工作作风,群策群力谋发展,同心同德干事业,为加快建设现代化滨海休闲城市而努力奋斗!

2016年县政府民生实事项目

一、环境治理方面:完成2台60万千瓦以上燃煤火电机组烟气清洁化改造,烟气排放达到天然气燃气轮机组标准。实施河道清淤40公里,建成村庄水环境整治项目5个。新增农村生活污水处理村80个,铺设污水管网400公里。

二、养老就业方面:新增养老机构床位200张,新建区域性居家养老服务中心1个、农村居家养老公寓房300套、农村养老服务站25个。本地居民养老保险参保率达到88.7%以上。举办就业招聘会60场。开发公益性岗位500个,新增大学生创业100人。完成职业技能培训1万人,培养高技能人才600名。

三、交通出行方面:打通中心城区"断头路"3条。新增停车泊位2500个。新建和提升改善农村公路30公里,新增农村港湾式停靠站80座。实施陆岛交通均等化提升工程,完成4座渡埠(码头)改造。

四、居住改善方面:完成4个老小区改造和9万平方米棚户区拆迁安置,农村危旧房改造200户。建成保障性住房500套,新解决中低收入家庭住房困难500户。完成欠发达村庄整治10个,打造3个省级宜居示范村、6个市级特色村和2个市级中心村。

五、安全保障方面:建成县级公共安全宣传教育基地。完成红十字公益性应急救护培训2200

人。改造提升7家农村菜市场。维修加固3座小型水库和2条海塘，完成内河整治及排涝渠建设4公里。改造40个村290公里自来水管网，解决农村3万农民饮用水安全问题。

六、教育均衡方面：70%以上的幼儿入读普惠性幼儿园。建设规范化心理辅导室20个，在公办中小学校覆盖率达70%以上。全面完成公办中小学校运动场地塑胶化改造。

七、医疗卫生方面：推进家庭医生契约式服务，重点人群（慢性病患者、老年病人、孕产妇、儿童、残疾人）签约服务率达到20%以上。县第一人民医院实施分时段预约挂号服务，门诊科室覆盖率达60%以上。

八、文化体育方面：建成25家农村文化礼堂。新建60个惠民阅读点。建成100公里登山健身步道，更换700件路径器材。

词条释义

“双突破双驱动”战略:指突破工业和旅游发展,强化改革和创新驱动。

“四个意识”:指“政治意识、大局意识、核心意识、看齐意识”。

“三去一降一补”:指国家推进供给侧结构性改革的主要任务,具体内容包括去产能、去库存、去杠杆、降成本、补短板五大任务,最终目的是满足需求,主攻方向是提高供给质量,根本路径是深化改革。

“双带双走”:带着感情经常走,带着问题及时走。

“六个一”:不能有一丝一毫的失误,不能有一丝一毫的纰漏,不能有一丝一毫的差错。

“十大专项行动”:护航G20开展的十大专项行动,即反恐防暴、矛盾纠纷排查化解、治安问题整治、生产安全整治、公共安全整治、出租房屋与流动人口基础排查、重点人员教育稳控、网络空间净化、群防群治、系列平安创建。

“两代表一委员”:党代表、人大代表和政协委员。

“九严禁、九一律”:一是严禁拉帮结派,对搞团团伙伙、结党营私的,一律给予纪律处分。

二是严禁拉票贿选,对在民主推荐和选举中搞拉票、助选等非组织活动的,一律排除出人选名单或者取消候选人资格,并视情节给予纪律处分,贿选的依法处理。参与或帮助他人拉票贿选的,比照为自己拉票贿选的行为依法依规给予处理。

三是严禁买官卖官,对以谋取职务调整、晋升等为目的贿赂他人或者收受贿赂的,一律先停职或者免职,并依纪依法处理。

四是严禁跑官要官,对采取拉关系或者要挟等手段谋取职务或者职级待遇的,一律不得提拔使用。

五是严禁造假骗官,对篡改、伪造干部档案材料的,一律对相关人员给予组织处理或者纪律处分。

六是严禁说情打招呼,对搞封官许愿或者为他人提拔重用说情打招呼的,对私自干预下级干部选拔任用的,一律记录在案,情节严重的严肃追究责任。

七是严禁违规用人,对突击提拔调整干部、超职数配备干部和违反规定程序选拔任用干部的,一律宣布无效,并视情节对相关人员给予纪律处分或组织处理。

八是严禁跑风漏气,对泄露、扩散涉及换届人事安排等保密内容的,一律追究相关人员责任。

九是严禁干扰换届,对造谣、诬告他人或者妨害他人自由行使选举权的,一律严厉查处,涉嫌违法犯罪的移送司法机关处理。

“两不误、两促进”:换届和工作两不误、两促进。

“四创四强”:指创业、创新、创投、创优和强企、强链、强区、强镇,是工业强县建设的主要措施。

“1+9”政策体系:1是指县委、县政府《关于加快推进工业强县的若干意见》,9是指深化招商引资、推进人才创业创新、产业发展基金等9个配套政策。

“一区多园”:合并象山经济开发区管委会和象山产业区管委会,重新组建象山经济开发区管委会,作为县政府派出机构,负责核心区开发,统一编制规划、统一开发建设、统一打造招商平台、统一构建企业增值服务体系。西周生态循环工业园、爵溪针织服装创意产业园实行区镇(街道)

合一的管理体制，分别挂象山经济开发区西周生态循环工业园、象山经济开发区爵溪针织服装创意产业园牌子。

“四换三名”：“四换”指腾笼换鸟、机器换人、空间换地、电商换市；“三名”指名企、名品、名家。

“两化融合”：指信息化和工业化的高层次的深度结合，以信息化带动工业化、以工业化促进信息化，走新型工业化道路。

抓大壮小扶微计划：抓好行业龙头骨干型企业，壮大高成长型的一般规模中小企业，扶持科技型小微企业。

“四全四特”：指全域化打造、全产业融合、全要素整合、全方位保障和建设特色景区、特色小镇、特色乡村、特色民宿，是县全域旅游发展的主要措施。

大孵化器建设计划：主要内容是整合建设县级综合性创新创业平台，培育发展专业孵化器，鼓励兴办各类众创空间。

创新券：科技创新券是以政府购买服务的方式支持工业企业和创业者（包括创客或创业团队）开展创新活动的一种手段，是推动科技服务需求方和供给方有效对接的一种途径。

“科银保”：是象山县科技部门与农村信用合作联社、中国人民财产保险、宁波银行、中国太平洋财产保险等金融机构合作开展的信贷业务，用于支持科技型小微企业科技贷款业务，目标授信8千万元。贷款对象为市级创新型初创企业和县科技型小微企业，贷款按人民银行基准利率发放，保险公司承担80%的保险责任，科技局提供按基准利率25%的上浮幅度贴息补助和不高于3%的全额保证保险费补助。科技信贷所获款项主要用于企业技术攻关、产品研发、科技成果转化和产业化应用推广等科技活动。

“三测合一”：县重点推进的改革项目之一，即将测绘设计、土地勘测、房产测绘等三项职能整合，合并成为一个综合性测量项目，实现流程优化、时间缩短、收费减少。

“1+28”规则体系：1指的是《关于农村产权制度改革的实施意见》，28指的是相关配套文件，具体是《象山县农村产权流转交易管理办法》和农村承包土地经营权、林权、集体建设用地使用权、农民住房财产权、农村集体养殖水面承包经营权、“四荒”（荒山、荒沟、荒丘、荒滩）使用权、集体资产股权、农业生产性设施设备、农业类知识产权等9个品种27条流转、交易、抵押办法细则。

“三位一体”农合联：指构建具有生产、供销、信用“三位一体”服务功能的农民合作经济组织联合会，推动以农户家庭经营为基础、合作与联合为纽带、农业社会化服务体系为支撑的立体式复合型现代农业经营体系加快形成。

涉农资金整合：指对安排用于农村经济社会发展的专项资金进行整合和统筹，是有效解决当前涉农资金管理使用中存在的突出问题，提高涉农资金管理使用效益的主要举措。

“清三河”：是全面贯彻落实省委、省政府“五水共治，治污先行”战略部署的具体举措，重点整治黑河、臭河、垃圾河。

“三改一拆”：指改造旧住宅区、旧厂区、城中村和拆除违法建筑。

“一打三整治”：省环境治理系列组合拳之一，“一打”指依法打击涉渔“三无”船舶和违反伏休规定等违法生产经营行为，“三整治”指开展渔船“船证不符”整治、禁用渔具整治和污染海洋环境行为整治。

“四城”联创：指创建全国文明城市、省文明县、省园林城市、省森林城市。

“斑斓海岸”文明示范线：依托自然景观、生态环境、地域特色与人文风情，宁波市创新推出农村文明示范线创建这一载体，重点打造“五彩四明”“斑斓海岸”“绚丽浙东”三种类型文明示范线，推动实现农村精神文明建设由“盆景”向“风景”转变，全面提升农村精神文明建设水平，更好推进全域化高水平文明城市建设。

基层宣讲“百千万”工程：即百名领导讲党课，千名干部讲政策，万名党员讲故。

“双下沉、两提升”：指省委、省政府为有效破解城乡卫生资源不平衡问题提出的一项工作，主要是以“人才下沉、资源”为手段，支持基层医疗卫生机构“服务能力提升、服务效率提升”。

“五险”:指的是五种保险,包括养老保险、医疗保险、失业保险、工伤保险和生育保险。

“双对双排”:指“岗位对责、绩效对账”“块上排位、线上排位”的干部考核机制。

“网格党建”:在党建领域引入“网格化”管理模式,整合党建资源,形成横向到边、纵向到底的“网格化”管理与服务,提升党建工作管理水平。

“两个责任”:指在落实党风廉政建设责任制过程中,“党委负主体责任,纪委负监督责任”的简称。

“四专”建设:指中央为推进全面从严治党主体责任落实开展的制度建设,主要是确定专门机构、落实专门人员、健全专项制度、构建专门平台。

中央八项规定精神“回头看”工作:为压实中央八项规定,2016年11月,浙江省委部署开展落实中央八项规定精神“回头看”工作。此次“回头看”将在2017年1月底前完成,分为自查自纠、重点督查和整改完善3个阶段,不仅着眼于经验总结、问题整改,还将建立健全更具针对性、实效性、可监督、可遵循的落实中央八项规定精神的制度体系。

监督执纪“四种形态”:第一种,党内关系要正常化,批评和自我批评要经常开展,让咬耳扯袖、红脸出汗成为常态;第二种,党纪轻处分和组织处理要成为大多数;第三种,对严重违纪的重处分、作出重大职务调整应当是少数;第四种,严重违纪涉嫌违法立案审查的只能是极少数。

农业“两区”:指粮食生产功能区和现代农业园区。

“三品一标”:指无公害农产品、绿色食品、有机农产品和农产品地理标志。

“四张清单一张网”:指政府权力清单、责任清单、企业投资负面清单、财政专项资金管理清单以及政务服务网。

PPP:指公私合作模式,是公共基础设施建设中一种项目融资模式,鼓励私营企业、民营资本与政府进行合作,参与公共基础设施建设。

“两路两侧”“四边三化”“两路两侧”:指公路、铁路两侧,“四边三化”指在公路边、铁路边、河边、山边等区域开展洁化、绿化、美化行动。

“四村一线”:指在幸福美丽新农村建设过程中开展的全面小康村、中心村、特色村、提升村和环境整治精品线创建。

“五不直接分管”:指党政正职不直接分管财务、人事、工程项目、行政审批和物资采购等工作。

“两区”:指省海洋综合开发与保护试验区、浙台(象山石浦)经贸合作区。

“千百十”工程:在县委十二届十次全会上提出,是对接大桥转型跨越三年行动计划的核心内容,即培育千家规模企业,建设百个重大项目,实施十大提升行动。

“一主一副三组团”城镇格局:“一主”指以丹东、丹西、爵溪为主中心,协调发展东陈、大徐、墙头等乡镇;“一副”指以石浦为副中心,带动鹤浦、晓塘、高塘岛等乡镇发展;“三组团”分别指以贤庠、黄避岙、涂茨为象山港东部组团,西周为象山港西部组团,定塘、新桥、泗洲头、茅洋为大塘港组团。

“一核一带多园百点”:指以大塘港国家现代农业综合区为核心,谋划建设南韭山—渔山列岛海洋生态经济带,建成一批粮食生产功能区、现代农渔业园区和农渔业特色小镇,培育提升100个左右农渔业精品示范点。

农村“三资”管理:指农村集体“资金、资产、资源”管理。

“双联”中心:指县社会应急联动指挥中心、社会治安动态防控联勤指挥中心。

专 记

第十九届中国开渔节

由浙江省人民政府主办的第十九届中国(象山)开渔节于2016年9月8日—17日在宁波市象山县举办。本届开渔节一共举行了18项活动,由于受到莫兰蒂、马勒卡双台风的影响,开渔节的两项主体活动“开船仪式”和“妈祖巡安仪式”临时取消.主要活动有:祭海仪式(民祭)、第十二届中国海洋论坛开幕暨“美丽象山”微平台启动仪式、第三届中国(象山)海洋文化夜市和第三届海洋文化节活动、青年志愿者蓝色护海行动、“开渔之旅”系列活动等。

9月8日,“一兆韦德体育广场之夜”2016象山县农村文化礼堂“我们的村歌”大赛决赛在县人民广场隆重举行。随着文化礼堂、村民中心建设的不断推进,象山县不少村居的文化礼堂内都响起自己的村歌,通过村歌立体展现广大人民群众对建设美丽乡村的热情和对美好生活的向往。比赛最终评出黄避岙乡塔头旺村《赶小海》、墙头镇下沙村《下沙村赞》和大徐镇杉木洋村《我的家园我的村》3个金奖,以及5个银奖、10个铜奖。

9月9日,第十九届中国(象山)开渔节青年志愿者蓝色护海行动暨“善待海洋 共护幼鱼”志愿项目启动仪式在石浦海丰广场举行。浙江省海洋与渔业局党组成员、副局长童加朝,共青团宁波市委书记鲍娴萍等领导出席仪式。来自县行业部门、共青团组织、公益组织及学校、民个协、商会、渔村、社区的200余名志愿者参加活动。 启动仪式上,省市县领导共同启动“善待海洋 共护幼鱼”志愿者项目,并为志愿者队伍授旗。

9月9日晚上,第十九届中国(象山)开渔节系列活动之一的文化走亲联谊晚会在县人民广场举行。晚会共有14个精品节目,分别由绍兴、岱山、海曙、江东及象山文化馆带来,绍兴莲花落、岱山铜钿花棍、石浦细十番等极具地方特色的节目一一亮相。“馆际联动·美丽文化”文化走亲活动是宁波市各县(市)区文化馆为加强交流合作、体现公共文化服务百姓、提升文化馆社会知名度而联手打造的群文品牌项目,旨在通过馆际工作交流、群文活动联谊等形式,使文化走亲活动更具创新性、互动性、多样性和丰富性。

9月12日下午,“海洋之星”第三届海洋文化节活动在县文化活动中心举行。该次活动以“蓝色海洋,圆梦星途”为主题,旨在弘扬“保护海洋就是保护人类自己”的蓝色护海理念,传播象山特色渔文化,进一步提升全县青少年儿童的蓝色保护意识和创新意识。活动分为服饰手绘大赛与少儿模特大赛两个部分举行,最终有6名小选手分别获得了少儿模特大赛的金银铜奖。

9月12日下午14时18分,第十九届中国(象山)开渔节祭海仪式在中国渔村举行,向世人再现了一场象山渔家古老而又隆重的典礼,也让来自五湖四海的游客享受了一场视觉的盛宴。祭海仪式源自悠久的民俗传统,千百年来,渔民们在出海前总要去敬拜妈祖,祭奠大海,祈求平安、丰收。休渔制度实施以来,这些风俗愈加被渔民看重。如今,祭海典礼已成为中国(象山)开渔节最具特色的活动之一。

9月12日～13日晚上,第四届中国(象山)海洋文化夜市在象山人民广场启幕。该届文化夜市以非遗保护和创新发展为出发点,通过政策引导,积极打造非遗产业高地,在一系列“非遗”展示活动下,通过文化与科技结合,全方位对非遗文化开展保护和创新,成为本届文化夜市的最大亮点。夜市分为夜市大舞台、创客空间区、“非遗”馆、“开渔”展览区、创业集市区、精致生活区、创新创意区等七大模块。这是象山为推广宣传海洋文化，丰富群众文化生活，传承弘扬县域优秀文化，营造象山文化建设良好氛围的又一举措。

9月10日～15日，开渔节“欢乐渔港”戏曲展演活动在石浦古城、延昌宋皇宫、东门渔村及鹤浦镇牧童岙村、高塘岛乡林港村相继进行，活动期间一共举行了36场戏曲表演。

9月13日上午11时，第二届“中国创翼”青年创业创新大赛第二季影视文创类项目签约仪式在国际大酒店举行。“中国创翼”青年创业创新大赛由中国宋庆龄基金会和人力资源社会保障部主办。旨在贯彻落实党中央、国务院关于鼓励创业创新的工作部署，形成“大众创业万众创新”的良好环境，实施好“大学生创业引领计划”，支持新兴产业创业。

9月14日～20日，第二届届“象山·海鲜之都”网络美食文化节举行。该届网络美食文化节将在去年的基础上更加推进市场化运作。美食文化节通过深化与阿里巴巴合作，联合淘宝、天猫、京东等21家主流电商平台，通过农旅结合、乡红直播等形式，有效聚合“旅游与农产品消费”的市场契机，打造“看海景、吃海鲜、购买象山农特产品”完整产业链，进一步强化“中国海鲜之都”的美誉度，着力提升开渔节的品牌价值。

9月16日下午，第十二届中国海洋论坛开幕暨“美丽象山”微平台启动仪式在石浦半岛酒店隆重举行。该次论坛的主题是21世纪海上丝绸之路·海洋旅游，主要有“开幕式”“主旨演讲”“美丽象山”微平台发布仪式等环节。出席该次论坛的主要领导嘉宾有：中国太平洋学会会长、原国家海洋局副局长张宏声，浙江省旅游局副局长叶建国，宁波市旅游局局长励永惠，中国太平洋学会副会长兼秘书长盖广生，中国海洋报社社长赵晓涛，宁波市人民政府副秘书长金伟平，国家、省、市相关部门的有关领导，中国太平洋学会及分会、国内涉海研究机构、国内旅游资深专家、学者，国内各类海洋院校的代表，民族节庆专委会、大数据机构、南方报系、阿里巴巴集团的嘉宾共计200余人。

年内的开渔节，正逢中秋节，县旅游局结合该届开渔节特色活动，继续策划推出祭海仪式、“巡游象山渔文化”等4条开渔之旅体验线路，通过“吹海风，观海景，吃海鲜”的游玩方式，刺激了游客的消费欲望，有力拉动了宾馆、餐饮、娱乐等节日旅游消费。据统计，在9月8日至9月17日期间，全县旅游经济总收入约5.52亿元，接待游客人数36.6万。

开渔节是象山一张精美名片，该届开渔节，执委会秉承“传播大于现场”的理念，精心策划，开展了全方位、多层次、长跨度、立体式的宣传，共有20余家媒体近30名记者到象全程报道开渔节相关活动。由于受台风影响，该届开渔节取消了开船仪式和妈祖巡安两个主体活动，中央电视台、钱江频道等中央、省、市主要媒体最终没有参加开渔节宣传报道。但主流媒体继续强势发声。人民日报、新华社、光明日报、经济日报、中国海洋报、香港商报、台湾中华时报、台湾三立电视、浙江卫视、浙江日报、宁波日报等中央、省、市及海外多家媒体主动参与。据不完全统计，平面媒体共计刊发开渔节相关报道70余篇，广播电视共计播发40余条。新兴媒体增添活力。在注重主流及传统媒体的基础上，年内更加重视发动网站、微博、微信等新兴媒体。据统计，新浪、腾讯、搜狐、凤凰、浙江网络广播电视台、优酷、土豆、酷6、新蓝网等大型视频网站播出或转播了开渔节新闻报道，人民网、新华网、光明网、中国新闻网、网易、今日头条、凤凰网、浙江在线、中国宁波网等网站进行了独家报道，包括新浪、搜狐、腾讯、新民网、中国日报网等在内的40多家网站转载稿件200余篇。本地媒体全程发力。为做好本届开渔节和论坛的宣传工作，县级媒体全力投入，在重要版面、黄金时段开辟“开渔节倒计时”专题、专版、专栏，大篇幅、高密度播出开渔节资讯，确保了该次活动的宣传报道工作全面、立体。《今日象山》共刊发报道100余条，县广播电视台共计播发50余篇，电台48篇。

（象山开渔办）

棚户区改造工作

2016年，象山县共完成房屋征迁签约1882户，合计建筑面积22.94万平方米，占年度计划任务数的123%，其中集体322户（建筑面积6.1万平方米）、国有3060户（建筑面积33.98万平方米）；实际拆除国有623户，共计建筑面积4.17万平方米。安置房源为山水人家二期、欢乐家园三期、人才公寓和塔山路回迁等四个区块，共1224套房源，总建筑面积13.95万平方米，可安置户数1224户。

出台《象山县落地私房容积率补偿补助办法》《象山县住宅用途房屋改为商业用途补偿补助办法》《象山县国有土地上未登记建筑补偿补助方案》《象山县国有土地上房屋征收评估技术规程》等政策，组织调研《关于阳光征迁依法清零工作的思考和建议》等课题。作出国有土地房屋征收决定7件，批准集体所有土地房屋拆迁补偿实施方案2件。罐头厂区块、塔山路区块、园西路和油车巷区块等四个区块作出征收补偿决定20件。

2016年初，象山县实施"阳光征收"模式实施，并以青草巷区块项目为试点，也是象山县规模最大的国有土地上房屋阳光征收项目。8月下旬，青草巷项目区块共完成440户待征收中439户协议签订，协议签订率达99.72%。罐头厂区块项目是县第二个"阳光征收"项目，有被征收对象70户，1月5日，启动协议签订，至2月27日，实现签约63户，签约率为90%。7月，作出塔山路区块征收决定，共有被征收对象117户，8月22日，启动协议签订，至9月30日，实现签约106户，签约率为90.6%。

县征收办以《一期二期棚改项目清零（司法强制）工作计划表》为依据，对各个项目进展情况跟踪落实。至年底，中心城区清零重点区块4个，实现净地交付约3.1万平方米，4个区块分别为罐头厂区块、塔山路区块、油车巷区块和园西路区块。一期二期棚改项目共22户未在规定的时间内签约，其中有2户在扣除10%的奖励的基础上已签约，分别为罐头厂区块1户，塔山路区块1户。一期、二期棚改项目尚剩余20户，其中罐头厂6户、塔山路10户、园西路2户、油车巷2户。罐头厂区块已区分两批向法院提起诉讼，其中第一批已于3月30日开庭，第二批在5月上旬开庭，塔山路已作出补偿决定，等候6个月的诉讼期，油车巷与园西路刚做好专家委员会鉴定，并作出补偿决定。

中心城区三期棚改5个区块共1519户，17.27万平方米，分别为县丹西街道办事处区块、县文昌小区区块、县汪家河区块一、县汪家河区块二、县黄家桥区块。

丹西街道办事处区块，总用地面积33236平方米，总建筑面积36562平方米，总户数231户。2月21日选定评估公司，评估进行中。

文昌小区区块　总用地面积20482平方米，总建筑面积42000平方米，总户数约549户。3月22日选定评估公司，测绘完成，数据核对。

汪家河区块一　总用地面积9571平方米，总建筑面积17398平方米，总户数195户。3月23日选定评估公司，测绘完成，数据核对。

汪家河区块二　总用地面积28661平方米，总建筑面积41001平方米，总户数303户。3月22日评估公司选定，测绘完成，数据核对。

黄家桥区块　总用地面积22000平方米，总建筑面积36927平方米，总户数248户。3月18日选定评估公司，测绘完成，数据核对。

三期棚改已于3月初作出征收决定，5月中旬完成评估报告，5月中旬至6月初开展签约工作，8月搬迁腾空，9月完成全部补偿资金拨付。

石浦老城区谢家弄、倪家弄、幸福路以南区块截止4月19日意愿征询工作同意率均超过97%，5月中旬已作出房屋征收决定。

10月19日，召开棚户区二期改造工作推进会。县委书记叶剑鸣强调，要全县动员、集中力量、全力以赴，加快做好棚改征迁工作，坚决全面打赢棚户区改造硬仗。推进棚改是改善民生的重大举措，是促进经济增长的有效途径，是完善城市功能的现实需要。要坚持"阳光棚改"，把老百姓的利益放首位，建立县级领导联系棚改二期征迁制度，抽调精干力量，集中精力打好房屋征收攻坚战。丹东街道、丹西街道、爵溪街道、石浦镇在会上作表态发言。

（黄般若）

美丽乡村建设

根据市委办公厅、市政府办公厅关于《全面开展幸福美丽新家园建设的意见》文件精神和市"百千"办要求，规范创建标准、完善工作措施、加大建设力度。2016年，全年实施"一户多宅"清理及村庄梳理改造153个村，共拆除"一户多宅"及旧房4496间，13.31万平方米，占地面积20.10公顷，涉及农户1565户。

起草出台《象山县农村生活垃圾分类减量化处理资源化利用工作实施方案》，明确象山县农村五年行动目标及2016年实施项目村共计86个(其中4个市级垃圾分类机器成肥试点村)。

启动完成相对欠发达地区村庄整治建设提升村9个,共投入资金2905万元,拆除危旧房26990平方,新建安置房3990平方,开展立面改造37200平方,硬化道路41525平方,路灯建设355盏,整治村内河道6060米,村庄绿化34500平方。开展内聚外迁移民工作,完成移民安置372户、1143人,涉及到2个镇乡12个行政村。

总投入7360.1万元,共有18个村庄通过市村庄整治建设领导小组验收,其中市级全面小康村10个、市级中心村2个、市级特色村6个,涉及12个乡镇。8月底通过浙江省美丽乡村示范县核查组现场核查,10月由浙江省委发文成为浙江省首批6个示范县之一。

通过浙江省美丽乡村示范县核查组现场核查的村庄,列举如下:

石浦镇马盘村　马盘村位于石浦镇西北部,由马盘、金家两个自然村合并而成,村庄背倚镜架山,面临马盘塘,左迄鸡鸣,右濒昌国,坐西南,朝东北,呈带状分布。现有住户161户、480人,其中党员25名,现有耕地面积27.33公顷、林地47.6公顷、果园8.67公顷。该村深入开展村梳理式改造,对18.67公顷沿山土地进行开发,投资300多万元进行大棚搭建及滴水灌溉系统建设。在8.67公顷沿山土地上建设种植红花、檵木、玫瑰、桂花、美人笑、小芒西梅等树种的经济林及特色果园,先后累计投资近100万元。为提升村内整体视觉效果和打造良好的居住环境,投资近70万元对环村硬化道路进行全面绿化,形成主村道口浓厚的田园小径气息。在主村道口入村处建设一个村中小公园,丰富村民休闲生活,增添乡野色彩。投资50多万元打造农家乐旅游垂钓基地,吸引游客前来旅游,提高村集体和村民收入。先后获得市级全面小康村、市级文明村、县级卫生整治村、县级园林村等多项荣誉称号,2016年成功创建市级特色村。

西周镇陈隘村　陈隘村地处西周镇,全村151户、449人,其中党员26人,现有耕地19.8公顷,林地123.94公顷、旱地8公顷,全村经济总产值800万元。2014年,该村通过村庄梳理改造拆除危旧房73户200多间,共12000余平方米,为美丽乡村建设拆出"空间"。2015至2016年,该村共投入资金517万元用于对村域环境的整体提升打造,其中投入300万元扩展竹排潭溪坑;投入60万元绿化美化村内环境;投入50万元进行上张至陈隘段溪坑改造;投入30万元进行600米道路硬化;投入15万元建造村中心小公园;投入10万元建设停车场4个;投入20万元建造文化长廊;投入7万元建造文化礼堂;投入10万元修造安全防护栏;投入15万元清理上张水库流出淤泥。经过两年的整治提升,陈隘村成功通过验收,成为市级全面小康村。

贤庠镇塘花园村　塘花园村地处贤庠镇东部,由原塘岙、花园弄两个自然村合并而成,现有居民184户、643人,村庄以山地为主,村域面积92.33公顷,其中耕地26.87公顷,林地65.47公顷。该村共投入资金500余万元,实施"三改一拆"、溪坑整治、文化礼堂、休闲公园、村庄绿化、环境整治、宅基地复耕、园地开发等八大项目,实现村庄基础设施、村庄环境面貌、村民生活品质等三大提升。共完成"三改一拆"清理0.11公顷,宅基地复耕1.22公顷,园地开发4公顷,村庄绿化率达到100%,村内环境整洁,垃圾不落地,全面实现村庄净化、绿化、洁化、美化,先后被评为市级生态村、县级文化示范村、县环境整治村等。经过两年的整治提升,该村成功通过验收,成为市级全面小康村。

贤庠镇沈家洋村　沈家洋村位于象山县北部,距县城十三公里,位于盛宁线54K地段,村域面积1.3平方公里,现有人口160户、595人,耕地面积43.33公顷,林地面积69.73公顷,拥有优美的村落环境,历史上有贞洁牌楼沈家洋之称。该村从村情实际出发,确定特色村创建基本实施项目共投入资金367.5万元,其中村庄基础设施和公共服务建设项目包括村庄梳理式改造、村庄内绿化、立面改造、污水处理工程、二次改水工程、溪坑整治、贯通环村道路及硬化,共投资293.8万。村庄特色打造项目,包括牌坊维修及周边景观打造、肚肌岭道路修复、桑岩头池边打造小品节点、四季果园,共投资73.7万。该村先后荣获省级卫生村、市级文明村、市级生态村、县土地流转先进村、县抗旱先进集体、县科技示范村和县级充分就业村等荣誉称号。2016年成功创建市级特色村。

定塘镇小湾塘村　小湾塘村位于定塘镇北部,紧邻象山影视城与新桥镇仅一山之隔,村域面积1.43平方公里,人口208户、724人,其中党员15

名，耕地面积25.26公顷，山林面积90.87公顷，河塘面积2.14公顷。该村共投入283万元资金进行村庄整治提升，其中，投入79万元，对村域进行绿化、水库清淤及河道整治、路灯改造等；投入70万元，新建村办公大楼；投入54万元，打造村口森林休闲公园、荷花休闲公园、新建木质长廊及一座公共厕所，配置垃圾箱40只；投入40万元，完成村口仿古城门楼建设；投入30万元，打造"象山青"柑橘示范基地8公顷，已种植柑橘苗木1500余株；投入10万元，修建休闲区并安装健身器材，配备路灯及草坪灯。经过两年的整治提升，该村成功通过验收，成为市级全面小康村。

定塘镇中坭村　中坭村地处灵岩山脚下，西、南邻大塘港，北接影视城，由原中坭、下灶、山灶、竿头、外塘等五个自然村合并，人口1100户、3827人，拥有耕地面积203.47公顷，山林面积61.03公顷。该村共投入321万元资金进行村庄整治提升，其中，投入181万元，建设占地面积0.53公顷的集聚点文化活动中心；投入55.2万元，建成总长度1.5千米的生态游步道；投入39.8万元，进行村庄环境整治和庭院整治；投入18.7万元进行村庄主干道、集聚点穿村道路两边亮化工程；投入26.3万元，进行河道环境整治，治理灵岩山等小河流2公里。该村先后获得省三星级"民主法制村"、市级文明村、环境整治村等荣誉称号。2016年成功创建市级中心村。

定塘镇漕港村　漕港村位于定塘镇大塘中心地段，与花港村、英山村、中站村和白墩村相邻，在册人口441户、1403人，其中党员35人。村庄区域面积0.6平方公里。该村共投入294万元资金进行村庄整治提升，其中，投入113余万元，新建长度600米的集聚点主道路；投入69余万元，新建集聚点8条支路；投入约40万元，新建集聚点公园和篮球场；投入14万元，修建集聚点排水沟；投入24万元，进行村庄环境整治和庭院整治；投入约34万元进行集聚点道路两边美化亮化工程。同时积极谋划集体经济发展，对村集体9.33公顷养殖塘进行改造并对外承包，每年可增加村集体经济收入28万元。2016年成功创建市级中心村。

新桥镇洋坑村　洋坑村位于新桥镇西北部，人口273户、875人，村民小组6个，村民代表30人，耕地面积43.33顷，林地面积153.33公顷，水域面积24公顷。该村共投入477万元资金进行村庄整治提升，其中，投入150万进行村内污水处理；投入100万元建成820平方米的文化礼堂；投入80万元改造外立面1200平方米、整治穿村溪坑1000米、实施村内绿化3000平方米；投入60万元建成525平方米村居家养老场所；投入40万元进行道路护栏补绿工程；投入30万元完善村公共服务中心；投入17万元进行村庄附近古墓清理。该村先后荣获市文化示范村、县充分就业村、县先进基层党组织等荣誉称号。经过两年的整治提升，该村成功通过验收，成为市级全面小康村。

泗洲头镇金家岙村　金家岙村位于泗洲头镇西南部，村域面积2.22平方公里，现有人口146户、505人，村民小组3个，村民代表21人，现有耕地面积25.93公顷。该村以"拆旧、洁化、绿化、美化"为抓手，全面开展村庄环境整治，投入近360万元，其中投入170万元新建农村会所；投入140万元建设村内污水处理工程；投入25万元对村内溪坑、乱堆放等进行整治提升；投入25万元对村口公园进行改造，修建长廊一座，游步道50米，铺设石板200平方米。该村共计拆除旧房2000平方米，完成村外立面立体墙绘500平方米，村内道路硬化800平方米，村庄及庭院绿化面积1500平方米，先后荣获市级村务民主公开示范村、市级文明村、市级森林村庄、县级村庄整治先进村等荣誉称号。经过两年的整治提升，该村成功通过验收，成为市级全面小康村。

涂茨镇旭拱岙村　旭拱岙村位于涂茨镇南端，距镇2公里，三面环山，一面环海。全村总人口349户、1165人，耕地面积45.33公顷，林地面积129.13公顷，海域及滩涂面积62.68公顷。该村是一个农渔村合并村，自然资源丰富，以海水养殖塘养殖对虾、梭子蟹、贝壳等水产品为主，水稻、瓜果蔬菜种植为辅，养殖塘30.67公顷，良田面积25.33公顷。该村共投入602万元资金进行村庄整治提升，其中，投入180万元，对村中心道路改建及村内四条支路进行扩建；投入156万元，对村内污水进行改造；投入80万元，建设村内休闲公园及村口标志性景观节点；投入64万元，进行村内绿化、庭院美化打造；投入约54万元，新建停车场1000余平方米，安装全长为2.5公里的村道路灯等；投入60万元，进行村水环境整治及黄泥鳅水库改造；投入8万元，新建一座250KV变电房。经过两年的整治提升，该村成功通过验收，成为市级全面小康村。

涂茨镇中堡村　中堡村位于象山县涂茨镇东南，三面环山，村背紧靠丘陵山地，濒临象山港和大目洋，自然生态资源丰富、山清水秀、民风淳朴、环境优美整洁。居民248户、799人，耕地214.73公顷，山林73余公顷，拥有花卉苗木基地73.33余公顷，是全县最大的花木专业村并建有花木示范基地。该村为改善村民出行条件，美化村内环境，投资约50万元，对三条村道及村入口进行特色绿化小景打造，并适当补贴户庭院绿化改造；投资30余万元，改造村道水泥路3200平方米；投资20余万元建造停车场500平方米。推进特色旅游发展，投资170万元，建设水上乐园和中堡生态农庄；投资约30万元，对村后大岭边古道进行修复，并在东坑山上建造一处户外露营基地。该村连续多年被评为县级农业生产先进村，先后荣获省兴林富民示范村、省绿化先进村、省生态示范村、市级文明村、市级卫生村、市农村社区建设示范村、县基层党建示范点等荣誉称号。2016年成功创建市级特色村。

大徐镇杉木洋村　杉木洋村是象山县首任县令徐旃的故乡，当地的盐文化被列入非物质文化遗产。村庄位于象山东北部，三面环山，一面靠海，交通便捷，有环港公路和汤鲁线穿村而过，与产业区C区仅一箭之隔。村域总面积1.91平方公里，拥有山林126.67余公顷，耕地56公顷，主要种植水稻、蔬菜、柑橘等经济作物。全村现有350户、1060人，其中党员34人。该村共投入580万进行村庄提升打造，其中：投入20万元，种植茶花、樱花、桂花等各种树苗以及杜鹃、茶梅等灌木，新增绿化0.33公顷；投入200万元，建造进村道路，完成土地征用1.47公顷，完成1000米道路路基建设；投入100万元对村庄边岸进行砌石并完成西南环村道路280米建设，村内道路硬化率、路灯安装率达到100%；投入50万元，建造盐文化陈列室、遗址公园；投入30万元，修复徐氏宗祠；投入40万元，建造忆盐阁长廊；投入60万元，建成村口水上乐园；投资80万元，建造老年活动中心，给全村老人一个休闲养老之处。该村先后被评为宁波市示范小康村、宁波市文明村、宁波市卫生村、县级示范小康村、县级文明村、县级民主法治示范村等。2016年成功创建市级特色村。

墙头镇蔡家岙村　蔡家岙村距墙头镇东六公里处，大雷山主峰东北山坳内，由沈家、东山两个自然村组成蔡家岙村。总人口348户、868人，其中回族1人。耕地面积52.4公顷，其中水田46.73公顷；山林面积220公顷，其中，毛竹44.33公顷、茶叶7.47公顷、柑橘4.33公顷、杨梅2公顷。该村共投入824.6万元资金进行村庄整治提升，其中，投入290万元，硬化村主干道、巷弄道路3160米、浇制村庄内部水泥达户道路3000平方米、改造桥梁两座、铺浇完成沈家4000平方米晒谷场；投入280万元对2000余米穿村溪坑进行清淤疏浚，河道绿化、构筑溪边河道青石栏杆；投入151.6万元，建成污水处理设施、太阳能垃圾处理站；投入80万元，建设居家养老服务站；投入23万元，改造全村水网电网。经过两年的整治提升，该村成功通过验收，成为市级全面小康村。

墙头镇溪里方村　溪里方村座落于大雷山北面山脚，紧挨方家岙村，离墙头镇政府不足1公里，全村总人口252户、692人，拥有耕地33.4公顷，山林66.67公顷。该村总投入建设资金约547万元，进行村庄整治提升，其中：投入约30万元，完成溪里方村历史文化保护特色古村落总体规划设计；投入185万元，开展新房、方二房维修保护工作。主要涉及构件拆除、糟朽处理、雕刻构件、墙体维修、管线改造等多个方面；投入122万元，进行五雷庙及村内古道的修缮；投入20万元，对村庄西首及各个角落屋前屋后进行再次绿化，种植绿化灌、乔木达3000余棵；投入30万元，新建公共停车场2处；投入30万元，对村西流域砌坎进行全面干砌改造及清淤工作；投资130万元，征用土地0.13公顷有余，建设两层仿古式居家养老用房及周边环境打造。先后荣获市级全面小康示范村、市级生态村、卫生村、千村绿化工程示范村和县级文明村、村庄整治先进村、卫生村等称号。2016年成功创建市级特色村。

东陈乡樟岙村　樟岙村位于东陈乡东南部，由樟岙、南堡黄、普陀何三个自然村合并而成，居民1018户、3050人。耕地面积136公顷，山林面积346.67公顷。截至2016年，已投入村庄建设资金1100万元，成功创建宁波市历史文化名村、全面小康村和文明村，建有1600平方米的象山才华剪纸艺术馆，剪纸馆背后，建有占地4公顷的清水公园；依托才华剪纸馆计划，建设富有历史文化特色的文化礼堂和忆苦思甜大食堂，可提供80个床位，供100人的团队就餐；完成千年古道旅游设施建设，在山顶建状元楼，供休闲观光。该村共投入115万元用于村庄提升改造,其中:投入33万元,铺设村庄外围线长1500米两边铺设、朝阳大道长700米一边铺设侧石;投入40万元,进行村庄围墙补修、沟浃修理、道路修复、老屋修整、绿化等;投入15万元,拆除老屋面积1300平方米;投入25万元,硬化水泥路面二条,长500米,宽3.5米。经过两年的整治提升,该村成功通过验收,成为市级全面小康村。

东陈乡东陈村　东陈村位于滨海大道与沿海南线的交叉口,距离东陈乡人民政府驻地3公里,村域面积1.35平方公里,275户、926人,其中党员42人。耕地面积30.93公顷,山林73.33公顷。该村是国学大师陈汉章先生故里,村内拥有松、竹、梅、兰、乾坤房,东、南、西、北房,前孔房、后孔房、老祠堂、新祠堂、缀学堂、诒经堂、九架堂、老厢、新厢、外大份、里大份、老宅门、陈汉章故居学圃堂、一品夫人府等20余处古建筑。该村总投资380万元,进行村庄提升打造及特色建筑修复保护,其中:投入100万元,进行大墙弄道路拓宽工程;投入110万元,进行村庄内环境与河道整治、绿化;投入110万元,修建新祠堂;投入50万元,新建汉章古居小广场;投入20万元,建设文化礼堂。2014年6月被授予宁波市历史文化名村;2016年6月,被公布为第五批浙江省历史文化名村。2016年成功创建市级特色村。

茅洋乡台头村　台头村位于茅洋乡东南部,三面环山,一面临蟹钳港,省道线茅石线穿村而过,由台头和小杨家两个自然村合并而成,总人口297户、860人,其中党员23名。山林200公顷、土地46.67公顷、海涂20公顷、虾塘20公顷。该村总投入建设资金约184万元,进行村庄整治提升,其中:投入20万元,建设村停车场及休闲广场,占地约0.13公顷;投入88万元,进行外房水库溪坑及村庄环境综合整治;投入50万元,进行道路、村内公园、庭院等绿化;投入21万元,进行村口节点打造、2处候车亭改造及墙体绘画立面改造;投入5万元,进行村内复垦区整理,统一作物种植。经过两年的整治提升,该村成功通过验收,成为市级全面小康村。

高塘岛乡乌岩头村　乌岩头村位于象山高塘岛乡的南部,东临林港村,西连江南村,北靠江北村,由原来的乌岩村、地龙、石头墩、嵊头、小鸭嘴、三八塘等几个自然片区合并而成,由大乌岩、勤头2个自然村组成,村域面积3.5平方公里,人口547户、1764人,耕地面积106.67公顷,山林面积280公顷,全村主要以水产养殖、水稻、柑橘为生。该村总投入建设资金约190万元,进行村庄整治提升,其中:投入约60万元,新建安置房440平方米;投入45万元,进行3000米河道清淤保洁及1800米河道砌石;投入30万元,进行生活污水处理改造;投入约25万元,进行村内道路、庭院绿化美化;投入15万元,拆除危旧房1800平方米;投入15万元,进行村内环境整治。经过两年的整治提升,该村成功通过验收,成为市级全面小康村。

(象山县农办)

象山徐福文化国际研讨会

6月16日下午,2016中日韩徐福文化研讨会在象山县举行。研讨会以“徐福东渡与东亚文化”为主题,来自中日韩三国的百余位徐福文化研究专家围绕“徐福精神与东亚价值”“徐福东渡文化资源的当代价值”“徐福文化与象山海洋文化建设”等专题展开研究和探讨。

文化部原副部长、国家图书馆名誉馆长周和平,副市长张明华,省文化厅党组副书记、副厅长陈瑶,中国徐福会会长张云方,市文化广电新闻出版局局长赵慧峰;日本前首相羽田孜的次子、日本羽田孜事务所秘书羽田次郎,韩国前驻华大使馆总领事、驻日本名古屋总领事柳洲烈等日韩嘉宾;叶剑鸣、黄焕利、白国璋、俞骏等县领导出席开幕式。

县委书记叶剑鸣代表县和54万象山人民对远道而来的领导、嘉宾表示热烈欢迎。他说,2016年是徐福东渡日本2226周年,也是宁波市全力释放“东亚文化之都”品牌效应、增进国际文化交流之年,中日韩徐福文化象山研讨会的成功召开,不仅彰显象山在徐福文化研究中的重要地位,也为促进中日韩徐福文化相互交融、加强民间往来提供良好契机和载体。希望与会专家学者继续关注象山徐福文化的研究和挖掘,使县海洋文化内涵更加丰富,进一步提升象山在海内外的知名度和美誉度。

张明华说,徐福既是宁波与日韩两国交流久远的历史见证,也是中日韩三国人民共同的精神连接。希望东亚文化之都能够成为中日韩三国人民增加了解、加深友谊、心灵相通的桥梁,进而推动三方在各领域的交流合作迈向更深层次、更高水平。

陈瑶在致辞中对象山传承和保护徐福文化做出的贡献表示肯定。她说,相信经过与会专家学者的共同探讨和推广交流,必将有力地推进全省传统文化保护的国际化视野,推动中日韩之间的文化交融,促进学术和文化的繁荣,不断增进中日韩人民的感情。

张云方说,徐福文化所体现的是交流、发展、和平、健康与长寿,传承徐福文化,实际上是为创造一个文化融合、和平发展、生活幸福的人类共生共赢生存环境而努力。象山文化底蕴深厚,留下颇多徐福美好传说和令人遐思千古的历史遗迹,希望大家深入探讨、共同提升,为徐福文化研究增添浓墨重彩的一笔。

羽田次郎、柳洲烈也分别在开幕式上致辞。

6月16日,2016年中日韩徐福文化研讨会在象山县举行

会议发表《象山倡议》,倡议设立"徐福文化研究象山奖",以激励为徐福研究做出贡献的专家学者和研究新秀。会议还表彰获得首届徐福文化研究象山奖的团体和个人。

开幕式后,举行主旨演讲。县委常委、宣传部长罗来兴介绍徐福文化。中国国际问题研究院世界经济研究所所长、研究员姜跃春,中国社科院荣誉学部委员、国家非遗专家委员会副主任刘魁立,中国社科院世界史所研究员、博士生导师汤重南,日本爱知县立大学讲师、博士逵志保及柳洲烈分别作主旨演讲。

研讨会由中国徐福会、象山县人民政府、宁波市文化广电新闻出版局共同主办。

(陈益　撰文　蒋曼儒　摄影)

"斑斓海岸"　示范线建设

黄避岙乡地处象北宁波半小时经济圈,北靠象山港、南依西沪港,乡域海岸线28.6公里,其中西沪港海岸线13.5公里,是"两港相拥、一桥通途"的佳地。黄避岙乡地理位置优越、生态环境优美,人文历史荟萃。康王赵构避金南渡得救,得名黄避岙。境内有唐代越窑遗址、清军港筹建处等遗址。内港"耕海牧渔"艺技源远流长,传统竹编、"走书"声名远播,乡风文明,民风淳朴。境内自然景观丰富,西沪港一线面向正南,村庄错落布局。港内滩涂岩矶丰富、深水网箱棋布,是海钓的好地方。沿海产业特色鲜明,血蚶、紫菜、海带、苔条、大黄鱼、茶叶形成"一村一产"格局,小海鲜餐饮名响甬港。

贯彻中央、省市委关于加强农村精神文明建设的决策部署,推进全域化高水平文明之城建设,创建宁波市农村文明示范线。宁波市委宣传部、市文明办根据宁波地形地貌打造三种类型的文明示范线,包括在沿海地带发掘沿海村庄的渔文化、盐文化等资源,打造具有东海渔村特色的"斑斓海岸"文明示范线。2016年,决议将宁波市"斑斓海岸"示范先行线落户黄避岙乡。

4月,黄避岙乡根据县委全县旅游发展大会和市委宣传部关于"斑斓海岸"精神文明示范线建设的决策部署,确定"斑斓海岸"示范线建设总体要求:以村庄美化和人文素养提升为根本,通过修复和保护岸线、建设美丽乡村、发扬传统文化、培育旅游景点、推动产业升级,建设全市精神文明建设示范线,面向长三角发展乡村旅游,实现黄避岙乡西沪沿线村庄面貌改观、传统文化广泛传播、精神文明大幅提升、旅游景点串点成线、民宿民游发展、特色农产产销两旺,实现丰富多彩的"斑斓胜境",达到文化惠民、和谐惠民、旅游福民目标。将黄避岙乡沿海一带建成宁波市精神文明建设的示范线、洁美村庄建设的样板线、群众富裕和谐的模范线。

"斑斓西沪"建设重点做好三方面的有机融合:

依托自然资源,建成"斑斓风景"。以"两线三区"为框架,建设三大板块。"两线"是白屿旅游区标志及旅客集散中心为节点,以沿海自行车绿道和山区古道两线为纽带,贯穿东西。"三区",是东部打造以白屿村、塔头旺、鸭屿为中心品字型“逸生活”主题板块区，发展特色民宿、海鲜餐饮、滩涂游乐、海上捕捞、高山露营，建设“桐花溪谷”。中部打造以高泥为中心的“绿生产”主题板块区，建成超级农场、里海花田和亲子乐园。西部打造东塔“原生态”主题板块区，建成湿地公园、绿色营地，发展主题民宿，体验清风闲逸。

依托文化资源，建成“斑斓风情”。黄避岙乡邀请专家驻村调研村史村情，挖掘村史文化，提炼出“斑斓海岸线”沿线6村庄的村史民情。发掘好宋康王避难史和黄避岙历史典故，讲好“南宋从此处蒙幸开端”的故事，保护性开发唐越窑遗址和清军港筹建处遗址，做好“强军梦从这里开始”的文章。高泥村军港遗址被列为黄避岙乡爱国主义教育基地。塔头旺村建有“渔家风情馆”，展示传承“耕海牧渔”渔家文化，“非遗”文化“竹根雕”手工艺人吴晓华创作的《讲道》《刻舟求剑》《苏武牧羊》三部作品分别获得中国工艺美术最高奖“百花奖”金奖、全国工艺美术学术最高奖“华艺杯”金奖、中国根艺最高奖“刘开渠根艺奖”金奖。鸭屿村的“非遗传习所”包括“张心荣竹编工作室”和“亚娟走书工作室”，拍摄非遗专题片，历史文化是社会发展的内生动力，非遗传习所是保护和传承历史文化的重要载体。编排十首乡土文艺节目，塔头旺村村歌《赶小海》在2016年象山县农村文化礼堂“我们的村歌”大赛中荣获金奖，代表象山县参加宁波市第三届农村文化礼堂文艺团队才艺大赛，被推送上2017年宁波市“我们的村晚”，再次荣获金奖。提炼十大小海名菜，打响文化餐饮品牌。利用现有产业转化为“习知”旅游，建成藻类、鱼类、蟹贝三大科普中心馆。

依托乡风文明，建成“斑斓风俗”。推进“洁美村庄”创建，建设美丽乡村、倡导乡风文明，通过硬件提升和环境改善，优化民风民俗。以滨海特色改造重点区块房屋立面和庭院，以美化家园推进庭院美化绿化，以村庄保洁提高村民卫生意识，以“善行象山”“家风家训”促进社会向善。搞好节庆活动，发展民宿民游。建立以退休教师为主体的家风家训提炼队伍，走村入户，了解村民的家规家训家史、家庭生产生活、孝敬父母以及教育子女的情况，党员干部带头，挖掘出原汁原味的家风家训，经提炼形成现有富有特色的家风家训，制作成特殊的标识悬挂于每户人家门前。将经典家风家训编写成故事，由“亚娟走书”传唱，树立正气，带给村民正能量，传承好的家风家训，规范村民行为，让村民达到物质与精神生活的双丰收。

2016年建成先行先试区。9月，向公众展示开放，10月份实现村庄入选市“洁美村庄”评选。12月，完成“逸生活”主题板块区4公里环型自行车道建设，完成古道修复，沿线一带围墙和立面予以改造提升，海滨渔文化主题公园、观光果园建成，景区入口标志、旅客集散中心及文化中心、山海廊桥建成。全线完成村庄面貌提升、开展庭院美化、实施沿路一线“精品线”建设，落实点线面长效保洁。开展“洁美庭院”“最美家庭”评选，抓好文化礼堂建设，推进“家风家训”倡导活动深入开展。抓好文化挖掘和遗址保护，建好科普馆、展示馆。发展餐饮和民宿经济。

“斑斓海岸”风景线挖掘滩涂湿地、港湾岸线以及养殖捕捞资源，引导产旅融合，高标准打造乡村旅游观光业，创建黄避岙本土旅游“西沪”品牌，申报注册“斑斓西沪”“西沪三宝”“西沪人家”等8大类涉及旅游、农产品、饮食等方面的商标。聘请专业公司对紫菜、海带、藻类、贝类等特色产品进行包装设计，提升产品经济附加值。9月29日，成功举办宁波市“斑斓海岸”文明示范线启动仪式，获得社会各界广泛好评。截至12月底，“斑斓西沪”观光旅游人数破10万，全乡农家乐营业收入超1000万。借助“斑斓西沪”创建契机，项目建设带动全乡环境提升工程。开展沿线村庄环境和庭院整治，总体整治到位面已达90%。沿线6个村庄全面开展洁美庭院评比工作，共85户最美庭院、202户美丽庭院及470户清洁庭院标识上墙、花卉奖励入户，全乡人居环境得到显著改善。

“斑斓海岸”风景线建设分五大块：

高泥区块。包括宁波里海农业发展有限公司开发的40公顷“七彩花田”、安澜别院精品民宿、里高泥（后山水库顶）高档民宿规划建设。

北黄区块。包括首旅南苑在原有北黄基础上开发包含住宿、文创、观光等多功能一体的文创基地。中组部“千人计划”杨光华博士意向在北黄区块投资建设“百岁山”医养中心。北黄东侧2.67余公顷土地（园地开发）开始与高泥村协商，启动土地流转工作。

东塔区块。中国沿海集团对东塔区块有明确投资意向,计划由安缦集团下属的安岚度假酒店公司联合开发,已多次进行实地调研,与乡洽谈相关合作事项。

高登洋区块。高登洋茶山和“桐华溪谷”是黄避岙乡两大最有特色的山林旅游资源。茶厂自然风景优美,登高向北可一览象山港大桥壮丽全景,向南可尽收西沪港秀美景色,茶山高低起伏,极具特色,高登洋茶山现有建设用地约0.73公顷。经与部分客商洽谈,意向结合茶山原貌,不占用农业用地,打造可移动民宿(木屋),利用茶厂生产用房,打造茶叶制作、茶道介绍、品茶悟道等体验式项目。

塔头旺—鸭屿区块。该地块为经由象山港大桥过境时的门户区域,地貌极具特色,具景点开发潜力。与上海龙裕投资集团洽谈,意向结合鸭山及海塘岸线资源,打造集高档度假酒店、游乐场与海上娱乐体验中心生活体验为一体的复合型休闲中心。

县 情 概 览

环境　人口

【位置面积】 象山县位于浙江省东部沿海中段，象山港与三门湾之间，处于北纬28°51′18″～29°39′42″、东经121°34′03″～122°17′30″，系一半岛县。县境由象山半岛东部及656个岛礁组成。南北长90千米，东西宽70千米，全县总面积1382平方千米。海岸线总长800千米（大陆岸线300千米，海岛岸线493千米），约占全省海岸线长的1/8。沿海海域广阔，以领海12海里计，面积为6618平方千米。

【邻接四至】 东临东海，南濒猫头洋，与三门、临海二县市相望，最南为渔山列岛之南海域；西与宁海县接壤，最西为象山县西周镇万金山村与宁海县大佳何镇井栏村交汇于公路涵洞西北的突兀岩石（已被平毁）；北倚象山港，与奉化、鄞州、北仑、普陀4县（区）相望，最北为象山港口之独落屿南。因三面环海，一路穿陆，素有"缘海而邑"之说。

【乡镇街道与建制村】 2016年，全县辖：丹东、丹西、爵溪3个街道；石浦、西周、鹤浦、贤庠、墙头、定塘、涂茨、大徐、新桥、泗洲头10个镇；东陈、晓塘、茅洋、黄避岙、高塘岛5个乡。有建制村490个。

【常年气候】 属中亚热带湿润型季风气候区。四季分明，温暖湿润，光能充足，雨量丰沛，雨热同步，无霜期长，光、热、水匹配较好，气候资源丰富，但一年四季均可出现灾害性天气。年平均气温17.2℃，最冷1月5℃～6℃，最热7月28℃～29℃，年平均无霜期257天，年平均降水量1504.6毫米，年平均日照时数1731.3小时。由于地处半岛，海洋性气候明显，冬冷严寒缺，夏热酷暑少。

【人口与民族】 2016年年末总户数18.21万户，户籍人口55.04万人。其中城镇人口16.72万人，乡村人口38.32万人。出生人口4808人，死亡人口3382人。全县人口以汉族为主体，有蒙古族、回族、藏族、维吾尔族、苗族、彝族、壮族、布依族、朝鲜族、满族、侗族、瑶族、白族、土家族、黎族、傈僳族、畲族、水族、土族、仡佬族、纳西（摩梭）族、毛南族、羌族、景颇族、佤族、塔塔尔族、普米族、达斡尔族、拉祜族、傣族、哈尼族32个少数民族。

经济和社会发展

【概况】 2016年，象山县立足"一城四地"建设目标，全面实施"双突破双驱动"战略，经济社会平稳发展，多数指标达到预期。实现地区生产总值437.1亿元，增长5.2%。财政总收入62.6亿元，增长2%。城镇居民人均可支配收入46835元，增长7.5%；农村居民人均可支配收入26113元，增长7.8%。

【工业经济】 构建"1+9"政策体系，实行全生命周期管理服务，完成规上工业总产值584.6亿元，增长6.5%。新产业稳步发展，分别实现战略性新兴产业、装备制造业、高新技术产业增加值19亿元、56.1亿元和41亿元。产业转型稳步推进，完善船舶设计研究、模具热处理、海洋生物研究等公共服务平台，深化针织创意设计、面料研发供应和电子商务"三大中心"建设，成立中国服装设计师原创基地·象山时尚基地。企业梯队有效培育，天安集团入选浙江省第三批"三名"培育试点企业，锦浪科技、启鑫新能源等4家企业新三板挂牌上市。

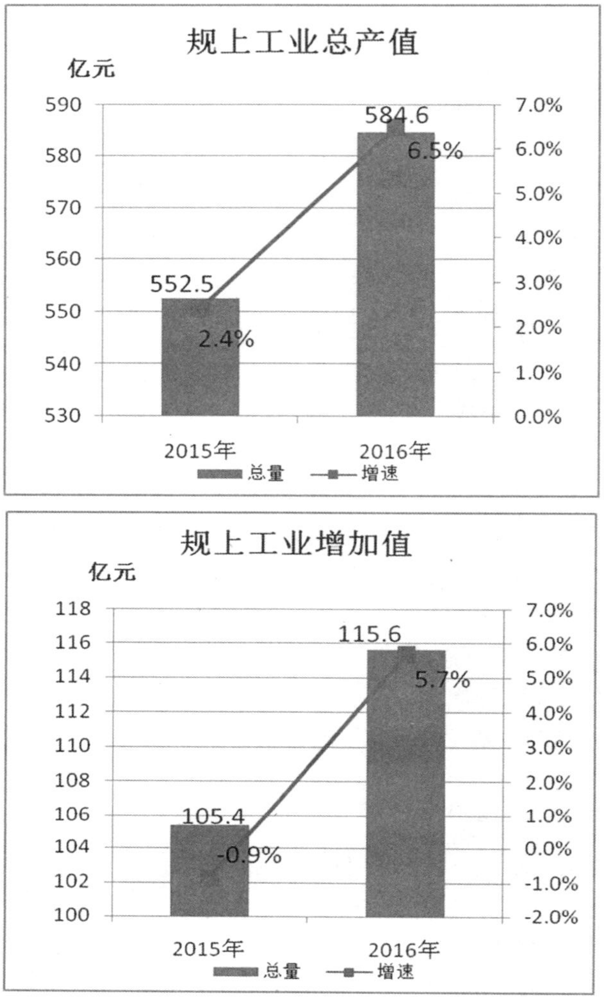

图1 象山县工业经济指标增长情况(2015-2016年)

【创建全域旅游示范区】 国家全域旅游示范区创建初见成效。2016年接待游客1962万人次，旅游经济综合收入186.8亿元，分别增长10.1%和14.7%。乡村旅游蓬勃兴起。建成茅洋乡花墙沿海观光长廊、墙头镇方家岙樱花公园、泗洲头镇金家岙农旅综合体等项目，推出青籁度假别墅、旧岸往事民宿、文麓雅苑等一批特色精品民宿，墙头镇方家岙村、定塘镇沙地村荣获"宁波市十大特色民宿村"称号。滨海旅游产品日趋多元。开通渔山岛中长线海岛游，推出松兰山帆船出海项目，影视体验、文旅休闲产品日益丰富。"旅游+"积极探索，大力培育文化旅游、工业旅游、运动休闲旅游等新兴业态，不断推动旅游业与其他产业深度融合。

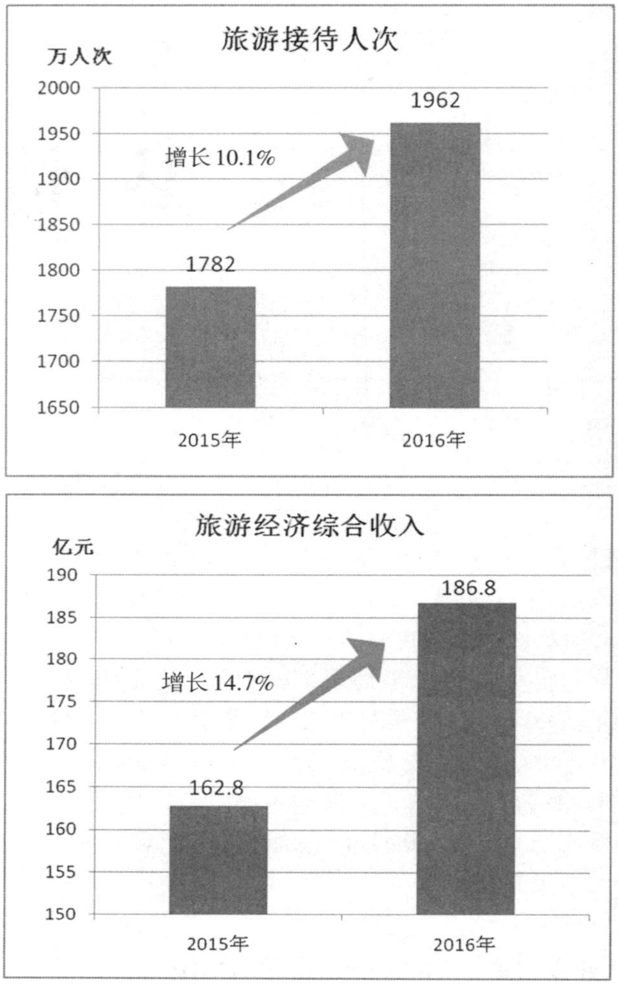

图2 象山县旅游经济指标增长情况(2015-2016年)

【其他产业】 2016年，象山县完成农林牧渔业总产值124.2亿元，继续保持全省领先。农渔业品牌建设取得突破，成立首个农业产业联盟(象山县柑橘产业联盟)，举行象山柑橘、象山梭子蟹区域公共品牌推介会，跻身省首批农产品质量安全放心县。现代服务业加快发展，积极培育影视文化创意、健康养生、电子商务、现代金融等产业，实现服务业增加值180.4亿元，增长7.1%。建筑业保持稳定发展，完成施工产值1201.4亿元，增长3.4%。

【有效投资】 2016年，象山县完成固定资产投资178.3亿元，增长11.4%，其中，工业投资60.1亿元、增长6.1%，房地产投资49.8 亿元、增长18.6%。国有投资76.4亿元，增长15.2%；非国有投资101.9亿元，增长8.7%，其中民间投资96.8亿元，增长11.6%。PPP模式稳步推进，谋划PPP项目36个，16个列入市PPP

项目库，2个存量项目实现PPP模式转化，2个新建项目实现开工。精准对接上级政策导向，12个项目列入省重点工程，34个项目列入市重点工程，世行贷款象山可持续城镇化项目稳步推进。

【重大项目】 2016年，象山县实行项目倒逼机制，进一步加大考核督查次数，深化重点难点问题调研分析，强力推进重点工程建设。80个实施类重点工程完成投资119亿元，占年计划的101%，增长14.7%；18个计划开工项目全部实现开工建设，13个计划完工项目12个实现完工投产。15个预备类重点工程和18个重大前期项目有序推进。民生实事项目稳步实施，34个县政府民生实事项目全部完成建设。

【平台建设】 推进经济开发区整合提升，"一区多园"格局基本成型，滨海工业园被认定为宁波市战略性新兴产业专业园。象山影视城剧组拍摄数过百，2016年，象山县摄影棚拥有量全国第一，被评为浙江省文化产业示范基地，并列入全国知名品牌创建示范区名录。象保合作区工程建设全面展开，引进企业168家，总量超前两年总和，航天智慧科技城动工。调整松兰山—大目湾管理体制，影视学院等一批重大功能性项目落户。积极培育特色小镇，星光影视小镇、航天科技小镇列入宁波市首批创建名单。

【消费市场】 2016年，象山县完成社会消费品零售总额171.1亿元，增长10.6%。月光经济、体验经济逐步兴起，形成大小白象、涌金广场、殷夫公园—国际风情街夜间休闲带等多个特色商圈，创新举办第14届象山海鲜美食节。电商产业加快发展，电子商务创业园二期引进23家电商企业并实现运行，跨境电商产业联盟创客空间建成投用，实现网络零售额11.4亿元，增长52.2%。农村电商网络日益完善，新建村级服务站点79个，开通本地商品网销渠道，实现象山特产网络零售额3600余万元。

【招商引资】 2016年，象山县签约项目78个，总投资亿元以上项目39个，实际利用外资14043万美元、内资52亿元、浙商回归资金30.5亿元。外经合作继续领跑宁波市，完成境外工程承包营业额5.1亿元，具有外经权的建筑企业增至9家，在建项目10项。新批境外企业22家，森语、申菱等企业在海外投资设厂，企业"走出去"步伐加快。远洋捕捞和成套设备安装业务逆势增长，欧亚、乐惠、沪港机械等企业业务额增长较快。

【外贸出口】 主动在困境中寻求突破，组织企业参加境内外重点展会，做好出口信保、外贸代办代理服务两大平台建设，全力推动外贸出口企稳回升，完成进出口总额24.1亿美元，其中出口22.8亿美元，下降1.3%，但高于宁波市平均5.9个百分点。龙头企业支撑作用持续发挥，出口额占总量的80.3%。各行业出口增长分化明显，针纺类、农产品低位徘徊，机电类较快增长。

【体制改革】 2016年，象山县30个重点改革项目稳步实施，部分改革破题突进，新增国家级全域旅游示范区、浙江省首批美丽乡村示范县、浙江省文化产业示范基地、浙江省级现代学徒制等省级以上改革试点4个。推进石浦国家级建制镇示范试点，全力抓好16项年度重点改革任务，启动石浦镇与浙台经贸合作区管委会、石浦渔港开发管委会、水产城管委会等3个管委会的体制改革。做好投融资体制改革，整合组建象山县水务集团有限公司、象山县城市建设投资集团有限公司、象山县交通开发建设集团有限公司、象山县旅游集团有限公司、象山县工业投资有限公司五大集团。深化行政审批制度改革，工业项目审批时限压缩至23个工作日，全面推行"三测合一"。深化农村产权制度改革，基本形成农村产权"1+28"规则体系，完成承包经营权确权登记颁证试点。建立公共服务质量评估机制，在国内率先实行全域公共服务质量第三方测评。深化企业信用体系建设，建成企业信用信息服务平台，"信用象山网"投入运行。2016年，象山县已归集29个部门信用条目102条，征集信用数据190余万条，主要包括基本信息、荣誉信息和失信信息三大类，涉及企业4万余家。2016年，象山县因纳税收、环保、工商等方面存在失信问题，24名企业法人、村支部书记、村干部被排除出象山县党代表、象山县人大代表候选人名列，70家企业列入企业经营异常名录，2家企业列入招投标黑名单。

【科技创新】 创新驱动全面落实，2016年，象山县实现高新技术产值203.3亿元，增长8.1%，占规上工业总产值比例达35.4%。组织开展"科技创新与人才"象山县委一号课题调研，召开科技创新暨人才工作大会，设立1亿元科技创业投资基金，实施科技经费后补助管理。启动大孵化器建设计划，新增孵化器、加速器1万平方米。狠抓创新主体培育，新增高新技术企业9家、省市级企业工程(技术)中心9家，20家企业入选象山县第三批创新主体培育行动计划。加强科技合作和成果转化，建立浙江大学宁波理工学院技术转移中心和象山县企业技术需求云库，实现签约技术合同成交额5600万元。

【生态环保】 持之以恒推进"三改一拆""五水共治"等专项行动。深化落实"河长制"，全面完成河道治理和畜禽养殖整治，新建污水管网51.7公里、农村生活污水处理设施105个村，"清三河"达标县进入浙江省公示阶段。健全拆违控新、拆后利用长效机制，"三改"、拆违分别完成市下达年度任务的156%、160%，成功创建浙江省首批"基本无违建县"。实行常态化联合执法机制，"一打三整治"向纵深推进，渔民减船转产全面启动。

【打造精美之城】 美丽县城加快建设，狠抓核心区提升七大行动，64个实施项目累计完成投资57.3亿元，政实路、丹河路(天安路～新一路)等4个路段建成通车，建成停车位4633个。美丽集镇积极打造，定塘镇、墙头镇、泗洲头镇、茅洋乡4个试点乡镇建设取得阶段性成效。农村"安居宜居美居"专项行动稳步推进，美丽乡村分类创建和市级"斑斓海岸"文明示范线建设成效初显。2016年，象山县荣膺浙江省首批"美丽乡村示范县"称号。棚户区改造力度加大，青草巷等9个区块改造全面启动，完成征收改造面积20万平方米。"四城"联创稳步推进，浙江省森林城市创建通过验收。

【民生保障】 积极开展全民参保登记计划，加快推进城乡居民养老保险全覆盖，新增本地户籍各类养老保险(障)参保人数1.3万人次，本地户籍参保率达89.5%。就业工作深入开展，举办系列招聘会，新增就业1.1万人，扶持农村电商创业175人，带动就业1312人。推进养老服务业综合改革试点，出台居家养老政府购买服务实施办法，试点实施公建民营管理体制，建立医养合作机制，建成象山县老年人信息平台，新建农村集中居家养老公寓28个。

【社会事业】 文化事业日新月异，文化产品创意园暨象山县非遗传习中心建成开园，晓塘乡黄埠村、墙头镇溪里方村、西周镇儒雅洋村、东陈乡东陈村等4个村入选省级历史文化名村，中日韩徐福文化象山研讨会、19届中国开渔节和12届中国海洋论坛成功举办。教育普惠进一步深化，新增省二级幼儿园6所、普惠性民办幼儿园2所，试点开设特殊儿童卫星班，普惠性幼儿园招生覆盖率达到80%以上，困难学生资助实现"应助尽助"，通过省教育基本现代化县验收。深化医药卫生体制改革，"双下沉、两提升"扎实开展，台胞医院迁建投用，通过国家卫生县城复评。

(陈海光)

2016年基本情况一览

表1

人口-经济-财政-物价

类　目	数　量	比2015年增长(%)	类　目	数　量	比2015年增长(%)
年末总户数	18.21万户	-0.27	乡村人口	38.32万人	-
总人口	55.04万人	0.15	出生人口	4808人	-0.8
城镇人口	16.72万人	-	死亡人口	3382人	2.3

续表1

类　目	数　量	比2015年增长(%)	类　目	数　量	比2015年增长(%)
生产总值	437.31亿元	5.2(可比价)	服务价格指数	101.7	
第一产业增加值	67亿元	1.6(可比价)	消费品价格指数	101.6	
第二产业增加值	190.28亿元	5.0(可比价)	食品和烟酒	102.5	
工业增加值	141亿元	8.8(可比价)	食品	103.4	
第三产业增加值	180.03亿元	6.9(可比价)	粮食	98.5	
			水产品	100.4	
财政总收入	62.61亿元	2.0	烟酒	101.2	
中央财政收入	24.53亿元	4.6	衣着	102.1	
一般公共预算收入	38.07亿元	0.3	居住	101.6	
一般公共预算支出	61.37亿元	0.1	生活用品及服务	100.4	
			交通和通信	99.1	
居民消费价格总指数	101.6				

表2

人民生活-社会保障

类　目	数　量	比2015年增长(%)	类　目	数　量	比2015年增长(%)
居民人均可支配收入	38762元	7.7	医疗保健类支出	1116元	2.8
城镇居民人均可支配收入	46836元	7.5	交通通信类支出	1122元	-24.4
农村居民人均可支配收入	26113元	7.8	教育文化娱乐类支出	1186元	34.4
城镇单位在岗职工平均工资	66908元	8.2	居住类支出	5829元	11.3
			生活用品及服务类支出	449元	-22.9
城镇居民人均消费性支出	23992元	13.6	其他用品和服务消费支出	366元	62.7
食品烟酒类支出	7189元	13.4			
衣着类支出	1493元	-10.6	基本养老保险参保人数	22.8万人	15.2
医疗保健类支出	819元	-6.2	基本医疗保险参保人数	16.7万人	1.8
交通通信类支出	2575元	-1.8	失业保险参保人数	10.8万人	-
教育文化娱乐类支出	2797元	16.9	全县低保户数	8233户	48.1
居住类支出	7808元	35.4	低保人员	11295人	32.6
			发放低保金	10341万元	7.4
农村居民生活消费类支出	15608元	6.1	福利院敬老院	52所	23.8
食品烟酒类支出	4678元	7.0	床位	5332张	10.2
衣着类支出	862元	2.9	收养人员	3303人	2.5

表3

农　业

类　目	数　量	比2015年增长(%)	类　目	数　量	比2015年增长(%)
农林牧渔业产值	1234317万元	1.69(可比价)	杨梅总产量	1.25万吨	32
农业产值	221835万元	2.4(可比价)	枇杷总产量	0.3万吨	-51
林业产值	14648万元	0.2(可比价)	茶叶总产量	930吨	-1.8
牧业产值	63772万元	-7.2(可比价)	肉类总产量	12063吨	-13.1
渔业产值	920896万元	2.0(可比价)	生猪年末存栏	6.35万头	-25.3
			生猪年内出栏	11.25万头	-12.5
粮食播种面积	13223公顷	-4.2	家禽年末存栏	84.75万羽	-26
粮食总产量	9.18万吨	0.3	家禽年内出栏	92.59万羽	-13.2
蔬菜播种面积	8062公顷	0.25	水产品总产量	60.63万吨	2.6
蔬菜总产量	19.11万吨	2.6	海洋捕捞产量	46.98万吨	4.88
水果总面积	11373公顷	-0.16	海水养殖产量	11.54万吨	2.7
水果总产量	18.95万吨	-3.2	淡水产品产量	1.11万吨	6.73
柑橘总产量	11.53万吨	-1.1	海水养殖面积	10670公顷	-2.4

表4

工业-建筑业

类　目	数　量	比2015年增长(%)	类　目	数　量	比2015年增长(%)
规模以上工业企业增加值	117.02亿元	5.7	通用设备制造业产值	47.74亿元	-4.9
规模以上工业企业产值	598.36亿元	6.5	专用设备制造业	27.47亿元	8.8
股份制企业	2.58亿元	9.8	农副食品加工业产值	37.74亿元	1.3
私营企业	280.40亿元	5.2	电力热力生产和供应业	50.00亿元	-7.7
港澳台商投资企业	54.09亿元	14	规模以上工业销售产值	539.21亿元	4.7
外商投资企业	60.42亿元	7.5	出口交货值	139.32亿元	7.2
轻工业产值	205.09亿元	4.2	工业产销率	90.12%	-1.6
重工业产值	393.27亿元	7.8	规模以上工业利润总额	46.36亿元	22.7
纺织服装、服饰业产值	111.78亿元	4.7	规模以上工业利税总额	64.79亿元	14.1
汽车制造业	108.52亿元	18.3	规模以上工业平均从业人数	71588人	-2.6
电气机械及器材制造业产值	72.23亿元	6.1	全部工业用电量	16.67亿千瓦小时	8.09

续表4

类　目	数　量	比2015年增长(%)	类　目	数　量	比2015年增长(%)
			有建筑资质企业	127家	
建筑业总产值	1201.4亿元	3.5	国家特级资质企业	4家	
其中:在外省完成的产值	802.03亿元	0.4	一级资质企业	25家	
建筑业利润总额	17.74亿元	-3.4	二级资质企业	25家	
房屋施工面积	8268万平方米	-11.3	三级及以下资质企业	73家	
竣工面积	2539万平方米	12.1	从事建筑业活动从业人员期末人数	32.55万人	2.8

表5　　**国内贸易-对外经济**

类　目	数　量	比2015年增长(%)	类　目	数　量	比2015年增长(%)
社会消费品零售总额	171.08亿元	10.6	针纺织类出口	98039万美元	-11.6
批发零售业	132.59亿元	10.4	农产品类出口	21800万美元	-8.6
住宿餐饮业	38.5亿元	11.1	机电类出口	81923万美元	7.1
城镇市场零售额	88.89亿元	9.4	其他类出口	26491万美元	31.8
乡村市场零售额	82.19亿元	11.9			
			新批外商投资项目	28个	-3.4
进出口总额	240930万美元	-2.6	合同利用外资	25122万美元	8.2
进口额	12677万美元	-21	实际利用外资	14043万美元	14.6
出口额	228253万美元	-1.3			

表6　　**交通-通讯-旅游**

类　目	数　量	比2015年增长(%)	类　目	数　量	比2015年增长(%)
货物运输量	3048万吨	-2.7	邮政业务收入	4411万元	10.85
水运货运量	2368万吨	-	电信业务量	6.52亿元	-2
货物周转量	273.16亿吨公里	5.4	固定电话用户	13.52万户	-11.3
旅客运输量	540万人	1.3	宽带用户	21.17万户	19.9
旅客周转量	3.42亿人公里	0.9	移动电话	79.56万户	5.4
民用汽车拥有量	107354辆	10.6	4G手机用户	28.71万户	18.9

续表6

类　目	数　量	比2015年增长(%)	类　目	数　量	比2015年增长(%)
私人汽车	96060辆	14.6			
海洋货物运输船舶	105艘	-2	旅游经济总收入	186.8亿元	14.7
总运力	85.2万吨	-2	接待游客	1962万人次	10.1

表7　科技-教育-文化

类　目	数　量	比2015年增长(%)	类　目	数　量	比2015年增长(%)
实现高新技术产业产值	156万元	15.6	在园幼儿数	20287人	-4.04
专利申请受理数	3603项	-14.1	义务教育学龄人口入学率	100%	-
授权量	2176项	-40.1	初升高比例	98.81%	-
政府科技拨款(科技局)	12500万元	0.0	财政预算内教育支出	11.71亿元	6.74
普通中学	29所	3.57	县图书馆总藏书量	44.8万册	3.2
在校生	21286人	16.09	有线电视入户率	100%	
中等职业学校	8所	-	卫生事业机构(含村卫生室)	291个	7
在校生	4361人	-7.78	床位	2198张	-
小学	24所	4.35	卫生技术人员	3384人	7.6
在校生	36170人	0.82	医生	1335人	7.7
幼儿园	88所	-	千人拥有医生	3.09人	72.6

气　候

【气候特点】　2016年,气温特高、光照偏少、降水量偏多。年内有低温、雨雪冰冻、阴雨寡照、强对流、暴雨、台风等灾害性天气,气象灾害影响程度中等。气候季节除夏季比常年偏早7天外,其余三季均比常年偏迟,冬、春、秋季分别比常年偏迟20天、4天和22天。冬季温高雨多光照少,季内有低温雨雪冰冻和寒潮;春季温高光缺雨量正常,期间出现了2次连阴雨和11次强对流;夏季温高雨少光照缺,梅雨明显高温多,首个台风出现迟;秋季温高雨多光照少,9月影响台风有3个。冬至日(12月21日)出现了同期少见的雷雨天气。

【气候事件】　强厄尔尼诺:该次厄尔尼诺事件始于2014年9月,终于2016年5月,共持续了21个月,强度逼近史上最强的1997/1998年厄尔尼诺事件。受其影响,2016年丹城平均气温18.3℃,比常年偏高1.1℃;年降水日数180天,比常年多24天,均为象山气象站建站后最高纪录，年降水量为1950.8毫米，比常年偏多3成。

雾、霾：年内雾日数32天，比上年偏多9天。其中4月1日、14日和5月9日早晨，象山县大部分地区出现能见度小于500米的雾，但对交通没有明显影响。全年霾日数为21天，较上年减少72天。

梅雨：2016年入出梅偏早、梅期偏短、梅雨量偏多。6月11日入梅（常年6月13日），7月1日出梅（常年7月9日），梅期20天（常年26天）。全县面梅雨量228毫米，中北部地区200毫米～300毫米，南部150毫米～200毫米，其中丹城为255毫米，较常年偏多14%。年内梅雨形势不典型，以过程性降水为主，强对流过程多发，主要有3次过程：分别出现在6月15～16日、24日夜间至26日和28日～29日，全县普降大到暴雨，局部地区还伴有雷雨大风。

高温：年内丹城高温（最高气温≥35℃）日数有20天，较常年偏多12天，为象山气象站建站后第三多。年最高气温38℃，出现在梅期的6月22日，为象山气象站建站后出现高温最早的日期。

强对流：4月有4次强对流过程，分别出现在3日、7日、20日和26日，其中2日夜里到3日全县普降中到大雨，20日县北部普降中到大雨局部暴雨，26日上午出现雷电和短时暴雨。

5月有7次强对流过程，分别出现在2日、5日、9日、15日～16日、20日、28日和31日。其中2日夜里全县普降中到大雨并伴有雷电和沿海大风，20日普降大到暴雨，部分地区还降了大暴雨，28日普降大到暴雨，全县面雨量48毫米，17个站点超50毫米，新桥镇山头王有85毫米。

12月21日（冬至日），全县最高气温升至20℃左右，破历史同期最高纪录，大部分地区出现雷阵雨，雨量普遍在20毫米～40毫米，檀头山出现9级雷雨大风。冬季打雷不常见，冬至日打雷更是少见。

【气候灾害】 强冷空气：1月23～26日，受强冷空气影响，全县出现低温雨雪及严重冰冻天气，均出现大风，部分山区有积雪。冰点以下气温持续42小时，-5℃以下低温持续11小时，特别是24日全天气温都在-2℃以下，26日早晨北部地区最低气温普遍在-6℃～-8℃，西周黄泥桥达到-9.1℃。沿海海面9级偏北大风持续了近60小时。全县农、林、渔、交通、城市设施、人民生活等不同程度受影响，直接经济损失达1.8亿元。其中汽车班次累计取消129班次，经济损失近1010万元，但无旅客滞留现象；农作物受灾面积约1110公顷，经济损失1280万元；林业受灾面积约7760公顷，经济损失近14200万元；养殖业受灾面积约207公顷，经济损失近1500万元。

2月13～15日受强冷空气影响，丹城48小时日平均气温降温幅度为15℃，其中24小时降温幅度达12.9℃，16日早晨最低气温-2.4℃，达寒潮标准。强冷空气对枇杷、柑橘、蔬菜造成一定程度冻害，市场菜价上涨明显。

连阴雨：春季2次连阴雨分别出现在4月3～9日和4月23～27日，丹城降雨量分别为63.5毫米和63.4毫米，各为象山气象站建站以来同期第三多和第二多，同时日照时数分别只有5.1小时和3.7小时。适温多雨缺光的气候不利于春花作物生长，果树开花结果受影响；设施大棚白粉病、灰霉病等高湿病害频发，部分地区大小麦出现赤霉病；大田出现明显积水，影响作物的根系生长和光合作用，影响蔬果坐果率；油菜局部出现倒伏，影响收割。

冰柱 （1月25日摄于塔山）

10月份降水量245.5毫米，是常年的3倍左右，为象山气象站建站以来同期第二多；降水日数18天，比常年偏多8.7天，创象山气象站建站后最多纪录；日照时数43.7小时，为建站后最少。其中6日～8日受冷空气、“艾利”台风外围气流和东海低压的共同影响，全县普降大到暴雨，局部大暴雨。全县面雨量104毫米，蟹钳港270毫米，沿海海面风力8级～9级。20日～23日，受偏东气流、冷空气和“海马”台风外围气流的共同影响，局部地区出现大雨到暴雨，个别大暴雨过程，全县面雨量43.3毫米，其中东北部地区降雨量在50毫米以上，珠溪达182.4毫米，10月18～23日持续6天无光照。持续阴雨寡照天气造成部分晚稻倒伏,影响晚稻收割和产量。

11月7~26日出现了20天的连阴雨天气。丹城降雨量为115毫米,是历史同期平均的2倍多,排名历史第五;日照时数仅37.9小时,不足历史同期平均的一半,排名历史第二。其中11月26日受台风“蝎虎”和强冷空气共同影响,全县普降大雨,丹城降雨量为32.4毫米,沿海海面出现了8级~9级大风,时值秋收冬种,对晚稻的收割归仓造成了一定的影响。

台风:2016年第1号台风“尼伯特”于7月3日生成,创下自1998年(7月9日)太平洋台风季后首台最晚纪录。受“尼伯特”影响,从7月7日20时至10日8时,全县面雨量为33毫米,东北部普遍大于50毫米,其他地区为20毫米左右,丹城78毫米。

9月份分别受1614号台风“莫兰蒂”、1616号台风“马勒卡”和1617号台风“鲇鱼”三个台风影响象山。9月13日08时至16日20时,受“莫兰蒂”台风影响,全县面雨量159.2毫米,中北部为100毫米~200毫米,西部山区为230毫米左右,南部80毫米~100毫米。沿海海面风力8级~9级。“莫兰蒂”使农渔业遭受较大损失,部分乡镇出现农田受淹,养殖塘虾、蟹死亡。其中高塘岛多处大棚吹破,泗洲头虾塘、西周蟹塘进水10厘米,东陈、西周大棚进水,部分即将成熟的水稻倒伏。第19届中国(象山)开渔节的重头戏“妈祖巡安仪式”和“开船仪式”两项活动也因此而取消。受“马勒卡”台风影响,17日东南沿海和海岛普降大到暴雨,南韭山和檀头山岛降雨量分别为80.3毫米和59.4毫米,鹤浦双下湾和石浦站分别为70.4毫米和61.9毫米,18日沿海地区和海岛出现8级~9级大风,“马勒卡”影响期间正值东海休渔期结束,使得渔民出海捕鱼推迟3天。26日20时至29日20时,受“鲇鱼”台风影响,全县面雨量67毫米,北部为80毫米~120毫米,其中西周土上村177毫米,中南部为30毫米~80毫米。沿海海面过程风力8级。

(黄裕火　蔡春裕)

中国共产党象山县委员会

综　述

2016年，面对严峻复杂的宏观经济形势和“十三五”发展的新形势新任务新要求，县委常委会坚持以五大发展理念为指导，贯彻落实中央和省、市决策部署，实施“双突破双驱动”战略，统筹推进经济转型、供给侧改革、补齐短板、党的建设等各项工作，经济社会发展呈现稳中有进态势。全年完成地区生产总值435亿元、增长5.6%；财政总收入62.6亿元、增长2%；城镇居民人均可支配收入46600元、增长7%，农村居民人均可支配收入26400元、增长9%以上。

牢固树立“四个意识”，学习贯彻中央和省市系列精神。及时组织学习党的十八届六中全会精神、习近平总书记系列重要讲话精神，推动广大党员干部牢固树立“四个意识”，尤其是核心意识和看齐意识，坚决拥护和维护习近平总书记这个核心。落实以“三去一降一补”为重点的供给侧改革，开展“双带双走”精准服务企业活动，兑现降本减负、税收优惠等资金7.5亿元，推进淘汰落后产能、房地产去库存等工作。贯彻省市全会精神，专题召开县委读书会和县委全委会，出台关于精准发力补短板全力以赴促发展的实施意见，逐一落实补齐六块短板针对性举措，取得初步成效。按照“六个一”要求，开展“十大专项行动”，圆满完成护航G20这一重大政治任务。坚持围绕发展抓换届、抓好换届促发展，完成乡镇党委换届，从严把好“两代表一委员”资格关，狠抓“九严禁、九一律”换届纪律，确保换届风清气正，实现“两不误、两促进”。

突出抓好工业强县和全域旅游，经济运行逐步向好。加速加力推进工业强县，实施“四创四强”工程，落实工业强县例会制度，“1+9”政策体系全面建立，合力兴工氛围日益浓厚，完成规上工业产值580亿元、增长5%。推进大平台大项目建设，经济开发区“一区多园”格局基本成型，象保合作区航天智慧科技城动工。工业项目引进取得实效，签约亿元以上工业项目27个，完成工业投资60亿元、增长6%。推进“四换三名”“两化融合”，战略性新兴产业、装备制造业增加值增速高于规上工业增速。实施抓大壮小扶微计划，新增规上企业30家、亿元企业5家、挂牌新三板4家。实施国家全域旅游示范区创建三年行动计划，改革优化旅游体制机制，推进“四全四特”工程，游客接待量、旅游综合收入分别增长10%、14%。调整松兰山-大目湾管理体制，华美主题乐园等一批功能性项目动工。巩固象山影视城全国“前三甲”地位，剧组拍摄数突破100部，落户企业增长10倍，列入全国知名品牌创建名录。半边山一期基本建成。创建特色小镇，星光影视小镇、航天科技小镇入选市首批创建名单。乡村旅游蓬勃兴起，新增省级农家乐特色点3个。农业总产值继续保持全省领先，农业科技和品牌建设取得突破，荣获省首批农产品质量安全放心县。现代服务业加快发展，三产增加值占GDP的比重提高至41.6%。建筑业保持稳定发展，完成施工产值1220亿元、增长5%。招商引资成效明显，实际利用外资1.4亿美元、内资52亿元、浙商回归28亿元，分别增长14.3%、21%、6%。实现外贸出口22.6亿美元，外经工作继续走在省市前列。全面落实项目中心制，固定资产投资增长10%以上，80个重点工程完成投资115亿元，三门湾大桥及接线工程加快建设，东海涂前期工作有序推进。

聚焦科技创新和重点领域改革，增强发展活力。组织开展“科技创新与人才”县委一号课题调研，召开科技创新暨人才工作大会，出台专项政策，明确总体目标和战略举措。启动大孵化器建设计划，扶持和发展创新平台，新增孵化器、加速器1万平方米。狠抓创新主体培育，新增高新技术企业8家、省市级工程技术中心6家，新增发明专利132件、增长32%。创新科技金融服务，设立科技创业引导基金，实行科技经费后补助管理，推广应用创新券、“科银保”。加大人才引进力度，新引进高层次人才15名，海洋科技人才创业园新入园企业5家。落实中央和省市重大改革任务，抓好30项年度重点改革项目，新增省级以上改革试点4个。加快投融资体制改革，五大集团组建运行，实施PPP项目3个，政府性债务融资成本下降14.6%。组建县综合行政执法局，实施镇乡（街道）行政管理体制改革，落实快速审批机制，工业项目审批时限压缩一半以上，“三测合一”改革成效初步显现。率先实行全县域公共服务质量评估，企业信用体系建设走在全市前列，便民利企改革扎实推进。深化农村综合改革，“1+28”规则体系全面建立，农村承包经营权确权登记颁证、“三位一体”农合联、涉农资金整合等改革加快推进，农村金融普惠工程深入实施，户籍制度改革扎实启动。

坚决打好省市专项行动组合拳，城乡品质明显提升。深化“五水共治”，严格落实“河长制”，完成河道、畜禽养殖整治任务，新建农村污水处理设施105个村，“清三河”达标县进入全省公示阶段。推进“三改一拆”，健全长效管控机制，“三改”、拆违分别完成市下达任务的156%、160%，获评省首批“基本无违建县”。纵深推进“一打三整治”，实行常态化联合执法，渔民减船转产全面启动。出台专项行动问责办法，推动中心工作落实。实施中心城区提升行动，启动县域总规修编，“四城”联创稳步推进，省森林城市创建通过验收。启动棚改一期二期9个区块，改造面积超过19万平方米。深化石浦国家级建制镇示范试点改革，争取西周列入省级小城市培育试点。在全市率先实施美丽集镇建设三年行动计划，4个试点乡镇取得阶段性成效。美丽乡村分类创建和市级“斑斓海岸”文明示范线建设成效初显，溪里方村获市第二批“最洁美村庄”称号，获批省首批美丽乡村示范县。巩固全国生态县创建成果，开展“百日环保执法”专项行动，节能减排完成上级下达任务。

加强民主法治和社会事业建设，巩固和谐稳定局面。完善“一个党委、三个党组”领导体制，支持人大、政府、政协依法依规履职。召开县委统战工作会议，依法管理宗教事务，工青妇、工商联、对台、侨务、科协等工作取得新成效。党管武装工作再创佳绩，蝉联全国双拥模范县“五连冠”。提升法治象山、平安象山建设水平，建设县、镇乡（街道）社会治理综合指挥平台，整合资源设立统一政务咨询投诉举报平台，健全社会治安防控体系，加大信访积案化解力度，启动实施“七五”普法，安全生产、防灾减灾等工作得到加强。打响“善行象山”品牌，开展向陈淑芳同志学习活动，实施基层宣讲“百千万”工程，抓细抓实婚丧礼俗整治，渔文化生态保护实验区建设加快推进，文化产品创意产业园开园，中日韩徐福文化象山研讨会、第十九届中国开渔节和第十二届中国海洋论坛成功举办。促进各级各类教育优质均衡发展，德育工作模式在全市推广，通过省教育基本现代化县验收。深化医药卫生体制改革，“双下沉、两提升”扎实开展，台胞医院迁建投用。加大就业扶持力度，社会保障提标扩面，城乡居民实现医保并轨，新增就业1.1万人次、“五险”3.2万人次，省级养老服务业综合改革试点扎实实施，提升审计、档案、党史县志、残疾人、慈善和红十字事业发展水平。

推进全面从严治党，加强党的建设。开展“两学一做”学习教育，抓好专题学习讨论，排查处置失联党员，规范党费收缴管理。落实意识形态工作责任制，加强正面宣传和引导，巩固壮大主流思想舆论阵地。从严加强干部队伍管理，全面推行“双对双排”，加大奖优罚劣力度，强化年轻干部素质能力培养，成立“青春塔山”干部读书会。推进基层党建“整片建强”示范片（区、带）建设，推广“书记账本”制度，选派副局级领导干部和县管后备干部担任“第一书记”，推行“和村惠民四步法”，整转软弱落后党组织20个。创新新业态新领域党建工作，试点推行“网格党建”模式。制定“两个责任”实施意见，推进“四专”建设，狠抓正风肃纪，完成贯彻执行中央八项规定精神“回头看”工作。健全村级工程项目管理等5项监督制约机制，规范农村小微权力运行。落实县委巡察制度，用好监督执纪“四种形态”，加大违法违纪查处力度，党风廉政建设和反腐败工作取得新成效。

县委重要会议及重要决策

【镇乡党委(街道党工委)书记抓基层党建工作述职评议会】 1月8日下午,象山县镇乡党委(街道党工委)书记抓基层党建工作述职评议会在县委党校召开。市委组织部副部长、市老干部局局长俞小勋应邀出席会议。县委书记叶剑鸣作重要讲话,县委常委、组织部长陈兴立主持会议,县委副书记、代县长黄焕利,县委副书记俞骏等出席会议。会议强调,要以年度基层党建工作述职评议为契机,落实市委"基层党建全面提质年"的要求,坚持书记抓、抓书记,持之以恒破难题补短板强保障,提升基层党建整体水平。会议指出,抓党建是检验干部"基本功、政绩观、工作作风"的重要标尺,各镇乡党委(街道党工委)书记要以更高标准、更严要求、更宽视野、更实作风谋划和推动基层党建工作,形成全面从严管党治党的新常态,推动基层党建全面进步、全面过硬。会议要求各地剖析、加强研究,及时总结基层党建工作涌现出的好做法、好经验,并结合各地实际,加以提升、做好推广,开创基层党建工作新局面。县委委员,县委候补委员,县委组织部部务会议成员,部分县党代表、县人大代表、县政协委员参加会议,并对2015年度各镇乡党委(街道党工委)书记抓基层党建工作进行评议。

【工业强县第一次工作例会】 1月18日下午,县委召开工业强县第一次工作例会。县委书记叶剑鸣作重要讲话,县委副书记、代县长黄焕利主持会议。县领导孙小雄、陈兴立、石坚定等出席会议。会议强调,要把工业强县的各项政策举措转化为扎扎实实的行动,共同营造合力扶工、兴工、强工的浓厚氛围。6个A类镇乡(街道)、县工业强县建设领导小组办公室、县人才办分别作工作汇报。会议要求,抓好工业强县誓师大会的精神落地,加快建立政策服务体系,及早制定出台"1+9"系列政策,并做好宣传引导,打通政策兑现"最后一公里"。要建立强有力的工作推进机制,明确路线图、时间表、任务书,加强考核,赏罚分明。要建立问题解决机制,及时发现、提出问题,盯住不放,确保问题一个一个解决,为工业强县扫清障碍。会议指出,要全力以赴抓好开门红。集中精力招商,利用春节期间主动走访、联络感情,做好在外象山人招商工作,确保签约一批、开工一批。要狠抓投资增长,发挥现有平台优势,重点加快产业项目、重大基础设施建设,拉动有效投资增长。要强化企业帮扶,深入开展"双带双走"活动,强化政银企合作,精准服务、精准对接,实打实地帮助企业解决一批实际问题。要推进产业转型,花大力气、下苦功夫淘汰落后产能,挖掘存量、留足发展空间。要强化科技创新和人才引领,尽早启动创新科技人才一号课题调研,加强科创平台和人才队伍建设,着力形成新的增长点。

【建筑经济工作会议】 2月17日,象山县建筑经济工作会议召开。省建管局副局长柴林奎、市住建委总工程师沈浩等应邀出席会议。县委书记叶剑鸣作重要讲话,县委副书记、县长黄焕利作工作报告,县委常委、常务副县长励志纲主持会议,县领导金红旗、白国璋、俞骏、周坚栋等出席会议。会议回顾总结象山县建筑业2015年工作,全面部署2016年建筑业发展的目标和任务。会议强调,要加速创新,重点专注于技术创新、金融创新和管理创新,鼓励企业通过改组联合、兼并重组做大做强,催生一批"建筑航母",同时坚决抵制低水平竞争,严厉打击项目经理不良经济行为,打响"象山建筑"整体品牌。要加大改革力度,顺应供给侧改革趋势,加快建筑业改革发展步伐,主动应对"营改增"新政,倒逼企业自身加强内部管理,做好建筑资质换证,加快推进建筑工业化。要政策加码,出台更有分量、更有针对性的政策措施,加大扶持力度,突出对科技创新、人才培养的支持,突出体制机制改革,突出企业风险防控,推动建筑产业健康有序发展。要加强服务,以企业需求为导向,找准服务"短板",重点强化司法服务保障,加大对违法行为的打击力度,发挥建筑行业协会作用,提高为企服务水平。会议表彰2015年度全县建筑企业先进集体和先进个人。县委政法委及4家企业代表分别作交流发言。

【平安建设暨政法信访工作会议】 2月29日上午,象山县召开平安建设暨政法信访工作会议。县委书记叶剑鸣作重要讲话,县委副书记、政法委书记俞骏作工作报告,县委常委、常务副县长励志纲主持会议。县领导余承嗣、孙小雄、柳建根、赖明和及县法检两长出席会议。会议肯定2015年平安建设及政法信访工作取得的成绩,分析形势,部署2016年平安建设及政法信访工作。会议要求,围绕"四个全面"战略布局,突出"防控风险、服务发展,破难解题、补齐短板"工作总基调,精准发力、精心保障、精细服务,全面提升县政法信访工作水平。发挥职能,保护经济发展活力,防控各类风险,全力保障项目建设,健全引领经济发展新常态的服务体系。要高标准打赢"平安护航G20"大会战,推进基层平安建设,做好信访工作,巩固提升安全稳定局面。要打实打牢基层基础,强化改革创新,强化网络安全管理,构建社会治理新格局。要践行法治精神,促进执法司法规范化,深化司法公开,提高全民法治意识,营造公平正义的法治环境。会议强调,要坚持从严治警、从优待警,开展向陈淑芳同志学习活动,倡导干净干事,打造过硬政法信访干部队伍。要把忠诚可靠放首位,永葆忠于党、忠于国家、忠于人民、忠于法律的政治本色。要把纪律规矩挺在前,严格自律、秉公执法,筑牢拒腐防变的防线。要提升能力强担当,加强学习培训,提高做好政法工作的本领。要建好班子作表率,落实主体责任,一级抓一级,以模范行动影响带动班子和队伍建设。会议表彰2015年度政法信访工作各类先进,县委、县政府与各镇乡(街道)、县级有关部门签订2016年度平安建设和信访工作目标管理责任书。

【农村工作会议】 3月3日上午,象山县召开农村工作会议。县委书记叶剑鸣作重要讲话,县委副书记、县长黄焕利主持会议,金红旗、白国璋、俞骏等县领导出席会议。会议回顾总结"十二五""三农"工作,分析当前形势,明确"十三五""三农"工作目标:到2020年,农业增加值年均增长2%,农业经济总量保持全省首位,成功创建全国现代农业示范基地;农渔民人均可支配收入年均增长10%左右,城乡居民收入缩小到1.75:1以内;全县农民同步迈入高水平全面小康社会。2016年"三农"工作要围绕农业供给侧改革这一主线,突出"调结构、提品质、补短板、促融合、降成本"这一中心任务,抓好发展现代农业、优化城乡环境、深化农村改革、促进强村富民、提升乡风文明五项重点工作,为"十三五""三农"发展开好局、起好步。会议要求,要加快转变农业发展方式,提高农业质量和效益,着力打造生态链、产业链、创新链和创业圈的"三链一圈"新型现代农业产业体系。要坚决打好城乡环境综合整治组合拳,加快建设美丽乡村建设升级版,突出抓好"五水共治""三改一拆""一打三整治"等省市专项行动,优化乡村规划布局,提升公共服务配套水平。推进农村各项改革,增强农村发展内生动力,妥善开展农村承包地确权登记颁证试点工作,深化农村产权制度改革,加快农村金融制度创新。激发农民创业创新热情,千方百计促进强村富民,拓展农民收入新增长点,发展壮大村级集体经济,更加精准推进扶贫开发。要全面开展婚丧礼俗整治,引领乡风文明新风尚,高度统一思想认识,严格执行制度规定,确保各级责任落实到位。会议强调,要精准发力补好基层党建"短板",聚焦农村干部队伍打好"管、育、爱"组合拳,培养造就一支群众拥护的"领头雁阵";聚焦基层组织建设强化农村党组织政治性,打造坚强"前沿哨所";聚焦农村社会治理提升制度贯彻执行力,提高党建"护航水平",为开创"三农"工作新局面提供坚强保障。会议表彰去年"三农"工作各类先进。茅洋乡、东陈乡、墙头镇方家岙村、涂茨镇旭拱岙村、县合心果蔬专业合作社等单位在会上作交流发言。

【中共象山县委全面深化改革领导小组扩大会议】 3月10日上午,中共象山县委召开全面深化改革领导小组扩大会议。县委书记叶剑鸣主持会议并讲话,黄焕利、金红旗、白国璋、俞骏等县领导参加。会议听取2015年全面深化改革工作汇报,审议通过2016年象山县全面深化改革工作要点、2016年度全县重点改革项目清单,以及《关于有效推进改革项目的意见》。与会县领导分别就提高对全面深化改革的认识,以及如何抓好重点改革项目作交流发言。会议总结2015年全县改革工作,研究部署2016年改革任务。会议强调,要下定决心、把握重点、真抓实干,坚决打赢全面深化改革攻坚战,为"十三五"开局提供强劲的源动力。会议强调,围绕"双突破双驱动"战略,把具有四梁八柱性质的改革明确标注出来,排出优先序,把握重点,精准发力,破解工业、旅游发展中遇到的体制机制难题,强化科技创新和人才建设,争创体制机制新优势。要着力提高改革效率,吃透上级精神,以高度的事业心和责任感,抓紧推进、紧盯不放,把改革工作推向深入,要把握好改革的站位和标准问题，以争做一流的站位，拉高标杆，形成一批有分量、有示范性、有地方特色的改革项目，提高改革工作整体水平。各级领导干部要争当改革的"促进派"和"实干家"，坚定"成功路上必有我"的信心决心，胸怀"功成不必在我"的大度大气，身体力行、凝心聚力，共同营造齐心协力助推改革的浓郁氛围。

【一季度经济形势分析会】 4月22日下午，象山县召开一季度经济形势分析会。县委书记叶剑鸣主持并讲话，县委副书记、代县长黄焕利部署下阶段工作，金红旗、白国璋、俞骏等县领导出席会议。会议总结2015年度经济运行情况，分析研判经济走势，部署安排2016年度工作。会议强调，激发党员干部干事创业的激情，全力打好抓项目扩投资、工业创新转型、重点领域改革、省市专项行动、G20维稳安保五大硬仗，全力以赴推动经济社会发展、实现"半年红""全年红"。县经济开发区、发改局、经信局、招商局、财政局、统计局和丹东街道、丹西街道、泗洲头镇、新桥镇在会上作交流发言。

【"两学一做"动员部署会】 5月3日下午，象山县召开"两学一做"(学党章党规、学系列讲话，做合格党员)动员部署会。县委书记叶剑鸣作重要讲话，县委副书记俞骏主持会议，县委常委、组织部长陈兴立作工作部署，金红旗、白国璋、胡杰、励志纲、罗来兴、余承嗣、孙小雄等县领导等出席会议。会议要求，全县各级党组织要严格按照中央和省、市、县委关于开展"两学一做"的决策部署，真正做到学以看齐、做以尽责，把全面从严治党要求落实到每个支部、扎根到每名党员。会上，书记叶剑鸣传达省委第十三届第九次全体(扩大)会议精神，并就贯彻落实全会精神提出具体要求。会议强调，把思想和行动统一到省委决策部署上来。要全面开展"找短板、补短板"活动，争创象山发展新优势。要加强舆论宣传，营造全县上下"找短板、补短板"的良好氛围。

【统战工作会议】 5月4日下午，象山县召开统战工作会议，县委书记叶剑鸣作重要讲话，县委副书记俞骏主持会议，金红旗、白国璋、黄敏求、胡杰、罗来兴、余承嗣、陈兴立等出席会议。会议要求，要深入学习贯彻习近平总书记重要讲话和中央、省市统战工作会议精神，发挥统战工作的政治性、经济性和社会性，最大限度聚众心、集众智、合众力，在服务大局中奋力开创统战工作新局面。会议强调，要加强和改善对统战工作的领导，以更强的合力构建大统战工作格局。各级党委要履行好领导责任，强化"统战意识就是执政意识"的理念。各级各部门要加强沟通配合，讲大局重协作，形成工作合力。县委组织部、县教育局、石浦镇、泗洲头镇在会上作交流发言。

【庆祝中国共产党成立95周年大会】 6月30日下午，象山县隆重举行庆祝中国共产党成立95周年大会。县委书记叶剑鸣作重要讲话，县委副书记、县长黄焕利主持会议，金红旗、白国璋、俞骏等县领导出席大会。会议强调，全县各级党组织和广大共产党员要振奋精神、牢记使命，敢于争先、勇当先锋，为加快建设现代化滨海休闲城市而奋斗。会议要求，要坚定信念、保持定力，在"两学一做"学习教育中勇争先、当示范，做到学真理、悟真知、做真人。要干字当头、扬长补短，在创业改革克难奋进中勇争先、当示范。要转变作风、树立导向，在履职尽责干净干事中勇争先、当示范。会议表彰省、市、县"两优一先"各类先进。张式贞、金从标、朱佩龙、张梅等先进典型分别在会上作"与先锋同行"主题报告。会后，举行党章学习报告会，邀请省委党校党史党建教研部副主任徐彬教授作"自觉学习党章，做合格党员"专题讲座。

【旅游发展大会暨创建国家全域旅游示范区动员大会】 7月13日下午，象山县召开旅游发展大会暨创建国家全域旅游示范区动员大会。县委书记叶剑鸣作重要讲话，市旅游局局长励永惠，国际休闲产业协会副主席、国际休闲产业协会休闲乡村专业委员会主任朱至珍应邀出席会议。县委副书记、县长黄焕利主持会议，金红旗、白国璋、俞骏等县领导成员出席会议。会上要求，实施全域化打造、全产业融合、全要素整合、全方位保障，特色景区、特色小镇、特色乡村、特色民宿"四全四特"工程，确保成功创建国家全域旅游示范区，奋力建设高水平旅游强县。叶剑鸣向朱至珍颁发象山县委、县政府旅游发展高级顾问聘书。会议表彰全县旅游工作各类先进。县风景旅游管理局、石浦镇作表态发言，宁波影视文化产业区管委会、宁波半边山投资有限公司、定塘镇沙地村、石浦半岛酒店作交流发言。

【中共象山县委全面深化改革领导小组扩大会议】 8月1日下午，中共象山县委全面深化改革领导小组扩大会议在象山宾馆召开。县委书记叶剑鸣主持并讲话，县委副书记、县长黄焕利，县政协主席白国璋，县委副书记俞骏等出席会议。会议传达近期中央和省委、市委全面深化改革领导小组会议精神，通报全县深化改革工作半年度情况，研究部署下阶段改革工作。会议强调，各级各部门要按照“双突破双驱动”战略总体部署，深化改革认识，强化督察落实，全力推动各项改革举措落地生根，形成改革攻坚、勇立潮头的新合力，为县域经济转型发展、振兴崛起提供强劲动力和制度保障。会议要求，要着力抓好改革落地生根，紧盯改革项目不放，主动地补齐改革落地短板，形成改革攻坚、勇立潮头的新合力。要突破关键环节，针对存在的突出问题，出实招硬招狠招，确保如期完成改革任务。要强化制度落地，多下功夫、多动脑筋，完善运行机制。要提升群众获得感，以需求为导向、问题为导向，加快推出系列“便民利民、便企利企”新举措。

【中共象山县委第十三届十一次全体(扩大)会议暨县委读书会】 8月25日，中共象山县委第十三届十一次全体(扩大)会议暨“找短板、补短板”县委读书会在县委党校报告厅召开。县委常委会主持会议，县委书记叶剑鸣代表县委常委会向全会作报告，作总结讲话。县委副书记、县长黄焕利在县委读书会上就补齐产业平台短板、推动经济转型创新发展作主题发言，金红旗、白国璋、俞骏等10位县领导分别作调研课题发言。会议深入贯彻党的十八大和十八届三中、四中、五中全会以及习近平总书记系列重要讲话精神，按照省委、市委全会的总体部署，总结2016年上半年工作，部署下半年任务，审议通过《中共象山县委关于精准发力补短板全力以赴促发展的实施意见》，动员全县广大党员和干部群众，精准发力补齐短板，全力以赴加快发展，奋发有为建设现代化滨海休闲城市。全会肯定县委常委会半年多来的工作。全会认为，2016年以来，面对宏观环境复杂多变、经济下行压力加大的严峻形势，县委常委会牢固树立五大发展理念，贯彻省、市决策部署，扎实实施“双突破双驱动”战略，主动有为抢抓开局、上下联动找补短板，统筹做好稳增长、促转型、强改革、惠民生、防风险等各项工作，全县经济社会总体保持平稳健康发展。上半年实现地区生产总值190亿元、增长5.3%，城乡居民人均收入分别增长7.2%、7.4%，规上工业产值、工业投资、外贸出口、实际利用内资等指标增速列全市前列。全会指出，补短板是聚焦“十三五”发展目标、加快建设现代化滨海休闲城市的必然之举，是突破发展制约、推动象山转型跨越的关键之招，是回应群众关切、增强百姓福祉的根本之策。全县上下要深刻领会、全面把握，增强补短板的责任感和使命感，把补短板融入经济社会发展全过程，实现更高水平、更高质量、更加均衡、更可持续的发展。全会强调，要扭住关键、补齐短板，奋力推动象山经济社会发展再上新台阶。要补齐工业强县短板，拓展以大项目为支撑的招商局面，培育以创新型企业为主体的梯队结构，打造以新兴产业为引领的产业集群，构筑以大平台为引擎的发展格局，开创工业振兴新局面。要补齐旅游强县短板，打造旅游业态、旅游服务、旅游管理升级版，全力构筑全域旅游新格局。要补齐科技创新短板，集聚创新创业要素，培育科技创新主体，优化科技创新服务，激发跨越赶超新动能。要补齐城乡品质短板，高起点谋划宁波大都市现代化滨海城区，高品质打造美丽县城、美丽集镇、美丽乡村，高标准建设“大交通”路网，彰显美丽象山新面貌。要补齐民生服务短板，构建优质高效的公共服务体系，完善公平均衡的社会保障体系，健全精准有效的增收致富体系，共享美好生活新境界。要补齐改革落地短板，聚焦重点领域改革，激发改革内生动力，强化改革督察落实，争创体制机制新优势。全会还对下半年工作进行部署。全会要求，要长短结合抓好下半年工作，集中精力抓经济抓发展，决战决胜做好G20维稳安保，确保“清三河”达标县、“无违建县”成功创建，继续抓好民生实事工程，全面强化从严治党。全会号召，全县各级党员干部要按照“责任要严、任务要实，标准要严、措施要实，执行要严、方法要实，管理要严、问效要实”的要求，振奋精神、转变作风，拉高标杆、孜孜以求抓落实，压实责任、明确职责抓落实，强化担当、攻坚克难抓落实，紧抓不放、一抓到底抓落实，抓好班子、带好队伍抓落实，通过抓落实把决策变为行动、把认识变为实践、把蓝图变为美好现实。县委委员、候补委员；县纪委委员；县人大常委会副主任，不是县委委员的县政府副县长，县政协副主席，县法院院长；县政协秘书长，县人大、县政协各委办主任；不是县委委员、候补委员的县级各部门党政主要负责人、镇乡党委(街道党工委)书记、镇乡长(街道办事处主任)，县直属国有企业主要负责人；县委巡查组组长；担任过副县级以上领导职务的离退休党员老同志；部分县第十三次党代会代表参加会议。

【镇乡换届工作动员会】 9月20日下午，象山县镇乡换届工作动员会在县委党校召开。县委书记叶剑鸣作重要讲话，县委副书记俞骏主持会议，县领导胡杰、陈兴立、林胜国出席会议。会议指出，高标准高质量做好镇乡换届工作，是加快建设现代化滨海休闲城市、高水平全面建成小康社会的重要保证；是巩固全面从严治党成果、建设“绿水青山”政治生态的重要实践；是补齐领导班子建设短板、加强领导干部队伍建设的现实需要。会议强调，要紧扣绘出好蓝图、选出好干部、配出好班子、换出好面貌的“四个好”目标任务，推进镇乡换届工作，实施“双突破双驱动”战略、建设现代化滨海休闲城市提供强有力的组织保障。会议要求，要科学统筹、把握关键，扎实有序推进镇乡换届工作。树立正确用人导向，突出干部干事，配强关键岗位、强化整体功能、完善换届考察办法，把领导班子选配好。绘好蓝图，起草审议好报告，重点抓好“一问六征五审”工作，调研问症、集思广益，在征集意见建议过程中统一思想、凝聚共识。坚持标准，把好素质关、结构关、审查关，把代表推荐选举好。严明纪律，把换届风气营造好，让党员干部心生敬畏，让投机钻营者不敢伸手，让违规违纪者受到惩处。墙头镇在会上作镇乡党委换届试点工作经验交流。

【县平安护航G20峰会总结表彰大会】 10月13日上午，象山县委、县政府召开平安护航G20峰会总结表彰大会。县委书记叶剑鸣作重要讲话，县委副书记、县长黄焕利主持会议，县委副书记、政法委书记俞骏通报先进名单，县四套班子相关领导出席会议。会议强调，全县上下弘扬平安护航G20精神，以干在实处、走在前列、勇立潮头的工作标准和精神状态，奋力加快建设现代化滨海休闲城市，以优异成绩迎接县第十四次党代会胜利召开。会议强调，要弘扬大局至上、绝对忠诚的使命意识，牢牢扭住发展第一要务，精准发力补短板，全力以赴完成年度目标任务。要弘扬奋勇争先、舍我其谁的责任担当，大胆先行先试、改革创新，推动经济“增长中高速、质量中高端”。要弘扬夙兴夜寐、克难攻坚的拼搏斗志，敢啃硬骨头、敢于涉险滩，增强执行力，始终一抓到底干事业。要弘扬一心为民、共建共享的群众观念，依靠群众、发动群众，办好民生实事，让人民群众有更多获得感和幸福感。要弘扬步调一致、上下一心的团队精神，树立全县一盘棋思想，强化团队协作，加强狮子型干部队伍建设，形成合心合力合拍的良好局面。会议表彰平安护航G20峰会先进集体和先进个人。县公安局、县交通运输局、丹东街道、石浦镇及平安志愿者代表作交流发言。

【中共象山县委第十三届第十二次全体会议】 10月26日下午，中共象山县委召开第十三届十二次全体会议，县委书记叶剑鸣主持会议并作《关于召开中国共产党象山县第十四次代表大会(草案)的说明》，县领导俞骏、黄敏求、胡杰、励志纲、罗来兴、余承嗣、孙小雄、刘国中、陈兴立、蔡特和县委委员、县委候补委员出席会议，县纪委委员列席会议。会议表决通过《关于召开中国共产党象山县第十四次代表大会的决议》。全会认为，中国共产党象山县第十四次代表大会是在全党和全国各族人民深入贯彻创新、协调、绿色、开放、共享五大发展理念和奋力冲刺全面建成小康社会的关键阶段召开的，是确定当前及今后一个时期象山改革发展总体战略、加快建设现代化滨海休闲城市的一次十分重要的会议，是全县共产党员和人民群众政治生活中的一件大事。全会号召，全县各级党组织和广大共产党员，要高举中国特色社会主义伟大旗帜，深入贯彻中共十八大和十八届三中、四中、五中、六中全会精神，以邓小平理论、“三个代表”重要思想和科学发展观为指导，全面贯彻习近平总书记系列重要讲话精神，落实中央“四个全面”战略布局和省市决策部署，团结带领全县广大人民群众，凝心聚力、攻坚克难，深入实施“双突破双驱动”战略，全面融入宁波都市区,发扬优势、补齐短板,推动经济社会平稳健康发展,奋力开创现代化滨海休闲城市建设新局面,以优异成绩迎接中国共产党象山县第十四次代表大会的胜利召开。

【象山县领导干部会议】 10月31日下午,中共象山县委召开全县领导干部会议。县委书记叶剑鸣主持会议并讲话,县委副书记、县长黄焕利,县政协主席白国璋,县委副书记俞骏等出席会议。会议传达党的十八届六中全会精神,并对学习宣传贯彻全会精神进行部署。会议要求,全县各级党组织和广大党员干部要深刻把握全会明确习近平总书记核心地位的重大意义,在思想上政治上行动上与以习近平同志为核心的党中央保持高度一致。会议要求,各地各部门要广泛发动、精心组织,迅速在全县掀起学习宣传贯彻六中全会精神的热潮。要将学习六中全会精神作为理论武装工作的重点任务,作为"两学一做"学习教育活动和各级党委(党组)理论中心组的重要学习内容,抓好广大党员干部和县管以上领导干部的学习,做到学深学透、融会贯通、知行合一。会议强调,要把学习贯彻六中全会精神与做好岁末年初各项工作结合起来,聚精会神抓发展、抓省市专项行动、抓意识形态和社会维稳、抓科技创新和人才工作、抓换届工作,确保实现经济社会平稳健康发展。要把学习贯彻六中全会精神转化为干事创业的强大精神动力,不忘初心、继续前进,推动象山实现新发展新跨越,以优异成绩迎接党的十九大胜利召开。

【象山县领导干部会议】 11月20日上午,全县领导干部会议在县委党校报告厅召开。市委常委、组织部长、统战部长杨立平出席并讲话,市委组织部常务副部长张良才宣布市委关于县新一届领导班子调整的决定。县委书记叶剑鸣,县委副书记、县长黄焕利作表态发言。县委、县人大、县政府、县政协领导班子成员,县人民法院院长、县人民检察院检察长以及其他现职副县级领导,新进(提名)象山任职的干部,担任过副县级以上领导职务的离退休老同志;县政协秘书长,县人大、县政协各委办主任;县级各部门党政主要负责人;各镇乡党委、街道党工委书记,镇乡长、办事处主任参加会议。

【象山县科技创新暨人才工作会议】 11月28日下午,象山县科技创新暨人才工作会议在县文化活动中心报告厅召开。县委书记叶剑鸣作重要讲话,县委副书记、县长黄焕利主持会议,县四套班子领导,县法检两长,县人大、政协委办主任,县级各部门主要负责人;县科技局、人力社保局、经信局班子成员;各镇乡党委(街道党工委)书记,镇乡长(办事处主任),分管工业、农(渔)业负责人;县各类企业及人才代表等参加会议。会议回顾总结"十二五"期间全县科技创新和人才工作,分析研判形势,部署下阶段工作。会议强调,要把科技创新和人才工作摆在经济发展全局的核心位置,深入实施创新驱动发展战略,海纳百川聚人才,勇立潮头强创新,为象山振兴崛起提供强大动力和根本支撑。会议强调,要加强组织领导,完善推进机制,配强干部队伍。要精准发力施策,完善政策体系,抓好政策落实,强化政策绩效评估。要深化科技体制改革,完善符合科技创新规律的资源配置方式,开展便企利企专项行动。要强化督查考核,考服务、考进度、考成效,既重结果,也看平时,确保全县科技创新目标任务落到实处。会议表彰县科技创新和人才工作各类先进。西周镇、经济开发区和乐惠国际、宏润建设、旭文海藻、云朵网络等4家公司在会上作交流发言。

【中共象山县委第十三届十三次全体(扩大)会议】 12月15日,中共象山县委第十三届十三次全体(扩大)会议在县委党校报告厅隆重召开。县委常委会主持会议,县委书记叶剑鸣代表县委常委会向全会作报告,县委副书记、县长黄焕利通报县第十四次党代会筹备工作有关情况。会议总结回顾2016年工作,部署安排2017年任务,审议通过县第十四次党代会有关事项,推选象山县出席宁波市第十三次党代会代表候选人预备人选,动员全县广大党员和干部群众,深入实施"双突破双驱动"战略,勇担新使命、开启新征程,奋力开创经济社会发展新局面,以优异成绩迎接党的十九大胜利召开。全会肯定县委常委会一年来的工作。全会认为,面对严峻复杂的宏观经济形势和"十三五"发展的新形势新任务新要求,县委常委会坚持以五大发展理念为指导,贯彻落实中央和省、市决策部署,扎实实施"双突破双驱动"战略,统筹推进经济转型、供给侧改革、补齐短板、党的建设等各项工作,经济社会发展呈现稳中有进态势。全会要求，要突破工业和旅游，围绕工业两年打基础、创建国家全域旅游示范区目标，扎实实施“四创四强”“四全四特”工程，打造特色功能平台，加快现代农渔业、建筑业提质升级，推动县域经济迈入新的增长阶段。要攻坚改革创新和项目建设，坚持科技创新与制度创新两轮齐转，以改革增活力、以创新增动力、以投资增潜力，增强发展动能。要实施大建设大整治大提升，按照“面向世界、国内一流”标准，制定实施城镇建设五年行动计划，精心打造美丽县城和推进美丽集镇、美丽乡村建设，强化城乡环境综合治理，推进交通基础设施建设。发展文化和社会民生事业，推进海洋文化强县建设，深化法治象山建设，加强社会治理创新，提高群众共建共享水平。贯彻落实十八届六中全会精神，突出强化思想建党，加强和规范党内政治生活，从严加强干部队伍建设，推动基层党建全面提质，严抓党风廉洁建设，深入推进全面从严治党。全会号召，新起点开启新征程，新目标赋予新使命。全县广大党员和干部群众要紧密团结在以习近平同志为核心的党中央周围，振奋精神、凝心聚力，不忘初心、继续前进，走好新的长征路，奋力推动经济平稳健康发展和社会和谐稳定，为加快建设宁波现代化滨海城区奠定良好开局，以优异成绩迎接党的十九大胜利召开。县委委员、候补委员；县纪委委员；县人大常委会副主任；不是县委委员的县政府副县长；县政协副主席；县人民法院院长，县人民检察院代检察长；县政协秘书长，县人大、县政协各委办主任；不是县委委员、候补委员的镇乡党委（街道党工委）书记，县级各部门党政主要负责人；镇乡长（办事处主任）；县直属国有企业主要负责人；担任过副县级以上领导职务的离退休党员老同志参加会议。

【中国共产党象山县第十四次代表大会】 12月25日，中国共产党象山县第十四次代表大会在县综合文化活动中心隆重开幕。叶剑鸣同志代表中共象山县第十三届委员会，向大会作题为《凝心聚力，务实奋进，改革创新，追赶跨越，为加快建设宁波现代化滨海城区而努力奋斗》的报告，胡杰同志代表中国共产党象山县纪律检查委员会作《强化监督执纪问责，推进全面从严治党，为加快建设宁波现代化滨海城区提供坚强保证》的工作报告。县第十四次党代会应到代表315名，实到代表310名。本次大会执行主席叶剑鸣、黄焕利、俞骏、黄敏求、胡杰、罗来兴、孙小雄、刘国中、陈兴立、范焕平在主席台前排就座。大会主席团其他成员，白国璋、吴才增、王庆祥、胡锡海、张雪明、陈世灿、丁福生、陆传明、严荣杰、蔡特、郑亚红、林胜国、柳建根、应伟刚、陈军、卢飞、吴安定、欧亚群、周平飞、赖明和、郑航捷、袁学宏、张学军，党外县级领导干部励茂平、胡建萍等在主席台就座。大会由黄焕利同志主持，上午8时30分，在雄壮的国歌声中正式开幕。

【中共象山县第十四届委员会第一次全体会议】 12月28日下午，中国共产党象山县第十四届委员会召开第一次全体会议。叶剑鸣同志主持会议，第十四届县委委员、候补委员出席会议，县纪委全体委员列席会议。会议审议通过《中国共产党象山县第十四届委员会第一次全体会议选举办法》，中共象山县第十四届委员会常务委员会委员、书记、副书记候选人名单，监票人名单。会议以无记名投票方式选举产生中共象山县第十四届委员会常务委员会委员、书记、副书记。叶剑鸣当选为中共象山县第十四届委员会书记，黄焕利、孙小雄当选为副书记。会议审议通过中共象山县纪律检查委员会第一次全体会议选举产生的县纪委常委、书记、副书记名单。会上，县委书记叶剑鸣对新一届县委班子成员自身建设和今后工作提出要求。会议要求，要准确把握象山所处历史方位，跳出象山看象山、更高站位看象山，以翻篇归零创大业的心气，以“功成不必在我”的境界，树立追赶跨越的雄心壮志。要聚焦发展聚力发展，对标方位、争先进位，谋在深处、干在实处，戮力同心、竭力尽心，扛起追赶跨越的历史重任。要从严加强干部队伍建设，加快打造一支“铁血忠诚、铁肩担当、铁心做事、铁面无私”的象山铁军，为追赶跨越提供坚强保证。中国共产党象山县第十四届委员会书记、副书记、常务委员会委员名单。书记：叶剑鸣。副书记：黄焕利、孙小雄。常务委员会委员：叶剑鸣、黄焕利、孙小雄、胡杰、罗来兴、陈兴立、范焕平、干维岳、陈爱武（女）、奚海峰。

【象山县第十四次党代会第四次全体会议暨闭幕大会】 12月28日上午，中国共产党象山县第十四次代表大会，圆满完成各项议程，在县综合文化活动中心胜利闭幕。县第十四次党代会第四次全体会议暨闭幕大会应到代表315名，实到代表311名。叶剑鸣同志主持闭幕大会。大会执行主席叶剑鸣、黄焕利、俞骏、黄敏求、胡杰、罗来兴、孙小雄、刘国中、陈兴立、范焕平、干维岳、周坚栋、陈爱武、奚海峰在主席台前排就座。大会主席团其他成员，部分代表和列席人员白国璋、王庆祥、胡锡海、张雪明、陈世灿、丁福生、陆传明、严荣杰、蔡特、郑亚红、林胜国、柳建根、应伟刚、卢飞、吴安定、欧亚群、周平飞、赖明和、郑航捷、袁学宏、张学军，党外县级领导干部励茂平、胡建萍等在主席台就座。大会通过关于第十三届县委工作报告的决议。大会肯定第十三届县委的工作，一致同意报告提出的今后五年全县工作的指导思想和奋斗目标。大会认为，报告提出的今后五年发展目标体现时代要求，符合县情民意，既鼓舞人心、催人奋进，又实事求是、切实可行，经过努力是完全能够实现的。大会强调，加快建设宁波现代化滨海城区，关键在党，关键在党要管党、从严治党。凝聚引领发展的思想力量，严守党内政治生活的基本准则，打造忠诚干净担当的干部队伍，夯实执政为民的基层基础，营造风清气正的政治生态，为加快建设宁波现代化滨海城区提供坚强保障。大会通过关于第十三届县纪委工作报告的决议，肯定县纪委的工作。大会圆满完成各项议程后，叶剑鸣发表讲话，要求全县各级党组织和广大共产党员，要在中国共产党象山县第十四届委员会的领导下，高举中国特色社会主义伟大旗帜，以马克思列宁主义、毛泽东思想、邓小平理论、“三个代表”重要思想、科学发展观为指导，学习贯彻习近平总书记系列重要讲话精神，执行大会的各项决议，围绕大会确定的奋斗目标，团结和带领全县人民，凝心聚力、务实奋进、改革创新、追赶跨越，为加快建设“两强两美”宁波现代化滨海城区而奋斗！大会在雄壮的《国际歌》声中胜利闭幕。

重要活动

【水务体制改革动员暨水务集团成立大会】 2月3日上午，县召开水务体制改革动员暨水务集团成立大会。县委书记叶剑鸣为新成立的象山县水务集团揭牌，县委副书记、县长黄焕利出席并讲话。县领导励志纲、应伟刚、吴安定出席会议。县政府党组成员周坚栋主持会议。

【象保合作区与航天科工合作项目签约仪式】 2月23日，宁波象保合作区与航天科工集团旗下的中国航天建设集团共建宁波航天智慧科技城投资合作签约仪式在象山举行。市委副书记、市长卢子跃，副市长王剑侯，市政府秘书长王建社，市政府副秘书长张延，宁波保税区党工委书记、管委会主任郁伟年，县委书记叶剑鸣、宁波象保合作区管委会主任严荣杰，以及中国航天科工集团总经理助理于滨，中国航天建设集团董事长、党委书记于喜国，中国航天建设集团副总经理李治国等出席签约仪式。宁波航天智慧科技城由宁波市政府与中国航天科工集团合作共建，位于宁波象保合作区，规划面积28平方公里，按照“整体规划、滚动开发”原则，一期开发面积3.5平方公里，基础设施投资50亿元。该项目由宁波象保合作区管委会与中国航天科工集团下属企业中国航天建设集团共同投资，组建航天科技城发展有限公司负责具体实施，一期注册资本10亿元，其中航天方占60%，宁波方占40%。

【工业·开放型经济风云榜颁奖典礼】 4月13日下午，象山工业和开放型经济风云榜颁奖典礼在县广播电视台演播大厅举行。叶剑鸣、黄焕利、金红旗、白国璋等县领导出席，并为获奖者颁奖。会议总结回顾2015年度工业经济与开放型经济工作，分析当前形势，部署2016年工作。会议强调，深化工业强县战略，聚焦科技创新与人才“一号课题”，狠抓项目投资，优化营商环境，力争工业项目有大突破、科技创新有大起色、为企服务有大提升。会议表彰去年工业纳税三十强企业、县长质量奖、综合效益评价优胜企业、工业企业成长之星、外贸明星企业、外经明星企业、科技创新先进企业、工业先进镇乡（街道）、招商引资工作先进单位、经济发展功臣。县新生代创业联谊会代表在会上作表态发言。

【全国2016新型城镇化与美丽乡村协调发展研讨会】 5月15日上午，2016新型城镇化与美丽乡村协调发展全国研讨会在象山隆重召开。国务院发展研究中心农村经济研究部部长、清华大学中国农村研究院学术委员会委员叶兴庆，国务院研究室信息司司长刘应杰，中国社科院农村发展研究所所长魏后凯，副市长林静国，中国区域经济学会副会长、宁波大学党委书记郭华巍，宁波工程学院院长吕忠达，省农办副巡视员李建新，市委副秘书长、市农办主任杨胜隽，县领导叶剑鸣、俞骏、孙小雄、应伟刚、干维岳、吴安定等出席。研讨会由中国区域经济学会秘书长陈耀主持，县委书记叶剑鸣在开幕式上致欢迎词，副市长林静国致辞。中国区域经济学会副会长、宁波大学党委书记郭华巍简要介绍中国区域经济学会情况。叶兴庆、刘应杰、魏后凯、陈耀分别作《新农村要有新经济》《新常态下新型城镇化与新农村建设的思路和举措》《当前我国新农村建设的若干问题》《城乡协调与县域发展》的主旨报告。该次研讨会由中国区域经济学会、宁波工程学院、象山县人民政府共同主办，宁波工程学院象山研究院、宁波市港口城市发展与环境研究中心联合承办。

【中日韩徐福文化研讨会】 6月15日下午，2016中日韩徐福文化研讨会在象山举行。该次研讨会以“徐福东渡与东亚文化”为主题，来自中日韩三国的百余位徐福文化研究专家围绕“徐福精神与东亚价值”“徐福东渡文化资源的当代价值”“徐福文化与象山海洋文化建设”等专题展开研究和探讨。文化部原副部长、国家图书馆名誉馆长周和平，副市长张明华，省文化厅党组副书记、副厅长陈瑶，中国徐福会会长张云方，市文化广电新闻出版局局长赵慧峰；日本前首相羽田孜的次子、日本羽田孜事务所秘书羽田次郎，韩国前驻华大使馆总领事、驻日本名古屋总领事柳洲烈等日韩嘉宾；叶剑鸣、黄焕利、白国璋、俞骏等县领导出席开幕式。叶剑鸣、张明华、陈瑶、张云方、羽田次郎和柳洲烈等分别在开幕式上致辞。会议发表《象山倡议》，倡议设立“徐福文化研究象山奖”，以激励为徐福研究做出贡献的专家学者和研究新秀，表彰获得首届徐福文化研究象山奖的团体和个人。会上，县委常委、宣传部长罗来兴，中国国际问题研究院世界经济研究所所长、研究员姜跃春，中国社科院荣誉学部委员、国家非遗专家委员会副主任刘魁立，中国社科院世界史所研究员、博士生导师汤重南，日本爱知县立大学讲师、博士逵志保及柳洲烈分别作主旨演讲。本次研讨会由中国徐福会、象山县人民政府、宁波市文化广电新闻出版局共同主办。

【县“平安护航G20”誓师大会】 7月27日上午，象山县举行“平安护航G20”誓师大会暨平安志愿者大队成立仪式。县委书记叶剑鸣出席并讲话，县委副书记、县长黄焕利主持会议，县委副书记、政法委书记俞骏等县领导出席。会议强调，护航G20是当前象山重于一切、高于一切、压倒一切的头等大事，使命光荣，责任重大，全县上下要增强政治意识、大局意识、核心意识、看齐意识，把思想和行动统一到省市决策部署上来，下好先手棋、全面补短板、打好主动仗，做到一切工作服从G20、一切工作服务G20，确保筑牢外围维稳安保的铜墙铁壁。会议要求，要围绕“六个一”的目标，扎实开展“十大专项行动”，健全分析研判、实战指挥、区域联动、部门协作机制，全面落实反恐防暴、公共安全、治安防控、网络舆情、信访化解等措施，织密维稳安保的“天罗地网”。要坚持系统治理、依法治理、综合治理、源头治理，提升社会治理能力水平。要结合“两学一做”，优化工作作风，时刻保持战斗状态，恪尽职守，扎扎实实把护航G20各项举措落细落小、抓实抓好。会上，县领导为平安志愿者大队以及36支平安志愿者中队授旗，并带领志愿者们为做好平安护航G20工作进行庄严宣誓。县公安局、石浦镇、平安志愿者代表分别做表态发言。

【举办第十二届中国海洋论坛】 9月16日，以“21世纪海上丝绸之路·海洋旅游”为主题的第十二届中国海洋论坛在象山县石浦镇半岛酒店隆重举行。该次论坛由中国太平洋学会、中国海洋学会、浙江省人民政府、宁波市人民政府共同主办，象山县人民政府、宁波市海洋与渔业局联合承办。中国太平洋学会会长、国家海洋局原副局长张宏声，中国太平洋学会副会长兼秘书长盖广生，市政府副秘书长金伟平，国家、省、市相关部门的有关领导，中国太平洋学会及海洋旅游专业委员会等分支机构，中国电影评论学会、中国民协民俗机构、省市电影家协会、国内各类旅游院校、国内影视公司、国内重点旅游企业代表，县领导叶剑鸣、黄焕利、金红旗、白国璋等出席开幕式，县委书记叶剑鸣致欢迎辞，金伟平、张宏声致辞。中国旅游改革发展咨询委员会委员、中国太平洋学会海洋旅游专业委员会会长白长虹，中国旅游智库秘书长、现代旅游业发展协同创新主任、教授、博士生导师石培华分别在论坛上作《海洋旅游发展的全球视野和中国高度》《全域旅游背景下海洋旅游发展趋势及战略重点》主旨演讲。开幕式上，举行中国太平洋学会海洋旅游专业委员会成立授牌仪式、“美丽象山”智慧旅游移动电子商务平台启动仪式。

（余　侃）

表8　　2016年中共象山县委重要文件一览

发文号	发文日期	文件标题
县委发〔2016〕1	3月2日	县委县府关于加快推进农业现代化和美丽乡村建设的若干意见
县委发〔2016〕2	1月6日	县委县政府关于加快推进工业强县的若干意见
县委发〔2016〕3	1月11日	县委关于制定象山县国民经济和社会发展第十三个五年规划的建议
县委发〔2016〕4	2月6日	县委关于开展向陈淑芳同志学习活动的决定
县委发〔2016〕5	3月1日	县委县府关于印发《2016年度县委县政府重点工作责任分解》的通知
县委发〔2016〕6	3月1日	县委县府关于表彰2015年度新农村建设工作先进单位和个人的通报
县委发〔2016〕7	3月10日	县委关于对镇乡(街道)、县级部门领导班子和领导干部进行届末考核的通知
县委发〔2016〕8	3月17日	县委县政府关于加快推进象山经济开发区整合优化提升的意见
县委发〔2016〕9	3月17日	县委县政府关于命名表彰2015年度平安镇乡(街道)的通报
县委发〔2016〕10	4月7日	县委县府关于表彰2015年度全县工业经济和开放型经济工作先进单位和个人的通报
县委发〔2016〕11	4月12日	县委县政府关于公布2016年度强势型(培育)、实力型和潜力型工业企业名单的通知
县委发〔2016〕12	4月12日	县委关于巡视整改情况的通报
县委发〔2016〕13	4月25日	县委县府关于2016年度县级部门目标管理考核的实施意见
县委发〔2016〕14	4月25日	县委县府关于2016年度镇乡(街道)目标管理考核的实施意见
县委发〔2016〕15	4月28日	县委关于印发《关于在全县党员中开展“学党章党规、学系列讲话，做合格党员”学习教育的实施方案》的通知
县委发〔2016〕16	5月11日	县委县政府关于实施“双突破双驱动”战略深化招商引资工作的补充意见
县委发〔2016〕17	6月8日	县委关于加强“四专”建设推动全面从严治党主体责任落实的通知
县委发〔2016〕18	6月20日	县委批转县青年联合会《关于要求召开象山县青年联合会第七届委员会第一次会议的请示》的通知
县委发〔2016〕19	6月23日	县委批转县工商联《关于召开县工商联(商会)第十次会员代表大会的报告》的通知
县委发〔2016〕20	6月29日	县委关于表彰县先进基层党组织、优秀共产党员、优秀党务工作者的决定
县委发〔2016〕21	8月18日	县委县政府关于进一步促进旅游业跨越式发展的实施意见
县委发〔2016〕22	8月30日	县委关于精准发力补短板全力以赴促发展的实施意见

续表8

发文号	发文日期	文件标题
县委发〔2016〕23	9月2日	县委转发《中共象山县人大常委会党组关于做好县乡两级人民代表大会换届选举工作的意见》的通知
县委发〔2016〕24	9月18日	县委关于做好2016年镇乡换届工作的通知
县委发〔2016〕25	10月17日	县委县政府关于表彰拥军优属拥政爱民工作先进单位和先进个人的通报
县委发〔2016〕26	11月16日	县委县政府县人武部关于表彰党管武装先进单位和个人的通报
县委发〔2016〕27	11月16日	县委县政府关于实施创新驱动战略推进大众创业万众创新的若干意见
县委发〔2016〕28	11月16日	县委县政府关于进一步推进人才创业创新的若干意见
县委发〔2016〕29	11月21日	中共象山县委关于认真做好中国共产党象山县第十四次代表大会代表选举工作的通知
县委发〔2016〕30	11月22日	中共象山县委转发《县委组织部、县委统战部、县政协党组关于做好第十届县政协换届人事安排工作的意见》的通知
县委发〔2016〕31	11月28日	县委县政府关于表彰全县科技创新和人才工作先进单位与个人的通报
县委发〔2016〕32	11月28日	县委批转县人大常委会党组《关于召开象山县第十八届人民代表大会第一次会议的报告》的通知
县委发〔2016〕33	11月29日	县委县政府转发《象山县普法教育领导小组关于在全县公民开展法治宣传教育的第七个五年规划(2016-2020年)》的通知
县委发〔2016〕34	12月6日	县委批转县政协党组《关于召开政协第十届象山县委员会第一次会议的报告》的通知

组织工作

【概况】 2016年,全县领导班子和领导干部队伍:县委设10名常委,45名委员,9名候补委员。全县现职县管领导干部779名,其中女性领导干部151名,女性正局级20名;非中共党员领导干部33名;18个镇乡(街道)领导干部305名,县级部门领导干部474名。基层组织建设:下设10个派出党工委,51个基层党委,71个党组,85个党总支,1570个党支部;全县490个行政村在县委统一领导下,建立党组织503个。全县共有党员33910名,其中女党员7999名,占23.59%;35岁以下党员7731名,占22.8%;60岁以上党员9139名,占27%;全年发展新党员500名,其中大专以上文化占53.2%,女党员占23.2%,35岁以下占40.6%。人才队伍建设:2016年共引进各类人才2400多名,其中硕士及以上学历的430名,具有中高级以上职称或特殊技能人才600余名,比去年同期增长20%以上。人才总量达到10.8万余人,各类专业技术人员39382人,高级职称2172人,占5.5%;中级职称13757人,占34.9%;专业技术人员中拥有本科以上学历的11367人,占28.9%;大专15250人,占38.7%;中专6938人,占17.6%。拥有享受国务院特殊津贴专家4人,省"新世纪151人才工程"专家3人,1人入选国家"千人计划",1人入选国家"万人计划",3人入选省"千人计划",市领军拔尖人才培养工程人选21人,"3315"特别资助人才2名,市全球高端创新人才团队1个。

【牵头开展"两学一做"学习教育】 以县委书记上党课启动学习教育开局,抓实抓细"学""做""改"三方面工作。部署开展"领导带头学、支部集中学、党员自主学"活动和"经典党课进支部"行动,开展基层党组织书记分批轮训，推行党员学习“网格联盟”“指尖课堂”“送教上门”等做法，开设半岛先锋微信公众号“两学一做”栏目、电视台《夜到讲白搭》等栏目，实现专题学习讨论和党课活动全覆盖，期间，县委常委召开专题讨论6次，基层党组织专题学习达5142次，领导干部、党员志愿宣讲团等上党课4373堂，下发《两学一做知识要点》折页17.9万余份。全面开展“看齐创优当先锋”行动，分类推进“党员在行动”“三讲三走三争创”“孙茂芳式‘五小’服务”等活动载体建设，举办“与先锋同行”报告会，“七一”期间，召开全市民兵“红旗党支部”“标兵党小组”创建活动推进会，开展县委常委认领微心愿活动，推动各重点领域基层党员带头履职做示范，涌现出“党员红黄灯”“党员点赞曝光台”等好的经验做法。开展“三对三找”查摆检视和“五大专项整治”活动，县委常委带队开展正风肃纪专项督查，专项整治党员、干部大操大办婚丧礼俗，建立健全县级指导部门联席会议、党支部书记抓“两学一做”责任清单、月度“督导—汇报—反馈”等工作机制，统筹指导、督促推进全县“两学一做”学习教育，全县基层党组织列出责任、问题、整改清单1718份，党员列出整改清单33620份。

【县乡两级换届工作】 遵循省市委换届要求，完成墙头镇换届试点工作。开展届末考核工作，实施领导班子和领导干部队伍综合研判，创新开展“向组织说说心里话”活动，探索科学化实绩考评体系，推行县管干部“块、线”立体式排位，即县领导对党政正职进行分类排位，分管县级领导分线对县管干部进行排位，单位主要负责人对其他县管干部进行排位，并对进位或退位明显、单项工作长期排位前列或处于后进状态的领导干部给予重点关注，确保了解干部更加深入，定位干部更加精准。坚持好干部导向、狮子型导向和优结构导向，围绕提升战斗力配班子，配强关键岗位、配优重点区域、配精重点干部，分7批对513人次干部进行调整或重新任命，共消化超职数配备干部64职，提任或转重领导干部201名，一批考核较好、双排位靠前的领导干部得到重用；新提任干部119名，其中有97名来自乡镇基层、重点工程和挂职锻炼岗位；对考核较弱、排位靠后的31名县管干部，区分不同情况进行组织处理。狠抓换届纪律，强化换届责任落实，严格落实“四个凡提”要求，制定县委书记“八个一”、乡镇党委书记“十个一”责任清单，实行领导班子成员定点联系制度，全面审核干部档案和个人重大事项报告，核查上级转办和本级受理的信访案件，5名拟提拔转重人选被暂缓使用。

【市、县党代表选举工作】 坚持把责任落实贯穿始终、思想政治工作贯穿始终、统筹推进工作贯穿始终。9月，成立县第十四次党代会筹备工作领导小组，召开筹备工作会议，做好代表名额分配、选举单位划分、日程安排、联络服务等各项筹备和保障工作，同步做好市党代表选举谋划、推荐等工作。11月，召开全县党代表选举工作会议，部署县党代会代表选举工作并组织开展培训。探索创新方式方法，全面实行 “两推一公示一选举”推选方式，创新出台县乡“两代表一委员”资格审查办法和考察办法，严格把好选举程序关和代表素质关等，选出的新一届镇乡党代表中，党员干部代表、45岁以下代表、妇女代表比例分别为52.3%、52.5%和28.9%，均符合要求。另有65名非公企业党员业主、11名外来务工人员、13名创新创业人才和10名大学生村官被选为镇乡党代表。

【干部队伍建设】 坚持打好“管、育、爱”组合拳，注重把功夫花在平时，出台《县管领导干部“岗位对责、绩效对账”实施办法》，建立健全清单式绩效对账、坐标式精准定位、导向式结果运用的管理评价体系。营造干部监督管理严态势，建立领导干部监督预警综合平台，改进拟提拔干部廉政报告制度，推进领导干部社团（企业）兼职规范清理和重新审批、领导干部经济责任审计，超职数配备干部整改消化等选人用人各类专项整治。加强干部教育培养力度，深化干部的思想政治建设，开展学党章和习近平总书记系列讲话精神的学习培训，加大年纪轻、专业强、需求急的干部的培养针对性，成立“青春塔山”干部读书会，举办经贸、城建规划等各线干部能力提升专题培训班。全年，共举办县委主体班次15期，累计培训人员15200余次，上级调训16批次70人次。推进干部梯队建设，制订《关于进一步加强干部教育管理的若干意见》，强化中层干部日常管理，开展新一轮县管副职后备干部专项调研，确定近期后备干部162名，提拔使用后备干部99

名，其中35周岁及以下的30名；完善动态管理机制，健全培养锻炼、适时使用、定期调整、有进有出的后备干部培养管理机制，共选派35名后备干部到"五水共治""三改一拆"、信访、维稳等部门单位挂职。

【实施人才强县战略】 健全人才体制，开展"科技创新与人才"县委一号课题调研，完成《我县人才工作体制机制与政策创新研究》，召开全县人才与科技大会，牵头开展体制机制与政策创新研究，制订出台人才新政20条，即《关于进一步推进人才创业创新的若干意见》，人才工作领导体制、运行机制进一步理顺。升级人才平台，扶持新建橙堡空间、农村电子商务园等人才创业平台，做精做大海洋科技人才创业园，新增办公生产用房6000平方米，新落户企业5家，培育园内企业达到11家、园外6家，牵头确立人才重大专项，带NFC功能的新一代金融POS机安全SOC芯片研发及产业化项目作为高层次人才创业扶持A类项目，多功能生物产品真菌BETA葡聚糖的产业化等2个项目作为C类项目，并下达人才创业扶持经费两批次620万元。延伸引才引智渠道，组织海洋科技人才创业大赛，共组织189个项目参赛，邀请42个项目参加答辩评审，最终确定大赛获奖名单11项，并分类确定具体创业扶持额度；举办留日博士创业园象山行、人才与资本、人才与企业等多场专题对接会，建立与海外人才网、海角网、千人智库等机构合作机制，筹建西安、上海等地象山籍学子回归平台，先后接洽落户创业团队9个，新列入高层次人才扶持专项5个，分批下达创业扶持经费1000万元。升级人才服务内涵，实施人才安居保障工程，开展人才公寓二次销售，落实人才公租房欢乐家园100套、宁波东部新城50套；实施人才创业"政银担"贷款，设立1亿元的人才创业引导基金，着力破解人才企业融资难题。

【实施基层党建三年行动计划】 按照全景规划、全域谋划的总体要求，立足示范点创建和区域化党建工作的阶段性成果，把全县153个基层党建示范点作为基本点，串点成线，连线成片，谋划勾勒"二线三岛四片"31个基层党建"整片建强"示范片（区、带）精品集群，制定时间表、路线图，确定"一年建片、二年扩片、三年联片，基本实现全覆盖"的步骤路径。6月，召开全县"整乡推进、整县提升"工作推进会，推动抓党建与促发展相融互动、系统设计、整体"包装"，一批好经验好做法相继涌现，如墙头镇着眼红色引领推进绿色发展，发展"民宿经济"、旅游产业，打造乡村旅游特色党建精品带，得到省委夏宝龙书记的肯定；西周镇实施"党建+"工作模式，探索运用党建联合体做法打造醉美山区党建精品带，等等。

【推进基层党建规范提升】 深入开展"组织部长蹲点调研""走百村、访千户"和基层党建补短板等活动，全县共梳理镇乡（街道）层面短板55条，村（社区）层面短板963条。实施基层党建区域提升工程，狠抓基层党建责任落实，全面推行县镇村三级"书记账本"制度，建立健全基层党建分析研究、领衔破难、观摩评点、述职评议、责任约谈等制度，出台县级有关部门履行从严治党责任清单和镇乡党委（街道党工委）书记、党员联村干部、村党组织书记抓基层党建责任清单，层层压实党建工作主体责任。规范基层带头人选育，实施"领雁梯队方阵"培育计划，开展全县基层党组织书记集中培训，继续评选第三批优秀村党组织书记"领头雁奖"，举办"书记讲堂"6期，向基层选派"第一书记"56名，其中10名副局级"第一书记"挂任镇乡党委（街道党工委）委员，该做法得到《浙江日报》《共产党员》刊发和市委组织部部长杨立平的批示肯定。对症查改基层党建突出问题，高效推进"7+2"重点任务，联动搞好党员组织关系集中排查、党代会代表和党员违纪违法未给予相应处理清理排查、基层党组织按期换届检查、党费收缴工作专项检查等"四类排查"，全县共排查出失联党员315人，纳入除名行列60人；排查出未处理的违纪违法"两代表一委员"和党员共100名，对16名"两代表一委员"、79名党员进行党纪处分或组织处理，另有5名党员进入司法处置阶段。

【两新组织党建】 抓好"两新"组织双覆盖百日攻坚"覆盖检修"等专项行动，推进公益党建品牌建设，集中开展"红色领航·益暖象山"公益集市活动，筹建"红色领航"义工基地，设计完成两条公益旅游线路、两条党建红色线路，以"点线建精"推促公益党建工作水平提升。重点突破新业态新领域党建工作，召开县委两新工委联席（扩大）会议暨全县两新党建示范点建设推进会，试点推行“产业型”“网络型”“流动型”“功能型”等“网格党建”模式，推进社会组织孵化园党建，组建县社会组织党建服务中心，在抗癌康复协会、塔山志愿者协会，衣重生公益中心等3家公益社会组织中孵化成立功能性党支部。加快推进特色小镇、电子商务和商圈党建，成立影视旅游特色小镇党建联盟，完成县电子商务创业园党群服务驿站建设，启动涌金广场商圈党建工作，推动两新党建全领域提质。

【组织部门自身建设】 开展部机关“两学一做”学习教育，查找自身短板，推进作风问题整改落实。加强专业培训和党性实践，围绕换届主题，开展组工讲堂、周二集中学习日、“一人一课”、组工干部“走百村、访千户”等学习调研活动。推进“阳光组工”建设，深化信息宣传调研工作，全年，组工信息在市级以上简报录用47篇，在市级以上宣传平台刊发条目93条；《组工情况》编发简版14期，《今日象山》刊发“先锋”专版12期。2016年，特色工作《象山县构建县管干部“双对双排”考评体系推动干部能上能下》和《象山县党员带头狠刹婚丧陋习有力推动全面从严治党向基层延伸》分获市组织系统特色工作二等奖和三等级，重点调研课题《“立体化”干部教育模式在高素质干部队伍建设中的地位和作用研究》分获二等奖和优秀调研成果三等奖。

宣传工作

【概况】 2016年以来，全县宣传思想文化战线在县委、县政府的正确领导下，按照全国、全省、全市宣传工作会议精神和县委的总体部署，深入学习贯彻习近平总书记系列重要讲话精神，着眼“两个巩固”根本任务，牢牢把握工作主题主线主基调，奋发有为、开拓创新，为加快打造“一城四地”、高水平全面建成小康社会提供强有力的思想保证、舆论支持、精神动力和文化条件。

【理论学习制度建设】 制定县委理论学习中心组学习意见，组织召开“两学一做”“科技创新与人才”等学习活动15次。完善《县级领导参加基层党委(组)中心组学习巡听制度》，开展学习巡听18次，发放书籍1.3万余册。加强对基层党委(党组)中心组考学、述学、督学、评学制度建设，评选2015年度学习先进单位12个，编印中心组理论(调研)文集。

【理论宣传普及教育】 创新实施基层宣讲“百千万”工程，结合“两学一做”学习教育，以“百名领导讲党课”“千名干部讲政策”“万名党员讲故事”为主要载体，深入农村、海岛、企业开展点单宣讲800多场次，相关经验信息得到省委宣传部原常务副部长胡坚的批示肯定。开展“讲好渔故事 传播真善美”等主题活动500余场次，受众超2万人次，形成象山地方特色的讲事品牌。深化“微系列”党员教育活动，鼓励各镇乡(街道)、部门、企业建立自身“微系列”品牌。

【基层理论武装载体建设】 完善农村文化礼堂“建管用育”四维一体运行机制，完成27个建设任务，出台“十三五”建设规划和星级评定管理办法，推出活动点单服务，各村文化礼堂月均开展活动2次以上。依托基层党校、农村老年大学、塔山讲堂、社科普及基地等阵地，指导开展宣教活动500场次以上，受教育群众10余万人次。

【重大主题宣传】 加强中央和省市县委全会精神、“十二五”成就和“十三五”规划、“两学一做”“婚丧礼俗整治”“棚户区改造”“三改一拆”等重大主题宣传策划，及时报道各地各部门深入贯彻“四个全面”战略布局、建设桥海新时代的生动实践，《今日象山》、广播电视台刊发稿件4300余篇。深入一线挖掘“最美浙江人”陈淑芳先进事迹，开展巡回宣讲，出台《关于开展向陈淑芳同志学习活动的决定》，出版书籍《大爱无声——记“最美浙江人”陈淑芳》，在县内外掀起学习宣传热潮，原市委书记刘奇作批示肯定。做深《每周聚焦》《你拨我办》等舆论监督类栏目，《每周聚焦》栏目组全体人员获县委、县政府通报表彰。

【对外宣传交流】 借助中国(象山)开渔节、“斑斓海岸”文明示范线启动仪式、陈淑芳等重大活动、重大典型，组织新闻媒体开展集中采访，在人民日报、中央电视台等中央级媒体刊发报道18篇，其中《浙江象山给人情风套上“紧箍咒”》在《新闻联播》播出，时长1:19，创造象山上《新闻联播》时长记录，其他主流媒体刊发1800多篇。策划《象山城市形象片》对外传播，制作《品读象山》《开渔记忆》等外宣品，推出《舌尖上的海鲜》等栏目，指导基层开展“一乡一节”“一村一品”文化活动，全方位展现象山丰富多彩的地域文化特色。

【热点舆论引导】 健全新闻发布制度，召开新闻发布会10场。推进“两微一端”新媒体建设，依托“象山发布”微信公众号平台，打造由县级民生重点部门和镇乡（街道）政务微信、微博集中入驻的全县政务发布矩阵，做精做强“中国象山”新闻客户端，抢占“指尖上的阵地”。开展低俗信息、政治类有害信息整治和网络谣言打击等专项治理行动，网络空间环境得到有效净化。

【“善行象山”品牌打造】 制定社会主义核心价值观建设落细落小落实工作方案，深化道德领域突出问题专项教育和治理，着力抓好市场、卫生、旅游等重点领域和行业的诚信建设，在涂茨镇试点推行农村“诚信指数”考评机制。组织开展2015年度“最美象山人”评选表彰活动，成立何利彩、陈淑芳等道德模范工作室，入选中国好人1人，浙江好人4人，宁波好人9人，陈淑芳家庭获得第一届全国文明家庭，受到习近平总书记接见，并作为代表上台领奖，有力促进全社会良好道德风尚的形成。

【公民文明素质提升】 以迎接G20峰会为契机，开展文明服务、文明出行等系列活动，礼让斑马线成为文明驾驶常态。扎实推进志愿服务“一社区一品牌”建设，深入开展孙茂芳式“五小”服务先锋行动，志愿服务品牌更具影响力。着力构建“大课程育人”象山模式，打造“一校一品”德育特色，承办市中小学德育工作现场会，并作经验交流，相关德育做法得到市委常委、宣传部长万亚伟批示推广。开展中国优秀传统文化“六进”活动，通过开设“经典时段”栏目、举办公益讲座等举措，推进“四德”建设。做深做实“我们的节日”主题活动，深入挖掘传统节日的文化内涵，引导广大群众认知、传承、弘扬传统。

【乡风文明建设】 组织开展寻找象山的传统家训、家风家训优秀村落展示等系列活动，建成首家县级“家风馆”，汇编《象山历代家风家训研究》《象山家训三十则》，营造人人崇尚家庭美德、家家赞许好家风的浓厚氛围。抓细抓实婚丧礼俗整治，出台实施意见，严格执行“二倡导二禁止一规范”，新规执行率99.4%，铺张浪费现象得到明显遏制，工作成效得到省委书记夏宝龙、部长葛慧君、宁波市委书记唐一军、副书记余红艺批示肯定，该项目获得第五届“浙江省宣传思想文化工作创新奖”和“2016年度全市宣传思想文化工作创新大奖”。全力推动“斑斓海岸”文明示范线建设，海岸线上美丽风景雏形初现，成为全市首条开线的文明示范线。巩固国家卫生县城创建和农村环境卫生集中整治成果，深化文明程度指数测评活动，部署“四周边两部位”文明创建顽疾治理和社区文明创建提质行动，出台环境卫生保洁长效工作机制，溪里方村成功获评宁波市第二批“最洁美村庄”，何婆岭村获得提名奖。

【文化惠民工作】 完善公共文化设施网络，县博物馆装修展陈工作、农村应急广播体系建设基本完成，县图书馆新馆、塔山遗址公园项目有效推进，县文化馆通过国家一级馆复评。丰富群众性文化生活，打响市民公共文化活动周、七彩文化之旅等公共文化服务品牌，组织开展“天然舞台”“文化走亲”“三下乡”等各类文化活动3000余场次。探索市场化运作模式，吸引社会力量参与举办文化夜市、象山好声音、象山达人秀、象山文艺快闪等群文活动，参与群众近15万人次。推进“书香象山”建设，重点打造塔山讲堂、海上书屋、未成年人读书节、农民读书节等阅读品牌，完成送书下乡和图书交流2万余册，送书上船近1万册。

【渔文化生态保护实验区建设】 渔文化展览展示馆建设项目实质性启动，在全市率先实施“非遗”综合性传习中心规范化建设，出台相关建设管理办法，建成5家。开展“非遗”传承教学进校园、进景区工程，启动“非遗”传承人口述史编写，深化“非遗”保护实效。成功举办第十九届中国（象山）开渔节和第十二届中国海洋论坛。举办2016中日韩徐福文化象山研讨会，实现县文化发展史上国际性会议的零突破。编制国保单位花岙兵营遗址保护规划方案、历史文化名镇（村）保护方案及南田县衙恢复方案,黄埠等4个村入围第五批浙江省历史文化名村。

【文艺精品创作】 完善精品创作生产激励机制,依托丰富的海洋文化资源和科学发展的生动实践,打造海洋文艺精品和主旋律作品。赖赛飞(笔名希蓝)散文集《后离别时代》获第十五届中国人口文化奖文学类三等奖;谢才华民间剪纸艺术在中国美术馆隆重展示,这是宁波民间艺术首登中国美术的最高艺术殿堂;张明珠受邀参加在京举行的"岭上云·荣宝斋当代篆刻名家邀请展",是宁波籍唯一受邀参展名家。另有歌曲、舞蹈、曲艺、摄影、书画楹联、工艺美术等近百项作品获全国、省市大奖。

【文化产业】 制定文化产业投资指南和重点招商目录,打造工艺美术产业链,扩大船模、竹根雕、鱼拓画等工艺美术影响力。培育壮大影视文化产业,象山影视城稳居国内影视基地拍摄剧组数量第二位,经营总收入5.4亿元,成为产业发展的新引擎。影视城被评为省文化示范基地、首批文化创意产业园区。

【人才队伍建设】 在全县宣传文化系统开展"两学一做"学习教育,巩固"三严三实"专题教育成果,加强宣传思想文化战线领导班子和干部队伍建设。严格执行党章和党的廉洁自律准则、纪律处分条例,党风廉政建设主体责任得到全面落实。先后组织举办新闻发布、网信管理、文化产业、理论武装等业务培训,有效提升干部队伍的业务能力。贯彻落实《象山县创新人才团队建设管理暂行办法》等人才政策,抓好民间文艺骨干、民俗文化代表人、非遗传承人等特殊文化人才的挖掘、培训、推介,海洋渔文化研究创新团队入选市第四批文化创新团队,张德和工作室入选市第四批文艺家工作室,李武杰、杨雪峰入选市"六个一批"人才。

重要媒体对象山报道目录

【2016年1月份发稿情况】

浙江日报:共计2条

1月15日　头版　从民调看浙江反腐成绩单

1月24日　10版　看农科人员如何"各显神通"　(施力维　俞　莉　陈光曙)

浙江新闻APP:共计3条

1月20日　技术员现场指导,象山水产养殖科学防寒　(施力维　俞　莉　陈光曙)

1月21日　大雪前夜,象山山村留守老人吃上温暖晚餐　(施力维　俞　莉　陈光曙)

1月22日　寒潮到来热度不减　象山海鲜市场供应充足　(施力维　俞　莉　陈光曙)

宁波日报:共计13条

1月1日　5版　象山荣获"全国休闲农业与乡村旅游示范县"称号　(沈孙晖　袁婉妮　杨佩蓓)

1月2日　2版　元旦周边游领跑市场　影视游乡村游最受宠

1月4日　15版　暖阳下　客盈门　(徐　能　张陆沁)

1月5日　5版　亲子乐翻天　(徐　能　应　珠)

1月6日　9版　乡村观察员走访"最洁美"候选村

1月6日　14版　象山市民新年有"口福"了　(沈孙晖　俞　莉　陈光曙)

1月7日　4版　"双突破双驱动"打造精美滨海之城——访象山县委书记叶剑鸣　(张　燕　俞　莉　陈光曙)

1月7日　6版　亚洲最大丙烯塔宁波制造

1月11日　4版　文化育人　课程育人　队伍育人　评价育人——象山县加强德育教育纪实

1月13日　2版　象山"二倡导二禁止一规范"狠刹"人情风"　遏制婚丧喜庆事宜大操大办　(沈孙晖　俞　莉　陈光曙)

1月18日　7版　象山渔文化摄影作品展亮相

1月18日　5版　大目湾新城最长桥梁合龙(沈孙晖　林　敏)

1月19日　4版　象山县司法局为外来务工者畅通法律援助通道　开展"三优"服务追讨薪资　(沈孙晖　俞　莉　陈光曙)

【2016年2月份发稿情况】

浙江日报:共计10条

2月1日　12版　宁波"闻过则改"补短板　媒体曝光问题　专项考察整改

2月3日　头版　宁波剑指为官不为、为官慢为一把铁尺子逼出真功夫

2月4日　11版　一张清单管住决策“翻烧饼”——象山对重大行政决策事项实行清单管理（黄　宏　俞　莉）

2月5日　12版　廉政窗花迎新春（应　磊　俞　莉　陈光曙）

2月24日　17版　新春第一捕启航（周　科）

2月24日　18版　象山“灶边”大扫盲（郭腾飞　孙建军）

2月24日　18版　象山“诸爱”超市积分换服务（俞　莉　陈光曙）

2月24日　19版　象山春节假期接待72.3万游客（陈光曙　俞　莉）

2月24日　20版　象山“人情风”套上“紧箍咒”（俞　莉　陈光曙）

2月29日　17版　百艘沉船变身鱼虾乐园（江　晨　刘御芳　蒋嬿钦）

宁波日报：共计19条

2月2日　4版　象山影视城备齐“年俗大戏”（刘彬彬　陈晓桦）

2月4日　13版　象山影视城春节明星扎堆（南　华　陈晓桦　吴宙洋）

2月7日　2版　象山一外来务工者捐献亡夫器官（沈孙晖　洪笑然　洪秀芳）

2月11日　头版　金猴闹春（徐　能　张陆沁）

2月11日　3版　《三生三世十里桃花》《思美人》象山热拍（南　华　陈晓桦　吴宙洋）

2月12日　2版　渔山列岛海域建成浙江最大人工鱼礁群（余建文　林建国　江　黎）

2月14日　2版　象山旅游“热火朝天”（沈孙晖　袁婉妮　朱奇能）

2月15日　3版　影视庙会赢得“满堂彩”（沈孙晖　陈晓桦　吴宙洋）

2月17日　6版　象山“重拳清源”扮靓美丽半岛（专版）

2月17日　9版　“水稻＋”模式　破解“政府要粮、粮农要钱”困境的“金钥匙”（沈孙晖　俞　莉　陈光曙）

2月18日　2版　象山海创大赛“设擂台招人才”收到海外和高端人才创业团队项目86项（陈光曙　俞　莉　沈孙晖）

2月19日　7版　农村环境卫生集中整治考核验收象山位列全市第一（沈孙晖　陈光曙　俞　莉）

2月23日　7版　武装机动巡逻打造治安“铜墙铁壁”（王晓峰　胡黛虹）

2月24日　4版　象山代表团审议政府工作报告　努力推动象山跨越式发展

2月24日　8版　实施“双突破双驱动”　全力打造“一城四地”　象山半岛蓝图铸蓝色辉煌（专版）

2月25日　2版　搭建海洋经济战略发展新平台

2月26日　4版　美化家园靠干群合力

2月26日　6版　节后第一网（谢定伟　徐　能）

2月28日　头版　用脚步丈量民情　用真心沟通民意　刘奇批示：陈淑芳值得全市广大干部学习

【2016年3月份发稿情况】

浙江日报：共计1条

3月13日　7版　象山探索海水养鹅绿色发展路

宁波日报：共计25条

3月4日　3版　象山一民间慈善基金掀起“旧书换绿植”公益热潮（沈孙晖　俞　莉　陈光曙）

3月4日　10版　象山戏船待“航”

3月7日　2版　“当代雷锋”孙茂芳进高校

3月9日　4版　象山打造行政审批“绿色通道”微信预审批免申请人“奔波苦”（沈孙晖　胡　凯　张奕莹）

3月9日　4版　孙茂芳志愿服务队在象山成立（沈孙晖　胡　凯）

3月9日　13版　象山丹东街道扎紧村集体“钱袋口”

3月9日　13版　象山东陈乡第十届陈汉章读书节启动（沈孙晖　胡　凯　王会海）

3月11日　9版　象山修缮纪子庚先生墓（南　华　陈海燕　章　鲁）

3月12日　头版　象山首创经济责任审计对象负面打分制（陈光曙　沈孙晖　励芳芳）

3月14日　2版　象山渔民党员出海不缺课（沈孙晖　陈光曙　陈金裕）

3月15日　6版　一套纪念假币牵出诈骗大案

3月15日　6版　向技改要效益

3月16日　9版　探寻象山田洋湖村"二月二"民俗密码　（王　珏　沈孙晖　陈光曙）

3月16日　10版　象山"土专家"成为人工繁育石斑鱼第一人　（沈孙晖　陈光曙　俞　莉）

3月18日　头版　象山全面推行县域公共服务质量第三方评估　（沈孙晖　俞　莉　陈光曙）

3月18日　4版　用竹子造汽车内饰　（徐　能　陈光曙）

3月18日　18版　象山推出旅居养老模式　（沈孙晖　俞　莉　陈光曙）

3月22日　8版　3D巨制《大闹东海》象山热拍　（南　华　陈晓桦　吴宙洋）

3月23日　9版　村民走上致富路　群众演员找到"家"　走进"象漂村"——象山新桥灵岙村　（沈孙晖　俞　莉　陈光曙）

3月24日　5版　红美人最高每株25元"天价"橘苗乐坏象山农户　（沈孙晖　陈斌国）

3月28日　7版　象山蝉联"全国平安渔业示范县"殊荣　（沈孙晖　俞　莉　陈光曙）

3月28日　7版　象山农村党员"摆擂"　掀起学习党纪热潮　（董小芳　郑晓晓）

3月29日　头版　海洋生命大健康产业描绘半岛转型新蓝图　（沈孙晖　俞　莉　陈光曙）

3月30日　12版　借影视旅游"东风"打响品牌　井头村草莓"俏"起来　（沈孙晖　俞　莉　陈光曙）

3月31日　7版　市场监管部门提醒:微商交易维权有隐患　（沈孙晖　郑琛泷）

【2016年4月份发稿情况】

浙江日报:共计3条

4月3日　头版　华翔海外布局迎东风　（谢　晔　应　磊　俞　莉　陈光曙）

4月7日　13版　机杼声已远　光影梦渐圆　（应　磊　俞　莉　陈光曙）

4月18日　7版　宁波规模养殖场完成整治　（施力维　应　磊　俞　莉　陈光曙）

浙江新闻APP:共计3条

4月28日　她不仅是兽医界的女华佗　而且还"领养"了7个孩子　（应　磊　俞　莉　陈光曙）

4月28日　太神奇!海水种庄稼　不可能实现的事情竟然实现了　（应　磊　俞　莉　陈光曙）

4月3日　并购联合重组　产业优化升级:华翔海外布局迎东风　（谢　晔　应　磊　俞　莉　陈光曙）

钱江晚报

4.28　10版　好人兽医陈师傅　（应　磊　俞　莉　陈光曙）

宁波日报:共计30条

4月1日　5版　象山影视城多了韩国粉丝　（沈孙晖　陈晓桦　陈光曙）

4月1日　7版　通岛道路建好景观迎客来　（张　燕　郑　芝）

4月3日　头版　象山几代人接力守护一烈士墓　（沈孙晖　罗　旋　陈光曙）

4月7日　4版　象山新桥到石浦高速公路获批,年内开工　（张　燕）

4月7日　4版　创新研发赢先机　（徐　能　陈光曙）

4月7日　5版　进一家门　办两家事　（周　科　徐　能）

4月7日　8版　象山完成汤家大屋保护修缮工程　（南　华　陈海燕）

4月9日　头版　象山被授予"国家生态县"称号

4月12日　头版头条　象山滩涂围垦地开发盐土农业　（沈孙晖　俞　莉　陈光曙）

4月10日　头版　竹林探笋

4月10日　2版　象山设立早期胃癌筛查协作中心

4月11日　4版　"小镇少年"陈琪携新书家乡象山签售　（南　华　吴冠夏　陈光曙）

4月13日　5版　象山首次面向乡镇干部推出国学大讲堂　（陈光曙　沈孙晖　黄薛栋）

4月13日　10版　西周竹笋节"乡粉"感受竹乡魅力　（沈孙晖　王　珏　陈光曙）

4月16日　2版　剪纸(徐文杰　周建平)

4月18日　2版　象山海岛保鲜蔬菜登陆三江超市　（余建文　徐根凯）

4月19日　5版　涉税业务"码"上知　（徐　能　朱　晖）

4月20日　9版　象山生猪生态养殖颠覆传统（沈孙晖　俞　莉　陈光曙）

4月20日　11版　金从标的"涅槃重生"记（沈孙晖　俞　莉　陈光曙）

4月20日　13版　影视嘉年华亮相闹市（南　华　陈晓桦　吴宙洋）

4月21日　头版　镇书记当"保姆"跑了几十趟（沈孙晖　王量迪　陈光曙）

4月21日　13版　象山塔山发现战国墓葬文物（沈孙晖　南　华　胡　凯　熊贵奇）

4月22日　头版　象山海曙成功创建省首批"基本无违建县(市、区)"（沈孙晖　陈光曙　张　立）

4月22日　5版　象山在全市率先启动乡镇党委换届工作（陈光曙　沈孙晖　黄薛栋）

4月22日　7版　象山计划三年培育逾200名本土设计人员（易　鹤）

4月24日　2版　象山推出微信全景虚拟服务大厅（沈孙晖　胡　凯　张奕莹）

4月25日　5版　市场监管部门:买手机需多长个"心眼"（沈孙晖　罗　军　蒋世杰）

4月25日　6版　象山备好"五一"旅游"满汉全席"（沈孙晖　袁婉妮　石　磊）

4月27日　2版　象山"海上书屋"为渔民送书（陈光曙　俞　莉　沈孙晖）

4月28日　19版　央视《海上新丝路》象山录制（南　华　张　颖）

4月30日　2版　象山掀起向陈淑芳学习热潮（杨静雅　陈光曙）

【2016年5月份发稿情况】

浙江日报:共计8条

5月3日　12版　沧海桑田,在身边上演（应　磊　施力维　俞　莉　陈光曙）

5月13日　头版　早日跻身全国大城市第一方队

5月13日　头版　"文化浙军"亮相深圳文博会

5月13日　4版　家庭作坊　污水不绝

5月14日　6版　一位"落后主任"的逆袭（翁浩浩　俞　莉　陈光曙）

5月17日　3版　象山8家水泥制品厂扎堆违建

5月31日　3版　象山拆除村干部违建（包墩远　俞　莉　陈光曙）

浙江新闻APP

5月17日　象山失联渔船仍无踪影　10多艘船已搜救数十小时（应　磊　俞　莉　陈光曙）

浙江在线

5月4日　她不仅是兽医界的女华佗　而且还"领养"了7个孩子（应　磊　俞　莉　陈光曙）

宁波日报:共计22条

5月1日　头版　小长假里的别样风情（徐　能　陈晓桦）

5月3日　2版　渔文化"闹"五一（吴冠夏　吴婧媛）

5月3日　4版　象山影视城"五一"人气爆棚（沈孙晖　陈晓桦　吴宙洋）

5月4日　5版　许玲爱,爱心守护孤寡老人38年（沈孙晖　郑丹凤　陈光曙）

5月4日　7版　象山首届网络白鹅节昨开幕

5月4日　11版　象山"无违建"创建走出半岛模式（沈孙晖　俞　莉　陈光曙）

5月5日　6版　象山一妇女自费办"村晚"乐百姓（沈孙晖　郑丹凤　陈光曙）

5月6日　2版　象山查获6000吨级"三无"船舶（沈孙晖　周唯淑　沈　润）

5月10日　4版　店前宣税（徐　能　朱　晖）

5月11日　9版　象山茅洋:山水雅境中的美丽乡村（何　峰　贾红军）

5月13日　头版头条　早日跻身全国大城市第一方队

5月13日　头版　我市文化产业亮相深圳文博会

5月16日　2版　国内专家齐聚象山研讨新型城镇化与美丽乡村协调发展（沈孙晖　陈光曙　俞　莉）

5月16日　14版　市象棋锦标赛办进村文化礼堂

5月17日　头版　象山一渔船失联　各方全力搜救

5月18日　4版　美丽蝶变中的大目湾新城（专版）

5月18日　6版　我市三个家庭获评"全国五好文明家庭"

5月18日　10版　象山溪里方村700年古村拥抱“庭院经济”　（王　珏　沈孙晖　陈光曙）

5月18日　11版　象山七旬“愚公”4年修整2公里多登山步道　（沈孙晖　胡　凯　陈光曙）

5月22日　2版　象山狠刹婚丧事宜大操大办歪风　（沈孙晖　俞　莉　陈光曙）

5月25日　9版　象山方家岙：洁美与富民“琴瑟和鸣”　（沈孙晖　王　珏　陈光曙）

5月25日　10版　象山定塘一农户玩转七彩“麦糕经”

5月31日　2版　象山启动“万众创新找补短板”竞赛活动　（陈光曙　俞　莉　沈孙晖）

【2016年6月份发稿情况】

浙江日报：共计2条

6月2日　11版　村级债务“瘦身”记　（翁浩浩　俞　莉　陈光曙）

6月22日　13版　在象山追寻革命诗人殷夫的足迹——东方的微光　林中的响箭　（应　磊　俞　莉　陈光曙）

浙江新闻APP：

6月14日　象山徐福文化：史海钩沉中传播蓝色文明

宁波日报：共计26条

6月1日　2版　今日起东海全面休渔　（徐　能　陈光曙）

6月1日　18版　微电影《陈芳的抉择》象山开机　（陈光曙　潘怡帆　陈朝霞）

6月1日　18版　象山完成盛城烈士故居修缮

6月6日　9版　我市“两学一做”学习教育掀热潮

6月7日　2版　大规模增殖放流修复渔场

6月7日　2版　我市完成镇党委换届试点

6月7日　10版　宁波象保合作区：打造千亿级航天智慧科技城

6月8日　6版　乡村旅游，还能玩什么“花”

6月8日　10版　象山晓塘打造“七彩果乡”　（沈孙晖　王　珏　陈光曙）

6月8日　13版　近现代名家楹联作品展亮相甬城　象山展出古书画精品

6月14日　4版　象山碧海蓝天翠满园（专版）

6月14日　5版　面向国际　打造象山文化旅游“新名片”

——写在2016中日韩徐福文化象山研讨会举行之际　（陈朝霞　俞　莉　陈光曙）（专版）

6月15日　头版头条　半岛清风正荡漾——象山县推进婚丧礼俗整治纪实　（唐慧卿　张　昊　俞　莉）

6月15日　头版　抓具体，就有好效果

6月15日　2版　象山：“一人一档”跟踪督学　（黄　合　陈光曙　黄薛栋）

6月16日　头版　中日韩徐福文化研讨会在象山举行

6月16日　6版　象山集中检查电子秤开出9张罚单

6月17日　6版　象山开启首条“旅游航空专线”

6月17日　7版　时评（整版）象山婚丧礼俗整治

6月19日　2版　“当代雷锋”孙茂芳回家乡参加“两学一做”　（陈朝霞　俞　莉　吴在明）

6月20日　头版　象山“大课程”构建德育新模式　（沈孙晖　王量迪　陈光曙）

6月20日　2版　休渔期安全不放松

6月22日　11版　象山四小区物管“结盟”探新路　（余建文　陈斌国）

6月23日　4版　“侨爱心·光明行”走进象山海岛

6月23日　6版　2016海上风电领袖峰会举行　（陈朝霞　俞　莉　陈光曙）

6月30日　3版　象山“公益集市”热翻天　（陈光曙　俞　莉　陈朝霞）

【2016年7月份发稿情况】

浙江日报：共计3条

7月8日　4版　整治人情风，留住真情刹住风　象山出重拳破除婚丧陋习　（谢　晔　应　磊　俞　莉　陈光曙）

7月29日　19版　海魂——象山“八一”台风六十周年忆

7月31日　头版头条　象山海陆联动织密“禁渔网”　（谢　晔　应　磊　俞　莉　陈光曙）

浙江新闻APP：共计3条

7月1日　倪笑鸣：要有“理想”，更要有“现实”　（翁云骞　贺元凯　陈光曙）

7月29日　顶着40度高温，国网象山公司施工员挥汗如雨保供电

7月31日　实拍海上禁渔执法：亮灯渔船一艘不放过

（谢　晔　应　磊　贺元凯　俞　莉　陈光曙）

宁波日报：共计26条

7月2日　6版　象山影视城启动影视圆梦亲子之旅

7月3日　2版　象山影视城第三届泼水节开幕

7月10日　头版　象山群策群力“找补短板”（陈光曙　俞　莉　陈朝霞）

7月10日　2版　象山西周晒族谱重温家训（陈光曙　俞　莉　陈朝霞）

7月13日　5版　补强农村发展“长板”　打造美丽乡村升级版

7月13日　5版　从脏乱差变身“绿富美”（王　岚　吴培均　陈光曙）

7月13日　7版　象山严查违禁渔获物（金　良　徐　能）

7月13日　7版　非遗传统戏剧巡演半岛（陈光曙　俞　莉　陈朝霞）

7月15日　7版　象山因地制宜规范农村基层权力

7月16日　3版　象山加强革命文物保护利用（南　华　史　伟）

7月20日　头版　象山“双对双排”定标干部实绩（陈朝霞　俞　莉　陈光曙）

7月20日　9版　渔农“联姻”光伏　擦出幸福“火花”

7月21日　3版　大目湾新城将建首个集散中心（陈朝霞　林　敏）

7月22日　2版　象山党员干部学在细处干在实处（陈朝霞　陈光曙　黄薛栋）

7月22日　16版　象山西周有支民间太极团队

7月23日　6版　象山把重大项目当生命线

7月23日　8版　竺桂良捐赠明代象山县城墙砖（南　华　熊贵奇）

7月24日　2版　台湾海上游乐项目亮相松兰山海滨

7月24日　3版　新一代“渔船固定式定位仪”应用（陈朝霞　俞　莉　陈光曙）

7月26日　3版　海岛电工检修忙

7月26日　3版　泼出民族一家亲

7月26日　5版　葡萄架下唱响民族团结歌（周　科　俞　莉　陈朝霞）

7月27日　3版　象山梨农采摘忙　（陈章升）

7月27日　14版　雪裙仙子在象山竹林安家落户（陈章升　陆志敏）

7月29日　头版　廖国勋在甬调研时要求全面加强干部和人才队伍建设

7月30日　头版　象山五获“全国双拥模范县”称号

东南商报　7月31日　头版　象山涌现一批具有浓浓“海味”的民宿

【2016年8月份发稿情况】

新华每日电讯：

8月15日　7版　海上“拼命三郎”：执法不是“打打杀杀”

人民网浙江频道：

8月18日　宁波设船检联合工作室免除企业“两头跑”

浙江日报：共计2条

8月25日　11版　象山外出党员享受“送课上门”（翁浩浩　俞　莉）

8月31日　2版　象山推行县域公共服务质量第三方评估（吴　勇　俞　莉）

浙江新闻APP：

8月1日　新一代“渔船定位仪”全天候、全覆盖监控进出港渔船（俞　莉　陈光曙）

宁波日报：共计54条

8月1日　7版　双拥花开甬江畔——宁波七次蝉联“全国双拥模范城”背后的故事

8月1日　8版　史诗巨制《袁崇焕》象山热拍

8月3日　4版　“定人联船”及时掌握渔船动态（陈光曙　陈朝霞　俞　骏）

8月3日　8版　象山东陈举行古建筑挂匾仪式

8月4日　2版　一把剪刀讲述美丽“中国梦”

8月4日　2版　我市打造绿色都市农业强市

8月4日　14版　痴情剪纸五十余载——“山海风华”谢才华民间剪纸艺术展侧记

8月6日　头版　多动脑子主动干　一村一策,探索富村强村新途径

8月7日　2版　象山选派副局级干部任农村党组织“第一书记”　(陈朝霞　俞　莉　陈光曙)

8月8日　6版　海关多措并举助企化解休渔之困

8月8日　9版　不忘初心　笃实前行　我市县级人大常委会履职纪实

8月9日　2版　守护海上电力主动脉

8月9日　4版　象山加快针织产业自主创新步伐　(陈光曙　俞　莉　陈朝霞)

8月9日　6版　健全“五水共治”长效机制　确保河道长治长清

8月10日　头版　余红艺在全市农村“安居宜居美居”行动现场会上强调　循序渐进　综合施策　坚决打赢农村“三居”硬仗

8月10日　2版　“好记者讲好故事”演讲比赛举行

8月10日　10版　铁皮石斛种到树上

8月10日　10版　定塘镇推进“土地确权”工作

8月11日　2版　象山6个重大项目开工　总投资17.92亿元　(陈光曙　俞　莉　陈朝霞)

8月11日　2版　“圆柱体”可“吞”1吨垃圾　(徐　能　陈光曙)

8月11日　8版　电影《碧血丹心》象山开机

8月12日　头版头条　校长教师交流促教育均衡优质——我市力促乡村学校成为教育发展新增长极

8月12日　4版　绿色都市农业,宁波破题

8月12日　7版　以全面推进教师、校长交流为抓手打出“组合拳”——宁波教育均衡化走在全国前列

8月15日　头版　40个社区入围“品质社区”

8月15日　2版　我市拧紧农产品质量“安全阀”——全年完成农产品抽检5500余批次,总体合格率在99%以上

8月15日　4版　中草药叫响“养生游”　(徐　能　陈光曙)

8月16日　6版　文化礼堂:精神文化新“家园”新“乐土”

8月16日　10版　象山:时尚基地成立

8月17日　5版　渔山日出惹人醉

8月17日　9版　感受时代激情　记录变迁脚步——大学生这样看农村创业者

8月17日　11版　定塘“垃圾河”变身可游泳的河

8月18日　头版　梁黎明在宁波调研外贸工作时强调:多措并举抓落实　全力以赴稳增长

8月18日　3版　扎鱼灯　迎开渔　(徐　能　陈光曙)

8月18日　4版　象山中心城区餐厨垃圾　无害化处理率超过六成

8月19日　2版　四面环山　清清溪流穿村过——第二批宁波“最洁美村庄”推选热度依旧

8月20日　头版　宁波8名领军人才入选国家“万人计划”

8月20日　2版　18人入选7月至8月“宁波好人榜”

8月21日　头版　同心同德合力干　党员群众共绘美好家园

8月22日　6版　创造全国同类工业项目　审批新速度

8月22日　14版　象山在全国率先试水针织服装“同线同标同质”

8月23日　2版　地产红心猕猴桃上市　(徐　能　陈光曙)

8月23日　9版　抢抓家门口的主场外交机遇——“经济世界杯”来了　宁波热情拥抱G20

8月23日　10版　象山:精准扶助航运业逆势突围

8月25日　7版　象山制造助力G20杭州峰会　(陈光曙　易　鹤　黄薛栋)

8月25日　4版　品质社区建设——重“面子”更重“里子”

8月26日　5版　2016中国民营企业500强宁波市入围企业

8月26日　8版　“渔民贷”助渔民有好收成

8月28日　头版　向“三高”产能亮“红牌”　象山连出重拳化解落后产能

8月28日　2版　象山5座大桥将启动维修

8月29日　头版　只“吃”垃圾不“喝”油——首批生态型粮食烘干机亮相象山　(徐　能　陈光曙)

8月29日　9版　修身齐家涵养优良作风——宁波市加强廉洁家风建设纪实

8月30日　2版　开渔节系列活动9月8日至17日举行　（陈光曙　俞　莉　陈朝霞）

8月30日　7版　象山实施高层次人才创业"政银担"贷款业务　（陈光曙　周　琼　称丹波）

【2016年9月份发稿情况】

人民日报海外版：

9月27日　10版　象山竹根雕：竹刻家族的新宠（中国民间工艺）浙江日报：共计9条

9月2日　7版　宁波锦浪：绿色能源"中国芯"

9月10日　5版　象山高塘岛百万元奖励教师

9月12日　7版　柑橘之乡生态转型

（应　磊　俞　莉　陈光曙）

9月15日　4版　浙江严防台风"莫兰蒂"

9月19日　14版　编剧基地落户象山

（董小易　应　磊　吴宙洋　陈晓桦）

9月20日　12版　象山打造驻村书记升级版（应　磊　陈光曙）

9月21日　11版　象山发现成片野生海滨木槿

9月28日　3版　宁波：渔船紧急归港　内河降低水位

9月30日　18版　象山乡镇干部大培训

（陈光曙　俞　莉　应　磊）

浙江新闻APP：共计3条

9月12日　象山大祭海　上万游客领略独特海洋风情　（贺元凯　应　磊　陈光曙　俞　莉）

9月13日　干得好不好比比就知道

（翁浩浩　俞　莉　陈光曙）

9月20日　象山发现成片野生海滨木槿　曾为沿海庭院最爱之花

宁波日报：共计42条

9月1日　5版　稀罕！冬瓜"身高"一米五

9月1日　6版　《重耳传》象山热拍

9月5日　5版　"宁波制造"绽放风采

9月6日　7版　象山"护航"油补公平发放

（董小芳　陈光曙）

9月7日　11版　象山定塘：构筑河道保洁"无缝网"　（陈光曙　陈朝霞　黄薛栋）

9月7日　13版　象山实施首例心脏不停跳搭桥手术

9月8日　头版　厉兵秣马迎开渔

（谢定伟　徐　能）

9月12日　头版　象山：以全域旅游全面提升半岛品质　（蒋旭灿　黄　程　俞　莉　陈光曙）

9月12日　3版　象山：补齐短板增强新动力　拉高标杆当好生力军

（俞　莉　陈光曙　陈朝霞）（专版）

9月12日　8版　象山文化产品创意园开园

（陈朝霞　俞　莉　陈光曙）

9月13日　头版　第十九届中国（象山）开渔节举行祭海仪式　（陈朝霞　俞　莉　陈光曙）

9月13日　8版　宁波焕发文明之都风采

9月14日　9版　物联网"联姻"农业，如何结出"幸福果"？

9月14日　11版　象山东陈七旬翁演绎当代"愚公移山"

9月15日　头版　严阵以待坊御"双台风"

9月15日　2版　市纪委通报八起典型案例

9月16日　2版　中国渔业协会渔文化分会在象山成立　（陈朝霞　俞　莉　陈光曙）

9月16日　2版　"中国·象山影视论坛暨剧本交易会"开幕　（南　华　陈晓桦　吴宙洋）

9月18日　2版　象山：2000多艘渔船回港避风　（陈朝霞　俞　莉　陈光曙）

9月18日　4版　广大基层党员干部奋战防汛救灾一线

9月18日　5版　中国海洋论坛在象山举行

（陈朝霞　俞　莉　陈光曙）

9月19日　头版　奋战一线的公路人

9月19日　头版头条　市领导分赴各地检查指导防台抗台工作

9月20日　8版　象山影视论坛闭幕

（南　华　俞　莉　陈光曙　陈晓桦）

9月20日　2版　全市5686艘渔船昨陆续出海开捕

9月21日　B1版　第二批"最洁美村庄"50强进20强开始投票

9月21日　6版　象山发现成片野生海滨木槿

9月22日　头版　厉兵松兰山

9月22日　头版　奋力开创新局面——致公党宁波市委会五年工作综述

9月22日　9版　优化社会阶层结构　打造"橄榄型社会"

9月23日　3版　火爆ＶＲ乐园　"十一"象山见

9月23日　B4版　宁波帆船运动长风破浪会有时

9月26日　4版　象山影视城第8届影视嘉年华即将开幕　(黄　程　吴宙洋　陈光曙)(专版)

9月26日　8版　让梦想追风逐日

9月26日　10版　象山开展厨房电器类CCC认证专项检查

9月27日　头版　逐梦"东方好莱坞"象山影视城发力供给侧改革　(黄　程　陈光曙　吴宙洋)

9月27日　14版　象山服务区　滨海风情

9月28日　18版　千名游客甜蜜相约象山金家岙　(何　峰　陈光曙　张根苗)

9月28日　6版　十大魅力乡村评选结果出炉

9月28日　6版　本地游开启"逐香"之旅

9月29日　18版　做大做强做深宁波影视文化产业　(陈建瑜)

9月29日　6版　大目湾海阔天空水上乐园动建　(黄　程　林　敏)

【2016年10月份发稿情况】

浙江日报:共计3条

10月11日　11版　象山县管干部考核人人有排名　(翁浩浩　俞　莉　陈光曙)

10月14日　7版　象山发现野生金线莲

10月28日　7版　象山念好乡村旅游"山海经"　(施力维　应　磊　俞　莉　陈光曙)

宁波日报:共计42条

10月1日　2版　宁波"斑斓海岸"文明示范线启动

10月2日　头版　长假首日景区游、乡间游火爆

10月2日　头版　别样黄金周　(徐　能　张陆沁)

10月2日　2版　谢才华入选9月"中国好人榜"

10月2日　3版　国庆期间各地博物馆展览多

10月4日　头版　全市昨日游客接待量突破100万人次

10月4日　头版　我市境内高速基本通畅

10月4日　2版　"九月三"米馒头飘香

10月4日　3版　《远大前程》影迷见面会象山举行

10月5日　头版头条　三十年黑臭河两年"嬗变"　象山燕山河恢复清秀容颜　(陈朝霞　俞　莉　陈光曙)

10月6日　头版头条　宁波"三名"培育工程勇立潮头

10月6日　头版　大目湾再掀开发建设热潮

10月6日　2版　首对新人履约简办婚宴　(张　昊　俞　莉　宓　盈)

10月8日　头版　长假宁波旅游揽金近55亿元

10月9日　2版　"乡村厨娘"传统糕点迎重阳

10月10日　2版　省首批农产品质量安全放心县出炉　慈溪象山奉化入选

10月11日　8版　象山县博物馆收藏捐赠的砖礫

10月11日　10版　宁波成境外游客休闲"新宠"

10月12日　4版　宁波再添两个"国字号"生态区

10月12日　5版　象山"特色党建"助力"特色小镇"　(陈光曙　黄　程　王小永)

10月13日　7版　象山利用大米草"生态养虾"试养成功　(陈朝霞　俞　莉　徐　静)

10月14日　头版　第二批"最洁美村庄"20强产生

10月15日　2版　今年9－10月宁波好人发布

10月17日　头版　宁波品质社区20强产生

10月17日　6版　紧贴新需求　打造新"工匠"——记2016宁波市旅游饭店服务技能大赛

10月18日　5版　"梭子蟹气象指数"保险为养殖户系上"安全带"　(陈光曙　俞　莉　陈朝霞)

10月18日　7版　象山晓塘打造"七彩果乡"

10月19日　11版　象山燕山河有群治水"无名英雄"　(陈朝霞　俞　莉　陈光曙)

10月20日　6版　头茬地产紫菜上市　(徐　能　陈光曙)

10月20日　8版　71省道改建工程进展顺利　(徐　能　陈光曙)

10月21日　2版　细而又细　实而又实　严而又严　确保换届选举工作圆满完成

10月21日　4版　文明示范线:描绘农村精神文明建设新画卷

10月22日　3版　"绚丽浙东"文明示范线启动

10月22日　3版　全市开展百日河湖库塘清淤

10月24日　头版　竹编邂逅数字化（徐　能　陈光曙）

10月24日　3版　电力升级保秋收

10月26日　11版　石浦水产城闹猛

10月26日　10版　卢圣贵：为“鱼拓”插上创意的翅膀（陈朝霞　俞　莉　陈光曙）

10月27日　头版　百万亩晚稻陆续开镰

10月28日　4版　甬字号大黄鱼奋力突围

10月28日　10版　陈启元书法教育成果展象山举行

10月31日　9版　我市持续发力严查基层贪腐

钱江晚报宁波城事3版　11.7　象山县试点小微企业人力资源管理贴身管家式服务

11月4日　10版　象山试点给小微企业配“贴身管家”

【2016年11月份发稿情况】

浙江日报：共计11条

11月3日　15版　象山发现透翅眼斑螳（邹洪珊　陆　遥）

11月8日　头版　象山美丽乡村一村一韵（施力维　俞　莉　陈光曙）

11月17日　18版　象山把农村基层权力关进笼子

11月17日　18版　象山两地入选首批市级特色小镇创建名单

11月21日　9版　村里大事乡镇报备（翁浩浩　俞　莉）

11月22日　12版　象山“清三河”释放生态红利（俞　莉　陈光曙）（专版）

11月25日　头版　象山水岸同治“清三河”（谢　晔　应　磊　俞　莉　陈光曙）

11月26日　2版　象山渔民转业上岸（施力维　俞　莉　陈光曙）

11月29日　22版　象山“青春塔山”读书会助青年人成长（陈光曙　俞　莉）

11月29日　23版　象山县巡查“利剑”威力彰显（陈光曙　俞　莉）

11月29日　24版　象山影视城圆你一个明星梦（专版）

浙江新闻APP：共计3条

11月4日　政府买服务　象山小微企业一年花五千就能雇HR专员

11月8日　双十一再忙也不怕！浙江规划100个重点物流项目

11月19日　口水留下三千尺　2016象山海鲜节开幕啦（应　磊　俞　莉　陈光曙）

宁波日报：共计58条

11月1日　8版　象山全力创建“美丽中国”示范县（杨绪忠　张伟海　李林杰）

11月1日　9版　会奖旅游，推动宁波走向国际“T台”

11月1日　10版　甬台青年面对面　创业创新携手来

11月2日　2版　六中全会公报在我市基层引起强烈反响

11月2日　3版　象山入选首批省级美丽乡村示范县（陈光曙　俞　莉　陈朝霞）

11月2日　4版　象山惊现罕见透翅眼斑螳

11月2日　9版　四朵金花　情倾山乡——女农村工作指导员下乡记

11月2日　11版　晓塘：“草根”文艺队激活千年古村（陈朝霞　俞　莉　胡　凯）

11月2日　11版　石浦“最美”的开渔节影像来了

11月3日　7版　首座海岛渔光互补光伏电站并网发电（仇九鼎　蒋　勇）

11月3日　8版　紫菜烘干新利器（徐　能）

11月4日　2版　影视文化产业区“长势”喜人（黄　程　陈光曙　吴宙洋）

11月4日　5版　“秋韵田园”四明行本周末走进象山新桥（陈章升）

11月4日　10版　象山试点给小微企业配“贴身管家”

11月4日　12版　中堡村：花木经济“反哺”休闲山村

11月9日　17版　探寻“三品一标”农产品的生长基因

11月9日　18版　刘云良：爱上鱼骨造型（陈朝霞　俞　莉　陈光曙）

11月9日　19版　“众人拾柴”构建和谐家园（余建文　陈斌国）

11月10日　头版　象山奏响“美丽乡村”山海田园交响曲　（陈朝霞　俞　莉　陈光曙）

11月10日　7版　橘苗旺销苗农笑　（余建文　陈斌国）

11月10日　12版　“棚改”攻坚,助力百姓享安居

11月10日　16版　象山美丽乡村入画来　（陈朝霞　俞　莉　陈光曙）(专版)

11月11日　2版　宁波航天智慧科技城建设框架展开

11月11日　3版　大数据时代,个人信息安全咋保护

11月11日　4版　铁腕清三河　重整象山山河　（陈朝霞　俞　莉　陈光曙）(专版)

11月11日　8版　红糖馒头违规添加甜蜜素

11月12日　头版　我市首批“品质社区”揭晓

11月14日　头版　象山立体化整治“清三河”全面达标　（陈朝霞　俞　莉　陈光曙）

11月14日　6版　虾皮旺发　（谢定伟　徐　能）

11月14日　10版　市政协五年持续助推美丽宁波建设纪实

11月15日　5版　象山规范农村基层权力运行　（陈朝霞　俞　莉　陈光曙）

11月15日　19版　推进全民阅读　建设“书香之城”

11月16日　3版　盐碱地化身“聚宝盆”　（徐　能　陈光曙　周　科）

11月16日　4版　领略半岛风情　品尝海鲜佳肴　（陈朝霞　陈光曙　林芳羽）(半个专版)

11月16日　9版　创意点亮乡村的美好

11月17日　3版　淤污泥“再生”难在哪

11月17日　4版　10月份中心城区空气质量全优良

11月17日　10版　弘扬核心价值观　打造“善行象山”　（罗来兴）

11月17日　头版　“宁波云”亮相世界互联网大会

11月18日　2版　“五彩四明”文明示范线启动

11月18日　2版　象山发放我市首笔养殖水面经营权抵押贷款　（孙建军　陈光曙　陈朝霞）

11月18日　4版　美在自然　美在人文

11月20日　头版　象山影视城摄影棚面积跃居全国第一　（黄　程　吴宙洋）

11月20日　2版　大目湾新城开发建设持续推进　（陈朝霞　林　敏）

11月20日　3版　象山海鲜美食节开幕　（陈朝霞　俞　莉　陈光曙）

11月22日　2版　美在生活,美在精神

11月23日　头版　努力践行“两山”重要思想　加快建设现代化滨海城区

11月23日　2版　宁波最美“文化+”评选揭晓

11月23日　5版　健康扶贫点燃大山里的希望

11月23日　6版　“孵化”爱心,宁波拥有近3万个志愿服务组织

11月23日　7版　品质社区“当家人”共话社区品质

11月23日　10版　渔家匠人荣获国家专利

11月23日　14版　校地共建美丽乡村

11月25日　头版　第二批宁波市“最洁美村庄”揭晓

11月25日　2版　我市1500余种农产品亮相省农博会

11月25日　3版　乡粉助力,争相为家乡代言

11月28日　9版　我市探索实践监督执纪“四种形态”

11月28日　11版　象山小岛激荡拥军热潮

【2016年12月份发稿情况】

浙江日报:15条

12月12日　3版　森林生城市　四时迷人眼

12月13日　2版　我省十户家庭获全国文明家庭称号

12月13日　13版　十户文明家庭　十个美丽传说

12月13日　17版　林永奎卖船记　（沈晶晶　陈光曙）

12月13日　21版　象山建立“干部档案”增强权力运行透明度

12月13日　22版　象山多措并举打造人才高地

12月13日　23版　象山墙头镇好环境带来旅游新业态

12月15日　头版　文明示范线串起渔乡耀眼“珍珠”　（谢　晔　翁云骞　俞　莉　陈光曙）

12月20日　13版　象山借力“网络探头”延伸监督执纪触角　(陈光曙　俞　莉)

12月20日　14版　象山推行村级事务员队伍专职化　(陈光曙　俞　莉)

12月20日　15版　象山西周奏响工业发展“最强音”　(陈光曙　俞　莉　郑丹凤)

12月28日　7版　不在“人情”多少　亲情友情无价　(翁浩浩　俞　莉)

12月28日　2版　2016年“清三河”达标县(市、区)公示

12月29日　17版　象山规范机关工作人员行为　(陈光曙　俞　莉)

12月29日　19版　象山打造“品质社区”　(陈光曙　俞　莉)

浙江新闻APP:

12月7日　穷小子幸有象山夫妻请吃饭　现开公司的他想报恩

宁波日报:共计40条

12月1日　6版　地产柑橘的甜蜜“变形记”

12月2日　5版　石浦渔港实行公交“油改电”

12月5日　3版　象山县全市率先实现慢性病网络平台“分秒直达”

12月5日　13版　从严打造组织生活“新生态”

12月5日　15版　创新点亮统一战线新征途

12月6日　头版　千村万户同绘大美蓝图

12月6日　2版　生态兴农美田园

12月6日　2版　一张“红黄榜”实绩看得见　(陈朝霞　陈光曙　陈　益)

12月7日　10版　象山海鲜十六碗——海鲜美食的饕餮盛宴

12月7日　11版　石浦:义工“漂洋过海”来看您

12月8日　头版　高标准高品质高水平建设美丽乡村

12月8日　2版　县乡人大换届选举选民投票全面启动

12月8日　2版　巨无霸常压炉“搭积木”出海

12月8日　2版　50个“宁波最美老地名”新鲜出炉

12月10日　2版　象山“红美人”每公斤超60元

12月13日　头版　陈淑芳家庭获“全国文明家庭”殊荣

12月13日　3版　地产太空蔬菜要来啦

12月13日　4版　销毁地笼网

12月14日　2版　陈淑芳载誉归来

12月14日　3版　休闲渔船怎样吃好“旅游饭”?

12月14日　19版　墙头:象山高速口景观提升

12月15日　头版　余红艺会见陈淑芳家庭

12月15日　2版　陈淑芳家庭先进事迹座谈会侧记

12月16日　3版　枇杷花盛开　果农笑起来　(徐　能　陈光曙)

12月17日　2版　我市最长公路隧道大狮子隧道昨贯通

12月19日　7版　象山庙山头遗址实施考古试掘

12月21日　2版　大金山隧道初具规模

12月21日　7版　象西线助推“美丽经济”

12月21日　10版　“莫掌柜”借网掘金

12月23日　4版　象山绢人别样惊艳　(徐　能　陈光曙)

12月26日　头版　象山加快建设现代化滨海城区　(王　博　俞　莉　陈光曙)

12月26日　头版　获专利　增红利　(徐　能　陈光曙)

12月26日　5版　象山加快建设现代化滨海城区　(王　博　俞　莉　陈光曙)(专版)

12月27日　头版　扮靓我们的家园　(徐　能　陈光曙)

12月27日　头版　严把选举“三关”,确保风清气正

12月27日　2版　象山基层工会主席也得“挣工分”

12月28日　9版　2016又是一个丰收年

12月28日　10版　种粮大户钟亚春的创业故事

12月28日　12版　象山产城共长天一色,影视与航天齐飞　(陈朝霞　俞　莉　陈光曙)

12月28日　11版　东陈:35艘渔船“减船转产”

(朱益波)

统战工作

【综述】 2016年,县委统战部学习贯彻党的十八届历次全会和习近平总书记系列重要讲话精神,落实中央、省委、市委和县委统战工作会议精神,引导统一战线着眼新常态,发挥新优势,精准补短板,展现新作为,提升统战工作整体水平,先后获得全市侨务特色工作一等奖、全市民族宗教工作先进集体、市民族宗教系统安全工作先进单位、县平安护航G20杭州峰会先进集体等荣誉;“假僧整治”“象台两地青年交流工作”分获市统战工作实践创新成果三等奖;“基层无党派人士作用发挥的研究”“中介组织和社会组织从业人员研究”分获全市统战理论政策研究创新成果三等奖、优秀奖。

【统一战线重大决策部署】 5月4日,县委召开统战工作会议,深入学习贯彻落实《中国共产党统一战线工作条例(试行)》和中央、省委、市委统战工作会议精神,研究部署当前和今后一个时期象山统战工作的目标任务。以迎接宁波市委统战工作专项督查为契机,着力推动统战领域重点、难点问题落实解决,健全统战工作体制机制。

【浙商(象商)回归工作】 借助象山乡贤新春联谊会、“浙洽会”、象山香港联谊会换届暨招商推介会、“第五届甬港澳台青年华商创业创新论坛”、象山广东商会换届等活动契机,做好象山投资环境推介、项目对接、政银商恳谈等招商引资工作。全年接待考察团组11批次190余人次,共引荐创业创新项目14个,其中浙江瑞科环保科技、国家电投集团象山新能源及梧桐御府幼儿园等项目成功落地。

【非公经济服务】 开展“一对一”服务企业和“问千家进百企”活动,走访30多家不同行业、不同规模的中小微企业,就企业用工、生产订单、技改项目等问题进行问卷调查,帮助企业查找问题、寻求对策。象山配电行业商会组织日升集团、天欣电子、耐森电气科技等企业代表赴德国参加汉诺威工业博览会。基层商会互助资金会全年周转350次,帮扶企业180家,周转资金达3.5亿元。

【对台经贸】 台湾南仁湖集团投资象山大目湾海洋生物馆项目正式签约。加快推进海峡两岸石斑鱼产业化合作(象山)示范基地重点项目建设,完成黄湾塘一期20公顷室外养殖塘和25.53公顷滩涂“三通一平”场地平基工程建设。对台小额贸易进出口23航次,进出口货物2250余吨,进出口额约830万美元,同比增长约181%。

【商会基层组织建设】 6月17日,成立第4家异地商会——江苏象山商会,入会在苏象山籍企业共52家,经营范围涉及建筑、模具、汽配、新材料、餐饮等行业。指导日杂百货商会、象山广东商会完成换届工作。协助家居、广告、医疗器械等行业商会做好年会工作。截至年底,全县商会会员达到2058家,同比新增80家。

【少数民族服务管理】 新建高塘岛乡少数民族联谊小组。召开县少数民族代表人士学习会,来自满族、回族等12个少数民族的20余名代表参加学习会。加强少数民族发展项目资金管理,落实少数民族发展基金专项扶持,向2户有规模种植的少数民族家庭发放生产扶助资金4万元。为1名蒙古族大学生申请民族教育专项助学资金。协助教育部门做好少数民族学生中考27人、高考9人加分政策的落实。

【“G20”、中韩日佛教交流会期间宗教领域安全稳定工作】 制定《关于开展平安护航G20象山宗教领域专项整治的实施方案》,成立平安护航“G20”工作领导小组,召开宗教场所负责人安全管理工作培训会,会同消防、安监等部门对全县重点宗教(民间信仰)场所开展安全生产大检查。共出动检查人员92人次,检查场所171处,排查隐患48处,赠送场所灭火器50余只;发动各地开展安全检查人员645人次,检查场所1332余次,排查隐患215处,并全部整改到位。

【开展“侨爱心·光明行”活动】 县侨联会同中国华侨公益基金会、市侨联、宁波爱尔光明眼科医院,赴丹西、高塘岛、鹤浦等地开展以“人间有情、用爱点睛、拥抱光明”为主题的“侨爱心·光明行”活动,为来自各个镇乡街道的900余名群众进行眼科义诊,对符合手术条件的110余位白内障患者实施全额免费手术。

【"假僧"治理】 召开全县佛教界道风整治工作动员会,向全县所有佛教场所负责人和常住僧尼下发基本情况调查表,排摸收集婚姻、受戒及违规违戒行为等情况,向外来僧尼原居住地发送协查函,确保调查摸底全面覆盖。先后录入275名佛教场所负责人及常住僧尼信息数据库,基本实现"一寺一案,一人一档",完成分类处置违戒违规僧职63人。该项工作有力促进象山佛教界道风秩序好转,得到省、市、县有关领导的肯定。

【佛教场所规范化管理】 将18个镇乡(街道)划分为五个片区实行片区化管理,建立佛教规范提升管理联络组,负责协助县民宗局、县佛教协会落实各片区佛教场所的财务代理、组织协调、监督管理等工作。各片区统一聘请1名专业会计实行财务代理制度,负责本片区内所有场所的会计事务。推行场所负责人履职、辞职承诺书制度,有83处场所负责人签订承诺书,签订率为63.85%。

【"宁波·高雄蓝色护海青年志愿者行动"】 10月27日,由中国共产党宁波市委员会、中国国民党高雄市委员会主办,中国共产党象山县委员会承办的宁波·高雄蓝色护海青年志愿者交流活动在石浦举行,由中国国民党高雄市委员会主任委员、市议员黄柏霖率领的台湾青年工作者参访团一行52人参加交流访问活动。活动启动"宁波·高雄蓝色护海青年志愿者行动"项目,成立宁波·高雄蓝色护海青年志愿者联队,出海放流6000尾小黄鱼,开展护海行动。中共象山县委副书记、县长黄焕利,县委常委、统战部长黄敏求,两岸近300名志愿者参加此项活动。

【对台湾交流形式】 3月2日,高雄市教育参访团到象山开展青少年教育合作交流,其中苓雅区英明中学和丹城中学,三民区光武小学和丹城第四小学,楠梓区翠屏中小学校、三民区博爱小学和象山文峰学校成为结对学校。7月28日至29日,宁波市第四医院携手台湾彰化基督教医院举办"2016中国宁波(象山)海峡两岸医院管理论坛"暨国家级继续医学教育项目《JCI助力医院精细化管理》和省级继续医学教育项目《以患者为中心的医院精细化管理》培训班。

【民主党派和无党派人士工作】 民盟象山县基层委员会成立,盟员陈淑芳荣获2016全国五一劳动奖章、"浙江省劳动模范""浙江骄傲""最美浙江人"称号,盟员林娅荣获"宁波市劳动模范"称号。民进象山支部开展"父亲联盟行动"第三季活动,开设"开明讲堂",王安静主委为学生家长作《红楼梦与家庭教育》。民主党派、无党派人士参与"万众创新找补短板"竞赛活动,3篇调研课题入围。县知联会被评为"宁波市优秀知联会",县网联会被评为"宁波市优秀网联会",理事张西平被评为"宁波市知联之星"。

【党外代表人士服务社会】 县知联会开展科技、文化、卫生"三下乡"活动,对近400名群众进行健康检查,赠送价值四千余元的药品,发放心理健康等科普读物800余本。协同做好市知联会赴鹤浦卫生院(市"同心"服务基地)开展义诊活动,来自市医院的20位专家为500多位海岛群众义诊。农工党象山支部召开党员大会暨成立三周年专家义诊活动,在贤庠镇中心卫生院建立"同心"服务基地并举行授牌仪式,来自市一院、三院的医疗专家为当地群众开展义诊并发放免费药品。县网联会发起县公共自行车投放模式网络投票活动。

【县工商联(商会)第十次会员代表大会】 10月14日召开县工商联第十次会员代表大会,选举产生县工商联(商会)第十届执委会班子成员,选举产生执委会组成人员共127名,表彰县第四届优秀中国特色社会主义事业建设者。对140名非公经济人士开展综合评价体系,完善非公有制经济代表人士后备数据库。

【成立县光彩事业促进会】 4月29日,习近平总书记重要讲话精神学习会暨象山县光彩事业促进会第一次会员大会召开。会议传达学习习近平总书记在全国政协十二届四次会议民建、工商联界委员联组会上的重要讲话精神,审议通过《象山县光彩事业促进会章程》,选举产生第一届理事会、监事会，县委常委、统战部部长黄敏求当选为第一届理事会会长，首届会员89名。9月9日，“善行象山 光彩同行”第二届光彩事业慈善义演晚会在象山举行，筹集善款40余万元。

【基层协商民主长效机制】 继续将基层协商民主列入2016年度象山县重点改革项目清单，建立健全该项工作的长效机制建设，建立起70位县级党外专家民主协商陪议团，分设规划建设、法律援助、社会发展、科教文卫4个小组。制作《基层协商民主基本流程操作手册》，收录《关于推进基层协商民主机制的建设指导意见》，《党外专家民主协商陪议团的实施方案》，基层民主协商议事会成员选聘办法、议事规则、操作流程。

【第十届象山县政协换届人事安排】 安排第十届象山县政协委员240名，平均年龄44.19岁，非中共人士145名，占60.42%；新任委员136名，占56.67%；女性委员64名，占26.67%；大学以上学历的171名，占71.25%，其中硕士研究生以上18名，占7.50%；有专业技术职称的82名，占34.16%，其中高级职称41名，占17.08%，中级职称40名，占16.67%；常委会组成人员47人，常务委员40名，其中非中共党员26人，占65%。

（林鹏程）

武装工作

【概况】 2016年，在军分区党委和县委、县政府的坚强领导下，以习主席关于加强后备力量建设的一系列重要指示精神为指导，抓民兵预备役队伍和党委班子自身质量建设，推进国防动员准备工作，促进象山后备力量全面建设。夯实党委班子铸魂育人、练兵备战、正风肃纪的思想根基。强化党风作风建设。落实中央八项规定和军区双五条规定，履行干部个人承诺。坚持把思想政治建设摆在首位，大事大抓，强势推进。推进练兵备战工作，把大规模作战准备和应对东海海上维权行动作为当前的头等大事，夯实国防动员基础，加强基层规范化建设，深化军民融合，牢固确立科学发展思想，突出抓好中心工作和亮点工作，注重两级武装部全面建设，提升全面建设质量。

【省军区王新海政委赴人武部调研】 6月13日，省军区政委王新海在军分区徐副政委 、象山县县委叶剑鸣书记陪同下在人武部检查指导工作。工作组一行听取部全面建设工作汇报，检查部全面建设情况，对人武部全面建设取得的成绩给予高度肯定并提出希望，特别是对部机关大楼置换工作提出具体要求。

【组织省军区任务分队随船专武干部跨区联训】 7月初，人武部承接面向全省的民兵训练任务。主要在象山县国防训练中心承担全省70名任务渔船随船专武干部或民兵连长联训任务。在军分区苗参谋长带工作组的指导下，较好的完成18个相关课目的普训普考，成绩优秀，得到省军区、军分区首长和上级的高度肯定。

【民兵训练】 全年，按照实战化要求，广泛开展“训练月”活动，完成上级下达的680名基干民兵的训练任务。落实63名基层专武干部为期15天的集中训练；分三批完成465名民兵营连长的普训普考；在大塘港水域组织水上救援分队训练；会同海洋渔业局和边防大队组织421名船老大进行海上侦察报情集训；组织36名海上民兵干部骨干和海军预编兵员分别参加全省联训和东海舰队驱六支队专业复训；组织应急民兵连80人参加县反恐演练。

【征兵工作】 2016年，完成新兵征集任务，大学生比率与去年高出32%，达到73%，创历史新高。县委县政府领导亲自筹划部署、检查指导、督导落实；各镇（乡）、街道主要领导坐镇指挥。加大征兵宣传，电视台连续播放《征兵宣传教育片》和《逃避服兵役新闻短片》；各乡镇和高中职业院校建立《心向军营微信群》；依法服兵役的法规意识深入人心，“一人参军，全家光荣”的社会意识进一步深化。征兵工作目标明确，上级下达的新兵征集任务必须完成，大学生比例必须达到47%以上，初中生严控在5%内，无责任性退兵、无大面积非责任退兵、无违反征兵纪律的事发生。依据市政府出台的《一季征兵、四季准备》的指导思想，结合县征兵工作实际，把征兵工作分解下去，统筹在实际的工作中，组织开展春节走访慰问、征兵宣传月、征兵工作调研、教育（公安、卫计、民政）系统征兵工作座谈、网上征兵宣传周、开设“征兵微信”平台服务、廉政征兵网上监督、参观海防营过军事日、新兵思想跟踪月等活动。教育管控全过程。建立“管教”的网络。注重“管教”的内容。完善“管教”的制度。做好一人一事的思想引导。

【优秀民兵红旗党支部】 根据省军区、军分区关于抓建民兵红旗党支部的有关要求，在石浦镇海上民兵渔船一分队、鹤浦镇海上民兵渔船二分队、交通运输局民兵交通运输分队有情单位开展民兵红旗党支部、民兵连（分队）部规范化建设试点工作。围绕以创建“忠诚当旗手、打仗能担当、建设作样板、服务有作为”的红旗党支部为目标，按照“营有党委、连有支部、排有小组”的标准加强民兵预设党组织建设，重点建设“两室、一网、一系统、一平台”，民兵连（分队）部规范化。并在上级的检查考评中得到高度肯定，其中鹤浦镇海上民兵渔船二分队民兵红旗党支部被省军区评为优秀民兵红旗党支部。6月，宁波军分区在象山召开创建红旗党支部现场会，宁波市委组织部部长、军分区政委朱宝定在象山检查指导。

【保障作战部队实弹射击和驻训演训活动】 伴随海上军事斗争准备的深入，保障部队驻训任务也日益繁重，总结一套“人武部牵头、相关部门参与、县乡村三级联动、各界广泛参与”的保障机制，每年都要保障上万人驻象海训的食宿与演训场地。先后保障12集团军1师近万人的海训保障任务，对海训结束后海堤整修、道路受损等演训损失县政府都做兜底保障。分两批次承担海军东海舰队年度实弹射击和南京军区空军“东箭-2016”实弹射击渔山列岛清岛任务，得到海军和空军领导的高度赞誉。

【双拥和“大走访、大慰问”活动】 发扬象山县拥军优属、拥政爱民的光荣传统，积极开展双拥共建，全力做好全国双拥模范县六连冠争创工作。深入学习习主席关于强国梦强军梦重大战略思想，牢固确立“一线前沿要有一线担当”的使命意识，积极发挥好地方双拥支前与驻军演训部队的桥梁纽带作用，把支持作战部队军事斗争准备、助推部队战斗力提升作为双拥工作的重点突出出来，搞好来象山训练的军区部队的保障工作，开展好“大走访、大慰问”等活动。并取得2016年全国“双拥模范县”五连冠。

【抓牢安全保底工程】 始终把确保部队安全稳定抓在手里，抓细保底工程。抓制度落实。在党委统一领导下，成立安全工作和保密工作领导小组，适时修订人员、车辆、保密管理等部正规化管理细则，年初组织安全管理双向承诺会议，对干部职工请休假、八小时外管理、车辆使用和文件借阅保管等作出详细规定，落实每周不少于两次的八小时外电话抽查，每周召开一次科务会。定期分析安全形势，建立人、车、枪、弹、密等重点部位目标责任制，不定期进行安全隐患排查。抓安全教育。做到上级的指示精神、制度规定及时传达，及时开展隐患排查，做到条令学习常态化，定期组织安全常识的学习，提高思想认识，增强安全意识，及时消除安全隐患，使每个同志每时每刻保持安全第一的观念。开展双“百日安全活动”。

【参加东海舰队“152C”演练】 3月26日、4月7—8日，动员2艘渔船参加东海舰队“152C”行动演练，主要任务是参加情报报知活动，该次行动，采取“拓展区域通报、筛选船只定点、多种手段通联、定时提醒查询”等方法，在演练区域指定2艘骨干信息船实施定点观察的同时，指挥组通过北斗群发功能，动员所有在演练海域作业的渔船协助侦察。演练期间，专项指挥组每30分钟与该海域作业的渔船进行沟通并通报有关情况，提醒渔船老大注意值守卫星电话与北斗终端。

【收集上报“两志”资料】 4月6日，按照上级通知精神，人武部依托县志办，展开象山县地理志及海防志的资料收集工作，历时3个月，形成资料齐全、文字详实，图文并茂的12万多字的资料集，得到上级的充分肯定。

【国防部长在象山调研任务渔船补给点】 7月30日，国防部长常万全来象视察任务渔船补给点大油库码头。听取有关汇报，询问保障要素，对所做的工作高度肯定,并要求面对当前台海严峻形势,扎实做好海上民兵动员工作。

【东部战区刘粤军在勘查地形】 8月25日,东部战区刘粤军司令来石浦勘查地形,在预扫大码头拉动检阅海上民兵应急连渔船。全船人员精神饱满,军容严整,得到首长的高度赞扬。

【象山县应急民兵连参加G20安保值勤】 第三季度,为确保"G20"峰会顺利召开,人武部主动协调,积极作为,展开相关训练。8月底,应地方政府要求,派出120名民兵,4896人次参加城区巡逻、重要路段设卡安检,缓解象山县公安力量不足。并被上级评为"G20安保先进单位"。

【象山县应急民兵连反恐分队演练】 象山县应急民兵连反恐分队,刻苦训练2个月,于10月12日,参加宁波市过军事日的汇报表演,应急连以顽强的作风,精湛的军事技能,开展营救被劫持大巴人质课目演练,得到上级首长的肯定,展现象山民兵"能吃苦、能战斗"的良好精神面貌。

【国防动员数据统计】 10月25日,为期1个月的国防数据统计上报工作基本完成,该次数据统计标准高,要求严,时间紧。在上级领导的主导下,专门召开协调会,国动委各办负责人及各乡镇武装部长参加培训,明确时间节点,部长提出明确要求。

【党委班子建设】 抓好习主席系列重要讲话精神学习贯彻。始终把习主席系列重要讲话精神的学习作为党委班子成员理论学习重要内容,并结合党委中心组理论学习抓好贯彻落实。认真学习中共十八届五中六中全会和习主席系列讲话精神,自觉把思想统一到党中央、中央军委和习主席的决策部署上,进一步夯实党委班子铸魂育人、练兵备战、正风肃纪的思想根基。强化党风作风建设。继续贯彻落实中央八项规定和军区双五条规定,履行干部个人承诺。根据党委制定的加强自身作风建设的措施。持续抓好党风作风建设,提高干部廉洁从政的思想意识。结合行业风气清理整治、党建"五个专项整治"和全面肃清郭伯雄、徐才厚流毒等工作,党委班子成员认真检讨反思,查摆问题,进一步净化思想,改进作风,凝聚共识。班子凝聚力增强。严格按照"十六字"方针和总政关于党委民主生活会有关规定,始终坚持民主集中制原则。进一步修订党委议事规则,规范党委工作程序,党内生活进一步规范,组织生活制度落实,党委民主意识不断提高,决策的民主性和科学性进一步增强。

【推进思想政治建设】 狠抓党的创新理论武装工作。坚持把改革强军主题教育和"两学一做"学习教育统起来筹划、捆在一起抓,学原文、读原著、抄党章,严密组织开展"我是党员我承诺,我的工作请放心"党员公开承诺活动,扎实抓好党的十八届六全会精神传达学习。形势战备、职责使命、国防义务等经常性教育。为把下发《象山县民兵队伍开展"学习践行强军目标,做新一代革命军人"主题教育实施方案》,持续在后备力量队伍中开展使命教育、革命军人核心价值观教育,教育引导民兵弘扬听党指挥、能打胜仗、作风优良的传统。部长钱旭勇结合全县民兵整组点验、民兵连长集训,围绕如何完成多样化非军事行动与大家面对面交流,进一步打牢全县民兵队伍"献身国防建设,维护海洋权益"的信念。深化全民国防教育。结合16个全民国防教育日和纪念长征胜利80周年,深入开展全民国防教育活动。协调组织县领导冒雨到县烈士纪念馆开展祭奠活动;利用民兵信息员、民兵营连长、随船骨干集训民兵和船老大集训等时机大力开展国防教育,打牢民兵、船老大队伍"大国防、大海防"的思想基础。依托"塔山大讲堂"邀请军事专家作安全形势报告;在全县广场、码头等30多处大型LED显示屏滚动播出宣传标语;在象山电台日报开设"八一光荣榜"、各学校建立"军人荣誉墙",增强全民国防意识。大力推进红旗党支部创建。年初以来,按照"分类创建、整体推进,军地联建、强化功能,制度抓建、常态运行"思路,结合民兵组织整顿及时调整民兵党组织结构,学习贯彻省军区"台州会议"精神,下功夫抓好象山县民兵应急连和石浦鹤浦海上民兵"红旗党支部"创建试点活动,取得圆满成功。

【练兵备战】 锁定“两个能力”，把大规模作战准备和应对东海海上维权行动作为当前的头等大事，采取超常举措狠抓落实。一是民兵队伍训得实。年内，按照实战化要求，广泛开展“训练月”活动，超额完成基干民兵训练任务，分三批完成民兵营连长的集训，在大塘港水域组织水上救援分队训练，组织海上民兵干部骨干和海军预编兵员分别参加全省联训，组织民兵应急排参加全县地质灾害应急演练。二是海上动员抓得实。海上民兵是县国防动员建设的名片。根据任务，进一步优化“1212”海上行动力量编配，建立常态备勤，落实动态管控。进一步深化海上情报侦察力量建设，完成总部在宁波召开的全军海上民兵现场观摩会的课目汇演，承担全省海上行动干部骨干为期一周的跨区联训。加强海上动员力量建设，动员4艘渔船先后参加东海联指组织的“152C”演习。保障国防部长常万全上将和东部战区司令员刘粤军上将在象的调研勘察活动，县海上民兵建设得到首长肯定。三是目标对接搞得实。5、6月份，组织任务乡镇（街道）对沿海地域进行勘察；对重要协防目标完成任务对接，尤其是重要目标的协防方案、组织指挥、兵力部署、勤务保障等逐一进行精确对接，确保协防点位、力量分配、指挥人员、巡防路线、携带装具等要素精细化。

【国防动员】 加强基层规范化建设，增强国防动员和后备力量建设工作的落实。一是民兵队伍建设优化。按照调整布局、优化结构、整合队伍、规范建设的要求。重视发挥民兵服务作用，组织民兵积极参加护航G20安保、“五水共治”“四边三化”等活动1500余人次，为全县建设贡献力量。二是国防动员制度落实。进一步理顺国防动员机制，建强办事机构，完善职责制度。全面展开新一轮全县国防动员潜力调查统计工作。认真做好军事设施保护工作，积极做好现在国防工程普查工作，有效维护国防和军事利益。三是兵员征集工作。3月份进行调查摸底，5月份就展开宣传发动，专题召开教育系统征兵会，发挥他们在宣传、登记方面的作用。强化工作奖惩，对完不成任务、达不到目标的，年终武装评工作评比一票否决；强化标准执行，严格落实体检政审等政策规定；强化政策优待，协调各乡镇为退伍老兵优先推荐工作岗位，解决后顾之忧；强化思想工作，包干定人做好一人一事思想工作和跟踪走访教育工作。通过一系列工作较好的调动广大青年的应征热情，完成新兵征集任务，全县大学生新兵比例由去年的41%跃升至76.4%，再创历史新高。

【军民融合发展】 象山地处沿海，防汛抗台任务繁重，驻军部队较多，又是军区部队的传统海训场，人武部积极发挥遂行地方急难险重任务的职能作用、帮助部队办实事解难题的纽带作用，推进军民深度融合。一是主动为军民融合牵线搭桥。军民融合发展是国家战略，宁波已走在全国前列，象保合作区成为军民融合发展的典范。人武部不等不靠，发挥资源地理优势，主动牵线搭桥，与东红船业论证民船改装保障的可行性，得到国防部长常万全上将高度评价。二是主动为驻军驻训部队服务。人武部发挥牵头协调作用，协调县委县政府为部队解难题，持续推进91681部队营区封闭工程，县政府和人武部召集地方14个部门，先后召开“两区”划定情报通报会和推进会，协调解决驻军部队“两区”划定工作。先后保障某集团军几千官兵驻训实弹射击清岛任务，对海训结束后海堤整修、道路受损等演训损失协调县政府给予解决。三是为服务经济社会发展担当。注重国防动员机制、军队指挥体制机制和地方应急管理机制衔接联动，发动驻军和广大民兵预备役人员参建援建，参与平安象山创建、防洪抗台、安保警戒等急难险重任务。在G20杭州峰会安保过程中，充分发挥民兵应急分队优势，出色完成巡逻执勤、设卡警戒等任务。

【提升全面建设质量】 牢固确立科学发展思想，在突出抓好中心工作和亮点工作的同时，注重两级武装部全面建设的协调发展。①基层基础建设稳步提升。按照设施完善、功能齐全、管理规范的要求，抓好两级战备规范化建设。年初，利用专武干部集训时机组织现场观摩，持续推动基层武装工作规范化建设。②从严治军要求认真落实。依法严抓战备、教育、训练、工作等正规化、规范化管理，通过学习教育抓思想、健全制度抓规范、督促检查抓防范、持之以恒抓经常、融洽氛围抓和谐，确保人、车、枪、弹、密、财的安全。③安全保底工程扎实有效。贯彻全军、军区、省军区安全管理电视电话会议精神，始终以条令条例为依据，以落实安全制度为抓手，扎实开展条令学习月、暑期百日安全竞赛和百日安全活动，加大安全管理力度，确保单位安全稳定。

党校工作

【概况】 2016年，县委党校根据全国党校工作会议精神，围绕县委中心工作，着力抓好干部教育培训和科研资政工作，打造干部教育培训基地，发挥党校党员干部培训教育主阵地、主渠道作用和党的社会科学研究机构作用。

【干部培训】 按照《2016年象山县干部培训班次计划》的总体安排，举办全县第十六期领导干部综合素质提升大讲堂、塔山讲堂专题讲座、全县新任县管领导干部党性党风党纪集中教育培训班、象山县新闻发言人培训班、全县基层党组织书记“两学一做”集中培训班(4期)、全县县级部门机关党(总)支部书记、中层及以下党员干部“两学一做”集中培训班(4期)以及全县组工干部培训班等27期县委主体班次，累计培训各级各类干部15683名。加强师资队伍建设。在师资力量上，原有的师资库由6个模块61名专兼职教师组成，随着形势的发展，原有的干部教育培训师资库也存在人员变动、课程变化、模块更新等原因，很难再适应新时期培训的要求，针对上述情况，县委党校及时收集省市党校新的师资力量和教学专题，特别是“两学一做”的专题师资，加强师资队伍。拓展现场教学基地。现场教学作为一种亲临一线的教育实践活动，在干部教育培训中发挥着越来越重要的作用。经过几年的探索，现场教学逐渐成为党校教学改革的一个新亮点，有现场教学基地6个(象山才华剪纸艺术馆、县警示教育基地、侍郎府、县行政服务中心、殷夫故居和晓塘乡西边塘村)。为深化现场教学，增强培训效果，围绕“双突破双驱动”战略，着手进行教育培训现场教学基地拓展工作，主要拓展新兴工业和乡村旅游现场教学基地。新兴工业教学基地初步目标是锦浪新能源、启鑫光电、激智新材料等企业。乡村旅游初步目标是墙头方家岙、墙头千里方、定塘沙地、泗洲头何婆岭。象山县委党校结合各级党校工作会议精神，研究干部教育培训规律，形成自身的办学特色。在教学设计中突出主课地位。在学制为三天的班次中，至少安排半天开展理论学习，在学制为一周的班次中，开展理想信念、党史国史、反腐倡廉教育，结合现场教学、参观考察。在教学方式中创新教学手段。30%的课程中运用互动研讨式、案例式、情景模拟和现场教学等教学方式，重视运用网络资源，提高教学的吸引力和感染力。在教研活动中提升教学水平。执行省市教学质量考核标准和评估体系，坚持“一人一讲”制度，全体教师坚持听课评课，提高主体班次的教学质量。

表9　2016年县委党校干部主体班培训汇总一览

主体班次名称	办班时间	人次
全县第十六期领导干部综合素质提升大讲堂	3月8日	250
塔山讲堂叶辛专题讲座	4月1日	280
国学大讲堂(8期)	4月—6月	11000
2016年度全县新任县管领导干部党性党风党纪集中教育培训班	4月27日—29日	48
2016年象山县新闻发言人培训班	5月16日—20日	52

续表9

主体班次名称	办班时间	人次
全县纪检监察干部综合业务培训班	6月7日——8日	34
全县第四期中层干部执行力提升专题轮训班	5月14日—17日	908
2016年度全县基层党组织书记"两学一做"集中培训班(4期)	6月21日—24日	250
2016年度全县县级部门机关党(总)支部书记、中层及以下党员干部"两学一做"集中培训班(4期)	9月8日—9日	1073
2016年全县组工干部培训班	8月20—21日	69
2016年象山县"青春塔山"干部读书会启动仪式	9月13日	190
"青春塔山"干部读书会首次班级活动	9月27日	132
"青春塔山"干部读书会县"十三五"规划主题课堂教学活动	10月12日	132
"青春塔山"干部读书会各组调研活动	10月15日	132
"青春塔山"干部读书会读书学习交流活动	10月26日	132
"青春塔山"干部读书会各组调研活动	10月29日	132
"青春塔山"干部读书会如何做好群众工作主题课堂教学活动	11月5日	132
全县党外人士综合素质提升班(社会主义学院)	11月2日—5日	46
"青春塔山"干部读书会群众工作集中交流活动	11月10日	132
镇乡街道政法干部素质提升班	11月10日—11日	54
2016年新录用公务员初任培训班(行政学校)	11月14日—25日	73
"青春塔山"干部读书会"全域旅游"主题课堂教学活动	11月23日	133
"青春塔山"干部读书会各组调研活动	11月26日	133
"青春塔山"干部读书会象山旅游专题课堂教学活动	12月7日	133
2016全县离退休干部政治理论学习班	12月9日	150
"青春塔山"干部读书会课堂教学活动——《国学与人生修养》	12月15日	133
"青春塔山"干部读书会"全域旅游"主题课堂教学活动	11月23日	133
共　计	27期	15683

【教科研】 2016年以来,县委党校教科研工作坚持围绕县委中心工作,加强党校系统的理论研讨和课题申报,加强县情调查研究,确保科研论文入选、获奖、刊出等方面的新提升。上交宁波市研讨会论文10篇、申报县委办调研课题一项、申报宁波市委党校重大调研课题一项、申报宁波市社科联课题一项、申报宁波市委党校规划课题6项、参与县有关部门合作课题5项。申报立项并完成宁波市社科院《宁波发展蓝皮书2017》课题论文《对象山全域旅游发展的调查与思考》、《象山旅游业发

展经验》入选"2016年全省基层党校智库建设研讨会"。通过完善制度，规范科研激励考核机制。明确党校教师的工作职责，规范科研工作管理和服务，提高科研人员的积极性，党校借鉴兄弟县（市区）党校的一些做法，于2016年上半年重新修订《中共象山县委党校关于教科研工作的若干规定》，明确教师的科研工作量、科研成果和教学成果的奖励。新的管理条例对科研成果的范围、奖励级别、奖励额度等进行调整，奖励的重点突出对重大课题、重要成果、重大奖项的倾斜，指明党校教科研工作的研究重点和主攻方向，使党校的教科研规划管理纳入规范化、制度化轨道。通过加强协作，提高科研本土化水平。结合县级基层党校实际，县委党校的科研重点是省委、市委党校系统理论研讨会、课题以及县情调研。科研要出精品，实现由量到质的转变也需要科研本土化研究。因此，党校一直支持和鼓励教师参与、承接县委政研室、县委组织部、县委宣传部等综合研究部门的重要课题，通过合作调研准确把握县情、发现问题，联合攻关拿出具有实效性的调研报告，为县委县政府决策咨询服务。同时，通过"一人一讲"讲评课等平台实现调研成果转化，使调研成果进课堂、入实践，提升教师的教科研水平。为县委县政府中心工作服务日益加强。为县十三五规划草案修改提供建议，参与县十三五规划的宣讲近15次，受众上千人次。十三五规划的两篇专题论文《深入学习我县"十三五"规划 努力打造现代化滨海休闲城市》《突破工业经济 打造实力象山》在《今日象山》发表，参与县委读书会"找短板补短板"论文写作活动，《象山县全域旅游的突破与提升》一文获一等奖。完成三篇县委"两学一做"宣讲论文，立项县委政研室课题《突破旅游经济》一项。

【对外宣讲】 为更好地配合县委中心工作，更好地服务全县各单位学习宣传党的全会精神，2016年，党校结合工作实际，推出20多个相关宣讲专题并以菜单方式提供给全县各镇乡（街道）及县级各部门，为全县党员干部教育培训提供上门宣讲服务。在宣讲中，教师以饱满的政治热情和深厚的理论功底，重点阐释十八大精神、十八届三中、四中、五中、六中全会精神、习近平总书记系列重要讲话精神、"四个全面"重大战略布局、"三严三实"、中国共产党成立95周年、"十三五"象山发展规划和象山县情等内容，为全县学习贯彻党的各项会议精神起到作用。全年，党校领导和教师共宣讲近100多场次，20多个专题，受众达15000多人次，受到广泛肯定。

【后勤服务】 党校作为全县会务中心，增多承担的会务保障任务，2016年共计接待各类会议办班547场次。党校始终牢牢树立服务意识，坚持管理机制创新，强化制度化管理，制定工作中的各主要环节具体的工作流程和制度规范，调动后勤服务人员的工作积极性。在集中做好全县领导干部执政能力提升专题轮训班、全县领导干部综合素质提升名家大讲堂等主体班次保障工作的基础上，重点做好县党代会、县人代会等全县重大会议的保障工作。坚决执行中央厉行勤俭节约、反对铺张浪费的有关精神，坚持成本控制意识，在采购方面做到按章办事，货比三家。坚持采购申请制度和公务卡使用制度，保证有限经费的使用效益。落实公务接待制度，提升后勤保障服务水平。

【队伍建设】 紧密结合实际，以提高机关执行力为目标，以开展创建学习型机关活动为载体，全面加强领导班子和干部队伍建设。抓班子建设，着力提高班子的领导能力。坚持党委中心组学习制度，重视政治理论学习，力求取得实效；坚持集体领导、分工负责，落实党风廉政建设责任制，深化专题警示教育活动。抓教师队伍建设，着力提高教师的教学科研水平。党校注重搭建平台全面提高现有教师的教学科研水平，开展一年一度的教师"一人一讲"讲评课活动，为教师尤其是年轻教师提供讲课平台，促进教学科研一体化。同时，推行跟班学习制。选派部分教师到重点主体班次跟班管理学习，增强教师责任意识，促进教科研水平的提高。

【机关党建】 2016年，党校按照县委县政府的各项要求，做好机关党建工作。落实党风廉政建设责任制，主要领导与分管领导，分管领导与各科室长、各科室长与科室干部签订党风廉政建设责任书，促进各项工作扎实有效开展，营造风清气正的浓厚氛围和良好的廉政环境。根据中央省市县关于加强党风廉政建设和改进工作作风的规定要求，制定出台中共象山县委党校《关于公务接待管理办法》《财务审批若干规定》，促进党风廉政建设责任制和改进工作作风的落实。同时通过扎实开展政治理论学习，夯实党校教职工政治理论水平。全年先后组织全体教职工学习“两学一做”专题、中国共产党成立95周年专题、党章党规党纪、党的十八届六中全会和象山县十三五规划等10多个重大专题，并通过菜单式向全县各单位开展巡回宣讲，广受好评。加强基础设施建设，为会议服务及干部培训工作提供优质环境。通过相关专业设计院对校园绿化环境进行改造，制定中长期的景观绿化方案；将原有陈旧老化的羽毛球场改造成五人制的人造草坪小型足球场；更换碎裂的雨棚钢化玻璃等，通过以上措施为党校各项工作开展提供坚实的后勤保障。制订党支部2016年工作计划，并按照计划开展多形式的党支部活动。结合全县党员“孙茂芳式‘五小’服务先锋活动，县委党校作为牵头单位会同其他7个单位配合丹河社区开展慰问结对对象、清理社区垃圾、看望孤寡老人、六一慰问儿童等多次内容丰富、重阳节敬老院慰问等形式多样的党员志愿者活动。机关党建活动党校全体教师都能参加，营造“人人参与”的良好互动氛围，得到组织部门和群众的广泛好评。做好“岗位对责、绩效对账”工作。考勤制度的规范是一个单位正常运转的前提条件。单位考勤是全县统一的电子考勤系统，能严谨准确的记录每位教职员工的到岗和履职情况。严格按照学校制订的考勤制度规定，对因公事出差的给予预先登记，月末时做到短信通知全体教职员工完成岗位对责和绩效对账的系统录入，“双对”工作完成效果明显。

（黄朋朋）

党史研究

【概况】 中共象山县委党史研究室，包括象山县人民政府地方志办公室。党史办1981年成立。县志办2004年成立。党史办为参公单位，核定编制为4人，借用2人，聘用9人，共16人。机构设主任一人、副主任一人。

【编修《象山县志》】 响应中央、省市二轮修志号召，2004年开始动员，2006年开始编写，到2014年12月共51编，分三个阶段：①初审阶段，形成初审稿，征集、整理、考证、汇编档案资料，2014年12月初审。2007年被确定为浙江省二轮修志创优工程试点，2009年被省市推荐为全国二轮修志工作试点单位，8月中国地方志指导小组办公室、浙江省地方志办公室、宁波市地方志办公室等单位听取象山关于申报全国二轮修志试点单位的情况汇报。9月，中国地方志指导小组办公室发文批准象山为全国二轮修志试点单位。②复审阶段（2014年12月—2016年4月）。2016年4月28日，市委党史办组织在宁波举行复审，获得专家组高度肯定和积极评价。③终审阶段（2016年4月—2016年9月）。对评审意见进行整理分类考证，补充大量内容，包括照片和文字。

【编撰《中国共产党象山历史》第二卷】 2014年4月正式启动，2015年5月完成初稿，12月通过市委党史研究室复审。2016年10月形成终审稿，11月10日送县委常委会复核通过，即终审，并形成终审意见。

【出版《象山年鉴》】 2005年开始，每年出版一部年鉴，至2016年，共编辑出版1400多万字，全面完整保留县各单位的史料。

【编撰出版书籍】 中共象山县委党史研究室成立后，挖掘地方文献，出版《象山方言志》《民国南田县志》《民国象山县志》《宋元四明志象山县辑录》《蓬山清话·蓬岛樵歌》《张苍水被执始末考》。2016年，咸丰年间王莳蕙著作《抱泉山馆诗文集》校点本被市县志办列为出版文献。

【出版党史方面的著作】 中共象山县委党史研究室成立后，深入研究党史，编辑出版《党史》一卷、《贺威圣烈士纪念文集》《象山革命遗址图志》《象山县抗日战争时期人口伤亡和财产损失》《史奇涛烈士纪念文集》等。

老干部工作

【概况】 2016年，县委老干部局负责服务管理的离退休干部93人，其中离休干部67人，退休（副县级以上）干部26人。离休干部中，享受地专级1人，地专级二项待遇1人，享受县处级待遇有27人，享受科级待遇有38人。按参加革命时期划分，抗日战争时期入伍的8人，解放战争时期入伍的59人；按人员性质划分，属行政编制的有19人，事业编制的有18人，企业编制的有30人。在离退休干部中，党员有72人，其中，离休干部党员52人，县级退休干部党员有20人。离休干部平均年龄89岁，最大的95岁，最小的80岁。

【思想政治建设】 注重把贯彻落实中共十八届四中、五中、六中全会和习近平总书记系列重要讲话精神作为"两项建设"主线，组织老干部学习十三五规划解读、《准则》《条例》宣讲、"浙江最美老干部风采"、全县经济社会发展情况等内容，全年共组织老干部理论学习4次，情况通报会2次，老干部理论学习班1期，离退休干部党支部书记培训班1期，集中送学上门2次，参加学习活动的老干部有600多人次。

【离退休干部党支部工作】 围绕为党和人民事业增添正能量，创新党建工作机制，丰富党建工作载体，凝聚老同志推进法治象山、"两美"象山建设的强大力量。探索区域化党建工作，实现老干部党员"关系在单位、活动在区域、奉献在社会"。加大对离退休干部党支部书记的指导力度，将离退休干部党支部书记纳入老干部情况通报会、政治学习会、理论学习班等会议对象，以学习培训的形式，提高支部书记工作水平，发挥老支书作用。开展离退休干部党员"两学一做"学习教育"七个一"活动，把党的思想政治建设抓在日常、严在经常，引导鼓励广大老干部为党和人民事业增添正能量。

【开展纪念建党95周年和红军长征胜利80周年系列活动】 开展"八个一"系列纪念活动：一次红色遗迹寻访、一次书画摄影展、一次主题征文、一次党史学习、一次主题聊天、一场文艺汇演、一批红色故事宣传、一次志愿服务活动，讴歌党的光辉历程，继承和弘扬"长征精神"，更好地铭记党的历史。

【发挥老干部作用】 9月23日，县委老干部局召开宁波市"银辉"志愿者联合会象山分会成立大会。宁波市委老干部局局长俞小勋，县委常委、组织部长陈兴立到会祝贺并讲话，县委老干部局局长钱永建主持会议并介绍分会成立背景。会议审议通过宁波市"银辉"志愿者联合会象山分会首届会长、副会长、秘书长和理事等人选名单，举行授牌和授旗仪式。副县级老领导、宁波市"银辉"志愿者联合会象山分会会长沈佳雨代表全体理事在会上发言。宁波"银辉"志愿者联合会象山分会由文明创建、建言献策、道德宣讲、网吧监督、助学关爱、文艺宣传、关爱老小和老爷爷法律服务工作室、应师傅农技工作室、郑老师红娘工作室共十支老干部志愿服务团队组成，会员200余名。成立后，围绕"善行象山"主题，以离退休干部为主体，开展各类公益行动和志愿活动，传递老干部服务社会的正能量。

【突出服务管理重点】 突出抓好亲情关爱、待遇落实、帮困解难等工作。完善落实联系老干部"七必访"制度（传统节日提前访、生病住院及时访、突发情况随时访、生活困难经常访、思想疑惑定期访、生日寿辰按时访、协助善后立刻访），密切与老干部的联系与沟通，全年累计看望老同志400人次以上。抓好有关待遇落实。组织好老干部疗休养活动，及时贯彻执行有关老干部待遇的各项新政策，重点就离休干部公用经费、离退休干部活动费以及工资调整等落实情况，第一时间跟进督促，确保执行落实到位。加大帮困解难力度。健全困难离休干部帮扶机制，本着"特事特办"的原则，对生活困难、身患重病、长期卧床、家庭重大变故的老干部及无固定收入遗属给予更多的帮助和照顾，年底发放困难补助金近12万元。突出服务管理重点。突出抓好亲情关爱、待遇落实、帮困解难等工作。完善落实联系老干部"七必访"制度，密切与老干部的联系与沟通。春节、"七一"、老年节期间，分组集体走访3次，看望慰问居住在外地的老干部3人。针对离休干部整体进入"后双高期"的实际，加大探访力度，每周定期电话回访，不定期到医院、老干部家里进行探视、慰问，全年累计看望老同志350多人次。落实相关政策。继续推行一年一度的疗休养和健康体检制度，年初发放困难补助金10.5万元。深化“走、看、促”活动，一年来组织老干部开展“走美丽乡村、入创新企业，看重点工程”活动5次。

【完善服务管理方式】 着眼于社会化服务管理的目标，探索利用社区服务、老干部家庭力量、社会资源等做好老干部的服务管理工作。推进社区“四就近”服务，关注离休干部社区“四就近”服务工作经费到位情况，及时做好相关对接协调工作。健全老干部家庭亲情联系网络，召开老干部家属座谈会，定期开展沟通联络，形成老干部工作人员和老干部家属双向互动的工作机制。发挥好其他各类社会资源作用。利用“绿丝带”、电力“小草”服务队、“一对一青年服务岗”等志愿者团队，开展上门理发、电路检修、上门巡诊等活动。3.发挥双重服务管理体系优势。明确、优化所在单位和老干部工作部门的服务管理职责，推进双重管理，实现双重关心。通过坚持开展常态化调研，加大面上工作指导和推动力度，确保老干部各项政策落实到位。

【把活动中心打造成老干部的幸福乐园】 深化“周二活动日”制度，丰富活动内容，创新活动载体，继续开展传统文化孝老、慈善文化促老、志愿文化敬老、不老文化健老、艺术文化惠老等“文化养老”五大系列活动，全年累计开展各类活动11次，参加活动的老干部累计有450人次。

【把老年大学建设成老同志的精神家园】 做好“深化、提升”的文章，合理调整专业，优化课程设置，丰富教学内容，走老年教育内涵发展之路。全年开设专业33个，班级68个，学员规模达1600人。召开两年一届的老年大学校务委员会会议，研究决定学校建设与发展中的重大问题，下发《象山老年大学2016-2018年发展规划》，为学校今后三年的发展指明方向。精心策划第八届学校艺术节，丰富校园文化。围绕“数字化校园”建设目标，重新改版制作学校网站，利用学校微信公众号推送信息，提高学校信息化水平。

（石雯雯）

县直属机关党建工作

【概　况】 2016年，全县共有机关党支部89个，其中下属机关党委5家，党总支22家，党支部165家，共有党员2843人。全年共发展新党员32人，按期转正党员26人，共50个机关党（总）支部进行换届和补选，新建支部4个。

【党员教育培训】 根据“两学一做”学习教育活动的要求，着眼于增强党员干部的党章意识和坚定理想信念，重点围绕党章党规、习近平总书记系列讲话，于6月21日至24日在县委党校对县级部门机关党（总）支部书记、中层及以下党员干部开展四期集中轮训，共计1000余名机关党员干部参加学习培训。开展党章党纪党规专题教育，县直机关党工委会同县纪委、县委组织部联合举办“党纪在我心中”知识竞赛活动，得到基层党组织和党员响应。通过报纸刊登竞赛题、闭卷考试、组队现场竞赛等多种方式，激发党员干部学党章、学条例、学准则的热情，增强党员干部的党性观念、纪律观念和自律意识。

【开展“特色党课进基层”活动】 加强学习型党组织建设，在全体机关党员中开展“党课大比武”活动，评选出10件优秀课件。开展优秀党课巡回宣讲，共在15个镇乡、县级机关部门进行宣讲，听课党员达1000余人。通过以赛促知，以讲促学的方式，激发机关党员学习热情，营造“人人上党课”的良好氛围，增强党员干部践行“两学一做”的思想自觉和行动自觉。

【“学习陈淑芳·争做好干部”活动】 发挥身边的典型人物教育身边人的示范榜样作用，组织开展以“对标找差”组织生活会、“四比四看”岗位竞赛、“两学一做”党课大比武、微心愿圆梦行动、“身边的感动”微故事征集等为主要内容“五个一”活动，学习陈淑芳同志的先进事迹和崇高品质，在县直机关中营造“学习先进、崇尚先进、争当先进”的浓厚氛围，让陈淑芳精神成为机关党员干部的精神动力、行为标杆，为广大党员干部为政、干事、做人树立起一面光辉的旗帜。

【机关党建调研工作】 围绕以五大发展理念引领机关党的建设、提高机关基层党组织履职能力、加强机关党员干部队伍建设等三个方面的课题开展调查研究。县级机关党组织立足于本单位本行业实际,结合机关党建工作中遇到的实际问题,科学选择课题,搞好调查研究。机关党工委对20篇优秀调研成果进行通报表彰,推动机关党建实践深化。

【规范党员发展管理工作】 把好党员发展入口关,严格执行新党员发展公示制、预审制、政审制等,确保新党员发展质量。全年共计发展新党员32名,转正预备党员26名。完成党员组织关系集中排查工作,核查所属支部2304名党员信息,完善党员档案。排摸应迁未迁党员、参教信教党员和长期失联党员,对不合格党员进行组织处置。

【机关党建主体责任落实】 落实党建责任制一是全面落实部门党委(党组)书记"五个一"党建责任制,将各部门"一把手"年终机关党建汇报和党务干部述职作为服务型党组织评星定级的重要标准。二是落实党建专项述职评议考核制度,要求机关党组织召开述职评议大会,严格考核并强化结果运用,以问题为导向,推进整改落实。三是完善党工委委员联片负责制。明确片长责任和工作要求,定期召开季度片组例会,督促各联片党工委委员定期组织辖片内党组织开展各类活动。

【开展服务型党组织评星定级】 开展服务型党组织示范点建设,按照"六有"创建要求科学设置各项指标与分值,划分一至五星级五个等次,创建结果作为评先评优的主要依据,并纳入党建目标责任制考核。采取党组织自评、片组联评和党工委审评的方式,1家机关党组织初评成功,6家机关党组织通过服务型党组织示范点复评。

【规范党费收缴工作】 利用"三会一课",组织党员学习《中国共产党党费收缴、使用和管理的规定》,增强党员意识和党性观念。按照规定,党费收缴严格执行专账管理、专人负责制度。根据中央文件精神,明确党费收缴标准,要求各机关党组织及时足额收取。

【丰富机关文体活动】 开展全民健身运动,倡导健康生活方式。9月22日至28日,县直机关工委在象山文峰学校体艺馆举办迎国庆首届"后堂街杯"机关干部篮球邀请赛。11月18日至20日在丹城中学体艺馆举办"大目湾杯"2016机关干部羽毛球比赛,激发干部职工团结协作、奋力拼搏的精神。选送的《陈芳的抉择》参加"魅力港城·写意宁波"机关微电影大赛获银奖。保障职工合法权益,落实好职工医疗互助、困难职工救助、"5.1"卡微信惠员认证等工作。

【"孙茂芳五小"服务先锋行动】 拓展"孙茂芳"服务品牌内涵,开展党员志愿服务"一月一主题"活动,立足原结对社区、联系村和敬老助弱联系点,重点关爱老弱病残等"五小"服务对象,全年确定学雷锋活动月、助残活动月、少年儿童关爱月等10个主题月,各机关单位党组织围绕"五小"服务对象策划月度活动。党工委抓好督查落实,深入结对社区、农村实地查看,分组分片抽查活动记录图片,及时通报督查结果,并将其作为服务型星级支部评定、服务型党组织示范点创建的重要参考依据。据统计,自3月份活动开展以来,党员志愿者组织进社区开展关爱老人活动300余次,服务老人2500人次,有25个党员志愿者组织与60名空巢老人建立长期结对关系,送去慰问物品资金45万元;党员志愿者上门慰问残疾人4000人次,帮助残疾人办理各类事项2100多件;帮扶特困家庭2700人次,帮扶青少年1200人次,送去慰问物品资金28万元;开展雷锋精神宣传500余场次。

【城乡党组织结对共建系列活动】 统筹城乡党建,扎实开展"百家机关支部联百村"活动,引导机关党组织深入农村、农户,帮助结对村理清发展思路,为结对村解决实际困难和问题,巩固扩大党的群众路线教育实践活动成果。全年共有127家机关党组织开展机关党员与联系村结对共建,与残疾人爱心结对等活动,畅通联系服务群众渠道。

【纪念建党95周年系列活动】 县直机关党工委与县委组织部、县民政局联合举办迎"七·一"公益集市,社会公益组织和民间团体现场展出展示,举行爱心义卖,义卖收益统一用于慰问困难党员和困难群众。开展"七·一"期间"访民情、聚民心"特殊党日活动，现场认领微心愿。县党员志愿者协会和社会公益组织精心编排"红色领航·益暖象山"党建成果汇报演出。6月23日，对2015年度涌现的先进党组织、优秀共产党员、优秀党务工作者予以表彰，表彰12家先进党组织、42名优秀共产党员、9名优秀党务工作者。

【正风肃纪专项行动】 保持正风肃纪的高压态势，加大检查密度，联合相关部门开展"四条禁令"、上下班纪律、工作日用餐、办公室节能等日常工作行为检查。4－10月份累计检查4次，10家单位10名机关工作人员被通报批评，并作出相应处理。增强机关干部职工的纪律观念，转变机关工作作风。

【机关作风民主评议】 按照省市"深改革、强规范、提能效"要求，开展以服务基层、改革创新、工作能效为重点的机关作风民主评议活动。评议内容包括服务基层、反对"四风"、改革创新等三个方面，采取问卷测评、明查暗访、综合考评等形式，对县内115家机关部门单位和18个镇乡（街道）实施分类评议，并列入各单位工作目标责任制年度考核。加强机关干部作风建设，在全市率先制定出台机关工作人员"四要十六不准"行为规范，防微杜渐，注重个体行为约束，强化规范指引作用，提升机关效能。

【机关廉政文化建设】 拓展党风廉政教育形式，2月24日，组织开展"尊廉崇洁、勤政担当"为主题的"廉政屏保原创设计"征集活动，共收到作品230余幅。与县政府电子政务办合作开发廉政屏保程序，选取部分优秀作品在县级各机关部门办公计算机桌面上推广使用滚动播放，进行经常性廉政提醒教育，提高廉政教育的时效性和感染力。

（潘珉琼）

象山县人民代表大会

综　述

2016年，象山县人民代表大会及其常务委员会坚持党的领导、人民当家作主、依法治国有机统一，按照县十七届人大五次会议精神，依靠全体代表，坚持创新、协调、绿色、开放、共享的发展理念，围绕中心、服务大局、关注民生、推进法治，履行宪法和法律赋予的职责。全年召开人民代表大会会议1次；举行常委会会议9次，召开常委会主任会议16次，听取、审议专项工作报告18个，作出决议决定16个，交办审议意见6个；开展执法检查1次，组织专题视察活动9次；依法任免地方国家机关工作人员84人次。发挥地方国家权力机关的作用，推进全县经济社会发展和民主法治建设作出努力。

县人民代表大会及常委会会议

【象山县十七届人大第五次会议】 1月21日至23日，象山县第十七届人民代表大会第五次会议在丹城召开。应到代表242人，出席会议代表227人，列席225人，旁听公民20人。举行全体会议4次，主席团会议3次。会议听取和审查代县长黄焕利作的《政府工作报告》，审查县人民政府提出的《象山县国民经济和社会发展第十三个五年规划纲要》草案和县发展和改革局局长孙国夫作的《纲要》草案的说明，分别听取和审查县人大常委会主任金红旗作的《象山县人民代表大会常务委员会工作报告》，县人民法院院长郑航捷作的《象山县人民法院工作报告》，县人民检察院检察长董顺来作的《象山县人民检察院工作报告》，并首次采用电子表决器方式，分别作出相应决议。会议选举黄焕利为象山县人民政府县长，鲍贤为第十七届人民代表大会常务委员会委员，并首次举行向宪法宣誓仪式。《象山县2015年国民经济和社会发展计划执行情况、2016年国民经济和社会发展计划（草案）的报告》和《象山县2015年财政预算执行情况和2016年财政预算（草案）的报告》由大会秘书处书面印发全体代表，进行审议。会议审议各项工作报告采取代表团（小组）审议的方式进行，县领导分头听取意见。大会还安排“工业强县”和“滨海旅游发展”两个专题审议，由各代表团选择若干名代表参加，县领导参加并听取意见。为使代表知情知政，本次大会请县政府有关部门分别就工业强县实施情况、“五水共治”工作情况、“三改一拆”工作情况、农村股份制改革情况、乡村旅游发展情况、电子商务发展情况、“四张清单一张网”实施情况、社会治安管理情况和县十七届人大四次会议代表建议办理等九方面工作，提出书面报告，印发代表参阅。会议期间共收到代表建议和意见212件。

【象山县十七届人大常委会第三十三次会议】 1月13日，象山县第十七届人民代表大会常务委员会第三十三次会议举行。常委会组成人员22人出席会议。会议听取县人民政府办公室主任奚海峰所作的关于《政府工作报告（草案）》起草过程和主要内容说明，并对《政府工作报告（草案）》进行审议，提出修改建议和意见。会议听取县人大常委会办公室主任林毅所作的关于《县人大常委会工作报告（草案）》起草过程和主要内容说明，审议并原则同意《县人大常委会工作报告（草案）》。听取和审议县人大常委会副主任、代表资格审查委员会主任委员林胜国所作的《关于代表变动情况和选举代表资格审查的报告》,并通过《关于代表变动情况和选举代表资格审查的报告》,确认补(增)选朱定良等8名代表资格有效。听取市人大代表象山中心组副组长孟伟建所作的《关于市人大代表象山中心组2015年履职情况的报告》。分别听取张海奇、蒋善智、周善西所作的丹东、丹西、爵溪街道人大工委关于县人大常委会街道工作委员会2015年工作情况的报告。会议听取县人大常委会副主任、县十七届人大五次会议筹备办公室主任林胜国所作的关于县十七届人大五次会议筹备工作报告,审议通过提请县十七届人大五次会议预备会议和主席团会议通过的有关文件和名单(草案),通过大会选举办法(草案),决定大会列席人员名单,通过大会其他程序性文件。分别听取和审议县民政局局长张有为、统计局局长莫俶茜、海洋渔业局局长章志鸿所作的2015年度履职工作情况的报告,书面审议其他县政府组成部门局长(主任)的年度履职工作情况报告。会议审查2016年财政收支预算初步安排方案。审议通过有关人事任免事项,任命林迅为县人大常委会办公室副主任,决定免去邱金岳的县人民政府副县长职务。

【象山县十七届人大常委会第三十四次会议】 3月3日,象山县第十七届人民代表大会常务委员会第三十四次会议举行。常委会组成人员22人出席会议。会议听取县农林局局长林曙光受县人民政府委托提出的《关于要求命名县树、县花、县果的议案》,审议通过《象山县人大常委会关于命名县树县花县果的决定》,决定命名象山县"县树"为"香樟、"县花"为"丹桂(象山红木樨)""县果"为"象山柑橘"。会议审议通过象山县人大常委会2016年工作要点,审议通过象山县十七届人大常委会代表资格审查委员会组成人员调整名单,通报县十七届人大五次会议代表建议处理情况。

【象山县十七届人大常委会第三十五次会议】 5月3日,象山县第十七届人民代表大会常务委员会第三十五次会议举行。常委会组成人员25人出席会议。会议听取和审议县农业产业化办公室主任、农林局局长林曙光受县人民政府委托所作的关于现代种业发展情况的报告。会议审议并通过《象山县人民代表大会常务委员会关于加强镇乡人大财政监督工作的指导意见》和《象山县人民代表大会常务委员会关于加强街道财政监督的办法》。审议有关人事任免议案,决定任命陈军为县人民政府副县长(挂职),徐展群为县商务局局长;决定免去孔森山的县商务局局长职务,免去张亚萍的县人大常委会丹西街道工作委员会副主任职务。会议还审议通过县人民法院有关人事任免事项。

【象山县十七届人大常委会第三十六次会议】 6月29日,象山县第十七届人民代表大会常务委员会第三十六次会议举行。常委会组成人员26人出席会议。会议分别听取和审议县财政局局长董连胜受县人民政府委托所作的《关于2015年象山县财政决算(草案)的报告》和县审计局副局长徐小平代表局长蔡建鹤受县人民政府委托所作的《关于2015年象山县本级预算执行和其他财政收支的审计工作报告》,审查并通过《关于批准2015年象山县本级决算的决议》。听取和审议县科技局局长纽晶莹受县人民政府委托所作的关于科技创新平台建设情况的报告。会议审议个别县人大代表辞职事项,决定接受柳兴明同志辞去象山县第十七届人民代表大会代表职务。

【象山县十七届人大常委会第三十七次会议】 8月11日,象山县第十七届人民代表大会常务委员会第三十七次会议举行。常委会组成人员24人出席会议。会议分别听取和审议县发展和改革局局长孙国夫受县人民政府委托所作的《关于2016年上半年县国民经济和社会发展计划执行情况的报告》和县财政局局长董连胜受县人民政府委托所作的《关于2016年1至6月县预算执行情况的报告》。听取和审议县招商局局长胡金文受县人民政府委托所作的《关于招商引资工作情况的报告》。听取和审议县规划管理中心主任杨梓良受县人民政府委托所作的关于对《县十七届人大常委会第三十一次会议关于我县贯彻实施〈城乡规划法〉情况专题询问的审议意见》研究处理情况的报告。县人大常委会主任金红旗通报县人大常委会上半年主要工作情况及下半年工作安排。会议根据董雪兰的辞职请求,审议通过《关于接受董雪兰同志辞去象山县第十七届人民代表大会常务委员会委员职务的决定》。审议县人大常委会有关人事任免事项,任命许铭为县人大常委会法制工作委员会主任，袁廷春为县人大常委会财政经济工作委员会主任，胡兴旺为县人大常委会农业和农村工作委员会主任，朱建新为县人大常委会城乡建设和环境资源保护工作委员会主任；免去沈宝华的县人大常委会法制工作委员会主任职务，许铭的县人大常委会财政经济工作委员会主任职务，贺永定的县人大常委会农业和农村工作委员会主任职务，黄永忠的县人大常委会城乡建设和环境资源保护工作委员会主任职务。审议县人民政府有关人事任免事项，决定任命周坚栋、蔡特、卢飞为县人民政府副县长，林曙光为县交通运输局局长，章志鸿为县农林局局长，俞湛为县文化广电新闻出版局(体育局)局长，陈淑萍为县卫生和计划生育局局长，黄建国为县海洋与渔业局局长；决定免去周建平、张海琪的县人民政府副县长职务，袁廷春的县交通运输局局长职务，林曙光的县农林局局长职务，任先顺的县文化广电新闻出版局(体育局)局长职务，翁英豪的县卫生和计划生育局局长职务，章志鸿的县海洋与渔业局局长职务。审议县人民法院有关人事任免事项，任命尤先夫为县人民法院副院长，免去桂贤芳的县人民法院副院长职务。

【象山县十七届人大常委会第三十八次会议】 9月12日，象山县第十七届人民代表大会常务委员会第三十八次会议举行。常委会组成人员21人出席会议。会议审议通过《关于县乡两级人民代表大会换届选举有关事项的决定》《关于设立象山县选举委员会的决定》《关于设立鹤浦镇选举委员会的决定》。会议原则通过《象山县县乡两级人民代表大会代表换届选举工作实施意见(草案)》

【象山县十七届人大常委会第三十九次会议】 10月31日，象山县第十七届人民代表大会常务委员会第三十九次会议举行。常委会组成人员23人出席会议。会议听取和审议县住房和城乡建设局局长黄秀贵受县人民政府委托所作的《关于棚户区和农村危旧房改造工作的报告》。听取和审议县财政局局长董连胜受县人民政府委托所作的《关于2016年1至9月全县预算执行情况和预算调整情况的报告》，审议通过县人大常委会《关于批准2016年县本级预算调整方案的决议》。听取和审议县财政局局长董连胜受县人民政府委托所作的《关于要求批准将两个已建PPP项目财政责任支出资金列入财政预算的报告》，审议通过县人大常委会《关于批准将两个已建PPP项目财政责任支出纳入预算的决议》。会议听取和审议县普法办主任、司法局局长贺挺受县人民政府委托所作的《关于“六五”普法实施情况和“七五”普法规划说明的报告》，审议通过县人大常委会《关于开展第七个五年法治宣传教育的决议》。听取和审议县人民政府办公室副主任李文宏受县人民政府委托所作的《关于县十七届人大五次会议代表建议办理情况的报告》和县人大常委会代表工委主任鲍贤所作的《关于县十七届人大五次会议代表建议、批评和意见督办情况的报告》。会议审议通过《关于设立各乡(镇)选举委员会、街道和县直机关选举办事处的决定》和《关于调整县乡两级人大代表选举日的决定》，县乡两级人大代表选举日调整为2016年12月14日。

【象山县十七届人大常委会第四十次会议】 11月28日，象山县第十七届人民代表大会常务委员会第四十次会议举行。常委会组成人员24人出席会议。会议听取和审议县人大常委会办公室主任、县十八届人大一次会议筹备办公室副主任林毅受主任会议委托提出的《关于召开象山县第十八届人民代表大会第一次会议的决定(草案)》，根据省市人大常委会的要求，决定象山县第十八届人民代表大会第一次会议于2017年2月9日在丹城召开。会议根据芦祖水同志的辞职请求，审议通过《关于接受芦祖水同志辞去象山县第十七届人民代表大会常务委员会委员职务的决定》。会议审议有关人事任免议案，决定任命宣业靖、华弼天为县人民政府副县长，决定免去励志纲、王安静的县人民政府副县长职务；任命袁学宏为县人民检察院副检察长、检察委员会委员、检察员，决定接受董顺来同志辞去县人民检察院检察长职务的请求，决定袁学宏副检察长代理县人民检察院检察长职务；决定任命吴志辉为县人民政府办公室主任，宣业靖为县公安局局长，芦祖水为县民政局局长，林法星为县综合行政执法局局长，张洪成为县水利局局长，金建文为县安全生产监督管理局局长；决定免去奚海峰的县人民政府办公室主任职务，余承嗣的县公安局局长职务，张有为的县民政局局长职务，林法星的县城市管理行政执法局局长职务，吴志辉的县水利局局长职务，张洪成的县安全生产监督管理局局长；免去胡振宇的县人大常委会教育科学文化卫生工作委员会主任职务。会议举行新任命国家工作人员宪法宣誓仪式。

【象山县十七届人大常委会第四十一次会议】 12月22日，象山县第十七届人民代表大会常务委员会第四十一次会议举行。常委会组成人员18人出席会议。会议分别听取县经信局局长周良虹、民宗局局长朱兴宝、环保局局长干焊所作的2016年度履职工作情况的报告，书面审议县政府其他组成部门局长（主任）的年度履职工作情况报告。会议听取和审议县政府《关于要求批准象山县棚户区（城中村）一期改造工程项目资本金及购买服务协议资金列入财政预算的报告》，审议通过县人大常委会《关于批准将象山县棚户区（城中村）改造一期工程项目资金纳入预算的决议》。分别审议县政府关于《县十七届人大常委会会议关于2016年上半年县国民经济和社会发展计划及预算执行情况报告的审议意见》研究处理情况的报告、《县十七届人大常委会会议关于2015年度象山县本级决算报告和财政同级审计报告的审议意见》研究处理情况的报告、《县十七届人大常委会会议关于招商引资工作情况报告的审议意见》研究处理情况的报告、《县十七届人大常委会会议关于现代种业发展情况报告的审议意见》研究处理情况的报告、《县十七届人大常委会会议关于棚户区和农村危旧房改造情况报告的审议意见》研究处理情况的报告和《县十七届人大常委会会议关于科技创新平台建设情况报告的审议意见》研究处理情况的报告。听取和审议县选举委员会办公室主任、县人大常委会代表资格审查委员会副主任委员鲍贤所作的《关于县乡两级人大代表换届选举工作情况的报告》和《关于选举县第十八届人民代表大会代表资格审查的报告》。会议根据代表资格审查委员会提出的报告，依法确认245名县第十八届人民代表大会当选代表的代表资格有效，并公布代表名单。审议通过县人大常委会《象山县组织实施宪法宣誓制度办法》。审议通过县人大常委会《关于设立象山县人民代表大会法制（内务司法）委员会、财政经济委员会的决定（草案）》和《关于象山县第十八届人民代表大会专门委员会组成人员人选通过办法（草案）》。上述议案经代表讨论酝酿后，提交县十八届人大一次会议审议通过。审议通过县人大常委会《象山县人民代表大会议事规则（修改草案）》（议案）。该议案经代表讨论酝酿后，提交县十八届人大一次会议审议通过。会议分别听取县人大常委会丹东、丹西、爵溪街道工作委员会关于2016年工作情况的报告。会议审议有关人事任免议案，任命王宁星为县人大常委会教育科学文化卫生工作委员会主任，免去王宁星的县人大常委会办公室副主任职务。

监督与视察

【概况】 根据省、市人大常委会统一部署，县乡两级人大上下联动开展大气污染防治执法检查和“五水共治”专项监督。配合市人大常委会，联动开展农村生活污水治理设施运行、维护、管理情况监督。加强司法工作监督，跟踪去年司（执）法人员监督及两官履职评议审议意见的落实，抓好司法机关重大事项报告制度的落实。组织力量参与县委“科技创新与人才”一号课题，开展科技创新平台建设专题调研。组织三个街道工委开展项目审批制度改革情况调研。组织常委会组成人员和部分代表对全县重点工程、政府实事工程、旅游发展、“四城”联创、红十字台胞医院迁建、食品安全、影视文化产业发展等情况进行专题视察。发挥监督职能作用，采取多种形式加强对“一府两院”的监督，听取和审议《关于现代种业发展情况的报告》等18个专项工作报告，交办审议意见6项。

【大气污染防治执法检查】 常委会根据省市人大统一部署，制定大气污染防治执法检查实施方案，5月中旬组织部分县人大代表及环保、城管、国土、交通等部门负责人对全县大气污染防治工作开展执法检查。常委会检查组分别对机动车排气监测中心、巨鹰路、大目湾、东陈磊顺石料场、绿城兰园建筑工地等进行实地视察检查，听取全县大气污染防治工作情况汇报，指出存在的问题，提出执法检查建议，要求县政府及有关部门要强化共识，加大打击力度；要强化监督，健全举报投诉处理机制；要强化责任,完善长效管理机制;要强化管理,提升全民环保觉悟。

【计划、预算执行审查监督】 重视宏观经济运行,8月份常委会会议听取和审议半年度国民经济和社会发展计划执行情况的报告,重点审议全县招商引资工作情况。加强财政预决算审查监督,6月份常委会会议听取和审议关于2015年象山县财政决算(草案)的报告和财政同级审计报告,审查批准2015年象山县本级决算。关注政府性债务情况,强化审计监督职能,开展专项督查,抓好审计意见的整改落实。8月份常委会听取和审议半年度县财政预算执行情况。常委会修订出台《关于加强乡镇人大财政监督工作的指导意见》和《关于加强街道财政监督的办法》,推进乡镇(街道)人大财政监督工作规范化、制度化建设。

【司法工作监督】 常委会跟踪督查去年司(执)法人员监督及两官履职评议审议意见的落实,做好材料汇编,形成逾10万字的《深化司(执)法人员监督及法官检察官履职评议情况综述》。抓好司法机关重大事项报告制度的落实,收到公检法司报送的文件材料81件。健全备案审查制度,做好规范性文件备案审查工作,对县政府报送的8件规范性文件进行备案审查。

【视察重点、实事工程建设】 7月19日至7月26日,县人大常委会分五个片组,组织驻会委员和部分县人大代表,实地察看普思拓金属、贤庠镇珠溪村25MW“农光互补”发电、大中庄围填海、宁波九龙紧固件、宁波正源热电联产改扩建、宁波工人疗养院、半边山旅游度假区、宁波裕祥海洋生物科技项目、高塘岛乡直落岙地块太阳能发电项目、黄沙岙围涂工程、海峡两岸石斑鱼产业化(象山)示范基地、象山现代物流园公共服务中心、71省道盛宁线东陈至茅洋段改建工程、三门湾大桥及接线工程、石浦高速公路新桥连接线、象保合作区邻里中心建设项目、象保(石浦)再生水厂、晓塘乡省级宜居示范村建设、分散式污水处理、农村公路建设、定塘镇漕港中心村建设、河道清淤、新桥镇黄公岙养老院、上七里村文化礼堂、中心城区环城西路、来薰路、上吴城中村改造工程、象山港一号文化广场、客运东站、中心城区防洪排涝提升工程(东大河)、大目湾新城中心区学校、大目湾亲和源养老项目等33个重点、实事工程项目,详细了解项目进展情况及推进过程中遇到的困难和问题,召开座谈会,并就项目融资、政策处理、有效投资等方面工作提出针对性的意见和建议,督查相关部门和责任单位要明确各方责任,在思想上再重视;要破解制约,在进度上再抓紧;要确保工程质量,在督查上再深入。

【视察“四城联创”工作】 5月17日,县人大常委会组织部分县人大代表,对县“四城联创”情况进行专题视察,召开座谈会,听取创建办、住建局、农林局等部门工作汇报,肯定县“四城联创”工作组织领导有力,宣传发动及时,责任落实到位,创建有成效,指出在督查、协调、反馈等环节存在的问题,要求县政府及相关职能部门要加强宣传,引导全民参与,形成人人关心、支持、参与创建活动的良好局面;要坚持问题导向,着力推进难点工作,高标准、高质量补齐工作短板;要健全长效机制,巩固创建成果,促进创建工作常态化。

【视察禁毒工作】 6月20日、23日,县人大常委会组织部分常委会组成人员分两组对全县禁毒工作进行专项视察。视察组先后到象山新闻中心、广播电视台、农林局、市场监管局、交通运输局等县禁毒委员会成员单位,听取各线禁毒工作情况汇报,到第三人民医院了解美沙酮药物维持治疗门诊运行状况以及毒品所致精神障碍和吸毒人员留置处前期准备情况;走访象山中学、职业高级中学、滨海学校、象山三中,了解学校禁毒宣传教育工作。视察组要求,禁毒委各成员单位要把禁毒工作列入本单位整体工作规划,狠抓工作落实。新闻单位要加强禁毒法律、政策及有关知识的宣传普及,用事实教育群众,营造全社会禁毒舆论氛围。农林部门要加强毒品原植物种植危害宣传,配合公安开展禁种铲毒工作,确保县域内无大面积种植罂粟情况出现。市场监管部门要依法监管药品经营企业、药材市场及餐饮业非法使用违禁药品行为,从源头上防止特殊药品随意流出或滥用。卫计部门要全力抓好特殊药品使用跟踪建档,多形式多渠道开展禁毒戒毒宣传工作,确保戒毒工作取得实效。公安部门要确保禁毒医疗机构24小时警力保障,降低禁毒医疗机构管理风险和安全隐患。交通部门做好交通运输从业人员吸毒涉毒防范，加强交通运输检查，掐断毒品流通渠道。各学校要开展常态化禁毒教育，做到警钟长鸣，以案说法入心入脑，鼓励人人都做禁毒宣传员。

代表工作

【代表换届选举工作】 根据全国和省人大常委会的决定，县第十七届人民代表大会在年底换届，县、镇乡两级人大代表进行同步换届选举。根据市委和市人大常委会的统一部署，在县委和县人大常委会的领导下，县、镇乡人大代表换届选举工作按照宪法、选举法等有关规定，深入贯彻习近平总书记关于换届选举的重要指示和中央、省市委有关文件精神，把坚持党的领导、坚持发扬民主和坚持严格依法办事有机统一起来，在鹤浦镇进行换届选举试点工作的基础上，做好选区划分、选民登记、代表候选人推荐协商确定等各阶段工作，组织和发动选民参加选举。全县共依法选举产生县人大代表246名和镇乡人大代表895名。其中县人大代表层面，一次选举产生239名，另行选举产生7名县人大代表，保留2名县人大代表名额。12月15日，经县选举委员会第五次会议审核确定245名代表当选有效，丹西街道第五选区另选他人1名，因其参选代表资格审查不符政审要求，未获通过。新一届县人大代表的构成基本符合有关法律和上级要求，其中，工农111名，占45.3%；专业技术人员66名，占26.9%；党政干部64名，占26.1%；其他4名，占1.7%。在当选的代表中，非中共党员84名，占34.3%，妇女62名，占25.3%。连任代表96名，占39.2%，体现代表的广泛性、先进性和代表性。

【代表建议督办】 县十七届人大五次会议期间，共收到代表建议217件。主任会议多次研究代表建议督办工作，健全多元联动督办机制，通过常委会分管主任重点督办、代表工委联系督办、相关工委结合日常工作跟踪督办、办理大户集中督办、代表不满意件二次督办等形式加强代表建议督办。从代表反馈情况看，建议交办速度较快，整体办理有质量，重点建议件督办有效果，重点关注件和跨年度跟踪督办件也取得较好办理实效，部分建议得到实质性解决。闭会期间代表提出的3件建议得到办理。

【代表活动质量】 结合常委会年度工作安排，创新和丰富代表活动内容和形式，重点围绕“五水共治”、大气污染防治等民生问题，开展系列主题监督活动。广泛发动在象各级人大代表，立足全县经济社会发展的实际情况，深入开展查找短板活动，分别就渔业资源保护不到位、农林业保险覆盖面不足、生态补偿机制未到位等7方面问题提出意见建议。及时通报县政府及其部门重要情况，组织法律讲座，为代表知情知政、依法履职创造条件。继续开展代表“走进部门”活动，组织部分代表走进县网络民情会办中心，联系网民，联系群众。扩大代表对常委会工作的参与，继续组织代表自主报名列席常委会会议，邀请相关代表参与常委会集中视察、检查活动。协助开展省人大代表象山、奉化、宁海联组活动，组织市代表象山中心组视察县全域旅游发展情况。邀请省市代表参与县人大常委会视察、重要议题调研等活动。

【基层人大联系指导】 组织召开全县乡镇（街道）人大工作会议，精心部署年度人大工作任务。重点指导各乡镇规范人代会大会议程和票决制办法，依法开展乡镇政府实事工程票决制工作。推进代表联络站建设，加强对代表联络站运行的指导和检查，引导代表通过网络加强与群众联系。加强对乡镇（街道）开展财政监督的指导。坚持和完善乡镇（街道）人大工作例会和分片联席会议制度，定期开展工作交流。健全乡镇人大主席列席常委会会议制度，邀请参与常委会重点监督活动。

人事任免

【人事任免】 2016年，县人大常委会依法做好人事任免工作，全年共任免国家工作人员84人次。其中，决定任命政府组成人员18人，决定免去政府组成人员职务17人,任命县人大常委会办公室和各工作委员会负责人7人,免去县人大常委会办公室和各工作委员会负责人8人;任命县人大常委会街道工作委员会负责人3人,免去县人大常委会街道工作委员会负责人2人;任命县人民法院副院长、庭长、副庭长、审判委员会委员、审判员职务10人,免去县人民法院副院长、庭长、副庭长、审判委员会委员、审判员18人;任命县人民检察院副检察长、检察委员会委员、检察员1人。

(李华忠)

表10　　2016年县人大常委会人事任免一览

时间	会　议	姓　名	任免、决定或辞去职务
1.13	县十七届人大常委会第三十三次会议决定免去	邱金岳	县人民政府副县长
1.13	县十七届人大常委会第三十三次会议任命	林　迅	县人大常委会办公室副主任
5.3	县十七届人大常委会第三十五次会议决定任命	陈　军	县人民政府副县长
5.3	县十七届人大常委会第三十五次会议决定任命	徐展群	县商务局局长
5.3	县十七届人大常委会第三十五次会议任命	王　林	县人民法院审判委员会委员、民事审判第一庭庭长
5.3	县十七届人大常委会第三十五次会议任命	李增光	县人民法院审判委员会委员、立案一庭庭长
5.3	县十七届人大常委会第三十五次会议任命	戴金元	县人民法院审判委员会委员、金融案件审判庭庭长
5.3	县十七届人大常委会第三十五次会议任命	余　鑫	县人民法院民事审判第二庭庭长
5.3	县十七届人大常委会第三十五次会议任命	陈　俊	县人民法院民事审判第三庭庭长
5.3	县十七届人大常委会第三十五次会议任命	赵　蓉	县人民法院石浦人民法庭副庭长
5.3	县十七届人大常委会第三十五次会议任命	陈文晖	县人民法院西周人民法庭副庭长
5.3	县十七届人大常委会第三十五次会议决定免去	孔森山	县商务局局长
5.3	县十七届人大常委会第三十五次会议免去	张亚萍	县人大常委会丹西街道工作委员会副主任
5.3	县十七届人大常委会第三十五次会议免去	谢　敏	县人民法院审判委员会委员、审判员
5.3	县十七届人大常委会第三十五次会议免去	黄仙方	县人民法院民事审判第一庭庭长
5.3	县十七届人大常委会第三十五次会议免去	陈文晖	县人民法院民事审判第二庭庭长
5.3	县十七届人大常委会第三十五次会议免去	赵　蓉	县人民法院民事审判第三庭庭长
5.3	县十七届人大常委会第三十五次会议免去	余　鑫	县人民法院立案一庭庭长
5.3	县十七届人大常委会第三十五次会议免去	陈忠武	县人民法院西周人民法庭庭长
5.3	县十七届人大常委会第三十五次会议免去	王　林	县人民法院西周人民法庭副庭长
5.3	县十七届人大常委会第三十五次会议免去	李增光	县人民法院大徐人民法庭副庭长
5.3	县十七届人大常委会第三十五次会议免去	戴金元	县人民法院石浦人民法庭副庭长
5.3	县十七届人大常委会第三十五次会议免去	李　光	县人民法院审判员
5.3	县十七届人大常委会第三十五次会议免去	林　媛	县人民法院审判员
5.3	县十七届人大常委会第三十五次会议免去	郑淑旖	县人民法院审判员

续表10

时间	会　议	姓　名	任免、决定或辞去职务
5.3	县十七届人大常委会第三十五次会议免去	夏　蕾	县人民法院审判员
8.11	县十七届人大常委会第三十七次会议决定任命	周坚栋	县人民政府副县长
8.11	县十七届人大常委会第三十七次会议决定任命	蔡　特	县人民政府副县长
8.11	县十七届人大常委会第三十七次会议决定任命	卢　飞	县人民政府副县长
8.11	县十七届人大常委会第三十七次会议决定任命	林曙光	县交通运输局局长
8.11	县十七届人大常委会第三十七次会议决定任命	章志鸿	县农林局局长
8.11	县十七届人大常委会第三十七次会议决定任命	俞　湛	县文化广电新闻出版局(体育局)局长
8.11	县十七届人大常委会第三十七次会议决定任命	陈淑萍	县卫生和计划生育局局长
8.11	县十七届人大常委会第三十七次会议决定任命	黄建国	县海洋与渔业局局长
8.11	县十七届人大常委会第三十七次会议任命	许　铭	县人大常委会法制工作委员会主任
8.11	县十七届人大常委会第三十七次会议任命	袁廷春	县人大常委会财政经济工作委员会主任
8.11	县十七届人大常委会第三十七次会议任命	鲍英曙	县人大常委会财政经济工作委员会副主任
8.11	县十七届人大常委会第三十七次会议任命	胡兴旺	县人大常委会农业和农村工作委员会主任
8.11	县十七届人大常委会第三十七次会议任命	朱建新	县人大常委会城乡建设和环境资源保护工作委员会主任
8.11	县十七届人大常委会第三十七次会议任命	李慧昭	县人大常委会丹东街道工作委员会副主任
8.11	县十七届人大常委会第三十七次会议任命	翁承康	县人大常委会丹西街道工作委员会副主任
8.11	县十七届人大常委会第三十七次会议任命	易　军	县人大常委会爵溪街道工作委员会副主任
8.11	县十七届人大常委会第三十七次会议任命	尤先夫	县人民法院副院长
8.11	县十七届人大常委会第三十七次会议任命	赵　蓉	县人民法院石浦人民法庭庭长
8.11	县十七届人大常委会第三十七次会议任命	陈文晖	县人民法院西周人民法庭庭长
8.11	县十七届人大常委会第三十七次会议决定免去	周建平	县人民政府副县长
8.11	县十七届人大常委会第三十七次会议决定免去	张海琪	县人民政府副县长
8.11	县十七届人大常委会第三十七次会议决定免去	袁廷春	县交通运输局局长
8.11	县十七届人大常委会第三十七次会议决定免去	林曙光	县农林局局长
8.11	县十七届人大常委会第三十七次会议决定免去	任先顺	县文化广电新闻出版局(体育局)局长
8.11	县十七届人大常委会第三十七次会议决定免去	翁英豪	县卫生和计划生育局局长
8.11	县十七届人大常委会第三十七次会议决定免去	章志鸿	县海洋与渔业局局长
8.11	县十七届人大常委会第三十七次会议免去	沈宝华	县人大常委会法制工作委员会主任
8.11	县十七届人大常委会第三十七次会议免去	庞彩虹	县人大常委会法制工作委员会副主任
8.11	县十七届人大常委会第三十七次会议免去	许　铭	县人大常委会财政经济工作委员会主任

续表10

时间	会议	姓名	任免、决定或辞去职务
8.11	县十七届人大常委会第三十七次会议免去	沈海成	县人大常委会财政经济工作委员会副主任
8.11	县十七届人大常委会第三十七次会议免去	贺永定	县人大常委会农业和农村工作委员会主任
8.11	县十七届人大常委会第三十七次会议免去	黄永忠	县人大常委会城乡建设和环境资源保护工作委员会主任
8.11	县十七届人大常委会第三十七次会议免去	黄灵武	县人大常委会丹东街道工作委员会副主任
8.11	县十七届人大常委会第三十七次会议免去	桂贤芳	县人民法院副院长
8.11	县十七届人大常委会第三十七次会议免去	陈　峰	县人民法院石浦人民法庭庭长
8.11	县十七届人大常委会第三十七次会议免去	赵　蓉	县人民法院石浦人民法庭副庭长
8.11	县十七届人大常委会第三十七次会议免去	陈文晖	县人民法院西周人民法庭副庭长
8.11	县十七届人大常委会第三十七次会议免去	应微微	县人民法院审判员
11.28	县十七届人大常委会第四十次会议决定任命	宣业靖	县人民政府副县长
11.28	县十七届人大常委会第四十次会议决定任命	华弼天	县人民政府副县长
11.28	县十七届人大常委会第四十次会议任命	袁学宏	县人民检察院副检察长、检察委员会委员、检察员
11.28	县十七届人大常委会第四十次会议决定任命	吴志辉	县人民政府办公室主任
11.28	县十七届人大常委会第四十次会议决定任命	宣业靖	县公安局局长
11.28	县十七届人大常委会第四十次会议决定任命	芦祖水	县民政局局长
11.28	县十七届人大常委会第四十次会议决定任命	林法星	县综合行政执法局局长
11.28	县十七届人大常委会第四十次会议决定任命	张洪成	县水利局局长
11.28	县十七届人大常委会第四十次会议决定任命	金建文	县安全生产监督管理局局长
11.28	县十七届人大常委会第四十次会议决定免去	励志纲	县人民政府副县长
11.28	县十七届人大常委会第四十次会议决定免去	王安静	县人民政府副县长
11.28	县十七届人大常委会第四十次会议决定免去	奚海峰	县人民政府办公室主任
11.28	县十七届人大常委会第四十次会议决定免去	余承嗣	县公安局局长
11.28	县十七届人大常委会第四十次会议决定免去	张有为	县民政局局长
11.28	县十七届人大常委会第四十次会议决定免去	林法星	县城市管理行政执法局局长
11.28	县十七届人大常委会第四十次会议决定免去	吴志辉	县水利局局长
11.28	县十七届人大常委会第四十次会议决定免去	张洪成	县安全生产监督管理局局长
11.28	县十七届人大常委会第四十次会议免去	胡振宇	县人大常委会教育科学文化卫生工作委员会主任
12.22	县十七届人大常委会第四十一次会议任命	王宁星	县人大常委会教育科学文化卫生工作委员会主任
12.22	县十七届人大常委会第四十一次会议免去	王宁星	县人大常委会办公室副主任

象山县人民政府

综 述

2016年，县政府贯彻落实中央和省、市决策部署，实施"双突破双驱动"战略，统筹推进经济转型、供给侧改革、补齐短板、党的建设等各项工作，经济社会发展呈现稳中有进态势。全年完成地区生产总值437.12亿元、增长5.2%；财政总收入62.61亿元、增长2%；城镇居民人均可支配收入46836元、增长7.5%，农村居民人均可支配收入26113元、增长7.8%以上。

推进工业强县建设，实施"四创四强"工程，落实工业强县例会制度，"1+9"政策体系全面建立，合力兴工氛围日益浓厚，完成规上工业产值580亿元、增长5%。推进大平台大项目建设，经济开发区"一区多园"格局基本成型，象保合作区航天智慧科技城动工。工业项目引进取得实效，签约亿元以上工业项目27个，完成工业投资60亿元、增长6%。推进"四换三名""两化融合"，战略性新兴产业、装备制造业增加值增速高于规上工业增速。实施抓大壮小扶微计划，新增规上企业30家、亿元企业5家、挂牌新三板4家。实施国家全域旅游示范区创建三年行动计划，改革优化旅游体制机制，推进"四全四特"工程，游客接待量、旅游综合收入分别增长10%、14%。调整松兰山-大目湾管理体制，华美主题乐园等一批功能性项目动工。巩固象山影视城全国"前三甲"地位，剧组拍摄数突破100部，落户企业增长10倍，列入全国知名品牌创建名录。半边山一期基本建成。创建特色小镇，星光影视小镇、航天科技小镇入选市首批创建名单。乡村旅游蓬勃兴起，新增省级农家乐特色点3个。农业总产值继续保持全省领先，农业科技和品牌建设取得突破，荣获省首批农产品质量安全放心县。现代服务业加快发展，三产增加值占GDP的比重提高至41.6%。建筑业保持稳定发展，完成施工产值1220亿元、增长5%。招商引资成效明显，实际利用外资1.4亿美元、内资52亿元、浙商回归28亿元，分别增长14.3%、21%、6%。实现外贸出口22.6亿美元，外经工作继续走在省市前列。全面落实项目中心制，固定资产投资增长10%以上，80个重点工程完成投资115亿元，三门湾大桥及接线工程加快建设，东海涂前期工作有序推进。

开展"科技创新与人才"县委一号课题调研，召开科技创新暨人才工作大会，出台专项政策，明确总体目标和战略举措。启动大孵化器建设计划，扶持和发展创新平台，新增孵化器、加速器1万平方米。狠抓创新主体培育，新增高新技术企业8家、省市级工程技术中心6家，新增发明专利132件、增长32%。创新科技金融服务，设立科技创业引导基金，实行科技经费后补助管理，推广应用创新券、"科银保"。加大人才引进力度，新引进高层次人才15名，海洋科技人才创业园新入园企业5家。落实中央和省市重大改革任务，抓好30项年度重点改革项目，新增省级以上改革试点4个。加快投融资体制改革，五大集团组建运行，实施PPP项目3个，政府性债务融资成本下降14.6%。组建县综合行政执法局，实施镇乡（街道）行政管理体制改革，落实快速审批机制，工业项目审批时限压缩一半以上，"三测合一"改革成效初步显现。率先实行全县域公共服务质量评估，企业信用体系建设走在全市前列，便民利企改革扎实推进。深化农村综合改革，"1+28"规则体系全面建立，农村承包经营权确权登记颁证、"三位一体"农合联、涉农资金整合等改革加快推进，农村金融普惠工程深入实施，户籍制度改革扎实启动。

深化“五水共治”，严格落实“河长制”，完成河道、畜禽养殖整治任务，新建农村污水处理设施105个村，“清三河”达标县进入全省公示阶段。推进“三改一拆”，健全长效管控机制，“三改”、拆违分别完成市下达任务的156%、160%，获评省首批“基本无违建县”。纵深推进“一打三整治”，实行常态化联合执法，渔民减船转产全面启动。出台专项行动问责办法，推动中心工作落实。实施中心城区提升行动，启动县域总体规划修编，“四城”联创稳步推进，省森林城市创建通过验收。启动棚改一期二期9个区块，改造面积超过19万平方米。深化石浦国家级建制镇示范试点改革，争取西周列入省级小城市培育试点。在全市率先实施美丽集镇建设三年行动计划，4个试点乡镇取得阶段性成效。美丽乡村分类创建和市级“斑斓海岸”文明示范线建设成效初显，溪里方村获市第二批“最洁美村庄”称号，获批省首批美丽乡村示范县。巩固全国生态县创建成果，开展“百日环保执法”专项行动，节能减排完成上级下达任务。

完善“一个党委、三个党组”领导体制，支持人大、政府、政协依法依规履职。召开县委统战工作会议，依法管理宗教事务，工青妇、工商联、对台、侨务、科协等工作取得新成效。党管武装工作再创佳绩，蝉联全国双拥模范县“五连冠”。提升法治象山、平安象山建设水平，建设县、镇乡(街道)社会治理综合指挥平台，整合资源设立统一政务咨询投诉举报平台，健全社会治安防控体系，加大信访积案化解力度，启动实施“七五”普法，安全生产、防灾减灾等工作得到加强。打响“善行象山”品牌，开展向陈淑芳同志学习活动，实施基层宣讲“百千万”工程，抓细抓实婚丧礼俗整治，渔文化生态保护实验区建设加快推进，文化产品创意产业园开园，中日韩徐福文化象山研讨会、十九届中国开渔节和十二届中国海洋论坛成功举办。促进各级各类教育优质均衡发展，德育工作模式在全市推广，通过省教育基本现代化县验收。深化医药卫生体制改革，“双下沉、两提升”扎实开展，台胞医院迁建投用。加大就业扶持力度，社会保障提标扩面，城乡居民实现医保并轨，新增就业1.1万人次、“五险”3.2万人次，省级养老服务业综合改革试点扎实实施，提升审计、档案、党史县志、残疾人、慈善和红十字事业发展水平。

开展“两学一做”学习教育，抓好专题学习讨论，排查处置失联党员，规范党费收缴管理。落实意识形态工作责任制，加强正面宣传和引导，巩固壮大主流思想舆论阵地。从严加强干部队伍管理，全面推行“双对双排”，加大奖优罚劣力度，强化年轻干部素质能力培养，成立“青春塔山”干部读书会。推进基层党建“整片建强”示范片(区、带)建设，推广“书记账本”制度，选派副局级领导干部和县管后备干部担任“第一书记”，推行“和村惠民四步法”，整转软弱落后党组织20个。创新新业态新领域党建工作，试点推行“网格党建”模式。制定“两个责任”实施意见，推进“四专”建设，狠抓正风肃纪，完成贯彻执行中央八项规定精神“回头看”工作。健全村级工程项目管理等5项监督制约机制，规范农村小微权力运行。落实县委巡察制度，用好监督执纪“四种形态”，加大违法违纪查处力度，党风廉政建设和反腐败工作取得新成效。

县政府重要会议和重要政策

【县政府第四十六次常务会议纪要】 2015年12月29日下午，代县长黄焕利主持召开县政府第四十六次常务会议，王安静、邱金岳、干维岳、周建平、张海琪、周坚栋、陈爱武、石坚定、奚海峰等参加会议，县人大常委会副主任应伟刚、县政协副主席周平飞、县人武部部长钱旭勇应邀出席会议。会议审议并原则同意县规划管理中心提交的《象山县爵溪街道分区规划(2012—2030)》。原则同意县财政局提出的关于2016年财政收支预算安排情况汇报、县发改局提交的《象山县国民经济和社会发展第十三个五年规划纲要(送审稿)》、县农林局提出的县树、县花、县果初步评选结果。研究关于巨鹰集团、中达公司、良和交通等企业帮扶相关事宜。组织学习《不动产登记(暂行)条例》。

【县政府第四十七次常务会议纪要】 2016年2月1日上午，县长黄焕利主持召开县政府第四十七次常务会议，励志纲、干维岳、周坚栋、陈爱武、石坚定、奚海峰等参加会议，县人大常委会副主任郑亚红、县政协副主席吴安定应邀出席会议。会议听取县安监局关于全县安全生产工作的情况汇报、听取县住建局关于棚户区改造工作的情况汇报。原则同意县水利局提交的《关于象山县水务体制改革的实施意见》、县财政局提交的《关于象山县产业发展基金实施意见》、县住建局提出的建筑业大会方案和表彰事项、县监察局提出的违纪干部政纪处分建议。研究中达公司、天元公司帮扶有关事宜。

【县政府第四十八次常务会议纪要】 2016年3月11日下午，县长黄焕利主持召开县政府第四十八次常务会议，励志纲、叶富兴、干维岳、张海琪、周坚栋、石坚定、宋三旭、奚海峰等参加会议，县人大常委会副主任应伟刚、县人武部部长钱旭勇应邀出席会议。会议听取并原则同意县住建局提交的《关于组建象山县城投集团的实施意见》、县财政局提出的象山县存量项目转型为PPP的情况汇报、县经信局提交的《关于进一步降低企业成本减轻企业负担推进实体经济稳增促调的若干意见》、县水利局提交的《象山县水利发展“十三五”规划纲要》、县府办提交的2016年《政府工作报告》、民生实事项目目标任务责任分解方案、浙台经贸合作区管委会提出的海峡广场后续经营问题的工作建议、县国资局提出的有关人事任免的工作建议。会议研究中达公司、巨鹰集团帮扶有关事宜。组织学习《中华人民共和国食品安全法》。

【县政府第四十九次常务会议纪要】 2016年4月21日上午，县长黄焕利主持召开县政府第四十九次常务会议，王安静、叶富兴、干维岳、陈军、周坚栋、陈爱武、石坚定、宋三旭、奚海峰等参加会议，县人大常委会副主任励茂平、县政协副主席周平飞应邀出席会议。会议听取并原则同意县人社局提交的《关于象山县城乡居民基本医疗保险实施意见》、县交通运输局提交的《关于组建象山县交通开发建设集团有限公司的实施意见》、县经信局提交的《关于组建象山县工业投资集团有限公司的实施意见》、县招商局提交的《关于深化招商引资工作的补充意见》、县金融办提出的兑现浙报中天基金县政府出资份额的工作建议。研究关于佳利集团、启鑫公司的帮扶相关事宜。

【县政府第五十次常务会议纪要】 2016年5月13日下午，县长黄焕利主持召开县政府第五十次常务会议，励志纲、王安静、叶富兴、干维岳、周建平、张海琪、陈军、周坚栋、陈爱武、石坚定、宋三旭、奚海峰等参加会议，县政协副主席欧亚群应邀出席会议。会议听取并原则同意县发改局提交的《关于加快特色小镇规划建设的实施意见》、县国土资源局提交的《关于进一步完善中心城区村发展留用地使用管理工作的意见》、县金融办提交的《关于中小企业“转贷通”管理办法(试行)》、县安监局提出的关于成立专委会等安全生产工作的汇报、县考核办关于2015年度市对县目标管理考核工作的情况汇报、县人才办提出的关于海洋科技创业大赛的工作建议。会议研究中达公司、巨鹰集团、天安集团、飞日水产、佳丽集团等企业帮扶事宜。

【县政府第五十一次常务会议纪要】 2016年6月20日下午，黄焕利县长主持召开县政府第五十一次常务会议，励志纲、王安静、叶富兴、干维岳、陈爱武、石坚定、奚海峰等参加会议，县人大常委会副主任应伟刚、县政协副主席周平飞、县人武部部长钱旭勇应邀出席会议。会议听取并原则同意县住建局提交的《象山县美丽集镇建设三年行动计划(2016—2018)实施方案》、县公安局提交的《关于进一步加强见义勇为工作的意见》、县国土资源局提出的关于土地例行督察整改工作的情况汇报、县经信局提交的《关于进一步优化营商环境加快工业发展的实施意见》、县民政局提交的《象山县养老服务设施布局专项规划(2015—2030)》和《象山县殡葬设施布局专项规划(2013—2030)》，县海洋与渔业局提交的《象山县“十三五”现代渔业发展规划》、县监察局提出的违纪干部处分的工作建议。研究中达公司、壹美集团、天安集团、海腾新材料、浙东表面、日升集团等企业帮扶事宜。组织学习《中华人民共和国刑法修正案(九)》关于职务犯罪的有关内容。安排“两学一做”专题学习交流。

【县政府第五十二次常务会议纪要】 2016年7月22日下午，县长黄焕利主持召开县政府第五十二次常务会议，励志纲、叶富兴、干维岳、蔡特、卢飞、周坚栋、陈爱武、石坚定、奚海峰等参加会议，县人大常委会副主任郑亚红应邀出席会议。会议听取县委政法委关于"G20杭州峰会"维稳安保的工作情况汇报、县海洋与渔业局关于浙江渔场修复暨"一打三整治"行动的工作情况汇报。原则同意县创建办提交的《象山县农村环境卫生长效管理实施方案》、县公安局提交的《关于进一步推进户籍制度改革的实施意见》、县编委办提出的关于"三测合一"改革工作的情况汇报、县法制办提出的关于规范性文件清理的工作建议。研究宝信化纤、健鹰针织、正业集团等企业帮扶事宜。组织学习《习近平总书记在庆祝中国共产党成立95周年大会上的讲话》《唐一军代市长在象山调研时的讲话》;安排"两学一做"专题学习交流。

【县政府第五十三次常务会议纪要】 2016年8月29日下午,黄焕利县长主持召开县政府第五十三次常务会议,励志纲、王安静、叶富兴、干维岳、陈军、卢飞、周坚栋、陈爱武、石坚定、奚海峰等参加会议,县人大常委会副主任励茂平、县政协副主席吴安定应邀出席会议。听取并原则同意县风景旅游局提交的关于《象山县创建国家全域旅游示范区三年行动计划》、县残联提交的关于《加快推进残疾人全面小康进程的实施意见》《进一步完善困难残疾人生活补贴和重度残疾人护理补贴制度的实施意见》和《象山县残疾人保障规定》、县招商局提交的关于《进一步促进我县外贸平稳增长的若干补充意见》、县经信局提交的关于《象山县处置特困企业的实施方案》、县机关事务局提交的关于《象山县公务用车制度改革总体方案》、县住建局提交的关于《推进新型建筑工业化项目建设的实施意见》。研究华丰公司、健鹰针织、天元公司等企业帮扶事宜。组织学习《企业破产法——以破产重整为视角》,浙江海泰律师事务所作辅导解读。

【县政府第五十四次常务会议纪要】 2016年9月30日下午,县长黄焕利主持召开县政府第五十四次常务会议,励志纲、王安静、叶富兴、干维岳、蔡特、周坚栋、陈爱武、石坚定、奚海峰等参加会议,县人大常委会副主任应伟刚、县政协副主席欧亚群应邀出席会议。会议原则同意县发改局提出的关于市县两级民生实事项目建设的有关情况汇报、县规划管理中心提交的关于《加强乡村建设风貌引导的实施意见》、县农办提交的关于《村级组织运转经费保障管理办法》、县发改局提出的关于管道LNG销售价格定价方案的工作建议、县监察局提出的违纪干部处分的工作建议。研究中达公司、建安集团、巨鹰集团、佳利集团、浙东表面等企业帮扶事宜。组织学习"物权法的几个重要问题"、《中国共产党问责条例》和《辽宁拉票贿选案查处情况及其教训警示》;安排"两学一做"专题学习交流。

【县政府第五十五次常务会议纪要】 2016年11月9日上午,县长黄焕利主持召开县政府第五十五次常务会议,励志纲、王安静、叶富兴、干维岳、陈军、蔡特、陈爱武、石坚定等参加会议,县人大常委会副主任柳建根、县政协副主席赖明和应邀出席会议。会议听取并原则同意县交通运输局提出的关于"十三五"农村公路改造提升规划方案的工作建议、县风景旅游局提交的关于《象山县旅游综合执法体系建设的实施方案》、县编委办提出的关于县城市管理体制和综合行政执法改革方案的工作建议、县编委办提出的关于县乡镇(街道)行政体制改革实施方案的工作建议、县安监局提交的《象山县标本兼治遏制较大及以上事故工作实施方案》、县住建局提交的关于《象山县预拌砂浆发展和应用管理暂行办法》、县环保局提交的关于《"污水零直排区"建设工作实施意见》。研究汇龙公司、建安实业、天元建设、乔明公司等企业帮扶事宜。组织学习《中华人民共和国企业国有资产法》。

【县政府第五十六次常务会议纪要】 2016年12月20日上午,县长黄焕利主持召开县政府第五十六次常务会议,陈兴立、蔡特、卢飞、华弼天、周坚栋、宣业靖、陈爱武、石坚定、钮晶莹等参加会议,县人大常委会副主任郑亚红、县政协副主席周平飞应邀出席会议。会议听取并审议县发改局提出的关于县国民经济和社会发展主要指标2016年完成情况预测及2017年初步安排情况、县2017年重点实事工程及政府性投资项目计划安排情况汇报。原则同意县财政局提出的关于2017年财政收支预算安排情况汇报、县安监局提出的关于安全生产大检查开展情况及近期安全生产工作的有关情况汇报、县交通运输局提出的关于石浦高速公路定塘连接线(马槽线改建)工程及沿海南线滨海大道至金开路拓宽改建工程等PPP项目实施方案的工作建议。研究巨鹰集团、天安集团、浙东表面、壹美集团等企业帮扶事宜。组织学习“关于侵权责任纠纷案件疑难问题的解析”。会议进行“两学一做”学习交流。会议审议《政府工作报告(送审稿)》。

办公室工作

【概况】 县政府办公室是协助县政府领导处理日常工作的综合性办事机构,参与政务、事物管理,发挥参谋和助手作用,为领导服务,为机关服务,为基层服务。内设秘书科、综合调研科、经济发展科、信息联络科、社会事业科、政府督查室、突发公共事件应急管理办公室、接待科、外事办公室、口岸海防打私科、法制办公室、电子政务办公室、金融工作办公室。

【以文辅政】 着力做好调研工作,围绕“十三五”发展等重点、热点问题,分线开展象山融入国家战略对策、新型城镇化思路、工业强县建设等调研,为领导决策提供参考。撰写各类文稿,共完成政府工作报告、领导讲话等综合材料150多篇。着力做好信息工作,及时提供第一手资料,县领导更好掌握实情。继续实行全办写信息制度,加强信息员队伍建设,突出经验宣传和社情民意收集,2016全年共编发政务信息277期,被市级以上录用信息293篇,其中获国务院及省政府领导批示14条、市领导批示18条。着力做好办文工作,严格规范文件办理程序,完善发文审批制度,控制发文数量,全年印发各类文件470件,接收、分办并处理上下级来文共10912件,其中县级各部门4923件,上级各部门5989件。同时,建立公文报送电子公文接收通报制度,对各部门、乡镇文件办理情况进行季度通报,提高文件办理质量效率。

【规范会务办理】 落实精简会议相关规定,建立会议审批制度,严格会前审查,尽量少开会、开短会,提高会议效率。全年共承办县政府各类会议100多个,圆满完成第十九届中国(象山)开渔节、浙洽会象山投资环境推介会、2016全国海上风电领袖峰会等重要会议的筹办工作。按照公务接待管理办法要求,节俭热情做好公务接待,完成中国开渔节等重大接待工作,全年共接待市级以上领导152批、国内各地党政考察团56批、招商引资客商137批。

【统筹协调】 根据政府工作重点及薄弱环节,落实周一例会、月度例会制度,按期编发领导周活动安排、政府月度重点工作计划,组织好调研、会议、督查等日常安排,促使政府工作有序开展。发挥办公室上下沟通、左右联络、多方统筹等职能,加强项目建设、企业帮扶、征地拆迁等工作的沟通协调,全年组织召开专题协调会议200余次,出具各类专题会议纪要148个。加强应急突发事件处置,完善应急管理体系,组织开展突发地质灾害、反恐处置等一批应急演练。

【督查督办】 突出重点工作抓督查,围绕县政府重要决策和重大工作部署,通过联合督查、专项督查、跟踪督查等多种形式,先后对重点工程、民生实事项目、墓葬整治、消防安全、“五水共治”、审计整改等工作开展督促检查,全年共下达《督查通知单》28项,编发《政务督查》简报20期,推动工作落实。突出领导批示办理抓督查,注重完善工作方法,落实专人跟踪负责,及时分解交办,及时综合汇总,及时反馈上报,全年共交办市领导批示件159项、县领导批示件111项,办结率均为100%。突出建议提案办理抓督查,完善建议提案办理系统,开展办理情况通报、“回头看”等工作,及时协调解决困难问题,全年共承办人大代表建议212件、政协委员提案201件(其中转信访11件),代表委员满意或基本满意率分别为98.1%和95.3%。

【依法行政】 按照建设法治政府要求,围绕解决经济社会发展、城市建设管理以及民生保障中的实际问题,加强制度建设,出台《象山县城区人力客运三轮车管理规定》《象山县残疾人保障规定》《关于加强乡村建设风貌引导工作的指导意见》《象山县预拌砂浆发展和应用管理暂行办法》《象山县渔供小型船舶安全管理规定》等一批规范性文件。组织开展行政规范性文件清理工作,对县政府(办公室)2016年1月1日之前印发的449件文件进行清理,废止127件,保留313件,修改9件。开展法治政府建设考核评价,促进政府工作的规范化和法治化。加强行政机关合同管理,协助政府处理好重点事项相关涉法事务，全年共对44个文件、65个行政机关合同进行合法性审查。推进行政复议规范化建设，在全市率先试点相对集中行政复议权改革，采用指导引导方式，将县政府所属相关部门的行政复议权集中至县政府统一行使。全年收到各类行政复议申请28件，办结21件。加大政府信息公开力度，全年各部门累计主动公开政府信息1.18万余条，受理并依法答复依申请公开事项61件。

【加强金融服务】 加快企业上市挂牌，新增锦浪科技、启鑫新能源、钰烯腐蚀控制、飞润生物4家新三板挂牌企业，完成宁波股权交易中心挂牌企业15家，完成国民村镇银行新三板申报，完成合力模具、乐惠装备等2家企业上市材料申报，启动实施3家企业主板上市计划。推进金融业务创新，开展柑橘、梭子蟹气象指数以及建设综合保险试点，建立城镇居民住房综合保险、公共食品安全综合保险制度，创新开发“养老贷”“能源宝”等产品，完成农发行、国开行政银战略合作协议440亿元。强化金融监管服务，引进浙报中天等基金注册落户象山，引进台州银行、浙商银行在象山设立支行，新增保险支公司1家。指导县信用联社加快大楼建设进程。成立象山县金融业协会和宁波市保险协会象山办事处。适度调整金融服务业考评内容，提高中小微企业贷款考评分项权重，引导金融机构加大对实体经济的支持力度。配合做好困难企业帮扶，协助天安、巨鹰、中达、佳利等20余家企业解决资金问题超7亿元。全力做好互联网金融专项整治，深入金融宣传教育，促进辖区金融稳定健康发展。

【推进外事口岸工作】 坚持以“服务型外事”为导向，贯彻因公出国(境)管理规定，全年安排市管领导团组6批次、9人次，安排县管干部出国45人次，同比下降7.3%，新增APEC商务旅行卡申报24批次、人数42人次，同比增长31.2%。组织15家企业赴匈牙利、罗马尼亚、斯洛文尼亚等国开展“2016欧洲·宁波周”经贸交流活动，在罗马尼亚布加勒斯特成功举办“中国(象山)—罗马尼亚投资论坛”。加强与日本宇和岛市、韩国翁津郡的友城合作交流，全年互访3批次、12人次，加强友城拓展，与罗马尼亚费格拉什市就建立友好交流关系签订意向协议书。全市远洋渔业企业预防性海外领事保护示范创建工作活动仪式在象山启动，宁波欧亚远洋渔业有限公司也被授予全省首个“预防性海外领事保护示范创建单位”。加强口岸管理，向上争取，石浦港口岸继续对外临时开放。始终保持打击走私高压态势，创新沿海防控模式，开展综合治理专项行动，全力维护海域稳定。

表11

2016年县政府重要文件目录一览

序号	发文时间	文　号	文 件 名
1	2016年3月24日	象政发〔2016〕1号	象山县人民政府关于进一步降低企业成本减轻企业负担推进实体经济稳增促调的若干意见
2	2016年1月11日	象政发〔2016〕2号	象山县人民政府关于同意石浦镇原万金水产地块详细规划的批复
3	2016年1月14日	象政发〔2016〕3号	象山县人民政府关于同意象山城西货运停车场地块控制性详细规划的批复
4	2016年1月15日	象政发〔2016〕4号	象山县人民政府关于同意公开挂牌出让二宗国有建设用地土地使用权(工业)的批复
5	2016年1月14日	象政发〔2016〕5号	象山县人民政府关于在全县范围内开展婚丧礼俗整治的通告
6	2016年1月18日	象政发〔2016〕6号	象山县人民政府关于同意批转实施象山鑫海广场(原龙泰地块)项目建议的批复
7	2016年1月20日	象政发〔2016〕7号	象山县人民政府象山县人民政府关于征收土地方案的公告
8	2016年1月20日	象政发〔2016〕8号	象山县人民政府关于同意公开挂牌出让二宗国有建设用地土地使用权(工业)的批复

续表11

序号	发文时间	文　号	文件名
9	2016年1月26日	象政发〔2016〕9号	象山县人民政府关于同意收回宁波惠霖食品机械制造有限公司和宁波利德凯搏电子科技有限公司两宗国有建设用地使用权的批复
10	2016年1月26日	象政发〔2016〕10号	象山县人民政府关于浙江神洲船业有限公司"1·9"一般高处坠落事故调查报告的批复
11	2016年2月2日	象政发〔2016〕12号	象山县人民政府关于三门湾大桥及接线工程(宁波段)马岙门大桥施工期间通航水域的公告
12	2016年2月2日	象政发〔2016〕13号	象山县人民政府关于同意象山县爵溪片区分区规划(2012—2030)的批复
13	2016年2月3日	象政发〔2016〕15号	象山县人民政府关于同意成立象山县水务集团有限公司的批复
14	2016年2月3日	象政发〔2016〕16号	象山县人民政府关于汪家河菜场蔬菜场拆除、清运工程"11·19"一般起重伤害事故调查报告的批复
15	2016年2月4日	象政发〔2016〕17号	象山县人民政府关于同意公开挂牌出让一宗国有建设用地土地使用权(工业)的批复
16	2016年2月5日	象政发〔2016〕18号	象山县人民政府关于同意公开挂牌出让一宗国有建设用地土地使用权(工业)的批复
17	2016年2月6日	象政发〔2016〕19号	象山县人民政府关于同意给予孙文明行政撤职处分的批复
18	2016年2月6日	象政发〔2016〕20号	象山县人民政府关于表彰2015年度县级建筑业先进集体和个人的通知
19	2016年2月6日	象政发〔2016〕21号	象山县人民政府关于对2015年度荣获"升位奖"、"科技进步奖"的建筑业企业和"优质奖"工程项目进行奖励的通知
20	2016年2月19日	象政发〔2016〕22号	象山县人民政府关于做好欢乐家园人才公共租赁房申请工作的通知
21	2016年2月19日	象政发〔2016〕23号	象山县人民政府关于做好第二批人才公寓申购工作的通知
22	2016年2月19日	象政发〔2016〕24号	象山县人民政府关于同意收回宁波华誉电机有限公司和象山石浦曙光水产品加工厂两宗国有建设用地使用权的批复
23	2016年2月19日	象政发〔2016〕25号	象山县人民政府关于同意收回象山正鸿房地产有限公司和象山县定塘新农村建设投资有限公司两宗国有建设用地使用权的批复
24	2016年2月19日	象政发〔2016〕26号	象山县人民政府关于同意原丹东街道桥头林村老年活动中心地块国有建设用地使用权出让方案的批复
25	2016年2月22日	象政发〔2016〕27号	象山县人民政府关于调整县政府部分领导分工的通知
26	2016年3月1日	象政发〔2016〕28号	象山县人民政府关于同意石浦镇渔丰街地块详细规划的批复
27	2016年2月26日	象政发〔2016〕29号	象山县人民政府关于下达象山县2016年国民经济和社会发展计划指标的通知
28	2016年2月26日	象政发〔2016〕30号	象山县人民政府关于同意公开挂牌出让一宗国有建设用地土地使用权(工业)的批复
29	2016年3月1日	象政发〔2016〕31号	象山县人民政府关于印发石浦区域村发展留用地管理办法的通知
30	2016年3月4日	象政发〔2016〕32号	象山县人民政府关于同意征收土地补偿安置方案的批复

续表11

序号	发文时间	文　号	文件名
31	2016年3月4日	象政发〔2016〕33号	象山县人民政府关于征收土地方案的公告
32	2016年3月4日	象政发〔2016〕34号	象山县人民政府关于征收土地方案的公告
33	2016年3月4日	象政发〔2016〕35号	象山县人民政府关于同意收购宁波华翔集团股份有限公司等三宗国有建设用地使用权的批复
34	2016年3月7日	象政发〔2016〕36号	象山县人民政府关于印发加快推进象山县航运业健康发展的若干意见的通知
35	2016年3月7日	象政发〔2016〕37号	象山县人民政府关于同意发布实施象山花岙岛省级地质公园规划的批复
36	2016年3月9日	象政发〔2016〕38号	象山县人民政府关于表彰2015年度全县人力资源和社会保障工作先进单位和先进个人的通知
37	2016年3月10日	象政发〔2016〕39号	象山县人民政府关于公布2015年度象山县县长质量奖获奖单位的通报
38	2016年3月11日	象政发〔2016〕40号	象山县人民政府关于同意象山大金山隧道及接线二期工程象山县石浦镇五新村横山庵建筑用石料(凝灰岩)矿等两宗采矿权区划论证报告并协议出让采矿权的批复
39	2016年3月14日	象政发〔2016〕41号	象山县人民政府关于同意象山县靖南水厂地段(ZX—03)控制性详细规划局部七个地块调整的批复
40	2016年3月16日	象政发〔2016〕42号	象山县人民政府关于同意象山县城市新中心区(ZX—08)控制性详细规划局部地块调整的批复
41	2016年3月17日	象政发〔2016〕43号	象山县人民政府关于同意实施象山县水利发展“十三五”规划的批复
42	2016年4月1日	象政发〔2016〕44号	象山县人民政府通告
43	2016年3月17日	象政发〔2016〕45号	象山县人民政府关于同意撤销象山华骏体育用品有限公司土地拍卖(挂牌)成交确认书的批复
44	2016年3月22日	象政发〔2016〕46号	象山县人民政府关于调整县残疾人工作委员会组成人员的通知
45	2016年3月23日	象政发〔2016〕47号	象山县人民政府关于象山县东门船厂“2·3”一般高处坠落事故调查报告的批复
46	2016年3月24日	象政发〔2016〕48号	象山县人民政府关于同意姚家山村南侧塔山路北侧地块国有建设用地使用权出让方案的批复
47	2016年3月24日	象政发〔2016〕49号	象山县人民政府关于同意天安路与丹霞路交叉口西北角地块国有建设用地使用权出让方案的批复
48	2016年3月25日	象政发〔2016〕50号	象山县人民政府象山县人民政府关于征收土地方案的公告
49	2016年3月25日	象政发〔2016〕51号	象山县人民政府关于同意收回象山县石浦房屋开发经营公司国有建设用地使用权的批复
50	2016年3月25日	象政发〔2016〕52号	象山县人民政府关于同意公开挂牌出让一宗国有建设用地使用权(工业)的批复
51	2016年3月25日	象政发〔2016〕53号	象山县人民政府关于印发象山县人民政府森林禁火令的通知

续表11

序号	发文时间	文　号	文 件 名
52	2016年3月28日	象政发〔2016〕54号	象山县人民政府关于调整象山县基本医疗保险和外来务工人员社会保险有关政策的通知
53	2016年4月1日	象政发〔2016〕55号	象山县人民政府关于同意大碶头村城市道路建设及城中村改造拆迁安置工程项目征收集体所有土地房屋拆迁实施方案的批复
54	2016年4月1日	象政发〔2016〕56号	象山县人民政府关于同意三门湾大桥及接线工程象山段(茅洋段)征收集体所有土地房屋拆迁实施方案的批复
55	2016年3月30日	象政发〔2016〕57号	象山县人民政府关于征收土地方案的公告
56	2016年3月31日	象政发〔2016〕58号	象山县人民政府关于同意征收土地补偿安置方案的批复
57	2016年4月6日	象政发〔2016〕59号	象山县人民政府关于同意鹤浦镇浦港东路北侧地块(一)控制性详细规划(修编)的批复
58	2016年4月6日	象政发〔2016〕60号	象山县人民政府关于同意象山县丹东街道后山、袁家、岙里、梅溪、姚家山片修建性详细规划的批复
59	2016年4月13日	象政发〔2016〕61号	象山县人民政府关于同意收购象山龙鑫食品有限公司等四宗国有建设用地使用权的批复
60	2016年4月13日	象政发〔2016〕62号	象山县人民政府关于同意象山县2016年土地储备计划的批复
61	2016年4月13日	象政发〔2016〕63号	象山县人民政府关于同意变更西周镇蒙顶山村集体林地所有权属的批复
62	2016年4月13日	象政发〔2016〕64号	象山县人民政府关于同意公开挂牌出让一宗国有建设用地使用权(仓储)的批复
63	2016年4月13日	象政发〔2016〕65号	象山县人民政府关于同意命名悦兰庭的批复
64	2016年4月19日	象政发〔2016〕66号	象山县人民政府关于下达2016学年度小学、初中、普通高中、职业高中(中专、技校)招生计划的通知
65	2016年4月21日	象政发〔2016〕67号	象山县人民政府关于同意收购宁波象山万金水产有限公司等二宗国有建设用地使用权的批复
66	2016年4月22日	象政发〔2016〕68号	象山县人民政府关于同意象山县晓塘乡规划(2012—2030)进行局部调整的批复
67	2016年4月22日	象政发〔2016〕69号	象山县人民政府关于同意公开挂牌出让一宗国有建设用地使用权(工业)的批复
68	2016年4月25日	象政发〔2016〕70号	象山县人民政府关于征集档案资料的通告
69	2016年4月27日	象政发〔2016〕71号	象山县人民政府关于同意县安监局2016年度安全监管执法工作计划的批复
70	2016年4月29日	象政发〔2016〕72号	象山县人民政府关于印发象山县城乡居民医疗保险实施意见的通知
71	2016年5月4日	象政发〔2016〕73号	象山县人民政府关于同意公开挂牌出让一宗国有建设用地使用权(工业)的批复
72	2016年5月5日	象政发〔2016〕74号	象山县人民政府关于同意台湾渔民生活保障中心建设项目象山县高塘岛乡纱帽绿村纱帽绿山建筑用石料(凝灰岩)矿采矿权区划论证报告并招拍挂出让采矿权的批复

续表11

序号	发文时间	文　号	文 件 名
73	2016年5月6日	象政发〔2016〕75号	象山县人民政府关于同意2016年第一批政府存量债务置换债券分配使用方案的批复
74	2016年5月9日	象政发〔2016〕76号	象山县人民政府关于同意象山县南田海岛现代物流基地工程象山县鹤浦镇马小坦村、大南田村白沙湾炮台山建筑用石料(凝灰岩)矿采矿权区划论证报告并招拍挂出让采矿权的批复
75	2016年5月13日	象政发〔2016〕77号	象山县人民政府关于同意象山县2016年度国有建设用地供应计划的批复
76	2016年5月13日	象政发〔2016〕78号	象山县人民政府关于同意征收土地补偿安置方案的批复
77	2016年5月13日	象政发〔2016〕79号	象山县人民政府关于同意公开挂牌出让一宗国有建设用地使用权(工业)的批复
78	2016年5月16日	象政发〔2016〕80号	象山县人民政府关于同意象山县中心城区城西片区、南庄片区、南韭山和甸平山改造项目征收集体土地房屋拆迁补偿实施方案的批复
79	2016年5月18日	象政发〔2016〕82号	象山县人民政府关于同意象山县靖南水厂地段(ZX03)控制性详细规划局部地块调整方案的批复
80	2016年5月18日	象政发〔2016〕83号	象山县人民政府关于同意象山县城市新中心区(ZX08)控规ZX08—01—04—06地块调整方案的批复
81	2016年5月19日	象政发〔2016〕84号	象山县人民政府关于同意象山县新桥镇区(XQ01)控制性详细规划的批复
82	2016年5月19日	象政发〔2016〕85号	象山县人民政府关于同意西周镇梅丹线与镇安路交叉口以东地块等二幅地块国有建设用地使用权出让方案的批复
83	2016年5月25日	象政发〔2016〕86号	象山县人民政府关于印发象山县防汛防台应急预案的通知
84	2016年5月24日	象政发〔2016〕87号	象山县人民政府关于同意象山县基础测绘“十三五”规划的批复
85	2016年5月24日	象政发〔2016〕88号	象山县人民政府关于同意象山县定塘镇总体规划(2012—2030)的批复
86	2016年5月24日	象政发〔2016〕89号	象山县人民政府关于同意石浦镇荔江路西侧地块(一)等6个地块详细规划的批复
87	2016年5月24日	象政发〔2016〕90号	象山县人民政府关于同意象山县建设路以北旧城区(ZX01地段)控制性详细规划的批复
88	2016年6月1日	象政发〔2016〕91号	象山县人民政府关于同意东陈乡沙岗地段(ZX20)控制性详细规划的批复
89	2016年6月2日	象政发〔2016〕92号	象山县人民政府关于同意石浦镇昌桥村杉树坑等9个垦造耕地项目验收意见的批复
90	2016年6月2日	象政发〔2016〕93号	象山县人民政府关于同意命名泗洲头镇建成区道路的批复
91	2016年6月8日	象政发〔2016〕94号	象山县人民政府关于印发象山县安全生产委员会组织结构设置及工作规则的通知
92	2016年6月7日	象政发〔2016〕95号	象山县人民政府关于象山县事业编制在职人员住房分配货币化的实施意见
93	2016年6月7日	象政发〔2016〕96号	象山县人民政府关于同意象山县水利工程标准化管理实施方案的批复
94	2016年6月7日	象政发〔2016〕97号	象山县人民政府关于征收土地方案的公告

续表11

序号	发文时间	文　号	文 件 名
95	2016年6月7日	象政发〔2016〕98号	象山县人民政府关于同意征收土地补偿安置方案的批复
96	2016年6月8日	象政发〔2016〕99号	象山县人民政府关于印发象山县中小企业“转贷通”管理办法(试行)的通知
97	2016年6月12日	象政发〔2016〕100号	象山县人民政府关于同意象山县贤庠镇珠溪村南侧、黄公山东侧地块控制性详细规划的批复
98	2016年6月17日	象政发〔2016〕101号	象山县人民政府关于同意象山县会源路与沿海南线交叉口东南地块控制性详细规划的批复
99	2016年6月17日	象政发〔2016〕102号	象山县人民政府关于象山县棚户区(城中村)一期改造工程政府购买服务有关事项的批复
100	2016年6月21日	象政发〔2016〕103号	象山县人民政府关于进一步完善中心城区村发展留用地使用管理工作的实施意见
101	2016年6月22日	象政发〔2016〕104号	象山县人民政府关于鹤浦镇水湖涂西侧区块(炮台山嘴)海域使用权出让方案的批复
102	2016年6月24日	象政发〔2016〕105号	象山县人民政府关于同意征收土地补偿安置方案的批复
103	2016年6月24日	象政发〔2016〕106号	象山县人民政府关于同意命名中心城区欢乐路的批复
104	2016年6月29日	象政发〔2016〕107号	象山县人民政府关于印发象山县2016年有序用电方案的通知
105	2016年6月30日	象政发〔2016〕108号	象山县人民政府关于同意委托县规划管理中心审批适用简易程序的控制性详细规划局部调整的批复
106	2016年7月4日	象政发〔2016〕109号	象山县人民政府关于同意给予孙松娥开除公职处分的批复
107	2016年7月6日	象政发〔2016〕111号	象山县人民政府关于进一步优化营商环境加快工业发展的实施意见
108	2016年7月6日	象政发〔2016〕112号	象山县人民政府关于塔山路区块改造工程项目房屋征收决定的公告
109	2016年7月7日	象政发〔2016〕113号	象山县人民政府关于同意对宁波峰梅实业有限公司政策扶持的批复
110	2016年7月13日	象政发〔2016〕114号	象山县人民政府关于同意石浦曙光路与海曙路交叉口东南角地块等二幅地块国有建设用地使用权出让方案的批复
111	2016年7月14日	象政发〔2016〕115号	象山县人民政府关于同意实施象山县“十三五”现代渔业发展规划的批复
112	2016年7月14日	象政发〔2016〕116号	象山县人民政府关于同意实施象山县殡葬设施布局专项规划(2013—2030)的批复
113	2016年7月14日	象政发〔2016〕117号	象山县人民政府关于同意实施象山县养老服务设施布局专项规划(2015—2030)的批复
114	2016年7月18日	象政发〔2016〕118号	象山县人民政府关于规范民宿审批的指导意见
115	2016年7月18日	象政发〔2016〕119号	象山县人民政府关于公布2014—2015年度象山县科学技术奖获奖项目的通知
116	2016年7月18日	象政发〔2016〕120号	象山县人民政府关于同意象山县黄避岙乡大林工业区(HBA02)控制性详细规划的批复

续表11

序号	发文时间	文号	文件名
117	2016年7月21日	象政发〔2016〕121号	象山县人民政府关于同意命名“盛世昌明商业街”的批复
118	2016年7月21日	象政发〔2016〕122号	象山县人民政府关于同意命名城东工业园新增道路的批复
119	2016年7月21日	象政发〔2016〕123号	象山县人民政府关于同意象山县高塘岛乡黄沙岙(一区)等4个垦造耕地项目立项的批复
120	2016年7月20日	象政发〔2016〕124号	象山县人民政府关于象山县油车巷区块改造项目房屋征收决定的公告
121	2016年7月20日	象政发〔2016〕125号	象山县人民政府关于象山县爵溪街道昌盛路昌欣路区块拆迁工程房屋征收决定的公告
122	2016年7月20日	象政发〔2016〕126号	象山县人民政府关于象山县象山宾馆区块改造项目房屋征收决定的公告
123	2016年7月20日	象政发〔2016〕127号	象山县人民政府关于象山县园西路区块改造项目房屋征收决定的公告
124	2016年7月22日	象政发〔2016〕128号	象山县人民政府关于公布2016年度第二批重大火灾隐患整改单位的通知
125	2016年7月25日	象政发〔2016〕129号	象山县人民政府关于同意爵溪街道东塘等三个控制性详细规划的批复
126	2016年7月26日	象政发〔2016〕130号	象山县人民政府关于印发象山县户籍制度改革工作方案的通知
127	2016年7月28日	象政发〔2016〕132号	象山县人民政府关于同意宁波铁工置业有限公司等15家企业闲置土地处置方案的批复
128	2016年8月11日	象政发〔2016〕133号	象山县人民政府关于征收土地方案的公告
129	2016年7月28日	象政发〔2016〕134号	象山县人民政府关于同意茅洋乡兴坑村以西(民爆仓库)地块控制性详细规划的批复
130	2016年7月29日	象政发〔2016〕135号	象山县人民政府关于同意实施象山县美丽乡村建设专项规划(2015—2020)的批复
131	2016年7月29日	象政发〔2016〕136号	象山县人民政府关于同意实施象山县村庄布点规划(2014—2030)的批复
132	2016年7月29日	象政发〔2016〕137号	象山县人民政府关于同意晓塘乡集镇区(XT01—03)控制性详细规划(2016—2020年)的批复
133	2016年8月1日	象政发〔2016〕138号	象山县人民政府关于同意象山县茅洋乡台头村等29个垦造耕地项目立项的批复
134	2016年8月1日	象政发〔2016〕139号	象山县人民政府关于同意命名半边山旅游度假区道路的批复
135	2016年8月2日	象政发〔2016〕140号	象山县人民政府关于同意象山大目湾综合体项目象山县东陈乡金井头村大山建筑用石料(凝灰岩)矿采矿权协议出让的批复
136	2016年8月2日	象政发〔2016〕141号	象山县人民政府关于同意命名中心城区吴中路的批复
137	2016年8月2日	象政发〔2016〕142号	象山县人民政府关于同意收购象山石浦环海食品有限公司国有建设用地使用权的批复
138	2016年8月3日	象政发〔2016〕143号	象山县人民政府关于同意公开挂牌出让二宗国有建设用地土地使用权(工业)的批复
139	2016年8月9日	象政发〔2016〕144号	象山县人民政府关于公布2016年度县级农业龙头企业认定和监测结果的通知

续表11

序号	发文时间	文　号	文 件 名
140	2016年8月9日	象政发〔2016〕145号	象山县人民政府关于同意象山县鹤浦镇一级渔港控制性详细规划局部调整的批复
141	2016年8月9日	象政发〔2016〕146号	象山县人民政府关于同意象山县丹东街道西林片区修建性详细规划的批复
142	2016年8月9日	象政发〔2016〕147号	象山县人民政府关于同意象山县丹东街道田洋里片区修建性详细规划的批复
143	2016年8月10日	象政发〔2016〕148号	象山县人民政府关于同意设立水文监测环境保护区的批复
144	2016年8月9日	象政发〔2016〕149号	象山县人民政府关于同意收购宁波市远东燃料有限公司国有建设用地使用权的批复
145	2016年8月10日	象政发〔2016〕150号	象山县人民政府关于同意象山影视城北侧地块一等二幅地块国有建设用地使用权出让方案的批复
146	2016年8月12日	象政发〔2016〕151号	象山县人民政府关于废止部分行政规范性文件的通知
147	2016年8月18日	象政发〔2016〕152号	象山县人民政府关于同意象山县丹城分区配电网提升规划的批复
148	2016年8月18日	象政发〔2016〕153号	象山县人民政府关于浙江省三门湾大桥及接线工程（宁波段）第TJ4标段“7·15”一般触电事故调查报告的批复
149	2016年8月18日	象政发〔2016〕154号	象山县人民政府关于浙江省三门湾大桥及接线工程（宁波段）第TJ3标段“6·24”一般起重伤害事故调查报告的批复
150	2016年8月18日	象政发〔2016〕155号	象山县人民政府关于石浦中国渔村“7·23”溺水事故调查报告的批复
151	2016年8月18日	象政发〔2016〕156号	象山县人民政府关于宁波锦洲食品实业有限公司“6·26”车辆伤害事故调查报告的批复
152	2016年8月22日	象政发〔2016〕157号	象山县人民政府关于同意象山县棚户区（危旧房）改造二期工程项目、象山县棚户区（危旧房）改造三期工程项目采用政府购买服务模式的批复
153	2016年8月22日	象政发〔2016〕158号	象山县人民政府关于同意命名明星别院的批复
154	2016年8月22日	象政发〔2016〕159号	象山县人民政府关于同意丹南路与园中路交叉口西北角地块一等三幅地块国有建设用地使用权出让方案的批复
155	2016年8月22日	象政发〔2016〕160号	象山县人民政府关于同意命名“连心路”的批复
156	2016年8月22日	象政发〔2016〕161号	象山县人民政府关于同意象山产业区投资建设有限公司等57家企业闲置土地处置方案的批复
157	2016年8月26日	象政发〔2016〕163号	象山县人民政府关于同意征收土地补偿安置方案的批复
158	2016年8月26日	象政发〔2016〕164号	象山县人民政府关于同意宁波（象山）东部沿海防洪（潮）工程象山县新桥镇高湾村、东陈乡东湾村东湾山、石浦镇鸡鸣村鸡鸣山、东陈乡仁义村荷花芯及东陈乡岳头村变湾山普通建筑用石料（凝灰岩）矿采矿权协议出让的批复
159	2016年8月29日	象政发〔2016〕165号	象山县人民政府关于象山钱参水产养殖专业合作社“8·20”死亡事故调查报告的批复
160	2016年8月29日	象政发〔2016〕166号	象山县人民政府关于诸暨菲达环保钢结构设备安装有限公司“8·21”死亡事故调查报告的批复

续表11

序号	发文时间	文　号	文件名
161	2016年8月29日	象政发〔2016〕167号	象山县人民政府关于同意无偿收购象山县城市建设投资开发有限公司等八宗国有建设用地使用权的批复
162	2016年8月29日	象政发〔2016〕168号	象山县人民政府关于同意象山石浦环海食品有限公司地块国有建设用地使用权出让方案的批复
163	2016年8月30日	象政发〔2016〕169号	象山县人民政府关于同意2016年第二批政府存量债务置换债券分配使用方案的批复
164	2016年8月31日	象政发〔2016〕170号	象山县人民政府关于同意对牙康专利中药招商项目有关优惠政策的批复
165	2016年9月1日	象政发〔2016〕171号	象山县人民政府关于同意象山县黄避岙乡集镇区(HBA01)控制性详细规划的批复
166	2016年9月6日	象政发〔2016〕172号	象山县人民政府关于象山县象山河路道路工程项目房屋征收决定的公告
167	2016年9月6日	象政发〔2016〕173号	象山县人民政府关于象山县东谷路(象山河路至丹山路)道路工程项目房屋征收决定的公告
168	2016年9月6日	象政发〔2016〕174号	象山县人民政府关于同意公开挂牌出让一宗国有建设用地使用权(仓储)的批复
169	2016年9月9日	象政发〔2016〕175号	象山县人民政府关于印发象山县创建国家全域旅游示范区三年行动计划的通知
170	2016年9月8日	象政发〔2016〕176号	象山县人民政府关于同意实施象山县“十三五”服务业发展规划的批复
171	2016年9月9日	象政发〔2016〕177号	象山县人民政府关于加快推进残疾人全面小康进程的实施意见
172	2016年9月9日	象政发〔2016〕178号	象山县人民政府关于进一步完善困难残疾人生活补贴和重度残疾人护理补贴制度的实施意见
173	2016年9月19日	象政发〔2016〕179号	象山县人民政府关于同意收购象山利时建设开发有限公司国有建设用地使用权的批复
174	2016年9月19日	象政发〔2016〕181号	象山县人民政府关于同意划定象山县鹤浦镇樊岙水库、大百丈山塘、岙里山塘管理范围和保护范围的批复
175	2016年9月22日	象政发〔2016〕182号	象山县人民政府关于同意宁波梅山保税港区伟栋针纺织有限公司等41家企业闲置土地处置方案的批复
176	2016年9月23日	象政发〔2016〕183号	象山县人民政府关于同意收购宁波博顿机械制造有限公司国有建设用地使用权的批复
177	2016年9月28日	象政发〔2016〕184号	象山县人民政府关于同意西周镇梅丹线与镇安路交叉口东北角地块国有建设用地使用权出让方案的批复
178	2016年9月30日	象政发〔2016〕185号	象山县人民政府关于同意象山县丹西街道西南庵等十个垦造耕地项目立项的批复
179	2016年9月30日	象政发〔2016〕186号	象山县人民政府关于同意命名熙华府的批复
180	2016年10月9日	象政发〔2016〕187号	象山县人民政府关于同意给予徐颖峰行政记过处分的批复
181	2016年10月9日	象政发〔2016〕188号	象山县人民政府关于同意给予黄秀贵行政记过处分的批复

续表11

序号	发文时间	文　号	文 件 名
182	2016年10月9日	象政发〔2016〕189号	象山县人民政府关于同意给予章志鸿行政记过处分的批复
183	2016年10月10日	象政发〔2016〕190号	象山县人民政府关于同意丹阳路与新华路交叉口西北角地块国有建设用地使用权出让方案的批复
184	2016年10月14日	象政发〔2016〕191号	象山县人民政府关于同意公开挂牌出让象山县黄避岙乡大林工业区02—06地块国有建设用地使用权(工业)的批复
185	2016年10月14日	象政发〔2016〕192号	象山县人民政府关于同意命名文仕综合广场的批复
186	2016年10月14日	象政发〔2016〕193号	象山县人民政府关于同意实施浮礁渡断面水体达标方案的批复
187	2016年10月17日	象政发〔2016〕194号	象山县人民政府关于象山县已建市政道路及其它基础设施PPP项目实施方案的批复
188	2016年10月17日	象政发〔2016〕195号	象山县人民政府关于象山县已建交通道路PPP项目实施方案的批复
189	2016年10月19日	象政发〔2016〕196号	象山县人民政府关于同意定塘镇中坭工业地块二控制性详细规划的批复
190	2016年10月26日	象政发〔2016〕197号	象山县人民政府关于同意收购象山产业区投资建设有限公司等十二宗国有建设用地使用权的批复
191	2016年10月25日	象政发〔2016〕198号	象山县人民政府关于同意收购象山县教育发展投资有限公司国有建设用地使用权的批复
192	2016年10月27日	象政发〔2016〕199号	象山县人民政府关于丹大线产业区至大徐段改建工程政府购买服务有关事项的批复
193	2016年11月2日	象政发〔2016〕200号	象山县人民政府关于同意划定毛湾海塘、饭桶山闸、虾埠门闸等二十六个水利工程管理范围和保护范围的批复
194	2016年11月2日	象政发〔2016〕201号	象山县人民政府关于同意象山县道人山涂土地开发项目象山县涂茨镇毛湾村猫头咀山建筑用石料(凝灰岩)矿采矿权协议出让的批复
195	2016年11月3日	象政发〔2016〕202号	象山县人民政府关于同意石浦镇军民路与凤栖路交叉口西南角地块、象山县石浦半边山旅游度假区施家岭地块控制性详细规划的批复
196	2016年11月3日	象政发〔2016〕203号	象山县人民政府关于同意石浦镇狮子山片区(SP07)控制性详细规划的批复
197	2016年11月8日	象政发〔2016〕204号	象山县人民政府关于印发象山县抗旱预案的通知
198	2016年11月7日	象政发〔2016〕205号	象山县人民政府关于同意命名汇川佳苑的批复
199	2016年11月9日	象政发〔2016〕207号	象山县人民政府关于象山蓝奕印花厂“8·7”一般触电事故调查报告的批复
200	2016年11月9日	象政发〔2016〕208号	象山县人民政府关于宁波杭钢富春管业有限公司“8·29”一般物体打击事故调查报告的批复
201	2016年11月9日	象政发〔2016〕206号	象山县人民政府关于象山县松兰山旅游度假区“8·9”溺水事故调查报告的批复
202	2016年11月10日	象政发〔2016〕209号	象山县人民政府关于同意象山县旦门山岛保护和利用规划(修编)的批复
203	2016年11月10日	象政发〔2016〕210号	象山县人民政府关于同意公开挂牌出让城东工业园工业待出让D—3—01—2地块国有建设用地使用权(工业)的批复

续表11

序号	发文时间	文　号	文 件 名
204	2016年11月15日	象政发〔2016〕211号	象山县人民政府关于同意公开挂牌出让新桥镇影视创意产业园一期地块一国有建设用地使用权(工业)的批复
205	2016年11月21日	象政发〔2016〕212号	象山县人民政府关于同意饭桶山闸等8项水利工程放水预警方案的批复
206	2016年11月22日	象政发〔2016〕213号	象山县人民政府关于同意西周镇柴溪工业待出让地块一等四个地块控制性详细规划的批复
207	2016年11月22日	象政发〔2016〕214号	象山县人民政府关于石浦高速公路定塘连接线(马漕线改建)工程PPP项目实施方案、沿海南线滨海大道至金开路拓宽改建工程PPP项目实施方案的批复
208	2016年11月23日	象政发〔2016〕216号	象山县人民政府关于三门湾大桥及接线工程(宁波段)马岙门大桥施工水域临时通航孔位置变更的公告
209	2016年11月25日	象政发〔2016〕217号	象山县人民政府关于同意象山县爵溪街道分区规划(2012-2030)局部调整报告的批复
210	2016年11月28日	象政发〔2016〕218号	象山县人民政府关于同意贤庠镇盛宁线西侧地段(XX11)控制性详细规划(修编)的批复
211	2016年11月29日	象政发〔2016〕219号	象山县人民政府关于同意宁波汇龙文具、汇龙泵业公司实施重组的批复
212	2016年11月29日	象政发〔2016〕220号	象山县人民政府关于同意收购象山县环境卫生管理处等二宗国有建设用地使用权的批复
213	2016年11月30日	象政发〔2016〕221号	象山县人民政府关于征收土地方案的公告
214	2016年12月1日	象政发〔2016〕222号	象山县人民政府关于同意实施《象山县农村饮用水水源保护范围划定方案》的批复
215	2016年12月1日	象政发〔2016〕223号	象山县人民政府关于同意石浦镇军民路与凤栖路交叉口西南角地块一国有建设用地使用权出让方案的批复
216	2016年12月2日	象政发〔2016〕224号	象山县人民政府关于同意弗凡科技项目落户优惠政策的批复
217	2016年12月2日	象政发〔2016〕225号	象山县人民政府关于同意象山县爵溪工业园区北侧地块(ZX—36)控制性详细规划的批复
218	2016年12月5日	象政发〔2016〕226号	象山县人民政府关于同意宁波紫象天堂投资有限公司等23家企业闲置土地处置方案的批复
219	2016年12月5日	象政发〔2016〕227号	象山县人民政府关于同意象山县建筑业协会等9家企业闲置土地处置方案的批复
220	2016年12月5日	象政发〔2016〕228号	象山县人民政府关于同意丹河路与兴盛路交叉口西南角地块等二幅地块国有建设用地使用权出让方案的批复
221	2016年12月9日	象政发〔2016〕229号	象山县人民政府关于同意收购宁波裕祥海洋生物科技有限公司国有建设用地使用权的批复
222	2016年12月15日	象政发〔2016〕230号	象山县人民政府关于同意象山县晓塘乡胡家峙村光明“旱地改水田”耕地质量提升等4个土地整治项目立项的批复

续表11

序号	发文时间	文　号	文 件 名
223	2016年12月13日	象政发〔2016〕231号	象山县人民政府关于同意收购宁波金宇电气有限公司国有建设用地使用权的批复
224	2016年12月13日	象政发〔2016〕232号	象山县人民政府关于同意丹东街道桥头林刘家岙地块一等三幅地块国有建设用地使用权出让方案的批复
225	2016年12月14日	象政发〔2016〕233号	象山县人民政府关于同意象山县墙头镇舫前村以西、智门寺以南地块控制性详细规划的批复
226	2016年12月14日	象政发〔2016〕234号	象山县人民政府关于同意象山县高塘岛乡黄湾塘区块(一)控制性详细规划的批复
227	2016年12月14日	象政发〔2016〕235号	象山县人民政府关于同意象山县丹东街道河东、邱家片修建性详细规划的批复
228	2016年12月21日	象政发〔2016〕236号	象山县人民政府关于深化行政执法体制改革全面推进综合行政执法的实施方案
229	2016年12月19日	象政发〔2016〕237号	象山县人民政府关于同意丹阳路与兴盛路交叉口西北角地块一等四幅地块国有建设用地使用权出让方案的批复
230	2016年12月19日	象政发〔2016〕238号	象山县人民政府关于外干门港区块海域使用权出让方案的批复
231	2016年12月19日	象政发〔2016〕239号	象山县人民政府关于同意征收土地补偿安置方案的批复
232	2016年12月20日	象政发〔2016〕240号	象山县人民政府关于同意天安路与丹山路西南角地块国有建设用地使用权出让方案的批复
233	2016年12月21日	象政发〔2016〕241号	象山县人民政府关于公布2016年度第三批重大火灾隐患整改单位的通知
234	2016年12月29日	象政发〔2016〕242号	象山县人民政府关于印发象山县旅游综合执法体系建设实施方案的通知
235	2016年12月26日	象政发〔2016〕243号	象山县人民政府关于同意宁波裕祥海洋生物科技有限公司地块二宗土地国有建设用地使用权出让方案的批复
236	2016年12月30日	象政发〔2016〕244号	象山县人民政府关于同意收购宁波德远洁具有限公司国有建设用地使用权的批复

法制建设

【概况】 2016年,象山县法制办在省、市法制办的关心指导下,以科学发展观为指引,贯彻落实中共十八大、十八届四中、五中全会精神和习近平总书记系列讲话精神,围绕地方中心工作,服务发展稳定大局,牢牢抓住"加快推进法治政府建设"这条主线,夯实基础,创新机制,发挥政府在履行各项职能中的法律参谋和保障作用。

【健全依法行政工作机制】 年初,为加强对法治政府建设及依法行政工作的组织领导和统筹协调,将县全面推进依法行政工作领导小组调整为县建设法治政府(依法行政)工作领导小组,同时根据工作需要,对领导小组成员进行相应调整,强化组织领导。2016年4月5日,县两办印发《2016年度象山县法治政府建设主要任务分解表》,对法治政府建设主要工作任务进行细化,明确牵头单位和责任单位,确保完成年度工作任务。2016年10月份,先后印发《市对县2016年度法治政府建设推进工作考核内容责任分解》和《关于实施2016年度法治政府建设推进工作考核评价的通知》,完善优化考核体系,对法治政府建设各项任务层层落实。

【规范重大行政决策行为】 ①加强行政规范性文件管理。继续在全县范围内推行行政规范性文件“三统一”制度,通过严把文件起草、公开征求意见、合法性审查、备案审查四个环节,提高制度建设质量。2016年,以县政府(办公室)名义发布的规范性文件共18件,报市人民政府和县人大备案通过率达100%;以各镇乡(街道)、部门名义发布的规范性文件26件,备案审查率达100%。同时,根据上位法制定、修改、废止情况,及时清理县政府(办公室)于2016年1月1日前印发的规范性文件449件,经县政府常务会议审议,决定废止127件。②继续完善重大行政决策目录制度。2015年,象山县在全省率先推行重大行政决策目录制度,以清单的形式,明确年度重大行政决策事项,取得效果,受到省市政府部门的肯定。该做法被《浙江日报》《宁波日报》、人民网、新华网等媒体广为宣传,也被《浙江省重大行政决策程序规定》(省政府令第337号)采纳。继续完善重大行政决策目录制度,根据意见征求情况,县法制办整理出县政府、县政府各部门、各乡镇街道三个层次的目录四十一项,并予以公布。对目录事项实行动态管理,可根据年度工作任务的增加、变更情况对目录进行增减。

【提高行政执法能力和水平】 按照《法治政府建设实施纲要(2015—2020年)》中提出的“强化对行政权力的制约和监督”的要求,县政府拓宽群众监督渠道,在全县范围内面向社会聘请特邀行政执法监督员。通过个人自荐、单位推荐等形式,最终确定包括县人大代表、政协委员、村党支部书记、单位在职工作人员、退休老干部等在内的8位同志为县政府特邀行政执法监督员,对规范行政执法行为,推进依法行政。县法制办增设法制监督科,增加一名中层职数,从县人民法院选调一名年轻干部,增强行政执法监督的力量。

【率先试点,相对集中行政复议权改革】 2016年,县政府新收行政复议申请25件,不予受理4件,去年结转2件。在审理结案的17件案件中,作出维持原具体行政行为2件,以撤销、确认违法并责令履行等方式直接纠错的2件,经复议协调行政争议得到化解后申请人自愿撤回行政复议申请的13件,合计综合纠错率88.2%。为紧跟行政复议改革步伐,象山县在全市先行尝试采用指导引导方式,将县政府所属相关部门的行政复议权集中至县政府统一行使,相关复议案件由县政府统一办理。发挥行政复议在化解行政争议中的主渠道作用,维护行政相对人的合法权益,及时纠正违法或不当行政行为。同时,有利于集中有限的行政复议人力资源,规范行政复议案件审理,及时化解行政争议,预防和减少社会矛盾的产生。县政府审理3件因不服县交警大队所作的行政处罚决定及行政强制措施的行政复议案件,取得法律效果和社会效果,得到群众的认可, 相对集中行政复议权改革成效初显。

【发挥政府参谋助手作用】 ①参与“三改一拆”“五水共治”“一打三整治”“棚户区改造”等专项行动,为相关部门、县政府提供政策法律支持。在人员相对紧张的情况下,县法制办抽调一人到“三改一拆办”办公,指派一人专门研究“棚户区改造”相关的法律法规和政策,为专项行动提供专业服务。②主动参与重大工程项目推进、招商引资、重大合同签订等重大事项的合法性审查,严格把关,对可能出现的法律风险进行分析,及时提出意见建议。2016年,县法制办共参加县政府重大事项相关协调会30多次,提出法律建议50余条。参与重大合同合法性审查14件,备案审查51件,降低合同风险,当年未发生重大合同履约纠纷。③服务企业,提出优化企业发展法治软环境的若干建议。县法制办自我加压,将服务工业企业作为重点研究课题,组织部分乡镇(街道)及开发区的22家企业开展交流座谈,听取他们对政府部门行政执法、自由裁量权、服务企业等方面的意见建议。根据调研情况,总结出政府部门在服务企业中存在的六大方面问题,并提出对应的解决对策,形成报告,向县政府主要领导报送。为解决多头执法、自由裁量权过大以及重执法轻服务的实际问题提供思路。该调研结果还被县政府吸收到“双突破双驱动”战略部署中,体现在县政府文件《象山县人民政府关于进一步降低企业成本减轻企业负担推进实体经济稳增促调的若干意见》《象山县人民政府关于进一步优化营商环境加快工业发展的实施意见》。

【提升领导干部法治意识】 ①开展常务会议集体学法活动，由各部门的主要负责人或政府法律顾问授课，围绕县政府中心工作，对新制定或修改、修订的重要法律法规进行解读、对政府法治工作中的重点难点问题进行分析。全年开展集体学法活动六次，内容包括食品安全法、刑法修正案（九）、企业破产法、物权法、侵权责任法等。②组织法治政府建设专题培训班。2016年7月，县法制办在浙江大学宁波理工学院举办一期培训班，全县65名行政执法部门及乡镇（街道）分管政府法制工作的负责人参加培训，提升法制干部的法治思维能力和业务水平。③强化行政执法人员资格管理。修订后的《浙江省行政执法证件管理办法》于2016年8月1日起施行，新《办法》对行政执法人员持证上岗提出更高的要求。为加强行政执法人员持证上岗和资格管理，提高行政执法人员的素质和能力，共组织开展两次行政执法人员申领省行政执法证考试，全县各行政执法部门共343名执法人员参加考试，考试通过率平均在75%以上。做好部分免考人员的执法证申领工作，全县持证率大大提高。

机构编制

【概述】 2016年，象山县机构编制委员会办公室（以下简称“象山县编委办”）坚持“巩固落实、规范提升、奋发有为”工作主题，推进行政管理体制改革，完成象山县新一轮政府机构改革和不动产统一登记改革，完成综合行政执法改革方案报批工作。完善权力清单和责任清单工作，打造阳光政府、法治政府取得新成效。执行机关事业单位编制外用工和国企用工的“一年一审定”制度和两《办法》两《通知》规定要求，向上级业务部门争取解决象山县三家单位的机构级格问题。

【增加象山县部分镇乡（街道）公共事务综合服务中心事业编制】 为适应象山县城区和城郊东陈乡经济社会的快速发展，2016年1月5日，象山县机构编制委员会（以下简称“象山县编委会”）发文，增加象山县丹东街道公共事务综合服务中心财政差额补助事业编制8名（象编〔2016〕1号）、丹西街道公共事务综合服务中心财政差额补助事业编制8名（象编〔2016〕2号）、东陈乡公共事务综合服务中心财政差额补助事业编制5名（象编〔2016〕3号），增编后，上述镇乡（街道）的公共事务综合服务中心事业编制分别达到36名、36名和27名。

【调整中共象山县委员会办公室内设机构设置】 1月20日，象山县编委会发文（象编〔2016〕11号），将中共象山县委、象山县人民政府新闻办公室更名为象山县人民政府新闻办公室，由县委办管理调整为县委宣传部管理，人员编制成建制划转，同时撤销县委新闻报道科，核减中层职数1名。增设县委改革科，增加中层职数1名。调整后，县委办公室设7个职能科室：法治科、机要局（密码局）、秘书科、综合科、信息科、县委督查室、县委改革科，挂牌的县委政策研究室设2个职能科室：调研一科、调研二科。

【象山县人民法院增设金融案件审判庭】 1月20日，象山县编委会发文（象编〔2016〕4号），同意象山县人民法院增设金融案件审判庭，增加中层职数1名。调整后，象山县人民法院内设21个职能科室：政治处、办公室、监察室、立案一庭、立案二庭、刑事审判庭、金融案件审判庭、民事审判第一庭、民事审判第二庭、民事审判第三庭、行政审判庭、执行局（下设执行裁决科、执行实施科、执行监督科）、司法警察大队、司法行政科、审判监督庭、信息技术科、未成年人案件综合审判庭、审判管理办公室 。

【县安全生产监督管理局增设内设科室】 1月20日，象山县编委会发文（象编〔2016〕6号），同意象山县安全生产监督管理局增设职业安全健康监督管理科，增加中层职数1名。调整后，象山县安全生产监督管理局内设4个职能科室：办公室（挂行政许可科牌子）、综合安全监督管理科、危险化学品安全监督管理科、职业安全健康监督管理科。

【象山县新闻中心增设新媒体部】 根据象山县新闻中心《关于要求设立新媒体部的报告》（象新

〔2015〕13号),经研究,1月20日,象山县编委会发文(象编〔2016〕5号),同意象山县新闻中心增设新媒体部,增加中层职数1名。调整后,县新闻中心内设7个职能科室:办公室、时政新闻部、社会新闻部、副刊专题部、编排中心、广告部、新媒体部。

【东陈乡中心小学更名为象山县汉章小学】 根据象山县教育局《关于要求将象山县东陈乡中心小学更名为象山县汉章小学的请示》,经研究,2016年3月25日,象山县编委办发文同意将象山县东陈乡小学更名为象山县汉章小学,并予以办理事业单位法人登记。

【"两学一做"学习教育】 贯彻落实中央和省市县关于开展"学党章党规、学系列讲话,做合格党员"学习教育的精神,5月份起,县编委办在全体党员中组织开展"两学一做"学习教育活动,通过开展"四讲四有"(象编〔2016〕11号)讲政治、有信念,讲规矩、有纪律,讲道德、有品行,讲奉献、有作为)专题学习讨论,组织讲好专题党课,引导党员查摆问题边学边改,开展"看齐创优当先锋"行动,召开专题组织生活会等形式,组织学习党章党规,学习习近平总书记系列重要讲话,做一名合格党员。

【调整象山县规划监察大队主要职责】 根据县规划管理中心《关于要求调整县规划监察大队工作职能的请示》(象规管综〔2016〕9号),5月17日,县编委会发文(象编办〔2016〕19号),同意对县规划监察大队主要职责进行调整。调整后,县规划监察大队主要职责为:在本县规划区范围内(除石浦镇区域)负责查处违反城乡规划的建设行为(除农居民建房)和行政处罚工作;在本县规划区范围内负责查处违反测绘与地理信息法律、法规的行为和行政处罚工作,负责违法建筑规划确认工作,负责建设工程(除农居民建房)竣工规划核实工作,实施对建设行为批后监管等监督检查工作。

【明确象山县委党史研究室等7家单位主要领导配备】 为理顺工作机制,规范领导职数配备,7月4日,象山县编委会印发文件(象编〔2016〕17号),明确县委党史研究室主任兼县委办公室副主任;县建筑业管理局局长兼县住房和城乡建设局副局长;县港航管理局局长兼县交通运输局副局长;县道路运输管理所所长兼县交通运输局副局长;县公路管理段段长兼县交通运输局副局长;县市场开发中心主任兼县商务局副局长;县体育中心主任兼县文化广电新闻出版局(体育局)副局长。

【明确象山县丹东等三个街道党政领导职数】 根据中共浙江省委《关于做好2016年乡镇换届工作的通知》、中共宁波市委《关于做好2016年乡镇换届工作的通知》文件的精神,经报2016年6月16日象山县委常委会会议审定同意,7月29日,县编委会发文,明确丹东街道、丹西街道、爵溪街道党政领导职数参照省级中心镇设置,即街道党工委设委员7名,其中党工委书记1名,副书记3名(其中1名副书记兼任办事处主任);县人大常委会街道工作委员会设主任1名、副主任2名;街道办事处设办事处主任1名(兼任街道党工委副书记),副主任4名。人武部长、派出所所长根据工作需要进入街道党政领导班子,不计街道党政领导职数。

【信访局增挂"统一政务咨询投诉举报平台管理办公室"牌子】 根据《浙江省人民政府办公厅关于建设统一政务咨询投诉举报平台的指导意见》(浙政办发〔2015〕127号)和《宁波市人民政府办公厅关于建设统一的12345政务服务热线平台的指导意见》(甬政办发〔2016〕129号)文件要求,为健全工作机制,统一管理平台,9月14日象山县委常委会会议研究决定,9月30日,县编委会发文(象编〔2016〕42号),明确在县委县政府信访局增挂"统一政务咨询投诉举报平台管理办公室"牌子。

【县交通工程管理所挂县铁路筹建办公室】 根据象山县交通局《关于象山县交通工程管理所增挂象山县铁路筹建办公室牌子的请示》(象交〔2016〕220号),11月9日,象山县编委会发文(象编办〔2016〕34号),同意象山县交通工程管理所挂县铁路筹建办公室牌子,主要负责象山县铁路项目的规划、立项等前期工作,人员编制内部调剂。象山县铁路筹建办公室待工程建设任务完成后予以撤销。

信访工作

【概况】 2016年，象山县信访局围绕“依法信访”主题，创新群众工作方法，运用法治思维和法治方式，改革信访工作制度，建立健全依法及时就地解决群众合理诉求机制。全年共受理来信、来访群众4951件(人次)，同比下降6.83 %。其中，群众来信346件，同比上升11.13%；群众来访1012批4605人次，同比批数上升21.28%，人次下降9.64%。在G20峰会、全国十八届六中全会、乌镇峰会期间均实现“零非访”的目标。

【签订信访工作责任书】 2月29日，县委、县政府召开全县平安建设暨政法信访工作会议。县领导、县委政法委、政法各部门和县信访局县管领导干部；县级各部门主要负责人；各镇乡党委(街道党工委)书记，政法信访分管领导，专职信访干部；受表彰的先进集体和先进个人代表参加会议。县委书记、县长与18个镇乡(街道)和20个县级重点部门党政正职签订《2016年度信访工作目标管理责任书》。镇乡(街道)与村(社区)、重点部门与下属单位签订信访工作责任书，实行一级抓一级，层层抓落实。

【表彰信访工作先进集体和先进个人】 县民政局等6个单位被评为2016年度县级信访工作先进集体，俞士健等26位同志被评为信访工作先进个人。

表12 2016年度县级信访工作先进集体

先进单位
县民政局
爵溪街道党工委、办事处
石浦镇党委、政府
贤庠镇党委、政府
定塘镇党委、政府
高塘岛乡党委、政府

表13 2016年度县级信访工作先进个人

姓名	单位	姓名	单位
俞士健	县纪委	罗军雷	县委政法委
雍春岳	县信访局	林江	县公安局
周静菡	县网络民情会办中心	洪阮球	县驻京接访组
李国强	县教育局	史梅全	县人力社保局
张茂昌	县住建局	顾武杰	县建管局
林法星	县综合执法局	叶素	县交通运输局
潘贤志	县国土资源局	范兴国	丹东街道党工委
叶志芳	丹西街道党工委	张义	西周镇党委
张帮寸	鹤浦镇党委	史建敏	墙头镇党委
励飞勇	泗洲头镇党委	欧忠仕	涂茨镇党委
汤伟力	大徐镇党委	袁吉南	新桥镇党委
周峰	东陈乡政府	林方龙	晓塘乡党委
胡海波	黄避岙乡党委	任卫国	茅洋乡党委

【全县领导干部大接访活动】 县委办公室、县政府办公室下发《关于公布2016年度县级领导干部定期接待日安排的通知》(县委办〔2015〕143号),开展县级领导定期接访、约访和下访活动,实行分线(工业、商贸类,涉法、涉诉类,宣教、社保城建、环保类,组纪、人事农业、农村类)接待日制度,每月5日、20日(遇双休、节假日的延顺至双休日、节假日过后的第一个工作日)为县领导下访约访日,除在县信访局接待的领导外其他县领导到联系镇乡(街道)下访或约访信访群众。大接访活动从1月开始至年底结束,2016年,43名县级领导来县信访局接待来访群众448批1523人次,交办448件,办结448件。

【实行县级部门联合接访制度】 全县实行县级部门联合接待群众制度始于2014年10月20日。联合接访部门根据县信访局年度接访情况确定,一年一定,首批联合接访部门为县人社局、县住建局、县规划局、县国土局、县交通局、县农林局、县城管局等部门。2016年,县纪委在县信访局设立定点接待室,对纪检类信访实行随到随接。

【加强信访信息化建设】 实现信访业务的网上流转,依托互联网,镇乡街道和县级部门与省信访信息系统联网使用,建立"网上受理、网下办理,网上流转、网上回复"的群众信访事项办理机制,把受理、办理和结果等通过网络公开,实现信访事项的可查询、可跟踪、可督办、可评价。

【拓宽信访渠道】 深化县网络民情会办中心平台建设,结合"群众利益诉求表达和解决机制"社会管理创新项目,深化县网络民情会办中心平台建设,一个口子全天候受理群众的投诉、咨询和求助,加大与群众的沟通与交流。2016年受理各类群众投诉咨询74335件,办结率99.20%,投诉反映类满意率91.30%,服务咨询类满意率100%,被称为"城市保姆""网络信访室",成为社会管理创新的有效推手。全面推进统一政务咨询投诉举报平台建设。组建由县长任组长、分管副县长任副组长、各责任单位主要负责人为成员的县建设统一的12345政务咨询投诉举报平台工作领导小组,领导小组下设办公室,办公室设在县信访局,增挂"统一政务咨询投诉举报平台管理办公室"牌子。根据前期调查摸底情况和整合趋势,全县拟开设12345坐席12个。在12345政务服务大厅尚未建设完成的情况下,整合热线的受理、督办、评价等工作在县网络民情会办中心运行,开设6个坐席,待大楼竣工后12个坐席全部到位。根据市12345热线平台整合要求,6月份完成国土、卫生、环保、农林、安监、文化、司法、教育等第一批部门的非紧急类政务服务热线,9月份完成人力社保、市场监管、城市管理、交通、公积金中心等社会知晓度高、话务量大、专业性强的政务服务热线,整合率达90.9%。畅通法律援助渠道。在县司法行政法律服务中心增挂县社会矛盾纠纷联合调处中心牌子,增加编制、增加人员,将医疗纠纷调委会,交通事故调委会、劳动争议调委会、涉法涉诉信访接待室进驻中心,使群众在"一站式"平台上享受法律服务。

【深化责任制和责任追究制】 各级党委、政府把信访工作作为一项重要工作,摆在突出位置,主要负责人负起第一责任人的责任,分管负责人将主要精力用来抓信访,抓稳定。每遇重大越级集体访,县委、县政府主要领导带头接访,一线指挥,主动与群众面对面对话,调处矛盾。在对重大信访问题的调处和查办方面,坚持实行领导包案责任制。2016年,县领导积案包案27件。县乡层层签订信访工作责任书,真正做到"谁主管,谁负责""一级抓一级,一级对一级负责"。

【减少信访存量】 抓好初信初访"起点"。健全信访事项受理、交办、转办、回复群众信访事项工作程序,按省信访局要求,统一在《全国信访信息系统》网上办理,规范案件文书材料原件扫描录入,实行透明办理。完善初信初访"月月清"制度,做到信访问题"案结事了",避免信访件转为重复访。2016年化解初信167件,初访350件(人)次,办结率100%。抓好集体访、重复访、越级访"焦点"。办理每次群众来信,热情接待每次群众来访,寻求解决问题的办法,及时交办、查办每件信访案件,提高信访问题的办结率,扭转群众重越级访、轻初始访、重集体访、轻单个访的观念,有效防止因忽视问题的处理而导致越级访、集体访和重复访的发生,做到信访问题小事不出村,大事不出乡镇,重大问题不出县,为实现"一控制、两下降"目标打下坚实的基础。

【开展专项行动化积案】 根据省市开展"找短板、化积案、创标杆"为主题的信访督查"百千万"专项行动信访积案化解工作要求,共排查梳理信访积案42件。其中5件为省级挂牌积案,22件为市级挂牌积案,15件为县级挂牌积案。经各地各部门做工作,42件积案均按调处化解类、疏导关爱类、依法处置类的类别要求予以化解,其中息访息诉13件,依法打击3人,化解率为100%。

【信访新条例学习及业务培训活动】 12月2日,召开全县信访业务培训会议。会议由县信访局副局长何建增主持,县信访局全体干部,18个镇乡(街道)和20个县级重点部门信访分管领导及专职信访干部参加会议。培训邀请宁波市信访局法律顾问蔡律师,针对新信访条例,开展《新条例下信访工作规范化探讨》讲课,详细地介绍条例修订变化内容、提出信访答复规范化建议,通过信访典型案例的分析对信访热点问题处理指明相关法律依据及工作指导意见。

【依法维护信访秩序】 联合政法委、公、检、法、司和信访局六部门联合出台《关于依法处置非正常上访行为的意见》,建立重点群体和重点对象档案,加大对非访、串联煽动群体上访的带头人员、骨干分子打击力度。完善《县委、县政府大院非正常上访处置意见》,加强县政府的保卫力量,维护县政府正常工作秩序,规范信访行为。2016年,县政府大院内发生的几起大规模聚集上访事件,依法处理,未造成严重后果。为维护北京信访秩序,共拘留赴京非访人员1批1人次,赴京非访情况得到有效扼制,实现省委提出的非访指标下降50%的目标。

【依法信访宣传活动】 推动"依法信访"工作,营造良好信访氛围,12月2日上午,县信访局参加由县普法办组织的"宪法走进你我"为主题的普法宣传活动。工作人员通过摆摊设点、现场解答、赠送宣传资料及宣传品等方式,宣传新出台的《浙江省信访条例》,让广大百姓了解"依法信访",引导百姓理性上访,维护信访秩序,营造良好的信访氛围。

【加强信访法制化建设】 妥善处理涉法涉诉信访问题。对涉法涉诉信访案件,由司法部门给予法律咨询和法律援助,引导群众通过仲裁、诉讼和行政复议等途径依法公正解决问题。对进入司法程序的信访案件,人大、政法、信访部门跟踪督办,有效地维护信访人的合法权益。梳理通过法定途径分类处理信访投诉请求。为推动信访工作回归本位,将信访工作纳入法治化轨道,必须通过法定途径处理信访诉求。即在实行诉访分离的基础上,在行政体系内部厘清信访途径与行政复议、仲裁、技术鉴定、行政裁决、劳动监察等其他法定途径的界限,把相关诉求导入相应途径解决,保障合理合法诉求依照法律规定和程序就能得到合理合法的结果。县15个县级职能部门(县公安局、县民政局、县教育局、县卫计局、县人社局、县住建局、县国土局、县交通运输局、县环保局、县农林局、县海洋与渔业局、县市场监管局、县规划局、县经信局、县发改局)全部完成通过法定途径分类处理信访投诉请求清单梳理、编制工作。

【做好重要时期信访安保工作】 领导重视,部署到位。每逢中央重大活动和各级重要会议时间节点,县委、县政府高度重视,牵头召开信访维稳专题工作会议。做好G20峰会期间的维稳安保工作,县委县政府高起点、高标准谋划,做到早安排、早部署,打好这场只准胜利、不准失败的维稳安保保卫战。书记叶剑鸣在全县维稳安保工作动员会上提出:县G20峰会维稳安保工作是县内压倒一切的首要工作,各地各部门要及时制定方案,层层落实责任,对照时间节点,挂图作战,只准成功不许失败。县委副书记俞骏分阶段又重点布置落实各项工作。为了落实各项目标任务,县委县政府分别在备战阶段、临战阶段、实战阶段、决战阶段,召集县主要部门负责人召开会议,分阶段、有重点布置落实维稳安保工作。县信访局成立维稳安保工作领导小组,由局长为组长,各分管领导为责任人,按照四阶段要求,对照设定时间,具体落实矛盾纠纷排查、信访积案化解,指导各地各部门制定工作方案、实地督查督办等工作,明确各地各部门成立以一把手为组长的信访维稳安保小组,制定好信访维稳安保工作方案,精准掌握辖区矛盾纠纷、重点人员等情况信息,做好化解、稳控、劝返等工作。真正做到层层传递压力,压实压紧责任到人,挂图作战,为打赢这场维稳安保硬仗打下坚实的基础。深入排摸,措施到位。每逢中央重大活动和重要会议期间,各镇乡(街道)、县级各部门均按照"全面排查、突出重点"的原则,对信访突出问题和不稳定因素进行一次排查摸底,对排摸出的重点群体和重点对象各属地单位逐一落实责任,由分管领导落实包案,做到责任、人员、措施"三落实",公安、信访等部门对重点信访对象实施"三色"稳控手段,及时发现信访动态。劝返得力,处置到位。中央重要活动和重大会议期间,选派县信访局、公安和镇乡街道优秀的信访干部成立驻京劝返工作组及时赴京开展工作。驻京工作小组加强与各单位信息沟通,定点上报重点对象信访信息,第一时间将到京上访人员动态反馈县信访局和责任单位,做到信访信息联通,以便尽快落实措施做好劝返接回工作。各属地单位建立重点人员应急预案,一旦发生人员赴京情况,第一时间作出应急措施,在人员进京前将其寻获并带返回象。人员劝返后,属地单位安排专人做好重点人员思想疏导和教育训诫工作,防止人员回流。2016年,各重要时间节点的县信访维稳工作成绩突出,在G20峰会、全国十八届六中全会、乌镇峰会期间均实现"零非访"的目标,受到省、市各级领导肯定。

【建立干部挂职锻炼制度】 2016年,县委组织部实行年轻后备干部到县信访局挂职锻炼。东陈乡宣传委员王敏,黄避岙乡纪委副书记张楹2名干部到县信访局挂职锻炼,加强信访工作力量。

【信访工作荣誉】 2016年,县信访局获全省信访督查"百千万"专项行动先进集体、2012年至2016年宁波市信访工作集体嘉奖、宁波市平安护航G20杭州峰会先进集体、市级社会治安综合治理工作先进单位、市级社会治安综合治理工作先进单位。

(刘伊娜)

侨务工作

【概况】 2016年,县侨办、侨联根据新时期侨务工作要求和县委、县政府战略部署,围绕工业强县首要任务,突出重点、服务发展、创新工作,牢固树立服务意识、发展理念和创新思维,适应新常态新要求,在服务经济发展、拓展联络联谊、深化为侨服务、健全组织建设等方面作为,推进侨务工作新局面。侨务特色引领项目《补短板 解难题 特色引路 开创社区侨务工作新局面》获2016年度全市侨务特色工作一等奖;"才华剪纸艺术馆""德和根艺美术馆"先后获批"宁波华侨文化交流基地"。

【县侨联召开九届五次全委会】 1月7日,县侨联在海洋酒店召开九届五次全委会,县侨联主席、副主席、秘书长、常务委员、委员近30人参加。县委常委、统战部部长黄敏求出席会议并讲话,县委统战部常务副部长、侨联主席翁华清作工作报告,回顾2015年侨联工作,部署2016年目标任务,县侨联副主席包荣升、吴晓琦分别传达学习省侨联九届二次全委会和县委十三届九次全体(扩大)会议精神,县侨联副主席郑颖主持会议。

【县侨联界别组被县政协评为先进界别组】 1月19日—22日,象山县政协九届五次会议在黄金海岸大酒店召开,8名侨界政协委员参加会议。侨联界别组发挥自身优势,广泛开展视察调研活动,成效显著,被政协象山县委员会评为先进界别组。

【县侨务部门新春走访慰问】 2016年春节期间,县委统战部常务副部长、县侨办主任、侨联主席翁华清率县侨务干部开展2016年迎新春走访慰问活动,向百余家侨户送上慰问金或慰问品,并致以新年的问候和良好的祝愿。

【县侨办获市侨务系统先进单位称号】 2月19日,在宁波市侨务工作会议上,象山县侨办受表彰,被授予2015年度宁波市侨务系统先进单位称号,并获特色引领活动二等奖。

【象山籍乡贤参加香港甬港联谊会丙申年春节联欢会】 3月6日,县委统战部常务副部长、侨办主任、侨联主席翁华清,香港象山联谊会常务副会长兼秘书长陈兴达,副会长潘银国、奚锦、范忠伟,副秘书长蔡怡博、陈蒋辉、陈立飞等象山籍乡贤参加在香港大会堂隆重举行的香港甬港联谊会丙申年春节联欢会。

【美国美中企业家商会高级代表团到象山考察】 3月19日，以美国美中企业家商会会长孙文铁为团长的高级代表团一行到象山考察象山经济开发区，宁波市侨联主席李承成，副主席张勇军，象山县委常委、统战部部长黄敏求，象山县政府党组成员、象山经济开发区管委会主任石坚定，象山县委统战部常务副部长、侨办主任、侨联主席翁华清陪同。

【象籍华侨郑剑豪当选日本宁波商会首任会长】 3月28日，日本宁波商会在东京成立，象籍华侨、日本剑豪集团株式会社主席郑剑豪当选日本宁波商会首任会长。

【香港宁波同乡会到象山参观考察】 4月20日—21日，由香港宁波同乡会会长李本俊先生率领的同乡会代表团一行90余人，在象山县参观考察。象山县委书记叶剑鸣，县委副书记、县长黄焕利，县委常委、统战部部长黄敏求，县人大常委会副主任励茂平等出席会见或陪同参观考察。县委统战部常务副部长、侨办主任、侨联主席翁华清全程陪同参观考察。

【县海创会二次代表大会召开】 4月28日下午，县海外归国留学人员创业发展促进会在海洋酒店召开第二次会员代表大会，县委常委、统战部部长黄敏求到会致辞，县委统战部常务副部长、侨办主任、侨联主席翁华清，县侨办副主任、侨联副主席郑颖出席会议。会议听取和审议一届理事会会长王一鸣所作的工作报告，作出更名为象山县海外归国留学人员创业发展促进会的决定；对海创会章程作修改。会议选举产生以蒋志龙为会长的县海创会第二届理事会，聘任创业导师。

【县海创会参加第五届甬港澳台暨海外青年华商创业创新合作论坛】 6月6日—8日，县海创会会长蒋志龙携会员一行8人参加在宁波万豪酒店举行的由宁波市侨联、香港宁波同乡会、香港甬港联谊会、澳门侨界青年协会、台湾工商建设研究会青年团联合主办的第五届甬港澳台暨海外青年华商创业创新合作论坛。

【“侨爱心·光明行”活动】 6月21日—22日，以“人间有情、用爱点睛、拥抱光明”为主题的“侨爱心·光明行”活动走进象山，在丹西街道新建社区、高塘岛乡江南村开展眼科义诊活动，惠及430名群众。宁波市侨联党组书记、主席李承成，象山县委常委、统战部部长黄敏求，县委统战部常务副部长、侨联主席翁华清出席活动。

【丹东街道第四次归侨侨眷代表大会召开】 7月7日，丹东街道召开第四次归侨侨眷代表大会，53位代表参会。县委常委、统战部部长黄敏求，县委统战部常务副部长、县侨联主席翁华清，丹东街道党工委副书记项跃波，县侨联副主席郑颖等出席大会。大会选举产生丹东街道第四届侨联委员会，朱吉华当选主席，王岳花、李明珠当选副主席，裘美娟当选秘书长，余增法、董永康、杜兆锡、沈灵芝、周开栽、洪林芝、郑映云当选委员。

【县侨联九届六次常委会暨留联会六届三次理事会议召开】 7月14日，象山县侨联九届六次常委会暨留联会六届三次理事会议在海洋酒店召开，九届侨联常委、六届留联会理事、县侨联干部30余人参加。县委统战部常务副部长、县侨联主席翁华清作工作报告，县侨联副主席包荣升传达学习习近平总书记“七一”重要讲话精神，各基层侨联主席汇报上半年工作小结、下半年工作计划。会议由县侨联副主席、留联会会长郑颖主持。

【2016年海外华裔青少年“中国寻根之旅”夏令营】 7月25日，由国侨办、省外侨办、市侨办主办，县侨办协办的2016年海外华裔青少年“中国寻根之旅”夏令营走进象山影视城，70余名来自香港、越南、美国、西班牙、法国、加拿大等国家和地区的中小学生亲身体验家乡历史人文。

【县委书记叶剑鸣会见香港象山联谊会代表团】 8月6日—9日，赵小蝶化妆品有限公司董事长、香港象山联谊会会长赵小蝶率领香港象山联谊会代表团一行20人在象山县考察交流。县委书记叶剑鸣会见香港象山联谊会代表团一行，县委常委、统战部部长黄敏求，县委办公室主任陈柳松陪同会见，县委统战部常务副部长、侨办主任、侨联主席翁华清全程陪同。

【县委书记叶剑鸣会见墨西哥驻上海总领事】 8月26日上午，县侨资企业宁波裕天海洋科技生物有限公司召开举行新产品发布会暨研发中心揭幕及校企合作签约仪式。县委书记叶剑鸣参加并会见到象山参加发布会的墨西哥驻上海总领事Luis Arturo Puente先生、墨西哥中华企业协会主席包荣林先生一行。县委常委、石浦镇党委书记孙小雄，县政府党组成员石坚定，县委统战部常务副部长、县侨办主任、侨联主席翁华清，县科技局局长钮晶莹等会见时在座。

【包荣林获"宁波市荣誉市民"称号】 8月31日，宁波市第十四届人民代表大会常务委员会第三十四次会议审议《宁波市人民政府关于提请授予甘中学等15位人士宁波市荣誉市民称号的议案》，决定授予对宁波市经济建设、社会发展和对外交流与合作等方面作出突出贡献的15位人士"宁波市荣誉市民"称号，象山县籍墨西哥侨胞包荣林名列其中。

【胡岚荣获省爱乡楷模称号】 9月19日，第十九届浙江旅外乡贤聚会暨海外侨团建设大会上，有5位乡贤荣获省爱乡楷模称号，其中李本俊先生、王伟东先生、胡岚女士、徐旭昶先生为宁波籍港胞，象山籍胡岚女士为宁波大学91届校友。

【"侨爱心·光明行"活动到象山海岛】 9月22日，由中国华侨公益基金会、宁波市侨联、象山县侨联主办，宁波爱尔光明眼科医院、鹤浦镇党委承办的"侨爱心·光明行"活动再次走进象山海岛，到鹤浦镇开展眼科义诊活动。550余名侨眷、困难群众从四里八乡赶来参加，排查出90余位白内障患者可接受全额免费手术。

【海创会到宁波市侨商会、慈溪海创会学习考察】 10月19日，县委统战部常务副部长、侨办主任、侨联主席翁华清带领县海创会会长蒋志龙一行赴宁波市侨商会、慈溪海创会学习考察。

【中国留日同学总会博士创业团到象山县考察】 11月11日—13日，中国留日同学总会博士创业团一行到象山县考察、洽谈合作项目。该次活动由县政府主办，县委人才办、县侨办、侨联等单位承办。县委常委、组织部部长陈兴立，副县长陈军、县政府党组成员石坚定等会见创业团一行，县委统战部常务副部长、侨办主任、侨联主席翁华清，县招商局局长胡金文参加活动。

涉台事务

【概况】 2016年，象山县贯彻中央对台工作大政方针和省委、市委对台工作决策部署，发挥象山县对台工作优势，围绕象台经贸合作、基层交流交往、涉台宣传教育三个工作重点，创新工作平台，深化工作措施，优化服务内涵，为促进象台两地互赢发展作出应有贡献。

【台湾南仁湖集团投资大目湾海洋馆项目正式签约】 根据签约内容，台湾南仁湖集团将在象山大目湾投资3亿美元，打造一个面积34.67公顷的海洋生物馆，展示各类特色珍稀海洋生物外，将更加侧重于科普和体验，市民有机会了解水产养殖的全过程。该项目进入设计阶段，有望2018年上半年开工，4年后建成投入使用。

【海峡两岸石斑鱼产业化合作(象山)示范基地重点项目建设】 全面完成黄湾塘一期20公顷室外养殖塘和25.53公顷滩涂"三通一平"场地平基工程建设。加强与台湾渔会合作，着力引进先进的台湾渔业产业，实现优势互补和强强联合，以石斑鱼中转暂养、育苗育种、工厂化养殖示范和专用生物饲料等为主体功能模式，吸引部分台湾渔民进驻基地养殖创业，促进两岸渔业产业深度合作。

【对台小额贸易】 对台小额贸易在商检等部门支持下，探索实施"前推后移"监管方式，简化现场查验手续，提高货物通关效率，累计对台小额贸易进出口28航次，进出口货物约2650吨，进出口额约1050万美元，与上年全年同比增长约496%。台湾商品象山展销中心成功试营业，展销中心暂时选址新港码头联检大楼一楼临街业务用房，店铺面积约90M²，由象山金昱经贸发展有限公司经营管理，初期引进食品类台湾商品200余种。5月13日试营业以来，客流量保持在20人/天，累计销售商品4.8吨，实现销售额6.5万元。

【象台两地村、里基层组织开展结对交流】 根据市台办的统一安排，2月16—22日，象山县组团赴南投县竹山镇开展基层友好结对活动，墙头镇、涂茨镇、定塘镇8个村与南投县竹山镇8个里签订友好交流协议，深入开展交流活动，探讨村级管理经验和村、里特色文化建设，增进感情，取得明显成效。

【两岸冬泳联谊赛首次举办】 元旦节日期间，象山县与"中华台北成人游泳总会"在石浦镇里山水库游泳基地联合主办的"半岛置业杯"中国·象山海峡两岸冬泳联谊赛暨石浦第十届冬泳节。台湾地区的"中华台北成人游泳总会"与杭州、温州、嘉兴、台州等省内游泳协会的12支队伍共120名选手参加比赛。

【象台校际交流合作启动】 3月2日，高雄市教育参访团一行来象山县开展青少年教育合作交流，参观文峰学校，参访团20名高雄学校校长还与县各中小学校长进行座谈交流。其中丹城中学和苓雅区莒明中学、丹城四小和三民区光武小学、文峰学校和楠梓区翠屏中小学校、三民区博爱小学成为结对学校，为下一步开展象台校际青少年教育合作交流打下基础。

【为台湾青少年提供实习就业岗位】 为加强青少年的交流，解决台湾部分青少年在台就业难的问题，与象山县人力社保局联系，与在象台资企业联系，为台湾青年提供8个实习岗位和4个就业岗位。

【推进象台医疗合作交流】 宁波市第四医院携手台湾彰化基督教医院于7月28日至29日举办"2016中国·宁波(象山)海峡两岸医院管理论坛"暨国家级继续医学教育项目《JCI助力医院精细化管理》、浙江省省级继续医学教育项目《以患者为中心的医院精细化管理》培训班。论坛参会对象为全国各类、各级医院管理者，参会规模为500人，并进行10场医院管理专题讲座和6场JCI专题讲座。形成象台两地医院管理合作的长效机制，共享两岸经验，并且坚持打造海峡两岸医院管理论坛这一品牌。

【宁波·高雄蓝色护海青年志愿者交流活动成功举办】 10月27日，由中国共产党宁波市委员会、中国国民党高雄市委员会主办，中国共产党象山县委员会承办的宁波·高雄蓝色护海青年志愿者交流活动在石浦举行，中国国民党高雄市委员会主任委员、高雄市议员黄柏霖与百余名宁波、高雄青年代表参加活动。两岸代表共同宣告启动"宁波·高雄蓝色护海青年志愿者行动"项目，现场成立宁波·高雄蓝色护海青年志愿者联队并进行授旗，两岸青年志愿者宣读《共同倡议书》。活动是第三届宁波·高雄"双港论坛"的重要子活动之一，旨在推动两地青年组织合作发展，拓展两岸青年交流交往平台，共同保护同一片蓝海。

【与台北象山同乡会的交流联谊】 10月11日至16日，台北象山同乡会会长朱志平首次率团回乡参观考察。象山县特地举办象山籍台胞潘志英先生书画展和两岸同胞座谈交流会，和同乡会代表们畅谈家乡发展和未来展望。代表团先后参观象山影视城、石浦海峡两岸交流基地展示中心、渔港古城、杭州西湖、宁波帮博物馆、奉化溪口等景点，对家乡的变化发展深感欣慰。

【"走进象山"专项宣传交流工作活动】 象山县与国台办海峡两岸出版交流中心合作，共同组织策划"走进象山"系列专项宣传交流工作活动。于9月份组织台湾联合报集团、旺旺中时集团旗下媒体，通过专题采访、实地拍摄等形式，对象山县的经济发展、人文环境、自然环境、产业发展、招商情况及政策、重点企业情况，特别是2016年将要举办的涉台重大活动，进行多角度、全方位的立体宣传，并视情况开展相关交流活动。

【台胞台属的联络联谊和走访慰问】 开展对重点台属台胞、困难台属、台资企业的元旦、春节慰问走访工作，共计走访34人次14家企业，发放慰问款项37300元。用心服务赴台湾就读学生。做好赴台就读学生寒假返乡后的回访和联谊工作，关心他们在台湾的学习和生活情况。配合市台办做好成立宁波赴台湾学生联谊会的准备工作，推荐象山县陆生包宛弋婷为联谊会理事。

（郑　杰）

机关事务管理

【概况】 2016年,县机关事务管理局抓住《宁波市机关事务管理办法》出台契机,以机构职能完善为关键,以重点改革项目为抓手,以后勤文化建设为支撑,加强制度管理、精细管理、节约管理、统筹管理、文化管理,推动机关事务管理各项工作开创新局面。完成县两会、中日韩徐福文化国际大会、县第十四次党代会等大型活动后勤保障任务10次;深化公务用车制度改革,健全公务用车管理机制和服务保障模式,成立县公务用车管理中心,经车改后,554辆涉改公务用车保留489辆,派驻县级部门、镇乡(街道)456辆,移缴至县公务用车管理中心33辆;开展党政机关办公用房清理整改"回头看"工作,盘活腾退用房面积10541平方米;推进以合同能源为主节能技术改造工作,强化电能替换工作,2016年人均综合能耗下降0.02%;强化安保管理和配套设施建设的工作力度,优化后勤服务保障模式;继续做好南部新城商务区物业监管和入驻单位后勤服务工作,全年累计完成会议接待188场次、餐饮服务15万人次、工程项目维修875次,室内外活动场日均接待70余人次。

【加强县府大院出入管理】 4月初,在征集驻县府大院各单位有关加强出入管理意见和建设基础上,县机关事务管理局对接宁波天嘉物联科技有限公司谋划启动县府大院车辆识别系统和门禁系统建设工作,该出入管理系统于5月初正式动建。为加强出入管理系统推广使用,逐步营造共识,5月中旬,该局印发《县府大院车辆出入及停放规定》和《关于核发县府大院车辆通行证的通知》,首推县府大院凭证通行制度,于6月初向院内干部职工、院外各单位分类发放车辆通行证和机动通行证,并组织对食堂就餐卡完成出入功能升级。6月26日起该系统全面运行,规范县府大院人员和车辆进出。

【强化南部新城商务区后勤保障】 建立南部新城商务区后勤服务联席会议制度,先后于1月18日、7月26日召开联席会议,总结回顾上阶段物业服务情况,听取各入驻单位对后勤服务工作的意见和建议,改善餐饮、停车、维修等配套服务。除此以外,重点建成商务区周边指示牌及楼内标识标牌安装工程、地下室入口处非机动车坡道防滑工程和机动车玻璃雨篷覆盖工程。

【完成中日韩徐福文化国际大会活动后勤保障任务】 6月14日至16日,中日韩徐福文化国际大会活动在象山县举行,国家、省、市有关领导,中国徐福会和中日韩徐福文化研究专家、学者、新闻媒体记者及工作人员共计100余人参与活动。根据职责分工和活动安排,县机关事务管理局联合县府接待办、县文广局完成嘉宾接待和参会人员的食宿安排、车辆调度、大会报到、接送和参观安排、会议资料发放等工作。

【完成7家单位10541平方米腾退用房盘活利用】 6月底,县机关事务管理局完成安监局、经信局、民政局等17家迁出单位原办公用房清理腾退工作,累计腾退面积21381平方米,除退租处理和列入棚户区改造8920平方米外,原卫计局、建管局、统计局等7处腾退用房分别移交使用,重置利用面积10541平方米,利用率达84.6%。

表14　　办公用房清理及重置利用情况统计表

序号	办公用房腾退情况		已重置利用情况		备　注
	所属部门	使用面积(平方米)	利用部门	使用面积(平方米)	
1	安监局	621			退租
2	经信局	975			退租
3	民政局	925			退租

续表14

序号	办公用房腾退情况		已重置利用情况		备　注
	所属部门	使用面积(平方米)	利用部门	使用面积(平方米)	
4	文体局	1796			退租
5	科技局	295			退租
6	住建局	1768			列入2016年棚户区改造
7	司法局	836			列入2016年棚户区改造
8	交通局	827			列入2016年棚户区改造
9	卫计局	877			列入2016年棚户区改造
10		2570	急救中心	2570	
11	建管局	441	塔山社区	441	
12	统计局	493	金秋社区	493	
13	人社局	2552	象山海事处	2552	
14	档案局	970	两创办等	970	
15	国土局	1500	新华社区	1500	
16	丹东街道	2015	外口总办等	2015	
17	发改局	1920			
合计		21381		10541	8920

【拓展建成南部新城商务区节能监管平台】 在建成县府大院节能监管平台基础上，投入54万元优化拓展至南部新城商务区。该项目自2015年12月启动，于2016年8月通过竣工验收，可动态监管商务区入驻的人社局、发改局、经信局等17家单位建筑物照明、空调、特殊用电等情况，9月份起正式运行。

【建成新能源汽车充电桩65台】 推进电能替换工作，提升全县节能工作水平，县机关事务管理局与宁波特来电新能源有限公司达成合作协议，实施南部新城商务楼、丹东街道电动汽车群智能充电项目，分别建成充电桩50台和15台。

【118次用车服务保障第十九届中国(象山)开渔节】 第十九届中国(象山)开渔节系列活动于9月8日至17日举行。县机关事务管理局与宁波长江旅游客运有限公司签订合作协议，租赁小汽车30辆、商务车6辆、面包车3辆、斯柯达8辆和大巴士6辆，活动期间完成接送服务118次。

【公务用车管理中心成立】 10月12日，经象山县机构编制委员会批复，同意设立县公务用车管理中心，与县机关事务管理局下属事业单位县机关事务服务中心合署办公，核增财政全额补助事业编制2名，增加后，共计财政全额补助事业编制18名。公车管理中心承担县级重要公务接待、重要会议、重要调研等集体活动用车服务；承担县级部门和乡镇(街道)执行重大抢险救灾、事故处理、突发事件处置等不可测的特殊任务的用车服务；承担县级部门和乡镇(街道)公务交通补贴区域外公务出行的用车服务；负责公务用车管理平台的车辆管理及驾驶员的安全教育等工作。

【公务用车制度改革】 根据公务用车制度改革精神，6月底，县机关事务管理局完成对全县参改机构、人员及车辆情况排摸，统计核定参改范围为97家单位3647人554辆公车，明确489辆保留基数。8月底，在赴宁海、奉化、镇海等部门调研基础上，通过协调会、座谈会等措施，按照“总量控制、适当倾斜”原则，完成对保留用车指标分配工作。9月21日，全县公务用车制度改革工作培训会在县委党校召开，县机关事务管理局就公车上缴、司勤人员安置、个人车贴调整等有关事项作业务指导。9月23日，《象山县公务用车制度改革实施方案》正式出台，按照实施方案规定和要求，9月23日至30日期间，县机关事务管理局联合县编委办、财政局、人社局、组织部等部门对97家涉改单位纸质报表完成审批，保留公车489辆，其中机要通讯、应急公务和调研用车133辆，一般执法执勤用法161辆，行政执法执勤用车54俩，特种及其他用车141辆，非保留用车65辆除4辆因车况较差报废以外，其余61辆驶入南部新城地下车库集中封存。10月1日起，按照厅级、副局级、处级、科级、科员及以下五档，每人每月发放1690元、1350元、1040元、650元、500元公务交通补贴。保留用车按照“公车要公用，公务要保障，保障要高效”和“集中管理、分散保障”原则，派驻44家县级部门、18家镇乡(街道)共计456辆，其余33辆纳入公务用车集中管理中心。制定《派驻车辆使用管理暂行规定》《象山县公务用车管理中心运行与管理暂行办法》，规范留用公车使用管理纪律。

【全县机关事务工作会议】 11月2日，全县机关事务工作会议在县委党校召开，县车改办领导小组成员，以及各镇乡(街道)党委副书记、县级部门分管领导和县机关事务管理局中层以上干部共120余人参加会议。会议学习传达中央“六个不得”、省委“八个不准”公务用车使用管理纪律，组织学习《派驻车辆使用管理暂行规定》《象山县公务用车管理中心运行与管理暂行办法》和《象山县党政机关办公用房管理暂行办法》。

全县机关事务工作会议

【全县党政机关办公用房和节能工作检查】 按照中央八项规定精神“回头看”工作要求，常态化开展办公用房清理整治工作，在年中督查南部新城商务区17家入驻单位办公用房情况基础上，自12月14日起，县机关事务管理局联合县政府督查室、县纪委等部门组成督查组，对全县党政机关办公用房和节能工作情况进行为期2周检查，重点抽查教科文卫体下属二级单位使用情况。督查组通过听取汇报、查阅台账资料、实地勘察数据，发现各单位总体执行情况良好，仅少数单位存在违规问题，对该类问题进行业务指导和督促整改工作。

【县第十四次党代会后勤保障工作】 为确保12月24日至28日举行的县第十四次党代会召开，县机关事务管理局按照筹备工作会议精神和工作要求，组建会务保障组、餐饮住宿保障组、车辆保障组、应急保障组等4个工作小组，通过准备会议证件资料、对接酒店落实食宿、编排车辆调度计划、检查应急供电设备等措施，完成会前筹备工作。在会议期间，工作组全程驻守各自岗位，保障党代会召开。

政协象山县委员会

【概况】 2016年，政协九届象山县委员会委员239人，设中共、无党派、共青团、总工会、妇联、工商联等17个界别组。县政协机关内设“一办五委”，即办公室、提案委员会、经济科技和城建资源环境委员会、教文卫体和文史资料委员会、社会法制和港澳台侨委员会、委员工作委员会。在乡镇街道设丹东、丹西、爵溪和石浦、西周等18个县政协联络工作委员会。象山县有省政协委员1人，市政协委员13人。县政协常委会在中共象山县委的领导下，以中国特色社会主义理论为指导，学习贯彻习近平总书记系列讲话精神，坚持团结和民主两大主题，紧扣“促进发展、服务民生、构建和谐”工作主线，团结带领全体政协委员和社会各界人士，履行政治协商、民主监督、参政议政职能，为开创政协工作新局面，推动县经济社会发展、高水平建设小康社会作出努力。

1月20日，县政协九届五次会议召开

政协重要会议

【九届县政协第五次全体会议】 中国人民政治协商会议第九届象山县委员会第五次全体会议，于2016年1月20–22日在丹城召开。出席会议的委员229人。在象山的省、市政协委员，县政协历届秘书长以上老干部、县级机关各部门和县政协各镇乡（街道）联络工作委员会副主任、联络员等人列席会议。委员们听取中共象山县委书记叶剑鸣讲话；听取和审议九届县政协常委会工作报告和提案工作报告；列席县人大十七届五次会议；听取和协商讨论县人民政府代县长黄焕利所作的《政府工作报告》及《象山县国民经济和社会发展第十三个五年规划纲要（草案）》等。大会通过县政协九届五次会议决议。

【县政协联委会工作会议】 1月7日下午，县政协联委会工作会议在海洋酒店举行，旨在总结联委会工作成效与不足，推动联委会工作更好开展。县政协主席白国璋主持会议，县政协副主席周平飞、秘书长陈秀慧出席会议。会上，丹东街道、石浦镇、鹤浦镇、西周镇等四个镇乡（街道）联委会分别作经验介绍，县政协提案委主任周礼胜作提案工作辅导。

【县政协党组“三严三实”专题民主生活会】 2月2日，县政协党组“三严三实”专题民主生活会召开。县政协主席、党组书记白国璋代表县政协党组作班子对照检查；县政协主席白国璋，县政协副主席吴安定、欧亚群、周平飞、赖明和，秘书长陈秀慧及全体党员干部逐一作个人对照检查发言，开展自我批评、接受其他党组成员批评。形成《关于象山县政协党组“三严三实”专题民主生活会情况的报告》，并报象山县委。

【县政协社情民意信息和宣传工作座谈会】 4月29日上午，县政协召开社情民意信息和宣传工作座谈会，回顾总结2015年工作，交流经验体会，研究探讨

2016年政协信息宣传工作。县政协副主席吴安定出席会议,秘书长陈秀慧主持会议。

【九届县政协常委会召开政情交流会】 6月17日下午,九届县政协常委会召开以“打造健康象山助力全面小康”为主题的政情交流会。县政协主席白国璋,副主席周平飞、赖明和、胡建萍,秘书长陈秀慧出席会议,副主席欧亚群主持会议。副县长王安静应邀出席。会上,17名政协委员围绕改进妇幼保健工作、引导市民科学锻炼、落实公共场所禁烟控烟措施、推行公共自行车租赁等问题,与教育、交通运输、民政、卫计、人力社保、城管执法、文广新闻出版等部门的负责人进行面对面的双向交流。会议要求,广大政协委员要承担起责任,发挥好桥梁纽带作用,主动向群众宣传县委、县政府在“健康象山”建设上所做的大量工作和取得的成绩,关注“健康象山”的发展,对存在的困难和问题做好释疑解惑,使政府工作得到更多群众的理解和支持。

【县政协九届二十一次常委会(扩大)会议】 8月15日上午,县政协九届常委会举行第二十一次(扩大)会议,专题听取县政府关于全县上半年经济社会发展情况通报和县府办关于县政协九届五次会议以来的委员提案办理情况汇报。县委副书记、县长黄焕利,县政协主席白国璋,副主席吴安定、欧亚群、周平飞、赖明和、胡建萍,秘书长陈秀慧出席会议。与会政协常委肯定象山县上半年经济社会发展所取得的成绩,并就有关问题提出建议,政府部门要突出发展第一要务,在推进转型升级的同时,更加重视经济的发展尤其是工业经济的发展;要创新金融服务方式,防范和化解“两链”风险,加大金融服务实体经济力度,重点破解危困企业融资难、转贷难;破解乡镇债务问题,加强监督考核,减轻基层负担。会议还审议通过有关人事任免事项等。

【县政协九届二十二次常委会(扩大)会议】 10月31日上午,县政协九届常委会举行第二十二次(扩大)会议,就县政协常委会重点调研课题《培育建设旅游特色小镇》进行参政议政。县政协主席白国璋主持会议,副主席吴安定、欧亚群、周平飞、赖明和、胡建萍,代秘书长翁英豪出席会议。县委副书记俞骏,副县长叶富兴应邀出席会议。会议认为,打造特色小镇,要突出一个“特”字,因地制宜,挖掘区域产业、文化等特色,实现差异化发展、特色化培育;要理清思路,明确定位,科学谋划,加快推进特色小镇建设;相关部门要加强指导,强化配合,合力解决特色小镇建设过程中遇到的重点难点问题。

10月31日,县政协九届常委会举行第二十二次(扩大)会议

【县政协党组中心组学习(扩大)会议】 11月4日上午,县政协党组中心组学习(扩大)会议召开,专题学习党的十八届六中全会精神。县政协主席白国璋主持会议,并要求深刻学习领会,全面把握六中全会精神;立足工作本职,贯彻落实六中全会精神;加强作风建设,自觉树立党员干部良好形象。会上,县政协全体机关干部观看《衡阳、南充违反换届纪律案件警示录》,并围绕党的十八届六中全会精神进行学习交流。

【县政协“两学一做”学习教育活动】 据中央和省、市、县委部署要求,县政协于5—7月份开展“学党章党规、学系列讲话,做合格党员”学习教育活动。具体如下:5月12日,中共象山县政协党组印发《开展“学党章党规、学系列讲话,做合格党员”学习教育的实施方案》;5月13日下午,县政协机关党支部组织全体机关党员和干部职工,召开“学党章党规、学系列讲话,做合格党员”动员大会;5月13日下午,县政协委员工委周文同志为全体机关党员和干部职工上一堂党课,交流分享“从严治党的学习体会”;5月下旬,向每位机关党员分发《中国共产党章程》《中国共产党纪律处分条例》《习近平总书记系列重要讲话读本》《之江新语》《干在实处 走在前列》等系列丛书;6月21日—6月22日,组织单位中层党员干部参加"两学一做"集中培训;"七一"前夕,县政协领导开展慰问活动,机关党组组织20多名党员参加扶贫帮困活动;7月1日,组织单位中层干部参加党课比赛;7月2日,组织干部在北路社区开展"孙茂芳式'五小'服务"活动,进行社区环境大清洁活动,认领钟文卿、王金龙等困难党员群众的微心愿;7月8日上午,县政协机关党支部组织全体机关党员和干部职工学习习近平"七一"重要讲话精神和毛泽东同志《党委会的工作方法》;7月8日上午,县政协机关党支部组织全体党员进行专题研讨,围绕讲政治、有信念进行交流发言。

【县九届政协主席会议】 2016年,九届县政协共举行主席会议16次。会议主要以知情性视察、专项议政等形式进行。

表15　**2016年度九届县政协主席会议情况一览**

时　间	会　次	会议主要议题
1.12	临时	讨论常委会工作报告(送审稿),研究确定优秀委员表彰名单(讨论稿)、参政议政材料安排、新增列席人员、讨论组领导安排,审议通过年度总结报告(讨论稿)
3.7	第43、44次	讨论通过委工委职责和分管领导,原则通过政协党组工作规则,讨论通过2016年工作要点和责任分解,原则通过"'五水共治'民主监督万千行"活动
3.24	第45次	审议通过重点、重要提案,审议通过"'五水共治'民主监督万千行"活动具体方案,讨论"关于全县政协委员文明操办婚丧喜庆事宜的通知(讨论稿)"
5.6	临时	讨论《县政协委员履行职责的若干规定》,书画院、缨溪诗社换届事宜
7.4	第46次	民办幼儿园公共设施安全和收费议政
7.29	第47次	扶持低收入群众脱贫增收议政
8.12	临时	审议通过政协九届二十一次常委会议程、委员增免等
8.31	第48次	视察三门湾大桥高速连接线及象保合作区建设
9.29	第49次	重点提案办理落实议政
10.17	第50次	讨论培育建设特色小镇材料(草案),原则通过政协九届二十二次常委会方案
10.27	临时	原则通过现任委员中推荐十届委员的原则意见
11.4	临时	审议通过十届政协人事安排意见讨论稿
11.11	临时	原则通过县九届政协留任委员建议名单
11.21	第51次	讨论十届一次会议筹备、政协工作调研安排、党代表推荐等事宜
12.19	第52次	听取委办全年工作情况汇报和2017年工作安排
12.23	临时	协商审议十届政协委员初步人选建议名单

参政议政

【概况】 县政协九届五次会议期间,九届县政协常委会组织委员开展常委会工作报告、提案工作报告及政府工作报告与《象山县国民经济和社会发展第十三个五年规划纲要(草案)》的审议讨论,围绕县经济建设与社会发展中的重点难点问题开展议政建言,提出工业经济转型、旅游开发提升、民生事业保障等建议。县委、县政府对政协全会后专题报送的建议十分重视,主要领导亲自批示,相关部门针对委员建议分别作出专题研究答复,并在工作中积极落实。各界别组和联委会经深入调研,在大会上提交提升职能部门精准服务企业效能、加强常态化社会管理机制建设、增强县青少年体质等16篇参政议政材料,县党政领导听取发言,肯定政协调研成果,县政府主要领导还对发言材料当场批转各分管领导,促进建议转化。

【提案工作】 县政协九届五次会议以来,全体政协委员、政协各参加单位运用提案履行职能,围绕县经济社会发展中的重要问题和人民群众的切身利益问题进行调查研究、建言献策,2016年来共提出各类意见建议201件。经审查,立案190件。未予立案的11件,转为委员来信或以其他方式作处理。总体看,提案调研深入,内容丰富,针对性较强,反映人民群众的期待和要求,推动县经济平稳较快发展、促进民生改善、社会和谐。在县委、县政府的高度重视和各承办单位的办理下,所有提案均办复。提案所提问题已经解决或基本解决的48件(A类),占25.3%;部分解决或列入计划解决的125件(B类),占65.8%;因受条件限制或其他原因需以后研究解决(C类)或留作参考的(D类)17件,占8.9%。

围绕促进经济发展与转型升级方面,委员们顺应经济发展新常态,就深入实施桥海兴县和"双突破双驱动"战略,推进大平台大项目建设、发展设施农业、改造提升商贸服务业等,提出许多真知灼见。委员们关注"工业强县"战略实施,提出解决中小企业融资困难、完善园区配套服务设施、降本减负精准服务企业等建议,被县委、县政府在制定工业经济发展政策中予以采纳。委员们关注全域旅游,就旅游规划编制、项目开发、乡村旅游、旅游营销、景区标识等深入调研,提出提案,助推县旅游业发展。关于加快推进智慧旅游建设的重点提案,县政府领导组织专题调研,确定在原有智慧旅游服务系统的基础上,完善功能,形成线上线下的服务综合性平台,为游客提供更加便捷的旅游服务。委员们提出深化"一打三整治"、扩大政策性农业保险范围、扶持农民专业合作社等建议,得到涉农部门和有关镇乡(街道)的采纳和落实。在承办关于打造农业公共品牌的重点提案中,县政府领导与委员面商,专题部署,着手创建柑橘、梭子蟹区域公用品牌,开展品牌策划、包装与宣传推介,组建产业联盟。

围绕生态文明建设与环境保护方面,委员们履职尽责,支持参与"五水共治""三改一拆""清三河"等专项行动,并深入实际调研视察,提出许多建设性意见。为保护美丽家园,委员们就强化环保监测执法、制止城区山坡地乱开垦等建言提案,助推全国生态县创建。为倡导绿色低碳生活,许多委员连续几年建议实施生活垃圾分类,该提案被县政协列为重点提案后,县政府及城管等部门采纳委员建议,研究实施方案,落实专项资金,2016年生活垃圾分类工作在中心城区10个住宅小区、86个行政村试行,首批公共自行车即将投入运行。委员们还就深化规划修编、加大棚户区和危旧房改造、推进交通道路建设、深化城市综合执法管理等方面提出建议,共同助力美丽象山建设。

围绕建设海洋文化强县与社会民生事业方面,许多委员就动建海洋渔文化展示馆、推进塔山遗址公园、提升中国开渔节办节水平等提案建言,得到县有关部门采纳。针对县教育发展现状,委员们提出提升农村教育质量、规范教师合理流动、制止择校乱象等建议,县政府及教育主管部门以创建省教育基本现代化县为载体,采取逐年增加教育投入、加强教师队伍建设、改革城区义务段学校招生政策、提高民工子弟学校办学条件等举措予以回应。委员们围绕建设健康象山主题,提出的提高县级医院诊疗水平、加强镇乡卫生院和村卫生室建设、重视医疗人才队伍建设、加强健康教育与促进等建议,引起县政府及有关部门的重视。为推进全民健身,委员们撰写加快登山步道建设、维护保养健身路径等提案,县体育主管部门办理,落实措施。委员们十分关注青少年体质问题，去年县政协将此列为重点提案，县政府领导牵头办理，加强学校体育设施建设、强化学生体质监测评估等建议得到落实。委员们还就加大就业培训、实施“失海”渔民养老保险、改进体检工作等建言提案，得到县人力社保部门采纳。

围绕构建和谐象山与创新社会管理方面，委员们建议加强社会治安管理，维护人民群众生命财产安全，县政法部门办理委员提案，加快社会治安视频监控系统建设，建立健全基层治安网格体系，加大侵财型犯罪打击力度，全力打造平安象山。委员们提出的加强农村老年协会规范管理的重点提案，县政府高度重视，协调民政、老龄委等部门深入调研，出台规范性文件，对集中规范协会资金帐户、老年活动室运行管理、协会注册登记等问题作出明确规定。针对广大居民反映集中的城区学校周边交通秩序、住宅小区物业管理、街头烧烤整治、水果店卫生保洁等问题，委员们提出提案，促使有关部门制定整改举措，逐步解决问题。

【民办幼儿园管理的建议案】 7月4日，县政协召开九届四十六次主席会议，专项议政县民办幼儿园管理工作。会后，向县政府提出《关于进一步加强我县民办幼儿园管理的建议案》，建议落实幼儿园布点规划，加快标准化园舍建设；稳定师资队伍，提高保教水平；加强收费监督，规范财务管理；强化督导扶持，促进规范发展。

【精准扶贫促进县低收入农户增收脱贫的建议案】 7月29日上午，县政协召开九届四十七次主席会议，对开展精准扶贫、促进县低收入农户增收脱贫进行专项议政。会后，向县政府提出《关于开展精准扶贫促进我县低收入农户增收脱贫的建议案》，建议清醒认识形势与任务，推进精准扶贫工作；加强动态管理，确保扶贫对象的精准识别；分类精准施策，促进低收入农户增收脱贫；加大扶持力度，促进山区农村协调发展；强化宣传引导，增强低收入农户脱贫致富水平。

【课题调研】 九届县政协常委会把调研工作摆到政协工作的重要议事日程。县政协确定“加快特色产业发展，促进特色小镇建设”作为2016年常委会重点调研课题。课题组在广泛深入调研、多方论证基础上，形成“抢抓机遇 乘势而上 全力推进影视特色小镇建设”“发挥资源优势 培育建设风情渔港特色小镇”“发挥优势 打造特色 加快建设松兰山度假康养小镇”三个课题报告，为县委、县政府推进特色小镇建设提供参考，得到县委、县政府主要领导的肯定和重视。根据县委要求，县政协完成“发挥象山籍在外人才作用的建议”课题调研，为更好发挥象山籍在外人才作用建言献策，助推象山经济社会更好发展。此外，县政协配合省、市政协在县开展的贫困人口脱贫、文化产业发展等专题调研，如实反映情况，建言献策，为省、市政协课题调研提供有益帮助。

【知情性视察】 县政协按照“小型、实效”的原则，组织开展政协专题视察活动。2016年，选择“三门湾大桥接线工程及象保合作区建设”“群租房整治管理”“公共医疗卫生设施建设”等与全县发展大局、民生利益攸关的工程建设项目开展知情性视察。在视察三门湾大桥及接线工程、象保合作区建设等情况后，委员们肯定各项目建设取得的成绩，同时提出“要强化协调，加强宣传，破解项目中遇到的政策问题，营造项目建设的良好氛围，全力保障三门湾大桥及接线工程建设；增强信心，强化联动，强力招商，着力打造象保合作区特色产业发展平台”等建议，得到政府部门的重视。

8月31日，主席会议对三门湾大桥接线工程及象保合作区建设情况开展知情性视察

【《象山政协》发挥宣传窗口作用】 《象山政协》刊物以“立足政协、面向社会、服务经济、宣传象山、交流工作”为宗旨，是反映象山政协的一个窗口。为

做好这一刊物，2016年，县政协办公室组织人员对刊物进行全面改版，纸张选择、排版设计、栏目设置等方面都进行深度调整，尤其是栏目设置及刊发内容上更加贴近政协、更加贴近委员。该刊物内容丰富，图文并茂，成为加强与外地象山籍人士和兄弟县市区政协联系的一个纽带，政协委员互相学习交流的一个园地。2016年《象山政协》共刊发6期，每期发行300余册，得到委员和读者的好评。

【《参政议政》《社情民意》发挥畅通渠道作用】 县政协坚持把反映社情民意工作当作履行职能的重要基础和关键环节，落实《关于进一步加强反映社情民意及信息工作的若干规定》、把反映社情民意工作列入重要议事日程，定期研究、部署和检查。2016年共刊发《参政议政》5篇，《关于妥善解决关闭小冷库后续问题的建议》《创新举办中国开渔节的建议》《关于加强载客电瓶三轮车管理的建议》等建议受到县委、县政府主要领导的重视，并作重要批示，促进相关问题的解决；刊发《社情民意》15期，其中《关于修建东谷湖湖心岛休闲廊桥的建议》《关于尽快解决滨海工业园城南创业园外来员工子女入园难的建议》等意见建议受到县政府领导的重视并作批示，引起有关部门的回应。

【"民情热线""政协视线"发挥媒体监督作用】 "民情热线""政协视线"是政协探索民主监督与新闻舆论监督有机结合的实践和创新，是政协履行职能的新形式新途径。两个栏目得到广大政协委员的热情参与和关注，得到党委政府的高度重视与支持，社会反响积极。2016年，"民情热线"在《象山报》上刊登16期，"政协视线"在象山电视台上播放8期，20多位政协委员就简办婚丧事宜、青少年体质、低收入群众脱贫等热点问题建言献策，所提问题及建议得到政府相关部门重视。

【文史和政协新闻宣传工作】 2016年编辑出版《象山当代诗词选》。为尽善尽美编好该书，力避遗珠之憾，年初在《今日象山》及象山港网站刊登征稿启事，得到广大诗词作者的热烈响应；4月29日，邀请县内文史专家何元均、林志龙、吴国华、钱永兴、杨晟等召开编前决策会，定好书目框架；11月15日，又邀请何元均等先生召开编审会议，及时解决编辑中存在问题，力求精美。同时，借助新闻媒体、期刊和网站，加大政协新闻宣传工作力度。编辑刊发《象山政协》6期，在《人民政协报》《联谊报》等媒体上发表政协新闻宣传稿21篇，是往年刊发数量的3倍，在县级以上媒体上报道政协有关活动30余篇，提升政协社会影响。

【联谊团体作用】 加强与县政协之友联谊会、象山书画院和缨溪诗社的联系，指导完成联谊会换届工作，支持联谊团体开展活动。县政协之友联谊会刊发《联谊通讯》12期，开展学习畅谈会、专题调研、专项视察等活动20余次，反映社情民意20余篇，工作活力继续增强。象山书画院通过书法走亲、举办国庆及"庆两会·迎新春"书画展览，组织开展送春联等为民服务活动，参加对外书画交流，展示象山文化建设成就，增强社会各界凝聚力和向心力。缨溪诗社通过诗赛、诗会、研讨、采风等活动，培养创作人才、创作诗词歌赋，刊发《缨溪风》诗集1本，在宣传发展成就、弘扬时代新风、抒发爱乡情怀等方面，发挥作用。

纪 检 监 察

综 述

2016年,中国共产党象山县纪律检查委员会(县监察局)按照上级纪委部署和县委要求,聚焦监督执纪问责主业主责,深化体制机制改革,推动党委主体责任和纪委监督责任落实,推进全面从严治党要求向基层延伸。开展"两学一做"活动,学习贯彻习近平总书记系列讲话精神、中共十八届六中全会精神和新修订出台的《中国共产党问责条例》《中国共产党党内监督条例》《关于新形势下加强党内政治生活的若干准则》等重要党内法规。强化县委巡察,全年完成4轮对12家县级机关单位、乡镇(街道)的巡察工作,着力发现问题、强化整改、形成震慑。实施"提质强纪"工程,通过挂职锻炼、岗位轮训、点题培训等方式逐步提升纪检监察干部的政治思想素质和纪检业务能力。稳步推进纪检体制改革,在实现县级部门全覆盖的前提,完善派驻机构履职机制,实行量化考核,配强派驻干部,提升派驻监督实效。

重要会议和活动

【概况】 2016年,象山县纪委(监察局)学习贯彻中央及省、市、县委重要会议及习近平总书记系列重要讲话精神,结合"两学一做"活动,研究部署新形势下全面从严治党工作,围绕大局、聚焦主业、服务中心,全面履行纪委监督专责。

【中共象山县第十三届纪律检查委员会第五次全体会议召开】 2月2日上午,中国共产党象山县第十三届纪律检查委员会第五次全体(扩大)会议召开。会议学习贯彻中共十八届中央纪委六次全会和省纪委十三届五次全会、市纪委十二届五次全会精神,回顾总结2015年度全县党风廉政建设和反腐败工作,研究部署2016年度工作任务。象山县委常委、纪委书记胡杰主持会议并作纪委工作报告,县委书记叶剑鸣出席并作重要讲话,县领导、县人民法院院长、县人民检察院检察长、县纪委委员、现职县管副局级以上领导干部、县委巡查组组长及副组长、部分县第十三次党代会代表等参加。"最美浙江人——2015年度浙江骄傲人物"称号获得者陈淑芳作先进事迹报告。要求各级各部门深入贯彻落实县委《关于开展向陈淑芳同志学习活动的决定》,精心组织,把学习成果转化为提高思想觉悟的精神动力,转化为推动象山改革发展稳定的自觉行动,为建设现代化滨海休闲城市作出更大贡献。

2016年2月2日,中共象山县第十三届纪律检查委员会第五次全体会议召开

【县纪检监察工作例会召开】 2016年9月27日,全县纪检监察工作例会召开,县纪委监察局机关、派驻纪检组全体干部,乡镇(街道)纪(工)委书记、副书记参加会议。会议共三项议程。首先,丹东街道纪工委、石浦镇纪委、东陈乡纪委和派驻第一、第

六、第十纪检组负责人交流前阶段特色工作和下阶段工作思路。随后，县纪委副书记黄晟贤，县纪委副书记、县监察局局长娄海东分别就全年各项工作进行简要点评，并对下阶段主要工作作出部署。最后，县委常委、纪委书记胡杰同志作重要讲话，肯定全县纪检监管机关全年总体工作，要求全体纪检干部珍惜岗位、埋头苦干，推进纪检监察事业。

【市委常委、纪委书记李会光在象山调研】 10月10日，市委常委、纪委书记李会光一行到象山调研党风廉政建设和反腐败工作。在座谈会上，李会光先后听取县委和县纪委主要负责人关于落实"两个责任"(全面从严治党党委主体责任和纪委监督责任)的相关情况汇报，对象山前期工作予以肯定，并对下步工作部署提出建议要求。

【县棚改工作组织纪律保障座谈会召开】 2016年11月16日，全县棚改工作组织纪律保障座谈会在县纪委会议室召开，县府办、县委组织部、县住建局、县房改办、教育局等棚改拆迁相关部门、责任镇乡街道负责人参会交流，副县长周坚栋出席座谈会。会议通报全县棚改工作进程，要求各地各部门强化对棚改工作的组织领导，要把纪律和规矩挺起来、严起来，履行好主体责任，要将责任压力层层传导到各级党组织，不折不扣执行有关棚改工作的部署要求。会议明确，对党员干部违反棚改工作纪律，不履行或不正确履行职责，致使工作延误，损害公共利益、违纪违法问题突出的，要依规依纪依法予以严肃处理，坚决纠正和查处不作为、慢作为和乱作为行为，以及党员干部搞利益关联的问题。

【中共象山县第十四届纪律检查委员会第一次全体会议召开】 2016年12月28日下午，中国共产党象山县第十四届纪律检查委员会第一次全体会议在象山宾馆召开，21名纪委委员参加会议。会议通过《中国共产党象山县第十四届纪律检查委员会第一次全体会议选举办法》和监票人、计票人名单，选举胡杰、娄海东、黄晟贤、赖东海、林峰、夏肖成、黄蔚芳等7人为中国共产党象山县第十四届纪律检查委员会常务委员会委员，选举娄海东、黄晟贤为中国共产党象山县第十四届纪律检查委员会副书记，选举胡杰为中国共产党象山县第十四届纪律检查委员会书记。

2016年12月28日，中共象山县第十四届纪律检查委员会第一次全体会议召开，中共象山县第十四届纪律检查委员会全体委员投票选举常务会员会委员

党风廉政

【概况】 全县各级纪检组织全面履行党章赋予的职责，落实全面从严治党各项要求，层层传导管党治党压力。加大党章党规党纪的学习和宣传力度，增强党员干部的党性修养和纪律规矩意识。加强廉政防控体系建设，深入正风反腐，推进县委巡察和农村基层权力规范化运行工作，厚植党的执政基础。

【从严治党主体责任】 履行纪委党内监督专责，督促各级党组织全面履行从严治党主体责任。协助县委出台落实党委主体责任和纪委监督责任实施意见，推进"四专"(确定专门机构、落实专门人员、健全专项机制、构建专门平台)工作，健全全面从严治党主体责任落实体系。开展落实全面从严治党主体责任情况年度督查，限期整改各类问题174个，完成18个乡镇(街道)、47个县级部门党组织履行全面从严治党主体责任年度汇报，各级党组织严管队伍意识得到增强。

【作风建设】 严格执行中央八项规定精神和省、市、县作风建设有关要求，紧盯重要时间节点，深入整治"酒局""牌局"、违规使用"三公"经费[因公出国(境)费、公务车购置及运行费、公务招待费]、违规发放津补贴等问题。通过县级领导带队查、正风肃纪专题查、部门媒体联合查等形式,对作风问题真抓真管、常抓常管,始终保持查纠“四风”的高压态势。2016年,各级纪检监察组织共开展各类正风肃纪检查2528次,下发通报356期,查处287人,其中县管干部1人。深化“人情风”治理,明确党员干部依纪依规操办婚丧事宜细则要求,查处违规操办情况10例,遏制婚丧嫁娶歪风,省委主要领导予以批示肯定。整顿党员干部无故拒交物业费现象,20名公职人员经督促后主动缴清欠款。加强党风政风监督员队伍建设,提高“八小时外”社会监督实效,作风建设“越往后越严”的态势氛围强化。

【健全源头防范管控机制】 坚持标本兼治、统筹推进,着力健全源头治理规范体系。结合“两学一做”学习教育,组织全体党员干部开展《廉洁自律准则》《纪律处分条例》网上考试和知识竞赛,实现纪律教育全覆盖。会同有关部门编撰《象山历代家规家风研究》《象山家风三十则》,弘扬优良家规家训家风正能量,筑牢拒腐防变思想防线。加强对“关键少数”的监督管理,严格督促执行党政正职“五不直接分管”[党政正职不直接分管财务、人事、行政审批、工程项目建设、物资(服务)采购]和“三重一大”(重大问题决策、重要干部任免、重大项目投资决策、大额资金使用)决策记实报备制度,累计上交“三重一大”决策报告备案表800余份。对落实省委巡视组反馈意见“九大整改行动”开展“回头看”,加强对招投标管理、公款竞争性存放等制度执行情况的监督检查,保障刚性约束。县581账户累计收到党员干部上交礼金、礼卡、礼品等折合人民币54.4万元。

【农村基层权力规范化运行工作】 制定《关于进一步推进农村基层权力规范运行工作的若干意见》及配套督查方案,建立健全村级重大决策报备、村级工程项目管理等5项监督制约机制。组织召开农村基层权力规范运行工作推进会,完成对18个乡镇(街道)的专题巡回宣讲,制定出台《象山县农村干部廉洁履职管理办法》,开展2次专项督查,发现并整改问题200余个,督促基层党委履行主抓直管责任,推动村监会履行监督职能,共同管牢“小微权力”。

【全县农村基层权力规范运行工作推进会召开】 2016年9月22日上午,全县农村基层权力规范运行工作推进会在象山宾馆召开。18个镇乡(街道)党(工)委书记、党群副书记、纪(工)委书记,全县农村基层党风廉政建设工作领导小组成员单位主要负责人以及县广播电视台、新闻中心相关负责人参加会议。会议由副县长干维岳主持,县委常委、纪委书记胡杰作具体工作部署,县农林局、泗洲头镇、石浦镇就有关工作进行交流发言。最后,县委副书记俞骏从提高思想认识、把握工作重点、加强组织领导等三方面提出具体要求。

【农村基层权力规范化运行巡回宣讲活动】 10月份,完成农村基层权力规范化运行的巡回宣讲工作,累计开展18场次,覆盖全县各乡镇(街道),参加学习人数近5000人,印发《象山县进一步推进农村基层权力规范运行工作制度汇编》和《指导手册》各4300份。在此基础上,各乡镇(街道)自行组织入村宣讲,确保农村基层权力规范化运行相关制度理念传到基层、深入民心。

【县委巡察工作】 分别对镇乡(街道)、部门实施“1+8+X”[巡察某个乡镇(街道)的同时,延伸至该乡镇(街道)下辖的8个行政村(社区),再对发现的各个问题开展专项巡察]和“2对1”(“2”指信息来源的两个途径,即巡察组自行开展巡察所掌握的情况和有关部门收集的情况,“1”指被巡察单位本身)巡察模式,着力提高问题发现、整改、处置效率。全年完成4轮12个县级部门、镇乡(街道)和51个行政村的巡察,共发现问题线索270件(次),移送相关部门处理69件,党政纪处分30人(次),问责71人(次),廉政谈话360人(次),督促落实整改措施186条,建立健全制度机制56项,巡察工作取得阶段性成效。

【召开纪委委员暨党外人士廉情问询会】 11月24日下午,象山县纪委牵头组织召开纪委委员既党外代表人士廉情问询会,县市场监督管理局接受问询。县委常委、纪委书记胡杰,县委常委、统战部部长黄敏求等出席会议。会上,县市场监管局局长石岳吉代表该局作2016年度主要工作及廉政建设工作有关情况报告。随后,县纪委委员和党外代表人士就该局职责范围内的工作开展情况进行问询。

【召开"走进象山传统家训"活动座谈会】 5月17日,象山县"走进象山传统家训"活动座谈会在泗洲头镇横埕村召开。会议由县纪委正局级纪检员、监察员黄晟贤主持,县纪委、县委宣传部、县文联、县妇联、团县委、党史办、各镇乡等有关领导参加会议。会议听取泗洲头镇横埕村以"弘扬家规家训,传承耕读文化"为主题的家规家训开展情况。各部门领导和各乡镇纪委书记围绕"如何弘扬传统文化,推动党员干部廉洁齐家、自觉带头树立良好家风"进行座谈交流。黄晟贤肯定各部门、乡镇在传承家训、弘扬家风工作上的成绩,表示在当前全党上下高度重视家规家风建设的新形势下,各级党员干部要结合"两学一做"学习教育,弘扬优良的家训家风,要通过组织开展"走进象山传统家训"活动,寻找、品读家训,激发党员干部传承传统优良家风,争做合格党员。通过言传身教,身体力行,以家风正作风,以作风促党风,以党风带民风,在全社会营造成家风正、民风淳、政风清、党风优的新风尚。

执法纠风

【概况】 围绕中心、立足职能,全力助推县委、县政府中心工作。督促各级党组织和党员干部改进工作作风,勤廉干事、尽职履责。健全容错免责机制,旗帜鲜明为敢于担当者担当,营造担当作为、干事创业的良好氛围。

【强化服务中心保障能力】 围绕县委、县政府"双突破双驱动"战略布局,主动强化监督检查,严明政治纪律规矩,督促转作风、提效能、强服务,创优发展环境。先后组织开展G20安保维稳、"五水共治""三改一拆""一打三整治"等专项督查,点名约谈相关工作推进不力的党政主要领导11人次,限期整改、挂账销号,确保各项中心工作有效落实。严肃查处纠正政府采购违规、政府投资项目违法转分包及被县外媒体曝光事件等问题20个,推动相关工作规范高效开展。

【强化换届纪律监督】 把换届风气监督作为履行管党治党主体责任的重要内容,严格督促各级党委及"一把手"履行主体责任和"第一责任人"责任,督促各级组织部门履行好直接责任,督促各级纪检监察机关履行好监督责任,督促各相关单位履行好有关方面责任。严格落实换届纪律警示教育工作要求,重点督促各地各部门组织观看警示教育片《镜鉴》,学习中央关于辽宁拉票贿选案、湖南衡阳破坏选举案、四川南充拉票贿选案的通报精神和《严肃换届纪律文件选编》,严守"九个严禁、九个一律"的换届纪律规定,并向所有县管领导干部发送换届纪律提醒短信。联合组织部门成立4个乡镇换届风气巡回督查组和1个违反换届纪律专门查核组,对各地换届风气监督情况开展巡回督查,听取专题汇报,了解换届纪律执行情况。加大对反映换届风气问题线索的排查甄别和处置震慑力度,全面遏制不正之风,152名党代表、人大代表候选人因违反相关规定被终止候选人资格。

【落实《中国共产党问责条例》】 出台《象山县三级问责案件办理流程补充规定》,规范问责工作流程,强化责任追究倒逼机制。全年共有291名党员干部因履职不力、行为失范、落实责任不到位等情况被追责,涉及县管干部3人,其中1名领导干部因落实主体责任不力被"一案双查"。

【建立健全容错免责机制】 修订《象山县机关工作人员问责办法》,改进监督问责方式方法,正式加入容错免责规定,明确在决策民主公开、为加快发展而先行先试、为推动改革而大胆探索、为保障中心大局、非主观原因等5大类情况下仍出现失误和错误的,可以予以从轻、减轻或免予问责处理。4月13日,县纪委出台《关于全县纪检监察系统进一步做好服务保障工业强县工作的通知》,按照"鼓励大胆探索、宽容改革失误"的原则,建立健全免予责任追究或从轻处理的干部监督管理机制,以此树立鼓励干事、遏制腐败的正确执纪导向。10月19日,县委专门针对改革创新工作领域印发《象山县改革创新容错免责实施办法(试行)》的通知,明确容错免责的适用原则、适用对象、申请条件、认定程序、结果运用等,强调容错前提必须是在改革创新履职过程中出现的非主观失误,旗帜鲜明地为敢于担当者担当,为敢于负责者负责。

案件查办

【概况】 围绕全面从严治党要求，聚焦监督执纪问责主业，坚持挺纪在前、抓早抓小，把握运用好监督执纪“四种形态”（让“红红脸、出出汗”成为常态，党纪轻处分、组织调整成为违纪处理的大多数，党纪重处分、重大职务调整的成为少数，严重违纪涉嫌违法立案审查的成为极少数），着力加大纪律审查工作力度，坚决查处严重违纪行为，用纪律规矩管住“绝大多数”，推动全面从严治党要求向基层延伸。

【纪律审查工作】 坚持挺纪在前、纪法分开，紧扣“六项纪律”（政治纪律、组织纪律、廉洁纪律、群众纪律、工作纪律、生活纪律），始终做到反腐无禁区、全覆盖、零容忍。全县各级纪检监察组织共受理问题线索145件，立案133件，涉及县管干部13人。重点查处政府性资金违规使用、津补贴违规发放、村级工程项目违规发包等窝串案13件31人，形成震慑。深入开展“信访大整治、安全大排查”专项行动，严肃整治农村基层侵害群众利益的不正之风和腐败问题。全年共受理群众信访举报448件，转立案27件，30名村干部因各类违纪违法问题被查处。

【监督执纪“四种形态”】 综合运用监督执纪“四种形态”，尤其是用好第一、第二种形态，制定完善纪检系统函询、廉政、诫勉三类谈话机制，前移监督执纪关口，着力抓早抓小抓苗头。一年来，全县共开展廉政、诫勉、信访谈话及函询671人次，组织处理31人，强化“严”的氛围。

【执纪审查工作机制】 建立与反腐败协调小组成员单位之间的问题线索共享机制，全年共受理移交线索60件，全部转立案处理。制定出台《关于推进非“两规”案件纪律审查安全工作的实施意见》，规范纪律审查各环节流程，提升依纪依法安全办案水平。开展党政纪处分决定执行情况专项检查，对13起处分执行不到位情况予以纠正，坚决维护纪律处分严肃性。做好执纪审查“后半篇文章”，刊发4期《以案释纪》剖析材料，增强典型警示综合效应。

【省纪委研究室主任吕炯一行到象山调研】 4月27、28日，省纪委研究室主任吕炯一行到宁波象山，就宁波市纪委及象山县纪委践行监督执纪“四种形态”、发挥纪委委员作用等方面的做法、成效和对策建议开展实地调研，听取象山县个别乡镇党委、纪委和县纪委派驻机构的特色亮点工作汇报，深入了解基层纪检组织在监督执纪问责方面存在的问题困难。市纪委常委、秘书长戴文辉等陪同。

队伍建设

【概况】 高度重视纪委班子自身建设，扎实开展“两学一做”活动，深入查找纪检监察系统内部存在的不足和问题。深化派驻机构改革工作，实施“提质强纪”工程，提升纪检监察干部综合素质。坚持打铁自身硬，强化自我监督，管牢监督执纪权力。

【提升纪检工作实效】 推行量化考核办法，研究制定《2016年乡镇（街道）纪（工）委业务考核办法》和《2016年县纪委派驻机构业务考核办法（试行）》，建立执纪审查、正风肃纪、三级问责、信访办理等业务履职“四张清单”制度，督促各级纪检监察组织提升履职实效。一年来，18个乡镇（街道）纪（工）委、16个派驻机构共组织正风肃纪检查2509次，问责处理287人（次），查处违纪案件112件，基层监督和派驻“探头”作用得到强化。

【强化纪检干部素质】 高度重视纪检干部队伍自身建设，将贯彻落实十八届六中全会精神和开展“两学一做”学习教育活动紧密结合，主动强化学思践悟，严格执行《新时期下关于加强党内政治生活的若干准则》和《中国共产党党内监督条例》各项要求，增强政治定力，践行“四种意识”（政治意识、大局意识、核心意识、看齐意识）。全面完成县乡两级纪委换届选举，选优配强纪委班子，优化班子结构，提升队伍活力。实施素质能力提升三年行动计划，组织业务培训、挂职锻炼、定期开展机关夜学、青年读书会等活动,提升纪检干部的实战能力和综合素养。牢固树立打铁自身硬理念,坚持“信任不能代替监督”,强化内控机制和纪检干部违纪违法警示教育,完善纪检干部个人廉情档案,严防“灯下黑”,打造执纪“铁军”。

【县纪委召开“两学一做”动员部署会】 5月10日下午,县纪委召开“两学一做”动员部署会。会议由县纪委正局级纪检员、监察员黄晟贤主持,委局机关全体干部及退休党员参加。县委常委、纪委书记胡杰以党课形式为参会人员做动员讲话和工作部署。会后,委局全体干部就机关党支部支委和工会班子进行改选。

【全县纪检监察系统干部观看余延安先进事迹报告视频会】 5月24日下午,象山县纪检监察系统全体干部齐集县委党校报告厅,共同观看余延安先进事迹报告视频会,推动开展“两学一做”学习教育。

5月24日,全县纪检监察系统干部在县委党校观看余延安先进事迹报告视频会

【县纪委召开新(转)任纪检组织负责人工作交流会】 8月3日下午,县纪委召开新(转)任纪检组织负责人工作交流会。会议由县纪委副书记黄晟贤主持,来自派驻纪检机构和乡镇(街道)纪(工)委的11名新(转)任纪检组织负责人参加交流会。会上,县纪委办公室、干部室、宣教室、党风政风监督室、案管室、信访室、纪检三室等七个业务科室负责人轮流就有关工作进行辅导讲解,并与新(转)任纪检组织负责人进行互动交流。最后,黄晟贤就新(转)任纪检组织负责人如何尽快融入角色,开展执纪工作提出具体要求。会后,全体新(转)任纪检组织负责人与委局干部共同观看换届风气警示教育片。

【县纪委传达学习中共十八届六中全会精神】 11月1日,县纪委召开理论中心组学习(扩大)会议,传达学习中共十八届六中全会精神。县委常委、纪委书记胡杰主持会议并讲话。会议指出,中共十八届六中全会聚焦全面从严治党,专题研究全面从严治党重大问题并完善党内法规制度,体现党中央全面从严治党的坚强决心和历史担当,为推进全面从严治党注入新的动力。会议要求,要把学习贯彻落实中共十八届六中全会精神作为当前全县各级纪检监察机关和广大纪检监察干部的首要政治任务,要与正在开展的“两学一做”学习教育紧密结合起来,用全会精神指导纪检监察工作,在“学思践悟”中寻求突破,提升全县纪检监察干部队伍履职尽责能力。会上,县纪委书记胡杰与有关单位负责人分别对全会精神进行解读。

民主党派　群众团体

工商联

【概况】 象山县工商业联合会是中华全国工商业联合会的地方组织，简称象山县工商联，又称象山县商会，成立于1953年。2016年，拥有2160家（个）会员，辖18个镇乡街道商会、7个行业商会、4个异地商会。2014-2016年连续三年获得县开放型经济优胜服务单位。

【县工商联九届八次执委（扩大）会议召开】 3月4日下午，县工商联召开九届八次执委会会议。县委常委、县委统战部部长黄敏求出席会议并讲话。县人大常委会副主任、县工商联主席励茂平受常委会委托作工作报告，县委统战部副部长、县工商联党组书记张日成主持会议。县工商联执委、基层商会秘书长等100多人参加会议。会议审议通过有关人事事项，表彰年度基层商会工作先进集体、先进个人和创新创优工作。

【江苏象山商会成立】 6月17日，江苏象山商会成立大会暨象山投资环境推介会在苏州举行。苏州市人大常委会原副主任金明，苏州市政府副秘书长韩卫，县领导黄焕利、金红旗、黄敏求、励茂平、吴安定、石坚定，以及常熟浙江商会、南通温州商会、宁波苏州促进会、象山广东商会、杭州象山商会等商会代表，和在苏的象山籍企业家出席当天活动。江苏象山商会成立大会选举产生第一届理事会会长、副会长、秘书长、监事会会长。商会首届会员共52家，经营范围涉及建筑、模具、汽配、新材料、检具、餐饮等行业。成立仪式上，县委副书记、县长黄焕利代表县领导对江苏象山商会的成立表示热烈祝贺。江苏象山商会的成立，有利于象山企业家更好地融入江苏、服务江苏，有利于企业之间加强交流、增进联谊，为促进象山、江苏两地的经济发展献智出力。随后召开的象山投资环境推介会上，黄焕利简要介绍象山经济社会发展情况。县政府党组成员石坚定向与会人员推介象山投资环境。陈海昌、郑敏等在江苏象山籍企业家表示，家乡发展势头强劲，生态优势明显，交通日趋便捷，发展空间巨大，大家将发挥各自力量，投资象山、推介象山，为家乡繁荣发展作出应有贡献。

2016年6月17日，县人大常委会副主任、县工商联主席励茂平（右一）在江苏象山商会成立大会上授牌

【与无锡市滨湖区工商联缔结友好商会】 3月9日，无锡市滨湖区政协副主席、工商联主席周茂健，副主席方锦和率企业家一行到象山学习考察，象山县人大常委会副主任、工商联主席励茂平，县委统战部副部长、工商联党组书记张日成，工商联副主席黄君芬陪同考察。双方就商会建设方面的成功经验和做法进行友好交流，并正式签订友好商会协议。双方围绕“互帮互助，共同发展”的主题达成协议，①发挥友好商会同盟优势，为会员双方之间和

表16　2016年象山县基层商会基本情况一览

序号	名　称	成立时间	会员数	会　长	秘书长
1	丹东商会	2009.07	66	洪松茂	吴贤宝
2	丹西商会	2009.07	90	胡全福	白少艳
3	爵溪商会	1999.09	84	陈　照	林将伟
4	石浦商会	1989.12	99	卢国平	吴友夫
5	西周商会	1997.12	98	周辞美	郑慈松
6	南田商会	2007.12	46	李红蓥	钱大海
7	贤庠商会	2007.09	54	沈永平	乐美忠
8	墙头商会	1998.06	49	朱旌铭	孙志敏
9	泗洲头商会	2008.07	40	励小伟	胡普升
10	定塘商会	2009.07	49	吴永叶	金国文
11	涂茨商会	2007.11	39	孙全福	陈兴东
12	大徐商会	1997.12	54	柴常国	沈云林
13	新桥商会	2008.11	65	徐根兴	魏成国
14	东陈商会	2005.12	81	王星平	屠华江
15	晓塘商会	2008.08	41	黄安全	赖光明
16	黄避岙商会	2009.07	25	许宝国	俞　勇
17	茅洋商会	2008.12	36	石维坚	石　磊
18	高塘岛商会	2009.07	33	戴远光	鲍建祥
19	日杂百货商会	2004.12	304	余云兴	陈亚琴
20	医药行业商会	2008.09	46	姜天文	励　勤
21	家居商会	2009.06	98	周渭明	连才友
22	广告商会	2010.07	65	励和军	黎明运
23	广东商会	2010.10	138	胡英锡	郑　琴
24	数码商会	2011.11	63	董　腾	郎远卓
25	芜湖分会	2012.11	29	史海军	赵小娟
26	医疗器械商会	2012.11	52	陈云勤	顾荣辉
27	杭州商会	2014.10	77	蒋善会	郑钧芳
28	输配电行业商会	2015.06	36	蒋善文	濮国锋
29	江苏象山商会	2016.06	57	陈海昌	林厚存

所在地之间的经济合作创造条件，开辟新的领域。②互通信息，为对方人员进行考察、项目开发、论证、招商、洽谈等活动提供方便。③开通信息沟通机制，双方通过报纸、互联网、会刊等途径，共享商会动态等信息。④定期或不定期互访，通报商务、会务工作情况，交流信息和经验，探讨扩大合作的途径，协商合作中的有关问题。

2016年3月9日，县人大常委会副主任、县工商联主席励茂平(左一)与无锡市滨湖区政协副主席、工商联主席周茂健签订友好商会协议

【象山县光彩事业促进会成立】 4月29日上午，象山县光彩事业促进会成立，并召开第一次会员大会。会议传达学习习近平总书记在全国政协十二届四次会议民建、工商联界委员联组会上的重要讲话精神，审议通过《象山县光彩事业促进会章程》，选举产生县光彩事业促进会第一届理事会理事、监事、秘书长、副会长和会长。县委常委、统战部长黄敏求当选县光彩事业促进会第一届理事会会长，主席励茂平出席会议。

【象山县工商联第十次会员代表大会召开】 10月14日，象山县工商联(商会)第十次会员代表大会召开。市委统战部副部长、市工商联党组书记黄辉应邀出席会议。县领导黄焕利、金红旗、黄敏求、励茂平、吴安定出席会议。县委书记叶剑鸣作重要讲话。会议选举产生执委会组成人员共127名，充实班子力量、注入商会工作新鲜血液，圆满完成换届任务。会议表彰县第四届优秀中国特色社会主义事业建设者。

10月14日，象山县工商联(商会)第十次会员代表大会开幕式

表17　　象山县第四届优秀中国特色社会主义事业建设者名单

序号	姓　名	性　别	单位及职务
1	石　磊	男	宁波三安制阀有限公司总经理
2	刘文忠	男	浙江新乐造船有限公司董事长
3	吕宏伟	男	宁波天弘电力器具有限公司总经理
4	朱旌铭	男	宁波云控电气有限公司董事长
5	吴增国	男	象山县公路运输有限责任公司董事长
6	张增明	男	宁波海润制衣有限公司董事长
7	陆世栋	男	宁波云朵网络科技股份有限公司董事长
8	陈孝敏	男	象山丹东芳婷丝美容美发店经理
9	黄颂志	男	宁波福茂通讯科技有限公司总经理

续表17

序号	姓　名	性　别	单位及职务
10	周敏峰	男	宁波华众控股有限公司董事长
11	周晨光	男	宁波盛和灯饰有限公司总经理
12	周惠平	男	宁波盛升服饰有限公司总经理
13	林永奎	男	宁波协顺海洋旅游发展有限公司董事长
14	欧曙辉	男	宁波钰烯阴极保护材料有限公司董事长
15	郑再德	男	宁波骏嘉重型机械制造有限公司董事长
16	翁滨丹	女	象山翁敬堂骨伤医院院长
17	顾学锋	男	宁波森语国际贸易有限公司总经理
18	章素珍	女	宁波枫康生物科技有限公司总经理
19	董　腾	男	象山飞腾电子科技有限公司董事长
20	蒋志龙	男	宁波天安集团智能化公司总经理
21	谢光辉	男	浙江飞日控股集团有限公司总经理
22	蔡林云	男	宁波博禄德电子有限公司总经理

【新一届执委会培训】 为提升象山民营企业家的观念转型、思维创新，优化民营企业组织结构和管理质量，学习浙江民营企业在国际化、市场化及互联网化的经营管理经验，11月17-18日，由县工商联组织新一届执常委60余人赴杭州培训学习，通过专家授课讲解和实地考察交流的培训方式，①提高执常委对工商联工作的认识，履行职责的能力，在同行业中发挥带头引领的作用；②提高执常委的理论素养，增强政治意识、大局意识和责任意识。③激励执常委以饱满的热情、务实的态度、敬业的精神去研究和探索新形势工商联工作中的新情况、新问题，为象山县域非公有制经济的健康发展做出新贡献。

11月17日，工作人员现场讲解杭州滨江海创园发展蓝图

【强化融资服务】 开展"银企合作"活动、与民生银行合作成立小微企业互助促进会的同时，将基层商会互助资金会作为缓解企业融资难问题的重要工作来抓。全年基层商会互助资金会周转372次，帮扶企业201家，周转资金达4.577亿元。

【基层商会互助资金会奖励办法出台】 为鼓励基层商会办优办好资金会，规范管理制度，提高资金使用效益，到上虞、定海等商会学习考察，经过多次多方汇报、协调和沟通，11月份由县工商联和县财政局共同出台《象山县基层商会互助资金会奖励考评暂行办法》，争取到县财政每年安排专项资金奖励，以便更好地调动基层商会互助资金会工作的积极性和主动性，该项工作已视作为政府帮扶企业转贷工作的补充项目。项目落实既有针对性，又有实效性，得到会员企业、基层商会和当地党委政府的一致肯定。

【经贸活动】 县工商联参与浙商回归和招商工作，"以商引商""以企引企"，组织8家企业参与第18届浙洽会县投资环境推介会暨项目签约仪式。并先后与有关乡镇、经济开发区联合引进两个招商项目落户，到位资金6000万元。4月中下旬，县输配电行业商会组织日升集团、天欣电子、耐森电气科技等相关企业代表赴德国参加世界最大的汉诺威工业博览会。6月份，依托江苏商会成立的平台，在苏州举办县招商投资环境推介会。11月份，以象山广东商会换届的契机，组织有关部门和金融机构在深圳召开政银商恳谈会。11月下旬，组织新创会会员赴深圳学习考察先进企业。

【县工商联界别政协委员建言献策】 年初县政协九届五次会议上，工商联界别针对县经济社会发展中的热点、难点问题，通过调查研究，共提出团体提案1个、联名提案6个、个人提案1个，作大会参政议政发言1个。圆满完成答复件，其中县人大建议1个，县政协提案3个。

表18　　**工商联界别委员在县政协九届五次会议上的提案**

序号	标题（案由）	提案者
1	关于提高产业集中度、增强企业综合实力的建议	施定威
2	关于提升职能部门精准服务企业效能的建议	吕伟宏、干国成、仇建文、张岳兵、张春富、张增明、陆华良、郑再德、施定威、谢光辉、戴福青
3	关于加强象山全域旅游的建议（重要）	干国成、尹兴国
4	关于解决异地私家车出险索赔难问题的建议	杨有福
5	关于开通象山至宁波栎社机场直达班车的建议	张增明
6	关于实施象西线（西周镇杨岙隧道口至万金山村）路段道路亮化和公交站台建设的建议	张春富、刘国辉、沈亚威
7	关于要求对市政道路改造实施事前公告的建议	张岳兵
8	关于要求城管执法人员牵手商户凸显爱心执法的建议	张岳兵
9	关于在象山北高速口建造加油站的建议	杨有福、朱文荣、董腾
10	关于在象山北高速口建造三级客运站的建议	杨有福、朱文荣、董腾
11	关于营造金七门核电站建设良好氛围的建议	陆华良
12	关于工业污泥等危险固废现状与治理的建议	干国成
13	关于再议加快生活垃圾分类处理的建议	王齐培、刘长军、张立宏、郑岳夫
14	关于援引人才助推工业强县的建议	仇建文
15	关于加强职业技能培训　促进县域经济发展的建议	沈启苗
16	关于进一步加强校园安全防范工作的建议	吕伟宏
17	关于进一步扶助商会互助资金会　发挥其应有作用的建议	

【举办"象上吧·青年"分享会】 "五四"前夕,县工商联与团县委联手举办"象上吧·青年"五四分享会,组织近300名社会各界青年齐聚象山广电演播厅聆听,县领导黄敏求、励茂平、周平飞、石坚定等出席活动。分享会上,青年企业家朱文荣、俞高锋、施定威、陆世栋,作为县内一批创业担当、创新进取的典型代表,分别以《把握机遇,学以致用》《不惧挫折》《以工匠之心创业》和《当在今日种下一颗会飞的种子》为题,依次讲述个人追梦、勇于突破的创业奋斗故事,并用现场问答的方式与在座青年们面对面交流互动,现场气氛热烈。分享会旨在激励广大青年在"大众创业、万众创新"的大背景下,敢于树立创业勇气,投身象山经济发展主战场,展现朝气蓬勃、奋勇向上的精神风貌,为象山县全面实施"双突破双驱动"发展战略贡献青春力量。

云朵网络总经理陆世栋现场分享创业经历

【象山县第八届家博会暨第十届房展会在天华家具城召开】 12月2日-5日,由县工商联、县商务局、县住建局主办,县家居商会、县房地产业协会承办的象山县第八届家博会暨第十届房展会在天华家具城召开。该展会坚持"政府支持、商会主办、市场运作"的办展方针和"务实、规范、专业"的办展原则,全面整合、完整展现家居产业链,突出品牌家居文化理念和以顾客为核心的消费理念。共设63个展位,其中房产类4个展位,家居类59个展位,展馆总面积达6500平方米左右,涉及家具、建材、橱柜、电器、装饰、家纺等十大精品名企。

【指导3家基层商会完成换届工作】 贯彻落实中共中央、国务院《关于加强和改进新形势下工商联工作的意见》精神和省委、市委、县委实施意见精神,县工商联加强工作指导,2016年,日杂百货商会、新生代创业联谊会和象山广东商会等3家基层商会相继完成换届工作。

【丹西商会被评为省规范化示范商会】 丹西商会成立后,按照"保障机制不断完善、先锋作用有效发挥"的工作思路,发挥商会工作"主导""衍生""孵化"等功能优势,在架桥梁、搭平台与促发展过程中推动商会工作又好又快发展。商会各项工作取得可喜的成绩,先后被评为宁波市示范商会、宁波市创先创优先进党组织、市级先进商会、市级先进基层党组织;象山县优胜基层党组织、县级先进基层商会、县级统战工作先进集体、县级先进基层党组织等,并被民政部门评定为"4A级社会团体"等称号。2016年度被省工商联评为全省规范化建设示范商会,该商会是全县首家获得此项荣誉的基层商会。

民主同盟象山县基层委员会

【概况】 2016年,民盟象山县基层委员会共有盟员64名,其中博士后1人、在读博士2人、硕士10人,正高职称9人,副高职称27人。民盟象山县基层委员会有各类各级人大代表、政协委员21人次,其中陆振一为省人大代表,林娅为宁波市人大代表,陈淑芳、周秉益为市政协委员。县人大代表4名,其中县人大常委会组成人员3名;县政协委员13名,其中县政协常委3名。胡建萍、陈淑芳、史丹丹、陈俊、马绪巍、叶能章、周秉益等7人当选为民盟市委会第十四次代表大会代表。胡建萍、陈淑芳等2人当选民盟宁波市第十四届委员会委员,朱红曙、叶能章、黄红侠、刘永跃、王李渊、申倩倩等成为民盟市委员会各专委会的组成人员。发展张光辉、朱郑杰2名新盟员,王森栋、钱豪、翁立东已报备盟市委。

【学习陈淑芳先进事迹座谈会】 4月22日,象山民盟召开新盟员学习陈淑芳先进事迹座谈会。聆听盟员陈淑芳的先进事迹,新盟员表示,要以陈淑芳盟员为标杆,严格要求自己,投身岗位建功,为象山民盟增光添彩。胡建萍主委要求新盟员要学习陈淑芳盟员爱岗敬业、廉洁奉公的职业风范,学习她刻苦钻研、孜孜以求的学习精神，学习她无私奉献、关爱他人的善良品德。

【民盟象山县基层委员会成立大会】 5月10日，民盟象山县基层委员会成立大会在象山海洋酒店召开，中共宁波市委统战部副部长谢群华，民盟宁波市委会主委许亚南，中共象山县委书记叶剑鸣，县政协主席白国璋，县人大常委会副主任励茂平，民进象山县支部主委副县长王安静，农工象山县支部主委、县科技局局长钮晶莹，慈溪市人大常委会副主任陈铭龙等市县领导参加会议。胡建萍当选为民盟象山县基层委员会主委，周敏峰、徐辉、史丹丹当选为象山县基层委员会副主委。

【民盟上海市委会直属综合支部交流活动】 5月20日，民盟上海市委会直属综合支部22人到象山开展学习交流。活动由上海市委参政议政咨询委副主任郑韶带队，盟市委参政议政部龙跃波副部长、县基层委员会主委胡建萍等领导陪同交流。双方主要与会人员就上海和象山如何在各领域深入合作、改革发展、创新转型、取长补短等重点问题上进行交流与讨论。

【学习教育活动】 6月28日，民盟象山县基层委员会全体盟员汇聚县职高会议室，开展“学盟章盟史、学身边先进、做合格盟员”学习教育活动，胡建萍主委就“两学一做”学习教育活动进行动员部署。要求全体盟员弘扬民盟的优良传统，以陈淑芳为榜样，在做好本职工作的同时，为象山发展建言献策，履行好参政党职责，做合格盟员。

【“我省近岸海域海洋工程对海湾经济可持续发展的作用与影响”课题调研】 9月19日，全国政协委员、省政协副秘书长（兼）、民盟浙江省委会专职副主委徐向东带领民盟浙江省委一行在象山调研“我省近岸海域海洋工程对海湾经济可持续发展的作用与影响”课题。民盟宁波市委会秘书长陈华贤，象山县政协副主席、民盟象山基层委员会主委胡建萍等陪同调研。调研组一行实地踏看象山经济开发区临港装备园沿港大中庄等区块、道人山围垦工程等，详细了解象山海洋经济发展情况。在座谈会上，与会人员围绕象山海洋经济发展及海洋工程队海湾经济的作用与影响等情况展开深入讨论。

【中国民主同盟宁波市第十四次代表大会开幕】 9月26日，中国民主同盟宁波市第十四次代表大会隆重开幕。197名代表肩负全市1469名盟员的重托，聚集一堂，共商市多党合作事业大计，共谋宁波民盟发展良策。会议总结民盟宁波市委会过去五年的工作，确定任务，选举产生新一届民盟宁波市委会。胡建萍、陈淑芳、史丹丹、陈俊、马绪巍、叶能章、周秉益等七位盟员代表参加民盟宁波市第十四次代表大会。

【“润禾”竹根雕非遗技艺传承研讨会】 10月22日，民盟象山县基层委员会在宁波建设工程学校召开“润禾”竹根雕非遗技艺传承研讨会。研讨会围绕“竹根雕非遗传承”的主题，就如何发挥建设工程学校竹根雕产学研基地的作用，推动县竹根雕产业的发展展开讨论。胡建萍主委高度评价周秉益师徒作品展，指出县竹根雕产业发展必须两手抓，一手抓艺术精品的创作，一手抓工艺品的生产。

【民盟象山县基层委员会帮扶畜牧“同心基地”活动】 11月9日，民盟象山县基层委员会帮扶畜牧“同心基地”活动在泗洲头镇举行。县政协副主席、民盟象山县基层委员会主委胡建萍出席活动。活动中，民盟象山县基层委员会向“同心基地”畜牧小区捐赠卫生消毒装置资金5万元。盟员、县畜牧兽医总站站长陈淑芳为养殖户作畜牧科技讲座。

【民盟象山县基层委员县际交流】 12月17日，民盟象山县基层委员会组织20名盟员赴民盟宁海基层委员会，开展盟务工作学习交流座谈，就基层委员会组织工作进行探讨，并考察宁海全域旅游。

【申报盟市委立项调研课题】 以调研课题为依托，深层次聚焦发展难题。以聚焦问题精准、调研问题扎实、解决问题可行为标准，做到不调研，不发言。申报盟市委立项调研课题，陈淑芳执笔完成题为《加强美丽牧场建设，补齐精致农业和全域旅游的特色农产品短板》的调研报告。围绕工匠精神培育、劳资关系纠纷、精致农业建设等3个热点问题申报2017年盟市委立项调研课题。

【信息宣传,广视角反映社情民意】 关注社情民意,向各级组织上报6条社情民意,县委统战部《观察与建议》录用3条,盟市委录用3条。针对农村慢性病患者配药难的问题,孙善贤提出的《关于改进审批与服务环节,缓解农村慢性病患者配药难问题》得到时任县委副书记俞骏的批示。上报宣传信息18篇,其中《民盟象山县基层委员会开展富有民盟特色的"两学一做"活动》被中央盟讯录用。

【"两会"为平台,多角度建言发展良策】 盟员人大代表和政协委员履行参政议政职能。2016年,盟员代表与委员共提交各级建议5件、提案26件,较多建议得到采纳和落实。陆振一在省人代会上提出的《关于加快象山港湾、石浦港湾(三门湾)两大湾区建设的建议》,陈淑芳在市政协会议提出的《整改农村线路"空中蜘蛛网"》,史丹丹在市政协会议提出的《关于推荐象山县承办2022年亚运会帆船比赛项目基地的建议》,林娅在县人代会提出的《关于运作"三位一体"模式,发展品质民宿,促进县旅游四季长盛的建议》,朱红曙在县政协会议提出的《关于优化设置丹城西门立交桥限高杆的建议》,鲍斐丹在县政协会议上提出的《关于推进县乡村旅游健康发展的建议》,黄恩荣代表石浦联委会作大会参政议政发言等等,均围绕中心工作与民生热点难点问题,切合实际,具有较高的参考价值,为推动经济社会的发展建言献策。

【盟员陈淑芳岗位建功】 盟员陈淑芳获全国五一劳动奖章、全国文明家庭和全国三八红旗手等荣誉,12月12日,在北京参加全国首批文明家庭表彰会上受到习近平总书记的接见;发表论文12篇,其中1篇获得全国农业科技论文一等奖,其事迹得到民盟中央的肯定,民盟中央宣传部部长曲伟亲临象山进行慰问。

【盟员赖赛飞作品发表】 盟员赖赛飞在《人民日报》上发表多篇散文,散文集《后别离时代》获2016年度中国人口文化奖三等奖,散文《天鹅雕》获得2016年度中国散文年会评选二等奖。

【盟员周秉益参加国内民间艺术研讨会】 盟员周秉益多次参加国内民间艺术研讨会,作品"清风和韵"获中国工艺美术"百花奖",作品"蓬莱逸客"被中国工艺美术馆永久收藏。

【盟员获奖情况汇总】 陈淑芳、陈俊、朱红曙获民盟浙江省2015-2016年度先进盟员。盟员林娅获宁波市劳动模范、"宁波好人"称号,获浙江省学校心理健康教育优秀个别辅导方案一等奖。盟员王李渊获浙江省劳动保障监察工作先进个人荣誉称号。盟员樊亚芬成为浙江省摄影家协会会员。盟员王爱菊获"象山县神经内科学科带头人" 荣誉称号,课题获宁波市自然基金立项。盟员陈列获宁波市职教论文一等奖。盟员李新华撰写的《英文电影赏析在初中英语阅读教学中的应用》论文刊于全国核心期刊,教学微课获宁波市一等奖。盟员鲍斐丹获宁波市优秀教师称号,《家园携手 乐享四季》论文在全国家教会议上交流,收入《家校合作的中国行动》一书。盟员陈益获2015-2016年度"一师一优课 一课一名师"活动省级优课。盟员吴海贤获宁波市高中语文教坛新秀荣誉称号。

农工民主党象山支部

【概况】 2016年,农工党象山支部共有党员16名,来自政府、教育、卫生、科技等部门,其中本科以上学历16人、正高职称1人、副高职称7人,担任县政协委员5人、市政协委员1人。农工党象山支部履行参政议政、民主监督职能。周倩倩被评为2016年度全县统战工作先进个人。励成被评为农工党市委会积极通讯员。

【召开党员大会暨成立三周年专家义诊活动】 4月12日,中国农工党象山支部召开党员大会暨成立三周年专家义诊活动,在贤庠镇中心卫生院建立"同心"服务基地并举行授牌仪式,市一院、市三院的医疗专家开展义诊,免费发放药品。市政协副主席、农工党宁波市委会主委陈为能,县委常委、统战部长黄敏求出席并讲话。会议表彰先进,农工党象山支部主委钮晶莹回顾三年来的主要工作并部署2016年工作任务。农工党宁波市委会专职副主委徐翔、县委统战部副部长沈颖洪,对口联系单位县卫生计生局、县海洋与渔业局负责人出席授牌仪式并参加党员大会。

【组织建设】 重视和加强思想建设。开展统战工作理论和提高工作能力的培训，举办党员培训班，开展工作经验交流会，互相交流学习。完善科学的基层工作体制和机制。探索符合民主党派组织特点的自我监督机制，建立《农工党象山支部考评制度》。创新和丰富组织生活。将组织活动与参政议政相结合。发挥内部党员人才、技术以及社会关系等方面的优势，组织党员参与到"新农村建设""全域旅游""五水共治"等社会生活中去。

【参政议政】 注重调查研究，通过政协提案、社情民意，建言献策。县政协委员朱爱春、张方富参加"五水共治""提升基层医疗服务"和"医联体建设"等工作督查和调研，朱爱春委员为主导提出的"关于进一步增强青少年健康体质的建议"被评为2016年重点提案。发动支部党员围绕中共象山县委、县政府的重点工作和农工党市委会的中心工作，紧扣广大市民所关注的热点、难点和倾向性问题，开展调研，反映情况。通过对县新农村建设的思考，孙丽姹撰写的《农工党象山支部建议新农村建设要留点乡愁》，入选县委统战部《观察与建议》，获县领导批示。

【社会服务】 社会服务市民主党派承担社会责任的体现，是党员展示才能和服务群众的重要平台和载体。2016年3月建立贤庠镇中心卫生院建立"同心"服务基地，开展义诊义讲、健康咨询、扶贫帮困等形式多样的社会服务活动，利用微信公众号等新媒体手段，推送重要党务信息，传播公益理念，举办"家有二宝摄影大赛"等"微活动"。黄胜、王晓、刘波和陈云峰等党员参加"肿瘤防治宣传周"等健康咨询活动，服务群众百余人次。

（周倩倩）

中国民主促进会象山县支部

【概况】 中国民主促进会象山县支部（民进象山支部）成立于2013年4月11日，2016年有会员16人，王安静任主委，杨盛昂、宋厘国任副主委。2016年，民进象山县支部学习贯彻习近平总书记系列重要讲话精神、中央统战工作会议精神和民进中央、省委会、市委会的指示精神，围绕中共象山县委、县政府中心工作，聚焦"十三五"规划的制定与实施，履行参政党的职责，发挥优势、体现特色，加强自身建设，全面提高履职水平，着力打造"开明之家、品质支部"。

【召开年度工作会议】 2月1日，中国民主促进会象山县支部召开年度工作会议，总结2015年工作，部署2016年工作。市政协副主席、民进市委会主委李太武，县委常委、统战部部长黄敏求，民进市委会专职副主委赵夏娟，副县长、民进象山县支部主委王安静出席会议。县文广新局、财政局、农林局成为民进象山县支部的对口联系单位。会议指出，秉承开明思想，加强思想政治、形势政策、民进会史等的学习，传承开明制度，提升组织规范化、制度化建设水平，激发支部活力；汇聚各方智慧，开展参政议政主题年活动，开创参政议政工作新局面；集聚各方力量，继续打造"父亲联盟行动"品牌，坚持实施送教、送文化服务，创新开展"微公益"活动，巩固社会服务主题年成果。

【赴民进新安江支部考察】 2月25–26日，民进象山县支部主委王安静率11位会员，赴建德新安江考察学习民进工作先进经验。建德市政协副主席、民进建德市委会主委谢春凤，民进新安江支部主委董光海等热情接待。考察组在新安江街道沧滩社区参观民进新安江支部"会员之家"，仔细阅览展示支部建设成果的展板、图片资料等。学习民进新安江支部在规范管理、制度完善、发展创新等方面的工作。

【民进象山县支部开明讲堂开讲】 6月19日，民主促进会象山县支部开明讲堂开讲暨父亲联盟行动第三季启动仪式在象山书城举行。民进市委会主委、市政协副主席李太武，县委常委、统战部长黄敏求出席活动，民进象山县支部主委、副县长王安静作《红楼梦与父亲教育》主题演讲。

父亲联盟行动在2014年父亲节发起，旨在呼吁父亲更多地参与孩子教育。2016年第三季的活动主题是"阅读",以书为媒,以阅读为纽带,让孩子和家长共同分享多种形式的阅读过程。据统计,两年来,父亲联盟行动由首批的8所实验学校、76名志愿者发展壮大,有18所实验学校、175 名志愿者参与其中。截至2016年12月,父亲联盟行动共开展活动90余次,参与人员达1.3万余人次。活动表彰父亲联盟行动第二批"好父亲"36位,公布父亲联盟行动第三批6所实验学校、57名志愿者。

【赴民进中央学习参观】 11月25日,民进宁波市委会副主委、民进象山县支部主委王安静率民进象山县支部会员,赴民进中央学习参观。全国政协副主席、民进中央常务副主席罗富和,组织部部长左延珠、研究室副主任徐德安亲切接见民进象山县支部一行,并与会员合影留念。民进中央会史馆展示民主促进会的光辉历史和优良传统,激发会员开展社会服务,履行参政议政、民主监督职能,为民进添光彩的意识。

【获得荣誉】 1月27日,陈红飞、洪佩平、虞亚凤、杨惠芳、潘琼、朱文荣被象山民主促进会评为"2015年度优秀会员"。4月6日,会员朱文荣被浙江省青年企业家协会选为2015年新锐浙商候选人。9月8日,会员解爱静被象山县人民教育基金会授予"园丁奖"。11月28日,朱文荣被象山县人民政府授予半岛英才—杰出科技人才奖。12月5日,民进象山支部被民进浙江省委会评为优秀基层组织。12月29日,王群被宁波市总工会、宁波市人力资源和社会保障局授予2016年度"宁波首席工人"。

【撰写课题论文】 6月4日,欧赛萍主持开展的《幼儿园开展健康小护照行动的时间研究》荣获宁波市政府基础教育课题成果三等奖。6月7日,支部撰写的《推行"四同模式"推进"产教融合"》,在县委统战部编制的《观察与建议》第十六期刊出。6月12日,支部撰写的《深入推进"产教融合" 疏通人才培养"堵点"》向市委统战部建言献策。6月12日,欧赛萍主持开展的《全园联动式公共游戏区活动的构建与研究》荣获宁波市教育科研优秀课题三等奖。8月30日,宋厘国、陈红飞、吴春妍撰写的《建议推行"四同模式" 推进"产教融合" 补齐我市人才短板》被宁波市政协专刊《民营经济研究》第11期录用。

【社会服务】 3月30–31日,副主委宋厘国、会员解爱静和殴赛萍,参加宁波民进"名师团"进鹤浦镇中小学校和幼儿园听课、上课、评课结对帮扶教研活动。5月23–24日,主委王安静带领全体会员参加民进宁波学前教育研究会与象山鹤浦中心幼儿园结对助学活动。12月28日,"民进讲堂"走进宁波建设工程学校,委员洪佩平给学校学生作"旅游节庆策划"的讲座。

【组织建设】 4月15日,支部委员会议在象山宾馆党派活动室召开,主委王安静主持会议,商议新会员发展工作,部署新会员人选考察事项。6月8日,经市委会第六届委员会第二十五次常委会会议研究,决定同意吴晨、吴永建为民进会员,支部会员数增加至16人。

【组织学员培训活动】 6月14—17日,副主委杨盛昂参加省委会举办的骨干培训班学习。7月4—8日,吴永建参加民进市委会举办的新会员培训班学习。7月11—14日,副主委宋厘国参加宁波市市社会主义学院举办的宁波市基层组织负责人培训班。11月2—5日,洪佩平、吴春研,参加县委统战部举办的象山县党外代表人士综合素养提升培训班学习。

【考察活动】 7月29日,主委王安静带领全体会员去会员朱文荣企业"象山旭文海藻有限公司"调研,考察"斑斓西沪"项目进展情况。县委统战部常务副部长翁华清、黄避岙乡党委书记张茂豪参加考察活动。11月24日,副主委杨盛昂、委员陈红飞、洪佩平参加县纪委、县委统战部召开的纪委委员党外代表人士廉情问询会,并就"电梯使用监管等问题"向县市场监督局进行询问。

(陈红飞)

象山县总工会

【概况】 2016年,县总工会以改革和创新为抓手谋划推进工会工作,以普惠和机制建设为重点着力提升服务实效,各项工作取得进展,重点工作、创新工作双双进入宁波市总工会考核第一梯队，工会基层组织建设名列市委、市政府对县委、县政府考核第一名。全县共有单建企业工会2166家，行业（区域）性联合工会117家，累计覆盖5326家企业，建会率为99.87%，会员数达227925万人。

【培育精业敬业的"半岛工匠"】 开展"寻找半岛工匠"活动，挖掘产生长期奋战在生产一线、爱岗敬业、精益求精、追求卓越的"半岛工匠"，2名职工成功入选宁波市首届"港城工匠"。加强16家职工技能培训基地建设和培训工作，授予象山海洋技术培训学校、象山华翔职工技能培训学校为技能培训基地。开展技能、创业培训180场，共培训职工23600人次，1720人获职业资格证书，为实现"十三五"规划目标任务提供人才支持和智力保证。

【推动群众性劳动竞赛形成新品牌】 围绕象山"两强两美"建设，扎实开展重点工程"争先创优"立功竞赛和"最美河道任我游"——"五水共治"立功竞赛活动，实现参建单位、参建人员、参建过程全覆盖，营造良好工程建设氛围。开展职工岗位练兵大比武，旅游饭店、建筑、卫生、广电、工艺制作（竹根雕）、渔业（织网）等行业开展技术比武10场，企事业单位内部技术比武近百场，吸引近150家单位、千名职工踊跃参与，产生县级技术能手25名、"首席工人"3名，强化职工岗位建功积极性。

【倡导技艺传承促进成果转换】 开展规模以上企业"名师带徒"活动，着力引导劳模创新工作室领衔人、首席工人、技术能手等高技能人才做好"传、帮、带"工作，拓展职工技能人才培育新路子，完成师徒结对220对。推动劳模工作室在扩面、提质、强实效上实现新突破，新增2家县级创新工作室，1家市级创新工作室、推荐1家省级创新工作室。开展"合理化建议""岗位先进操作法"评选活动，共收集、评选出9项职工先进操作法、10条金点子优秀合理化建议，加速技术成果向生产力转化。

【蓝领通工作】 继续实践金融普惠，灵活解决工会会员和微小企业贷款难问题，全年"蓝领通"新增贷款770人，累计达2198人，符合贷款条件2万人，贷款余额2.6亿元。此项工作在国家、省、市各级工会媒体得到报道，吸引郑州、扬州及省内多家工会组织和金融部门前来学习考察，其创新性和普惠性获得一致好评。

【工会5·1服务卡工作】 将农信联社列为5·1服务卡新增发卡银行，形成城乡一体、两翼齐飞的发卡格局。采取特惠、优惠、商惠结合，线上线下联动的形式，保持签约商家近300家，涉及小吃美食、休闲娱乐、医疗服务、旅游住宿、家装建材、培训教育、法律援助等14个项目。职工由原来的被动做卡转化为主动申请，发卡量近9万余张，持卡使用率大幅提升，近10万余人次凭卡享受优惠折扣，据不完全统计，受惠金额上百万元。

【"送温暖"活动常态化】 开展节日慰问、灾害救助、帮扶困难职工985人，涉及慰问金94万元。开展金秋助学活动，共帮扶困难职工子女140人，发放助学金17万元。开展一线职工免费体检900人，疗休养160余人。组织参加在职职工医疗互助保障33546人次，累计为85名参保人员支付互助保障金338426元。联合县人社局举办专场就业洽谈会，提供工作岗位2500个，促进就业再就业。

【劳动保护工作】 深入开展县安康杯竞赛，提升企业安全生产管理水平和职工安全生产意识。丹东街道、东陈乡总工会分获省市级"安康杯"竞赛优秀组织单位；宁波兄弟服饰公司获省级"安康杯"竞赛优胜单位，5家企业获市级"安康杯"竞赛优胜企业；3家班组被评为市级"安康杯"竞赛优秀班组。开展以"三送一强"为主要内容的高温集中慰问行动，采用县、镇乡（街道）、企业"三级联动"新模式，共走访405家企业，67080名职工，慰问金额达105万元。

【工会法律监督】 探索一体化基层法制服务模式，聘请浙江丹峰律师事务所为法律顾问单位，解决企业、职工遇到的法律难题，此项工作获得宁波市工会系统创新工作一等奖。共接待职工会员法律咨询23批次，审核四大类7种法律合同文本34件，参与劳动仲裁、劳动诉讼案件8起，均获胜诉。实行劳动关系不稳定因素日报制度，接待来信来访33次，涉及工资纠纷、社会保险、劳动保护、职工福利等问题。劳动争议联合调解中心接待来访290人次，涉及金额541万元。

【企业工资集体协商步入精细化轨道】 贯彻《宁波市企业工资集体协商条例》，规范工资协商的程序和内容，因地因企制宜进行实际操作，保障职工实际工资水平与企业劳动生产率、经济效益相适应。全面建立集体合同、工资专项集体合同数据库，已有1403家企业在浙江省工会业务平台上录入相关数据，组织开展集体协商业务培训2次，9家企业(行业)获"工资集体协商精细化示范企业(行业)"。

【文化阵地建设多地开花】 擦亮"工"字招牌，新职工文化活动中心完成初设计方案，石浦、贤庠、西周工人文化宫已投入运营，华翔区域性职工文化活动中心建成。职工之家建设呈现多元化趋势，各阵地继续强化篮球场、多功能(影视)活动厅、电子书吧、职工书屋、综合活动室等基础硬件设施建设。

【开展系列文化活动暖人心】 成功举办"工运情半岛梦"庆五·一先进表彰暨文艺晚会，"文化惠企半岛行"活动受到好评。以职工艺术团为主体的"永远跟党走"主题慰问演出相继走进新桥、墙头、贤庠，各类演出观演职工约3万人。举办"美丽象山"伊耀宽作品音乐电视首放式暨新闻发布会，将优秀歌曲作品加以宣传。

【"温暖娘家人"志愿活动长效化】 深化"温暖娘家人"品牌，内设扶贫帮困、结对助学、职业介绍、技能培训、劳模服务、法律维权、抢险救灾、心理援助、素质教育、宣传文体等10支志愿分队。社会团体雄鹰救援队成立工会组织，参与抗台、安全疏导、消防演习、安保等20次，服务群众2000余人次，溺水救险、寻人等21起。职业介绍分队为下岗失业人员提供职业介绍1160人次，实现下岗失业人员再就业510人次。

【扩大组织覆盖面】 推进基层工会架构改革，加强建筑业、快递行业、农家乐、电商服务业等行业及两新组织工会组建力度，开展丹西、大徐市级"六好"示范乡镇(街道)总工会创建。做好农民工入会和服务双提升工作，累计吸收农民工会员19.5万人，入会率达90.4%。截至年底，全县共有基层工会2283家，涵盖5326家单位，建会率达96%，会员数为22.79万人。

【规范基层工会建设】 推进"活力基层工会"星级创建，82%单建基层工会(686家)达到"活力基层工会"三星级以上标准。开展创建"模范区域性(行业)工会"活动，在职工集聚的工业区、功能区、村(社区)推行"开放融合、多元互动"的区域化工建，创建面达20%。全市推进"小三级"工会组织建设现场推进会暨农民工入会服务工作现场观摩活动在象举行，该项工作是县又一个被兄弟工会争相学习的热点。

【基层干部队伍建设展现新面貌】 推行基层工会主席"1+X绩效积分"岗位津贴制，650余名非公企业工会主席享受相应的600–12000元不等的岗位津贴。推进基层工会干部述职评议，实行《象山县聘用职业化工会工作者管理办法》。分级分类开展各级工会干部教育培训，增强基层工会干部的工作积极性和主动性。

【各项工作统筹推进】 工会财务工作得到加强，工会经费收入持续稳步增长；实施暂缓收取工会建会筹备金制度，缓解企业经营压力；"经审三个普遍"提高年活动深入开展，审查审计监督力度加大，规范经费使用和管理，筑牢工会廉洁防线；女职工技能培训、"妈咪暖心小屋"建设保持良好态势，女职工专项维权行动扎实推进，"玫瑰之约"职工联谊活动广受好评

共青团象山县委员会

【概况】 2016年，团县委以"密切团青关系"总体要求，以提升青年群众工作能力为主线，以青少年综合服务平台建设为突破口，夯实基层团建基础，服务青年成长成才，推进象山共青团事业发展。全年，1个少先队被评为浙江省少先队先进集体，2位辅导员被评为浙江省优秀少先队辅导员，1位少先队员被评为浙江省优秀少先队员，7个团组织被评为市级先进团组织，8名团干部被评为市级优秀团

干部，7名团员被评为市级优秀团员，5家团组织被评为市级青年文明号，9个团组织被评为市级共青团强镇单位。

【青少年思想引导】 通过“红领巾相约中国梦”“学习陈淑芳，寻找身边的平凡天使”等活动，打牢青少年共同思想基础，各类活动全年参与人数15000余人次。举办“爱让我们在一起”少儿春晚、“青春不一Young”公益跑等，共筹得爱心善款64000余元，用于关爱重症儿童、生态环保等公益事业。在全县青年干部中开展家风家训“比学立行”、移风易俗文明婚丧专项宣传等活动，号召广大青年干部参与，共同营造风清气正的道德新风尚。注重传统文化，送《弟子规》课程进学校、进社区、进农村、进企业，弘扬中华优秀传统文化和美德。注重时尚引领，开展青春文化夜市系列活动，包括“青春夜·公益音乐节”“青春夜·书爱换书大会”“青春夜·海洋文化节”“青春夜·葡萄架下的聚会”等四大活动，参与青年12000余人次。

【新媒体建设】 依托“象山新青年”微信公众号，开展“带着国旗去旅行”“听党章、悦读党章”“我是创业青年　我为青春代言”“e起寻找象山美食”等主题活动，吸引上万余名网民参与。加强象山“青年之声”平台建设，形成团干部轮值制度和问题答复机制，定期为青年网友进行线上线下答疑帮扶。注重网络舆情引导，吸纳团队干部、机关青年、网络达人等群体，充实网络文明志愿者队伍，并分级建立QQ群、微信群，在网络上发出“青年好声音”。

【青年就业创业服务工作】 加强与信用联社、邮储银行、人保财险等金融机构合作，重点推进“信用团委”建设，用足用好青年创业贷款政策，争取农村青年贷款利率优惠，协助解决资金问题。截至12月底，累计发放小额贷款超3.27亿，惠及青年3617户。发挥青年创业信用担保中心作用，为青年创业提供便捷，完成贷款担保6笔。推荐保证保险担保贷款业务，共计发放贷款500余万元。开展各级“农村致富带头人”“十大杰出青年”推选工作，并在《今日象山》头版开辟创业故事汇专栏，宣传创业创新典型，在青年中营造学习先进、争当先进、赶超先进良好氛围。依托县电子商务创业园，成立象山县青年电子商务孵化基地，配合“农村淘宝”项目推进，组织400余名青年参与到合伙人招募培训。

【青年志愿者行动】 配合做好第三届中国青年志愿服务项目大赛暨志愿服务宁波交流会，推广使用We志愿服务平台，做好志愿服务岗位、活动的发布，做好专业志愿服务队伍的登记备案，实现电子注册志愿者近2万，注册志愿服务队伍100余支。加强阵地建设，发挥象山县志愿服务指导中心作用，为志愿者培训指导，发布、策划、开展志愿服务活动提供实体化阵地，全县共有13家志愿者组织入驻该中心。开展全县“平安护航G20誓师大会”暨平安志愿者大队成立仪式，成立平安志愿者队伍36支，志愿者人数达16000余人，确保G20杭州峰会期间象山社会大局稳定。打造“中国青年志愿者蓝色护海行动”“三五学雷锋”“旅游人志愿者”等品牌项目，引导广大青年志愿服务县海洋经济、全域旅游建设，全年参与志愿服务10万余人次，服务时间超过10万小时。

【青少年社会事务建设】 按照“平安护航G20大会战”的部署要求，实施重点青少年帮教管理、青少年平安行动。推进重点青少年群体服务管理和预防犯罪工作，完善未成年人刑事案件调查员、合适成年人制度，升级“七色花”关护套餐，实施再犯预防、临界预防和早期预防分类预防法，重点青少年群体服务覆盖率100%。实施青少年平安行动，开展青少年远离毒品行动、“青春红丝带”防艾宣传教育等，组织外来务工子女与留守儿童参加“花朵保护伞”“为生命护跑”等自护教育活动。推进“共青团与人大代表、政协委员面对面”项目，定期深入各类青年群体开展倾听、恳谈等活动，组织“面对面”和“倾听”活动5次，参与人数100余人次。开展县级“青少年维权岗”督查复评，推进权益维护工作。完善县级青少年综合服务中心建设，以县志愿服务指导中心为核心站，县青少年宫、青少年科技活动中心作为核心站的外延阵地，配备2名专职工作人员加强日常运行管理，建立11支专业服务队，提供包括公益服务、权益维护、交友联谊、创业创新等各项服务。探索网上虚拟服务平台建设，加强12355热线建设，提供咨询、维权、关爱、指导等相关服务50余次。加强青少年事务社会工作专业队伍建设，组织75名从业人员参加社会工作师考试。开展“万人圆梦新年新心愿”活动,共收集并实现外来民工子弟学校孩子100余个微梦想。用好“宁波银行公益助学金”、省公益金及“亲青筹”平台,开展结对助学、助医、助困行动,帮扶资金达17万元。

【青年文明号工作】 深化青年文明号创建工作,实施青年文明号“3s”行动,对争创集体负责人、团干部进行考核培训。评选县级青年文明号11家,新申报2015年度市级青年文明号4家。

【基层组织建设】 深化“双网互动”工作,以跨网格统筹资源为重点,探索实践国有企业、部队、学校、部门等参与统筹城乡团建新模式。创建乡镇(街道)“双网互动”示范点3个、示范性网格15个。夯实新兴领域团建,拓展电商、文创等领域的团建工作,建立影视城流动团支部,覆盖和服务“象漂”群体。新增非公企业团组织67家,新社会组织团组织17家,超额完成“两新”组织团建三个100%任务。完成县青联换届工作,按照群团改革要求配齐配强青联领导班子,团结凝聚各条战线的优秀青年。加大社会组织引导力度,以塔山志愿服务协会、水滴爱心慈善基金等12家较有影响力的社会组织为枢纽,将更多青年社会组织纳入到以共青团为龙头的青年组织体系。

【团干部队伍建设】 开展“两学一做”教育学习,成立“青春塔山”干部读书会,组织各类学习交流、实践调研活动20余次。坚持以行践学,全面开展共青团“大脚掌走基层”活动,落实“1+100”联系青年制度,全县各级团干部走访村(社区)、学校、企业等团组织420余家,走访联系各类青少年5950余名,征求各类青年建议800余条。坚持从严治团,加强团干部协管力度,落实片区工作制度,推行“短板工作法”,加大对团工作考核、通报、督查力度。完成乡镇团委换届前期调研,做好乡镇团委书记人选推荐工作。针对培养在列的5位全省乡镇街道团委书记后备培养人选,建立培养人选“成长档案”,纳入团干部素养提升工程。

【“爱让我们在一起”少儿慈善春晚】 2月1日晚,作为“爱让我们在一起”系列慈善活动的收官之作,第二届少儿慈善春晚在县文化活动中心温情落幕,唱响社会正能量。晚会在孩子们天真烂漫 的歌舞中拉开帷幕。俏皮可爱的蓝精灵、节奏明快的 快板书、激情四射的拉丁炫舞……592名小演员次第登场,以独特的艺术形式传递自己的社会爱心。晚会穿插义卖环节,谢才华、董根友、陈先弟等县内知名艺术家亮相舞台,为爱心义卖活动进行现场创作。本届少儿慈善春晚,门票收入逾14000 元,募得善款 129000 元,将全部用于救助县重症儿童。

【共青团象山县十八届三次全委(扩大)会议】 2月26日上午,共青团象山县十八届三次全委(扩大)会议召开,团县委委员,各镇乡街道团(工)委、县直属团组织、少先队辅导员及社会公益组织代表等150余人参加会议。会议审议通过《共青团象山县第十八届委员会第三次全体(扩大)会议关于团县委委员、候补委员的卸职递补确认案》,表彰2015年度先进团组织和优秀个人。县委常委、统战部部长黄敏求同志出席会议并作重要讲话。回顾总结2015年团的各项工作,分析县共青团工作面临的新形势、新任务,并号召全团要全面贯彻党的十八大和十八届三中、四中、五中全会精神,落实习近平总书记系列重要讲话精神,贯彻落实党的群团工作会议精神,以保持和增强政治性、先进性、群众性为目标,按照“凝聚青年,服务大局,当好桥梁,团要管团”四维工作格局,深化共青团工作改革。

【“学习陈淑芳,寻找身边的平凡天使”活动启动仪式】 3月5日,由象山团县委主办的2016年学雷锋志愿服务暨“学习陈淑芳,寻找身边的平凡天使”活动启动仪式在城区国际风情街举行。县委常委、宣传部长罗来兴,县人大常委会副主任励茂平,县政协副主席胡建萍出席活动。启动仪式上,团县委对“学习陈淑芳,寻找身边的平凡天使”活动作出具体部署,号召全县各级团组织和广大青少年向陈淑芳学习,动员市民朋友寻找(推荐)身边热心公益爱心事业的“平凡天使”,希望通过效仿学习和潜移默化,让“善行”成为象山人民的自觉行动。活动表彰2015年度志愿服务先进单位和个人。各支学雷锋志愿服务队伍开展爱心义卖、家电维修、法律咨询等一系列志愿服务活动。县领导和各界爱心人士现场认领民工子弟学校20名学生的微心愿。

【"奔跑吧青年"第二季—青春不一Young公益跑】 4月24日上午，"奔跑吧青年"第二季—青春不一Young公益跑微型马拉松开跑。近300名社会各界青年，以DIY时尚造型奔跑在山海间，助力公益，释放青春。活动由团县委和爵溪街道办事处联合主办，根据爵溪街道文体活动中心—游仙路—599乡道—开清亭，设计奔跑往返路线，全程约7公里，沿途绿树葱郁、涛声拍岸。参赛者主要为全县户外运动、公益爱好者，年龄设置在18至40周岁。参赛者以马拉松的名义为"青年公益"代言。参赛者跑完规定线路，即由慈善赞助方向爵溪街道捐助慈善基金。据统计，当天共筹得慈善基金2万余元。

【"象山籍大学生联盟"】 7月22日，象山共青团面向象山籍大学生启动"象山籍大学生联盟"，目的是要汇聚青年之智，扬青年之情，聚青年之力，共同为象山青年成长成才搭建平台，共同为实现象山新一轮发展作出贡献。县委常委、统战部长黄敏求，团市委副书记李锋，县政协副主席吴安定等出席启动仪式。大学生联盟的成立是家乡与在外学子之间的联系纽带。通过这个平台，及时了解在外大学生的诉求，并及时提供帮助。团市委学少部长张民杰、组织部副部长沈成浩、科技局局长钮晶莹、团县委书记俞欢欢、县教育局副局长奚际曹等一同出席此次启动仪式。

【象山县青年联合会第七届委员会第一次全体会议】 9月21日，象山县青年联合会第七届委员会第一次全体会议召开。县委书记叶剑鸣在会上寄语全县广大青年：汇聚青春力量，勇担时代使命，争做"四有四新"青年，创造无愧于时代、无愧于青春的辉煌业绩。团市委副书记、市青联主席钱雪华应邀出席。县领导黄敏求、陈兴立、林胜国、叶富兴、赖明和出席会议。

【宁波·高雄蓝色护海青年志愿者行动】 10月27日，宁波·高雄蓝色护海青年志愿者联队成立仪式在象山石浦举行。该成立仪式由中国共产党宁波市委员会、中国国民党高雄市委员会主办，中国共产党象山县委员会承办。出席该次活动的来自高雄的领导嘉宾是：中国国民党高雄市委员会主任委员、高雄市议员黄柏霖，中国国民党中央评议委员、高雄市玉皇宫主任委员许文良，中国国民党中央评议委员、高雄市民众服务社理事长叶天营，中国国民党高雄市委员会副主任委员、高雄市青年未来馆馆长郭伦豪。象山县县委常委、统战部长黄敏求，宁波市台办副主任顾海飞，宁波市台办巡视员江长荣，共青团宁波市委副书记、市青联主席钱雪华等出席本次成立仪式。中共象山县委常委，统战部部长黄敏求致欢迎辞，黄部长讲到"梦想因匹夫有责而精彩，青春因无私奉献而崇高。"希望两岸青年志愿者能够时刻牢记"善待海洋，就是善待人类自己"的理念，共同做好蓝色护海这项"功在当代、利在千秋"的崇高事业，推进渔业资源恢复、海洋环境改善、经济可持续发展作出贡献。

【"12·4宪法走进你我"普法宣传】 为弘扬宪法精神，落实"七五普法"规划要求，12月2日，团县委组织志愿者赴人民广场开展普法宣传活动。志愿者向群众发放青少年权益维护宣传手册并宣传法律援助等法律法规知识，现场为群众解答问题，教育引导大家牢固树立宪法意识、增强宪法观念。本次宣传活动共发放各类法律宣传资料共计200余份，解答群众法律咨询7人次，形成良好的舆论宣传氛围，使"12·4"全国法制宣传日更加深入人心。

象山县妇联

【概况】 2016年，象山县妇联按照省市妇联"重心下移、力量下沉、服务下沉"专项工作要求和部署，围绕党委政府工作中心，立足妇女所需，创新工作方法，从夯实基层基础、服务妇女发展、维护合法权益、推进家庭建设、关爱妇女儿童等方面下功夫，成为全县广大妇女全面进步的坚强后盾，取得良好的成绩，获2016年度全国妇女新闻宣传阵地建设"先进单位"荣誉称号。泗洲头镇泗洲头村许青素获得浙江省"最美妇女主任"荣誉称号，东陈乡樟岙村谢才华家庭获评浙江省最美家庭。

【党支部建设】 2016年县妇联党支部结合规范化支部创建和服务型党组织星级创建，围绕中心工作，开展"两学一做"学习教育活动。运用网络阵地，开展“巾帼心向党”随手拍活动，在全县妇联系统发起学习“浙江骄傲——最美浙江人”陈淑芳先进事迹系列活动，在县妇联党支部开展“‘讲奉献有作为’——说说我身边的先进故事”“手抄党章”书法比赛、集中上党课、微课堂等系列活动，全面传达学习党的十八届六中全会精神及习近平总书记系列讲话精神，提高党员干部理论修养和服务水平，彰显妇联党员干部在新形势、新时代面前的政治自觉和历史担当。9月，对党支部名称进行规范更改，由中共象山县妇联机关党支部改为“中共象山县妇联党支部”。

【妇女创业就业技能培训】 开展农村妇女电子商务培训。选送4位优秀创业女大学生参加宁波市妇联首期微商培训班并获结业证书；组织15名女能手参加宁波市女性农产品电商“创业集市”活动；联合象山县供销联社，组织100余位农产品女经纪人、农家乐女业主、农村淘宝店主等参加电商知识培训，引导广大农村妇女利用现代网络技术提升创业就业能力，拓展创业空间和致富渠道。开展第十三期“好阿姨”月嫂培训。10月10日–17日，象山县第十三期“好阿姨”月嫂培训在象山技工学校开班。全县各镇乡（街道）的经过体检合格的130余名月嫂接受各种育婴知识培训，通过笔试和实践考试，取得上岗证书。

【发展农村妇女来料加工业】 在全县新建来料加工点9个，建成来料加工示范基地20个，2016年共发放来料加工费6000万元，帮助6000余名妇女实现家门口就业。重视欠发达镇乡的来料加工点发展工作，争取市级补贴57万元。加大政策支持力度，全年共发放来料加工各类奖励资金59.66万元。

【妇女创业联保贷款】 妇女创业小额联保贷款共发放贷款金额2.0624亿元，受惠妇女家庭2779户，为55位优秀创业妇女提供15万元的财政贴息，有效解决农村妇女创业融资难题。

【巾帼文明岗创建】 拓展“巾帼文明岗”创建领域，创新创建机制，促进职业女性岗位成长成才，在电商行业、专业市场等服务行业开展创建工作，共新创市级巾帼文明岗6家，县级4家。注重岗位文化建设，如在全国巾帼文明岗国税报税中心创建“丽亚工作法”，要求岗员深入学习，个个争当岗位标兵，打响“妇”字号服务品牌。

【文明家庭】 实施文明家庭建设工程，开展最美家庭、美丽庭院等各类特色家庭创建活动。通过基层推荐、乡镇把关、县级审核等程序，结合网络公示和投票，共评比产生县级最美家庭85户和最美人气家庭10户。开展美丽庭院创建活动，引导妇女发挥优势，以庭院打造为载体，主动参与环境整治和新农村建设，共评比产生“最美庭院”54户，并对全县42个“美丽庭院”示范村的创建进行考核指导。文明家庭创建成效明显，共推荐产生1户全国文明家庭、13户省市级各类特色家庭。

【家庭教育】 开展家教知识普及活动，创建亲子阅读基地，发挥家庭教育讲师团作用，开展家教课堂“三进”（进社区、进农村、进校园）活动，开设官方家教微课堂、每周1次“张妈妈故事屋”亲子阅读故事会及送课等形式，推动家庭教育知识普及活动。1月13日，县妇联邀请象山县副县长王安静为妇女干部上《红楼梦和家庭教育》讲座。11月26日，县妇联联合县教育局、县奥林匹克培训学校举办首届家风与家庭教育高峰论坛，邀请北大专家培训辅导，为全县家长提供更科学的家庭教育指导、咨询和服务。2016年全年共开展家长培训120多场次，举办“家庭教育大篷车送教活动”50多场次，开展“儿童阅读专题指导”4场次，开展“示范性集体阅读指导”3场次，共惠及家长万余名。组建家庭教育志愿者队伍，参与各类家教活动。加强对各级家长学校建设的指导，实行示范家长学校梯度创建目标，共新创市级示范家长学校6所、县级示范家长学校15所（县级家长学校46所）。

【普法维权】 发挥好12338妇女维权热线的作用，为妇女提供法律政策咨询、法律帮助和心理抚慰等多方面的服务。接访近80起，处理率达99%。家事审判合议庭和调解室运作良好，家庭纠纷案件调处更加专业化、制度化和规范化，共收案718件，结案762件。7月19日，省妇联权益部部长金雷一行来到象山调研基层婚姻家庭纠纷调解工作及组织建设情况，肯定象山县家事纠纷调解上所作的努力和取得的成绩。家事审判合议庭被评为宁波市“三八”红旗集体。困难弱势妇女群体提供法律援助，成功受理案件并圆满结案，帮助妇女合法维权。加强各级妇联家事纠纷调处队伍建设，吸纳专业人士、巾帼志愿者等参与婚姻家庭服务活动。县婚姻家庭人民调解委员会被评为宁波市“十佳”婚姻家庭纠纷调解组织，婚姻家庭人民调解员俞秋霞被评为全市十大调解能手。联合县民政局在婚登处设立婚姻指导室，在离婚前给予情绪疏导，推进调解规范化运作。

【妇女健康促进工程】 实施妇女健康提升工程，开展全县妇女病普查、“两癌”检查和免费婚检等项目，为检查妇女建档留存并展开跟踪服务，全年完成已婚妇女病检查54437例，普查率超过40%。开展贫病“两癌”妇女慰问活动，为29位困难妇女送上全国和市级救助金29万元，帮她们度过难关。邀请省妇儿基金会“浙江省女性健康万里行”公益行动项目团队来象山，为近200名贫困妇女开展“两癌”筛查，并为100多名妇联系统干部送上女性健康与保健专题知识讲座。通过妇女健康提升工程的实施，县妇女病的防治工作取得成效。

【巾帼关爱行动】 推动市级机关妇委会与县13家农村妇女之家结对，每家获赠3000余元的书籍，丰富农村妇女的文化生活。继续开展“慰问老妇女主任三年行动计划”，4月中下旬，县妇联副主席赵菊香、周华琴等走访慰问石浦镇、定塘镇、鹤浦镇、新桥镇、晓塘乡、高塘岛乡等六个镇乡32位曾任职三十年以上的老妇代会主任，送去慰问金共计人民币1.92万元。开展“一下移两下沉”活动，通过送文化、送物资、送服务等形式，将服务重心向基层倾斜，共向全县48个联系村赠送各类物资折合人民币计6.08万元。2016年春节来临之前，县妇联开展贫病“两癌”妇女的慰问活动，为14位困难妇女送上省市县妇联慰问金。3月8日，县妇联副主席赵菊香一行代表县妇联看望慰问曾任象山县妇联第六届妇联主席的退休老领导——张式贞，为老主席送上鲜花和慰问品。

【县妇联第十五届五次执委(扩大)会议】 8月24日，象山县妇联第十五届五次执委(扩大)会议暨半年度工作会议召开，县妇联十五届执委、全县妇联组织全体干部及各团体会员组织负责人等共计120余人参加会议。县妇联主席蒋凌燕作题为《围绕大局求发展 服务妇女求实效 带领广大妇女为“一城四地”建设实践贡献力量》的半年度工作报告，县委常委、统战部长黄敏求出席会议并作重要讲话。会议替补、增补县妇联十五届执委，审议通过韩晓群为县妇联副主席。

【“三八”节活动】 3月5日，象山县妇联联合塔山讲堂邀请华东师范大学心理学教授陈默，开展题为“构建和谐家庭的秘诀”专题讲座，全县200多名机关女干部听取讲座。3月7日，象山县“三八”国际妇女节106周年纪念大会暨“铿锵玫瑰·花开半岛”——职业女性风尚秀活动在县文化活动中心举行，县领导及妇联系统干部及部分妇女代表等600余人出席参加活动。纪念大会表彰10位最美岗员、10户最美家庭代表等各类先进，职业女性风尚秀展示象山县各行各业女性精彩的职业风采和个人才艺。

【国际家庭日活动】 5月12日，县妇联践行“重心下移，力量下沉，服务下沉”服务妇女群众的有效实践，在贤庠镇海墩村文化礼堂举行象山县“一下移两下沉”巾帼服务下基层暨国际家庭日主题活动，表彰象山县2015年度“最美庭院”、进行“我爱我家”文艺演出、乡村厨娘风采展、“美丽庭院”微景观展，参观贤庠镇“双学双比”女能手基地等，全县妇联系统干部及女能手等共200余人参加活动。该活动宣传新农村风貌，激发妇女创业活力，凝聚妇女力量，助推乡村旅游繁荣发展。

【省妇联主席劳红武在象山走访调研】 7月27—28日，省妇联党组书记、主席劳红武到象山县调研基层妇女工作。27日下午赴鹤浦镇走访调研海岛基层妇女组织建设，28日上午召开象山县妇联干部座谈会，全面了解象山县妇女工作。象山县委副书记俞骏、宁波市妇联主席杨小朵及县妇联主席蒋凌燕等领导陪同调研。

【“象山女性”微信公众号开通】 象山县妇联对微信公众号进行改版，8月1日，象山县妇联官方微信公众号“象山女性”(微信号:xsfulian)开通运作，于2014年2月8日上线的原微信公众号“象山妇女儿童中心”下线,停止运作。

7月27日,省妇联主席劳红武、市妇联主席杨小朵等与鹤浦镇渔嫂“平安之家”成员合影

【陈淑芳被评为“2015最美浙江人”】 1月21日,2015最美浙江人颁奖典礼在杭州剧院揭晓,象山县妇联推荐的象山县妇联十五届常委、县畜牧兽医总站站长陈淑芳当选为10名“2015最美浙江人”——2015年度浙江骄傲人物之一,并赴杭州接受表彰。12月12日,陈淑芳家庭赴北京参加第一届全国文明家庭表彰大会,并受到习近平总书记亲切接见,有幸成为全国300户文明家庭之一。12月28日,陈淑芳在宁波市妇联召开的“首届全国文明家庭——陈淑芳家庭事迹报告会”上作先进事迹报告。2016年陈淑芳获评全国“三八红旗手”荣誉称号,其家庭获评“第十届全国五好文明家庭”等。

(陈凤霞)

残疾人联合会

【概况】 2016年,县残联制订和推进残疾人事业“十三五”发展规划,健全残疾人社会保障和服务体系,改善残疾人生存和发展状况,突破残疾人事业发展瓶颈,拓宽残疾人事业发展思路,带领残疾人共享发展成果。全县有残疾人3.3万名,持证残疾人16082名,其中:肢体残疾人8010名,视力残疾人1909名,听力残疾人2221名,言语残疾人178名,智力残疾人1678名,精神残疾人1649名,多重残疾人437名。

【编制残疾人事业“十三五”规划】 为确保政策制定的科学性和可操作性,结合省市“十三五”残疾人事业发展规划,加大综合调研,广泛征求各镇乡(街道)和残工委单位意见建议,形成“十三五”发展规划。编制落实好残疾人“十三五”发展规划,科学合理规划今后五年全县残疾人事业发展的新目标,推动残疾人事业全面、协调、可持续发展。

【保障残疾人合法权益】 开展对全县现有残疾人医疗康复、教育培训、劳动就业、文化体育、社会保障、权益维权等六方面保障实情的调查和调研。主动加强与财政局、民政局、人社局、卫计局、交通局等部门对接,对文件中涉及的经费、保障等重要内容进行沟通探讨,并与重点乡镇残联工作多年的理事长联系及其他县(市)区情况平衡,召开残工委成员(扩大)会专题讨论等不同层面广泛征求意见,《象山县残疾人保障规定》经县政府第五十三次会议审议通过,于9月8日正式发文。

【出台“两项补贴”实施意见】 根据省、市出台的《关于加快推进残疾人全面小康进程的实施意见》《关于全面建立困难残疾人生活补贴和重度残疾人护理补贴制度的意见》,结合全县实际,针对残疾人最关心、最直接、最现实的问题,9月份相继出台《象山县关于加快推进残疾人全面小康进程的实施意见》《象山县关于进一步完善困难残疾人生活补贴和重度残疾人护理补贴制度的实施意见》,科学制订和强化各项保障制度在对象范围、保障内容、待遇标准等方面的有效衔接。

【残疾人就业培训工作】 全国助残日期间,联合县人社局共同举办第八届残疾人就业洽谈会,提供适合残疾人工作岗位108个,组织230多名残疾人参加洽谈,54名残疾人与企业达成就业意向,有15名残疾人实现精准就业。瞄准残疾人就业需求,会同农林局、人社局等职能部门,组织开展残疾人职业技能培训,前三季度完成市残联下达的残疾人职业技能培训任务,参加培训人数达280余名。推进残疾人电子商务创业就业,九月份开办首期电商培训班,120余名残疾人参加培训。推进省、市、县三级阳光家园建设计划,帮助精神、智力残疾人实现辅助性就业，省、市阳光家园已安置中轻度智力、精神残疾人133名。

【提升残疾人生活品质】 实施“无障碍设施进家庭”项目，全面排摸残疾人家庭无障碍需求，新增无障碍设施进家庭40户，完成率达121%。规范网上残疾人辅具网上服务平台申请程序，在集中业务培训的基础上，指导各镇乡（街道）熟练操作辅具网上平台，全面推行辅具网上申请审核、厂方快递发货的服务方式，共完成辅具网上申报配送1023件。实施残疾人安居工程，落实65户计57万元，农村困难残疾人房屋新建及修缮计划。做好困难残疾人学生及残疾人子女学费补助，全年为198名（新生41名）困难残疾人家庭子女大学生补助学费76万元；为76名高中段在读对象补助学费11万元。

【残疾人康复服务】 做好0至6周岁抢救性残疾儿童调查工作，为6名脑瘫儿童、8名听力儿童、5名孤独症、3名弱智儿童提供转介服务。为34名听力障碍者、14名低视者免费验配助听器和助视器，为13名肢残者安装假肢。开展疑似精神残疾人调查，做好精神残疾人服药管理，发放助医卡540本，为40名精神患者提供住院资金补助。残疾人家庭医生契约制服务，签约5000人。利用康复医院优势，进村（社区）开展康复知识宣传、康复护理指导5次，受益达1000余人次；开展义诊23次，服务1500人次。

【规范“残疾人证”管理】 针对“两项补贴”政策实施后出现的新问题和新情况，应对妥善安排残疾人证办理工作。充实残疾人服务大厅工作力量，加强办证人员纪律意识、服务意识的学习教育，要求每一个人、每一个关口严格执行标准操作，公开公正做好服务工作，主动接受服务对象的监督。规范鉴定程序，简化办事流程，统一鉴定日期，服务好残疾人群体。召开专家鉴定组座谈会，加强专家组队伍建设，做到严格把关，标准统一，维护好残疾人合法权益，确保党和政府的惠残政策落实到每一位应享受的残疾人。

【基层基础建设】 组织开展残疾人基本服务状况与需求专项调查，为精准服务残疾人提供依据。结合基层民主政治建设，将残疾人工作纳入村级事务统一管理，村（社区）残疾人专职委员539名全部配备到位，残疾人专职委员与村事务员同报酬、同考核。

【全县残疾人事业发展大会】 5月9日，召开的残疾人事业发展大会，表彰“十二五”期间市、县残疾人工作先进集体和先进个人、助残扶残先进个人及残疾人自强模范；由县残联理事长代表残工委报告“十二五”规划执行情况、提出“十三五”期间目标思路、明确2016年工作要点；给向日葵志愿助残服务组织授旗，正式宣布象山志愿助残服务组织的成立。

【创建“向日葵”志愿助残服务组织】 以全县一个品牌（向日葵志愿助残服务队）的方式组建社会化助残组织，在全县残疾人事业发展大会上启动授旗，正式宣布象山志愿助残服务组织的成立，并在丹东、大徐两个乡镇开展试点，突出对康复适应指症残疾人、学龄残疾儿童、有劳动潜能残疾人、贫困重度残疾人等重点残疾人开展帮扶，至9月底全县18个乡镇（街道）均建立大队，全县招募队员235名，不同形式开展活动，服务残疾人150余人次，深化社会助残氛围。

【残疾人事业宣传】 与各大媒体进行沟通，将全年度宣传工作时间和中心工作划分确定宣传主题。邀请象山电视台、《今日象山》、象山港网站等，对各类助残日活动进行宣传报送，各类宣传报道共计18篇。助残日期间，组织召开残疾人事业发展大会，共评出58名表彰对象，于5月9日对“十二五”期间涌现出的先进集体22个、先进个人25个、自强之星7个和扶残助残先进4个进行表彰，并制作片长15分钟的“十二五”残疾人事业发展专题片，加强残疾人权益保护相关政策法规的宣传。

【残疾人文体工作】 以残疾人健身季为抓手，招募训练残疾人文体后备力量，发动各镇乡（街道）开展各类文体健身活动。6月3日，筹备和组织参加宁波市第二届聋人运动会，选派10名聋人运动员，做好赛前训练工作，完成比赛任务并取得良好成绩，象山代表队被组委会评为体育道德风尚奖。组织4名残疾人青少年参加宁波市游泳锦标赛,获得1个第一名,2个第二名,1个第三名的成绩。调查摸底残疾人文体特长,为组建有文学、体育、艺术爱好的残疾人文体协会作准备。

【调研服务月活动】 集中九月、十月两个月时间,以“二进五送”(进村社区、进家庭,送关爱、送康复、送无障碍设施、送教育、送科技)活动为抓手,以“精准服务,补齐短板”为主题,由班子成员牵头片内干部职工开展调研服务月活动,高质量做好“两项补贴”调查摸底、“动态更新”数据录入以及政策拟订等重点任务。通过全员培训、召开推进会、系统抽检、现场督导等方式,完成15467名残疾人“动态更新”数据采集工作。

【残疾儿童少年特殊教育】 支持特殊教育的发展,深入开展送教上门,以象山县培智学校为依托,招收5名残疾儿童开设学前教育班,探索以职业教育为特色的残疾人高中阶段教育,招收13名高中段残疾学生,迈出残疾儿童少年教育向两端延伸的实践。

(张薇薇)

法 治

县委政法委

【概况】 2016年，全县政法系统广大干警全力以赴，以平安护航G20杭州峰会为统领，坚持防控风险、服务发展，破解难题、补齐短板，圆满完成各项工作任务，连续11年获得“平安县”称号。全年刑事立案3840起，同比下降16.88%，其中盗窃发案2465起，同比下降27.6%，两抢发案13起，同比下降35%。受理各类审判执行案件14691件，办结15267件，一线法官人均结案267.84件。办理审查批捕案件543件756人，办理移送审查起诉案件1055件1368人。全县各级人民调解组织共调处成功各类矛盾纠纷5101件，涉及金额1.9亿元，调解成功率达98.6%。

【维护稳定工作】 严厉打击各类邪教组织，防止其扩散蔓延。完成各类专项清查行动40余次，查破案件363起，整治各类安保、安全隐患187处。全年有效警情数、刑事发案数、安全生产事故分别同比下降11.4%、16.8%和58.9%，县信访局受理来信来访同比下降6.8%。开展民宿（农家乐）、灌装煤气购买、加油、客运实名登记，实现寄递物流行业3个100%，寄递物流行业整治在全市现场会作经验介绍。开展矛盾纠纷排查化解，成功调处各类矛盾纠纷5101件、涉及金额1.9亿元，县维稳办牵头处置非正常死亡等维稳事件28起，健全信访事项办理流程，成功化解疑难信访积案41件，打击非访重点对象2名。组建县维稳安保指挥部（从公安、安监、交通、住建等14个单位抽调26名人员组成），研发运用重点人员实时管控平台，落实数据库监测、视频监看、卡点拦截、应急劝返等各项措施，成功实现“不惹事、不出事”的工作目标。峰会后，连接完成十八届六中全会、第三届世界互联网大会、省委夏宝龙书记来象等重要维稳安保任务，为全市、全省大局稳定作出象山应有的贡献。

【服务经济发展】 完善涉工企业案件“四快”办理、“百警联百企”、重点工程警务室等体制，严打危害企业发展和企业法人财产安全犯罪，逮捕嫌疑人15人、起诉25人，围绕重点工程巡查苗头性案件70余起、打击处理5人、治安处罚23人。扎实开展“春雷”、打侵财、打盗抢等专项行动，破获“1.9”百万黄金盗窃案、“8.9跨省特大通讯（网络）诈骗案”、农机诈骗案等典型案件，打处侵财团伙25个、黄毒团伙13个、涉黑恶案件112起。成立旅游巡回法庭、金融案件审判庭、专司破产的审判庭，依法清收不良贷款2.77亿元，帮助建筑企业清收债权1.4亿元，支持三浪公司等危困企业重组重生。优化旅游环境，以中国渔村专项整治为契机开展全县旅游景区治安整顿（立案13起、刑拘4人）。全力护航“三改一拆”“五水共治”“一打三整治”等专项行动，开展联合执法30余次，依法处置涉嫌非法捕捞案件14件97人，强制搬迁、拆除违法建筑204件次。强化源头防范，对52个重点项目开展重大决策社会稳定风险评估。攻坚“执行难”问题，强化信用联合惩戒，执结案件5084件、涉及金额6.86亿元。以“零容忍”态度打击食药环犯罪，破获食药环案件26起、依法处置37人。构建农民工法律援助机制，调解涉农民工纠纷261起，帮助追回拖欠工资1790余万元。

【平安综治工作】 围绕平安象山创建目标，提高创建社会化、常态化、长效化水平。构建人防技防群防相结合的社会治安立体防控体系，规范运作治安卡点，发展城乡治保会590余个、治保力量3000余人,招募平安志愿者1.6万余人,建成高清视频监控329个、农村视频监控2680个,整合接入社会监控资源3106路。加强重点隐患整治,理顺外来人口及出租房管理体制,落实精神障碍患者监管“以奖代补”政策,开展危化品领域专项整治和烟花爆竹“打非”联合执法行动,完成市级挂牌白石村周边环境和13个县级挂牌项目集中整治。开展基层平安创建活动,平安渔港创建工作经验在全市作经验介绍。加强平安宣传,广泛开展主题宣传月、“千场政法微电影”进基层等活动,提高“平安三率”。全面启动“七五”普法,开展“法律进教堂”“法律进渔村”等系列宣传活动,县渔村特色普法经验被全国及省、市媒体全面报道。

【规范执法司法】 推进以完善司法责任制为主要内容的“四项改革”,确定首批入额法官44名、检察官25名。推进阳光司法,实行不公开裁判文书反向审批制度,累计公布裁判文书6374份,县人民法院被评为全省裁判文书公开工作优秀集体。推进司法网拍,上传各类拍品287件,拍卖成交额2.08亿元。县人民检察院配合县监察委员会设立,做好职能机构人员的转隶。加强执法监督,排查梳理较大涉法涉诉信访案件27件,化解市级交办的信访案件4件,深入评查群众反映较为强烈、可能存在执法司法瑕疵案件10个,均深刻落实整改措施。完成县、乡两级综合指挥平台建设,实现事件处理、协调联动、研判预警、督查考核等实体化运作。深化“网格化管理、组团式服务”工作,调整优化网格,推广应用“e宁波”手机终端1238个,网格覆盖率达100%。全面组建12345政务统一咨询投诉举报平台,完成国土、卫生、环保等十余项非紧急类政务服务热线整合,处理服务事项1803件次。

【政法队伍建设】 开展“两学一做”专题教育,加强政法信访系统思想政治工作,政法干警立足本职、忠诚担当、敬业奉献的自觉性持续增强;健全政法干警培养锻炼机制,创新干警培训载体,注重政法文化建设,政法队伍正规化、专业化建设取得新成效;加强廉政作风建设,明确“底线”“高线”,开展“纪律作风教育整顿月”、正风肃纪专项治理等活动,营造风正气顺劲足的干事氛围。平安建设通过市级考核,考核名次第5名;县公安局连续4年被评为全省公安执法质量优秀单位,获得全省公安队伍正规化建设示范单位和优秀单位称号,并蝉联全市公安机关业务考核第一名;县人民法院被评为全省优秀法院;县人民检察院石浦检察室被评为全市规范基层检察室,反贪局被授予集体三等功;县司法局被评为2011–2015年宁波市法治宣传教育先进集体(示范单位);县信访局被评为全省信访督查“百千万”专项行动先进集体和2012年以来宁波市信访工作集体嘉奖,并涌现出潘晓、孙素静、秤卫东、王林等一批有影响的省市先进典型。

(孙文杰)

公 安

【概　述】 2016年,象山县公安局设有办公室、指挥中心、政治处、行政许可科、出入境管理科、信息通讯科、警务保障室等7个综合管理机构,国内安全保卫大队、网络警察大队、禁毒大队、行动侦察大队、法制大队、警务督察大队、治安大队、刑事侦察大队、经济犯罪侦察大队、巡特警大队、交通警察大队等11个执法勤务机构,看守所、拘留所、丹东、丹西、石浦、西周、墙头、大徐、泗洲头、定山、新桥、鹤浦、东陈等监管、派出机构和爵溪、石浦、西泽、高塘4个边防派出所。全局共有572人,其中民警542人、职工30人,文化程度分别为硕士3人、本科453人、大专97人、高中及以下19人,民警数占全县常住人口数的0.82‰。象山县公安局贯彻落实党的十八大、十八届六中全会和习近平总书记系列重要讲话精神,坚持以G20杭州峰会维稳安保工作为主线,以平安建设、法治建设为重点,深化社会治安防控体系建设,推进公安改革,创新社会治理,优化警务机制,强化基层基础,为全县经济社会发展创造和谐稳定的社会治安环境,取得良好的工作成效。是年,该局刑事案件立案3840起,同比下降16.88%,查处治安案件1937起,同比增长5.4%。刑事拘留1313人,行政处罚2911人。命案发4起,破4起,破案率100%。交通上报事故四项指数实现全面下降。被评为“全省公安队伍正规化建设示范单位”“全省公安队伍正规化建设优秀单位”“全省公安机关执法质量优秀单位”“全省公安信访工作考核县级优秀单位”“全市优秀公安局”。徐祥青爱民警队荣登“浙江好人榜”，民警秤卫东被评为“全省政法系统先进个人”。该局共有36个集体、236名民警获得市级以上荣誉。

【惩治恶性刑事犯罪】 2016年，象山县公安局牢固树立“命案必破”工作理念，加大对各类严重刑事犯罪的攻坚克难力度，有效利用“四侦合一”侦查手段，先后破获西周“3.16”故意伤害致死案、石浦“4.28”故意杀人案、西周“11.14”故意伤害致死案、丹东“11.18”放火致人死亡案等多起恶性疑难案件。命案发4起，破4起，破案率100%。

【打黑除恶】 2016年，象山县公安局坚持打早打小、露头就打，加强涉黑涉恶线索经营、深挖，以群众反映强烈的问题入手，除恶务尽。是年，共破获涉黑涉恶案件112起，刑事拘留涉黑人员208人，行政拘留65人，抓获逃犯15人，打掉涉黑涉恶团伙13个，收缴火药类枪支5把。

【惩治侵财犯罪】 2016年，象山县公安局围绕民生热点，高点布局、强势开头，以专案攻坚为重点，夯实侦查基础，深入推进打击侵财犯罪专项行动，加大对盗窃、“两抢”等多发性侵财型违法犯罪的打击力度。相继破获“4.18”贵州铜仁籍盗窃团伙专案、丹西“8.19”通讯（网络）诈骗案、高塘骗取国家农机补贴案等一批重特大案件。是年，共破获盗窃案件1716起、两抢案件23起、诈骗案件41起，打掉团伙25个，追回赃款赃物价值230余万元。

【惩治经济犯罪】 2016年，象山县公安局以“全力护航象山经济发展”为目标，发挥驻沪联络室作用，查处涉嫌犯罪的项目经理，加大经济犯罪打击力度。是年，共受理各类经济犯罪案件47起，立案27起，不予立案4起，撤销案件4起，破获各类经济犯罪案件14起，追回涉案财物570万元，移送起诉14起25人，办结各类信访事件13人次。树立“专项行动常态化、常态打击专项化”工作理念，相继组织开展打击骗取出口退税及非法集资等专项行动，全力侦破涉及面广，群众呼声强烈的涉众型经济犯罪案件，成功破获徐君阳诈骗案、倪海杉虚假广告案和宁波世纪中瑞骗取出口退税案。

【惩治涉毒犯罪】 2016年，象山县公安局围绕“打击毒品犯罪，减少毒品危害”总目标，强化毒品打击治理、健全戒毒康复体系、加强禁毒宣传教育，健全完善警种协同、合成作战、大案统筹等工作机制，组织开展毒品原植物种植的检查工作，杜绝县内罂粟非法种植。是年，共破获涉毒案件76起，抓获犯罪嫌疑人85名、吸毒人员473名，强制戒毒93人。

【惩治黄赌犯罪】 2016年，象山县公安局坚持问题导向，做实民生警务，把群众反映强烈的黄赌问题作为工作重点，综合采取打防管控措施，对白象路等治安乱点区域进行挂牌整治，对黄赌违法犯罪行为实施精确打击，治理社会丑陋现象。是年，共组织各类清查行动30余次，查处涉黄涉赌人员947人、黄赌团伙13个。

【惩治食药环犯罪】 2016年，象山县公安局对食药环犯罪实行“零容忍”，高度重视环境污染治理工作，组织开展非法捕捞专项整治工作，重点对省内外有影响力的“老倪膏药案件”进行专案侦办。是年，共查获涉食药环案件28起，打击处理114人，起诉57人。

【惩治网络犯罪】 2016年，象山县公安局加大网络监管力度，发挥网上巡查专业力量作用，实行网上24小时不间断巡查、网络舆情处置及警情受理，严厉打击网上违法犯罪。是年，共侦破各类网络案件232起，打击处理140名，有效处置各类重大舆情事件45起，落地谈话查证69人。

【维稳安保工作】 2016年，象山县公安局牢固树立全省“一盘棋”思想，严格按照上级决策部署，把G20杭州峰会安保作为压倒一切的头等大事，全警投入、全力以赴，落实各项安保措施，力争象山不出事、象山人不到杭州惹事，助力峰会的成功举办。进入实战阶段后，投入警力3.6万余人次，人均工作220小时以上，开展各类清查行动35次，排摸管控重点人员15814人次、重点物品使用单位22家、重点设施部位58处、重点行业108家次，排查宾馆、网吧、寄递业1439家次，查破违法犯罪嫌疑案件363起，抓获违法犯罪嫌疑人476人，整改各类隐患87处。是年，共圆满完成G20杭州峰会安保、夏宝龙书记来象、第19届开渔节、“两会”等活动安保任务30余次，确保各类重大活动绝对安全。

【服务保障重点工程建设】 2016年，象山县公安局为全县深入实施“双突破双驱动”战略创造安全稳定的社会环境、公平正义的法治环境和优质高效的服务环境，配合党委政府“三改一拆”“五水共治”等中心工作，深化象山县公安局驻重点工程办公室流动警务室建设，制定出台《象山县公安局重点工程责任民警联系考核制度》，强化派出所基层基础作用，确保省市县重点工程项目推进。是年，共出动警力1600余人次，走访重点工程250余次，巡查发现苗头性案件70余起，组织协调200余场次，刑事拘留5人，行政处罚23人，警戒约谈78人次。

【实有人口管理】 2016年，象山县公安局办理申报户口、户口迁移事项9425件，办理居民身份证、临时居民身份证22184件。扎实推进户口登记管理专项清理整顿工作，复核全县2010年以来重点户口、登记事项、易发问题户口、存疑户口登记事项4197件，核查清理无相片人员、可疑人员数据289条，清理无相片人员649人，清理率100%，清理应销未销户口82条，发现无户口人员20名，根据上级要求，已落户13名。

【外来人口管理】 2016年，象山县公安局深化社区警务，严格落实社区民警专职化，强化信息采集、细化管理措施、优化便民服务、量化考核评估，按照“以房管人、以业管人、以证管人”的管理思路，在全县流动人口100人以上的村(企)、社区，设立131个流动人口服务管理站，探索实行流动人口出租房“酒店式”星级化管理模式。对全县出租房屋进行清查摸底、登记造册，严格落实身份证登记制度。启动出租房屋门牌重新编号工作，制定门牌号20余万张。是年，共排查出租房屋9.5万余间，核查流动人口30余万人次，登记流动人口居住信息145801人次，发放浙江省居住证1666本，注销1.38万间无效出租房信息、1.3万条流动人口信息，对749名高危外口逐人建档、动态管理，实现流动人口居住信息登记率94.5%，准确率96%，居住房屋登记率100%。

【出入境管理】 2016年，象山县公安局出入境电子港澳通行证自助签注机正式投入使用，实现港澳证签注的受理、审批、缴费、制证、发证全流程一体化操作，当场办结、立等可取。正式启用全国出入境管理信息系统，受理速度提升30%。是年，共受理公民私出国出境30882人次，同比上升1.5%。其中申请出国13842人次，申请赴港澳12977人次，申请赴台湾4063人次。查处毗邻国家人员“三非”案件4起，居留审查并遣送出境3人。

【行业场所管理】 2016年，象山县公安局加强行业场所管理，全面推行行业场所等级化管理和实名登记制度，严格执行“1次警告、2次处罚、3次停业”的要求，督促相关单位建立健全安检制度，完善安检设施，加强技能培训，强化应急演练，提高安检效能。是年，共查处宾馆275家次、KTV13家、网吧50家，消除安全隐患77处。

【农家客栈管理】 2016年，象山县公安局对占全市一半的355家农家客栈，加强旅客信息实名登记、落实治安和消防安全管理。安装旅馆业住宿信息系统77家、安装APP系统278家。通过集中整治、集中培训、集中安装、集中推介等方式，民宿登记系统配置率由原先的10%迅速提升至100%。

【危爆物品管控】 2016年，象山县公安局扎实推进缉枪治爆工作，严控危爆物品产销运储等环节，检查涉危单位82家次，发现整改隐患61处，查处枪爆案件6起，收缴火药枪3支，仿军用枪1支，气枪19支，子弹3300发。查处违规民爆企业2家，罚款20万元。强化寄递行业“三个100%”制度，对加油站、煤气点加强检查，规范散装汽油购买，确保危爆物品“不流失、不炸响”。

【动态巡防处置】 2016年，象山县公安局在全县26个巡区常态巡逻的基础上，以人民医院、客运中心、天安路步行街等3个驻点警务室为中心，构建城区“135”快速反应控制圈。健全墙头、黄避岙高速卡口和西周下沈、泗洲头卡点等的常态化设卡工作机制。开展应急巡控力量屯兵轮训，提升卡点查控水平和应急处置能力。发挥应急联动指挥中心“龙头”作用，协调全县69家联动单位开展警情分级分类处置，联动处置警情1.16万起。

【交通事故防控】 2016年，象山县公安局通过抓重点纠违、上路管事、基础管控等措施，提高交通事故预防、城区疏堵保畅和便民服务能力，实现交管工作“一控二盯三提升”的目标。是年，共查处道路交通违法390923起，同比上升59.83%，查处酒驾734起、醉驾330起，“四项指数”同比持续下降，未发生一次死亡2人以上道路交通事故。

【消防管理工作】 2016年，象山县公安局加强消防安全监管，健全重大火灾隐患公开办理工作机制，组织开展消防安全检查5081次，督促整改隐患8411处，责令整改3276处，临时查封76家，责令“三停”41家，罚款71.27万元，行政拘留24人。是年，共发生火灾224起，同比下降24.8%，直接财产损失239万元，同比下降59.6%，未发生亡人火灾事故和较大以上火灾事故。

【边防管理工作】 2016年，象山县公安局提升海上设防质效，与县海洋与渔业局、港航、海关、海事等涉海部门建立“信息共享、优势互补、部门联动、区域协作”的工作机制，严厉打击海上非法捕捞、“越界”捕捞、破坏海洋生态环境等行为。是年，共联合海事、渔政等部门开展海上联合执法活动176次，查处非法捕捞水产品案件14起、查获禁捕鱼货2000余公斤，采取刑事强制措施93人。调处渔业海事纠纷150余起，化解非正常死亡、海上亡人、海损事故31起，协调赔款补偿资金1800余万元，为渔船民讨回拖欠工资300余万元。

【实战化应急指挥体系建设】 2016年，象山县公安局按照作战室、指挥室、参谋部的功能定位，做强公安局、派出所两级指挥体系。以“守底线、强基础、提质量、增效能”为目标，全面推进情报信息主导的常态化联勤指挥机制建设，构建集接警、指挥、巡控、封堵为一体的快速反应工作机制，工作绩效名列全市第二。依托派出所综合指挥室建设，做深、做细、做实指挥调度、情报研判、视频监控、执法管理和社会管理等“5+X”运行模式，强化内部集成、指挥长到岗、分析报告质量等关键环节，确保指挥室实战实效。

【常态化联勤指挥机制建设】 2016年，象山县公安局坚持“整合资源、快速高效、部门协作”工作原则，制定出台《象山县公安局联勤指挥工作规范》和《象山县公安局情况会商会办工作规范》，实行多警种联勤指挥。建立多部门协同参与的多元会商会办体系，定期对警情、案情、网情、舆情、重点人员、涉警信访及不稳定因素进行会商会办，对重大紧急行动性、苗头性信息即时研判，统一下达处置指令。各联勤警种在统一指挥下，发挥优势，第一时间共享信息、预警反应、合成处置，提升指挥效率。

【大情报体系建设】 2016年，象山县公安局以全面深化公安改革为契机，扩展情报实战平台功能，提升情报服务实战能力，建立常态化情报会商制度，推广应用人车核录系统，扎实开展情报综合研判、重点人员动态管控、重大事件预警防范、情报实战平台升级完善等主要核心业务，深化专业化、规范化、信息化建设，推进大情报工作深入发展。

【警务装备保障】 2016年，象山县公安局稳步推进各项重点项目建设，完成互联网监控巡查处置系统、350兆警用数字集群系统建设。启用县公安局警用装备中心库，抓实各类警用车辆及武器警械配备。是年，共增配运兵车6辆、单警装备560余套、执法记录仪330个。

【基层队房建设】 2016年，象山县公安局谋划基层队房建设，改善基层工作环境。完成县公安局信访室建设，对刑侦大队技术用房重建装修，配备DNA实验室、四侦合一工作室、视频工作室、档案室等功能区域。做好墙头派出所、鹤浦派出所的技术用房选址，实现新桥派出所技术用房开工建设，完成西泽边防派出所技术用房大楼主体工程。

【执法规范化建设】 2016年，象山县公安局坚持“公平正义是政法工作的生命线”，树立法治权威理念，深化执法主体培训，分别有531人、539人、19人取得基本级、中级和高级执法资格，9人通过国家司法考试。完善案件“统一审核、统一出口”机制，常态运作网上视频督察中心，对办案区“四个一律”执行情况、接处警管理等执法办案过程展开实时化、全方位、全要素监督。严格执行执法办案积分制，推进“又好又多又快”执法办案体系建设。推进“三位一体”建设，严格涉案财物全流程管理，规范物品交接，确保底数清、情况明，稳步实现对"人、案、物"的可回溯式管理，提升执法管理精细化水平。

【信访化解工作】 2016年，象山县公安局开展信访案件办理，健全领导包案、初信初访责任倒查等机制，最大限度减少群众非正常访和越级访。是年，共接收信访事项331起，同比下降5.9%，梳理倒查初信初访件93件，依法打击"非访"人员1人。是年，该局被评为"全省公安信访考核县级优秀单位"和"全市公安机关信访工作优胜单位"。

【信息调研工作】 2016年，象山县公安局加强和改进公安信息调研工作。是年，共有30篇动态信息被市局工作动态栏目录用，3篇简报被市局简报栏目录用，14篇动态信息被省厅工作动态栏目录用。共有18篇调研文章被《宁波警学》录用，《警学》纸质录用数位居全市第一。其中，调研文章《基层交警部门警力不足现状及对策研究》被公安内参(2016年第33期·总第698期)录用。

【党的"两学一做"教育实践活动】 2016年，象山县公安局开展"两学一做"教育实践活动，印发《关于在全县公安机关开展"学党章党规、学系列讲话，做合格党员"学习教育实施方案》，制定全县公安机关"两学一做"学习教育任务表和党支部书记"两学一做"学习教育责任清单，开展党委中心组理论学习12次、党员领导干部上党课39次、观看警示教育片13次，组织网上考试579人次。同时开展经常性的思想教育和战时思想工作，加强思想引领，发挥党员干部的先锋模范带头作用。G20杭州峰会期间，成立峰会安保特援队第八方队临时党支部，"火线入党"4人，"火线列为入党积极分子"3人。

【队伍先进典型培养选树】 2016年，象山县公安局根据省厅部署、市局要求，挖掘典型，结合地方党报《今日象山》警视广角栏目、地方党台《警视传真》栏目、官方微信、微博等阵地，全面宣传典型。是年，被《平安时报》录用人物3篇、《警周刊》录用人物14篇、案件6篇，《警界纵横》录用人物2篇。"徐祥青爱民警队"荣登"浙江好人榜"，秤卫东被评为"全省政法系统先进个人"。

【干部选任】 2016年，象山县公安局根据《象山县公安局关于不适宜担任现职领导干部调整办法(试行)》，落实"能上能下"用人机制，坚持"德才兼备、以德为先"，制定《象山县公安局部分中层干部选拔聘任工作实施方案》，通过公开、民主、竞争、择优的方式，提任正职、副职领导干部各2名，交流轮岗领导干部5名，免去1名副科领导干部。制定《象山县公安局中层后备干部选拔工作实施方案》，储备正职后备干部11名，副职后备干部16名。共计正职后备15名，副职后备20名。

【教育培训】 2016年，象山县公安局严格入警、晋升培训，完善"轮训轮值"等多种教育训练形式。坚持服务实战、实战引领，推广"微课程"，组织实施"微训练"。建立由16名县级兼职教官、5名市级聘用教官组成的教职队伍，分批对全局民警开展战术射击基础动作与战术射击流程训练、自我防护及控制技术、实弹训练射击、公安工作压力与心理调节、人员带离技术等方面的集中训练。是年，共485名民警参加县公安局统一组织的"战训合一、轮值轮训"教育训练，400余名应急巡控辅警参加警务器械规范使用、设卡盘查、巡控处突等方面集训，提升队伍实战能力。推行"警师制"等新警培育机制，开展新警训前岗前谈话。

【辅警管理】 2016年，象山县公安局通过抓纪律作风教育整顿和"双严双创"系列活动，稳步推进辅警队伍精细化管理。实行民警、辅警责任捆绑制，建立辅警工资动态增长机制及职务晋升、绩效奖惩和抚恤制度，动员参加省厅面向辅警的警察学员招录考试。

【警营文化建设】 2016年，象山县公安局以"十大警营协会"实体运作为抓手，建好机关健身房、民警心理咨询中心和基层所队"五小"工程，借力县文联、图书馆等社会资源，引进"流动图书馆""塔山讲座"等，通过开展警花警草评选、警营好声音、户外拓展、"激扬青春，逐梦警营"五四快闪、"奔跑吧警营"七公里越野赛等活动，展示警营青春活力。坚持典型引领，通过抓牢微信自媒体，强化公安先进典型宣传，发挥秤卫东、张斌闻以及"徐祥青爱民警队"等公安典型社会影响力，推出警星45人，警营41个。

【纪律作风建设】 2016年，象山县公安局严格按照上级有关要求，明确“底线”“高线”，实施象山县公安局《队伍督察记分管理办法》，梳理正面清单和负面清单共155条。制定实施象山县公安局《民警、职工重大事项报告》，落实公务员电子考勤系统和“岗位对责、绩效对帐”考核制度。依托网上督察中心，加强对民警日常行为的实时动态监管，开展现场督察33次，发现查纠问题60余个。

【破获“8·19”通讯(网络)诈骗案】 2015年8月，象山县公安局接到被害人付某报案称：被自称是平安银行工作人员的男子以购买纯金、银质纪念品为由骗取2万余元。经侦查，侦查人员发现一个组织结构完整，职责分工明确，盘踞江苏无锡，诈骗辐射全国各地的通讯(网络)诈骗犯罪团伙。2016年3月9日，县公安局组织抽调140余名警力奔赴江苏省无锡市，成功抓获违法犯罪嫌疑人56人，刑事拘留犯罪嫌疑人50人，冻结资金200余万元，查扣作案电脑50余台，打掉相关诈骗团伙3个，涉案金额达数千万元。

【破获“3·16”故意伤害致死案】 2016年3月16日19时许，象山县公安局接到群众报警：西周镇大坑村有人被捅伤。民警出警发现一名男子郑某被人捅伤，后经医院抢救无效死亡。经侦查，3月16日晚将犯罪嫌疑人夏某抓获归案。经审讯，夏某交代因琐事纠纷持匕首将郑某捅伤致死的犯罪事实。

【破获国家农机补贴诈骗专案】 2016年3月31日，象山县公安局破获骗取国家农机补贴诈骗专案，该案被列为部级督办案件，共抓获犯罪嫌疑人9人，涉及6省416起案件，涉案金额735.7万元。2016年8月11日，公安部刑侦局在象山县公安局召开全国部分省(区)骗取国家农机补贴案件协调会，邀请湖南、湖北、福建、江西、广西壮族自治区及浙江省公安厅刑侦(警)总队负责人等参加。

【破获“4·28”曹某故意杀人案】 2016年4月28日凌晨1时许，象山县公安局接到群众报警：石浦镇葛岭山52号有人打架。民警到达现场后发现一名女子张某某被人用利器砍伤头部，后经抢救无效死亡。经侦查，在死亡现场附近抓获犯罪嫌疑人曹某某。经审讯，犯罪嫌疑人曹某某交代因琐事纠纷，执斧头砍伤张某某头部致其死亡的犯罪事实。

【破获“4·18”贵州铜仁籍盗窃团伙专案】 2016年1月以来，一伙贵州铜仁籍人员在象山县多个地区多次作案，象山县公安局经合成研判、缜密侦查，发现该贵州铜仁籍团伙系特大系列性盗窃犯罪团伙。2016年5月10日，县公安局抽调268名警力，分成23个抓捕小组同时抓捕收网，抓获犯罪嫌疑人33人，缴获赃款3万余元。

【破获徐某等人非法捕捞案】 2016年6月17日至19日，象山县公安局与象山海洋与渔业局开展联合执法，通过巡航蹲守，在E123度42分、N 29度14分附近海域连续抓获正在非法捕捞的4艘渔船和犯罪嫌疑人47人。共刑事拘留44人，取保候审3人，查扣非法百吨以上船只4艘、海产品10000余公斤、网具100多具。

【破获“11·14”故意伤害致死案】 2016年11月14日下午，象山县公安局接到群众报案：西周镇松溪路200号有人争吵打架。民警到达现场后发现一名男子张某被锐器刺伤胸部，后送医院经抢救无效死亡。同日，在现场抓获犯罪嫌疑人张某某。经审讯，张某某交代因家庭纠纷用水果刀将张某捅伤致死的犯罪事实。

【破获“11·18”林某某放火致人死亡案】 2016年11月18日凌晨3时许，象山县公安局接到报警：丹东街道起春路65弄楼上着火，有人员被困。民警到达现场后，发现两名女子杨某某、梁某某死亡。经侦查，11月19日19时许，专案组抓获犯罪嫌疑人林某某。经审讯，林某其交代因饮酒过量，在丹东街道起春路65弄7号处，借酒劲点燃楼道内堆放的杂物引发火灾并致人死亡的犯罪事实。

检　察

【概况】 2016年，象山县人民检察院设有政治处(监察室)、办公室、行政装备科、检察技术科等4个综合部门,侦查监督科、公诉科、石浦检察室、反贪污贿赂局、反渎职侵权局、控告申诉检察科、职务犯罪预防科、民事行政检察科、监所检察科、司法警察大队、案件管理办公室等11个业务部门。全院共有在编干警80人,其中政法专项编制公务员72名,行政工人3名,事业人员5名,文化程度分别为在读博士1人,硕士14人,本科59人,大专6人。

象山县人民检察院以党的十八大及十八届三中、四中、五中、六中全会精神为指导,以绿色司法理念为引领,深入学习贯彻习近平总书记系列重要讲话精神,服务大局,强化法律监督,维护公平正义,深化自身建设,提升服务大局和综合履职水平。全年共受理各类案件1871件,办结1814件,办案数量与去年同比增加3.24%。

【办理刑事案件】 全年共办理刑事案件1539件2054人,其中提请批准逮捕案件544件756人,移送审查起诉995件1298人。严厉打击侵犯人民群众生命财产安全的犯罪,批捕故意杀人、“两抢一盗”、诈骗等案件273件363人,起诉412件588人。着力维护社会管理秩序,批捕“黄赌毒”、寻衅滋事、聚众斗殴案件126件183人,起诉136件234人。加大打击电信网络违法犯罪活动,批捕犯罪嫌疑人59人,起诉48人,办理的一起跨省电信诈骗案涉案金额达600余万元。快速办理多发犯罪案件,起诉危险驾驶罪304件,占起诉案件的30.55%,平均办案期限7日。

【服务非公有制企业发展】 强化大局意识和服务意识,把服务非公有制企业摆在突出位置,为企业健康发展保驾护航。重点打击破坏企业正常生产秩序的盗窃、侵占、挪用资金、假冒注册商标等各类刑事案件,批捕涉及侵害企业案件15件15人,起诉25件25人。贯彻宽严相济刑事司法政策,促进企业和谐稳定,不起诉犯罪情节轻微的涉企案件6件6人。召开“百名检察官走访百家非公企业”座谈会,安排检察官与10家企业结对,进行法律服务,共收集意见建议9条。

6月24日,党组成员、政治处主任陈波带队走访宁波和丰生态建设有限公司 (陈一飞 摄)

【宽缓刑事政策】 贯彻认罪认罚从宽处理的指导意见,严格逮捕必要性条件审查,对情节轻微的犯罪嫌疑人不批准逮捕76人。对达成和解的轻伤害案件、情节轻微的危险驾驶案件,依法不起诉49人。强化捕后羁押必要性审查,对条件发生变化,没有继续关押必要的14名犯罪嫌疑人建议变更强制措施。适用未成年人刑事诉讼特殊程序,实行案件专人办理,不批捕、不起诉未成年犯罪嫌疑人6人,依法封存犯罪记录20份。

【社会综合治理】 畅通信访渠道,建成远程视频接访系统,搭建信函、来访、电话、网络一体化诉求表达平台,共办理群众控告申诉案件216件。以护航G20峰会为重点,关注信访动态,发现并预警处置闹访等不良苗头,依法批捕、起诉1件闹访人员寻衅滋事案件,化解一起涉及200余人的上访案件。培养心理咨询师3名,不定期开展未成年人和女性涉案人员心理疏导,推行不起诉联系基层、案后定期考察等制度,联合社会力量进行挽救。

【设立“象山县法律援助中心人民检察院工作站”】 9月20日,会同象山县司法局法律援助中心在检察院信访接待室设立“象山县法律援助中心人民检察院工作站”,选派检察机关控告申诉检察科、县司法局法律援助中心人员和优秀律师驻站工作,主要职责包括为来访群众提供免费法律咨询、受理法律援助申请、开展法治教育宣传等。

【试行律师化解和代理涉法涉诉信访案件工作机制】 与象山县司法局进行会商,建立第三方人员库,将51名律师纳入其中,邀请律师参与涉法涉诉信访案件,对信访人员进行释法说理。落实“一问二告三帮”信访工作模式,即询问到检察院申诉的信访人是否委托律师，向未申请代理律师的信访人发放委托律师告知书，对具有法律援助条件的信访人，帮助联系律师，免费提供法律援助服务。全年共办理律师参与和代理涉法涉诉信访案件4件。

【建立案件质量评查常态化工作机制】 2月18日，出台《象山县人民检察院案件质量评查办法》，成立以检察长为组长，其他班子成员为组员的案件质量评查领导小组，建立由业务部门负责人、业务骨干及办案经验丰富的检察官等31人组成的案件质量评查人员库，明确案件质量评查标准和流程、评查结果反馈机制、奖惩机制，采取必查和抽查相结合的方式开展常态化评查。5月24日，对2015年7~12月办结并判决的侵财类案件和九类重点案件进行评查，共计306件，占评查年度总案件量的22.2%。

【查办各类职务犯罪案件】 围绕职务犯罪易发多发的重点部位和关键环节，集中查办群众反响强烈的职务犯罪案件，全年共立案查办6件7人，其中要案1件1人。重点研判农村基层组织人员在承接工程、土地征用等公务活动中的贪腐线索，办理村干部职务犯罪3件4人。强化与行政执法部门的联动协作机制，查办一起高级工程师贪污案，涉案金额达50万元。严查渎职犯罪，查办执法部门工作人员玩忽职守犯罪案件1件1人。

【职务犯罪预防工作】 推动行贿犯罪档案查询工作纳入县公共投资项目招投标程序，对有行贿记录的企业实行一票否决。优化行贿犯罪档案查询工作流程，提供网上申请、提前预约等便利服务，受理查询1200余次，涉及被查询单位2400余家，个人9200余人。服务“两代表一委员”换届选举工作，协助完成18个乡镇街道的代表委员资格审查，维护换届工作严肃性。深入重点领域预防工作，开展警示教育活动9次，受教育500余人。与县农办（扶贫办）联合出台《加强预防和查办扶贫领域职务犯罪专项工作方案》，共同推进扶贫开发领域的反腐倡廉工作。

【侦查活动监督】 开展“破坏环境资源犯罪专项立案监督”和“危害食品药品安全专项立案监督”活动，监督行政机关移送公安机关立案16件100人，监督公安机关立案6件6人。在浙江渔场修复振兴暨“一打三整治”行动中，督促海洋与渔业执法部门移送涉嫌非法捕捞水产品案件14件97人，并与执法部门建立执法信息日通报制度，实现对海洋与渔业执法的不间断监督，受到省检察院肯定。着重从涉黑涉恶犯罪、团伙犯罪中深挖监督线索，共监督立案可能判处三年有期徒刑以上刑罚案件2件3人，追诉漏犯5人。坚决杜绝侵犯犯罪嫌疑人合法权益、不当追究刑事责任的情形，向公安机关发出纠正违法通知书3份，因证据不足、不构成犯罪不批捕犯罪嫌疑人77人，不起诉3人。

【审判活动监督】 贯彻落实最高人民检察院《关于加强和改进抗诉工作的意见》，加强对定罪不当、量刑错误和枉法裁判情形的监督，形成以抗诉为中心的刑事审判监督格局。全面审查县人民法院生效判决情况，实行责任倒逼，考核到人，提高抗诉质量和效率，共提请二审抗诉案件4件。转变监督理念，坚持对事监督和对人监督相结合，加大对程序违法背后审判执行人员违法行为调查监督力度，依法建议县人民法院对违规情形的1名执行人员作出处理。

【监管和刑罚执行活动监督】 开展临时提解犯罪嫌疑人出所检查活动，对以辨认现场为由的出所人员进行回所谈话和身体检查42人次。建立检察官列席看守所民警早会制度，从中发现2起违法违纪线索，督促公安机关及时处理。开展财产刑执行情况专项监督，督促18件财产刑执行不到位的案件移送法院执行。以最高人民检察院组织开展的集中清理判处实刑罪犯未执行刑罚活动为契机，清理出2003年以来审前未羁押判实刑未交付执行罪犯15名，对社区矫正工作进行全程监督，监督收监正在监外的罪犯4名。

【“科技强检”工作】 开展非涉密网建设，对全院83台电脑进行安装设置，为执法办案提供综合信息查询平台。建设远程视频提审系统，按期完成项目规划、网络布线、交换设备安装、技术服务保障和验收工作。完成驻监所检察室涉密系统分级保护工作并通过测评，实现驻监所检察室和全院的信息传递和数据交流。

【内部管理】 规范财务行为，提高资金使用效益，其中公务接待费总额同比下降58%。严格执行统一派车制度，加强驾驶员安全管理，局域网每日公开车辆使用动态，优先保证办案用车。健全国有资产管理，及时对新购置的固定资产进行入账，保证财物相符，领用手续齐全。完善办案信息填录质量通报制度，坚持统计审核与填录监督、流程监控相结合，加强数据统计和动态分析，为检察业务推进提供参考。

【接受外部监督】 加强与代表委员的联络，全年共寄送检察工作简报5期，《象山检察》4期，发送手机报12期。严格执行县人大常委会《关于司法机关重大工作情况报告的规定》，主动报送重要文件90余份。落实人民监督员制度，在检察办案中听取意见，监督撤案4件4人。自觉公开办案信息，在人民检察院案件信息公开网上发布程序性信息1456条，法律文书825份，重要案件信息18条，保障公众的知情权和监督权。加大"两微一端"建设力度，入驻今日头条客户端，利用官方网站、微博、微信等载体，将检察机关工作动态、最新法律法规、重大办案情况等及时向社会公布。

【举行"检察开放日"活动】 12月23日，象山县人民检察院举行"检察开放日"活动，县人大代表、政协委员、人民监督员、县级有关部门领导和新闻媒体记者等40余人受邀参加会议。"检察开放日"活动分为上下午两场，主题分别为"服务非公企业、浙检在行动"和"加强侦查监督、维护公平正义"。会上，与会人员建言献策，围绕保障非公有制企业健康发展和强化侦查监督工作提出30余条意见。

【推行电子卷宗阅卷系统】 按照最高人民检察院统一部署，象山县人民检察院于2016年5月设立专门的案卷扫描室，配备扫描仪、电脑、摄像机等专门设备，建立电子卷宗阅卷系统。通过技术手段，在每一页电子卷上添加水印，对电子卷宗光盘进行加密，并与律师签订保密承诺，提示律师履行保密义务。律师到检察院阅卷无需预约和等待，只要"三证齐全"（律师执业证、当事人的授权委托书、律师事务所的介绍信或法律援助函），便可以当场申请、当场阅卷、当场拷贝，改变以往阅卷需要对纸质卷宗进行复印或者拍照的阅卷模式。电子卷宗阅卷系统运行后，已累计制作338册，为律师提供光盘28份。

12月23日上午，象山县人民检察院在日升集团有限公司举行主题为"服务非公企业、浙检在行动"的"检察开放日"活动
（方 芳 摄）

【"两学一做"专题教育学习】 召开"两学一做"动员会议，"一把手"带头谈学习党章党规，对专题教育进行部署。组织集中学习讨论，开展党支部书记上党课、"四讲四有""五查五看"等活动，深入查摆党支部和党员存在的短板问题，开展批评和自我批评，端正思想认识，共进行学习交流20余次，党员书面剖析材料60余份。通过学习"七一"讲话、举行知识竞赛、参加微型党课比赛等，增强政治意识、大局意识、核心意识和看齐意识，为争做合格党员打下坚实基石。

【落实"从严治检"要求】 于4月份集中开展"严纪律、讲规矩、重承诺、作表率"专项教育整治月活动，出台活动实施方案，着力解决队伍纪律作风方面存在的突出问题，共收到部门整改报告16篇，个人书面剖析材料78份。配合婚丧礼俗整治工作，按照县委办、县府办要求，严格执行"双报告"制度，做到事前报告，事后备案。对八小时外行为进行督查，严查酒驾、参赌等问题，杜绝发生违规行为。继续督促履行廉政建设主体责任和监督责任，开展队伍廉政作风建设状况季度讲评4次，签订责任书19份，召开联席会议4次，形成一级抓一级工作常态，确保纪律刚性。

【司法体制改革】 按照上级检察机关的统一部署，象山县人民检察院结合实际，研究文件精神，成立以检察长为组长，班子领导及检委会专委为副组长的检察改革工作领导小组，相继出台《象山县人民检察院司法体制改革实施方案（试行）》《象山县人民检察院现任检察官入额实施办法（试行）》。通过考试、考核等方式严把员额检察官入门关，经批准产生25名员额检察官。

1月13日下午，象山县人民检察院和县司法局在县广播电视中心演播厅联合举办象山县首届检察官、律师控辩大赛
（方 芳 摄）

【检察官队伍能力建设】 强化业务能力培养，开展检察业务基础人才授课3次，由业务条线骨干讲授专业知识，提升检察干警专业素养。深化调研写作能力，实行检察干警包干课题撰写文章，分别在国家级期刊发表3篇，省级期刊发表4篇，市级期刊发表3篇，调研文章荣获国家级奖励1篇，省级奖励1篇，市级奖励3篇。联合县司法局在县广播电视中心演播厅举办首届检察官、律师控辩大赛，并进行电视转播，提升公诉水平和队伍形象。进行全面实战锻炼，通过法律文书制作比赛、征文比赛、庭审观摩、疑难案件分析等途径提高干警实务能力。

法 院

【概况】 2016年，象山县人民法院谋划司法事业科学发展，以改革创新思维推进执法办案第一要务，落实司法体制改革举措，提升司法服务水平，为象山县经济社会发展提供司法保障。全年共受理各类案件14691件，办结15267件，一线法官年人均结案267.84件，同比增加32.68件。全年共获得集体和个人国家荣誉1项，省级荣誉11项，市级荣誉32项，县级荣誉47项。

【刑事审判工作】 审结刑事案件966件1233人，同比分别上升14.05%和21.6%。严厉打击危害公共安全和人民群众生命财产安全的犯罪，审结危险驾驶、“两抢一盗”、强奸、故意伤害、诈骗等犯罪717件862人。审结生产、销售假药、非法经营、非法吸收公众存款等犯罪9件10人。审结聚众斗殴、寻衅滋事、涉“黄赌毒”等犯罪147件238人。审结贪污、受贿、挪用公款等犯罪10件12人。依法对381名初犯、偶犯、从犯判处缓刑、单处罚金或免予刑事处罚。全年，共通知法律援助机构为113名可能被判处三年以上有期徒刑的被告人指派辩护律师。

【审理一起特大跨省电信诈骗案件】 12月20–23日，公开开庭审理一起特大跨省电信诈骗案件，涉案被告人43名，被害人1700余名。因参与庭审人数众多，借用象山县体育馆场地审理该案。

【帮助失足青少年回归社会】 坚持“教育、挽救、感化”工作方针，对35名未成年人实行犯罪记录封存，组织7名未成年缓刑犯赴象山县培智学校开展“携手失足少年、关爱重塑心灵”公益活动。

【民商事审判工作】 审结各类民商事案件8076件，同比上升8.75%。引导诉前调解146件，以调解撤诉方式结案4512件，调撤率55.87%。审结医疗、物业、劳动、交通事故等案件1247件。审结买卖、房地产、建设工程等合同类纠纷案件896件。审结民间借贷案件2555件。审结婚姻、继承、“三养”等案件745件。

【家事审判方式改革】 贯彻新颁布的《反家庭暴力法》，为家庭暴力受害者发出人身安全保护令2份。深化家事调查员、心理专家咨询会议等机制在家事审判中的运用，联合乡镇、街道、社区共同构建家事纠纷综合协调化解新格局。7月19日，浙江省妇联权益部部长金雷、浙江大学心理学教授陈树林、浙江婚姻咨询协会副会长赵云丽、秘书长吴秀芬等到象山县人民法院调研家事审判工作。

12月20日,象山县人民法院在象山县体育馆开庭审理特大跨省电信诈骗案件　　（罗　芝　摄）

【行政审判工作】 审结行政诉讼案件55件,同比上升5.77%。监督、支持行政机关依法行政,审查非诉行政案件395件,同比上升70.99%,准予执行率99.75%。开展国土领域非诉执行积案清理活动,清理征迁拆违案件204件。支持"五水共治"等重点工程,重点打击常发多发的污染行为,对17件执法单位申请的环保类案件依法准予执行。推动行政机关负责人出庭应诉工作,行政机关负责人出庭应诉率达93.18%。依托府院联席会议制度,推进行政与司法良性互动,协同落实好新行政诉讼法。

【执行工作】 执结各类案件5574件,执行到位金额7.66亿元,同比分别上升8.07%和47.59%。出台《关于落实"用两到三年时间基本解决执行难问题"实施细则》,推行集中执行和流程分段式管理。依托"点对点"网络查控系统,共查询被执行人账户信息9.9万余次,冻结存款2274.65万元。对房产、车辆等财产实行集约化查控,共查封房产597处、车辆146辆。加大对逃避执行、拒不执行的打击力度,在中国执行信息公开网、象山港论坛、官方微信等平台曝光失信个人与失信企业3299例,与象山县公安局联合出台《关于县公安机关协助县人民法院查控被执行人的协作纪要》,借助公安协控机制抓获逃避执行的被执行人223人,依法拘留165人。对接社会信用体系建设,加强信用联合惩戒,使失信被执行人在申请贷款、参与招投标、入住星级酒店、乘坐飞机高铁等方面处处受限。

【涉执行案款集中清理活动】 从2016年4月1日开始,开展为期7个月的涉执行案款集中清理活动,逐案逐笔核对历年涉执行暂存款,基本实现案、款、承办人的一一对应,强化对执行权的监督制约。

【司法惠民举措】 构建诉讼服务大厅、诉讼服务网、12368诉讼服务热线三位一体的诉讼服务体系,12368热线共处理来电查询、咨询、投诉2207件,直接回复率99.6%。推行人工与智能双轨并行,为当事人提供案件网上查询、电子送达、诉讼费和执行款网银支付等在线服务。优化人民法庭软硬件保障,建立法庭便民联络员等制度,上渔船、下乡村、赴海岛开展巡回审判22次。注重维护劳动者权益,为农民工执行到位工资款1768.65万元,判决拒不支付劳动报酬罪2件2人。加大司法救助力度,共缓、减、免诉讼费334.15万元,为73名被害人、困难当事人发放司法救助金89.74万元。根据新修订的《中华人民共和国法庭规则》要求,重新布置审判楼的安检场所,开辟"检察人员、律师专用通道",方便法律职业共同体参与诉讼活动。

【提升司法工作透明度】 严格实行不公开裁判文书反向审批制度,累计公布裁判文书6516份,受到浙江省高级人民法院通报表彰。搭建门户网站、微博、微信为一体的"一网两微"司法公开体系,开展庭审网络直播42次,网上公示暂予监外执行案件14件,通过官方微博、微信发布工作信息293条。以公众开放日活动为载体,邀请社区群众、基层干部、在校学生等165人次参加案件旁听、参观法院文化。对执行财产实现100%网络司法拍卖,共向淘宝网上传各类拍品302件,拍卖成交额2.73亿元,为当事人节省佣金788.7万元。提升人民陪审员参与庭审比例,普通程序案件陪审率达99.37%。推进适度分权的"大陪审制"改革,赋予陪审员更大事实认定权。

【物业纠纷处理情况新闻发布会】 召开新闻发布会,发布"2009-2015年物业服务纠纷案件审理情况白皮书",向社会通报物业服务纠纷案件处理情况,审判委员会专职委员陈忠武作新闻发言。象山县住建局物业管理办公室有关领导、住宅小区业主委员会成员代表、在象物业服务企业代表及多家媒体应邀参加发布会。

【服务和保障中心工作】　加强海洋渔业资源保护，配合"一打三整治"专项行动，判处非法捕捞水产品犯罪16件34人。出台为"工业强县"战略提供司法保障的实施意见，对涉工业企业案件做到"快立、快审、快结、快执"，慎用查封、扣押、冻结账户、划拨存款等强制措施。开展"送法入企"，安排法官走访企业18次，开展各类咨询、讲座4次。抓好困难建筑企业的债权清收工作，共帮助清收债权1.4亿元。推进金融不良资产的司法处置，打击不法企业逃废金融债务行为，共审结金融纠纷案件855件，为金融机构清收金融债权3.1亿元。成立专司破产的审判庭，推行破产案件简易审，支持三浪公司等重点企业重组、重整，助推经济转型升级。

9月28日，象山县人民法院旅游巡回法庭在象山县风景旅游管理局揭牌成立　　　　（鲁　云　摄）

【成立旅游巡回法庭】　为助推象山县创建国家全域旅游示范区，构建现代旅游治理体系，营造和谐的旅游消费环境，成立旅游巡回法庭。巡回法庭由2名审判员以及1名人民陪审员组成，并配备专门的书记员，办公地点设在象山县风景旅游管理局，集专业审判、联动调处、纠纷预防、法制宣传等功能为一体，负责处理涉旅游服务合同纠纷、涉旅游服务损害赔偿责任纠纷等案件，以满足旅游市场主体对高质量化解涉旅游纠纷的司法需求。

【社会综合治理】　落实"诉访分离"机制，依法将涉诉信访案件纳入司法程序，受理申诉、申请再审案件15件，经审查后提起再审8件。强化司法对诉讼外纠纷解决的引导与支持功能，加强与象山县公共法律服务中心、专业调解委员会、劳动仲裁委等部门的诉调对接，为基层调解干部开展土地流转、山林权属等方面的法律培训5次。全面排查、及时处置不稳定因素，为G20峰会保驾护航。

【优化社会法治环境】　梳理分析审判执行中发现的经济发展和社会治理有关问题，向党政部门、村基层组织以及其他相关单位发送区域性涉诉分析报告、司法建议8份。通过风险提示书、互联网络、新闻媒体等多种渠道，向公众提示金融借贷、渔具堆放、车险投保等方面法律风险19条。开展面向基层、服务群众的法治宣传，深入学校、村镇、社区、驻象部队开展现场咨询、法治讲座等活动35次，引导社会形成尊法、学法、守法、用法的良好氛围。

【推进司法改革】　成立以院长郑航捷为组长的司法改革领导小组，制定符合司法规律和工作实际的改革工作实施方案，做好司法改革政策宣传解读。严格执行法官员额比例，坚持注重实绩、公开公正、竞争择优的原则，有序开展首批入额工作，通过"考核+考试"方式，经省法官遴选委员会统一遴选，确定首批员额法官44名，并举行首批员额法官向宪法宣誓仪式。推行院庭长办案常态化，将优秀审判资源集中到审判一线。完善改革配套机制，转变审委会职能定位，明确院庭长审判监督和管理职责，规范审判权力运行。

【建立专业法官会议制度】　出台《专业法官会议议事规则》，按照刑事、民事、商事、行政等审判业务领域，分别设立由相关业务领域的审判委员会委员、庭长和资深法官组成的专业法官会议。专业法官会议负责讨论本审判业务领域的重大、疑难、复杂案件，在理解和适用法律方面为合议庭提供咨询意见，研究统一法律适用等与审判业务有关的问题，并参与发回重审、改判等案件的评查，总结审判经验等。

【加强审判管理】　实施案件质效动态管控，开展案件常规评查7次，开展裁判文书质量、审理节点用时等专项和定向评查9次，抽查各类案件1562件。定期公布各类质效数据情况，发布审执工作运行态势分析，通报35周岁以下青年干警质效数据，共发布审判管理简报27期，运用小额诉讼、简式裁判文书、支付令、集中送达等机制，有效提升审判效率。出台案件委托送达等方面规定及操作指南，促进司法规范化建设。推广应用庭审语音智能识别系统，借力科技实现审判管理新突破。

【打造过硬队伍】 强化思想引领，扎实开展“两学一做”学习教育。加强廉政作风建设，开展“队伍建设年”主题活动、“纪律作风教育整顿月”活动和正风肃纪专项治理，以“零容忍”态度查处违纪违法案件。强化能力建设，组织专题业务培训9次，选派一批办案骨干赴高等法律院校进行在职培训。选送16名青年干警赴乡镇街道挂职锻炼，以青年法官讲坛、陪同接访、庭审观摩点评等为载体，全面优化青年干警综合素质培养。注重司法辅助人员能力建设，举行书记员岗前集中培训、司法警察技能大训练等活动。

【全市法院司法警察工作例会在象山召开】 4月28日，全市法院司法警察工作例会在象山县人民法院召开，会议由宁波中院法警支队副支队长叶凯主持。会上，宁波市中级人民法院法警支队支队长童立松对全市法院司法警察队伍工作提出要求。

【“我当啄木鸟”专项活动】 自3月起，开展“我当啄木鸟”专项活动，全体干警围绕队伍管理、审执质效提升、司法作风转变、阳光司法建设等工作深入挖掘问题，并以书面形式提出意见建议。对收集到的短板进行整理汇总并制定整改措施，逐条分解，列出清单，明确责任部门和整改期限，全面查摆、补齐在能力作风、遵规守纪、担当精神等方面存在的短板。

【“百日办案竞赛”活动】 从9月下旬开始至年底，开展“百日办案竞赛”活动，评选优胜部门、十佳办案个人及月办案之星，激发干警争先创优的工作热情。

【接受各界监督】 自觉接受人大监督和政协民主监督，落实人大代表建议和政协委员提案，共办理各项建议提案5件，面商率、答复率均为100%。加强与代表委员的沟通联络，严格按照要求开展院长定向联络人大代表工作，不定期邀请代表委员视察法院、旁听庭审、参与执行，共向代表委员推送《人大政协联络专刊》手机彩信11期。严格执行县人大常委会《关于司法机关重大工作情况报告的规定》，向人大及时报送主要文件23份和特定案件25件。支持、配合检察机关履行诉讼监督职责，审结检察机关抗诉案件1件。

【县委常委孙小雄到象山县人民法院调研指导】 12月20日，中共象山县委常委孙小雄、县委办公室副主任江立峰、县委政法委员会副书记曾伟标一行到象山县人民法院调研指导，该院全体领导班子成员参加座谈。会上，院长郑航捷介绍该院的基本概况、2016年后的工作总体情况以及下一阶段的工作思路。执行局局长陈峰就该院执行工作作简单汇报。县委政法委员会副书记曾伟标对该院全力打造高素质的干警队伍、妥善处理涉重大因素案件等工作亮点进行点评，并强调要加强整个公检法系统工作统筹，构建“大政法”格局。县委常委孙小雄对该院在工作中取得的成绩表示肯定，并围绕下阶段工作提出四点要求：一是牢固树立服务大局意识。二是宣传法院工作。三是推动解决执行难问题。四是强化纪律作风建设。

（方宇强）

司法行政

【概　况】 2016年，象山县司法局提升司法行政工作效率和工作水平，全县各级调解组织共受理各类矛盾纠纷5101起，调处成功5072起，调处成功率为99.4%，涉及赔付金额1.9亿元，同比增长8.7%。公共法律服务中心接待群众来电来访咨询5163人次，其中接待涉法涉诉信访1396件，息访案件1392件，息访率97.6%；成功调解劳动争议案件299起，涉及金额523.9万余元；办理法律援助案件3266件；办理群体性欠薪案件24批次，涉及职工2594人次，挽回工资总额1789.9万元。象山县司法局共获得集体和个人省级荣誉5个，市级荣誉26个，县级荣誉21个。

【象山县首届检察官律师控辩大赛】 1月13日，象山县司法局与象山县检察院联合在象山电视广播中心组织开展首届检察官律师控辩大赛。辩论赛分为预赛和决赛，由检察院、律师事务所双方各派出6名队员，分别组成2支队伍，围绕给定案例就“是否构成正当防卫”和“是否构成犯罪中止”两个辩题进行辩论。辩论过程中，辩手们思维敏捷、妙语连珠，表现出缜密的逻辑思维和出色的辩驳能力。经评委评定，律师一队获最佳风采奖，检察院一队获最佳团队奖，陈蒙华、周非儿、殷超获最佳辩手称号。来自检察院、司法局、律师事务所的160余干部参与观摩学习，增强干部的思辨能力和法律适用水平。

1月13日，象山县举办首届检察官律师控辩大赛。
（江薇蕾　摄）

【象山县公共法律服务中心被授予“浙江省巾帼文明岗”称号】 2月，象山县公共法律服务中心被省巾帼建功活动领导小组授予“浙江省巾帼文明岗”称号，标志着妇女儿童权益保护工作再上新台阶。象山县公共法律服务中心巾帼文明岗共有岗位成员12名，女性10人，占总人数的83%，全岗工作人员围绕法律服务工作，以“公平公正、高效优质”为服务宗旨，加强组织领导，注重科学管理，突出创岗特色，形成团群合力，扎实做好法律服务、法律援助、法治宣传、人民调解、行政审批等与群众生产生活直接相关的职能工作，树立司法行政机关服务群众的“第一窗口”巾帼形象。

【送法进军营活动】 5月6日，象山县司法局全体班子成员率领法律服务中心工作人员、援助律师及部分青年干部深入驻象某部队开展“送法进军营”活动。通过赠送法律书籍、法律知识讲座、法治图板的展出以及法律咨询等活动提高部队官兵的法律意识和法律素质，为部队官兵排忧解难，维护军人军属的合法权益，拓宽普法宣传阵地，巩固和深化“军地共建”成果。活动共向官兵赠送260个印有法治宣传教育内容的宣传品，1500份宪法、反恐法宣传折页。

5月6日，象山县司法局开展“法律进军营”活动，部队官兵参与。
（江薇蕾　摄）

【民信法律服务所改制为合伙制法律服务所】 根据国务院《关于经济鉴证类社会中介机构与政府部门实行脱钩改制意见的通知》（国办发〔2000〕51号）和司法部《基层法律服务机构脱钩改制实施意见》（司发通〔2000〕134号），象山县司法局请示宁波市司法局要求象山县民信法律服务所改制为合伙制法律服务所。经验收合格，5月27日，宁波市司法局批复同意象山县民信法律服务所改制为合伙制法律服务所，实行自我运行、自我约束、自我发展、独立核算的运营机制，独立承担民事连带责任，自觉接受司法行政部门的监督管理。

【干部廉政警示教育活动】 开展“两学一做”学习教育，加强党员干部拒腐防变能力，激发爱岗敬业工作热情，5月31日，象山县司法局组织全局党员干部来到宁波市廉政教育基地接受廉政教育。通过参观反腐历程、廉韵宁波、贪腐鉴录、勤廉楷模等4个主题展厅，观看典型违法违纪案例图片、视频展示和焦裕禄、杨善洲、江小金等楷模先进事迹介绍，党员干部接受一次世界观、人生观、价值观的洗礼。参观结束时，全局党员干部重温入党誓词，以入党时的真诚和激情坚定理想信念，增进对党的感情，誓做一名合格的党员。

5月31日,象山县司法局党员干部重温入党誓词。
(江薇蕾 摄)

【"迎七一"专题党课活动】 7月1日,象山县司法局组织开展"迎七一"专题党课活动,邀请县教育局林诸主任来局主讲《中国共产党廉洁自律准则》《中国共产党纪律处分条例》等党纪党规,全体党员干部和两新党组织党员参与学习。林诸主任从新修订《准则》《条例》的出台背景、亮点和变化、重点章节条款和学习贯彻《准则》《条例》等4个方面着手,认识《准则》《条例》的重要意义、深刻把握《准则》《条例》的主要内容、贯彻落实《准则》《条例》等3个部分,对两项党内法规进行详细解读和剖析,强化党员干部党章党规党纪意识,坚定党员理想信念。

【象山县社区矫正、安置帮教"护航G20"工作会议】 7月8日,提请象山县政府召开全县"平安护航G20"社区矫正、安置帮教工作会议,对县委政法委、公安局、人民法院、人民检察院、发改局、民政局等15个部门和18个镇乡(街道)各部门分解落实社区矫正和安置帮教工作职责和工作任务,基本形成"党政领导、综治指导协调,部门密切配合、齐抓共管,社会力量广泛参与"的工作格局,将全县社区服刑人员、刑满释放人员纳入各地各部门管理视线,实现工作全覆盖、成效全覆盖、制度全覆盖。

【象山县人民调解业务知识培训班】 8月2至4日,象山县司法局举办2016年度全县人民调解业务知识培训班,各司法所负责人、各镇乡(街道)、村(居、社区)骨干调解员、县行业性专业调委会人民调解员共计103人参加培训。培训邀请宁波市司法局、镇海区司法局、律师事务所等有关领导或业务骨干为调解员授课,从政策分析、理论解读、工作技巧等不同角度出发,围绕人民调解常遇到的问题和调解员自身经验在调解工作中的运用等课题,为调解员进行深入浅出的讲解,和调解员进行互动教学。部分街道、镇、行业性专业调委会专职调解员代表作典型发言。

【浙江省司法厅党委委员、副厅长马时明到象山县调研普法工作】 8月3日,浙江省司法厅党委委员、副厅长马时明到象山县调研"六五"普法工作和"七五"普法工作启动情况,实地考察象山县墙头镇方家岙村民主法治示范村建设情况,参观该村法治宣传长廊,了解基层法制宣传活动开展、法治文化建设推进等情况。马时明认为象山县普法工作推进创新,形成涉渔普法、军队普法、青少年普法等一批各具特色的典型和品牌。马时明提出要在巩果"六五"普法取得成果的基础上,创新社会大普法法治理念和教育模式,坚持"谁主管、谁负责","谁执法、谁普法",将创新工作方式体现于"七五"普法的各环节;执法部门要带头树立法治意识,强化法律文化和法治理念的研究,引导全社会尊法、学法、守法、用法;总结"六五"普法工作经验,围绕党委中心工作,突出象山特色,对不同群体、不同对象注重实效有针对性的开展普法宣传教育;要抓好普法教育工作的专项绩效考核工作,建立健全本县的指标体系和细则,逐项抓好落实。

8月3日,浙江省司法厅党委委员、副厅长马时明(前排中)到象山县调研普法工作。 (牟凌寒 摄)

【成立象山县人民调解委员会】 8月30日,象山县人民调解委员会在象山县公共法律服务中心会正式挂牌成立,由包括主任在内的10名调委会委员以及3名专职人民调解员组成。主要从事调解跨部门、跨行业、跨区域的重大疑难复杂民间纠纷的群众性组织。通过建立县人民调解委员会,整合县域范围内的人民调解资源,有利于健全完善人民调解与行政调解、司法调解联动工作体系,综合运用法律、政策、经济、行政等手段和教育、协商、疏导等办法,把纠纷化解在基层、解决在萌芽状态,发挥人民调解在纠纷多元化解机制中的基础作用。

【象山县公共法律服务网正式上线运行】 推进覆盖城乡的公共法律服务体系建设,利用互联网向社会提供免费法律咨询等基本法律服务,象山县公共法律服务网于2016年9月正式上线运行。象山县公共法律服务网首页设“我想咨询、我想查找、我想办理、我想学法、我想参与”五大板块,群众可以通过电脑、手机网络登陆。公共法律服务网的运行,可以解决群众获取法律知识来源有限、法律咨询困难、案件受理信息获取渠道单一等问题,让法律咨询和优质服务惠及到每个市民。

【国家宪法日宣传活动】 12月2日,由象山县普法办牵头,联合人民法院、人民检察院、住建局、市场监管局、卫计局、农林局、交通局、国土局、司法局等31个部门在象山县人民广场举行主题为“宪法走进你我”的12·4国家宪法日宣传活动。各部门工作人员为前来咨询的人民群众耐心讲解法律问题,分发法律知识宣传册,发放相关法律宣传资料和纪念品3000余份。活动现场进行法治签名和法治谜语有奖竞猜活动,激发群众学法的热情。

【宁波市副市长李关定批示肯定象山县农民工法律援助工作】 12月2日,宁波市副市长李关定在象山县报送的《象山县“点线面”构建农民工法律援助机制成效显著》上批示:“象山县做好农民工法律援助服务,坚持‘点线面’结构构建保障体系,保障农民工权益,化解基层矛盾,值得各地学习借鉴”。2016年,象山县公共法律服务中心立足实情,优化站点布局,建成部门、镇乡(街道)、村(社区)法律援助工作站点595个,实现法律援助县、镇、村“三级”网络全覆盖,优化援助方式,开通农民工讨薪“绿色通道”,推行“点援制”“会诊制”和“e家制”,简化申请讨薪法律援助办理程序,提供从申请到指派一次性办结服务,全年共累计办理农民工讨薪援助案件2584件,成功讨回欠薪总额1655万元。

12月2日,象山县普法办牵头举办主题为“宪法走进你我”的12·4国家宪法日宣传活动。 (吴成良 摄)

【建成谢才华剪纸普法工作室】 12月,在象山县东陈乡樟岙村建成特色法治平台——谢才华普法工作室。谢才华普法工作室以法治剪纸为背景墙,内设各类法治图书供村民借阅,设立大屏网络观看查询一体机,群众可以直接在机器上查阅相关法律法规,安排有专职律师值班,还可以直接在宁波市公共法律服务平台上直接视频连线专职律师,进行网上在线咨询法律问题。谢才华同志定期在工作室内与专职律师、司法所工作人员及群众代表一起探讨一些群众近期比较关注的法律问题,共同为群众排忧解难。

【基层治理法治化】 2016年,象山县按照主题鲜明、因地制宜、注重实效的原则,逐步推进基层法治文化基础设施建设,全年共新建各类法治文化平台11个,其中法治文化公园5个、法治亭1个、法治文化长廊1个、法治文化一条街1个、法治文化场馆2个、普法工作室1个。以推行村民说事、村务会商、民事村办、村事民评等“和村惠民四步法”为抓手,开展各级“民主法治村(社区)”创建活动,树立象山基层法治样板,全年共新创建省级“民主法治村”3个、市级4个,复评市级2个,四星级转市级5个。

【科学谋划“七五”普法规划】 2016年是“七五”普法的开局之年,象山县先后成立“七五”普法规划起草领导小组,明确分管领导和具体负责人员,实地调研走访企业、学校、部门、乡镇街道,召开“七五”普法规划征求意见座谈会,完善“七五”普法规划草案,并提请县政府常务会议及县委常委会议审议通过。11月2日,县人大常委会作出《关于开展第七个五年法治宣传教育的决议》。11月29日,县委、县政府转发《象山县普法教育领导小组关于在全县公民中开展法治宣传教育的第七个五年规划(2016-2020年)》。12月5日,县委办、县政府办下发《关于建立重点单位法治宣传教育责任清单制度的实施意见》。

【“两学一做”学习教育】 2016年,象山县司法局牢牢把握“两学一做”学习教育的着力点,运用“学、找、做”三步法,做到学以看齐、学以尽责、找出短板、补齐短板、做出成绩,将“两学一做”学习教育落到实处。坚持把学党章党规、学系列讲话贯穿始终,围绕增强政治意识、大局意识,广泛开展学习讨论,累计组织7次集中学习、1次专题辅导、5次分组讨论。运用“互联网+”模式,通过“象山司法”微信公众号、微信群、QQ群等新媒体等平台,鼓励党员干部提出意见建议30余条。班子成员分组深入全县18个镇乡(街道)司法所进行走访、调研,全方位、多层次地征求乡镇(街道)分管领导、司法所全体工作人员、部分服务对象、村(居)代表的意见建议,累计走访农村42个、企业55家,帮助基层解决实际问题16个。

【附录】

表19　　2016年象山县司法局先进个人一览

序号	姓　名	工作单位	荣誉称号	获奖时间	授予单位
1	任　芳	象山县司法局	全省法律服务“三改一拆”、“五水共治”工作成绩显著个人	2016年3月15日	浙江省司法厅
2	梁文华	象山县司法局	个人三等功	2016年10月31日	浙江省司法厅
3	叶　露	象山县司法局	个人三等功	2016年2月15日	宁波市司法局
4	潘云峰、胡明盛	象山县司法局	优秀司法所长	2016年2月15日	宁波市司法局
5	槐　珺	象山县司法局	法治宣传先进个人	2016年2月15日	宁波市司法局
6	朱康康、李静妍	象山县司法局	社区矫正(安置帮教)工作先进个人	2016年2月15日	宁波市司法局
7	李芝巧	浙江昊大律师事务所	法律援助先进个人	2016年2月15日	宁波市司法局
8	叶维品	定塘镇调委会	优秀人民调解员	2016年2月15日	宁波市司法局
9	黄伦友	交通事故调委会	优秀人民调解员	2016年2月15日	宁波市司法局
10	江薇蕾	象山县司法局	信息工作先进个人	2016年3月31日	宁波市司法局
11	王维娜	象山县司法局	2011-2015年宁波市法治宣传教育先进个人	2016年9月9日	宁波市普法教育领导小组
12	贺　挺、潘云峰、鲍根法	象山县司法局	个人三等功	2016年11月15日	宁波市司法局
13	柳金根、朱康康、张　楠	象山县司法局	个人嘉奖	2016年11月15日	宁波市司法局

表20　　2016年象山县司法局先进集体一览

序号	工作单位	荣誉称号	获奖时间	授予单位
1	象山县公共法律服务中心	浙江省巾帼文明岗	2016年4月	浙江省巾帼建功活动领导小组
2	象山县司法局	司法行政工作综合考评优胜单位	2016年2月15日	宁波市司法局
3	象山县司法局	信息工作先进集体	2016年3月31日	宁波市司法局
4	象山县司法局	2011-2015年宁波市法治宣传教育先进集体(示范单位)	2016年9月9日	宁波市普法教育领导小组
5	象山县司法局办公室	集体三等功	2016年2月15日	宁波市司法局
6	象山县司法局办公室	集体三等功	2016年11月15日	宁波市司法局
7	象山县司法局石浦司法所	集体通报表扬	2016年11月15日	宁波市司法局

（江薇蕾）

农业　农村

综　述

2016年,象山县农业农村工作继续保持全市领先、全省先进的地位,全年实现农林牧渔业总产值124.16亿元,比上年增长1.8%,其中渔业产值93.13亿元,增长2.1%,农村居民人均可支配收入26113元,比上年增长7.8%,荣获全国农村集体"三资"管理示范县、省首批美丽乡村示范县、省级农产品质量安全放心县、省森林城市等称号。

农业转型取得新发展。农业总产值稳居全省前列,农业"两区"建设成效明显,新建标准化粮食功能区4933.33公顷,市级现代农业园区34个。产业体系更趋完善,创新实施农业"五新"项目83个,新增"三品一标"认证22个、省市名牌农产品5个,成立象山柑橘农业产业联盟、为全省首个农业产业联盟。农业招商取得突破,东海兴业、挪威三文鱼等一批重大项目签约落户。乡村旅游蓬勃发展,建成农家乐特色村30个,床位超过1万张,直接营业收入超4.8亿元,新增农民"家门口"就业岗位3500个。

美丽乡村迈上新台阶。扎实推进美丽乡村分类创建,各类市级示范创建村达到136个、精品线4条,建成溪里方、方家岙、叶口山等一批示范典型示范村,"斑斓海岸"成为市级文明示范线。坚定不移打好农村环境治理组合拳,新建农村生活污水处理设施105个,累计430个、占90.1%,累计拆除畜禽养殖场1183家、54.4万平方米、整治144家,成功创建"清三河"达标县;美丽集镇4个试点扎实启动,"一户多宅"村庄梳理式改造扩面提质,省"无违建县"创建通过省级验收;"一打三整治"纵深推进,渔民减船转产全面启动。

农村改革获得新突破。县、镇、村三级农村产权交易平台和网络交易平台基本建立,完善"1+28"规则体系,微信拍卖等多元化交易先行试点,累计完成各类产权交易428宗、总交易额2.5亿元。"三位一体"农合联改革有序推进,农村承包经营权确权登记颁证、抵押贷款实现突破,正式核发土地、林地、水域养殖流转等各类权证21本,发放经营权抵押贷款100万元。省级养老服务业综合改革试点扎实推进,新建民办养老机构12家。深入实施农村金融普惠工程,开展信用乡镇、信用村、信用户评定,农业贷款余额164.9亿元,其中农户贷款余额达85.4亿元、惠及农户6万余人。

生活品质得到新改善。全面落实强农惠农富农政策,投入各类涉农资金29.8亿元,农民人均可支配收入增长7.8%,快于城镇居民收入增速。农村社会保障更加有力,投入1.3亿元用于改善农村办学条件,本地户籍各类养老保险的参保率达89.3%,县级医院与基层卫生院医联体建设深入推进,新农合参保率达97.5%。提升乡风文明,发挥党员干部模范带头作用,婚丧礼俗整治新规执行率达99.6%,"无礼一身轻"成为常态,受到老百姓的一致肯定,相关经验做法在央视《新闻联播》宣传报道,获评省宣传思想文化系统十大创新奖。

乡村治理实现新提升。实施基层党建全面提升三年行动计划,推广"书记账本"制度,选派10名副局级干部担任"第一书记",整转软弱落后党组织20个。创新基层社会治理体系,建成县、乡两级综合指挥平台,推进村、社区、企业综治工作站建设,全域覆盖的"一张网"格局基本形成。集中规范整治民间信仰活动场所,通过拆、改、并等方式,减少庙宇247处、超额完成年度任务,小庙小庵乱建滥建现象有效遏制。健全村级工程项目管理等5项监督制约机制,开展百村审计,创建市级标准化"三资"管理服务中心2个,基层权力运行更加规范。

种植业

【概况】 2016年，象山县围绕“农业增效、农民增收”目标，以农业供给侧结构性改革为方向，以粮食生产产能提升与经作高效模式示范推广为抓手，创新新型农作制度，着力优化种植业产业结构，全面提升农业发展效益和现代化水平。2016年，该县种植业在播种面积略减的情况下，实现增产增收，全年农作物播种面积达2.69万公顷，比2015年减少0.5%，总产量34.3万吨，比2015年增加4.8%，总产值7.26亿元，比2015年增长6.3%。

【发放各类粮食补贴】 2016年，象山县继续高度重视粮食生产，抓好各类惠农扶粮政策的宣传，落实农业“三项补贴”改革，全年新增粮食补贴政策2个，其中发放规模种粮大户补贴632万元、耕地地力保护补贴1260万元。该县2016年共发放各项粮食补贴资金2508万元，比2015年增加276万元，增幅12.4%。

【政策性农业保险赔付1492万元】 政策性农业保险增种扩面，启动柑橘、梭子蟹气象指数保险试点工作，加大政策性农业保险对农业持续稳定发展的促进作用。2016年，共收取各类保费1862.67万元，实现保额7.78亿元。及时做好灾害气候造成农业受灾的定损和理赔工作，全县2504户受灾农户共收到政策性农业保险赔付1492.2万元，比2015年增加443万元。

【粮食增产增收】 2016年，象山县通过强化粮食科技服务、技术指导和高产创建等措施，有力保障全县粮食生产稳定，在播种面积减少的情况下，实现增产增收。全年播种粮食面积1.52万公顷，比2015年减少4.8%，总产量10.3万吨，比2015年增长2.4%。春粮面产双降，受2015年烂冬、2016年年初寒潮及后期多雨寡照天气的影响，不仅生产季节推迟，种植面积缩减，而且影响春粮作物长势，降低产量水平，播种面积2700公顷、产量0.87万吨，同比2015年分别减少12%和17.9%。早稻减面不减产，由于早稻生长后期气候适宜，病虫害较轻，平均亩产455公斤，比2015年增加130公斤，大幅上升40%，总产0.41万吨，比2015年增长26%。晚稻喜获丰收，播种面积8953公顷，比2015年增长0.3%，平均亩产557公斤，比2015年增长5.1%，总产7.48万吨，比2015年增长5.4%，其中单季晚稻8700公顷、亩产560公斤、产量7.31万吨，同比2015年分别持平、增长3.2%、增长3.2%；连作晚稻253.3公顷、亩产455公斤、总产1729吨，同比2015年分别增长11.8%、减少7.1%、增长3.8%。

【经济作物增产增收】 全年经济作物播种面积1.03万公顷，产量23.70万吨，产值4.21亿元，同比2015年分别增长4.5%、增长6.2%、增长8.5%。其中蔬菜播种面积7233.3公顷，比2015年增长1%，产量26.3万吨，比2015年增长2.4%，产值3.91亿元，比2015年增长3%。瓜用果实种面积1505.4公顷，比2015年减少2.7%，产量4.3万吨，比2015年减少14%，产值0.91亿元，比2015年增长1.1%。

【粮食生产功能区标准化项目】 象山县将粮食生产功能区标准化项目建设作为提升粮食生产能力和保障粮食安全的抓手，围绕基础设施、耕地质量、设施管护等方面，加大资源投入，优化粮食生产条件，保住农业发展空间，稳定粮食生产能力。截至2016年底，该县累计建成粮食生产功能区标准化项目31个、面积4933.3公顷。同时，该县农业部门根据上级主管部门部署和要求，于2016年起将粮食生产功能区标准化建设项目与农业综合开发土地治理、高标准基本农田、小农水等项目协同推进，并计划在“十三五”期间将该县的2466.7公顷未实施标准化建设的粮食生产功能区全部提升到位。2016年，该县将西周镇上张塘、大徐镇雅林溪片、大徐镇大徐洋片、定塘镇中坭片等4个片区的粮食生产功能区确定为粮食生产功能区标准化项目，计划总投资1500万元左右。

【粮食生产功能区管护工作】 为保障粮食生产功能区基础设施的正常运转和长期发挥效益，象山县于2016年对粮食生产功能区实施管护工作，将全县27个市级粮食生产功能区（面积4353.3公顷）纳入管护范围，对功能区内基础设施进行日常维护和修理。管护工作实行项目化管理，按照“谁受益、谁负责”原则，由管护工程项目所在村申报和组织实施，具体按照《象山县村级工程项目监督管理暂行办法》执行。同时，市、县两级财政按照每亩50元的标准给予补助，全年共发放粮食生产功能区管护补助资金466.76万元。

【首次蔬菜生产功能区建设】 提高鲜销蔬菜自给率，增强应急生产和供应能力，保障城乡居民鲜销蔬菜的均衡生产供应，2016年象山县首次实施保障型蔬菜生产功能区建设，计划“十三五”期间建设233.3公顷。2016年，该县落实新桥镇山井片、定塘镇礁横片蔬功区建设项目2个、总面积66.7公顷，总投资约404万元。

【提高粮食单产能力】 2016年，象山县继续组织开展粮食绿色高产高效创建活动，提高示范辐射效果，增强示范和带动效应。建立市级粮食高产高效示范区18个、面积136.67公顷，县级超级稻高产示范方4个、面积36.7公顷，县级双千示范方2个、面积13.7公顷，其中单季稻高产高效示范区平均亩产达783公斤。

【粮食生产用种保障】 加强粮食生产种子保障供应能力，象山县继续抓好粮食种子主渠道建设，做好种子的质量检测、调运、储备、供应工作，落实储备种子5万公斤，其中早稻1.5万公斤，晚稻1万公斤，小麦1.5万公斤，杂交稻0.2万公斤。2016年，该县重点做好超级稻种子的余缺调剂与有序供应，供应水稻种子10.7万公斤，其中早稻种子5.2万公斤、杂交稻种子4.3万公斤、常规稻种子1.2万公斤，基本满足全县用种需求。继续开展杂交水稻制种基地建设，在贤庠镇、丹东街道、泗洲头镇落实杂交水稻制种基地191.3公顷，平均亩产达65.6公斤。

【种植业新品种示范与留种】 开展粮食与经济作物新品种展示工作，在东陈乡岳头村和西周镇航头村建立早、晚稻新品种展示基地2个、面积10公顷。开展草莓、番茄、甜瓜、茄子品种对比试验4个，引种试验4个，并做好相关试验示范工作。继续做好东陈种质资源展示圃，大徐草莓育苗基地，定塘“宏大1号”冬瓜留种基地，定塘甘蓝类蔬菜引种展示基地建设等工作。

【环境友好型肥料推广应用】 2016年，象山县继续开展有机肥、有机无机复混肥、配方肥的推广应用，并将此项工作作为“五水共治农业水环境治理”“农业部肥药双减行动计划”的重要抓手和实施载体，深入推进农业面源污染整治和废弃物综合利用。全年推广应用有机肥2700吨、有机无机复混肥1900吨 、配方肥1000吨、有机液肥63吨。同时，该县加大对有机肥使用补贴力度，全年补贴污泥有机肥3970吨、资金63.5万元，主要用于道路绿化、山林复绿和绿化苗木栽培等。

【实施土肥提升工程】 开展千万亩标农和补划标农质量提升土壤培肥工作，全年实施提升土壤培肥项目面积1666.7公顷，项目区内推广有机肥1218吨、有机无机复混肥1560吨、配方肥203吨，并完成冬季深翻耕验收187.2公顷、冬绿肥种植验收28.1公顷。继续做好农业部耕地保护与质量提升补助项目，全年推广秸秆还田腐熟技术并资源化利用秸秆12.75万吨，全县秸秆综合利用率达92%，增加土壤有机质含量，提高作物单产，并避免焚烧秸秆污染环境。

【技术研究与应用推广】 该县通过自主创新、合作和引进等方式，强化农业科技驱动力，促成成果转化应用。实施“稻鱼共生示范基地建设”等项目36项，应用绿色防控、秸秆还田等新优技术6项，引进双氟-氟氯吡、氰烯菌酯、乙多·甲氧虫等新农药6个，进行麦田除草、水稻恶苗病防治、抗性二化螟防治药剂筛选等试验3个，筛选出高效防治药剂(组合)4个，有效缓解常用农药的药效、防效下降压力。县与中国水稻研究所、省植物保护检疫局开展智慧型测报灯联合试验研究，引进新一代昆虫性诱电子智能测报仪并开展试用工作。

【盐土农业开发】 拓展农业发展空间，象山县创新发展思路，立足当地丰富滩涂资源，于2015年实施盐土农业开发利用试验。2016年，该县引进耐盐碱水稻新品种3个，落实水稻试验种植面积17.9公顷(道人山14.5公顷、鹤浦镇3.4公顷)，比2015年增加16.5公顷，对13个耐盐碱水稻品种开展试种筛选，其中位于鹤浦镇屿龙塘的3.4公顷海水稻试验获得成功，平均亩产450公斤以上。落实碱蓬等耐盐碱蔬菜示范种植面积17.3公顷，比2015年增加10.7公顷，平均亩产达1000公斤。

【引进种植业新品种】 加大良种引进推广力度，全年共引进种植业新品种72个，其中粮食品种17个、经作品种55个。开展粮食作物新品种展示示范，在东陈乡岳头村、西周镇航头村建立水稻新品种展示基地各1个、面积10公顷。2016年，该县水稻、蔬菜等大宗作物良种覆盖率达到96%以上。

【推广绿色防控和农药减量技术】 2016年，象山县开展"打造美丽田园，建设美丽农业"专项行动，推广绿色防控和农药减量技术。该县按照水稻重大病虫综合防治技术、蔬菜病虫无害化治理等技术规范，指导基地、农户开展水稻、果蔬病虫绿色防控。引进色板物理防治和性信息素诱杀防治应用技术，首次开展茶尺蠖和小绿叶蝉的病虫情预测预报，建立黄板防治示范茶园3个、茶尺蠖性诱剂应用示范茶园2个，推广应用黄板和性信息素技术茶园20个、面积133.3公顷。示范推广BT、绿颖等生物农药和矿物源农药，全面应用高效、低毒、低残留农药，基本杜绝高毒高残留农药的使用。全年发放杀虫灯150盏、诱捕器210套、性诱剂2000余根、黄色粘板2000张。开展"稻—鸭(鱼)"生态防控示范20公顷，实施水稻统防统治5733.3公顷次，水稻、果蔬等作物病虫害绿色防控面积3600公顷次，实现农药减量24.3吨。

【农作物疫情疫病监测防控工作】 加强植物疫情疫病监测，新增水稻、柑橘病虫害测报点3个，植物疫情疫病监测点累计达21个。抓好疫情普查监测，全年共调查水稻面积9666.7公顷次，未发现细菌性穗枯病和稻水象甲危害现象。完成玉米致死性坏死病、李痘病害、梨树疫病、黄瓜绿斑驳花叶病毒病及瓜类果斑病等疫情的调查和甘薯茎腐病普查，共调查玉米、桃李、梨树和西甜瓜等作物面积2133.3公顷，甘薯面积293.3公顷，未发现疫情。开展加拿大一枝黄花防控工作，防治面积1666.7公顷次。全年发布农作物病虫情报16期、3382份；向市级以上农业部门上报油菜、小麦、水稻病虫情报13期。

【灭鼠覆盖率93%以上】 做好农田灭鼠工作，制定《关于做好2016年全县统一灭鼠工作的意见》及技术方案，印发灭鼠技术资料3000余份，投溴敌隆商品毒饵及大米毒饵36.21吨，完成农田灭鼠1.65万公顷、室内灭鼠13.2万户，农田和室内灭鼠覆盖率均达93%上，灭鼠期间无人畜中毒事故报告。同时，在丹东街道、丹西街道、西周镇、茅洋乡等4地开展专业灭鼠队伍社会化灭鼠，4地灭鼠覆盖率达97%。

渔业

【概况】 2016年，全县水产品总产量60.6万吨，同比增加2.55%，其中国内海洋捕捞产量47万吨，同比增加4.88%，海水养殖产量11.5万吨，同比增加2.71%，淡水养殖产量11051吨，同比增加6.73%。远洋渔业产量10055吨，同比减少51.14%。渔业总产值59.2亿元，同比增1.71%。出口创汇1.84亿美元。全县渔业乡(镇)10个，渔业村38个，渔业人口58967人，其中渔业从业人员55352人，专业捕捞渔民15895人，渔民人均收入30928元。

【实现"一打三整治"专项行动】 2014年6月至2016年开展的"一打三整治"专项行动，2015年底，共开展"三无"渔船集中拆解行动70次，累计取缔涉渔"三无"船舶1659艘，其中全县登记在册1630艘涉渔"三无"船舶全部取缔完毕，在全省率先实现"三年任务一年完成"。2016年累计开展港口检查和海上巡航459航次，出动执法人员4176人次，航时总计1743小时，航程12393海里，登临检查渔船1348艘次，共查获违规渔船114艘，查处无照加油船案件16起、无照回收废油案件2起、销售违禁渔获案件13起。检查渔船修造企业58家次，依法查处违规船厂9家，开展岸线巡查21次，现场制止并拆解非法造船10起，现场拆除非法滩涂建造船舶12艘。先后开展联合"清网"行动54次，强制清除串网22.4万余米、地笼网4.5万顶。完成全县3035艘渔船重新勘验，确认"船证不符"渔船1587艘，完成整治1428艘，粘贴身份识别标签2883艘，处罚整改"船证不符"渔船605艘。

【"丰收贷"助力农渔民社会养老保险】 促进完善社会保障体系，解决失地、失海农渔民参加社会养老保险缴费难等实际问题，象山县信用联社创新推出丰收社会养老保险贷款，向符合参保条件的农渔民发放。实行保费全额放贷政策，贷款手续和审批流程全面简化，年龄和一户多贷的条件限制全面放宽，按照央行基准利率一年期4.35%，三年期4.75%，五年期4.9%执行。

【象山再获“全国平安渔业示范县”称号】 2月1日，农业部、国家安全监督总局发文公布第三批47个“全国平安渔业示范县”名单，象山县再度榜上有名，为全省4个获评县区之一，全市唯一。这是自2010年起农业部组织开展“平安渔业示范县”创建活动以来，象山第二次获得此项殊荣。

【渔业户籍人员养老保险】 象山推出“养老保”政策，在贷款利率和还款期限上作出大幅度调整，贷款年龄从原来的65周岁以下调整到78周岁以下，推行低息的贷款方式，由原来的一户一贷放宽至一人一贷，并放宽贷款额度，可根据需缴纳的社会养老保险费全额贷款。2016年，渔业户籍人员共参保5114人。

【省考核组在象山开展浙江渔场修复振兴第一阶段工作考核】 3月17日，由省委政法委、省海洋与渔业局、省环保厅、省工商局等组成的考核组到象山开展浙江渔场修复振兴目标责任第一阶段工作考核。副县长干维岳向考核组专题汇报全县自实施修复振兴浙江渔场暨“一打三整治”行动开展以来的工作情况。考核组听取专题汇报后，按照考核内容要求对相关档案逐条进行核查。随后，考核组赴石浦进行实地考察，并在当地召开由部分渔民老大、渔村干部和已拆解“三无”船舶船主参加的座谈会。

【陈少春到象山县调研休闲渔业和种业发展情况】 3月24日，市海洋与渔业局局长陈少春率队到象调研休闲渔业和种业发展情况。陈少春一行先后考察象山旭文藻类有限公司、象山港湾水产苗种有限公司和蓝尚水产养殖有限公司、石浦协顺海洋旅游发展有限公司、象山渔家人海洋休闲度假有限公司和石浦海岛休闲渔业有限公司。

【中美渔业双边会谈代表团到象考察】 4月14日，参加2016年“中美渔业双边会谈”的代表团成员到象山考察。代表团一行先后考察渔文化展馆、违规渔船扣留所、船位检测信息中心、渔民培训中心和石浦中心渔港。象山县海洋与渔业局介绍“一打三整治”专项行动及“三无”渔船取缔、禁用渔具整治等情况，并就科学处置涉渔“三无”船舶的取缔方式与美方代表进行沟通。

代表团考察违规渔船扣留所

【无公害基地检查】 5月10日至11日，县海洋与渔业局协同宁波市海洋与渔业研究院无公害基地评审专家，对全县新申请无公害养殖场进行现场检查，重点检查各养殖场质量安全制度落实情况、养殖场周边环境是否存在污染隐患，饲料及渔药的储存管理是否符合认证要求，生产过程管理、产品质量管理是否符合无公害生产要求，并查阅生产记录、用药记录和销售记录等。

【检查休闲渔船】 五月中旬开始，象山对县内4家休闲渔业公司开展安全检查。执法人员逐船登临实施检查，在检查中发现，一些公司船舶存在救生圈碎裂没有更换、灭火器失效等问题，执法人员立即督促公司相关负责人、船长进行现场整改，共购置更换救生圈32只，灭火器25具。对一家公司职务船员配备不全、未报关等问题，当场签发停航整改通知书。

【渔业安全生产暨伏季休渔工作会议召开】 5月16日，县渔业安全生产暨伏季休渔工作会议召开。会议总结回顾去年渔业生产情况，部署渔业安全生产及伏季休渔重点工作。会上，石浦镇、鹤浦镇就渔业安全生产及伏季休渔工作作表态发言。

【“最严” 幼鱼保护攻坚战】 象山整合渔政、边防、市场监管、媒体等力量，精准发力，打响“最严” 幼鱼保护攻坚战。自5月17日起，执法船艇实行“白+黑”“5+2”工作模式，白天安排不间断港口执法检查，晚上安排港口突击检查，通过连轴战斗，使违规渔船无处可藏。同时加强对鱼粉厂和水产交易市场的执法检查，面对面宣传落实相关政策。要求鱼粉厂立即停止收购幼鱼，明确告知6月1日全面禁渔后，必须暂停生产；严禁水产经营户从禁渔期禁止作业的渔船上收购、买卖新鲜渔货。

【市县“联合”办公模式为渔民提供便捷服务】 5月18日，宁波市海洋与渔业局行政审批处处长应建银一行到象山县海洋与渔业局行政分中心现场办理渔业捕捞许可的相关事宜。当日一共办结110起转作业类型业务。

【省海洋与渔业局“幼鱼保护攻坚战”督查组到象山督查】 5月22日，省海洋与渔业局副局长张明带领省局“幼鱼保护攻坚战”督查组到象督查，宁波市海洋与渔业局陈少春局长陪同。督查组一行首先听取象山前阶段工作汇报。汇报会后，督查组一行就前往鱼粉厂、码头和渔船开展实地督查。

【林静国到象山督查“幼鱼保护攻坚战”】 5月25日，副市长林静国到象指挥、督查“幼鱼保护攻坚战”工作，副秘书长金伟平、市海洋与渔业局局长陈少春等陪同。督查组一行先后乘执法艇，登上石浦港内的渔船，听取渔民意见，并到兰洋水产食品公司解幼鱼资源收购情况。

【宁波大学专家在象山开展技术服务】 5月25日，象山县海洋与渔业局邀请宁波大学教授钱冬对象山县文明水产、绿高水产、蓝尚科技等南美白对虾全大棚企业进行走访和现场技术服务。钱冬教授针对气温偏低、阴雨天雨水偏多、水交换困难等特点，提出加强生物制剂调控水质、适时免疫剂拌饵、提高虾体免疫力和应激反应能力等近期调控措施。

【开展远洋渔业船员培训班】 5月26日至5月31日，象山县海洋与渔业局联合象山海洋技术培训学校在欧亚远洋渔业公司组织开展一期普通船员培训班。该培训班共有欧亚远洋渔业公司新录用远洋渔船船员44人，到课率达100%，并全部通过理论与实操考试。该培训内容除原有的《基本安全培训理论》和《基本安全培训实操》课程知识外，新增涉外渔船安全生产操作规程、劳动防护及海事处理、涉外渔业法律法规、涉外事故分析及对策等远洋渔业的职业技能和安全知识的内容。

【流网和拖虾渔船伏休管理工作会议召开】 6月7日至8日，象山县海洋与渔业局联合鹤浦镇人民政府、高塘岛乡人民政府及石浦边防派出所，分别在县水产技校、鹤浦镇防汛指挥办公室、高塘岛乡乡政府会议室召开流网渔船及拖虾渔船伏休管理工作会议。参加会议人员有全县流网及拖虾渔船老大代表、象山县挂靠椒江地区渔船老大代表，总计参会人数达到270人。会议通报2016年上半年该县渔业安全生产形势，并就现下渔业安全生产事故易发、多发的成因进行归纳和分析。会议期间，工作人员还向参会的渔船老大代表分发《关于2016年浙江省海洋禁渔通告》《关于实施海洋渔业资源重点保护品种可捕规格及幼鱼比例制度的通告》及《关于印发<2016年国内海洋渔船检验工作指导意见>的通知》等宣传资料，并与拖虾渔船船主签订承诺书。

【安全生产月宣传教育活动】 6月17日，提升渔民及渔区群众的渔业安全生产意识，以“安全生产月”为契机，象山县海洋与渔业局协同石浦安监所、石浦司法所、象山海事处、象山港航局、石浦边防派出所、石浦消防中队等11个部门在石浦金山路开展以“营造安全氛围、创造平安环境”为主题的宣传教育活动。该次活动通过资料宣传、现场解答渔民疑问的方式开展。活动期间共发放《防台手册》《沿海渔民须知》《海洋灾害科普知识》《风暴潮灾害科普知识》《东海区渔船防碰撞警示图》、纸巾（印有海上报警电话）等资料500多份，接受渔民询问100起。

【对以非法捕捞水产品罪立案的36名嫌犯依法采取强制措施】 6月18日，象山县2016年首例以非法捕捞水产品罪立案的36名嫌犯，被依法采取强制措施。

【推出全省首个塘养梭子蟹气象指数保险】 7月1日,全省塘养梭子蟹气象指数保险试点首批保单在象山县成功落地。这一险种以梭子蟹养殖期间的雨量和气温指数作为保险对象。保险期一般从投保当年放苗30天后开始至收获成蟹之日止。塘养梭子蟹每亩保险费400元,试点期间投保的养殖户能享受60%的财政补贴。

【渔船应急处置、船员自救演练】 9月9日,象山县在石浦港渔人码头外侧海域开展海上渔船应急演练。县海洋与渔业局、石浦港应急救援队、宁波东海救助局、解放军宁波113医院等单位以及部分船老大共同协作并观看整场演习。此次演练包括模拟海上船舶消防灭火、渔船堵漏、抢救中毒船员、救援落水人员等项目。

【县水产技术推广站通过水生动物防疫系统实验室检测能力测试】 10月14日,农业部办公厅发文公布2016年水生动物防疫系统实验室检测能力测试结果,象山县水产技术推广站申报的"白斑综合征"和"传染性皮下和造血器官坏死病"两项疫病检测能力通过测试。

【禁用网具清理集中行动】 11月底,象山上下联动掀起禁用渔具联合清理取缔工作新高潮。11月22日至30日,全县累计清理地笼网7613顶、串网1372米,镇乡、村级"滩长制"工作全面铺开。其中墙头镇地笼网数量多、分布区域广,为此,该镇采用"人工+机械"结合的清理方式,引进农机机械设备对地笼网实施清理。

清理蟹钳港"禁用渔具"

【成立梭子蟹产业联盟】 11月30日,象山县梭子蟹产业协会正式更名为梭子蟹产业联盟,该产业联盟将通过资源整合、抱团发展、协同创新,探索完善梭子蟹产业共赢发展新机制。象山县是全国知名的梭子蟹之乡,梭子蟹作为该县农业"7+1"龙型产业之一,养殖面积4666.67余公顷,占全国总面积1/6。

【象山在沪举办"象山梭子蟹"区域公用品牌推介会】 12月16日,在上海光大会展中心,象山县人民政府、宁波市农业局、宁波市林业局、宁波市海洋与渔业局、宁波市供销合作社联合社联合举办 "象山柑橘"和"象山梭子蟹"的区域公用品牌发布会,隆重推出"象山柑橘"和"象山梭子蟹"区域公用品牌的新形象、新价值。发布会现场,以象山宣传片、"象山柑橘"和"象山梭子蟹"宣传片拉开序幕。象山县政府县长黄焕利、宁波市政府副秘书长金伟平、浙江省农业厅总农艺师蔡元杰分别上台致辞。象山县政府干维岳副县长为"象山柑橘"和"象山梭子蟹"做产品推介。

【海洋捕捞渔民"减船转产"】 为实现海洋渔业资源的可持续利用,逐步压减近海渔业资源捕捞强度,象山县于2016年11月实施海洋捕捞渔民"减船转产"加快化解渔业过剩产能工作,鼓励和支持渔民、企业自愿退出海洋捕捞业,引导捕捞渔民转产转业,带动养殖业、休闲渔业及其他产业发展,促进渔业产业结构优化调整,实现渔业可持续发展和渔民增收。截至2016年12月31日,全县申请减船转产海洋捕捞渔船489艘,总功率68012.72千瓦(五年减船转产任务力争一年完成);渔船拆解完毕并完成公示388艘,功率49216.52千瓦,已下发减船转产补助资金25456.6405万元。

【银鲳人工养殖获得成功】 12月,在黄避岙乡象山港湾水产苗种有限公司里,4200余条银鲳已被成功养活,银鲳不能人工养殖的这一世界性难题就此攻克。2014年5月,象山县开始银鲳人工养殖的探索之路,"白点病""美人鱼发光杆菌"等病害问题是加剧银鲳人工养殖难度的一大因素。2015

年，科研人员致力于病害防控技术的研究，通过确定病原、药敏试验、控制药物剂量等，找到适合银鲳病害防控的关键技术。2016年，象山港湾水产苗种有限公司根据往年的经验，提前做好病害防控，控制药物使用计量，最终，4200余条银鲳被成功养活，成活的银鲳平均体重达到125克，最大的有250克左右。

减船转产的渔船现场实施拆解

【水产品质量安全追溯体系建设】 为确保舌尖上的安全，象山自2015年开展水产品追溯体系试点建设，至2016年，规模以上水产生产主体建成追溯体系16家，实现全程可追溯。

表21　　**2016年象山县渔业船舶拥有量**

表　　号：水产年报13表
制表机关：农业部
批准机关：国家统计局
文　　号：国统制〔2011〕160

机关名称：象山海洋与渔业局

项　目		指标关系	合　计			其：海洋渔业		
			艘	总吨位	千瓦	艘	总吨位	千瓦
一、机动渔船合计		1=2+15=18+19+20	3984	379059	593538	3984	379059	593538
（一）、生产渔船		2=3+14	3782	344429	545682	3782	344429	545682
1、捕捞渔船		3=4+~+7=8+~+13	3171	342935	534476	3171	342935	534476
捕捞渔船按功率分	441千瓦以上（600马力以上）	4	25	13121	20765	25	13121	20765
	184-440千瓦（250-599马力）	5	1835	293899	460128	1835	293899	460128
	44-183千瓦（60-2449马力）	6	339	31226	38190	339	31226	38190
	43千瓦以下（59马力以下）	7	972	4689	15393	972	4689	15393
捕捞渔船按作业类型分	拖网	8	——	——	——	1692	262781	419562
	围网	9	——	——	——	55	16607	19912
	刺网	10	——	——	——	1396	52612	80525
	张网	11	——	——	——	0	0	0
	钓业	12	——	——	——	0	0	0
	其它	13	——	——	——	28	10935	14477
2、养殖渔船		14	611	1494	11206	611	1494	11206
（二）、辅助渔船		15	202	34630	47856	202	34630	47856
其中：捕捞辅助船		16	197	33895	43107	197	33895	43107
渔业执法船		17	5	735	4749	5	735	4749
机动渔船按船长分	24米以上	18	2219	366013	550714	2219	366013	550714
	12-24米	19	267	8297	19419	267	8297	19419
	12米以下	20	1498	4749	23405	1498	4749	23405

表22

2016年象山县救助船只一览

序号	时间	地点	救助船	被救助船	航时(小时)	航程(海里)	救助渔民人数(人)	挽回直接经济损失(万元)	投入救助费用(万元)
1	1月5日10:30—6日24:20	N29°07′E124°20′	中国渔政33205	浙椒渔73083	14	198	1	/	10
2	2月13日13:45—16:10	油菜花屿附近	中国海监7025		2	45	/	/	1
3	3月17日8:05—9:35	N29°09′666"E121°59′226"	中国渔政33206	浙象渔50077	1.5	5	/	/	0.3
4	3月27日20:00—28日5:15	N29°19′E123°48′	中国渔政33205	浙象渔30073	10	130	1	/	10
5	4月19日7:30—10:00	N28°21′891"E123°58′408 "	中国渔政33208	浙象渔47061	2.5	54	/	/	0.25
6	4月21日19:15—00:20	N29°53′E122°54′	中国渔政33205	鲁荣渔58965	6	80	1	/	8
7	5月7日7:50—9日12:30	N29°33′E123°35′(193-7小区)	中国渔政33205	鲁荣渔58398	41	400	/	/	30
8	5月14日6:00—8:45	N28°03′E122°08′	中国渔政33208	浙象渔30141	2小时45分	12	10	/	0.4
9	5月16日9:00—20日13:30	N29°13′013"E122°41′329"	中国渔政33205	浙象渔40207	94	744	/	/	50
10	5月22日9:40—24日17:50	N29°22′880"E122°21′570"	中国渔政33217	浙象渔49513	19	160	2	/	6
11	5月26日23:00—27日8:48	N28°35′E123°38′	中国渔政33205	浙象渔20019	11	140	1	/	8
12	6月30日2:40—4:10	N29°11′700"E122°05′200"	中国渔政33206		1.5	18	/	/	0.5
13	7月2日7:40—8:10	东门敬老院码头	中国渔政33206	浙椒渔70010	0.5	4	/	/	0.15
14	8月22日6:00—16:40	N28°58′E122°02	中国渔政33206	浙象渔13056	8	64	/	/	2
15	9月5日00:40—3:20	N29°11′E121°59′(称柱礁海域)	中国渔政33206		3	24	/	/	0.9
16	9月7日5:30—7:30	N29°11′E121°59′(称柱礁海域)	中国渔政33208	浙象渔31078	2	14	/	/	1
17	9月15日1:00—2:00	铜瓦门海域	中国渔政33206	浙象渔66037、66067、66047	1	4	/	/	0.3
18	9月20日16:48—21日2:58	N29°23′E122°52′	中国渔政33205	浙象渔50193	11小时26分	100	/	/	8

续表22

序号	时间	地点	救助船	被救助船	航时（小时）	航程（海里）	救助渔民人数(人)	挽回直接经济损失(万元)	投入救助费用(万元)
19	9月21日10:00—16:00	N29°31′E123°11′	中国渔政33205	浙象渔21087	6	80	1	/	5
20	9月22日8:00—13:18	N29°15′E123°08′	中国渔政33205	浙象渔41015	5	70	1	/	5
21	9月22日14:10—20:15	N29°33′E123°17′	中国渔政33205	浙象渔25017	6	90	2	/	6
22	10月8日1:30—5:15	N28°47′E122°18′	中国渔政33205	浙象渔42001	3	40	1	/	3
23	10月9日14:10-19:15	檀头山周边海域	中国渔政33206	浙象渔43005	4小时45分	30	/	/	1.5
24	10月11日17:50-22:00	N29°14′E123°02′	中国渔政33205	浙象渔50298	4	60	1	/	6
25	10月12日8:45-17日18:30	N31°10′E122°14′	中国渔政33205	浙象渔67024	61	660	/	/	80
26	10月21日17:40- 21:42	N29°33′500″E122°35′000″	中国渔政33205	浙象渔12012	3	50	1	/	3
27	11月5日8:10-17日9:45	N29°09′200″E122°00′220″	中国渔政33206	闽福鼎渔02678	1.5	11	12	170	0.5
28	11月6日12:35- 15:35	N29°23′E122°32′	中国渔政33205	浙苍渔02396	3	50	1	/	3
29	11月23日2:20- 9:50	石浦港	中国渔政33206	浙普渔68783	7.5	3	/	/	0.7
30	12月1日8:40- 16:06	N29°11′E123°28′	中国渔政33205	浙岭渔95099	7	150	1	/	7
31	12月10日13:30- 14:15	东门老虎礁	中国渔政33208	浙象渔30248	1.5	2	/	/	0.3
合计					344小时26分	3492	37	170	257.8

表23

2016年象山辖区主要水上交通事故概况

时间	船舶概况	出事海域	事故概要
1.15	“东润”轮与“浙象渔32021”轮碰撞事故	象山檀头山东南方向约3.5海里海域（概位29°07′.6N/122°05′.9E）	柬埔寨籍杂货船“东润”轮（总吨：1437）从台州海门空载开往南京途中，与“浙象渔32021”轮（总吨：116）发生碰撞事故，造成“东润”轮右舷靠前约1/3处局部破损，造成“浙象渔32021”轮船首局部破损变形。直接经济损失约12万元，事故等级为小事故
1.27	“浙临机365”轮与“浙象渔运02168”轮碰撞事故	石浦港老水产城前沿水域（概位29°11′.5N/121°55′.7E）	台州籍干货船“浙临机365”轮从舟山岱头满载黄沙开往台宁途中，与“浙象渔运02168”轮发生碰撞事故，造成“浙临机365”轮沉没，“浙象渔运02168”轮船首局部破损，无人员伤亡，直接经济损失不超过100万元，事故等级为小事故
3.14	象山“3.14”“浩达6”轮火灾事故	象山南田岛东南约7海里水域（概位：29°00′.2N/122°04′.3E）	柬埔寨籍杂货船“浩达6”轮(总吨:1496)装载废电机约954吨自日本横滨驶往台州海门途中发生火灾事故，造成该轮货舱中部及部分货物过火，无人员伤亡，直接经济40万左右，事故等级为小事故
5.14	“新瓯8”轮与“浙象渔30141”、“浙象渔30142”渔船拖带船组碰撞事故	象山檀头山东南方向约4海里水域（概位29°08′.7N、122°06′.5E）	上海籍集装箱船“新瓯8”轮(总吨：5722)装载273TEU从宁波驶往福州途中，与象山籍“浙象渔30141”轮（总吨：135.0）、“浙象渔30142”轮（总吨：135.0）渔船拖带船组发生碰撞事故，造成被拖船“浙象渔30141”轮沉没，“新瓯8”轮球鼻首轻微凹陷，无人员伤亡，直接经济损失估计不超过100万，事故等级为小事故
5.23	“新安达2”轮与“浙象渔48027”轮碰撞事故	石浦铜瓦门大桥正东约0.3海里水域（概位29°12′.8N，121°57′.9E）	毛兆仲所有的舷名为“新安达2”轮的运砂船从舟山装载黄沙约400吨驶往象山石浦的途中，与宁波象山籍渔船“浙象渔48027”发生碰撞，造成“新安达2”沉没，“浙象渔48027”轮球鼻首轻微擦痕，直接经济损失估计不超100万，事故等级为小事故
12.18	“浙玉机1002”轮与“浙临机627”轮碰撞事故	象山沿海大漠山附近水域（概位29°25′.3N/121°59′.9E，）	台州玉环县海通船务有限公司所有的台州籍“浙玉机1002”轮（总吨1368；主机功率436千瓦）空载从台州椒江驶往舟山途中，与锚泊中的台州籍干货船“浙临机627”轮（总吨368；主机功率218千瓦）发生碰撞，造成“浙临机627”轮沉没，“浙玉机1002”轮球鼻艏轻微凹陷，直接经济损失不超过100万，事故等级为小事故

（陈　冠）

林 业

【概况】 2016年，象山县践行“绿水青山就是金山银山”的发展理念，按照省委、省政府“五年绿化平原水乡，十年建成森林浙江”的要求，科学谋划、开拓创新、真抓实干，加大科技创新力度，优化产业结构，深入推进林业供给侧结构性改革，提升生态产品和林产品供给能力，优化全县林业生态，林业经济健康发展，林业改革取得新进展，兴林富民作用显现。2016年，象山县林特产业实现产值6.4亿元，比2015年增长5.8%，并获得浙江省“森林城市”称号。

【水果产业产值增长】 2016年，象山县新发展水果359公顷，总面积达1.44万公顷。受2015年台风、2016年寒潮及降雨等不利气候影响，全县柑橘、枇杷、葡萄、桃等水果普遍减产，水果总产量12.87万吨，比2015年减少13.5%，但该县通过提升品质和品牌，水果产业实现减产增收，全县水果总产值达到5.29亿，比2015年增长8.6%。

【柑橘产业转型升级】 自全省开展柑橘产业转型升级计划以来，象山县率先实施柑橘供给侧结构性改革，培育精品柑橘，着力优化品种结构。2016年，该县柑橘种植面积达7140公顷，并将传统过量的中晚熟温州蜜柑栽培面积从占比85%以上减至50%以内，逐步建成以“大分”“宫川”“大叶尾张”等为主导、以“红美人”“春香”等为特色的精品柑橘生产体系，全年产量9.8万吨，比2015年减少18.7%，实现产值2.76亿元，比2015年增长18.4%。同时，该县通过品种选育与技术创新，延长柑橘销售期，在国内率先实现柑橘鲜果全年供应，解决柑橘产业长期存在的滞销问题。特色精品柑橘产业的发展，大幅提升象山柑橘的亩均效益，橘农增收明显，“红美人”设施越冬栽培投产果园亩效益近10万元、“春香”设施完熟栽培投产果园亩效益近5万元，是普通柑橘效益的几十倍。

【杨梅产值增长】 2016年，象山杨梅种植面积3025公顷，保持稳定。2016年是象山杨梅生产大年，全年产量1.47万吨，比2015年增加122%，实现产值8547万，比2015年增加25.2%。由于2016年杨梅产量增加较多，销售均价比2015年减少43.7%，为5.8元/公斤，但象山乌紫杨梅、安海王子等新品种精品杨梅销售价格高达40—60元/公斤。

【枇杷减产减收】 2016年，全县枇杷种植面积1505.2公顷，比2015年增加9.8公顷，增长0.6%。受年初寒潮和霜冻影响，枇杷减产严重，产量1437吨，是2015年产量的二成左右，全年实现产值5133万元，比2015年减少53.2%。由于产量少，枇杷销售价格达36元/公斤左右，比2015年增长近1倍，精品枇杷销售价格达150—200元/公斤。

【葡萄减产增收】 2016年，全县葡萄种植面积616.2公顷，比2015年增长1.9%，全年葡萄产量8722吨，比2015年减少12.6%，销售均价达8.4元/公斤，比2015年增长20%，实现产值7326万元，比2015年增长28%。

【茶叶量产双降】 受年初寒潮和霜冻影响，2016年象山茶叶减产17.1%，产量518吨，实现产值3754万元，其中名优茶产量58吨，比2015年减少9.4%，产值3364万元；大宗茶产量460吨，比2015年减少18%，产值390万元。茶叶市场热情不高，消费总量增速趋缓，茶叶生产经营企业压力增大，各档茶叶价格与2015年基本持平。2016年，象山县尝试外销茶叶，其中象山茶飘香茶牧发展农场取得出口绿茶、红茶许可资格，并成功将茶叶打入迪拜市场，外销红茶10吨，价值600万元人民币。

【花木增长】 随着象山县森林城市建设、平原绿化、“两路两侧”“四边三化”以及五水共治等工作的深入开展，拉动绿化苗木的刚需，促进苗木销售。2016年，象山县规模苗圃企业53家，花木总面积稳定在870公顷，花卉苗木总体价格保持平稳，色块类苗木价格小幅上涨，全年实现产值5800万元，比2015年增长7.4%。

【竹笋量产双降】 2016年是竹笋产量小年，同时受年初寒潮影响，象山竹笋产量4804吨，比2015年减少5.6%，平均销售价格3.48元/公斤，比2015年减少8.4%，实现产值1678万元，比2015年减少13.7%。

【获得浙江省森林城市称号】 象山县按照省委、省政府"五年绿化平原水乡，十年建成森林浙江"的部署要求，坚持高起点、高质量，以城市绿化提升、森林城镇(休闲公园)建设、森林通道绿化彩化、山体森林优化改造、废弃矿山复绿整治、生态公墓绿化美化等六大工程为抓手，全面打造具有象山特色的省级森林城市。5年间，该县共完成平原绿化1133.3公顷、山地造林1820公顷、河道和村道等林带林网绿化长度213公里；移坟墓1.3万余座、治理废弃矿山41座，增绿48.7公顷；建成市级以上森林城镇9个、森林村庄167个、森林休闲公园111个。2016年，全县森林覆盖率55.8%，大气环境质量优良率90%，饮用水源水质达标率100%，空气负氧离子平均浓度达1000个/立方厘米以上。2016年12月7日，由省政协、省林业厅、省教育厅等单位组成的验收组赴象山检查验收森林城市创建工作，在实地踏看该县东谷湖公园、殷夫公园、大目湾新城、南大河滨水景观带及城区多条道路后，高度肯定该县在创建省森林城市工作中所付出的努力和取得的成绩，并一致同意通过验收。

【优新品种引进与选育】 出台《2016年象山县林特业主导品种目录》，继续推广"红美人""春香""白沙枇杷""东溪小仙"桃等优新水果品种，出圃优新水果苗木69万余株，全县推广面积累计达3933.3公顷(柑橘2000公顷，枇杷600公顷，杨梅200公顷，葡萄400公顷，桃、蓝莓、猕猴桃等其他水果733.4公顷)，比2015年增加266.6公顷。引进新品种40个，其中新引入柑橘1个、枇杷5个、葡萄10个、桃2个、梨1个、火龙果1个、苹果1个、无花果10个、树莓3个、茶叶2个、林木2个、樱花2个。开展柑橘自主杂交育种，已繁育杂交后代单株近7000余株，获得杂交后代80余种，对选育的"红美人""春香"两个品种着手准备品种认定。

【仿野生竹荪试种成功】 竹荪是一种名贵的隐花食用菌，被称为"雪裙仙子" "菌中皇后"，营养丰富，自古就被列为"草八珍"之一。象山县利用毛竹林发展"林下经济"，于2015年底从福建引进竹荪菌种在丹东街道潘家桥村尝试不建大棚、不搭架子仿野生种植。在中国林科院亚林所和中国林学会宁波服务站专家培训和指导下，经过大半年的精心培育，该县试种的0.67公顷竹荪全部获得成功。与大棚里种植的相比，仿野生种植竹荪的营养价值更高，更具有市场发展潜力。此次仿野生竹荪成功种植，为该县"林下经济"发展树立典型。

【林业科技项目实施】 2016年，该县申报并开展《茶园害虫物理诱杀关键技术研究和示范》等县级科研项目5个，确定《水蜜桃新品种"圆梦"引进示范》等林特业农业"五新"项目35个。完成2013年、2014年市农村科技创新创业资金项目《"上野"蜜橘完熟栽培技术推广及产业化示范》《"晴姬"杂柑优质栽培技术推广及产业化示范》和2013年、2014年市林业科技项目《强树势、高抗逆性优质杂柑新品种选育与研究》《珍稀圆叶小石积的繁育与海岛生境修复研究》的验收。同时，通过自主创新、合作等方式，探索"红美人"设施省力化节本栽培、枇杷浅加温防冻设施栽培、"乌紫杨梅"设施大棚栽培、"翠玉"蜜梨地膜覆盖栽培等新型栽培模式并获得初步成功。

【实施山体森林优化改造】 围绕省市林业工作会议精神，编制《象山县珍贵彩色建设森林建设总体规划》，开展珍贵彩色健康森林示范点建设和"四边"区域的山体森林优化提升改造。2016年，全县完成山体森林提升面积443公顷，其中黄避岙骍角岙村和东塔村、泗洲头东联村、墙头白墩村等地森林抚育228.4公顷；石浦东门山优化造林21.6公顷；贤庠枫康基地、西周华翔山庄山体彩化美化改造16.7公顷；黄避岙龙屿村龙山公园林相改造13公顷，种植浙江楠、青冈、银杏、木荷等珍贵彩色树种5000余株。

【建成林区道路142.6公里】 2016年，象山县共立项审批林区道路13条、总长20.3公里，是全年计划的135%，实际完成长度16.1公里，下拨林区道路补助资金127.1万元，累计建成林区道路142.6公里。同时，强化林区道路审批后监督，实行审批前现场踏勘与审批后建设进度监督相结合，保证林区道路建设有效落实。

【森林病虫害监测预报准确率达90.4%】 2016年，象山县继续以14个林业有害生物监测点为平台，全面开展林业有害生物监测。据统计，全年共发生林业病虫害面积1838公顷，其中竹卵园蝽263.4公顷、棕色天幕毛虫32.8公顷、松材线虫病1541.8公顷，预测发生数2033.3公顷，测报准确率达90.4%，测报准确率超过宁波市"十三五"林业有害生物防治目标管理指标88%的要求。

【柑橘疫情防控】 柑橘是象山林特业的主导产业之一，象山加大柑橘产业保护力度，开展柑橘疫情防控工作。2016年，该县首次尝试柑橘木虱的统防统治，在石浦镇、东陈乡的74个村试点柑橘木虱统防统治，春、秋两季共实施柑橘木虱统防统治面积1361.7公顷次，服务橘农3966户，使用20%吡虫啉水剂1020公斤。开展苗木产地检疫和市场检疫，产地检疫橘苗568万株，采集148个橘苗样本送省柑橘研究所做柑橘黄龙病PCR检测；开展柑橘苗木市场检疫巡查25人次，没收违法调运橘苗350株。

【全县林业有害生物普查】 象山县于2015年启动林业有害生物普查，并于2016年全面完成普查工作。该次林业普查经公开招投标，由象山楚天生物防制有限公司中标并承担具体调查工作。普查共采集到标本2500个，鉴定出18目33科443种，其中全国林业有害生物名录内16种、省补充名录2种。制作昆虫照片10000余张，并完成《象山县林业有害生物普查技术报告》《象山县林业有害生物普查技术报告》《象山县林业有害生物名录》等相关报告。

【松材线虫病防治】 2016年，象山县共发生松材线虫病1541.8公顷，全县森林病虫害成灾率控制在23.24‰，低于宁波市"十三五"林业有害生物防治目标管理指标35.8‰的指标。为抓好病疫木清理，下拨专项资金85万元，清理病死松树12593株，无害化处理病死松树767吨。同时，继续在松兰山旅游度假区松林重点保护区开展松材线虫病免疫防治，全年共注射免疫剂30000支，防治成效明显。

【"森林医生"进千村行动】 为继续发扬"最美森林医生"精神，常态化开展"森林医生"进千村行动，2016年象山县深化"森林医生服务年"活动。该县林业部门深入全县各地现场开展森林资源病虫害诊断、防治和树势复壮活动，对加拿利海枣、桂花、樟树、柳杉、女贞、茶叶等病病虫害防治提出指导意见，并利用网络、报纸广泛开展"森林医生服务年"活动宣传。2016年，该县林业部门为群众解决有关森林病虫害防治疑难问题120余起。

【林政资源保护管理】 加强林政资源管理工作，象山县林业部门加大对涉林开发造地项目的监管，对2016年度的15个低丘缓坡拟开发造地项目选址进行逐个踏勘，确保每个造地项目合法合规。做好林地权属管理，全年办理15起林权证变更，做好涉林法律咨询工作，解答林业、林地法律咨询20余起，并完成石浦镇檀兴渔村山林权属纠纷的调处。同时，完成该县第二起集体林地赎买工作，将西周镇蒙顶山村40公顷集体林地通过政府购买形式转为国有，提升森林资源保护与利用科学化水平。

【森林资源规划调查工作】 按照《森林法》每10年开展一次森林资源规划调查的规定和要求，象山县根据省林业厅的统一安排部署，于2016年4月份启动森林资源规划调查工作，5份月制定森林资源规划调查工作方案并完成项目招标并成立项目检查组和专家组，7月底通过县级检查组对外业调查工作的验收。该次森林资源规划调查全面摸清象山10年间森林资源变化情况，对小班区划管理、地类、权属属性、等级管理、生态公益林管理等多个系统进行融合，初步建立林地一张图管理系统及统一高效科学管理的森林资源管理系统。

【生态公益林管理】 2016年底，象山县拥有县级以上生态公益林4.3万公顷，其中实施森林生态效益补偿的国家级生态公益林9837.2公顷、省级生态公益林18925.1公顷、市级生态公益林8064.7公顷。严格贯彻落实《浙江省公益林管理条例》和《浙江省公益林变更调整管理办法》，完成2015年度被征占用的64.3公顷的生态公益林变更调整工作。强化生态公益林资源监测，更新完善生态公益林矢量数据库。开展对省级以上公益林补偿资金使用管理情况的自查工作，重点对2013—2015年间的补偿资金使用情况进行自查，未发现问题。规范生态公益林补偿资金发放，全年变更发放账户650个。

【林地变更调查通过国家和省验收】 2016年4月20日—21日,国家林业局华东林业调查规划设计院和省林业调查规划设计院的有关专家、领导对象山县林地变更调查成果进行验收,并一致同意通过验收,这标志着该县的林地变更及补充调查工作圆满完成。林地变更调查具体落实(2008—2013年)林地范围变化调查、林地范围内地类变化调查、管理属性变更和补充调查中12000个地块的林地属性核对,形成林地变更及补充调查数据库及规划文本,为实现林地及森林资源一张图管理提供依据。

畜牧业

【概况】 2016年,根据省委、省政府"五水共治"和"清三河"达标县创建活动要求,象山县加大畜禽养殖污染整治力度,全面推进"标准化、生态化"两化工程建设和美丽生态牧场打造,落实畜牧业现代园区建设用地,突破资源、环境对畜牧业发展的制约,推动畜牧业转型升级。县加强动物防疫能力,有效降低畜产品安全风险。2016年,在畜禽养殖污染整治工作的背景下,该县畜牧业生产能力继续下降,全年肉类总产量1.50万吨,比2015年减少23.6%;禽蛋总产量0.95万吨,比2015年减少10.8%;畜牧业产值6.12亿元,比2015年减少4.97%。

【生猪盈利润】 2016年,象山县生猪饲养量16.78万头,其中存栏6.65万头,出栏10.13万头,比2015年分别减少26.6%、25.5%和27.3%。母猪0.72万头,比2015年减少20%。由于生猪饲养量下降,2016年生猪价格继续高位运行,全年平均收购价格达到18元/公斤,全年最高收购价达22元/公斤,最低收购价16元/公斤,加上2016年生猪饲料原料价格比2015年低,生猪养猪利润可观,每头生猪盈利在800元左右。

【家禽饲养量继续调减】 2016年,全县家禽饲养量继续下降,全年家禽饲养量238.09万羽,比2015年减少17.6%,其中存栏84.03万羽,比2015年减少29.9%,出栏154.06万羽,比2015年减少8.95%。蛋禽存栏48.24万羽,比2015年减少37.27%,其中蛋鸡存栏35.67万羽,比2015年减少36.72%,蛋鸭存栏12.57万羽,比2015年减少38.77%。肉鸡以优质三黄鸡为主,存栏8.59万羽,比2015年减少9.58%,出栏39.2万羽,比2015年减少16.42%。肉鸭出栏10.5万羽,比2015年减少33.12%。

【浙东白鹅种鹅全产业链产值达8000万元】 受畜禽养殖污染水禽扩面整治影响,2016年象山县浙东白鹅饲养量81.91万羽,比2015年减少17.2%,但浙东白鹅种鹅销售形势继续向好,已形成养、孵、销一条龙产业体系并确立较明显的市场优势,全年销售浙东白鹅种苗466万羽,比2015年增长2.4%,产值达8000万元。

【食草动物养殖】 2016年,象山县牛饲养量0.16万头,与2015年基本持平。山羊饲养量3.56万头,比2015年减少17.8%。由于大部分兔场被拆除,加上兔业市场不稳定,兔存栏0.05万只。蜜蜂产业保持平稳,全县外出养蜂103户,存栏蜜蜂1.33万箱。

【现代畜牧产业园区规划设计】 象山县于2015年在全省率先提出统筹畜牧业用地思路,并在该县黄沙岙塘与道人山塘两地规划现代畜牧产业园区建设用地246.7公顷。2016年,该县将统筹畜牧业用地思路付诸于行动,委托浙江大学对黄沙岙塘与道人山塘2地的现代畜牧产业园区进行规划,落实用海造地指标。2016年底,2地的现代畜牧产业园区规划设计初稿已形成,其中道人山塘地块规划发展畜牧种业,结合围涂区农业旅游,打造集畜牧观光、休闲、体验于一体的"农旅结合"生态美丽牧场;黄沙岙塘地块规划打造现代化生态循环农业经济示范园区,建设大型规模化生猪、蛋鸡养殖园区,并配套种植和水产养殖,形成循环利用、立体生态种养格局。

【畜禽养殖污染防治工作】 2016年,按照省、市部署要求,围绕创建"清三河"达标县工作,继续扎实推进畜禽养殖污染整治工作。全年拆除畜禽养殖场90家,拆除面积6.69万平方米,完成全年拆除目标任务的160.7%;完成养殖场整改19家,完成全年整改目标任务的100%。深化畜禽养殖污染整治,加快畜牧业转型升级步伐,落实污染防治主体责任，制定出台《象山县百日环保执法专项行动畜禽养殖污染防治方案》，建立由环保、农林、城管等部门组成的联合执法机制，对偷排漏排行为加大打击力度，时刻保持高压态势，全年立案查处污染环境畜禽养殖场6家，行政罚款89.6万元。加强养殖户诚信建设，发放污染治理告知书214份、签订主体责任承诺书214份，组织观看“畜禽养殖污染警示教育片”525人次，抓好反面警示教育和正面宣传引导。引导科学生态化养殖，组织养殖业主代表50余人远赴江西、衢州等地考察学习畜禽粪便一体化处理生产有机肥及生态无抗养殖技术，助力畜禽养殖污染整治。健全长效监管机制，建立县、乡、村三级畜禽养殖污染线下网格化防控机制，将生猪存栏50头以上、水禽存栏1500羽以上及其他适度规模场等152家保留场纳入网格化监管网络，落实防控巡查人员314人。

【全市畜禽养殖治理扩面整治座谈会在象山召开】 为推动美丽生态牧场创建及水禽场扩面整治工作，加快推进畜牧业转型升级，9月22-23日，宁波市畜禽养殖污染治理扩面整治座谈会暨水禽科学生态养殖技术培训现场会在象山召开，宁波市农业局总农艺师徐震宇、市畜牧兽医局局长葛民乐、副局长余全法，各县(市)、区领导与污染治理具体负责人，水禽场业主代表等共计80余人参加会议。会议组织参会代表参观象山金旭畜牧养殖专业合作、同心畜牧养殖专业合作社及象山翔宇鸭业有限公司等牧场，在金旭和同心牧场了解刮粪板运行、猪节水型饮水器使用、“猪—沼—作物”的生态养殖技术模式；在翔宇鸭业有限公司参观运动场的雨污分离设计、发酵床养鸭、氧化塘种植水葫芦净化污水等科学生态养殖模式。同时，会议还邀请扬州大学王志跃教授及北京好友巡天生物技术有限公司王风雷博士分别就《水禽业概况及健康养殖技术》和《微生物工程发酵床模式介绍》等内容进行授课和讲解。

【重大动物疫病防控】 全年共免疫家禽高致病性禽流感211.53万羽次，使用疫苗202.06万毫升。免疫生猪口蹄疫38.13万头次，使用疫苗64.44万毫升；免疫牛口蹄疫0.16万头次、羊口蹄疫2.4万头次，使用疫苗7.94万毫升；免疫猪瘟38.13万头次，使用疫苗59.05万毫升；免疫猪高致病性蓝耳病22.74万头次，使用疫苗20.28万头份；免疫小反刍兽疫1.2万头次，使用疫苗2.58万毫升，全力保障全县动物生产安全。同时，加大检疫力度，全年生猪检疫12.64万头，检疫率达100%。严格落实和规范生猪定点屠宰检疫，全年定点屠宰检疫生猪14.1万头，检出并无害化处理病害猪177头，销毁病害产品8586公斤，定点屠宰检疫率、无害化处理率均达100%。同时，继续深化“五色预警”评估制度落实，全年对该县的18个镇乡(街道)重大动物疫病防控“五色预警”体系执行情况进行督查评估，除涂茨镇出现1次黄色预警外，其余镇乡(街道)未出现黄色以上预警。

【动物疫病监测】 2016年，按照省、市重大动物疫病检测要求，象山县对全县281个畜禽场户的5283份血清等样品进行检测。全年检测重大动物疫病抗体1.1万份数，其中禽流感H5N1年均抗体合格率94. 6%、鸡新城疫73.8%；猪瘟90.7%、猪O型口蹄疫85.0%、猪高致病性蓝耳病88.7%；羊小反刍兽疫87.4%、羊O型口蹄疫59.7%。

【建成动物及动物产品质量安全追溯体系】 加强动物及动物产品质量安全监管，象山县在2015年全面实施动物检疫合格证明电子出证的基础上，于2016年推进动物及动物产品信息化追溯工作。依托县级农产品质量安全监管网，建立检疫信息录入、检疫证明打印和数据信息上传“三位一体”的动物检疫信息化监管模式，实现动物养殖、产地检疫和屠宰检疫信息的有效链接和相互印证，形成动物及动物产品来源可溯、去向可查、责任可究的质量安全追溯体系。

【推广“测场定免”免疫模式12家】 提高畜禽免疫效果，象山县按照“动态调查、综合监测、定剂定量”的思路，推广生猪养殖场“测场定免”的免疫模式。该模式对养殖场开展动物疫病流行病学动态调查和综合监测，根据调查监测结果制定合理的免疫程序，并指导养殖场按照既定的免疫程序实施科学化、差异化免疫，解决抗原含量低、免疫率合格率不稳定难题。截至2016年12月底，该县已在12家生猪养殖场推广“测场定免”模式，生猪免疫总体合格率稳定在80%以上。

【畜产品安全监管】 2016年,象山县严格落实病死动物无害化处理机制,全年无害化处理病死动物4.万头(羽),有效控制病死动物乱丢现象和流入餐桌的风险。做好规模生猪养殖场准出制度落实,全年新增准出制度养殖场10家,累计达40家,并配备质检员,落实"瘦肉精"自检工作。全年开展"瘦肉精"专项检测4次,共检测样品1100余份,未检出阳性。加强屠宰环节的监管,严厉打击私屠滥宰行为,培育上岗肉品品质检验员5名,增强病死猪及产品的无害化处理和监管。

【动物卫生监督执法】 2016年,象山县着力加强畜产品质量安全监管行政执法力度,保障动物防疫和畜产品的安全。全年立案12件,结案10件,其中从省外调入动物及动物产品未向调入地动物卫生监督机构申报备案3件,共行政罚款1500元;不按规定处置检疫不合格产品案1件,行政处罚1000元;屠宰、经营动物未附检疫证明案3件,行政处罚2109.2元。同时,加大生猪定点屠宰管理监督执法力度,行政处罚1起跨区域销售小型屠宰点猪肉产品案。

【推进畜牧项目建设】 提升畜牧业标准化、规模化、生态化发展水平,象山县以畜牧业项目建设为抓手,推进畜牧业转型升级。2016年,该县加快畜禽治污设施改造项目建设,共完成象山海川畜牧养殖专业合作社排泄物治理设施化改造项目、象山西周陈祥旺猪场排泄物治理设施化改造项目、象山西周任兴家庭农场排泄物治理设施化改造项目、严积良鹅场排泄物污染治理项目、鲍胤助鹅场排泄物污染治理项目等5个2014年宁波市畜牧业发展资金项目竣工验收工作。推进标准化猪场项目建设,完成宁波市汇通农业开发有限公司标准化猪场建设项目、象山方兴牧业有限公司生猪规模养殖场标准化建设项目、象山金旭畜牧养殖专业合作社标准化猪场建设项目、象山瑞珍牧业有限公司工作标准化猪场建设项目等4个宁波市2014年生猪标准化规模养殖场建设项目竣工验收。同时,加快沼气工程建设进度,完成象山县高塘岛乡同心畜牧养殖专业合作社2013年沼气工程项目竣工验收,基本完成象山威泰生猪养殖专业合作社沼气工程和象山新源畜牧专业合作社沼气工程项目,并启动象山群兴生猪养殖专业合作社沼气工程。

【"三沼"安全生产管理】 加大"三沼"安全生产的巡查和宣传教育,全年对全县沼气277座沼气池开展安全生产大检查3次,发放《农村沼气安全管理和使用》手册280余份、沼气安全生产责任告知书65份,并签订沼气安全生产责任承诺书65份。做好全县养殖场废弃沼气池拆除指导工作,拆除废弃沼气池43座。同时,加大对沼气安全生产的培训,于4月8日组织召开沼液综合利用与安全生产技术培训会,并于6月28日成功举办全市沼气安全生产现场会,对全县62家沼气池使用单位进行沼气安全技术培训。

【推进智慧畜牧业建设】 截至2016年底,该县的15个乡镇(除丹东街道、丹西街道、爵溪街道外)均建立智慧畜牧业信息平台,并配备信息管理人员,逐步健全完善智慧畜牧业管理工作。2016年,该县录入耳标信息12.19万条,录入免疫信息192.29万头(羽)次,录入产地检疫47.99万头(羽),操作次数达17.16万次,上传信息252.47万条。

【建立生猪保险与无害化处理联动机制】 为严格规范病死动物无害化处理程序,提高畜产品质量安全和防止环境污染,象山县以政策性保险为切入点,将病死猪无害化处理作为申请保险理赔的前置条件纳入保险条款,开启生猪保险与无害化处理联动工作模式,建立养殖户、保险公司、无害化处理中心和农业部门相互监督机制,实现生猪养殖、保险理赔与无害化处理的无缝对接。生猪保险费40元/头(养殖户承担20%、财政承担80%),按照规定程序实行无害化处理后,养殖户可获得10元/公斤的理赔,但最高不超过1000元/头;能繁母猪保险费72元/头(养殖户承担10%/财政承担90%),按照规定程序实行无害化处理后,养殖户可获得1200元/头的理赔。同时,该县2016年建成病死动物无害化处理中心1个,配套建立集中收集点42个,累计无害化处理病死猪7.05万头、其他病死动物及不可食用产品31.72吨,保障畜产品市场和生态环境安全。

农业产业化

【概况】 2016年，象山县深入践行“创新、协调、绿色、开放、共享”五大发展理念，以农业供给侧结构性改革为动力，通过夯实农业发展基础、推动农业品牌建设、加快生态种养模式创新、抓好农产品质量监管等措施，优化农业产业结构，提升有效供给能力，改善农业环境，提高农业现代化水平。

【现代农业园区项目建设进度继续全市领先】 2016年，象山县新实施市级现代农业园区项目8个，其中示范区3个，精品园5个，总实施总面积796.13公顷，计划总投资4587.21万元。截至2016月12月，8个现代农业园区项目完成总体建设任务的85%左右，其中象山县墙头蓝尚南美白对虾精品园、象山县茅洋葆元水蜜桃精品园、象山县西周森森柑橘精品园、象山县高塘岛好赛石斑鱼精品园和象山县泗洲头杨梅产业示范区等5个项目已完成项目建设并通过市级验收；象山泗洲头草根瓜果精品园由于投资额未达到批复总投资的70%以上，经宁波市农业局同意，取消该项目；象山县定塘镇果蔬产业示范区完成基础建设任务，待市级验收；象山县大徐镇杨梅产业示范区完成建设进度50%。同时，2016年年初象山县新立项县级精品园项目8个，总投资1975.35万元，截至2016年12月底，已完成象山县茅洋宏顺南美白对虾精品园、象山县贤庠枫康水果精品园、象山县鹤浦红卫塘紫菜精品园、象山县泗洲头恒诚树莓精品园四个精品园验收；象山县石浦绿藤水果精品园、象山县涂茨盛腾果蔬精品园、象山县东陈样样红水果精品3个精品园完成基础建设任务，正准备验收资料；象山县晓塘合心柑橘精品园完成建设进度80%。

【实施农业“五新”项目】 加快农业科技创新与推广，象山县围绕农业产业和农民需求，有机整合、优化配置种植业、林特业、畜牧业三大产业科技推广经费，于2016年制定出台《关于加强农业“五新”项目扶持的实施意见》，率先在全市实施农业新品种、新技术、新模式、新装备、新工艺等农业“五新”项目，发展优质、高效、生态、安全农业。该县全年整合资金250万元，实施农业“五新”项目83个，其中新品种324个、新技术10项、新模式25项、新装备10个、新工艺1项。

【6家企业被认定为省级生态循环农业示范企业】 象山县按照“政府推动、企业为主、科技支撑”的理念，以省级生态循环农业示范县和示范区发展为抓手，于2016年启动省级生态循环农业示范企业培育。该县2016年共有宁波稻鱼情农业生态有限公司、象山宏森源农产品开发有限公司、象山石浦创新禽业专业合作社、象山翔宇鸭业有限公司、宁波怡涵畜牧养殖有限公司、宁波好赛水产养殖有限公司6家农业企业被认定为省级生态循环农业示范企业。

【启动农村有机废弃物资源化利用试点工程项目】 推进农村有机废弃物循环资源化利用，减少农村环境污染，象山县于2016年启动农村有机废弃物资源化利用试点工程项目。该项目位于高塘岛乡，计划总投资450万元，采用政府出钱购买投资、服务形式，建成后年处理有机废弃物580吨以上、生产有机肥3000吨以上。2016年底，该项目已进入招投标程序，并委托第三方设计项目可研报告，项目建设用地已进入场地垃圾清理和“三通一平“阶段。

【示范推广“稻渔共生”循环模式】 为加快构建生态循环农业产业链，象山县在继续发展“猪—肥—果”“鸡—肥—菜”“虾—草—鹅”“秸秆—食用菌—肥”“粪—蚯蚓—肥”“餐厨垃圾—蝇蛆—鸡”“鱼(低值小杂鱼)—肥(鱼蛋白有机液肥)—果”等七大循环农业模式的基础上，创新“稻渔共生”循环模式。该模式主要有“稻+鳖”“稻+虾”“稻+蟹”“稻+鱼”“稻+牛蛙”“莲藕+鳖、鱼”形式，分布在该县西周镇、新桥镇、定塘镇和道人山围涂区，2016年共示范推广“稻渔共生”模式38公顷。

【获得浙江省首批农产品质量安全放心县称号】 象山县狠抓农产品质量安全工作，坚持“产出来”与“管出来”两手抓，通过健全监管机制、提升监管能力、实施全程管控、推行绿色生产等措施，提升安全监管能力和农产品质量，于2015年全面启动浙江省农产品质量安全放心县创建工作。2016年，该县抽检主要农产品1020批次，总体合格率达98.9%，销毁不合格农产品550公斤。开展农产品风险评估监测274批次，合格率95.6%。全县18个农产品快速检测室向市民提供免费检测5617批次，合格率98%以上。建立生产经营主体数据库，将1446家农业生产主体纳入数据库中。该县连续5年农产品抽检合格率保持在98%以上，未发生重大农产品质量安全事故，于2016年10月获浙江省首批农产品质量安全放心县称号。

【推进农产品质量安全信用体系建设】 为倒逼和推动农产品生产主体自觉提高农产品质量，象山县将县级规模以上食用农产品生产主体及“三品一标”农产品生产主体共188家单位列入信用评定对象，以各生产主体在各项质量安全制度执行、生产源头农资购买与安全使用、农产品产地检测合格准出等为重点评定内容，经乡镇现场审核、专家组现场考评、监管部门审查、县农产品质量安全领导小组审查后确定信用等级。同时，将188家生产主体安全信用信息录入“象山县企业信用信息平台”，实行信用信息社会共享、分类管理、管扶联动，并给予“诚信守约”的农产品质量安全生产主体在政策扶持和银行服务上给予重点支持。

【健全完善农产品质量安全可追溯体系】 依托浙江省农产品质量安全追溯平台，建成融政府监管、主体生产、消费服务等功能于一体的县级农产品质量安全监管网，并将195家生产主体纳入信息库。构建多形式追溯形式，143家县级规模以上单位已实行“二维码”追溯，150家“三品一标”单位实现“二维码+防伪标识+生产记录”追溯全覆盖，56家规模生猪养殖场实现“耳标”追溯，健全产品来源可溯、去向可查、责任可究的质量安全追溯体系。

【成立象山柑橘产业联盟】 提升该县柑橘产业层次、品牌效应和产品竞争力，象山县于2016年年初提出“组建柑橘产业联盟，打造区域公用品牌”战略，经过的筹备，于9月30日组建成立象山柑橘产业联盟，属全省首个农业产业联盟。该产业联盟旨在为广大橘农提供一个品牌共享、资源共享、合作共享的公益平台，并以“行业自律、品牌共建”为方向，通过科学的合作机制和运营模式，形成集团优势，打响象山柑橘品牌，推进柑橘产业又快又好发展，促进广大橘农增产增收。截至2016年底，象山柑橘产业联盟拥有注册会员89人，成为该县柑橘产业第一批抱团闯市场的先行者。

【农业科技项目】 做好市农科教项目结题验收12个，总投资264万元，其中市级补助87万元。开展“智慧农业”扶持专项资金项目申报，安排专项经费55万元，确定象山红岩样样红水果专业合作社的“农业物联网系统”等14个项目为2016年度象山县“智慧农业”扶持专项资金项目。依托浙江大学、市农科院等“校县”“院地”科技合作平台，帮助企业成功研发果蔬、水稻、棉花等专用有机营养液肥和水稻有机液肥施肥耕作机械与随水施肥装置，破解农业有机废弃物资源化利用技术难题，取得发明专利3项和全省首例以浓缩沼液为基础原料肥料登记证，所研制的产品在新疆、宁波、宁海和县内重点果蔬基地应用效果良好，科技创新工作取得实效。

【农业项目管理规范化建设】 规范项目实施管理和预防职务犯罪，象山县农林局严格执行《象山县农业项目管理办法》和《象山县农林局农业小微项目管理办法（试行）》，通过网上公示、专家评审、联席会审等措施，做到项目信息公开、择优录取，杜绝项目多头申报、重复补助等现象的发生。2016年组织县联席会议3次，农业（小微）项目专家评审8次，评审各类农业项目108个，在项目实施过程中加强监督管理和质量跟踪，先后取消象山草根家庭农场承担的市级现代农业园区项目“象山县泗洲头草根瓜果精品园”、象山骏鑫生态农业有限公司实施的宁波市生态循环农业示范推广项目“农业养殖废弃物循环消纳研究与示范”。

【推进基层农技推广体系建设】 健全完善基层农技推广体系，象山县继续扎实推进全国基层农技推广体系改革与建设工作，围绕该县农业主导品种，及时制定并推介发布2016年农业主导品种和主推技术，其中种植业主导品种55个、主导技术9项；林特业主导品种21个、主导技术12项；畜牧业主导品种13个、主导技术7项。同时，重点培育农业科技示范户240个，建立科技示范基地5个，分别为宁波枫康生物科技有限公司、象山绿藤农业科技发展有限公司、象山文杰大白鹅养殖有限公司、象山欢心农庄有限公司、象山金旭畜牧养殖专业合作社，实现主导品种和主推技术入户率与到位率达到96%以上。

【品牌优农战略】 实施农业品牌创优战略，提升农产品附加值，促进农业增效、农民增收。2016年，该县新增省级名牌农产品1个、市级名牌农产品3个、市级名牌产品1个，累计拥有名牌农产品16个（省级4个、市级12个），名牌产品18个（省级15个、市级3个）。继续做好农产品展示展销工作，全年组织参加第十二届中国食品博览会、2016浙江农业博览会和第9届中国义乌国际森林产品博览会等7个活动。

【象山柑橘、梭子蟹区域公用品牌（上海）推介会】 提升象山农产品品牌形象，提高农产品附加值，2016年象山县着手实施象山柑橘、梭子蟹区域公用品牌建设，并委托浙江大学进行品牌策划设计。2016年12月16日，象山柑橘、象山梭子蟹区域公用品牌推介会在上海举行，推介会由象山县人民政府、宁波市农业局、宁波市林业局、宁波市海洋与渔业局、宁波市供销合作社联合社共同主办，浙江省农业厅蔡元杰总农艺师、宁波市政府金伟平副秘书长、宁波市农业局李强局长及市林业局、市海洋与渔业局、宁波市供销合作社联合社、象山县政府领导及全国各地60余家客商和20多家新闻媒体参加，取得良好的宣传推广作用，共签订象山柑橘、象山梭子蟹战略合作协议和购销合同2份。

【农业信息化建设】 发挥现代信息技术对现代农业发展的支撑和引领作用，象山县以智慧农业物联网为平台，继续推进农业信息化建设，2016年新增农企征信模块，并上传1464个生产主体基本信息。推进农业执法信息化，推广“移动执法通”，实现案件信息化查办率100%和农业执法过程的电子化管理。开展农技通应用试点，试点的295户农户基本掌握手机APP功能，拓展农业信息服务新渠道，初步实现农业生产远程指导。

【农业经营主体培育和监测】 2016年，象山县新晋农（林）业龙头企业6家，其中宁波枫康生物科技有限公司新晋为省级林业重点龙头企业，宁波绿畅农业发展有限公司、宁波锦洲食品实业有限公司、象山县扬子水产经营有限公司和宁波远大海洋生物科技有限公司等4家企业晋级为市级农业龙头企业，宁波裕天海洋生物科技有限公司通过县级农业龙头企业认定。加强农业龙头企业年度监测，2家国家级农业龙头企业和4家省级林业重点龙头企业的监测合格，32家市级农业龙头企业动态监测22家合格，43家县级农业龙头企业动态监测32家合格。不合格主要原因为不同程度存在经营不善、亏损严重、资金周转困难等问题。截至2016年底，该县有农业龙头企业65家，比2015年减少20家，其中国家级2家、省级4家、市级28家、县级31家。

【241位农民获得初级技能证书】 引导传统身份农民向新型职业农民转变，象山县逐年加大对新型职业农民的培育，使新型职业农民把从事农业生产经营作为稳定职业、终身职业。全年共举办各类实用

技术培训76期,比2015年增加13期,培训农民4167人次;新型职业农民培训班5期、培训291人次,其中241人通过鉴定考试并获得初级技能证书。

【大学生农业创业基地数达71个】 继续实施大学生创业就业政策扶持,出台《关于做好2016年度大学生在农业生产领域就业创业扶持申报的通知》,全年成功申报创业补助大学生10个、引进人才农业经营主体15家,发放补助50万元。截至2016年底,该县共有大学生创业基地71个、面积245.3公顷。

【"三品一标"扩面提质工程】 2016年,实施"三品一标"扩量提质工程,全年申报无公害产地22个、面积247公顷,申报绿色食品4家。截至2016年底,全县"三品一标"生产主体达150家,拥有绿色食品38个,无公害农产品产地154家、面积2.14万公顷,产品一体化认证165个。严格"三品一标"证后监管,坚决清退不达标企业,组织开展"三品一标"主体现场检查89家,发放整改意见书5份,监督抽检36批次,合格率100%。全年完成无公害农产品复查换证35家,清退不合格企业17家;完成绿色食品续展认证6家,清退不合格企业1家,"三品一标"证后监管淘汰率达31%,确保该县"三品一标"发展质量。同时,以"三品一标"为抓手,推进农业标准化生产,修订特色农产品标准化生产模式图并印发3万余份,标准化生产模式图进村入户覆盖率达100%。2016年,象山县种植标准化生产程度64.1%,林特产品标准化生产程度62.4%,畜禽标准化生产程度62.95%。

【农业招商引资工作】 围绕农业大平台、大项目建设,象山县通过项目扶持、信息推荐、协调服务等途径,鼓励工商资本投入资金、技术、装配等要素资源发展现代农业。2016年,该县先后洽谈茅洋溪东村牡丹花基地、南峰岗农光发电等4个招商引资项目,于2016年年底与上海妙农植物科技有限公司基本明确在象山投资建设象山珠南山草湾精品农业主题公园项目,计划利用资金2000万元。

【抓好农业设施用地(房)规范管理】 根据省、市"打造整洁田园、建设美丽农业"和市"农业设施用房整治"等专项行动部署,制定农业设施用地规范管理文件和农房样图,明确农业设施用地(房)审核备案的工作流程、前置条件、复垦履约保证金、房屋结构颜色、项目竣工验收等管理办法,提出对"改变用途""未批先建"" 到期不批""超标建设"等违法用地建房行为的处罚意见。2016年,该县共核准设施农业用地备案95项,面积300.5公顷,其中不符合备案条件2项。

【实施全国基层农技推广体系改革与建设项目】 象山县于2015年起实施全国基层农技推广体系改革与建设项目,2016年该县投入专项经费90万元用于种植业、林特业、畜牧业等3个农业产业技术创新与推广服务团队建设,推广应用"农技宝"320个,构建"互联网+农业科技"线上线下融合的农技服务网络。

【全国新型职业农民试点县工作】 出台新型职业农民实施方案和认定管理办法,做好培训人员和培训机构的筛选,全面完成县农培办的超级稻高产栽培技术、枇杷高产栽培技术等5个新型职业农民培训班291人的培训任务,其中241人取得初级职业农民资格。加强继续教育培训和农业实用技术培训,开展继续教育专题培训5期147人,举办柑橘高效栽培技术、超级稻高产栽培技术等实用技术培训76期4167人次,完成58名农作物植保工(中级)技能鉴定任务。

农经管理

【概况】 2016年,象山县以深化农业农村改革为抓手,全面开展农村土地承包经营权确权登记颁证工作,全力深化农村集体"三资"管理规范化运行,深入推进土地流转及承包经营权权能显化,全面激活农村发展新动能。2016年,该县获得国家农村集体"三资"管理示范县称号。

【获得国家农村集体"三资"管理示范县称号】 象山县于2015年成功创建浙江省农村集体"三资"管理规范化县,深化"三资"管理规范化水平,2016年获得国家农村集体"三资"管理示范县称号。完善机制、规范权利,在农村党风廉政建设和集体"三资”管理“双达标、双示范”活动的基础上，及时总结成效、经验及存在问题，并坚持问题为导向制定出台《关于进一步推进农村基层权力规范运行工作的若干意见》《关于实行村级重大事项决策报备制度的通知》《象山县村级工程项目监督管理暂行办法》等一系列相关制度，用制度管权利、用制度促规范，做到有法可依有章可循。强化督查、深化运行，组建由县纪委、县委办、县府办、县交管办、县民政、县农林等部门组成的联合督查组，开展全县农村基层权力规范运行情况专项督查活动，全年共抽查62个村，重点对“三资”推进情况、制度执行情况、村级工程情况、“三务”公开情况等一系列内容进行督查。加强培训、提升能力，全年举办农村基层人员专题业务培训班4期、受训928人次，并组织全县农经员赴杭州进行封闭式培训，全面提升乡镇级农经员的业务知识能力。同时，该县全年安排40万元专项经费用于对代理会计的专项考核。

【加大土地流转扶持力度】 象山县逐步加大对土地流转的扶持力度，培育流转主体，鼓励引导专业大户、农民专业合作社、农业龙头企业等主体发展多种形式的适度规模经营。2016年，该县新增土地流转面积128公顷，其中规模经营124.9公顷，新规范流转合同123.3公顷，累计流转土地12866.7公顷，占承包耕地总面积的72.3%，其中规模经营面积达11046.7公顷。全年发放土地承包经营权流转及农业规模经营扶持资金72.50万元，其中整村流转土地补助10万元，涉及土地流转面积55.1公顷；流出土地农户补助23.77万元，涉及农户数468户，流出面积79.8公顷；规模经营主体新流入土地承包经营权补助24.80万元，涉及主体25个、农户1192户，面积206.6公顷；规模经营主体新流入林地承包经营权补助13.75万元，涉及村数13个，面积183.3公顷。引导土地整畈、整村流转，全年新增土地整村流转村2个（泗洲头镇下马岙村、贤庠镇碶头陈村）、面积78公顷。

【农村土地承包经营权确权登记颁证工作】 象山县于2015年启动农村土地承包经营权确权登记颁证试点工作，并于2016年在全县全面铺开。为确保农村土地承包经营权确权登记颁证工作推进，该县于2016年6月份成立象山县农村土地承包经营权确权登记颁证工作领导小组，强化对土地确权工作的组织保障，并专项安排县级财政50万元。在工作推进过程中，该县一方面反复研究，在深入基层开展群众和乡镇干部意见征求的基础上，出台《关于做好农村土地承包经营权确权登记颁证工作的实施意见》和《象山县农村土地承包经营权确权登记颁证工作方案》，明确总体要求和工作原则。另一方面试点先行，以茅洋乡为试点乡镇，及时总结经验做法，并于2016年在每个镇乡（街道）确定一个试点村，逐步依次开展农村土地承包经营权确权登记颁证工作。截至2016年底，该县的18个镇乡（街道）中共有16个镇乡（街道）的349个村开展外业测绘，占应确权村的92.6%，涉及8.4万农户19.9万人，完成外业测量12866.7公顷，占应测绘面积的84.4%。

【发放首笔农村土地经营权抵押贷款30万元】 象山县于2015年在宁波市率先开展农村产权制度改革，以确权登记、流转交易、金融配套“三位一体”，激活农村“沉睡资产”，变资产为资金。2016年5月，象山县将首本农村土地承包经营权证发放至象山兆竹红豆杉专业合作社，并于2016年12月将首笔农村土地承包经营权抵押贷款的30万元发放至象山兆竹红豆杉专业合作社，该笔抵押贷款以合作社流转的7.1公顷山地的11年经营权作为抵押。首笔农村土地承包经营权抵押贷款成功发放，标志着该县农村产权抵押贷款工作又迈出新的一步，破解农村土地流转户“脚下有地、手里没钱”的困局。

【完成年度”百村审计”任务】 2016年，象山县完成“百村审计”村177个，完成年度任务的104.12%，其中财务收支审计162个、其它专项审计14个、土地补偿费专项审计1个，并完成财务清理检查村数29个。全年审计金额达24.93亿元，查处违规违纪金额3.5万元，收回各类款项6.5万元，共下达整改措施208条。同时，该县加强全县村级资金源头管理和民主公开，一年4次的财务公开率均达99%以上。

【农民负担动态监测】 做好农民负担监督管理工作，该县出台《关于印发2016年象山县农民负担监督管理工作要点的通知》，着重从健全完善领导机构、严格落实减负制度、加强村级负担监管、组织开展农负监管检查等4方面完善监管制度。扩大监管渠道,更新完善农负阳光监督网,强化查处力度,开展针对农负工作制度落实、加重农负情况、村级非生产性开支情况等内容进行专项检查,未发现重大农民负担事件。完成"21216"农民负担动态监测,抽查贤庠镇、鹤浦镇、东陈乡、晓塘乡、丹西街道等5个镇乡(街道)的10个村、共100户家庭样本。据样本统计,100户的家庭纯收入722.27万元,比2015年减少0.66%,家庭经营收入386.02万元,其中农业收入183.52万元,人均收入达20175元,比2015年增加10.16%。

【新增柑橘气象指数保险】 象山是中国柑橘之乡,栽培面积7200公顷,常年产量达12万吨,生产遍布全县18个镇乡(街道),是该县农林经济和农民收入的重要组成部分。为补足林果业保险短板,减少灾害性天气给农户带来的损失,提高防灾减灾能力,确保柑橘产业稳定健康发展,2016年象山在全市率先开展柑橘气象指数保险试点工作。该县试点的柑橘气象指数保险是由中国太平洋财产保险股份有限公司和中国人民财产保险股份有限公司宁波分公司等2家承保公司根据遇到的低温、台风、暴雨三大自然灾害的与柑橘生产的经济损失关系设计开发的,该保险是以约定气象站监测的日最低气温≤-4摄氏度、热带风暴或台风实测风力≥11级和连续3日累计降雨量≥120毫米等3个气象要素指标为理赔依据,其中任一气象要素指标达到预定指标即视为触发理赔,保险公司都将按照约定的赔偿比例进行赔付。该保险赔偿依据气象指标强度及持续时间,灾后理赔无需逐户查勘定损,简化传统农业保险繁琐的理赔程序,为参保农户提供方便。2016年,该县选择柑橘主产区定塘镇、高塘岛乡作为试点单位,2个乡镇共签订保单51户,投保面积48.5公顷,收取保费41.54万元(其中县财政补贴12.46万元)。2016年受"莫兰卡""马勒卡"2次台风带来强降雨影响,2个试点乡镇柑橘投保农户均达到降雨赔付标准,2家保险公司根据气象局提供降雨资料启动理赔程序,共赔付9.35万元。

【森林火灾受害率0.0056‰】 以创建浙江省森林城市为抓手,全力抓好森林防火各项措施落实,全面提高森林火灾防控水平,2016年该县发生森林火情6起,过火面积5.12公顷,受灾面积0.41公顷,森林火灾受害率0.0056‰,创该县有历史记录的新低。2016年,该县重点加强森林消防扑救队伍建设,开展专职民用消防与森林消防队伍结合试点,投入19.5万元为全县324名护林巡查队员和森林消防队员统一办理保额为70万元的人身意外伤害保险和15万元的医疗险,并另投入9.12万元为76名县级森林消防扑救队员办理保额为50万元的人身意外伤害保险。夯实基础设施,推进森林消防体系建设,投入90万元新建成"引水上山"3个(分别位于丹东街道河东村、定塘镇大湾山村、高塘岛乡花岙岛),累计达16个。投入8万元推进大徐镇三角地村、定塘镇方前村森林消防物资储备库规范化建设工程。此外,该县强化野外火源管控,下拨林下物清理补助资金20万元,清理石浦东门岛、松兰山景区等林下可燃物15处。

【农资废弃物包装回收和处置工作】 2016年,象山县以保障农业生态环境生产安全为目标,以定塘镇为试点带动作用,全面推进农资废弃包装废弃物回收处置工作。构建回收处置框架,确定象山县丰润农资有限公司为农资废弃包装物归集和运输单位、宁波市北仑环保固废处置有限公司为无害化处置单位,基本形成"各地政府为责任主体、相关部门协调监督、农资公司集中归集运输、专业环保单位销毁"的回收处置框架。设置集中回收设施,18个镇乡(街道)均建立农资废弃包装物集中收集点,并在全县范围内发放农资废弃包装物集中收集箱2000只、回收袋3万只,在112家农资经营网点设置农资废弃包装物集中收集箱。强化保洁队伍,18个镇乡(街道)均建立镇、村工作网格,建立农田保洁队伍18支,保洁队伍地区保洁员配备比例达到每两个自然村配备1人。2016年,全县回收农资废弃包装物83.4吨,回收率达71.5%,处置76.8吨,处置率为92%。

【农产品质量安全监管】 2016年,象山县以创建浙江省农产品质量安全放心县为抓手,全力抓好农产品质量安全行政监督执法,对重点区域、重点市场、主要农产品巡查监管实现全覆盖。严格落实执法巡查"一月一清"工作制度,全年开展"绿剑"

护农专项执法行动8次，出动执法人员609人次，检查各类农业投入品生产经营企业、农产品生产主体326家，查获假劣农资3900公斤，检测出不合格农产品13批次，立案查处13起，收缴罚没款5.59万元，无害化处理不合格农产品550公斤。

【农业安全生产专项整治行动】 做好农业生产安全监管，象山县农业部门于2016年8月起对全县高锰酸钾及高毒农药等进行专项检查，此次专项行动以辖区内经营单位对高锰酸钾、高毒农药及硝基类化肥进货查验制度、索证索票及实名制销售等各项制度落实情况为重点检查内容，检查兽药经营单位12家、宠物医院3家，未发现高锰酸钾经营使用行为；检查农资经营单位122家，未发现高毒农药经营情况；发放农产品质量安全和农业生产安全监管告知书122份。

【保障重点工程用地需求】 推进全县"双突破双驱动"战略的实施，象山县林业部门履行项目的审核报批服务和项目监督管理。一方面加强县重点工程、旅游项目等占用林地报批服务，指导建设单位做好项目用地相关材料的整理，并及时审核上报上级主管部门。另一方面，与上级主管部门进行对接沟通，以获得上级主管部门的支持与额外用林指标。2016年，该县林业部门完成项目报批12个、获批林地面积27.8公顷。

【农林法制宣传教育】 围绕"依法治农、依法强农、依法兴农"，象山县农林部门深化普法宣传工作，促进农林干部和涉农各方知法懂法。一方面开展"送法下乡、送法到户"活动，通过"送法律暨放心农资下乡进村""科技下乡"和 "阳光热线"等服务平台，广泛普及涉农涉林法律法规，全年举办法制普训12场，受训1200余人次，发放各类普法资料1.4万余份。另一方面加强农林干部法制水平，每月一次开展学法活动，全年共学习食品安全法、种子法、野生动物保护法等10来部农林相关法律法规，使学法成为常态化。同时，完成76名领导干部和公务员的学法用法培训考试。

【做好农林执法审查和管理】 为提高农业行政执法证件管理信息化、规范化水平，象山县加强农林行政处罚审核和行政许可的法制监督，严格执行执法决定法制审核制度，严把审核关、质量关、管理关，并对重大案件采用案件会商、集体讨论等形式，逐步统一和规范执法文书的说理性操作。全年共审核行政处罚案62件（林业案件41件、农业案件11件，畜牧案件10件），其中集体讨论重大案件9件。对2015年5月以来行政处罚和行政许可案卷进行检查，通过自查、交叉检查等方式提出整改问题23项。基本完成省行政执法证件库信息录入完善工作，完善51名拥有省执法证的人员基本信息。该县农林部门承办的《浙林地许可（2016）43号》案卷被评为浙江省2016年度优秀案卷。

【农业信息化服务】 加快建设完善农业科技信息服务体系，开展农业新型业态信息安全维护，合并运行象山农业信息网与新型业态门户网站，开展项目管理系统上线测试，修改平台决策管理系统、粮食功能区功能、企业主体显示更改及自定义添加，改版农产品安全子网及农企信用等级评价系统开发，做好农业新型业态项目验收。加大农民信箱成效宣传，组织更新和完善农民信箱平台信息发布，全年共发布各类网站信息6338条，宁波农经网信息得分1387分，居全市第一位，其中高塘乡岛江北村、涂茨镇旭拱岙村等12个村被省农业厅评为万村联网新农村网站季度之星。强化农业信息服务工作，发布每日一助信息135条、防冻抗寒气象预警和技术指导等9万余人次。开展农民手机应用技术推广，完成掌上农民信箱推广应用3097人。

【林业资源保护和执法力度】 根据省林业厅、省公安厅的统一安排部署，2016年象山县先后组织开展 "2016利剑1号"清火行动、集中打击破坏森林和野生动植物资源违法犯罪暨"利剑"行动、"净网行动"等专项行动，以高压态势严厉打击非法占用林地等涉林违法犯罪专项行动等。2016年，该县森林公安局共出警523车次，出动警力2092人次，共依法受理各类森林案件61起，处理各类违法犯罪人员71人，其中刑事案件19起（盗窃林木案1起，非法狩猎案18起）；行政案件42起（滥伐林木案4起；盗伐林木案1起；过失引起森林火灾案2起；非法收购无合法来源的木材案2起；非法出售、收购、邮寄、运输、携带野生动物案1起；禁猎期内使用禁用的工具猎捕野生动物案1起；非法运输木材案1起；擅自改变林地用途30起），收缴行政罚款54.27万元。

【野生动植物保护】 象山县将森林和野生动植物资源作为维护生态安全的屏障和推动“全域旅游”战略的保障，精心呵护，全力维护。一方面加大打击力度，开展打击破坏森林和野生动植物违法犯罪暨“利剑”专项行动，共出动警力240人次，查处非法狩猎鸟类案件18起。另一方面加强宣传教育，开展“爱鸟周”保护鸟类和野生动植物宣传活动，发放野生动物宣传图片500张、法律法规宣传册280本，并设立野生动物栖息地保护宣传牌24块，对全县11家野生动物养殖场开展调查，发放宣传资料和规范养殖手册共22份。2016年，该县林业部门共救助鸟、蛇、角麂、刺猬、猫头鹰等各类野生动物686只，并收缴并放生画眉鸟29只、猎捕铁夹74只、鸟笼25只、钢丝绳吊19付、捕鸟网30张、钢缆35米。同时，该县加大古树名木的监测保护力度，全年检查古树名木215株，开展病虫害监测防治56株，对部分古树进行重新摄影和资料收集，围栏加固、清理救助古树名木21株。

【铲除罂粟1166株】 为严厉打击民众非法种植罂粟等毒品原植物的行为，象山县森林公安局加强与县公安局禁毒大队、各地派出所等部门的协调和配合，强化情报共享和防控联动，形成打击合力。一方面开展“禁毒铲种”专项行动，对全县范围内的毒品原植物种植情况进行逐一排查，在茅洋乡文山村铲除罂粟1060株、在茅洋乡集置区铲除罂粟106株。另一方面加大种植毒品原植物的危害及禁种铲毒的宣传，开展宣传活动3次，发放宣传画册5000份、资料3000份，并将禁毒科普教育延伸到全县中小学。

【农业行政审批服务群众满意率100%】 2016年，象山县行政服务窗口（农林窗口）共受理、审批项目19项共1719件，其中即办件1610件、承诺件109件，按时办结率100%，群众测评满意度100%。办理使用林地许可项目28宗、面积39.61公顷，其中长期使用林地12宗、面积27.83公顷，临时使用林地6宗、面积4.92公顷，林业生产服务设施使用林地10宗、面积6.86公顷，共收取森林植被恢复费291.73万元。

【农业生产事故调处】 维护农民切身利益，保障社会和谐稳定，象山县继续做好农业生产事故调处，全年共受理举报投诉和农业生产事故13起，比2015年增加6起，完成调处农业生产事故13起，农民获赔（补）偿金额0.42万元，帮助挽回经济损失5万元。

县农机局

【概况】 2016年，县农机局围绕县农业“两区”建设目标，以提升农机化水平，服务现代农业发展为总要求，落实各项惠农政策，推进农机服务创新，增强农机科技支撑，提升农机监管水平，农机化工作保持强劲发展势头，为全县现代农业高效快速发展提供有力支撑。全年共受理补贴各类农机具570台（套），发放补贴资金总计380.755万元。新建作业服务公司1家，机库建设1家，市级示范合作社2家。加强农机培训工作，共组织培训33期，培训各类农机化管理、技术、作业服务人员2464人次。共出动执法350余次，检查车辆3300余辆，查扣处罚违法拖拉机138辆，查处脱检脱保车辆15辆。

【农机购置补贴工作创新业绩】 农机购置补贴发放资金总计380.755万元，其中中央补贴278.125万元（含报废更新补贴6万元），市级补贴51.315万元，县级补贴51.315万元。正式受理补贴各类农机具570台（套），受益农户270户。主要补贴机具有耕整地机械165台，田间管理机械40台，水稻插秧机29台，拖拉机22台，粮食烘干机16台，联合收割机19台，撒肥机7台，育秧流水线14台（套），农产品初加工机械14台，增氧机244台。

【社会化服务添新活力】 新建作业服务公司1家（象山东昭农机作业服务有限公司），补贴10万元；机库建设1家（象山文心兰农机专业合作社），补贴13万元；市级示范合作社2家（象山丹禾阳农机专业合作社、象山金穗农机专业合作社），补贴10万元；系统示范合作社3家（象山丰年粮食全程机械化专业合作社、象山上张塘农机专业合作社、象山帮农农机专业合作社），补贴9万元。全县农机专业合作社总数达到58家，其中全国示范农机专业合作社2家。

【便民惠民出新举措】 对已注册登记，参加年度安全技术检验合格的纯农田作业拖拉机和联合收割机实行定额保险补贴，政策性保险补贴共计9.25万元，其中纯农田拖拉机投保411辆，收割机投保201辆。创新开展烘干机保险补贴试点工作，每台烘干机每年保费1000元，由烘干机机主和县农机局按1∶1比例共同承担。已有49家农机大户（共72台粮食烘干机）享受优惠政策，有力推动政策性农业保险惠农政策落到实处。

【农机培训工作创新内容】 培养农机经营管理、驾驶操作、维修保养等实用人才。针对农机专业服务组织带头人，加强经营管理、农机化新技术等知识培训，使之成为新型农机职业经理人。针对广大农机手，加强农机驾驶操作、日常维护保养、安全生产等知识培训，使之成为专业农机操作手。针对农机维修技术人员，加强农机维修技能特别是高新农机具维修技能培训，开展农机维修技能竞赛，形成一批农机维修高技能人才。2016年共组织培训33期，培训各类农机化管理、技术、作业服务人员2464人次。

【农机安全监管上新水平】 落实农机安全生产责任制，签订农机安全生产责任书，建立农机安全生产领导小组，定期分析农机安全生产形势，及时协调解决安全生产问题。建立健全农机安全检查、安全教育管理制度、农机事故责任追究等制度。建全外省籍拖拉机登记备案信息、农机和农机手信息、基层农机安全网络信息、超标拖拉机信息等数据库，实现信息互通共享。同时加大巡查检查重点道路的农机秩序，严厉查处交通违法行为。2016年共出动执法350余次，检查车辆3300余辆，查扣处罚违法拖拉机138辆，查处脱检脱保车辆15辆（先后补办续保手续）。

【粮食烘干机换新动力】 为彻底改变使用柴油烘干粮食成本高、污染重、安全隐患大的现状，县农机局将普通烘干机改造成生态型粮食烘干机，并已在农机专业合作社调试成功。通过广泛论证和科技攻关，对传统烘干机进行解构、改装，将生物质颗粒热风炉应用到粮食烘干机中，以秸秆、木屑等废弃物加工而成的生物质燃烧颗粒为动力源，消除燃烧柴油造成的环境污染和安全隐患。经测算使用柴油烘干机烘干一公斤稻谷需0.26元，使用生态型烘干机仅需0.06元，节约成本达75%以上。

【农机事故应急演练创新形式】 7月20日，县农机局联合贤庠镇在丰年粮食全程机械化专业合作社组织开展农业机械事故应急处置演练。演练活动准备充分、行动迅速，演练过程紧凑严密、组织有序，各部门通力合作、配合默契，事故现场处理得当，查找农机事故应急救援预案中存在的不足，检验应急队伍、物资、装备、技术水平，增强部门联动，提高协同能力，明确联动部门和应急救援人员的职责分工，完善应急救援机制。普及应急救援知识，提高人民群众风险防范意识和自救、互救等应对灾害能力，提升全县事故应急处理工作水平和农机事故处理员的实际工作能力。

新农村建设

【概况】 2016年，象山县农村工作围绕创建浙江省首批美丽乡村示范县为总目标，拉标杆，补短板，全力推进美丽乡村升级版建设，深入实施美丽乡村示范创建，着力提升农村人居环境，继续深化农村综合改革，创建市级示范镇乡2个、示范村5个、县级特色示范村12个。8月底通过浙江省美丽乡村示范县核查组现场核查，10月由浙江省委发文成为浙江省首批6个示范县之一。

【全县农村工作会议召开】 3月3日，象山县农村工作会议召开，回顾总结“十二五”“三农”工作，部署“十三五”和2016年“三农”主要任务。县委书记叶剑鸣要求，要加快转变农业发展方式，提高农业质量和效益，着力打造生态链、产业链、创新链和创业圈的“三链一圈”新型现代农业产业体系。要坚决打好城乡环境综合整治组合拳，加快建设美丽乡村建设升级版，优化乡村规划布局，提升公共服务配套水平。推进农村各项改革，增强农村发展内生动力，妥善开展农村承包地确权登记颁证试点工作，深化农村产权制度改革，加快农村金融制度创新。激发农民创业创新热情，千方百计促进强村富民，拓展农民收入新增长点，发展壮大村级集体经济，更加精准推进扶贫开发。要全面开展婚丧礼俗整治,引领乡风文明新风尚,高度统一思想认识,严格执行制度规定,确保各级责任落实到位。会上还表彰2015年度农业农村工作各类先进。

【2016新型城镇化与美丽乡村协调发展全国研讨会在象山】 5月15日,2016新型城镇化与美丽乡村协调发展全国研讨会在象山召开。会上,县委书记叶剑鸣指出,象山县始终秉承"绿水青山就是金山银山"的发展理念,坚定不移打好转型升级系列组合拳,先后荣获全国生态县、省美丽乡村创建先进县,环境治理指数排名居全省前列,走出一条具有象山特色的美丽乡村建设之路。希望各位专家学者继续关心和支持象山经济社会的发展,帮助象山巩固优势,共同推动美丽乡村建设再上新台阶。国务院发展研究中心农村经济研究部部长、清华大学中国农村研究院学术委员会委员叶兴庆,国务院研究室信息司司长刘应杰,中国社科院农村发展研究所所长魏后凯,副市长林静国,中国区域经济学会副会长、宁波大学党委书记郭华巍,宁波工程学院院长吕忠达,省农办副巡视员李建新,市委副秘书长、市农办主任杨胜隽,县领导叶剑鸣、俞骏、孙小雄、应伟刚、干维岳、吴安定等出席。研讨会由中国区域经济学会秘书长陈耀主持。

【"省美丽乡村示范县"动员大会暨农村土地承包经营权确权登记颁证工作会议召开】 7月7日,象山县创建"省美丽乡村示范县"动员大会暨农村土地承包经营权确权登记颁证工作会议召开。县委书记叶剑鸣指出,象山县通过实施以"一户多宅"清理为主的村庄梳理式改造,美丽乡村建设取得阶段性成效,具备一定的创建基础。各地各部门统一思想、提高认识,对照创建标准,紧扣时间节点,迅速找补短板、查漏补缺,力争成功创建省美丽乡村示范县。叶剑鸣强调,农村土地承包经营权确权登记颁证工作是加快农村改革的一项基础性工程,政策性强、涉及面广、群众关注度高,各地要结合实际,按照"蹄疾而步稳"的要求,扎扎实实把这项工作做到位,确保不出纰漏,经得起时间检验和群众监督。县委副书记俞骏主持会议,副县长干维岳作工作部署。县领导孙小雄、应伟刚、吴安定等出席会议。

【"省美丽乡村示范县"创建核查】 8月30日,由省农办副主任严杰带领的核查组,对象山县省美丽乡村示范县创建工作进行实地核查。县委书记叶剑鸣就象山县省美丽乡村示范县创建工作情况汇报。象山县按照省市统一部署,依托美丽乡村先进县创建成果和优势,对照标准找差距、精准发力补短板,以全域规划为龙头,注重统筹推动,绘就一张好蓝图;以梳理改造为引领,突出分类创建,打造一个大景区;以产业融合为方向,加快转型提质,念好一本致富经;以深化改革为核心,推进赋权强能,释放一轮新红利;以协同治理为抓手,夯实基层基础,奏响一部文明曲。核查组对象山县省美丽乡村示范县创建工作给予肯定,并对下步深化提升提出建议和要求。会后,核查组实地考察墙头镇溪里方村,泗洲头镇何婆岭村、肖胡村、金家岙村,茅洋乡茅洋村,贤庠镇碶头陈村,宁波枫康石斛基地,详细了解农村生活污水处理、垃圾分类、"五水共治""四边三化"等工作开展情况。

【推进美丽乡村示范创建】 按照市级美丽乡村分类创建指标任务,形成《象山县美丽乡村分类创建三年行动计划方案》,细化任务、分年推进。计划至2019年全县启动并完成市级合格村292个、市级示范村27个、市级示范乡镇6个、市级风景线10条、县级特色村58个,完成垃圾分类村245个村的创建任务。其中全年完成市级合格村88个、启动创建市级示范村5个、示范乡镇2个、风景线2条、县级特色村12个、垃圾分类村86个。突出规划引领,坚持因地因村制宜,前期完成东北部盛宁线("仙花灵境"养生乡村风景线)、沿海南线(象山南部海风古韵美丽乡村风景线)2条市级风景线规划编制工作,2个示范镇乡整体规划和5个示范村的美丽乡村专项规划已基本形成成果稿,进入修改完善评审阶段。按照"合格村重环境、示范村重品韵,示范乡镇重全域、风景线重靓丽"的思路,个性化推进分类创建,打造各有侧重、各具风情的美丽乡村。

【提升农村人居环境】 结合省、市"三改一拆"部署要求,全面清理农村"一户多宅",深入开展村庄梳理改造。全年实施"一户多宅"清理及村庄梳理改造153个村,共拆除"一户多宅"及旧房4496间,13.31万平方米,占地面积20.10公顷,涉及农户

1565户。8月制定出台《象山县农村环境卫生长效管理实施方案》，建立“有人干事”的管理机制、“有钱办事”的保障机制、“有人管事”的督查机制和“有章理事”的追责机制。同时，强化环卫保洁经费保障，县财政计划按照户籍人口人均30元/年和在册流动人口15元/年的标准予以补助，其中垃圾分类试点村再按人均20元/年的标准予以补助。全县18个镇乡（街道）和14个成员单位，都建立起环境卫生保洁长效管理机制，并落实相应配套保洁经费。

【农村生活污水治理】 以生活污水有效处理行政村覆盖率达到90%以上为目标，明确实施治理任务105个村，其中集中式处理38个，分散式处理67个。于上年四季度开始分批次启动项目村规划、设计、立项等工作，并由业务主管部门牵头召集相关单位研究明确各个环节的时间节点，实现工程前期与建设的无缝对接。落实专业工程师专职项目前期工作及建设管理，对项目村实施分片包干、细化工作内容，建立项目监管微信平台，全方位掌握工程进度。截至年底，完成投资2.92亿元，接入农户2.8万户，铺设管网890公里，完工95个村，在建10个村。与县水务集团做好运行管理移交工作，提升生活污水设施运维管护技术水平和管理水平，对实施项目进行提标改造。针对运行检查中发现的问题，对全县50余村污水终端出水水质进行提标改造，并对6个镇区污水处理站和40个村级污水处理终端安装污水监测系统，有效提升污水管理能力和水平。

【农村垃圾分类处理试点】 起草出台《象山县农村生活垃圾分类减量化处理资源化利用工作实施方案》，明确县农村五年行动目标及2016年实施项目村共计86个（其中4个市级垃圾分类机器成肥试点村）。明确资金补助标准，按照机器处理成肥和太阳能生态处理两种终端处置模式，分别给予5-15万元不等的建设奖补资金。86个村全部完成入户宣传、分类设备购置等基础性工作，4个试点村中茅洋村完成机械安装正常使用、其余三村完成垃圾终端处置，进行设备采购。根据镇乡（街道）的地理分布和产业特性，以太阳能垃圾处理站整改维修为主，辅以机械成肥终端及蝇虫减量等方式，推行多样化终端处置模式。海岛山区村庄主要依托原有的太阳能垃圾处理站进行维修整改，加强处理站的密封性及增加微生物菌种，缩短堆肥时间，提升堆肥效果。墙头镇西沪四村采取区域联建，共建共享一个终端，极大节约投入成本。大徐镇依托海口村的微生物处理公司，将试点村庄分类出的厨余垃圾收集转运至公司虻虫养殖场，作为肥料用于饲养虻虫，减量厨余垃圾，生产有机肥料。

【实施强村富民工程】 启动完成相对欠发达地区村庄整治建设提升村9个，共投入资金2905万元，拆除危旧房26990平方米，新建安置房3990平方米，开展立面改造37200平方米，硬化道路41525平方米，路灯建设355盏，整治村内河道6060米，村庄绿化34500平方米。开展内聚外迁移民工作，完成移民安置372户，1143人，涉及到2个镇乡12个行政村。2016年度村级集体经济扶持项目23个，参与村26个，17个项目已完成或基本完成建设任务，6个项目建设进度在50%左右。完成资源型机耕路建设39条51.3公里，其中上报市级32条，县级7条，涉及到10个镇乡39个村。扶持低收入农户增收项目13个，吸引带动低收入农户长期就业102户，解决临时就业240多个，通过组织来料加工、发展农业产业基地、合作社吸纳等方式，实行就业带动和资金直补，增加低收入农户的工资性收入和转移性收入。继续做好对口帮扶工作，确定实施帮扶项目4个，涉及村庄3个，其中基础性项目3个，产业发展项目1个，硬化道路6200米，受益农户总数8000人，其中受益贫困人数1645人，共落实帮扶项目资金150万元。

【深化农村综合改革】 深化农村产权制度改革，率先建立县、镇两级农村产权和海洋产权交易中心，实行确权登记、流转交易和抵押贷款三位一体，推进土地、林地、养殖水面、农民住房等9项产权的赋权强能，累计交易总额4.7亿元。按照“三权到人（户）”目标，完成村经济合作社股份制改造、“三位一体”农民合作经济组织体系建设和户籍制度改革。深化金融支农改革，在全市率先推出农民住房等多个产权抵押贷款，推行村集团授信和文明诚信家庭信用贷款，构建信用体系建设共享机制，评定信用村416个、信用户14.2万户，建立村级金融服务点815个，农业贷款余额达148.7亿元。开展涉农资金使用管理改革，整合设立美丽乡村建设资金平台，统筹农村基础设施、环境治理、民生事业等各类资金近4亿元，发挥政策资金使用效益最大化。

【实施“千万农民素质提升工程”】 2016年象山县农民培训工作围绕“建平台、促转型、重提升”，深入实施“千万农民素质提升工程”，以转岗技能、农业产业技能、职业农民、服务创新等方面为内容，推进校地结合开展农民培训，在新桥镇、高塘岛乡设立市派高校农村指导员培训基地，紧扣区域产业特点和农村实际，重点抓好农村生活污水治理、农家乐发展、美丽农村创建等新农村建设规划管理人才队伍培训，提升农村干部综合素质，累计完成培训10061人次：其中农业职业技能培训2375人次，农民转移就业技能培训1087人，务工农民培训5210人，后备教育155人，双证制教育招生950人，完成新农村规划管理人才培训284人。

【农村指导员工作】 按照“因村派人、因人定村”的工作原则，2016年象山县第十批农村指导员共723人，其中市级机关21人、县级机关84人、乡镇（街道）自派618人。全年围绕创建省美丽乡村示范县这一目标，按照“理清一条路子、带强一支队伍、规范一套制度、推进一批项目、记好一本日记”的“五个一”工作要求，在乡镇统一安排下做到身入心入，安心驻村。建立农指员微信交流群，就如何做好农指员工作，整合市、县各派出单位资源等方面进行及时交流和互通信息。2016年，农村指导员共帮助实事项目480余项，各类项目帮扶资金2000余万元，组织各类调研座谈2900余次，围绕“两学一做”讲授党课600余次，指导党组织生活1000多次，在服务指导村庄整治建设、发展特色优势产业、促进农民增收、兴办民生实事等方面发挥积极作用。

水 利 水 务

综 述

2016年，象山县水利系统围绕县委、县政府“双突破双驱动”中心工作，全面贯彻落实省委十三届九次全会精神，以创新、协调、绿色、开放、共享五大发展理念为引领，以深化“五水共治”“治水强基”为目标，以“一保一促一提四服务”工作为主线，攻坚克难，勇于创新，扎实推进各项水利事业全面发展。

水利设施建设

【概况】 2016年，象山县水利系统克服不利气候、政策处理、项目审批等困难，继续加大力度推进水利项目建设，全年完成水利总投资11.28亿元，水利投资完成情况创历史新高。

【“强塘”工程加强防洪能力】 中小型水库除险加固工程完成投资4058万元，其中田洋里水库、刘家岙水库、南盘水库等5座水库维修加固全部完工；海塘维修加固工程完成投资4225万元，平岩头海塘、布袋海塘维修加固基本完成，西周西闸拆建工程、大麦塘水闸工程全部完工；小流域治理工程完成投资9009万元，东溪、泊戈洋等4条小流域治理基本完成，消除防洪安全隐患。

【“扩排”工程增强排涝能力】 中心城区防洪排涝工程完成投资18025万元，完成河道综合整治3.93公里。大塘港防洪排涝工程完成投资3500万元，强大湾闸基本完工，3公里护岸完成。区域防洪排涝工程完成投资488万元，贤庠镇青莱闾、东陈乡岳头节制闸基本完工。中小河流重点县工程完成投资2445万元，定塘镇中泥河、涂茨镇中心河等基本完工，提高全县河道防洪排涝能力。

【“治污”工程美化生态环境】 农村生活污水治理工程完成投资9903万元，完成50个村生活污水治理工程。水源地保护工程完成投资346万元，取水监控系统维护、水平衡测试、中型水库水源地保护补偿等7个项目全部完成。村庄水环境治理工程完成投资1145万元，石浦马峙、贤庠岑晁等6个村完成村庄水环境整治。穿村溪坑治理工程完成投资1215万元，完成29处；生态河道建设完成投资3049万元，完成整治28处，16.4公里，改善水生态环境。

【“提升”工程提高水利工程品质】 农民饮水安全提升工程完成投资4885万元，完工48个村。农业节水项目完成投资674万元，马盘、大湾山等15个节水灌溉项目全部完工；小型农田水利项目完成投资2136万元，完工3处；其他小型水利工程完成投资1230万，完工58处；水利信息化与防汛工程完成投资692万元，防汛指挥系统升级改造、水文资料分析应用系统等 8个项目按期完成。

【“围垦”工程开发利用土地】 围垦工程完成投资45788万元，其中高塘岛乡黄沙岙围涂工程大坝主体已完工验收，造地工程有序开展；鹤浦水湖涂二期围垦工程实现龙口合拢，水闸工程完工，主堤抛石筑堤至5高程；道人山造地工程实质推进，一期造地基本完成，二期土地开发完成43%。东海涂围垦防浪堤工程完成可研送审稿和初步设计初稿，政策处理同步推进，缓解土地供需矛盾。

防汛防台抗旱

【概况】 2016年,象山县立足于防,发挥基层防汛减灾体系建设成果,工程性措施和非工程性措施并举,坚持不懈地抓好防汛抗旱各项基础工作。

【防汛防台工作落实责任制】 按照分级管理的原则,完善落实行政首长防汛责任制,规范工作程序,明确各部门的职责和任务。调整落实全县重要海塘、山塘、流域和中小型水库、地质灾害点防汛责任人200多人,并在《今日象山》进行公布,接受社会监督。各镇乡(街道)调整防汛指挥部成员,建立应急抢险队伍;各防汛任务较重村调整落实工作组;防汛各成员单位均落实责任,组建应急抢险队伍。

【防汛检查督查】 印发《关于开展2016年汛前防汛安全检查工作的通知》,要求各地各部门做好汛前自查工作。3月初,派出5个检查组赴各镇乡(街道)和中型水库,对防汛工程与非工程措施作全面检查,共检查各类涉水工程1230处,对49处防汛隐患整改进行督促,通过"回头看"、督办等方式要求责任单位和责任人及时采取措施,限期整改落实到位。

【防汛抗旱两手抓】 应对强降雨,自2016年4月1日后,县遭遇多轮强降雨侵袭,为做好强降雨防御工作,县防指办及早预警,及时启动防汛应急响应,成功应对 "5·20""6·2"强降雨确保安全度汛。关注供水情况,7月至9月,县平均降雨量147.6毫米,是多年平均雨量320.9毫米的46%,全县各主要河网处于低水位,城乡供水形势一度出现紧张。重视供水情况,要求各地重视水资源管理,及早回蓄水量,准备抗旱。防御台风,入汛后,"尼伯特""莫兰蒂""马勒卡""鲇鱼"等台风相继影响象山县,县防指加强监测预警,及时启动应急响应,督促各地落实水利工程安全巡查、地质灾害点巡查、城镇排涝等防范措施,督促做好渔船转移避风、沿海旅游景点关闭等防台风应急处置。坚持发挥水利工程的基础作用,根据雨情、水情和工情,科学调度水利工程设施,在取得防台工作胜利的同时,全县旱情得以解除。

水资源管理

【概况】 2016年,象山县水利局以严格水资源管理为抓手,加大依法行政力度,整合基层水务员资源,加强水事违法案件查处,水政水资源管理工作取得新成效。

【水资源水土管理】 落实最严格水资源管理制度。按照《象山县落实最严格水资源管理制度实施方案》,严格执行总量控制、用水效率、纳污能力"三条红线",6月份通过市级考核验收。对饮用水水源地进行集中检查,对全县年取水量3万立方米以上的26家取水户实行24小时实时监测,及时掌握水质变化情况。制定象山县水土保持检查清单,按照项目清单进行逐一检查,及时下发监督检查意见书,督促建设单位限期整改到位,完成水土流失治理面积 1.7平方公里。

【行政审批和规费征收】 以便民为原则,行政审批提效增速,共完成审批事项14项,其中水保持方案审批11项、涉河涉堤项目审批3项。开展行政事业性收费公示报告制度建设,对外公示收费目录清单。加强涉水规费征收,对全县取水单位运营情况进行摸底调研,深入取水单位对水资源费新标准进行解读,提高取水户水资源有偿使用意识,保证水资源费全部按新标准征收到位。2016年共收缴各类涉水规费850.1万元,其中水资源费627.48万元,水土保持补偿费219.81万元,占用水域补偿费2.81万元。

【健全基层治水网络体系】 水政巡查执法有力,水政巡查累计出动420人次,处理各类水事违法案件30起,发出《责令(限期)改正通知书》7份,清理违法占用水域4545平方米,维护正常的水事秩序。探索村级水务员、河道保洁员、山塘巡查员、水政协管员"四员"一体化管理模式,全县各类涉水人员由1300余人精简至507人,建立一支"职能明确、一人多岗、考核严格、服务到位”的村级水务员队伍，健全管水护水基层网络。

水利改革发展

【概况】 2016年，象山县水利局在抓好水利基础设施建设的同时，注重水利工作的品质提升，着力开展象山水利品牌建设，推动水利工作可持续发展。

【水利工程标准化管理】 成立标准化管理工作领导小组，制定出台《象山县水利工程标准化管理工作实施意见》，出台全省首个山塘管理地方标准——《象山县山塘运行管理技术规范》；完成创标工程管理范围与保护范围划定，界桩、碑记、标牌设计制作以及创标工程管理手册编制。全县有5座中型水闸、6座小型水库、15座山塘通过标准化管理创建验收，上张水库成功创建国家级水管单位。开展山塘管理体制改革，以鹤浦镇、高塘岛乡为试点乡镇，完成确权划界工作，2016年12月颁发全省首本山塘不动产权证。

【河湖库塘清淤工作】 全面打好清淤治污“生态仗”，出台《象山县河湖库塘清污（淤）工作实施方案》，明确工程管理、资金管理、监督检查等规范。探索淤泥消纳“循环路”。按照“确保安全、因地制宜、分散处置”的原则，县结合工农业生产，探索淤泥处置方案，通过淤泥制砖、固堤绿化、肥田优地、回填复垦等方式，实现河道淤泥资源化利用。形成长效保洁“组合拳”，将河道保洁和轮疏工作相结合，建立检查监管、回淤轮疏、强化保洁等长效机制，保护好水生态环境。2016年10月，全市河湖库塘清淤“百日攻坚”现场会在象山县召开。

【深化水务体制改革】 解放思想，牵头开展县水务集团组建前期工作，推动水务体制改革，着力抓好水务管理、运行等重点环节的改革攻坚，归并涉水行政职能，实现原水、供水、排水一体化建设管理，以改革推动水利事业科学发展。2月，完成县水务集团公司组建。6月，组建完成象山县水务集团公司及下属四个子公司，形成“1+4”的集团结构，有效承担原水、供水、排水的建设和运行管理任务。

【水利安全生产】 开展水利安全生产“升级版”建设，落实安全生产责任，系统内层层签订落实水利安全生产责任书。开展象山县水利系统平安护航G20安全生产专项行动，重点对防汛安全隐患整改、饮用水水源安全、在建水利工程安全生产、重点水利工程运行管理安全、水土保持隐患整治等工作进行督促落实，共下发工程质量和安全整改意见书37份，下发质量通报6份，确保G20杭州峰会期间全县水利系统安全生产各项工作措施落到实处。

水利作风建设

【概况】 2016年，象山县水利局围绕水利发展大局，以“两学一做”“双对工作”为抓手，强化机关管理，推动水利效能建设，以服务管理助推水利建设。

【开展“两学一做”活动】 象山县水利局坚持早启动、早部署、早落实，以“1+X”模式深化“两学一做”学习教育。“1”是一把手讲党课，以“一把手”讲党课的形式启动部署“两学一做”专题教育活动，以党课为平台推动水利系统全体党员干部深刻领会“两学一做”基本内涵和要求。“X”是活用各类载体，通过党支部会议、中心组学习、青年读书会等形式，扩大“两学一做”学习教育覆盖面；通过“我的入党之路”主题讨论、送学送教上门、“四讲四有”主题讨论等丰富活动形式；通过开展“孙茂芳式‘五小’服务”活动、平安护航G20、高温送清凉、结对鹤湾村等志愿服务树立良好形象，促进“两学一做”学习教育深入开展。

【“双对”考核工作】 以绩效管理为手段，全面争优为目标，推行记账式管理，开展“岗位对责、绩效对账”机关管理。依托机关工作人员考核系统平台，对机关干部职工实行定岗定责，对局重点工作任务进行责任分解，使年度水利工作任务分解到月、细化到人。要求全体机关工作人员“一事一记、一日一记、每周汇总,每月总结”,每天将工作内容以日志形式在考核平台进行记录。每月对“双对”工作“周记录、月对账”完成情况进行检查督促,每季度对考评工作进行检查,实现干部评价和绩效对账的有机结合,使后进干部向中间干部靠拢,中间干部向先进干部靠拢,在干部之间营造比学赶超的良好氛围。

【党风廉政建设】 深入推进水利系统党风廉政建设,强化“两个责任”落实,结合岗位实际排摸分析党风廉政风险点,局主要领导与分管局长,分管局长与各科室、局属单位负责人,各科室负责人与一般干部层层签订目标责任书。依托机关干部大会、中心组学习会、青年干部读书会等平台,逢会必讲党风廉政。开启廉政提醒模式,以节假日、周末廉政短信的方式,督促机关人员在休息时间自律自警。加大对工程建设领域的监管力度,继续落实水利专题会议制度和纪检监察联络员制度,强化监督检查,发现涉及质量和安全的苗头性问题及时给予整改,确保工程安全、资金安全、干部安全。

【改进作风建设】 改进机关作风,提高水利服务基层水平。高质量完成建议提案承办工作,及时分解承办责任,明确承办时限,5月底,在局领导班子成员的带领下,通过与代表委员们的面对面沟通,完成12件人大代表建议、11件政协委员提案的承办工作,实现代表、委员提案办理率和满意率两个100%。加大效能检查力度,全年共开展效能检查24次,对检查出来的问题,及时落实整改措施,在局系统营造清风正、干事业的良好氛围。深化水利文化建设,机关党支部和工青妇组织结合实际,广泛开展党团员志愿者和文体活动,营造健康向上的水利工作氛围,增强干部职工凝聚力。

水务产业化

【概况】 象山县水务集团有限公司(以下简称“水务集团”)由象山县国有资产管理局出资设立,成立于2016年2月3日,挂牌时间2016年5月8日。水务集团建立现代水务管理机制,履行水务建设、营运、管理职责。按照统筹整合原则,兼顾生活生产生态用水,促进水资源的优化配置和合理利用。按照盘活资产的要求,推进投融资创新,高效集约开展水务工程建设,提高工程管理水平,促进全县水务事业健康发展。

【组织架构】 象山县水务集团有限公司作为母公司,下辖象山县原水有限公司、象山县第一自来水有限公司、象山县第二自来水有限公司、象山县第三自来水有限公司、象山县污水处理有限公司、象山县水务建设投资有限公司6个全资公司。水务集团按现代企业制度设置董事会、监事会、管理层及内设机构。

【理顺职能】 水务集团职能是执行水资源管理制度,控制用水总量和纳污红线,提高用水效益,执行防汛抗旱水源调度。协助主管部门做好涉水相关规划编制,负责本集团管辖范围内的水务中长期规划及年度实施计划编制。协助主管部门做好涉及水厂用水水库的水资源保护,水污染防治和水土保持等工作。负责涉及水厂用水水库的供水调度和日常管理。负责城乡制水、城乡供水、城乡污水处理的建设和运行管理。协助主管部门做好全县节约用水工作。负责管理范围内水务安全应急预案编制和组织实施。负责水务建设管理所需资金投融资,承担授权范围内国有资产经营管理任务,确保资产的保值增值。承担县委、县政府交办的其它相关事项。

象山县原水有限公司主要职能为:协助做好水资源涉及制水厂用水水库的原水调度和日常管理,编制原水调度计划,制定水库管理处保护、水污染防治和水土保持工作,执行防汛抗旱水资源调度。负责考核制度,监管和考核水库管理处日常工作,编制上报水库维修加固计划,指导安全生产和安全度汛。

水务集团下属象山县第一自来水有限公司、象山县第二自来水有限公司和象山县第三自来水有限公司,主要职能为:负责全县城乡制水、城乡供水管理工作。编制供水生产经营年度计划,制定分公司考核制度,审核并上报供水工程建设年度计划,指导分公司制水供水生产技术,监管和考核分公司生产、经营、管理和安全生产。落实节约用水工作。负责农村水站的日常运行和管理。

象山县污水处理公司主要职能为：做好全县城乡污水处理的运行管理，制定污水分公司(站)考核制度，指导污水分公司(站)污水处理技术，解决污水处理技术难题，监管和考核污水厂(站)日常运行，做好安全生产工作。审核并上报污水工程建设年度计划。负责村庄污水设施日常运行和管理。

象山县水务建设投资公司主要职能为：负责原水、供水、污水工程的建设管理工作。制定水务工程建设管理办法，做好项目建设前期，对项目建设全过程进行监管，审核工程投资，组织竣工验收，进行项目绩效评估。

【党务建设】 2016年，水务集团在县委、县纪委的要求下，以"四风"建设为抓手，查摆整改，狠抓廉政教育工作，从严治党，落实主体责任。

加强廉政学习教育。围绕"四风"工作建设，集团党委班子及部门负责人组织开展集中学习，每位领导制作党课PPT，观看廉政教育影片等，开展廉政学习活动。落实"学要带着问题学，做要针对问题改"，发挥领导先锋模范作用，围绕思想状态、工作业绩和作风纪律，对照查摆整改。

执行"三书两报告"制度。成立以集团董事长为组长、分管领导为副组长以及各部门负责人、各子公司总经理为成员的党风廉政建设领导小组，分工明确，责任到人，履行第一责任人职责。秉承"透明公开、公平公正、集体商量、集思广益"原则，建立健全各项内控管理制度三重一大事项集体决策制度、党委会议事制度、总经理月度办公会议制度、周例会制度和履职清单，理清工作职责和管理权限，在发挥好集团公司各部门协司统筹、整合资源等优势的同时，注重调动各子公司的自主性和积极性，培育"民主化决策、集约化管理"的现代企业精神。集团公司领导及各部门以身作则，带头执行，落实制度，引导全体职工增强责任感和自觉性，形成作风建设的强大合力。

开展谈心谈话活动。以"征求意见、诫勉提醒、交流思想、了解困难"四方面为主题，坚持"一对一，面对面"开展谈心谈话活动，集团党委班子负责分管部门和子公司负责人谈话工作；部门负责人做好部门人员谈话工作；各子公司管理层做好分管部门的谈话工作。坚持以"问题是否得到解决、情绪是否得到疏通、工作是否得到促进"为谈话标准，真正把想法谈出来、把问题摆出来，达到沟通思想、凝聚力量、增进共识的目标。

强化作风建设，严防"四风"反弹。贯彻落实中央八项规定精神，落实廉洁自律规定，建立廉政档案，对个人基本情况、重大事项报告情况、婚庆事宜情况、出国境情况、请假事假等收录廉政档案的资料，实行一人一档，动态管理。强化中层干部廉政教育，健全廉政防范监管体系。通过文件、企业微信等宣传平台，开展廉政警示教育，杜绝违规违纪行为和"四风"问题反弹，提升集团员工自律意识。

【安全生产大检查】 2016年年初，水务集团领导班子带领资产运营部、战略企划部和下属子公司负责人组成安全督导组，对水务集团旗下各子分公司进行安全生产大检查。落实安全生产主体责任，强化安全生产防控意识，做好春节期间安全供水和污水处理工作，防范各类安全事故的发生。

检查组深入各子分公司及施工现场，听取供水、污水公司、各水库管理处、施工现场负责人关于公司运行情况、生产物资储备、应急预案情况、工程建设、安全预案等情况汇报。查看供水、污水厂区、各水库管理处、泵站的重点区域、加药间、化验室、高低压配电房、电子监控设施、防护措施；各水库基础设施和维护情况；东南部供水工程滨海工业园供水泵站安装调试及通电设备安装等工作，对各子分公司的安全生产台账资料进行审查并提出整改意见。要求各子分公司检查存在问题和薄弱环节，排查与整改安全隐患，完善各类安全生产管理制度和台帐资料，建立隐患排查整治长效机制。自来水公司等重点安保单位，要严格执行门卫出入制度，加强值班和厂区巡逻，加强用电、消防管理，确保度过安全而祥和的春节。

水务建设投资

【概况】 象山县水务建设投资公司着力四大块工程建设任务：原宏通公司遗留的部分小型给水工程项目建设；原排水公司合并后续建的污水治理工程项目；新建农村给水改造工程建设管理；做好计划

新安排项目的前期工作。

2016年7月,公司成立,进行框架设置、科室划分、人员岗位落实、制度规范设定、思路开拓和创新等一系列工作内容,整合骨干技术力量,行使职责,有步骤、有计划、有实效地开展工程建设管理工作。

【规范工程项目前期工作】 强化工程质量,节约投资成本,综合考虑项目方案,参阅相关资料,咨询有关专家,因地制宜考虑项目可行性,确保项目实施后的实用性,不浪费资金。了解全县范围内各交通道路、市政道路、农村道路的新建和改建计划及各小区、农村的改建计划,综合考虑实际情况,统筹安排给水与污水管道的实施计划,尽量与相关工程同步实施,方便群众、节约成本。

【管理工程建设】 2016年,象山县水务建设投资公司承接整个水务集团工程项目建设管理,督促施工单位规范落实相关工作,要求按图、按规范施工,确保工程质量,督促施工单位根据合同,安排工程进度。落实相关措施,解决施工困难。从城区、乡镇到海岛,各类给水、污水改造工程大小项目总计100余项,全年累计完成给水工程DN400——DN600球墨管及DN400/2根钢板管以上管网长度5580米,完成总投资约1116万元;大目湾来薰路给水工程1200米DN400球墨管安装。丹山路给水工程300米DN500球墨管安装。林善岙隧道靖南路延伸段给水工程洞内1300米DN400/2根钢管安装,580米DN600球墨管安装。城南高新创业区环城西路给水工程1000米DN400球墨管安装;完成集中式农村污水改造工程建设投资8918万元,铺设污水管网约326.4公里。完成政实路给水工程1200米DN500球墨管安装。

污水运营管理

【概况】 象山县污水处理有限公司实施县城乡污水处理的运行管理,2016年,中心城区完成污水处理约1933.33万吨,同步实施厂区扩建及部分市政配套污水管网工程,新增中心城区污水处理能力2万吨/日。

【厂区扩建工程】 县中心城区污水三期厂区扩建工程于2014年底动工建设,至2016年,陆续完成土建主体部分、厂区管道安装工程、配套附属工程、道路路基工程,以及A2O池加盖、除臭设备和工艺设备的安装工程,完成投资约8810万元,新增中心城区污水处理能力2万吨/日,处于联机总调试和试运行阶段。

【中心城区运营情况】 2016年中心城区污水处理量约1933.33万吨,日均处理量5.3万吨,污水厂负荷率106%,同比增长9.02%,出水水质达标率100%,支付资金约1624.51万元;中水生产总量约836.42万吨,同比增长1.44%,河道补充用水约94.53万吨,中水销售为0;污泥处置量约11579.89吨,同比增长22.65%,污泥处置费约244.1万元。

2016年完成年度减排任务,其中COD进水浓度205.19mg/L,出水浓度为22.88 mg/L,去除率88.85%,同比增加0.03%,削减量约3533.77吨,同比增加4.17%;NH3(氨氮)进水浓度18.78 mg/L,出水0.1 mg/L,去除率99.45%,同比增加0.73%,削减量约350.45吨,同比增加6.32%;BOD去除率98.27%,同比增加0.51%,削减量1269.8吨同比增加6.44%;SS(悬浮物)去除率94.20%,同比增加0.78%,削减量1343.26吨,同比增加25.52%;TP(总磷)去除率95.22%,同比增加0.41%,削减量57.96吨,同比增加27.36%。

【城区管线巡查养护】 2016年管网巡查184公里,修复窨井盖59处,管网疏通17.337公里,处理投诉48起。其中包括丹河路污水管网抢修,15次主要设备维修及更换,18次主要设备保养,5号泵站故障光纤交换机更换,2号空压机进气阀的快修保养,中水泵站及泵站故障大门维修,7号泵站的进水闸门调试及吊泵等等。

【"排水杯"年终评比】 根据甬城管局【2016】 57号和91号文件精神, 11月21日,市排水管理处检查县污水设施养管工作,按照"排水杯"评分标准及年度目标考核细则要求,检查中心城区污水行业管理、安全生产管理、排水设施养管、污染物减排等四大方面整理台账资料及年度工作总结。考核人员结论:污水设施养管成果显著。原主管部门县住建局荣获"排水设施养管工作优胜奖"。

工　业

综　述

2016年，全县工业经济工作在县委、县政府的高度重视下，适应经济新常态，按照供给侧结构性改革和"三去一降一补"要求，全面实施"双突破双驱动"战略，坚持工业强县不动摇，统筹做好稳增长、促转型、抓改革、强创新等各项工作，工业经济运行呈现"增长平稳、结构优化、质效双升"的态势，实现"十三五"良好开局。

全年累计实现规上工业产值584.6亿元，同比增长6.5%；规上工业增加值115.6亿元，同比增长5.7%。完成工业投资60.1亿元，同比增长6.1%。单位GDP能耗为0.5223吨标准煤/万元，同比下降2.5%。新增规模企业77家、亿元企业8家，总量分别为493家、91家。

年初来，加快梳理全县工业发展现状及未来布局谋划，完成《象山县"十三五"工业发展规划》论证。开展新一轮工业政策的走访调研，制定并由两办出台《象山县工业强县建设实施方案（2016年—2020年）》，明确5年发展目标、重点扶持产业、主要发展任务。构建深化工业强县建设"1+9"政策体系，在工业"17条"扶持政策基础上，起草并由两办出台产业基金、招商引资、上市重组、优化营商环境等子政策。

调整和优化2016年企服责任人"一对一"名单，共有企服领导473人、企服责任人439人、联系企业796家。深化三级联动服务全覆盖、企业服务责任人、企业困难（需求）处理流转、督查考核和评价奖励等工作机制，建立并形成企业难题金字塔式分层次解决模式，全年通过企服办收集整理难题237个，流转142个，通过部门协调、召开现场协调会等方式解决68个。落实工业强县例会制度，推进年度重点工作、落实重大举措、讨论重大决策，加快项目推进，协调解决工业强县推进中存在的具体问题，全年共召开例会6次，协调解决难题44个。

补齐集群发展短板，推动传统产业提升，完善船舶设计研究、模具热处理、海洋生物研究等公共服务平台，深化针织创意设计、面料研发供应和电子商务"三大中心"建设，成立中国服装设计师原创基地·象山时尚基地，加快打造针织服装及时尚休闲产业集群步伐。上报实施500万元以上项目187个，累计新落户项目37个，新开工项目25个，投产项目10个。加快旧厂区改造，全年完成昌宏机电等55个项目，总计改造面积69.2万平方米，完成市年度目标任务的153.8%。深化企业梯队培育，天安集团入选全省第三批"三名"培育试点企业名单，20家企业入选县第三批创新主体培育企业名单，新上规模企业77家，其中亿元企业8家。

补齐改革发展短板，引导建立产业基金，重点面向临港装备制造、新材料、海洋生物，发挥扶助基金在招商引资、创业企业不同成长阶段、以及成熟企业重大项目投资和并购重组中的作用。开展亩均效益改革，倒逼企业转型升级，全县557家企业已纳入上报检测系统。推进降本减负增效，利用企服云、微信等载体推送信息4000余条，服务企业700多家。出台稳增促调专项资金管理办法，对全县符合条件的首批603家企业补助2950万元。

补齐科技发展短板，全年完成技术改造41亿元，同比增长5.6%。下达技改项目补助资金688万元，其中贝德尔电讯电机等7个"机器换人"项目获得补助资金260.3万元。华翔特雷姆等13个信息化项目列入2016年工业企业信息化项目计划。379个新产品列入市新产品试产计划，新乐船厂等5家企业新产品通过市级新产品投产鉴定，日星、锦浪等企业的5个产品被评为“浙江制造精品”。全年实现软件及信息技术服务产值4.6亿元,同比增长20%。

补齐绿色发展短板,鼓励企业实施“腾笼换鸟”,110家企业共腾出用能空间8000吨标煤,完成年度计划任务的114.3%。完成淘汰染色机30台、高污染燃料锅炉58台,20家企业实现伺服注塑机更新淘汰工作。加快节能改造管理,全面排摸企业节能改造项目和研发项目50个,合计总投资2.8亿元,下达第一批通过节能验收项目22个补助资金170余万元。开展茅洋铸造业整治,关闭12家、改造提升8家。完成贤庠镇小熔炼行业整治,关停52家小作坊,整合提升成1家规上企业。

补齐服务升级短板,全年开展“菜单式”培训10余次,累计受益企业经营管理人员千余人次。加强企业“内生式”管理,出台企业管理咨询资金管理办法,共有17家企业通过市县级管理咨询项目验收,下达补助资金160万元。帮助企业提高产品市场占有率,日升集团等44家工业企业产品列入2016年度市自主创新产品与优质产品目录。

工业技术改造

【概况】 2016年,面对复杂严峻的宏观经济形势,象山县坚持工业强县,突出一线服务办实事,全力推进项目建设,促进企业科技创新,推动产业结构调整,引导两化深度融合。1-12月份,187个500万元以上工业投资项目完成工业投资60.1亿元,同比增长6.1%,其中技术改造41亿元,同比增长5.6%。

【2015年度工业企业信息化项目专项补助】 2月21日,全县共下达工业企业信息化项目专项补助资金合计180.8万元。为深化工业强县建设,强化创新驱动战略,象山县财政每年安排470万元专项资金,用于补助两化融合示范项目创建和信息化公共服务平台建设。凡推进企业生产自动化、智能化、现代化和网络化的项目,其软性投入达到20万元及以上、实施期限不超过1年且形成信息化系统集成的,经认定,可按项目实际软性投入数额给予最高25%的补助,总额不超过30万元,被评为县标杆示范企业的,再给予5万元奖励。根据上述标准,最终日星铸业等8家企业的经营管理信息化、研发设计信息化、铸造仿真模拟系统、环思印染ERP系统等8个信息化项目获得补助资金165.8万元;作为企业信息化平台的云朵网络以及被评为县信息化标杆示范单位的海星针织,共获得补助资金15万元。

【机器换人换出“技改新红利”】 3月15日,象山华洋机床附件厂因机器换人、效益倍增摘取鹤浦镇工业科技创新奖。象山华洋机床附件厂是鹤浦镇境内的一家“老字号”企业,脱胎于国营“街道厂”,该企业改变经营思路,利用机器换人使员工总数减少三分之一,生产效率提高三分之一,单位能耗减少过半,产品质量显著提升,设备改良促进技术进步。2015年,华洋18个项目成果获得国家实用新型专利证书,2个新产品获技术发明奖,成为制造业领域的佼佼者。华洋的出口订单占据公司业务60%,其销售渠道甚至拓展到日本、德国、美国、丹麦等以“精工制造”见长的国家和地区。

【专注创新成就行业知名品牌】 久源公司是专业生产各类集中润滑装置的民营企业,拥有多项发明、新型实用和外观设计等专利,产品曾被列入国家重点新产品,性能达到国内外同类产品的先进水平。久源公司与北京印刷学院合作,利用对方研发力量和实验装备的优势,共同开发胶印机滚筒和墨辊自动清洗装置。经过调试、改进,产品日渐成熟,填补国内该市场的空白,并获得2项发明专利、3项实用新型专利。该产品获得全国印刷装备科技进步奖,每台售价约15万元,价格只有国外进口的同类产品的一半。不仅如此,久源公司还可以根据印刷机及其橡皮滚筒空间大小的不同,加装、改造内部结构以契合各种机型,为客户实行“私人定制”。在海德堡、三菱等多种品牌机型上进行加装,为北京奇良海德、上海界龙等多家制造业龙头企业提供安装,使用效果反馈良好。

【戴维医疗创新体制】 戴维医疗是国内婴儿保育设备行业龙头企业,占据婴儿培养箱、运输用培养箱、婴儿辐射保暖台、新生儿黄疸治疗系列等婴儿保育设备约四成的市场份额。公司年产2万台婴儿保育设备扩建项目和技术研发中心项目,累计投入上亿元,土建工程施工完毕。婴儿培养箱系列产品被评为浙江省优秀工业产品；新产品医用空氧混合器通过相关认证并取得CE证书，为开辟欧洲市场做好提前准备。戴维医疗研发投入达1150万元，12项实用新型专利取得授权，5项外观设计专利取得授权。共有15项在研项目，二合一暖箱、新生儿T-组合复苏器和多层光纤编织蓝光毯等在研产品均为国内创新。

【召开工业强县第二次工作例会】 2016年3月30日，象山县召开工业强县第二次工作例会，着重就招商引资、项目推进过程中存在的困难和问题进行现场协调。县委书记叶剑鸣在会上强调，要实行招商引资和项目推进月通报机制，把工业强县的各项任务落实到具体的人和单位，各级各部门要做到守土有责、各尽其责，为全县经济社会发展勇挑重担。县委常委、石浦镇党委书记孙小雄，县政府党组成员石坚定参加会议。会上，7个镇乡（街道）和相关部门汇报一季度招商引资及项目推进情况。会议对每个具体项目进行梳理分析，针对当前遇到的实际问题进行深入探讨，现场协调解决，明确下步推进的要求和措施，要求相关部门及时落实解决。

【滨海工业园列入市战略性新兴产业专业园】 6月10日，象山经济开发区滨海工业园被认定为宁波市战略性新兴产业专业园，并被命名为宁波市新能源专业园；象山县宁波勤邦的中厚高端聚酯薄膜生产线新建项目（一期）和宁波天翼装备的中国石化宁波工程公司大型非标设备制造基地项目被认定为战略性新兴产业专项项目。滨海工业园2005年开始建设，园区规划面积5.21平方公里，北距城区10公里，南距石浦镇15公里。该园区突出重点产业、重点项目、重点发展区域，发展光伏组件、逆变器、智能输变电设备、光学薄膜等新能源产业体系，形成以启鑫、锦浪为代表的行业骨干，被《宁波市新能源产业"十二五"发展规划》列为象山新能源产业基地。下阶段，滨海工业园作为市战略性新兴产业专业园，将围绕主导产业开展建设、管理和招商工作，推进新能源产业集聚发展，力争通过3年努力，在产业培育、创新能力、产城融合等方面取得显著成效，初步形成以光伏等新能源产业为主导的现代产业体系，基本建成以企业研发为主体、产业公共服务平台为支撑的技术创新体系，实现工业化与城镇化融合发展，显著增强可持续发展能力，构建省内一流、在国内具有较大影响力的新能源产业基地。

【象保区航天科技城揭牌】 6月21日，航天科技城建设有限公司举行揭牌仪式，这标志着宁波象保合作区建设航天智慧科技城进入实质性启动阶段。航天科技城建设有限公司由航天科工集团下属航天建设集团（航天七院）与象保合作区管委会共同组建，注册资本10亿元，首期1亿元已到位。其中，航天科工集团占60%，象保合作区占40%。象保区管委会利用航天科工集团在产业、技术、人才、资金、信息、管理等方面的优势以及央企品牌，共同推进宁波航天智慧科技城产业研究和规划设计、基础设施投资和建设、产业招商和投资、园区设施管理和运营。航天科工集团将宁波列入"十三五"期间重点布局地区之一，希望借助此次合作平台，引入航天元素，培育航天新经济新产业，建设军民融合产业示范区。初步确定重点培育建设"四基地一中心"，即航天产业基地、创新研发基地、职业技术培训基地、航天科普基地以及航天云网服务中心。为配合航天智慧科技城建设，象保区正加快推进各项基础设施和招商引资。总投资8亿元、建筑面积16万平方米的邻里中心去年已开工；总投资8.5亿元、建筑面积15万平方米的生产力中心项目计划于10月份开工建设，将依托航天云网、大数据等建设公共实验室、3D打印中心和公共数据库等平台；总投资近1亿元的再生水厂（一期）年底竣工投产。

【《工业企业技术改造专项扶持资金管理办法》】 7月4日，象山县出台《工业企业技术改造专项扶持资金管理办法》。该办法规定工业技改最高补助额度由300万元提高到500万元；规下企业和针织服装企业由原来的要求项目设备技术投资在200万元以上，降低到100万元以上。其中，战略性新兴产业技术改造项目按8%予以一次性补助，"机器换人"设备技术按10%予以一次性补助，重点先进设备升级项目按实际投资额给予10%的一次性补助。与往年的补助标准相比，这三项补助比例均提高2个百分点。为鼓励企业加强关键技术研发和产业化推广应用，象山县财政将每年安排3000万元工业企业技术改造专项资金和1000万元“机器换人”专项扶持资金，用于战略性新兴产业、“机器换人”、重点先进设备升级、“空间换地”等项目扶持。主要支持针织服装产业的吊挂系统、智能集成自动裁床、全自动印花机等改造；汽模行业的机器人、机械手、集中供料系统、自动化装配生产线等应用；食品加工产业的去皮去核等自动化加工设备、全自动切片去皮剔骨等设备推广。

【省市县重大产业项目联动集中开工】 8月10日，象山县举行省市县重大产业项目联动集中开工仪式。金汇精密制造项目、普思拓金属科技项目、高塘岛乡直落岙地块太阳能发电项目、象山县农村信用合作联社综合办公大楼、象山申菱广场项目、石浦港海岸带综合整治及修复工程等6个项目集中开工，再次吹响县建设大项目、促进大发展的号角。金汇精密制造项目位于临港装备工业园西泽塘地块，总投资5亿元，用地面积11.37公顷，主要生产高铁齿轮箱体、车勾，轨道交通缓冲器、连接器等。普思拓金属科技项目位于贤庠镇东风村地块，总投资1.22亿元，用地约3.13公顷，主要生产3万吨装备制造设备钢结构、1万台(套)高压液压零部件等。高塘岛乡直落岙地块太阳能发电项目总投资1.5亿元，用地26.67余公顷，总装机容量2万千瓦。农信社大楼项目位于南部商务区行政中心北侧，总投资3亿元，用地1.43公顷。申菱广场项目位于石浦镇玉泉路和南屏路交叉口东南角，总投资约6亿元，用地3.4公顷。

【央企“农光互补”项目落户珠溪村】 9月10日，央企“农光互补”项目在象山县贤庠镇珠溪村正式开工。该项目为新型“农光互补”发电项目，系省、市、县重点工程，占地面积50公顷，光伏发电装机容量为25兆瓦，选用260瓦多晶硅电池组件近10万块，计划总投资1.8亿元。项目设计运行期25年，年平均发电量为2504万千瓦时，所发出来的电经升压后接入地方电网。该项目由信息产业电子第十一设计研究院科技工程股份有限公司投资、设计并建造，有望在年底建成投入使用。它将现代农业和光伏发电两者进行立体结合，实现上层清洁发电、下层高效种植的“双赢”，对减少温室气体排放有积极意义。

针织服装业

【概况】 2016年是“十三五”开局之年，象山县针织工业经济工作牢牢把握“稳中求进”总基调，统筹推进调结构、增效益、促转型、防风险等各项工作，实现相对稳健发展态势，产业集群的集聚效应愈发明显，实现 “十三五”良好开局。1-12月份，针织规上企业180家，实现工业总产值121.08亿元，同比增长3.56%；实现利润总额2.16亿元，同比下降4.7%；实现利税总额5.46亿元，同比下降0.64%；实现完成产品产量4.09亿件，同比增长7.2%。

【外贸出口额增长】 2016年，全县实现外贸出口额74.02亿元，占全县外贸出口额的53.8%，同比增长4.93%；自营出口额9.8亿美元，同比下降11.59%；其中出口亚洲3.48亿美元，同比下降7.62%；欧洲2.16亿美元，同比下降26.06%；欧盟2.01亿美元，同比下降26.31%；北美洲2.73亿美元，同比下降1.09%；非洲0.67亿美元，同比增长0.23%，拉丁美洲0.43亿元，同比下降24.4%；大洋洲0.33亿美元，同比下降17.1%。

【“三型企业”经济运行状况】 2016年，全县针织工业企业中，三型企业28家，其中6家强势型，8家实力型，14家潜力型。其中，6家强势型企业，实现工业总产值35.37亿元，同比下降2.23%，占规上针织的28.69%；实现主营业务收入31.65亿元，同比下降3.2%，占规上针织的27.7%。8家实力型企业，实现工业总产值43.04亿元，同比增长20.7%，占规上针织的34.92%；实现主营业务收入40.94亿元，同比增长20.03%，占规上针织的35.84%。14家潜力型企业，实现工业总产值11.61亿元，同比增长2.4%，占规上针织9.42%；实现主营业务收入10.09亿元，同比下降6.34%，占规上针织的8.83%。

【象山县针织行业协会被授予“2015-2016年度纺织行业统计工作优秀集体”荣誉称号】 象山县针织行业协会始终不懈抓好针织企业统计数据的收集、汇总和分析，收集国内外针织信息和动态，编写“技术性贸易措施最新通报”“月经济分析简报”，并及时归纳与发布，做到行业运行动态心中有数。发挥统计分析工作的作用，提高行业统计的科学性和准确性，为推动针织行业产业升级转型和企业持续健康发展作出贡献，为行业发展提供坚实的研究保障。该协会被中国纺织工业联合会授予“2015-2016年度纺织行业统计工作优秀集体”荣誉称号。

【针织行业“十三五”发展规划】 通过对全县针织服装产业发展现状的深入调研与分析，编制《象山县针织行业“十三五”发展规划》，提出“十三五”期间针织服装行业应遵循“转型升级、创新驱动”的发展理念，确立针织服装行业的行业规模、产业结构、发展水平、创新能力等具体发展目标，明确增强自主创新能力、加快技术升级步伐、加强质量管理和品牌建设、加强节能减排和精细化管理等对策措施。

【针织行业培训】 象山县针织行业协会根据年初制定的人才培训计划与针织服装培训学校合作开展职业技能培训。2016年度完成服装技师一个班，培训合格20人；服装制作高级工3个班，培训合格111人；电子商务创业班44人；服装缝纫专项技术培训430人；企业职工双证制145人，为企业培养一批实用性人才。

【象山县针织服装产业入列宁波市标准提升和品牌培育计划】 1月21日，在宁波市“浙江制造”标准提升和品牌培育(2016-2018)推进计划中，象山县针织服装产业列入标准提升和品牌培育产业。宁波市引导和培育行业龙头骨干企业、制造业“单打冠军”企业、中小企业“隐形冠军”、现代产业集群“龙头企业”，强化标准创新能力，提升质量管理水平，在传统优势产业、高新技术产业、高端装备制造业和战略性新兴产业打造一批“浙江制造”品牌。

【象山针织转战电商谋转型】 2016年，象山县传统针织产业纷纷转战电商并成功转型。全县从事电子商务企业(个体户)共110余家，2015年实现网络销售额2.8亿元、同比增长86%，其中，针织服装网络零售额突破5000万元。为让全县更多企业加入到“电商换市”、转型升级的潮流中来，完善电商扶持政策，连续出台《关于推进“电商换市”加快电子商务发展的若干意见》《象山县电子商务发展实施意见》《象山电子商务创业园区管理办法》《关于推进农村电子商务工作的实施意见》等指导性文件。推进电子商务园区建设，打造电商公共服务平台，加快电商知识培训和人才培育，为电子商务提供人才支撑，形成电子商务广泛普及的良好发展氛围。

【与柬埔寨宁波商会进行战略合作洽谈】 3月21日，柬埔寨宁波商会会长沈琦辉率柬埔寨宁波商会成员的针织企业负责人一行与象山县部分针织企业负责人在海洋酒店举行战略合作洽谈。象山县有甬南、兄弟、新港等10余家企业负责人参加该次战略合作洽谈会，就合作进行友好的交谈。沈琦辉会长对柬埔寨的投资环境、针织业优惠政策等进行详细介绍。一致认为柬埔寨作为东盟成员国之一，也是“21世纪海上丝绸之路”的重要沿线国家，象山县针织企业可以依托柬埔寨宁波商会作为“走进柬埔寨”的加工贸易服务平台，加强合作，互利共赢。

【象山时尚基地成立】 8月8日，象山时尚基地授牌启动仪式暨时尚发布会在象山国际风情街举行。象山县委副书记、县长黄焕利为象山时尚基地授牌。中国服装设计师原创基地创始人顾卫平，县领导励茂平、吴安定、石坚定等出席仪式。象山时尚基地是在该县县委、县政府推动下，由象山县经信局携手中国服装设计师原创基地，联合打造的以“服务针织企业转型升级”为宗旨的设计和交易综合性平台。目标是依托全县现有的针织产业资源，通过基地优秀的设计师团队，为全县广大针织企业在产品创新设计、营销渠道拓展等方面提供精准支持，最终实现全县传统针织企业的转型升级。象山时尚基地的设立有望从设计环节入手，提升企业产品创新能力；加快培养象山本土设计师，提供可持续创新原动力；通过“企业+设计+互联网”模式，打造象山针织单品交易平台；融合象山的旅游资源、海洋文化，推进各类时尚活动，为提升城市时尚增光添彩。

【象山县25家企业签署《象山针织服装“同线同标同质”承诺书》】 8月8日，象山县巨鹰、甬南、富宏、佳丽等25家企业先后签署《象山针织服装“同线同标同质”承诺书》，承诺“出口和内销产品在同一生产链条生产，确保内销外销统一标准和品质”。针织服装生产企业在同一条生产线上,按照相同的标准生产出口和内销产品,从而使供应国内市场和供应国际市场的产品达到相同的质量水平;同时按照就高不就低的原则,凡产品标准的具体指标国内高于或严于出口的,按国内标准生产。这样,消费者再也不需要费力去境外扫货,在本地就能轻松买到品质与国外市场相同的优质优价产品。

【新港服饰:主动思变内外兼修抵御经济寒潮】 面对严峻的纺织服装出口下行形势,新港服饰正视人力成本上涨、行业产能过剩严重、利润空间压缩等问题,结合自身实际,主动思变。1-11月份,新港服饰实现产值6482万元。外迁制造环节。为扩大利润空间,新港服饰外迁制造环节至柬埔寨、成都等劳动力成本较低的国家和地区,有效转移短板。截至2016年年底,新港服饰在柬埔寨、成都已拥有工人3000余名,2016年来共5000万人民币的订单在柬埔寨、成都生产。创立自主品牌。坚持以市场为导向,以创新为引领,以改革为动力,针对儿童服饰市场的特点和消费需求,创立企业自主品牌——dognose服饰,利用天猫、淘宝等电子商务平台,完善企业产品营销网络,逐步扩大市场份额。

【兄弟服饰:织印绣一条龙畅销美国市场】 兄弟公司是丹东街道规模最大的针织企业,与美国5家超市大户挂钩,主要制作童装、女装等中高档时装。该公司每年投入巨资,添置先进设备。织造分厂拥有大小圆机80台,大部分棉料自我供给;印花分厂拥有4条生产线,其中有台长24米的自动印花线,18种颜色、烘干一气呵成;绣花分厂拥有16条生产线,新添一台16个线头、每分钟850转的多头高速机,电脑自动操控,线脚细密均匀。成衣分厂拥有8条自动生产线,各类衣料分片缝制逐道拼接,省工省时。由此,织、印、绣一条龙,产、加、销一盘棋,全程计算机设计监控,每年加工出300多种色彩、1500余个款式服饰品。2月22日,美国新客商慕名进厂参观,意向签约3500万元。

【爵溪街道:对接省纺院谋划建设针织时尚小镇】 为加快爵溪街道针织时尚小镇建设,该街道与浙江省纺织服装职业技术学院开展对接合作。10月21日,浙江省省纺院院长张芝萍带队赴爵溪街道开展考察调研,先走访甬南集团、云润制衣、诚鑫面料等针织企业,与企业家们探讨针织产业当前形势及趋势走向。考察谊胜服装设计中心、针织品市场及面料中心、电子商务孵化园等产业平台,围绕特色产业、时尚小镇、电子商务、跨境电商等热点领域做交流互动,以期双方在社会培训、课题研究、校企对接等方面进行深度合作。关于课题合作,将依托省纺院的宁波时尚经济研究所、宁波电子商务研究所等研究机构团体,根据研究团队在时尚指数研究、时尚小镇规划设计、电子商务产业规划、跨境电商产业研究等领域已有的大量研究成果,为该街道提供相关的课题服务。在社会培训合作方面,依托纺院在时尚经济领域的研究积累,为爵溪当地纺织服装等企业管理人员开展时尚理念、时尚品牌建设等领域的培训,提升企业高管时尚化意识,促进该街道时尚产业发展。而对于电子商务、跨境电商等新兴产业,依托其跨境电商教学软件、电子商务技能软件等资源平台,进行阿里巴巴、亚马逊等平台B2B/B2C模拟实践,为电子商务企业、跨境电商企业、政府部门人员开展初、中、高级电商和跨境电商相关领域的社会培训,帮助企业提高员工技能水平,拓宽企业高管和政府人员的发展理念和发展思路。

电器工业

【概况】 输变电行业是象山县五大传统优势产业之一,20世纪60年代产生,2016年,拥有各类输变电企业50余家,涵盖开关柜、变电站、电力检修安全工具、逆变器等各种类型产品。其中规模以上企业42家,1-12月份,输变电行业累计实现产值70.29亿元,同比增长5.47%。重点企业发展势头良好,其中,龙头企业天安集团实现产值27.10亿元,同比增长5.6%。

【和泰新能源电气】 1月8日,宁波和泰电气有限公司首批新投产的非晶合金变压器生产下线。和泰电气是丹东街道新组建的输变电企业。面对同行激烈竞争,该公司瞄准新能源电气巨大潜力,走与国家产业政策衔接的绿色发展之路,与国家电网公司、南方电网公司合作，着力开发太阳能光伏新产品，取得两项发明专利和多项新型实用专利。在抢占光伏变市场份额的同时，和泰公司借助国网、南网新工艺，倾力攻关应用于国防领域的非晶合金变压器，其机壳更轻巧，性能更优良，节能减排效益比一般干式变压器提升70%左右，各项技术指标处于国内领先水平。新年初，该公司又接到300台、价值1000万元的非晶合金变续单。非晶合金变实现量产后，和泰公司与南方电网联姻，设立智能配变系统研发中心，共同开发智能非晶合金变，配套中压宽频载波通信技术。该产品自动化程度高，安全性能强，已被象山县政府列入重点科技开发扶持项目。

【天安充气柜通过国际认证】 2月1日，天安电气HXGT6A-24户外气体绝缘金属封闭开关设备，通过国家高压电器检测中心的型式试验和德国莱茵TüV国际认证。天安电气自主开发的新一代户外气体绝缘金属封闭开关设备，是以前产品的升级换代产品，功能齐全，体积小、重量轻，操作简便，使用安全，开关柜30年无须维护，可在恶劣环境长期运行。天安一直致力于海外市场的开拓，并取得不错的业绩，尤其是大型电力变压器、配电变压器、预装式变电站等产品受到欢迎。天安全面贯彻“走出去”的企业发展战略，启动中压开关设备的海外营销工作，并开展相关型试和认证。

【“锦浪”不择细流汇巨澜】 4月6日，锦浪新能源科技股份有限公司承揽中东地区首个垃圾焚烧和光伏一体发电站的光伏总包和主要设备供给，体现锦浪从研发、生产到项目施工的全面领先性。锦浪公司建立象山县内第二家“企业院士工作站”，并网逆变器是各种新能源并网系统中的核心部件，锦浪一直致力于相关技术的研究开发。在创新过程中，锦浪以科技含量更高的风机并网逆变器技术研发生产光伏并网逆变器，成为全球第一家把风力和光伏并网逆变器做成一体化商用设备的企业，也是国内第一家通过英国G83和美国UL1741认证的分布式并网逆变器厂家。在国内外电站建设中，该公司联手“德国拜耳”“上汽大众”“通用汽车”等全球知名行业领军企业，为巴黎“埃菲尔铁塔”等地标性建筑提供绿色能源设备，为“国内最大规模光伏建筑一体化光伏村”提供光伏电站组串式解决方案，在行业内树立多个标杆性分布式光伏应用工程案例。

【科技创新擎起“日升创造”】 4月15日，日升集团CRS商标已成功在加拿大获得国际商标注册证。品牌之路越走越远，源于日升科技创新的内生动力。一直以来，日升集团坚持以科技创新为先导，以国家级博士后科研工作站、省级技术研发中心和省级企业研究院为创新平台，每年参与3-5项国家标准的起草或修订工作，每年开发6-8个新产品，已累计取得100多项国家专利，其中发明专利13项，科研成果实施率在90%以上。日升集团也因此成为国家首批重点高新技术企业、国家火炬计划重点高新技术企业、全国机械工业管理先进示范企业、国家标准起草修订企业、中国驰名商标企业。日升集团构建以企业为主体、市场为导向、产学研相结合的技术创新体系，将年度科技成果和专利任务细化分解到各部门，强化科技项目与专利研发的紧密结合。设立大连理工大学日升研发基地、西安交通大学日升重点研发基地、中科院宁波所日升新材料研究基地、浙江大学日升固体变压器研发基地，还建成国家级博士后工作站。成功研发具有独立知识产权的智能断路器、固封单电源、固封双电源环网开关柜、4000A特大容量真空开关柜等新产品，填补国内空白。

【日升集团跻身国家级知识产权优势企业】 4月26日，日升集团被国家知识产权局授予“2015年度国家知识产权优势企业”称号，是象山县唯一一家入选企业。日升集团拥有健全的知识产权管理制度和激励机制，注重企业知识产权的积累和保护，自主研发的多个系列的输配电设备产品，先后获得国家、省、市、县各级政府部门和行业协会授予的重点新产品奖、科学技术奖、创新发明奖、优秀工业产品奖等表彰奖励；获得百余项国家专利，授权专利实施率逾90%。2015年，日升集团在行业内首批通过《企业知识产权管理规范》国家标准认证，有4项专利技术成果填补国内外空白。此次跻身“国家知识产权优势企业”行列，对日升集团完善公司知识产权管理体系，推进实施科技兴企战略具有重要意义。

【启鑫:科技创新驱动"智造升级"】 5月10日,浙江启鑫新能源科技股份有限公司最新研发的高效N型单晶双面电池项目完成设备调试,即将投入量产。该项目由浙江启鑫联合华东理工大学、大族激光、日本PVGS共同研发,批量生产后,其产能可达到国内双面太阳能电池生产份额的50%以上,预计可为企业新增产值2亿元以上。启鑫新能源科技股份有限公司是一家专业从事太阳能电池、组件、太阳能发电系统的开发、研究与推广的高新技术企业。公司始终坚持"科技制胜"和"创新发展"的理念,加大企业研发投入和创新成果的转化应用水平,提升企业国际竞争力。截至2016年年底,公司已获国家授权专利42项,其中实用新型38项、发明4项。与此同时,面对用工成本和生产成本增加,该公司通过推进"机器换人"来提升产能,先后投入3000万元完成太阳能电池片及太阳能组件的"机器换人"项目。短短一年时间,即减少劳动力约350人,制造成本也由原来半自动半手工制造的0.09元/W下降到0.065元/W。

【锦浪科技被评为中国储能产业最佳逆变器供应商"】 在深圳国际会展中心举行的第六届中国国际储能大会上,宁波锦浪新能源科技股份有限公司荣获"2016年度中国储能产业最佳逆变器供应商"奖。"锦浪科技"是象山县列入"国家千人计划"的"国务院特聘专家"于2005年创建的高新技术企业,专注于组串式光伏并网逆变器的自主研发和生产。经过11年的发展,该公司自主研发出规格为3KW、3.6KW和5KW的分布式并网储能逆变器,并长期致力于光伏储能市场化应用的研究。其间,"Solis"和"锦浪"逐渐发展为欧美、澳洲及国内光伏领域的重要品牌。该公司为"全国最大光伏建筑一体化村(鄞州观龙乡李岙村)" "全球最大太阳能车棚项目上海大众"及"上海迪斯尼"等多个知名企业的分布式光伏项目提供组串式逆变器解决方案和技术支持。

【"锦浪芯"添力杭州G20】 坐落在杭州市滨江区江汉路的中国杭州低碳科技馆一角的光伏停车棚,已经开始发电。该光伏车棚集节能和美观于一体,其"心脏"电控部件全部由象山企业锦浪科技提供。这是继去年在法国埃菲尔铁塔装上"锦浪芯"后,锦浪新能源科技公司再次彰显国际范儿,为杭州G20添一把力。锦浪科技是一家专注组串式光伏并网逆变器自主研发和生产的高新技术企业,拥有全系列光伏组串式并网逆变器产品,经过10余年的发展,企业品牌日渐响亮,不但在国内排名前列,在全球也具有相当影响力,之前曾中标北京冬奥会、上海世博会相关低碳项目。

【首届海上风电领袖峰会在象召开】 6月22日上午,2016海上风电领袖峰会在象山县隆重开幕。国家能源局新能源和可再生能源司副司长史立山,丹麦王国驻华大使馆商务参赞晏森,中国三峡集团副总经理毕亚雄,象山县委副书记、县长黄焕利等在开幕仪式上分别致辞。国家、省、市相关部门的有关领导,来自国内外海上风电领域的300多名专家、学者、企业家,象山县政府党组成员石坚定等出席开幕仪式。第一届海上风电领袖峰会在中国象山举办,将致力于搭建业界高端会议平台,有利于促进中国海上风电的规模化、秩序化发展,增强国际合作能力,实现"十三五"规划目标。此次峰会将深入探究全球各国海上风电政策与市场,聚焦全球风电发展路线,捕捉行业最新技术突破与发展趋势,共同探讨发展海上风电面临问题的解决方案。海上风电是"十三五"期间的重点发展方向。2050年的能源现代化特征是低碳、绿色,必须大幅减少煤炭消费比重,大幅提高可再生能源在能源消费中的比重,需要可再生能源取得更大发展。掌握海上风能发电相关技术,可以成为海滨城市能源转型的抓手。

【"启鑫"启动百万家庭屋顶光伏计划】 8月18日,启鑫电力日前举行全国招商培训会,正式启动百万家庭屋顶光伏计划。各地市民可凭借房产证申请建造5500瓦太阳能"家庭电站",预计使用寿命达25年,每年产生约6600元经济效益。启鑫电力是启鑫新能源公司于2016年6月注册的全资子公司,主要开展家庭、工商企业以及光伏车棚等分布式光伏电站建设业务。百万家庭屋顶光伏计划是该公司由光伏研发生产型企业向电站投资型企业迈步的重要举措。第一步计划在宁波大市内推广,然后逐步扩展到全国。同时该公司将让利10%给象山用户,将5500瓦系统太阳能光伏电站以5000瓦的价格销售。象山家庭用户出资4万元就可建电站。启鑫电力承诺实现光伏组件电池板25年质保，光伏并网逆变器10年质保，免费赠送LED家庭照明改造。相关投资可全额从银行贷款。据了解，装机容量5千瓦的光伏发电系统，年发电量约6200度，25年约可发电15万度，相当于节约标准煤68吨，减少排放二氧化碳158吨、二氧化硫1.33吨。

【锦浪科技获“2016亚洲光伏创新企业奖”】 9月5日，在上海举行的“2016年亚洲光伏创新颁奖盛典”上，宁波锦浪新能源科技股份有限公司捧回“2016亚洲光伏创新企业奖”。锦浪新能源是一家专注于组串式逆变器研发和生产的高新技术企业，也是全世界首个把40个可编程功率由线点应用到风力并网逆变器上的企业，成功研发全世界首台可实现各国上网标准参数和风能、太阳能应用软件切换的并网逆变器。锦浪新能源90%以上的产品销往全世界60多个国家和地区，在国际新能源发电设备行业具有较高的知名度。

【日升集团代表中国赴德国参与IEC国际标准修订】 10月22日，国际电工委员会（IEC）第80届年会在德国召开。日升集团董事长石维坚、总工程师金泰宏作为中国代表，参与IEC/SC32A高压熔断器国际标准的起草修订工作，并在大会上就智能开关等多项IEC标准与各国代表进行交流。日升集团是中国唯一一个参与此次国际标准修订的民营企业。大会期间，日升集团作为中国专家代表参与IEC/SC32A高压熔断器国际标准序列下的60282、60549、60644、60787等标准的修订工作，来自美国、英国、法国、德国、日本、西班牙等国家的十余位专家参加会议。在会议的部分重点标准的意见反馈环节，日升集团阐述的观点、建议，引起各国参会代表的关注，并经热烈的讨论达成共识。IEC标准涵盖电力、电子、电信和原子能等方面的电工技术标准，由于其标准和合格评定体系在促进全球电工电子领域国际贸易发展中，发挥促进作用，被誉为国际贸易的“通行证”。日升集团此次参与IEC国际标准的修订，使企业全面了解输配电设备技术标准的国际前沿动态，提升中国作为输配电设备研发制造大国在重要基础性国际标准制定中的话语权。

【日升集团11项新产品通过国家级鉴定】 11月12日，中国机械工业联合会在象山主持召开日升集团2016年新产品鉴定会，日升自主研制的11项新产品通过国家级鉴定。来自国家能源局、国家工信部、国家电网公司、南方电网公司、西安高压电器研究院、中国电力科学研究院的20余位鉴定委员，对该公司的11项新产品进行实地查看、样机检测、资料审查和现场答辩、质询后，形成鉴定意见：其中3项产品填补国内空白，主要技术性能指标达到国际领先水平；另8项产品主要技术性能指标达到国内领先水平。这11项新产品均有结构设计合理巧妙、性能优异、技术领先，市场空间广阔等特点。其中，达到国际领先水平的智能数字集成空中箱式变电站，以其独特的“空中”立体结构，解决传统箱式变电站散热难、占地面积大、安全隐患明显等问题，具有防洪、防涝、防鸟害、防空中坠物等特点，提高变电站运行的安全性、可靠性。而达到国际领先水平的智能双电源真空环网开关设备，在一台开关上实现双回路供电保护功能，为智能电网的安全运行提供技术保障。

【天安入选 2016中国品牌影响力十大企业】 12月6日，2016中国品牌影响力100强名单出炉，天安集团荣膺2016中国品牌影响力（行业）十大企业。11月10–11日，由《中国企业报》、国家发改委《宏观经济管理》、对外经贸大学品牌战略研究中心、文博会品牌文化博览会组委会共同主办的“2016中国品牌影响力评价成果发布会”在人民大会堂隆重举办。天安因在知名度、美誉度、创新力等方面具有品牌影响力且为中国经济发展及产业升级做出突出贡献，成功入选2016中国品牌影响力（行业）十大企业，并受到表彰。

【天安再次上榜“中国电气工业100强”】 12月10日，在第13届中国电气工业发展高峰论坛暨第16届中国电气工业100强研究发布会，天安集团捧回“中国电气工业100强”及“中国电气工业创新力10强”双荣誉奖牌。这是天安继2015年后，再次上榜“中国电气工业100强”。“中国电气工业100强”评选由中国机械工业信息研究院主办，成功举办17届，入围标准主要依据国家统计局发布的上一年电气工业企业主营业务收入数值，同时参考同期利润总额等相关指标确定。该榜单是全面反映中国电气企业发展现状的"晴雨表",已成为电气行业每年一度关注的焦点。

电力工业

【概述】 2016年,国网象山县供电公司累计完成售电量20.74亿千瓦时,增长9.62%,综合线损率3.21%;主业营业总额达12.4亿元,实现利润1617.16万元,集体企业营业总额3.19亿元,实现利润收入2133万元;劳动生产率93.7万元/人·年。公司连续六年荣获"全国安康杯优胜企业"荣誉称号。年度对标连续四年进入浙江省电力公司综合标杆行列,荣获浙江省电力公司同业对标先进单位荣誉称号;象东供电所通过浙江省电力公司五星级供电所验收,公司被评为浙江省电力公司"供电所管理提升先进单位";《基于网络地理信息系统(WEBGIS)的养殖户服务体系建设》荣获2016 年国家级企业管理现代化创新成果二等奖、浙江省企业管理现代化创新成果一等奖。同时公司党委荣获"2014—2015年度国网浙江省电力公司先进基层党组织"和"2015年度国网宁波供电公司先进基层党组织"称号。

【各级电网建设】 主网建设方面:投运110千伏城北输变电工程和35千伏直落岙光伏电站接入系统工程;推进110千伏柴溪输变电工程、110千伏石浦变异地改造工程、35千伏檀头输变电工程及35千伏石定线改造工程的建设,新增变电容量70兆伏安。配网建设方面:实施配网项目49个,投产10千伏线路83公里、公用配变2.86万千伏安。大修投资7932万元,完成66条高压线路(约85公里)和81个台区低压线路(约75公里)的改造。开工建设39个城农网升级改造项目,完工16项,完成投资1.41亿元。

【110千伏蛟龙变扩建工程通过环评复测】 1月14日,县环保局对110千伏蛟龙变扩建工程开展环评复测工作,对2012年环评批复中提出的在试运行阶段应采取的措施落实情况进行核查。110千伏蛟龙变扩建工程于2013年11月完工,新增50MVA主变一台。蛟龙变扩建工程严格执行"三同时"制度,生态保护、水土流失防治措施已落实并与主体工程同时投入使用;试运行期,供电公司已委托浙江省辐射环境监测站对工程的工频电磁场、无线电干扰、及噪声进行检测,检测值符合国家现行的标准;变电所内实行雨污分流,设立事故油池,防止因检修或事故时的油污水环境污染。

【绿色清洁能源并网】 1月26日,象山县水桶岙垃圾填埋场沼气发电项目经调试运行后正式并网。该发电厂位于象山县东陈乡松岙村水桶岙。垃圾填埋场区1996年10月投入使用,总库容260万立方米,除去覆土量约可容垃圾248.4万吨左右, 已填埋量为200万吨左右,设计日处理能力为500吨,日进场量为450吨。该项目建设2台1030千瓦燃气发电机组,总装机容量2060千瓦,最大能增加约1.5万千瓦时左右的日发电量,对促进城市生活垃圾无害化、资源利用化,加快生物质能资源开发利用具有作用。

【春节期间保障电网运行安全】 春节长假期间,象山电网平稳运行,未出现线路跳闸情况,最高负荷为238MW,出现在除夕夜。保障春节期间平稳的电力供应,国网象山县供电公司制定详细的保供电措施,组织开展反事故演习,组织开展供用电设备巡视、检查和消缺,对发现的安全隐患立即予以处理,确保供电设备安全运行。公司实行24小时值班和领导带岗制度,建立通畅的应急处理协调机制,为实现春节期间电网安全稳定运行打下坚实的基础,完成春节假期的保电工作。

【象山电网重点工程建设连续五年受政府表彰】 3月4日,县召开全县重点工程推进大会,国网象山县供电公司再次获评全县重点工程建设先进单位,这是公司连续五年受到政府表彰。国网象山县供电公司全力建设坚强智能电网,推进风电光伏新能源建设发展,打通供电服务最后一公里。推进县域电网结构建设完善,启动实施新一轮城农网升级改造,按期完成全县农用线路改造移交,圆满完成电网建设政府年度考核目标任务。

【"互联网+供电服务"蓬勃开展】 国网象山县供电公司创新工作思路,依托"互联网+",以新桥供电所为试点，利用微信、短信等平台方便快捷、智能互动的便民服务优势，解决供电服务“最后一公里”，使“互联网+供电服务”体系建设得到应用。

【推广电子服务平台】　“国网浙江省电力公司”微信公众服务平台于5月初崭新上线，为客户提供方便、快捷、互动的线上服务。国网象山县供电公司通过进企业、进学校、进社区、进村上门、走访到家等服务模式，主动向电力客户推介公司微信公众号、“掌上电力”APP、95598智能互动网站等电子服务平台，引导客户关注绑定，让更多的电力客户享受互联网时代的新模式。

【无人航拍器助力城农网工程管理】　国网象山县供电公司创新利用“无人航拍器”参与城农网工程管理，为全方位、高精度检查线路情况、多角度拍摄图像并储存记录提供便利。该航拍器携带800万像素高清摄像头拍照、摄影，照片最大分辨率达3840×2160，可连接手机和平板电脑，具备GPS和视觉定位系统，飞行区域范围可达3KM，具有机动灵活、控制范围大等特点。无人航拍器在城农网工程管理中投入使用，全面掌握施工质量以及进度情况，及时发现施工中存在的问题，全方位收集工程施工和监理等影像资料，为城农网工程“动态监理、动态管控”提供保障，巩固城农网施工效果。

【保障高考期间电力供应】　6月7-9日高考期间，国网象山县供电公司按照重大政治供电保障工作要求，成立以总经理为组长，公司领导班子其他成员为副组长，公司主要部室负责人为成员的高考期间保供电领导小组。公司调动全县发电设备、抢修车辆，并派专人在考点进行蹲守，加强重要线路、设备特巡，保障高考期间党政机关、教育局、交通指挥、医院等保障电力供应的万无一失。

【开展专线用户资产接收工作】　6月6日，国网象山县供电公司与象山产业区就象山产业区投资建设的35千伏新乐线及10千伏中化线用户资产移交事宜，达成意向协议，就此迈出象山县用户资产接收工作的重要一步。该次接受的资产原值合计2300万元。通过用户资产接收，在做大电网企业有效资产规模的同时，可为电力用户提供更加专业化、标准化、规范化的运行管理与供电服务，达到供用电双方的共赢。

【优化电网结构，35千伏针织变退出运行】　6月23日，35千伏针织变正式退运，这标志着国网象山县供电公司优化电网升级改造又向前迈进。35千伏针织变1991年投运，设备使用年限已久，故障频出，且线路运行时间长，供电负荷受到限制。为保障爵溪经济社会发展的用电增长需求，国网象山县供电公司将35千伏针织变负荷切至110千伏爵溪变，供电更加可靠，将更好的推动爵溪地区的经济发展。

【助推新能源汽车发展】　在国网象山县供电公司和交通部门的共同推动下，象山县首条纯电动公交线路开通，机动车尾气排放大幅减少，改善城区环境。为保障电动公交车的充电，公司在客运中心设置3个电动公交车全自动换电工位和4个整车充电工位，采用国家电网公司标准电池箱，一次最多满足12辆次电动公交车充换电需求。电动公交车采用直驱技术，一次充电约为100分钟，消耗80度电，充满电后可持续行驶180公里，基本可以做到一天一充。与同性能的燃油公交车相比，平均每辆车每天可节约经费30%左右，每年预计可减少320吨碳排放，将大大改善城区环境。

【推广电e宝】　拓展服务渠道，提升服务水平，国网公司推出第三方支付平台“电e宝”。该平台集支付结算、金融服务、线上线下服务于一体，涵盖市场主流第三方支付账户管理、资金结算、网上购物等基本功能，拥有全网统一缴纳电费、供电窗互动信息服务、财富好管家等具有国家电网特色差异化服务。国网象山县供电公司开展多种形式的宣传活动，引导客户将“电e宝”作为未来缴纳电费的主渠道，让电力客户真正体验“电e宝”带来的实惠和好处。

【象山用电负荷创新高】　7月21日12时30分，象山电网负荷达41.81万千瓦，与2015年夏季出现的最大负荷值相比，增长9.41%。象山县经济发展较快，随着白岩山工业区设备完善，一批批大型工业厂区纷纷落地生根，大目湾新城区人口聚集，导致生产、生活用电猛增。

【科技成果获佳绩】 国网象山县供电公司“10kV电力钢管杆作业辅助平台的研制”获2016年度浙江省电力公司群众性创新成果二等奖，“10kV干式变压器外壳降噪技术的研究”“便携式智能换表信息采集技术研究”两项成果均获2015年度浙江省电力公司县级供电企业科技成果奖三等奖。公司为营造良好的科技创新氛围，将科技进步工作与生产经营工作紧密结合，形成以科技促进生产，以生产带动科技的良好局面。通过科技项目、群众性创新、质量管理等多种创新活动，挖掘出一批批具有原创性、实用性、群众性的成果。2010年至2016年，公司多项科技成果获奖，申报各类专利60余项，获得专利授权40余项。科研成果和技术革新在生产领域的广泛应用，提高企业生产技术及管理水平。

【助推美丽乡村建设】 国网象山县供电公司配合县委县政府“美丽乡村”建设，在城农网改造升级的基础上，按照“串点成链、串村成线、连线成片”的形式，建设美丽乡村精品台区带。公司全年投入493万元，开展农村线路台区“一路一带”建设活动，打造精品线路和精品台区带，打造代表国网先进管理水平的标杆供电所，以助推美丽乡村建设，服务于生态人文乡村旅游线。

【公司首次带电立杆作业】 8月19日，国网象山县供电公司工作人员在南郊F605线城投支线1号至2号之间完成公司首次带电立杆工作。带电立杆属第三类带电作业项目，具有很高的技术要求和复杂的工作流程。为确保带电立杆作业的完成，国网象山县供电公司和宁波市供电公司联合作业，实现地县一体化建设。并对作业现场多次查勘，针对可能发生的危险点多次召集带电作业人员进行安全分析，提前做好车辆、工器具准备工作。

【与象保合作区签署战略合作协议】 8月22日，国网象山县供电公司与宁波象保合作区郑重举行战略合作协议签约仪式。公司总经理周宏辉与宁波象保合作区管委会副主任王裕定共同签署战略合作框架协议，双方结成长期全面的战略伙伴关系，加强供用电需求合作。宁波供电公司副总经理董建达、象保合作区管委会主任严荣杰、象山公司领导班子全体成员出席签约仪式。

【支援G20杭州峰会保电】 8月27日–9月7日，为保障G20杭州峰会电力供应，浙江省电力公司启动特级保电任务。国网象山县供电公司89名保电人员驻守杭州，开启“白+黑”24小时不间断模式，集中力量做好31基铁塔的24小时驻守工作，以及对8.8公里双回线路以及近400米电缆的定速巡航，确保峰会期间电网运行安全稳定，完成G20杭州峰会特级保电任务，圆满达成“设备零故障、客户零闪动、工作零差错、服务零投诉”目标。

【提升电网规划水平】 3月，国网象山县供电公司开展配电网储备项目的设计工作，与政府部门协商，掌握未来经济发展的新动向、新规划，将设计理念与城市规划、城市特色、生态环保、可持续发展相结合，形成层次齐全，内容丰富的电气设计指导体系。与各村沟通，深入现场进行测绘，在城农网建设、中心村建设及新区电力配套项目上，按照“高标准、人性化、出亮点”的要求，在方案设计、技术出图上狠下功夫，提高和完善设计质量，确保将每一个工程项目都打造成精品工程，提升配电网运行水平。自配电网改造启动后，公司全体设计人员起早贪黑，翻山越岭，克服各种困难，共计现场摸底台区352个，10千伏线路45条，规划台区方案451个，10千伏线路方案52个，绘制各类图纸500余份，完成现场摸底和设计阶段性任务。

【荣获浙江省管理创新成果一等奖】 10月27日，国网浙江象山县供电公司管理创新项目《基于网络地理信息系统（WEBGIS）的养殖户服务体系建设》荣获“2016 年浙江省企业管理现代化创新成果”一等奖并获得现场表彰。

【宁波海岛首座渔光互补光伏电站并网发电】 11月2日，位于宁波市象山县高塘岛的直落岙35千伏光伏电站，成功投运并网发电。该电站是宁波市首座渔光互补、农光互补的海岛光伏电站，底层为海产养殖、中层为农业种植、上层为光伏发电。项目总投资1.5亿元，占地面积23.33公顷，总装机容量20兆瓦。并网发电工程包括建设一座35千伏光伏升压站与一条35千伏并网输电线路。该项目建成后，年发电量可达2300万千瓦时，折合标准煤8050 吨，可减少二氧化碳排放量20500 吨，减少二氧化硫以及氮氧化物200 吨以上、灰渣3000吨，节约用水6万吨。作为清洁可再生能源，该项目可持续运营20年以上，对于改善大气质量、调整能源结构都有好处。

【荣获“全国质量信得过班组”称号】 11月21日，国网浙江象山县供电公司丹城供电所和调控分中心荣获第五届“全国质量信得过班组”选拔赛一等奖，并推荐为2016年度“全国质量信得过班组”。公司高度重视基层班组建设工作，坚持将班组建设与供电所规范化管理、同业对标等工作有效结合，探索班组内部管理机制，通过细化考核指标，优化工作流程，用对标数据提升基层班组建设水平，推动班组建设的规范化。在创建“质量信得过班组”工作中，公司更是强调以人为本，注重提高队伍素质，在工作中要引入激励和考核机制，把落实班组长奖励与强化班组长责任相结合，增强班组长责任心和使命感，发挥班组长骨干和辐射带动作用，提升队伍凝聚力和战斗力，同时建立健全班组建设常态机制，提高班组建设水平，更好推动企业快速健康发展。

【开展小城镇“空中蜘蛛网”治理工作】 为了统一、规范通信、网络、广电“三线”搭接要求，国网象山县供电公司会同电信、移动、联通、广电等多个部门召开“三线搭挂”整治工作会议，明确“三线搭挂”的危害性和破坏性，严格按照“三线”违章交越搭挂治理各项标准，限期自行清理搭挂线路。公司对接各乡镇政府，按照小城镇不同类别实施“线乱拉”治理行动，力争通过3年左右的时间，着力解决当前普遍存在的弱电、强电线缆违规架设、胡乱附挂和私拉乱接等情况，并通过杆路合并，架空线路梳理以及新建、改扩建道路线路“上改下”等综合手段实现弱电、强电线缆有序、整洁和美观，着力改变老百姓反映强烈的“空中蜘蛛网”现象，全面改善和提升全省小城镇生产生活生态环境。

【110千伏城北变投运】 12月16日，110千伏城北变投运，为象山经济社会发展增添澎湃动力。110千伏城北变位于象山县城东郊，占地3236平方米，是宁波市与象山县的重点输变电工程。本期建设主变2台，变电总容量10万千伏安；110千伏输电线路8.02公里，10千伏供电线路24回，总投资9658万元。作为新型的110千伏户内变电站，城北变采用智能变电站电缆工程优化设计、智能组件装置整合、GIS汇控柜航空插头应用等诸多新技术，保障输变电设备安全稳定运行，提升供电可靠性。城北变电站建成投运后，将有效改善象山县城东北部供电网架薄弱的现状，全面优化县城电网结构，整体提升县中心城区的供电能力与供电可靠性，为当地经济社会持续发展提供强劲电能。

（王启翔）

汽车制造、零配件工业

【概况】 以华翔集团为龙头的汽车及配件行业是象山重点盈利行业。2016年全县规上汽车行业企业46家，其中宁波华翔电子股份有限公司和宁波华众塑料制品有限公司两家为上市企业。全年完成产值108.77亿元，比上年增长19.13%，利润17亿元，同比增长154.4%。资产总额151.39亿元，从业人员8987人。

【华翔集团缔造汽车零部件行业标杆】 2月13日，华翔电子全面收购劳伦斯汽车内饰件公司，以期做大做强主业、完善公司治理结构。经过此番业务整合之后，华翔集团在真木饰件、铝饰件等汽车装饰件领域的全球龙头地位将更加突出，市场协同效应将更趋优化。华翔集团拥有遍布国内外的60余家控股参股公司，是汽车零部件行业的标杆企业。为顺应汽车智能化、轻量化发展趋势，华翔集团坚持海外并购和转型升级双管齐下，进军汽车电子行业和轻量化材料领域，获得宝马、奔驰等高端客户。华翔电子利用德国被收购企业的优势，在宁波建设汽车电子产品生产基地，已开始量产油路控制模块。华翔电子还收购全球唯一的汽车专用天然纤维材料制造商，加快切入汽车轻量化业务。同时，华翔集团致力于从传统的汽车零部件行业，延伸至汽车互联网等服务行业。旗下华众控股与拥有全球领先导航技术的企业合作开发云平台技术，尝试打造车载系统“华太车联网”，进入上市推广阶段。

【象山县首次工业企业工程师资格自主评审工作在华翔完成】 3月2日，象山县首次工业企业工程师资格自主评审工作在华翔集团股份有限公司完成。申报中级职称的70位华翔集团员工，35人通过评审。近几年，县人力社保局探索符合企业实际的人才评价模式、标准和方法，将职称评审权交给企业，促进企业人才职称工作与加快推进企业人才资源优先开发战略结合。华翔集团作为象山县工业龙头企业，有着完善的专业技术职称管理制度和高素质专业技术人才队伍。2015年，经市人社局授权，开展中级职称企业自主评审资格试点工作。工业企业自主评审能真正评审出有实力专业技术人员，这关系到企业高层次人才培养，促进他们更好地为企业发展添砖加瓦。

【劳伦斯：海外“血统”实现本土化“移植”】 4月18日，宁波劳伦斯汽车内饰件有限公司被宁波华翔电子股份有限公司全面收购。这是华翔集团整合内部资产、做强上市公司的重大举措。对华翔电子来说，收购巩固其自身在汽车装饰条领域的全球龙头地位；对劳伦斯来说，并入上市公司后，管理水平将得到提升，发展后劲。收购劳伦斯是华翔集团引进国际一流技术、消化吸收再创新的一次有益尝试。劳伦斯成为浙江省内最大的高端汽车内饰件生产企业之一，产品供应捷豹、路虎、凯迪拉克、北美通用等国内外一流汽车生产商；其子公司北方刻印是全球铝合金装饰件龙头企业，为电动车巨头特斯拉一级配套铝饰条等产品。

【宁波华翔特雷姆SAP项目成功上线】 1月6日，随着成品仓库第一张出货单的成功打印，标志着SAP项目在宁波华翔特雷姆汽车饰件有限公司成功上线。该项目的成功实施，为公司实现经营管理集约化、生产管理效率最大化以及生产流程最优化奠定坚实的基础。公司之前采用的金蝶K3产品只能实现采购、销售、仓储等基本业务管理，在财务、成本、销售、生产、采购等管理方面难以实现高度统一。在广泛调研和审慎决策后，公司选择SAP作为其ERP软件供应商，SAP在提供多模块完善的行业解决方案上具备一定优势，可为公司研发、生产、销售布局提供全面的支撑平台。SAP项目自2015年5月7日正式启动，在短短8个月的建设期里，历经项目管理、项目准备、蓝图设计、系统管理、最后准备、上线支持6个阶段。特雷姆历史上首次导入一个先进主流的ERP系统，必将对未来的生产和管理模式产生深远影响。

船舶工业

【概况】 2016年，受国际金融危机影响，航运市场陷入低迷，象山县船舶价格低位运行，订单量趋于下降，船舶企业经营能力面临严峻考验。另一方面，船舶业结构性矛盾依然存在，企业呈现两极分化趋势，转型升级脚步有待加快。全县12家规模以上船舶修造企业实现工业总产值27.27亿元，同比增长7.8%，销售产值16.95亿元，同比增长4.14%，利税总额1.12亿元，同比增长6.55%，从业人员2504人。

【新乐船厂：又一艘双相不锈钢化学品船下水】 2016年1月12日上午，宁波新乐造船为荷兰ARCOIN（阿科）公司新建造的19800吨双相不锈钢化学品船第二艘DAVIDE B轮下水仪式在浙江新乐造船有限公司隆重举行，该轮预计于2016年5月底正式交船。该轮由意大利著名船舶设计公司设计，符合船级社绿色环保GREEN PLUS要求，船身全长154.8米，宽25.6米，型深12.5米，设计吃水8.4米，设计航速15.5节，续航力9000海里。全船共有20个货油舱室，每个舱室拥有独立的货油操作系统，可同时装载20种不同的液货，并能够满足6种不同货物的同时装卸，其运营油耗仅为21吨每天。该船除具有高附加值、高技术含量外，还具有适应多种化学品运输、运营维护方便、运输效率高、节能环保等优点，是未来化学品运输船舶的主要发展方向，具有同类船舶的世界先进水平。

【新乐造船首艘19800吨双相不锈钢化学品船命名】 2016年3月6日，浙江新乐造船有限公司为荷兰ARCOIN公司建造的首艘19800吨双相不锈钢化学品船GIANCARLO D举行命名仪式。这是国内首艘被命名的同类型船舶。双相不锈钢化学品船是世界公认的高端船舶，其货舱内壳均为双相不锈钢，焊接工艺质量要求极为严格，管系、阀件数量远超其他船型，具有建造难度大、设备调试复杂等技术特点。该船由意大利著名船舶设计公司设计，符合船级社绿色环保GREEN PLUS要求，船长155.89米，宽25.6米，型深12米，设计吃水8.4米，航速15.5节，续航力9000海里，可同时装载20种不同的液货，并能够满足6种不同货物同时装卸，总造价3400万美元。根据合同，新乐造船将为ARCOIN公司建造4艘同类型船舶。新乐造船创新驱动，加强自主研发，提升自身技术水平和管理水平，先后完成ISO9001质量管理体系、ISO14001环境管理体系、OHSAS18001:2007职业健康管理体系、GB/T2331-2012能源管理体系等认证工作，始终保持在中小型造船行业的较强竞争力。同时，在化学品特种船舶市场执行精耕细作发展战略，受到欧洲船东的青睐。该公司订单已排至2018年底。正在建造的中国首艘双燃料机3万方LNG船于2016年底交付。

【象山县石浦镇开展船舶修造业安全专项整治】 2016年3月18日，象山县石浦镇召开船舶修造业安全专项整治工作会议，12家船舶行业企业和3家中介机构负责人参会。此次专项整治的重点是解决好安全生产责任制、安全生产内部管理、企业用电设施安全、登高作业安全防范、危化品使用存放管理、安全操作规程执行等8大项28个方面的隐患和问题。专项整治从3月份起至4月底，分企业自查和督察整治两个阶段。会议强调，加强领导，明确责任，细化目标，制定方案，明确整治目标、整治措施、整治步骤、责任分解等内容，整体联动，协同整治；要突出重点，务求实效，根据船舶修造业的特点，坚持把隐患排查贯穿专项整治工作始终，抓住主要问题和薄弱环节；要严格执法，依法整治，严格执行相关法规和政策，加大安全执法力度，始终保持对安全生产违规行为的高压态势。

【象山口岸首次对前往刚果(布)船舶实施检疫】 2016年4月7日，10艘总价值约1.3亿元的新造远洋捕捞渔船在象山口岸完成交接，驶向非洲刚果(布)黑角港。这是象山口岸首次出境目的港为非洲刚果(布)的国际航行船舶。由于刚果(布)为黄热病、疟疾等传染病的高发地区，检验检疫人员对出境船员进行常规检查的同时，重点核查船员相关疫苗接种情况，并在驾驶室和宿舱张贴黄热病、寨卡病毒宣传海报。

【象山摘下造船业“皇冠上的明珠”】 LNG运输船是在零下163摄氏度低温下运输液化气的专用船舶，为国际公认的“三高”产品，被誉为“海上超级冷冻车”、造船业“皇冠上的明珠”，只有少数几个国家能够建造。2016年4月19日，浙江新乐造船有限公司承建的首艘具有自主知识产权的LNG船，进行C型球罐吊装。该船体总长181米，吃水深7.8米，装配4个C型球罐合计容量3万立方米，总投资超5亿元，计划于2016年9月下水、明年上半年交付客户。

【宁波欧亚远洋成为全市首个创建示范单位】 2016年5月4日，宁波欧亚远洋渔业有限公司在鹤浦镇召开的全市远洋渔业企业预防性海外领事保护示范创建工作总结推广会上，被评为全市首个远洋渔业企业预防性海外领事保护创建示范单位。这是全省范围内，预防性海外领事保护工作首次“走进”远洋渔业领域。远洋渔业是国家“走出去”战略行业之一。渔船常年在海外作业，身处复杂环境，稍有不慎，很容易引发涉外事件。为防范涉外风险，市海洋与渔业局和市外事办联合，在宁波欧亚公司率先试点开展预防性海外领事保护示范创建工作。宁波欧亚公司通过加强对渔民的涉外法规培训以及规范公司内部管理等一系列措施，把预防性海外领事保护理念引入远洋渔业企业，规范捕捞行为，尽量减少、避免涉外纠纷，有利于保护船员生命和企业财产安全，体现大国尊严，树立中国船员在世界上的良好形象。此次试点创建，帮助宁波欧亚公司补上涉外管理的“短板”，为员工创造更好的工作环境，同时也提升企业的凝聚力和竞争力。

【“戴维德”巨轮缤纷命名】 2016年 7月11日，新乐造船在公司码头为荷兰ARCOIN公司建造的DAVIDE B轮(中文名:戴维德)举行命名仪式，这是新乐造船为ARCOIN公司建造的第二艘19800吨双相不锈钢化学品船。该船由意大利著名船舶设计公司设计，符合船级社绿色环保要求，船长155.89米，宽25.6米，型深12米，设计吃水8.4米，航速15.5节，续航力9000海里，可同时装载20种不同的液货，并能够满足6种不同货物同时装卸，总造价近2亿元。该公司与ARCOIN公司续签建造两艘12500吨双相不锈钢化学品船的意向书。

【宁波博大船业"私人定制"散货船下水】 2016年9月3日宁波博大船业有限公司新建成的558TEU集装箱船"博大35"借助16个大气囊连续滚动,缓缓滑入石浦港。这是该公司建成下水的第二艘集装箱船,驾驶台突兀地耸立在船体前端,是博大船业根据客户的"私人定制"作出的另类船型设计。"博大35"船型全长119.9米,宽21.8米,型深7.3米,总吨位8100吨,检验级别为CCS。根据印尼籍船东的要求,船型设计改变驾驶台、主机机舱、船员生活区一体化的固有模式,采取驾驶台前置的设计方案。如此一来,船只将更适应印尼岛国桥梁众多的地域特点,便于在行驶过程中及时掌握航行信息、避免视觉盲区。博大船业的这种"私人定制"模式广受客户青睐,该公司年初接单的7艘集装箱船,船东均为"回头客"。由于技术队伍稳健、造船工艺成熟,"博大35"建造工期仅为5个月,下水之后一个月内将完成设备调试、试航等系列动作。

【东红船业:校企合作研新型船舶助江海联运】 东红船业与项目合作方武汉理工大学江海直达船舶研究中心协力合作研制1.28万吨江海直达多用途船。该船型已通过中国船级社的审核,可用于实船建造。东红船业与武汉理工大学江海直达船舶研究中心现已对合作内容达成共识,拟在三年时间内逐步开展对合作项目的实施。构建完善的校企合作机制。拟通过校企合作项目这个平台,建立校企合作实验室,以高校为主体,通过开放、联合、协同的运行机制,促进产学研深度融合,为船舶产业突破核心技术提供有力支持,将拥有先进技术的江海直达船舶产业化,有望实现年建造万吨级江海直达船舶20艘。逐步推行精益造船模式。通过优化内部管理模式,规范企业生产现场、丰富企业文化、提高员工素质,保证产品、设备和人员安全,从而消除造船过程中的无效时间、减少资源浪费、提高资源利用率,提升船舶制造的精度和加工效率,预计投产后单条船造价最高可突破8000万元以上。降低造船成本,提高产品内在竞争力。通过对江海直达船型进行优化设计,在保证必要功能的前提下尽可能去除多余功能;提高国产材料、设备的选用率,优选国产优质材料替代昂贵进口材料及设备;通过企业联合,集中订货采购材料、设备,从而减少成本的增加。该次校企合作,为东红船业提供专业的技术平台,同时也为东红船业在船舶制造转型发展上带来新契机。

机 械 工 业

【概况】 2016年,全县2000万元规模以上机械行业工业企业有30家,共实现工业产值15.17亿元,同比增长29.83;实现销售产值14.31亿元,同比增长26.72%;产销率96.64%;实现利税总额1.87亿元,同比增长29.09%,其中利润0.87亿元。

【亚洲最大整体制造运输塔器象山制造】 1月6日,中海油惠州炼油二期项目100万吨/年乙烯装置丙烯塔整体在象山县制造完成,正式装船启运交付。该塔器由中石化炼化工程集团宁波工程公司承制,设备总重量达2300吨,长120余米、内径8.8米,是当今亚洲最大整体制造、整体运输的塔器。同时,这也是炼化工程集团宁波工程有限公司迄今为止完成整体制造、整体运输最重的一台特大型炼油装置非标设备,再次刷新该公司保持的记录。项目相关负责人介绍,这个塔器制造用将近7个月时间。以往制造这样的塔器都是采用分段式,然后再运到目的地施工组装。相比之下,整体制造、整体运输不仅减短工期、降低施工风险,而且适应国内外炼油化工装置向集约化、大型化的发展趋势。这台"巨无霸"在这里成功制造加工完成,不仅检验这座新工厂的生产加工能力、运行管理能力,提升该公司炼油化工大型非标设备的制造能力和硬件条件,也为企业在开拓国内国际市场、承接大客户订单、实现中国设备走出去展示良好形象,并且对带动相关配套产业上下延伸发挥一定作用。

【节后忙开工赶亿元大单】 2月17日,宁波盛和灯饰有限公司的员工们正忙着喷涂组装、搬运出货。春节前该公司接到几个总产值1亿多元的大单子,要求3个月交货。上班三天来,每天发送一两只集装箱。在三楼装配生产线,员工们流水焊接、拼接,操作娴熟有序。该公司对产品进行创新升级,新产品新款式赢得外商的青睐。盛和LED户外灯系列等产品畅销北美市场。2015年，盛和公司完成外贸出口交货值3.4亿元，比上年增长6%，成为象山县内规模最大的灯具出口企业。1月，该公司外销3400万元，增幅达10%，实现新年“开门红”。

【威霖沪港双双获评市技术创新团队】 3月11日，宁波市企业技术创新团队评选圆满落幕。经初选、专家评审、现场答辩及综合评定，宁波威霖住宅设施公司的绿色镀膜表面处理技术创新团队和宁波沪港食品机械制造公司的工程（技术）中心，双双获评市级企业技术创新团队，各获得每年20万元、连续三年的市级财政补助。威霖公司作为亚洲最大的中央空调出风口生产商，其创新团队将绿色制造表面处理技术作为支持风口产品制造技术的关键核心，以提高风口产品表面的耐磨、抗腐蚀等功能为目标，致力于中央空调通风口、卫浴排水等住宅设施研发，在绿色镀膜技术和仿锌复合涂层技术等领域处于国内领先地位，是中国唯一一家同时获得FM国际认证、UL国际认证的支吊架制造商。沪港公司是中国轻工业机械协会理事单位、精酿啤酒装备龙头企业，其研制的壶式蒸馏设备在国内尚属首创。该设备将传统的一道蒸馏、重复蒸馏工艺，设计改造成五道蒸馏同时进行。相比于传统设备，壶式蒸馏设备所出的产品纯度更高，酒质更加澄澈。该企业在用有效发明专利6项、实用新型6项，居世界同类厂商前列，国内市场占有率居行业第一。

【龙泰公司自主创新抢占风机“智”高点】 龙泰公司是一家制造各类交流轴流、直流、横流、涡流、冷却、离心风机的专业企业，产品广泛用于建筑、交通、电焊、机床、家电、起重、散热等机电设备。1至3月份，该公司完成销售3100万元，同比增幅30%以上。面对激烈的市场竞争，2015年以来，龙泰攻关团队调整创新策略，凭借高新技术企业实力，寻机与台湾清华大学合作，瞄准风机智能化趋势，先后投入近千万元，自主开发新颖离心风机、变频风机、节能风机、空气净化器等20多个新产品，其中10多项获得发明专利。这些新装置经测试，具有环保节能、智能调控、噪音更低、寿命更长的特点，技术指标领先国内同行。该公司风机年产值可达1.5亿元，比2015年增长四五成。

【申菱：创新致胜走在行业最前沿】 在5月10日开幕的2016中国国际电梯展览会上，宁波申菱电梯配件有限公司精彩亮相。宁波申菱的展位面积516平方米、为电梯部件最大展位，全方位展示企业综合实力及品牌形象，开幕当天就有近10家新客户预约实地考察与业务洽谈；其主办的“老旧电梯门系统改造解决方案研讨会”，更是引起同行的广泛关注。公司长期与三菱、通力、奥的斯、蒂森等一流电梯制造商合作，“站在巨人肩膀上”开展自主创新。在国内电梯部件行业引进首条萨瓦尼尼钣金柔性生产线，以及自动焊接机器人、机加工中心、喷涂流水线等先进制造装备，使企业整体技术装备水平处于国内同行业领先地位。宁波申菱研发并生产的电梯门与限速器产品在中国市场占有率30%以上、连续多年保持第一。多项产品获得国家级新产品和省、市名牌产品等荣誉，还出口东南亚、中东、欧洲、独联体等40多个国家和地区。

【龙泰：创新产品拓销路】 6月23日，在宁波龙泰电讯电机有限公司车间内，工人们正在新的生产线上忙碌赶工。该公司更新设施，自主研发各种规格直流、离心风机，销售形势一路看涨。宁波龙泰电讯电机有限公司位于晓塘乡九龙汇工业区，是一家专业风机生产公司，产品广泛用于建筑、机床等机电设备，远销美国、韩国、菲律宾等20多个国家。龙泰攻坚团队调整创新策略，凭借高新技术实力，瞄准风机智能化趋势，与台湾清华大学开展合作，自主开发新产品20多个，其中10多项获得发明专利，高端风机产品已形成300多个规格品种。去年，公司产值9068万元，同比增长9.1%。该公司在巩固原有市场的同时，开辟东南亚、欧美等地市场，预计风机年产值可达1.2亿元。

【三安制阀拓宽培养渠道构筑人才高地】 3月1日，宁波三安制阀有限公司获评市级首批技能人才自主评价优秀示范企业，企业自主评价等级扩展到技师级别（国家职业资格二级），获得4万元工作经费补助。三安制阀高度重视人才培养，投入100余万用于人才培训计划，创新培训渠道，开展工商管理和人才培训和企业技能人才自主评价工作，提升管理技术人员和基层职工的素质。截至2016年年底，共有56人参与数控车工中级自主评价，其中合格44人。

【龙泰风机：以“智”取胜引领市场】 宁波龙泰电讯电机有限公司是晓塘乡老牌的风机制造企业，其产品广泛应用于机电设备的通风散热。去年以来，公司为全面提升产品竞争力，与台湾清华大学合作，瞄准风机智能化趋势，先后投入近千万元研发费用，自主开发新型离心风机、变频风机、节能风机、空气净化器、智能充电桩等20多个新产品，其中10多项技术获发明专利。经测试，这些新产品具有环保节能、智能调控、噪音更低、寿命更长的特点，技术指标领先国内同行。龙泰新型风机已形成多个系列、300多样品种规模，每月加工出厂约50万套，价值1000多万元，占公司总产量的三分之二以上。除国内千余家客户外，上半年该公司在东南亚、欧美等地客商的订单也大幅增长，已接订单近20件，出口量升至公司销售总量的25%。截止5月，公司累计完成销售3827万元，同比增幅达72.8%。

【宁波和信：潜心铸精品】 8月25日，宁波和信制药设备有限公司研发的“LD3000-6多效蒸馏水机切换装置”经浙江省经信委、省发改委、省财政厅专家认定，获评2016年度“浙江制造精品”。和信公司总经理徐罗生介绍，该装置拥有五项实用新型专利以及一项发明专利，具有“外观新、结构新、特点新” 的亮点。多效蒸馏水机是注射用水制备系统的关键设备。为此，和信公司成立技术攻关团队，历时两年余全面升级设备材质优化结构，研发出新型蒸馏水机切换装置。该装置的最大亮点在于消除“盲管”，将电导仪设置在改良后的三通气动阀内，调整合格蒸馏水与废水的排放口位置，从而提升蒸馏水品质，杜绝合格蒸馏水浪费，既高效又节能。精心研发，极致追求，是和信产品获得专家认定的关键。以新型蒸馏水机为代表的一批新产品相继投放市场以来，截至8月，公司产值同比增长77.1%，各类订单供不应求。

模具工业

【概况】 象山铸造模具创始于20世纪70年代，拥有企业140余家，从业人员近万人，各种专业技术人员1000余人。2016年，模具行业拥有规模以上企业16家，累计实现产值11.83亿元，同比增长6.32%，销售产值10.86亿元，同比增长8.26%；利税总额2.06亿元，同比增长5.32%；利润总额1.38亿元，同比增长5.92%。重点企业拉动作用明显，合力模具实现产值5.69亿元，同比增长0.8%。同家模具实现产值9267万元，同比增长1.6%。

【同家模具订单多】 2月24日，因为交货期限紧，宁波同家模具制造有限公司员工节后提前到岗，各车间钻镗铣磨、组装检测，很快进入生产旺季。据介绍，同家模具正在赶工的订单是两套汽车发动机缸体模具，这两套模具由国内一家著名企业定购，生产过程需经几十道工艺、需要上百个配套部件，重达70吨，合同价600万元。同家公司是丹东街道从事机械模具的高新企业。该公司根据市场行情，调整产销策略，选择高端客户、高附价值产品，投入巨资添购高性能大型机床。凭借科技实力和售后服务，该公司为国内外十多家汽车大厂定制发动机模具，受到法国、意大利、西班牙、葡萄牙等欧洲客商青睐。2015年，该公司完成销售产值7300万元，同比增长10%，其中高精尖产品占一半以上。去年，该公司还向外国客户累计供应40余套模具，外贸交货值2500万元，同比增长130%。国外订单频频传来，已接复制模具单12套，价值700万元。

【象山县参加第十二届中国模具之都博览会】 6月17-20日，历时4天的第十二届中国模具之都博览会在宁波国际会展中心落下帷幕。该届展会以“集群创新智能升级”为主题，设置机床、模具、智能制造、工业机器人自动化展区，重点展出智能化、柔性化装备。象山线经信局组织合力模具、全力机械模具、强盛机械模具等14家企业参加此次博览会，共设置摊位26个。其中，伟辉磁业有现场交易，其他企业有千余万意向订单。该次参加模具博览会，展示象山县铸造模具之乡的风采和成果，扩大知名度和影响力，对加快象山县模具行业的快速发展起到很大的作用。

【亿泰来模具：从工业配件走向工业成品生产】 6月20日，宁波亿泰来模具有限公司将60余件汽车支架铸件成品运到上海通用公司。这是该公司摆脱单纯模具生产，走向铸件工业成品生产的新节点。亿泰来模具是一家于2009年从某模具厂分离出来的新公司，主要开发汽车、航空、工程机械、输变电、高铁等几大系统中的高精度产品模具。企业在钻研科研件和复杂件模具产品上有着多年的技术经验，2015年，还被定为中航集团定点模具采购单位。为谋求新发展，增加利润增长点，2015年下半年，该公司向供应链上游拓展新业务，在开发模具基础上，发展铸件生产，完成产品的转型升级。该公司已完成县级技术研发中心建设，基本上实现技术研发和管理升级。2015年10月，分别与上汽通用、上海友霖、湘潭江麓、国德电气等四家汽车、高铁、工程机械和输变电公司签订"模具+铸件"生产合同，着手电气输变电配件、铝制柴油发动机、汽车发动机支架、整体多层变路阀铸件的试制，其中，上汽通用的汽车发动机支架铸件科研件已交付使用。预计2016年产值能达到2000万元，比去年翻一番。

【合力模具技改健企炼就"单打冠军"】 12月8日，在宁波合力模具公司五轴加工中心，整条生产线全速运转。该公司从德国引进高端设备，实施技术改造升级，模具加工精度控制在0.001-0.002毫米，提升产品质量。五轴加工中心是合力模具实施技术革新的一个缩影，旨在打造全球最佳铸造模具及铝合金部件的研发制造基地。它主要应用于热冲压模具、压铸模具及正在研发的结构件压铸模具等精加工领域。"这个加工中心有五轴的加工功能，对于复杂的形状，可以一次性成型，避免掺杂其它工序而造成的累积误差。"公司生产经理张靖介绍。自创建以来，合力模具先后实施4次重大技术革新，产销量连续12年在全国铸造模具行业中排名第一，成为业内名副其实的"单打冠军"。从2015年开始，合力模具又以国际化的定位，实施三年工业强基工程，开启铸造模具精加工的升级历程。通过长期以来与国外先进企业的频繁学习接触，该公司上下形成"术业专攻"的理念，每年研发投入达5000多万元，与上海大学等5所高校开展科研合作和技术攻关，提高专业化、标准化程度。已获得国家专利授权30项，多项产品被列为国家级重点新产品，公司已经可以给奔驰、宝马等知名品牌配套生产模具，制造水平和国际接轨。预计公司年销售额可达4亿元，比2015年增长约10%。下步，合力模具将加快推进"智能制造"，稳步推进上市工作，延伸产业链，让企业在生产设备、产品质量等方面再上台阶，真正在国际市场中扎稳脚跟，打响"国字号"品牌。

【同家模具2016年已销售模具20多套产值过亿】 12月13日，丹东街道同家模具制造公司车间里，技术人员忙着检测、调试几台汽车发动机缸体模具。近看模具外侧，平滑光洁形似玉石，内侧布满大大小小、密密麻麻深浅钻孔。公司装备国内一流，模具品质可与美欧同行相媲美。同家公司开发高性能模具，吸引国内外几十家大客户。1到12月中旬，该公司已销售各类模具20多套，总产值达到1亿元，比上年增长近4成。春节前，该公司还将出运2套模具，造价1000多万元。同家公司多年来从事汽车发动机缸体模具研发生产。随着汽车产品高科技化，厂家对模具精度要求更高。该公司一边加强技术团队培养，充实科研力量，进军高精尖领域；一边欧洲销售商合作，投入巨资采购国际先进设备，前年进购1台意大利产五轴连动机床，斥资1800万元，添置3台德国产五轴、七轴连动钻铣床。模具上机电脑设计，自动化加工，从上下、左右、周边不同方向精准操作，一次性成型，速度快，精度高，生产效率好。同家公司除参加国内展销外，还赶赴德国杜塞尔多夫机械博览会，联络老客户，结识新客户，德国、法国、荷兰、西班牙、葡萄牙等13家外商对同家模具钟情有加，当年订量增加30%以上，自营出口额350万美元。同时国内汽车大厂，如一汽、上汽、尼玛克等也纷纷登门参观考察，洽谈合作业务。

水产、食品工业

【概况】 水产品加工业是象山县传统优势产业、地方特色产业，也是重要的支柱产业，对推动全县社会经济发展起到十分重要的作用。然而近几年来，受海洋资源衰退、原材料价格上涨、资金需求紧张、旺期用工短缺、土地供给不足等因素制约，以及面临节能环保、涉氨整治的压力，全县水产品加工业受到很大影响。2016年，全县共有各类大小水产品加工（含冷冻厂）企业500多家，其中，2000万以上规模企业27家，主要龙头企业有：飞日水产、华毅水产等。1-12月份全县水产、食品行业累计完成规上总产值43.44亿元,同比增长4.43%;实现销售产值36.57亿元,同比增长4.04%;实现利税总额1.98亿元,同比增长11.99%,其中利润1.33亿元,同比增长6.3%。

【核发首张《食品经营许可证》】 3月31日象山县市场监管局向西周相聚楼饭店核发全县首张《食品经营许可证》,该证将大大方便群众共同监督"舌尖上的安全"。消费者只要通过手机扫一扫许可证上的二维码,便可看到经营者的详细信息,包括经营者名称、法定代表人(负责人)姓名、许可证编号、发证机关、发证日期、有效期等。新版《食品经营许可证》兼顾原《食品流通许可证》《餐饮服务许可证》两证的许可登记内容,将食品经营者划分为食品销售、餐饮服务、单位食堂三大主体业态,许可范围包括预包装食品销售、散装食品销售、热食制售、冷食制售、自制饮品等十个经营项目,有效期限从原来的3年延长至5年。此外,许可证还新增签发人、日常监管机构、日常监管责任人、投诉举报电话及二维码等信息。

【首次进口台湾水果】 4月12日,372箱共3.7吨台湾凤梨从象山县石浦新港码头进境。这是象山口岸首次直接进口台湾水果。为保证货物快速通关,象山出入境检验检疫局启动快速反应机制,组织专人指导企业办理进境水果检疫许可等相关手续。对抽取的样品实施绿色通道,提供"预约报检"以及零等待、零滞留、零距离的"全天候"服务等便利措施,最大程度加快通检速度。为做好现场检验检疫工作,在水果进境前期,象山出入境检验检疫局就派一线检验检疫人员去学习相关工作经验,熟悉相关检验检疫标准和操作规程,做好相关检验检疫前期准备工作。同时,对入境水果所需的查验场地、设施设备及人员的准备和落实情况多次进行检查,查缺补漏,确保满足检验检疫各项要求。

【象山县启动初级水产品安全整治"三大一严"行动】 4月18日,象山县召开初级水产品质量安全监管暨培训会议,回顾总结2015年初级水产品质量安全监管工作,安排部署下阶段水产品质量安全整治提升以及"三大一严"(大抽检、大排查、大整治、严打击)专项行动。该行动聚焦初级水产品养殖、捕捞、储运等关键环节和重点品种,对初级水产品质量安全领域可能存在的风险隐患进行排查,严厉打击人为蓄意使用禁用渔(兽)药物等违法行为。会上,相关产业代表现场签订水产品质量安全承诺书,宁波市海洋与渔业局相关人员还围绕水产品质量安全监管进行培训指导。

【石浦镇:政企联手谋水产行业发展大计】 5月13日,象山县石浦镇组织水产加工企业、渔业电商等50家企业负责人和国税、地税、环保、国土、规划等8个部门负责人座谈,共谋石浦水产行业发展大计。县委常委、石浦镇党委书记孙小雄出席会议。会上,各企业和政府部门负责人分析当前水产企业发展的新形势、新挑战、新问题,探索打造"水产企业+"模式,将水产企业与电子商务、信息技术、蓝海旅游相结合。与会人员认为,借助电子商务园,搭建水产企业和电商合作平台,开展O2O经营模式,实现企业转型升级。利用海上Wife技术和微信直播平台,打造船商和买家的交易直通车,节约物力、人力、资金成本。发挥石浦古城、沙滩等旅游资源,拓宽各类冻品、休闲鱼制品的销售渠道,促成生态旅游和产业经济的双向驱动。

【开展初级水产品"你点我检"活动】 5月27日,宁波市海洋与渔业局在象山县组织开展初级水产品质量安全"你点我检"活动,市人大代表、政协委员等十余人参加。该次活动结合食品安全宣传和"三打一严"专项整治活动,提升初级水产品质量安全水平,让人大代表、政协委员真切感受水产品安全状况,提振公众消费信心。抽检活动抽检两家县水产养殖公司,被检查名单分别由人大代表、政协委员随机抽取,委托有资质的第三方检测机构进行检测。"你点我检"活动中定性快检结果当场公布,被抽检的大黄鱼、黑鲷、鲈鱼均质量安全。

【锦和食品:机器换人提产能 产品优质销海外】 宁波锦和食品有限公司作为一家集研发、加工销售水产品为一体的自营进出口企业,主要生产经营即食鱼肉罐头半成品、冻鲭鱼等水产品。面对严峻复杂的外贸形势,锦和在强练"内功"的同时,开拓海外市场。拥有1万余吨的年水产加工能力,产品远销东南亚、中东、以色列、越南等十几个国家和地区。面对劳动力成本提升、原料价格上涨等一系列问题，锦和公司加快转型升级步伐，推进“机器换人”项目，投入200余万元用于工艺改进和装备提升。2016年引进的4条生产流水线，操作更方便更规范，减少人工约1/3，但产量增长30%。

【乐惠：勇摘科技创新“皇冠”角逐全球市场】 宁波乐惠国际工程装备股份有限公司是中国第一家开发出激光焊接啤酒发酵罐的企业，中国唯一向全球范围提供整厂交钥匙项目服务的啤酒酿造设备制造商，中国第一家生产12批次过滤槽的糖化设备制造商。乐惠自20世纪90年代初开始生产啤酒、饮料以及乳制品的生产设备，产品销售遍及中国各省市，并出口欧洲、亚洲、非洲和南美洲等三十多个国家和地区。食品设备制造领域竞争激烈，与“国字号”企业，特别是德国、比利时这样的老牌啤酒生产国家相比，乐惠能够成为中国第一，全球仅有两家具备啤酒整厂交钥匙能力的公司之一，主要凭借的是科技创新。近二十年来，乐惠致力打造高端啤酒饮料包装设备，始终坚持技术创造领先的发展战略，每年投入销售额的5%用于新产品和新技术研发。已拥有30多项发明和实用新型专利，其中不少专利技术填补国内空白，开发创新水平在同行业中处于领先地位。2016年，公司与东帝汶、柬埔寨、南非、科特迪瓦、缅甸的公司开展项目合作。与英国、美国、埃塞俄比亚、喀麦隆、马来西亚等国的一些项目在洽谈中。

【象山县梭子蟹产业联盟成立】 12月1日，象山县梭子蟹产业协会正式更名为梭子蟹产业联盟，该产业联盟将通过资源整合、抱团发展、协同创新，探索完善梭子蟹产业共赢发展新机制。象山县是全国知名的梭子蟹之乡，梭子蟹作为县农业“7+1”龙型产业之一，养殖面积4666.67余公顷，占全国总面积1/6。2016年，全县将重点打造“象山梭子蟹”区域公用品牌。象山县养殖、捕捞、加工的企业及个体自愿组成的行业性社会组织，梭子蟹产业联盟的成立有助于打造农产品区域公共品牌“象山梭子蟹”、贯彻实施优质养殖体系的相关标准、开展生产技术指导、组织参加举办各类展示展销和推介会、开展梭子蟹产销分析和市场预测评估、组织开展各种交流活动。

【国晨阳水产：拉长加工链条产品价值翻一番】 宁波国晨阳水产食品有限公司是一家专业从事水产品加工的企业，主要生产马鲛鱼冻品出口日本。近12年来，企业从原先的整鱼冻品出口，到切片出口，到拔刺切块出口，发展到如今切块上面包粉直接进入日本超市出口，随着产品加工链条拉长，提高产品价值。企业在深加工创新方面取得长足发展，有效地提高产品的附加值，从而推进企业出口转型升级。日本合作企业进行七次考察后，认可该企业生产鱼块上面包直接进入日本超场销产品。2016年3月份当月已有15个集装箱的订单，每箱重达22吨，总价值1050余万元。

【素子园食品：开发新产品抢占新市场】 素子园公司加快新产品开发步伐，培育新的市场增长点，使产品从原来的9大类、50多个规格发展到香菇、圣女果、苹果、胡萝卜、红枣、甘薯、香芋、青蚕豆、菠萝蜜、马铃薯等20大类、100多个规格产品。产品份额在国内外市场增长，企业尝尽甜头。为瞄准日本市场需求，该公司开发具有保健功能的洋葱、香菜、圣女果等系列产品，洋葱、圣女果成为日本市场的抢手货。为打开澳大利亚、智利、泰国等国际市场，先后开发出香菇、苹果、胡萝卜、红枣等营养类系列产品。该公司出口额比2015年同期净增500万元，增长400%。6月份开始外销果蔬脆片，出口订单爆满，在国际市场低迷、国内经济下行压力持续加大的情形下，素子园休闲食品抢占国际市场喜报频传。公司按照HACCP流程体系对生产线进行升级改造，如今该公司生产线是国际最先进的果蔬脆片生产流水线，具备年产4000吨，年产值2亿元的果蔬脆片生产能力。为保证产品质量，该公司还与各大院校建立产学研结合，着力建设原材料研发和生产基地，增强市场竞争能力。

【浮田生物科技：荣登“宁波最具投资价值企业”20强】 浮田生物科技是一家以藻类大规模培养为基础，进行生物饵料培养、海产品育苗、藻类中生物活性物质提取、动物饲料开发和生物油脂生产等综合开发利用的研发型企业。该公司正在加紧进行13.33公顷中试生产基地的建设，已完成电力建设、引水系统、土地勘测、工程设计、部分基建材料准备。本月将启动小规模量产，主要产品为饵料微藻、水产养殖生物饵料和作为食品、保健品原料的藻类，产品销售渠道已经基本确定，2016年销售额预计达到2000万元到3000万元。5月27日，作为宁波市最具投资价值企业20强，浮田生物科技已成功在宁波股权交易中心挂牌上市。宁波股权交易中心于2016年5月正式开业，是全国第38家区域性股权交易中心，中心主要为非上市企业提供股权挂牌、展示、交易、股权投融资、运行孵化和未来转板安排，为各类金融机构资产提供交易服务、类资产证券化、创新支持和流动性支持等。

盐 业

【概况】 2016年，象山盐务管理局贯彻落实全省盐业工作会议暨党建纪检工作会议精神及全市盐业会议精神，根据宁波市局市公司的工作部署，结合象山盐业实际，主动应对盐业改革，推进海盐战略，在保障市场供应、整治盐业市场，拓展非盐经营，推进象山盐业转型升级，全县盐业经济保持稳中向好的运行态势。全县产盐 600吨；原盐出场1469吨，同比减少10.97%；销售各类盐产品20536吨，同比增加1.20%；销售盐化产品17815吨，同比增加17.62%；2016年营业收入为3190万元，比去年同期增加7.98%；业务成本为2567万元，比去年同期增加10.80%。公司资产总额2700万元，比上年增加77.20%；负债总额2693万元，比上年增加63.90%；所有者权益11.6万元，即本年未分配利润11.6万元。

【稳固小包装口食盐市场销量】 受外来人口减少、居民消费习惯调整导致人均食盐量下降、大包装加工用盐冲销口食盐市场等诸多因素影响，1至5月，全县小包装口食盐同比下降明显。公司领导班子及时召开全县盐业经济运行分析会，专题研究小包装下降的原因和应对措施，责成有关部门加强市场供应和管理工作，及时采取措施。7月底和8月中旬相继召开全县经济运行分析会，做到思想统一，精神传达，措施落实。全县小包装口食盐销量从5月份起止跌回升，同比基本持平。

【盐产品结构调整战略布局】 根据省公司的统一安排和市公司统一部署，为推广和布局澳洲海盐，公司多次召开经济运行分析会和业务工作会进行全面部署动员，制定出台精品盐考核办法，按照全省全市海盐战略部署，全面停供320克深井海藻碘盐做好前期宣传解释工作，澳洲海盐市场接受度快速提升，紧跟政策投放、渠道分类、专柜摆放等各种营销手段，9月中旬，澳洲海盐已全面铺市销售，逐步形成以海盐为主导产品，低、中、高端盐产品的全方位布局。

【防治碘缺乏病日宣传】 5月15日，象山县盐务管理局会同县疾控中心开展第23届“坚持科学补碘，建设健康中国”为主题的防治碘缺乏病日宣传活动。活动采取主题讲课、设摊宣传、交流互动，发放宣传资料等形式多样的活动内容，居民消费意识明显提高，取得成效。活动累计共发放宣传资料2000余份、接受咨询群众600余名，赠送环保宣传袋100余只，展示活动图片10余块，发放宣传画50余张，受益群众6000余人。

【食盐市场专项检查】 全年共出动盐政执法人员325人次，检查涉盐生产经营单位2750家。落实食盐专营管理责任，加大市场监管力度，强化盐政日常监管。旦门盐场已废转但未停产、花岙盐场盐业公司不再租赁，为有效遏止和杜绝盐民偷盗原盐及贩卖原盐现象，调动盐政力量，采取场区管理，扎口管理及市场巡查等行之有效的措施，防止场区原盐偷盗贩卖事件，确保居民食盐安全。开展食盐市场专项检查。在日常性管理基础上，组织开展全县性整顿规范盐业市场普查行动，重点针对餐饮行业和学校食堂及零售店的大包装盐冲击小包装盐市场及假冒小包装碘盐情况进行检查，盐业市场得到净化，保障市场各类盐产品安全有序供应。

【产业结构调整】 立足盐业主业，谋划多元发展是象山盐业总体发展格局，做好主业，拓展盐化贸易和其他非盐经营业务，倾力打造象山盐业的两翼产业。发展盐化产品成为支柱产业，自找市场，加强上下游沟通，拓展元明粉和纯碱市场份额，加强风险控制，催讨和回收应收帐款，盐化产品实现减量不减效，企业经济稳增长。全年销售盐化产品17815吨。

象山经济开发区

【概况】 2016年象山经济开发区抓招商，强服务，提总量，推转型，促发展，全年共落户项目39个，总投资约35亿元。合同外资9600万美元，实际到位外资5200万美元、实际内资20亿元、浙商回归资金13亿元。194家规上企业全年实现规上工业产值206.5亿元、规上工业增加值35.3亿元、利润9.7亿元，税金6.1亿元，完成全年指标，并比去年同期有所增长。

【园区整合提升初步完成】 发挥象山经济开发区工业发展主平台作用，2016年3月17日，象山县委、县政府出台《关于加快推进象山经济开发区整合优化提升的意见》，加快开发区整合优化提升，合并象山经济开发区管委会和象山产业区管委会，重新组建象山经济开发区管委会，促进开发区转型升级、创新发展。4月20日，象山经济开发区管委会办公地正式搬迁至城东工业园映玉路58号（原象山产业区办公大楼）。整合后，开发区总规划面积达到53.92平方公里，包括临港装备工业园、城东工业园、工业示范园、城南高新创业园、滨海工业园及仁义涂六大区块，“一区多园”发展格局初步呈现。

表24　　象山经济开发区各区块基本情况表

园　区	概　况
临港装备工业园	位于象山港南岸，25.7平方公里规划面积范围内，拥有发展能源装备产业所需要的港口、岸线、岩基等绝佳资源条件。主要发展石油化工装备、电力装备、新能源装备、以及配套物流等产业。园区集聚中石化、日星铸造、新乐造船、杭钢富春等一批知名能源装备企业。2016年实现规上产值26.87亿元
城东工业园	位于象山中心城区以东，规划建设面积10.6平方公里。自2005年启动后，园区基础配套已基本成型，达到“七通一平”标准，文化活动中心、医疗服务站、邮政所等公共配套服务设施建成投运。基本形成能源装备材料产业、海洋生物产业、精细化工产业等为龙头的主导产业体系，象山海洋科技人才创业园落户园内，是科技型中小企业孵化基地和高新技术企业集聚区。落户规上企业30家，2016年实现规上产值16.8亿元
工业示范园	位于象山中心城区西南，控规面积5.64平方公里。产业定位以一、二类工业为主，是象山针织服装、汽车零部件、模具、传统机械电子等象山传统产业的集聚区。园区工业基础扎实，市政设施配套齐全，商业街、生活小区、商务、餐饮娱乐等生活配套功能相对完备，已成为中心城区的重要组成部分。现落户规上企业109家，2016年实现规上产值109.2亿元
滨海工业园	位于象山县域中东部，2005年开始建设，控规面积5.21平方公里。产业定位以承接示范园传统电子电器、机械模具等传统制造业，以及新能源、医疗器械、先进制造业等特色产业为主。现落户规上企业52家，2016年实现规上产值50.1亿元
城南高新创业园	位于象山中心城区南部，控规面积3.47平方公里。汽车广场区域全部基础设施配套工程完成，市政道路、水电、绿化等配套设施日趋完善。产业定位以2.5型产业为目标，发展轻微型的、环保的和低耗的新型工业，是产研结合的生产性服务业集聚区和综合生活配套区。集聚汽车4S店16家，落户企业25家，2016年实现规上产值3.6亿元
仁义涂区块	位于象山中心城区南部约10公里，控规面积3.3平方公里，可利用面积约3366亩，计划投资5亿元完成基础设施建设，完成一期工程区块与路基塘渣填筑70%

【2016海上风电领袖峰会】 6月21日至23日，由中国循环经济协会可再生能源专业委员会、中国可再生能源学会风能专业委员会、中国可再生能源学会产业工作委员会共同主办的2016海上风电领袖峰会在象山召开，象山经济开发区下属象山产业区投资建设有限公司联合日月重工股份有限公司承办。国家、省、市、县相关部门的有关领导，来自国内外海上风电领域的300多名专家、学者、企业家参加本次会议。会议深入探究全球各国海上风电政策与市场，聚焦全球风电发展路线，捕捉行业最新技术突破与发展趋势，共同探讨发展海上风电面临问题的解决方案。会议向国内外展示临港装备工业园的资源和产业优势，对象山经济开发区招商引资起促进作用。

【生物工程装备生产项目签约】 5月18日，由宁波乐惠国际工程装备股份有限公司投资的生物工程装备生产项目签约。项目落户象山经济开发区临港装备工业园小蔚庄区块，用地面积59710.6平方米，约6公顷。项目总投资人民币3亿元，注册资本5585万元。预计项目建成投产后，年产值达5亿元以上。

【高档服装辅料工业园项目签约】 10月18日，由宁波牦牛控股有限公司投资的宁波牦牛控股高档服装辅料工业园项目签约。项目落户于城东工业园二期D区块，用地面积约3.35公顷。项目总投资1.6亿人民币，注册资本8000.00 万元人民币。预计项目建成投产后，年产值达1.5亿元以上。

【导航仪主板生产项目签约】 11月11日，由宁波弗凡科技有限公司投资的导航仪主板生产项目签约。项目落户城南高新创业园19-01-15-2号区块，用地面积19966.2平方米，约2公顷。项目总投资人民币1亿元，注册资本2000元人民币。预计项目建成投产后，年产值达1.8亿元以上。

【永超印花产业园项目签约】 12月8日，由宁波永超印花有限公司投资的纺织印染相关产业项目签约。项目落户于城东工业园二期C-1-10区块，项目用地面积23425平方米，约2.35公顷。项目总投资1.5亿人民币，注册资本8000万元人民币。预计项目建成投产后，年产值达1.2亿元以上。

【经济运行稳中有升】 2016年新培育上规模企业25家，日星铸业、激智科技两家企业上市。园区工业经济稳定增长，优化经济结构。全年实现规上企业工业总产值206.5亿元，同比增长10%；工业增加值37.6亿元，同比增长9%；完成固定资产投资29.4亿元，其中工业投资23.7亿元。各项指标均完成年度目标100%或以上。194家规上企业除利润外，产销税增长均超过6%。亿元以上企业净增8家，达46家，产值贡献148亿，拉动产值增幅9个百分点；新增高新技术企业9家，有118家规上企业新产品产值达98.9亿，同比增长3.11%，新产品产值率达到48%，超过全县平均水平，其中60家企业高于平均水平。原194家规上企业税负3.34%，提高0.18个百分点，增长5.7%。

【重点工程项目】 全年10个实施类重点项目累计完成投资4.9亿元。大中庄码头抓紧前期审批，其余4个政府投资续建项目进展顺利，全年累计完成投资2.59亿元，完成年度计划117.5%。其中，大中庄围填海工程竣工；城东工业园河道生态建设项目完成河道清理及驳岸工程，土方、绿化、景观铺装等工程基本完成；城南高新创业园完成汽车广场区域全部基础设施配套工程，市政道路工程建设有序推进；河道整治全面完成，区内水电、绿化等配套设施日趋完善；仁义涂地基处理一期工程完成区块与路基塘渣填筑70%。5个工业项目全年完成投资2亿元，其中激智科技三条流水线正式投产，月产值达1000多万元；九龙紧固件项目完成二期主体工程；海泰科技创业园一期主体建设包括5幢钢结构厂房、1幢综合办公楼竣工；日星三期、赛帆创业园项目开始动建前期工作。

【大中庄围填海工程完工】 大中庄围填海工程是临港装备工业园建设“三通一平”基础配套重点项目，与中油重工(宁波)基地和新乐造船基地相邻。工程围涂面积129公顷，其中，新围海域面积49.33公顷，海堤长1979米，新建水闸1座，配套建设渔船避风锚地，项目总投资4.67亿元。该工程海堤采用50年一遇潮位加50年一遇波浪标准设计，围堰采用10年一遇潮位标准设计，水闸采用50年一遇防洪(潮)标准设计。自2014年7月份工程正式开工以来，项目推进较快，2016年度完成投资7500万元，工程完工。该工程建成对拓展临港工业用地、加快临港装备工业园开发建设具有重要意义。

【100万吨/年乙烯装置丙烯塔制成出运】 1月7日上午，中海油惠州炼油二期项目100万吨/年乙烯装置丙烯塔整体制造完成，装船启运交付。该塔器由落户于象山经济开发区临港装备工业园的中石化炼化集团宁波工程有限公司象山设备制造厂承制，总重2300吨，长120米，内直径8.8米，是亚洲整体制造、整体运输的最大丙烯塔。该塔器的成功制造，检验工厂的生产加工能力，对带动园区内相关配套产业上下延伸发挥作用。

【1500万吨/年常压加热炉制成出运】 12月7日，马来西亚RAPID项目1500万吨/年常压加热炉在象山经济开发区临港装备工业园制造完成，正式装船启运交付。该设备由宁波连通设备集团制造，长25米、宽17米、高26米，重978吨，是国内首套整炉模块化制造的设备，同时也是出口到国外单体最大的加热炉，标志着大型加热炉整炉模块化制造技术实现国产化并成功应用于海外项目。

【"清三河"工作】 对照"清三河"目标，通过源头把控、清淤疏浚、管网检修等方式扎实推进白石河、海宁河、闻涛支河等问题河道整治。累计投入"五水共治"项目建设4500万元左右，开展城东工业园闻涛路、岭池路等污水管网检修；珠海河、闻涛支河实施源头补水工程；对亚美光电等16家企业实施雨污分流截纳管改造；金兴河等6条河道实施生态绿化建设；白石河等9条河道实施清淤疏浚以及其他一系列河道工程建设，河道治理工作成效明显。10月24日，通过省委督查组复核验收，被县"清三河"办公室推荐为市"五水共治"先进集体。

【科学修编规划】 园区改革整合后，开展各项规划的编制、调整和优化工作：完成省级开发区审核公告目录修订；完成城东工业园相关地块的控规调整和工业示范园控制性详细规划修编；完成《宁波—舟山港象山港区外干门作业区规划调整研究报告》意见征求稿；完成"多规合一"相关开发区的前期资料汇总工作；完成2016年土地利用规划调整等。根据各区块资源禀赋条件和产业发展现状，科学布局功能分区，委托编制《象山经济开发区产业发展规划》(2016-2020)项目计划书，完成初稿并进行评审修改。

【滨海工业园入列市战略性新兴产业专业园】 象山经济开发区滨海工业园突出重点产业、重点项目、重点发展区域，发展光伏组件、逆变器、智能输变电设备、光学薄膜等新能源产业体系，形成以启鑫、锦浪为代表的行业骨干，被《宁波市新能源产业"十二五"发展规划》列为象山新能源产业基地。5月23日被认定为宁波市战略性新兴产业专业园，命名为宁波市新能源专业园(甬新领办〔2016〕2号)，获得300万元财政补贴。

【"两学一做"学习教育活动】 象山经济开发区管委会党工委加强组织领导，安排部署，精心设计载体，扎实推动"两学一做"学习教育深入开展。以理论学习中心组学习为龙头，组织开展丰富多元化的学习活动。管委会党工委书记带头讲党课，并先后邀请县委党校政研室副主任励东升讲《党章学习辅导》、县委党校副教授魏行进讲《习近平总书记系列讲话》、县纪委党风廉政室副主任钱正讲《中国共产党纪律处分条例解读》等专题党课。共组织开展理论学习中心组专题学习10次、全体党员学习会7次、专题党课5次，并组织开展 "四讲四有"系列相关讨论。组织全体党员开展"五查五看"，对照标准，查找短板，列出问题清单，严格按照责任分解和完成时限，一项一项抓好整改。开展"为企服务当先锋"行动，结合"践行'三严三实'、精准服务企业"活动，每位党员定向联系企业、主动服务企业。共帮助企业解决供水、供电、供气、行政审批办理等难题40余件。在一线服务企业的党员队伍中，涌现一批优秀党员，其中向上级党委推荐先进典型一名。

【机关党组织规范化建设】 象山经济开发区管委会和象山产业区合并重组后，按照《党章》有关规定，重新成立开发区机关党总支，并选举产生新一届委员会委员。为整合党建工作资源，更好地服务园区企业党员，将联合党支部纳入机关党总支统一管理。严格党员发展，规范党员管理。把好党员入口关，开展党员组织关系集中排查，核查党员信息，查找失联党员，健全党员档案。组织参加党员活动，开展“五小”党员志愿者服务活动，每月组织党员志愿者参加党建联系社区——塔山社区组织的各项活动，并协助社区做好夜巡逻工作。组织党员代表参加“党纪在我心中”知识竞赛活动，获团体三等奖。

【各级领导到象山经济开发区调研】 4月27日，宁波市副市长陈仲朝等一行人到象山经济开发区调研，县政府党组成员石坚定陪同调研。6月1日，宁波市委常委、杭州湾新区党工委书记梁群到象山经济开发区临港装备工业园调研，县委书记叶剑鸣、副县长石坚定陪同调研。8月17日，宁波市常务副市长陈奕君到象山经济开发区临港装备工业园调研，县长黄焕利、常务副县长励志纲陪同调研。8月25日，浙江大学教授专家团到象山经济开发区滨海工业园考察宁波戴维医疗公司和宁波耐森点击科技公司。12月7日，浙江省政协副主席陈加元到象山经济开发区滨海工业园考察宁波锦浪新能源科技有限公司。12月8日，国家机械研究院专家一行8人到象山经济开发区滨海工业园考察立强机械和戴维医疗两家公司，县政府党组成员石坚定陪同考察。

金融保险

综　述

【概况】 2016年，象山辖内金融机构贯彻落实稳健的货币政策，把握自身发展需求和地区经济增长动力的契合点，务实进取，开拓创新，推进普惠金融发展，发挥金融对地方经济发展的支撑和带动作用。至年末，县内共有银行业金融机构21家。其中，国家政策性银行1家，国有大型商业银行5家，全国性股份制银行8家，城市商业银行3家，邮政储蓄银行1家，地方法人金融机构3家。全县商业银行共有网点157个，从业人员2396人。2016年，在政府性投资发力和房地产市场结构性回暖的带动下，象山县经济增速低位企稳，货币信贷运行态势总体良好，但受有效需求分化、风险暴露较多等因素影响，企业经营景气下行明显，金融对实体经济支持力度有所减弱，风险防控压力较大。至年末，全县本外币各项存款余额524.97亿元，比年初新增62.39亿元，同比多增26.38亿元，同比增长13.49%，增速同比提高5.13个百分点；本外币各项贷款余额670.09亿元，比年初增加24.27亿元，同比少增8.96亿元；同比增长3.76%，增速同比下降1.66个百分点。

政策性银行

【中国农业发展银行象山县支行】 中国农业发展银行象山县支行下辖1个营业部，共18名员工。该行坚持以五大发展理念为引领，凝心聚力、务实奋进，在服务“三农”和区域经济建设中硕果喜人。至2016年末，各项贷款余额211568万元，创建行巅峰。其中：政策性贷款200850万元，自营性贷款10718万元；各项存款45445万元；利润2895万元，实现“十三五”良好开局。

该行以服务“三农”为根本宗旨，履行农业政策性支农职责。稳定粮食市场，确保县粮食安全，做好收购资金供应，完成县地方储备粮扩容增储工作。2016年，完成增储6300吨，圆满完成2014年中央下达的地方储备粮增储计划13300吨。主动适应新常态，围绕县政府项目建设规划，培育高端客户，加大对县域公共基础设施建设、棚户区改造、整体城镇化建设、水利及改善农村人居环境等“三农”领域信贷支持，开创农业政策性金融工作新局面。2016年支持象山县政府项目3个，全年累计发放中长期贷款132000万元。其中象山县石浦城市建设投资发展有限公司55000万元，象山产业区投资建设有限公司70000万元，象山县茅洋新农村建设投资有限公司7000万元，发挥该行在“稳增长、促改革、调结构、惠民生”中的重要作用。支持地方政府消化债务，减轻政府负担。采用定向承销的方式对政府债券予以置换，收回中长期贷款42450万元。面对复杂的经济形势，该行结合监管改善和企业诉求，发展农业开发和农村基础设施建设，扶持推动县农村金融发展。

商业银行

【中国工商银行象山县支行】 中国工商银行象山县支行下辖一个营业部，7家网点，共有员工202人，集中分布在中心城区、石浦镇两地。2016年末，本外币各项存款余额60.54亿元，贷款余额89.8亿元，实现拨备后利润1.57亿元,五级分类不良贷款占比0.86%。面对复杂多变的经营环境和日趋激烈的竞争形势,该行贯彻工行总行转型决策部署及上级分行"领先发展"工作要求,拓市场、稳质量、调结构、抓改革、转作风,取得良好经营业绩。

2016年,该行立足象山区域经济,支持县域重点大项目、小微企业、涉农企业和民生项目,全力助推区域经济大发展,承担起工行作为大行的责任和义务,与困难企业共渡难关,做到不首先压贷、不首先抽贷,做好转贷工作,为维护象山县金融稳定保驾护航。推动民生领域建设,重点推动中医院迁建工程、产业基金、五水共治、PPP基础设施建设等项目。

在网点服务上,该行推动网点运营标准化改革与网点竞争力提升工程。优化柜员、柜口和岗位的配置,发挥网点的辐射服务能力,激发网点发展活力,改善服务环境、卫生设施,提升服务效能。企业文化建设得到加强。

【中国农业银行象山县支行】 中国农业银行象山县支行下辖8家二级支行、1家营业部,12家离行式自助银行,共有员工262人。2016年末,该行本外币各项存款57.97亿元,比年初增加 5.78亿元,增幅10%;本外币各项贷款 72.14亿元,比年初减少8.43亿元。

象山农行对接象山县水务集团、象山县原水有限公司定制金融服务方案;支持大目湾、广电、城投棚户区、国投水利等项目,服务县域经济。支持数字电视项目贷款2亿元,前期投放5000万元。与象山县美丽集镇建设项目、中核公司、象保区平台公司(宁波航天智慧科技城建设有限公司)实现服务对接,支持县内企业转型升级。以"银医通""银校通"为载体,加大对教育、卫生、文化、旅游、保险等系统性客户的金融服务,设计在线缴费系统,为县域内有关学校学生家长提供缴费服务。

银校通发展学校4家;银医通成功落地1家。针对不同客户,该行提供个性化的营销方案和一揽子金融解决方案。推动城区个人住房贷款中心建设;推动法人贷款逐步集中经营;实现汽车信用卡分期业务集中经营。对辖属兴港支行进行"瘦身",开展客户部与个贷中心运作准备。启动网点二次转型工作,提升服务质量。

2016年,该行被中国金融工会全国委员会命名为"十二五"期间全国金融系统劳动竞赛示范单位。获得评浙江省农村金融研究工作先进单位、中国农业银行总行级信息科技先进单位、中国农业银行宁波市分行2016年"春天行动"综合营销活动先进集体等荣誉称号。该行员工章亚君获评中国农业银行总行级优秀共产党员。

【中国银行象山县支行】 中国银行象山县支行成立于1991年,本级设立5家部门,下辖5家二级支行,共有员工162人。2016年,面对复杂的内外部形势,该行以"控风险、提效能、强管理、育人才"为工作主旨,强调发展质量,夯实业务基础,提升经营管理水平,稳步拓展各项业务,实现人民币各项存款余额38.83亿元、人民币各项贷款余额70.04亿元,外汇各项存款余额4244万美元,外汇各项贷款余额2712万美元。

象山中行推动支农、支小、产业转型等信贷政策转化为可见、可用、可复制的信贷产品和对应服务,开展实地走访、融资对接、产品推介等主题活动。叙做内保外贷业务,解决境内企业境外子公司融资难的问题,支持象山县重点企业拓展海外业务;叙做海外贷业务,解决有海外融资平台且有海外支付需求企业的融资困难;叙做人民币交叉货币互换业务,大幅降低客户的利息支出。推出爱家分期业务,解决客户置业后衍生的汽车、家装、家具、家电、购房税费、车位、婚庆、旅游等家庭自用消费需求,在辖内属首创;推出"中银E贷"业务,通过贷款申请、审批的无纸化,实现全流程的"秒贷",给客户真正带来便利和实惠。象山中行是象山县政府实施科技金融方案的合作银行,通过政银合作,优势互补,合力创新打造专属象山科技型中小企业的"象山模式",共同破解科技型中小企业融资难题,有效满足科技型中小企业全方位的金融服务需求。2016年期间成功对5家初创型小微科技企业进行贷款发放,做多个辖内首创业务。

获得荣誉情况:象山中行荣获2016年象山县科技创新先进服务单位、2016年"执行外汇管理规定情况考核A类行",先进员工郁寅荣获中国银行总行年度不良资产清收化解先进个人。

【中国建设银行象山县支行】 中国建设银行象山县支行下辖6家营业网点，14家离行式自助银行，共有员工140人，集中分布在丹城城区、石浦两地。2016年，象山建行实现本外币一般性存款余额43.77亿元，各项贷款余额58.17亿元，整体业务经营和管理工作实现稳健发展。

对接政府相关部门，支持县域重点项目，包括浙江广电象山影视基地项目，宁波半边山投资有限公司半边山旅游度假区（一期）项目，71省道盛宁线东陈至茅洋段改建工程PPP项目，东外环路快速化改造工程PPP项目，象山棚户区改造项目等。扶持小微企业发展，在当前信贷资源有限的困境下，向上级行争取信贷规模，推出“善融贷”“网银循环贷”“税易贷”“小微快贷”等小额贷款产品，共支持中小企业132家，累计投放中小企业贷款3.21亿元，解决中小微企业融资与担保难问题。推进营业网点渠道建设，全年共新增4家离行式自助银行，覆盖丹城城区、石浦、西周、黄避岙、墙头、贤庠、爵溪等地，覆盖面广。全力推动公众服务，贯彻落实“普惠金融”政策，先后走进企业、军营、学校、社区，为广大员工、军人、学生、社区居民普及金融知识，送去一揽子金融服务，获得一致好评。

【交通银行象山县支行】 交通银行象山县支行下辖营业网点1个，外有离行式自助银行6家，全行31名正式员工。2016年末，本外币各项存款余额13.73亿元，比去年新增1.39亿，增幅11.3%；本外币各项贷款余额28亿元，比年初减少0.2亿元；中间收入418.36万元，全年实现经营利润4048万元；不良贷款余额4085万元，不良率1.46%，比去年下降1.24个百分点。该行围绕“深化改革、转型发展、从严治党”三大任务，以“抓存款、稳利润、控风险”为主线，以控制信贷风险为重点，夯实客户基础，开拓各类转型新业务，通过全行上下协作，2016年在宁波分行排名第8，同业同类竞争力有所提升，综合竞争实力稳健增强。

2016年，象山交行主动让利小微企业，主动承担抵押登记费，尽量以贷款取代承兑产品，减轻企业融资成本。2016年发放小微企业贷款53479万元，比年初新增13061万元。立足当地，对接县域重点优质项目，对棚户改造区和县教育设施等项目加大授信支持，加快信贷投放节奏。重点发展房贷业务，重点对“绿城-兰园”“金都花苑”“保集-蓝郡”“城南御府”“保集-府邸庄园”等楼盘进行按揭发放。截至2016年，新增房贷3835万元，房贷总量达5.9亿，占该行总贷款的22%。以年初上级行“做大做强同业业务”的工作指示，发展同业存款，深化同业合作领域。截至12月末，该行共有3家同业合作单位，同业存款余额达48176万元，以“同业代客理财”为突破口，深化与象山县农村信用社合作深度，实现同业理财产品金太阳、金月亮销售零突破。针对仅以传统国际结算客户为主、缺乏转口贸易等具备配合续作国际金融衍生产品客户的薄弱业务，转型突破从营销结售汇业务开始，坚持发展国际业务基础客户，多次邀请分行国际业务部进行专项业务指导，成功办理跨境转口贸易融资业务，填补该行在该业务的空白，拉动1亿元人民币结构性存款。截至12月，完成国际业务非利息收入100万元，国际结算收入完成7321万元，国际业务新增动户5户。

【上海浦东发展银行象山县支行】 上海浦东发展银行象山县支行有网点一个，2016年新设石浦小微支行一个，员工35名。截至2016年年末，本外币各项存款余额137345万元，比年初增加16099万元。其中，个人存款余额6949万元，对公存款余额130396万。本外币贷款余额为235133万元，比年初增加45357万元。其中对公贷款余额144247万元，比年初增加1425万元，外币贷款余额2515万元；个人贷款余额90886元，比年初增加43932万。

2016年，该行新增6家5000万以上授信客户。发放项目贷款4.3亿元，支持县里园区、水务、物流等重点项目建设；发放类信贷业务1.6亿元，通过资产证券化，节省银行信贷资源，降低企业成本；全年票据资管业务3.3亿元，有效提高企业的融资便利性；利用上海分行和自贸区分行离岸资金，全年完成银租宝、银租证及国内证叙做福费廷业务5.34亿元，达到增存款、提中收、消规模的目标；借助大宗商品交易衍生工具，帮助企业实现套期保值并获得融资，2016年发生大宗商品融资5500万元。

该行利用浦发优势产品，如“合力贷”“房抵快贷”“好房贷”“浦银点贷”等系列产品，为县个人客户提供最有效的金融解决方案。信用卡的“万用金”和“随借金”业务，一经授信终身有效，2016年共新增卡量1523张,新增信用卡贷款7367万元;利用总行搭建的互联网投融资(P2P)平台“靠浦E投”,发布融资项目信息17次,融到资金496万元,丰富小微企业的融资渠道。

【平安银行象山县支行】 平安银行象山县支行是平安银行股份有限公司宁波分行驻象山的一级支行机构,前身为深圳发展银行股份有限公司宁波象山支行,2009年9月开始筹备,2009年12月17日正式挂牌成立,于2012年8月27日正式更名为平安银行股份有限公司宁波象山支行。该行员工27人,营业网点一个,24小时自助设备银行一个。

该行围绕象山县重点开发项目和重大战略规划,开展各种创新手段为象山经济发展做出贡献,信贷资金服务“三农”经济和支持中小微企业,对象山县支柱和新兴产业,如旅游业、影视业、水产业及各个乡镇实体经济体给予信贷政策倾斜。该行根据县海洋性经济特色,结合总行优秀金融供应链系统,研发鱼粉抵押、水产品货押等金融创新产品,成为象山同行中首家开办鱼粉及水产品货押业务的机构。顺应网络金融的大趋势,凭借平安集团资源优势以及科技力量推进网络金融业务发展,发票贷、税金贷等基于网络大数据类信用产品稳步推出,为中小企业解决出口回款以及退税款审核周期内资金周转问题。发展业务同时,不忘风险把控,坚持以把握风险为第一原则。

该行以“最佳零售银行”为战略目标,立足象山,以服务民生,建设民生为己任,推进零售转型。一方面,发展个人理财、基金、保险等综合金融产品,满足人民群众多元化的资产保值增值需求。另一方面,发展按揭贷款、消费金融贷款等个人贷款业务,解决个人融资需求打动市场消费增长,该行致力将产品的设计和开发从客户需求出发,在运行过程中更具客户的反馈进行迭代优化,最终达到客户的需求,打造“不一样的”智能化的零售银行。

【光大银行宁波象山支行】 中国光大银行宁波象山支行成立于2010年10月,设营业部1个、自助银行1家,共有27名员工。2016年末,各项存款余额13.1亿元,各项贷款余额200453万元。

2016年,在复杂的金融环境下该行坚持创新,在政府采购小微贷款平台,新产品融资租赁模式上有重大突破。关注中小微企业的发展是该行的重中之重,在优化信贷流程、简化操作程序上下功夫,为小企业贷款开通“绿色通道”,业务审批实行差异化运作,在运营机制上满足广大小企业“短、频、快”的融资需求。立足象山当地,坚持科学发展,突出亮点业务,狠抓弱势业务。截止12月末,支行信用卡中收近两千万元,中收及高端卡发卡、员工发卡均列分行第一。获得2016年开门红分行信用卡、个贷新增贡献奖,明星支行,其中2名员工获得分行开门红信用卡先进个人。上半年获得分行个贷、信用卡业务发展奖。理财销售额在象山地区同业中排名前列。

2016年,支行荣获宁波市治安安全单位“两星”单位;2016年度现金收付业务先进网点及2016年度货币流通业务管理优胜单位。2016年下半年分行柜员考试中综合得分名列第一,2名柜员取得二级服务能手称号。

【招商银行宁波象山支行】 招商银行宁波象山支行成立于2010年5月,自2015年起实行事业部制管理,设小企业金融部、零售银行部、零售信贷部和运营部,共有网点1家、在行式自助银行1家,35名员工。2016年该行围绕总行“一体两翼”发展思路和“四大战役”战略部署以及分行“一二三”工程,加快转型,苦练内功,发展与管理并重,经营与服务兼备,取得成效。确立“零售为体”的战略定位,发挥零售基因、品牌优势和服务体验,以手机银行等优势产品功能带动零售业务发展,实现零售业务净收入2900万元,零售存款3.3亿。零售信贷新增7227万元,贷款余额8.75亿元,占该行贷款总额半壁江山;加快代发拓客,新增代发有效户1950户,累计代发3亿元;力推产能飞跃,实现零售财富中收500万元,新增AUM(财富资产)2.6亿,总额达到12.8亿。同时聚焦公司“四类客户”和“成长型客户”,以零售和交易银行产品开路,加快新客拓展和项目报批,落地重点项目和核心客户15户。加强风控管理和清收力度,不良率控制在1.5%以下。

该行坚持服务地方经济、助力企业发展的信贷政策导向,深化银企合作帮扶,在信贷总量稳步提升基础上优化信贷结构,小微企业贷款、农林牧渔业贷款、县投资重点项目贷款增长,中小企业授信占比超过90%。发挥网上企业/个人银行、银关通、商票贴现、融资授信、贸易融资、离岸业务、个人资产业务和双卡(一卡通、信用卡)系列等业务特色和优势,推出摩羯智投、多级现金池、区间远期等特色业务和创新产品,降低企业融资业务操作成本、提高融资放款效率、提升客户服务体验,促进和助推地方产业经济发展。

【中信银行宁波象山支行】 中信银行宁波象山县支行位于象山县新华路298号,内设行长室、风险部、业务部、综合管理部、营业部,外设离行式自助银行3家,有员工32名。2016年,中信银行宁波象山支行坚持稳步发展、创新的经营理念,截止12月末,该行自营存款余额12.26亿元,各项贷款余额26.82亿元,荣评2016年度象山县金融机构综合考评B等次。

中信银行宁波象山支行主动承担起助推县域经济发展的责任,对接政府大平台、大项目,推进政府重点项目建设,包括象山城投集团与水务集团的基础设施建设、象山交投的道路交通建设以及产业区、旅游影视等产业的信贷支持。截至12月末,实现全年信贷投放共26.82亿元,较上年新增8.02亿元,增幅43%;其中对公贷款余额20.17亿元,较上年新增3.87亿元,个人贷款6.65亿元,较上年新增4.15亿元。支持实体经济发展,加大对小微企业、农(渔)业、个体工商户的政策倾斜,争取信贷资源,优化流程,为小微企业、农(渔)业、个体工商户提供便捷、安全的融资服务,通过产品创新为其解决融资难、担保难问题,以房抵贷、公积金信用贷、法院网拍贷款等产品为载体,发展个人信贷业务,服务零售客户群体。开展"普惠金融"工作,进企业、进社区、进学校,为广大金融客户群体提供金融知识普及,全力推进"普惠金融"工作的深度与广度。

【民生银行宁波象山支行】 中国民生银行象山支行下辖营业部1家,社区支行1家,小微支行1家,自助银行5家,有43名员工。 2016年该行在县委县政府及上级行的领导下,在相关部门支持下,始终牢记金融服务地方发展的使命,坚持"真诚、务实、创新、担当"的企业文化,坚持"强基础、聚特色、控风险、塑文化"的发展主线,践行"规范、发展、提速、执行"的使命,依然保持稳健良好的发展态势。截至2016年末,各项存款日均余额达13.8亿元;各项贷款余额21.6亿元;全年实现净利润4598万元。

通过扩增渔货动态质押押品种类,更广泛地解决水产加工企业融资担保难之瓶颈。2016年1月起实现渔货质押品种类的增加和范围的扩大,由原来的鱿鱼单品种,扩增至马鲛鱼、鱿鱼、章鱼、带鱼、小黄鱼、鲅鱼6类水产品,并且由原来静态质押提升至动态质押,极大提升水产企业融资便利,而且"随质随融",加快资金周转,减轻企业利息负担。

通过创新,开发"银租通"产品,对接上海自贸区民生银行和多个金融租赁公司,采用设备租赁方式为企业争取融资规模,有效地解决企业融资难问题。

推出"电子化贷前调查",可将客户经营情况、收入情况、资产证明等相关贷款所需资料,由客户经理到客户经营场所现场拍照采集,现场上传移动设备,同步导入微贷智能评审系统,利用微贷审批模型,现场实时测评贷款额度,大大缩短贷款审批时间,即时告知客户审批通过额度、期限等信息,缩短客户等待时间,也简便客户贷款手续,加快投放速度。

2016年9月象山石浦小微支行成立开业,以此为服务平台,以海洋渔业为特色,立足地方,开展各项金融服务,当地海洋渔业及居民的授信规模达到 7.05亿元,其中海洋渔业企业4.98亿元,渔民贷款1.6亿元,个人按揭综消类贷款0.47亿元。

宏润花园社区支行以打造成周边社区"家门口的银行"为宗旨,开展客户精细化服务,取得良好成效。2016年初获得总行优秀轻型网点评选三等奖,2016年6月金融资产月日均突破2亿元大关,入围总行首批社区支行亿元俱乐部。

【中国邮政储蓄银行象山县支行】 中国邮政储蓄银行象山县支行成立于2008年4月2日,内设综合管理部、风险合规部、个人金融部、公司业务部四个部门,下辖1个营业部、4个二级支行,18家邮政代理网点,有95名员工。2016年末,全县邮政金融存款余额17.4亿元,同比增加2.2亿元;各项贷款余额21亿元;实现自营业务收入7031万元。全行各运营条线通力配合,风险控制能力、科技支撑力量、后勤保障力度及绩效考核机制等得到提高和完善。

渔船抵押贷款业务是中国邮政储蓄银行象山

县支行的核心业务之一。按照宁波分行的要求,完成渔船抵押贷款的调研工作,为总行开发此项产品提供详实的依据,2009年成为全国唯一渔船抵押贷款业务试点支行。邮储银行象山县支行渔船抵押贷款业务为县域内海洋经济发展做出贡献,截止2016年末,渔船抵押贷款实现结余7亿元,市场占有率超过70%,居全县第一。

2016年,邮储银行象山县支行贯彻国家宏观调控政策和要求,坚持服务三农、小微和社区的定位,并围绕象山县经济发展特色,发挥资金融通和资源优化配置作用。12月末,实现信贷结余21亿元,同比增加2.8亿元。其中,小企业贷款实现结余1.92亿元;小额贷款实现结余1.3亿元;渔船贷款实现结余7亿元。面对复杂的国内外经济形势,该行结合监管政策和象山县居民需求,对困难企业、个人提供信贷帮扶。通过产品要素调整、优化流程、简化手续等方式,为百姓带来实惠和方便,为扶持和助推地方经济建设提供支撑。

【宁波银行象山支行】 宁波银行股份有限公司象山支行下辖营业部1家,二级网点5家,区域辐射丹城、石浦、西周、东陈、贤庠,共有160多名员工。营业部内设8个部门:行长室、综合部、业务管理部、公司业务部、交易银行部、零售公司部、个人银行部、运营部。截至2016年12月,存款余额达到32亿,贷款余额达到34亿元,一直处于增长的稳健状态。

该行合理摆布资源,推进业务结构向多元化转型,打造出公司银行、个人银行、零售公司、金融市场、资产管理、资产托管、投资银行、信用卡等利润中心。各利润中心以"了解的市场,熟悉的客户"为基本市场准入原则,具有明确的客户目标、发展定位和盈利增长点,竞争优势逐步显现,白领通、国结业务、易托管等特色业务在同业和市场中初步树立起良好的品牌形象。支行坚守"诚信敬业、合规高效、融合创新"的理念,为客户提供最优质服务,2016年被人民银行评为A类金融机构。

【宁波东海银行象山支行】 宁波东海银行象山支行下辖营业部1家、支行6家,170名员工。2016年末,各项存款余额100,552万元,各项贷款余额145,768万元。立足区域实际,围绕"控制实质风险、确保业务合规"和"从严治行、从紧管行"的经营思路,贯彻落实全年工作目标,处理宏观调控与自我发展、总量与结构、风险与效益的关系,加强内部风险控制管理和业务拓展创新,开展"双零"目标行动,拓展零售业务,继续提升运营管理水平,各项业务稳步发展,各项经营管理工作都取得业绩,资产规模、盈利水平、资产质量等都有较大幅度的增长和提高。

该行开拓研发推广创新产品"车福贷""福险通""微福贷"政府国有企业贷款、低风险业务及委托贷款,优化"船福贷""渔易贷"业务流程。截至2016年末,"车福贷"产品贷款户数达252户,余额2290万元;"福险通"产品贷款余额达2483万元;办理委托贷款3户16笔,总金额21434万元;"船福贷""渔易贷"产品贷款余额达8787.7万元;"微福贷"产品累计放款9201万,贷款余额2521万元;向国有政府企业发放贷款余额26200万元(另有8000万转为政府债券),较2015年同比增加6900万元,向国有政府企业投放结构化融资规模17,620万元。

截至12月末,该行累计销售理财产品170,733万元,理财销售增长迅猛。电子渠道替代率增长6.73%。共回笼清分上缴现金65156.7万元,其中回笼清点上缴残破币共计1266.6万元,投放现金共计9363万元,其中ATM机现金清分14611万元。6月份在象山丹城城东菜场开展硬币兑换大篷车活动,共计兑回硬币56157枚,金额18920元,服务客户数40人次;7月份硬币自助兑换机落户象山支行,累计兑换硬币130624枚,金额36678元。全年发动各网点进农村、社区、广场、菜场等做好反假宣传工作26次。

【上海银行宁波象山支行】 9月23日,上海银行A股首发上市申请获得证监会核准批文。作为中国首家以城市名称命名的城商行,上海银行在成立二十年后获得登录上交所的"门票"。2016年《银行家》杂志发布的"全球银行1000强"榜单,上海银行分别位居一级资本、总资产总额排名第91、97 名,首次进入全球银行百强行列。

上海银行象山县支行现有网点1家,员工27名。截至2016年底人民币各项存款余额116151万元,比年初新增19985万元,增幅20.78%,新增市场份额占比3.37%,其中人民币储蓄存款21381万元,比年初增加519万元。人民币各项贷款221452万元，比年初新增80805万元，增幅57.45%，新增市场份额占比28.64%。不良贷款、不良率实现双降。综合经营能力名列分行前茅。

2016年该行按照“分行专业化、网点零售化”的工作思路，转型发展有序推进，业务规模再上新台阶。做好公私联动，营销信用卡、金桔贷、慧通卡等零售主打产品，获客户能力明显增强。推进会计基础管理、操作风险防控、合规行为实施、业务技能学习，提升队伍战斗力。

【浙江民泰商业银行宁波象山支行】 浙江民泰商业银行宁波象山支行地处丹东街道丹峰东路299-315号，设有行长室、综合部、营业部和3个业务部，在册员工共计34人。截至2016年末，浙江民泰商业银行宁波象山支行各项存款余额30906万元，比年初增加4759万元，增幅18.20%。各项贷款余额37153万元，比年初增加1748万元，增幅4.94%，实现财政总收入2918万元，账面利润1102万元。

自浙江民泰商业银行宁波象山支行列入民泰银行的标杆支行后，坚持以创新求发展的经营思路，履行模范支行带头作用，走出具有民泰特色，与村民融合的发展之路。围绕民泰银行总、分行确定的工作目标，通过信贷服务、企业文化建设、进村入户整村授信的全新发展模式，推进各项工作稳步发展。2016年，该行依托象山港海洋特色经济和块状特色产业经济等优势，以整村授信的批量化作业模式，拓宽“三农”基础客户群体，重点涉及养殖业、乡村休闲旅游、渔业等市场，贷款累计发生额11665.35万元，惠及573个批量客户，满足农户金融需求。

该行自2013年1月成立后，秉持“服务中小企业、服务个体户、服务城乡居民”的经营理念，坚持小额、分散的市场定位，潜心扎根村镇业务开拓。辛勤付出，获得认可与荣誉。2016年，象山支行获得总分行先进集体、市级金融系统青年文明号。

【象山县农村信用合作联社】 截至12月末，象山农信联社各项存款余额118.88亿元，比年初新增15.68亿元，增长15.2%；各项贷款余额89.88亿元，比年初新增9.57亿元，增长11.91%。五级不良贷款余额2.23亿元，不良率2.48%，实现业务收入78147万元，实现利息收入64397万元，账面利润17258万元，实际利润9015万元。

该行参与“三位一体”农民合作经济组织体系建设，成为农合联副理事单位，全部开立基本结算账户。围绕农村“三权”改革，出台农村集体养殖水面经营权抵押、农村承包经营权抵押、林权抵押等管理办法，激活农村产权。在各村推进整村授信工作，在全县207个村集团授信32.03亿元。与人社局等部门合作，重点推广养老保贷款，发放贷款13092笔8.49亿元，比年初新增6.34亿元和9984户；与工会组织合作，全面推广“蓝领通”贷款，发放贷款2198笔2.39亿元，推出“蓝领通”专项抵押贷款集团授信1亿元。与校园合作，新增2家学校推广智慧校园卡。

该行深化渠道建设，新设东陈信用社、莲花分社迁址、沙岗分社，结合人行普惠金融综合示范村建设要求，对辖内方家岙村、樊岙村进行重点打造，推进集金融、电商、便民服务于一体的丰收驿站建设，建立丰收驿站2家，设立微银行661个。通过柜员职能转型、电子银行网点PK竞赛、推进线上渠道建设等方式缩小差距，全年减柜转型为引导营销15人，可分离业务在柜面业务中的占比由年初的28%下降至23.46%；电子离柜率59.38%，比年初提高13.83个百分点。开通“丰收·社区”微信公众号，搭建微服务平台；开展电商业务，丰收购电商平台入驻商户13户，上架商品176件，试点上线丰收家O2O平台并入驻客户5户。稳步试点开展普惠积分换礼品活动，在全县总社一级推广，促进业务粘性发展。注重网点服务形象维护，按照中银协标准，新创建省级文明服务示范单位1家、市级1家、市级复评2家。

对照宁波银监局“两加强两遏制”回头看要求，各条线制定自查方案，全社开展全方位的“体检”，共自查发现问题10类259个。强化维稳安保工作。以平安护航G20为抓手，推进维稳安保和金融服务保障工作，落实GA38新标准，在全辖网点完成业务录音录像等“双录”工作。全年开展三期压力测试。围绕“有效管控风险、有效防范案件”的目标，自行研发柜面事务管理系统，建立网点常规检查与突击检查交互常态机制，全年突击检查网点45个，对存在问题及时通报整改。有效推进重要信息系统安全等级保护工作，取得宁波公安局颁发的信息系统安全等级保护二级备案证明。

2016年12月，象山农信联社荣获“浙江省抗癌爱心单位”称号，该荣誉由浙江省科学技术协会、浙江省红十字会、浙江省慈善总会、浙江省抗癌协会联合颁发。

【象山国民村镇银行】 2016年，象山国民村镇银行各项存款达到25.28亿元，比年初增加5.11亿元，创历史新高。其中储蓄存款14.2亿元，占比56.17%。各项贷款19.12亿元，比年初增加2.03亿元。累计发放贷款8064户，其中2016年新增贷款2468户，占全行贷款总户数的30.61%；贷款户均23.71万元，比去年减少6.84万元，减幅达22.39%。该行加快发展步伐，集全行之力推进挂牌上市并成功获批登陆“新三板”，开创浙江省村镇银行进入资本市场的先河。先后荣获第五届全国十佳村镇银行、2015年度全国十佳成长性银行，一年内获得二块“国字号”荣誉。新增营业网点2家，累计达到12家，为宁波市规模最大的村镇银行。

【象山中银富登村镇银行】 经营业绩 象山中银富登村镇银行于2013年9月18日开业，于2015年2月1日、2015年12月31日各在丹东街道、石浦镇开设支行，在编员工59人。截至2016年末，各项存款余额1.86亿元，各项贷款余额4.03亿元，开户数16000户。2016年的营业收入为2071万元。

为更好地服务基层，服务社区，该行进行转型升级，根据象山当地实际情况，自主研发产品，因地制宜地设计出接地气的金融产品。该行的客户经理响应“千名客户经理进万家企业”的号召，全年走访1000多家小微企业，建立客户群体，宣传品牌。推出续贷保贷款产品，向符合条件的中小企业提供快速贷款，享受一年到期后不还本即可自动续贷的优惠政策。为辖区内中小微企业提供融资“快车道”，续接发展“生命链”。瞄准象山三面环海的区域特色，推出适合水产养殖户的欣农贷（水产养殖）产品，发放信贷资金4800多万元，并有后续500多万信贷资金在继续发放中，结合欣农贷产品成功推出的经验，开拓适合于海洋捕捞的渔船抵押贷款产品，于2015年3月份推出，截至12月底放款131笔共计3582余万元。象山中银富登村镇银行响应总部“扎根社区，专注服务，做老百姓身边的银行“的服务理念，为象山“三农“建设提供信贷资金支持。在产品服务上，满足当地金融机构服务相对空缺的客户群体，推出兴家贷、二手房安居贷等。

【浙江泰隆商业银行宁波象山支行】 2016年，是浙江泰隆商业银行宁波象山支行的起步之年，在2015年该行落地开局、社区规划梳理和人才梯队建设等基础上，泰隆银行象山支行迈出总体稳步经营的坚实一步，并且在业务推进、梯队建设、信贷风险防控等方面，取得一定的成绩。该行有员工总数33名，其中行长、副行长各1名，业务团队负责人4名，信贷综合岗1名，柜面人员9名，转正客户经理11名，未转正员工7名，团队配置为1+3(团队设置为1大3小)。另外，行内配备两台自助银行机具与一台硬币存兑一体机。

2016年实现产品买方市场的量身定制，除了对广大农业种植业、海产品养殖业、农产品批发零售业等农业经营户提供便捷的金融服务外，拓展服务的广度，实现农村消费信贷业务占比的较大幅度提升。各项存款余额为15918万元，同比去年增加4977万元，各项贷款余额为24905万元，同比去年增加8319万元，不良贷款余额为0元。开发主推子社区52个，举办整体授信活动34场，发放授信证书762本。实际主推子社区内新增贷款户数894户，占全年新增贷款户数的61.70%，实际主推子社区内新增贷款金额10624万元，占全年新增贷款金额的57.10%。

响应人民银行开展硬币自循环试点工作，以硬币自助兑换机为载体，通过“走出去，请进来”等系列活动，2016年，共回笼社会“沉睡币”2254133枚，共存兑一元硬币1247318枚，五角硬币146208枚，一角硬币860607枚，合计2254133枚，共计金额1406482.70元。被人民银行象山县支行评为“2016年度现金收付业务先进网点”及“2016年度货币流通业务管理优胜单位”；泰隆银行象山支行副行长陈轮辉被宁波市人民银行中心支行评为“全国硬币自循环试点工作先进个人”荣誉称号；信贷综合岗钱洋被宁波市公安局评为“2016年度全市先进保卫人员”。

金融监管

【概述】 2016年,全县共有银行业金融机构21家,网点152家,银行从业者2508名,自助银行170家,ATM机238台,存取款一体机273台。本外币存款余额为513.90亿元,比年初增59.77亿元,比年初增长13.16%;本外币贷款余额为670.09亿元,比年初增24.27亿元, 比年初增长3.76%。其中中小微企业贷款余额275.76 亿元,比年初小幅下降7.2亿元,涉农贷款余额366.37亿元,比年初增加3.19亿元。年末全县不良贷款余额为13.63亿元,比年初下降0.06亿元,不良贷款率为2.03%,比下降0.1个百分点。

【引导银行业发展】 2016年,宁波银监局象山监管办事处围绕监管重点工作部署,响应象山县政府重大决策,引导银行业围绕供给侧结构性改革发力,支持实体经济发展,促进县域经济金融平稳有序发展。引导银行机构加大对象山县域的普惠金融服务力度。引导辖内法人银行机构制定单独的普惠金融业务尽职免责实施办法。对小微、涉农、扶贫等普惠金融业务适用对象、认定标准、不良容忍度、免责事由、免责范围作出具体规定,实施差异化考核体系。推动金融产品和服务方式创新,拓展普惠金融服务的广度和深度。引导辖内各涉农金融机构提高对"三农"领域资源的倾斜力度,力争完成2016年小微企业、涉农和低收入农户信贷投放目标。引导银行机构网点下沉,实现基层金融服务"村村通"。推进全县"多权一房"抵质押贷款业务增量扩面。引导深化银企对接,倡导银企互信共度难关。多次参与象山县政府有关企业帮扶协调会议,引导协调银行各方统一行动,对协调一致达成帮扶意愿的企业不抽贷、不压贷,帮助困难企业把生产经营局面稳下来,企业资金周转链条活起来,为象山企业走出困境提供应有的金融支持。

【防范和化解金融风险力度】 深化"打逃""防赖"工作,配合政府相关部门打击逃废银行债务行为。通过人大、政协、政府协调会等多方平台呼吁地方政府打击企业逃废银行债务行为,引导银行机构加大对逃废债企业的联合制裁。开展互联网金融风险专项整治,打击非法金融活动。按照《P2P 网络借贷风险专项整治工作摸底排查方案》要求,象山县行动小组联合排查类金融对象175家,未包括实际经营类金融业务的124家,无法联系的42家,对9家进行重点走访排摸。引导银行机构落实降本减负政策,加强金融消费者权益保护工作。督促银行规范服务收费行为,严格执行银监会"七不准""四公开"规定,为企业缩短融资链条,降低融资成本。督促银行公开投诉电话,畅通投诉渠道,安排专人负责对接信访投诉。督促银行落实产品销售透明原则,实施产品销售专区管理,逐步实施专区产品销售"双录"。对接"象山民声回应"平台,及时处理金融政策咨询和信访投诉,做到事事有落实,件件有回音。

【强化精细化监管能力】 落实行政许可初审管理机制,提升初审事项的合规性、规范性以及监管服务水平。全面落实简政放权,深化"放、管、服"相结合,银行机构筹建、开业分二次审批改为开业一次性审批。完成中国银行象山县支行、东海银行象山县支行、农业银行象山县支行高管资格初审工作;完成台州银行象山支行、民生银行石浦小微支行开业初审等。深化差异化监管措施,完成法人和分支机构的各项监管事项。配合完成对象山农村信用联社"两个加强、两个遏制"回头看检查;召开与象山联社、会计师事务所三方会谈;对辖内法人重点督办事项进行现场督办,按时完成材料上报工作。开展"两学一做"教育实践活动。根据宁波银监局"两学一做"学习教育方案,办事处制定"两学一做"教育学习实践方案,扎实完成"遵党章守党规严党纪""合格党员我来说我来做"等规定动作。开展向最美象山人学习,学习身边典型,激发奋斗奉献意识,提升基层党支部战斗力。

保险公司

【概况】 至2016年末,象山辖内共有保险公司25家,保险业机构网点57家,从业人员为2861人。

【中国人民人寿保险股份有限公司象山县支公司】 中国人民人寿保险股份有限公司象山县支公司成立于2010年,以建立专业化、规范化、效益化的专业寿险公司形象为经营目标,恪守中国人民保险"人民保险,服务人民"的宗旨,深入贯彻总公司"稳增长、重价值、强基础"的战略方针,在学习、探索、实践的过程中稳步发展。

10月,该公司新任高管负责人正式到位,年初仅有3人规模,全年建立起28人的销售队伍,为个险、银保、互动三大销售渠道发展打下基础,步入发展快车道。借力分公司项目组专业化操作力量,运作多场营销项目,放大营销活动的产出效应。公司全年实现新单规模保费1541.2万元,实现新单期缴保费1411.8万元,新单期缴保费完成全年计划目标。其中,银保渠道贡献度最大,实现保费1448.69万元,占总保费的94%。

1月,中国人民人寿保险股份有限公司象山县支公司,该公司营业场所变更至象山县丹东街道丹阳路558号2-2104室。

【中国人寿保险股份有限公司象山县支公司】 2016年,象山县共有中国人寿、太保寿险、平安寿险等10家寿险经营机构,全县寿险总保费收入6.47亿元,寿险深度、密度分别为1.48%、1175万元。中国人寿保险股份有限公司象山县支公司实现总保费收入2.28亿元,同比增长16%,市场份额为35.24%,保持行业主导地位。截至2016年累计承保农村居民近9万名,提供累计风险保障额近30亿元,累计赔款近200万元。

11月份,该公司针对女性高发的"四大癌症"(原发性乳腺癌、原发性宫颈癌、原发性子宫内膜及原发性卵巢癌),开展国寿女性安康保险的试点推广工作,截至12月底,累计为全县15个乡镇3个街道370个村的13296名妇女提供总保额为66480万元的风险保障。

公司创新承办社会医保异地核查和民政救助、优抚对象医疗结报两个项目,公司政保项目办公场所与县医保中心结报中心实现合署办公,完成原新农合、大病保险结报系统与城乡居民医保险系统的对接,深化与县人社、劳动等部门的交流和沟通,组织有关领导赴江苏等地学习考察先进经验,拓宽合作领域和创新项目打好基础和营造氛围。累计为全县11000余名民政优抚及社救对象结报近4.8万人次,金额近830万元。

2016年,该公司客服中心全面推进"E路前行,E心E意"电子化服务,包括E宝账、E保全及微理赔等服务,截至12月底,E宝账注册用户3531户,保单借款、联系方式、续期交费账号变更等保全操作2079人次,实时在线交费、保单查询等服务被广泛使用,受到广大客户的一致好评。

公司连续三年开展"微心愿"公益活动,树立中国人寿"国"字号品牌,夯实企业服务民生的信念。为全县30余户困难计生家庭点亮 "微心愿",送出爱心物资共计2万余元。为全县18个乡镇的324户困难家庭提供意外险保障,践行中国人寿"相知多年 值得托付"的庄严承诺。

7月,公司被股份总部党委评为 "先进基层党组织";2014年至2016年,连续被评为全市系统综合经营考核先进单位; 12月21日召开的象山县金融业协会第一次会员大会上,公司被推选为副会长单位,系全县寿险业唯一一家。

【阳光人寿保险股份有限公司象山支公司】 截止至2016年12月末,该公司机构设置为:象山支公司1家,营销服务部1家(石浦机构),内勤人员3人,综拓人员1人,外勤人员51人,持证率达到100%。

公司贯彻落实总公司的人力资源绩效考核和管理工作,注重企业文化建设和核心凝聚力,履行社会责任,定期对在职员工开展培训学习,培养公司员工的合规意识,提高员工合规经营的自觉性。对新进人员进行阳光礼仪和文化方面课程的培训,每日晨会要求所有员工齐唱公司司歌司训,通过日常工作渗透阳光文化。2016年,公司整体业务发展平稳,总体保费收入为883.555678万元,个险保费收入为883.555678万元,个险新单保费收入为303.954255万元,个险续期保费收入为579.601423万元。

2016年,公司推出直通互动,微信公众号。客户可以在微信中了解名下所有的保单信息,可以在微信中操作一系列保全事项。公司坚持合规经营,履行保监局制定的各项监管政策,完善公司内控制度,履行保险公司反洗钱义务,以"让我们的服务成为客户选择阳光的理由"为奋斗目标,解决保险公司理赔难的问题。阳光人寿保险股份有限公司象山支公司通过完善内部稽核制度、客户服务制度、财务纪律等，使得公司的各项内部管理制度更加完善。

【新华人寿保险股份有限公司宁波分公司象山支公司】 新华人寿象山支公司下辖营业部1家，外勤营业部3家，营业组18家，拥有内勤员工10人，续收人员13人，外勤人力192人，2016年年度标保988万元、占比宁波分公司31%；承保期交保费1068万元，占比宁波分公司30%。不管是从保费数量贡献还是从组织发展方面，象山支公司全部领先全辖支公司。

公司秉承着客户第一，服务至上的理念，围绕着活动经营，创新营销的思路，为象山寿险市场的发展。

【中国人寿财产保险股份有限公司象山县支公司】 中国人寿财产保险股份有限公司象山县支公司主要经营机动车辆保险、企业（家庭）财产保险、责任保险、信用保险和保证保险、短期健康保险和意外伤害保险等。公司内设车险业务部、非车险业务部、互动业务部、综合管理部、客户服务中心，现有员工24名。

2016年，公司贯彻落实保险监管政策和上级公司工作会议精神，秉承总公司"高起点、高标准、高要求"的原则，以"全面、均衡、创新发展"为主题，以提升市场拓展能力为抓手，以经营盈利为目标，以"运营机制稳行、队伍扎实有力、机构能力增强、拓展能力提升"为要求，确立社会责任意识，创新特色服务，开展多方式的宣传与提供咨询活动，促进发展、服务民生，全年完成总保费收入3428万元。至12月底，公司获得保监局授予的宁波保险业"文明服务窗口"称号一次；总公司授予"创先争优先进基层党组织"称号二次。2014年，该公司被分公司授予"优秀客服中心""信息工作先进单位"和"反洗钱先进单位"称号；被县人民银行评为"平安金融"创建达标单位；连续保持总公司授予"三星级窗口服务网点"称号。

证券公司

【概况】 至2016年末，县内共有证券公司2家，分别是光大证券和浙商证券，共有营业部2个，从业人员46人。

【光大证券股份有限公司象山县象山港路证券营业部】 光大证券股份有限公司象山县象山港路证券营业部是光大证券股份有限公司下属的1个营业部，有23名员工。2016年末，资产总额40.8亿元，净收入3930万元，IMS 0.37；合计交易量908亿元，VMS 0.33；利润 2485万元，排列总公司一百多家营业部前茅；周转率23.2倍，传统业务毛佣金率0.57，信用业务毛佣金率0.98，日均资产37.7亿元。两融收入1295万元，占营业收入32%，日均余额27200万元。

该营业部培育一批购买产品比较稳定的客户，建立一种销售产品的模式，2016年完成销售31777万元。融资融券、个权期权、沪港通、IB业务、新三板、资产证券化业务等红红火火地开展，证券市场业务发展非常迅速，推出各种创新产品。

光大证券象山营业部以传统业务为基础，向财富管理专型，连续两年被公司评为先进集体，荣获全国金融五一劳动奖状、全国五一巾帼标兵岗等荣誉。

【浙商证券股份有限公司象山靖南大街证券营业部】 浙商证券股份有限公司是中国证监会批准成立的综合性证券公司，成立于2002年5月9日，2012年9月12日整体变更为股份公司。总部位于浙江省杭州市，注册资本30亿元人民币，实际控制人为浙江省交通投资集团。象山靖南大街证券营业部成立于2010年2月，现有员工31位，其中经纪人11位。截至2016年12月，象山营业部发债、经纪业务等资产规模达近30亿元，全年共实现净利润1056万元。

该营业部开展综合投融资等创新业务，业务涉及融资融券业务、新三板业务、债券承揽业务、IB业务、约定式购回业务、质押式回购业务、撮合投融资业务、代销各类理财产品等。2013年承做由浙商证券作为主承销商的象山县政府18亿元的城投债项目，于2014年4月成功发行，开创象山县政府发行债券的先河；由浙商证券包装在新三板挂牌的企业有2家：启鑫新能、浙江钰烯；辅导象山有潜力的工业企业挂牌新三板（全国股权转让交易中心）。

商　贸

国内商贸业

【商贸概况】　2016年,象山县实现社会消费品零售总额171.08亿元,比2015年的154.7亿元增加16.38亿元,同比增长10.6%;实现商品销售总额446.7亿元,增幅13.4%;商品市场交易总额153.1亿元,比2015年的135.7亿元增加17.4亿元,同比增长12.8%;商贸流通业增加值为61.3元,较2015年的52.6亿元增长8.7亿元,同比增加16.5%,占全县GDP总量的14%,占第三产业的34%。

【优化商贸环境】　①抓商贸集区建设。以优化和改善商区环境为抓手,鼓励发展月光经济,形成大小白象商圈、涌金广场商圈、殷夫公园-国际风情街夜间休闲带等多个特色集聚商圈,其中国际风情街被评为"市级特色夜市街区",象山好声音系列活动成功创建"市级月光经济品牌活动"。②抓项目招商开业。现代家电城、东方商业广场于年中开业,太平洋广场落户博浪海港城于年底开业,进行一兆韦德、东海铭城招商引资项目;按计划完成申怡广场、申菱综合体等商贸重点项目建设。③抓节庆活动举办。成功举办2016象山购物节、汽车巡展、家电主题月等活动,其中购物节期间参与活动商家50余家,累计销售额达7500余万元,同比增长15%。举办第十四届象山海鲜美食节,创新举办"舌尖上象山"精品海鲜宴展评、象山农特产品网上促销等活动,打响象山海鲜品牌。

【推进民生工程】　①实施放心市场工程。投入460余万元西周、石浦新港2家菜市场成功创建省放心市场;投入800余万元完成7个农村菜市场改造提升工程;投入1400万元推进汪家河菜场蔬菜交易区改造。②改善城乡商贸环境。抓好菜市场内外环境卫生整治工作,成立综合执法队伍对汪家河菜场、中心菜场、蓬莱菜场等城区重点菜场开展环境综合整治;推行菜市场经营户不良信用扣分办法;完成中心菜市场、石浦金星菜市场污水处理设施改造。③保障粮食安全稳定。完成粮食安全责任制考核及全社会粮油市场供需平衡调查。2016年签订订单粮农2700户,共完成收购早晚稻和小麦31166吨。落实地方储备粮计划,完成储备粮轮换19200吨。开设地产大米直供直销店2家,6月尝试开展地产优质大米线上销售,2016年下半年通过农村淘宝平台销售600余吨。

【加强行业管理】　①抓专项工作。按要求全力抓好系统"一打三整治"、餐饮行业环保检查、"清三河"、改革满意度调查、危房解危等各类专项工作;出台农村再生资源回收站点建设标准和农村菜市场环境整治方案,提升农村环境。②抓安全管理。结合G20峰会安保维稳工作等要求,开展2016年度"平安商(市)场""平安加油站"等创建活动,对全县30余家商贸企业、44家供油站点(船)开展安全检查50多次,加强系统安全生产管理,确保社会和谐稳定。③抓规划编制。委托专业公司,完成《象山县成品油分销体系"十三五"发展规划》编制,基本完成《象山县"十三五"商贸流通业发展规划》及《象山县"十三五"电子商务发展规划》编制,为下一轮加油站布点、商贸网点布局及电子商务发展做好规划指引。

【春节前夕检查安全生产】　1月12日、13日,象山县委书记叶剑鸣、代县长黄焕利带领县商务、安监、消防、文体等部门负责人对春节前涌金商业广场的安全生产、消防安全进行督导检查。

【2016年春节期间商贸情况】　春节期间消费市场繁荣有序，象山县23家重点零售和餐饮企业实现销售额6050万元，同比增长2.8%，其中大润发、三江、世纪联华等3家大型超市节日期间营业额突破3000万元，炒货坚果、水果礼盒等几类商品走俏。餐饮消费红火，亲朋聚餐、旅游团宴、婚庆宴请等成为餐饮消费市场主力，被列入监测的10家住宿餐饮企业实现营业额710万元，同比增长17.7%。商业综合广场成为新宠，其中涌金广场7天销售额实现2260万元，同比增长8%，主题餐厅、休闲咖啡、娱乐消遣等家庭类文化休闲消费深受欢迎，华影国际影城、时代影院等影院7天实现销售额230万元，上座率均达50%左右，黄金时段上座率达80%以上。菜篮子商品供需两旺且储备充足，从监测来看，蔬菜、肉禽蛋、水产品价格总体平稳，野生宝蟹、解冻大白鳊等高档水产品价格分别为360–460元/公斤，340–400元/公斤，同比增幅28.5%–35%。

【宁波市商务委主任陈秀忠在象山指导商贸工作】　2月15日，宁波市商务委主任陈秀忠带领委有关负责人一行在象山商务局调研指导2016年商贸工作。会上，象山商务局局长孔森山在简要汇报2015年工作情况后，汇报2016年商贸工作思路，并对如何抓好“开门红”以及促销费、保民生等主要工作措施进行交流。主任陈秀忠听取情况汇报后对2016年如何做好商贸工作提出指导意见要求商贸工作围绕“6650”工作目标，要研究制定6方面政策，抓好办好6方面节庆活动，推进落实6方面重点工程，具体落实到50项措施，确保商贸工作开展。

【象山县商贸流通工作会议召开】　3月30日，象山县商贸流通工作会议召开，总结2015年全县商贸流通工作，分析现阶段商贸流通业发展新形势新情况，研究部署下阶段工作任务。副县长叶富兴出席会议。会议指出，面对新形势、新问题，以改革创新为主线，结合实际，加快商贸流通业发展新的提升和转变。要做好重大商贸设施、重大平台规划布局，谋划推动全县商贸流通业新发展。要建立商贸项目信息库，加强实施项目跟踪指导，狠抓重点商贸项目建设。要循序渐进，坚持典型引导、示范带动，推进电子商务发展。要重点扶植一批商贸品质企业，继续加强菜篮子和粮食的供应保障。要加强领导、形成合力，加大扶持、创新服务，提升能力、优化队伍，加快商贸经济转型跨越发展。会议通报表彰2015年度全县商贸流通服务业先进单位和个人。县商务局与商贸企业代表签订安全生产责任状。

【象山企业在“津洽会”斩获5000万元订单】　2016年中国·天津第二十三届投资贸易洽谈会暨PECC国际贸易投资博览会，于4月19日圆满落幕。象山代表团借助津洽会平台，宣传优势产业和投资环境，展销名优特新产品，受到客商和市民青睐，斩获意向订单合计5000万元。在200多平方米的特装展厅中，戴维医疗、云朵网络、宏海水产、枫康生物科技、素子园食品、宏达根雕、瀚坤针织等7家企业纷纷亮相，吸引大批客商及市民。云朵网络凭借其自身技术优势，成功吸引多家科技公司前来咨询洽谈，并与多家台湾软件公司谈成游戏开发外包业务的合作意向。枫康生物科技、素子园、宏达根雕都有意向在天津成立门市部或者招收代理商，拓展象山特色产品的销售渠道。

【汪家河菜场改建工程正式动工】　6月，象山汪家河菜场改建工程开工。项目包括拆建蔬菜交易区、规范化改造水产交易区等内容。将汪家河菜场原蔬菜场3000平方米的区域将拆建成一层钢筋混凝土结构，屋顶变为机动车停车场，设机动车位约80个，通过建过街楼的方式与原水产场联为一体，总面积为5000平方米。市场内部将按四星级市场的标准改造，改造后将设标准摊位250个，自产自销摊位150个。改建工期为1年。市场改造完成后，将极大地满足汪家河菜场经营户以及周边居民的需求，提升该市场经营购物环境。蔬菜场拆建工程项目进行时，原蔬菜场的所有交易在水产交易区进行。

【浙江省粮食局副局长李立民一行到象山慰问部队】　7月21日，浙江省粮食局副局长李立民在省军粮供应服务中心主任陆金荣、宁波市粮食局副局长徐建国、象山县人民政府副县长卢飞、象山县商务局局长徐展群等陪同下到象山慰问92815部队，送去慰问品。慰问组领导和部队官兵亲切座谈，共叙军民鱼水情谊，共商双拥发展大计，听取部队对军粮质量和军供服务工作的意见和建议。李立在肯定象山县商务局军粮供应工作，赞赏部队保家卫国、吃苦在前的优良作风。慰问组一行参观部队军史陈列馆，了解部队建设和发展情况。

【举办象山购物节】 2016象山购物节将于7月22日正式拉开帷幕。购物节活动由县人民政府主办，县商务局具体承办。2016象山购物节活动时间从7月22日至8月7日，历时17天。购物节以“购时尚，享生活”为主题，涵盖“购物—欢乐购”“电商—欢乐淘”“商娱—欢乐享”“旅游—欢乐游”等四大主题板块内容。可谓亮点纷呈，精彩不断。

【参加宁波市第九届淡季商品展销会】 7月22日–7月25日，由宁波市商务委员会组织的宁波市第九届淡季商品展销会在宁波市体育中心开展。该县共有8家基地、企业以象山名优农副产品为主推产品，分别有黄避岙海带、象山大白鹅、象山梅林鸡、象山海鸡蛋、海鸭蛋、象山米馒头、象山石浦虾皮等等一系列象山地产名优农副产品。在展会销售中，象山优质农副产品广受宁波市市民的青睐，4天展销，象山8家企业销售额共计40余万元，提升象山农副产品的品牌知名度。

【完成早稻入库工作】 7月，商务局开展早稻收购工作。为确保人员、仓容、服务到位，满足粮农售粮需要，通过整合抽调，设立早稻收购站点7个，落实一线收购人员46名，准备仓容4000余吨，提供烘干机19台，收购资金925万元，保证早稻收购工作快速推进。至8月31日，完成早稻入库工作，累计完成早稻收购入库2710吨，向2000多户农户发放售粮款856.4 万元。

【开展秋季粮油普查确保粮油安全渡冬】 9月下旬，象山县商务局组织相关科室及仓储人员对全县储粮库点的库存粮油进行普查。经检查，全县所有库存粮油帐实相符，无虫、无鼠雀、无霉变、无事故，实现“一符四无”占列入鉴定的粮油数量的100%，粮油质量安全。

【浙江省粮食局总工程师叶晓云到象山检查工作】 10月20日，省粮食局总工程师叶晓云、市粮食局总工程师程宏友等一行赴县检查石浦军粮站建设情况，县商务局局长徐展群、副局长朱财旭等陪同检查。叶晓云一行实地查看石浦军粮站建设场地，听取项目进度及施工难点等相关问题的汇报。叶晓云对县军粮站项目建设给予肯定，提出发展方向：军粮供应工作管理要规范化。粮食质量监管工作是保证军队战斗力的基础。结合军供实际，走军民融合式发展的道路，确保军供企业长足发展。

【国庆黄金周期间全县商贸情况】 整个节日市场呈现供需平稳、各类消费市场稳步增长态势，据全县23家商贸企业监测统计显示，共实现销售额4586万元，同比增长3.5%。旅游餐饮消费相对旺盛，10家监测饭店酒店共实现营业额1450余万元，同比增长11.5%，其中特色海鲜排档生意稳定，石浦渔人码头七天时间实现营业额273万元，接待游客超过3万余人次，象山港海鲜美食城营业额同比增长30%以上。商圈集聚效应凸显，涌金广场日均吸引消费者超过2万余人次，日均销售额(包括大润发)820万元，同比增长6%左右。国际风情街日均接待消费者3000余人次，日均销售额130万元。监测内的量贩式KTV、影院等休闲消费场所实现营业额72万元，较之去年基本持平。商场超市略有上升，家电卖场升温显著，全县7家监测统计超市共实现销售额1468万元，同比增长1.6%，3家大型家电卖场实现营业额453万元，同比增长9%。

【2016年象山海鲜美食节隆重开幕】 11月19日，由县人民政府、中国渔业协会渔文化分会主办，县商务局承办的第十四届象山海鲜美食节于县人民广场拉开帷幕。海鲜美食节展示象山海鲜资源和海洋文化，打响象山海鲜旅游品牌的金名片。中国渔业协会渔文化分会会长陈员祥，县委常委、宣传部长罗来兴，县人民政府副县长卢飞等领导出席开幕式。

卢飞指出，要借助象山美食文化品牌，整合优势资源，推进海鲜餐饮服务业和休闲旅游业做大做强。现场举办“舌尖上象山”海鲜宴展评活动和象山旅游商品展示展销，海鲜宴展评活动区展出县6家餐饮企业精心制作的12桌汤水型和经济型桌菜、

70余桌海鲜宴金牌精品菜。农特产品展示区除海鲜干货和海鲜加工品外，象山红美人、石浦鱼丸、西周笋干以及各种特色点心等亮相，象山鱼拓、剪纸、元宵花灯制作、麦秸画等与市民亲密互动。

海鲜美食节举办时间为11月19日至12月20日，为期30天，期间还开展“寻找妈妈的味道”石浦土菜挖掘大赛、象山旅游商品展示展销、象山海鲜之旅等系列活动。

11月19日，第十四届象山海鲜美食节于县人民广场召开　　（杨忠华　摄）

【副县长华弼天到县商务局开展工作调研】　12月16日，县政府副县长华弼天一行三人到县商务局调研指导工作。县商务局局长徐展群就主要商贸工作进行详细汇报，各分管业务的副局长也就各自分管工作作专题汇报，并就各项工作完成情况、存在问题及意见建议进行报告。

华弼天对商贸发展、菜市场管理、粮食工作等方面的高效开展给予肯定，要求围绕重点民生实事工程，开展查漏补缺，准备考核工作。围绕创新出亮点，明确明年工作部署。抓商圈建设，引导商圈商家调整提升业态，抓电商发展，谋划推动实体经济与电子商务有效嫁接。要围绕干部队伍建设，严格落实中央八项规定，加强党风廉政建设，形成干事创业的良好氛围。

【晚稻收购再创新高】　根据天气多雨情况，县商务局拉长晚稻收购期限一周，做到应收尽收，保质保量开展晚稻收购，确保符合质量的晚稻收购到库，共设置粮食收购点17个，落实烘干设施19台。截至12月底，该县收购晚稻28466吨，同比增加2500余吨，完成年订单收购任务120%，再创历史新高。

【电子商务概况】　县实施“电商换市”发展战略，至年底，全县从事电子商务企业（个体户）共270余家，从业人员1000余人，2016年全年实现网络零售额11.4亿元，同比增长52.2%，其中千万销售额的电商增加4家，百万销售额的电商增加30家。

【加强电商平台建设】　推进象山县电子商务创业园区建设，园区二期新引进23家电商企业并实现运行。联合人社、供销等部门建成农村电商创业孵化园，有7家创业团队（个人）入驻办公。建成跨境电商产业联盟象山服务中心。

【完善电商产业体系】　县共建成农村电商县级运营服务中心2个，全年新建村级电商服务站点79个、社区E邮柜10个，提供就业岗位200多个。依托农村淘宝，开展本地商品网上流通，2016年象山特色馆平台实现象山特产网络零售额3600余万元，地产“艾情”牌大米实现网络月零售量100余吨。

【推进电商培训工作】　举办首届象山电商资源对接活动，促进80余家传统企业与电商企业资源对接。全年共组织电商知识培训33场次，培训人员2000余人次，举办农村电商创业沙龙等重点电商活动6场次，举办电商人才招聘会4期，提升全县电商发展氛围。

【第二批32家农村淘宝服务站正式开业】　1月1日，象山第二批32家农村淘宝服务站正式开业。全县建成1个县级农村淘宝服务中心和55个村级农村淘宝服务站，覆盖18个镇乡、街道。全县农村淘宝服务站累计为村民代购货物42518单、金额达729.68万元，其中服装服饰、家装汽车、数码家电、生活家居等类目消费占比超过九成。

【“特色中国·象山馆”开馆百日交易额破千万】　1月16日，淘宝“特色中国·象山馆”自2015年9月16日正式上线运营，百日交易额突破1000万元。象山馆作为县唯一的县域范围农产品电子商务公益服务平台，发挥本地农特产品突出优势，拓宽县生鲜、海干、海味零食等农特产品的销售渠道，为县农民增收致富开通快车道。该平台通过开展商家技能培训、网上包装促销、线下对接参展等途径，推出以史家糕点、莫家码头、鲲记海鲜为代表的一批知名店铺,创下5分钟卖出500公斤“红美人”柑橘的佳绩。

【宁波市口岸办主任丁海滨在象山调研跨境电商发展情况】 7月5日上午,市口岸办主任丁海滨带领市跨境电商处、市国税局、市外汇管理局、宁波海关等有关负责人调研跨境电商发展有关情况,县政府副县长叶富兴、县商务局局长徐展群等人员陪同。调研组一行实地踏看象山电子商务创业园区,走访2家跨境电商企业,了解企业运营情况。县政府将“电商换市”列入全县要素改革的重要内容,促进跨境电商规模扩大。全县有40家企业入驻阿里巴巴国际站,60家企业入驻一达通平台。该县将抢抓机遇,发挥象山针织、汽配等传统外贸的优势,争取上级政府、部门的支持,争取更多优惠政策。建立创新跨境电商企业融资渠道,营造良好发展环境,促进跨境电商发展新的突破。

7月8日上午,象山县首次“电商换市”资源对接活动在电子商务创业园(二期)举行

【举办“电商换市”资源对接会】 7月8日上午,象山县首次“电商换市”资源对接活动在电子商务创业园(二期)举行。县级各有关部门分管领导及70余家企业代表参加活动。该次活动由县政府主办、县商务局承办,旨在促进传统企业加快转型升级,推动县电子商务发展,快速实施经济双突破、双驱动战略。活动通过业务推荐、产品展览等形式,促使县40余家工业、农业、商贸旅游等传统企业与20余家各领域的第三方电子商务平台和电商服务企业精准对接,推进县产业集群和传统企业电商化开辟有效渠道,形成电商发展生态链。

(周 武)

供销联社

【概况】 2016年,象山县供销联社推进生产、供销、信用“三位一体”综合改革,完成年度目标任务。2016年全系统实现销售总额10.93亿元,同比增长16%;实现利润305万元,同比增长10%。

【全力发展农产品电子商务】 淘宝“象山馆”开馆后,发展势头迅猛,2016年进驻电子商务企业108家,累计访问量突破800万人次,销售额达到3400万元。开展活动促营销:象山馆通过淘宝、微信等平台组织“品·味象山”首届象山网络美食节、“蕴·味象山”第二届象山网络美食文化节、“2016象山网络购物节”“象山红美人”“象山大白鹅”等5个大型网络主题营销活动,为馆内商家带来直接流量超600万,实现交易额1200万。提供服务培育典范:发挥“象山馆”综合性服务平台作用,加大对入馆店铺扶植培育力度。对史家糕点、柯家大小姐等一批具有潜力的店铺提供全方面的指导,如帮助食品类店铺联系质监部门,提升其资质,加强食品安全管理等。举办培训育人才:把培育人才作为发展农产品电子商务的重要保障,开展线下培训7场,线上培训48场,共覆盖4200余人次,带动象山涉农电商氛围升温。建设平台构布局:拓展线上流量,拓宽多样线上渠道,除原有的淘宝、天猫、微信平台外,筹备象山馆“京东馆”“一号店”“苏宁易购特色馆”等平台的上线工作。创新农旅结合思路,打造融旅游和农产品在线销售于一体的移动电子商务平台——“美丽象山”,移动电子商务平台广泛整合象山县内的旅游景点、酒店民宿、农家乐、农特产品资源,实现“吃住玩购一键预约”的便捷服务,现入驻农家乐、酒店民宿、旅游景点近20家。

【优化提升农事综合服务】 突出农资供应保障:春耕备耕期间筹措500余万元资金,做好农资储备和供应计划,共组织化肥2000余吨、农药100余吨,采购的农资商品及时调拨并配送至110余家农资连锁网点。“双夏”期间共供应化肥880余吨,农药175万元,开展农技下乡指导40余次,组织部分“庄稼医生”驻店坐堂,开展面对面技术指导,帮助农民科学对症施肥用药。突出统防统治扩面：统治专业化队伍发展到26个，成员78人，水稻统防统治面积达1466.67公顷，并且通过引进入驻象山县助农农机作业有限公司的无人植保机技术，将成员地用药量减少7%，成本降低8%。创新开展柑橘木虱专业化统防统治，对石浦、东陈2个乡镇74个村3966户农户1361.67公顷柑橘同步开展防治工作。突出"技物结合"服务：为实现农业面源污染"一控两减三基本"目标，利用象山县内18个供应网点，继续加大力度测土配方肥推广力度，推广测土配方肥980余吨，提高亩产增加100斤左右，降低每亩投肥成本30元。向农户提供性诱剂诱捕器诱芯1500根，发送秸秆腐熟剂80吨、脲铵10吨，通过丰润农资公司信息平台向种植户发布农资价格、病虫害防治技术、灾害性气象等农事信息3000余条。突出废弃物回收：象山县丰润农资公司承担象山县废弃农药包装物的回收、运输、处置，通过宣传发动，向象山县全县农资经营网点发放废弃农药包装物回收箱112只、废弃农药包装物回收袋600余只，张贴告农民书200份，公司清运人员各星期到各乡镇集中收集点进行清运。突出农技业务培训：3月主办"备春耕"农业技术培训班，内容涵盖农作物病虫害防治技术、测土配方肥使用技术、"助农贷"政策讲解等7项课程，吸引110名种植大户参加，人数达到2015年的一倍；组织开展金正大象山地区冬储暨客户答谢会、山东绿霸50%百草枯可溶剂订货会、武汉中农2016年市场启动暨新品推广会等活动。

【推进农产品流通体系建设】 农产品直营店有增加：在宁波鼓楼、北仑、象山新桥镇新建以"海洋谷"品牌命名的农产品直营店3家，提高象山县农产品公共品牌的知名度。农校、农军对接有突破：继续保持农校、农军对接的良好势头，由领办合作社成立的龙兴农产品公司新增配送场地1个、保鲜冷库2个，新增配送流动资金100万元以扩大农产品配送量，龙兴农产品公司与海训部队订立农产品配送服务协议，日平均配送额达10万余元，同比增长60%。农产品展示展销有收获：组织象山县内12家农业龙头企业、优秀合作社参加宁波市供销社2016迎新春农展会，共计销售农产品60余万元。组织象山县内2家茶叶企业参加第八届中国(宁波)茶叶博览会，推选的"象山天茗""象山半岛仙茗"茶叶荣获"中绿杯"中国名优绿茶评比活动金奖、"象山野茗"茶叶荣获银奖，为历届茶叶博览会评比获奖最多的一次。

11月30日，象山县农民合作经济组织联合会成立

【发展壮大基层合作社组织】 组织构建农合联：根据《中共中央国务院关于深化供销合作社综合改革的决定》和省委市委文件精神，成立象山县"三位一体"改革领导小组，11月30日上午，象山县农民合作经济组织联合会成立大会暨第一次会员代表大会召开，全县120余名会员代表参会。会议听取并审议县农合联筹备工作报告，表决通过县农合联《章程》《选举办法》等草案，选举产生理事会理事、监事会监事及参加宁波市农合联第一次会员代表大会代表等，标志着象山县形成县、镇乡(街道)两级农合联初步架构。组建新型基层供销社：按照构建"三位一体"农民合作经济组织体系的要求，通过组织基层供销社主任参加业务培训班，到先进供销社学习基层供销社管理办法，草拟新型基层供销社管理制度等措施，着重加快新型基层供销社的组建工作。在此基础上，多次到有关乡镇进行工作调研，围绕新型基层社应有的为农服务功能特点，寻找有产业基础、有合作意向、有工作热情的合作共建经营伙伴，有4个新型基层社正在组建中。推进现代农业服务中心建设：在鹤浦镇、贤庠镇筹建集育苗育种、稻谷烘干、农机维修、农资供应、先进农业技术应用及推广为一体的现代农业服务中心各1家，占地面积分别为1000平方米、600平方米。由丹南供销社所属的宁波龙兴生态农业科技开发有限公司投资的宁波龙兴田保姆现代农业服务中心一期工程竣工并投入使用，宁波龙兴田保姆现代农业服

务中心陆续开展沼液配送、有机配方肥生产加工配送、玻璃温室育苗育种、钢结构大棚新技术示范种植、农民培训等为农服务工作。

【强化社有企业管理】 社有企业经营领域得到拓展:象山县日杂有限公司转变思路,拓宽经营领域,依托新型基层供销社海川供销有限公司开展电子商务业务,对改善实体经济竞争激烈的局面起到积极作用。象山县烟花爆竹有限公司针对烟花爆竹市场逐渐萎缩的现状,投资成立宁波虹牧商贸有限公司,扩大公司经营范围。宁波虹牧商贸有限公司在象山、宁海两县主营乳业、饮料、矿泉水等,2016年年底总销售额达到800多万元。安全生产工作水平得到提高:机关全年开展系统内安全生产检查7次,消防演练1次,结合“安全生产月”活动宣传贯彻新《中华人民共和国安全生产法》等安全生产法律法规,普及安全常识。各下属公司落实安全生产工作要求,层层分解工作责任,分别与经营户、网点签订安全生产责任书。其中象山县再生资源市场管理有限公司根据文明创建要求,针对市场内消防通道、消防箱设施,气割加工等进行大规模的检查。发现未按要求操作、占道的发出书面整改通知,督促及时整改;象山县烟花爆竹有限公司按照烟花爆竹零售经营网点设置新规定,配合安监部门对全县原164家门店进行勘察、排摸,取缔近三分之二网点零售资格,并于5月在大目湾销毁305箱非法烟花爆竹,有效防范各类烟花爆竹安全事故的发生。

烟草专卖

【概况】 2016年,象山烟草围绕全年目标任务,全力以赴稳量增税,推进各项工作,实现“十三五”良好开局。全年批发销售卷烟2.55万箱;实现销售额11.91亿元;单箱销售额4.66万元,同比增长4.09%;实现税利3.39亿元,同比增长7.73%;实现利润2.78亿元,同比增长5.94%。全年查处各类卷烟违法案件349起,同比持平;查获各类违法卷烟5007.6条,同比增加97%;案值178.1余万元,同比增加17.9%;罚没款18.5万元。

【真烟治理】 加强横向协作、专销协同、所队联动,深入开展“利剑2号”专项行动,重点打击物流、寄递领域,切断真烟流入渠道。查获非法流动真烟4926.5条、5万元以上真烟案15起,被其他单位查获涉及象山流出真烟105条,但未发生重大真烟外流案件。

【打假打私】 扎实开展打私“百日会战”专项行动,查获走私烟184.4条;查获微商售假案件1起,假烟30多条,涉案经营金额18万元。开展“保税利、净市场”百日大会战,实行错时错位检查,全力净化卷烟市场。查处各类涉烟案件154起,查获各类涉案卷烟3294.1条。

【破获真烟非流大案】 石浦专卖所获悉经烟户陈某具有长期从事乱渠道进货经营活动的嫌疑,组织人员进行多日轮班昼夜蹲守,于11月23日深夜,所、队联动,集中力量对其经营场所进行突击检查,当场查获非法流入黄金叶(天叶)、红双喜(硬)等卷烟共计1399条,案值23余万元,沉重打击违法经烟人员。

【行政许可】 优化流程,简化手续,推行许可证微信预审,探索行政许可网上审批,实现“电子政务、简政放权、便民高效”,许可证延续当场办结取证。全年新办证474件,与2015年基本持平;持证户4770户,同比下降1.8%。

【依法治企】 坚持用制度管人管事管权,提升制度执行力,夯实依法治企基础。启动“七五”普法工作,增强全员法制观念。在《今日象山》连续3天开展烟草法律法规宣传,增进社会公众对烟草专卖法律法规的认知和理解。

【市场状态】 年末社会库存1951箱,同比下降36.75%;可销天数25.13天,同比减少16天;主销规格价格回升,市场状态逐步恢复弹性。

【品牌培育】 重点品牌销售2.27万箱,比重88.82%;国产细支烟销售338.76箱,同比增长1080.53%。定制品牌“创客”“乌镇之恋”分别销售14.27箱、0.37箱,零售价格和毛利处于较好水平,保持良好销售态势。培育特色区域品牌真龙(起源)月销量占到全市三分之一以上,泰山(红将军)、黄金叶(小天叶)成为紧俏货源的有效补充。

【终端基础】 开展精品终端建设,突出卷烟陈列、品牌推荐,提高终端建设质量。强化培训测试,力推客户经理转型提升,提高客户营销服务水平。建成现代终端977家,占比20.79%。客户经理服务满意度98.17%,货源满意度96.48%,均达到目标要求。

【推进对标管理】 紧盯企业发展短板,明确对标主攻方向,采取措施攻坚克难,改善优化指标。在全省同组15个分公司“同场赛马”中,业绩类指标排名第六,两项费用同比下降4.66%、可控费用同比下降28.44%,均列同组第三。

【QC创新活动】 坚持问题导向,聚焦“十二五”短板,开展创新项目,《精品现代终端的探索与实践》进展顺利,《特定卷烟消费市场的探索与实践》通过立项审批。

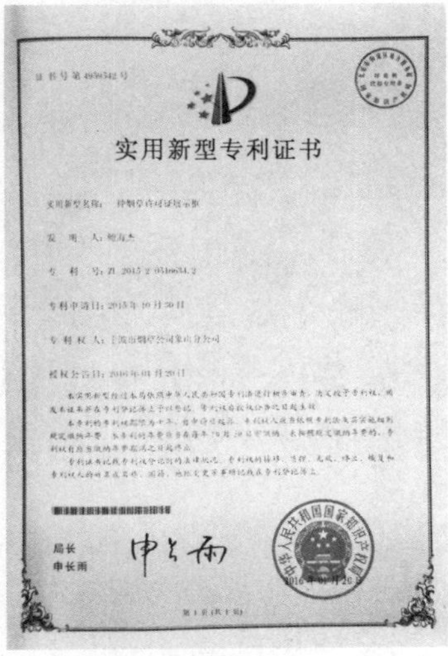

2016年1月,象山县烟草专卖局(分公司)“一种烟草许可证展示框”获得由国家知识产权局颁发的实用新型专利证书。

重点围绕品牌培育、客户经理素质提升、物流运行成本管控、防治真烟非法流入、重点费用控制等内容,着力推进QC活动,新注册3个QC小组课题,其中《提高烟草专卖零售许可证办理书面材料递交一次成功率》《提高单车次平均配送量》获市烟草系统优秀QC小组活动成果三等奖。参加行业外QC评审活动,“浪潮”QC小组荣获“宁波市2016年度优秀质量管理小组”称号,《降低单箱配送费用增长率》获得2016年浙江省“万众创新·节能环保”优秀质量管理小组活动成果发布赛一等奖。QC成果转化的“一种烟草许可证展示框”获得由国家知识产权局颁发的实用新型专利证书。

【提升资产管理水平】 盘活资产资金存量,实现存量资金利息收入311.45万元。着力提高资产使用效率,全年房租收入102.89万元。

(陈明冬)

对外及对港澳台贸易

【概况】 2016年,全县完成外贸及对港澳台进出口24.1亿美元,同比下降2.6%。其中出口22.8亿美元,同比下降1.3%,进口1.2亿美元,同比下降21%。与往年相比较,进出口总额、出口、进口三项数据均呈下降趋势,是县外贸自2008年金融危机以来最困难的时期。

【高新技术产品出口增长明显】 针织品、机电产品、农产品占县外贸及对港澳台出口的比例在90%以上。其中,针纺类出口额9.8亿美元,同比下降11.6%;农产品类出口额2.2亿美元,同比下降8.6%;只有机电产品在新能源、汽配类产品的带动下,出口呈稳步增长,全年出口8.2亿美元,同比增长7.1%。其中,高新技术产品出口形势迅猛,全年出口1.2亿美元,同比增长29%。

【龙头企业拉动作用明显】 全年进出口有实绩企业435家,其中进出口千万美元以上企业42家;外贸及对港澳台进出口全县排名前50位企业全年自营进出口额17.4亿美元,占全县出口总额的76.3%。其中中瑞进出口全年出口4.4亿美元,同比增长14.4%;启鑫新能源全年出口8628万美元,同比增长24.9%;乐惠食品设备制造全年出口4542万美元,同比增长60.9%。

【348家次企业参加境内外展会】 全年共组织170家次企业264个摊位组团参加拉斯维加斯服装展、沙特中国商品智造展等境外交易会。组织178家次企业242只摊位参加华交会、广交会等境内交易会。

【平台服务初显成效】 全县小微外贸及对港澳台企业服务平台全面启动并实现较大突破。其中小微企业信保统保平台将全县出口额在300—500万美元的外贸出口企业纳入统保平台,共213家企业参加信保统保平台,参保率达到80%。与中瑞公司合作开展的小微企业出口代理代办服务平台有45家参加企业,42家企业开始运作并取得初步成效,完成单证业务310票。同时加强对企业外贸出口风险和企业财务操作的培训,全年组织出口退税政策解析培训340余人次,出口风险防范培训12次、450余人次。

【20家企业获外贸及对港澳台出口明星企业称号】 2016年全县20家企业被评为外贸及对港澳台出口明星企业,分别是:宁波中瑞进出口有限公司、华翔集团股份有限公司、浙江巨鹰集团股份有限公司、宁波森语国际贸易有限公司、浙江启鑫新能源科技股份有限公司、浙江甬南控股有限公司、宁波盛和灯饰有限公司、宁波威霖住宅设施有限公司、宁波兄弟服饰有限公司、宁波飞日水产实业有限公司、宁波乐惠食品设备制造有限公司、宁波天韵食品有限公司、宁波博禄德电子有限公司、象山石浦国龙水产有限公司、宁波博大船业有限公司、宁波爵溪进出口有限公司、斐德瑞通用设备制造(宁波)有限公司、宁波统富制衣有限公司、宁波日达服装有限公司、宁波索克丝国际贸易有限公司。

【10人获"十大"外销员称号】 2016年10人被评为象山县"十大"外销员。分别是:吴海鹰、郑才玉、谢名杰、顾学锋、杨宏昌、徐文苑、严建一 、李红宗、戴慰慰、蒋惠丽。"十大"外销员所在企业2016年自营出口额均在1000万美元以上,并在境外参展、市场拓展、外贸业务知识应用、创业创新等各方面都有突出表现。

招商引资

【概述】 2016年,以深化"浙商回归"工程为契机,招商引资"一号工程"有序推进。全年合同利用外资及港澳台资金2.5亿美元,同比增长8.2%,实际利用外资1.4亿美元,同比增长14.6%。利用内资62亿元,同比增长45.6%,浙商回归利用资金30.5亿元,同比增长16%。

【招商氛围愈加浓厚】 整合自身资源,完善招商中心的内设科室,新设招商一科、二科,明确相应职能设置,增加6名编制,由2名副局长分管招商工作,配强招商力量,打造专业招商队伍,使招商局成为招商牵头部门和招商主体;在相关部门中选派9名优秀干部赴北京、上海、深圳等地成立招商联络处实行驻点招商;聘请一批国内外招商顾问,加强与国内外知名中介机构、社会团体建立合作机制,开展委托招商;调整考核体制,扩大考核范围,增加对农林局、商务局、风景旅游局、科技局等16个部门的招商实绩考核,加强信息互通,开展联动招商,增强相关部门的招商积极性和主动性,全县上下形成一个中心、三个联络处、四个产业平台+N个招商顾问和中介机构的招商模式,合力营造全民招商氛围。

2016年5月26日,上海宁波周活动

【节会招商成效明显】 依托县各类资源优势,组织各乡镇部门赴北京、上海、深圳等地开展多层次多类型经贸活动,全年实现签约项目78个,总投资151.7亿元,项目涵盖制造、商贸、影视文化和城市综合体等多种产业。其中总投资5000万元以上重点签约项目54个,投资总额147.6亿元;总投资亿元以上项目39个,投资总额134.6亿元。在浙洽会期间举办象山县投资环境推介会暨项目签约仪式,27个项目实现签约,投资总额79亿元。同时,借助省、市大平台开展招商活动,参加全省"天下浙商家乡行"

"宁波周"等系列招商活动,主动出去推介象山,拜访客商,对接项目。

2016年6月8日,第18届浙洽会象山县投资环境推介会暨项目签约仪式

【存量资产加速盘活】 2016年,对县域厂房、土地等闲置资产进行全面排查摸底,摸清全县共可利用土地资源762.33公顷,可利用厂房面积31.8万平方米。通过逐个分析资产闲置性质、厂房结构、闲置原因及自身优势开展精准招商,采取收购、合作、租赁、兼并、拍卖等多形式投资盘活闲置资产,共引进项目26个,总投资42.3亿元,盘活闲置土地119.84公顷、闲置厂房8.84万平方米。

【10人获"十大"招商员称号】 2016年10人被评为象山县"十大"招商员。分别是:史久磊、张威明、唐　成、李卫星、胡素雅、杨　杰、樊开华、蒋海珍、姜海华、王丛丛。

对外及对港澳台经济合作

【概述】 2016年,对外及对港澳台经济合作工作继续领先,对外投资实现突破。全县完成境外工程营业额5.1亿美元,同比增长2%;新批设立境外企业(机构)23家,核准中方投资额2.7亿美元,同比增长16%,实际中方投资额1.3亿美元,同比增长55.8%。

【境内外工程承包】 境外承包工程营业额平稳增长,全县完成境外承包工程营业额5.1亿美元,总量继续位列全市第一。县具有外经权的建筑企业达9家,有境外承包工程实绩6家,在建项目10项,涉及蒙古、埃塞俄比亚、越南、巴西、科特迪瓦等国。龙元菲律宾赌场项目(合同额8亿美元)、宏润马来西亚1200套单层排屋项目(合同额3000万美元)工程洽谈均进展顺利。

【外经领域快速拓展】 全县远洋捕捞和成套设备安装业务发展迅速。欧亚公司共有7艘船舶开展远洋捕捞,营业额超过2700万美元,同比增长36.8%。乐惠公司分别在巴西、埃塞俄比亚、越南、缅甸签下啤酒生产设备安装工程,营业额达4800万美元,同比增长18%。宁波沪港食品机械制造有限公司分别在日本、美国开展啤酒生产设备安装工程,营业额达1636万美元。

【"走出去"开展境外投资】 全县实现境外投资1.3亿美元,均为工业企业对外投资,境外中方投资额500万美元以上项目10个。其中,华翔电子公司在德国公司增资1.06亿美元,宁波巨菱电梯配件有限公司在印度投资设立公司(核准中方投资额500万美元),浙江绿墅太阳能科技有限公司在乌干达设立公司(核准中方投资额为300万美元)。

【6家企业获外经工作明星企业称号】 2016年,全县6家企业获对外及对港澳台经济合作工作明星企业称号,分别是:华翔集团有限公司、宁波乐惠食品设备制造有限公司、宏润建设集团股份有限公司、龙元建设集团股份有限公司、宁波欧亚远洋渔业有限公司、宁波博禄德电子有限公司。

浙台(象山石浦)经贸合作

【概述】 浙台(象山石浦)经贸合作区位于象山半岛南部,域内辖有石浦镇、鹤浦镇、晓塘乡、高塘岛乡(两个陆地乡镇和两个海岛乡镇)以及新桥盐场区块,陆域面积320平方公里,海域面积4000余平方公里,人口18.4万人。是全省首个由国台办授予的"海峡两岸交流基地"。2016年度,浙台经贸合作区所辖区域两镇两乡(石浦镇、鹤浦镇、高塘乡、晓塘乡)共完成固定资产投资28亿元,实际县外内资100000万元,实际外资1500万美元,外贸进出口总额2亿美元,其中出口1.8亿美元,另宁波象保合作区完成固定资产投资6亿元,实现税收收入7500万元,财政总收入1.5亿元。

【启动建设海峡两岸石斑鱼产业化合作(象山)示范基地项目】 根据海峡两岸渔业合作示范区"一园五区"规划布局,以央企中国供销集团投资建设项目为重点,率先推进两岸石斑鱼养殖合作。该项目是"浙江象山海峡两岸渔业合作示范区"的启动项目之一,也是国台办领导高度关注的重点项目。基地位于高塘岛乡黄湾塘、长大涂两大区块,由中国供销集团(宁波)海洋经济发展有限公司控股成立的宁波台垦实业有限公司投建,总投资额约10亿元,总用地面积约271.87公顷(其中工业用地面积45.33公顷,室外养殖区占地面积226.53公顷),计划2018年年底竣工,目标建成台湾石斑鱼养殖户进驻养殖的合作基地。2016年度基本完成了总面积近166.67公顷前期政策处理工作。首批黄湾塘一号20公顷室外养殖塘建设工程和25.53公顷滩涂平基工程现已全面开工建设,填筑宕渣20万立方米,完成了3.33公顷室外养殖塘和4500平方米生产厂房建设。

【保障象保合作区开发建设资源要素】 象保区是宁波市"区县合作"的一项新创举,也是宁波市开发开放新平台。根据合作共建协议和各方职能优势,象山方着重于土地要素保障和社会事务管理事项,着力推进政策处理工作。其中象保区一期开发包括新桥盐场启动区和旦门盐场,土地面积近600公顷。涉及新桥镇和东陈乡,目前新桥盐场区块土地征用和设施征收等政策处理基本完毕。旦门盐场区块政策处理正在推进,已支付征地款11989余万元,力争在2017年底前全面处理完毕。2016年度,争取到省政府批复同意旦门盐场"盐转废"125.8公顷,养殖水面以存量建设用海审批。新桥盐场区块移交建设用地300余公顷,完成交付84.3%,覆盖土地指标约25.47公顷,报批农转用10.47公顷。场平工程实现无障碍施工,日开采量达1万立方米,累计完成山体开采方量550万方。

【实现石浦港区新港码头第三次临时开放】 3月,国家交通运输部批复同意国际航行船舶临时进出宁波港石浦港区新港码头(交海批〔2016〕12号),期限延长至2016年7月31日,自2015年2月以来连续三次顺利获批,为实现石浦口岸正式开放打下坚实基础。

【促进石浦港口贸易发展】 2016年度共查验出境至印尼、缅甸远洋捕捞船舶10艘次,出口韩国活水鱼58航次,出口货物约1600余吨,出口额1170多万美元,比2015年全年同比增长约26.8%。对台小额贸易在商检、海关、海事等部门支持下,正在探索实施"前推后移"监管方式,简化现场查验手续,提高货物通关效率,2016年度累计对台小额贸易进出口28航次,进出口货物约2650吨,进出口额约1050万美元,与去年全年同比增长约496%。

【试点营业石浦新港码头台湾商品象山展销中心】 4月,石浦新港码头台湾商品象山展销中心成功试营业,由象山金昱经贸发展有限公司经营管理,店铺面积约90平方米,初期引进食品类台湾商品200余种,全年累计销售商品4.8吨,实现销售额6.5万元。

【北欧(中国)陆上渔业养殖项目谈妥合作意向】 北欧(中国)陆上渔业养殖项目情况汇报是挪威商欧佛先生(宁波市荣誉市民、镇海经济开发区北欧工业园的创立人、管理人)发起,针对中国不断增长的鲜活大西洋三文鱼消费市场(中国现年销售量为6.5万吨,每年以15%-20%的增长速度增长),联合挪威及北欧在中国商人,引进挪威全球技术领先的三文鱼养殖公司合作,建设中国第一个采用最新循环水产养殖技术(RAS)的完全集成大西洋三文鱼养殖工厂。RAS是一个相对较新和复杂的行业,包括了全面的技术转让和培训项目,项目由RAS技术和渔业养殖有丰富经验的高层管理人员来开发、实施并运作。3月中旬欧佛先生分别由宁波市商务委和象山客商引荐2次到象山实地考察,先后考察了涂茨镇沿海区块、高塘岛乡中国供销宁波台垦石斑鱼养殖基地和高塘岛其他区块。并专程对高塘岛乡三门口区块的海水深度和温度及水质进行了检测,对高塘岛乡、县海洋局、宁波台垦公司进行了资料收集并回复。项目达成了初步合作意向，采用土地、厂房长期租赁的方式进行投资运行，前期土地面积不小于4公顷，厂房占地面积为27000平方米（厂房长312米、宽83米），为后期扩展，土地面积约为6.67公顷，养殖规模提升到6000吨（带头去庄）的鲜鱼。初期投资为3500万欧元，按4:6的比例为资本和贷款，其中1400万欧元资本，2100万欧元由挪威政府鼓励技术出口的机构长期贷款融资。初期养殖规模为年产3000吨，涵盖从鱼卵孵化到生长、宰杀和加工的全过程，理想状态下的养殖周期为22个月，成鱼为4公斤。

【规划建设国际水产品交易中心（暂名）】 2016年度启动规划建设国际水产品交易中心（暂名），推进中国水产城搬迁与整合。项目拟选址石浦镇打鼓峙区块，规划用地约266.67公顷，建设集水产食品着力打造集市场交易、冷藏加工、保税仓储、物流配送、展示展销及金融、结算、信息、商务、检验检疫服务等综合配套为一体的国际水产品交易中心。加大招商选资引智力度，重点跟进与宁波东海兴业投资有限责任公司合作洽谈，充分利用该公司航空运输、产业合作、区域开发的产业优势和物流、金融、产业投资基金管理的丰富经验，预计首期投入收购资金约9亿元，整合环石浦港200多家水产品加工企业生产规模和效能，建设大型冷库和配套设施，吸引近海、远洋甚至国际上各个地方源源不断注入的新鲜血液，不但使鱼货交易一年四季都有货源、使环石浦港的水产企业“不断奶”，将“产地市场”转化为“集散中心”，变“通道”为“终端”，建设“水上义务小商品市场”，补齐象山冷链物流短板。而且，在此基础上，运用大健康理念，抓住国民消费转型升级大好机遇，进一步发展高端的水产加工、海洋生物、海洋医药、海洋保健品研发等“生态海洋”新业态。

浙江水产城

【概况】 浙江水产城地处石浦镇兴港西路567号，占地面积88467平方米，建筑面积55554平方米，总投资2.1亿元人民币，2006年10月动工兴建，2008年12月竣工，2009年2月6日正式开业。主要设施有：交易大厅2万平方米，临街和内街商铺3.2万平方米，制冰厂1225平方米，停车场9900平方米，办公楼3068平方米，海岸线长657米，500吨码头5座，以及道路、排污、水电、绿化等配套服务设施，分为水产品交易区、码头装卸区、综合服务区、物流停车区、管理办公区等五大功能区块，形成了集交易、加工、中介、保鲜、物流、信息、金融、电讯、渔需物资供应、餐饮、住宿等各种功能于一体的大型水产品批发市场。

浙江水产城实行县水产城管委会和浙江象山水产城实业有限公司“一套班子，两块牌子”的管理体制。县水产城管委会成立于2000年10月，为象山县政府派出机构，县府办、财税局、国税局、工商分局等单位为管委会成员单位，管委会的主要职责是：制订并组织实施水产城发展规划；负责和督促有关部门落实发展水产城的政策措施；规范市场交易行为，维护市场交易秩序。浙江象山水产城实业有限公司成立于1995年7月，注册资金5000万元，是国有独资企业。市场现有管理人员91名，其中行政编制6名。

2016年，市场水产品交易总量达50.08万吨，交易额54.49亿元人民币。2016年，浙江水产城被浙江省工商行政管理局延续确认为省四星级文明规范市场。

【市场设施】 投资124万元，对市场5座码头的钢结构部分进行防锈处理，对趸船橡胶护舷进行了修复，更换了锚链。投资130余万元，对市场交易大厅北首道路进行改造，浇筑面积约为4156平方米。投资445万元，在市场西首交易大厅内建造了18间活鲜经营用房，总建筑面积为2213平方米。

【市场管理】 实施运输车辆凭证入场，建立市场车辆准入制度，确保场内交通顺畅。出台市场收费管理考核实施细则，公布市场管理费收取标准，促进收费公平透明。设立举报投诉电话（59181978），接受社会公众监督。组建市场综合执法大队，实施市场务工人员准入许可制度，全年共开展3次市场治安专项整治行动。

旅　游

综　述

2016年,全县旅游工作围绕"国家全域旅游示范区"创建目标,抓好项目建设、产品开发、营销创新、服务提升、产业融合等重点工作,推进旅游业转型升级跨越发展。全年全县接待游客1962万人次,旅游经济收入186.8亿元,同比增长10.1%和14.7%。2016年,全县共有国家AAAA级景区4家,AAA级景区1家,省级旅游度假区1个,国家海钓竞赛基地1个,国际自驾车露营基地2个,省市级以上休闲基地19个,省市级以上农家乐特色村(休闲旅游示范点)20个,农家客栈特色村30个,经营户650余户,床位数1万余张,拥有旅行社22家(其中四星级旅行社2家,三星级旅行社6家),高标准旅游饭店9家,经济型宾馆10家,特色客栈2家,导游员189名(其中高级导游15名,中级导游23名),旅游直接从业人员万余名。

资源开发

【旅游项目建设】 2016年,全县在建旅游重点项目8个,完成投资12.939亿元。半边山旅游休闲度假区项目年投入资金35000万元;白沙湾度假村项目年投入资金6000万元;檀头山固岸保滩工程项目年投入资金1980万元;东海铭城项目年投入资金23950万元;枫康养生旅游基地项目年投入资金1200万元;中国海影城项目年投入资金35050万元;宁波市工人疗养院项目年投入资金22000万元;松兰山沿海景观带项目年投入资金4205万元。

【旅游规划编制】 编制完成《象山全域旅游发展规划》成果稿,完善调整《松兰山旅游度假区总体规划》,编制完成《松兰山省级旅游度假区扩区可行性研究报告》并通过县、市、省级三级论证;编制完成《松兰山旅游度假区总体规划环评论证》并通过省级评审。协助指导镇乡编制《涂茨长沙村旅游规划》《石浦金架山村旅游总体规划》《东陈亚飞商贸城旅游规划》等区域规划及专项旅游项目规划。12月27日,《象山县旅游业"十三五"规划》通过专家评审会评审。

【省市休闲旅游基地创建】 12月,何婆岭民宿休闲旅游基地、花墙村民宿休闲旅游基地通过宁波市专项休闲旅游基地创建验收工作;宁波枫康石斛养生园通过省级中医药文化养生旅游示范基地创建验收工作。

【松兰山推出海上帆船体验活动】 "五一"期间,松兰山旅游度假区推出以海上娱乐项目为主的沙滩狂欢节,在保留海上摩托艇、快艇等原有项目基础上,引进两艘帆船,让游客体验融入大海、驭帆为乐的新感觉。

【松兰山入榜十大年度文化休闲旅游业】 2016年,宁波市首届文创产业排行榜出炉,松兰山荣获"十大年度文化休闲旅游业"称号。该评选活动由宁波市文化体制改革与发展工作领导小组发起,宁波市文化产业促进会主办,是宁波市首次举办具有权威性的文创产业评选活动。旨在挖掘促进文化产业改革创新、融合发展业界精英，树立宁波文化产业标杆，为宁波市文化产业发展营造良好环境和氛围。

【乡村休闲旅游发展】　象山县乡村旅游工作围绕“农旅结合、以旅富农”要求，实施“旅游富民”战略，立足独特的海洋资源优势，挖掘地缘文化内涵，抓发展、创特色、促提升，基本实现乡村观光向休闲体验、“等待输血”向“自我造血”“单打独斗”向“联动发展”等三大转变，实现发展方式的科学转型。2016年，全县乡村旅游共接待游客464万人次，直接营业收入4.82亿元，同比分别增长26.1%和26.4%。新增2家省级农家乐集聚村，1家省级农家乐特色点，4家省级四星级农家乐经营户（点），1家市级农家乐客栈（民宿）集聚村，1家市级农家乐休闲旅游示范点，7家市级三星级农家乐星级经营户，4家县级农家乐特色村，7家县级二星级农家乐经营户。截至2016年底，全县共有各类农家乐特色村（示范点）36个，星级经营户84家，农家乐经营户650余户，农家客栈床位数达1万余张。

【茅洋乡获评首批宁波市乡村全域旅游示范区】12月29日，经过自评申报、县级推荐、专家评定、市旅发委审核等程序，象山县茅洋乡以全市第一的成绩被评为首批“宁波市乡村全域旅游示范区”。茅洋乡旅游资源丰富，生态环境优美，有银洋村田乐园、溪东村烧烤基地、管溪流域、文山村等旅游功能区域，游客中心、标识标牌、停车场、旅游厕所、信息化项目等相关乡村旅游基础设施齐全，拥有一批精品民宿和民居民俗等特色文化旅游项目。

宣传促销

【启动途牛网“牛人专线”象山首发团】　3月20日，途牛网“牛人专线”象山首发团正式开启。“牛人专线”由县旅游部门与途牛网签署全年合作协议达成，通过安排高于常规产品的餐标、入住指定酒店、金牌导游服务、合理安排行程、无强制消费等多方面措施，实现旅途交通、上网、导游服务的全面升级。

【举办四季象山旅游摄影展】　4月14日至18日，四季象山旅游摄影展在宁波南塘老街二期举办，展出40余幅拍摄象山的国内外获奖作品。摄影展由“春暖花开，约会象山”“面朝大海，浪正当时”“秋意浓浓，绿肺象山”“冬季到象山吃海鲜”等4个主题构成，集中展示象山多样风景。通过系列美图宣传和象山旅游资源推介，让市民游客认识象山、了解象山，吸引更多人亲近象山，感受象山优美和谐的生态环境和丰富多彩的旅游产品。

【疗休养旅游专题推介会】　12月10日至11日，象山疗休养旅游专题推介会暨浙江省1+1旅游联盟年会在象山东谷湖大酒店举行。象山县风景旅游管理局、县总工会、浙江省1+1旅游联盟相关负责人以及300余位省内旅行社代表出席会议。该推介会既是象山旅游部门与省内各县市区旅行社进行交流合作的一次盛会，也是象山县对培育资源共享、客源互换、线路互推旅游市场发展机制进行的一次深入探索。推介会上，县旅游部门与浙江省1+1旅游联盟现场签订战略合作协议。

【疗休养旅游产品首场市场推介会】　6月21日，象山县风景旅游局、县总工会牵头组织全县旅游协会景区分会、酒店分会、旅行社分会等30余家旅游企业赴衢州，与衢州旅游业界共商全省职工疗休养发展合作大计。衢州市40余家旅行社代表参加推介会。该次推介活动是象山首次以疗休养产品为主题的线路推介、产品介绍、政策对接的市场推广活动。推介会上，象山县做海洋疗休养产品专题推介，介绍旅居疗养游、乡村休闲游、滨海经典度假游、出海打渔休闲游四条特色疗休养旅游线路和多个特色各异的旅游业态，提升象山旅游知名度和影响力。

【参加各类旅游交易会】　组织县内旅游企业举办、参加旅游促销活动30余项。先后举办象山旅游进金华、衢州、丽水、温州等旅游促销活动，组织参加上海会奖旅游推介会、上海世界旅游资源博览会、2016浙江（上海）旅游交易会、2016中国国际旅游交易会、广州·宁波周相约宁波旅游推荐会等活动，通过旅游咨询、优惠券派送、形象展示、现场报名、旅游产品展示等方式宣传象山旅游。

行业管理

【行业品质提升】 东海明珠大酒店创建为四花级酒店,石浦维也纳酒店创建为三花级酒店,沙塘静湾客栈创建为宁波市四叶级特色客栈,浙商旅行社、中桥国旅行社通过《旅行社管理与服务规范》创建。宁波目的地旅游社有限公司被评为市优秀旅行社;象山石浦半岛酒店被评为市优秀星级饭店;象山鑫泰酒店被评为市十佳花级酒店;象山影视城景区被评为市最佳旅游景区;象山石浦渔港古城被评为市优秀旅游景区;象山新东谷湖大酒店被评为市旅游行业节能先进单位。县风景旅游管理局贺爱萍、象山港国际大酒店员工姚建伟等2位同志被评为市旅游行业节能先进个人,姚建伟被授予"宁波市优秀青年岗位能手"称号。开展2016年全县地接讲解员培训、旅行社及导游强化管理培训、旅行社行业"营改增"培训、特色客栈经营者素质提升培训等专题培训班,培训人次达2000人次。开展政校企合作,输入各类人才60名,新培养高级导游5名、中级导游1名。组织开展2016年象山县旅游饭店服务技能大赛,选拔选手组成象山代表队参加2016年宁波市旅游饭店服务技能大赛,取得1个单项一等奖、2个单项三等奖、团体三等奖。

【2家旅行社通过市达标验收工作】 1月23日,宁波市旅游局通报2016年度《旅行社管理与服务规范》达标情况,象山黄金海岸国际旅行社、象山旅行社等2家企业通过市《旅行社管理与服务规范》达标验收工作。截至2016年底,全县共有5家旅行社成为《旅行社管理与服务规范》达标单位。

【举办县旅游饭店节能减排专题研讨会】 1月26日,象山旅游饭店节能减排专题研讨会在宁波松兰山海景大酒店召开,全县10家星级饭店、绿色饭店工程部负责人参加研讨会。会议全面分析象山旅游饭店经营和节能减排现状,探讨微利时代下饭店业降耗增效的重要性和现实性。新东谷湖大酒店分享"废水源三联供"合同能源管理成果,与会人员实地参观宁波松兰山海景大酒店太阳能热水系统。全县共有绿色饭店8家,2家饭店通过清洁生产审核,3家饭店采用合同能源管理。

【象山县地接讲解员培训班】 4月11日至15日,县旅游主管部门举办"2016年地接讲解员培训班",全县各旅行社、旅游景区150余名学员参加培训。培训班邀请旅游院校老师、旅游行业专家、高级导游等授课,内容包括本地旅游知识、导游业务、导游讲解技巧、旅游文化、导游职业道德、对客服务心理、象山主要景区讲解等。通过培训,增强实习地接讲解员业务服务技能、突发事件处置能力及与游客沟通协调能力,提高象山旅游地接水平和服务质量。

【象山县旅游行业管理暨市场秩序专项整治工作会议】 4月19日,2016年象山县旅游行业管理暨旅游市场秩序专项整治工作会议在象山海洋酒店召开,全县各旅游景区、旅游饭店、特色客栈、旅行社负责人等50余人参加会议。会议总结2015年全县旅游行业管理工作,表彰2015年度全县旅游行业各类先进,并传达全市旅游监管工作会议精神,部署2016年全县旅游行业旅游市场整治、文明旅游、节能减排、行业管理等11项重点工作。

【文明旅游工作】 5月23日,县旅游主管部门组织召开全县旅游行业文明旅游专题工作会议,全县30余家旅行社、星级饭店、绿色饭店、花级酒店负责人参加会议。会议通报2016年第一季度城市文明程度指数测评情况,深入学习《宁波市城市文明程度指数测评体系》——测评操作手册,部署落实"迎接G20,做文明有礼象山人"工作。8月31日至9月3日,根据浙江省城市文明程度指数测评体系要求,县旅游主管部门结合《浙江省城市文明程度指数测评体系(2006年版)》及原文明旅游工作测评标准分组对20家旅行社、7家旅游饭店进行专项检查,县旅行社秘书长、县饭店协会秘书长陪同检查。通过会议督查、高标检查,增强旅游部门与旅游企业在文明旅游工作方面的交流,将文明旅游作为象山全域旅游示范区建设的有力推手,提升全域旅游整体品质。

【深化政校企战略合作】 5月24日,县旅游部门带领相关旅游企业赴湖北黄冈职业技术学院参加

2016年政校企战略合作签约仪式，县风景旅游管理局副局长包春成与黄冈职业技术学院校长姜安心分别代表双方签订战略合作协议。签约仪式中，象山旅游部门授予该校“象山旅游人才培养基地”牌匾，黄冈职业技术学院授予宁波松兰山海景大酒店“黄冈职业技术学院实习就业基地”牌匾。自2012年开始与黄冈开展合作以来，象山旅游部门做好定向培养班学生在象山县实践接洽工作，截至2016年底，来象实习学生达1000余名，共培养出督导、中层管理人员近百人。

【举办县旅游饭店服务业服务技能大赛】 7月29日，2016年“东谷湖杯”全县旅游饭店业服务技能大赛在象山县新东谷湖大酒店举办，全县旅游饭店9支代表队共36名选手参加比赛。大赛由县风景旅游管理局、县总工会、县人力社保局、团县委联合主办，县旅游协会、象山新东谷湖大酒店承办。比赛项目包括中式铺床暨夜床创意、中餐宴会创意摆台、下午茶创意设计、万能工技能操作。最终由石浦半岛酒店荣获团体一等奖，新东谷湖大酒店钱洪英、石浦半岛酒店茅琴琴、松兰山海景酒店龙灿、象山港国际大酒店姚建伟4位选手分别获得中式铺床暨夜床设计、中餐宴会主题摆台、下午茶创意设计、万能工技能操作一等奖。县总工会还授予该四位选手“象山县职工技术操作能手”荣誉称号。

【象山出境旅行社分社又添新成员】 8月14日，浙江飞扬旅行社国际旅游集团象山分公司开业。浙江飞扬旅行社国际旅游集团是一家以“O2O发展B2C”模式的综合旅游直营商与服务商，为“中国百强旅行社”“中国中小型电商企业10强”“浙江省首批五星级旅行社”，并于2015年成功登陆北交所挂牌，为浙江省旅行社行业第一股。浙江飞扬旅行社国际旅游集团象山分公司的开业，为象山旅游业注入新鲜血液。截至2016年底，象山具有出境资质旅行社分社共计3家。

【象山县旅游巡回法庭挂牌成立】 9月28日，象山县旅游巡回法庭在县风景旅游管理局正式挂牌成立，这是象山县成立的首个旅游巡回法庭，也是加强旅游市场综合监管的创新之举，为公正便捷化解涉旅游纠纷，依法维护旅游消费者和旅游企业的合法权益提供有力司法保障。旅游巡回法庭由象山县人民法院与县风景旅游管理局联合设立，配备县人民法院民一庭2名审判员、1名陪审员及专门书记员，主要受理涉旅服务合同纠纷、涉旅服务损害赔偿责任纠纷等案件。

【象山代表队在市饭店服务技能大赛上获得佳绩】 10月13日，象山代表队4位选手参加由市旅游局、市人社局等相关部门联合举办的2016年宁波市旅游饭店服务技能大赛。象山港国际大酒店姚建伟荣获大赛万能工技能操作项目一等奖，新东谷湖大酒店钱洪英荣获中式铺床暨夜床设计三等奖，石浦半岛酒店半岛酒店茅琴琴荣获中餐宴会主题摆台三等奖，象山代表队获团体三等奖。姚建伟被授予“宁波市优秀青年岗位能手”“宁波市首席工人(技术能手)”候选人。

【1名导游获市十大金牌导游称号】 12月，象山海蓝教育旅行社有限公司导游柳晶晶荣获“宁波市十大金牌导游”称号，同时被宁波市旅游局和宁波市文明办授予“宁波市文明旅游形象大使”。象山黄金海岸国际旅行社有限公司赖章刚获得宁波市金牌导游提名奖。该活动由宁波市旅游局和新浪宁波组织，经过近2个月的报名、审核、公示、面试、才艺展示等程序，经组委会综合评审产生。

【出台《关于规范民宿审批的指导意见》】 7月18日，县人民政府出台《关于规范民宿审批的指导意见》，内容包括实施范围、申报条件、审批要求、审批程序和工作要求等。指导意见合并审批事项6项、剔除1项，实际审批提出申请后可至行政服务中心窗口预受理，由综合窗口组织公安、消防、卫生等部门进行联合踏勘，告知整改意见，资料完备后由窗口人员下基层综合窗口集中办理发证。审批时限由60天缩短为15天。

旅游集团

【概况】 8月份，旅游集团按照县委办〔2016〕85号《关于全县旅游体制改革的实施意见》部署要求，理顺管理体制、明确资产划归、界定人员情况、编设职能部门,完善内控体系,稳妥有序地抓好集团组建工作。10月10日开始,原旅游集团人员与县旅游局、松兰山正式分离,逐步搬迁旅游集团到岗到位。10月17日召开第一次员工大会,选举成立集团机关党支部,拉开集团独立运行的序幕。

【推进旅游项目建设】 针对创建国家全域旅游示范区三年行动计划安排的涉旅项目,逐一梳理对接,加以跟踪落实。花岙岛省级地质公园创建完成工程招投标、科普剧本评审、影院设备采购等工作;旅游集散中心项目(龙泰地块)的设计方案与银亿集团进行多次对接,旅游综合体项目的征迁工作重新跟踪落实;松兰山景观步道建设继续落实原班人员进行跟踪监管;开展全域旅游4条精品线路涉及旅游资源的排查;石浦一冷特色渔文化休闲综合体项目完成房屋质量评估、设计单位接洽等前期工作。

【资产债务梳理工作】 组织财会人员对原集团相关债务进行初步梳理,准确分析现有财务运行的状况。9月下旬,配合县国资部门跟踪对接石浦渔港管委会下属5家公司的清产核资工作,对财务情况进行初步调研排摸。加强借贷担保风险防范,规范原集团与私营企业之间借贷担保的手续,防止国有资产的流失。主动与中兴银行等10余家银企进行沟通对接,加强信息互通和项目推介,培育优质的承贷主体,推动银企合作健康发展。

【规划编制情况】 10月中旬,委托乡伴东方编制的《象山石浦镇一冷·冷冻厂策划方案》和《象山县石浦镇沙塘湾文旅乡村发展概念规划》完成初稿。12月15日,委托宁波大学建筑设计院有限公司编制《石浦久宇水产有限公司厂房及其附属用房结构安全鉴定和结构加固设计》方案。配合石浦渔港管委会做好《环石浦港渔文化旅游区规划》《象山海洋渔文化展览展示馆》等编制工作。

宁波影视文化产业

【概况】 2016年,宁波影视文化产业区管委会以满足剧组和游客需求为工作出发点,以围绕电影、回归电影为宗旨,产业区经营总收入9.17亿元,同比增长108%,实现税收5200余万元,同比增长335%;景区经营性收入8759.1万元,同比增长38.9%,其中门票收入5894万元,同比增长24.6%;接待游客量178万人次,同比增长13.5%;驻地拍摄剧组首次突破107家,同比增长102%;落户企业219家,同比增长986%;产业区工程项目总投资额6.9亿元,实现文化产业附加值增加值1.97亿元,同比增长56.36%。产业区经营总收入、景区经营性收入、门票收入、剧组拍摄数和落户企业数均超过去年全年总和。4月份,象山影视城被评为浙江省文化产业示范基地;9月份被列入全国知名品牌创建示范区名录;10月份被评为宁波市首批文化创意产业园区和宁波市级特色小镇。11月份荣获中国最具人气旅游景区、2016年度优秀影视基地、2016宁波旅游节社会办节一等奖、2016十佳创新营销旅游景区、中国特色影视文化体验旅游目的地和中国特色文化旅游节庆奖。同时被列入宁波品牌百强榜,品牌价值达26.7亿元,比2015年增长近10亿元。

【元旦小长假迎来开门红】 元旦小长假期间,象山影视城推出微信邀你游象山影视城、芈月邀你游象山影视城等主题活动,开创象山影视城2016全程加速中等节目让游客们体验八卦迷宫阵、寻找武大郎等特色任务,配备古装版猎人、突出重围、绝处逢生等环节,受到游客热捧。元旦当天接待游客同比增长45% ,元旦第二天接待游客同比增长50%,元旦三天共累计接待游客同比增长45%,门票收入同比增长38%。

【青春历史传奇巨制《思美人》象山开机】 1月11日,由北京完美影视传媒有限责任公司、北京青春你好文化传媒有限公司和诚合创新(北京)影视文化有限公司联合出品,梁振华担任总制片人、总编剧,张孝正、丁仰国担任导演的青春历史传奇巨制《思美人》在象山影视城赵盾府开机并进入拍摄阶段,剧中演员马可、张馨予、李贤宰等主创出席开机仪式。该剧将在象山影视城的赵盾府、庄姬府、屠岸府、摄影棚等地取景拍摄,拍摄周期为三个月。

【接待剧组创新高】 象山影视城接待剧组超百家创历史新高。象山影视城以全方位满足剧组和游客需求为宗旨，拓宽营销宣传广度，丰富影视配套产品，提升剧组管理。2015年累计接待剧组155家，拍摄剧组51个，同比增长45.5%，拍摄天数1175天。首次接待剧组破50家，日接待剧组2-3家成为常态化。随着《琅琊榜》《芈月传》《太子妃升职记》热播，象山影视城成为继横店之后国内接待剧组规模最大和最具影响力的影视基地。

【象山影视城布控应对寒潮】 1月20日，为更好地应对寒潮，做好景区服务工作，象山影视城启动寒潮及雨雪冰冻天气应急预案，通过微博、微信、QQ等平台及时发布景区运营情况；设置多点冰情监测站点，实时跟踪冰情变化趋势，对景区内易结冰区域设置警示标识20余个；抽调各部门成员成立30余人志愿队，为游客提供引导、提供热水、除雪除冰等服务。

【象山影视城第五届影视庙会】 2月8日，春节期间，影视城举办第五届影视庙会，借助热门影视剧和真人秀节目推出全城加速中、春联中幡、毛驴县令、蹴鞠大战、明星见面、剧照神同步、跟着芈月游影城等19项系列主题活动，与参考消息、浙江日报、钱江晚报、都市快报、宁波日报、钱江频道、宁波电视台、FM107私家车电台、FM98.6等50余家新闻媒体合作报道800余篇，与浙江省旅游局、宁波市旅游局、知否宁波、看宁波、宁波微语等20余家新媒体合作，推送节庆相关内容150余篇，阅读量达到30万+。累计接待游客14.5万人次，同比增长59.3%，其中网络售票4.6万人次，同比增长233%，占总人次的31%，门票收入520万元，同比增长49.7%，创历届影视庙会新高。

【象山影视接待首批韩国旅行团】 2月28日，象山影视城借《琅琊榜》在韩国热播的契机，象山影视城联合上海洲际、春秋等旅行社，通过全媒体宣传、跨境营销、异地直销等方式，在韩国全面推广拍摄景点，开发“琅琊榜主题tour”“追寻琅琊榜之旅”“看琅琊榜游象山影视城”等主题路线，截至12月底，接待韩国游客百余人次，3、4月份有2个韩国团预约，全年吸引外国游客上万人。

【象山影视城启动滨水栈道及吊桥项目】 3月4日，象山影视城启动滨水栈道及吊桥项目。该项目计划投资253万元，总用地面积3400平方米，其中滨水栈道铺装面积为1650平方米，采用松木桩与筏板混合基础，吊桥为人行宽度1.5米景观悬索桥，上部结构采用单跨30米悬索桥，桥面采用4厘米的木板铺设。3月完成基础打桩部分，2016年5月完工。该项目的建成，实现人车分流，形成游览环线，极大缓解游客增多带来的交通问题。

【“象山论箭”大会】 3月12日，2016浙江宁波“象山论箭”英雄大会在象山影视城古战场举行，来自马来西亚、蒙古、波兰等世界各地28支代表队、400余名选手，以箭会友，上演一场别开生面的射箭大赛。相较于运动场上的射箭比赛，本次传统射箭赛，既增加趣味性，也增加难度。本次比赛共设有20米3D野猪靶、30米旋转靶、40米三角靶、50米生肖靶、60米三格靶、70米铜钱靶六大弓箭项目，参赛选手们轮番进行角逐。

【第四届踏青节】 3月12日，举办第四届踏青节。在历届成功举办的基础上再上新台阶，以“习、动、嬉、约、飞”五大主题周形式，针对不同年龄层次的游客分别推出不同的旅游线路，让游客真正体验到出游的乐趣。如在学生团的线路中增加穿汉服学国学、蹴鞠大赛、汉字达人等活动，旨在能够更好地寓教于游，以使孩子们能够了解博大精深的文化。多次迎来千人学生团。

【象山影视城第一季度剧组接待突破双百】 依托热播剧拍摄地效应，1-3月份相继接待电影《戚继光》《思美人》《海上牧云记》《大同东海》《上古情歌》等剧组63个，拍摄剧组20个，拍摄天数576天，同比分别增长150%、569.8%，预约拍摄剧组7个，拍摄档期排至下半年；《重已传》《孤芳不自赏》《大唐英豪》等3个剧组正在筹备置景，其中《三生三世十里桃花》《曾许诺》等IP剧将引发新一轮追剧热潮。第一季度累计接待游客14万人次，经营性收入1131万元，同比增长均突破45%。

【凤凰全媒体走进象山影视城】 4月13日，凤凰全媒体一行走进象山影视城进行采风活动。此次采风由来自香港、海南、江苏、郑州、重庆、舟山等城市的18家凤凰网全国媒体组成,深入体验象山影视城的“旅游环境”“文化艺术”和“旅游服务品质”,全方位感受象山影视城的自然、人文、生态之美。

【第七届影视嘉年华】 4月30日,举办第七届影视嘉年华。象山影视城拓宽营销模式实现五一收益新突破。①纵深中长线市场。依托民国城试营业的契机,深入走访江浙沪40个地区,签订合作协议800份,其中重点合作协议40份,在市场上共安排主题活动2次,开拓南通、湖州等10个市场,发放宣传资料50余万册,开通杭州、上海、江苏至象山散客直通车,与宁波溪口、东钱湖、慈城等景点串线,成为2日游旅游景点。②加大互联网营销。与携程、淘宝、驴妈妈、去哪儿等网络电商合作,推出折扣票、亲子票等多种优惠方案。与浙江日报、宁波日报、中新社、浙江卫视、腾讯视频、FM99.6、FM98.6等120余家新闻媒体合作报道800篇次,其中东南商报头版头条1次,宁波日报头版报道2次、今日象山头版一次。共接待网上订票游客8000人次,门票收入60万元。③创新演出类产品。借势《全员加速中》《三生三世十里桃花》等热点,推出天天明星见面会、全城加速、影城寻宝、五四游行、民国突发事件(快闪)等新内容。五一期间累计接待游客5.4万人次,同比上升15%,门票收入420万元,同比增长16%,其中5月1日门票收入突破220万元,同比增长54%,创单日新高。

【民国城五一试营业】 5月1日,民国城试营业。该城是象山影视城继“神雕侠侣城”“春秋战国城”之后建成的第三个城区,位于影视大道南侧,西接神雕广场,东临春秋战国城,北靠神雕侠侣城。该项目是浙商回归项目,由宁波石勇集团投资建造。占地5.69公顷,总投资约2.3亿元,包括广场、景观、桥梁等公共基础设施和商业街、使馆区等特色场馆。由59幢典型的民国时期建筑组合而成,总建筑面积约38288平方米,建设内容包括中国晚清至民国时期的公共建筑、街道、民居和公馆等,集中展示封建社会晚期和资本主义萌芽阶段全国各城市及租界区的典型建筑、特色街景。城内布局井然有序、大气高雅,其街区设计独到,考据扎实,工艺高超,装饰精美,体现出民国时期中西合璧的建筑风貌,生动再现民国历史文化风情,整体还原民国社会生活空间。

【《三生三世十里桃花》明星见面会】 4月30日下午,《三生三世十里桃花》明星见面会在象山影视城春秋战国城桃园行宫举行。高伟光、刘芮麟、祝绪丹等主创出席,明星大咖和粉丝们一起在现场畅谈在象山的拍摄趣事,零距离互动。该剧由剧酷传播、嘉行传媒、三味火文化联合出品,林玉芬执导,杨幂、赵又廷、迪丽热巴、张智尧、高伟光、于朦胧等主演,正在象山影视城水帘洞、归云庄、茶楼、摄影棚等地热拍。

【《海上牧云记》明星见面会】 5月1日,《海上牧云记》明星见面会在象山影视城春秋战国城桃园行宫举行。芦芳生、何杜娟、李凯馨、石云鹏、郑好等主创出席,明星大咖和游客粉丝在现场一起畅谈在象山拍摄趣事,零距离互动。该剧由九州梦工厂国际文化传播有限公司出品,曹盾执导,黄轩、窦骁、徐璐、文咏珊、曹卫宇、芦芳生、何杜娟等主演,正在象山影视城九州客栈、二期街道、摄影棚等地热拍。

【象山影视城做好“水文章”打造优美景区】 ①制定清淤计划。委托水利设计院对黄泥江、园峙塘的淤泥分布及淤积情况进行全面排查,并拍照建档。黄泥江水域总清淤约1万平方米,园峙塘总清淤约9万平方米。园峙塘完成1000多立方米,黄泥江完成2000多立方米的清淤工作,计划于8月份完成。②推进河道修复。通过赴北仑实地考察,研究制定水街河道修复方案。河道长约200米,面积约为2000平方米,完成水街排水、明矾消毒、河床垃圾清理和消毒保养等阶段工作。下一步将进行水草种植,构建沉水植物“水下森林”,建成景区景观河道。③建立长效机制。安排12名人员采用巡回式动态保洁方式(1天1巡查)对河面、堤岸的垃圾、有害或废弃漂浮物进行清运。清理摄影棚西侧河道生活垃圾200多公斤、黄泥江垃圾10余吨,与县环保局联系安排吸粪车对陆家庄和水帘洞区域进行30余车次、1200余平方米的污水和油污集中处理,防止污染源入河。

【产业区1-5月实现企业落户数同比增长24倍】 ①强化产业推广。参与2016中国(宁波)特色文化产业博览会、宁波市企业文化节、十八届浙洽会等10余次大中城市专业性活动，作为县市政府重要推介园区和项目发表推介演说11次，发放招商手册80余万份，签约象山摄影基地项目、宁波影视文化产业区投资意向书等2个项目共计6.2亿元。②优化政策环境。出台《宁波影视文化产业发展专项资金管理办法》，明确奖励主体由单一的影视文化企业扩大到包括个体工商户性质的影视文化工作室，税率由原来的3.31%降到2.371%。截至5月，共引进象山浅岸文化传媒工作室、浙江星汉文化传媒有限公司等101家企业落户，同比增长2400%，其中个人工作室猛增至88家，同比增长2100%。有12家企业享受财政奖励691.4万元。③抓好以剧招商。借助剧组扎堆入驻优势，完善服装、化妆、道具制作等配套产业链，引进上海汇鑫义影视道具租赁有限公司、北京天益人合影视文化发展有限公司等道具公司3家。产业区落户企业累计完成注册资金5.2亿元，实现营业收入2.9亿元，税收达1800万元。其中象山尤典实现营业收入9066万元，税收达556万元；象山泽悦实现营业收入1.57亿元，税收达516万元。

【电影《陈芳的抉择》象山影视城开机】　5月31日，由县委组织部、象山影视城开发有限公司联合出品，根据陈淑芳感人事迹改编的微电影《陈芳的抉择》在象山影视城开机。这部微电影撷取她工作、生活中的某些片段，直观地展现她的工作精神和生活态度，希望能让年轻干部们通过影片感受到正能量，争做甘于奉献、勇于担当的模范，在生活的一点一滴中践行社会主义核心价值观。

【象山影视城荣获"浙江省文化产业示范基地"称号】　6月23日，浙江省文化厅公布第2批17个"浙江省文化产业示范基地"名单，象山影视城作为全县唯一、全市两个获评单位名列其中。象山影视城丰富影视拍摄场景，国内规模最大、拍摄场景最丰富和质感最好的民国城投入使用。高科技数字特效摄影棚、水下特效摄影棚和近12万平方米的摄影棚群形成影视拍摄一体化，影视配套功能更具完善。上半年剧组拍摄势头迅猛，日接待剧组8-10家，在质量上，大制作大IP云集，相继接待《思美人》《海上牧云记》《三生三世十里桃花》《上古情歌》等110家剧组，拍摄剧组44家，同比增长120%；拍摄天数1268天，同比增长228.5%。

【影视管委会提前谋划全面筑牢夏季高温"安全墙"】　高温期间，为提升高温天气游客游览舒适度，该景区通过设置降温设备、发放药品、组织专项检查等措施，打造清凉景区。在水帘洞路口、北大门等游客聚集处设置降温喷雾3处、大功率通风电扇3个、降温冰块5处；景区内设立"防暑用品免费提供点"5个，提供风油精、藿香正气胶囊、人丹等5类药品550余份，导游、电瓶车驾驶员、物业等配备防暑急救包40个；与新桥镇卫生院对接，配备专职医生1名、护士1名。借助微信、短信、微博等平台，发送防暑降温信息18 条。针对私拉电线、废纸堆放、易燃易爆物品管理、车辆隐患等情况，对剧组、演出团、经营户等12家单位进行检查，共发现隐患3条，责令整改3条，整改率100%。

【举办第三届泼水节】　7月2日至9月16日，象山影视城举办第三届泼水节。扩大象山影视城的影响力和旅游目的地营销中的市场份额，该城借泼水节活动契机，开辟福建高铁线、安徽安庆航空线等2条新线路，同时在开天泼地、咱们穿越吧、毕业致青春、泼水奥运会、G20象山行五大主题周活动基础上，新增维密天使秀、毕业照女神评选、网红直播、民国城泼水巷战等特色活动，共吸引游客55万人次，同比增长25.82%，门票收入1780万元，同比增长38%。

【周末揽客4.2万人次创非法定节假日游客量和门票收入双突破】　7月17日，本周推出的《咱们穿越吧》活动吸引万千游客入城游玩，浙江电视台钱江频道、经视频道，现场全程录播，微博、美拍、网易同步直播，周末两天象山影视城的同程会员日活动和象山影视城第三届泼水节共计揽客4.2万人次，门票收入153万元，创非法定节假日游客量和门票收入双突破。

【"中国影视创作基地"落户象山影视城】　9月19日，在第十九届中国(象山)开渔节暨"中国·象山影视论坛暨剧本交易会"上，由6家主办单位及20多家知名影视公司联合倡议,“中国影视创作基地”落户象山影视城。该基地与北京聚影基金签订合作战略协议,通过为影视公司和编剧搭建剧本创作平台、创投服务平台、创作孵化平台的“三创服务平台”,打造优秀创意剧本的扶持孵化。活动日上共收到报名影视剧本200余部,最终42部入围,12部路演, 12部和投资方初步达成合作意向。其中上海星狐影业与网络剧本《我的班主任是高手》等二部剧本达成合作意向;合一影业有限公司与电影剧本《再见爱人》编剧韩新军达成合作意向;恒业影业有限公司与电影编剧《爱和死谁冷》编剧谷淞达成合作意向。

【宁波影视文化产业区荣获首批“市级文化创意园区”称号】 10月18日,宁波首批市级文创产业园区公布,宁波影视文化产业区为象山地区唯一入选单位。

【宁波影视文化产业区通过市特色小镇】 10月18日,宁波市级特色小镇名单公布,象山影视城通过特色小镇评选。

【象山影视城荣获“2016年度优秀影视基地”称号】 11月12日象山影视城在首届中国影视基地产业峰会上荣获“2016年度优秀影视基地”称号。该城通过新增民国城场景,实现“三城一体”格局,完成从春秋战国到民国、再到现代的影视拍摄场景搭建,吸引大批剧组扎堆热拍。同时,勘察排摸各镇乡(街道)滩涂、竹林、水库、村落等景点百余处,编制完成全县外景地规划,拉动民营资本建成超20万平方米的摄影棚,总面积居全国第一。开年以来,该城相继接待《武动乾坤》《海上牧云记》等剧组超100家,同比增长100%,高居全国第二,有《莽荒纪》《醉玲珑》《将军在上》等10余个剧组预约拍摄,档期排至2018年。

【象山影视城摄影棚面积跃居全国第一】 在拥有全国首家高科技数字化摄影棚、亚洲最大水下摄影棚、电影拍摄标准摄影棚等多类型摄影棚的基础上,促进传统产业转型升级,引进民间资本,在定塘、爵溪等分别新建摄影棚10个共2.2万平方米。整合各方力量,调动现有的资源,借用城东工业园区、滨海工业园区等园区16家企业现有厂房改建为临时12万平方米摄影棚,达到近20万平方米的摄影棚,摄影棚拥有量居全国第一,形成拍摄场景丰富,建筑风格独特,远可拍秦汉、唐宋时代的场景,近可摄明清、民国时代风貌的影视拍摄格局,开启象山影棚拍摄新步伐。

【重点工程稳步推进】 2016年,市重点工程浙江广电象山影视基地项目完成投资额3.63亿元,累计完成投资额5.84亿元。民国港城项目于2014年9月开工,总占地7.4公顷,投资2.95亿元,总建筑面积4.85万平方米。52幢单体建筑全部结顶,单体建筑外立面装修装饰工程基本完成,进入内部装修阶段,引进高端精品酒店和商业业态,打造创意旅游综合体。浙江广电三期工程39.2公顷土地于9月14日挂牌成交。9月管委会与国网象山公司签订协议,国网象山公司启动供电项目建设。

【影视旅游双突破】 象山影视城引进上刀山下火海、徒手捞油锅、耳朵拉车、口吞宝剑等国家级民间绝活表演,将象山影视城打造成为全国民间绝活聚集地。民国城于10月1日正式营业,全息音效幽灵船、淞沪战役体验馆、全国首家影视体验中心——“影视大揭秘”影视虚拟体验厅等新产品震撼推出,通过绿幕抠像技术让游客身临其境的参与电影特效的制作过程,过一把明星瘾。近1000平方米的全县景区最大出口商场于10月1日开业,商场汇集两千多个单品,丰富景区商业业态,带动象山旅游商品的开发。

【招商引资爆发性增长】 参与北京旅游博览会、上海国际电影周等活动,做好影视文化产业推介和招商引资、招商引剧工作。2016年引进浙江东游纪、华夏国投(宁波)等209家企业,秦岚、金巧巧、张晓龙和张萌等明星工作室落户象山,实现营业收入6.1亿元,税收达4700万元,其中兆罡影视实现营业收入4133万元,税收达350万元;石勇影视实现营业收入3068万元,税收达465万元;影视产业区累计落户企业291家,注册资金7.5亿元,实现营业收入9.4亿元,税收达5000万元。

【影视辐射效应凸显】　在产业配套上，引进国内最大的内景公司上海汇鑫义文化传播有限公司、北京宏盟影视文化有限公司，象山影视城以房屋入股形式共同建成民国风格的百乐门舞厅、公馆、别墅、监狱、咖啡馆、医院等室内景，总投资约3000万元。引进全国最大的服化道配套公司北京星光影美影视器材公司、北京盛昌影视剧装有限公司，以房屋入股形式共同经营服化道。引进北京影视机构投资3000万元，以房子租赁方式，打造集近1万平方米的剧组配套服务区，东来顺火锅于10月6日正式开业，象山影城成为明星创业投资的新平台。象山影视城服化道、灯光器材、生活配套、酒店公寓等影视拍摄服务一应俱全。同时通过产业区的招商引剧、景区建设、旅游营销、品牌宣传等工作的推进，带动周边村庄建设影视客栈175余家4700个床位，新增道具制作、剧组车辆租赁等新业态商家60家，为周边村镇提供解决4000余人十大类的就业岗位，形成场景制作、服装道具、群众演员、吃住服务、购物消费等影视与旅游的产业链，成为象山产业发展的新业态新引擎。

石浦渔港旅游开发

【概况】　2016年，县石浦渔港旅游开发管委会深入实施《象山县创建国家全域旅游示范区三年行动计划》，通过优化县域内旅游环境等举措，加强与县域内旅游相关产业的融合，优化资源，为象山县打造全国知名海洋休闲度假旅游目的地做出贡献。2016年古城公司全年共计接待游客34.74万人次，实现门票收入1268.42万元，同比分别下降2%，在经历三年门票的高位增长情况下，保持平稳。海洋公司2016年全年完成业绩1183.564468万元，接待游客14.8758万人次。

【渔港古城景区推出免费语音导览服务】　2016年3月语音导览服务正式上线使用。依托微信平台、手机等移动智能终端，打造“智慧旅游”。从筹备搭建景区宝系统，收集整理景区各场馆的导游词、图片等资料。到选取一两处游客较密集的场馆进行测试运行。最后全景区全面覆盖景区宝系统，免费提供优质、便捷的语音讲解服务。游客只需用手机扫一下各场馆门口的二维码，就能获得景点文字简介、图片及语音讲解等内容，提升游客体验度，更好服务和惠及游客、百姓。

【渔港古城景区推出自动售票服务】　2016年3月古城公司推出自动售票服务系统正式上线使用。自动售票服务系统实现线上线下自助购票，减少游客排队等候、换票的时间。从搭建自助售票系统，审核网络供应商，确定自助售票操作流程。到完成自助售票系统与所有门票种类、网络供应商的对接，开展试运行。最后达到自助售票系统全面稳定、高效、便捷运行。在自助售票机上购票的特定客户，可以享受一定优惠折扣。提升景区管理服务水平，向游客提供更加贴心、便捷、高效的旅游服务。

【渔港古城景区非遗活态传承】　2016年全年，渔港古城景区实现非遗项目常态化。渔港古城景区利用景区自身平台优势，将景区活动和非物质文化遗产展示、巡演等有机的融合，把活态传承作为创设载体，吸引普通游客、市民的参与，培育传承群体。让广大市民从远距离地“我看非遗”转变为主动参与非遗的保护传承。在暑期周末、节假日引进渔灯、渔家号子、走书、踩街等“非遗”节目，以及做香袋、做鱼灯、鱼骨画、鱼拓、中国结等非遗DIY项目。其中，公司结合渔民国庆节、童真节等大型活动，组织“非遗”类大型主题活动四次：海洋知识竞猜（灯谜），天数：5天；“非遗”大课堂之渔灯制作大赛，天数：2天；“非遗”大课堂之鱼拓画系列，天数：8天；“非遗”大课堂之鱼骨画系列，天数：8天。累计参与人次达5.2万人次。使古城成为展示本土文化的窗口，提高游客对于“非遗”文化的认识，在寓教于乐中体验象山渔文化的博大精深。象山有着悠久的历史，深厚的文化积淀，其良好的土壤孕育种类繁多的非物质文化遗产。但随着时代的发展和变革，一些非物质文化遗产随着现代物质生活的改变与市场经济的冲击，处于濒危状态甚至消失。

【启动渔港古城二期开发前期工作】 2016年全年渔港古城二期项目涉及的1580户公私房进行摸底调研。梳理古城二期公私房情况，形成二期开发地块的公私房清单，其中涉及私房976户，建筑面积87698平方米；公房604户，建筑面积25678平方米；为石浦渔港古城街区二期拓展规划工程提供基础材料，实施统一开发和有序保护。以石浦旅游为核心，谋划全域旅游开发、海陆联动、港城联动、文化街区融合发展，委托武汉华中科大城市规划设计研究院完成二期保护性规划初稿。加快古城二期项目整体形象设计包装，重视融资保障，提升融资能力，确保二期项目的稳步推进。

【海洋休闲旅游新添运力】 2016年6月，象山县海洋休闲旅游有限公司向舟山嵊泗同舟客运轮船公司采购"渔光曲9号"(原名:茂盛6)，用以渔山航线游客运输(152客位)；石浦渔港旅游码头(1号、2号泊位)于 1 1 月 1 1 日圆满完成竣工验收，取得港口经营许可证；完成"渔光曲"1号、2号、3号、6号、7号、"农渡13"船舶的年度维修招投标及保养维修工作；对檀头山码头、旅游码头3号泊位请求政府专题协调，做好前期筹备工作。

【夯实海岛管理与基础设施设备工作】 2016年4月份海岛公司调整部门规划，重新整合公司的管理机构，撤销、合并职责重叠部组。公司下设办公室、沙滩管理部、码头管理部、物业管理部，整合所有与接待相关的部门统一管理，统一调度。并新建完成遮阳棚项目、檀头山岛淋浴房、檀头山岛码头水塔搭建项目。截至2016年12月，檀头山岛景区抵御1号"尼伯特"、16号"马勒卡"、17号"鲶鱼"等强台风5个。

【推进石浦渔港文化传承活动】 从2016年春节开始至国庆节，渔港管委会营销科为推动石浦渔港文化传承。2016年2月8—21日举办"第三届石浦渔港古城新春庙会"。活动围绕"寻年味、逛庙会、赢金猴"主题，由"老味道""老手艺""老戏台""老行当""老记忆"五部分组成，通过一系统活动的安排，呈现渔家百姓过年的热闹场景，追寻爷爷儿时的新春记忆，以"老""怀旧""家"的共鸣点和市场卖点，做好市场营销和宣传工作，提升景区文化内涵和节日氛围。2016年4月30日至5月31日举办第二届谢洋节活动。依托即将到来的休渔伏季为契机，以"开洋、谢洋"的传统祭祀文化为形态，崇尚人与大海和谐相处的新理念，丰富石浦渔港品鲜赏俗渔文化旅游品牌，紧扣"千舟进港，休渔谢洋"主线，举办第二届谢洋节·石浦渔港旅游11周年庆典活动。活动为期四周，以欢庆渔港、海岛狂欢、谢洋仪式、休渔谢洋宴四大主题，石浦渔港旅游11周年庆开幕式、"青春不停步"檀头山岛徒步旅游日、檀头山岛音乐烧烤趴、檀头山岛篝火帐篷狂欢夜、谢洋休渔民祭仪式、谢洋休渔放生仪式、休渔谢洋宴(麦饼筒)等20项精彩纷呈的主题旅游活动，再现"千舟进港·休渔谢洋"的盛况，让古老的"渔民开洋谢洋"迸发出不朽的活力。2016年7月1日—9月17日举办第二届檀头山岛湿身节活动。开发石浦渔港旅游现有资源，实现其旅游价值，在2016年夏季，针对于石浦渔港旅游下属的檀头山岛、石浦古城，进行专题活动策划。目标将檀头山岛旅游变成石浦夏季海滨又一条爆棚线路，真正将石浦渔港旅游产品树立品牌形象，吸引广大游客，促进景区收入及地方经济的全面增长。2016年10月1日—10月9日举办第三届石浦渔港古城渔民国庆节活动。抓住十一黄金周契机，整合古城、渔港、海岛等资源，将渔文化融入到旅游产品、景区活动中，让渔文化通俗化，成为游客能摸得到、看得见，并能互动的一种文化。推出"渔民国庆节"，围绕"渔俗、渔歌、渔谜、渔趣"主题展开各类活动，丰富旅游产品，营造节日氛围，狠抓质量管理，优化旅游环境，满足旅游消费需求，确保实现"安全、秩序、质量、效益"四统一的目标，让游客度过一个欢乐祥和平安的"十一"假期。

【环石浦港区域旅游管理体制改革】 2016年9月，根据县委办〔2016〕110号文件内容对石浦渔港旅游开发管委会进行体制改革，改革后石浦渔港开发管委会建制保留，管委会书记由石浦镇党委书记兼任，管委会主任兼任石浦镇党委副书记，石浦镇分管商贸旅游的党政班子成员兼任管委会常务副主任，石浦镇商贸旅游办公室并入管委会。石浦渔港开发管委会作为县政府直属正科（局）级事业单位，又作为石浦镇主管旅游、商贸的职能单位，承担环石浦港区域旅游规划统筹、项目招商、产业促进、政策处理、协调保障、乡村旅游发展和行业监管等职能。现石浦渔港开发管委会下属的石浦渔港旅游发展有限公司、石浦渔港古城旅游发展有限公司、海洋休闲旅游发展有限公司、海岛休闲旅游开发有限公司、石浦城区改造建设开发有限公司，整体划转县旅游集团，相关项目的开发、经营和管理职责也由县旅游集团负责。

（张民奎）

信息化和信息产业

信息基础设施

【概况】 2016年,象山县推进光网城市建设,以共建共享为目标,强化资源整合,移动、联通和电信等三大基础运营商完成光网覆盖,新增户数8.2万户、无线热点数21个、无线AP新增数83个。加快智慧城市建设,重点发展智慧养老、智慧健康、智慧国土等项目,引进银江集团签约成立智慧城市建设框架协议,对接城市宝项目落户。发展软件产业,全年实现软件及信息技术服务产值4.6亿元,同比增长20%。

【象山县启动智慧民生价格信息服务平台项目】 3月21日,宁波市物价局成本与监测分局为象山县大型超市、农贸市场的采价人员,进行“智慧民生”价格信息服务平台实务操作培训。这标志着象山县正式启动智慧民生价格信息服务平台项目建设。智慧民生价格信息服务平台是象山县发改局创新工作方式,深度融合“互联网+”行动的重要项目。该项目依托省、市智慧民生价格信息服务平台及微信平台、手机等移动智能终端,建立与相关部门价格信息共享交换体系和与公众互动的社会公众服务平台。项目重点实现民生价格公共服务平台信息化、民生价格公共服务内容个性化、民生价格公共服务载体多元化,让企业和公众能享受到便利的价格公共服务。该平台上线以后,全县服务平台将与宁波市智慧民生价格信息服务平台超市、农贸市场等的商品价格信息数据实现对接,让市民足不出户就能通过网站和移动端了解信息。该平台将提供全县大型超市、农贸市场、药店的商品价格查询和比价,还提供与价格相关的信息、收费公示、维权投诉等,以实现平台与超市商品价格实时数据的同步,有效提升价格执法部门的监管效能。

【日升集团入选省电子信息50家成长性特色企业】 6月20日,2016年浙江省电子信息50家成长性特色企业名单公布,日升集团榜上有名,是象山县唯一一家入选企业。

日升集团以管理信息化、生产制造自动化等为主要内容的信息化建设走在宁波前列,尤其在推进两化融合,助力智能电网设备的研究与开发方面取得显著的成绩,由日升集团推行的“面向市场的快速协同设计及管理系统”项目获评市级“两化融合”示范项目。同时,日升集团发挥公司技术创新、先进制造的核心优势,在专注于智能输配电设备领域发展的基础上,延伸智能机器人产业链等,促进企业在智能自动化领域的规模和效益增长,助力“中国制造2025”。

【牵线搭桥提升企业信息化水平】 截至2016年,象山县中小微企业用户达到3万余家,然而运用OA等软件办公的企业只有近千家,企业两化融合水平较低。把信息化要素融入到企业生产管理之中,可有效促进信息化与工业化的良性循环。针对这种情况,象山县经信局本着服务企业的宗旨,与中国移动象山分公司多次探讨协商,利用移动公司现有网络平台等资源,为企业提供邮箱及移动OA办公服务,搭建信息化平台。通过这个平台,相关企业可推广产品和服务、与客户及合作伙伴取得沟通联系;企业主要负责人还可通过手机随时随地全面掌握企业生产、运行情况,大大节省时间和服务成本,提升管理效率。

【召开大数据智慧应用总体规划项目评审会】 7月13日,象山县召开大数据智慧应用总体规划项目评审会,宁波市经信委推进处副处长姚坚、浙江省智促会专家王昌华、象山县电子政务办主任邱达乐等人参加。项目承建单位宁波中科大数据研究院代表对大数据智慧应用总体规划的背景、内容以及下一步的打算作详细的介绍，从政务、经济、民生三大领域阐述全县大数据应用的现状、存在的问题以及未来的可能，系统的展现全县大数据发展蓝图，并通过制定具体的项目计划支撑规划落地。

【李京文院士在象山县考察调研】 7月5日，中国工程院院士、中国社会科学院学部委员李京文到象山县考察调研，县政府党组成员石坚定等人陪同。石坚定向李京文介绍全县的基本情况，包括人口、地理、文化，以及县域经济发展的主要内容，还向李京文提出旅游大数据、产业+互联网、海洋生物及政府公共服务平台等工作需求。李文京就全县自身是否具有承建院士工作站的经济实力和建设院士工作站是否是出于未来的需要等情况，表明态度和建议，表示可以为院士工作站的人员配备牵线搭桥，提供资源。

【召开网络基础设施共建共享会议】 10月26日，象山县局信息化科召集中国电信、中国移动、中国联通、中通服等4家通信运营商，召开网络基础设施共建共享会议，讨论共建共享机制落实情况、存在的主要问题，以及下一步工作措施。会上，中通服公司通报全县共建共享项目实施的进展情况，提出项目实施情况中存在的问题和困难，主要关于如何跟有关主管部门进行项目方案设计及验收的对接等问题。2016年，县网络基础设施共建共享新开工5个项目，跟踪43个项目，完成验收14个。

电子政务

【概况】 完善中国象山港政府门户网站的栏目内容，并再次入选宁波市政府系统"十五佳网站"。推进政府网站集约化建设，除少数部门网站因职能需求保留外，基本实现所有政府网站统一使用县政府建站平台，提升网站安全性能，节省大量的财政资金。推进象山县企业政策查询平台建设，把县委、县政府及各部门的涉企政策放到网站上，制作政策解读文件及图解，方便群众查询咨询。

【推进政务服务网建设】 整理权力清单和公共服务事项，完成18个镇乡（街道）政务服务网站点建设并整理汇总2278条事项推送至镇乡（街道）权力事项库，2016年3月起全面公开供群众查询。整理汇总涉及31家县级部门，116家下属事业单位，18个乡镇（街道）以及行政审批中介机构和水、电、气、公共交通四类国有企业共1325项公共服务事项，2016年10月底在浙江政务服务网和宁波公共服务微信平台公布。

【优化办事流程】 优化办事流程，创新移动端审批平台，依托"行政服务中心"微信公众号，搭建预审批平台，群众通过手机可进行申请、查询办件进度等，形成"实体、网上、掌上"三位一体便民审批服务平台。

【优化在线申报】 优化在线申报，开展网上政务服务五星级审批事项推行工作，推广证照网上申请，快递送达服务模式，市场监管局、县公安局、县国土资源局窗口采取让百姓自选的方式，共确定104个事项实行快递预约服务。

【拓展公共支付平台应用】 确定交警大队交通违法罚没款、县教育局学费收缴为运行试点，缴款人只需登录浙江政务服务网或浙江政务服务APP，通过支付宝、银联、网银等电子支付渠道即可完成缴款，2016年9月份完成业务系统和业务流程升级改造并完成上线运行。

【保障政府网络信息安全】 G20杭州峰会期间，委托信息安全公司对县备案的政府网站进行安全扫描，对发现的漏洞和隐患落实各单位及时整改。组织网络信息安全培训，对各单位负责网络安全工作的分管领导及工作人员进行培训。

【建设浙江省政务视联网平台】 建设浙江省政务视联网平台，象山县共计55个点，推动各单位视频系统互联互通，提高工作效率，降低行政成本。

（贾志敏）

电 信

【概况】 中国电信象山分公司成立于1998年9月1日,截至2016年底,全局拥有支局12家,30家自办营业厅,电信用户30余万户。

2016年,象山分公司坚持强化党的建设与加快改革发展两条主线,全面加强和改进企业党建工作和廉政建设,扎实推进"两学一做"学习教育,全面开展"四个专项治理"及回头看,全面接应中国电信转型3.0战略,着力推进网络智能化、业务生态化、运营智慧化,做域内领先的综合智能信息服务运营商。

2016年,中国电信象山分公司响应县府号召,通过光纤网络保障,移动和固话通讯保障,投身全县"五水共治""三改一拆""两路两侧""四边三化"四个专项整治工作,保障专项整治工作及时有序开展,在信息化多媒体时代为象山发展尽一己之力。如与水利局合作的天翼手机对讲机,如石浦镇专属ITV,及时向百姓宣传四个专项整治取得良好效果。

【综合业绩】 2016年,中国电信宁波市公司要求确保完成年初下达的主营业务收入指标,即管控目标为100%。截至12月份,主营收入累计完成19031万,累计管控目标完成92.1%,排名第七;其中,固网主营收入11786万,同比增长率-9.86%,本地网同比增长排名第9,移动主营收入7245万,同比增长率3.4%,本地网同比增长排名第6。

截至12月份,3升4完成年度指标的25.08%,4G智能机完成年度指标的49.6%;光宽带占比81.21%,比年初提升12.13%;百兆占比41.74%,比年初提升12.16%。

加快基础网络建设。至12月份,完成光改2.4万线,实现区域全覆盖。做好资源盘活工作,退铜利润完成230万,网络资源盘活344万,支撑商客ICT项目开展,节约公司成本,半年度完成传统交换及ADSL退网工作,节约电费成本,减化优化网络;4G大会战三期上半年完成,四期完成70%,年内完成92%以上。各类装维指标提升明显,装维责任投诉低于4单/月,参与社区经理入网格工作,社区经理营销技能有较大提升。

【工作亮点】 紧抓G20峰会契机,围绕完美酒店产品,至10月底达3100间。公众WIFI安装完成1330户,并通过爱WIFI项目成功签约农信社66个网点的WIFI建设。

依托政府智慧建设平台,与政府签订"十三五"智慧象山建设协议,拓展县重点项目。三季度通过以"政府搭台电信唱戏"的方式召开 "互联网+金融""互联网+医疗""互联网+农业"三场智慧建设培训,收到效果。特别是农业板块共发展"农技宝"团购320户,农业ICT项目5个。

通过ITV专属电视台项目成功与石浦镇政府签约,成功与宁波半边山疗养院签订全业务合作业务。

联动主管部门,由象山人民银行牵头,县内22家银行签约云呼叫中心,完成电信业务的全面布局。其中有几家蓝海用户,因为签约云呼叫中心,需要安装电信的固话等,为以后的业务合作提供广阔的空间。

【精三扫PK赛】 2015年底至2016年元旦期间,中国电信象山分公司开展四期支局精三扫分组PK大赛。

【自营赛全大市第一】 2016年1-3号自营线K赛,象山自营以209.2分喜获全大市第一名。

【支局承包】 1月16日,象山分公司召开2016年支局承包宣贯大会,支局长、商客支局长、网格经理、营业店长、机线班长、各部门主管以上人员及有意参与支局承包的相关员工近60人参加会议。

分公司综合部人力主管苏丹就2016年支局承包方案、支局收入切盘规则及考核办法做详细解读。副总经理(主持工作)徐忠波就支局承包工作进行总动员和要求。副总经理董海阳就支局承包和承包任务分解工作进行相关要求。

2月1日,分公司举行支局承包签约仪式,分公司领导班子、各部门负责人、全体支局长出席。

会上,分公司党委副书记(主持工作)、副总经理徐忠波分别与12个支局长签订2016年支局实质性经营承包合同,并与他们亲切握手,预祝成功。签约仪式后,徐忠波与支局长进行交流沟通,希望各位支局长抓紧抓好当前的营销工作,齐心协力开好头,为2016年收入预算的全面完成打下基础。

【工会委员新春座谈】 1月18日,分公司召开工会委员新春座谈会,工会主席董海阳主持会议,工会副主席李伟斌作2015年工会二作总结报告和2016年分公司工会工作思路。2015年工会工作在规范财务、支局"一家人"建设、"四小"建设、兴趣小组活动、职工健康体检、走访老领导、关爱困难员工等方面都取得一定成效。

【蒋苏浙到象山调研】 1月20日,宁波分公司党委书记蒋苏浙携党群部、工会等一行到象山分公司展开节前慰问,并与部分员工进行座谈,对分公司机房进行安全检查。参加象山分公司党委民主生活会。

【领导班子调整】 1月22日,市公司王瑶主任在象宣布班子调整:徐忠波任象山分公司党委副书记(主持工作)、副总经理;张胜平任市公司基本建设项目管理中心高级顾问,免去象山分公司党委书记职务;赖文旭任象山分公司总经理助理,3位领导作表态发言。分公司助理以上人员、主管等参加班子调整会议。

【重点工作布置】 2月1日,象山分公司召开2016年重点工作布置会。会议宣传贯彻省、市公司年度工作会议精神,总结2015年度主要工作,深刻剖析当前企业面临的形势、存在的短板与问题及需要争取的关键点,部署2016年度工作目标与任务,动员全体员工坚定信心,抓住机遇,奋发有为,迎接挑战,实现"十三五"企业改革发展的良好开局。会上,分公司党委副书记(主持工作)、副总经理徐忠波作《2016年重点工作宣贯》的报告,副总经理董海阳、总经理助理赖文旭等先后作分管工作要求和专项布置。

分公司经营班子、支局长、商客支局长、网格经理、班组长以上人员,联营站正副站长、工会主席、邮电所长等60余人参加本次会议。

【县委书记节前慰问】 2月4日,农历十二月二十六,立春日。象山县委书记叶剑鸣带领县委、县政府四套领导班子冒着春雨到中国电信象山分公司春节前慰问指导。

【龚旭东调研】 2月19日,宁波分公司副总经理龚旭东一行到丹东支局网格店等地进行调研。

【党员民主评议】 2月19日下午,分公司党委召开2015年度民主评议党员活动布置会,会议由党委委员董海阳同志主持,各支部书记及相关人员参加。

【市级先进集体和个人】 中电信宁波联合〔2016〕3号 文件,象山分公司内受市级表彰的先进集体和优秀个人名单如下:丹东支局为市级先进支局;朱文光为市级优秀支局长;赖伟核为市级优秀员工、市级综合支撑能手;黄勇明为市级优秀员工、市级优秀网格经理;董臣勇为市级优秀班组长;邱联盟为市级优秀共产党员;李伟斌为市级优秀共产党员、市级优秀工会工作者。推荐合作单位受市级表彰优秀个人名单如下:郑怡卿为市级优秀员工;吴佳珠为市级优秀店长;李林芝为市级优秀客户经理;陈海敏为市级优秀社区经理;张海伟为市级优秀社区经理;何金珠为市级优秀渠道经理;郑怡卿为市级优秀营业员。

【庆三八活动 】 3月8日,分公司领导为坚守在工作岗位上的女神们送上祝福和鲜花,祝女同胞们节日快乐!3月6日到15日,工会开展"三八"节系列活动:"香翼家人"才艺会;"翼行古道"体能秀;"天翼营销"业绩赛;"快乐翼拍"主题赛。

【电视节 】 3月13日,象山分公司第一场电视节在石浦海峡广场拉开帷幕。

【互联网+金融】 3月24日,由中国人民银行象山支行主办、电信象山分公司协办的象山"互联网+金融"主题论坛在象山县城召开。出席该次论坛的有县21家金融银行的行长、副行长,有省市公司的行业应用专家,分公司领导徐忠波、赖文旭等参加本次会议。

【党支部换届】 2016年是象山电信党支部换届年。公司党委在4月7日召开党委工作会,部署党支部换届工作。 4月8日,分公司各党支部召开党员大会,学习党章、党规,组织支部委员会的换届选举工作。4月15日,分公司召开党建工作布置会,分公司党委委员董海阳传达《中国电信宁波分公司党委2016年度党建和企业文化工作要点及实施计划》(中电信宁波党[2016]34号),严格落实新一届党支部“三会一课”制度，加强规范基层党组织活力建设。 4月26日，分公司党委以“岗位与职责”为主题，召开党委(扩大)学习会，分公司党委班子成员、各支部委员和相关人员共23人参加会议。

【石坚定调研】 4月28日，副县长石坚定一行三人到电信象山分公司进行调研。分公司副总经理徐忠波(主持工作)将大数据、互联网+、4G、光网建设等相关电信信息化建设助力象山经济发展状况进行工作汇报，石副县长对分公司工作予以肯定。

【互联网+医疗】 5月10日，象山县卫生和计划生育局与象山电信联合举办象山县互联网+医疗主题论坛。

【签订加快“十三五”信息经济发展战略合作协议】 5月31日，中国电信宁波分公司与象山县人民政府签订加快“十三五”信息经济发展战略合作协议。象山县人民政府副县长石坚定、县府办副主任金良以及县政府10个部门主要负责人，宁波分公司副总经理董嘉奋、政企客户部总经理陆雪君、网建部副经理王晓东、象山分公司副总经理(主持工作)徐忠波等出席签约仪式。

副县长石坚定感谢象山电信助推象山经济的发展，推进智慧城市建设，长期提供广泛深入的综合信息化应用作出的贡献，指出该次双方深化合作，有助于推动效能型、服务型政府建设，加速推动现代服务业发展和传统制造业的改造提升，真正实现互联网信息服务惠民便民。希望签约后做好后续工作跟进推进，要信息共建共享，整合资源，减少浪费，在智慧城市方面改变全大市落后的局面，支持象山电信的信息化建设工作，实现双方共赢 。

市公司副总经理董嘉奋详细介绍宁波分公司“十三五”思路，从电信的网络和服务优势等方面进行讲解，中国电信宁波分公司将继续把象山县作为智能网络建设的重点区域，加大投资力度，加快建设新一代互联网基础设施，全力打造千兆全光网，建设4G+和无线局域网相融合的泛在无线宽带网络，率先在象山县开展5G移动通信网络的试用与部署；为象山特色产业基地和现代物流园区、产业园区、象保合作园区、海洋水产园区、影视文化基地等一批专业型产业园的发展提供信息高速公路。推动云计算、大数据、物联网等新一代信息技术在智慧政务、协同制造、商贸流通、绿色生态、益民服务(如教育、医疗、民生、交通、养老)等领域的广泛应用，促进大众创业、万众创新，让信息化成果惠及全县各行各业。

【共同推进无线上网(WIFI)安全保护技术措施落实工作】 6月3日，分公司与县公安局召开象山县住宿业和公共场所无线上网(WIFI)安全保护技术措施落实工作共同推进会。县公局网警大队正副大队长、各乡镇派出所领导，分公司总经理助理赖文旭、政企部正副主任、各相关支局支局长等共20余人参加该次会议。会议商定，电信与公安双方分工协作，广泛宣传，对全县公共场所无线上网进行排查摸底，依法落实网络安全技术措施，及时上报工作进展，确保网络信息技术安全。

丹东、丹西、爵溪、石浦、东陈、林海、南郊、西周、墙头这几地有农家乐、有宾馆业的支局所长们和网格经理，联动当地公安，由公安网警大队牵头，分别召开服务业业主网络安全宣贯会等，每一次现场会，政企部主任都亲自带队去会议现场销讲，让用户用上新装备，新网络。

6月8日，县公安局长亲自带队到新桥等地指导调研农家客栈网络安全等相关工作，政企部和各支局长高度关注，与公安随时互动。

6月16日，丹东支局联动丹东派出所，召开300多名业主参加的大型服务业业主G20峰会网络安全宣贯会，县网警大队大队长亲自出席会议，明确要求业主使用电信网络，建设完美酒店项目，确保服务业网络安全。分公司十二个支局，有八个支局召开现场会。

分公司还与县公安局建立联络机制，约定两家每半月开一次工作例会，对工作中存在问题，及时发现，及时解决。至6月17日召开两次例会。

【一小时排除重大故障】 6月16日12点20分，象山公安刑侦大楼四楼机房到一楼机房光缆中断，造成刑侦大楼一楼公安专网、外网和公安视频网全部中断，要求电信尽快恢复故障。

网运部接障后紧急组织设备班光缆组及相关工程队人员前去公安刑侦大楼抢修，通过技术手段定位到一楼机房向外14米处光缆中断，通过排查发现地下电缆通道有一部分广电的电缆施工不够严谨导致窨井盖有空隙，老鼠蹿进去后把电信光缆咬断掉，通过重新熔接后在13点15分接通断掉的光缆，公安确认业务恢复正常，故障排除。该次故障抢修及恢复时间保持在一个小时之内，故障抢修恢复及时准确。

【开通iTV“宁波石浦”专属频道】 中国电信象山分公司与石浦镇政府在6月17日成功签约ITV电视开机页面5年，通过石浦镇ITV专属频道的营销，石浦电信支局抢占石浦地区宽带及以后电视发展的制高点。

【六届二次职工(会员)代表大会暨2016年度会议】 7月23日，中国电信象山分公司召开六届二次职工(会员)代表大会暨2016年度会议，总结回顾2016年上半年经营工作亮点与不足，部署2016年下半年重点工作，动员广大员工坚定信心，齐心协力，奋发有为，加快推动规模发展和效益双提升。分公司全体职工代表、班组长以上、外包员工代表、乡镇邮电管理站特邀嘉宾等共80余人参加会议。

副总经理(主持工作)徐忠波讲授党课并作《2016年半年度行政工作报告》，宣贯、传达省市年中工作会议精神。在报告中回顾总结2016年上半年经营工作的亮点与不足，重点部署2016年下半年重点工作。

工会主席董海阳作《服务企业促发展，服务员工促和谐，为全面完成年度各项工作任务而努力奋斗》的工会工作报告，回顾总结工会一年来所做的各项工作及要提升改进的方面，部署新的工会工作。

销售部、政企部、网运部作专题发言；会中，进行先进经验交流。定山支局紧盯收入目标、西周支局网格经营、优秀客户经理吴姜云量收经营、优秀社区经理陈海敏营维营经验交流。副总经理董海阳、资深副总裁姚亮、总经理助理赖文旭分别就分管工作进行布置。大会通过会议决议，向全体员工发出“在公司党委和经营班子的正确领导下，汇集全体从业人员的智慧和力量，上下同欲，戮力同心，奋力推动象山电信走在同行前列”的倡议。

【高温慰问】 截至7月27日，象山县连续出现近半个月35度以上高温天气，最高气温均达到37度，室外温度高达50－60度，而象山分公司的广大员工仍奋战在装维一线和G20通信保障的最前沿。在这样的高温天气里，象山分公司经营班子成员带着对一线员工的牵挂，纷纷赶赴一线，递上高温慰问品，送去关怀和慰问。连续高温，7月27日，宁波分公司党委书记蒋苏浙赴象山，深入基层慰问高温下坚守在一线的电信员工。

【互联网+现代农业】 7月20日，分公司政企客户部在象山宾馆4楼聚贤厅召开“互联网+现代农业”信息技术培训会议，各镇(乡)、街道农业信息员，农业经营大户百余人参加本次培训。

【党建学习】 8月9日，象山分公司党委召开由党支部书记、组织委员参加的党建基础管理工作布置会，就近期党建和企业文化方面的重点工作做出安排。

8月11日，机关支部全体党员在5楼会议室召开支部党课学习会，会议中宣贯市公司党委[2016]47号《关于开展党建基础管理工作专项检查的通知》文件精神，强调支部活动开展正常化和规范化。同时，传达市公司纪委《关于开展2016年反腐倡廉宣传月活动的通知》，完成eip问卷调查的“中国共产党纪律处分条例测试”工作。支部全体党员学习习近平总书记在建党95周年纪念大会的“七一”重要讲话——不忘初心，继续前进核心内容，要求把习总书记“七一”重要讲话精神贯彻落实到日常各项工作中，并贯穿“两学一做”学习教育全过程，增强锤炼党性修养，树立党员的良好形象，强化责任担当，推动公司各项工作的开展。

【落实实名制】 8月25日，县经济与信息化局党委委员胡盛敏与科长张宇到分公司指导调研实名制的落实情况。分公司副总经理董海阳及销售部人员做工作汇报。

【消防演习】 8月30日，为应急G20杭州峰会召开，分公司开展为期半天的消防知识培训及反恐消防演习。

【郭百其调研】 10月11日上午，市公司总经理郭百其携市场部、政企客户事业部、渠道运营部、创新业务运营中心、客户服务部、网运部、办公室等部门主要负责人到象山分公司天安路商圈美高美店、蓬莱社区店、丹西商客支局及政企营销现场(象山武警中队)进行调研指导。分公司副总经理徐忠波及相关人员陪同调研。

【智慧家庭工程师培训认证】 象山分公司于10月11日开展第一期的智慧家庭工程师培训认证(共4天分4期,总人数达55人)。

【精准派单外呼营销技巧ＰＫ大赛】 11月,分公司行政与工会联合举办大型实体渠道精准派单外呼营销技巧ＰＫ大赛。

【人大选举】 12月14日上午9时,象山县第十八届人民代表大会县直机关第五选区进行选举,分公司电信员工投票。

(徐　引)

移　动

【概况】 中国移动通信集团浙江有限公司象山分公司(简称:中国移动象山分公司)成立于1997年7月,截至2016年12月底在职员工208名,拥有自办营业厅11家,乡镇支局10家,移动基站910个,宽带覆盖量26万,各类营业网点300余家,网点遍布城区乡镇、海岛、农村,移动手机用户超过50万户。公司秉持"正德厚生·臻于至善"核心价值观,以"创无限通信世界,做信息社会栋梁"为使命,为象山县域经济健康发展、社会和谐稳定贡献力量。

【经营状况】 2016年,中国移动象山分公司以服务象山当地经济社会发展为己任,以"五四三、十百千"工作思路为重要指导思想,结合上级公司"十三五"战略规划,围绕宁波公司"三年业内领先者战略"目标要求,夯实能力基础、着力加强党的建设,坚定信心科学发展;并牢牢抓住信息经济发展机遇,加快信息技术创新和信息化建设,实现公司运营发展稳中有升。全年运营收入达到3.5亿元,利润2.8亿元,上交本地税收845万元,网络总投资5500万元,解决就业人数980人。始终保持行业内领先和主导地位。

【公司博·搏企业文化】 象山分公司以集团公司"正德厚生,臻于至善"核心价值观为核心,以省公司"善知善行,惟和惟新" 的工作文化为指导,以宁波分公司"围绕以绩效文化为主线,以创新、服务和关爱文化为特色"文化体系为基础,融入象山人"海纳百川,勇立潮头"的精神,凝练出象山分公司"博·搏"文化。"博·搏"是对集团公司文化核心内涵的传承,象征着团队的关爱、和谐、学习、创新、拼搏,对责任的承担,对卓越的追求;是对省公司和宁波分公司文化体系的对接与实践;是结合象山当地特有的海洋文化与渔文化,对象山分公司企业文化的落地与创新。第一"博"应对着"正德厚生",严格要求自身行为责任规范,有博大的胸怀,能纳百川,聚众力,强自身素质,建强大集体,勇担社会责任;第二"搏"应对着"臻于至善",是一种永不止息、创新超越的拼搏进取精神和对完美孜孜不倦的追求精神 ,勇立潮头,铸造精品,追求卓越,搏客户满意,思人所未思。

【建设4G立体化网络 共享4G畅快优势】 截止2016年12月底,象山4G基站910个,其中宏站684个,室分91个,微站135个。通过宏站、微站完成行政村以上及主要自然村的LTE网络覆盖;提高小区及大型楼宇4G室内覆盖能力;利用FEMOTO、小微站、高层对打等形式解决高层底层弱覆盖,实现4G网络深度覆盖,加强D、F频段叠加及室分厚度覆盖。2016年终端销售以4G终端占主导,全年推出明星机、孝道机等各种惠民政策;让全县移动用户享受优惠政策,最大化共享4G畅快网络,加快地方信息化建设。

【落实惠民"提速降费"各项举措】 2016年,国务院及工信部将"提速降费"工作纳入重点督查事项。推进国家对"提速降费"工作的要求,确保2016年提速降费任务完成,根据《国务院办公厅关于加快高速宽带网络建设推进网络提速降费的指导意见》《工业和信息化部关于实施开展加快高速宽带网络建设、推动落实网络提速降费2016专项行动的意见》相关要求,中国移动象山分公司上下高度重视,开展各项工作；在标准资费公示、规范提速降费举措宣传、开展一线客服人员培训等方面做到层层自查、严格落实。截至12月底，家庭宽带业务累计出账用户71180户，累计净增用户达14721户。

【推进实名补登记工作】 打击通信信息诈骗，保障网络与信息安全，贯彻落实《全国人大常委会关于加强网络信息保护的决定》《防恐怖主义法》《电话用户真实身份信息登记规定》等法律规定和工信部的实名文件要求；根据有关部门和上级公司统一部署，中国移动象山分公司从7月15日开始开展“非实名用户补登记及停机专项行动”。通过业务通告、短信提醒、网络宣传等手段，对实名补登记客户善尽通知责任，提供便利渠道。将实名补登记工作做到细致，为广大客户提供便利，中国移动象山分公司采取多项措施保证行动进行，包括多轮次短信、外呼、客户经理上门等方式引导客户实名补登记、主流媒体线上宣传、开发线上办理通道，如微信、网厅等、为行动不便的老人等特殊人群提供上门补登预约服务等；截至2016年12月底，象山分公司手机实名率达100%，专项行动宣告圆满完成。

【打造智慧城市建设】 2016年，分公司在大数据方面有突破，截至到2016年12月底“松兰山度假区、石浦镇政府、石浦渔港古城、白玉湾度假区、象山旅游局”等5家景区成功切入景区人口动态平台；实行智能化管理；与象山县人民财产保险签署“保险定损系统”；和教育用户数比2015年增长12.6%；象山县农村生活污水治理设施监测项目带动IDC、CT业务，通过该项目带动IDC机柜租赁、服务器托管、6条百兆VPN专网；对象山县医保中心医保线路进行总点接入，为后期接入打下基础。完成对象山县第一人民医院、象山县中心卫生院及鹤浦镇卫生院医保备用线路的接入，拓展各医院线路接入。宁波E通方面：象山分公司进入多个乡镇的宁波E通终端，打破竞争对手垄断的局面。

【开展党建工作】 2016年，分公司党支部以深入学习“党的十八届五中、六中全会、全国国有企业党建工作”会议精神为契机，做好员工思想政治教育工作。按照“三会一课”制度，党支部每月有计划、有活动，至12月底，共开展各类学习14次。以开展“两学一做”主题教育活动为契机，做好党员学习，组织全体党员开展支援一线扫村、突击实名制工作、参与社区“五小”服务等行动，凸显党员身份和形象。以“学习先进事迹弘扬劳模精神”主题活动为契机，通过主题征文、参与演讲比赛、先进员工事迹以互联网+形式进行传播等方式在分公司内部做好先进事迹的宣传工作，营造良好正能量氛围。

【安全生产常抓不懈】 安全始终是经营生产中的大事，这一年中，象山分公司始终贯彻“安全第一，预防为主，综合管理”的方针，在年初与各部门、支局负责人签订安全生产保卫责任书，同时与每位员工签订电子版安全生产责任书。开展安全知识演讲比赛、驾驶专员培训、防汛抗台情景模拟演练、反恐防暴演练、综合楼汇聚骨干机房动力应急保障演练及消控室消防设施操作学习等多形式培训演练，同时定期开展各类安全检查，通过各类检查有效提升员工安全意识，实行安全一票否决，实现全年零安全事故，被评为年度市优秀安全生产单位。

【服务公益事业】 2016年，公司先后组织员工开展植绿护绿、慈善一日捐、三一五维权保障日、“七一”驻象部队慰问等公益活动20余次，履行社会公民职责。

（徐金燕）

联　通

【概况】 象山联通，即中国联合网络通信有限公司宁波市象山县分公司，是中国联合网络通信有限公司在象山的分支机构，2008年12月由原中国联通有限公司象山分公司和原中国网络通信集团公司象山分公司合并而成。公司下设综合支撑中心、城东城西区域营销中心、西周石浦区域营销中心、集客区域营销中心，以及5个自营厅。拥有象山2G物理基站245个，室分38个。 3G物理基站 334个，3G室分48个。4G物理基站315个，室分20个，渠道40多家，网点遍布各乡镇、海岛、农村、移动手机用户超过18万。公司秉承“竞争实现超越，创新开拓未来，激情战胜艰险，诚信立足天下”的核心价值观，以致力于成为“信息生活的创新服务领导者”为使命，一如既往继续推进企业的创新发展进程，以全业务经营和4G发展为引擎，坚持以用户为中心，加强技术、业务、服务和管理创新，提升综合实力和核心竞争力，满足广大用户的信息服务需求，在象山国民经济和社会信息化进程中发挥主力军作用。

【防范打击通讯信息诈骗专项行动实施】 2月16日，分公司成立防范打击通讯信息诈骗专项行动领导小组，统筹推进各项工作，制定《进一步防范打击通讯信息诈骗专项行动实施方案》，明确各相关部门的工作职责。确定防范打击通讯信息诈骗重点工作的任务分解，确保各项工作件件有落实。首先强化语音专线、“400”及一号通业务管理，规范经营秩序，其次深入贯彻“黑卡”治理专项行动，加强电话用户实名登记管理，完善技术支撑手段，坚决遏制虚假主叫传输与改号软件传播，配合省公司各项信息化系统建设工作，落实本地部署和推广工作。分公司强化垃圾短信综合治理，设立举报专区，加大用户举报受理力度，做好宣传教育，提升用户安全防范意识。

【召开“移动手机倍增发展总监研讨会”】 2月20日，为加快推进集团客户4G企业套餐营销进展，拉动集团客户移动业务发展，特别是4G中高端业务发展，象山联通集客条线召开“移动手机倍增发展总监研讨会”，采用行动学习法，从需求侧和供给侧二个方面着手，剖析当前集客条线移动业务的发展瓶颈，就如何突破瓶颈实现新的业绩增长，实现移动手机倍增发展而展开研讨。

【“五证合一”工作完成】 4月28日，根据国家关于“五证合一”的政策，象山联通及时制定相关工作计划，完成税务登记变更、航信专票金税盘变更发行、电子发票百望主备两套核心板变更发行；与税务系统支撑商百望公司密切合作，采用不停机切换方案，做五证合一核心板变更发行期间未影响开票，将对业务发展的影响降到最低。

【开展“联通优步分享季”活动】 6月17日，宁波联通与优步宁波（Uber）展开“互联网+”合作，共同探索基于双方资源合作的线上线下共赢模式。本次合作是宁波联通在移动出行平台领域异业联盟发展取得的重大突破。宁波联通和优步宁波利用双方平台互相引流，线上线下齐发力，合作开展 “联通优步分享季”活动。

【“万店连锁、终端品牌升级行动”计划】 8月，为全面落实集团公司、省公司“万店连锁、终端品牌升级行动”计划，提升宁波联通自营厅终端零售品牌号召力，借助终端厂商资源迅速提升终端销售能力，宁波联通与金立、OPPO、vivo、华为、乐视等品牌厂家实施紧密合作，专项制定“终端品牌升级行动”合作方案，开展营业厅门店“二区一柜”。

【开展“百日奋战沃争先”活动】 7月15日，象山联通召开综合条线“百日奋战沃争先”决战誓师动员大会。为快速、全面贯彻落实三季度“百日奋战沃争先”营销工作安排和要求，细化宁波本地执行方案，统一思想，增强信心，攻坚克难，全力以赴打赢第三季度营销攻坚战，尽快实现整体业绩反转。11月25日，宁波联通隆重“百日奋战沃争先”营销活动总结表彰暨“挑战80天”岁末年初专题营销活动动员大会。公司领导、公司党委成员，公司各党支部书记，市公司各部门负责人，各县市分公司以及各营销网格负责人、营业督导等参加本次大会。

【参加G20峰会保障】 9月4日至5日，G20峰会在杭州召开，领导班子高度重视G20峰会安保工作，将防范遏制重特大事故作为头等大事、压倒一切的政治任务来抓紧抓好、抓出实效。公司层面开展护航G20安全生产大排查专项行动，对安保工作人防、物防、技防以及消防安全等进行全方位检查，多次利用安全例会、半年度工作会议等时机就G20峰会安保作深入部署强调，同时按市公安局经文保支队的部署，在8月10日至9月7日实施单位领导24小时带班的值班备勤制度，提高 “安防”等级。G20峰会前后，公司还与到单位检查的公安、消防、经信委、通管局等部门配合开展工作，圆满完成上级部门指定的各类工作任务。

【组织党、团员投身“我为公司品牌添光彩”系列活动】 11月，发动公司全体共产党员、共青团员全力参与“我为公司品牌添光彩”系列活动，发挥党支部的战斗堡垒作用和党团员的先锋模范作用，为公司品牌形象的提升贡献力量。公司党委及时在“宁波联通党员先锋队”等微信群转发省公司发布的种子信息，每位共产党员和共青团员要及时将信息转发和分享，要求转发率为100%。各党支部为单位发动全体党团员当好联通网络和联通服务的“体验员”，围绕“一流网络体验工程”和“一流客户体验工程”，带头参与网络服务和客户服务体验，提交体验报告。目的是通过实际体验发现和解决公司的网络和客户服务短板及可提升环节，力争达到“省心服务，想到就享”的活动成效。具体体验内容包括：4G网络信号体验；宽带上网稳定性和上网速度体验；营业厅和渠道体验。大家“争做品牌员，创意创新我先行”。各党支部和团委组织发动党团员参与品牌创意策划活动，做好“匠心网络”“看视频选联通”等品牌宣传工作。

【“十三五”信息经济发展战略合作签约】 12月30日，象山县人民政府与中国联通宁波市分公司在宁波联通办公大楼举行“十三五”信息经济发展战略合作签约仪式。象山县政府党组成员(副县级)石坚定、县府办副主任金良、经信局局长周良宏等相关领导，以及宁波联通相关领导及相关部门负责人等出席本次签约仪式。本次战略合作实施协议的签署，指明双方合作方向和目标，双方一定会在更深、更宽的领域开展合作并取得更大的成效。象山县政府将抓住当前信息经济发展的战略机遇，立足丰富的资源和产业贴身，围绕联通在资源市场技术上的优势，围绕智慧城市和智能经济的发展目标共同谋划一批功能平台、工程项目和试点工作，把象山打造成智能经济和智慧城市建设的示范区域，实现双方共赢。宁波联通将释放创新的活力，激发市场的潜力，凝聚合作的合力，围绕象山县委、县政府推进信息化建设的布局要求，全力以赴做好配合、支撑和保障工作。结合象山区域经济发展特点，发挥宁波联通在信息化应用方面的技术、人才优势，以更加创新的理念，更加匠心的服务，以实际行动回馈各级政府及广大群众对联通的信任与支持，为实现“十三五”时期经济社会发展良好开局做出更大贡献！

【象山联通推进沃店建设】 2016年上半年，象山联通聚焦公司战略，贯彻落实省公司提出的“以营业厅为基础的全业务综合网格员工创业计划”和“浙江联通经营责任区考核激励指导意见”，推进责任区承包工作和鼓励广大员工自主创业，开展社区沃店建设工作，加快渠道结构性布局调整，提升渠道销售服务能力，实现对现有存量用户的服务的深度覆盖。 通过广泛动员，完成沃店的选址、签约、建设工作。在门店人手紧张的情况下，承包人通过自行招聘营业员，全身心地投入到运营当中，缴费量、业务量及中高端发展量。分公司总结分析上一阶段社区沃店建设情况的基础上，根据渠道布局需要和渠道运营质量要求，明确网格沃店建设攻坚目标；借鉴先进分公司的成功经验，加大力度推进建设异业联盟的自营沃店，规划和寻求当地药店、眼镜店等业态互补连锁企业设立店中店；强化相应的问责机制，加大沃店建设过程中的考核力度，激发网格承包员工的创业活力，并把社区沃店建设作为激活渠道产能的重点工作来抓。

城乡建设和管理

综 述

2016年,象山县住房和城乡建设局围绕“精美滨海之城”建设目标,以“城市品质提升行动”为抓手,以“精心谋划、精致建设、精细管理、精打细算”的理念,科学规划、统筹安排、狠抓落实,推进城乡基础设施建设、加强人居环境治理,加快现代化滨海城区建设步伐。全年共推进城乡基础建设项目80项,完成投资17.87亿元。新增市政道路里程6公里,新增公共停车位531个,启动整治中心城区未利用土地44块、完成30块,新建和改造城市绿地约25万平方米,整治河道和建成排涝渠道4公里,截污纳管沿河排污口187个、建成农村生活污水集中式处理工程30个村。新建改造城市绿地25万平方米,定塘、墙头、泗洲头、茅洋等4个试点镇乡扎实启动,验收通过省市美丽宜居示范村4个,改造农村低收入农户危旧房209户,新建各类保障性住房17万平方米,廉租住房和经济适用房实物配租305套、发放货币补贴475户,安全检测危旧房屋496幢,解危22.95万平方米,销售商品房5562套65.2万平方米、成交金额64.1亿元,以房地产产业和建筑业为代表的重点行业继续保持平稳健康状态。

城 乡 规 划

【概述】 2016年,象山县规划编制城乡各类规划22个;共核发《建设项目选址意见书》132本,计用地面积约266.78万平方米;核发《建设用地规划许可证》80本,计用地面积约281.15万平方米;核发《建设工程规划许可证》84本,面积256.38万平方米;核发乡村《建设工程许可证》1762本,面积44.34万平方米;出具集体土地农转用规划选址意见83件,用地面积9.81万平方米。按时完成县人大建议、政协提案33件,办结率100%,满意率100%。受理群众来信、县长电话交办单、民生回应、网上帖子等共176件,全部办结,维护群众的正当利益。

2016年,县规划局被评为宁波市历史文化名城名镇名村保护先进集体、市规划系统目标责任制考核优秀单位,2016年度县工业经济服务先进集体、县共建新农村先进单位、县重点工程建设先进集体、县棚户区改造先进集体等荣誉称号,规划窗口获2016年度县星级窗口荣誉称号。

【便民利民规划改革全面深化】 “多规融合”工作推进,以县域总体规划为统领,优化完善空间规划体系,形成“1+N”的规划体系,重点推进县域总体规划、土地利用总体规划、环境功能区划、海洋功能区规划和公益林区划等规划深化融合,形成全县空间规划“一张图”。完成城乡建设用地控制线、基本农田控制线和生态保护红线等“三线”划定,工作通过专家组评审。“三测合一”打造测绘精简版,宁波市率先完成规划测绘、地籍测量、房产测绘“三测合一”新体制建立。新测绘设计院整合资源,优化配置,为乡镇、部门、办事群众提供优质服务。2016年,共承接不动产测绘项目1300余件次,棚户区改造项目2500余件次,规划复核、竣工测绘等项目80余件次。实现测绘时间大幅下降,所有测绘事项服务收费下降25%,惠及全县1500多户群众,为企业节省测绘费用19余万元。行政审批制度改革成效明显,深入实施优化经济发展环境服务“双突破”战略,为建设项目提供“规划编制、规划条件提供、方案审查、竣工测量、规划核实”五提前介入服务。推行“容缺受理”制度，取消所有工业项目、政府性投资项目建设工程规划许可证前置条件，改为规划核实时提供，极大提升审批效率。主动担责，在符合消防安全前提下，完成象山盛发电子装饰有限公司、象山科博仪表有限公司、象山沪东化学厂等企业规划手续补办。

【中心城区品质提升规划深化细化】 完成象山县海绵城市规划、象山县海岸线规划控制与功能布局研究和县中心城区用地布局研究、色彩体系专项研究。开展中心城区未利用地利用研究，县规划委员会审议通过象山县标识标牌专项规划，靖南路改造规划方案编制为特色街道打造发挥示范引领作用。象山县养老设施专项、殡葬专项规划获县政府批复，全面启动象山县中心城区公共开放空间及文体设施专项规划编制。参与旧城改造，推进棚户区改造区块规划研究，4个棚改地块的规划研究全部取得研究成果，为旧城区品质提升指引方向。老城区控规获县政府批复，城中村改造规划研究取得初步成果。

【引导提升乡村品质】 出台《关于加强乡村建设风貌引导的意见》，开展中式民居设计大奖赛，编制《象山村(居)民建房指导手册》第二版，开展中式民居建设的试点，引导建设具有本县特色的乡村传统建筑，打造“记得住乡愁”的象山特色民居。组织开展“规划大讲堂”4次，涉及镇乡规划所人员、联村干部、村班子、村规划协理员、泥木工匠共600余人。挖掘象山港湾资源优势，开展休闲西沪、斑斓海岸概念性规划研究策划。加大历史文化名镇名村保护力度。成功助推墙头镇墙头村、石浦镇东门渔村获评宁波市第四批历史文化名村。2016年，象山县再次申请到市级历史建筑、历史文化名村保护专项资金800余万元。完成中国(石浦)渔港古城保护与发展详细规划，溪里方、东陈村历史文化名村保护规划完成评审。

【行政审批服务全面优化】 重点工程大平台大项目服务实现新突破。强化主动服务，抽调业务骨干零距离服务象保合作区、浙台(象山石浦)经贸合作区，成立贤庠规划管理所、西周规划管理所，零距离指导西周镇、贤庠镇、泗洲头镇、黄避岙乡规划建设，班子领导定期下园区、企业一线走访，现场办公解决企业、园区遇到规划难题。针对塔山路区块改造、青草巷区块改造等棚户区改造项目提供模拟审批，方案审批在方案设计前期、土地出让之前介入，缩短项目办理时间20%左右。全面推行方案预审查制度，减少建设单位的时间成本与经济成本，使得技术沟通更有效，保障“一次性告知”制度全面落实。

【加大规划宣传力度】 “规划宣传月”集中宣传效果良好，城乡规划展示馆9月开馆后接待访客3000余人次，共在《今日象山》头版刊登规划成果宣传6则，向公众发放《象山县村(居)民个人建房指导手册》《象山县公共建筑指导手册》等规划宣传图册1万份。举办全县城建规划干部素质提升班，受训规划干部职工达800余人次。探索利用《象山规划》微信公众号向市民征集规划编制成果的意见建议，改版后的访问量达到2万多，利用政务微信、规划大讲堂、微博传统媒体等平台强化规划宣传。

【强化规划监管手段】 执行每天上下午两次巡查制度，截至12月底，共查处违法建设案件139件，违建总建筑面积14.39万平方米。配合丹东、西周、黄避岙、新桥等8个镇乡(街道)对23处违法建设进行强制拆除，拆除面积3.18万平方米。加大规划督察力度。在市卫星遥感基础上，核查新增图斑14处，核查面积46.9万平方米。并不定期赴镇乡抽查镇乡域总规强制内容是否得到落实，2016开展检查6次，发现问题2处完成整改。

【推行阳光规划】 坚持集体把关，民主决策。实行局例会、局长办公会议、县规划委员会三级会审制度，把涉及城乡重大规划事项交由集体审议决断，提升规划的严肃性。依法推行信息公开，按照政务公开和政府信息公开条例的要求，做好信息公开目录编制、信息网上发布、规范申请公开办理程序等工作。坚持规划批前公告和听证、批后公布制度。2016年总共受理事项件数744件次(另初验复验172件)，完成项目批前公告101件，批后公布84件，审批结果公布672件。

【提升测绘服务水平】 推进地理空间框架共建共享。做好地理空间框架的推广应用工作,全年新增应用示范项目3个,1:500电子地图数据更新完成15平方千米,地名地址数据更新91平方千米,三维模型数据更新15平方千米,1:2000电子地图数据新增350平方千米,影像数据实现全县域更新,完成年度天地图数据融合更新。高效推进地理国情普查,完成县本级的地理国情普查任务,主要包括城市建成区调查、城市建成区绿地率及绿化覆盖率调查、消防设施普查及监测、城市避难场所普查及监测、城市建筑高度普查、城市低洼地段和道路易积水普查、城市地表模型等成果。夯实基础测绘保障和基础测绘工作,首次采用激光点云技术获取全县域的高程数据,新测1:2000地形图1100平方千米,实现1:2000地形图的全县覆盖,对全县域的数字高程模型、数字正射影像进行更新。按照测绘法律法规的要求,于5月分别以象政发和象发改综的名义发布基础测绘"十三五"规划和年度基础测绘计划。开展政务地理信息资源报送工作,共报送政务地理信息资源4700余条。强化地球仪市场监管没有发现问题地球仪流入市场。

(赖华荣)

中心城区建设

【概况】 以重点工程"争先创优"立功竞赛活动为抓手,全面实行挂图作战和月度对账制度,9项重点工程完成投资7.3亿元,完成14项民生实事项目。推进城区交通拥堵治理,加快市政道路建设步伐,45条道路完成投资2.4亿元,象山河路(东谷路至巨鹰路)、丹峰路(海山路至靖南路)、丹河路(天安路至新一路)等3条"断头路"实现贯通,政实路全线通车,来薰路、环城西路、海山路等稳步实施,新增市政道路里程6公里。联合交通、交警等部门完成县人民医院周边、客运中心周边等拥堵点治理,改造完成老车站、世纪花园西侧等公共停车场,同步加快公建项目配建进度,新增专用停车位4633个、其中公共停车位531个。狠抓"五水共治"工作,围绕"清三河"达标县创建目标要求,推进内河整治和防洪排涝工程建设,中央河(西大河至新丰路)竣工投用,象山河、东大河一期(象山河路至丹山路)完成景观绿化,东大河二期(丹山路至横大河)、中央河(西大河至南大河)、九顷河(沿海南线至中央河)等抓紧各项前期。中心城区淤积较为严重的南大河、门前河等6条河道完成一次集中清淤,上平丰河、东河二期内河等9条河道完成二次清淤。加大水质改善投入力度,严格落实网格化河道巡查机制,采用河道清淤、优质水生植物放养、曝气设备投放、沿河排污口截污处理等综合措施,城区内河水质明显改善。深入推进污水处理工作,中心城区污水处理厂三期扩建和鹤浦镇污水处理工程试运行,贤庠镇污水处理工程实现通水,累计完成农村生活污水集中式处理村30个,新建城镇污水管网311公里,完成率处于全市前列。全面推进省级园林城市创建,累计完成投资1.38亿元,新建、改造提升工程项目16项,新建和改造城市绿地约25万平方米,南大河滨水绿带基本建成,城区东入口绿地、蓬莱公园完成升级改造,政实路、象山河路等新建道路绿化竣工投用。全力支持"四城"联创,市政园林精细化和网格化管养水平显著提升,对城区丹南路、丹阳路、汇兴路、丹峰路、东谷路等23条道路局部地段进行人行道升级改造,改造面积22367平方米,零星修复人行道18198 平方米,疏通和改造下水管道6公里。完善公用基础设施,汽车加气站和LNG气源站建成投用,洗车场基本完工。启动开展城乡品质提升行动,加大美丽集镇建设帮扶力度,制定出台《象山县美丽集镇建设三年行动计划(2016-2018年)实施方案》,定塘、墙头、泗洲头、茅洋等4个试点镇乡完成项目规划评审,并试点启动项目建设。深入开展农村"安居宜居美居"专项行动,高质量完成"治乱"阶段工作任务,累计整治乱搭乱建、建筑材料不协调、建筑色彩不协调等各类突出问题385处,下拨各镇乡(街道)治乱专项资金1210万元,有效保障"治乱"资金落到实处。有序推进"改旧"工作,首批上报"改旧"试点村22个。同步推进省级美丽宜居示范村、低收入农户危旧房改造和农村污水集中治理等各项工作,加快基础设施建设,推进小城镇建设。其中,定塘礁横村、墙头溪里方村、晓塘月楼村、新桥东狮村等4个村通过省市美丽宜居示范村验收、总数达到10个,改造农村低收入农户危旧房206户、拨付改造资金179万元。

【全县美丽县城建设暨棚户区改造工作会议召开】 3月4日下午，全县美丽县城建设暨棚户区改造工作会议召开。县领导黄焕利、孙小雄、应伟刚、吴安定、周坚栋；各镇乡（街道）镇乡长（街道办事处主任）、城建副镇乡长（副主任）、城建办主任；县级有关部门主要负责人及部分单位中层正职以上干部共230余人参加会议。县长黄焕利作重要讲话并就下步工作进行部署安排。会议表彰美丽县城建设、棚户区改造工作中的各类先进，签订镇乡（街道）工作责任书，县住建、规划、丹东、丹西、石浦等单位分别作表态发言。

【牛丈岙河整治工程全面完工】 该工程位于象山港路与丹阳路之间，总用地面积2.84公顷，总长1202米，宽15米，绿化面积1.16公顷，概算总投资1786万元，工程河道断面采用堤岸分离的复式断面型式，主要建设内容包括河道开挖、护岸、桥涵、景区铺装，及小品、绿化、公厕等附属配套工程。工程于2015年4月动建，于2016年5月份全部完工，将有效解决牛丈岙地块、“燕山陵园”、赵岙水库等处的引排水问题，沟通水系，完善城市河道网络。

【二期棚户区改造项目采用竞争性模式】 二期棚户区改造项目采用竞争性模式，率先启动同意改造意愿高的区块，以竞争性带动积极性，转变群众思路，推动群众思想从“要我改”向“我要改”转变。所谓竞争性模式，指同意改造意愿90%以下的区块不改造；两个或两个以上的区块，同时达到90%以上的，先启动改造意愿高的区块。竞争性模式，实现政府与棚改户的双向互动，加快棚改速度。截至5月17日，象山宾馆区块的155户居民，有154户同意改造，同意率达到99.4%；园西路区块181户居民，同意改造179户，同意率达98.9%；油车巷区块182户居民，同意改造178户，同意率达97.8%，丹西街道办事处区块234户，同意改造224户，同意率95.7%。象山宾馆、园西路、油车巷这3个区块同意率均达到97%以上，超过以往实施的旧城改造和征收项目的同意率，将率先同时进行改造。丹西街道办事处区块因同意改造意愿相对较低，不实施改造。

【南大河滨水景观带工程建成投用】 该工程位于南大河丹山路至滨海大道，于2015年4月正式开工，包括河道绿化、景观公园打造、亭廊建造等子项目。总投资约4800万元，全长约为2650米，涉及面积约10.3万平方米，其中绿化面积为6.5万平方米，工程于年底全部完工。

【全面启动美丽集镇建设三年行动】 6月28日下午，全县美丽集镇建设动员暨土地例行督察整改部署会议召开，县长黄焕利、党组成员周坚栋在会上作部署讲话。根据《象山县美丽集镇建设三年行动计划（2016–2018年）实施方案》要求，象山县计划三年投入6亿元，通过实施六大共性提升工程（规划编制提升工程、基础设施提升工程、市容市貌提升工程、集镇管理提升工程、集镇景观提升工程、文明素养提升工程）和一项个性化打造工程，建成一批科学规划布局美、设施完善生活美、镇容整洁环境美、服务健全身心美、乡风文明和谐美并极具地域特色、生态特色和人文特色的美丽集镇。其中2016年以定塘、墙头、泗洲头和茅洋4个镇乡为率先开展美丽集镇建设的试点镇乡，2017年建设6个镇（乡）街道，2018年建设6个镇（乡）街道，三年实现16个镇（乡）街道（丹东、丹西除外）的全覆盖。

【丹峰路（天安路—东谷路）渠道工程全部完工】 该工程系城区防洪排涝提升工程中的子项目，为“三纵一横一节点”中的一横工程。工程新建渠道总长912.86米，概算总投资2648.37万元，于2月29日启动实施，主要建设内容包括排水渠道、排水附属设施、道路修复、综合管线迁移以及交通设施等。整个工程于7月份全部完工并投入使用，用于收集丹峰路上游及天安路—东谷路两侧区域的雨污水，经丹峰路新建排水渠道汇入南大河暗渠，通过截流、蓄调后逐步调入污水厂，强化河道防汛排涝能力。

【农村“三居”工作】 自6月份象山县启动开展农村“三居”工作以来，县住建局发挥好牵头抓总作用，督促各镇乡（街道）和有关单位行动，抽调精干力量，结合“两路两侧”综合整治和“蓝色屋面”专项行动，着重围绕乱搭乱建、建筑材质不协调、建筑色彩不协调、蓝色屋面（立面）等若干类突出问题开展综合“治乱”工作。累计完成整改治乱点316处，占总整改数的95%，取得阶段性成效。

【启动开展塔山路区块改造工程项目签约工作】塔山路区块改造工程项目是县一期棚改项目的重点区块之一，东至新华路，南至塔山路，西至县卫生局、县国家安全局围墙及白象路34弄，北至白象路。房屋总建筑面积约20368平方米，征收总户数117户。该区块签约工作于2016年8月22日启动，签约期限40天，截至2016年9月30日17时30分结束。

【天安路（丹霞路至丹山路）道路工程建成通车】该工程呈南北走向，南起丹山路，北至丹霞路，全长315米，宽10米。工程概算总投资278.13万元，于2014年10月2日开工，主要建设内容包括道路、给排水、综合管线、景观绿化、路灯及交通设施等配套工程。工程于9月份全部完工并通车，完善城区道路路网结构，满足周边居民出行需求。

【组织赴海岛开展白蚁标本采集工作】 9月21日上午，组织房管中心白蚁防治站会同宁波市白蚁防治中心、余姚市白蚁防治所一道，赶赴南韭山岛进行白蚁标本采集工作。工作组一行首先来到韭山列岛保护区管理站，对办公用房的白蚁危害进行研究并白蚁灭治，对正在动工的附属用房做白蚁新建预防。随后走进岛上的山间丛林，多角度采集第一手白蚁标本。该次采集结果显示南韭山的白蚁生长情况与城区相似，基本以土白蚁为主，暂时未发现其他白蚁品种。

【政实路（来薰路至天安路）道路工程建成通车】该道路系城市主干道，位于中心城区南部，呈东西走向，西起来薰路、东至天安路，全长1027米，道路红线宽36米，含新建桥梁1座，概算总投资2507万元，于2014年4月开工，主要建设内容包括道路、桥涵、给排水、综合管线、景观绿化、路灯及交通设施等配套工程，年底建成通车。

【全县棚户区二期改造工作推进会召开】 10月19日上午，全县棚户区二期改造工作推进会召开。县委书记叶剑鸣作重要讲话，县委常委、常务副县长励志纲主持会议。金红旗等县领导出席会议。丹东街道、丹西街道、爵溪街道、石浦镇在会上作表态发言。

【全县小城镇环境综合整治（美丽集镇建设）工作推进会召开】 12月1日上午，全县小城镇环境综合整治（美丽集镇建设）暨治危拆违工作推进会召开。县委副书记、县长黄焕利出席会议并作重要讲话，县领导应伟刚、周坚栋、吴安定等参加会议。会上，定塘镇、丹西街道、石浦镇主要负责人分别作交流发言。

【中心城区首条慢行系统完工】 该工程北起丹山路，南至滨海大道，总投资约4800万元，于2015年4月动建，全长约2650米，宽约37米至46米，项目总面积10.3万平方米，其中慢行系统面积约8000平方米，贯穿整条滨水景观带；绿化面积6.5万平方米，其余为广场、游路等铺装面积。工程于12月底全面完工。建成后，将为市民提供一条集骑行、慢跑、散步于一体的中心城区首条慢行系统，红色路面与绿色景观交相呼应，大大改善天安路景观，扮靓城区颜值。

行业管理

【概况】 创新建筑市场管理。加快推进新型建筑工业化步伐，制定出台专项实施方案，启动象山集成学校新建工程、宁波中升汇迪汽车4S店项目等2个装配式民用建筑项目，新领取施工许可证装配式工业建筑11项。规范地方建材市场管理，制定《象山县墙改专项资金返退管理规定》，完成商品混凝土专用车辆右转弯盲区视频设备安装，成功举办全市淤污泥建筑废弃物新墙体资源化利用现场会，加大对产品质量检查力度，重点抓好生产、使用、经营等环节整治，全县的地方建材产品质量稳步提高，企业经营行为更加规范，行业协会自律性加强，产品价格趋向稳定。实施市场与现场联动、技术与管理并重、质量行为与工程实体齐抓的工作举措，狠抓建筑工程质量安全。开展建筑工程排查、“蓝色屋面”（立面）专项整治、扬尘综合治理、重大危险源监控等各类专项行动，全年共巡查建筑项目206个，发出责令整改通知单202份，停工4份，整治各类隐患1362条。累计开展燃气储配站检查56次，联合检查27次，参与人数121人。

【赴外地考察交流新型建筑工业化工作】 3月8日，总工程师余永顺携建工科、质安站等科室负责人，会同县公建中心、教育局一道赴宁海住建局学习考察，重点交流新型建筑工业化政策执行、目标管理考核、生产基地建设及项目实施管理等情况，并现场踏勘宁波普利凯生产基地，有利于帮助县建筑业转型升级，更好的推广应用新型建筑工业化，实现建筑产业“机械换人，实现四节一环保”。

【2016年全县建筑施工企业安全生产工作会议召开】 4月23日，组织召开2016年全县建筑施工企业安全生产工作会议。会议由总工程师余永顺主持，局长黄秀贵出席会议并作讲话。县安监局金立海委员，质安站、建工科等科室人员、在象山施工企业、监理单位负责人共120余人等参会。会上还与4家在象山施工企业签订《2016年度象山县建筑施工企业安全生产目标管理责任书》，大目湾管委会、宁波至高、龙元建设和中建八局等单位分别作表态发言。

【圆满完成人防警报器自检工作】 确保“5·12”防空警报试鸣工作进行，组织对辖区内人防警报器进行全覆盖式自检。该次自检工作主要分两步走：①对乡镇手控鸣放警报点进行检查。各警报点管理人员有更换的，及时更新资料库，并“一对一”进行警报器操作培训，做到“无缝”衔接；②对城区内警报器进行统控检测，以便准确掌握防空警报器的待鸣情况，及时发现问题，排除故障。

【全面实施景区电子考勤巡更系统】 4月1日起，正式启动中心城区景点实时电子考勤系统。该系统将巡更点安放在巡逻路线关键点，工作人员可在巡查过程中用随身携带的巡更棒读取巡更点，随时采集巡更点信息，实现景点全方位监管，确保景区治安、游人及公共设施设备安全。中心城区景点设49个巡更点，其中丹城公园电子巡更点16个、殷夫公园电子巡更点12个、人民广场电子巡更点7个、县府广场电子巡更点6个、西湖潭公园电子巡更点5个、南大河绿地电子巡更点3个。

【建筑工程环境治理】 ①集中开展全县建筑工程大排查。从5月中旬起，组建多个检查组，对县内在建房屋建筑和市政基础设施工程安全生产文明施工、建筑市场行为及工程质量等情况进行重点检查。共检查工程项目32个，发出责令整改通知单31份，提出整改意见470条。对违规的26家施工单位和16家监理单位予以网上信用信息系统扣分，并对6项工程违法行为进行立案调查和行政处罚。②全面开展建筑工地扬尘综合整治。启动实施建筑工地扬尘控制重点提升行动、建筑安全生产文明施工标准化建设提升行动、扬尘控制“树标杆、学标杆”示范行动、建筑工地扬尘综合整治集中宣传行动四大行动，督促施工企业扬尘防治措施到位，8个100%控制指标落到实处。加强对整治情况不定期巡查抽查，对于施工现场管理混乱、扬尘污染严重、未落实或未达到扬尘控制指标的，责令立即停工整改；对于责任停工整改后仍治理不力的实施行政处罚并进行重点监管，同时与评优评奖、信用评价、市场准入等相挂钩；情节严重的，上报市住建委。③组织开展“蓝色屋面（立面）”专项整治行动。根据方案要求，从5月份起至2017年7月份，对中心城区、大目湾新城、石浦镇，以及高速公路、省道、县道、旅游景区道路两侧可视范围内在建房屋建筑与市政基础设施工程进行专项整治，要求新开工项目的主体工程及临时设施（工棚及临时围挡）的屋面和立面不得采用高艳度的禁用色、停止使用“禁用色”彩钢瓦；在建主体工程“蓝色屋面（立面）”统一整改为非禁用色；在建工程施工现场临时设施的“蓝色屋面（立面）”统一整改为灰色或其他非禁用色。

【多举措强化维稳安保平安护航G20】 ①落实责任分工。制定出台《象山县住建局G20杭州峰会信访安保工作方案》，成立以一把手为组长，各分管领导为副组长，相关科室及下属单位负责人为成员的信访突发事件处置工作组，下设综合协调小组和信息保障小组，专项负责信息收集研判、社会舆论引导和重点稳控人员动态掌握，有力保证住建系统各项突发事件的及时处置。②开展摸底排查。每月开展一次矛盾纠纷排查工作，排查重点是可能引发群体性事件、非正常越级上访以及可能引发的个人极端事件的矛盾纠纷。对排查出的矛盾纠纷，按照“谁主管谁负责”和属地管理的原则，逐一分析研究、制定化解方案、落实工作责任、及时妥善处置。

③强化重点管控。开展安全生产隐患排查治理工作,对房屋建筑施工、城市基础设施建设、房屋拆除等工程项目、油气管线和城镇房屋使用安全进行大排查、大治理;加强对全县城镇房屋安全网格化巡查工作和检查指导,加大城镇房屋危房解危力度;全面排查房地产开发项目,摸清在建在售楼盘底数、销售情况以及下步销售计划。对存在群体信访投诉的楼盘,分析原因,分类施策,属于信访人无理取闹的,会同公安、信访、维稳等部门依法打击。

【市园林局专家在象山开展市园林式单位和居住区年检年审】 5月30日,市园林管理局专家组一行4人来到象山,对市级园林式单位、园林式居住区进行年检年审。该次年检的范围为2014年前被评为宁波市园林式单位(居住区)的单位(居住区),重点检查2014年被评为宁波市园林式单位和居住区的12家单位和12个居住区。县金域华府和紫悦馨园(2014年获评)等两个居住小区参与年检。截至12月底,共有23家市级园林式单位、园林式居住区,其中市级园林式单位10家,居住区13家。

【组织开展“5·12”防灾减灾日系列宣传活动】 ①进社区,开展集中助残联谊。10日上午,联合规划、国土、司法等部门党员志愿先锋队走进金秋结对社区,开展“助残联谊”活动,通过现场文艺汇演、图板展出、发放宣传资料等方式,向社区党员及残疾人士普及防灾减灾自救互救知识。②进学校,开展集中疏散演练。11日上午,联合县教育局、消防大队在第三小学开展以火灾为背景的应急疏散演习活动。1400余名师生按照预案规定路线,用时2分零5秒安全疏散至空旷场地。组织学生参观人防展板、观看防灾减灾知识视频、参观消防车及听消防讲座。通过该次演习,促使师生知悉紧急避险疏散时的程序与路线,有效增强师生们应对紧急突发事件自救互助能力。③进广场,开展集中摆摊宣传。12日晚,参加由县应急办组织的广场防灾减灾科普宣传活动。活动现场,通过展示图板、发放宣传资料、接受群众现场咨询、应急知识有奖竞答等多种形式,宣传人防法律法规、方针政策及防空防灾知识和逃生技能,现场气氛活跃,群众参与度广。共发放宣传资料200余份,接受咨询30余人次。

【严控考场周边建筑工地施工“护航”中高考】 重点加强对考场周边建筑工地的管控,严格控制施工现场(城区建筑工程、市政工程)作业时间,规定6月6日晚20:00-6月9日上午11:00,6月10日晚20:00-6月12日下午4:30为严管期。加强对建筑工地的不定时巡查排查,要求停止或采用低噪音工艺的施工方法施工;晚21:30至凌晨6:30期间禁止建筑施工作业。同时督促考点周围200米内的施工现场,全天候停止产生噪声污染的建筑施工作业。

【召开2016年度局系统信息工作会议】 5月召开2016年度局系统信息工作会议,局系统各科室(单位)、工程指挥部信息员共21人参加会议。会上宣读《关于做好二〇一六年度局系统信息工作目标考核的通知》(象建综〔2016〕14号),就信息报道中暴露出的信息“报送不及时、信息质量不高、微博微信评论不积极”等问题进行剖析,各信息员就近期信息热点、信息写作中存在困难以及诸多建议进行座谈讨论。

【“三强化三着力”巩固国家卫生县城】 ①强化环境工程建设,着力提升市容市貌。全力推进南大河滨水绿带、蓬莱公园、史家山隧道口绿地提升等景观工程建设,抓好城区30块未利用地环境提升项目,加快推进新华路(体育馆南)林荫等停车场建设,新增2500个停车位。以“清三河”达标县创建为抓手,重点对东大河、梅溪河(靖南路至海山路)、中央河、象山河等多条河道实施整治,深化内河保洁工作,提升市容市貌。②强化巡查监管力度,着力抓好工地、小区管理。制定《中心城区建筑工地文明施工提升行动计划表》,明确整治时间、具体内容及责任科室、责任人,开展建筑工地扬尘综合整治、“蓝色屋面(立面)”等专项行动,对于施工现场管理混乱、扬尘污染严重、或未达到扬尘控制指标的,责令立即停工整改,整改落实情况,将与评优评奖、信用评价、市场准入等相挂钩。加快推进小区物业专项整治,出台《2016年度住宅小区物业管理项目考评办法》,加大对物业公司的季度、年度考评力度,对达标企业年终进行奖励,对日常管理不到位的企业,及时发放整改通知书,记录企业不良行为,直至取消招标资格。③强化精细化管理,着力破解公共区域难点。以城区主干道、公园广场、步行街等公共区域为整治重点，健全日常巡查机制，加大精细化管养力度，落实专人进行网格化管理，对发现的各类设施设备破损和绿化缺株等问题，做到“发现一次、整改一次”。实施城区道路、绿化改造提升工程，组织对汇兴路（丹峰路—象山港路）道路、象山港路（东大河—兴盛路）南侧、兴盛路（学府名苑西侧）等进行拓宽和人行道升级改造，对人民广场、东谷湖景区、县前街绿地、丹城公园等老公园进行一次升级改造，着力提升公园品质。推进实施城区文化墙提升工程，一旦发现在建项目文化墙破损，及时督促施工单位按标准要求进行整改。

【7月1日起实行瓶装燃气“实名制”销售】 自7月1日起，全面实行瓶装燃气“实名制”销售，主要任务是落实充装气瓶条形码标签制度、建立完善瓶装燃气实名制销售信息系统和完善瓶装燃气销售台账。深化瓶装燃气市场监管，采取信息化手段，做到购气人身份和气瓶编码一一对应，实现对瓶装燃气充装活动和销售流向的全程监控。

【县一家建材企业通过省级专家考评考核】 6月30日，省散办组织省建材认证集团专家一行，对象山县一家建材企业——宁波天杨新型建材有限公司进行考评考核。专家们实地踏勘公司建设情况和试验室验收情况，了解全封闭设计和天然气燃料锅炉等环保措施，在考核试验室资料和考察试验人员实际操作后，认为该企业达到浙江省预拌干混砂浆生产企业试验室验收要求。

【市人防办领导在象山视察指导人防质监工作】 7月19日，市人防办总工李亚光一行4人，到象山考察指导人防工程质量监督管理工作，通过听取汇报、查阅台账、实地查看1家竣工项目等，对人防工作给予肯定，提出诸多合理建议。

【多举措促进窗口审批提质增效】 ①优化审批程序。合并受理“建筑工程质量监督登记”和“建筑工程安全监督备案”手续，精简施工许可、商品房预售许可等审批申报资料，通过简化、归并，压缩审批流程，提升审批质效，现有的36项许可事项审批时限基本压缩40%以上。②创新服务方式。针对部分审批申报资料多、流程复杂的项目，制作7个审批指南微信推送，在个别繁复且容易出错的环节附上说明，方便群众完成前期资料准备，实现“群众奔波”为“信息跑腿”。制作完成房地产开发企业资质申报等5项高频项目、15项中低频项目及20项便民事项微信推送，关注率千人以上。③延伸服务触角。全程对接服务38个县重点工程，采取不定期电话回访和上门走访等形式，主动了解重点项目的审批进度，协调解决办证问题和困难，督促项目落实到位。上门服务贤庠镇普思拓金属科技等13个重点项目。对工业项目开通“绿色通道”，实行申报容缺受理、推广应用模拟审批和基建项目联合审批等措施，围绕办补权证难、项目落地慢等问题，主动参与和解决爵溪东塘区块、日星铸业等14个企业项目。

【开展建筑节能与勘察设计专项检查】 提高全县勘察设计和施工图审查质量，加强建筑节能工作，8月初，开展建筑节能与勘察设计专项检查，通过集中查看勘察报告、施工图和审图意见书等有关文件资料，抽查全县2016年通过施工图审查的18个工程项目（其中住宅项目8个，公共建筑7个，市政项目3个）共计建筑面积54.91万平方米，重点检查建筑节能开展情况、勘察设计质量及市场行为、建设工程无障碍建设和施工图审查质量等，发出整改通知书35份（其中勘察单位17份，设计单位18份），提出整改意见319条。

【召开半年度信息工作会议】 9月3日下午，组织25个科室（单位）、工程指挥部信息员召开半年度信息工作会议。会议通报1-8月份信息报送录用情况，座谈各单位在信息写作中遇到的困难、建议。副局长戴雅参加会议并就如何补好信息写作短板提出几点要求：①增强信息报送的自觉性；②保质保量完成考核任务，拓宽信息报送渠道，掌握“5个W+1个H”写作技巧，做到4个到（眼到、手到、口到、脚到）。树立“质量比数量更重要”“过程比结果更重要”“服务比管理更重要”的工作理念；③建立高素质的信息工作队伍。

【县建设工程专业安委会专题会议召开】 8月29日下午，牵头召开县建设工程专业安委会专题会议，县发改局、交通局、房屋征收办等11家成员单位分管负责人参加。会议传达学习《关于印发象山县安全生产委员会组织结构设置及工作规则的通知》(象政发[2016]94号)文件精神,要求各单位思想上引起高度重视,将专委会工作作为一项重要工作来抓;要突出重点,梳理重点项目、重点领域、检查方式等,确保工作有抓手、有方向、有成效;要加强检查,每半年组织开展不少于一次联合大检查;要完善工作体系。通过建立联络制度、会议制度、报告制度等,推动专委会工作常态化,抓好建设工程领域安全生产各项工作。

【召开三季度局务会议】 10月10日上午,召开三季度局务会议。黄秀贵局长在会上强调,振奋精神,紧盯目标,倒排时间节点,全力以赴奋战90天,确保全年红。局领导班子成员及各科室(单位)、工程指挥部中层以上干部参加会议。

【市"三居"督查组到象山督查"改旧"试点村推进情况】 9月21日上午,市"三居"办督查组一行10人到象山专题督查"改旧"试点村推进情况。市督查组先后走访西周镇夏叶村,泗洲头镇何婆岭村、泗洲头镇东联村等,对村庄现状进行实地调研,询问村庄规划和建设情况,听取各"改旧"试点村具体改旧方式和措施,召开座谈会,有关部门和镇乡(街道)就各自在农村"三居"工作中遇到的困难和问题,提出一些看法和意见。完成18个镇乡(街道)"改旧"试点村的调研工作,并上报符合条件的"改旧"试点村22个。

【组织参加2016年全市"质量月"活动现场观摩会】 9月29日,宁波市2016年工程质量治理两年行动小结暨"质量月"活动现场观摩会召开,来自各县(市)区的12家质监站,50余家施工、监理、轨道等单位负责人共160余人参加。市市政公用工程安全质量监督站蔡慧静站长作工作小结,举行活动现场观摩会,重点观摩学习施工质量控制技术和管控方面情况。

【设摊开展工程质量月宣传活动】 9月21日晚,联合县市场监管局在人民广场设摊开展工程质量月宣传活动。该次活动主题为"提升供给质量,建设美丽象山",通过悬挂横幅、发放资料、咨询解答等形式,为市民们提供专业解答服务,累计发放建筑工程法律法规、房屋工程质量、建筑节能、墙体材料散装水泥等相关资料300余份。

【湖州市经信委领导在象山考察淤泥制砖工作】 9月13日,湖州市经信委党委委员、副主任周勇携市墙办、南浔区墙办和烧结砖企业负责人一行7人来到象山,考察学习利用河道淤泥生产烧结砖工作。市墙管办主任王人扬等陪同考察。考察团一行来到定塘镇振和新型墙体材料有限公司,了解设备型号、工艺运行、产品能耗、成本、销售等情况,观看淤泥采挖、运输、翻晒等处理工艺以及原材料对辊机、陈化库、码坯机器人、焙烧窑等设备设施。

【首家公共安全宣传教育基地建成】 该基地工程位于大目湾综合服务中心大楼4楼,布展总面积300平方米,概算总投资157万元,于6月份正式动建,共布设安监局展区、消防安全展区、住建安全展区等8个展区。主要建设包括展厅地面铺塑胶地板、墙面采用乳胶饰面板,吊顶采用轻钢龙骨吊顶及综合管线、设备安装等。工程进入竣工验收阶段,年内对外开放。该工程的建成投用,加大公共安全知识宣传力度,提高民众的安全防范意识和应急处置能力,推进县公共安全文化建设。

【开展建筑施工吊篮安全专项整治行动显成效】 加强全县建筑施工吊篮安全管理,消除施工现场的安全事故隐患,10月24日—26日,县住建局组织对金都花园、象山港一号文化广场等4个项目进行检查,重点检查吊篮租赁单位是否依法取得营业执照,吊篮是否具有产品合格证,吊篮安装拆卸人员是否持有特种作业人员证书等13方面情况,对检查中发现的部分吊篮存在安全隐患问题,立即责令施工企业整改,共签发整改通知书4份,有效查处安全隐患32条,暂停使用吊篮7台。

【组织对中心城区景点开展白蚁灭治作业】 加强城区各景点森林植被、古树名木保护,10月14日,组织白蚁站工作人员对东谷湖、丹城公园等景点进行白蚁灭治作业,对肉眼能观察到的活体白蚁进行初步药粉灭治,随之对白蚁危害严重的区域进行药水喷洒,有效确保景区的生态资源健康和安全。

【县两家新型墙体材料生产企业参展宁波市住博会】 10月28—31日，第二十一届中国宁波国际住宅产品博览会（简称住博会）在宁波国际会展中心举办，宁波振和和达诚科技等两家新型墙体材料企业受邀参加该次会展。展会期间受到市领导及一些企业家、市民的莅临参观。展示象山县新型墙体材料企业的实力和风姿，为下阶段开拓宁波市场打下坚实基础。

【开展房地产开发企业不正当经营行为专项整治】 为维护房地产市场秩序，保护消费者合法权益，促进房地产市场平稳健康发展，11月下旬，牵头联合县市场监管局一道开展全县房地产开发企业不正当经营行为专项整治活动。该次专项整治包括发布虚假信息和广告、捏造或者散布谣言、未取得预售许可证销售商品房、变相收取定金预订款、捂盘惜售、暗中加价收费、捆绑搭售、“一房多卖”、未按规定执行预售资金监管、未做好销售现场公示工作及房地产经纪机构备案管理情况等十方面内容。从检查情况看，全县各房地产开发企业经营行为比较规范，相关台账资料基本齐全，房地产市场相对平稳。对检查中发现的问题，签发整改通知书11份，停盘处理2家房地产开发企业，通报批评2家房地产开发企业，督促相关企业对存在的问题进行整改。

【象山城区建设工程“禁粘”工作通过市级考核】 11月25日，副主任徐亦明带队对象山城区建设工程“禁粘”工作进行专项考核。经听取情况、查看台帐资料、现场抽查 “绿城兰园住宅小区”项目等，考察组一致认为县“禁粘”工作基础扎实，亮点突出，完成上级各项工作指标，通过市级考核。

【完善“一桥一档”管理模式】 11月下旬，城区桥梁安全检测工作全部结束。该次检测工作委托浙江大学土木工程测试中心，对象山县34座城区桥梁进行现场专业化“体检”，内容包括桥面和结构病害、缺陷等。根据检测结果，落实整改措施，确保桥梁安全运行。同时将每座桥梁的检测情况及日常检查全部录入到桥梁档案中，及时完成桥梁建档工作，结合桥梁巡查、检查工作，实施动态化管理。“一桥一档”管理模式让桥梁使用情况一目了然，便于桥梁日常管理和定期检测，推动桥梁管理科学化与规范化。

【市人防办领导调研象山县2017年人防工作】 11月16日，市人防办主任胡望真一行到象山调研2017年人防工作，专题听取县人防工作情况汇报，对象山近几年来人防工作发展给予肯定，并围绕县指挥通信建设、人防工程建设与管理、重要目标保护、人防专业队、人防宣传教育等方面，就如何在新常态下开展人防工作、践行新理念、创造新作为提出一些指导性建议。

党的自身建设

【概况】 围绕“两学一做”专题教育主线，扎实开展党章党规党纪专题培训、县纪检组专家专题讲座、《中国共产党廉洁自律准则》和《中国共产党纪律处分条例》专题学习，高质量召开领导班子专题民主生活会和组织生活会，机关干部职工守纪律讲规矩意识得到增强。强化干部执行力建设，全面实施“双对”考核，加强日常巡查督查，新制定出台《象山县住房和城乡建设局干部职工问责办法》，加大日常督查和对账晒账力度，着力整治干部作风慵懒散问题，累计开展督查35次、问责15人次、三级连带问责21人次、涉及12家科室（单位）、罚金21270元。另对去年县巡查组巡查反馈的6名中层正职干部进行问责处理，并扣除相应年度目标考核奖，机关作风得到明显改变。稳步推进依法行政，开展权力事项梳理，31项纳入省政务服务网审批平台，30项审批事项进驻行政服务中心。优化服务举措，推行建立窗口首问负责制、一次性告知制、限时办结制，创新实施审批指南微信推送、项目申报容缺受理、项目审批“瘦身”计划，窗口服务水平显著提升。始终坚持重大事项集体研究和公开制度，制定出台“三重一大”、党政正职“五不分管”决策制度，累计办理人大建议和政协提案40件。贯彻廉洁自律准则、党纪处分条例，严格落实廉政建设“一岗双责”。配合做好县对局经济责任审计、县委巡查组巡查工作，抓好反馈问题整改，行政管理水平稳步提高。加强内部财务审计，严格规范银行账户和公款存放管理制度，延伸监管触角，系统内风清气正氛围日渐浓厚。强化机关事务管理，搬迁办公大楼，公务用车完成改革，办公用房实现清理。高度重视系统稳定问题，扎实开展领导干部“大接访”，有效解决房屋安全质量投诉、工程建设影响周边房屋投诉、民工工资投诉等建设领域突出问题，累计受理会办中心投诉510件，信访函件33件，督办件25件，纪委交办违法案件查处函2件，答复率、办结率均100%。

【召开年初局务会议】 3月10日，召开年初局务会议。会议听取2016年工作思路及3月份工作安排，部署下步具体工作。会议由黄秀贵局长主持，局领导班子成员及各科室(单位)、工程指挥部主要负责人参加会议。

【召开局系统党风廉政建设工作会议】 2月26日下午，组织召开党委中心组学习(扩大)暨局系统党风廉政建设工作会议。县纪委派驻第十纪检组组长戴雅就新修订的《中国共产党廉洁自律准则》《中国共产党纪律处分条例》作专题宣讲。局长黄秀贵主持会议并作重要讲话，局机关全体干部职工、局属单位及工程指挥部副职以上干部共160余人参加会议。会议通报《象山县党员、干部操办婚丧喜庆事宜若干规定》、《关于在全县范围内开展婚丧礼俗整治的通知》等文件精神，并与12家局属企业、工程指挥部签订《2016年县住建局系统党风廉政建设工作目标责任书》。

【召开消防知识专题讲座】 2月24日下午，邀请市护安防火中心主任胡科迪上一堂消防知识专题讲座，介绍消防安全形势和火灾形势，全方位、多层次阐述违章用火、用电的危害性，结合案例，普及火灾分类、“四个”消防能力建设、常用灭火方法、家庭必备的安全器材等消防知识，呼吁让每个人都成为一名消防志愿者，使全社会共同加入到“关注消防，珍爱生命”的行列中来。通过培训，使全体干部职工认识火灾的危害性，了解灭火器的操作和逃生自救，掌握处置一般火灾的基本方法，提高面对初起火灾时的处置能力。

【走进结对社区尽现“微服务”】 3月5日上午，雷锋日当天，会同规划、国土、司法等6家单位约60名党员志愿者走进金秋结对小区，设摊布点为居民们提供磨刀、测量血压、自行车修理、小区清扫等常规便民活动。同时还结合单位职能，开展危房解危政策咨询、法律援助、花木修剪、燃气安全检测、室内水电维修、更换节能灯泡等志愿服务，受到居民们的一致好评。

【召开“两学一做”学习教育动员部署会议】 5月10日下午，召开“两学一做”学习教育动员部署会议。局长黄秀贵作主题党课，传达学习习近平总书记关于“两学一做”学习教育重要指示和县“两学一做”动员部署会议精神。会议由副局级干部沈海林主持，局机关全体干部职工、局属各单位负责人及各党支部书记共150余人参加会议。

【开展“敬老助残”送温暖活动】 4月8日，组织县自来水公司10余名供水党员志愿者赴贤庠镇敬老院开展免费安装马桶盖、检修和更换破损水管等志愿服务活动，共安装马桶盖近30个，帮助老人们解决“停水”问题，得到一致肯定和好评。

【组织系列“两学一做”教育实践活动】 6月17日下午，组织开展“两学一做”理论知识大比武活动，活动采用闭卷考试形式进行，试题围绕党章党规、十八大报告、习近平系列讲话等主要内容。考试过程中，所有党员自觉遵守考试纪律，独立作答，考场秩序井然。6月28日上午，组织机关3个支部及自来水公司、房管中心党支部共60名党员在副局级干部沈海林的带领下，走进东陈谢才华剪纸艺术馆廉政教育基地，实地参观并接受廉政教育。6月29日，前往结对村——爵溪街道瀛洲社区、玉泉社区分别看望虞安定夫妇、陆金云老人，捎去慰问金和党的亲切问候。

【启动“岗位对责、绩效对账”考核工作】 9月4日下午，召开“岗位对责、绩效对账”考核工作动员部署会，局长黄秀贵在会上作部署讲话。制定出台《象山县住建局机关工作人员“岗位对责、绩效对账”考核实施细则(试行)》，对考核对象、程序、结果运用和工作要求等进行明确，并制定15项计分条目、28项负面清单内容，确定三类考核排名，即前30%(含)内的为第一类，前31%-60%(含)内为第二类，其余为第三类。专门成立工作领导小组和考核小组,按照“日考勤、周记录、月对账、季考评、年测评”工作要求,督促做好日常记账、定期对账、考评档次划分等各项工作。加强对记账对账情况的不定时抽查检查,一旦发现存在包庇、隐瞒行为的,一经查实、严肃处置。同时将考核结果作为机关工作人员调整职务、级别、工资及奖惩、培训、交流和辞退(开除)的依据,实施与个人奖金发放挂钩制度,采取差异化发放,激励和调动工作人员积极性。

【举行“寻找身边最美住建人”评选演讲比赛】 10月28日下午,组织举行“寻找身边最美住建人”评选演讲比赛。比赛共设一等奖1名,二等奖2名,三等奖5名,优胜奖5名。通过前期的推荐和初评,共有13名入围人选进入评选演讲。最终来自景区公司的吴博以96.22的高分摘得桂冠,局妇联杨颉和质安站陈隽荣获第二名。比赛邀请县“两学一做”第四督导组、县委宣传部、机关党工委、文联、文广新闻出版局有关领导参加,并作为比赛评委进行指导。该次演讲比赛,是县住建局深入推进“两学一做”教育实践活动的一项具体内容,促进广大干部职工向先进学习、向优秀靠拢,有利于弘扬和培育社会主义核心价值观,打造和树立良好的住建形象。

房地产业

【概况】 强化保障性住房作为安居惠民第一要务,加快项目建设进程,欢乐家园三期A标1435套年内竣工验收,累计建成欢乐家园(一期、二期、三期A标)、石浦幸福苑(一期、二期)、人才公寓一期等各类保障性住房面积40余万平方米。完善保障房申请、审核制度,全面推行实施公租房常态化受理机制,年内受理、审核公租房保障家庭655户,其中实物配租248户,货币补贴407户,实现“申报一户、核实一户、保障一户”的目标。推行开展公租房年审工作,全面完成在保家庭户的审核整改工作,整改纠正违规行为42户,公租房轮候家庭年审率达到100%。加大公共租赁房租金收缴率力度,全县公共租赁房租金收缴率达到93.6%。加强危旧房解危政策研究,采取“1+4”模式,制定出台城镇危险房屋解危工作实施意见、城镇危险房屋解危审批实施意见等多个配套办法。发挥县解危办的协调指导作用,督促各镇乡(街道)加大解危力度。开展房屋安全鉴定检测,审核确定宁波工程学院等11家房屋安全鉴定中介机构,全面完成对全县290幢丙类住宅房屋的安全鉴定工作。加快农村危旧房排查,制定出台《关于开展农村房屋安全排查鉴定建档的通知》《象山县农村房屋建档鉴定实施方案》等专项文件。严格落实危旧房网格化监管机制,建立危旧房解危“一房一策”档案,创新实施专业巡查与常规巡查相结合模式,建立危旧房在线监测平台,委托宁波大学建筑设计研究院开展专业监测巡查,重点加强对C、D级危房及其他严重安全隐患房屋的动态监管巡查,全年累计解危228幢22.95万平方米,完成在册危房解危9.4万平方米。与中国人保财险公司签署《城镇住房综合保险》,累计投保房屋3179幢、面积362.8万平方米。制定出台棚改工作目标责任考核办法,将其纳入镇乡(街道)年度考核内容。建立县级领导联系棚改征迁工作机制,1名常委和1名副县长联系一个棚改区块,抽调40多名优秀干部,分成6个工作小组全力做好棚改工作。组建专项督查小组,实行定期督查、定期通报、定期约谈等制度,确保棚改工作有序推进。制定出台《象山县棚户区改造资金使用管理办法》《象山县人民政府关于危房解危涉及原址重建实施主体专题会议纪要》等制度,明确棚改资金使用范围问题,确保无违规、违纪、违法行为的发生。同时将所有棚改项目纳入宁波市房屋征收信息公开系统,实行阳光征迁。全面推行信息公开、投诉举报等制度,及时向群众公布改造规划、征收补偿方案等政策,听取群众意见建议,自觉接受社会各界监督,维护征收工作的公开公平。坚持原则性和灵活性相结合,用好、用活、用足政策,在推进棚户区一期改造的基础上,中心城区二期棚改区块实行“4选3”的竞争模式,变“要他改”为“他要改”,全年共完成一期、二期9个棚改区块的征收改造工作,改造面积19.84万平方米。竞争性启动棚改三期5个区块17.12万平方米,进入房屋测绘阶段。扩大货币化安置比例,棚改二期项目全部采取货币化安置,创造性推行实施货币安置协议代替原产权调换安置协议的模式,全县棚改货币化安置比例提升至95%

以上。推进房地产市场平稳发展，严格落实国家和省市关于房地产市场调控政策，研究符合象山实际的扶持政策，激活市场需求，加快去库存化速度。全年累计销售商品房5562套65.2万平方米、成交金额64.1亿元，同比分别上涨16.6%、19%和24.2%；二手房累计成交3907套46.5万平方米、成交金额33.7亿元，同比分别上涨53%、54%和63%，各项数据均创历史新高。商品房期末可售房源96.1万平方米、分别较2015年末和2014年末下降35.7万平方米、56.9万平方米，年下降幅度27.2%和13.7%，去库存速度明显加快。年末商品房库存消化周期为19.2个月，住宅消化周期15.5个月，回归合理区间内。

【全县房地产协会三届二次会议召开】 4月15日下午，全县房地产协会三届二次会议召开，县内50余家房产企业主要负责人参会。会议宣读三届二次房地产业协会常务理事会议决议，通报2016年第一季度全县商品房销售情况及2015年度协会财务报告，讲解市政府16条房地产新政。副局长张茂昌在会上深刻分析2015年度全县房地产市场形势，提出全县房地产发展的一些对策建议。

【开展住宅小区房屋违法违规装修专项整治】 6月10日起，启动开展住宅小区房屋违法违规装修专项整治工作。该次排查覆盖全县国有土地上合法交付使用的正在实施装修的多业主住宅房屋(包括与住宅结构相连的非住宅房屋)，特别是对砖混结构的老旧住宅房屋、沿街店面房出租房进行重点排查，主要分为排查、整治、总结等三个阶段。组织各镇(乡)政府、街道办事处、物管企业等，对全县所辖社区、住宅小区房屋装修进行详细排查，填写《城市住宅“野蛮装修”专项排查表》，并录入“宁波市城镇房屋安全管理信息系统”，建立装修存在问题的住户清单，设置房屋装修备案点103个。在前期排查中，对于发现的各类违法违规等“野蛮装修”现象，责令其限期整改，共发出《停止装修通知书》21份。

表25

2016年象山县房地产项目一览

截至:2016年12月31日

序号	开发项目	开发公司	销售面积(平方米)	均价(元)
1	悦兰庭	宁波鸿基置业有限公司	28370.24	9773.18
2	永泰华苑	象山南海房地产开发有限公司	37114.76	8360.30
3	西景佳苑	宁波万亿房地产开发有限公司	17072.95	5561.18
4	海上华府18、19地块	宁波三立甬恒置业有限公司	69962.24	6746.36
5	壹街区商业广场	宁波申怡置业有限公司	34287.68	
6	府邸庄园	宁波甬泉置业有限公司	67783.12	13038.01
7	丹府一品	象山银亿房地产开发有限公司	30905.06	12450.23
8	象山国际风情街	象山县地产房产开发总公司	939.69	
9	兰　园	宁波天蓝置业有限公司	31652.21	10842.57
10	奥林公馆	象山国基置业有限公司	37030.25	10406.31
11	城西小区	宁波勤发置业有限公司	5675.83	7070.62
12	学府名苑	象山立盛置业有限公司	24846.64	10085.78
13	嘉悦景苑	象山金舒置业发展有限公司	17856.33	9813.38

续表25

序号	开发项目	开发公司	销售面积（平方米）	均价（元）
14	锦怡花苑	象山县东方房地产开发有限公司	11634.25	7654.05
15	蓝郡小区	宁波甬泉置业有限公司	23305.33	9667.28
16	荣湾府	宁波信亨置业有限责任公司	11977.69	7200.35
17	阳光雅苑二期	象山王鸿房地产有限公司	61041.70	8572.67
18	久久华庭	象山桦东房地产开发有限公司	11695.48	10239.02
19	海上华府	宁波三立祥和置业有限公司	57154.25	7899.56
20	牡丹苑	宁波巨鹰房地产开发有限公司	1749.52	10281.12
21	金海湾花苑	象山亿阳房地产开发有限公司	6118.30	6687.43
22	丰雅苑	宁波丰亿置业有限公司	49383.36	4392.98
23	紫晶苑	宁波巨鹰房地产开发有限公司	3139.23	10551.84
24	渔港花苑	象山渔港房地产开发有限公司	4934.61	11651.79
25	上城公馆	象山众茂房地产有限公司	53967.22	11718.29
26	翡翠苑	宁波鸿瑞置业有限公司	9148.18	10307.26
27	西沪华城小区	宁波翔神投资发展有限公司	31748.77	7182.45
28	和景府	天安电气集团宁波天安房地产开发有限公司	28539.57	10843.32
29	三元公司商住楼	宁波华夏房地产开发有限公司	974.11	12004.87
30	春天里	中铁房地产集团宁波京城投资有限公司	41980.32	10938.56
31	城南御府	宁波旭富置业有限公司	32848.79	6799.74
32	东一华庭	象山东方石浦置业有限公司	22738.17	12181.39
33	西子华庭	象山巨润置业发展有限公司	7649.97	10732.99
34	东岸名座	象山环球房地产开发有限公司	1649.25	8249.21
35	锦湖名苑	宁波市信明房地产开发有限公司	4415.26	11488.02
36	御　园	宁波铁工置业有限公司	35235.82	8694.18
37	白沙湾玫瑰园三期东区	宁波泰谷房地产开发有限公司	227.68	23865.38
38	世茂玖玺	宁波世茂新里程置业有限公司	19090.09	10447.12
39	紫汀盛园	宁波中港置业有限公司	23831.86	13301.86
40	玉兰雅府	象山辉峰房地产开发有限公司	5233.31	13595.78
41	半岛华府	宁波石浦半岛置业有限公司	44486.10	8526.38
42	丹桂花园	象山县城投置业有限公司	25078.44	9936.98
43	塔山三期	象山县万象房屋开发有限公司	17057.52	12838.07

续表25

序号	开发项目	开发公司	销售面积(平方米)	均价(元)
44	康桥公寓	宁波石浦半岛置业有限公司	23516.00	13804.70
45	巨和苑	宁波绿都房地产开发有限公司	38455.61	12397.92
46	丽景小区	象山县地产房产开发总公司	24413.35	13596.34
47	紫悦馨园	宁波中港置业有限公司	47009.12	11022.80
48	星海名都	象山金鹤房地产开发有限公司	31569.23	9180.16

物业管理

【概况】 2016年,象山县物业管理更趋规范化,全县物业企业51家,其中一级12家,二级3家,三级36家,管理61个小区(大楼)和单位。

表26　　2016年象山县物业企业情况一览

截至:2016年12月31日

序号	公司名称	负责人	资质	所管理小区名称
1	象山县华西物业服务有限公司	孟繁华	三级	昌锦家园、久久华庭、紫金苑、凯泰商业广场、锦怡花园
2	象山县重阳物业服务有限公司	方清珊	三级	
3	象山县腾越物业服务有限公司	叶建峰	三级	金山佳苑、浦港茗都、浦港佳苑、海景花园、星海茗都、港城佳园、紫金华庭、海城.阳光苑、金海湾
4	象山县大成物业服务有限公司	孔维军	三级	阳光雅苑
5	象山县鸿发物业服务有限公司	杨常成	三级	山水人家、海城、华府、丰雅苑
6	宁波铭星物业管理有限公司	朱秀国	暂三级	东一华庭、翡翠苑、西和苑
7	象山瑞润物业管理有限公司	周瑞金	三级	皇城家园
8	宁波泛亚物业服务有限公司	吴雷达	三级	大红鹰家园、阳明花园、海申苑、玉兰雅府、和景府、牡丹苑、东方大厦、城西小区、金都花苑、学府名苑
9	宁波市亚太酒店物业管理有限公司	葛　伟	一级	梧桐御府、宁波银行
10	绿城物业服务集团有限公司象山分公司	陈　伟	一级	绿城、百合公寓、丹桂花园、白沙湾玫瑰园
11	浙江永成物业管理有限公司象山分公司	洪　钧	一级	百福大厦、城南御府、欢乐家园二期
12	宁波银亿物业管理有限公司象山分公司	周永山	一级	

续表26

序号	公司名称	负责人	资质	所管理小区名称
13	象山安保物业公司	柳承波	三级	汇金大厦
14	象山鸿翔物业服务有限公司	林海平	暂三级	石浦幸福苑、海滨佳苑
15	象山福甬物业公司	程　胜	三级	
16	宁波联合物业管理有限公司	张建国	一级	海御官邸、水木华庭
17	象山鼎辉物业管理有限公司	陈文辉	三级	
18	象山保佳物业服务有限公司	缪巍艇	三级	半岛康桥、半岛华府
19	象山永信物业管理有限公司	徐剑英	三级	丹静公寓、欢乐家园
20	宁波维众物业服务有限公司	陈瑞丽	三级	巨和苑
21	浙江绿洲物业服务有限公司	陈　姬	三级	凤凰佳苑
22	象山远拓物业有限公司	陈　成	暂三级	
23	上海阮大物业有限公司象山分公司	齐国统	三级	腾蛟雅苑
24	慈溪市城市物业有限公司	张文亮	一级	紫汀盛园、山水人家二期
25	象山县文峰物业管理有限公司	周祝庆	三级	国际风情街
26	深圳市嘉诚物业有限公司宁波分公司	姜海涛	一级	世纪花园、梅苑.中央花城
27	上海保集物业管理有限公司象山分公司	邬美郡	二级	保集蓝郡
28	宁波博浪安捷物业服务有限公司象山分公司		三级	
29	金碧物业有限公司象山分公司	缪中俊	一级	
30	象山尚诚物业有限公司	李　峰	暂三级	上城公馆
31	中铁建(北京)物业管理有限公司宁波分公司	刘谦武	二级	山语城
32	宁波海曙丽园佳城物业有限公司		三级	
33	上海世茂南京物业服务有限公司象山分公司	章陈良	一级	世茂天玺、世茂玖熙
34	宁波市鄞州华科物业管理有限公司	黄晓明	三级	华城世家
35	象山迅捷物业管理有限公司	陈家浩	三级	金港花园、东河二期
36	象山电力实业有限公司	鲍先德	暂三级	
37	象山伟康物业管理有限公司	郑立	三级	
38	宁波宏诚物业服务有限公司	林娣	暂三级	嘉悦景苑
39	象山天择物业管理有限公司	欧必永	三级	
40	象山安可物业服务有限公司	凌立刚	三级	

续表26

序号	公司名称	负责人	资质	所管理小区名称
41	象山幸福家园物业服务有限公司	罗成乾	暂三级	天力大厦、紫悦馨园
42	象山县创意物业服务有限公司	吴平	暂三级	
43	上海文化银湾物业管理有限公司	鲍坚梁	一级	
44	北京东方乔戈里物业服务有限公司宁波分公司		二级	
45	象山华翔奔腾物业有限公司	罗珏	暂三级	
46	宁波市友谊物业管理有限公司	张青	二级	
47	象山芸谊物业服务有限公司	郑文涌	三级	
48	宁波天勤物业服务有限公司	廖敏红	暂三	
49	宁波市拓展物业公司象山分公司	朱科意	三级	
50	宁波嘉亿同正物业服务有限公司	陈武	暂三级	
51	浙江开元物业管理股份有限公司象山未来城分公司	姚倩	一级	御园

城市排水

【概况】 全年完成供水3031.6万吨、售水2228.8万吨,供水利用率80.48%,出厂水、管网水四大水质指标合格率100%。理顺供排水管理体制,成立排水管理处,供排水企业剥离分立。严格落实排水许可工作,做好排水许可在项目设计、建设、运行的全过程监管,发放排水许可证41本。累计处理污水3116万吨,城镇污水处理率达89.19%,运行负荷率达100%。

【部署"清三河"达标县创建工作】 ①开展河道集中疏浚清淤。投入200余万元,于4月底组织对城区污染较严重的河道进行一次集中清淤,涉及南大河、门前河、新华河、外园河等河道,总长度约3.5公里,可清淤总方量约1.5万方,清理河道内污染源,提升内河水质,增强河道抗洪防旱能力。②深化内河保洁工作。严格落实河道保洁制度,将中心城区33条河道(总长50公里、总水域面积34.41平方米)分成东大河、南大河、西大河三个水系标段,投入160余万元保洁费,确定专业保洁公司,细化保洁标准和考核细则。③加快推进河道工程建设。重点对东大河、梅溪河(靖南路至海山路)、中央河、象山河等多条河道实施整治,其中丹峰路(东谷路至天安路)渠道工程,力争7月份全部完工,届时将解决外园河及涌金广场区域新华河污染问题及提升城区低洼地段防涝能力;通过打通梅溪河,引上游源头水入绿城北侧河道、东河二期河道等下游河道,解决下游小区内河道水源不足、水流动性和水质差等问题。同步抓好东大河、中央河、象山河等多条河道整治,彻底治理象山河。四是实施沿河排污口截污改造。按照"清三河"创建要求,加快推进排摸确定的158个中心城区沿河排污口改造工程,5月底前完成梅溪河(东河花园二期)、胡家碶河等零星排污口开挖,力促中心城区零散排污点的污水得到处理达标排放,减少污水直接排放对城市内河水体的污染,提升城市水环境质量。

【投入运行10台曝气机改善河道水质】 改善河道水质,打造"水清、流畅、岸绿、景美"的河道环境,象山县斥资逾60万元新购10台增氧曝气机,该设备由主机、曝气叶轮、基础支架及必要的辅助部件等组成,采用非固定式安装方式,具有快速改善水体各项水质指标等特点,广泛应用于古建水体、公园景观湖、河道、湖泊等水体净化。对东河二期、白石泾河、新开河、南大河等4条河道共2800米进行安装并投入运行,对于提升水体生态需氧量、增强河道自我修复能力,提高水质起到良好效果。

房地产中介

【概况】 2016年,象山县二手房市场交易量有所上升,房地产中介企业也由2015年的36家,增加到40家。

表27　　2016年象山县房地产中介机构一览

截至:2016年12月31日

序号	机构名称	法人代表或负责人	经营范围
1	象山新虹利房地产销售代理有限公司	吴允良	房地产中介、销售代理
2	象山新佳园房产中介服务部	赖文宪	房地产中介
3	象山丹城乾坤房产中介服务部	邓胜利	房地产中介
4	象山丹城荣欣信息服务部	朱优华	房地产中介
5	象山三升房地产销售代理有限公司	杨胜利	房地产中介、销售代理
6	象山丹城日一胜房地产中介服务部	夏王法	房地产中介
7	象山丹城嘉利房地产经纪有限公司	顾英安	房地产中介、销售代理
8	象山幸福家园房产中介服务部	屠香君	房地产中介
9	象山宏远房地产中介服务部	钱琴珠	房地产中介
10	象山诚发信息服务部	戴志海	房地产中介
11	象山丹通房地产经纪有限公司	张　村	房地产中介、销售代理
12	象山久益房地产投资咨询服务部	沈小高	房地产中介
13	象山兴江房产中介服务部	陈富强	房地产中介
14	象山家家福房地产中介服务部	林善权	房地产中介
15	象山南源房地产中介服务部	杨彩琴	房地产中介
16	象山兴余房地产投资咨询服务部	刘乃千	房地产中介
17	象山丹城顺兴房产中介服务部	马诚意	房地产中介
18	象山永一利房产中介服务部	林玉梅	房地产中介
19	象山丹城小灵通房地产中介服务部	萧　红	房地产中介
20	象山丹城诚意房产中介服务部	王小宏	房地产中介
21	象山信源房产中介服务部	顾鹏飞	房地产中介

续表27

序号	机构名称	法人代表或负责人	经营范围
22	象山启新房地产中介服务部	曹爱珠	房地产中介
23	象山丹城宏都房产中介服务部	郑慧娟	房地产中介
24	象山美地房地产销售代理有限公司	陈骏虎	房地产中介、销售代理
25	石浦新世纪房产中介服务部	罗赛君	房地产中介
26	象山小石头房产经纪有限公司	石伟富	房地产中介、销售代理
27	象山鸿达房产中介服务部	史继勇	房地产中介
28	象山半岛房产中介服务部	戴望栋	房地产中介
29	象山佳宜房产中介服务部	陈　燕	房地产中介
30	象山来发房产中介服务部	林海勇	房地产中介
31	象山光大房产中介服务部	林培玉	房地产中介
32	象山益友房产中介服务部	钮素梅	房地产中介
33	象山信德房产中介服务部	邱春联	房地产中介
34	象山丹城佳居房地产中介服务部	郑　磊	房地产中介
35	象山金江房产中介服务部	俞文伟	房地产中介
36	象山久力房产中介服务部	朱金华	房地产中介
37	象山好房多房产中介服务有限公司	王忠秀	房地产中介、销售代理
38	象山县石浦兴兴中介服务部	沈建芬	房地产中介
39	象山丹东锡安房产中介服务部	马成女	房地产中介
40	象山大众房地产经纪有限公司	梅亚益	房地产中介、销售代理

（陈曙旭）

建筑业

【概况】 2016年，县建管局贯彻落实全县建筑经济工作会议精神，开展企业服务指导和帮扶工作，集中力量破除制约因素，补齐短板，引导企业加强管理，深化内部改革，加快转型升级，推动建筑业创新发展、协调发展、绿色发展、开放发展、共享发展。

【全县建筑业产值实现从全省第六位到第五位的跨越】 2016年，全县建筑业企业完成建筑业总产值1201.4亿元，同比增长3.5%，占全大市建筑业总产值28.4%，名列全市第一位，但在全省的位置提升一位，即长期以来一直排在全省第六位，提升至全省第五位。

【全县建筑业企业实现入库税收5.4亿元】 2016年，县建筑业企业应对国家实施“营改增”政策之后对建筑行业税收带来的影响，全年实现地方入库税收5.4亿元。

【推进建筑业市场拓展】 2016年,在国家经济下行的大环境下,县建筑业企业逆势而上,加大市场拓展力度,新签合同额885.5亿元,同比增长9.4%,同时省外建筑市场继续保持稳定,县建筑业企业完成省外产值399亿元,同比增长65.5%,基本形成浙江、江苏、广东、上海等4个百亿元市场,山东、安徽等2个50亿元市场、10个亿元市场的发展格局。

【境外项目青黄不接】 全县有11家建筑业企业取得外经权,在建的境外项目仅龙元建设马来西亚房建项目、中达建设牙买加酒店项目。境外项目存在市场竞争激烈、项目管理难度大、企业复合型管理人才跟不上等因素。

【33项工程获各级优质工程奖】 2016年,全县建筑业企业施工的33个项目荣获各级优质工程奖,其中获国家级优质工程奖6项,获省级优质工程奖20项,获市级优质工程奖7项,获县级优质工程奖4项。

表28　　2016年度荣获“优质奖”工程项目名单览

获奖名称	工程名称	承建单位	项目经理
中国土木工程詹天佑奖	上海青草沙水源地原水工程	宏润建设集团股份有限公司	何秀永
	幸福汇名苑一期商住小区	宏润建设集团股份有限公司	陈雪红
国家优质工程	大华清水湾花园三期工程	龙元建设集团股份有限公司	郑年华
全国市政金杯奖	上海市轨道交通11号线北段二期工程	宏润建设集团股份有限公司	陈正立
	上海市污水治理白龙港片去南线输送干线完善工程	宏润建设集团股份有限公司	庄国强
	桑田南路(永达路—长寿东路)	宏润建设集团股份有限公司	谢圣浩
白玉兰奖	巴斯夫研发服务平台一体化研发中心	龙元建设集团股份有限公司	于新雷
	苑平南路88号地铁D幢办公楼	龙元建设集团股份有限公司	赖服君
	罗店大型居住社区动迁安置房C6地块6楼,10号楼	宏润建设集团股份有限公司	张晴蔺
	上海路331号经济适用房1号楼	中达建设集团股份有限公司	王跃定
	南桥中企联合大厦工程商业主楼	中达建设集团股份有限公司	肖　赞
钱江杯	杭州市紫金港路工程(文一西路—留祥路01标)	宏润建设集团股份有限公司	袁　翔
	长兴建设商务楼(含长兴县125工程)建设项目	华丰建设股份有限公司	鲁剑峰
	甬台温高速公路复线戴港至丹城连接线	浙江良和交通建设有限公司	王良表
结构海河杯	旺海国际公寓4号楼	龙元建设集团股份有限公司	严永存
	旺海国际广场1号楼,2号楼,3号楼	龙元建设集团股份有限公司	严永存
	蓟县新城A2地块8期1#楼,3#楼,5#楼,6#楼,13#楼	龙元建设集团股份有限公司	高建军
	时代滨江(二期)G3,G4,G5	中达建设集团股份有限公司	王建忠
金匠奖	中山星光礼寓住宅一(1—4、9栋及地下车库)商住小区	宏润建设集团股份有限公司	吴国成

续表28

获奖名称	工程名称	承建单位	项目经理
上海市政工程金奖	上海轨道交通12号线土建工程22标	宏润建设集团股份有限公司	高　亮
	上海轨道交通12号线土建工程16标	宏润建设集团股份有限公司	谢治国
	上海轨道交通16号线工程土建2标	宏润建设集团股份有限公司	周贤木
	大定海低标排水系统改建工程DDH2.1标	宏润建设集团股份有限公司	陈正立
浙江省市政(优质工程)金奖示范工程	宁波市北环快速路工程VI标段	宏润建设集团股份有限公司	胡家帮
	宁波市铁路南站南北广场及配套工程和周边配套立路工程施工(二期)II标段	宏润建设集团股份有限公司	许青宏
湖北省市政示范工程奖项	武汉市轨道交通四号线一期工程区间及车站土建施工第一标段、第八标段	宏润建设集团股份有限公司	蔡国民 潘淡浓
“沈、长、哈”三市优质观摩工程银杯奖	宏润翠湖天地翠园二期3#楼	宏润建设集团股份有限公司	潘卫成
金山杯	年产7.5万吨船舶涂料、集装箱涂料、工业重防腐涂料生产建设项目生产厂房、粉体仓库	宏润建设集团股份有限公司	郑伟文
闵行杯	浦江新一轮选址基地 19—02地块经济适用房项目3号楼,4号楼,9号楼	宏润建设集团股份有限公司	龚　约
兰州市建设工程白塔金奖	兰州市深安黄河大桥工程	宏润建设集团股份有限公司	顾乾岗
中山市建筑工程优质奖	中山御龙山花园二期二阶段96、97幢高层住宅工程	宏润建设集团股份有限公司	杨　智
姑苏杯	陆渡教育园区市政景观配套工程一标段	浙江建安实业集团股份有限公司	张　平
甬江杯	甬江街道社区服务中心及文化体育中心	华丰建设股份有限公司	方美财
金象奖	象山书城工程	浙江天元建设(集团)股份有限公司	倪永林
	象山国际风情街工程	浙江金能建设有限公司	朱萌强
	象山产业区企业服务中心一期工程	宁波庆丰建设有限公司	黄荣绍
	宁波赛木传动件有限公司办公楼工程	宁波融鑫建设有限公司	朱宏杰

【行业管理工作】 县建管局编制《象山县建筑业“十三五”规划》并通过评审,引导县建筑业今后5年的发展;与宁波工程学院象山研究院合作,开展建筑业“营改增”和“PPP”项目的调研,分别在宁波、象山两地举办培训会;推进行业管理服务工作,申报并晋升2家建筑企业的二级资质,完成109家建筑企业的184项资质换证工作,审核录入浙江省建筑市场监管与诚信信息系统、宁波市建筑企业信用管理评价系统的建筑业企业127家,人员3079人次。

表29　　2016年象山县2家建筑业企业资质升级情况一览

序号	企业名称	资质名称	原资质等级	晋升后资质等级	批准部门
1	宁波和丰生态建设有限公司	建筑工程施工总承包资质	三级	二级	浙江省住房与城乡建设厅
2	宁波凯欣生态建设有限公司	建筑工程施工总承包资质	三级	二级	浙江省住房与城乡建设厅

【县建筑业科技进步】 坚持创新发展，推广新技术应用，提高建筑业含金量，龙元、宏润等2家企业建立BIM工作室，打造技术新优势、抢占市场制高点。2016年，县建筑业企业共取得各级工法13项，集中在龙元、宏润、华锦、良和等4家施工企业，其中国家级工法2项，分别是龙元建设“超大直径圆形深基坑无支撑施工工法”、华锦建设“河口地区复杂地层水下混凝土灌注桩施工工法”。公路水运、水利工法成为新的亮点，县建筑业企业获各项专利17项，其中发明专利3项。宏润建设主编的城市桥梁拆除工程安全技术规范获国家级行业标准。

【打造人才高地】 结合企业实际，采用灵活的培训方式，共完成建造师、岗位人员、三类人员、技术工人等现场报名、集中考试5171人次，在上海、广东、宁波、象山等地开展送教上门培训2092人次。完成2015年度510人的中级职称评审工作，441人获得中级职称资格。受理一、二级建造师初始注册352人、变更334人，“三类人员”标准442人、变更431人。协助组织2016年宁波市“技能大赛”职业技能大赛的砌筑工比赛，6名获奖人员中，象山县占5名。

【企业帮扶工作】 加大金融支持力度，化解资金链风险，全年共帮助企业办理转贷27次计5.37亿元。加大对华丰、中达、建安、天元、防腐、梯梯、盛峰等经营不善企业的帮扶力度，协调沟通，及时汇报，做好县委县政府参谋，维护社会稳定。局领导班子成员分别参与华丰、防腐、梯梯等企业的司法重整工作，促成企业重整，加大对中达、天元的帮扶力度，完成中达亏损确认及半年利息结算，协调处理不稳定因素，帮助这二家企业走出困境、维护社会稳定。组建工作组进驻建安实业，帮助企业催付应收款、回笼资金。

【建筑业转型升级】 在经济发展新常态下，龙头企业找准定位，带头转型。龙元建设在做强做大房建业主的同时，在PPP大潮中实现转型升级，在2014年就专门成立PPP公司，走在全国民营建筑企业的前列，截至2016年，共承接25个PPP项目，投资总额近300亿元，宏润建设、华锦建设、良和交通等龙头骨干企业也相继在山东、福建、浙江连续承接一批大型PPP项目。宏润建设在专注地铁领域的同时，提出“更高更宽更深更大”的发展理念，地下连续墙深度达到110米，攻克桥梁单跨400米的技术，达到全省领先水平；向地下空间、有轨电车的新领域拓展。良和交通在做实公路工程主业的同时，提出“科技业企”的理念，路桥科技有限公司研究的“桥隧坡一体化监测及数字化管养系统技术”，先后列入宁波交通委、浙江省交通运输厅科技成果推广目录，并在宁波、舟山、台州等地国省道项目上投入运行使用，检测监测产值突破1000万元，向科技领域迈出坚实一步。

【抓牢行业党建工作】 开展“两学一做”学习教育，采取“送教上门”方式，分别在上海、宁波、象山等地组织企业、机关党员学习党章党规、习总书记系列讲话，争做“四讲四有”合格党员，实现全覆盖；指导6家党委及下属46家支部、24家党支部进行组织换届选举工作，对在册1087名建筑企业党员进行排摸，失联党员149名，83名党员取得联系，实现党员档案规范化管理。推进婚丧礼俗整治的宣传和督查工作，组织企业、机关党员学习《关于开展婚丧礼俗整治工作的实施意见》，签署《象山县文明婚丧承诺书》762份，营造文明、节俭的婚丧新风。组织党员开展志愿者、访贫问苦、祭扫烈士等活动，参与孙茂芳“五小”服务活动10次；赴新桥镇庙前杨村和定塘镇新岙村、镜架岙村走访慰问贫困户，送去慰问金和食用油。

【抓细机关效能建设】 深化县目标管理考核工作，完善制定局机关“岗位对责、绩效对账”考核办法，实行“日考勤、周记录、月对账、季考评”全程记录，提升工作人员的履职能力。落实党风廉政建设主体责任和“一岗双责”，成立由主要负责人任组长，班子成员任副组长，各科室负责人为党员的党风廉政建设责任制工作小组，层层分解年度党风廉政建设工作任务。学习《中国共产党廉洁自律准则》和《中国共产党纪律处分条例》，定期、不定期对工作人员工作纪律进行明察暗访，包括值班人员到岗到位情况，通报县纪委正风肃纪情况，定时发送廉政短信，做到警钟长鸣。层层动员，集中力量，全力做好G20杭州峰会的安保工作，荣获县平安护航G20杭州峰会先进集体。

【龙元承接PPP业务300亿元，位于全国民营建筑业企业第1位】 2016年，龙元建设承接PPP业务300亿元，包括宁波三路一桥PPP项目，宁波城市基础设施项目(承接业务突破400亿元)，位于全国建筑业企业(包括国企、央企)第三位，并位于全国民营建筑业企业第1位。2016年1月龙元建设和华锦建设联合中标的PPP项目——温州市鹿城区瓯江绕城高速至卧旗山段海塘工程和瓯江路西延二期道路工程开工建设，同时龙元建设承建的陕西上PPP项目开工。

【龙元建设进军轨道交通领域】 4月1日，龙元建设中标宁波市轨道交通4号线土建工程TJ4017标段，中标价为4.26亿元，这是龙元建设首次中标轨道交通项目，为拓展该领域市场打下良好基础。

【龙元承建的杭州通城高架路、机场路和东湖高架路同步通车】 5月3日上午，龙元建设承建的杭州通城高架路、机场公路和东湖高架路同步通车，打通杭州“四纵五横”快速路网中的一纵一横。

【龙元承建的西安陶瓷复合材料制造技术国家工程研究中心开工仪式举行】 4月17日，龙元建设承建的西安陶瓷复合材料制造技术国家工程研究中心和产业化基地项目在西安材料园内开工建设。项目建成后，将满足航空、航天、国防等领域对高温战略新材料的迫切需求，带动上下游产业的发展。

【龙元新大楼启用】 11月18日，龙元建设位于上海市静安区寿阳路99弄的新大楼开始启用，大楼高8层，建筑面积约1万平方米。

【龙元广东公司资助96名贵州贫困学生】 龙元建设广东公司项目经理潘林海等14人，共资助品学兼优的贵州贫困学生96人，累计资助金额达43.43万元，其中潘林海1人资助10人，并买来10台电脑送到贵州贫困山区遵义市余庆县龙溪镇中学。

【龙元取得的荣誉】 再次入围《财富》中国500强，排名332位，至此龙元建设第7次荣登(财富)中国500强行列。连续17年荣获进沪施工综合实力排名第一。连续18次荣获上海市重大工程实事立功竞赛优秀公司。质量管理成果荣获上海市工程建设优秀成果一等奖。荣获全国先进建筑业企业。荣获中国承包商80强，名列第23位。荣获中国竞争力百强企业，位居浙江省建筑业企业第二位。入围浙江省百强企业，列第71位。承建的上海市滇南路停车场项目荣获上海市首届“明星工地”称号。荣获宁波市综合百强企业第16位，竞争力百强企业第64位。(建筑业第1位)房建纳税企业第8位。荣获2016年最具影响力甬商企业荣誉称号。

【赖振元荣获上海市浙江商会30年·30人卓越奖】 11月9日，举行2016年世界浙商上海论坛上海市浙江商会成立三十周年大会上，龙元建设董事长赖振元荣获“追梦人·引领者”上海市浙江商会30年·30人卓越奖。

【赖朝晖荣获“中国创新榜样奖”】 12月3日，第十六届中国经济论坛举行“2016年中国创新榜样奖”颁奖仪式，赖朝晖获奖。

【宏润和良和共同承接的石浦承建公路新桥连接线PPP项目开工】 1月4日上午，由宏润建设集团股份有限公司和浙江良和交通建设共同承接的石浦高速公路新桥连接线PPP项目开工建设。2015年12月17日，宏润和良和组成联合体与象山县交通运输局、宁波交运建设有限公司签署投资建设协议，以PPP模式投资建设石浦高速公路新桥连接线(下七里至大圻头公路)工程项目。该项目总投资7.51亿元，建设期限为30个月，营运期10年，2家合作企业共同负责工期的投资、融资、建设、管理、运营、移交工作。

【宏润承接的福建省屏南县外东环路南段片区开发PPP项目开工】 2016年1月6日，宏润建设投资建设的PPP项目—福建省屏南县外东环路南段(张老垅)片区开发项目开工。2015年11月24日，宏润建设建设中标该项目，以PPP模式承担项目的投资建设自认并承担风险。预计项目建设期为2年，总投资1.5亿元。

【宏润施工的跨江桥澄浪桥建成通车】 6月，宏润施工的宁波市澄浪桥全面建成通车，此桥单跨175米，2014年11月澄浪桥打下第一根桩，至2015年9月主桥完成钢梁贯通，至2015年12月30日主桥合拢，建成后桥下通航净高5.8米。

【宏润承接的宁波中兴大桥PPP项目开工建设】 11月17日，由宏润建设承建的宁波中兴大桥PPP项目开工建设，该项目于2016年3月中标，总投资18亿元，其中工程费用8.87亿元。特许经营11.5年，计划建设工期42个月，运营期8年，本工程南起江东中兴路与江南路交叉口，北至江北区青云路，全长约2.62公里，其中桥梁长1.7公里。主桥采用矮塔针拉桥方案，跨径超过400米，主桥全宽29米。

【宏润投资的武汉刘店立交综合改造汉口北高架桥通车】 7月1日，宏润建设投资建设的武汉刘店立交综合改造项目汉口北高架桥通车仪式举行，该工程的通车拉近汉口北市场与盘龙城开发之间的距离，成为一个最快速便捷的通道，缓解交通拥堵的压力。

【宏润建设承接轨道交通业务取得新突破】 4月16日，中标宁波市轨道交通4号线TJ40CE标，中标价为8.27亿元。5月26日，中标上海市轨道交通18号线7标段，中标价为3.4亿元。8月25日和9月23日分别中标上海轨道交通15号线4标段和23标段，造价分别为1.86亿元和2.79亿元。10月26日，中标上海轨道交通9号线三期车站装修工程，中标价为1.17亿元。5月26日，中标上海轨道交通18号线7标段，中标价3.4亿元。7月15日，中标杭州地铁5号线一期工程SG5-19，中标价为5.5亿元。4月30日，中标河南省郑州轨道交通3号线213003标，中标价为4.77亿元。这是宏润建设首次中标河南郑州轨道交通项目。11月25日中标杭州地铁5号线一期工程车辆1标段项目，中标价为5.1亿元。

【宏润建设轨道交通施工取得新进展】 1月13日，宁波市轨道交通3号线一期地下工程TJ306标儿童公园站主体围护结构超深地下连续墙通过验收，这标志着国内轨道交通领域最深地下连续墙施工正式开工，单价项目造价8.3亿元，基坑深度29米，地下连续墙深度达110米。2月7日，武汉轨道交通3号线，7.15标板桥村站—野芷湖站区间左线盾构始发，标志着该段标段4台盾构机开始推进进程。4月24日，广州轨道交通21号17标二程中向风井—中新车间区间始发，标志着宏润建设在华南地区盾构推进正式开始。7月17日，该标段盾构机到达矿山法隧道，为后续盾构机空推过矿山法迈出第一步。3月10日，山西省太原市轨道交通2号线工程一期5GTJ-203标段正式开工，该项目于2015年12月23日中标合同造价4.56亿元，共计二站二区间，这是宏润建设首次进入山西省轨道交通市场。4月8日晚，上海轨道交通17号线蟠龙站—东明控段工作区间下行线盾构机进洞。2016年，杭州地铁2号线SG2-19标盾构区间全线贯通。12月22日，杭州地铁5号线城市之星站主体结构开工。杭州地铁5号线SG5-11标段为一站两区间，城市之星站位于下城区东新路与绍兴路交叉口北侧，沿东新路道路下方布置。

【宏润中标象山沿海南线道路拓宽改建PPP项目】 12月30日，宏润建设成功中标象山县“沿海南线滨海大道至金开路段拓宽改建工程”，该项目以“PPP模式”投资建设，总投资1.97亿元，其中建安费1.3亿元，施工总工期24个月，该项目运营期10年。

【宏润承建的杭州市沿江大道地下综合管廊项目开工】 12月15日,宏润建设中标杭州市沿江大道(观潮路和睦港)地下综合管廊工程1标,中标价2.09亿元,该项目全长2160米,主要布置沿江大道北侧绿化带内,局部布置在道路范围内,地下管廊为单层三舱结构,自北向南分别为燃气舱、综合舱、电力舱。该项目实施的主要内容有:地面道路、排水、基坑围护、地下管廊工程以及相关附属工程,2016年12月20日该项目正式开工建设。

【宏润承建的上海老沪闵路三号桥建成通车】 12月31日,由宏润建设历经300多天施工的上海老沪闵路3号桥建成通车,该桥横跨于淀浦河上,位于上海市徐汇区和闵行区交界处。桥长229米,河桥宽24米,主桥宽34.6米,桥梁设计荷载为城市A级,设计使用年限100年,主桥跨径69米。

【宏润助学爱心团赴贵州帮困助学】 10月18日至22日,宏润助学爱心团一行13人赴贵州铜仁市碧江区,深入9个乡村,资助29所中小学,现场捐款35.9万元,资助家庭贫困学生187人。宏润助学爱心团是由宏润控股董事长郑恩辉与张沉鱼夫妇发起并创建的民间慈善团体,2013年成立并开始运作,慈善事业从未间断,成员达40多人,累计资助贫困学生600多名,资助金额达100多万元。小学生每人每年1000元,中学生每人每年3000元。

【宏润建设取得的荣誉】 11月14日,宏润建设承建的兰州市深安黄河大桥工程荣获2016年度全国实施用户满意工程先进单位。11月18日,宏润建设宁波市澄浪桥及接线工程获2016年度浙江省市政公用工程安全文明施工标准化工地。2月8日,宏润荣获2015年度中国建筑业竞争力200强企业。11月16日,宏润建设中山分公司承建项目—幸福汇名苑一期商住小区"被评为2016年度中国土木工程詹天佑奖优秀住宅小区"。荣获宁波市综合百强企业名列第31位。荣获宁波市竞争力百强企业排序第39位。

【尹芳达当选象山上海经济建设促进会会长】 8月19日下午,象山上海经济促进会二届一次会员大会举行,宏润建设集团股份有限公司总经理尹芳达全票当选为象山上海经济建设促进会会长。

【良和承建的甬台温高速公路复线戴港至丹城连接线工程荣获钱江杯】 浙江良和交通建设有限公司承建的甬台温高速公路复线戴港至丹城连接线工程荣获2016年度浙江省"钱江杯"优质工程,这是良和公司首次获此殊荣。该工程投资4.53亿元,自2011年4月底开工建设,于2012年12月交工验收通车,并于2014年12月竣工验收,工程起自戴港互通,终点为丹城环城西路与象山港路交叉口,全长5.1公里。

【良和管理干部受聘暨目标任务考核签约仪式】 4月5日上午,良和公司管理干部受聘暨目标开合签约仪式举行。董事长王良明对总经理鲁永江、董事长助理谢汉林,副总经理陆飞勇、许振喜、王震、黄海、黄刚颁发聘书,由鲁永江总经理代表经营层向中层管理干部颁发聘书。王良明与鲁永江签订企业2016—2020年目标任务及考核办法。鲁永江分别与宁波良和路桥科技有限公司、宁波良和工程检测技术有限公司、宁波良和绿化有限公司、路面分公司、隧道分公司等6个分公司经理签订目标任务考核办法。

【良和启动信息化管理项目】 2016年下午,良和在象山基地会议中心召开信息化项目启动大会,标志着该企业信息化建设工作全面正式启动,前期一次性投入120多万元,启动信息化项目建设,后续还增加。通过实施信息化、信息智能化的企业管理,所有的一切工作按制度流程办事,促使企业管理更加规范、科学、集约化,提升人力资源整体素质。企业加强组织领导,提供资金保障,培养专业人才,做好基础培训工作,分层次推进。

【良和和龙元承建的盛宁线至茅洋段改建工程】 由良和和龙元组成联合体,共同承建的盛宁线至茅洋段改建工程,起自东陈乡沿海南线与金开路交叉口,终点至茅洋乡花墙村东侧盛宁线,建成后将有效对接三门湾大桥及接线工程茅洋互通,工程总概算5亿元,全线路长10.6公里,建设工期34个月。

【良和施工的舟山朱家尖大桥荷载标定试验结束】 8月25日凌晨,由良和施工的朱家尖大桥安全监测及数字化管系统项目传感器安装完成,良和公司组成该项目试验领导小组，组织产品部、工程部员工对朱家尖大桥应变传感器进行荷载标定试验。

【良和参建的苍南县灵沙大道通车】 9月26日，由良和参建的浙江省苍南县灵溪至龙沙公路改建工程试通车仪式举行。该项目作为连接沈海高速与甬台温高速复线两条重要高速主干线，建成后不仅优化苍南县交通网络的格局，方便百姓出行，促进当地与周边地区社会经济的发展。

【良和施工台州湾大桥及连线工程TS17标】 10月2日上午，良和公司施工的台州湾大桥连接工程TS17标首篇预制T梁架设成功，标志着17标桥梁上部结构施工全面开始。11月22日，该项目架桥机设备完成安装，开始进行T梁梁板架设，这标志着本标段实现从下部结构施工全面向上部结构施工的转变。台州湾大桥及连接工程由良和交通建设承建总造价5亿元。

【良和建设项目经理部标准化建设指导手册发布】 11月，良和公司总结近几年所属项目在创建标化工地和优质工程的一些成功经验和做法，精心编制项目经理部标准化建设指导手册，有利于规范项目部的行为。

（马建杰）

住房公积金

【概述】 象山县住房改革委员会办公室与宁波市住房公积金管理中心象山分中心合署办公。截至2016年12月底，象山县累计办理住房补贴12916人，住房补贴资金38292.10万元，手续办结率100%。其中：县属单位12424人，36839.68万元；垂直单位492人，1452.42万元。截至2016年12月底，象山县共有住房公积金缴存单位1158家（其中：正常缴存948家，封存210家），实际缴存33574人。累计归集总额365468.46万元，累计提取218375.05万元，归集余额147093.41万元。累计贷款268384.4万元，贷款余额144310.66万元。

2016年，荣获象山县服务型党组织示范点称号，宁波市住房公积金管理中心2016年度工作目标考评位列第二，宁波市住房公积金系统2016年度宣传报道工作先进集体，宁波市文明单位通过复评。

【组织实施全额和差额事业编制在职人员住房补贴】 根据《象山县人民政府关于象山县事业编制在职人员住房分配货币化的实施意见》（象政发[2016]95号）文件精神，2016年9月底全面组织实施，实施的范围和对象是象山县行政区域内符合住房补贴条件的全额和差额拨款事业编制在职人员。截至2016年12月底，象山县共办理全额和差额事业编制在职人员7613人，住房补贴资金21858.87万元（其中：①全额事业单位78个部门、5674人，16362.98万元；②差额事业单位25个部门、1939人，5495.89万元）。住房补贴资金实行“一次核定、单位挂账、分步到位、补足即止”的办法发放。1998年12月31日以前参加工作的人员，住房补贴资金从2016年起分三年到位；1999年1月1日以后参加工作的人员住房补贴资金从2016年起分十年到位；在发放住房补贴期间达到退休年龄而其领取的住房补贴未达到应发挂帐额时，不足部分一次性补足。1999年1月1日后去世的人员，由法定继承人按《继承法》规定申领，在2016年底前发放到位。全额事业单位县财政全额拨款，差额事业单位县财政按50%比例拨款。2016年县财政拨款3942.71万元。

【办理新增人员住房补贴手续】 2016年，共办理305人，计住房补贴资金921.45万元。其中：行政编制在职人员167人，461.85万元；差额拨款事业编制退休人员123人，418.49万元；垂直单位15人，41.11万元。

【兑现住房补贴资金】 2016年，兑现1999年1月1日以后参加工作的行政编制在职人员住房补贴资金162.10万元，计592人。

【妥善遗留问题处理】 2016年，协调处理象山县盐业局、象山县公路段的住房补贴遗留问题。

【出具书面证明】 2016年，配合象山县住建、国土等部门就经济适用房购买资格审查、是否享受房改购房等优惠政策出具书面证明593件。

【住房公积金主要业务】 年缴存 ①净增人数3219人,完成年计划2500人(宁波市人民政府对象山县人民政府的考核指标)的128.76% 。完成年计划3100人(宁波市住房公积金管理中心对宁波市住房公积金管理中心象山分中心的考核指标)的103.84%。比2015年度同期增长25.4%;②归集60426万元,完成年计划50000万元的120.85%。比2015年度同期增长24.33%。

年提取 提取49820万元,完成年计划40000万元的124.55%。比2015年度同期增长36.81%。

年贷款 放贷41462万元(其中:住房公积金贷款33416万元;住房公积金转商业贴息贷款8046万元),完成年计划40000万元(其中:住房公积金贷款30000万元;住房公积金转商业贴息贷款10000万元)的103.66 % ,比2015年度同期增长-25.39%。贷款逾期率0.0004%,在可控范围内。

增值收益 增值收益1955万元,完成年计划2500万元的79.8%,比2015年度同期增长-50.2%。2016年增值收益计划未如期完成的主要原因:①2016年1月1日起贷款利率降低0.25%;②2016年3月1日起调整职工住房公积金账户存款利率,当年归集和上年结转的分别按活期存款和三个月定期存款基准利率计息。调整前分别为0.35%和1.10%,调整后职工住房公积金账户利率将统一按一年期定期存款基准利率1.50%执行。③鉴于象山住房消费结构的特殊性,为贯彻执行房地产“去库存”的国家宏观调控政策,确保广大住房公积金缴存者信贷优惠政策到位,在住房公积金不能满足的前提下,实行住房公积金转商业贴息贷款。

【接入宁波住房公积金综合管理信息系统】 根据宁波市住房公积金管理中心的统一部署,通过政策梳理、培训学习、数据移植和测试等各项前期准备工作,12月开始宁波市住房公积金管理信息系统进入安全运作状态。

【住房公积金大额资金存储管理】 2016年,住房公积金大额资金存储以存贷比例基本平衡为原则,由每月一次的工作例会或主任办公会议集体研究决策存储数额和期限,盘活存量资金,防止因资金存储发生的利益输送等廉政风险问题。

【规范“按月提取还贷”举措】 截至2016年12月底,象山县共办理4878户、7089人,月还贷额2384.94万元。其中:2016年1-12月份办理1137户、1298 人,受益面占实际缴存人数的21.11%,比2015年同期增加-3.78%个百分点。2016年9月份以来,为与宁波市住房公积金提取政策相接轨,对办理纯商业银行住房按揭贷款“按月提取还贷”业务的3000多人进行梳理,确保政策的平稳过渡。

【签约楼盘和它项权证排查】 2016年1-12月份,签约楼盘12个;排查它项权证715户(其中:“二手房”383户、期房332户)。

【日常工作常抓不懈】 继续走访、联系实力型企业,特别是9月后全力以赴落实,确保年度缴存计划完成;对骗提住房公积金现象作查处,逐步清理历年封存的住房公积金个人账户;业务办理窗口贷款、提取业务办理严把关,利用监控、联网等电子设备,加强对基础性资料真实性的审核;优化业务系统和网站办事大厅。

【提升服务水平】 向社会公开三项公共服务事项目录(住房公积金个人帐户信息查询、房改咨询、住房公积金政策咨询)和办事指南;实行宁波大市范围内住房公积金帐户信息查询功能开发和联网;完成减少放贷环节、建立网上住房公积金缴存业务审批、建立银行受理住房公积金贷款业务办理服务;“12329”住房公积金服务热线整体接入“12345”政府服务热线;网上民声回应、网民政策咨询,无有效投诉;2016年,根据宁波市行政服务中心反馈信息,群众对服务窗口的服务满意度达100%(测评对象为业务办理对象)。

城市管理

【概况】 依法查处行政处罚案件共3073起,开展集中整治356次、执法力量2565人次,办理行政审批282件、广告5141份,咪表刷卡5536906次、人行道乱停车10203张,办结人大建议和政协提案

30件，受理信访举报件9220件，处置生活垃圾232953吨。

【县综合行政执法局挂牌成立】 12月16日，象山县综合行政执法局举行成立授牌仪式，标志县综合行政执法改革取得阶段性成果。县领导黄焕利、陈兴立、应伟刚、周坚栋、赖明和出席仪式。现场，县委副书记、县长黄焕利为县综合行政执法局授牌，发言强调综合行政执法局的成立有助于推进依法行政、建设法治政府，有利于完善基层治理、提高治理能力，有利于加强城市管理、提升城市品质，并要求各级各相关部门要统一思想、凝聚共识，尽快适应新角色、迎接新挑战，开拓进取、深化改革，开创县综合行政执法工作新局面。新成立的综合行政执法局按照省政府确定的21个执法领域，新划转行政处罚职权及其具体处罚事项，将着力解决权责交叉、多头执法、执法留白等问题，实现行政执法专业化、职业化、正规化。

【象山港路成功创建省级街容示范街】 通过"智囊团"制定规范化目标、"侦察兵"执法队员了解街面路况、"监督员"劝导疏理等方式，对乱张贴、绿化带缺株、照片破损等10余项问题逐一制定措施进行集中整改，共开展各类整治31次、出动执法人员350人次，整改落实各类问题18个，安装街面空调外机30余只，清理相关户外广告、横幅40余条。

12月30日，省政府正式发文，象山港路获评2016年度省级"街容示范街"。

【城区五条道路成功创建市级示范路】 组建专职管理队伍，强化对流动设摊、越门占道等市容问题的前端管控和源头化解。依托人工清扫、机械清扫、洒水洗路"三位一体"保洁机制，有效规范象山港路街容卫生、街道立面、绿化美化、基础设施，全面提升象山港路段街容市貌。12月，建设东路、丹峰西路、丹峰东路、象山港路、丹河路5条路段成功创建市级示范路。

【分类处理跨门经营】 坚持稳扎稳打、步步推进，在集中排查基础上将重点路段商户按处理难度分类处理，列出重点管理商户79家，累计劝导商户526家，通过反复劝导、主动普法、签订门前三包、协助搬运跨门货物、下发限改通知书、简易程序处理等，加强重点区域跨门占道经营整治。

【强化管控流动摊贩】 坚持"严管出成效"，对文昌街、三棱街、靖南路、涌金广场流动摊、烧烤摊高发区域开展集中整治行动，对早间、傍晚、夜间三个时段进行重点布控，连续开展专项整治行动68次，包括21次夜间行动，依法暂扣流动摊268起，暂扣各类大小物件近557件。强化日常巡查力度，对未经审批占道装修现象频发的问题，重点关注私自装修店铺，坚决督促商家和装修公司开展行政审批，督促并前去进行门面装修、占道审批等审批行为的件数超过50件。

【专项突击整治"夏季病"】 主动担当，变零散整治为专项突击，以滨海大道、巨鹰路等城区通往松兰山景区方向主干道沿线为重点区域，实行24小时"无缝式"管理，对占道贩卖游泳用品的摊贩进行教育引导。共开展游泳用品专项整治28起，出动队员580余人次，教育、劝离流动摊贩260余人次，暂扣游泳圈100余只，水枪、泳衣等用具180余件，电瓶三轮车10辆、小汽车5辆，行政处罚15起，巨鹰路、滨海大道沿路的游泳用品流动摊由日均30余摊减少至4摊左右。

【门前三包责任到位】 结合网格化管理模式，组织各队员挨家挨户上门宣传城市管理法律法规，与沿街商户逐一签订市容环卫管理责任书。至3月中旬，责任书签订工作全部完成，签订范围覆盖到天安路、丹峰西路、靖南路、建设路、象山港路等一类道路沿街商户，共签订1585余份。定期开展沿街商户门前三包责任书履约情况回访检查，对履约不到位的商户进行普法教育及纠正，回访率达98.5%。

【发挥智慧城管功能】 全年共上报27886件案件，结案数27695件，结案率达99.32%，其中巡查上报23312件、城管热线2948件。完善制度保障，建立县智慧城管工作领导小组，逐步完善制度配套，有效确保智慧城管工作开展。依托科技力量,有效强化街面管控,新增高空摄像头2台,与县公安系统及市智慧城管平台进行对接,升级更新地理信息系统,可用城区摄像头达764个。

【完善智慧环卫系统】 通过启用智慧环卫一期系统,结合运行操作实际,对项目近一年以来使用效果进行分析,对存在不足进行改进,并拟定智慧环卫管理系统二期建设方案,增设建筑垃圾信息监管、垃圾分类信息化监管、综合调度管理等子系统,提升环卫管理信息化水平,提高环卫管理效率。

【推进环卫基础设施建设】 按照建设规划,大目山环卫综合服务站一期完成电力安装, 10月份设备完成后投入试运行,二期工程的方案设计仍在报批。会源环卫综合服务站正在进行土地政策处理,白鹤中转站扩建工程完成概算现委托第三方审批。自2015年6月12日后,基本完成填埋场八项整改措施,其中填埋场雨污分流系统二期项目投入使用,垃圾渗滤液处理厂升级改造项目及400吨/日的渗滤液处理设施新建项目运行正常,出水水质经环保局检测达到设计标准——《生活垃圾填埋场污染控制标准》标2标准。填埋场进场道路项目逐步推进,完成路面浇筑,新增的危岩体消除项目报发改审批,完成总工程量的2/3。垃圾渗滤液进、出水泵站项目完成65%工程量。填埋场视频监控安装项目完工,共16个摄像头覆盖整个场区监控范围。

【餐厨垃圾集中回收处置】 中心城区餐厨垃圾集中回收处置单位达到70家,日收集处置量在9吨左右,残渣4.5吨。6月,餐厨垃圾余渣处理配套用房建成,2套余渣处理设备完成安装、调试并正式投入使用,可直接对经预处理后的餐厨垃圾残渣进行生物处理,制成有机肥料用于绿化,有效解决餐厨垃圾的终端处置问题。2套设备最大处理能力为8吨/日,可满足中心城区餐厨垃圾的终端处置需求。

【垃圾分类试点】 在继续推进东门外村垃圾分类试点工作的同时,启动三轮垃圾分类进学校宣讲活动,累计宣讲学校20余家,对4000余名师生进行垃圾分类知识宣讲,发放宣传资料5000余份。6月起,县里确定在中心城区10个住宅小区以及其余镇乡、街道10%行政村(其中定塘、茅洋30%行政村)推开垃圾分类试点工作,前期筹备工作基本完成,并正式推开桃花源、北路社区散居楼群、墙头镇宿舍等地垃圾分类工作,落实餐厨垃圾清运车辆招标,通过户外互动、知识讲座、媒体采访等多种形式开展分类宣传活动4次、参与人数达158人次,累计发放各类垃圾桶3884个,其中户内3631个、户外253个,入户指导手册4000余册。

11月30日,县综合行政执法局丹东中队、县环卫处在丹城中学开展"垃圾分类,从我做起"宣传共建活动,全校有百余名师生参加活动。

【创建全省首批"基本无违建县"】 明确问题导向,注重挂图作战,依托"专项整治"有力抓手,统筹开展"蓝色屋面(立面)"、涉港涉海领域违法建筑物、临时工棚、严重影响消防安全的违法建筑、农(渔)业设施用房等五项专项整治,其中新桥镇"蓝色屋面(立面)"的整治模式得到市委副书记余红艺的批示肯定。坚持领导督查、媒体监督、专项检查等方式,实现违法建筑处置力度更大、长效管理机制更健全、拆改建管结合更紧密、拆后利用更充分,"三改一拆"及"无违建"工作取得实效。全县累计进行旧住宅区、城中村、旧厂区改造建筑面积148.52万平方米,累计拆除违法建筑面积116.22万平方米,并成功创建全省首批"基本无违建县"。

表30　**2016年11月象山县“三改一拆”目标任务完成情况**

截至日期:2016年11月25日

累计进行旧住宅、城中村、旧厂区改造面积(万平方米)								
市政府下达目标任务	已完成“三改”总建筑面积	占全年目标任务百分比	旧住宅改造		城中村改造		旧厂区改造	
			户数	建筑面积	户数	建筑面积	个数	建筑面积
95	148.52	156.33%	3255	37.10	2290	44.24	54	67.18

累计拆除违法建筑面积(万平方米)						
镇乡(街道)	县政府下达目标	本月拆违面积	累计拆违面积	占全年目标任务百分比	累计拆违量排序	完成任务百分比排序
爵溪街道	1.5	0.15	2.46	163.80%	16	1
大徐镇	3	0.26	4.54	151.44%	9	2
高塘岛乡	1.5	0.14	2.23	148.76%	18	3
涂茨镇	3.5	0.11	4.84	138.26%	8	4
墙头镇	3.5	0.49	4.34	124.04%	10	5
茅洋乡	2		2.35	117.58%	17	6
西周镇	10	0.85	11.59	115.88%	4	7
新桥镇	3.5	0.10	3.96	113.11%	11	8
定塘镇	5	0.40	5.47	109.45%	6	9
东陈乡	3.5	0.32	3.79	108.26%	12	10
晓塘乡	3	0.11	3.25	108.17%	13	11
鹤浦镇	5	0.58	5.39	107.71%	7	12
贤庠镇	8	1.26	8.54	106.77%	5	13
黄避岙乡	3		3.15	105.08%	14	14
泗洲头镇	3	0.02	3.12	104.12%	15	15
丹西街道	14	0.51	14.48	103.42%	2	16
丹东街道	12	3.44	12.26	102.17%	3	17
石浦镇	25	4.84	20.46	81.85%	1	18
全县	110	13.56	116.22	105.66%		

【"五水共治"】 深化西大河治理工作,落实河道管理责任,每周安排城管队员对西大河等城区主要河道开展4–5次巡查监管,并将巡查后发现的情况向相关单位通报并落实。对西大河勘查发现的河岸两侧18处排水口,定期组织开展污水整治活动,并对河道两侧绿化缺损部分进行补种。组织党员干部和城管义工100余人,多次参加河道环境清理行动,河道执法5起。

【违停治堵】 2016年,对中心城区南街、天安路等五条主干道人行道上的非机动车停放位进行重新划线共约3000余个,并标明标志标识,方便市民识别车位。深挖人行道机动车停放空间,在丰饶路(人才公寓西侧)和象山港路(新丰路西侧)等路段新增机动车公共泊车位约150余只,缓解部分区域停车难问题。立足实际,于丹河路、莱薰路、城站路等地段实施"硬隔离",增设横杆272杆、立杆160杆,有效助推机动车有序停放。

【塔山小百货市场搬迁】 自2015年9月起陆续启动搬迁工作,通过"组织、宣传、执法"三到位,全力做好塔山小百货地摊市场搬迁至丰穗商贸综合市场维稳保障工作。发放搬迁公告共计1200余份,组织召开经营户座谈会3次,通过耐心细致的工作及时做好原经营户、周边经营散户的思想动员工作,化解矛盾纠纷,减少搬迁阻力,并在9月中旬对地毯市场进行整体搬迁,出动执法人员100余人次、执法车辆12辆,开展"定人、定岗、定责"蹲点值守,加大巡查密度,有效确保整个搬迁过程稳定、和谐。

【提升依法行政执法水平】 规范执法文书书写,开展案卷评查,提高行政执法办案质量。充实执法力量,提升执法水平,采取多种形式组织全局执法人员进行执法业务学习、培训共10次,组织17名人员参加并全员通过省行政执法证考试。此外,组织开展行政处罚案卷质量检查和自查工作,加强和提高各办案单位和办案人员的办案意识和办案技能。

【聘请法律顾问成立"法律顾问团"】 有效提高依法行政水平,与浙江之鹰律师事务所建立战略合作关系,由3位资深律师、局属法制科人员等组成"法律智囊团",将法治建设各项事务纳入法律审查范围,履行法律咨询、法制宣传等职责,开展专项法律咨询会13次,组织一线执法人员法律培训6次,发放综合执法法律法规资料850份。

【完善执法队伍建设】 探索队伍规范化、标准化管理模式,推行市局督导处、县局督查科和中队三级督查制度,实行全员考核,并对照"星级文明中队"标准,从考勤纪律、遵规守纪、仪表风纪、内务卫生、执法业务等5个方面,列出考核细则逐一规定,将督查考核结果与考核奖金、年度评优评先直接挂钩。在原有考核办法的基础上完善奖惩机制,将考核分数与绩效奖励挂钩,并成立由副中队长为组长的考核督导小组,有效提升中队工作效能和执行力。

【提升行政许可审批服务效率】 坚持执法为民服务为民,自5月起,行政审批窗口一改过去"坐等服务对象申报"为"主动上门服务",通过微信预审批、电话预约等新型审批模式,践行群众路线、深化为民服务举措。对于急办件,第一时间安排现场踏勘人员进行踏勘,有250余名群众受益。完成浙江政务服务网政府用户工作平台的梳理核对工作,并正式投入运行,无出现受理不规范、未办结等情况。

【机关效能建设】 从年初开始,继续突出抓好党风廉政建设,采取集中培训、专题讲座、警示教育等多种形式,深入中央八项规定、市"正风肃纪"十项规定和县作风建设"六项规定"等制度,启动覆盖全局的"两学一做"学习教育。坚持深学深做、以学促思、以学促改,制定并出台实施方案,突出经常性教育,扎实推进学习教育任务。加大"正风肃纪"专项自查力度,采取专项检查和突击检查相结合方式,强化督查密度,促使干部职工时刻紧绷"作风"弦,共开展正风肃纪检查11次,对7名违纪人员进行问责。落实婚丧礼俗整治工作,深入开展正风肃纪和婚丧礼俗等规定提醒教育,对5名结婚协管员进行教育并落实"双报告"制度。

大目湾新城

【概况】 2016年，完成年度社会投资4.5亿元，完成率105%；完成政府性投资5.0514亿元，完成率100.2%。新城框架体系基本建成，完成中心区5平方公里、28公里长沥青道路和超过8公里长游步道建设，建成桥梁27座，新城环城路网全线贯通。浙江师范大学大目湾实验学校和杭幼师附属大目湾幼儿园于9月正式开学。自2012年至2016年12月，大目湾新城落地中国铁建、上海世茂、中科建飞、北京石榴集团、海阔天空水世界、上海亲和源、上海高宝、鸿福假日酒店、浙师大附属学校等16家高端企业，项目涉及住宅、商业、办公、旅游、娱乐、购物、教育等多个领域，合同引资超过300亿元。其中，开工动建13家，动建率超八成。落户房产项目累计交付房产面积30万平方米，实现税收2亿余元。

【推进工程建设】 2016年，在建项目27个，新开工项目5个，完成项目13个。主要项目完成情况为：①中心城区河道6公里绿带成形。天安河景观绿化、构筑物等全部完成。乐居河景观完成全部结构工程（亲水平台、铺装、廊架、公厕），所有绿化苗木完成种植，雕塑、景观灯、浮桥完成安装，于12月验收。②内湾三座大桥均可通行，区域交通优化。内湾共设计三座桥，其中，悦洋路内湾桥（玉界桥）于2015年底完工，来薰路内湾桥（紫霞桥）、迎海路内湾桥（登瀛桥）于2016年9月完工，均可以通行。③松兰大道（西段）芝鹤路、北鹤路工程验收。该工程全长3.4公里，东起来薰路西至金开路，是南部滨海二通道，缓解沿海南线节假日期间的通行压力，经茅洋连接线可直通温台，于6月下旬完成验收。悦洋路道路工程串联起龙洞山、鹁鸪山和大门山，连接滨海工业区和松兰山景区，是“三横三纵”主干网路，悦洋路（沿湾路南-北）于12月完成验收。④银波路道路等（BT）工程全线铺开。6座闸桥结构全部完成，闸门安装完毕；道路工程配套管线及塘渣路基正品全部完成，将进行水稳施工；中心广场地基处理完成，地下室部分基础装修完成，绿化、安装等配套工程即将展开。⑤五水共治重要节点——推进东大河景观工程。河道1.9公里长，45米宽度断面全部开挖完成。完成全部驳岸、挡墙、亲水平台、栈道等下部水工结构，满足中心城区防洪排涝要求。⑥公建配套大目湾实验学校、幼儿园建设加速推进。实验学校2014年12月15日完成招标，2015年初开工，2016年7月26日竣工验收，累计完成投资1.6亿。幼儿园土建工程于7月22日通过验收，并完成室内装扮，累计完成投资4175万。2016年9月，实验学校与幼儿园均如期开学。⑦森林城市”创建工程完工。松兰大道、悦来东路-新乐东路景观工程、迎海路松兰大道北侧绿化工程竣工，大目湾新城西大河景观工程网球、篮球场场地平整及土方填筑工程按计划进行。按照象山县“森林城市”创建要求，完成大目湾新城8000平方米绿化。

2016年7月21日，大目湾新城中心城区路网畅通。

【招商引资成效显著】 2016年接待客商共计150余批，接洽项目比较多，功能广，涉及项目有：大旅游、大学产业园、科创、养老养生等。台湾南仁湖海洋生物馆、冰雪小镇旅游目的地中心、上海海游集团的休闲度假小镇等多个重大项目开展洽谈。其中，台湾海洋生物馆项目得到县领导的高度重视。项目以象山海洋文化为基础，建立浙江首座结合海洋生物展示、海洋科普教育、海洋休闲娱乐、海洋养殖技术及海洋科技研发等于一体的综合性海洋生物馆。于2016年6月8日浙洽会上签约，组建项目前期筹建小组，按协议注入300万启动资金，开展完成市场调研、维生系统、可行性研究等前期工作，并制成报告。台湾南仁湖集团在9月20日经董事会通过，报台湾当局投委会审批。2016年12月，宏润集团正式签约参与台湾海洋馆投资，占股

45%。同月,中韩国际城项目框架协议在上海签订,总投资4亿。

【项目服务】 除世茂、中铁建、邦泰三大城市综合体项目稳步推进,并销售良好外,其他功能性项目也按计划推进。各项目详细情况为:(一)亲和源养老社区项目:该项目经营范围为养老社区的开发和营运,总投资7亿,用地面积6.67公顷,总建筑面积80000平方米,包括医院、宾馆、养老居住区三大部分,可接纳1500个老人养老,计划2018年全面建成并对外营业。商业裙楼结顶,砌体工程施工,二期施工证获批,设备进场。(二)大羊屿岛项目:宁波高宝投资有限公司于2011年11月以2000万元获得大羊屿岛50年的使用权,海岛出让面积为25.8公顷,用于游艇培训、展示及销售中心以及与之相关配套的住宿、餐饮等相关配套设施的建设。岛上用于建设游艇俱乐部、度假酒店、产权式酒店为一体的高星级度假基地,总投资5亿。完成游艇俱乐部的会所主体工程和政府配套的水、电、通讯等陆岛互通工程。(三)华美主题乐园项目:该项目包括华美房产和主题乐园两部分,总投资30亿元。其中房产项目的13.33公顷土地完成摘牌,土地款全额到位,项目外墙施工完成80%;水上主题乐园桩基正在施工中。(四)大目湾众创空间项目:响应"大众创新,万众创业"号召,于2016年引进总部位于杭州梦想小镇的杭州海龟科技有限公司。该公司于8月进驻大目湾,通过社会平台,发挥孵化器作用,引进培育高新技术产业,助推产业升级,争取五年后累计完成12家优质项目的天使轮投资。招商入驻2家智慧农业项目公司,签约3家传媒、电子商务类企业,5家意向洽谈企业。

【营销活动】 (一)开渔节护鱼活动:8月27日和9月17日,协助大目湾幼儿园开展开渔节"共护幼鱼松兰山放生"活动,200余名幼儿园和家长参加活动。(二)自行车赛:协助参与第四届环象山自行车挑战赛。大目湾新城作为活动的终点站,共有来自全国的1600名的骑友经过。(三)市乒赛冠名:冠名市级乒乓赛象山站活动,活动秩序册上加入大目湾宣传内容,乒乓赛场地悬挂大目湾新城标语,摆放易拉宝。(四)徒步行冠名:冠名美丽定塘徒步行活动。活动当日,印刷2000余件大目湾新城T恤衫,并在舞台背景、场地横幅、积分卡、微信等方面宣传大目湾。(五)开发商活动:协助中科建飞开展品牌馆开放、协助海阔天空开展开工仪式、协助十里澜山开展乘氢汽球看大目湾等多个活动。(六)学校宣传:2016年浙师大附属大目湾实验学校和幼儿园如期开学,用事实打破外界对学校不可能开学、办不起来等传言。9月1日学校开学揭牌,9月5日一年级新生开笔,9月6日县委书记叶剑鸣亲临学校慰问教职工,9月10日教师节,9月12日实验学校诗歌中秋颂,9月14日实验学校优秀学生才艺展示,9月17日幼儿园放生环保活动,9月19日幼儿园开园典礼,9月21日学校小主持活动,9月28日实验学校开校典礼,10月21日实验学校首届家长开放日,10月24日争做一名优秀小记者等近20个活动中,得到多家媒体的采访报道,提升大目湾知名度。

【城市管理】 ①围绕大目湾基础设施及落户企业工程建设,继续做好临时水、电、路三通的相关服务工作。对岳头环山等便道进行维修,确保工程车辆无障碍通行。完成西大河景观工程等项目临水临电安装工作。②创新安全管理,加大监管力度,保障人民群众利益。通过联合检查、区域执法着力整治工程运输领域安全隐患,四月份与爵溪交警中队联合开展大目湾领域工程车违章整治活动。设立大目湾交通管理站,主要负责大目湾校区、竣工道路车辆行人安全,并对交通违法行为进行处置。③提升城市管理内容。落实施工企业文明施工措施,建立通过与工程款拨付挂钩办法确保文明施工措施落实到位。整治新城中心区内的垃圾乱倒现象,对接县环卫所主动帮助落户企业、施工企业解决施工生活过程中产生的各类垃圾。通过服务外包形式,委托物业对中心城区完工11条道路约22万平方路面进行保洁。建立丹河社区大目湾工作站,落实社区管理职能,加强入驻业主户籍及社会事务处理,社区居民入住登记率达100%。配合县开展"森林城市创建活动"对中心城区主要区域脏乱差形象进行整治。对工程建设过程中产生的约25万方渣土处置进行监管。成功阻止周边村民在大门山的违章施工行为。完成中心城区主要道路信号灯及监控设施的安装。④实施水务管理高效、标准化模式。实行闸门标准化管理,大目湾龙洞山闸门被评为市级标化闸门。合理调度水系,全年共完成重大水系调度4次，排涝水量达2700余万方米，在上半年雨量偏大特别是5.20大暴雨情况下科学协调在建工程、中心城区泄洪、及农田灌溉三者间相互矛盾。安排船只进出港避风6次，近千只船只在台汛期得到妥善安置。⑤做好新城大目湾区域信访、维稳、政策处理工作，营造良好建设环境。协调解决东大河景观工程涉及的政策处理工作；主动处理好各类矛盾纠纷，截至12月底共完成各类纠纷处理15起，其中列入网上应急联动处置案件9起，纠纷受理率达100%。及时协同东陈乡政府对后陈塘征土地村民抢种现象进行阻止。

【创新融资解决资金需求】 通过银行融资、发行债券、引进PPP模式、政府购买服务模式、探索资产证券化打包贷款渠道等多项措施，管委会全年融资12亿元以上，确保新城开发建设资金需求。

（王　平）

重点工程建设项目

【概况】 2016年以来，面对错综复杂的经济形势下，主动适应新常态，强化协调服务、创新思路、督查考核，圆满完成重点实事工程建设目标任务。80个重点工程建设项目全年完成投资118.98亿元，占年计划100.95%。象山县34个市重点工程建设项目总投资405.41亿元，年度计划投资44.79亿元，新开工项目7个，完工项目4个。全年完成投资54.18亿元，占年计划121%，7个项目全部实现开工，6个项目实现完工或投用。象山县69个市经济社会转型发展三年行动计划项目总投资782.77亿元，年度计划投资98.83亿元，新开工项目15个，完工项目8个。全年完成投资116.01亿元，占年计划117.38%，15个项目全部实现开工，10个项目实现完工或投用。象山县2个浙江省重点建设项目总投资168.08亿元，年度计划投资10.23亿元，新开工项目4个，完工项目2个。全年完成投资13.07亿元，占年计划127.76%，4个项目全部实现开工，2个实现完工或投入使用。

【攻坚落实项目责任】 继续实行项目中心制，建立分级分层协调机制，推行"一个项目一套班子"模式，下达2016年重点工程建设项目和三年行动项目计划，明确年度投资额、形象进度、责任单位和配合单位，对开工类项目明确开工时间节点，并要求项目单位根据项目年度建设目标倒排时间，明确月度计划；印发《2016年象山县重点（前期）工程建设目标任务责任分解》，落实责任领导和联系领导；建立重大项目工作推进月报、跟踪联系和督查等制度，开展月公示、季度通报、年中督查、年末考核。完善重点工程挂职干部制度，选派5名挂职干部充实到重点工程指导督查组，开展项目推进督查工作。根据《象山县重大项目储备管理办法（试行）》和《象山县重大项目前期工作管理暂行办法》，加强重大项目储备，加快前期工作推进，建立了部门协作、分工负责、合力推进的联动工作机制。

【合力破解征迁难题】 优化完善征迁管理机制，建立完善县级领导巡视服务项目征迁机制，出台《象山县房屋征收拆迁补偿、补助、奖励规定》《象山县房屋征收拆迁资金使用和管理办法》《关于完善被征地养老保障有关政策》等办法，落实属地包干制。开展对抢种抢栽抢建问题的调研，起草形成了《关于象山县土地征收中青苗补偿问题的调查与思考》获得县委书记叶剑鸣批示，出台《关于规范征地补偿工作严厉打击抢种抢栽抢建等违法行为的实施意见》，对村民阻挠施工行为开展调查，起草形成《关于钱树参与抢种苗木的调查情况》和《村民阻挠重点工程施工原因调查与对策思考》，获得县级领导批示。深入开展工程建设环境整治活动，依托重点工程流动警务室，健全民警联系制度，优化完善重点工程联系民警考核办法，加强矛盾纠纷排摸，注重事前预防，提前介入保障三门湾大桥及接线工程、浙江广电象山影视基地、大中庄围填海工程等项目无障碍施工，排摸化解矛盾纠纷70余起，打击处理5人，治安处罚23人，警戒约谈78人次。建立完善县级领导联系重点工程制度，深入开展重大项目社会稳定风险评估，有效地推进重大项目建设。

【强化项目协调服务】 象山县重点办会同督导组深入项目现场，对照每个项目时间节点摸实情、找症结、寻对策、破难题，在建项目抓进度，开工项目抓前期，据统计，共排摸推进中困难和问题100余个，协调解决70余个。优化完善项目审批机制，实行市批以上项目责任领导协调对接，分管领导积极配合；率先推行基本建设项目“一窗式受理”，实行审批事项清单式管理，各自明确完成时限，实行限期责任对账服务，受理233个项目共1241个审批环节；深化“1+6+X”工作机制，召开联合协调会议9次，协调解决42个项目审批中存在的各类问题；不定期召开项目审批对接会，对30个审批进度偏缓的项目量身定制审批流程，开展手把手对接指导。探索造价工作新机制，成立象山县工程造价中心石浦分中心，并运用并联、合并及人员外派驻点等工作模式，进一步提高工程造价管理效率。注重规划引领项目谋划储备，精准对接国家和省市相关产业扶持政策和重点投资导向，12个项目列入省重点建设项目，34个列入市重点建设项目计划，争取市土地统筹等各类指标285.4公顷及国家、省、市补助资金约4000万元。谋划储备PPP项目36个，17个列入市PPP项目库，3个交通项目实现开工建设，完成投资6.45亿元。强化重点工程水电要素保障，加快电网建设，110千伏城北输变电工程完工，110千伏柴溪输变电工程加快推进，城乡区域联网供水工程基本实现。

【优化督查考核机制】 2016年初，在《象山县重点工程督查办法》基础上，出台《关于进一步强化督查协调强力推进重点工程建设的通知》，实施精准督查、跟踪督查、分级督查、绩效督查，做到重点抓、反复抓、分层抓，进一步坚持问题导向，狠抓整改落实，强化问责问效；5个重点工程指导督查组以“快、重、准、实”为督查原则开展重点工程专项督查，继续完善推行“三色令”督办和短信督办制度，2016年共发放督办单30张，短信督办200余条。县委书记、县长、副县长、县重点办召开重点工程督查会30余次，实地督查重点工程300余项次(会议除外)，开展人大、政协重点工程督查活动2次，刊发督查专报20期。积极开展重点工程“争先创优”立功竞赛活动，加强督促指导。完善重点工程考核办法，提高考核比重，实行总体绩效考核和阶段性节点考核，按照重点工程项目数量、实际完成投资额和形象进度等实行绩效考核。

【加强廉政安全管理】 建立完善重点工程保廉体系，开展在建重点工程(政府投资项目)标后管理检查，督促项目单位落实整改措施，规范工程管理。依托项目电子监察系统，对政府性投资项目审批情况进行网络监察，完善各类招投标制度，加强工程审计监督、项目稽查和财务管理，严格防范和杜绝腐败漏洞。加强项目前期论证，严格做好项目岸线利用、水土保持、通航影响等方案评审和环评、节能审查，严格按规定实施。紧抓安全生产工作，2016年集中时间、精力开展了2次全县在建重点工程安全大检查，对象山县在建工程安全生产情况进行通报，发放整改通知书31张，督促项目单位加强隐患排查，落实整改措施。

表31　　2016年常务线重点工程建设项目情况一览

单位：万元

序号	项目名称	总投资	至2015年底完成投资	2016年计划		2016年完成情况			计划开工	责任单位
				投资	形象进度	投资	占年计划%	形象进度		
总计	共5个	953135	403816	114414		114514	100.09			
续建项目(5个)		953135	403816	114414		114514	100.09			

续表31

序号	项目名称	总投资	至2015年底完成投资	2016年计划		2016年完成情况			计划开工	责任单位
				投资	形象进度	投资	占年计划%	形象进度		
1	大目湾新城基础设施建设	500000	296866	40829	完成松兰大道、来薰路、银波路等部分道路、桥梁、管线工程,完成部分场平填筑及路基处理，完成东大河、西大河、内湾中心区部分景观工程	40929	100.24	完成道路桥梁管线工程、部分路基及场平石渣填筑，银波路、迎海路、悦洋路沥青施工，内湾景观、西大河、东大河绿化土回填，来薰路及松兰大道西段完工	——	县大目湾开发管委会
2	大目湾新城中心区学校及幼儿园	31135	21550	9585	完工	9585	100.00	完工	——	县教育局县大目湾开发管委会
3	大唐乌沙山电厂一期烟气清洁排放改造项目	72000	36000	36000	完工	36000	100.00	完工	——	县大电办
4	大目湾亲和源养老项目	50000	14050	8000	主体结构完成	8000	100.00	一期商铺主体结顶，酒店、样板房及销售中心基本完工;二期桩基施工	——	县大目湾开发管委会
5	华美大目湾旅游休闲综合体项目	300000	35350	20000	一期完工，二期部分居住社区主体结顶;主题乐园桩基施工	20000	100.00	一期完工;二期主体结顶，完成外墙粉刷、配套设施安装及围墙，绿化施工;水上乐园桩基施工	——	县大目湾开发管委会

表32　**2016年象山县商贸旅游线重点工程建设项目情况一览**

单位：万元

序号	项目名称	总投资	至2015年底完成投资	2016年计划		2016年完成情况			计划开工	责任单位
				投资	形象进度	投资	占年计划%	形象进度		
总计	共15个	1999197	662498	282280		239141	84.72			
新开工项目(3个)		135000	0	45000		31477	69.95			
1	西周昌明路商业精品街项目	14000	0	5000	主体结顶	6300	126.00	主体工程结顶	4月	西周镇政府
2	申菱综合体项目	60000	0	20000	完成地下室工程	17097	85.49	地下室土方开挖	5月	石浦镇政府
3	象保合作区生产力中心（机器人产业园）建设项目	61000	0	20000	厂房、商务楼主体建设	8080	40.40	桩基施工	4月	象保合作区管委会
续建项目(13个)		1864197	662498	237280		207664	87.52			
4	半边山旅游度假区	450000	129786	25000	酒店完工，五彩渔镇完成主体结构50%	35000	140.00	皇冠假日酒店竣工验收，五彩渔镇进场施工	——	县风景旅游局
5	石浦渔港旅游开发综合项目	28827	15869	3000	完成水门头、南关桥路立面改造和部分场馆改造，风貌协调区1号楼动建；檀头山姊妹沙滩固岸保滩工程完成工程量85%，沙埕至大王宫道路完成工程量60%	3541	118.03	完成许家庭院二期维修及场馆修缮等工程；完成大王宫主干道招投标及鹅卵石铺设	——	石浦渔港开发管委会
6	象保合作区邻里中心建设项目	60000	2000	20000	主体建设	23385	116.93	一期完成外墙粉刷及60%内墙粉刷；二期酒店完成结构封顶、地下室砌体70%及上部砌体75%	——	象保合作区管委会
7	宁波工人疗养院	60000	22826	20000	土建工程完工，配套工程完成60%	22000	110.00	完成主体结构，配套设施收尾，完成景观60%	——	县风景旅游局

续表32

序号	项目名称	总投资	至2015年底完成投资	2016年计划		2016年完成情况			计划开工	责任单位
				投资	形象进度	投资	占年计划%	形象进度		
8	海峡两岸石斑鱼产业化(象山)示范基地	100000	5000	15000	完成300亩室外养殖塘建设、300亩室内临时养殖塘和三通一平工程,配套工业厂房动建	15108	100.72	场地塘渣填筑50万方,一期683亩室外鱼塘框架基本形成,完成生产厂房及办公楼建设共9000平方米	——	浙台(石浦)经贸合作区管委会
9	白沙湾度假村	200000	94060	6000	喜来登酒店主体结构完成50%;房产三期基本完成	6000	100.00	酒店完成一期主体结构45%及二期主体结构40%;房产三期6户完工、92户主体完工、7户基础施工	——	县风景旅游局
10	象山申怡广场	43500	30330	13170	完工	13170	100.00	完工	——	丹西街道办事处
11	象山县地方储备粮库工程	13800	1500	5110	定塘粮库完工,西周粮库、石浦军粮库10月份开工	5110	100.00	定塘粮库主体施工,业务用房、烘干房、机具仓库、1-4号粮库屋面结顶;西周粮库完成塘渣回填,二程招标;石浦军粮站桩基施工	——	县商务局
12	东海铭城	560000	264615	26000	酒店养生中心、海鲜美食街开业;恒大17、18、19号地块4幢大楼完成地下室,7幢大楼完成室内装修,9幢大楼主体完工;商业及其他配套用房主体完工	23850	91.73	海鲜街完成竣工验收;养生中心完成主体外墙改造75%、连廊土建30%及机电安装预埋6%;盘山公路完成路基修复施工30%及稳定层5%;恒大房产幼儿园外立面完成,9、13、15号楼外墙真石漆完成,14号楼外立面完成60%,16号楼外立面完成90%,4号楼商业主体结构完成	——	爵溪街道办事处

续表32

序号	项目名称	总投资	至2015年底完成投资	2016年计划		2016年完成情况			计划开工	责任单位
				投资	形象进度	投资	占年计划%	形象进度		
13	宁波象保(石浦)再生水厂(石浦科技园区污水处理厂一期)	9700	700	9000	完工	8000	88.89	完成主体结构98%、设备到货60%	——	象保合作区管委会
14	盐文化养生休闲园	18200	2500	5000	游乐园主体结顶	3520	70.40	完成盐文化馆、别墅主体结构,综合楼地下室桩基完成	——	新桥镇政府
15	浙江广电象山影视基地	200000	22068	60000	一期完工,二期基本完工,三期开工	36351	60.59	一期综合管线、强电、消防、泛光照明、火车轨道等施工;二期室内外装修、综合管线施工,设备安装;三期完成填方工程	——	宁波影视文化产业区管委会
16	宁波象保合作区一期基础设施建设	120170	71244	30000	完成平基工程,市政道路动建	12629	42.10	平基工程完成70%,高速新桥连接线路基补填	——	象保合作区管委会

表33　2016年象山县农业水利线重点工程建设项目情况一览

单位:万元

序号	项目名称	总投资	至2015年底完成投资	2016年计划		2016年完成情况			计划开工	责任单位
				投资	形象进度	投资	占年计划%	形象进度		
总计	共8个	1295918	127344	72500		81102	111.86			
新开工项目(2个)		1045834	0	26000		23695	91.13			
1	宁波(象山)东部沿海防洪(潮)工程	1030000	0	20000	进场施工	20000	100.00	I标道路工程进场施工	12月	东海湾开发建设管理中心

续表33

序号	项目名称	总投资	至2015年底完成投资	2016年计划		2016年完成情况			计划开工	责任单位
				投资	形象进度	投资	占年计划%	形象进度		
2	石浦中心渔港和海岸带建设项目	15834	0	6000	完成工程量30%	3695	61.58	中心渔港改扩建项目海域使用权证报批，石浦港清淤项目初步设计编制，陆域减排项目完工	6月	石浦镇政府
续建项目(6个)		250084	127344	46500		57407	123.46			
3	象山国际水产保税冷链物流基地	120000	60100	20000	完成1号冷库设备安装；2号冷库及附属车间工程主体完工；码头及配套工程施工	30000	150.00	完成1号冷库等工程制冷安装、分拣大厅钢结构施工95%、室外附属配套设施桩基施工、主体施工80%及塘渣回填50%	——	鹤浦镇政府
4	鹤浦水湖涂二期围涂工程	36100	16014	7000	大坝抛石筑堤至4.0米高程	7868	112.40	Ⅰ标完成主堤堤身填筑1650m、副堤堤身填筑1750m、四脚空心块预制7450块；Ⅱ标段完成主堤堤身填筑1150m、副堤堤身填筑1100m、闭气土方填筑1000m	——	鹤浦镇政府
5	西周镇区防洪排涝工程	33000	15267	5000	完成总工程量60%	5018	100.36	完成嵩溪支流、淡港二期、淡港三期45%、西闸工程45%及下沈流域一期25%	——	西周镇政府
6	象山县道人山土地开发项目(象山道人山造地工程)	18462	5238	7000	一期基本完成，二期完成33%	7021	100.30	造地工程完成66.4%，其中一期完成92.3%、二期完成17.3%	——	道人山围涂工程指挥部
7	大塘港防洪排涝工程	10400	2900	3500	完成闸门和3公里库岸	3500	100.00	完成3公里护岸，强大湾闸基本完工	——	县水利局
8	高塘岛黄沙岙围涂工程	32122	27325	4000	造地工程主体完工	4000	100.00	完成田间道路石渣填筑1034米、灌排河道河堤工程1500米及桥梁钻孔灌注桩施工	——	高塘岛乡政府

表34　　2016年象山县城建交通线重点工程建设项目情况一览

单位：万元

序号	项目名称	总投资	至2015年底完成投资	2016年计划		2016年完成情况			计划开工	责任单位
				投资	形象进度	投资	占年计划%	形象进度		
总计	共26个	2209127	703927	538563		567745	105.42			
新开工项目(4个)		99465	0	12000		13000	108.33			
1	石浦高速公路定塘连接线(马漕线改建工程)	49700	0	5000	进场施工	6000	120.00	进场施工	12月	县交通运输局
2	丹大线产业区至大徐汤家店段改建工程	27671	0	3000	进场施工	3000	100.00	进场施工	11月	县交通运输局
3	沿海南线滨海大道至金开路拓宽工程	15000	0	2000	进场施工	2000	100.00	进场施工	12月	县交通运输局
4	鹤浦门扇后至蟹厂公路工程	7094	0	2000	进场施工	2000	100.00	开工建设	11月	县交通运输局
续建项目(22个)		2109662	703927	526563		554745	105.35			
5	石浦港区主航道一期工程	19554	3500	5000	完成炸礁工程	8000	160.00	完成炸礁工程	——	县港航局
6	大金山隧道及接线工程二期	21062	5000	6000	隧道掘进800米	8500	141.67	完成桥梁工程及隧道工程55%	——	县交通运输局
7	鹤浦镇污水处理工程	18700	8000	5000	污水厂基本完工,9个村污水管网完成60%	7000	140.00	厂区主体完成质检验收,设备进水单体调试;管网铺设完成14公里	——	鹤浦镇政府
8	石浦高速公路新桥连接线(下七里至大圻头公路工程)	91706	15000	16000	完成工程量30%	20500	128.13	完成路基工程45%、桥梁工程22%	——	县交通运输局
9	宁波市象山现代物流园公共服务中心	62739	28000	11000	仓库及停车场完工,大楼主体结顶	13500	122.73	仓库及停车场完工,大楼墙体砌筑完成,外墙保温、屋面防水施工	——	县交通运输局县公建中心
10	丹城至林善岙公路二期工程	16954	9000	6000	左幅隧道建成	7000	116.67	完成左幅隧道及机电工程	——	县交通运输局
11	象山县客运东站	23811	11000	5000	主楼结构封顶	5550	111.00	主楼结构封顶	——	县公建中心县交通运输局

续表34

序号	项目名称	总投资	至2015年底完成投资	2016年计划		2016年完成情况			计划开工	责任单位
				投资	形象进度	投资	占年计划%	形象进度		
12	71省道盛宁线东陈至茅洋段改建工程（高速东陈茅洋连接线）	50237	10000	12000	完成工程量30%	13200	110.00	完成路基工程32%、桥涵工程29%	——	县交通运输局
13	三门湾大桥及接线工程（宁波段）	1006779	235500	251000	完成路基65%、桥梁70%、隧道施工70%	263012	104.79	完成路基开挖85%、桥梁桩基94%、隧道开挖85%；墙头至茅洋大狮子隧道、茅洋至新桥野猪山隧道贯通	——	县高速公路建设指挥部
14	上吴城中村改造工程	66340	10840	32000	部分主体结顶	33070	103.34	联排别墅配套设施施工，高层商品房完成主体四层	——	丹西街道办事处
15	一兆韦德体育广场	61000	52000	9000	完　工	9250	102.78	完　工	——	县公建中心
16	环象山港公路（林善岙至黄避岙）工程	128241	126500	1741	完　工	1741	100.00	完　工	——	县交通运输局
17	环象山港公路（龙屿至高泥）工程	11064	8500	2564	完　工	2564	100.00	完　工	——	县交通运输局
18	贤庠镇污水处理工程	14000	6025	7975	完　工	7975	100.00	完　工	——	贤庠镇政府
19	欢乐家园三期（A区）	78185	32908	45277	完　工	45277	100.00	完　工	——	县住建局
20	后山地块开发项目	170000	36000	50000	200幢房屋完工，120幢房屋主体完工	50000	100.00	一、二、三组团完工，四、五组团完成装饰施工，六组团外立面施工	——	县公建中心
21	象山港一号文化广场	50000	22000	14000	主体完工，进入装修阶段	14000	100.00	完成内墙粉刷及12-22层地坪，裙房屋面施工	——	县公建中心
22	中心城区污水三期工程	45799	21409	14134	污水厂扩建工程及海山路(象山河路以北)、政实路污水主干管工程完工，完成8个村污水工程，市政污水管网非居民用户污染源收纳管工程施工	14134	100.00	污水厂扩建工程、城中村污水及部分市政道路污水管道工程完工，海山路、政实路污水主干管及泵站完成25%，非居民用户污染源收纳管工程施工	——	县住建局

续表34

序号	项目名称	总投资	至2015年底完成投资	2016年计划		2016年完成情况			计划开工	责任单位
				投资	形象进度	投资	占年计划%	形象进度		
23	中心城区防洪排涝工程	80000	21690	14872	中央河(西大河至新丰路)、象山河(东大河至新丰路)完工，东大河河道开挖，中央河(西大河至南大河)、九顷河(沿海南线至中央河)开工建设；丹峰路(东谷湖路至西谷湖路)完工	14872	100.00	中央河(西大河至新丰路)、象山河(东大河至新丰路)、丹峰路(东谷湖路至西谷湖路)暗渠完工，中央河(西大河至南大河)开工准备，东大河I标扫尾、II标招投标，九顷河招投标	——	县住建局
24	中心城区环城西路(丹南路-滨海大道)工程	44872	8000	7000	象山河路至丹山路完成路基，丹阳路至象山河路、丹山路至滨海大道开工建设	7000	100.00	象山河路至丹山路箱涵底板施工；丹山路至滨海大道设计招标代理	——	县住建局
25	来薰路	23000	14555	5000	部分路段完工	5000	100.00	部分路段完工，中央河至洋心村道路配套施工	——	县住建局
26	般夫公园	25619	18500	6000	东大河以东基本完成	3600	60.00	东大河以东区块2幢管理房结顶，场地完成清表	——	县住建局

表35

2016年象山县工业金融线重点工程建设项目情况一览

单位：万元

序号	项目名称	总投资	至2015年底完成投资	2016年计划		2016年完成情况			计划开工	责任单位
				投资	形象进度	投资	占年计划%	形象进度		
总计	共24个	998993	172138	167858		184255	109.77			
新开工项目(8个)		433200	0	57000		69050	121.14			

续表35

序号	项目名称	总投资	至2015年底完成投资	2016年计划		2016年完成情况			计划开工	责任单位
				投资	形象进度	投资	占年计划%	形象进度		
1	宁波农发啦屋顶发布式光伏发电项目	200000	0	8000	完成2000户光伏发电机组安装	21500	268.75	完成3500户光伏发电机组安装	6月	东陈乡政府
2	高塘岛乡直落岙地块太阳能发电项目	15000	0	10000	完成主体工程	15000	150.00	完工	4月	高塘岛乡政府
3	普思拓金属科技项目	12200	0	7000	厂房主体完工	7020	100.29	部分厂房主体结顶	4月	贤庠镇政府
4	金汇精密制造项目	50000	0	10000	一期主体建设	8700	87.00	桩基施工	8月	贤庠镇政府
5	峙弄塘农光互补电站项目	30000	0	12000	完成光伏板安装40%	9000	75.00	完成桩基施工20%、设备采购70%	8月	鹤浦镇政府
6	门前塘园区污水处理厂	8000	0	4000	主体完工	830	20.75	桩基施工	4月	石浦镇政府
7	赛帆科技孵化项目	60000	0	4000	地下室施工	4000	100.00	开工建设	8月	象山经济开发区管委会
8	日星大型海装铸件生产项目(日星三期)	58000	0	2000	桩基施工	3000	150.00	开工建设	12月	象山经济开发区管委会
续建项目(16个)		565793	172138	110858		115205	103.92			
9	宁波正源热电联产改扩建项目	46000	9070	8000	完成2-4号炉改造和5号炉建设	13529	169.11	1-3号炉改造完成,5、6号炉配套主厂房二层支模架施工,1、2号煤炭转运站、吸收塔等基础施工	——	爵溪街道办事处
10	城东工业园河道生态建设项目	26256	16000	5000	完成土方工程、驳岸工程90%、绿化工程50%	5750	115.00	完成驳岸工程、土方工程92%、排盐碱工程20%及绿化工程50%	——	象山经济开发区管委会

续表35

序号	项目名称	总投资	至2015年底完成投资	2016年计划		2016年完成情况			计划开工	责任单位
				投资	形象进度	投资	占年计划%	形象进度		
11	城南高新创业园配套基础设施一期	66800	36890	5000	完成部分道路及河道整治	6150	123.00	完成汽车广场区域基础设施配套工程;道路工程完成部分箱涵挡墙浇筑、部分道路稳定层施工及部分路段沥青浇筑;西洋河河道整治工程完成90%;兴岗路隔离带绿化种植完成验收;1、2号开关站完成砌墙	——	象山经济开发区管委会
12	仁义涂市政基础设施建设	73086	5049	5000	基本完成道路路基工程,开始场地填方	6450	129.00	地基处理一期工程完成区块与路基塘渣填筑70%,旦门村场地平整工程完工	——	象山经济开发区管委会
13	大中庄围填海工程(大中庄围涂工程)	46673	38000	7000	完成平基工程90%、海堤工程80%	7500	107.14	完成海堤工程及平基工程99%	——	象山经济开发区管委会
14	象山配电网建设工程	8950	1401	6870	开闭所及23.4公里线路完工投运;檀头变4月份开工,变电站土建完工	7300	106.26	完成6座开闭所安装,檀头变完成初步设计评审,35千伏针织变完成10千伏负荷转移工程	——	县供电公司
15	宁波九龙紧固件项目	25000	15100	8000	二期主体完工	8500	106.25	二期基本完工	——	贤庠镇政府象山经济开发区管委会
16	象山激智新材料生产项目	10000	7600	2400	完　工	2400	100.00	完　工	——	象山经济开发区管委会
17	宁波海泰科技创业园项目(象山小微工业创业基地)	15000	4200	5000	完成部分主体工程	5200	104.00	5-9号楼主体及附属完工,10号楼主体完工、附属工程施工	——	象山经济开发区管委会

续表35

序号	项目名称	总投资	至2015年底完成投资	2016年计划		2016年完成情况			计划开工	责任单位
				投资	形象进度	投资	占年计划%	形象进度		
18	胜维德赫汽车后视镜生产线项目	10000	3000	7000	完工	7000	100.00	完工	——	西周镇政府
19	110千伏输变电工程	24028	2400	9516	城北变完工；石浦变10月份开工，变电站土建施工；柴溪变4月份开工，变电站土建基本完成，线路基础施工	9516	100.00	城北变完工投产；柴溪变完成配电装置楼砌墙及粉刷，线路基础开挖；石浦变进场施工	——	县供电公司
20	鹤浦镇小微企业创业园	21000	5500	6000	园区规划道路建设，部分企业厂房主体建成	6300	105.00	安信厂房设备安装；金煜橡胶厂房变压器安装；忠宏厂厂房完工	——	鹤浦镇政府
21	西周小微企业集聚示范区	52000	15000	10000	完成部分标准厂房，公建工程完成50%	10092	100.92	厂房完成桩基，公建工程墙体施工，厂区电力排管、变压器房、通讯机房施工	——	西周镇政府
22	宁波裕祥海洋生物科技项目	13000	8428	4572	完工	4618	101.01	完工	——	石浦镇政府
23	贤庠珠溪村25MW“农光互补”光伏发电项目	18000	3500	14500	完工	12200	84.14	完成土建工程，部分设备安装	——	贤庠镇政府
24	金融中心	110000	1000	7000	农信社大楼完成地下室工程50%	2700	38.57	进场施工	——	县金融办

表36　　2016年象山县文教卫线重点工程建设项目情况一览

单位:万元

序号	项目名称	总投资	至2015年底完成投资	2016年计划		2016年完成情况			计划开工	责任单位
				投 资	形象进度	投资	占年计划%	形象进度		
总计	共1项	37700	0	3000		3005	100.17			
新开工项目(1项)		37700	0	3000		3005	100.17			
1	县中医院迁建工程	37700	0	3000	桩基施工	3005	100.17	进场施工	11月	县公建中心 县卫生计生局

(陈海光)

环 境 保 护

综 述

2016年是省级清三河达标县创建验收之年，是全国生态文明示范县规划编制的启动之年，保障G20峰会召开的关键之年。以建设生态文明为指针，围绕“清三河”达标县创建、保障G20峰会环境质量等中心工作，深入开展清洁家园、清洁水源、清洁空气和强化执法监管等行动为主抓手，克难攻坚，推进年度污染减排各项目标任务，一批突出环境问题得到破解，全县生态环境质量改善。

2016年象山县全县空气、地表水环境质量均处于优良水平，全年大气环境质量优良率达90.2%，优良天数330天，较2015年上升1.2个百分点，主要污染物PM2.5均值为30微克/立方米，列全市第二，全年市控饮用水水源地水质达标率达100%，全年大塘港浮礁渡交接断面考核结果为良好。

2016年象山县环境质量保持平稳向好态势，全年大气环境质量优良率达90.2%，优良天数330天，较2015年上升1.2个百分点，2016年宁波市15个区域象山县空气最好，全县大气环境质量趋于稳中向好，主要污染物浓度持续下降，酸雨污染程度有大幅改善；城市饮用水水源地水质保持良好，市控饮用水水源地水质达标率达100%，地表水水质呈现稳定，大塘港浮礁渡交接断面考核结果为良好，部分河流有改善现象；城市声环境质量总体较好，交通噪声得到有效控制；生态环境质量较好。但环境质量离人民群众的要求还有差距，改善的速度仍然较缓。地表水水质优良率和功能达标率较低，城区内河河网污染较重，总磷、氨氮等浓度过高，水库营养化程度呈现上升趋势，环境空气中PM2.5和臭氧存在较多的超标现象，近岸海域水质较差，富营养化趋势明显，功能区定点夜间噪声超标情况普遍，酸雨率居高不下，农村区域环境不容乐观。

水环境保护

【概况】 象山县境内多年平均水资源总量9.91亿立方米，其中地表水资源量9.22亿立方米，地下水资源量0.69亿立方米。2016年，全县26个地表水监测断面中，Ⅰ－Ⅲ类、Ⅳ、Ⅴ类和劣Ⅴ类断面比例分别为46.2%、23.1%、11.5%和19.2%。功能达标断面比例为46.2%；22个集中式饮用水水源水质达标率为99.8%。近岸海域大目洋海域和石浦港海域的水质类别均为劣四类海水，富营养化程度总体较高，水质较差，主要富营养化污染物为无机氮，其次为活性磷酸盐。与2015年相比，海水富营养程度略有下降。

【饮用水源监测结果】 2016年象山县集中式饮用水水源地水质状况保持良好，全县6个市控集中式饮用水源地水质全为优良水质，符合Ⅲ类水环境功能区要求，水质达标率为100%。22个集中式饮用水水源地中，有21个年均值达到Ⅲ类水质要求（符合Ⅱ类水质标准11个，Ⅲ类水质标准10个），占总数的95.5%，与2015年相比提高25.5%，其中有5个水库水质由Ⅳ类上升到Ⅲ类。水质达标率为99.8%，所有监测项次中共出现总氮（1次）、总磷（1次）超标现象。总体上水质类别基本保持稳定，水库为中营养状态，主要污染物为总磷、总氮。其中军民塘水库下降为Ⅴ类，水质有变差趋势。总体说来饮用水水源水质的主要问题仍然是富营养化趋势。

表37　　2016年象山县集中式饮用水源地水质统计一览

序号	水源地	等级	2015年水质类别	2016年				
				水质类别	水质达标率	主要超标指标	超标次数	富营养程度
1	溪口水库	市控	Ⅱ	Ⅲ	100	/	0	中(39)
2	仓岙水库	市控	Ⅰ	Ⅱ	100	/	0	中(33)
3	樊岙水库	市控	Ⅱ	Ⅱ	100	/	0	中(35)
4	燕山水库	市控	Ⅰ	Ⅱ	100	/	0	中(37)
5	上张水库	市控	Ⅱ	Ⅱ	100	/	0	中(36)
6	平潭水库	市控	Ⅱ	Ⅱ	100	/	0	中(37)
7	三家村水库	县控	Ⅱ	Ⅱ	100	/	0	中(38)
8	军民塘水库	县控	Ⅳ	Ⅴ	96	总磷、总氮	1	中(48)
9	九顷水库	县控	Ⅳ	Ⅲ	100	/	0	中(44)
10	思娘岙水库	县控	Ⅳ	Ⅲ	100	/	0	中(42)
11	东坑里水库	县控	Ⅳ	Ⅲ	100	/	0	中(41)
12	小百丈水库	县控	Ⅱ	Ⅱ	100	/	0	中(38)
13	金架山水库	县控	Ⅱ	Ⅱ	100	/	0	中(43)
14	龙角岩水库	县控	Ⅱ	Ⅲ	100	/	0	中(45)
15	岩头陈水库	县控	Ⅱ	Ⅱ	100	/	0	中(38)
16	利民水库	县控	Ⅱ	Ⅲ	100	/	0	中(44)
17	方家岙水库	县控	Ⅱ	Ⅱ	100	/	0	中(36)
18	洪山庙水库	县控	Ⅳ	Ⅲ	100	/	0	中(41)
19	塘岙水库	县控	Ⅲ	Ⅲ	100	/	0	中(42)
20	大斜桥水库	县控	Ⅳ	Ⅲ	100	/	0	中(45)
21	新民水库	县控	/	Ⅲ	100	/	0	/
22	珠溪水库	县控	/	Ⅱ	100	/	0	/

表38

2016年象山县饮用水源地监测结果统计一览

除pH无量纲外 单位：mg/L

站位名称	项目	pH	溶解氧	高锰酸盐指数	BOD_5	总磷	总氮	氨氮	挥发酚	石油类	阴离子表面活性剂	氰化物	硫化物	氟化物	总砷	总汞	硒	六价铬	总铅	总镉	铜	锌
溪口水库	样品数	12	12	12	12	12	12	12	12	12	12	12	12	12	12	12	12	12	12	12	12	12
	最大值	7.7	10.9	5.84	1	0.04	1.92	0.42	0.0005	0.01	0.025	0.002	0.0170	0.55	0.00015	0.00002	0.0002	0.002	0.0005	0.00005	0.0005	0.005
	最小值	6.86	6.58	0.41	1	0.01	1.14	0.03	0.0005	0.01	0.025	0.002	0.0025	0.05	0.00015	0.00002	0.0002	0.002	0.0005	0.00005	0.0005	0.005
	均值	7.33	8.74	1.97	1	0.03	1.38	0.11	0.0005	0.01	0.025	0.002	0.0072	0.27	0.00015	0.00002	0.0002	0.002	0.0005	0.00005	0.0005	0.005
	超Ⅲ率	0%	0%	0%	0%	0%	100%	0%	0%	0%	0%	0%	0%	0%	0%	0%	0%	0%	0%	0%	0%	0%
	类别	Ⅰ	Ⅰ	Ⅰ	Ⅰ	Ⅲ	Ⅳ	Ⅰ	Ⅰ	Ⅰ	Ⅰ	Ⅰ	Ⅰ	Ⅰ	Ⅰ	Ⅰ	Ⅰ	Ⅰ	Ⅰ	Ⅰ	Ⅰ	Ⅰ
仓岙水库	样品数	12	12	12	12	12	12	12	12	12	12	12	12	12	12	12	12	12	12	12	12	12
	最大值	7.6	9.61	1.96	1	0.023	2.14	0.18	0.0005	0.01	0.025	0.002	0.012	0.62	0.00015	0.00002	0.0002	0.002	0.0005	0.00005	0.0005	0.005
	最小值	6.52	6.43	0.49	1	0.005	1.23	0.025	0.0005	0.005	0.025	0.002	0.0025	0.02	0.00015	0.00002	0.0002	0.002	0.0005	0.00005	0.0005	0.005
	均值	7.18	8.28	1.21	1	0.010	1.58	0.088	0.0005	0.008	0.025	0.002	0.006	0.33	0.00015	0.00002	0.0002	0.002	0.0005	0.00005	0.0005	0.005
	超Ⅲ率	0%	0%	0%	0%	0%	100%	0%	0%	0%	0%	0%	0%	0%	0%	0%	0%	0%	0%	0%	0%	0%
	类别	Ⅰ	Ⅰ	Ⅰ	Ⅰ	Ⅱ	Ⅴ	Ⅰ	Ⅰ	Ⅰ	Ⅰ	Ⅰ	Ⅰ	Ⅰ	Ⅰ	Ⅰ	Ⅰ	Ⅰ	Ⅰ	Ⅰ	Ⅰ	Ⅰ
上张水库	样品数	12	12	12	12	12	12	12	12	12	12	12	12	12	12	12	12	12	12	12	12	12
	最大值	7.7	9.1	2.12	1	0.031	2.17	0.22	0.0005	0.03	0.025	0.002	0.018	0.92	0.00015	0.00002	0.0002	0.002	0.0005	0.00005	0.0005	0.005
	最小值	6.56	7.5	0.82	1	0.005	1.09	0.025	0.0005	0.005	0.025	0.002	0.0025	0.04	0.00015	0.00002	0.0002	0.002	0.0005	0.00005	0.0005	0.005
	均值	7.28	8.17	1.46	1	0.019	1.47	0.085	0.0005	0.018	0.025	0.002	0.0058	0.36	0.00015	0.00002	0.0002	0.002	0.0005	0.00005	0.0005	0.005
	超Ⅲ率	0%	0%	0%	0%	0%	100%	0%	0%	0%	0%	0%	0%	0%	0%	0%	0%	0%	0%	0%	0%	0%
	类别	Ⅰ	Ⅰ	Ⅰ	Ⅰ	Ⅱ	Ⅳ	Ⅰ	Ⅰ	Ⅰ	Ⅰ	Ⅰ	Ⅰ	Ⅰ	Ⅰ	Ⅰ	Ⅰ	Ⅰ	Ⅰ	Ⅰ	Ⅰ	Ⅰ

续表38

站位名称	项目	pH	溶解氧	高锰酸盐指数	BOD_5	总磷	总氮	氨氮	挥发酚	石油类	阴离子表面活性剂	氰化物	硫化物	氟化物	总砷	总汞	硒	六价铬	总铅	总镉	铜	锌
燕山水库	样品数	6	6	6	6	6	6	6	6	6	6	6	6	6	6	6	6	6	6	6	6	6
	最大值	7.71	7.7	2.97	1	0.019	1.78	0.12	0.0005	0.04	0.025	0.002	0.013	0.72	0.00015	0.00002	0.0002	0.002	0.0005	0.00005	0.0005	0.005
	最小值	6.49	6.54	1.06	1	0.005	1.13	0.07	0.0005	0.01	0.025	0.002	0.0025	0.05	0.00015	0.00002	0.0002	0.002	0.0005	0.00005	0.0005	0.005
	均值	7.215	7.3	1.98	1	0.012	1.41	0.09	0.0005	0.02	0.025	0.002	0.0078	0.29	0.00015	0.00002	0.0002	0.002	0.0005	0.00005	0.0005	0.005
	超Ⅲ率	0%	0%	0%	0%	0%	100%	0%	0%	0%	0%	0%	0%	0%	0%	0%	0%	0%	0%	0%	0%	0%
	类别	Ⅰ	Ⅱ	Ⅰ	Ⅰ	Ⅱ	Ⅳ	Ⅰ	Ⅰ	Ⅰ	Ⅰ	Ⅰ	Ⅰ	Ⅰ	Ⅰ	Ⅰ	Ⅰ	Ⅰ	Ⅰ	Ⅰ	Ⅰ	Ⅰ
樊岙水库	样品数	6	6	6	6	6	6	6	6	6	6	6	6	6	6	6	6	6	6	6	6	6
	最大值	7.6	10.5	3.08	1	0.019	2.03	0.15	0.0005	0.02	0.025	0.002	0.016	0.67	0.00015	0.00002	0.0002	0.002	0.0005	0.00005	0.0005	0.005
	最小值	6.91	7.9	1.02	1	0.005	0.99	0.06	0.0005	0.005	0.025	0.002	0.0025	0.12	0.00015	0.00002	0.0002	0.002	0.0005	0.00005	0.0005	0.005
	均值	7.41	8.56	1.77	1	0.009	1.35	0.11	0.0005	0.015	0.025	0.002	0.0078	0.37	0.00015	0.00002	0.0002	0.002	0.0005	0.00005	0.0005	0.005
	超Ⅲ率	0%	0%	0%	0%	0%	83%	0%	0%	0%	0%	0%	0%	0%	0%	0%	0%	0%	0%	0%	0%	0%
	类别	Ⅰ	Ⅰ	Ⅰ	Ⅰ	Ⅰ	Ⅳ	Ⅰ	Ⅰ	Ⅰ	Ⅰ	Ⅰ	Ⅰ	Ⅰ	Ⅰ	Ⅰ	Ⅰ	Ⅰ	Ⅰ	Ⅰ	Ⅰ	Ⅰ
平潭水库	样品数	6	6	6	6	6	6	6	6	6	6	6	6	6	6	6	6	6	6	6	6	6
	最大值	7.43	9.5	3.76	1	0.028	2.07	0.17	0.0005	0.03	0.025	0.002	0.023	0.38	0.00015	0.00002	0.0002	0.002	0.0005	0.00005	0.0005	0.005
	最小值	6.38	5.47	0.49	1	0.005	0.75	0.04	0.0005	0.02	0.025	0.002	0.0025	0.05	0.00015	0.00002	0.0002	0.002	0.0005	0.00005	0.0005	0.005
	均值	6.89	7.81	2.03	1	0.018	1.43	0.11	0.0005	0.03	0.025	0.002	0.0121	0.27	0.00015	0.00002	0.0002	0.002	0.0005	0.00005	0.0005	0.005
	超Ⅲ率	0%	0%	0%	0%	0%	83%	0%	0%	0%	0%	0%	0%	0%	0%	0%	0%	0%	0%	0%	0%	0%
	类别	Ⅰ	Ⅰ	Ⅱ	Ⅰ	Ⅱ	Ⅳ	Ⅰ	Ⅰ	Ⅰ	Ⅰ	Ⅰ	Ⅰ	Ⅰ	Ⅰ	Ⅰ	Ⅰ	Ⅰ	Ⅰ	Ⅰ	Ⅰ	Ⅰ

续表38

站位名称	项目	pH	溶解氧	高锰酸盐指数	BOD_5	总磷	总氮	氨氮	挥发酚	石油类	阴离子表面活性剂	氰化物	硫化物	氟化物	总砷	总汞	硒	六价铬	总铅	总镉	铜	锌
岩头陈水库	样品数	3	3	3	3	3	3	3	3	3	3	3	3	3	3	3	3	3	3	3	3	3
	最大值	7.8	7.8	3.18	1	0.022	1.78	0.55	0.0005	0.03	0.025	0.002	0.024	0.45	0.00015	0.00002	0.0002	0.002	0.0005	0.00005	0.0005	0.005
	最小值	6.89	6.7	1.06	1	0.005	0.78	0.13	0.0005	0.03	0.025	0.002	0.007	0.05	0.00015	0.00002	0.0002	0.002	0.0005	0.00005	0.0005	0.005
	均值	7.34	7.39	2.34	1	0.014	1.23	0.34	0.0005	0.03	0.025	0.002	0.016	0.24	0.00015	0.00002	0.0002	0.002	0.0005	0.00005	0.0005	0.005
	超Ⅲ率	0%	0%	0%	0%	0%	67%	0%	0%	0%	0%	0%	0%	0%	0%	0%	0%	0%	0%	0%	0%	0%
	类别	Ⅰ	Ⅱ	Ⅱ	Ⅰ	Ⅱ	Ⅳ	Ⅱ	Ⅰ	Ⅰ	Ⅰ	Ⅰ	Ⅰ	Ⅰ	Ⅰ	Ⅰ	Ⅰ	Ⅰ	Ⅰ	Ⅰ	Ⅰ	Ⅰ
九顷水库	样品数	1	1	1	1	1	1	1	1	1	1	1	1	1	1	1	1	1	1	1	1	1
	最大值	7.6	8	3.61	1	0.043	1.81	0.21	0.0005	0.03	0.025	0.002	0.023	0.11	0.00015	0.00002	0.0002	0.002	0.0005	0.00005	0.0005	0.005
	最小值	7.6	8	3.61	1	0.043	1.81	0.21	0.0005	0.03	0.025	0.002	0.023	0.11	0.00015	0.00002	0.0002	0.002	0.0005	0.00005	0.0005	0.005
	均值	7.6	8	3.61	1	0.043	1.81	0.21	0.0005	0.03	0.025	0.002	0.023	0.11	0.00015	0.00002	0.0002	0.002	0.0005	0.00005	0.0005	0.005
	超Ⅲ率	0%	0%	0%	0%	0%	0%	0%	0%	0%	0%	0%	0%	0%	0%	0%	0%	0%	0%	0%	0%	0%
	类别	Ⅰ	Ⅰ	Ⅱ	Ⅰ	Ⅲ	Ⅴ	Ⅱ	Ⅰ	Ⅰ	Ⅰ	Ⅰ	Ⅰ	Ⅰ	Ⅰ	Ⅰ	Ⅰ	Ⅰ	Ⅰ	Ⅰ	Ⅰ	Ⅰ
思娘岙水库	样品数	1	1	1	1	1	1	1	1	1	1	1	1	1	1	1	1	1	1	1	1	1
	最大值	7.3	7.6	3.27	3.19	0.037	0.79	0.26	0.0005	0.03	0.025	0.002	0.021	0.09	0.00015	0.00002	0.0002	0.002	0.0005	0.00005	0.0005	0.005
	最小值	7.3	7.6	3.27	3.19	0.037	0.79	0.26	0.0005	0.03	0.025	0.002	0.021	0.09	0.00015	0.00002	0.0002	0.002	0.0005	0.00005	0.0005	0.005
	均值	7.3	7.6	3.27	3.19	0.037	0.79	0.26	0.0005	0.03	0.025	0.002	0.021	0.09	0.00015	0.00002	0.0002	0.002	0.0005	0.00005	0.0005	0.005
	超Ⅲ率	0%	0%	0%	0%	0%	0%	0%	0%	0%	0%	0%	0%	0%	0%	0%	0%	0%	0%	0%	0%	0%
	类别	Ⅰ	Ⅰ	Ⅱ	Ⅲ	Ⅲ	Ⅲ	Ⅱ	Ⅰ	Ⅰ	Ⅰ	Ⅰ	Ⅰ	Ⅰ	Ⅰ	Ⅰ	Ⅰ	Ⅰ	Ⅰ	Ⅰ	Ⅰ	Ⅰ

续表38

站位名称	项目	pH	溶解氧	高锰酸盐指数	BOD_5	总磷	总氮	氨氮	挥发酚	石油类	阴离子表面活性剂	氰化物	硫化物	氟化物	总砷	总汞	硒	六价铬	总铅	总镉	铜	锌
东坑里水库	样品数	1	1	1	1	1	1	1	1	1	1	1	1	1	1	1	1	1	1	1	1	1
	最大值	7.45	7.5	2.37	1	0.037	1.15	0.13	0.0005	0.03	0.025	0.002	0.013	0.02	0.00015	0.00002	0.0002	0.002	0.0005	0.00005	0.0005	0.005
	最小值	7.45	7.5	2.37	1	0.037	1.15	0.13	0.0005	0.03	0.025	0.002	0.013	0.02	0.00015	0.00002	0.0002	0.002	0.0005	0.00005	0.0005	0.005
	均值	7.45	7.5	2.37	1	0.037	1.15	0.13	0.0005	0.03	0.025	0.002	0.013	0.02	0.00015	0.00002	0.0002	0.002	0.0005	0.00005	0.0005	0.005
	超Ⅲ率	0%	0%	0%	0%	0%	0%	0%	0%	0%	0%	0%	0%	0%	0%	0%	0%	0%	0%	0%	0%	0%
	类别	Ⅰ	Ⅰ	Ⅱ	Ⅰ	Ⅲ	Ⅳ	Ⅰ	Ⅰ	Ⅰ	Ⅰ	Ⅰ	Ⅰ	Ⅰ	Ⅰ	Ⅰ	Ⅰ	Ⅰ	Ⅰ	Ⅰ	Ⅰ	Ⅰ
小百丈水库	样品数	1	1	1	1	1	1	1	1	1	1	1	1	1	1	1	1	1	1	1	1	1
	最大值	7.7	7.5	2.29	1	0.018	1.11	0.13	0.0005	0.02	0.025	0.002	0.015	0.09	0.00015	0.00002	0.0002	0.002	0.0005	0.00005	0.0005	0.005
	最小值	7.7	7.5	2.29	1	0.018	1.11	0.13	0.0005	0.02	0.025	0.002	0.015	0.09	0.00015	0.00002	0.0002	0.002	0.0005	0.00005	0.0005	0.005
	均值	7.7	7.5	2.29	1	0.018	1.11	0.13	0.0005	0.02	0.025	0.002	0.015	0.09	0.00015	0.00002	0.0002	0.002	0.0005	0.00005	0.0005	0.005
	超Ⅲ率	0%	0%	0%	0%	0%	0%	0%	0%	0%	0%	0%	0%	0%	0%	0%	0%	0%	0%	0%	0%	0%
	类别	Ⅰ	Ⅰ	Ⅱ	Ⅰ	Ⅱ	Ⅳ	Ⅰ	Ⅰ	Ⅰ	Ⅰ	Ⅰ	Ⅰ	Ⅰ	Ⅰ	Ⅰ	Ⅰ	Ⅰ	Ⅰ	Ⅰ	Ⅰ	Ⅰ
金架山水库	样品数	1	1	1	1	1	1	1	1	1	1	1	1	1	1	1	1	1	1	1	1	1
	最大值	7.5	7	3.67	1	0.024	1.36	0.14	0.0005	0.03	0.025	0.002	0.021	0.05	0.00015	0.00002	0.0002	0.002	0.0005	0.00005	0.0005	0.005
	最小值	7.5	7	3.67	1	0.024	1.36	0.14	0.0005	0.03	0.025	0.002	0.021	0.05	0.00015	0.00002	0.0002	0.002	0.0005	0.00005	0.0005	0.005
	均值	7.5	7	3.67	1	0.024	1.36	0.14	0.0005	0.03	0.025	0.002	0.021	0.05	0.00015	0.00002	0.0002	0.002	0.0005	0.00005	0.0005	0.005
	超Ⅲ率	0%	0%	0%	0%	0%	0%	0%	0%	0%	0%	0%	0%	0%	0%	0%	0%	0%	0%	0%	0%	0%
	类别	Ⅰ	Ⅱ	Ⅱ	Ⅰ	Ⅱ	Ⅳ	Ⅰ	Ⅰ	Ⅰ	Ⅰ	Ⅰ	Ⅰ	Ⅰ	Ⅰ	Ⅰ	Ⅰ	Ⅰ	Ⅰ	Ⅰ	Ⅰ	Ⅰ

续表38

站位名称	项目	pH	溶解氧	高锰酸盐指数	BOD_5	总磷	总氮	氨氮	挥发酚	石油类	阴离子表面活性剂	氰化物	硫化物	氟化物	总砷	总汞	硒	六价铬	总铅	总镉	铜	锌
珠溪水库	样品数	1	1	1	1	1	0	1	1	1	1	1	1	0	1	1	1	1	1	1	1	1
	最大值	6.83	7.4	0.57	1	0.011	—	0.15	0.0005	0.01	0.025	0.002	0.0025	—	0.00015	0.00002	0.0002	0.002	0.0005	0.00005	0.0005	0.005
	最小值	6.83	7.4	0.57	1	0.011	—	0.15	0.0005	0.01	0.025	0.002	0.0025	—	0.00015	0.00002	0.0002	0.002	0.0005	0.00005	0.0005	0.005
	均值	6.83	7.4	0.57	1	0.011	—	0.15	0.0005	0.01	0.025	0.002	0.0025	—	0.00015	0.00002	0.0002	0.002	0.0005	0.00005	0.0005	0.005
	超Ⅲ率	0%	0%	0%	0%	0%	—	0%	0%	0%	0%	0%	0%	—	0%	0%	0%	0%	0%	0%	0%	0%
	类别	Ⅰ	Ⅱ	Ⅰ	Ⅰ	Ⅱ	—	Ⅰ	Ⅰ	Ⅰ	Ⅰ	Ⅰ	Ⅰ	—	Ⅰ	Ⅰ	Ⅰ	Ⅰ	Ⅰ	Ⅰ	Ⅰ	Ⅰ
三家村水库	样品数	1	1	1	1	1	1	1	1	1	1	1	1	1	1	1	1	1	1	1	1	1
	最大值	7.32	8.6	1.96	1	0.022	1.64	0.08	0.0005	0.03	0.025	0.002	0.005	0.53	0.00015	0.00002	0.0002	0.002	0.0005	0.00005	0.0005	0.005
	最小值	7.32	8.6	1.96	1	0.022	1.64	0.08	0.0005	0.03	0.025	0.002	0.005	0.53	0.00015	0.00002	0.0002	0.002	0.0005	0.00005	0.0005	0.005
	均值	7.32	8.6	1.96	1	0.022	1.64	0.08	0.0005	0.03	0.025	0.002	0.005	0.53	0.00015	0.00002	0.0002	0.002	0.0005	0.00005	0.0005	0.005
	超Ⅲ率	0%	0%	0%	0%	0%	100%	0%	0%	0%	0%	0%	0%	0%	0%	0%	0%	0%	0%	0%	0%	0%
	类别	Ⅰ	Ⅰ	Ⅰ	Ⅰ	Ⅱ	Ⅴ	Ⅰ	Ⅰ	Ⅰ	Ⅰ	Ⅰ	Ⅰ	Ⅰ	Ⅰ	Ⅰ	Ⅰ	Ⅰ	Ⅰ	Ⅰ	Ⅰ	Ⅰ
利民水库	样品数	1	1	1	1	1	1	1	1	1	1	1	1	1	1	1	1	1	1	1	1	1
	最大值	7.4	7.6	3.18	1	0.039	1.78	0.46	0.0005	0.03	0.025	0.002	0.009	0.07	0.00015	0.00002	0.0002	0.002	0.0005	0.00005	0.0005	0.005
	最小值	7.4	7.6	3.18	1	0.039	1.78	0.46	0.0005	0.03	0.025	0.002	0.009	0.07	0.00015	0.00002	0.0002	0.002	0.0005	0.00005	0.0005	0.005
	均值	7.4	7.6	3.18	1	0.039	1.78	0.46	0.0005	0.03	0.025	0.002	0.009	0.07	0.00015	0.00002	0.0002	0.002	0.0005	0.00005	0.0005	0.005
	超Ⅲ率	0%	0%	0%	0%	0%	100%	0%	0%	0%	0%	0%	0%	0%	0%	0%	0%	0%	0%	0%	0%	0%
	类别	Ⅰ	Ⅰ	Ⅱ	Ⅰ	Ⅲ	Ⅴ	Ⅱ	Ⅰ	Ⅰ	Ⅰ	Ⅰ	Ⅰ	Ⅰ	Ⅰ	Ⅰ	Ⅰ	Ⅰ	Ⅰ	Ⅰ	Ⅰ	Ⅰ

续表38

站位名称	项目	pH	溶解氧	高锰酸盐指数	BOD_5	总磷	总氮	氨氮	挥发酚	石油类	阴离子表面活性剂	氰化物	硫化物	氟化物	总砷	总汞	硒	六价铬	总铅	总镉	铜	锌
方家岙水库	样品数	1	1	1	1	1	1	1	1	1	1	1	1	1	1	1	1	1	1	1	1	1
	最大值	6.74	8.4	1.5	1	0.005	2.18	0.09	0.0005	0.03	0.025	0.002	0.015	0.11	0.00015	0.00002	0.0002	0.002	0.0005	0.00005	0.0005	0.005
	最小值	6.74	8.4	1.5	1	0.005	2.18	0.09	0.0005	0.03	0.025	0.002	0.015	0.11	0.00015	0.00002	0.0002	0.002	0.0005	0.00005	0.0005	0.005
	均值	6.74	8.4	1.5	1	0.005	2.18	0.09	0.0005	0.03	0.025	0.002	0.015	0.11	0.00015	0.00002	0.0002	0.002	0.0005	0.00005	0.0005	0.005
	超Ⅲ率	0%	0%	0%	0%	0%	0%	0%	0%	0%	0%	0%	0%	0%	0%	0%	0%	0%	0%	0%	0%	0%
	类别	Ⅰ	Ⅰ	Ⅰ	Ⅰ	Ⅰ	劣Ⅴ	Ⅰ	Ⅰ	Ⅰ	Ⅰ	Ⅰ	Ⅰ	Ⅰ	Ⅰ	Ⅰ	Ⅰ	Ⅰ	Ⅰ	Ⅰ	Ⅰ	Ⅰ
洪山庙水库	样品数	1	1	1	1	1	1	1	1	1	1	1	1	1	1	1	1	1	1	1	1	1
	最大值	6.97	8.4	2.86	2.54	0.028	1.85	0.21	0.0005	0.03	0.025	0.002	0.023	0.05	0.00015	0.00002	0.0002	0.002	0.0005	0.00005	0.0005	0.005
	最小值	6.97	8.4	2.86	2.54	0.028	1.85	0.21	0.0005	0.03	0.025	0.002	0.023	0.05	0.00015	0.00002	0.0002	0.002	0.0005	0.00005	0.0005	0.005
	均值	6.97	8.4	2.86	2.54	0.028	1.85	0.21	0.0005	0.03	0.025	0.002	0.023	0.05	0.00015	0.00002	0.0002	0.002	0.0005	0.00005	0.0005	0.005
	超Ⅲ率	0%	0%	0%	0%	0%	0%	0%	0%	0%	0%	0%	0%	0%	0%	0%	0%	0%	0%	0%	0%	0%
	类别	Ⅰ	Ⅰ	Ⅱ	Ⅰ	Ⅲ	Ⅴ	Ⅱ	Ⅰ	Ⅰ	Ⅰ	Ⅰ	Ⅰ	Ⅰ	Ⅰ	Ⅰ	Ⅰ	Ⅰ	Ⅰ	Ⅰ	Ⅰ	Ⅰ
塘岙水库	样品数	1	1	1	1	1	1	1	1	1	1	1	1	1	1	1	1	1	1	1	1	1
	最大值	6.93	9	2.86	1	0.026	2.2	0.26	0.0005	0.02	0.025	0.002	0.013	0.08	0.00015	0.00002	0.0002	0.002	0.0005	0.00005	0.0005	0.005
	最小值	6.93	9	2.86	1	0.026	2.2	0.26	0.0005	0.02	0.025	0.002	0.013	0.08	0.00015	0.00002	0.0002	0.002	0.0005	0.00005	0.0005	0.005
	均值	6.93	9	2.86	1	0.026	2.2	0.26	0.0005	0.02	0.025	0.002	0.013	0.08	0.00015	0.00002	0.0002	0.002	0.0005	0.00005	0.0005	0.005
	超Ⅲ率	0%	0%	0%	0%	0%	0%	0%	0%	0%	0%	0%	0%	0%	0%	0%	0%	0%	0%	0%	0%	0%
	类别	Ⅰ	Ⅰ	Ⅱ	Ⅰ	Ⅲ	劣Ⅴ	Ⅱ	Ⅰ	Ⅰ	Ⅰ	Ⅰ	Ⅰ	Ⅰ	Ⅰ	Ⅰ	Ⅰ	Ⅰ	Ⅰ	Ⅰ	Ⅰ	Ⅰ

续表38

站位名称	项目	pH	溶解氧	高锰酸盐指数	BOD_5	总磷	总氮	氨氮	挥发酚	石油类	阴离子表面活性剂	氰化物	硫化物	氟化物	总砷	总汞	硒	六价铬	总铅	总镉	铜	锌
大斜桥水库	样品数	1	1	1	1	1	1	1	1	1	1	1	1	1	1	1	1	1	1	1	1	1
	最大值	7.23	9.4	3.51	1	0.037	2.06	0.16	0.0005	0.03	0.025	0.002	0.013	0.02	0.00015	0.00002	0.0002	0.002	0.0005	0.00005	0.0005	0.005
	最小值	7.23	9.4	3.51	1	0.037	2.06	0.16	0.0005	0.03	0.025	0.002	0.013	0.02	0.00015	0.00002	0.0002	0.002	0.0005	0.00005	0.0005	0.005
	均值	7.23	9.4	3.51	1	0.037	2.06	0.16	0.0005	0.03	0.025	0.002	0.013	0.02	0.00015	0.00002	0.0002	0.002	0.0005	0.00005	0.0005	0.005
	超Ⅲ率	0%	0%	0%	0%	0%	0%	0%	0%	0%	0%	0%	0%	0%	0%	0%	0%	0%	0%	0%	0%	0%
	类别	Ⅰ	Ⅰ	Ⅱ	Ⅰ	Ⅲ	劣Ⅴ	Ⅱ	Ⅰ	Ⅰ	Ⅰ	Ⅰ	Ⅰ	Ⅰ	Ⅰ	Ⅰ	Ⅰ	Ⅰ	Ⅰ	Ⅰ	Ⅰ	Ⅰ
龙角岩水库	样品数	1	1	1	1	1	1	1	1	1	1	1	1	1	1	1	1	1	1	1	1	1
	最大值	7.34	9.5	3.27	1	0.041	3.23	0.2	0.0005	0.02	0.025	0.002	0.015	0.87	0.00015	0.00002	0.0002	0.002	0.0005	0.00005	0.0005	0.005
	最小值	7.34	9.5	3.27	1	0.041	3.23	0.2	0.0005	0.02	0.025	0.002	0.015	0.87	0.00015	0.00002	0.0002	0.002	0.0005	0.00005	0.0005	0.005
	均值	7.34	9.5	3.27	1	0.041	3.23	0.2	0.0005	0.02	0.025	0.002	0.015	0.87	0.00015	0.00002	0.0002	0.002	0.0005	0.00005	0.0005	0.005
	超Ⅲ率	0%	0%	0%	0%	0%	0%	0%	0%	0%	0%	0%	0%	0%	0%	0%	0%	0%	0%	0%	0%	0%
	类别	Ⅰ	Ⅰ	Ⅱ	Ⅰ	Ⅲ	劣Ⅴ	Ⅱ	Ⅰ	Ⅰ	Ⅰ	Ⅰ	Ⅰ	Ⅰ	Ⅰ	Ⅰ	Ⅰ	Ⅰ	Ⅰ	Ⅰ	Ⅰ	Ⅰ
军民塘水库	样品数	1	1	1	1	1	1	1	1	1	1	1	1	1	1	1	1	1	1	1	1	1
	最大值	7.35	10.1	3.16	3.22	0.147	1.58	0.52	0.0005	0.02	0.025	0.002	0.011	0.17	0.00015	0.00002	0.0002	0.002	0.0005	0.00005	0.0005	0.005
	最小值	7.35	10.1	3.16	3.22	0.147	1.58	0.52	0.0005	0.02	0.025	0.002	0.011	0.17	0.00015	0.00002	0.0002	0.002	0.0005	0.00005	0.0005	0.005
	均值	7.35	10.1	3.16	3.22	0.147	1.58	0.52	0.0005	0.02	0.025	0.002	0.011	0.17	0.00015	0.00002	0.0002	0.002	0.0005	0.00005	0.0005	0.005
	超Ⅲ率	0%	0%	0%	0%	0%	0%	0%	0%	0%	0%	0%	0%	0%	0%	0%	0%	0%	0%	0%	0%	0%
	类别	Ⅰ	Ⅰ	Ⅱ	Ⅲ	Ⅴ	Ⅴ	Ⅲ	Ⅰ	Ⅰ	Ⅰ	Ⅰ	Ⅰ	Ⅰ	Ⅰ	Ⅰ	Ⅰ	Ⅰ	Ⅰ	Ⅰ	Ⅰ	Ⅰ

续表38

站位名称	项目	pH	溶解氧	高锰酸盐指数	BOD_5	总磷	总氮	氨氮	挥发酚	石油类	阴离子表面活性剂	氰化物	硫化物	氟化物	总砷	总汞	硒	六价铬	总铅	总镉	铜	锌
新民水库	样品数	1	1	1	1	1	0	1	1	1	1	1	1	0	1	1	1	1	1	1	1	1
	最大值	6.82	7.1	0.9	1	0.031	—	0.04	0.0005	0.01	0.025	0.002	0.0025	—	0.00015	0.00002	0.0002	0.002	0.0005	0.00005	0.0005	0.005
	最小值	6.82	7.1	0.9	1	0.031	—	0.04	0.0005	0.01	0.025	0.002	0.0025	—	0.00015	0.00002	0.0002	0.002	0.0005	0.00005	0.0005	0.005
	均值	6.82	7.1	0.9	1	0.031	—	0.04	0.0005	0.01	0.025	0.002	0.0025	—	0.00015	0.00002	0.0002	0.002	0.0005	0.00005	0.0005	0.005
	超Ⅲ率	0%	0%	0%	0%	24%	—	0%	0%	0%	0%	0%	0%	—	0%	0%	0%	0%	0%	0%	0%	0%
	类别	Ⅰ	Ⅱ	Ⅰ	Ⅰ	Ⅲ	—	Ⅰ	Ⅰ	Ⅰ	Ⅰ	Ⅰ	Ⅰ	—	Ⅰ	Ⅰ	Ⅰ	Ⅰ	Ⅰ	Ⅰ	Ⅰ	Ⅰ

【地表水监测结果及评价】 2016年象山县5个市控断面水质优良率和功能达标率相对较高，达标率为80%，南大河河网整体水质状况较差。26个地表水监测断面功能达标率为46.2%，其中Ⅰ-Ⅲ类(优良断面)、Ⅵ-Ⅴ类和劣Ⅴ类断面比例分别为46.2%、30.8%、23.0%，Ⅴ类和劣Ⅴ类断面各减少一个，Ⅳ断面增加2个，总体好于2015年，整体水质定性评价为中度污染，主要污染指标为氨氮、总磷。2016年南大河河网中东大河和西大河水质明显好转，新华河和横大河无较大变化，与2015年相比，除新华河外其他河流平均综合污染指数均有所下降。

表39

2016年象山县地表水监测结果统计一览

单位：mg/L（pH值无量纲）

站位名称	项目	pH	溶解氧	高锰酸盐指数	BOD_5	总磷	总氮	氨氮	挥发酚	石油类	阴离子表面活性剂	氰化物	硫化物	氟化物	总砷	总汞	硒	六价铬	总铅	总镉	铜	锌
浮礁渡	样品数	12	12	12	12	12	8	12	12	11	12	12	11	10	12	12	12	12	12	12	12	12
	最大值	8.37	9.3	5.06	1	0.279	3.81	0.9	0.0005	0.04	0.025	0.002	0.094	0.73	0.00015	0.00002	0.0002	0.002	0.0005	0.00005	0.0005	0.005
	最小值	6.54	5.97	1.96	1	0.147	3.02	0.31	0.0005	0.02	0.025	0.002	0.0025	0.08	0.00015	0.00002	0.0002	0.002	0.0005	0.00005	0.0005	0.005
	均值	7.44	7.82	3.79	1	0.196	3.54	0.54	0.0005	0.03	0.025	0.002	0.0474	0.34	0.00015	0.00002	0.0002	0.002	0.0005	0.00005	0.0005	0.005
	超Ⅲ率	0%	0%	0%	0%	42%	100%	0%	0%	0%	0%	0%	0%	0%	0%	0%	0%	0%	0%	0%	0%	0%
	类别	Ⅰ	Ⅰ	Ⅱ	Ⅰ	Ⅲ	劣Ⅴ	Ⅲ	Ⅰ	Ⅰ	Ⅰ	Ⅰ	Ⅰ	Ⅰ	Ⅰ	Ⅰ	Ⅰ	Ⅰ	Ⅰ	Ⅰ	Ⅰ	Ⅰ
岳头嘴	样品数	6	6	6	6	6	1	6	6	6	6	6	6	5	6	6	6	6	6	6	6	6
	最大值	7.5	8.8	5.14	1	0.248	0.86	1.15	0.0005	0.03	0.025	0.002	0.051	0.78	0.00015	0.00002	0.0002	0.002	0.0005	0.00005	0.0005	0.005
	最小值	7.12	6	1.14	1	0.061	0.86	0.2	0.0005	0.005	0.025	0.002	0.0025	0.28	0.00015	0.00002	0.0002	0.002	0.0005	0.00005	0.0005	0.005
	均值	7.29	7.28	3.28	1	0.136	0.86	0.52	0.0005	0.022	0.025	0.002	0.0265	0.50	0.00015	0.00002	0.0002	0.002	0.0005	0.00005	0.0005	0.005
	超Ⅲ率	0%	0%	0%	0%	17%	0%	17%	0%	0%	0%	0%	0%	0%	0%	0%	0%	0%	0%	0%	0%	0%
	类别	Ⅰ	Ⅱ	Ⅱ	Ⅰ	Ⅲ	Ⅲ	Ⅲ	Ⅰ	Ⅰ	Ⅰ	Ⅰ	Ⅰ	Ⅰ	Ⅰ	Ⅰ	Ⅰ	Ⅰ	Ⅰ	Ⅰ	Ⅰ	Ⅰ
龙翔	样品数	6	6	6	6	6	1	6	6	6	6	6	6	5	6	6	6	6	6	6	6	6
	最大值	7.6	8.97	3.52	1	0.044	0.53	0.32	0.0005	0.03	0.025	0.002	0.021	0.61	0.00015	0.00002	0.0002	0.002	0.0005	0.00005	0.0005	0.005
	最小值	6.42	7.25	0.73	1	0.019	0.53	0.06	0.0005	0.03	0.025	0.002	0.0025	0.11	0.00015	0.00002	0.0002	0.002	0.0005	0.00005	0.0005	0.005
	均值	6.93	8.22	1.85	1	0.030	0.53	0.17	0.0005	0.03	0.025	0.002	0.0115	0.36	0.00015	0.00002	0.0002	0.002	0.0005	0.00005	0.0005	0.005
	超Ⅲ率	0%	0%	0%	0%	0%	0%	0%	0%	0%	0%	0%	0%	0%	0%	0%	0%	0%	0%	0%	0%	0%
	类别	Ⅰ	Ⅰ	Ⅰ	Ⅰ	Ⅱ	Ⅲ	Ⅱ	Ⅰ	Ⅰ	Ⅰ	Ⅰ	Ⅰ	Ⅰ	Ⅰ	Ⅰ	Ⅰ	Ⅰ	Ⅰ	Ⅰ	Ⅰ	Ⅰ

续表39

站位名称	项目	pH	溶解氧	高锰酸盐指数	BOD_5	总磷	总氮	氨氮	挥发酚	石油类	阴离子表面活性剂	氰化物	硫化物	氟化物	总砷	总汞	硒	六价铬	总铅	总镉	铜	锌
珠溪	样品数	6	6	6	6	6	1	6	6	6	6	6	6	5	6	6	6	6	6	6	6	6
	最大值	7.97	10.2	3.6	1	0.02	0.99	0.15	0.0005	0.04	0.025	0.002	0.014	0.63	0.00015	0.00002	0.0002	0.002	0.0005	0.00005	0.0005	0.005
	最小值	6.83	7.4	0.57	1	0.011	0.99	0.07	0.0005	0.01	0.025	0.002	0.0025	0.19	0.00015	0.00002	0.0002	0.002	0.0005	0.00005	0.0005	0.005
	均值	7.18	8.68	2.06	1	0.014	0.99	0.10	0.0005	0.02	0.025	0.002	0.0085	0.34	0.00015	0.00002	0.0002	0.002	0.0005	0.00005	0.0005	0.005
	超Ⅲ率	0%	0%	0%	0%	0%	0%	0%	0%	0%	0%	0%	0%	0%	0%	0%	0%	0%	0%	0%	0%	0%
	类别	Ⅰ	Ⅰ	Ⅱ	Ⅰ	Ⅰ	Ⅲ	Ⅰ	Ⅰ	Ⅰ	Ⅰ	Ⅰ	Ⅰ	Ⅰ	Ⅰ	Ⅰ	Ⅰ	Ⅰ	Ⅰ	Ⅰ	Ⅰ	Ⅰ
后王	样品数	6	6	6	6	6	1	6	6	6	6	6	6	5	6	6	6	6	6	6	6	6
	最大值	7.6	8.7	2.28	1	0.123	0.48	0.22	0.0005	0.03	0.025	0.002	0.019	0.43	0.00015	0.00002	0.0002	0.002	0.0005	0.00005	0.0005	0.005
	最小值	6.82	7	0.9	1	0.02	0.48	0.03	0.0005	0.005	0.025	0.002	0.0025	0.08	0.00015	0.00002	0.0002	0.002	0.0005	0.00005	0.0005	0.005
	均值	7.30	7.81	1.75	1	0.063	0.48	0.09	0.0005	0.017	0.025	0.002	0.0121	0.24	0.00015	0.00002	0.0002	0.002	0.0005	0.00005	0.0005	0.005
	超Ⅲ率	0%	0%	0%	0%	0%	0%	0%	0%	0%	0%	0%	0%	0%	0%	0%	0%	0%	0%	0%	0%	0%
	类别	Ⅰ	Ⅰ	Ⅰ	Ⅰ	Ⅱ	Ⅱ	Ⅰ	Ⅰ	Ⅰ	Ⅰ	Ⅰ	Ⅰ	Ⅰ	Ⅰ	Ⅰ	Ⅰ	Ⅰ	Ⅰ	Ⅰ	Ⅰ	Ⅰ
鹤浦大河	样品数	3	3	3	0	3	0	3	0	0	0	0	0	0	0	0	0	0	0	0	0	0
	最大值	7.6	10.7	5.57	—	0.225	—	0.81	—	—	—	—	—	—	—	—	—	—	—	—	—	—
	最小值	6.39	7.5	1.96	—	0.175	—	0.45	—	—	—	—	—	—	—	—	—	—	—	—	—	—
	均值	7.04	8.83	3.33	—	0.201	—	0.61	—	—	—	—	—	—	—	—	—	—	—	—	—	—
	超Ⅲ率	0%	0%	0%	—	0%	—	0%	—	—	—	—	—	—	—	—	—	—	—	—	—	—
	类别	Ⅰ	Ⅰ	Ⅱ	—	Ⅳ	—	Ⅲ	—	—	—	—	—	—	—	—	—	—	—	—	—	—

续表39

站位名称	项目	pH	溶解氧	高锰酸盐指数	BOD_5	总磷	总氮	氨氮	挥发酚	石油类	阴离子表面活性剂	氰化物	硫化物	氟化物	总砷	总汞	硒	六价铬	总铅	总镉	铜	锌
金石引河	样品数	3	3	3	0	3	0	3	0	0	0	0	0	0	0	0	0	0	0	0	0	0
	最大值	7.4	8.7	5.66	—	0.243	—	1.34	—	—	—	—	—	—	—	—	—	—	—	—	—	—
	最小值	6.82	7.4	1.36	—	0.13	—	0.79	—	—	—	—	—	—	—	—	—	—	—	—	—	—
	均值	7.17	8.03	3.64	—	0.184	—	0.99	—	—	—	—	—	—	—	—	—	—	—	—	—	—
	超Ⅲ率	0%	0%	0%	—	0%	—	0%	—	—	—	—	—	—	—	—	—	—	—	—	—	—
	类别	Ⅰ	Ⅰ	Ⅱ	—	Ⅲ	—	Ⅲ	—	—	—	—	—	—	—	—	—	—	—	—	—	—
九龙江	样品数	3	3	3	0	3	0	3	0	0	0	0	0	0	0	0	0	0	0	0	0	0
	最大值	7.4	8.5	7.01	—	0.63	—	1.62	—	—	—	—	—	—	—	—	—	—	—	—	—	—
	最小值	6.34	7.6	2.61	—	0.212	—	0.96	—	—	—	—	—	—	—	—	—	—	—	—	—	—
	均值	7.02	8.1	4.43	—	0.400	—	1.31	—	—	—	—	—	—	—	—	—	—	—	—	—	—
	超Ⅲ率	0%	0%	0%	—	0%	—	0%	—	—	—	—	—	—	—	—	—	—	—	—	—	—
	类别	Ⅰ	Ⅰ	Ⅲ	—	劣Ⅴ	—	Ⅳ	—	—	—	—	—	—	—	—	—	—	—	—	—	—
腾蛟河	样品数	3	3	3	0	3	0	3	0	0	0	0	0	0	0	0	0	0	0	0	0	0
	最大值	7.22	7.6	6.02	—	1.27	—	12.6	—	—	—	—	—	—	—	—	—	—	—	—	—	—
	最小值	6.92	1.5	1.71	—	0.352	—	4.69	—	—	—	—	—	—	—	—	—	—	—	—	—	—
	均值	7.04	5.43	3.61	—	0.83	—	9.59	—	—	—	—	—	—	—	—	—	—	—	—	—	—
	超Ⅲ率	0%	0%	0%	—	0%	—	0%	—	—	—	—	—	—	—	—	—	—	—	—	—	—
	类别	Ⅰ	Ⅲ	Ⅱ	—	劣Ⅴ	—	劣Ⅴ	—	—	—	—	—	—	—	—	—	—	—	—	—	—

续表39

站位名称	项目	pH	溶解氧	高锰酸盐指数	BOD_5	总磷	总氮	氨氮	挥发酚	石油类	阴离子表面活性剂	氰化物	硫化物	氟化物	总砷	总汞	硒	六价铬	总铅	总镉	铜	锌
大塘河	样品数	3	3	3	0	3	0	3	0	0	0	0	0	0	0	0	0	0	0	0	0	0
	最大值	7.3	8.4	4.13	—	0.358	—	0.91	—	—	—	—	—	—	—	—	—	—	—	—	—	—
	最小值	6.82	8.1	3.28	—	0.229	—	0.48	—	—	—	—	—	—	—	—	—	—	—	—	—	—
	均值	7.08	8.26	3.66	—	0.275	—	0.75	—	—	—	—	—	—	—	—	—	—	—	—	—	—
	超Ⅲ率	0%	0%	0%	—	0%	—	0%	—	—	—	—	—	—	—	—	—	—	—	—	—	—
	类别	Ⅰ	Ⅰ	Ⅱ	—	Ⅳ	—	Ⅲ	—	—	—	—	—	—	—	—	—	—	—	—	—	—
长塘河	样品数	3	3	3	0	3	0	3	0	0	0	0	0	0	0	0	0	0	0	0	0	0
	最大值	7.6	8.3	3.78	—	0.152	—	0.94	—	—	—	—	—	—	—	—	—	—	—	—	—	—
	最小值	6.88	8.1	2.37	—	0.128	—	0.43	—	—	—	—	—	—	—	—	—	—	—	—	—	—
	均值	7.34	8.23	2.93	—	0.139	—	0.64	—	—	—	—	—	—	—	—	—	—	—	—	—	—
	超Ⅲ率	0%	0%	0%	—	0%	—	0%	—	—	—	—	—	—	—	—	—	—	—	—	—	—
	类别	Ⅰ	Ⅰ	Ⅱ	—	Ⅲ	—	Ⅲ	—	—	—	—	—	—	—	—	—	—	—	—	—	—
旦仁河	样品数	3	3	3	0	3	0	3	0	0	0	0	0	0	0	0	0	0	0	0	0	0
	最大值	7.4	10.1	1.98	—	0.105	—	0.57	—	—	—	—	—	—	—	—	—	—	—	—	—	—
	最小值	6.65	7.7	1.06	—	0.066	—	0.06	—	—	—	—	—	—	—	—	—	—	—	—	—	—
	均值	7.15	8.66	1.65	—	0.082	—	0.29	—	—	—	—	—	—	—	—	—	—	—	—	—	—
	超Ⅲ率	0%	0%	0%	—	0%	—	0%	—	—	—	—	—	—	—	—	—	—	—	—	—	—
	类别	Ⅰ	Ⅰ	Ⅰ	—	Ⅱ	—	Ⅱ	—	—	—	—	—	—	—	—	—	—	—	—	—	—

续表39

站位名称	项目	pH	溶解氧	高锰酸盐指数	BOD_5	总磷	总氮	氨氮	挥发酚	石油类	阴离子表面活性剂	氰化物	硫化物	氟化物	总砷	总汞	硒	六价铬	总铅	总镉	铜	锌
管溪	样品数	3	3	3	0	3	0	3	0	0	0	0	0	0	0	0	0	0	0	0	0	0
	最大值	7.43	8.7	4.58	—	0.056	—	0.21	—	—	—	—	—	—	—	—	—	—	—	—	—	—
	最小值	7.3	7.1	0.65	—	0.029	—	0.07	—	—	—	—	—	—	—	—	—	—	—	—	—	—
	均值	7.35	7.8	2.30	—	0.042	—	0.12	—	—	—	—	—	—	—	—	—	—	—	—	—	—
	超Ⅲ率	0%	0%	0%	—	0%	—	0%	—	—	—	—	—	—	—	—	—	—	—	—	—	—
	类别	Ⅰ	Ⅰ	Ⅱ	—	Ⅱ	—	Ⅰ	—	—	—	—	—	—	—	—	—	—	—	—	—	—
横塘岗河	样品数	3	3	3	0	3	0	3	0	0	0	0	0	0	0	0	0	0	0	0	0	0
	最大值	7.67	7.9	5.12	—	0.126	—	0.65	—	—	—	—	—	—	—	—	—	—	—	—	—	—
	最小值	6.85	6.5	1.88	—	0.115	—	0.25	—	—	—	—	—	—	—	—	—	—	—	—	—	—
	均值	7.36	7.33	3.50	—	0.121	—	0.50	—	—	—	—	—	—	—	—	—	—	—	—	—	—
	超Ⅲ率	0%	0%	0%	—	0%	—	0%	—	—	—	—	—	—	—	—	—	—	—	—	—	—
	类别	Ⅰ	Ⅱ	Ⅱ	—	Ⅲ	—	Ⅲ	—	—	—	—	—	—	—	—	—	—	—	—	—	—
雅林溪	样品数	3	3	3	0	3	0	3	0	0	0	0	0	0	0	0	0	0	0	0	0	0
	最大值	7.25	7.8	3.33	—	0.284	—	2.73	—	—	—	—	—	—	—	—	—	—	—	—	—	—
	最小值	6.73	7.2	1.22	—	0.051	—	0.12	—	—	—	—	—	—	—	—	—	—	—	—	—	—
	均值	6.98	7.56	2.13	—	0.134	—	1.01	—	—	—	—	—	—	—	—	—	—	—	—	—	—
	超Ⅲ率	0%	0%	0%	—	0%	—	0%	—	—	—	—	—	—	—	—	—	—	—	—	—	—
	类别	Ⅰ	Ⅰ	Ⅱ	—	Ⅲ	—	Ⅳ	—	—	—	—	—	—	—	—	—	—	—	—	—	—

续表39

站位名称	项目	pH	溶解氧	高锰酸盐指数	BOD_5	总磷	总氮	氨氮	挥发酚	石油类	阴离子表面活性剂	氰化物	硫化物	氟化物	总砷	总汞	硒	六价铬	总铅	总镉	铜	锌
泊戈洋河	样品数	3	3	3	0	3	0	3	0	0	0	0	0	0	0	0	0	0	0	0	0	0
	最大值	7.43	7.7	3.33	—	0.499	—	2.72	—	—	—	—	—	—	—	—	—	—	—	—	—	—
	最小值	6.67	4.6	2.24	—	0.214	—	0.11	—	—	—	—	—	—	—	—	—	—	—	—	—	—
	均值	7.15	6.63	2.78	—	0.332	—	1.00	—	—	—	—	—	—	—	—	—	—	—	—	—	—
	超Ⅲ率	0%	0%	0%	—	0%	—	0%	—	—	—	—	—	—	—	—	—	—	—	—	—	—
	类别	Ⅰ	Ⅱ	Ⅱ	—	Ⅴ	—	Ⅳ	—	—	—	—	—	—	—	—	—	—	—	—	—	—
关头塘河	样品数	3	3	3	0	3	0	3	0	0	0	0	0	0	0	0	0	0	0	0	0	0
	最大值	7.45	11.4	2.08	—	0.084	—	0.17	—	—	—	—	—	—	—	—	—	—	—	—	—	—
	最小值	6.94	7.1	0.98	—	0.024	—	0.07	—	—	—	—	—	—	—	—	—	—	—	—	—	—
	均值	7.24	8.86	1.65	—	0.049	—	0.11	—	—	—	—	—	—	—	—	—	—	—	—	—	—
	超Ⅲ率	0%	0%	0%	—	0%	—	0%	—	—	—	—	—	—	—	—	—	—	—	—	—	—
	类别	Ⅰ	Ⅰ	Ⅰ	—	Ⅱ	—	Ⅰ	—	—	—	—	—	—	—	—	—	—	—	—	—	—
东溪	样品数	3	3	3	0	3	0	3	0	0	0	0	0	0	0	0	0	0	0	0	0	0
	最大值	7.4	10.2	2.79	—	0.072	—	0.16	—	—	—	—	—	—	—	—	—	—	—	—	—	—
	最小值	7.07	6.8	0.98	—	0.053	—	0.06	—	—	—	—	—	—	—	—	—	—	—	—	—	—
	均值	7.22	8.33	1.79	—	0.060	—	0.11	—	—	—	—	—	—	—	—	—	—	—	—	—	—
	超Ⅲ率	0%	0%	0%	—	0%	—	0%	—	—	—	—	—	—	—	—	—	—	—	—	—	—
	类别	Ⅰ	Ⅰ	Ⅰ	—	Ⅱ	—	Ⅰ	—	—	—	—	—	—	—	—	—	—	—	—	—	—

续表39

站位名称	项目	pH	溶解氧	高锰酸盐指数	BOD_5	总磷	总氮	氨氮	挥发酚	石油类	阴离子表面活性剂	氰化物	硫化物	氟化物	总砷	总汞	硒	六价铬	总铅	总镉	铜	锌
亭溪	样品数	3	3	3	0	3	0	3	0	0	0	0	0	0	0	0	0	0	0	0	0	0
	最大值	7.3	8	3.87	—	0.035	—	0.22	—	—	—	—	—	—	—	—	—	—	—	—	—	—
	最小值	6.54	7.2	0.82	—	0.021	—	0.06	—	—	—	—	—	—	—	—	—	—	—	—	—	—
	均值	6.89	7.66	2.05	—	0.026	—	0.12	—	—	—	—	—	—	—	—	—	—	—	—	—	—
	超Ⅲ率	0%	0%	0%	—	0%	—	0%	—	—	—	—	—	—	—	—	—	—	—	—	—	—
	类别	Ⅰ	Ⅰ	Ⅱ	—	Ⅱ	—	Ⅰ	—	—	—	—	—	—	—	—	—	—	—	—	—	—
乌岩港	样品数	3	3	3	0	3	0	3	0	0	0	0	0	0	0	0	0	0	0	0	0	0
	最大值	7.43	10.3	7.82	—	0.282	—	1.26	—	—	—	—	—	—	—	—	—	—	—	—	—	—
	最小值	6.84	7.5	2.78	—	0.021	—	0.97	—	—	—	—	—	—	—	—	—	—	—	—	—	—
	均值	7.19	8.46	4.89	—	0.182	—	1.1	—	—	—	—	—	—	—	—	—	—	—	—	—	—
	超Ⅲ率	0%	0%	0%	—	0%	—	0%	—	—	—	—	—	—	—	—	—	—	—	—	—	—
	类别	Ⅰ	Ⅰ	Ⅲ	—	Ⅲ	—	Ⅳ	—	—	—	—	—	—	—	—	—	—	—	—	—	—
东大河	样品数	12	12	12	0	12	0	12	0	0	0	0	0	0	0	0	0	0	0	0	0	0
	最大值	7.68	9.2	6.94	—	0.636	—	4.15	—	—	—	—	—	—	—	—	—	—	—	—	—	—
	最小值	6.48	4.35	1.92	—	0.137	—	0.38	—	—	—	—	—	—		—	—				—	—
	均值	7.17	6.68	4.40	—	0.363	—	1.47	—	—	—	—	—	—	—	—	—	—	—	—	—	—
	超Ⅲ率	0%	0%	0%	—	0%	—	0%	—	—	—	—	—	—	—	—	—	—	—	—	—	—
	类别	Ⅰ	Ⅱ	Ⅲ	—	Ⅴ	—	Ⅳ	—	—	—	—	—	—	—	—	—	—	—	—	—	—

续表39

站位名称	项目	pH	溶解氧	高锰酸盐指数	BOD_5	总磷	总氮	氨氮	挥发酚	石油类	阴离子表面活性剂	氰化物	硫化物	氟化物	总砷	总汞	硒	六价铬	总铅	总镉	铜	锌
横大河	样品数	12	12	12	0	12	0	12	0	0	0	0	0	0	0	0	0	0	0	0	0	0
	最大值	7.55	9.4	5.55	—	0.652	—	7.1	—	—	—	—	—	—	—	—	—	—	—	—	—	—
	最小值	6.33	4.63	2.12	—	0.064	—	0.18	—	—	—	—	—	—	—	—	—	—	—	—	—	—
	均值	7.06	7.18	3.62	—	0.282	—	1.67	—	—	—	—	—	—	—	—	—	—	—	—	—	—
	超Ⅲ率	0%	0%	0%	—	0%	—	0%	—	—	—	—	—	—	—	—	—	—	—	—	—	—
	类别	Ⅰ	Ⅱ	Ⅱ	—	Ⅳ	—	Ⅴ	—	—	—	—	—	—	—	—	—	—	—	—	—	—
南大河	样品数	12	12	12	0	12	0	12	0	0	0	0	0	0	0	0	0	0	0	0	0	0
	最大值	7.7	9.4	8.9	—	0.99	—	7.06	—	—	—	—	—	—	—	—	—	—	—	—	—	—
	最小值	6.3	2.9	2.04	—	0.108	—	0.51	—	—	—	—	—	—	—	—	—	—	—	—	—	—
	均值	7.19	6.71	4.12	—	0.36	—	2.44	—	—	—	—	—	—	—	—	—	—	—	—	—	—
	超Ⅲ率	0%	0%	0%	—	0%	—	0%	—	—	—	—	—	—	—	—	—	—	—	—	—	—
	类别	Ⅰ	Ⅱ	Ⅲ	—	Ⅴ	—	劣Ⅴ	—	—	—	—	—	—	—	—	—	—	—	—	—	—
西大河	样品数	12	12	12	0	12	0	12	0	0	0	0	0	0	0	0	0	0	0	0	0	0
	最大值	7.67	9.4	4.57	—	0.59	—	2.22	—	—	—	—	—	—	—	—	—	—	—	—	—	—
	最小值	6.54	4.1	1.55	—	0.084	—	0.14	—	—	—	—	—	—	—	—	—	—	—	—	—	—
	均值	7.25	6.84	3.21	—	0.246	—	0.69	—	—	—	—	—	—	—	—	—	—	—	—	—	—
	超Ⅲ率	0%	0%	0%	—	0%	—	0%	—	—	—	—	—	—	—	—	—	—	—	—	—	—
	类别	Ⅰ	Ⅱ	Ⅱ	—	Ⅳ	—	Ⅲ	—	—	—	—	—	—	—	—	—	—	—	—	—	—

续表39

站位名称	项目	pH	溶解氧	高锰酸盐指数	BOD_5	总磷	总氮	氨氮	挥发酚	石油类	阴离子表面活性剂	氰化物	硫化物	氟化物	总砷	总汞	硒	六价铬	总铅	总镉	铜	锌
新华河	样品数	12	12	12	0	12	0	12	0	0	0	0	0	0	0	0	0	0	0	0	0	0
	最大值	7.89	9.2	7.18	—	1.32	—	8.95	—	—	—	—	—	—	—	—	—	—	—	—	—	—
	最小值	6.15	3.4	1.89	—	0.125	—	0.09	—	—	—	—	—	—	—	—	—	—	—	—	—	—
	均值	7.14	6.58	3.65	—	0.585	—	3.80	—	—	—	—	—	—	—	—	—	—	—	—	—	—
	超Ⅲ率	0%	0%	0%	—	0%	—	0%	—	—	—	—	—	—	—	—	—	—	—	—	—	—
	类别	Ⅰ	Ⅱ	Ⅱ	—	劣Ⅴ	—	劣Ⅴ	—	—	—	—	—	—	—	—	—	—	—	—	—	—
燕山河	样品数	12	12	12	0	12	0	12	0	0	0	0	0	0	0	0	0	0	0	0	0	0
	最大值	7.6	7.5	10	—	1.34	—	14.5	—	—	—	—	—	—	—	—	—	—	—	—	—	—
	最小值	6.41	5.79	2.37	—	0.021	—	0.42	—	—	—	—	—	—	—	—	—	—	—	—	—	—
	均值	6.96	6.52	5.77	—	0.354	—	5.73	—	—	—	—	—	—	—	—	—	—	—	—	—	—
	超Ⅲ率	0%	0%	0%	—	0%	—	0%	—	—	—	—	—	—	—	—	—	—	—	—	—	—
	类别	Ⅰ	Ⅱ	Ⅲ	—	Ⅴ	—	劣Ⅴ	—	—	—	—	—	—	—	—	—	—	—	—	—	—

【各断面水质状况】 2016年,不能达到Ⅲ类标准的水域为南大河河网、燕山河、鹤浦大河、九龙江、腾蛟河、大塘河、雅林溪、泊戈洋河和乌岩港,其他各河流均为优良。其中水质变好的有岳头嘴、金石引河、大塘河、长塘河、旦仁河、关头塘河、东大河和西大河等,水质变差的有雅林溪和泊戈洋河。大部分河流水质污染指数均比2015年有所下降,个别河流有所上升,污染指数高的监测站位主要集中在象山城区、爵溪街道和石浦港沿岸城镇,主要污染物为氨氮和总磷。其中腾蛟河的污染指数上升幅度最大。

表40　**2016年象山县地表水水质评价结果一览**

名 称	站位名称	等 级	目 标	2015年水质	2016年水质	趋势分析	达标结果
大塘港	浮礁渡	国控	Ⅲ	Ⅲ(良好)	Ⅲ(良好)	无明显变化	达标
南大河河网	岳头嘴	市控	Ⅲ	Ⅴ(中度污染)	Ⅳ(轻度污染)	有所好转	未达标
下沈港	龙翔	市控	Ⅲ	Ⅱ(优)	Ⅱ(优)	无明显变化	达标
泗洲头溪	后王	市控	Ⅱ	Ⅰ(优)	Ⅱ(优)	有所下降	达标
珠溪	珠溪	市控	Ⅲ	Ⅰ(优)	Ⅱ(优)	有所下降	达标
鹤浦大河	蟹厂村	县控	Ⅲ	Ⅳ(轻度污染)	Ⅳ(轻度污染)	无明显变化	未达标
金石引河	树桥头	县控	Ⅲ	Ⅳ(轻度污染)	Ⅲ(良好)	有所好转	达标
九龙江	九龙江村	县控	Ⅲ	劣Ⅴ(重度污染)	劣Ⅴ(重度污染)	无明显变化	未达标
腾蛟河	巨鹰大酒店	县控	Ⅲ	劣Ⅴ(重度污染)	劣Ⅴ(重度污染)	无明显变化	未达标
大塘河	中站村	县控	Ⅲ	Ⅴ(中度污染)	Ⅳ(轻度污染)	有所好转	未达标
长塘河	渡头村	县控	Ⅲ	Ⅳ(轻度污染)	Ⅲ(良好)	有所好转	达标
旦仁河	旦义桥	县控	Ⅲ	Ⅲ(良好)	Ⅱ(优)	有所好转	达标
管溪	平桥头	县控	Ⅲ	Ⅱ(优)	Ⅱ(优)	无明显变化	达标
横塘岗河	横塘桥头	县控	Ⅲ	Ⅲ(良好)	Ⅲ(良好)	无明显变化	达标
雅林溪	清风塘	县控	Ⅲ	Ⅲ(良好)	Ⅳ(轻度污染)	有所下降	未达标
泊戈洋河	泊戈洋村	县控	Ⅲ	Ⅲ(良好)	Ⅴ(中度污染)	明显下降	未达标
关头塘河	永新桥	县控	Ⅲ	Ⅲ(良好)	Ⅱ(优)	有所好转	达标
东溪	东溪村	县控	Ⅲ	Ⅱ(优)	Ⅱ(优)	无明显变化	达标
亭溪	大溪蒋村	县控	Ⅲ	Ⅱ(优)	Ⅱ(优)	无明显变化	达标
乌岩港	乌岩头村	县控	Ⅲ	Ⅳ(轻度污染)	Ⅳ(轻度污染)	无明显变化	未达标
南大河河网	东大河	城区内河	Ⅲ	劣Ⅴ(重度污染)	Ⅴ(中度污染)	有所好转	未达标
南大河河网	西大河	城区内河	Ⅲ	Ⅴ(中度污染)	Ⅳ(轻度污染)	有所好转	未达标
南大河河网	南大河	城区内河	Ⅲ	劣Ⅴ(重度污染)	劣Ⅴ(重度污染)	无明显变化	未达标
南大河河网	新华河	城区内河	Ⅲ	劣Ⅴ(重度污染)	劣Ⅴ(重度污染)	无明显变化	未达标
南大河河网	横大河	城区内河	Ⅲ	Ⅴ(中度污染)	Ⅴ(中度污染)	无明显变化	未达标
燕山河	燕山河	城区内河	Ⅲ	劣Ⅴ(重度污染)	劣Ⅴ(重度污染)	无明显变化	未达标

表41　　2016年象山县地表水污染指数结果一览

名 称	站位名称	等 级	2015年污染指数	2016年污染指数	主要污染物及超标倍数
大塘港	浮礁渡	国控	0.26	0.27	
南大河河网	岳头嘴	市控	0.33	0.25	化学需氧量(0.9)
下沈港	龙翔	市控	0.11	0.18	
泗洲头溪	后王	市控	0.11	0.36	
珠溪	珠溪	市控	0.12	0.17	
鹤浦大河	蟹厂村	县控	0.91	0.73	总磷(0.1)
金石引河	树桥头	县控	1.2	0.84	
九龙江	九龙江村	县控	1.69	1.35	总磷(2.2);氨氮(0.6);高锰酸盐指数(0.2)
腾蛟河	巨鹰大酒店	县控	1.8	4.78	氨氮(11.6);总磷(5.4)
大塘河	中站村	县控	1.22	0.91	总磷(0.8)
长塘河	渡头村	县控	0.92	0.61	
旦仁河	旦义桥	县控	0.41	0.33	
管溪	平桥头	县控	0.18	0.24	
横塘岗河	横塘桥头	县控	0.83	0.56	
雅林溪	清风塘	县控	0.43	0.68	氨氮(1.7);总磷(0.4)
泊戈洋河	泊戈洋村	县控	0.54	1.04	氨氮(1.7);总磷(1.5)
关头塘河	永新桥	县控	0.45	0.21	
东溪	东溪村	县控	0.31	0.24	
亭溪	大溪蒋村	县控	0.12	0.20	
乌岩港	乌岩头村	县控	0.95	0.94	总磷(0.4);高锰酸盐指数(0.3)
南大河河网	东大河	城区内河	3.09	1.34	氨氮(3.2);总磷(2.2)
南大河河网	西大河	城区内河	1.43	0.82	总磷(2.0);氨氮(1.2)
南大河河网	南大河	城区内河	3.42	1.65	氨氮(6.1);总磷(4.0)
南大河河网	新华河	城区内河	2.32	2.45	氨氮(8.0);总磷(5.6)
南大河河网	横大河	城区内河	1.27	1.23	氨氮(6.1);总磷(2.3)
燕山河	燕山河	城区内河	3.75	2.82	氨氮(13.5);总磷(5.7);高锰酸盐指数(0.7)

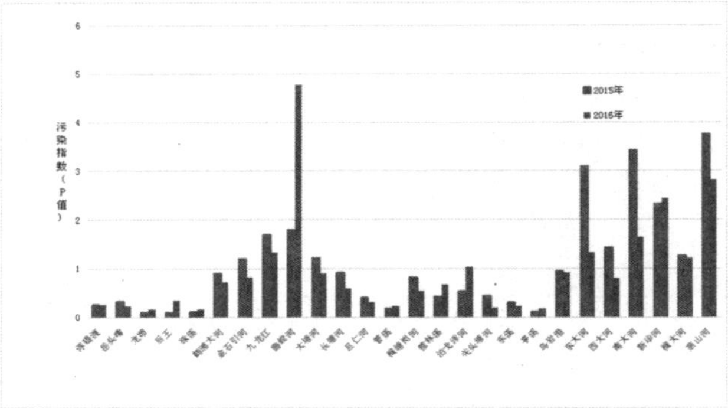

2015年、2016年象山县地表水水质污染指数图

【近岸海域水质状况】 2016年，象山县近岸海域富营养化程度总体还很高，水质较差，石浦港四类区、大目洋二类区，爵溪站位和大目洋站位3个监控点位均为劣四类水质，主要富营养化污染项目为无机氮，该指标都超过四类海水标准，其次为活性磷酸盐。2016年石浦港四类区富营养化指数为4.85、大目洋二类区爵溪站位4.33、大目洋站位4.28。根据海域水体水质营养等级划分标准，3个监控点位均为中度富营养。与2015年相比，石浦港水质有所好转，由重度富营养转为中度富营养。

表42　2016年象山近岸海域功能区水质现状一览

海域名称	区划结果		水质现状	超标项目	超标倍数
	类别	水质目标			
大目洋二类区(爵溪)	二类	第二类	劣四类	无机氮	1.7
大目洋二类区(大目洋)	二类	第二类	劣四类	无机氮	1.8
石浦港四类区	四类	第三类	劣四类	无机氮	1.1

表43　2016年石浦港四类区、大目洋二类区(大目洋站位、爵溪站位)海域水质监测和评价结果一览

指标	类别	石浦港四类区水质及评价		大目洋站位水质及评价		爵溪站位水质及评价	
pH	范围	7.98–8.00	一类	7.99–8.04	一类	8.00–8.03	一类
	均值	7.99		8.01		8.01	
化学需氧量(mg/L)	范围	0.62–1.42	一类	0.72–1.23	一类	0.61–1.68	一类
	均值	1.04		1.01		1.04	
石油类(μg/L)	范围	6.5–8.2	一类	5.3–6.2	一类	5.6–12.2	一类
	均值	7.4		5.75		8.9	
溶解氧(mg/L)	范围	6.91–7.27	一类	7.03–7.48	一类	6.94–7.76	一类
	均值	7.13		7.26		7.36	
汞(μg/L)	范围	<0.02	一类	<0.02	一类	<0.02	一类
	均值	0.01		0.01		0.01	
铜(μg/L)	范围	0.01–0.422	一类	0.01–0.417	一类	0.01–0.51	一类
	均值	0.21		0.198		0.25	

续表43

指 标	类别	石浦港四类区水质及评价		大目洋站位水质及评价		爵溪站位水质及评价	
铅(μg/L)	范围	0.103-0.684	一类	0.068-0.592	一类	0.148-0.269	一类
	均值	0.371		0.30		0.22	
镉(μg/L)	范围	0.048-0.078	一类	0.041-0.073	一类	0.021-0.050	一类
	均值	0.0613		0.054		0.039	
砷(μg/L)	范围	0.045-1.30	一类	0.03-1.43	一类	0.014-1.39	一类
	均值	0.63		0.689		0.595	
锌(μg/L)	范围	0.863-1.9	一类	0.375-1.88	一类	0.526-2.01	一类
	均值	1.448		1.23		1.25	
无机氮(mg/L)	范围	0.500-0.592	劣四类	0.444-0.592	劣四类	0.476-0.582	劣四类
	均值	0.552		0.53		0.520	
活性磷酸盐(mg/L)	范围	0.032-0.044	四类	0.030-0.043	四类	0.030-0.040	四类
	均值	0.038		0.036		0.036	

【加强企业治污减排工作】 做好富春紫光污水处理厂的督查工作，确保进水浓度和成分稳定；为确保大唐乌沙山电厂达到稳定清洁排放，开展1号和2号机组脱硫、脱硝、除尘改造，总投资3.2亿，1号机组于9月初完成改造并投运；2号机组于10月初开始改造，并于12月中旬完成改造并投运。对90家环保重点监控企业进行环境行为信用等级评定，经评定绿牌10家、蓝牌61家、黄牌5家、红牌14家，同时出具企业环境守法证明74份。重点在铸造、金属表面酸洗、水产品加工等行业中开展污染控制排放工作，累计关停34家、停产整治10家、停产搬迁6家，通过整治验收40家。造纸、化工行业通过市里整体验收。完成浙东表面处理中心整治提升方案的编制工作，并落实主体责任。

【清三河创建强势推进】 全面开展排摸自查工作，扫除盲区死角，确保每一条问题河道都找准找全，并将排查出的33条问题河道落实整治措施。同时实行挂图作战，对畜禽养殖治理、农村生活污水处理设施建设进度进行跟踪督查。开展河道水质监测，继续委托检测机构对全县32条县级河道水质进行一月一测，监测指标4个；"三河"水质进行每季一测，监测指标3个，随时跟踪河道水质变化。

海洋环境保护

【概况】 2016年，象山坚持生态优先，从宣传入手，加强海洋环境监测监管，强化海洋保护区规范化建设和管理，拓展资源保护和生态修复工程，实施海洋生态文明建设，促进海洋经济和环境保护协调发展，全面推进海洋强县建设。

【广东省海洋与渔业局到象山调研无居民海岛开发利用情况】 2月25日，广东省海洋与渔业局副局长屈家树一行到象山调研无居民海岛开发与利用情况。座谈会上，象山详细介绍旦门山岛（全国第一证）、大羊屿（全国第一拍）两个海岛的开发利用情况，重点介绍两个海岛确权发证的过程。参会人员相互交流探讨无居民海岛开发利用过程中存在的规划、开发方案、地方管理政策制定、政策处理等问题。会后，对旦门山岛、大羊屿进行登岛实地考察。

【象山开展中华凤头燕鸥种群恢复深度监测项目】 3月份开始，按照《韭山列岛保护区2016“爱岛护鸟”活动暨中华凤头燕鸥种群恢复深度监测项目方案》，开展招引项目的前期准备工作；4月份搭建30余平方米监测人员住房、2个各4平方米的监视监测平台，铺设石子500平方米(产卵区)、鸟类栖息地除草4000余平方米和灭鼠工作；5月7日监测人员入驻招引岛屿铁墩岛，正式开始2016年度中华凤头燕鸥招引项目监视监测工作，同时雇佣渔船一艘在黑尾鸥繁殖岛屿五档礁和马补山驻守，24小时不间断巡查，防止违规作业和掏鸟蛋的现象发生。6月份韭山列岛保护区请捕蛇专家在招引鸟岛(铁墩岛)上开展捕蛇行动，6月8日至21日共捕获14条蛇，并在远离招引鸟岛的南韭山岛进行放生工作。因为诸多原因，截至7月19日韭山列岛招引鸟岛上没有燕鸥栖息繁殖，并且燕鸥繁殖期已过，7月20日科研监测人员撤离铁墩岛。

【王建康到象山调研《象山港海洋环境与渔业资源保护条例》实施情况】 3月3日，宁波市人大常委会副主任王建康一行到象调研《象山港海洋环境与渔业资源保护条例》实施情况。会上，县海洋与渔业局、县环保局、象山港沿岸渔村书记等相继做汇报。市人大在象山港海洋环境与渔业资源保护等方面提出新要求。

【县海洋环保志愿者服务队开展蓝色护海活动】 3月3日，县海洋与渔业局组织海洋环保志愿者在南韭山开展以“学雷锋”志愿服务为主题的海洋保护活动，20余名志愿者身体力行，为保护海洋环境贡献自己的力量。活动中，志愿者们头戴“保护海洋、关爱海洋”的帽子，手提环保袋和清洁工具捡拾生活垃圾和白色污染，不放过每一个角落，把海洋、海岛变得更加美丽。

【完成渔山列岛贝类资源采捕招投标】 2016年对渔山贝类资源实行限时限量控制采捕，采捕数量控制在23万斤以内(包括螺)，其中水底20万斤、水面3万斤。3月10日，渔山村村委会在渔山列岛保护区管理局和石浦镇镇政府的监督下，完成渔山岛海生贝类生产经营招投标，最终由渔山村民杨爱辉以110万元中标，采捕时间为缴清承包款后开始至2016年11月30日止。

【象山县国家海域动态监管中心挂牌成立】 3月25日，县编办正式批复同意成立象山县国家海域动态监管中心。国家海域动态监管中心的组建对于提升象山县海域综合管理网络化、信息化、科学化水平，促进海洋管理科学决策，保障海洋经济可持续发展具有重要意义。

【中华凤头燕鸥荣膺“浙江五大珍稀之鸟”榜眼】 4月10日，省林业厅、省野生动植物保护协会联合发布《浙江最美鸟类评选结果公告》，象山县选送的中华凤头燕鸥荣膺“浙江五大珍稀之鸟”榜眼。浙江省在第35届“爱鸟周”活动启动仪式上正式推出“浙江最美鸟类”评选活动，评选候选鸟类每个系列10种，共50种。最终评选出“珍稀之鸟”“天姿之鸟”“百灵之鸟”“爱情之鸟”和“吉祥之鸟”共五大类25种“浙江最美鸟类”，中华凤头燕鸥荣膺为“浙江五大珍稀之鸟”第二名。

【孙景淼到象山调研海洋经济工作】 4月19日至20日，副省长孙景淼率团到象山调研海洋经济工作，实地考察石浦港和渔山岛。省政府副秘书长谢济建，副市长王剑侯等参加调研。

【开展“6·8世界海洋日暨全国海洋宣传日”活动】 6月8日，象山县海洋与渔业局组织十余名青年志愿者在石浦港开展“6·8世界海洋日暨全国海洋宣传日”宣传活动。活动中，志愿者们登上石浦港内的保洁船，躬体力行的捞取海上垃圾，随后海洋环保志愿者还向渔区群众分发海洋宣传资料。

【投资20亿元建设全省首座综合性海洋生物馆】 5月底，象山大目湾开发管委会与台湾南仁湖育乐股份有限公司签订大目湾海洋生物馆项目投资开发及筹建协议，启动建设全省首座综合性海洋生物馆。该馆选址大目湾海博会展区，总投资20亿元，注册资金4亿元，开发面积达36.67余公顷，立足象山独特海洋文化，拟打造集海洋生物展示、海洋科普教育、海洋休闲娱乐、海洋养殖技术及海洋科技研发等于一体的综合性海洋生物馆。

【象山开展日本对虾放流活动】 6月25日，象山县在西沪港海域举行渔业资源增殖放流活动，累计放流日本对虾苗种4000万尾。日本对虾又称花虾、斑节虾，苗种具有生长周期短、繁殖能力强等特点。

【第十九届中国(象山)开渔节青年志愿者蓝色护海行动启动】 9月9日，第十九届中国(象山)开渔节青年志愿者蓝色护海行动暨“善待海洋 共护幼鱼”志愿项目启动仪式在石浦海丰广场举行。浙江省海洋与渔业局党组成员、副局长童加朝，共青团宁波市委书记鲍娴萍等出席仪式。来自全县行业部门、共青团组织、公益组织及学校、民个协、商会、渔村、社区的200余名志愿者参加活动。启动仪式上，省市县领导共同启动“善待海洋 共护幼鱼”志愿者项目，并为志愿者队伍授旗。

【举行蓝色护海志愿沙龙】 9月9日，正值中国青年志愿者蓝色护海行动基地成立十周年之际，“善待海洋 共护幼鱼”蓝色护海志愿沙龙举行。活动中，县志愿者协会代表介绍蓝色护海基地十周年行动历程及下步围绕“保护幼鱼”即将开展的一系列活动，还邀请渔民代表、公益组织代表、热心公益企业家、学校志愿者代表等，结合各自工作经历，进行相关主题发言。

【推进东海涂区域农业围垦用海报批】 东海涂区域农业围垦用海规划用海面积1670.3887公顷(1666.67公顷。东海涂区域农业围垦用海规划于10月13日初步通过海域综合管理司审查，根据审查意见开展规划听证和生态用海方案优化工作，10月17日在今日象山和网上发布规划听证公告，10月25日完成听证申请登记工作。同时，大东海项目配套的半边山锚地工程海域使用论证报告完成海域使用论证工作，9月2日通过专家评审。

【国家海洋局到象山督查海域动管能力建设】 10月25日，国家海洋局县级海域监管能力建设项目督导检查组由海域司论证管理处王冰副处长带队，在市海洋与渔业局、市海洋与渔业信息中心相关领导的陪同下，对象山县海域动态监管能力项目建设情况开展督导检查。督导检查组在听取情况汇报和进行现场检查后，高度肯定象山工作，并提出一些要求。

【11.3万尾岱衢族大黄鱼和海鲫鱼放流渔山岛】 12月7日，2016年最后一次增殖放流在渔山列岛国家级海洋生态特别保护区海域进行，共投入资金近20万元，放流岱衢族大黄鱼、海鲫鱼苗种11.3万尾。2016年全县增殖放流鱼虾蟹贝苗种总数2亿尾(只)，包括大黄鱼、日本对虾、黑鲷、贝类等10多个品种，增殖放流区域以象山港、韭山、渔山列岛、蟹钳港等海域为主，投入放流资金90万元。

大气环境保护

【概况】 2016年，象山县监测有效天数为366天，达标天数共330天，环境空气质量总体稳中向好，较2015年空气质量大有改观，达标天数比例为90.2%，比2015年89%上升1.2%，超标36天，超标天数比例为9.8%，其中轻度污染34天，占全年的9.3%；中度污染1天，占0.3%；重度污染1天，占0.3%，中度Ⅳ和重度Ⅴ污染天数明显下降，尤其是常规三项主要污染物，主要与开展的“污染减排”措施：脱硫、脱硝、除尘，同时加大清洁能源和优化能源布局有关。2016年空气质量综合指数为3.43，比2015年3.85下降10.9%，象山县环境空气质量综合状况良好。但PM2.5和O3则不容乐观，2016年象山县所有超标天数的首要污染物均为PM2.5和O3，环境空气质量形势依然严峻。酸雨污染依旧严重，全县降水pH年平均值为4.75，属于中酸雨区，年酸雨率为75.0%，比2015年下降11.8%，降水pH年平均值基本无大变化。

【中心城区环境空气监测结果】 2016年，象山中心城区监测有效天数为363天，达标天数共317天，全年达标天数比例87.3%，比2015年85.1%上升2.2%。超标46天，超标天数比例为12.7%，其中轻度污染44天，占全年的12.1%；重度污染2天，占0.6%。综合指数为3.61，年度首要污染物为细颗粒物和臭氧，其单项指数均为0.94。细颗粒物年均浓度为33微克/立方米，比2015年下降11微克/立方米，达到二级标准。

按月统计，全年空气质量最好的为10月和11月，这两个月无超标天数，全年空气质量最差的为1月，超标天数达到8天，其中轻度污染7天，重度污染1天。日指数分布天数

表44　　2016年度象山县中心城区环境空气综合指数一览

指　标	污染物项目					
	细颗粒物	可吸入颗粒物	二氧化硫	二氧化氮	一氧化碳	臭氧
单项指数	0.94	0.76	0.17	0.50	0.30	0.94
综合指数	3.61					

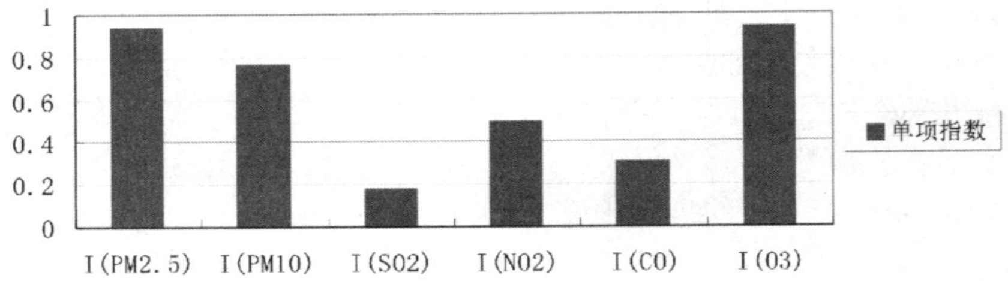

2016年象山县城区环境各空气污染物单项指数图

表45　　2016年象山城区主要污染物均值统计一览

单位：除CO为mg/m^3外均为$\mu g/m^3$

时间	$PM_{2.5}$	PM_{10}	SO_2	NO_2	CO	O_3
1月	56	71	14	37	1	85
2月	49	67	14	23	0.9	111
3月	39	59	10	26	0.7	120
4月	38	51	9	23	0.8	134
5月	42	60	10	15	0.8	129
6月	19	43	7	8	0.6	116
7月	21	46	8	11	0.6	106
8月	16	36	7	10	0.6	107
9月	22	43	6	14	0.6	109
10月	19	39	7	18	0.8	97
11月	32	50	12	26	0.8	75
12月	45	69	12	32	0.8	71
年平均	32	53	10	25	0.8	81

【石浦地区环境空气监测结果】 2016年，石浦地区监测有效天数为358天，达标天数共326天，达标天数比例为91.0%，比2015年上升1.2%。超标32天，超标天数比例为9.0%，其中轻度污染30天，占全年的8.4%；中度污染2天，占0.6%；全年无重度污染。石浦地区全年有148天首要污染物为臭氧，占41.3%；有47天首要污染物为细颗粒物，占13.1%。综合指数为2.97，年度首要污染物为PM2.5和臭氧。PM2.5年均浓度为27微克/立方米，比2015年下降4微克/立方米，达到二级标准。2016年度象山县石浦地区年度综合指数为2.97，年度首要污染物为细颗粒物，其单项指数为0.771。

按月统计，全年空气质量最好的为10月和11月，这两个月无超标天数，全年空气质量较差的为4月、5月、8月，超标天数分别为6天、6天、7天。

表46　　2016年度象山县石浦地区环境空气综合指数一览

指　标	污染物项目					
	细颗粒物	可吸入颗粒物	二氧化硫	二氧化氮	一氧化碳	臭氧
单项指数	0.77	0.61	0.17	0.50	0.28	0.64
综合指数	2.97					

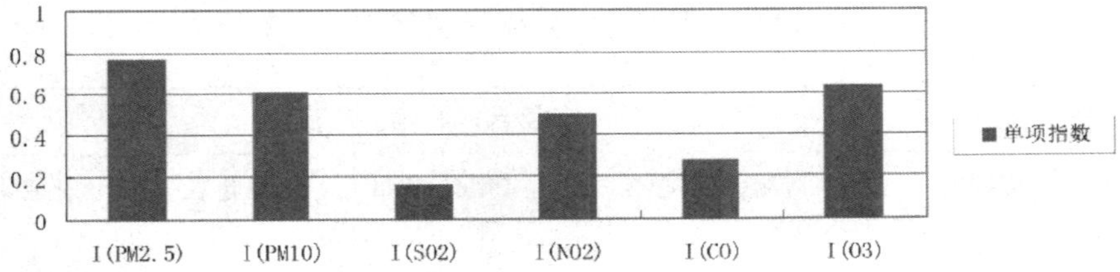

2016年象山县石浦地区空气各污染物单项指数图

表47　　2016年象山石浦主要污染物均值统计一览

单位：除CO为mg/m³外均为μg/m³

时间	$PM_{2.5}$	PM_{10}	SO_2	NO_2	CO	O_3
1月	37	56	13	29	0.9	81
2月	34	56	10	19	0.7	102
3月	27	47	10	26	0.7	105
4月	28	43	9	24	0.7	122
5月	33	50	14	21	0.8	125
6月	20	32	10	10	0.6	115
7月	19	35	9	9	0.6	102
8月	17	30	9	11	0.5	105
9月	21	35	9	13	0.5	109

续表47

时间	$PM_{2.5}$	PM_{10}	SO_2	NO_2	CO	O_3
10月	20	34	7	18	0.6	96
11月	28	44	11	30	0.8	85
12月	41	63	12	32	1	80
年平均	27	43	10	20	0.7	102

【西周地区环境空气监测结果】 2016年，西周地区监测有效天数为350天，达标天数共336天，达标天数比例为96.0%，比2015年上升10.6%；超标14天，超标天数比例为4.0%，均为轻度污染。西周地区全年有128天首要污染物为臭氧，占36.6%；有52天首要污染物为细颗粒物，占14.8%。2016年度象山县西周年度综合指数为3.45，年度首要污染物为臭氧，其污染分指数为0.85。PM2.5年均浓度为28微克/立方米，比2015年下降3微克/立方米，达到二级标准。

按月统计，全年空气质量较好的为2月、3月、6月、7月、10月、11月，均无超标天数，其中10月空气质量最好，一级天数达25天；全年空气质量最差的为4月，超标天数为4天。

表48　**2016年度象山县西周地区环境空气综合指数一览**

指　标	污染物项目					
	细颗粒物	可吸入颗粒物	二氧化硫	二氧化氮	一氧化碳	臭氧
单项指数	0.80	0.63	0.27	0.55	0.35	0.85
综合指数	3.45					

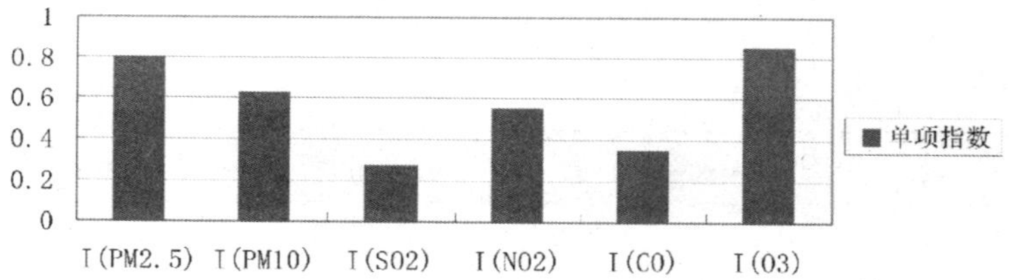

2016年象山县西周地区各空气污染物单项指数图

表49　**2016年象山西周主要污染物均值统计一览**

单位：除CO为mg/m^3外均为$\mu g/m^3$

时间	$PM_{2.5}$	PM_{10}	SO_2	NO_2	CO	O_3
1月	39	60	21	32	1.0	72
2月	34	55	18	23	1.2	94
3月	29	48	25	24	1.0	106

续表49

时间	$PM_{2.5}$	PM_{10}	SO_2	NO_2	CO	O_3
4月	26	40	18	21	1.0	109
5月	36	51	16	21	0.7	120
6月	21	34	15	14	0.9	105
7月	21	34	11	8	0.7	98
8月	18	30	14	12	0.6	92
9月	22	34	14	16	0.7	100
10月	21	36	13	23	0.6	83
11月	29	49	13	29	0.7	79
12月	39	59	15	35	1.0	66
年平均	28	44	16	22	0.8	94

【酸雨现状】 象山县2016年降雨量为1693毫米，与2015年相比降雨量增加254毫米，全年单次降水pH测值在4.23～6.25之间波动，全县降水pH年平均值为4.75，与2015年相比基本无大变化，属于中酸雨区。全年共采集雨水样品60个，年酸雨率75%，酸雨率较2015年下降11.8%。其中较强酸性样品9个，占总数的15%，弱酸性样品36个，占总数的60%，中性样品15个，占总数的25%。2016年全县降水pH年平均值为4.75，属于中酸雨区，年酸雨率为75.0%，比2015年下降11.8%，降水pH年平均值基本无大变化。城区降水中各种离子浓度值波动较大，阴离子浓度由高到低的顺序是硝酸根离子、氯离子、硫酸根离子、氟离子；阳离子浓度由高到低的顺序是钾离子、铵根离子、钙离子、镁离子、钠离子，酸雨类型由硫酸型转变为硝酸型酸雨。

表50　　2016年象山县降水监测统计一览

月份	采雨总数（个）	降雨量（mm）	酸雨率%	pH值		电导率 μs/m	降水化学成分　mg/L								
				范 围	均值		SO_4^{2-}	NO_3^-	Cl^-	F^-	K^+	Na^+	Ca^{2+}	Mg^{2+}	NH_4^+
1	5	48.8	100.0	4.41–5.54	4.80	1.51	1.09	1.22	0.69	0.06	0.58	0.03	<0.02	0.03	0.17
2	2	41.5	100.0	4.73–4.92	4.85	1.15	0.90	1.51	0.50	0.04	0.84	<0.01	0.50	0.01	0.22
3	3	61.1	100.0	4.23–4.51	4.42	1.50	1.50	1.29	0.53	0.16	0.19	0.36	<0.02	0.09	0.11
4	16	444.8	100.0	4.28–4.68	4.46	0.91	0.98	1.03	1.84	0.02	0.39	<0.01	0.13	0.31	0.18
5	8	131.1	100.0	4.35–4.85	4.58	0.77	0.53	0.09	0.20	0.05	0.09	0.17	<0.02	0.05	0.20
6	7	324.6	100.0	5.08–5.25	5.23	3.04	0.26	1.28	1.34	0.17	0.15	0.03	0.13	0.02	0.21
7	5	43.5	0	5.97–6.21	6.00	0.52	0.08	0.56	0.28	0.08	0.12	0.15	0.10	0.04	0.16
8	3	86.6	100.0	4.93–5.32	4.94	2.25	0.22	0.20	0.31	0.13	1.04	<0.01	1.09	0.03	0.11

续表50

月份	采雨总数(个)	降雨量(mm)	酸雨率%	pH值		电导率 μs/m	降水化学成分 mg/L								
				范围	均值		SO_4^{2-}	NO_3^-	Cl^-	F^-	K^+	Na^+	Ca^{2+}	Mg^{2+}	NH_4^+
9	6	125.1	100.0	4.84–5.04	4.69	0.29	0.24	0.23	0.21	0.01	0.06	0.01	<0.02	0.01	0.05
10	2	213.8	100.0	4.93–5.51	5.11	0.75	0.70	3.04	1.75	0.25	0.20	0.05	0.23	0.04	0.34
11	7	111.7	0	5.87–6.25	6.02	0.43	0.44	0.81	0.57	0.03	0.39	<0.01	<0.02	0.01	0.11
12	3	60.8	0	5.78–6.11	5.95	0.98	0.19	0.16	0.26	0.10	0.03	0.34	0.09	0.04	0.17
全年	60	1693	75.0	4.23–6.25	4.75	1.32	0.61	1.13	1.11	0.10	0.30	0.06	0.16	0.10	0.18

【大气污染防治全面升级】 成立象山县百日环保执法专项行动领导小组，从4月底起集中打响工业烟尘治理达标排放、清理工业企业建设项目环境违法行为、重污染企业关闭搬迁、燃煤锅炉改造、餐饮业油烟治理、矿山和道路扬尘治理、建筑工地扬尘污染治理、机动车尾气污染防治、垃圾杂物焚烧污染及“低、小、散”行业整治工作等十大攻坚战，扎实推进大气污染防治、主要污染物减排等工作。提出“发现污染源、把控污染源、消灭污染源”的工作思路，要求各级各部门务必做到精准对接，将大气污染防治任务细化到每台锅炉、每个企业、每个工地。重点整治燃煤锅炉、汽车尾气、建筑工地、道路扬尘、餐饮油烟、露天烧烤、垃圾焚烧、秸秆焚烧等主要空气污染源，每项工作将明确具体的工作目标、工作标准、牵头单位和配合单位，为深入开展主城区大气污染防治完善顶层设计，确保G20峰会环境质量。完成宁波正源电力有限公司1台75t/h燃煤锅炉的原地整治工作，开展大唐电厂1#和2#机组清洁化排放改造工作和石浦远大、裕祥7台20吨以上锅炉提标改造工作，企业在2016年12月31日达到排放标准；对全县石化、化工、涂装、合成革、印刷包装、纺织印染、橡胶和塑料制品、木业、制鞋、化纤、化学品储存和运输业、电子信息等12类重点VOC排放行业的42家企业进行调查审核，督促制定“一厂一策”整治方案，确保如期完成整治任务；推进黄标车淘汰工作，2016年市下达目标任务为43辆，已淘汰黄标车43辆，淘汰率为100%；累计检测车次113621辆次，年检机动车尾气同步检测率达100%。

声环境保护

【概况】 县城区域面积扩大，城乡一体化进程日益加快，机动车保有量和车流量的增长，给城区声环境带来不小的压力，2016年象山县区域环境噪声基本控制在55分贝以下，道路交通噪声基本保持在70分贝内，声环境质量普遍属于好或较好，功能区昼间噪声基本达标，城区整体噪声污染水平基本稳定，但交通干线两侧昼夜噪声个别有超标现象，城区声环境质量还有待改善。2016年象山县功能区噪声：居民区昼间和夜间噪声均达标；混合区步行街昼间噪声超标，夜间噪声均达标；工业集中区昼间和夜间噪声均达标；交通干线两侧象山港路昼间噪声超标，夜间噪声均超标。2016年象山县昼间区域环境噪声均值为53.9分贝，在55.0分贝以下，声质量属较好水平，相比2015年下降0.8 分贝。道路交通噪声均值为66.8分贝，声质量属好，测点的达标率为96.4%，与2015年相比，上升7.1个百分点。

【区域环境噪声】 2016年4月，县环境监测站对城区区域噪声进行昼间监测，取得有效数据113组，测得昼间区域环境噪声等效声级平均值为53.9dB(A)，属较好水平，相比2015年下降0.8dB(A)。1类区域65个测点，测得区域环境噪声等效声级平均值为51.5dB(A)，符合《声环境质量标准》1类昼间标准，和2015年该区域环境噪声等效声级平均值持平；2类区域20个测点，测得区域环境噪声等效声级平均值为56.7dB(A),符合《声环境质量标准》2类昼间标准,比2015年该区域环境噪声等效声级平均值下降1.8dB(A);3类区域28个测点,测得区域环境噪声等效声级平均值为57.7dB(A),符合《声环境质量标准》3类昼间标准,比2015年该区域环境噪声等效声级平均值下降3.1dB(A)。

【道路交通噪声】 2016年4月对城区道路交通噪声14个监测路段28个测点进行监测,共取得有效数据28组,测点的昼间交通噪声均值为66.8dB(A),符合《声环境质量标准》4a类昼间标准,水平属于好,测点的达标率为96.4%,与2015年相比,上升7.1个百分点。

表51　　2016年象山县城区交通噪声监测统计一览

序号	路段名称	路段长(米)	路段宽(米)	测　点	车流量(辆/小时)	Leq(分贝)	L10(分贝)	L50(分贝)	L90(分贝)
1	建设路	1173	18	社会保障综合服务中心	1380	68.8	70.7	66.2	61.4
				新光大宾馆	1320	68.1	70.4	65.3	60.5
2	靖南路	1985	24	大脚板浴场	385	66.5	68.8	63.4	57.5
				春夏秋冬	317	67.6	69.5	64.7	60.4
3	丹峰路	2363	26	丹峰西路189号	500	67.3	70.1	63.4	55.6
				宝德汽车美容养护中心	365	67.7	70.6	62.5	56.4
4	象山港路	3274	60	宏利集团	815	69.8	72.6	67.7	61.3
				象山水利局	1890	71.6	75.6	67.5	59.3
				象山县第一人民医院	942	64.8	65.3	58.4	52.4
5	巨鹰路	1811	60	山水人家	750	64.3	66.0	57.6	53.2
				东河花园二期	519	64.6	67.9	60.0	52.7
6	东谷湖路	1247	38	汇东超市	660	67.3	70.0	64.6	60.0
				文峰小区东门	669	65.6	67.8	62.4	56.9
7	育才路	1100	24	文峰小区西门	330	63.4	65.7	60.0	53.3
8	新华路	1010	30	环保局	720	69.5	71.3	64.6	59.2
				大东海休闲城	345	64.9	62.7	56.1	51.6
9	天安路	1394	40	消防大队	1032	65.0	67.6	60.5	52.9
				中国银行	1383	67.8	68.6	64.2	60.7
				春天百货	768	67.6	68.2	64.6	62.5
10	新丰路	766	40	供电局	813	64.3	66.7	60.5	52.9
				南门中学	666	67.4	67.9	62.5	57.4
11	环城西路	972	26	环城西路31号	312	69.6	71.8	61.6	52.8
				城西365线21号	456	66.0	69.3	61.1	56.0
12	丹南路	1350	24	新长城饭店	495	67.3	70.4	63.6	54.1
				新客运中心	603	69.5	70.9	63.0	57.5
13	丹阳路	945	32	水木华庭	288	63.3	66.0	59.8	51.7
				实验小学南门	1083	69.6	71.4	64.6	58.6
14	丹河路	432	24	海洋与渔业局	450	64.9	68.4	59.5	53.2

【功能区噪声】 2016年3月和10月对城区4类功能区噪声进行两期24小时连续监测,取得有效数据384组。

表52　2016年3月象山县城区功能区噪声监测统计一览

单位:dB(A)

类别 项目	一类 标准区		二类 标准区		三类 标准区	四类 标准区		
功能区	居民区		混合区		工业区	交通干线两侧		
测点	东河花园	瀛洲小区	步行街	计生局	工业园区	靖南路	象山港路	天安路
昼间	45.1	51.9	54.0	50.7	60.3	66.9	72.1	64.2
夜间	37.9	44.5	37.5	42.3	42.7	60.0	63.8	57.8
昼夜	46.2	52.9	52.7	51.3	58.9	68.2	72.7	65.7

表53　2016年10月象山县城区功能区噪声监测统计一览

单位:dB(A)

类别 项目	一类 标准区		二类 标准区		三类 标准区	四类 标准区		
功能区	居民区		混合区		工业区	交通干线两侧		
测点	东河花园	瀛洲小区	步行街	计生局	工业园区	靖南路	象山港路	天安路
昼间	46.1	51.6	64.1	52.1	63.4	65.0	68.5	63.0
夜间	38.0	38.8	40.3	39.8	53.1	58.4	62.2	56.0
昼夜	46.8	50.8	62.4	51.4	63.3	66.4	70.1	64.2

3月份功能区噪声评价结果:

1类标准区(居民区),昼间和夜间噪声都达标。

2类标准区(混合区),昼间和夜间噪声都达标。

3类标准区(工业区),昼间和夜间噪声都达标。

4类标准区(交通干线),象山港路昼间噪声超标,交通干线两侧夜间噪声均超标。

10月份功能区噪声评价结果:

1类标准区(居民区),昼间和夜间噪声都达标。

2类标准区(混合区),步行街昼间噪声超标,混合区夜间噪声均达标。

3类标准区(工业区),昼间和夜间噪声都达标。

4类标准区(交通干线),昼间噪声都达标,夜间噪声均超标。

自然生态环境保护

【概况】 2016年,象山县牢固树立十八届五中全会提出的创新、协调、绿色、开放、共享的五大理念,争当绿水青山就是金山银山的“两山”理论践行者和引领者,具体落实党中央、国务院关于加快推进生态文明建设决策部署的战略举措和市委、市政府下达的生态市建设工作任务。以生态文明建设为主线,围绕“清三河”达标县创建、保障G20

峰会环境质量等中心工作，攻坚克难，实现县域内生态环境质量持续保持优良：全年PM2.5浓度为30微克/立方米，位列全大市前茅并且首批首次达标；地表水环境功能区水质达标率为80%，市控以上断面无劣Ⅴ类水体；跨行政区域河流交接断面水质考核良好；乡镇级以上集中式饮用水源地水质达标率达到100%，基本完成生态市和生态文明建设各项工作。

【"清三河"达标县通过省级创建验收】 ①深化河道整治。为巩固黑臭河整治成果，全县开展黑臭河防反弹拉网自查，发现问题及时整改。拆除畜禽养殖场90家，拆除面积6.69万平方米，完成整改19家，累计拆除养殖场1183家，拆除面积54.4万平方米，整治144家，全面完成畜禽养殖整治工作，整治完成的养殖场污染物全部得到有效收集处理；加快推进城乡生活污染处理设施建设，新增污水管网51.7公里，中心城区污水处理厂三期、贤庠镇污水处理厂投入试运行，建成农村生活污水处理设施村105个，覆盖率达90%以上；开展重污染工业企业整治，实施低、小、散涉水企业集聚工程，落实《象山县印花行业污染整治提升方案》，分别在爵溪区域、城东工业园区建设2个印花集聚园区，完成爵溪区域印染行业内部明管改造工程；开展河湖塘库清淤，完成清淤量137万方，超额并提前完成市考核任务，全市河湖库塘清淤现场会在象山召开。被称为全省最难治的河道之一爵溪燕山河通过铁腕治污重新焕发新颜，整治工程取得显著成效。中心城区加大截污纳管力度，沿河排污口实现发现一个堵塞一个，已基本达到零排放目标。通过一系列"水岸同治"，所有问题河道整治工作于7月底前全面完成。②深化落实"河长制"。依托统筹包干制、河道巡查制、信息公开制等制度，加强各级河长责任意识，深入推进河道"管、治、防"一体，确保河道得到有效管护。规范河长巡查记录，全面完善河长信息，对全县所有河道设置河长公示牌780块，推行河长APP管理模式，补充完善河道管理信息内容，强化河长管护责任。全面开展河道排污（水）口标识工作，分批完成72条重点河道和其他面上河道的排摸、标识。③加强河道保洁机制。着力推进"四员合一"和服务外包等有效方法，加大河道保洁力度，坚决消灭河面垃圾漂浮和河岸垃圾堆积等现象。强化考核和淘汰制度，开展保洁员业务培训，提升保洁人员业务素质能力，增强责任意识，维护河道的良好状态。④创新督查工作方式。开展专项督办和约谈，由县级分管领导对重点工作进行现场检查督办；开展媒体督查，由县电视台"每周聚焦"栏目对创建工作中的问题进行曝光报道；加强"清三河"办公室督查，实施清三河创建工作"黄、橙、红"三色督办单制度。经过群策群力，"清三河"达标县创建工作已通过省级现场考核验收和省市县三级公示。

【完成国家生态文明示范县创建】 深入贯彻领会中共中央国务院《关于加快推进生态文明建设的意见》和环保部研究制订的《国家生态建设示范县、市指标(试行)》要求，在"全程生态、全境生态、全民生态"基础之上，拓展发展思路，以深化国家生态县创建升级版为载体，以"全境生态、统筹兼顾、以创促建、惠及民生"为原则，围绕推动空间格局优化、促进区域经济绿色化、加快环境质量提升、推进人居生活绿色化、推动生态文明制度体系建立完善、弘扬并推进生态文化发展，全面加强生态环境保护，提升生态文明水平，编制完成《象山创建国家生态文明建设示范县规划(初稿)》。在《2016年度生态县建设工作任务书》中要求各镇乡、街道启动国家级生态文明建设示范乡镇创建工作，保证全县创建工作由点到面有序铺开。实施《象山县环境功能区划》，落实生态保护红线，加强生态环境资源开发利用空间管制，促进形成经济社会发展与生态环境承载力相协调的区域开发格局。

【绿色创建提升公众生态环保理念】 以"6·5世界环境日"和"6·30浙江省生态日"等主题活动日为契机，开展一系列宣传活动，分发《重拳出击保蓝天-大气污染防治法》和《共住一座城共爱一个家-新环保法》宣传手册2000余册，同时分发万余册法律法规和宣传手册到全县机关、企业、学校和广大农村，提高全县人民对生态文明的知晓度。及时宣传报道县生态县建设工作和成果,浙江日报头版、专版对县“清三河”释放生态红利工作予以重点报道,宁波日报头版头条、专版对县“清三河”工作尤其是燕山河整治予以深入报道,宁波日报专版刊登“象山碧海蓝天翠满园”,这些稿件的刊发在社会上引起较大的反响。推行低碳生活方式,在党政机关、事业单位开展节水、节电、节材行动,引导社会公众崇尚绿色、自然的文明生活消费理念。建设各种文化载体,广泛开展各类基层创建活动,成功创建1个市生态文明教育基地,5家市环保模范(绿色)单位。全县生态文明之风兴起,根据《2016年度宁波市生态环境质量公众满意度预调查结果的通报》,象山县总得分71.0,位列全大市第二,总得分和名次均比上年提高。

交通　邮政

交通基础设施

【概述】　县交通运输工作紧扣工业强县主战略，深化法治交通理念，扩大有效投资，全面深化专项改革，优化公共交通服务，深入实施“提升城乡品质，建设美丽象山”行动，综合交通运输体系建设得到完善。全年完成投资111593万元，占年计划的115.6%。其中，交通重点工程完成投资85005万元，占年计划的121%。

【交通基础设施建设】　截至2016年年底，全县拥有公路里程1317.938公里，公路网密度为95.36公里/百平方公里。其中：高速公路1条（象山港大桥）21.705公里，省道3条（象西线、茅石线、盛宁线）133.578公里，县道269.535公里，乡道191.74公里，村道公路687.547公里，专用公路13.827公里。整个路网高级路面1313.973公里，次高级路面1.354公里，低级路面2.611公里。其中，隧道48座，共计20.454公里，桥梁293座，共计23.653公里。

【环象山港公路（林善岙至黄避岙）工程正式建成通车】　1月21日上午，环象山港公路（林善岙至黄避岙）工程林善岙至贤庠段正式通车，贤庠至黄避岙段于2012年年底通车，林善岙至贤庠段的通车实现林善岙至黄避岙全线通车运营。环象山港公路（林善岙至黄避岙）工程起自林善岙，经大徐、涂茨、贤庠至黄避岙，全长32.84公里。按一级公路标准建设，设计速度80公里/小时，路基宽24.5米，总投资约12.82亿元。其中，贤庠至黄避岙段路线全长为3.29公里。林善岙至贤庠段共25.6公里，2012年6月20日开工。该工程的建成通车对完善县交通路网，拉动东部区域发展具有十分重大的意义。

【丹城至林善岙公路工程（二期工程）施工图设计通过评审】　1月21日，与会代表和专家一致认为，本项目施工图设计基本符合有关技术规范的规定和要求，同意通过评审，经补充、完善后上报审批。

【宁波舟山港石浦港区沈海高速连接线石浦至新桥段（石浦连接线）公路工程通过土地利用及耕地保护论证】　1月28日，省国土资源厅在象山组织召开宁波舟山港石浦港区沈海高速连接线石浦至新桥段（石浦连接线）公路工程土地利用及耕地保护踏勘论证会，与会专家和代表踏勘现场，听取项目工可报告编制和土地利用及耕地保护专题报告编制单位的汇报，经质询和讨论，形成意见。

【交通质监站连续三年获市站考核优秀单位】　1月28日，象山交通质监站荣获2015年度考核优秀单位。近三年，围绕“法治、品质、平安、智慧、文化”五大质监，全面负责全县交通工程的公路、港口、码头及县政府委托的旅游道路、渔业码头等质监任务，围绕交通工程标准化创建目标，深入开展工程质量通病治理，深化平安工地创建，促进县交通建设上新水平。共施行监督大小工程项目141个，总投资约18.6亿元，工程项目监督覆盖率达100%，严格按照市交通质监站目标责任考核要求实现主管监督项目的质量及安全每季度至少检查1次，主管监督项目的监理、工地试验室专项检查每年至少2次的要求，实现质量安全零事故。

【林善岙隧道左洞贯通】　6月5日傍晚19时，林善岙隧道左洞贯通。该隧道工程是象山县丹城至林善岙公路工程的重要节点工程，全长1302米，按一级公路标准设计，设计速度80公里/小时，隧道进出洞口采用端墙式洞门。隧道左洞贯通，全线路基基本形成,年底通车试运行。项目建成通车后,提高城区至产业区方向通行能力,缓解该区域交通紧张的现状,提高道路的行车安全性,促进沿线区域的经济社会发展。

【丹大线产业区至大徐汤家店段改建工程通过初步设计评审】 6月27日,丹大线产业区至大徐汤家店段改建工程初步设计评审会议召开。会议听取设计单位对该项目初步设计方案的详细汇报,专家及各单位代表对项目初步设计进行评审并提出专家意见。专家组肯定初步设计文件,认为该设计方案满足设计和规范的要求,一致同意通过初步设计。项目全长4.41公里,起点与环港公路相交,终点与盛宁线相接。设计速度80公里/小时,按一级公路双向四车道标准设计,占地24.74公顷,估算投资2.78亿元。

【茅石线新桥段改道工程通过竣工验收】 8月3日,茅石线新桥段改道工程被评定为优良工程。茅石线新桥段改道工程位于新桥镇,起自茅石线乌江,往南终点接茅石线上盘村。路线全长4.27公里,按二级公路标准设计,双向两车道沥青混凝土路面,路基宽12米。影城隧道长415米,宽13米,设计车速80公里/小时,采用BT模式建设,概算总投资7569万元。自通车试运行后,桥梁、隧道及防护工程结构完好,交通安全设施完善,整体路况良好。工程于2012年7月开工建设,2013年12月建成通车,是象山南部地区社会经济发展的重要通道。工程的竣工验收将完善象山公路网布局,加速新桥镇及象山影视城旅游经济发展。

【石浦高速公路定塘连接线(马漕线改建工程)政策处理工作启动】 8月23日,石浦高速公路定塘连接线(马漕线改建工程)正式开始红线放样,政策处理工作全面启动,12月开工建设。该工程按一级公路标准设计,双向四车道,设计速度为80公里/小时,路线全长10.06公里,全线设大桥411.08米/2座,设置分离式隧道1座(左右洞长均为1310米)。总投资估算约81706.5亿元。

【宁波市象山现代物流园区公共服务中心大楼结顶】 管理及信息交易大楼于2015年8月启建,2016年8月12日结顶,预计于2017年10月完工并投入使用。管理及信息交易大楼位于殷夫路和环城西路交叉路口,总投资1.1亿元,总建筑面积37552.8平方米。大楼共九层,为公共服务中心运营管理机构提供办公用房,地下室为汽车库、设备用房,满足200多辆办公车辆的停车需求。建成后将为入驻园区的公安、运政、税务等政府监管机构和保险、银行等金融服务部门及物流企业提供办公场所,为货主和货代企业发布信息、物流企业和司机查询信息提供场所,为司乘人员提供临时住宿餐饮等配套服务场所。

【丹大线产业区至大徐段改建工程通过施工图评审】 9月30日,丹大线产业区至大徐段改建工程通过施工图评审。石浦高速公路定塘连接线(马漕线改建)工程起点位于茅石线K30+700,路线向东经葫芦门、后塘村东、坦塘村接石浦高速公路定塘互通,然后东沿马漕线南侧至沙地村前,线位在沙地村南侧与山体之间通过,经沙地水库南侧后设置相帽岭脚隧道穿过山体,其后经马盘村南侧向东至终点沿海南线(桩号K24+450)。路线全长约10.06公里,全线设大桥411.08米/2座,中桥302.36米/9座,小桥26.08米/2座,分离式隧道1座。按一级公里标准设计,双向四车道,设计速度80公里/小时。初步设计由象山县发展和改革局批复,概算批复81065.28万元,其中建安费54933.50万元。

【石浦高速公路定塘连接线(马漕线改建)工程通过施工图评审】 9月30日,经现场踏看和专家组及参会代表讨论,形成一致意见,同意通过石浦高速公路定塘连接线(马漕线改建工程)施工图评审。该工程按一级公路标准设计,双向四车道,设计速度为80公里/小时,路线全长10.06公里,全线设大桥411.08米/2座,设置分离式隧道1座(左右洞长均为1310米)。总投资估算约81706.5万元。

【盘基码头完成竣工决算审计】 10月中旬,盘基码头完成竣工决算审计。陆岛指挥部共有三个码头工程组成:其中檀头山客运码头项目概算总投资492万元,于 2012年5月完成决算审计;渔山列岛客运码头项目概算总投资855.87万元,于2013年7月完成决算审计;鹤浦盘基码头及接线工程项目概算总投资6042万元,于 2016年完成决算审计。

【沿海南线滨海大道至金开路拓宽工程通过施工图评审】　11月10日，经专家组及参会代表讨论，形成一致意见，同意通过沿海南线滨海大道至金开路拓宽工程施工图评审。该项目起点位于滨海大道，终点位于金开路，路线走线与老路完全一致，全长3.5公里。路段宽度拓宽至39.5米，车道数由双向四车道增加为双向六车道，设计速度由60公里/小时提升至80公里/小时。估算投资2.2亿元。计划于年底开工建设。该项目的建设不仅能有效对接浙江三门湾大桥及接线工程，提高对外交通集散能力，可以完善城市功能，妥善解决道路高峰时段交通拥堵问题，加强滨海工业园区与中心城区对接。

【石浦高速公路定塘连接线(马漕线改建工程)获得国家PPP前期经费补助】　国家发改委下达2016年PPP项目前期工作中央预算内投资计划，石浦高速公路定塘连接线(马漕线改建工程)获前期经费40万元补助，是县获得该项经费补助的唯一交通亘点工程项目。工程按一级公路标准设计，双向四车道，设计速度为80公里/小时，路线全长10.06公里，全线设大桥411.08米/2座，设置分离式隧道1座(左右洞长均为1310米)。总投资估算约81706.5万元。工程完成施工图评审、红线放样，全面开展政策处理，年底开工建设。

【环象山港公路(互通至龙屿、龙屿至高泥)工程正式通车试运行】　11月18日，环象山港公路(互通至龙屿、龙屿至高泥)工程正式通车试运行。该项目的建成，对完善象山港区域的干线公路网布局，构建城乡一体化综合交通运输体系具有重要意义。环象山港公路(互通至龙屿、龙屿至高泥)工程是宁波市环象山港公路的一部分，是构建县"一轴、两环、五连"交通路网格局的重要组成部分。互通至龙屿段为起点位于环港公路K28+900，终点位于环象山港公路K32+850，路线向西经过沙塘村南、横塘北、龙屿北，道路全长3.955千米，施工建安造价5170万元；龙屿至高泥段顺接环象山港公路K32+850(龙屿附近)，沿原汤鲁线向南，经鲁家岙村北侧，以隧道形式穿过高泥岭至高泥水库附近，终点接605乡道孟高段，道路全长3.55公里，施工建安造价6320万元。路线全长为7.304公里，合计1.149亿元，合同工期24个月，于2014年10月28日开工建设。

【公路治超电子检测系统工程通过施工图评审会】　11月24日，公路治超电子检测系统工程通过施工图评审会。设计施工的四套公路治超电子检测系统将完善象山科技治超的监控网络。利用电子检测系统，每车检查时间从现场检查10分钟左右缩短至1分钟至2分钟，工作效率大大提升。非现场执法查获的案件量提升，全路网超限率有明显下降趋势，"互联网+"治超成为现实。

三门湾大桥及接线工程

【概况】　浙江省三门湾大桥及接线工程是甬台温高速公路复线的重要组成部分，是复线第二段宁波象山至温州乐清段中的第一段，是象山港大桥及接线工程的延伸。该工程起点在象山县墙头镇戴港，顺接象山港大桥南接线终点，穿大狮子隧道，经茅洋、新桥、泗洲头，跨马岙门，在泗洲头大理设象山停车区后进入宁海县境内，经长街、明港，跨力洋港、青山港进入三门县蛇蟠岛，终点位于台州三门县六敖镇(与台州湾大桥及接线工程起点连接)，线路全长约54. 5公里，其中三门湾大桥长11. 79公里，两岸接线长42. 71公里。设茅洋、新桥、长街、明港、蛇蟠岛五处互通立交。全线采用高速公路标准建设，设计速度100公里/小时，其中起点墙头戴港至宁海明港互通式立交段43. 67公里采用双向四车道标准，路基宽度26米；明港互通式立交至终点段10. 83公里采用双向六车道标准，路基宽度33. 5米。

2012年2月10—13日，国家发改委组织召开了浙江省三门湾大桥及接线工程可行性研究报告现场咨询评估会，并形成了专家组意见；同年2月14—16日，交通运输部综合规划司组织专家在西安召开了浙江省三门湾大桥及接线工程可行性研究报告咨询审核会，并形成了审核意见。2013年11月26日，国家发改委印发发改基础[2013]2300号文件，即《国家发改委关于浙江省三门湾大桥及接线工程可行性研究报告的批复》，批准立项建设。项目法人为由宁波市人民政府和台州市人民政府出资组建的宁波三门湾大桥开发有限公司。2014年5月29日，国家交通运输部《关于浙江省三门湾大桥及接线工程初步设计的批复》批准初步设计方案。宁波三门湾大桥开发有限公司委托省交通规划设计研究院等单位完成了方案评审、图纸设计、地质勘测、工程招标等一系列程序。三门湾大桥及接线工程勘测设计合同签约仪式2012年4月20日在杭州举行,宁波、台州两地工程建设指挥部和省交通规划设计研究院相关负责人出席仪式。勘测设计中标单位为省交通规划设计研究院,中标金额为1. 37亿元。

三门湾大桥及接线工程宁波段土建工程分8个标段承包,即象山与宁海各分4个标段承包。象山段4个标段中标情况是:第一标段在墙头区域,线路长7. 5公里,中铁隧道集团中标承建。第二标段在茅洋区域,线路长7. 93公里,中铁二十四局集团中标(一标也有在茅洋的部分项目)。第三标段在新桥区域,线路长5. 37公里,中交第一公路工程局中标(二标四标在新桥也有部分项目)。第四标段在泗洲头区域,线路长7.11公里,中交第二公路工程局中标。以上4个标段合计总里程27. 91公里。第5至8标在宁海段,五标六标在宁海长街区域,五标线路长8. 16公里,宁波交通工程建设公司中标;六标线路长6. 03公里,浙江交工路桥建设公司中标;七标八标在力洋区域,七标线路长4. 13公里,中交第二航务工程局公司中标;八标段线路长1. 54公里,中铁大桥局股份有限公司中标。宁海段合计总里程19. 9公里。三门湾大桥及接线工程估算总投资约为130亿元人民币,项目总工期4年。2014年12月17日上午,三门湾大桥工程在宁海县力洋镇打下第一根桩,标志着宁波段工程正式开工,全线将于2018年12月份建成通车。

宁波段全长48公里,其中象山段长27. 91公里,起点位于象山港大桥及接线工程墙头戴港,经茅洋、新桥、泗洲头进入宁海,总投资约为53. 1亿元。设茅洋互通、新桥枢纽,养护工区1处,匝道收费站2处,在泗洲头大理村设象山停车区兼互通,线路跨泗长线进入宁海县。

三门湾大桥及接线工程项目是落实浙江省国家海洋经济示范区发展战略的重点项目,省委、省政府对此高度重视。市政府成立三门湾大桥及接线工程项目建设领导小组,项目由市高速公路建设指挥部负责承建。该项目是省高速公路网规划“两纵两横十八连三绕三通道”中浙江沿海高速公路的“一连”。工程建成通车后,将大大缓解甬台温高速公路的交通压力,进一步完善沿海港口公路集疏运网络,优化沿海经济产业布局,促进象山、宁海两地深度融入宁波市“一小时交通圈”,将使象山县高速公路在北通宁波、长三角的基础上,实现南联台州、温州等经济高地,给象山经济社会发展带来历史性的机遇,意义重大。

【县高速公路建设指挥部获得表彰】 省政府决定在“五一”前夕表彰一批在2015—2016年建设“两美”浙江重点工程立功竞赛中作出贡献的模范集体、劳动模范。建设“两美”浙江重点工程立功竞赛办公室发出通知,要求做好建设“两美”浙江重点工程立功竞赛劳模先进集体和个人推荐评选工作。4月26日,省总工会发文表彰了全省劳动模范和模范集体,象山县高速公路建设指挥部榜上有名。由于象山指挥部工作成绩突出,获省“五一”劳动奖状表彰。4月29日,指挥部领导赴杭州受奖。

全市获省先进集体表彰的仅两家,另一家为中海石油宁波大榭石化公司。

【大狮子隧道贯通】 12月16日,宁波市境内最长的公路隧道——大狮子隧道贯通,这标志着整个三门湾大桥及接线工程(宁波段)主要的一项控制性工程取得重大突破。按双向四车道标准设计的大狮子隧道为左右线分离式隧道,左边隧道长3885米,右边隧道长3880米,起始于墙头镇蔡家岙村,终点位于茅洋乡杨家岙村,是三门湾大桥及接线工程(宁波段)全线最长的隧道,也是宁波市境内最长的公路隧道。该隧道施工环境恶劣,地质复杂,工程技术要求高,施工难度大。承建单位中铁隧道集团精心组织,科学施工,12月16日首先优质高效打通了右边隧道,比计划工期提前90天完成。左边隧道也于12月23日贯通。

【征迁工作】 三门湾大桥及接线工程象山段红线内征收土地共125. 26公顷,到年底完成交地123. 96公顷,完成率98. 95%。27. 73公顷临时借地全面移交,完成率100%,与之相关的临时借地手续基本办理完毕。地面附着物理赔基本完成,有效突破新桥草莓大棚和泗洲头、茅洋蓝莓种植的政策处理,累计拨付补偿资金4269万元,全部发放到户。内外塘养殖及海涂的政策处理完成率达98%，已妥善解决墙头湖莱港区域涉及的界址不清、村之间资金分配纠纷等相关问题和新桥崇垺岛遗留的最后一只养殖塘的补偿问题。土地补偿款发放到户率达99%。

至12月底，象山段全线51户住宅房屋已签约50户，签约率98%，拆除48户，拆除率94.1%；企业拆迁8家，完成协议签约7家，签约率87.5%，拆除6家，拆除率75%。管线迁移方案按时上报，全线106处县属管线已完成迁移104处，完成率达98%，市级管线迁移的政策处理工作按时完成。坟墓迁移全面完成，沿线乡镇共建10个坟墓安置点，3744穴坟墓已全部迁移完毕，完成率100%。征迁资金严格实行资金预拨审批制度，有计划支付各类征迁费用。到年底已拨付征迁资金3.02亿元，资金使用率达95%以上。

【"大小三改"的调整】 经指挥部协调，多次组织沿线乡镇干部等实地踏勘，完成"大小三改"的调整、新增等28处。其中，完成"大三改"调整7处、新增加9处，项目涉及全线4个乡镇；完成农田灌溉渠等"小三改"2处，已编制、明确村道路工程等10处。相关用地协调及时，工程备案资料完整并按期上报。表土剥离已基本完成，协调并督促各标段做好表土剥离工作，组织相关单位按期验收，共计剥离14.67公顷，剥离方量4.5万立方米，外运3.3万立方米。其中，第一、第三、第四标段表土剥离已完成验收。

【石浦高速连接线完成地质初勘】 宁波舟山港石浦港区沈海高速连接线新桥至石浦段工程(简称石浦高速连接线)完成地质初勘。初勘地下钻孔97只，获取了第一手地质资料，从而进入线路初步设计阶段。勘测与图纸设计由辽宁省交通设计院中标实施。

【石浦高速公路可行性报告获批复立项】 4月5日，石浦高速公路可行性报告获市发改委批复立项。石浦高速连接线起于三门湾大桥及接线工程新桥镇黄吉岙枢纽，经定塘、晓塘，终于石浦镇番头白门头东侧，与沿海南线相连，线路全长16.1公里，设计时速100公里，双向四车道，将于2017年开工建设，工期4年。

(象山县高速公路建设指挥部　史荣林)

交通运营管理

【概况】 截至2016年年底，客货运方面：全县客运企业5家，客运车辆145辆，班线52条；货运企业20家，货运车辆1479辆。驾培方面：全县驾校共4家，教练车274辆，驾培教练人员318名；公共交通方面：全县城乡公交现有车辆运营437辆（其中油电混合12辆），运营线路196条(主线27条、支线19条、区间线150条)，运营线路总长度达2601.34公里；丹城城区公交车辆187辆(其中，纯电动10辆)，运营线路31条(主线22条、支线9条)，运营线路总长度321.7公里；石浦城区公交车辆74辆，运营线路9条，运营线路总长度87.5公里；出租车方面：全县出租车企业4家，出租车249辆。另外，个体经营户拥有3辆营运出租车。维修方面：全县共有维修经营业户247家，其中一类维修16家，二类维修32家，三类维修199家。

【市委常委、市委秘书长王剑波到象山指导交通寒潮及雨雪冰冻灾害天气防范工作】 1月21日，王剑波在县公路管理段路网指挥中心考，察看县道路安全应对情况。

【交通系统全力以赴做好防御雨雪冰冻工作】 1月19日，为全面应对雨雪冰冻恶劣天气，交通系统根据省市县总体部署，启动防寒应急响应，按照《2016年春运道路运输雨雪冰冻天气应急预案》，做到早谋划、早部署、早落实。组织召开交通系统防寒工作部署会议，制定防寒应急预案，成立防寒指挥部，组建巡查小组、抢险作业小组及机动小组，全面检查公交场站、在建工程等防寒措施，落实道路运输、公路保畅、重点工程建设等具体工作，全面进入防寒临战状态。

【县交通运输暨春运工作会议】 1月18日，全县交通运输暨春运工作会议召开，围绕交通"十二五"收官和"十三五"谋划，总结2015年全县交通运输工作，部署2016年交通运输和春运工作任务。县政府党组成员周坚栋作重要讲话。"十二五"期间，全县交通基础设施建设完成投资40.542亿元(不含高速公路建设），其中争取上级资金9.812亿元，自筹资金30.73亿元，总投资较“十一五”增长103.2%。全年完成项目建设投资98610万元，占年计划的113.9%；基本完成城乡公交一体化改革任务，城乡公交一体化率92.48%，公交分担率16.8%；全年完成道路客运量533万人，周转量33883万人公里，道路货运量为754万吨，周转量为176247万吨公里。

【县“两路两侧”“四边三化”专项整治通过考核验收】 1月19日，经过市交通委与市生态办、林业局、公路局等部门对象山县“两路两侧”“四边三化”专项整治工作的验收考核，通过市考核验收，获得全市前三名的好成绩。

【春运首日象山县道路旅客运输量为1.29万人次】 象山运管部门完成春运前安全检查后，分别在4个春运服务卡点进行春运值班，开展“天网八号”打黑行动，严厉打击各类道路运输违法违规行为。春运首日象山县道路运输旅客运输量为1.29万人次，105.42万人公里。其中，旅客发送量为0.58万人次，到达量为0.71万人次。

【海岛快客班线开通】 1月1日，鹤浦至丹城、高塘至丹城快客班线正式开通。该两条班线各投入2辆39座大巴，实行两地对发。鹤浦至丹城班线设鹤浦、沙岗、象山三中、丹城客运中心4个停靠站点。高塘至丹城班线设高塘、渔潭、沙岗、象山三中、丹城客运中心五个停靠站点，票价实行一票制。当日，新桥镇区域内公交划归城乡公交，分设新桥客运中心至江东、新桥客运中心至下灵岙、新桥客运中心至山根三条线路。

【县10辆纯电动公交车“上岗”】 1月11日，县公交公司投入运营纯电动公交车10辆，其中8辆全面替换9路公交车（另2辆配置15路），实现9路公交全线零排放。纯电动车是县首批纯电动车车型，也是整个全市第一批纯电动车车型，车辆采用电机直驱技术，一次充电约为100分钟，理论可持续行驶180公里，9路车的日营运里程约为151公里，基本做到一天一充。

【市交通委主任劳可军调研象山交通重点工程建设工作】 3月31日，劳可军一行先后考察石浦高速新桥连接线、大金山隧道及接线工程（二期）和甬台温高速复线戴港出口，实地踏看象山城乡客运总站、石浦客运中心和石浦高速连接线二期规划选址，了解工程推进情况，并对工程建设中的问题和困难给予指导性意见。座谈会上，听取汇报2016年交通重点工程建设推进情况及下步工作计划。

【省运管局局长胡嘉临调研象山道路运输工作】 4月7日，省运管局局长胡嘉临一行来到象山调研道路运输行业管理工作，市运管局局长李毅等陪同参加。调研组考察象山运政指挥中心，了解象山县运输车辆联网布控情况，与象山运管部门举行交流座谈。

【象山县实行实名制购票】 根据G20杭州峰会客运行业安保工作部署，5月18日起，象山县客运车站（象山客运中心、石浦汽车东站、西周客运站）将实行实名制购票。办理货物托运也需实名登记。

【县城乡公交一体化改造全面完成】 7月20日，随着高塘—珠门、高塘—石浦、高塘—鹤浦、鹤浦—大沙、鹤浦—谷桶等14条公交线路的开通，标志着县城乡公交一体化工作全面完成。开通的线路惠及鹤浦、高塘海岛区65个行政村，除原有5条线路，根据当地群众需要，新增高塘—珠门、鹤浦—水湖涂等9条线路。城乡一体化改造完成后，开通线路87条，线路普及率提高112%，县行政村城乡公交通达率达到100%，新购159辆公交车，解决运力不足的问题，截至12月底，共投放城乡公交车辆238辆。

【省市物流与采购协会领导调研象山现代物流园区】 8月11日，浙江省物流与采购协会会长胡江潮、宁波市物流协会秘书长及数名物流专家应邀来到象山现代物流园区项目施工现场实地调研，就象山现代物流园区的规划建设、招商引资、运营思路等方面进行座谈。

【象山交通系统护航G20杭州峰会获表彰】 自G20杭州峰会维稳安保工作启动后，全县交通运输系统举全行业之力，连续奋战200多天，及时整改隐患，有效化解矛盾，强化联防联控，实现交通运输保障万无一失。象山县运管所荣获浙江省交通运输系统先进集体，象山县交通运输局荣获宁波市级先进集体，张尔一荣获浙江省级先进个人，王开颜、周华荣获浙江省交通运输系统先进个人，江敏、张珉、林旺增荣获宁波市级先进个人，陈志友、黄伦峰、周伟杰等荣获县级先进个人。

【交通运输局初步完成与交通集团财务交接工作】 10月9日，县交通运输局与交通集团召开联席会议，就交通集团组建过程中相关财务、人员及工作职能等交接事宜进行协商，并达成一致意见。至10月中下旬，已初步完成与交通集团的相关财务、资产交接工作。

【交通委副主任徐国光调研工作】 11月17日，市交通委副主任徐国光、市纪委驻市交通运输委纪检组组长王如根率委规划处、建管处、运输处等到象山县调研2017年工作思路，局长林曙光陪同调研。

【交警路政强强联合，治超力度再度加码】 12月27日，交警执法服务站正式在象山港大桥戴港超限运输检测点挂牌，与路政整治超限运输。交警入驻对于超限检测提供便利。

（张　益）

交通安全管理

【概述】 2016年，象山县公安局交通警察大队设有政监室、综合室、事故中队、秩序中队、车管所、安全教育学校、公路巡逻中队、丹城中队、石浦中队、西周中队、大徐中队、东陈中队、定山中队、爵溪中队、鹤浦中队、贤庠中队等16个综合管理和执法勤务机构。全大队有民警93人、职工25人，文化程度分别为：专科以上100人、高中及以下18人。县公安交通管理工作围绕“一控二盯三提升”的工作目标，以预防和减少道路交通事故为中心，以G20杭州峰会安保为主线，整肃警风、凝心聚力，全面落实各项工作要求，圆满完成夏宝龙书记到象、各级“两会”活动、G20杭州峰会、五一等假期的亘大交通安全保卫任务。年内，县公安局交警大队有4个集体、38人次获得县局嘉奖，1人荣立个人二等功，4人荣立个人三等功，秤卫东被评为全省政法系统先进个人。

【完成G20峰会交通安保工作】 2016年，县公安局交警大队紧扣“平安护航G20”工作重点，按照“严之又严、细之又细、实之又实”的工作要求，从严、从紧落实各项工作措施，有效构筑环杭“护城河”道路交通管控屏障。做严组织领导，成立工作专班，科学细化、分解方案，确保工作推进到位、责任落实到人。做细交通管控，开展“春雷”“清雷”“扫雷”“畅安”等系列行动，坚决做到空档时段有巡逻，重点时段有检查，“三车”违法集中查，酒驾违法经常查，多个警种协作查，形成整治合力。做实安全防控，围绕“第一时间预防、第一时间发现、第一时间报告、第一时间先期处置”的要求，完善常态化巡逻机制，强化社会面管控。G20峰会期间，县公安局交警大队共出动警力7万余人次，其中赴杭援警16人、日均驻点警力9人，累计设置重点勤务点、段2100余处，开展各类集中整治48次，共查处道路交通违法248683起，同比上升31.46%，其中工程车管理工作得到市局主要领导高度肯定。

【事故预防】 2016年，县公安局交警大队全力围绕道路交通事故预防工作重心，成立专项推进工作领导小组，结合道路交通安全隐患排查工作，在全县范围内开展各类道路交通事故预防专项整治工作。是年，县公安局交警大队共受理道路交通事故21632起，同比下降2.61%，上报事故125起，交通上报事故四项指数实现全面下降。全年全县未发生一次死亡2人以上的道路交通事故。

【隐患排查治理】 2016年，县公安局交警大队围绕“三大创新”“五个治理”理念，全面排查道路交通安全隐患，盯死、看牢各类重点隐患源头，制定专项整治行动任务分解表，落实部门监管职责、企业主体责任和专项整治措施，确保各类隐患和风险得到有效治理，不发生重特大道路交通事故。继续实行挂牌督办制度，排查筛选辖区省道、县道、事故多发路段、临水临崖和重大活动区域周边道路安全隐患，明确治理主体、治理期限、治理责任。是年,共明确重点治理隐患32处,其中市级挂牌督办1处、县级挂牌督办8处,风电场道路隐患6处,临水临崖及山区道路隐患9处,挂牌督办重点隐患整治率均达到100%。

【强化源头管控】 2016年,县公安局交警大队紧抓重点车辆和驾驶人分层次动态管控工作,完善"两客一危"等十二类重点车辆及驾驶人管理信息,将低速自卸货车、变型拖拉机、动力三轮车等纳入重点管控体系。开展企业大检查,通过上门检查、指导、约谈等方式,核查内部安全管理制度落实情况及驾驶人员基本信息,引导企业严格自查自纠,从源头消除隐患。严格一车一日一查制度,督促企业车队安装使用车载3G记录仪,加强车辆运行状况的后台监管。通过"象山交警—企业负责人—重点驾驶人"三级微信平台向企业推送实时监管信息,督促企业落实主体监管责任。是年,共采集重点车辆信息2135条,重点驾驶人信息2289条,列管客货运企业(车队)59家,列管分层次驾驶人2289名,管控率达到100%。登记动力三轮车11782辆,办理车辆保险8145份。

【严查重点交通违法】 2016年,县公安局交警大队坚决贯彻"五条常态"严管措施,明确"八个一律",严管"客货危校"、工程车、农村面包车、"三小车"等重点车辆,严查严处酒驾、毒驾、涉牌涉证、超载超速、非法改装、闯禁、闯红灯,"三小车"骑带多人、不按规定车道行驶等易引发重大伤亡事故的各类交通违法行为,改善道路交通秩序。同时依据情报研判信息,科学调整勤务安排,加强交通事故易发多发的重点时段、路段管控,提升违法查处率。开展"禁酒驾、三小车、工程车"等专项整治,是年,共查处各类交通违法行为390923起,查处量同比去年增加59.83%,其中工程车违法7574起,"三小车"违法43245起,醉酒驾驶330起,饮酒后驾驶734起,机动车不按规定礼让行人的违法行为现场327起,非现场9794起。

【"三小车"管理工作】 2016年,县公安局交警大队全力推进"三小车"科学严管体系建设。继续深化全县电动自行车社会化管理模式,在全县规模企业普及管理模式,预防和减少骑行电动自行车的企业职工群体发生道路交通事故。深入开展动力三轮车基础排查工作,各辖区交警中队全面排摸和定期复核各辖区动力三轮车底数,完善台账,推行登记、编号、保险、考证"一条龙"工作措施,加强对车辆驾驶人监管,针对超过60周岁人员,通过镇乡街道、村组织及家属开展宣传教育、劝导工作,减少该类人群的驾车出行率。是年,县公安局交警大队共登记动力三轮车4891辆,办理车辆保险2819份,登记报名参加摩托车驾驶证考试1466人。

【基础建设】 2016年,县公安局交警大队继续加强以交通指挥中心为核心,加强交通信号控制、视频监控、信息采集、高清智能卡口等系统为支撑的管控平台建设,建立道路交通组织论证制度,完善交通设施建设管理、完善部门协同、提前介入机制,完善组织论证制度,深入推进交通信号灯配时智能化和交通标志标线标准化"两化"工作,着力解决交通信号灯不符合标准、配时不科学、自动化程度不高和交通标志标线不符合标准、不明确,群众看不见、看不清、看不懂等问题。加大路面视频监控系统投入,增加接入社会视频监控数量,扩大道路监控覆盖面,加快高清电子警察项目改造。是年,共科学施划标线64652平方米、安装隔离设施7127米,完成34个路口信号机改造工作,增设灯控设施19处、电子警察58套、路口来车警示系统26处。

【警务实战化改革】 2016年,县公安局交警大队推进以上路为核心的勤务机制改革,建立全警上路勤务报备、警务通报点、对讲机报到、微信实况报送和执法记录仪核查的"四报一查"制度,推行错时勤务,加强重点时段、重点区域管控。加强勤务分析研究,定期对辖区交通流量、交通事故、交通违法等情况进行综合研判,与路面勤务安排进行关联碰撞,提升勤务部署科学化水平,提升勤务针对性、实效性。完善大队部机动巡逻工作机制,落实机动巡逻责任,提升突发事件的应急处置、重大活动的安全警卫、高峰时段的交通疏导、空档时段的路面管理能力。是年,圆满完成夏宝龙书记来象、各级两会、中国开渔节、第三届世界互联网大会等重大安保工作任务34批次,成功打赢春运、清明、"五一""十一"、G20杭州峰会等交通安保攻坚战。

【服务便民】 2016年，县公安局交警大队着力推广"互联网+"举措，依托微信、支付宝等平台，把交通违法曝光、交通事故及违法处理、车驾管业务办理等搬到"线上"，真正做到便民、利民。继续深化轻微交通事故"快撤理赔"服务机制、城区摩托车接警制度，提高警情接处速度。是年，交通事故理赔中心共受理交通事故7445起，快撤理赔率达71.8%。车管所实行"无休日"工作模式，定期组织"流动车管所"进村入企到海岛，方便群众办证。设立二手车市场和4S店机动车临牌发放点，统筹整合全县车管业务办理资源。是年，依托公众交通信息发布平台，县公安局交警大队共发布各类交通信息近万条，优化和提高交通诱导系统性能，引导市民错峰出行，确保道路交通安全畅通。

【群众文明交通意识】 2016年，县公安局交警大队拓宽宣传渠道，在主流媒体开设"文明出行大看台""红黑榜""行人榜"等专栏，在微信微博"双微"平台开设不文明交通行为曝光台，褒扬文明出行。开展记者随警拍、群众随手拍等活动，曝光不礼让斑马线、行人违法过马路等各类交通违法行为，有力震慑不文明交通违法行为。开展"文明象山·最美驾驶人"评选活动，提高机动车驾驶人的交通安全意识，激励和引导驾驶人养成文明驾驶、安全行车的良好习惯，为广大群众学习交通法规、践行文明交通树立模范典型。是年，共发布各类新闻报道496篇，推送微博429条，微信信息227条，设置公益广告1280幅，开展文明交通主题活动15场次。

【"文明出行"系列活动】 2016年，县公安局交警大队为提高辖区群众文明素质和社会文明程度，全面倡导文明出行理念，以"文明有礼整洁有序 做文明有礼象山人"为主题，结合道路交通安全管理工作实际，全县范围内开展 "文明出行"系列活动。对辖区主要路口的斑马线重新漆画，组织优势警力加强对示范样板斑马线周边道路交通的指挥、引导，提高管事率、见警率和纠违率。对重点违法行为、不文明交通行为坚持严管严处，配备执法记录仪做好取证工作，加强违法惩处。是年，共查处机动车不按规定礼让行人的违法行为现场266起，非现场5545起。查处非机动车不按信号灯过马路行为13941起，劝导"行人不按信号灯行走"行为500余起，劝导"行人不走斑马线"行为300余起。活动开展以来，未发生斑马线上交通事故。

【纪律作风建设】 2016年，县公安局交警大队牢固树立"队伍是根本"理念，开展"无限忠诚·走在前列"主题教育实践活动、"两学一做"学习教育等工作，严格落实"每周一学"制度，完善网上、网下学习平台。坚持从严治警和从优待警，严格落实民警个人重大事项报告、定期谈话等制度，开展走访慰问，维护保障民警正当执法权益，加强执勤执法安全防护，丰富警营文化生活，举办户外拓展等警营活动，更新提升民警执法防护装备。严格落实党风廉政责任制，定期召开队伍纪律作风建设形势分析会，加强对民警、辅警日常养成和执勤执法的监督检查。是年，共开展现场督察、专项督察23次，抽查执法记录仪200余人次，发现整改问题26个。

港　口

【概况】 2016年，全县总货运运力达到105艘，85.2万载重吨。完成水路客运量88.7万人次，客运周转量330万人公里，同比分别增长15%和3%，水路货运量2368万吨，货运周转量为258.7亿吨公里，水路货运量与2015年持平，货运周转量同比增长7%。辖区内完成进出港货物吞吐量1044.9万吨，与2015年持平。象山船舶检验点共检验船舶141艘，计124744总吨，同比分别增长8%和36%。

【完成象山港航"十三五"发展规划】 2015年，完成象山港航"十三五"规划初稿的基础上，对接规划编制单位，对规划进行补充完善，形成报批稿，年底联合发改提交县政府批复通过。

【编制《象山县岸线资源与利用规划》和《象山县岸线管理指导意见》】 对全县主要的764.4公里岸线进行系统性梳理排查，涉及各类码头共计227 座，泊位297 个，根据各段岸线资源特点，结合周边区块产业定位，进行统筹谋划，编制《象山县岸线资源利用规划》和《象山县码头岸线管理指导意见》，引导岸线开利用精细化、集约化方向发展，实现全县岸线有序开发。

【开展宁波-舟山港石浦港区主航道工程一期建设】 2016年，石浦港主航道炸礁工程全部完成，共19.7万立方米，清礁11万立方米，占总清礁工程量的50%，完成年度投资8000万元，完成年度投资计划的160%。

图为石浦港主航道工程

【陆岛交通均等化提升三年行动计划】 2016年共实施完工四个项目，分别为石鹤汽渡码头改造项目、西泽码头新增防台设施及维护保养项目、鹤浦客运站码头改造项目和石浦水上客运中心改造项目，共计投资2364.42万元。为加快推进项目，启动2017年的韭菜湾渡、湖礁湾渡、英山渡以及崇埯渡渡船四个改造项目，其中韭菜湾渡和崇埯渡渡船基本完成，英山渡已完成工程量50%，湖礁湾渡完成招标，完成投资480万元。

图为石鹤汽渡码头

【开展石浦港清淤工程前期】 配合石浦镇开展石浦港清淤工程，完成测量和地质勘探、项目建议书批复、工程可行性研究报告专家评审、海洋环评、EPC招标等，并根据倾倒区选划的要求，开展项目初步设计和施工图设计，项目初步设计已编制完成。

【启动宁波-舟山港石浦港口外锚地一期工程】 作为石浦港主航道工程的配套工程，主要建设1万吨级及以下非危险品船舶和5000吨级及以下危险品船舶待泊、候潮、引航锚地并在港内设置一座1万吨级应急锚位。2016年主要完成项目建议书编制和批复、锚地勘察和设计的招标工作。

【加强行政审批服务】 实施容缺性受理制度，实现边准备边受理，缩短审批时间。落实行政审批市县同权，下放审批事项15项，做到“家门口”受理。完成便民利民、便企利企改革创新项目研究上报，共上报项目两个。

【出台新的航运业优惠扶持政策】 参考上海、舟山等地航运业扶持政策，联合县财政拟定新的《关于加快推进象山县航运业健康发展的若干意见》提交县府出台，加大运力补助、税收奖励等方面奖励力度，将应急转贷资金从1000万元增资到2000万元。新政策于2016年3月4日出台，文号为象政发〔2016〕36号。

【深化企业服务制度】 落实工业强县工作要求，制定企业联系制度，局领导和中层干部定期走访联系企业，掌握企业发展动态，帮助解决实际困难，全年共走访企业35次。

【建立运行宁波船检象山联合工作室】 2016年1月，宁波船检象山联合工作室投用，船舶检验实现在工作室申请—检验—发证一站式服务。工作室全年共检验船舶77艘次，占全县签证点办理船检业务总量的65%。

【精准服务县重点工程项目】 完成高塘石斑鱼暂养中心、鹤浦水湖涂农业服务中心、半边山游艇码头等项目岸线使用审批，共计岸线322.5米。完成大中庄5000吨级码头审批上报。协助鹤浦供销集团开展1万吨级码头项目前期工作，经与市级部门协调同意初审上报岸线使用。

【涉港涉海违法建筑物专项整治】 作为全县象山县涉港涉海违法建筑物整治工作牵头单位，制定工作方案报县政府发文，将该项工作列入全县“三改一拆”工作，成为五大专项行动之一，并纳入全县年度目标考核，确保责任落实。全县共拆除违法码头19处（含去功能化9处、吊机5台）、货运码头纳规1处。

【联合“打非”工作】 联合海洋与渔业局、公安局（边防）、安监局、象山海事处及有关乡镇人民政府等开展非客船非法锚（占）泊客运码头专项整治行动，通过采取发布通报劝离、强制驱离、行政处罚等措施，清理多艘长期占泊客运码头的各型船舶，并同步对客运航线张设的鳗苗网进行清障，共驱离船舶34艘次，保障客运航行安全。联合海事、国土等部门开展砂石、宕口联合执法行动，重点打击非法砂石点经营、海上非法运输行为，开展巡查31次（夜巡15次），联动执法10次，查处船舶无证运输行为（砂石）8起，罚没款16万元，并首次督促一艘非法运砂船完成自行解拆。

【完成G20峰会维稳安保任务】 根据G20杭州峰会维稳安保文件精神，制定工作方案，签订G20安保责任书，做到责任层层落实。开展G20峰会维稳安全隐患排查，并邀请市级港航专家把脉问诊，共排查整改各类隐患126项，确保水路交通总体稳定，完成上级下达的G20安保任务。

【委管船舶转光租、自有工作】 根据交通运输部关于委托经营管理船舶转自有或光租经营相关工作的要求，开展“委托”转“自由、光租”工作，通过前期宣传、入企动员，全县49艘委管船舶全部完成转光租、转自有工作。

【开展水运企业分级分类管理】 按照水运企业分级分类管理工作要求，成立工作领导小组，对全县纳入考评的16家水运企业进行评查。经初评、审核、公示，共评出AAA级企业8家、AA级企业5家、A级企业3家。

【推进行业文明创建】 根据年初制定目标，指导参评企业做好参评相关工作，截至2016年底，共有省级水路诚信企业8家、最美丽码头2家、文明码头8家、文明客船4艘，提升行业形象。

【开展航运业“查短板、找差距、促整改”活动】 根据县委县政府关于“找短板、补短板”专项工作要求，针对航运企业市场竞争力薄弱、抗风险能力差、整体不景气等情况进行专题调研，提出建设投融资平台、增强应急转贷资金、报废更新老旧单壳船舶、发展油品化学品船、争取本地货源、优化审批服务等具体整改方案，有效督促引导企业加强整改、加快转型。

（范驾曼）

海　事

【概况】 2016年，象山海事处围绕海事监管中心工作，以推进海事“三化”建设为纲领，以保障水上客运安全为重点，以“两船”整治、隐患排治等重点工作为抓手，履行水上安全监管职责，服务地方经济社会发展，促进地方海洋经济和自身建设的科学发展。共办理船舶进出港签证71528艘次，电子签证率76.5%，国际船舶进出口预查验106艘次。共实施巡航404艘次，巡航时间1073小时，巡航里程10660海里。实施船舶安全检查173艘次，查处缺陷1163项，滞留船舶6艘次。全年行政处罚立案256起，执行罚款数129.8万余元。全年象山水域共发生水上交通事故6起，均为小事故，无人员伤亡；全年共执行搜救抢险任务33次，成功救助船舶10艘次，成功救助69人。

【开展“两船”专项整治】 加强对辖区砂石船公司、船东的管理及引导，督促其规范砂石运输作业行为；推动地方政府牵头整治辖区违规砂石码头、宕口，促成《象山县涉港涉海领域违法建筑物整治专项行动实施方案》出台；采取现场巡航与电子巡航相结合、陆路与水路相结合，日常检查与夜间突击检查相结合的“三结合”工作举措，对辖区砂石采运活动频繁区域保持高压监管态势，并与国土资源、港航、边防等部门建立联合执法机制，通过信息互享，定期或不定期开展联合执法行动。全年共查处违法砂石船24艘次，并通过码头扣押、船坞关押、锚地看守等方式对其中的8艘船舶实施扣押处理,震慑违法砂石运输行为,通过多向引导,促使"漳州636""安达78"等2艘非法砂石运输船船东选择自行上排拆解。

【打击小型船舶违章行为】 研究小型船舶违章规律,采取错时检查、蹲点检查、随机抽查、AIS轨迹核查等方式,打击船员无证上船服务、船舶配员不足、未按规定办理进出港签证、未按规定开启AIS系统、恶劣天气下违法作业等小型船舶违章行为。推动地方政府联动打击小型三无船舶,推动县港航部门制定县三无船舶整治方案,并与港航联动,促成2艘千吨级无证小型船舶上排完全拆解完毕。

【源头治理非法码头问题】 推动建立海事、港航、乡镇间信息通报机制,实现对港航企业经营状况和船舶进出港装卸作业情况定期通报,生产作业变动及时通报。推动象山辖区涉海涉港领域违法建筑物整治行动实施,促成象山县政府将违法砂石码头、宕口的整治纳入"三改一拆"考核工作,按照总量控制、疏堵结合的原则对现存砂石码头、宕口进行梳理撤并。

【借助行业协会平台开展船籍港"扫盲"】 在船籍港"扫盲"行动和"未持有有效国籍证书"两项专项行动中,通过象山县水上运输协会的平台,将点对点"扫盲"拓展至点对面,由水协牵头建立象山本地船舶的数据库,并实施每季度动态更新;借助水协本地人脉资源优势,完成长期失联船舶等难点船舶的核实工作;将本地个体船东纳入协会管理,提高船籍港管理工作效率。

【打击辖区"三无"船舶】 对接港航、安监、相关乡镇政府,对"三无"船舶查扣、拆解、整编、转产等重点问题进行深入探讨并制定针对性措施。联合乡镇政府开展辖区"三无"船舶排查摸底,根据排查结果,组织开展有针对性的"三无"船舶打击行动,并将船厂接纳"三无"船舶修理情况通报县安委办和船厂主管部门县经信局。4月在象山石浦东和船厂查获一艘6000吨级的三无船舶并联合相关部门进行处置,宁波日报、今日象山报和象山电视台等媒体均对此进行重点报道。

【提升客船管理成效】 严格按照要求开展春节、"五一""十一"节前安全大检查活动,重点强化船舶消防设备、船舶AIS、船名标记等项目检查;实施客渡船"开放式安检",邀请客渡运公司岸基人员全程参与。推动渔山航线实现水上客运实名制常态化,组织多次渡工夜校,对辖区近90名客渡船船员开展安全教育。全面核实辖区客运船舶和船员各类基础数据,针对每艘渡船实际制定《客渡船单船检查基本要素手册》。建立县水上客运恶劣天气精准定向预警服务机制,在客运航线密集的石浦港、白礁水道各增设1个气象监测点,在渔山航线和檀头山航线各1艘客船增设移动气象站,由县气象台来递相关客运恶劣天气信息。

【推进商渔船碰撞预防工作】 详细梳理历年象山沿海船舶碰撞事故险情数据,分析事故分布,将近年辖区船舶碰撞事故险情的事发位置通过可视化系统进行标注,并根据事故分布密度,对船舶碰撞高发、多发和易发区域分别予以网格化处理,制作警示图,向船员进行发放,给予安全引导和警示。对接海洋渔业部门,通报商渔碰撞事故案例,分析研讨当前象山外海商渔矛盾焦点,梳理防控商渔碰撞解决对策。联动海洋渔业部门开展"送教到渔嫂""送安全进渔村"等多种形式商渔警示教育活动,重点普及商船主要航线与渔区交叉水域、船舶密集区等复杂水域水上安全知识教育。

【强化商渔事故多发区域巡航驻守执法】 主力船艇"海巡0717"轮开展檀头山、渔山和东屿山等重点水域的前移驻守工作,加强航经船舶现场提醒,强化事故多发区域巡航力度。参与石浦港节假日休闲渔业联动执法,渔山旅游旺季节假日72小时蹲点执法,打击渔供船违章搭客、超载旅客、渔供船超航区载客等违法行为,预防商渔群死群伤的事件。

【拓展应急处置能力的深度和宽度】 组织开展"海上应急处置指导书"和"海上自救指导书"的编撰工作;加强应急人员和船艇的实战能力训练,长距离赴渔山水域拉练;联合客船公司、码头单位以及社会力量开展多层次、全方位的演习与训练,以训促战能力的提升。

【提高“点对点”预警预控针对性】 全面理清辖区重点水域，以“两线三路”为格局（两条警示线，三条航路），提高“点对点”预警服务针对性。将商渔船会遇频繁的檀头山水域、商船穿越重点渔区的渔山列岛东北方水域和石浦港内客运航线定为重点服务水域；将穿越重点渔区的商船列为重点提醒对象，并强化能见度不良期间的雾航提醒。

【推进电子巡航工作】 整合海事内网各信息化监管资源及气象等部门开发的外部资源，第一时间播发安全信息；综合利用船讯网、船舶信息核查类系统核查筛选并登记船舶有效联系信息；重点关注渔船航线经过水域内的锚地、轮渡线以及商船习惯航路与渔区重叠和交叉水域，采取分级巡航的办法，对于重点时段、重点水域及重点船舶，相应缩小巡航时间间隔。

【扶持航运、船舶协会自律管理】 借助象山县水上运输协会的平台，全面推进“航运公司新聘船长、部门长岗前职责熟悉远程培训和考核”工作，指导开展行业自律活动，组织“安全文化沙龙”，并开展安全管理体系“开放式”内审工作。通过船舶协会发放倡议自觉抵制三无船舶修理，净化和规范船舶修造作业。借助水运协会的力量打造新船试航团队建设，起草《象山县新建船舶试航团队指南》。

【促成溢油志愿队伍、海上应急救援队组建】 争取象山县五水共治办公室和县团委支持，促成象山港南岸相关码头企业完成象山县海上溢油应急志愿者队伍组建。从理论授课和实操演练两个方面开展溢油应急志愿者培训，并通过媒体提升队伍影响力。针对辖区事故险情多发实际，整合社会搜救资源，指导促成辖区“海心”海上应急救援队成立，组织开展辖区首次真人演习训练。

【促进辖区防污染能力基础建设】 组织开展辖区防污染应急资源全面调查，促成乌沙山电厂码头等开展防污染能力评估；开展船舶燃油质量专项检查，共计对10艘次船舶开展抽样化验；促成石浦镇政府推进石浦港内残油接收作业纳规工作；推动环石浦港的3家码头单位，中石化水封油库码头、新港码头、远东码头按评估报告要求配备除围油栏布放艇之外的溢油应急设备。

【服务地方重大水工项目建设】 推进三门湾大桥及接线工程配套砂石码头纳规，促成TJ4、5、6、7、8标砂石接卸码头取得港口经营许可证。维护力洋港、青山港、马岙门水域临时通航孔通航制度，规范建设物料及构件海上接卸平台的安全作业条件。与边防派出所建立信息互通机制，共同打击施工水域船舶非法运输。服务石浦港航道炸礁项目，确保三山涂促淤试验工程、“北航5”轮沉船抽油和打捞等项目量化检查，组织开展辖区海岛开发建设情况全面巡查。专题约谈象山县水湖涂二期围涂工程建设单位和象山县围涂办，促成其通过通航安全影响论证，并指导其办理相关审批手续。

【推进辖区码头规范化管理】 逐步推广实施辖区重点码头船舶靠离泊制度；促成象山县政府牵头推进象山正源电力有限公司配套煤码头靠泊能力升级工作。组织召开辖区码头安全管理工作会议，向码头方提出“严格按照限靠吨级标准进行靠泊作业”，“实行船舶靠离泊申报制度”，“开展码头前沿水深和安全靠泊条件等安全隐患的自查自纠”等十个方面工作要求。

表54　　**2016年象山辖区主要水上交通事故一览**

时间	船舶概况	出事海域	事故概要
1.15	“东润”轮与“浙象渔32021”轮碰撞事故	象山檀头山东南方向约3.5海里海域（概位29°07′.6N/122°05′.9E）	柬埔寨籍杂货船“东润”轮（总吨：1437）从台州海门空载开往南京途中，与“浙象渔32021”轮（总吨：116）发生碰撞事故，造成“东润”轮右舷靠前约1/3处局部破损，造成“浙象渔32021”轮船首局部破损变形。直接经济损失约12万元，事故等级为小事故

续表54

时间	船舶概况	出事海域	事故概要
1.27	“浙临机365”轮与“浙象渔运02168”轮碰撞事故	石浦港老水产城前沿水域(概位29°11′.5"N/121°55′.7"E)	台州籍干货船“浙临机365”轮从舟山峙头满载黄沙开往台宁途中,与“浙象渔运02168”轮发生碰撞事故,造成“浙临机365”轮沉没,“浙象渔运02168”轮船首局部破损,无人员伤亡,直接经济损失不超过100万元,事故等级为小事故
3.14	象山“3.14”“浩达6”轮火灾事故	象山南田岛东南约7海里水域(概位:29°00′.2N/122°04′.3E)	柬埔寨籍杂货船“浩达6”轮(总吨:1496)装载废电机约954吨自日本横滨驶往台州海门途中发生火灾事故,造成该轮货舱中部及部分货物过火,无人员伤亡,直接经济损失40万左右,事故等级为小事故
5.14	“新瓯8”轮与“浙象渔30141”、“浙象渔30142”渔船拖带船组碰撞事故	象山檀头山东南方向约4海里水域(概位29°08′.7N、122°06′.5E)	上海籍集装箱船“新瓯8”轮(总吨:5722)装载273TEU从宁波驶往福州途中,与象山籍“浙象渔30141”轮(总吨:135.0)、“浙象渔30142”轮(总吨:135.0)渔船拖带船组发生碰撞事故,造成被拖船“浙象渔30141”轮沉没,“新瓯8”轮球鼻首轻微凹陷,无人员伤亡,直接经济损失估计不超过100万,事故等级为小事故
5.23	“新安达2”轮与“浙象渔48027”轮碰撞事故	石浦铜瓦门大桥正东约0.3海里水域(概位29°12′.8N,121°57′.9E)	毛兆仲所有的舷名为“新安达2”轮的运砂船从舟山装载黄沙约400吨驶往象山石浦的途中,与宁波象山籍渔船“浙象渔48027”发生碰撞,造成“新安达2”沉没,“浙象渔48027”轮球鼻首轻微擦痕,直接经济损失估计不超100万,事故等级为小事故
12.18	“浙玉机1002”轮与“浙临机627”轮碰撞事故	象山沿海大漠山附近水域(概位29°25′.3N/121°59′.9E)	台州玉环县海通船务有限公司所有的台州籍“浙玉机1002”轮(总吨1368;主机功率436千瓦)空载从台州椒江驶往舟山途中,与锚泊中的台州籍干货船“浙临机627”轮(总吨368;主机功率218千瓦)发生碰撞,造成“浙临机627”轮沉没,“浙玉机1002”轮球鼻艏轻微凹陷,直接经济损失不超过100万,事故等级为小事故

邮 政

【概况】 2016年,象山县邮政局深入贯彻以“两学一做”教育为主线,以提高基层党组织的领导力、执行力、凝聚力、战斗力为抓手,通过建立“以党的建设为引领,统筹推进各项工作”的思维模式,推动党建工作与企业中心工作深度融合。践行省分公司“效益一流、管理一流、作风一流”发展目标,立足象山地方经济,凝心聚力谋发展,齐心协力促和谐,各项工作取得长足发展。邮政通信网络完善,增强通信能力,提升经济效益。

【《丙申年》生肖猴票发行】 1月5日,县邮政局在靖南营业厅一楼发行第四轮生肖邮票《丙申年》猴票,受到邮迷高度热捧。推出的相关题材邮品也受到市民争相购买。该次发行的《丙申年》生肖猴票共两枚,一图为猴子手托寿桃,面带笑容,寓意“灵猴献瑞”,二图为一只金猴抱着两只橘色的小猴,象征“福寿双至”。《丙申年》生肖猴票由80版《庚申年》猴票设计者、美术界泰斗黄永玉先生执笔设计,也是第四轮生肖邮票的龙头票。象山集邮协会特启用“丙申年”生肖纪念戳一枚,免费供邮迷加盖。

【举办首期电子商务运营班】 1月23日,县邮政局与宁波供销电子商务有限公司联合在电子商务创业园举办首期电子商务运营班,全县共有42名电商从业人员参加培训。该次培训涵盖搜索优化、店铺精准定位及优秀案例分享等内容。

【淡港营业所重装开业】 2月19日,象山县邮政局淡港营业所重装开业,址设西周镇淡港4805工厂,内设储蓄台席2个、邮政台席1个,并设有24小时自助银行(内配CRS设备1台)。

【象山县集邮协会成立三十周年大会】 9月24日，象山县集邮协会成立三十周年大会在县邮政局召开。宁波市邮协副秘书长邱士青、县社会科学联合会主席励胜利和教育局代表到会祝贺。期间，县邮政局和县邮协联合向27名会员（30年及以上会龄）赠送集邮协会30周年水晶纪念杯（分别刻有会员姓名）各1套。现场启用会庆纪念封、戳各1枚。同日，县邮政局和县邮协联合在会场开展第十三次集邮展览，共展出《邮票图说·我们的价值观》《秀丽中华》《全国生肖个性化邮票青少年设计大赛参赛作品》等邮集共11部，40框。

【"七一"党课活动】 为庆祝建党95周年，结合"两学一做"学习教育，县邮政局于6月30日晚上组织开展庆"七一"讲党课活动。邀请县委党校励东升教授作题为《学习党章，依章治党——十八大党章解读》的党课辅导，县邮政局业务党支部张敏杰同志作《认真践行党章，争做合格党员》的微党课演讲，从学习党章的重要意义，学习党章党规的"五点方法"，学习践行党章、做合格党员三方面，为与会同志上一堂简明扼要的微党课。

【运钞安全管理与操作规范培训】 8月23日，县邮政局安保部门组织全体运钞保卫人员开展运钞安全管理与操作规范电教片学习、反恐案例学习、运钞应急预案桌面演练，同时通报运钞过程存在的问题，并提出整改措施。

【骨干村邮员业务培训】 10月15日，在全县范围内开展骨干村邮员业务培训，本次培训由象山县邮政局主办，象山县农办协办。培训主要涉及村邮站普遍服务及普惠金融业务操作流程，对村邮站、村邮员的各种规章、考核、登记制度进行规范，明确村邮站通信质量、服务质量的重要性，对村邮员在投递过程中的邮件及人身安全进行再次强调。

【成立象山邮政寄递安全平安志愿者服务队】 6月12日，象山县邮政局成立象山邮政寄递安全平安志愿者服务队，确保杭州峰会期间邮政寄递绝对安全。主要任务是检查、督促本单位邮件寄递安全验视标准、禁寄物品和特殊物品寄递安全管理制度、寄递服务信息登记制度和行业安全标准的执行落实，确保收寄物品100%先开箱验视，后眼同封装，100%通过X光机，100%执行实名制，包裹协议客户100%签订安全协议。

【自主组开象山—宁波"象1"邮路】 为加快包裹快递传递时限，提升客户体验和市场竞争力，优化象山县内网运组织，使包裹快递全程时限达到省市分公司的各项KPI考核指标，象山县邮政局于7月份申请组开象山—宁波"象1"邮路。发车时间：7:00从象山出发，8:00到达宁波邮区中心局待运，8:30装运完毕从宁波邮区中心局出发，9:30到达象山。装载物品："象1"邮路空车开到宁波邮区中心局，仅装运象山县邮政局下午二频次进口小包邮件，其他各类邮件均保持原有作业模式不变。后期根据业务拓展象山发车时再运载其他物品。

【消防检查】 根据省、市分公司《关于印发G20峰会邮政安全服务保障工作总体方案的通知》浙邮分〔2016〕217号、甬邮分〔2016〕67号文件和省分公司《关于开展全省邮政消防安全专项检查工作的通知》（浙邮分安传〔2016〕2号）文件精神，象山县邮政局及时布置，开展邮政消防安全检查，共检查支局所18个，邮件处理场地8个，邮政信息网机房1个，监控室18个，邮政车辆23辆，营业网点10个，1个配电房，2个出租房，2个仓储，对八个问题进行整改落实。

（谢晶晶　胡中一）

人力资源管理

就业培训

【概况】 2016年,象山县履行创业就业政策,坚持就业优先战略,促进象山县劳动力实现高质量就业,全年组织各类招聘会66场,校企对接4次,开发(保持)公益性岗位512个,开展就业援助月活动等,提供公共就业服务。全年新增城镇就业人数1.1万人,城镇失业人员实现再就业3330人,其中困难人员再就业717人,城镇失业率控制在2.18%,大学生就业率稳定在96%以上,全年发放包括灵活就业社保补贴、企业稳定岗位补贴、创业带动就业补贴等共计4740.8万元。并通过开展技能培训、就业实践提升劳动者就业能力,促进农村劳动力、外来务工人员、大学生、就业困难人员等重点群体实现高质量就业。举办象山县首届大学生创业大赛和创业故事大赛,营造鼓励创业、宽容失败的良好氛围。围绕"电商换市"的总体部署,制定《关于促进农村电子商务创业就业的实施意见》,抓好精准服务、抓好平台建设,召开全市农村电商创业促进就业工作现场会,促进农村电商发展提档升级。全年累计开展农村电商培训1200人,扶持农村电商创业175人,创业带动就业1312人,全年就业形势总体较为稳定。

【年度镇乡(街道)社会保障和公共就业基层服务能力工作考核】 象山县就业管理处牵头对全县18个镇乡(街道)加强和提升社会保障和公共就业基层服务能力工作开展年度目标管理考核。从组织领导、队伍建设与信息宣传、资金保障、"三化"建设4大模块进行专项考核,采用督查、自查与考核相结合的办法。县就管处相关工作人员考核过程中发现各镇乡(街道)围绕"规范化、专业化、信息化"建设要求有条不紊地推进社会保障和公共就业基层服务能力的建设工作,将社会保障和公共就业基层服务平台建设列入年度重点工作,紧密结合实际,成立专项工作小组,细化分解目标任务,落实到各村(社区),建立激励机制,激发工作积极性。通过各项培训,提升基层平台工作人员专业水平,提高工作实效。各镇乡(街道)真抓实干,排查、优化劳动网络,提高服务信息化水平。

【召开服务企业用工座谈会调研企业用工需求】 1月18日,县人力资源和社会保障局召开企业用工座谈会,天安电气、博禄德电子、合力模具、申菱电梯等26家企业人事负责人会聚一堂,相互交流用工经验,分析招工难的原因,共商招工良策。

会议听取2015年象山县人力资源市场招聘工作的汇报,并对如何提升就业服务水平、为求职者及用工企业提供更加高效优质的服务等问题进行座谈。企业代表畅所欲言,就该县企业招工、用工、参加社会保险等方面存在的困难和问题进行交流和沟通。

2016年继续扩大就业信息覆盖范围,以大数据、云计算、移动互联网等现代信息技术在就业服务领域的应用的理念,利用社会资源,包括企业管理服务公司、网络公司、职业中介等,打造大数据网络就业服务平台,让企业招工和群众求职更加快捷、高效;其次,继续稳步提升本地劳动力质量,对企业空缺的技能人才,组织与职高、技工院校等开展对接,建立长期稳定的校企对接机制;第三,细化招聘活动,针对失业人员、外来务工人员、高校毕业生等不同群体、在节后、毕业季等不同阶段举办各类大型、专场的招聘会。

【春季人才招聘会圆满举办】 2月19日,"就业创业,互济共赢"象山县2016新春综合人才现场招聘会在象山体育馆圆满举办。春招会现场十分火爆，共有120家企事业单位参加，提供1100余个岗位招聘需求，求职人才达到1500余人，现场达成意向400余人。春招会是象山县人力资源和社会保障局发挥政府引导职能，服务企业，服务人才，服务经济发展，吸引象山优秀毕业生回家创业创新的重要平台。同时也是围绕象山县实现工业强县“一号工程”目标，推进实施“双突破双驱动”战略部署工作的一项重要举措。下一步继续推进高校毕业生创业创新促进平台建设，全力打造人才服务载体和品牌。同时，以春夏两季人才招聘会品牌建设为契机，明确人才服务的内容、程序、载体、机构、队伍，全面提升全县人才服务的专业化、科学化水平，为推进人才强县战略提供服务保障。

【举行促进电子商务企业人才发展座谈会】 3月11日上午，象山县就业管理服务处举办全县促进电子商务企业人才发展座谈会，象山县电子商务促进会、宁波目的地旅行社有限公司、宁波悦跑电子商务有限公司、象山甬泰旅游用品有限公司、阿里巴巴农村淘宝等6家电商企业代表和农村淘宝合伙人代表参加座谈会。县就业管理服务处人力资源市场就引进电子商务人才方面工作进行总结并对下一步工作进行计划部署。创业指导中心就针对电子商务企业创业带动就业社保补贴、创业社保补贴、小额贷款补贴等相关扶持和优惠政策进行详细的解读，与会的电子商务企业代表分别介绍企业自身的发展状况，并结合象山县电子商务行业发展实际，尤其是电子商务专业人才发展，从政府、企业等多个角度提出许多有价值的想法和建议。该次座谈会是象山县人力资源和社会保障局主动服务企业、精准服务企业、提升工作水平的举措之一，目的是问计于民，广泛收集电商行业人才发展和企业供求信息，发挥政府部门搭桥牵线纽带作用，为全县电子商务企业人才发展和人才储备工作搭建平台，共促县电子商务企业快速健康发展。

【妇女专场就业洽谈会】 3月23日上午，由象山县人力资源和社会保障局、象山县总工会联合举办的2016年象山“妇女专场就业洽谈会”圆满结束。招聘会共有41家企业参加，推出岗位155个，涉及机械制造、服装加工、商业服务业等多个行业，普工、拷边、平机、服务员等多个工种，需求人数近1000人次。会上共有近 857人次进场应聘，276人与企业现场达成意向。 本次“妇女专场就业洽谈会”主要面向的是“4050”就业困难人员、社区、村还未就业且有就业愿望的女性、象山技工学校、象山职业高中下半年即将就业的女学生。

【2016年全市街道(乡镇)社会保障和公共就业基层平台负责人培训班】 4月中旬，宁波市人力资源和社会保障局在象山县委党校举办两期全市街道(乡镇)社会保障和公共就业基层平台负责人培训班，共有200余位学员参训。该次培训班由宁波市就业局主办、宁波市人才培训中心承办，每期为期4天，集中培训就业创业、劳动仲裁、劳动监察和社保卡应用等政策实务。

【社会保障和公共就业自助服务一体机正式“上岗”】 象山县人力资源和社会保障局在全县18个乡镇(街道)社保服务中心正式投放安装社会保障和公共就业自助服务一体机。在原系统基础上，针对象山县社保统征业务数据暂未实现市级集中尚不能提供全面社保查询的特殊情况，在查询机上另外配套开发社保综合查询系统，实现多功能业务自助办理。 自助服务一体机依托社保网络系统，集摄像头、身份证读卡器、社会保障卡等于一体，采用“多点触控”屏幕，参保人员只须将本人身份证或社保卡插入机器内，登陆系统，便可根据提示选择所需办理的业务，包括社保信息查询、缴费明细打印、政策咨询、医保信息查询、工伤生育享受待遇查询、就业岗位查询等。自助一体机是继窗口、电话、网络之后象山县人力资源和社会保障局向公众提供的又一个便民绿色通道。

【县第六届职业教育校企合作活动成功举办】 5月31日上午，由象山县人力资源和社会保障局、县教育局联手举办的象山县第六届职业教育校企合作活动在县职业高级中学室内篮球馆如期举行。该次招聘会作为象山县人社局开展校企合作活动的第二站，共吸引县内外50家企业参加，包括万达索菲特大酒店、象山港国际大酒店、日星铸业等，主要涉及机械模具、酒店餐饮、针织服装等行业，提供就业岗位200多个，需求人数700余个。参加活动的学校有县职业高级中学和县技工学校，进场应聘学生约1400人，其中286人达成初步就业意向。

【举办首期农村电商创业沙龙】 为象山县内农村电商企业搭建公共交流平台，形成良好的农村电商创业氛围，由象山县人力资源和社会保障局主办、象山县供销联社承办的第一期农村电商创业沙龙——we are E-family在县农村电商孵化基地一楼路演区成功举办，来自包括入驻孵化基地的农村电商在内的30余名创业人员参加沙龙活动。

沙龙主题是创业项目的融资及优秀商家的经验分享。沙龙围绕三个方面进行，第一、邀请专业讲师对创业项目的融资问题予以重点指导，梳理思路，直面融资的痛点和难点；第二、邀请宁波馆内优秀商家代表分享成功经验，规避创业中的风险；第三、由专业讲师、商家代表与创业人员互动，共同探讨电子商务，尤其是农村电子商务中的问题与前景。 农村电商创业沙龙为电商创业者搭建一个平台，帮助他们相互认识、互帮互助、实现资源共享、集思广益，同时通过交流分享创业心得，解决创业盲区，帮助他们尽快成长，少走弯路，激发创业活力，提高创业成功率，并以创业带动就业。

【灵活就业社保补贴发放到位】 象山县2016年上半年灵活就业人员社保补贴已全部发放到位，2257人享受此项优惠政策，补贴金额达841.214万元，人数和发放金额创历年来新高。

【养老护理员培训圆满完成】 为提高象山县老年公寓护理从业人员技能水平，象山县就业训练中心组织县卫生进修学校对养老公寓新招收的33名养老护理员开展培训，培训的主要内容包括基础医学知识、老年人生活照料等，培训时间为62个课时(共6天)。培训过程中，县就业训练中心加强质量监督，对授课情况进行现场查看、电话抽查和微信传发授课照片， 3月14日组织进行理论考试和技能鉴定，考核合格者获养老护理员初级职业资格证书。

【农村电商创业孵化园开园】 11月16日，县农村电商创业孵化园开园。县人民政府副县长叶富兴、县委组织部副部长、县人力资源和社会保障局局长陈水明，县商务局副局长杨培良、县供销联社副主任李修瑞出席本次开园仪式。孵化园在县电子商务创业园基础上由县人社局、商务局、供销社联合打造，以“园中园”形式为全县电子商务项目尤其是涉农电子商务项目提供一站式孵化，服务项目涵盖人才培训、营销与品牌宣传、商务、行政、金融、物流、公共仓储、知识产权等12项。基地面积400余平方米，内设创咖区(路演)、众创空间、创业培训、独立办公用房等区域。7家企业率先进驻培育。

【举办博浪太平洋专场招聘会】 11月19日，象山县人力资源和社会保障局精心组织，博浪太平洋专场招聘会在博浪太平洋广场隆重举行，专场招聘会提供就业岗位600余个，集中为商场门店的营业员、服务员、厨师、保安等服务型岗位，800余名劳动者参加招聘会，公司共收到求职登记表650余份，经现场初试，达成就业意向520个。专门为公司安排一场免费专场招聘会。

【宁波市农村电商促进创业就业工作现场会】 12月20日，宁波市农村电商促进创业就业工作现场会在象山县举办，来自全市各县市区的相关领导和工作人员共40余人参加现场会。

会前，象山县人力社保局局长陈水明一行带领宁波市人力社保局党委委员、巡视员韩洪江和市就业管理服务局局长钱义林一行参观县农村电商孵化基地、白石村村级服务站和农村电商企业史家糕点。

会上，象山、余姚和奉化分别介绍了农村电商创业就业工作经验，县人力社保局局长陈水明在发言时指出，全市农村电商促进创业就业工作现场会在县召开，是对县电商创业工作的肯定，县将以此次会议为新契机，加大农村电商创业扶持力度，为农村电商创业搭建更多平台、提供更优服务。

巡视员韩洪江肯定各县市区做出的成绩并提出以下几点意见：①主动作为，市农村电商创业就业工作成效明显，立足人社工作职能，发挥部门优势，在创业服务、技能培训、政策扶持、平台搭建等方面促进农村电商就业创业；②突出重点，推动农村电商创业就业实现新跨越。通过查补短板、搭建平台、强化培训、加大宣传等方式扎实推进农村电商创业就业工作，再补点扩面，再提升层次，确保完成全年目标任务，为市就业增长和大众创业助力加码。

【承接外国人就业许可行政审批权】 推进简政放权，深化行政审批制度改革，提高政府管理效能、提升服务水平，提高群众和企业的满意度，2016年7月1日起，象山县承接外国人入境就业许可行政审批权限。外国人入境就业许可行政审批权的正式下放，涵盖的业务包括与外国人入境就业许可相关的“外国人就业许可证书核发”“外国人就业证核发”“外国人就业证延期”“外国人就业证年检”“外国人就业证注销”等审批和管理工作。申请人将所需材料提交至县人力社保局经审核后，便可直接办理相关手续。该次权限的下放，为象山县企业引进技术型、专业型的外籍人才开辟绿色便捷通道，为外籍人才来象就业打造合法、和谐的就业空间，为县企业软实力的提升创造更加有利的条件。

人才开发

【概况】 2016年，象山县落实人才强县战略，围绕“人才绿卡”制度继续做好以住房、家庭、健康为重点的人才服务工作。协助出台人才新政，扩大服务功能和范围，优化人才生态环境。组织召开全县科技创新和人才大会，对创业新秀和科技创新杰出人才进行表彰，强化激励人才发展的社会效应和正面导向。促进人才联谊活动常态化和制度化，为人才搭建互动、交流的良好平台，促进人才留象安心发展。精心组织各类招才引智活动，全年引进各类人才2400余人，新增“四高”人才268人，接收毕业生2200人，人才总量达10.8万人。结合产业发展方向，运用各类人才项目、孵化平台、综合赛事，抓好创新团队、专技人才、技能人才的集聚和培养，全年完成海外工程师年薪资助申报立项11人，新增市3315计划创业团队1家，完成国务院特殊津贴、省“151”、市突贡等人才工程推荐选拔5人次，新增市企业技术创新团队1家，新建技能自主评价示范企业8家，培训高技能人才2200人次，新增省级技能大师工作室1家、县级3家。举办首届2016宁波·象山海洋科技人才创业大赛，首次承办市级技能电视大赛，2人入选首批“港城工匠”。依托和发挥省厅专家库资源优势，谋划共建省“151”专家综合服务象山基地，以“六个百”为工作抓手，引导专家智力参与县创新创业和社会发展实践，启动首轮“选亲、相亲、结亲”工作，累计达成初步合作意向10项，受到企业和部门一致肯定。

【县工业企业首次中级职称自主评审】 2月24日，象山县在华翔集团股份有限公司试点开展工业企业自主评审工程师职称工作，取得圆满成功。华翔集团股份有限公司自2015年成为县首家工业企业中级职称自主评审点以来，研究制定具有企业实际特色评审方案，遴选出13名评委组成的中级职称评委会，其中11人为华翔集团及其子公司的高级工程师、工程师。评委们从参评对象的业务能力、工作业绩、教育培训、学术成果四项内容进行评判打分后，再分3组对申报中级职称者进行面试，严格把关，然后进行无记名投票，得票达不到评委三分之二者按规定被淘汰，最终，35人通过评审。截至12月底，有龙元建设集团股份有限公司和华翔集团股份有限公司两家中级职称评审点，共90名职工通过企业自主评审获得中级职称。华翔集团相关负责人表示，通过这种形式的评审评选出真正有资格获得中级职称的专业技术人员，关系到企业高层次人才的培养，关系到企业的切身利益，能更好地为企业发展添砖加瓦。

【省人社厅调研组来县调研指导企业人才工作】 了解基层企业人才现状，帮助解决人才工作实际问题。3月18日，省人力社保厅副处长周斌一行到象山调研企业人才工作。县人力社保局局长陈水明、副局长张岳忠陪同调研。调研组一行实地走访浮田生物、云朵网络、赛德森等企业，深入了解企业运营、人才储备和需求及县招引人才平台建设等情况。听取企业基本情况、人才工作开展情况的汇报，座谈交流当前企业人才引进、人力成本上升、人才政策兑现等方面面临的困难和建议意见。调研组表示，象山县高度重视人才引进和培育，各企业反映的问题具有广泛性特点。相关部门和企业要在人才优惠政策、人才认定标准上更加精细，要完善人才引进和激励制度，形成一套完整的体系，为企业引才纳智提供保障。为企业提供更深入贴心的服务，帮助企业解决人才工作实际问题。

【2016宁波·象山海洋科技人才创业大赛大学生项目组终审现场答辩】 3月30日,2016宁波·象山海洋科技人才创业大赛大学生组项目在象山县召开现场答辩评审会,答辩采用专家组现场评审方式。该次答辩会邀请浙江大学李兴森教授等专家、知名企业家组成评审团,副县长叶富兴和县人力社保局局长陈水明出席答辩会。本次现场答辩、现场评审会为期一天,是在前期材料评审、专家书面评审的基础上进行的最后一个评审程序,共有15个优秀项目入围此次答辩,每支队伍利用10分钟的时间,用制作精良的PPT以及完整的口语介绍,描述自己团队的创作理念与产品的优势。评审组综合项目团队能力、项目分析可控度、市场前景、技术创新、营销和盈利模式等方面进行评估打分。现场答辩确定的拟获奖人才项目,象山县政府审定后,4月份予以表彰和奖励。

2016宁波·象山海创大赛启动半年以来逐渐点亮"大海育骄子,创业赢未来"大赛的主题,大赛组委会表示,脱颖而出的优秀项目商业模式新、市场前景好、发展后劲足,探索县海洋产业的未来发展方向。该次大赛集政府、学术界和企业界形成多方合力,通过项目的层层选拔,后期对获奖项目所进行的各项增值服务,搭建起海洋产业创意项目的创新平台。不仅为创业者带来资金、资源、管理等方面的政策支持,提升核心竞争力,也为挖掘优秀创新创业人才,为本县实施"双突破双驱动"发展战略、打造经济新动力提供有力支撑,推动提高本县产业竞争力提供一次有益尝试。

【县首次全国专业技术人员计算机应用能力考试】 4月14—15日,2016年象山县首次全国专业技术人员计算机应用能力考试在国穗培训中心举行。全国专业技术人员计算机应用能力考试采用科目模块化形式,每一模块单独考试,考试采用上机操作的方式进行。该次考试分 8场共有305人次参加。

【举办首期专业技术人员继续教育讲座】 6月2日上午,由市人才培训中心与象山县人力资源和社会保障局联合举办专业技术人员继续教育公需课讲座在象山县委党校举办。讲座邀请到浙江省委党校工商管理教研部主任、教授,企业与市场研究所所长、长三角民营经济研究会专家何圣东为到场290名专业技术人员作题为《互联网+时代管理创新》讲座。讲座从"工业文明到信息文明""人的时间分割和'互联网+'分离独立出数字经济模型"、大数据时代管理新思维等多个层面向广大专业技术人员阐明世界是信息的,一切可以数字化、APP化、电商化的理念。指出互联网时代打造新管理模式,是机遇,也是挑战。

【县首批人才公共租赁房申请开始报名】 为加快聚集和培养各类人才,加强人才公共租赁房管理,解决象山各类人才过渡性居住需求,象山县推出首批人才公共租赁房。宁波东部新城和欢乐家园人才公共租赁房正虚席以待,即日起日常接收人才的入住申请。人才公共租赁房房源分别为位于欢乐家园小区和宁波东部新城启航家园。欢乐家园有100套房源,单套建筑面积37平方米左右,一室一厅一卫;启航家园有50套房源,其中20套单套建筑面积为50平方米,20套单套建筑面积为65平方米,10套单套建筑面积为75平方米。以上房源均已进行简单装修。租金标准欢乐家园按县住建部门公布的公租房基准租金执行,启航家园按宁波市相关部门核定的租金标准执行。物业管理费、水电费等均按相关标准由承租人自行承担。

【人才工作座谈会】 为贯彻落实党的十八届五中全会关于深入实施人才优先发展战略的精神,更好地谋划和推进全县人才工作,6月23日下午,县人力社保局召开人才工作座谈会。县教育、卫生、服务业、工业企业等13位人才代表参加座谈会。县人力社保局副书记、副局长陈胜跃出席并讲话,座谈会由县人力社保局副局长张岳忠主持,向与会的人才就如何提升县科技创新能力和优化人才生态环境;县人力社保局和县人才俱乐部如何关爱人才、服务人才等方面征求各类优秀人才的意见建议。指出,人才工作要做好服务,要善于站在人才的角度做好服务工作,做到感情留人、政策留人,解决人才在工作、生活中遇到的实际困难;其次,要营造重视人才的氛围、创造人才发展的空间,发挥高层次人才的作用,特别是政府人才工作的"智囊"作用。

【基层平台负责人参加基层培训】 7月27日,象山县就管处负责人带队18个镇乡(街道)人力资源和社会保障中心主任赴绍兴参加“2016年街道（乡镇）社会保障和公共就业基层平台负责人培训班”。该次培训由市人才培训中心举办，为期5天，集中培训政务礼仪、沟通技巧、国学文化等内容，并对人社基层平台建设经验进行交流，使各乡镇街道能够满足新形势下开展人力资源和社会保障基础性管理服务工作的需要。基层服务能力建设是县人力社保局的重点工作，而镇乡（街道）人力资源和社会保障中心是直接体现基层服务能力的最前沿阵地，所有的工作落实、政策实施、便民服务都是由镇乡（街道）人力资源和社会保障中心来完成。加强和提升社会保障和公共就业基层服务能力，建设一支高素质、懂业务、善管理的基层干部队伍，是当前工作的重中之重，也是更好为民服务的先决条件。

【县第二批人才公寓摇号分配结束】 9月9日上午，象山县第二批人才公寓摇号分配仪式在海洋酒店公开举行，仪式在县公证处工作人员的公证和相关申请人的全程监督下，全透明、公正地进行并圆满结束。人才公寓政策是象山县实施人才强县战略，创造环境，下决心打造人才洼地的重要举措。此次申购条件相较于以前，放宽“人才公寓”申购条件。申购对象涵盖拔尖人才、高学历高职称高技能人才和企业实用型人才等社会各类人才。申购者在经过资格初审、资格复核、公示等规定程序后，才可进入摇号选房和销售环节。最终核准确定83名人才对象喜获购房资格。该次人才公寓房源主要集中在欢乐家园和丹桂花园两个小区，下一步，县人社局将有序组织申购人才实地选房，准购人才可根据选房顺序号自主选择房源。

【海洋科技人才项目对接洽谈会】 9月29日，“海洋科技人才项目对接洽谈会”在象山县国际大酒店举行，来自欧美、香港等地的数十名“海归”企业家与象山县50多位领导、企业家聚集一堂，洽谈对接，共话转型，借此平台共寻合作良机，共谋发展之路。象山县副县长叶富兴推介该县创业投资环境，县人社局副局长张岳忠介绍县人才政策并发布海洋科技创业创新大赛公告，参会“海归”进行海外高层次人才创业项目推介，最后参会双方现场进行自由对接。该次活动旨在搭建海外留学人才高科技成果与国内企业人才、技术项目资本对接平台，着力增强实际效果，为该县加快发展海洋经济，实现经济转型发展提供有力的人才保障。同时，吸引更多的海外高层次人才携新科技、好项目来象创业，促进该县经济社会又好又快发展。共发放创业启动资金、贷款贴息、生活补助等专项扶持资金1000余万元。象山县已拥有海外留学生企业18家，在象山创业工作海外留学博士10人，硕士35人。其中入选国家“千人计划”专家1人，国家“万人计划”专家1人，浙江省“千人计划”2人，宁波市“3315计划”3人，宁波市“3315”团队2个。

【县市级企业技术创新团队突破十家】 宁波威霖住宅设施有限公司绿色镀膜表面处理技术创新团队和宁波沪港食品机械制造有限公司工程（技术）中心经初选、专家评审、现场答辩及综合评定，获评市级企业技术创新团队，各获得每年20万、连续三年的市级财政补助，县财政配套补助10万元。宁波威霖绿色镀膜表面处理技术创新团队作为亚洲最大的中央空调出风口生产商，将绿色制造表面处理技术作为支持风口产品制造技术的关键核心，以提高风口产品表面的耐磨、抗腐蚀等功能为要求，致力于中央空调通风口、卫浴排水等住宅设施研发，在绿色镀膜技术和仿锌复合涂层技术等领域处于国内领先的地位，是中国唯一一家同时获得FM国际认证，UL国际认证的支吊架制造商。

宁波沪港食品机械制造有限公司作为中国轻工业机械协会理事单位、精酿啤酒装备龙头企业，致力于技术创新，其研制的壶式蒸馏设备在国内尚属首创，该设备将传统的一道蒸馏、重复蒸馏工艺，设计、制造成功五道蒸馏同时进行，相比于传统设备，壶式蒸馏设备所出的产品纯度更高，酒质更加澄澈。有效发明专利6项、实用新型6项，居世界同类厂商前列，国内市场占有率居全国第一。

象山县坚持以企业技术创新团队建设为重要抓手，围绕实现工业强县“一号工程”目标，推动企业自主创新，引领区域经济转型升级，截至12月底，县级企业技术创新团队23家，其中市级10家，省级1家。2015年10家市级企业技术创新团队销售总收入达41.2亿元，企业销售总利润达3.8亿元，累计获得专利231项，其中发明专利36项。

【10人入选市领军和拔尖人才培养工程】 象山县财政向该县入选“2015年宁波市领军和拔尖人才培养工程”的10人发放首期资助16万元。宁波市领军和拔尖人才培养工程是宁波最高层次的综合性人才培养工程，其致力于培养和造就能跻身中国科学院或中国工程院院士、国家有突出贡献专家、浙江省特级专家、浙江省突出贡献中青年专家、宁波市杰出人才行列的一批领军人才，以及学术技术造诣高、引领作用突出、创新实力强劲的学术技术带头人。“2015年宁波市领军和拔尖人才培养工程”于2015年年底公布，该县共入选10人，其中，宁波合力模具科技股份有限公司刘永跃、象山旭文海藻开发有限公司朱文荣入选第一层次培养人员。

自该培养工程启动后，象山县先后有21人次入选该培养工程，其中首批领军拔尖人才承接县级以上科研项目和课题10余项，获得各项专利20余个。

【两家企业获评宁波市首批技能人才自主评价优秀示范企业】 华翔集团股份有限公司、宁波三安制阀有限公司获评市级首批技能人才自主评价优秀示范企业，企业自主评价等级扩展到技师级别（国家职业资格二级），同时获4万元工作经费补助。

企业技能人才自主评价以企业人力资源管理体系为依托，以国家和国际职业标准为依据，以岗位职业标准为基础，以企业技能人才的职业能力建设为核心，对职工的职业能力、工作业绩、职业道德等内容进行评价的考核鉴定机制。开展评优将发挥示范企业的模范带头作用，增强企业对技能人才培养的认识和重视，引导更多的企业参与到技能人才自主评价工作中来。

华翔集团股份有限公司作为象山县龙头企业，始终把人才队伍建设放在企业发展第一位。通过对技能人才培养长远规划，成立象山华翔职工技能培训学校，设立评价办公室、专业考评组等工作，有效促进技能人才培养与评价的正常化、规范化。截至12月底，该企业有138人取得职业资格证书，其中高级工42人，初级工46人，专项能力证书50人。宁波三安制阀有限公司为国家高新技术企业、宁波市高成长培育企业、宁波市级管理创新标杆企业，其新产品——低温绝热气瓶阀更被列为国家火炬计划产业化示范项目。该公司通过与县内学校和其它培训机构合作，开展企业技能人才自主评价工作。同时，将技能人才评定同个人绩效考核相结合，通过工作业绩评优、操作技能考核及理论考核等多种方式对员工进行评定。截至12月底，共有56人参与数控车工中级自主评价，其中合格44人。

【湖南机电职业技术学院来象考察交流校企合作工作】 12月23日，湖南机电职业技术学院汽车分院党总支书记崔静波副教授率该院毕业生就业指导处和宣传处一行4人到象山县考察交流校企合作有关事项。湖南机电职业技术学院汽车分院的该次来访，是在11月底象山县就业管理服务处一行赴湖南机电职业技术学院进行政校企合作对接的基础上展开的，院校的此次来访加深校企合作的深度和力度，双方开展人才科技合作、毕业生就业合作等方面具有十分重要的意义。

【省“151”专家综合性服务象山基地召开首次对接洽谈会】 2016年12月22日，由象山县人力资源和社会保障局与浙江省专家中心共同举办的省“151”专家综合性服务象山基地首次对接洽谈会在杭州召开，14名省“151”人才工程专家与8家象山县企事业单位代表出席该次活动，共同探讨在新常态下如何利用专家智库资源打造象山人才库，助力县域经济发展。根据前期需求调研情况，专家与企事业单位代表进行对接洽谈，初步达成合作意向多项，成效显著。

活动前期，天安、良和等10余家企业按照“需求导向、精准对接、深入服务、合作共赢”对接原则，上报20余项技术难题和专家服务需求，经过多轮专家匹配工作，有针对性的进行对接洽谈，务求实效。该次洽谈会的举行，标志着省“151”专家综合性服务象山基地建设全面启动，象山县将出台相关政策，落实责任部门，建立企业档案，形成长效服务工作链，架好专家与企业之间的连心桥，助力县经济社会长效发展。

劳动管理

【概况】 2016年,象山县深入构建和谐稳定劳动关系,开展多层次、全方位的监察执法行动,完成各项欠薪整治和G20维稳安保任务。全年接待到访群众2094批3301人,其中受理劳动保障监察投诉举报313件,涉及人员700人,追讨工资540万余元;检查用人单位2786家次,涉及职工19万人,清欠工资2900余万元,移送公安的欠薪逃逸案件6件。坚持调防并举,严格落实仲裁建议书制度,对发生劳动仲裁案件的部分企业进行把脉开方,督促用人单位依法规范劳动用工行为。全年处置劳动争议案件566件,涉及劳动者3044人,结案率和调解撤诉率分别为89%和75.8%,且劳动人事争议仲裁院被评为全省首批示范仲裁庭。将全县各用人单位劳动保障监察信用信息纳入"信用象山网"数据库,通过定期更新用人单位劳动保障书面审查评级、行政处罚情况等信息,逐步建立"失信黑名单"制度,提高警示惩戒。提升基层"两网化"管理和劳资纠纷调解体系,通过常态化开展劳动用工信息采集、日常巡查、专项检查,发挥属地管辖、靠前预防、一线调处的作用。全县劳动用工形势总体平稳。

【市人力社保局到象山县调研劳资纠纷防范处置工作】 2月24日,市人力社保局副局长陈勇,市劳动保障监察支队支队长章少华等一行人到象山县调研劳资纠纷防范处置工作。县人力社保局局长陈水明、副局长陆振宇汇报象山县近几年建立立体化模式防范处置欠薪问题的相关情况及取得的工作成果。会议结束后,市局一行人又至象山县东陈乡人力资源和社会保障服务中心进行实地调研,对东陈乡政府预防、处置欠薪事件相关事项进行询问。

【"春雷"专项行动】 为加强对各类职业中介机构监督管理,严厉打击非法职业中介机构,有效遏制职业中介领域的违法犯罪活动和各类欺诈行为。同时规范用人单位用工和象山县人力资源市场秩序,维护劳动者的合法权益,象山县人社局于3月3日起开展"春雷"专项行动整顿人力资源市场秩序。该次专项清理行动主要整顿职业中介领域的违法犯罪活动,对以职业中介为名,坑骗求职者财物、拐卖妇女或未成年人等违法犯罪活动的组织、单位或个人将进行严厉打击;依法取缔"黑中介",对未经许可和登记,擅自从事职业中介活动的组织或个人,依法查处和取缔。同时深入劳务派遣单位和用工单位,检查规范劳务派遣用工行为及用人单位用工行为。

共检查走访用人单位375家,其中职业中介机构9家,劳务派遣机构11家,旅行社16家,涉及劳动者4500余人。经检查9家职业中介情况均良好,全部证照齐全,按规定公示,档案齐全;375家用人单位情况均良好,无提供虚假信息,超标准收费,向求职者收取招聘费用等违法行为,但有部分企业存在未及时同劳动者签订劳动合同、未依法建立职工名册等违法行为,经象山县劳动保障监察中队现场指导,已及时改正。

【三八维权周宣传活动】 为合力推进"平安象山,法治象山"建设,强化妇女维权服务,3月7日,县人力社保局参与在县文化活动中心举办的主题为"反对家庭暴力,共建平安象山"三八维权周宣传活动。此次活动主要由公安局、检察院、法院、司法局、人力社保局等单位联合参与。县人力社保局设立专门咨询台,就《中华人民共和国劳动合同法》《工伤生育政策问答》《女职工劳动保护特别规定》等劳动保障法律法规进行宣传、派发宣传资料并提供现场咨询服务。

【劳动能力再次鉴定开通网上申请】 象山县劳动能力再次鉴定申请搭上高速发展的"互联网+"信息时代快车,正式推出网上申请平台。原先申请劳动能力鉴定的用人单位、工伤人员或者其近亲属对劳动能力鉴定结论不服的,可以在收到该鉴定结论之日起15日内携带所需资料前往杭州市体育场路向浙江省劳动能力鉴定中心进行现场申请,单位或个人可以通过http://fw.zjhrss.gov.cn/网站进行用户注册、登录、信息填写、资料上传、提交,同时根据系统给出的编号和密码可以进行办件进度信息查询。劳动能力再次鉴定开通网上申请,打造一个便民利民的电子平台,变"群众跑腿"为"数据跑路",为老百姓带来更多便捷、得到真正实惠。

【企业界"两代表、一委员"劳动用工信用评价工作】 为确保企业界人大代表、政协委员及党代表在劳动用工方面无相应违法行为，象山县人大代表、党代表及政协委员选举首次将候选人及其经营企业的劳动用工信用评价纳入评选项目，象山县人社局劳动保障监察大队在本次评选工作中主要审核企业界"两代表、一委员"候选人劳动用工内容，主要涉及订立、履行、变更、解除、终止劳动合同和集体合同的情况；遵守工作时间和休息休假规定的情况；支付职工工资的情况；遵守社会保险规定的情况；遵守职业培训、技能开发规定的情况； 遵守女职工、未成年工劳动保护规定的情况。该次评选工作共审查人大代表、党代表、政协委员102人，涉及企业72家。

【"两网化"管理工作实务培训】 2016年5月31日，县劳动保障监察大队开展劳动保障监察"两网化"管理工作实务培训。培训从劳动保障监察系统及中队执法文书的修改内容和操作要点、2016年劳动保障监察年度工作任务、护航G20杭州峰会维权维稳工作任务、劳动保障监察疑难问题4个方面向县劳动保障监察中队相关人员进行讲解。县人社局劳动保障分管局长陆振宇到场参加，就现阶段劳动保障监察工作给予肯定，对2016年下阶段工作任务提出新要求。各中队反响良好，均表示通过此次培训不但提高实际业务技能，为规范"两网化"管理工作提供保证，提升劳动保障工作的业务水平，明确下阶段工作任务目标，为下阶段劳动保障监察工作的开展提供方向。

【劳动仲裁院"绿色通道"快速处理重大集体性劳动争议案件】 象山县劳动人事争议仲裁委员会通过启动"绿色通道"程序，成功调解一起涉及231人涉案金额达145.88万元的重大欠薪集体劳动争议案件，并及时将所拖欠的劳动报酬移送象山县人民法院先予执行。通过对集体劳动争议、农民工欠薪案件等有较大影响的集体争议案件开通"绿色通道"，确保 "优先立案、优先审理、优先结案"的工作模式，既能高效、快捷地解决集体劳动争议，保障当事人的合法权益，为维护县良好的社会环境创造有利的条件。

【劳动能力鉴定委员会成员和医疗卫生专家代表赴宁波参加劳动能力鉴定标准培训】 9月20日，象山县组织劳动能力鉴定委员会成员和医疗卫生专家代表赴宁波参加劳动能力鉴定标准培训，人社局副局长陈慧香、医疗和工伤生育保险科科长董金磊带队，来自卫计局、总工会的县劳动能力鉴定委员会成员代表以及象山中医院、象山人民医院骨科、神经内(外)科专家代表参加培训。培训为提升劳动能力鉴定委员会成员单位代表、业务经办人员和相关医疗卫生专家对《劳动能力鉴定职工工伤与职业病致残等级》(GB/T6180-2014)的正确理解和把握，规范象山县劳动能力鉴定操作程序、标准原则，确保象山县劳动能力鉴定工作开展，将培训人群扩大到劳动能力鉴定委员会成员单位代表、业务经办人员和相关医疗卫生专家。

【促进基层劳动关系和谐发展】 配合象山县劳动仲裁院与晓塘乡劳动人事争议调解组织，成功调解3起追索劳动报酬纠纷案件。通过将基层调解组织庭前调解成功的调解协议依法及时置换为仲裁调解书，对调解组织作出的调解协议赋予强制执行效力，保障劳动者的合法权益，同时方便当事人可以就近仲裁、就近调解，真正做到省时、省心、省力。

【浙江省人力社保厅检查验收组到象山县验收省级示范仲裁庭建设工作】 8月2日，浙江省劳动人事争议仲裁院副院长张送智带领的省级示范仲裁庭验收组一行对示范仲裁庭建设项目进行现场检查验收工作。县人力社保局局长陈水明、副局长陆振宇、仲裁院院长张晓及相关科室负责人陪同验收。验收组一行到象山县劳动人事争议仲裁院，现场检查仲裁院立案室、调解室、档案室、仲裁庭及仲裁庭配套设施建设和仲裁员队伍建设等情况。仲裁院工作人员还现场演示仲裁庭庭审音视频监控等设施设备。

【劳动专网使用情况专项检查】 象山县就管处对18个镇乡(街道)的社区、行政村、居委会劳动专网网点进行抽样检查，了解基层劳动专网的使用情况，并根据走访情况制订可行的网点清查方案，要求各镇乡(街道)人社中心对546个网点的使用情况按月摸底，每月一报，保证对所有网点进行全方位实时管理。县人力社保局就管处加强基层劳动保障网络管理，完善、规范全县就业与失业信息系统的使用，为满足新形势下开展人力资源和社会保障基础性管理服务工作做好网络后勤保障工作。

【农民工工资支付情况专项行动】 为确保广大农民工能够按时足额拿到工资返乡过年，县人社局劳动保障监察大队从2016年11月20日起开展春节前农民工工资支付情况专项检查。截至12月底，共处理各类欠薪案件34起，为415名劳动者追回被拖欠工资48.6万元，全县没有发生因欠薪而引发的恶性群体性事件。

【劳动用工监察】 规范全县重点、实事工程劳动用工行为，确保各重点建设工程不因劳动用工纠纷影响工程进展，县人力社保局于10月17日起对全县在建实施类重点工程项目劳动用工市场进行专项监察，对倾向性、苗头性劳动用工问题督促责令整改。本次专项检查为期四周，截至12月底，共检查重点工程在建项目26家，涉及工人3419人，月工资总额1200余万元，发放宣传资料1130份。

【县劳动保障监察大队完成2016年度市级考评】 宁波市劳动保障监察支队根据浙江省劳动保障监察评价工作要求及年度工作安排到象山对2016年度劳动保障监察工作进行考核评价。该次考核涉及各大队人员装备、依法行政、效能建设、宣传信息、“两网化”管理等7类大项、38类小项，象山县大队在该次分组考评中完成出色，总体得分比较靠前，圆满完成2016年度劳动保障监察各项工作任务。该次考评会上，市支队对象山县劳动保障监察工作给予高度肯定。

【综合施治“欠薪”难题】 为保护农民工合法权益，保障农民工工资支付，象山县人力社保局注重源头预防，联合住建部门、市场监督局、财政局等部门，通过开展欠薪排查专项行动，开展“黑名单”企业曝光制度，工资报备制度等活动合力施治“欠薪”难题。

【2016年度全省劳动关系和谐指数测评】 全省劳动关系和谐指数测评旨在综合评价各市和谐劳动关系，通过测评客观全面反映一个地方的劳动关系和谐程度。测评的范围为宁波市本级和象山县，测评对随机抽取的30家企业（其中市本级20家，象山县10家）从劳动用工、社会保险参保、收入分配、技能培训、民主管理、诚信经营、劳动纠纷、安全生产等方面进行调查与数据采集，并抽取一定数量的劳动者进行满意度测评，同时结合2015年度政府相关职能部门的有关工作完成情况，采用定量分析的方式对所采集的数据进行综合测评。

人 事 管 理

【概况】 2016年，象山县以“公平、公正、竞争、择优”为原则，完成年度全县公务员公开考录82人，事业单位招聘67人，并配合完成教育系统和卫生系统工作人员的招聘工作，共计录用311人，继续保持“零差错、零投诉、零上访”。出台《象山县机关工作人员“岗位对责、绩效对账”考核实施办法（试行）》。完善“双对”考核信息平台，优化考核各环节，使“双对”考核工作体系更加合理、科学并具有可操作性。全县18家镇乡（街道）和77家县级部门参加考核，公务员（参公人员）、事业人员、行政工人、编外人员等均纳入考核体系，考核人数达7208人，实现考核全覆盖。全市“双对”考核工作现场会在象山召开，县作典型交流发言，“双对”考核工作取得阶段性成效。突出人岗匹配原则，扎实做好各类人员岗位调配工作，完成各类人员调配及非领导职务晋升审批工作。有序实施公务员职务与职级并行制度，完成政府线正科级以下公务员职务与职级并行工作，符合晋升职级条件368人，符合转相应职级条件634人。出台《象山县事业单位工作人员交流调动管理办法（试行）》征求意见稿，规范全县事业单位工作人员交流调动工作，优化人员队伍结构。按上级要求做好规范公务员津贴补贴和机关离退休补贴实施工作，推进事业人员绩效工资改革，出台机关事业单位养老保险制度实施政策，并分别确定机关、事业社保缴费基数。

【人力资源和社会保障局春节前夕慰问异地退休老人】 “最是情深岁寒时，暖言一句胜三春。”为使企业退休人员过上一个欢乐、祥和的春节，县人力社保局冒雨走访宁波海曙区九位高龄企业退休老人。并代表县人力社保局真诚地为老人们送上慰问品、慰问金和节日的祝福。

【县机关事业单位养老保险制度改革数据采集工作全面启动】 根据浙政发[2015]25号文件精神，县人力社保局社保中心召开会议对机关事业单位养老保险制度改革数据采集工作进行安排部署。此次数据采集针对机关事业单位所有在编在职人员和退休人员(在职时在编)，主要采集单位信息和人员身份、工资构成、职务等基础信息，为全面实施机关事业单位养老保险制度改革提供数据保障。

【象山县“双对”考核工作领导小组第一轮检查圆满完成】 县纪委、县委办、县府办、县委组织部、县直机关党工委、县人力社保局等单位组成5个检查组，通过听取汇报、查阅台账资料、考核系统抽查等方式，对18个镇乡(街道)和24个县级部门2016年度“双对”考核落实情况进行实地检查。从检查结果看，各单位按照县委、县政府统一部署，因地制宜，研究并细化考评标准和考核机制，致力于提高“双对”考核的精准性，提升干部工作作风与执行力，促进“双对”考核工作推进，工作取得阶段性成效。

【市深化公务员考核工作座谈会在象山召开】 宁波市深化公务员考核工作座谈会在象山县召开，全市10个县市区和大榭开发区、高新区、保税区、东钱湖旅游度假区、杭州湾新区都派代表参加此次会议，市人社局副局长陈水良参加，在会议中作重要讲话。会议召开，标志着全市公务员“双对”考核工作在上一阶段取得良好成效，推进“双对”工作，使其成为全市干部队伍建设的有力抓手，营造出宁波市公务员队伍争先创优、敢于做事的良好风气。

【2016年度宁波市退休干部钓鱼邀请赛在象圆满收杆】 5月27日，宁波市退休干部钓鱼邀请赛在象山县东陈乡钓鱼协会中心举行，该次赛事由宁波市人力社保局主办，象山县人力社保局和宁波市退休干部活动中心承办，市本级及下属各县市区的11家队伍参加比赛。经过裁判组现场计量统计，象山和慈溪代表队获得金牌。

【象山县完成5万余名企业退休人员基本养老金调整工作】 保障象山县企业退休人员待遇，县人社局根据甬人社发[2016]107号文件精神，于9月正式启动养老金调整工作，实现企业退休人员养老金十二连涨。该次调整对象为2016年4月30日前在象山县按规定办理退休和退职手续的企业退休人员，采用定额调整、挂钩调整和适当倾斜相结合的操作办法，在体现公平基础上，对高龄退休人员予以照顾。

调整提高的基本养老金从2016年1月1日起执行，调资涉及54253名企业退休(退职)人员，月增发养老金772万元，共计补发6497万元。调资补发金额将于9月30日前发放到位。

【人力资源管理培训成功举办】 宁波市人力资源经理协会象山分会组织的人力资源绩效知识管理培训在象山海洋酒店成功举办。象山县人力社保局副局长张岳忠作动员讲话，该县百余名企业人力资源总监和经理参加该次培训。象山县人力资源经理协会依托市HR经理协会为象山企业开展各式各样的HR培训和交流会。全力为各会员单位搭建交流学习平台，完善人力资源服务体系，扎实为企业提升人力资源管理水平，促进象山县人力资源合理配置和发展，为象山“工业强县”建设提供坚强的人力资源支撑和保障。

【书记叶剑鸣调研“岗位对责、绩效对账”考核工作】 5月23日，县委书记叶剑鸣到县人社局调研“岗位对责、绩效对账”工作，县委常委、组织部长陈兴立，副县长叶富兴陪同调研。县委组织部汇报县管领导干部“双对双排一评一考”工作；人社局对全县中层及一般干部的“双对”工作进行汇报；县水利局、县住建局、丹东街道、西周镇分别汇报本单位“双对”工作开展情况及意见建议。

【县机关人事干部业务知识培训会议召开】 使象山县机关事业单位人事干部熟悉掌握最新的人事政策，提高业务经办能力，象山县人社局于2016年6月30日在南部新城商务楼3号楼一楼会议室举办为期一天的人事政策培训会。全县各乡镇人民政府、街道办事处，县级各部门的100余位人事干部参加该次培训会。该次培训内容为象山县事业单位管理系统操作培训；象山县机关工作人员“岗位对责、绩效对账”考核业务培训；人事业务知识培训；机关事业单位工资福利政策培训。

【象山县完善考核系统平台】 根据《象山县机关工作人员考核实施办法（试行）》（县委办[2016]67号），6月中旬与宁波合益公司达成象山县机关工作人员考核系统改版协议，并在7月4日完成对考核系统的改版。该次改版集中在周记录、月对账、季考评三块考核内容：周记录模块设置为“日志式”，考核对象要记录工作日每天上午、下午的工作情况。作为月对账的基础，在新的考核系统中，设置年度工作任务清单，考核对象结合单位重点工作和岗位职责填写年度工作任务清单。并且按月分解，形成全年1-12月份工作进度安排。把原来的月对账表格变更为月度工作任务清单，每月月初，考核对象填写月度工作任务清单，提交到考评人处，由考评人审定后实施。每月最后一周，考核对象对照月度工作任务清单，进行自我对账，填写完成后提交到考评人处。季考评在内容上重点突出“勤”和“绩”。总分为100分，其中“勤”以“日考勤、周记录、月对账”记录完成情况以及日常检查情况作为评分依据，分值30分；“绩”以月度工作任务完成情况及工作表现为评分依据，分值70分。随着考核系统的改版，机关工作人员对照考核实施办法，在考核系统中按时按月完成周记录、月对账，将逐渐形成机关工作人员肯干、能干的正向作风，使干部队伍建设更上一个台阶。

【象山县召开人事考试座谈会】 7月14日下午，象山县2016年人事考试座谈会在县人力资源和社会保障局召开。该次座谈会由县委组织部和县人力社保局联合组织召开，邀请参与过公务员面试的监督员、旁听员、纪检组以及教育局卫计局政工负责人。会上，首先由县人力社保局副局长陈胜跃讲解县人事考试的基本情况。陈局长介绍县人事考试的类别、程序以及县公务员招考的实施情况。然后由在座各位一起讨论探究象山县人事考试工作存在的问题和需要改进的地方。通过该次座谈会，一方面揭开部分人认为有些神秘的人事考试面纱，将当前社会高度关注又非常敏感的人事考试工作作宣传，另一方面又听取宝贵的意见和建议，以便于今后更科学的开展人事考试工作。通过召开全县人事干部业务培训，共享人事考试相关业务材料，提高全县人事干部从事人事考试工作业务水平。通过面试考官定期更新扩大和培训，加强面试考官的纪律要求，提高评分的科学性。通过召开教育卫计系统公开招聘专题会，规范教师和医务人员招聘程序。

【象山县召开机关事业单位养老保险推进会】 8月23日，象山县召开机关事业单位工作人员养老保险工作推进会。全县各机关（参公）单位人事（政工）负责人、社保业务经办人员、人事工资干部参加该次会议。会议内容包括：养老保险基础信息采集工作业务；机关（参公）工作人员临时性补贴审批事宜；机关（参公）单位工作人员养老保险实施后工资结算事宜；2014年10月1日以后机关（参公）退休人员退休工资重新审核等事宜。

【举行2016年度军转干部笔试】 2016年，象山县继续实行考试考核竞争择优的办法安置军转干部。8月20日上午，6名拟安置到象山的军转干部（营以下及技术干部）在县人力社保局参加军转干部笔试。

【医保中心以学促干展开业务精细化培训】 为建立一支管理规范，专业过硬，服务高效的人社窗口队伍，象山县人力社保局安排县医保中心各业务骨干有计划，分类别地在人力社保分中心展开医疗保险业务精细化培训。该次培训以提高经办服务的质量和效率为目标，通过医保政策的精细化解读，推动窗口业务流程标准规范精细化为突破口，以学促干，以干促进，有效提升管理能力，处理复杂事物的能力，做群众工作的能力，办理具体业务的能力。

【组织县管领导干部和公务员开展学法用法培训考试】 根据县府办《关于实施2016年度法治政府建设推进工作考核评价的通知》，象山县组织全县县管领导干部和公务员开展学法用法培训考试。该次考试对象为全县县管领导干部（含非领导职务）、全县各级机关公务员、参照公务员法管理单位的工作人员。内容包括党和国家宪法法律知识试题、廉洁从政法律法规、依法行政知识、经济建设法律法规、新修订颁布法律法规、党委政府重点工作部署相关法律法规以及县级部门需要宣传的相关法律法规。该次考试在“象山干部党员学习网”进行网上考试。考试系统将从考试题库随机抽取60道题目(计100分)生成个人考卷,考试时长为2小时。网上在线考试结束后,由考试系统自动阅卷评分,即时显示考试成绩和答案,60分以上即为合格,不合格者可继续参加网上补考。学法用法考试情况将纳入2016年度组织工作目标考核、机关公务员学分制目标考核及县普法依法治理工作目标管理考核内容。

【举办2016年度公务员综合素质专题讲座】 10月31日,象山县举办以“绘就深化改革新蓝图”为主题的公务员综合素质专题讲座,市委党校副校长郑湘娟教授应邀主讲,全县近400名公务员听参加该次讲座。

【2016年全县离退休干部政治理论学习班开班】 2016年,全县离退休干部政治理论学习班12月9日上午8点30分在县委党校大报告厅开班,全县离休和副局以上退休干部共计160余人参加学习。

社 会 服 务

【概况】 2016年，象山县民政局突出重点，创造亮点，典型示范，统筹推进，着力于社会养老服务体系建设、社区服务管理、激发社会组织活力“三大创新”，实现社会救助、双拥优抚、文明殡葬、社会福利、社会事务、人才队伍、基础设施“七大提升”，全面完成“十三五”规划开局任务，推动全县民政事业发展再上新水平。

双拥与优抚

【概况】 2016年8月，荣获全国双拥模范县“五连冠”，于10月27日召开县双拥表彰大会，表彰15个双拥先进单位和28个先进个人。

【做好烈士褒扬工作】 配合市局做好《四明丰碑》的出版工作，及时上报该县烈士纪念实施的调查和文字资料。同时做好烈士馆清明祭扫的准备工作，县关工委于3月26日开始派出12名老干部在烈士馆讲解革命事迹。据统计，2016年清明节期间，象山县革命烈士纪念馆共接待55个单位，22个学校，6432人。此外，基本完成象山县境内43座零散烈士坟墓的迁移工作。

【重视信访和维稳工作】 2016年，共劝阻优抚对象集体上访10余次，共接待来访120余人次，来信30余件。由于新的安置和优抚政策的变动，象山县各类优抚对象上访的苗头较多，仍将继续关注他们集体上访的动向，随时与上级部门和乡镇、街道保持联系，发现情况及时上报，竭尽所能将问题解决在苗头扩散之前。

【发放现役军人家庭优待金】 依据《浙江省军人抚恤优待办法》《宁波市义务兵家庭优待金发放管理办法》和《象山县义务兵家庭优待金发放管理办法》，以县统计局上年度城镇居民人均消费性支出和农村居民人均生活消费支出为基础，结合当地城乡人口比例测算确定，报经县政府批准，2016年度义务兵家庭优待金标准17024元。2016年，象山县共发放优待金870.81万元。

【调整重点优抚对象的定补标准】 根据宁波市财政局、民政局《关于调整2016年部分优抚对象抚恤补助标准的通知》精神，及时对4582名享受定期补助的优抚对象的抚恤补助标准进行调整，增发经费106万元。

【做好困难家庭节日慰问和临时性补助】 2016年春节、“八一”期间，县、局领导慰问优抚对象90户，发放慰问金6.12万元。发放重点优抚对象慰问金51.31万元。同时做好“两参”人员和早期退役义务兵家庭因变故而发生困难的临时性补助工作，2016年，象山县有615 位优抚对象获得临时困难补助，合计发放补助金额70.51万元，基本保障他们的临时生产和生活困难。

【转业士官和退役士兵接收安置工作】 接收2016年春季转业士官和2015年冬季退役士兵216名，其中转业士官9名、退役士兵207名。接收对象中符合新政策安置条件的9名。对207名退役士兵按4.2万元标准发放一次性经济补助费1085.5万元。9名转业士官都安置到事业单位。

社 会 救 助

【概况】 2016年，象山县的新型社会救助制度取得跨越性的发展,形成以城乡最低生活保障制度为基础,特困人员救助、医疗救助、教育救助、住房救助、法律援助、流浪乞讨人员救助、灾后困难救助,以及各种特殊情况的突发困难的救助在内的社会救助体系,象山县政府社会救助支出呈较快增长态势。

【统一城乡低保标准】 低保实现城乡标准一致。经过多次扩面和清理工作,并定期通过居民家庭经济状况核对平台开展全面核查,形成公开透明、运行规范、管理有序的工作机制,实现应保尽保,提高保障标准和补助水平。2012年1月开始城乡低保实现标准一致,人均465元/月。2013年,低保对象共5794户8999人,全年支出保障资金2867万元;2014年,低保对象5558户8517人,全年支出保障资金2896万元;2015年,低保对象5011户7580人,全年支出保障资金3083万元;2016年,因全市低保扩面,该县低保对象达到8233户11295人,全年支出保障资金3673万元。城镇低保按照人均不低100元补差发放,农村低保按照人均不低于60元补差发放,2016年城镇月人均补差450.98元,农村月人均补差390.84元。与此同时,低保家庭还享受到电价补贴、有线电视费用减免等优惠政策。

【实现医疗救助救急】 缓解困难群众看病就医难问题,该县从2007年开始实施《象山县医疗救助实施办法》,并先后于2009年、2013年和2015年进行修订完善,扩大医疗救助对象范围,并大幅提高救助标准,住院救助取消病种差异。低保对象救助比例达70%,低保边缘户对象救助比例达60%,医疗费用大于家庭收入对象救助比例从20%提高到50%,最高医疗救助金额由4万元提高到8万元。从2011年开始,对农村低保、五保医疗救助实行“一站式”即时结报服务。2013年,支出医疗救助资金922万元,救助困难群众2.5万人次;2014年,支出医疗救助资金875万元,救助困难群众2.8万人次;2015年,支出医疗救助资金901.7万元,救助困难群众3.2万人次;2016年,支出医疗救助资金1112.2万元,救助困难群众3.1万人次;即时结报率达到96%以上。为使医疗费用大于家庭收入的困难群众得到有效救助,从2014年5月起将原来的一年一审批改为随时接受申请,一季度审批一次。同时,在全省首创医疗救助资金提前支付方式,2014年8月联合县慈善总会、县红十字会出台《象山县医疗应急救助实施暂行办法》,设立100万元医疗应急救助资金,对七类救助对象单次就医个人负担医疗费用在5万元以上(医疗救助前),并到未开通即时结报的定点医疗机构进行就医的给予医疗救助费用预支,实行医前应急救助;2016根据操作过程中实际情况,联合慈善总会、红十字会修订出台《象山县医疗应急救助实施暂行办法》,简化申请审批程序,降低救助条件门槛,扩大救助对象范围,落实大病医前救助。做到高效办事、急难急救,确保“急难”对象“求助有门、救助及时”。

【保障五保供养】 2016年底象山县农村“五保”对象745人,集中供养率达97%以上;城镇“三无”对象41人,供养率100%。改善集中供养对象的居住生活环境,自2008年起,该县实施乡镇敬老院升级改造工程,使集中供养保障能力逐年提高,管理和服务水平逐年提升。对不愿入住敬老院和不适合集中供养的“五保”对象,采取居家供养、亲友寄养等方式,由“五保”对象、村委会和敬老院三方签订“户院挂钩”协议,在敬老院建立生活档案,散居五保对象的基本生活得到照顾。2016年全县投入特困人员供养资金1022万元,达到年人均11020元,特困人员的衣、食、住、医、葬得到全面保障。从2015年11月份起,县财政对集中供养的特困人员生活补助标准从每月650元提高到720元,提高特困人员生活水平。

【完善孤儿和困境儿童保障机制】 出台《关于加快发展孤儿和困境儿童社会福利事业的实施意见》和《关于规范困境儿童基本生活费发放工作的通知》文件,促进该县儿童福利事业的发展,保障孤儿和困境儿童的基本生活和合法权益提供依据。做好孤儿和困境儿童基本生活的保障工作,按每年调整保障标准要求,由于该县2015年的城镇居民人均消费性支出(21126元)大于2012年(19917元),对孤儿基本生活费标准进行调整。从2016年1月1日起,社会散居孤儿的标准为740元/月/人,机构代养孤儿的标准为1233元/月/人。全年共下拨9名社会散居孤儿资金79920元,9名寄养在宁波恩美儿童福利院的机构代养孤儿资金172780元,合计下拨资金25.27万元。根据困境儿童文件要求,审核确定

2016年第二季度、第三季度、第四季度已享受低保和贫困重度残疾人生活保障的困境儿童对象共2142名,下拨第二季度、第三季度、第四季度困境儿童基本生活费补发资金共85.27万元。

【建立社会救助主动发现机制】 建立完善村(社区)主动发现工作网络;建立主动发现志愿者服务队伍;鼓励引导新闻媒体参与主动救助,依托65786578,设立县社会救助热线电话,明确"急难"对象可以通过拨打热线电话进行救助;利用网站、微博、微信等媒体优势,加强社会救助政策宣传,畅通困难群众申请救助和有关人员报告急难的渠道;完善应急救助制度,建立"急难"对象的"绿色救助通道"。修订出台《象山县医疗应急救助实施暂行办法》,简化申请审批程序,降低救助条件门槛,扩大救助对象范围,落实大病医前救助。2016年全县共排摸上报主动发现1001户、2410人疑似需救助困难对象。经过民政工作人员调查核实,符合条件589户、1460人享受各项救助;同时还对7位重病患者进行医前应急救助,支出救助资金6.8万元,极大地缓解患者家庭的生活经济压力。

【做好慈善法宣传】 《中华人民共和国慈善法》于9月1日施行,9月5日是慈善法颁布实施后首个"中华慈善日"。为做好慈善法普及和首个"中华慈善日"宣传工作,弘扬慈善文化,激发公众参与慈善的热情,县民政局联合县慈善总会围绕"以法兴善,助力脱贫"主题开展专题宣传活动:向市民发送"中华慈善日"短信,在象山县民政局微信公众号上推送慈善法知识,在《今日象山》刊登慈善法宣传专版;9月5日在丹城公园门口设咨询点,解答慈善法相关知识,发放宣传资料;慈善总会义工分会组织开展"中华慈善日"义卖活动。

【实现防灾减灾救灾科学高效运转】 2016年重点将救灾工作关口前移,全面提升防灾减灾能力。深入群众普及防灾减灾知识,提高广大群众防灾减灾意识和自我保护能力。推进避灾场所规范化建设,统一设置标识牌和指示牌,方便群众寻找。象山县共设立365个避灾安置场所,总面积35.26万平方米,可避灾安置9万余人,覆盖全县各社区和各行政村,并创建60个市级以上综合减灾示范村(社区)。完善灾害救助综合协调和应急联动工作机制,重视抓好预案培训和演练,加强"巨灾保险联络员"培训,确保台风等自然灾害来临时应急预案快速启动,避灾场所及时启用,人员和物资及时落实到位。合理配置救灾应急物资,县级救灾仓库、避灾场所都长期存放棉被、军大衣等不易损坏物品;对不宜久存的食品等生活保障物品,与大型超市签订救助物资紧急购销协议,委托他们贮存,确保应急物资平时不浪费,救灾时能拿得出。在每次防御台风中,该县365个避灾场所全部开放,同时及时联系社会救援力量进行信息互通,参加防灾救灾,通过各社会力量参与灾时应急、灾后救援等配合工作,确保全年在历次台风中无经济损失、无人员受灾和伤亡。

社会养老

【概况】 2016年,出台《象山县居家养老政府购买服务实施办法》,采取政府购买居家养老服务的方式,为符合条件的困难、高龄空巢老人提供生活照料、家政服务、康复护理和精神慰藉等方面的居家养老服务内容,提高老年人的生活水平和质量。

【养老机构安全管理】 加强养老机构的安全管理工作,通过召开会议、随时抽查和全面检查的方式,对养老机构负责人进行思想行为教育,同时指导各养老机构做好安全措施保障工作。2016年推出"平安养老场所"的创建工作,2016年有8家合法登记的养老机构达到"平安养老场所"要求。

【推进养老机构设施建设】 新增民办养老床位602张。鼓励社会力量举办养老机构,通过宣传优惠政策,2016年,新登记12家民办养老机构,新增床位602张,共吸引民间资本3400多万元。推进乡镇敬老院建设。2016年丹西街道敬老院迁建项目完成主体结顶;爵溪街道敬老院扩建项目完成招投标工作。

【争取落实养老优惠政策】 根据《象山县社会养老服务体系建设县级专项资金使用管理办法》(象民

财［2014］14号)文件精神,对27家民办养老机构,按核准新增床位数下拨补助资金,共计770.9万元。

【建立困难老人养老服务补贴制度】 为妥善解决城乡困难老人的养老照料问题,保障困难失能、失智老年人的基本生活。2013年末,该县出台《象山县养老服务补贴实施办法(试行)》。2016年对低保家庭中的老年人入住养老机构,按重度、中度、轻度依赖三个评定等级,给予养老服务补贴。象山县共有100名老人享受养老服务补贴制度,按照每人每月1350元、1080元、810元的标准每季度发放一次,共下拨资金72万余元。

【实施民办养老机构日常运营补贴制度】 扶持社会力量兴办养老服务机构,鼓励民办养老机构收住本县户籍失能、半失能老年人。根据《象山县人民政府关于深化完善社会养老服务体系建设的若干意见》文件精神,2016年象山县实施民办养老机构日常运营补贴制度。象山县民办养老机构共收养失能、半失能老年人459名,按照轻度、中度、重度每人每月100元、200元、300元的标准每季度发放一次,共下拨资金约109万元。

【实行养老护理员特殊岗位津贴】 为稳定养老服务队伍,提高护理人员工资待遇,对公办和非营利性民办养老服务机构中取得职业资格证书的养老护理员,按照初级、中级、高级不同等级,分别给予特殊岗位津贴。按照初级、中级、高级每人每月150元、200元、250元的标准每年下拨一次资金,共下拨资金40.12万元。

【培训护理人员】 2016年,开展养老机构护理人员上岗培训工作。5月,在象山县老年公寓举办第三期初级养老护理员培训班,52家养老机构105名养老护理员进行理论与实操相结合的脱产培训,并进行理论考试和技能鉴定,考核合格的发给职业技术证书,其中,初级74名,中级31名。

【节日慰问工作】 2016年2月春节,慰问象山县老年公寓、象山县社会福利院、东陈乡敬老院、黄避岙乡敬老院、新桥镇敬老院、涂茨镇敬老院等六家养老机构,共送去春节慰问金30000元。9月,在老年节来临之际又慰问象山县老年公寓、象山县福利院、石浦镇敬老院、定塘乡敬老院、泗洲头镇敬老院、晓塘乡敬老院,共送去慰问金3万元。

【推广农村集中式居家养老服务】 结合新农村建设,推广"集体建设、无偿居住、旧宅收回、配套服务"集中式居家养老服务新模式。象山县民政局挤出600万元资金用于集中式居家养老公寓建设补助。2016年,象山县又启动15个集中式居家养老公寓项目。22个公寓已基本建成,共有公寓房500套。这些公寓都配有老年活动场所,有条件的村还配有老年食堂,一些身体能自理的困难老年人也离开养老院,搬回村居家养老公寓居住,该项目受到当地老年人的欢迎。

【推进居家养老服务站点建设】 按照年初工作目标,象山县民政局通过下发文件、召开会议、分解任务、月月督查、季季通报的方式来抓居家养老服务站点的建设进度。各镇乡街道挖掘、整合、利用农村卫生院、老行政大楼、老年活动室、农村祠堂等各种公共资源来参与居家养老服务站点建设。2016年,已启785个村居家养老服务站建设,截至年底有67 个服务站完成建设工程,正式投入使用。

【居家养老服务机构等级评定】 象山县于7月下发等级评定工作文件。9月,全面推开等级评定工作。评定专家小组(专家来自市场监管局、民政局、老龄办等部门),分头对78个居家养老服务站进行评定,共用时7天。通过实地查看、翻阅台账、当面问询、民意测评等方式,最后评定A级居家养老服务站53家、AA级居家养老服务站3家,其中,茅洋乡台头村由A级升级为AA级。年底根据等级评定结果,对相应等级的居家养老服务机构给予运行补贴,对开办老年食堂的居家养老服务机构进行加倍补助。

【下拨居家养老建设补助资金】 2016年,为加快推进该县农村集中式居家养老服务工作,提高农村集中式居家养老服务水平和农村老年人生活品质,对验收合格的居家养老公寓进行资金补助。按照每套1万元的标准,对全县27个村427套居家养老公寓进行资金补助，2月、10月、12月，分三次下拨补助资金462万元。

【高龄津贴工作】 2016年，完善象山县覆盖城乡的老年人社会保障体系，推动老年社会福利由补缺型向适度普惠型发展，使老年人共享改革发展成果，缓解养老矛盾的现实之需。凡具有该县户籍且年龄在80周岁以上的所有老年人，均享受高龄津贴待遇。高龄津贴发放工作实行动态管理，按月审批，分类发放。2016年，又对所有在册人员进行一次复查，将系统在册高龄老人信息与2015年底后死亡注销人员信息进行比对，做到不漏发、不超发。截至12月，2016年共发放高龄津贴19.9035万人次，发放资金1146.45万元。9月下旬，在重阳节来临之际又慰问全县37位百岁老人，给每位老人送去慰问金和毛毯，共计慰问金3.7万元。

社区建设与地名管理

【概况】 2016年，全面提升城乡社区社会治理，加强社区建设标准化建设、社区减负成果巩固化、社区品牌深度化、社区服务精品化、社区队伍专业化，完成各项工作目标任务。

【巩固社区减负提能】 对21项盖章事项、144项准入进行整合，根据部门实际，下发《象山县社区依法依规履职和协助党委政府清单》(象社领办[2016] 7号)，理出加强社区党建、社区干部队伍建设等33项社区依据法律法规工作清单和组织、纪检、民政等55项协助党委政府工作事项清单，巩固深化社区工作准入制度，优化社区发展环境。互联社区在社区的应用普及工作反映良好，增强社区自治属性。继续开展社区评议部门工作，将考核分值从去年的1分提高至3分，列入目标管理考核中的公共服务质量评估社区共建工作中，在源头上为社区减负。继续探索试点全能社工，全面推行社区电子台帐。

【社区品牌深度化】 全面推进社区协商，以居民所需所求为立足点，深化完善社区品牌建设。整合利用社区会议室、活动室等场所和社区网络载体，建立“居民议事厅”和“网上居民议事厅”，健全完善共建理事会、民情恳谈会、民主议事会、社区论坛等形式，完善业委会、物业和社区居委会三位一体工作机制。各社区以社区品牌为特色开展“助力扶贫济困，清风送暖”行动。抚孤助弱、公益慈善、文体活动、爱心衣橱、美食上门、心理慰藉、家电维修、环境卫生、困境居民捐款等50多项服务活动。发挥社区社会组织作用，“三社”联动理念初步形成。27个社区均建立社区社会组织服务站，引导全县1164家社区社会组织和志愿者广泛参与社区服务。

【提升社区服务功能】 开展社区建设标准化。督促社区公共服务平台建设，打造科学规范、严谨务实、便民高效的良好社区形象。围绕实现社区“服务质量目标化、服务方法规范化、服务过程程序化”的要求，统一社区标识、规范社区工作人员的文明用语、明确办事流程、规范居务公开栏和桌胸牌等，使得社区在标识、服务行为、工作理念、工作制度、办事流程等5方面达到规范统一。以丹河社区为示范点，第一批13个社区完成标准化建设，创新基层管理体制，夯实城市发展基础，提升社区整体形象。塔山社区在组织领导、民生服务、居民满意等6个方面获宁波市30进20强品质社区评选行列。深化网格化管理、组团式服务。组织开展社区服务管理优秀案例征集评选交流活动。完善居民基础信息，开展网格管理员业务培训，抓实社区工作者包片联户、进格入户、上门走访工作。社区便民服务中心十项服务事项和十项制度，扩大服务范围，转变作风，更多时间入户走访。一年来，网格管理员已走访居民56200余户，入户率达71 %，解决居民实际问题3500多件。提升社区居家养老服务能力。在北路和九市曲社区开展AAA级社区居家服务申报工作，规范25个社区居家养老服务站服务，新建健康小屋2所，有6个社区开办老年食堂，5家慈善超市，探索依托65786578社区服务信息平台，组建养老服务加盟企业团队20家，开设35个服务项目，采取以奖代补的方式，对为老年人提供优惠服务价格的加盟企业给予相应奖励。推动石浦镇逐步改善社区用房，督促石浦镇按照县委文件要求分三年落实社区工作者待遇，指导文昌、丹河、新华等社区开展用房功能布局调整，完成大目湾新城纳入丹河社区指导工作，新成立万象社区。

【强化社工队伍建设】 继续公开招聘社区工作者。按每250户配备一名的目标,创新设置招聘条件,新招聘社区工作者31名,10月中旬全部到岗。实施新上岗人员培训和试用期考核制度,通过招聘,全县社区工作者人数达到220人,达到每360户配备一人。抓好社区工作者业务培训和社会工作师职业资格证书考前培训。邀请重庆师大等高校教授举办社会工作师职业资格证书考前培训和社工业务知识培训,100名考生和全体社区工作者参加为期三天的培训。该县取得初级以上社会工作师资格证书的人数从2011年的26名增加到2016年的168名,其中在社区工作的97人,占社工总人数的44%。开展城乡对口见学活动。组织丹东、丹西、石浦、爵溪社区负责人和分管社区领导,赴杭州上城区上羊市街社区、小营巷社区,宁波柳锦等先进社区学习参观;分9批次将城乡社区负责人30人参加宁波对口见学交流活动,组织丹西、丹东村(社区)、晓塘等干部赴余姚虞波社区、鄞州湾底村、泗洲头墩岙村交流学习。全县对口见学覆盖率达100%,23个村(社区)成为对口见学示范村(社区)。2016年落实安排每百户居民1万元工作经费补助。

【加强村级民主管理和做好换届调研工作】 深化村级民主管理工作。妥善协调贤庠蒲门村、石浦金山村等上访问题,完成政协提案答复工作;配合纪委开展为期一周的《促进农村小微权规范运行即对党纪处分条例第111条执行情况》进行市对口专项检查,做好村务公开检查工作,已在网上进行通报,召开全县民政助理员村务公开培训会,依据基层要求合理修改全县村务公开表格,将11张公开表格合理设置改至8张。根据《关于进一步推进农村基层权力规范运行工作的若干意见》(县委办〔2016〕64号)精神,出台《村级重大事务决策报备制度》,压实基层党委主体责任,及时掌握村级重大事务决策动态,并于9月11–14日对全县490个村的村级文书和事务员举行培训会,指导村级重大事项决策报备程序内容和时间节点,以及村务公开规范操作内容和会议记录相关事项。配合司法局开展民主法制示范村创建、复核等工作。做好第十届社区居委会和第十一届村委会换届前的调研工作。为了解掌握全县村(社区居委会)现状,做好村(社区)换届选举工作,深入推进该县基层民主建设,开展第十届社区居委会换届和第十一届村级组织换届调研工作。

【加强地名的社会化管理】 2016年,完成第二次全国地名普查并通过市级验收。严格按《宁波市地名管理规定》命名地名,做好增量地名不重名,通过宁波市地名信息平台的"一查一录",避免"大、洋、怪、重",标准化命名住宅小区6个,道路18条。及时做好建成道路的路牌设置工作,新设置路牌12块,做好新建住宅小区的门牌设置工作,新设幢牌383块,门牌、楼梯牌2800余块;继续推行地名预登记制度,以杜绝开发商使用不规范的地名做广告;妥然处理群众信访事件7件,及时修复群众反馈的损坏路牌112块。护航G20,对全县农村门牌进行排摸补缺,共补充门牌13000余块。做好平安边界建设,协同宁海县民政局完成象宁界线的联检和界桩维护工作。加强地名文化建设,公布首批地名文化保护名录和墙头镇舫前千年古村落地名文化遗产申报。按创建全国文明城市建设要求,中心城区30%路牌设置公益性广告,定时对张贴在路牌上的小广告进行清除。

殡葬管理

【概况】 2016年,象山县殡葬管理工作在县委、县政府的统一部署下和上级业务部门的精心指导下,贯彻落实中央、省、市两办《关于党员干部带头推动殡葬改革的意见》和民政部等9部委《关于推行节地生态安葬的指导意见》,以开展墓葬秩序整治和丧葬礼俗整治两项整治工作为重点,以加强和规范殡葬管理工作为目标,勇于探索,开拓创新,推行节地生态葬法,倡导文明殡葬,推进移风易俗,殡葬管理服务工作取得显著成效。2016年度县殡葬管理所被浙江省民政厅评为"全省殡葬行业先进集体"。

【推进墓葬专项整治】 根据省、市有关精神要求,围绕县委、县政府墓葬专项整治工作部署,发挥党员干部带头作用,组织协调各部门力量,全力推进"两路两侧"等"三沿五区"坟墓拆迁工作,共迁移

“两路两侧”等“三沿五区”坟墓13080座，拆改违法违规坟墓264座，绿化坟墓3700座，升级改造公墓区26个，县级财政已下拨墓葬整治资金3556.65万元，镇乡、街道级财政用于坟墓迁移、生态安置墓建设、坟墓迁移、政策处理等墓葬整治配套资金5000余万元。整治工作取得显著成效，全面消除“三沿五区”青山白化现象，改善城乡人居环境。

【开展丧葬礼俗整治】 县委、县政府把丧葬礼俗整治和促进文明殡葬工作，作为2016年移风易俗的重点工作来抓，下发《关于开展婚丧礼俗整治工作的实施意见》(县委办〔2016〕1号)，以2016年的1号文件进行工作部署，成立以县委副书记为组长和其他4位县委常委和县领导为副组长，各相关部门主要领导为成员的婚丧礼俗整治工作领导小组，并从各相关部门抽调16名副局级及中层干部组建成立象山县婚丧礼俗整治工作领导小组办公室，进行集中办公和整治管理。通过强有力的宣传发动和严格的整治管理，要求在操办丧事过程中简化治丧仪式，缩短停柩时间，严控送葬车辆和花圈，严格按照划定出殡路线通行，不得在送葬途中燃放烟花爆竹、搞路祭、跪桥头、做道场、撒纸钱等封建迷信活动，不得使用扎制的匾、塔、轿车、别墅、金银山等迷信用品。要求广大市民不讲排场、不搞攀比、文明节俭办丧事，规定在殡仪馆或合适的场所集中办理丧事，严禁在城镇主街道、公共绿地、公路干道等公共场所搭设灵棚灵堂、扬幡挂符，举行悼念仪式等丧葬新风已在全县基本形成，并得到群众的普遍欢迎。自2016年4月1日丧葬礼俗整治工作施行以来，全县共操办丧葬事宜2081起，执行新规2076起，执行率为99.8%，对5起违反规定的责任人进行问责和处理。

【推行节地生态安葬】 推进生态绿色殡葬，提高节地生态安葬率，①要求将墓葬专项整治“三沿五区”所迁移的坟墓，全部迁入各镇乡、街道生态墓进行生态安葬。②加强生态公墓的建设资金投入和生态安葬奖励补助，重点对全县各镇乡、街道级中心公墓内的生态墓区进行基础设施建设和环境改造，严格各公墓按比例配套生态墓位，并将生态入葬率的考核列入县政府对镇乡、街道的目标管理考核。经过生态节地安葬的推行，2016年采用生态入迁和生态入葬坟墓达16100穴，按该县全年死亡人员3500人次计算，该县的2016年的节地生态入葬率达360%。③加强坟墓绿化美化工作，推进生态绿色公墓建设，根据县委、县政府“四边三化”“森林城市建设”等工作要求，推进坟墓和各公墓的绿化美化等生态化改造工作，落实各公墓多植树、种花。对在主要道路(县道以上)两侧的可视坟墓，属墓葬专项整治距离范围内的，按照要求落实拆除迁移和复耕复绿，距离较远的采用种植树木进行绿化整治，完成迁后复耕复绿地块13.3万余公顷，绿化偏远坟墓3700余座。

【执行殡葬设施规划】 2015年以来，由该局联合规划局，委托象山县规划设计院历时二年编制完成《象山县殡葬设施布局专项规划(2013-2030)》，并于2016年7月得到县政府批准并实施后，根据重点规划建设镇乡级中心公墓，规范发展和整合由多村联建的村级公墓，逐步关停规模小、基础差各村单独使用公墓的原则，联合各相关部门，加强对公墓规划建设的审批管理，并严格按照《规划》建设公墓，乡村公益性公墓建设行政村覆盖率达100%。

【强化殡葬管理执法工作】 贯彻落实和深化惠民殡葬政策，强化殡葬服务保障工作，2016年县财政安排600余万元惠民殡葬资金，用于殡葬基本服务、生态葬法补助和生态墓区建设。强力推行墓穴生态化、小型化，规定各公墓所建墓穴面积必须控制在1平方米以内，已在全县全面推行实施；严格骨灰跟踪管理制度，对死亡人员从遗体火化到骨灰是否入葬到合法公墓或坟墓的整个过程，殡葬专管员进行全程跟踪管理，并建立健全月报制度，遗体火化率始终保持在100%；联合物价部门加强对公墓价格的执法管理，严格执行《加强公墓价格管理的通知》规范相关服务收费，并设立举报电话，对乱收费、乱涨价行为进行严肃查处；加强春节、清明等重大节日的安全祭扫管理，引导群众以生态、文明的方式祭扫先人，并推出送鲜花祭故人，纸钱换鲜花等文明祭扫活动，强化违法违规殡葬的执法工作，建立健全殡葬执法机制，建立各镇乡、街道殡葬专管员加强对本辖区范围公墓区、禁坟区的定期查检管理，县民政执法大队对全县公墓区、禁坟区、墓石料加工厂、棺木加工点进行滚动式执法巡查，发现违规问题联合相关部门及时进行处置。2016年查处并结合墓葬专项整治拆除违规坟墓264座,查处非法制售棺木6起。

【加强殡葬设施投入建设】 按计划推进燕山陵园工程建设,燕山陵园第一标段工程建设有序推进,2000余穴拆迁生态墓区已建成迁入,道路、停车场、管理用房、骨灰楼正按规划要求实施建设,截止2016年共投入建设资金5700万元;县殡仪馆分别投入300余万元对火化炉进行改造,投入280万元对悼念厅进行扩建和基础环境提升改造;各镇乡、街道中心公墓的基础设施建设分别以所属镇乡投入和县财政奖励投入的方式,各中心公墓的环境得到明显提高。

老龄事业

【概况】 截至2016年末,全县60岁及以上老年人口118442人,占总人口的21.52%。与2014年同期相比,60岁及以上老年人口上升1.03个百分点。70岁及以上老年人口48937人。80岁及以上的高龄老人17645人,90岁及以上的长寿老人1944人。象山县老年人协会535个,老年活动(中心)室589个。

【做好第二届"敬老文明号"创建活动】 8月份,宁波市老龄委进行第二届浙江省"敬老文明号"创建活动考评工作。10月份,经宁波市老龄委推荐审核和公示,根据宁波市老龄委《关于表彰第二届宁波市"敬老文明号"的决定》(甬老龄委〔2016〕4号)文件决定,象山县老年公寓和老年医院被授予第二届宁波市"敬老文明号"荣誉称号。

【开展老年电大市级示范教学点创建活动】 根据宁波市老龄办《关于开展宁波市老年电视大学市级示范教学点考评工作的通知》(甬老龄办〔2016〕3号)的要求,该办做好材料申报工作,抓好该县老年电大教学点建设,培育发展市级示范教学点。12月份,通过宁波市老龄办评审、筛查,根据宁波市老龄办《关于授予宁波市老年电视大学市级示范教学点考评工作的通知》(甬老龄办〔2016〕8号文件),象山县老年大学被授予老年电大市级示范教学点。

【开展"敬老月"活动】 10月9日(农历九月初九)是全国第4个法定老人节,也是全国第五个敬老月。弘扬中华民族尊老敬老的传统美德,让该县老人度过一个喜庆祥和的节日,老龄办组织开展好尊老、敬老、孝亲的系列活动。

【开展"孝行为善——关怀特殊困难老人"送温暖活动】 为营造全社会尊老孝老的浓厚氛围,根据甬老龄办〔2016〕6号文件的部署要求,县老龄办决定在敬老月期间开展"孝行为善——关怀特殊困难老人"活动。慰问活动资金6万元,共走访慰问特殊困难老人120名。

【抓好老年电视大学工作】 2016年截至,象山县已有21个社区设有老年电大教学点(班),占87.5%,47个行政村设有老年电大教学点(班),占18.98%,基本形成乡镇、街道和社区、农村联合组织的教学网络,拓展这所没有围墙的学校。象山县丹西北路社区教学点、泗洲头镇老年电大教学点、墙头镇老年电大教学点、西周镇西瀛村教学点被评为宁波市市级老年电视大学示范教学点。

【落实《象山县优待老年人实施办法》】 县老龄办贯彻落实《象山县优待老年人实施办法》及老年人优待各项政策规定,开展老年人优待政策落实情况的督察和调研,根据经济社会发展形式适时予以修订完善,提高老年人优待水平。2016年已发放《老年人优待证》1万余本。

【荣获全国双拥模范县称号】 2016年,象山县被评为全国双拥模范县。曾4次荣获"全国双拥模范县"、7次蝉联"省双拥模范县"。2013年,象山县工作经验得到总政治部张阳主任等领导的批示肯定,《人民日报》等17家国家级媒体集中采访,中央电视台新闻联播作报道,2014年作为全省唯一的双拥模范县代表出席全国军民迎新春茶话会,得到习近平总书记和李克强总理的亲切接见。

【获得各种荣誉】 2016年,象山县殡葬管理所被评为浙江省殡葬行业先进集体。象山县民政局被评为宁波市平安护航G20峰会先进集体。象山县政府获宁波市钦寸水库移民安置工作先进单位。象山县民政局被评为宁波市钦寸水库移民安置工作先进单位。

（邱银乖）

慈善事业

【概况】 2016年，县慈善总会贯彻《中华人民共和国慈善法》，适应形势，研究对策，慈善事业健康发展，各项工作取得成绩。全年慈善捐赠收入3343.5万元，同比增长27.2%，创历年新高。慈善资金增值332万，全年慈善资金总收入3675.5万元。各项救助支出3151万元，同比增长18%，受助群众达22680人次。

【“慈善一日捐”开创新模式】 5月13日，县府办发出《关于开展2016年全县“慈善一日捐”活动的通知》，要求在六、七月份集中开展“慈善一日捐”活动。5月20日，县慈善总会召开各镇乡（街道）分管领导和慈善分会负责人会议，部署“慈善一日捐”工作，明确工作要求和方法步骤。总会向全县人民发送“慈善一日捐”短信，并在县广播电视台、《今日象山》报、象山县慈善网和电子屏幕上滚动播放“慈善一日捐”相关信息。总会及各分会收到县、镇乡（街道）机关企事业单位、学校、农村等352家单位31500余人“慈善一日捐”捐款784.8万元。单位捐款较多的有：宁波象山华盛塑胶制品有限公司捐款25万元，宁波新华泰模具有限公司捐款20万元，象山经济开发区15万元，象山影视城、大目湾管委会各12万元，盛和灯饰、丹东街道庄穆境界村、象山国基置业有限公司各捐款 10万元。个人捐款较多的有：赖在加300000元（定向），蒋人苗50025.4元，黄国平50000元，蒋人苗50000元，胡亚业20000元，周思懿20000元（冠名基金），吴国成20000元，李立夫20000元，林象法20000元，林爱神20000元，张永泽10000元，许增忠10000元等。另外，还有三位隐名爱心人士分别捐款24650元、20900元、13000元。

县慈善总会首次在民营企业、学校学生、农村、社区开展“市民慈善拾元捐”活动，约有1320多名爱心人士参加。三安制阀、甬南针织、合力模具、正业控股、盛和灯饰等8家民营企业职工，以及象山二中、石浦中学、石浦小学、昌国幼儿园、县社会职业学校等12家中小学、幼儿园部分学生参加“市民慈善拾元捐”活动。活动宣传“人人可慈善，人人能慈善”的慈善理念，倡导踊跃捐款，捐赠不论多少，奉献不分大小。“慈善拾元捐”激发全社会崇德向善的热忱，形成各界支持、参与慈善事业的浓厚氛围。

【日常捐赠渐成常态】 通过各种途径、各种形式的募捐活动，全年共募得日常捐款1597.4万元（含定向捐赠）。参与日常捐款的企业共有357家，捐款总额534万元。市民捐赠1万元以上的爱心人士有79人，捐款总额423万元。其中，石浦镇昌桥村群众定向捐款13万元；东陈乡陈庆来定向捐款110万元；大徐镇倪海杉定向捐款180万元，日常捐款21万元；高塘岛乡隐名人士捐款24650元；茅洋乡隐名人士捐款20900元；张德和捐款53500元（定向）；开展网络轻松筹，筹集慈善资金385万元。

【冠名慈善基金基本稳定】 冠名慈善基金是慈善募捐的长效机制，为慈善救助提供稳定的资金来源。总会把新建、续建各类冠名慈善基金作为募捐工作的重点。各分会加强设立冠名慈善基金工作。全县捐赠的冠名慈善基金共有43家，到账961.3万元，比2015年增长14.9%。县地产房产总公司、县农村信用联社各捐赠100万元；宏润集团捐赠80万元；华翔集团、国民村镇银行、龙元集团各捐赠50万元；光彩事业促进会捐赠44.7万元；良和交通、正业集团各捐赠30万元；丰亿置业捐赠25万元；海达印染捐赠23.8万元（其中13.8万元物资折价）；甬南集团捐赠20万元（其中10万元物资折价）；日星铸业捐赠18万元；驻象92815部队捐赠15.76万元；博禄德公司捐赠15万元；重症儿童基金捐赠14万元；烟草公司、合力集团、县总工会、运生工贸、仁明眼科医院、三安制阀、新乐船厂各捐赠10万元；善行象山基金捐赠9万元。

【实施“慈善关顾重大病患”项目】 2016年，全年发放助医金361.6万元，受助828人次。“慈善关顾重大病患”助医249万元，受助436人次（包括8名实施器官移植手术的患者,共发放慈善救助金9.5万元);临时救急性助医支出11.5万元,受助53人次。对未实施器官移植手术的贫困白血病、尿毒症患者实行年度定补。全县“两病”患者发放救助金54.1万元,受助235人次。义工分会实施的“重症儿童关爱项目”救助重症儿童75人次,共发放救助金33万元。开展“慈惠新象山人”活动。在县居住1年以上的新象山人,享受本地人同样的助医、助学和助困等救助。

【开展“携手圆梦”助学项目】 全年累计发放助学金80.3万元,受助学生588人次。在县政府协调下,由县财政局、县扶贫办、县教育局、县残联、县总工会、县慈善总会六部门联合开展的“携手圆梦”助学活动,取得良好的社会效益。助学活动实施“文件统一下发、申请统一受理、标准统一公布、审核统一把关、资金统一发放,慈善总会统一承办”。县慈善总会出资41.4万元,资助大学生144名。发放万向慈善助学金10.52万元,受助学生33人。向部分学校贫困学生配送近视眼镜320副,计7.36万元(其中市慈善总会配送眼镜100副,出资2.3万元)。宁波市慈善总会发放20万元助学金用于帮助40名大学新生;对6家新建乡镇学校(卫生院)进行补助,发放补助金30万元。

【推进造血型“慈善帮扶”项目】 工程意在提高贫困户自我发展的能力。协同市慈善总会做好市级“扶贫基地”帮扶工作,设立市级扶贫基地2家,分别发放扶持金10万元;建立县级扶贫基地5家,发放扶持金34万元;其中专业合作社扶贫基地2家,分别发放扶持金5万元。县慈善总会首次建立两个由残疾人、低保户组成的畜牧养殖专业合作社,这是以多个分散家庭养殖户组成的合作社,并聘请最美浙江人、全国五一劳动奖章获得者、县农林局兽医总站站长陈淑芳同志进行专业辅导和咨询。全年累计扶持贫困户33户(次),发放扶持金32.5万元。其中种植业13户(次),发放扶持金13万元;养殖业20户(次),发放扶持金19.5万元。

【开展“情暖千家”送温暖等活动】 县慈善总会在元旦、春节期间慰问10283户困难家庭,发放慰问金503万元。全县“五保户”、城镇“三无”人员、孤儿等由总会委托县民政局开展慰问。对因病、因灾导致生活困难的家庭由总会和分会共同出资进行慰问,慰问工作在2015年1月结束。全年助老1838人(次),发放援助金127万元;援助农村集中式居家养老“爱心食堂”1家,发放补助金2万元。

【开展联合救助】 总会继续与县民政局、县红十字会、扶贫办等部门联合开展社会救助活动。同县民政局、县红十字会联合建立“医疗应急救助基金”,将医后救助延伸到医前应急救助,更好地体现医疗救助的及时有效性,全年共救助8人,发放救助金8万元。同县红十字会继续实施“贫困高危孕产妇救助基金”,救助贫困高危孕产妇4人,发放救助金2.7745万元;实施“关爱贫困精神疾病康复基金”,救助3人,发放救助金1万元;发放艾滋病救助金1.23万元,救助5人;与红十字会新签订的“生命关爱基金”,发放救助金3.3万元,救助4人。同县级有关部门、单位分别联合建立7家冠名慈善基金,救助特定的困难群众。

【义工项目品牌】 拓展义工服务领域,延伸服务内涵,打造具有象山特色义工服务的品牌。5月,召开慈善义工分会第二次会员代表大会,选举产生新一届义工分会工作班子。全县共有27个慈善义工大队,3000余名义工。广大义工参与扶贫、济困、助老、助残、失学儿童结对和环境保护等公益活动,受到社会各界的广泛称赞。自2014年实施“关爱重症儿童”项目后,得到社会各界的广泛关注和支持,并获得宁波慈善项目奖。在“重症儿童关爱”项目的基础上开展的,“天使康复”项目获2016年中央财政支持社会组织参与社会活动立项,资助资金50万元,县慈善总会配套资金30万元,这是县首个获中央财政立项支持的公益项目。“爱心中转站”项目管理规范,效果显著,影响日益壮大,全年共收集爱心物资价值近50万元,为重症儿童义卖筹得善款10多万元,除了向县内困难群体提供帮助,部分爱心物资运往宁波慈善商店和宁波衣循环项目,并向云南昭通、四川大凉山、河北鸭鸽营等贫困地区运送衣物1.8吨,鞋子400余双,围巾1000余条。“爱心中转站”项目获得宁波市2016年志愿服务项目奖。仁爱慈善义工大队承接的“生命关怀”项目,对县内十几位孤寡老人进行慰问，为他们减轻痛苦，带去温暖，在该项目基础上，联合民政部门排摸县内贫困户并制定相应救助方案。“水滴爱心慈善基金”开展“旧书换绿植”活动，受到广大青少年的欢迎。蓝羚户外应急救援队承接“运动换爱心”项目，已开展3场大型户外公益活动，每场参与人数均在1500人左右，成功对接爱心企业，帮助4户因病致贫的家庭。手拉手慈善义工大队配合中华慈善总会开展“一张纸献爱心”助学活动，在30多家机关企事业单位推广收集废旧报刊，统一处理，所得善款全部用于贫困学生助学活动。

义工分会组织各义工大队和环保志愿者、中小学生义工，在“3·5学雷锋日”、重阳节、中秋节等节假日开展助学、敬老、助残、助困、环保等志愿活动。2016年共开展敬老活动10余次，助学结对30余人，环保活动6次，走访慰问孤寡老人、病患困难户几十户。蓝羚户外应急救援队还参与县内外重大赛事、节庆活动的安保服务十余次，在各镇乡中小学开展“户外安全知识”讲座6场。仁爱、爱心司盟、手拉手、雷锋支队等慈善义工大队组织参与敬老、送温暖等义工服务。

【公布慈善信息】 2016年9月1日，《中华人民共和国慈善法》正式施行，9月5日为首个“中华慈善日”。县慈善总会以学习贯彻《慈善法》为契机，搭建宣传平台，创新慈善文化传播方式，做好《慈善法》的宣传。在首个“中华慈善日”期间，总会开展“七个一”宣传活动。即县民政局、县慈善总会联合发文，要求学习贯彻“慈善法”；在《今日象山》专刊发表文章；悬挂学习贯彻《慈善法》，喜迎“中华慈善日”横幅，并在主城区屏幕进行滚动宣传；向市民发送“喜迎首个中华慈善日”的短信；民政局、县慈善总会分别印2000份宣传手册专程送往18个镇乡（街道）；在公园门口设摊咨询宣传；组织“中华慈善日”义卖活动。举办第三届中华传统文化讲座、第二届善行象山义演和第二届“少儿春晚”系列慈善活动。制作“慈济半岛，善行象山”宣传片；印制出版2015年“慈善年册”，将一年间所有善款来源和金额全部纳入其中；继续在《今日象山》定期刊出慈善专版；在《大爱》等市级报刊发表文章30余篇；印发四期“象山慈善”，并在公告栏张贴。

【基层组织建设】 年初，总会召开专题会议下发《关于加快推进村（社区）慈善工作站建设的实施意见》，总会负责人深入各镇乡（街道）与分管领导协调沟通，半年通报各分会建站情况，并将此项工作列入对各镇乡（街道）年终目标考核。2016年新建慈善工作站146个，全县建立村（社区）慈善工作站349个，占全县村（社区）总数64%，比年初要求达到55%的目标提高9个百分点。尤其是西周镇、鹤浦镇、泗洲头镇、新桥镇、茅洋乡、晓塘乡等慈善分会，深入村（社区）广泛发动，加大建站力度，成效显著。规范管理、公开公正是阳光慈善的重要内容。总会在《今日象山》《象山慈善》、“象山县慈善网”，分会运用简报或在公共场所公示的方式，公布每笔善款的来源以及各项救助支出。印制《慈善年册》，将全年所有善款来源和金额都纳入其中，接受社会监督。总会对使用“冠名慈善基金”和大额捐款进行救助的，逐笔公示，不但告之捐赠者善款的去向，也告之受助者救助款的来源，确保慈善资金在阳光下运作。

气象服务

【概况】 气象部门实行上级主管部门和地方政府双重领导的管理体制。2016年，县气象局以提高气象事业发展质量和效益为中心，推进气象业务现代化、气象服务社会化、气象工作法治化，加强创新驱动，强化法治建设，全面推进气象现代化，提高公共气象服务能力，为实现“两美”象山建设提供优质气象保障。年末，全局气象工作人员共26人（含编外人员），在编在岗人员15人，其中工程师10人，助理工程师5人；研究生2人，本科9人，专科4人。

【雨雪冰冻气象服务与应对】 针对1月23～26日的强冷空气和雨雪冰冻天气过程，气象局及早部署，做好各项防御工作。①及时预报、主动服务。从18日就开始制作雨雪冰冻天气系列内参，19日起发布重要天气报告，至27日共发布14期，20日与县农技中心联合发布《农业气象服务技术专报》，局主要负责人向县领导作专门汇报。②严格值班制度，加强监测预警。落实带班领导和各岗位值班人员，做好雨雪冰冻天气过程的监测、预报和预警工作。

③加强气象探测设施巡查。在雨雪冰冻天气来临前,对自动站设备进行巡查,确保仪器设备的正常运行。④加强后勤保障。提前购置足量的米、油、煤气等,确保灾害性天气出现时的物资储备,同时检查好发电设备,以防极端天气下可能出现的断电情况。

【九月份三个台风预报服务】 9月13~18日,"莫兰蒂"和"马勒卡"两个台风相继影响象山,此期正值中秋小长假、中国(象山)开渔节和休渔期结束渔民出海捕鱼之时。气象局准确预报,及时多渠道全方位开展气象服务。13日11时发布"莫兰蒂"台风消息,14日17时58分发布暴雨蓝色预警,15日15时45分发布暴雨黄色预警,15日22时56分发布暴雨橙色预警,16日12时25分解除暴雨橙色预警信号。17日10时发布沿海海面"马勒卡"台风警报,17日14时发布台风警报,18日8时15分发布大风黄色预警,20日6时21分发布解除大风黄色预警。在两个台风影响期间,局主要负责人驻守三防办实时向领导汇报台风动向提供现场服务,气象局除正常媒体发布台风信息外,还在象山气象网上发布台风报告单19期;发布重要天气报告4期、气象信息内参6期,对于特别重要的信息还当面向县领导汇报;向政府、领导电话汇报4次;发布公众气象服务短信30次15万余条;发布开渔节专题气象服务12期,短信8次4万条。临近开渔节开船仪式,还特别制作十三大渔场五天的风力预报和避风港锚地风力预报,指出:受"莫兰蒂"和"马勒卡"影响,15日、16日有明显的风雨过程,期间又值天文大潮,可能对渔场造成严重影响,对开渔节后的出海不利,因此开渔节取消"妈祖巡安"和"开船仪式"活动,渔民也推迟出海捕鱼。

"鲇鱼"台风9月26~29日影响象山,气象局除正常媒体发布台风信息外,从26日11时发布台风消息,到29日11时共发布气象信息内参和重要天气报告各3期,向政府、领导电话汇报每天2次;发布公众气象服务短信11次2.2万余条;在象山气象网上发布台风报告单9期,安排专人在象山港论坛更新最新台风信息,受到象山网民的好评。

【新增39个气象防灾减灾标准化村(社区)】 为推进村级气象防灾减灾标准化创建工作,年初全县确定39个村(社区)作为省级气象防灾减灾标准化创建任务村(社区)。年内组织相关创建单位人员参加市气象局举办的气象防灾减灾标准化建设培训,丰富创建人员的气象防灾减灾知识,提高气象防灾减灾建设业务水平。同时组建气象信息员QQ群,分配落实气象防灾减灾标准化村(社区)建设任务,10月底,经省气象局组织专家赴实地开展抽查评估,并对申报材料进行复审,经综合评定,象山县39个村(社区)成为气象防灾减灾标准化村(社区)。至年底,全县气象防灾减灾标准乡镇(街道)已做到全覆盖,气象防灾减灾标准化村(社区)已达52个。

【道人山建成农业气象观测站】 9月份,县气象局在道人山盐碱地稻鱼共生示范基地新建一个农业气象自动观测站,用于咸水稻种植专项气象服务。这不仅为象山县的新型稻渔生产模式提供气象科技支撑及服务,增加象山县的区域自动气象站密度,提升气象监测能力。该站设有气温、风向、风速、降水、日照、地温以及稻田地温资料等,提供气象参数并作相应的农业气象研究。

道人山农气站全景

【做好G20杭州峰会维稳安保工作】 根据省、市、县G20杭州维稳安保工作统一部署和要求,气象局成立以主要负责人为组长的象山县气象局G20峰会维稳安保工作领导小组,从8月1日起全面启动二级响应,8月28日起进入峰会安保工作一级响应。一是加强防雷及气球施放安全管理。组织开展防雷安全专项执法检查,对易燃易爆场所防雷安全进行全面检查,确保防雷安全管理不留死角。与有气球施放资质单位签订安全生产责任状,有资质单位气球留存情况报公安机关进行备案,同时加强对违规施放气球行为的巡查监管。二是加强网络安全及涉密文件管理。三是严格落实应急值班和零报告制度。二级响应期间落实24小时领导带班值班制度，一级响应期间建立双人应急值班，值班领导和值班员全时在位，局主要负责人24小时在岗带班。按照有事报事、无事报平安的要求，严格落实零报告制度。四是加强气象服务保障，履行气象防灾减灾职责。服务期间，气象局严密监测，及时发布各类信息，共制作气象信息内参3期、农用天气预报3期，发布公众气象服务短信8次4万余条。此外，安排专人专岗开展航线短临气象服务，重点开展强对流期间雷雨大风的预报预警。同时与环保部门合作，开展G20期间空气质量的监测和预报工作，双方共联合发布《象山县空气质量联合专报》12期。

【**优化行政审批服务**】 ①抓好气象法律法规文件的宣传培训和学习工作。5月24日，局主要负责人为第二期宁波市新农村建设规划管理人才象山县培训班授课。10月12日，邀请宁波市防雷中心高工奚世贵为县危险化学品生产经营单位主要负责人和安全管理人员开展雷电防护知识培训。②落实审批制度改革，推进气象审批提速增效，取消图审费和防雷检测费，减轻企业负担，提高防雷审批时效。③审批服务及时，业务保质保量。2016年，共完成防雷装置设计审核88件；发放防雷装置验收合格意见书79件；完成系留氦气球施放审批业务12件。到期办结率达100%，回访满意度达100%。④加强自身建设，创建群众满意和文明窗口。以创建群众满意和文明窗口为抓手，改进工作方法，改善服务态度，窗口工作质量、服务水平、工作效率都得到全面提升。市、县两级第三方回访群众满意度均达100%。

【**气象预报覆盖五条航线**】 随着海岛旅游业的兴起，到象山出海旅游的游客越来越多，但海岛旅游受风浪、大雾等天气因素影响很大。为顺应服务需求，气象部门从2012年开始发布石浦至渔山的航线气象预报，2014年增加石浦至檀头山航线气象预报，2015年增加爵溪至南韭山航线气象预报，2016年又增加石浦至鹤浦和象山台宁至宁海伍山两条内港航线气象预报，至2016年底，气象部门已开展5条航线气象预报，为滨海旅游护航。航线气象预报可通过宁波渔业气象中心服务平台查询（http://nb.zj.weather.com.cn/xiangshan）。

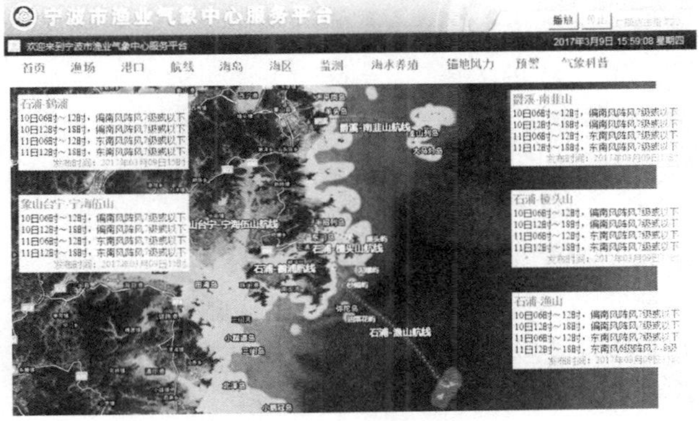

象山航线气象预报示意图

（黄裕火　蔡春裕）

综 合 管 理

国有资产管理

【概况】 2013年3月，县政府批准设立象山县国有资产管理局，为县政府直属正科(局)级事业单位，挂县国有资产监督管理委员会办公室牌子，履行企业国有资产出资人职责，承担全县国有资产的监督管理工作。2016年4月20日，为加快推进国有企业改革，组建五大集团公司，强化对县国有资产的监督管理，县政府调整象山国有资产管理局的主要职责、内设机构和人员编制规定，设立综合科、企业改革与产权管理科、统计评价和业绩考核科、财务监督管理科和行政事业资产科5个职能科室。2016年4月21日，经县委研究，决定成立中共象山县国有资产管理委员会，县国资局正式独立运作，人财物等与财政局逐步理顺关系。2016年，象山县国有资产管理局履行国有资产出资人职责，切实发挥国有资产管理职能，深化国企改革，完善监管制度，各项工作有序推进。截至2016年12月底，全县共有国有企业(含集体企业)及国有成分企业305家。其中，县级部门及管委会所属企业177家(国有独资、法人独资141家，国有控股参股17家，集体企业19家)，镇乡(街道)所属企业128家(国有独资、法人独资77家，国有控股参股12家，集体企业39家)。全县国有企业(不包括乡镇所属企业)用工人数(包括临聘人员)共3605名。

【理顺管理体制完善水务集团组织架构】 县国资局采取中介普查、企业自查、重点核查等形式，对11家涉水国企事业单位的固定资产、应收款项、项目建设等情况开展清产核资，研究拟报废、核销资产等处理方案，及时督促整改问题61处，并拟定资产处置、薪酬改革等办法。通过统一财务管理制度、财务软件和核算标准，实施子公司财务人员集团委派制，建立人才选用与业绩考核机制，明确干部管理权限、薪酬标准及考核等方案，配套制定各项制度规范31项。继续对融资综合成本实施动态监管，对接农业银行和中信建投落实融资方案，将3-5年期融资综合成本率控制在5.2%以内，低于县定同期融资成本率上限1.2个百分点。2016年10月，通过划转股权，搭建完成水务集团下属原水、污水处理、水务投建和3家自来水公司的“1+6”组织架构。

【国企整合重组】 县国资局加强国有企业兼并重组力度，深入企业开展财务、税务、法律等尽职调查80余次，紧密结合象山实际，印发实施意见和实施方案等7个文件，明确组建县水务集团、县交通集团、县城投集团、县旅游集团和县工投集团等五大集团公司。公司各项改革的总体目标、主要任务、职能设置和政策保障，以及具体实施路径和时间表。对34家国企事业单位的固定资产、应收款项、项目建设等情况开展清产核资，研究拟报废、核销资产等处理方案，及时督促整改问题70余处。明确财务管理形式和范围，统一财务管理制度、财务软件和核算标准，实施子公司财务人员集团委派制。截至2016年12月底，水务、交通、城投等三家集团公司的组建方案已发文，水务、城投、交通、工投等4家集团公司完成集团公司及其下属子公司的董事会、监事会成员的变更登记，通过对17家企业的股权划转，成立了新公司11家，完善法人治理结构11家。五大集团公司产权结构逐渐明晰，框架逐渐明朗，其中，四大集团公司组建方向逐步明确。水务集团按企业化运作模式，加快水资源整合利用速度，加大县级供水工程建设力度，提高水资源运营管理水平，实现城乡供水一体化，对水务资源进行统一规划、统一调度和统一使用,实现水务领域建设、经营、服务和管理的全面整合,积极推进水务产业走市场化开发、社会化投资、企业化管理、产业化发展的道路。城投集团对一些产业相近、功能相同的企业进行整合,努力构建以土地一级开发、政府基础设施代建、房地产开发、商业地产经营、股权投资等多元化发展的城市建设投融资开发集团。交通通过吸纳优质资产,优化资源配置,突出主业发展,做大交通集团企业规模,实现从单一融资职能向"投、融、建、运"多元化职能的转变,构建以县政府预算资金和上级补助资金为依托,银行贷款、PPP项目融资和企业经营为主,土地开发建设为长效来源的交通投融资开发集团。工投集团通过充分整合政府性资源,盘活存量资产,逐步形成融资、投资、资产管理等职能有机结合的高效投融资机制,着力打造成具有投资产业导向功能、融资综合服务功能、工业经济发展推动功能的多元化投融资平台。

【管控国有企业融资成本】 2016年5月20日起,县国资局对象山县60家国有企业融资综合成本实施动态管控,1年期、1-5年期和5年期直接贷款年综合成本率控制在≤6.3%、≤6.4%和≤6.6%,实际控制效果比控制率分别低0.39%、0.045%和1.0%;将1年期、1-5年期和5年期年综合成本率分别控制在>6.6%、>6.4%和>6.6%的,并且自2016年5月20日起至贷款到期日超过3个月的贷款作为拟清理置换对象,确定存量债务。县国资局联同14家主管单位,先后召开会议或现场调研20余次,帮助企业与银行谈判直接降息、借新还旧、政府债券置换等方式,通过清理置换降低国有企业融资成本。14家主管部门积极主动开展存量债务降成本工作,基本完成降成本目标,其中,县交通局、经济开发区管委会、大目湾管委会下属国有企业降成本成效较为显著。截至2016年8月上旬,将所涉及的33.6亿元融资金额实现降成本目标,累计减少融资费用支出6576万元,年综合成本率从7.40%下降至6.32%,下降1.08个百分点,降幅达14.59%,阶段性管控效果明显。

【开展债务置换】 县国资局积极引导帮助国有企业开拓期限长、金额大、成本低的金融产品,如发展产业基金、发行企业债券、推广PPP项目等,多渠道融资,改变单一的银行贷款方式。同时,要求国有企业积极稳妥开展债务置换,将期限短、额度小、成本高的流动资金贷款置换成中长期、额度大、成本低的银行贷款,力促短期、中期、长期债务的有机结合,保持合理比例,以时间换空间,减轻还款压力。截至2016年12月底,全县61家国有企业1年短期银行贷款占比12.5%,同比下降了13.9%,1—5年中长期银行贷款占比39.7%,同比提高了0.5%,5年以上长期银行贷款占比47.8%,同比提高了14.3%。

【规范政府性资金存放管理】 2016年2月,县国资局出台《象山县国有企业银行账户管理暂行办法》,明确银行账户开立的基本要求、限期做好现有银行账户的清理、加强银行账户资金的运用管理、做好银行账户备案工作、强化相关责任追究等5项措施,及时开展企业银行账户清理工作。2016年上半年,全县207家国有企业上报银行账户备案表,原开立各类银行账户共1241个,通过清理共撤销126个。2016年下半年,县国资局逐步建立银行账户管理台账,有针对性对部分重要企业的银行账户清理情况进行检查,截至2016年12月底,全县进一步清理撤销各类银行账户45个,闲散资金得到归集,提高了资金使用效率,遏制部分国有企业利用多头开立银行账户发生利益输送行为。

【加强国有企业财务管理】 加强制度建设,完善财务监管体系。2016年11月,县国资局出台《关于进一步加强国有企业财务管理有关事项的通知》,通知要求,国有企业要建立健全国内差旅审批制度,加强会议费、培训费、因公临时出国(境)经费管理,严格业务接待审批,健全财务监管机制,加强职工费力费财务管理,加强工会经费使用管理。同时,继续严格执行不相容职务相分离原则,建立健全财务会计制度和内控制度,形成相互监督,有效制衡的财务决策、执行和监督管理机制。加强国有企业审计监督,完善国有企业审计体系,建立政府部门公共审计、出资人审计和企业内部审计相结合的全面审计制度。夯实财务基础工作,统一会计核算办法,对国有企业财务人员加强培训,提升专业素质,组织各类培训会议4次,参训人次360余人次。

【加强国有产权监管】 2016年11月,县国资局出台《象山县国有企业不良资产核销实施办法》,完善国有产权监管制度体系,并对房屋出租、不良资产核销等审批权限作了进一步明确,实行规范化运作、阳光下监管。严格规范国有资产产权转让行为,遵循"公开公正、依法合规"的原则,要求对所有国有产权转让前进行财务审计和资产评估,必须进场公开交易,对所有企业房屋出租(除招商外)实行公开招租,广泛征集受让方和承租人,杜绝暗箱操作。2016年度通过公开拍卖拍租,完成港务开发有限公司趸船码头、公车等资产拍卖,完成象山影视城、新华书店等商铺、街面房屋等标的招租,实现国有资产收益1904万元。

【开展行政事业单位国有资产清查】 8月初,县国资局根据财政部、市财政局统一部署,开展行政事业单位国有资产清查。按照清查指南要求,把握时间节点,通过专题培训、发催报函、电话催报、手把手辅导等形式,安排联络员指导各行政事业单位核实财务与资产信息并录入,圆满完成全县87家一级行政事业单位和237家二级行政事业单位的国有资产清查,清查工作上报率100%,基本摸清行政事业单位国有资产"真实家底"。截至2016年12月31日,全县行政事业单位国有资产规模达79.8亿元,其中固定资产48亿元,流动资产31.1亿元。资产清查后,针对各单位存在着的账卡不符、账实不符状况,进行资产统计、数据分析,提出处置意见,进一步夯实国有资产管理基础。

【推进信息化系统管理】 县国资局委托宁波甬政软件公司开发了"国有企业信息管理系统",该系统涵盖产权管理、债务管理、人事管理、存款管理、"三公"经费管理等多项功能模块。该系统于9月正式全面铺开推广,将全县范围内的148家国有独资企业(不包括乡镇)纳入管理,全面掌握全县国有独资企业的人事和财务等基本状况,实现对债务的实时动态管理、公款存放的精细化管理和国企职工实名制动态化管理。该系统规范贷款审批流程,从源头上控制债务的综合成本,实现对单个企业、集团公司甚至全县的债务结构和成本率的多维度和多角度分析。各国有企业可以利用系统对拟实施的借款进行综合成本率测算,为与银行等金融机构谈判提供数据支持。

【强化国资监管队伍建设】 县国资局按照抓班子、带队伍、促工作的总体要求,汇聚合力,强化国资监管队伍建设。根据三定方案,县国资局调整领导班子成员分工,明确党委委员的工作职责,全面梳理新老同事岗位职责,落实了科室职责,明确工作任务。截至2016年12月底,国资监管队伍共17名,其中中层干部5名,为国资监管工作常态化开展提供了有力的组织保障。建立规章制度,健全长效机制。①注重规范班子议事规则,从议事程序上加强党风廉政建设,制定了局党委会议、局长办公会议、中层干部会议等议事规则。②注重规章制度建设,从管理机制上加强党风廉政建设,制定了工作制度、财务报销制度、公务接待制度、会议制度、公章使用管理制度、考勤管理制度、"双对"考核实施办法等管理制度。③注重督查检查,制定正风肃纪检查计划,从监督层面加强党风廉政建设。

【市国资委主任徐柯灵到国资局调研】 2016年11月18日,宁波市国资委主任徐柯灵到县国资局开展调研工作。徐柯灵对象山县国有资产监督管理工作给予关心和指导,表示对象山县国企整合重组工作有信心。徐柯灵指出,象山国资监管工作要好好学习习近平总书记关于国有资产监管的讲话,着力放在县委县政府的中心重点工作上,立足于深化改革,进一步优化布局,加大整合重组力度,加强制度建设,以及党风廉政建设,做大做强国有企业。

【副县长陈兴立到国资局调研】 2016年11月29日,副县长陈兴立到县国资局开展调研工作,并对下一步工作提出新要求。陈兴立指出,国资监管要认清形势,探索新模式,抓重点、破难点,规范国资工作体制机制,盘活、充实国有资产,并做大做强做实。

财政管理

【概况】 2016年,全县财政总收入626060万元,比2015年增加12067万元,完成调整预算的100%,其中，一般公共预算收入380730万元，增长0.3%，完成调整预算的100.3%；中央财政收入245330万元，增长4.6%，完成调整预算的99.6%。全年完成一般公共预算支出613659万元，同比增支570万元，增长0.1%，若剔除石油价格改革财政补贴因素，一般公共预算支出增长4.6%。全县政府性基金预算收入完成152798万元，支出173033万元，年末累计结余19538万元；社会保险基金预算收入404916万元，支出301868万元，年末累计结余524306万元；国有资本经营预算收入132.5万元，支出132.5万元，收支达到基本平衡。

【推动县域经济社会发展】 围绕供给侧结构性改革，创新财政供给方式，帮扶企业降本减负，提升县域经济运行效率。践行“工业强县”战略，深入一线了解区域和企业发展情况，落实工业发展“1+9”政策体系，共审核兑现技改贴息、上市补助等各类企业奖励扶持资金约2.19亿元，惠及企业2437户次。落实结构性减税政策和降本减负政策，减免各项税费约7.8亿元，受惠企业2850户次，取消和免征10项行政事业性收费项目，减征额超400万元。临时性下浮医疗保险费缴费比例，全县3911家企业减轻负担1912万元，惠及人数达67347人次。发放首批稳增促调专项资金2590万元，受益企业603户次。落实3800万元专项资金，实施创新驱动战略，支持企业加大创新力度。加强科技金融支撑，启动科技贷款风险池项目，科技金融年度总授信额度达3000余万元。联合县国税局、建设银行、宁波银行实施“税易贷”，全年审批贷款3700万元，为65家企业解决部分融资问题。筹措资金重点保障实事工程，确保城乡医疗并轨、购房补贴发放、棚户区改造、“五水共治”、畜禽养殖整治和墓葬整治等工作开展。

【保障教育事业优先发展】 2016年，教育支出达10.68亿元，占公共财政预算支出的17.4%。落实学前教育经费1553万元，免收义务段学生课本费、学杂费2943万元，惠及50394名学生，落实2.39亿元资金保障中职教育发展和提高教师绩效工资。落实1.7亿元资金，用于改善教育装备、学校基建工程建设和提高义务段退休教师生活补贴。

【促进卫生事业健康发展】 力促医疗卫生事业发展，调整完善新型农村合作医疗制度，提高农民医疗保障水平，为全县168万人次结报医药费5.05亿元。为提高医疗保障水平，全面推行大病医疗保险制度，提高大病保险参保缴费标准和特药大病保险政策。全县123家社区服务中心、卫生室基层医疗机构落实象山县基本药物制度改革，全面实施基本药品零差率销售，减轻群众基本用药负担，财政安排10000万元保障基层卫生机构正常性工作经费。根据象山县县级公立医院综合改革实施意见，财政预算继续安排800万元推进县级公立医院改革，并确保补助资金到位。

【支持社会保障事业发展】 加大就业和社会保障投入力度，投入3.04亿元用于健全社会保险体系，新增五险参保人员29000余人，本地户籍人员养老参保率达到89%。落实低保人员发放低保资金、物价补贴等计5152万元，缓解社会上弱势群体由于物价增长而增加的支出，安排 507万元专项资金全面保障象山惠民殡葬工作。配合移风易俗和丧葬整治工作，全力提供资金保障，根据验收合格11856座坟墓，县财政下拨资金3556万元，确保完成任务。

【加大财政支农惠农强农力度】 2016年，加大财政支出力度，涉农支出达29.84亿元。成功申报市农业示范区、市精品园区建设等5个支农项目，争取上级补助资金2218万元。安排小康村、特色村等建设资金600万元、欠发达村村庄整治建设提升资金1500万元和经济薄弱村发展资金2400万元，推进美丽乡村建设。重点打造丹城至石浦沿海南线主干道等3条美丽乡村风景线，启动建设12个集环境保护、生态发展和个性突出为一体的县级特色示范村，支持美丽乡村、美丽集镇、美丽县城等“三美”系列建设。推进重点渔港项目建设，获得上级补助资金4000万元。

【推进旅游事业发展】 围绕“全域旅游”发展战略，研究制定《县财政局服务旅游业跨越式发展实施办法》，明确加大资金统筹力度、探索基金运行模式、推动旅游项目招商、支持重点区块建设和提升资金使用绩效等五方面工作重点。

联合县旅游集团每年统筹安排1亿元旅发资

金,主要用于旅游基础配套、规划设计、营销策划等方面的补助和奖励,力促旅游大项目落地,推动旅游特色景区、特色小镇、特色乡村和特色民宿建设。

【加强政府债务管控】 采取"外转内、短转长、高转低、贷转债、常转新、分转合"等办法,对各类债务进行分类处理,分三个阶段清理乡镇债务,全年清理乡镇政府全口径债务22.15亿元,通过融资、降低利息、延长贷款年限等途径进行置换,节约利息支出近1亿元。实行政府存量债务置换债券,分批实施政府存量债务置换债券项目,置换债券27.33亿元,降低利息支出近1亿元。化解存量债务,将部分交通和市政基础设施存量项目(约50亿元)转型为PPP项目,通过公开招标,龙元建设集团、工银瑞信投资管理公司等组成的联合体和昆仑信托公司、中开信云投资发展公司组成的联合体分别中标,五年期贷款基准利率分别下浮5%和8%,期限15年,按融资成本测算,该批项目能减少(利息)支出约1.8亿元。

【创新投融资模式】 出台《象山县产业发展基金的实施意见》和《象山县产业发展基金财政出资管理暂行办法》,完成浙报中天2000万元文化产业基金出资工作。拓宽科技金融渠道,设立资金规模1个亿的科技创业引导基金,县财政首期出资1000万元。推行PPP模式,撬动更多的社会资本投入各项建设,其中石浦高速公路新桥连接线(下七里至大圻头)工程和71省道盛宁线东陈至茅洋连接线项目通过PPP融资14亿元,马漕线、盛宁线金开路至滨海大道拓宽工程等交通道路及东大河整治等项目列入PPP计划。采用政府购买服务方式对"五水共治"等项目进行打包融资,银行授信超70亿元,为项目建设提供资金保障。支持"五大集团"组建和运作,通过提高管理水平和融资能力等,探索县域投融资新体制。

【整合涉农专项资金】 县财政局和县农办牵头开展涉农资金整合改革工作,按照"资金统筹、重点扶持、程序规范、分工实施"的工作目标,以宁波市(财政)农业项目管理平台改革试点为契机,探索建立美丽乡村建设资金整合机制,修订并完善资金分配、使用、管理办法,试水新农村项目"网络化公开申报+受理",建立涉农资金建设项目的数据动态采集系统和全程运行监控网络,打造"线上线下合一、前台后台打通、纵向横向联动"的项目申报新模式,提高支农资金使用效益。2016年整合17个部门40余类涉农资金。规范财政支农资金使用审核、拨付管理,首次引入社会中介参与农业设施大棚补助资金的审核,核减补助金额80万元,提高项目资金管理的水平。

【规范财政资金管理】 按照"优化结构、确保重点、注重绩效"的原则,完善县级财政专项资金管理暂行办法,明确专项资金设立、执行和绩效管理等内容,编制并公开科技、招商等20个部门35项财政专项资金管理清单。清理压缩专户,盘活存量资金,加快预算支出执行进度。稳步推进预决算信息公开,严格按照规定时限,公开全县77家一级预算单位部门预决算和"三公"经费预决算。稳妥实施银行开户与财政资金竞争性存放管理,出台竞争性存放的补充通知,完善这项工作,完成2批共计8.28亿元社保基金竞争性招投标存放,提高财政资金存放的利率水平。

【强化财政监督职能】 规范政府采购程序和行为,开发试运行政府采购管理审批系统,全年节约财政资金约1.4亿元,节约率达15.1%。加强基建财务管理,规范资金拨付审批流程,审结各类工程项目233个,核减投资7201万元,核减率为7.7%。根据市局统一部署,较好地完成全县行政事业单位财务管理内控制度基础性评价。继续发挥委派会计(财务总监)作用,加大项目资金监管,共纠正违规违纪资金约21556万元。对7家行政事业单位、国有企业进行财务收支情况检查,共查处违纪违规和管理不规范资金4184万元。实现乡镇国库集中支付全覆盖,并对违规支付行为及时预警,确保财政资金安全、高效运行。

【加强财政信息化和法制建设】 在采集全县各行政事业单位、国有企业等大量数据的基础上,开发政府采购管理审批系统,并于10月8日正式上线运行,提高采购效率,简化采购程序,节约办事成本。严格规范性文件合法性审查,按照"三统一"制度的程序和文书审查、报备规范性文件;组织开展规范性文件清理，对现行有效的规范性文件进行一次全面清理。贯彻落实宁波市权力清单管理办法，根据法律、法规调整做好财税权力清单后续管理，配合开展浙江政务服务网工作。加大主动公开力度，重点推进部门预算、三公经费、行政处罚结果的信息公开工作。对依法申请公开的信息，要做好合法性审查工作。

【强化会计管理】 根据宁波市会计管理信息化建设总体规划，提高会计管理水平，运用网上平台、会计公众微信号等途径及时宣传相关会计政策、法规。推行会计从业资格无纸化考试，2016年全县2980人参加集中机考。根据市局的统一部署，实施会计证发放、网上申请在线办理、快递送达的便民措施。完善集中面授和网络教育并举的新模式；根据会计人员初、中、高不同层次和从事不同行业，贴近实际，针对性地开展会计人员继续教育培训，培养高素质、复合型的会计人才，提高会计人员的业务素质。2016年，举办农村财会人员财政支农惠农政策培训班，分4期举办，全县约有1064名农村财会人员参加，促进村级组织财会工作更加规范化。

【深化党风廉政建设】 以“两学一做”学习教育活动为契机，改进财税干部工作作风，深化党风廉政建设。坚持从严治党，落实主体责任，制订《象山县财政局(地方税务局)2016年党风廉政建设和反腐败工作要点》，通过召开专题会议等形式，总结分析全局党风廉政建设工作开展情况和一些苗头性问题，确定工作重点，落实整改措施。组织开展“明高线、知底线”《准则》和《条例》网上知识测试，143名党员参考。3名干部参加县“党纪在我心中”知识竞赛，荣获一等奖。组织全体党员干部集中观看《滑向深渊》《镜鉴》等警示教育片，引导党员干部做到严以修身、严以用权、严以律己。参加县“廉政屏保原创设计”活动，征集作品13件，增强机关干部的勤政廉政意识，营造廉荣贪耻的良好氛围。扎实开展婚丧礼俗整治工作，与全体机关干部、职工共300余人签订承诺书，严格要求每位党员、干部执行事前事后双报告制度，2016年全局党员干部共操办婚丧事宜17起，执行规定率达100%。根据《象山县财税局岗位廉政风险防控机制建设实施意见》，共查找出96条岗位风险点。根据不同的廉政风险点，确定不同的风险等级，明确相应的责任人，落实不同的防控措施。

（刘丹丹）

地税征管

【概况】 2016，县地税部门多措并举抓收入，全县地税系统共组织各项收入418599万元，同比减收40058万元，减幅为8.7%，剔除营改增因素，同口径同比增收9877万元，增长2.4%，其中：税收收入213122万元，减幅为20.3%；社保基金收入179298万元，增长10.7%；各项基金附加收入61782万元，因水利基金降率和免征等因素同比减收3167万元，减幅10.8%。

从分税种看，四大主体税种呈“三增一减”趋势：增值税完成281427万元，同比增收67151万元，增长31.3%；企业所得税完成97118万元，同比增收6143万元，增长6.8%；个人所得税完成43689万元，同比增收656万元，增长1.5%；营业税在“营改增”的影响下，完成38904万元，同比减收49287万元，减少55.9%。从分行业看，全县建筑业税收、房地产业税收、金融业税收分别入库53846万元、38128万元、37997万元，分别减收5460万元、16180万元、4259万元，减幅分别为9.2%、29.8%、10.1%。剔除营改增因素，地税部门征收的行业税收中建筑业、房地产业的减收额最大，分别减收5943万元、8043万元，减幅分别为13.2%、22.2%。

【落实税费优惠政策】 贯彻财政部、总局对符合条件小微企业暂免征收营业税等结构性减税政策和各项稳增长调结构促转型财税优惠政策，落实各项税费达7.8亿元，惠及企业2850户次；兑现清费减负政策，取消和免征行政事业性收费10项，减征额达400万元；临时性下浮医疗保险费缴费比例，全县3911家企业减轻负担约1912万元，惠及人数达67347人次，减轻企业负担。

【夯实征管基础】 主动适应“营改增”，深入开展增收潜力点分析，抓好重点产业、重点税源、重点税种的有效监控，全县414家重点税源纳税户入库地方税收111750万元。聚合国地税信息,及时互通个体增值税纳税人定额信息,确保定额核定的统一,防止税款流失。开展税费清理专项行动,加强与司法、市场监管、房管和国土等部门的协作,全年清理历年欠税2500余万元。用好存量房评税系统,入库契税21721万元。加强风险管控和税务稽查,查补税款2997万元。出台招商引资补充意见,利用部分象商创办的企业和信息资源,梳理、洽谈、落地一批招商引税项目,年完成招商引资3450万元,引进税收2400万元。创新政府非税收入的收缴方式,推广应用浙江政务服务网统一公共支付平台,县部分学校的教育收费可通过银联或支付宝进行缴纳,方便群众。

【加强税务稽查】 整顿和规范税收秩序,开展税务专项检查,发挥稽查威慑作用。全年共查处发票违法案件39件,组织纳税人自查和实施重点检查共计93户,累计查补各项收入1958万元。严格落实《关于建立人民法院民事执行与国、地税部门税费征缴协作机制的会议纪要》(甬中法[2015]20号)的要求,执行税费征缴与民事执行三方协作机制,通过建立协调联络机制推进个案协作,强化民事执行与税费征缴的合作,在清产核资、股权转让等方面加强国家税收保障。通过建立纳税评估后续管理、税收政策辅导等制度,开展不动产、股息红利、汇算清缴等项目的风险应对评估和企业所得税专项纳税评估,通过案头分析、税务约谈等方式,评估451户纳税人,入库各项税费基金1436万元。

【强化税收法治】 贯彻落实宁波市权力清单管理办法,根据法律、法规调整做好财税权力清单后续管理,配合开展浙江政务服务网工作。严格执行《宁波市税务行政处罚裁量基准(试行)》(第一批),并修改完善我局的行政处罚裁量基准。加强执法资格证件管理,提高行政执法行为的规范化水平。制定《象山县财政局、地方税务局、国有资产管理局领导干部和公务员学法用法实施意见》,通过严格执行领导干部、公务员学法制度、局党委理论学习中心组集体学法制度等,采用自学、讲座和培训等形式,开展一系列法律知识及岗位业务系统配套学习活动,组织领导干部、公务员学法用法考试,参考率达到100%。依托每周一次的政治教育平台,将新颁布的法律法规及政策纳入学习范畴。

【优化纳税服务】 开展"问需求、优服务、促改革"专项行动查补服务短板,通过走访企业、发放《意见征求函》、开展纳税人满意度调查等形式,累计帮助企业解决难题40余个。开设"网办业务系列谈"在线直播新栏目,由分局业务骨干定期上线向纳税人及时推送优惠政策和税收动态,解决各类疑难问题,2016年累计上传涉税相关文件、公告185份,通过在线一对一辅导、答疑、远程操作等方式累计解决近5000个涉税问题,平均日咨询量约30户次。联合县国税局、建设银行、宁波银行实施"税易贷",2016年审批贷款3700万元,为65家企业解决部分融资问题。

【开展税收宣传教育】 以税收宣传月为契机,发挥税校基地效应作用,举办"税文化"音乐电子相册制作比赛,共收到85件作品,点击阅读达35000余次,点评讨论600余条。各基层分局结合实际多形式展开税宣活动,丹城分局自编"三句半"融入县文化局"文化十进村"活动,获得群众好评;西周分局"护航营改增,打通最后一公里"有机融入西周竹笋节,获市级税收宣传活动三等奖。

【推进信息化建设】 完成新核心征管系统的推广上线工作,优化完善系统功能,确保使用CA认证体系平稳运行。做好"金税三期"系统上线前的岗位职责梳理、系统升级、宣传培训等各项工作,确保"金税三期"系统于10月8日在全县上线。利用信息管税手段,做好税收数据质量比对、以地控税工作。

【加强队伍建设】 以"两学一做"教育活动为契机,推进干部队伍素质建设。抓好党风廉政建设。强化廉政风险防控机制,深入查找廉政风险点,制定出台《象山县财政局内部控制体系建设实施方案》和《象山县财政局内部控制基本制度(试行)》,有效防范财政业务风险和廉政风险。推进作风效能建设。开展"问需求、补短板、优服务"作风效能建设专项行动,加强机关制度、行风效能等方面建设,有效提高工作和服务质量。强化干部教育培训。全年组织参加各类学习培训33次，培训人员达1000余人次，提升干部的业务能力和综合素养。

（刘丹丹）

国税征管

【概况】 2016年，县国税局以贯彻《深化国税、地税征管体制改革方案》为主线，以深入推行绩效管理为抓手，把握发展形势，深化改革创新，各项工作呈现稳中有进的良好态势，全年国税税收收入342006万元，为经济社会发展提供可靠的财力保障。年内，县国税局绩效成绩名列全市国税系统第四，获评首批“宁波市国税系统法治税务示范基地”“全国税务系统法治税务示范基地”荣誉称号，县国税局工会获“浙江省财贸系统模范之家”称号，西周税务分局被国家税务总局表彰为各省（区、市）税务局先进集体，石浦税务分局办税服务厅荣获“市级青年文明号”荣誉称号，王丽亚同志获评宁波市优秀共产党员。

【税收收入稳步增长】 2016年，县国税局坚持以组织收入为中心不动摇，牢牢把握收入工作主动权，定期组织开展多渠道、多方位的税收预测，采取措施堵漏增收，全面加强税收收入分析，深入开展重点税源监控，全年累计实现全口径收入342006万元，首次迈上30亿元台阶，其中增值税直接收入210791万元，企业所得税收入53968万元，车辆购置税收入9017万元。

【落实税收优惠政策】 全面落实税收优惠政策，健全减免税等审批制度，及时用足用好各项优惠政策，2016年完成资源综合利用企业退税1258万元，完成软件产品退税49万元，完成福利企业退税974万元；贯彻实施增值税结构性减税政策，为我县1015户企业抵扣固定资产进项税额39390万元；落实小微企业所得税优惠政策，累计为我县1050户小微企业减免税额657.30万元，推广出口退税无纸化管理，办理出口退（免）税22.4亿元。

【推进营改增试点】 自5月1日起，营改增试点范围扩大到建筑业、房地产业、金融业和生活服务业，县国税局统筹谋划、科学指挥，广大税务干部迎难而上、奋勇拼搏，抓培训搞辅导、忙演练调系统、优服务强管理、严督导促落实，打赢“开好票”“报好税”“分析好”和“改进好”四场战役。2016年，全县共有四大行业营改增纳税人10147户，实现营改增税收收入48367万元，其中5月1日后营改增行业税收收入38236万元。

【国地税征管体制改革】 县国税局成立落实《深化国税、地税征管体制改革方案》督查工作领导小组，根据改革方案中明确的57项改革内容，对照既定时间表、路线图，有序开展税务登记、非正常户管理、税款代征、欠税管理、涉税信息共享等各项改革任务，推动国地税合作形成“1+1＞2”的增值效应。

【上线金税三期工程】 县国税局自8月全面启动金税三期工程上线集中测试及全员测试，9月开启金税三期工程双轨运行，采取预约办税、繁简分流、错峰申报、延时服务、线上办税等措施，克服积压业务、系统磨合等重重困难，10月完成金税三期工程上线。金税三期工程上线运行后，统一国税、地税征管信息系统，实现税收数据大集中，为规范税收执法、优化纳税服务、管控税收风险、加强信息共享提供更好的条件。

【开展税收宣传教育】 利用第25个税收宣传月、全国宪法日开展“企业问诊服务”“税法知识竞赛”“税法宣传直通车”等普法活动。依托“象山国税”微信公众号定期发布最新政策速递、业务辅导、案例分析。组织业务骨干编撰《企业所得税政策指引》，免费发放给全县纳税人，帮助纳税人正确掌握有关税收法规和办税事宜。推进“象山蓝”纳税人学堂建设，重点围绕所得税汇算清缴、营改增税收政策、增值税开票系统等内容开展专项培训16期，累计参训人员达3080余人次。

【强化政务公开】 在国税门户网站、“中国·象山”政务网站、象山国税官方微博等平台做好政府信息公开工作。全年开展网上问卷调查3次，意见征集3次，开展“凝心聚力 务实创新 打造国地税合作升级版”在线访谈节目一次。加强信访舆情联动工作管理，2016年受理涉税举报29起，其中通过民声回应平台处理涉税投诉24起，答复率和满意率100%。

【推进便民办税春风行动】 2016年是开展“便民办税春风行动”的第三个年头，县国税局以“象山蓝”纳税服务品牌为载体，推出一系列办税便利化举措，提升纳税人获得感。根据《国地税合作工作规范》要求，推行全市通办等4类19项便民办税措施。建立国地税联合办税服务点，实现纳税人“进一家门、办两家事”。针对不同领域税收工作特点，创新服务模式，在国际税收方面，根据我县“走出去”企业逐步发展、涉税需求增多的特点，推出“前中后”全流程服务，累计接收企业提交的订单20余条，提供涉外税收资讯40余条，协助2户企业办理税收抵免304万元。在服务小微企业方面，针对小微企业融资难的问题，开展税银合作，累计为83户小微企业发放贷款1808万元，有力促进小微企业健康发展。

【实施人才强税】 县国税局坚持将队伍建设作为强税之本，严管善待，形成绩效管理抓班子，数字人事管干部，培育人才提素质的良好局面。围绕绩效管理4.0版要求，突出过程管理、分析讲评、督考合一、结果运用与绩效文化建设，完善制度体系和优化指标体系。稳步推进“数字人事”，实现领导会分析、部门会应用、人人会操作。先后开展党员轮训、科级领导干部进修、金税三期师资培训等专业培训25场，调训率和参训率均达到100%。依托“岗位大练兵，业务大比武”活动，按照行政管理、征管评估、纳税服务、信息技术和稽查业务五大类设定不同岗位目标，以考检学，强化岗位技能，提高干部学习积极性和自觉性，并有1人代表宁波市国税局参加税务总局稽查业务类“岗位大练兵，业务大比武”。

【贯彻从严治党】 县国税局坚决贯彻中央全面从严治党各项要求，夯实党建工作基础，强化党建工作责任，全面落实“一把手”抓党建第一责任人制度，严格党内政治生活，为税收工作提供坚实的政治保证。严格按照机关党委换届选举办法，采用差额选举和无记名投票方式，选举产生新一届机关党委。以“两学一做”学习教育为契机，制定覆盖全体党员的学习教育计划和党支部书记责任清单，以“一学一测一心得”为载体，将党章、党纪党规、习近平总书记系列重要讲话精神通过固定组织生活日学习、知识测试、心得交流等方式提升学习效果。建立“象山蓝”心欣向党党建微平台，以“掌上阅读”的形式推送党建动态，增强“两学一做”学习教育的针对性和实效性，同时通过“三亮三带头”“赠书促学”“海岛送党课”等形式，发挥党员干部先锋模范作用。

【加强党风廉政建设】 县国税局以全面推进“两个责任”层层落实为重点，履行监督责任、严明工作纪律、改进工作作风、增强廉洁从税意识，提升党风廉政建设工作水平。同时结合中央八项规定精神“回头看”和巡视整改工作，召开专题会议对巡视反映的问题进行再梳理、再剖析、再落实，逐条研究整改方案，制定具体整改措施，明确责任部门、责任人及时间节点，形成一把手负总责，各班子成员分工负责的工作格局，确保整改工作落实到位。

国土资源管理

【概况】 2016年，象山县国土资源工作在市国土资源局和县委、县政府的正确领导下，坚持以五大发展理念为指导，以“找短板、补短板”为主线，以“工作推进年”和“能力建设年”活动为抓手，推进供给侧结构性改革，推动全县国土资源管理由全面保障向重点支持转变、由依靠增量向“三量并行”转变、由粗放利用向节约集约转变，做好稳增长促转型要素保障工作。

全年完成农转用报批314.7公顷，新增建设用地276公顷。供应土地406.3公顷，前五年平均供地率80.33%，其中招拍挂出让经营性用地68.5公顷，招拍挂出让工业用地53公顷，保障影视城三期（浙江广电项目）、日星二期、三门口大桥连接工程、石浦高速公路新桥连接线、71省道盛宁线（东陈–茅洋连接线）等项目土地出让；盘活存量土地86公顷，实施低效用地再开发79公顷；划定永久基本农田2.18万公顷，垦造耕地74.7公顷，完成耕地质量提升2116公顷，完成农村土地综合整治项目立项17.7公顷，新增水田114公顷；开展执法巡查约3700人次，发现及制止新增违法用地95宗、非法采矿221宗；立案查处违法用地48宗、非法采矿45宗，涉及土地面积282.7公顷，涉及罚没款358.28万元；草签协议383份，总面积360.4公顷，涉及征地款32000万元，农业安置人口数1116人；受理来信来访95件（重复信访34件），同比下降14%，办结率100%；审批农民建房1527户，完成上级任务的143.5%；颁发不动产权证书15240本；设置、报批采矿权9宗，其中工程性矿山8宗、经营性矿山1宗。全年共获得2016年全县共建新农村先进单位、重点工程建设先进集体、棚户区改造工作先进单位、"三改一拆"和"无违建"创建工作先进集体等各项荣誉。

【国土资源要素保障精准供给】 为全面保障用地用矿需求，县国土资源局一方面统筹安排规划指标，将省厅追加的33.3公顷新增建设用地规划指标用于紧缺的镇乡（街道），另一方面做好用地报批，按照"先重点后普通"原则分步保障项目用地。全年共争取到各类用地指标285.4公顷，其中保障工业项目用地53公顷，保障旅游项目用地26公顷；公开出让采矿权5宗，共计投放资源储量1204万吨，成交总额2769万元。

【宁波市最大"旱改水"耕地质量提升项目通过省级复核】 1月14日，省国土资源厅、省农业厅、省水利厅联合组成核查小组对通过县级竣工验收的象山县晓塘乡中岙村后塘"旱改水"耕地质量提升示范项目进行抽查复核，核查组经过内业查验项目资料、外业现场实地踏勘，对项目实施给予肯定，该项目开发总建设规模39.7公顷，投资补助2099.49万元，实际新增水田面积36.7公顷，工程质量符合浙江省土地整治垦造水田建设标准，土壤保水性能较好，改造的水田集中连片，灌排沟渠布置齐全，生产道路基本完善，通过省厅核查组的核查。

【房屋赠与不再需要公证】 根据司法部和建设部联合发布的《关于房产登记管理中加强公证的联合通知》规定，房屋赠与除要缴契税外，还需提交赠与公证书。这一规定对预防纠纷，减少诉讼，保证法律行为的合法性和真实性起到重要作用，但一定程度上增加市民经济负担。3月14日起，办理房屋赠与登记时，只需要赠与双方当事人到场，并提供赠与合同等资料即可。但遗赠仍须提供接受遗赠公证书。

【象山县颁发全市第一本县（市）级不动产证书】 4月19日，举行象山县不动产权证书首发仪式。黄焕利县长发表讲话，指出国土部门勇于探索，推进机构、簿册、依据和信息平台的"四统一"，实现不动产登记"一站式"服务、不动产登记档案统一管理，为群众办理不动产登记、查询等提供便利。希望行业管理部门，提高思想认识，顾大局、识大体，密切配合、形成合力，推动不动产登记工作有序开展。最后，县长黄焕利向市民倪碧云发放该县首本《不动产权证书》，标志着象山县正式实施不动产统一登记。全年共办理不动产登记及查档58986件(不含权籍调查)，颁发不动产权证书15054本、不动产登记证明12915份，居宁波市各县(市、区)前列。

【象山县出台农村宅基地上违法建筑处置指导意见】 该意见对全县范围内2015年3月1日（《象山县农村宅基地管理办法》开始执行之日）前建成的符合土地利用总体规划和城乡规划的违法建筑（违法用地）的有偿使用金收取标准作出明确，以"建筑占地面积超批准建筑占地面积比例""建筑面积超批准用地面积比例"及"总用地面积超批准用地面积比例"各自区间范围为界，对不同乡镇区域按每平方米25-3200元不等收取有偿使用金。

【连续18年实现耕地占补平衡】 推进"611"耕地保护工程，年初就土地整治分解至各有关镇乡（街道），并将此项工作列入年度考核内容。全年垦造耕地74.7公顷，完成耕地质量提升2116公顷，复垦新增耕地17.7公顷，旱地改水田114公顷，各项任务提前超额完成，尤其是旱地改水田工作，完成市级下达任务的855%，全县连续18年实现耕地占补平衡。

【严整违法用地未处置问题】 为贯彻落实省委省政府"三改一拆""无违建县"创建活动和省国土资源厅严格执法保护资源"亮剑行动"工作部署，该局全面开展违法用地未处置问题集中整治，对1999年以来所发生的违法用地未依法处置案件进行排查核实、分类处置。经核查，全县共有违法用地未依法查处违法案件1510件,均处置到位,其中立案查处79件,涉及面积18.7公顷;拆除复耕51件,涉及面积9.67公顷;规范完善20件,涉及面积10公顷;移交“三改一拆办公室”380件,涉及面积107.9公顷;移交法院强制执行980件,涉及面积368公顷。

【三门湾大桥及接线工程(象山段)建设项目完成供地】 三门湾大桥及接线工程是宁波市级重大交通项目,估算总投资129.16亿元,是宁波市继杭州湾跨海大桥、舟山跨海大桥和象山港大桥之后的第四座大型跨海公路大桥,全长约54.5公里。其中象山段设有茅洋互通、新桥枢纽、象山停车区兼互通,路线长约28公里。以划拨方式供地,土地用途为公路用地。三门湾大桥及接线工程预计2018年底建成通车,建成后将促进象山县浙台经贸合作区、宁波象保合作区、南部滨海旅游的发展。

【国土窗口推出“容缺受理”提速服务】 1月份起,县国土资源局对建设用地复核验收实行“容缺受理”,即对基本条件具备、主要申报材料齐全且符合法定条件,但次要条件或手续有欠缺的建设用地复核验收事项,窗口可先予受理和审查,再补齐相关材料。缩短办理时间,免去群众来回奔波。

【开展第26个全国“土地日”系列活动】 6月25日是第26个全国“土地日”,围绕“节约集约用地、保护耕地”这一宣传主题,组织全局工作人员现场咨询答疑、发放宣传资料、刊登宣传视频等形式多样的宣传活动,将节约集约用地、保护耕地的知识送到广大群众中去。

【土地节约集约利用大幅提升】 以上海督察局督察为契机,县推进批而未供消化、闲置土地处置、存量建设用地盘活和城镇低效用地再开发工作,深入推进土地节约集约利用。全年消化2006–2015年批准农转用的城市分批次未供土地面积120公顷,完成市级下达任务的197.9%;盘活存量建设用地86公顷,完成市级下达任务的129.1%;完成城镇低效用地再开发79公顷,完成市级下达任务的624.9%。

【宅基地调研再出新成果】 为推进农村宅基地及房屋登记工作,依法确认和保障农民财产权益,该局深入调研,反复征求相关部门意见,经过多次修改,先后出台《关于妥善解决存量房不动产登记过程中历史遗留问题的通知》(象土资发[2016]41号)和《象山县国土资源局关于进一步推进农村宅基地及房屋统一登记工作的意见》(象土资发[2016]42号)文件,将农村宅基地及房屋确权登记条件、历史遗留问题处理办法、确权登记程序及其他事项均加以明确。全年审批农民建房1527户,完成上级任务的143.5%。

【土地例行督察整改成果显著】 5月5日–6月1日,国家土地督察上海局对象山县进行为期近一个月的例行督察。8月24日,国家土地督察上海局正式下发例行督察意见书。该局第一时间组建土地例行督察整改工作领导小组及办公室,拟定整改工作方案,及时召开整改部署会,落实整改任务清单,明确责任单位,专门成立指导服务小组,分赴重点单位指导整改工作,对指导中发现的难点问题分类汇总,重点破解。截至2016年底,全县完成整改799宗3955公顷整改率分别为96.5%、98.8%,完成土地例行督察整改预验收。

【年度商品住宅用地出让同比下降90%去库存成效初现】 针对严峻的商品房库存压力,县国土资源局推进土地供给侧改革,实施土地供给结构调整,实行商品住宅用地与消化存量相挂钩制度,合理安排年度商品住宅用地供应规模,严格控制商品住宅用地出库量,把握土地供应节奏,从源头上减少房地产库存,促进土地市场可持续发展。2016年全县共出让商品住宅用地1.67公顷,同比下降90%。

【深化行政审批制度改革】 稳步推进“行为规范年”,召集全县18个镇乡、街道分批次进行座谈,征集规划调整、用地报批、土地征用等27项涉土重点权利事项的意见与建议,理清权力事项的责任主体、法定依据、工作流程、审查要点。同时将涉及服务对象的21项审批事项全部进窗口审批服务,完善工作流程、精简申请材料和缩短承诺办理时限,提速率达到80%。

【牢筑权力运行监督机制“防火墙”】 紧扣“查得准、防得牢、控得住”三个关键环节,把“廉政风险点”转化为“廉政安全点”。年初，局党委召开会议，专题研究讨论岗位廉政风险防控推进工作，制定实施方案。为确保廉政风险点查细查实，查找过程中，结合巡视、审计和例行督察等存在的问题，严格按照三上三下程序，实现“准”“全”“深”的要求。全年共初步排查15个科室（单位）、17个基层国土所，排查出956个风险点(含重复)，其中一级43个，二级354个，三级559个，措施797条。

【开展“两学一做”系列学习教育活动】 党总支带领机关党员干部全面开展“两学一做”系列学习教育活动，立足岗位扎实做，坚持以学促做、知行合一。融入日常“学”，局党总支组织中层及以下党员干部参加“两学一做”集中培训班，确保“两学一做”入脑入心。专题讨论“学”，局党总支组织全体党员干部开展纪念建党95周年暨“两学一做”学习会，邀请县委党校副校长朱小敏授课。结合实际“做”。7月1日，局党总支组织全体党员干部学习参观象山县最早党支部新桥镇黄公岙村山海楼和谢才华剪纸艺术馆，聆听革命英雄光辉事迹，接受革命精神洗礼。

市场监督管理

【概况】 2014年12月，象山县市场监督管理局由原宁波市工商行政管理局象山分局、象山县食品药品监督管理局和象山县质量技术监督局整合合并而成。局机关办公地址位于象山县丹东街道丹河东路828号，挂象山县工商行政管理局、象山县食品药品监督管理局、象山县质量技术监督局、象山县食品安全委员会办公室牌子。2016年，促改革、强监管、重服务、带队伍，强化服务发展，守住食品、药品、特种设备安全底线，推进市场监管全面履职到位，维护市场秩序，促进县经济健康发展。相继获得2016年度县级建设“平安象山”工作先进集体、“一打三整治”专项行动先进单位、网络民情会办工作先进集体、县平安护航G20杭州峰会先进集体、开放型经济优胜服务单位、全省新闻宣传工作先进单位、全县政务信息工作先进单位、全市市场监管系统政务信息工作先进单位、全市市场监管系统新闻宣传工作先进单位等多项荣誉。

【全县市场主体登记情况】 2016年度，全县新登记各类市场主体7162户，同比增加16.34%；其中新登记内资企业（含私营，下同）1777户（含分支机构，下同），注册资本（金）1151536万元，同比分别增长31.14%和121.74%；外商及港澳台商投资企业27户（不含分支机构，下同），新增注册资本31733万美元，同比分别增长22.72%和7.22%；个体工商户5270户，资金数额92967万元，同比分别增长11.87%和7.97%；农民专业合作社88户，新增成员出资额14094万元，成员数540个，同比分别增长29.41%、23.47%和38.46%。2016年，全县注销各类市场主体4326户，同比增加48.92%。其中，注销内资企业533户（含分支机构），外商及港澳台商投资企业13户，农民专业合作社6户，个体工商户3774户，同比分别增长22.53%、225%、100%、53.23%。截至2016年12月底，全县累计实有市场主体43874户，同比增长6.20%。其中，累计实有内资企业12066户［（含分支机构1300户），注册资本（金）5855622万元，比2015年同期相比分别增长9.15%和27.84%（包括累计私营企业10670户（含分支机构607户），注册资本（金）4215875万元，同比分别增长10.25%和34.56%）］；外商及港澳台商投资企业211户，注册资本138710万美元，同比分别减少2.76%和增加12.42%；个体工商户30712户，资金数额348637万元，同比分别增长5.04%和16.56%；农民专业合作社885户，成员出资总额134292万元，成员总数11594个，同比分别增长10.21%、11.82%和3.62%。

【全县市场监督管理暨党风廉政建设工作会议】 1月27日上午，全县市场监督管理暨党风廉政建设工作会议在局机关会议室召开，县市场监管局党委班子成员，全体在编干部职工，县消协、县民个协工作人员及部分离退休老领导参加会议，副县长叶富兴出席会议并作重要讲话。会议由县市场监管局副局长张继锋主持。会议共四项议程。首先，由县市场监管局副局长张旦海宣读2015年度市场监管系统先进集体和先进个人表彰文件，主席台前排领导为石浦分局、稽查大队等7个先进集体颁发奖牌；随后，县市场监管局局长石岳吉作年度工作报告。报告从服务经济发展、保障三大安全、强化监管执法、树立部门形象、加强队伍建设等5个方面回顾县市场监管局2015年度各项工作,分析当前形势,剖析存在的问题,提出做好市场监管工作的要求,全面部署2016年度市场监督管理和党风廉政建设主要工作。要求全体干部职工明确目标、夯实基础、凝心聚力、开拓创新,推进市场监督管理事业的新发展。副县长叶富兴在听取报告后,肯定县市场监管局在过去一年所取得的成绩,认为县市场监管局在2015年围绕县委、县政府的中心工作,真抓实干、务实有为,为全县经济社会发展大局作出贡献。叶副县长提出:一要把眼光瞄准在一流,把目光锁定在一流,自觉增强实干意识和大局意识,激发改革奋斗的不竭动力;二要顺应形势发展,把握好服务与监管的关系,突出市场化导向,明确社会共治方向;三要严明纪律,加强干部队伍作风建设,永葆干部队伍的纯洁性和先进性;最后,县市场监管局副局长张继锋作会议小结并对春节前后相关工作进行部署,要求全体干部职工严守正风肃纪的各项要求,做好春节期间食品药品安全监管、安全生产隐患排查、商品质量检查,消费维权和假期值班等工作,确保人民群众度过一个祥和的春节。

【全县食品安全工作会议】 3月17日,全县食品安全工作会议召开。副县长叶富兴,县府办副主任张晓宇,县食安办主任、县市场监督管理局局长石岳吉出席会议,县食安委成员单位、镇乡(街道)食安办负责人,县食安办成员单位联络员,县市场监督管理局相关职能科室、市场监管所(分局)的主要负责人参加会议。县府办副主任张晓宇主持会议。会上,县食安办主任、县市场监督管理局局长石岳吉代表县食安办做全县食品安全工作报告,回顾2015年全县食品安全工作情况,分析当前食品安全工作局势,并部署2016年主要任务。县食安办副主任、县市场监督管理局副局长徐永辉就食品安全城市“两级联创”、食品安全隐患大抽检大排查大整治严打击专项行动、农村食品安全治理三项重点工作作动员部署。各地各部门签订2016年食品安全工作目标管理责任书,丹东街道、墙头镇、农林局作汇报交流。副县长叶富兴在会上作重要讲话,强调做好食品安全工作,使命重大,意义重大,要求各地各部门强化落实“四有两责”和属地管理责任,深化落实食品安全战略,“集中精力找‘短板’,全力以赴补‘短板’”,全面推进食品安全体系建设落地,让广大人民群众享受到食品安全工作的成果。

【县市场监督管理局组织召开“两学一做”学习教育动员部署会】 5月10日,县市场监督管理局组织召开“两学一做”(学党章党规、学系列讲话精神,做合格党员)学习教育动员部署会,会议由县市场监督管理局副局长张旦海主持,县市场监督管理局局长石岳吉作动员讲话。县市场监督管理局机关支部党员,各基层支部书记、民个协各支部书记、退休干部支部书记共90余人参加会议。会上,县市场监督管理局局长石岳吉指出,开展“两学一做”学习教育,是落实党章关于加强党员教育管理要求、面向全体党员深化党内教育的重要实践,是推动党内教育从“关键少数”向广大党员拓展、从集中性教育向经常性教育延伸的重要举措,是加强党的思想政治建设的重要部署。石岳吉强调,开展“两学一做”学习教育:一是要深刻领会“两学一做”精神,深化认识、统一思想以尊崇党章、遵守党规为基本要求,以用习近平总书记系列重要讲话精神武装全党为根本任务,突出“学、做、改、干”四个关键。二是要聚焦“五个表现”突出问题,深刻剖析、时刻警醒。解决党员队伍在学习、纪律、思想、组织、作风5个方面存在的突出问题,把问题意识、问题导向贯穿始终,对标检视,抓住要害、精准发力,补短板补立标尺。三是要对标“四讲四有”党员标准,内化于心、外化于行。处处发挥模范带头作用,做事业上的“领路人”。四是要紧密结合中心工作推动学习教育,相互促进、齐头并进。把学习教育与促进各项中心工作结合起来,做到两不误、两促进。同时,石岳吉要求县市场监督管理局各支部迅速落实到位工作责任,领导干部率先示范,常抓不懈组织活动,职能科室齐心协力把从严管党治党的要求落实到每个支部、扎根到每个党员心中,推动象山市场监管工作再上新台阶。随后,县市场监督管理局副局长张旦海从总体要求、学习内容、主要措施、具体要求4个方面解读在县市场监督管理局于开展“学党章党规、学系列讲话,做合格党员”学习教育的实施方案,要求各支部贯彻落实“两学一做”学习教育,按照动员部署的要求和实施方案,开展“两学一做”学习教育活动。

【召开"一打三整治"工作紧急会议】 7月10日，县市场监督管理局组织召开"一打三整治"工作会议，县局党委书记、局长石岳吉作重要讲话。会议由县市场监督管理局副局长张继锋主持，县市场监督管理局各科室队(中心)、各基层所(分局)主要负责人参加会议。县市场监督管理局"一打三整治"分管领导、县市场监督管理局副局长欧江部署下一步"一打三整治"工作。市场监督管理局局长石岳吉要求全体职工痛定思痛，深刻反思，切实整改，把"一打三整治"工作作为全局工作的重中之重，重点做好以下几方面工作：①突出重点，严查严打保持高压态势。确定农贸市场、海鲜排档、餐饮行业为检查重点，一旦发现违禁渔获物，一律予以扣押，并要用足、用准、用好现有法律法规，对没有按规定索证索票、无证无照经营、非法使用添加剂等违法行为依法予以严肃查处，对阻碍执法公务的行为，依法移送公安机关处理。②加强宣传，营造良好氛围，加大对农贸市场经营户、海鲜排档业主和餐饮业主的宣传教育力度，全面提升经营者自律意识。③强化督查，严明工作纪律。对于"一打三整治"行动中领导不重视，措施不力，造成不良后果的，将严格实行责任倒查，按规定严肃处理。

【深化商事登记制度改革】 落实"先照后证"相关工作，明确后置审批事项201项，严格执行"双告知"规定；推进"五证合一、一照一码"登记制度落实，办理"五证合一"营业执照8400余件；下放"五证合一"换照权限，不受注册资本限制，可直接到辖区所办理，方便企业就近办理。全面实施食品经营许可"两证合一"，发放食品经营许可证2027件。通过改革，提高行政审批便利化程度，降低市场门槛，激发全社会投资创业的热情。2016年，全县新增各类市场主体6845户，新增注册资本162亿余元，同比增长17.5%和125%。同时，于2016年1月1日起，全面停止组织机构代码证的办理。

【助推市场主体提档升级】 推进"小微企业三年成长计划"，成立"小微企业三年成长计划"工作领导小组，制订工作方案，落实工作措施，有效地为企业解决一批实际问题。深化"个转企、小升规、规改股、股上市"工作，办理"个转企"132家，其中转为公司制企业107家，占81%，超额完成年度目标任务。同时，加快商品交易市场改造提升，创建省放心农贸市场2家，乡村星级市场2家，中国水产城通过四星级市场复评。此外，民个协会工作机制创新成效初步显现，被国家工商总局评为全国先进集体，加强非公党建工作。

【商标品牌建设】 发挥基层商标指导站的作用，帮助企业注册商标、申报名牌，营造商标助企、品牌兴企的良好氛围。2016年，新增注册商标526件，省著名商标3件、市知名商标5件，省名牌2个、市名牌3个。同时，将天安、戴维等拥有优势产品的企业作为"浙江制造"重点培育对象 ，强化工作指导，加大扶持力度，商标品牌数呈逐年递增的良好态势。全县拥有注册商标4531件，市知名商标57件，省著名商标28件，驰名商标9件(司法认定8件、行政认定1件)；有省名牌产品26个，市名牌产品31个，增强企业市场竞争力。

【质量强县建设】 优化质量强县考核机制，出台考核办法，分解目标任务，推进质量强县工作。实施政府质量奖培育计划，对30家企业实行跟踪培育，邀请专家对重点企业的卓越绩效管理模式运行情况进行辅导，完善企业质量管理的各项制度，为申报县长质量奖和市长质量奖打好基础。

【"浙江制造"等品牌培育】 贯彻落实李强省长关于推进"浙江制造"品牌建设和质量工作精神，制定2016-2020年名牌培育规划，共25家企业列入培育计划。起草《象山县关于推进"浙江制造"品牌培育实施方案》，指导天安集团制定"浙江制造"标准项目，同时组织戴维参加浙江省"浙江制造"品牌培训营。2016年初，全县新增宁波市名牌产品3个(日升的智能开关、恒富的汽车塑料件、枫康生物的铁皮石斛)，新申报省名牌产品4个，复评11个，市名牌产品3个，复评7个。

【实施标准化战略】 鼓励、引导企事业单位参与国家、地方标准和行业标准等制(修)订，扎实做好农业标准化示范区工作，制定全县全面推进农业标准化示范区的扶持政策，加强与农林、海洋渔业等部门协作配合，落实农业标准化的培育计划和措施。配合水利部门加强山塘水库的标准化建设，制定象山县地方标准,保障山塘水库在设计标准内安全运行。2016年,新申报国家级农业标准化项目1家,立项市级农业标准化项目7家,宁波鑫亿水产公司的“梭子蟹立体养殖标准化示范区”成功获评国家级农业标准化示范区。发挥标准化在新农村建设中的积极作用,申报新农村建设标准试点项目1家,象山县“沙地村农家客栈标准化试点”和“叶口山村垃圾与污水处理标准化试点”项目通过验收。帮扶宁波枫康生物科技公司申报第九批国家农业标准化示范项目,使该公司的石斛基地成为宁波市唯一一个入选第九批国家农业标准化示范项目。全县获得农业标准化示范区77个,其中国家级4个、省级13个、市级60个,2016年新立项市级农业标准化项目7家,新农村建设标准化试点项目1家。2个项目通过考核验收。发挥标准化作用,推进我县居家养老服务机构标准化、规范化建设,提升全县居家养老服务水平。通过加强培训、合力推进、严格评定,有效规范 居家养老服务机构标准化建设。共对全县78个村(居委会)的居家养老机构进行考核,获A、AA等级的居家养老机构共计56家,占总数的72%。

【推进基层食安办规范化建设】 根据市、县有关镇乡(街道)食安办规范化建设的要求,全面开展走访调研活动,指导各镇乡(街道)按照“六有”标准规范食品安全工作,并列入2016年食品安全工作考核,推进食品安全基层责任网络的“强网”“用网”工作。10月中旬,对石浦镇等5个镇乡进行 “宁波市乡镇(街道)食品安全达标创建暨食安办规范化建设”第二轮验收,验收结果全部合格,完成100%达标创建的预期目标。

【食品安全民生实事工程】 2016年,餐饮服务单位“阳光厨房”建设在2015年取得良好成绩的基础上,继续加强推进,前餐饮服务单位建成“阳光厨房”156个,较2015年115个增加41个。其中学校食堂85个,机关企业食堂7个,社会餐饮64个。同时,与教育局落实2016年创建阳光厨房学校17家,全县中小学校阳光厨房建设率达90%。省级健康餐厅、特色餐饮示范街等创建工作成绩突出,其中创建特色餐饮示范街(国际风情街)1条、莱薰路三小周边严管街1条;提升渔人码头餐饮示范街,8家餐饮店均实行阳光厨房;创建示范早餐店9家。

【食品检验检测工作】 2016年,县食品检验检测中心通过省实验室资质认证,新拓展检测项目46项。中心具备对食品的质量指标、农药残留、食品添加剂、重金属、致病微生物等182个项目的检测能力。2016年,共抽样检测各类食品1334批次,为食品安全监管提供强大技术支撑。

【开展“三大一严”专项行动】 根据省、市整体部署,制定印发《象山县食品安全隐患大排查、大抽检、大整治、严打击专项行动方案》,多次召开专题部署会、推进会,完成阶段性预定目标任务。截至8月底行动结束:累计排查出10大项203条次食品安全隐患;开展食品安全定量抽检1945批次,其中食品生产环节87批次,食品流通环节705批次,餐饮服务环节258批次,已知结果的合格率为93.9%,相较往年略有提升;三大环节立案查处食品安全违法案件207件,罚没款164.97万元,其中查办群众高度关注的网络订餐系列案件14件、餐饮具消毒和健康证专项整治案件40件,并开展水产品“两违两超”、问题橄榄油、问题酸奶等专项排查治理,有力地震慑不法经营者。同时,相继于4月18日、9月2日发布全县食品安全隐患“三大一严”专项行动第一阶段情况通报和食品安全1-8月份部门重点工作情况的通报,督促各地各部门落实责任,强化监管。

【严守食品安全底线】 ①食品安全综合协调职能得到强化。开展食品安全城市“两级联创”工作,完成省食品安全县中期评估,启动食品安全责任保险工作。开展基层食品安全规范化建设,18个乡镇(街道)全面完成达标任务,社会共治体系建设得到强化。②开展食品生产企业“双随机”检查。加强食品生产企业事中事后监管,督促企业落实食品安全主体责任。全县完成三批共15家食品生产企业的双随机检查工作。通过专家“问诊把脉”共发现各类问题86个,县市场监督管理局责令企业对存在的问题全部整改到位,保障地产食品的质量控制。③组织开展“三小”行业整规行动,排摸整改小餐饮、小作坊、小食杂店2554家,取缔违规单位278家,“三小”行业持证率达98%以上,食品安全监管的薄弱环节得到加强。

【推进药品、医疗器械日常监管】 强化药械监督检查，重点突出对高风险、低信用经营企业的检查，检查药械生产企业6家，经营企业217家，医疗机构337家。特殊药品、医疗器械监管得到省、市局高度肯定。组织开展注射透明质酸钠、口腔义齿、夏季大输液、中药饮片"固本创优"等专项整治工作，立案查处药械违法案件32起，其中大要案15起，规范药械市场。开展隐患排查，提升药械风险防控能力。做好药械质量监督抽检，共抽检药品275批次、医疗器械14批次，对13批次不合格药械做好后续处理。及时开展问题疫苗、异常注射器等问题药械的清查以及特殊药品的排查工作，召回违法生产的滴眼液6415支，有质量风险的问题注射器5753副，消除安全隐患，确保公众用械安全。四是加强药械不良反应（事件）的监测，累计上报药品不良反应624例，医疗器械不良事件202例。

【加强保健食品、化妆品监管】 加强生产企业监管，指导企业加强原料与供应商管理，做好索证索票和进货记录，督导企业按照生产规范组织生产，规范标签标注行为，严格出厂检验和不合格品登记、销毁制度，2016年全年检查保健食品化妆品经营单位560家次。有序开展省、市、县保健食品化妆品监督抽检工作，共完成省级抽检任务17批次，市级抽检任务31批次，其中保健食品27批次，化妆品21批次。扎实开展专项整治行动，严厉打击违规违法行为。根据国家局《关于广州市白云区新市艾璐诗化妆品厂等39批次面膜类化妆品不合格的通告》等文件要求，对全县化妆品经营单位进行检查核实。组织8个小组集中行动开展美容美发行业化妆品专项检查，并邀请象山电视台、今日象山报记者和美容美发行业协会代表参与检查。开展非特化妆品备案检查3家38个品种。

【确保特种设备安全】 突出监管重点，加大查处力度，保障全县特种设备安全平稳运行，实现全年无事故零伤亡。严密特种设备的日常监管。严格落实特种设备年度巡查计划，全年检查特种设备使用单位578家次，发现安全隐患136处，下达监察指令书93份，加大安全隐患的发现和整改力度。同时，深入开展特种设备安全知识宣传、教育、演练活动，组织培训20余次，开展冷库氨气泄漏和电梯等应急救援演练活动4次。通过演练，提高特种设备使用单位应急处置能力。开展"打非治违"专项执法行动。相继组织开展起重机械、电梯、锅炉、游乐设施等专项整治，累计检查使用单位135家次，排查自动扶梯64台，电梯158台，淘汰燃煤锅炉69台，查处特种设备违法案件19起。推进涉氨冷库专项整治。在县委、县政府和市局的高度重视下，与消防、安监等部门有机配合，坚持整改的标准，制定涉氨冷库"一企一案"整改意见。2016年，共整改冷库117家，有效消除安全隐患。完善特种设备监管机制。将特种设备监管工作纳入政府安全生产目标考核，有效推进特种设备大监管工作机制。实施液化气钢瓶充装单位安全等级分类监管，完成气瓶充装单位安全等级评定，督促企业加强自我管理。开展电梯维保单位整顿工作，加强电梯维保单位的分类监管和量化考评，倒逼17家电梯维保单位退出市场,电梯维保的质量得到提高。

【稽查办案成效显著】 县市场监督管理局围绕食品药品安全、商业贿赂、虚假宣传、非法传销等重点办案领域，共查处各类违法案件694起，其中万元以上案件273起，罚没款920余万元，6起涉嫌犯罪案件依法移送公安机关追究刑事责任。执法办案工作连续多年走在全市前列。

【推进信用监管】 完成市场主体年报工作，企业、个体工商户、农民专业合作社年报完成率分别为98%、96.3%和95%，该项工作走在全市前列。同时，将未按规定参与年报的979家企业，4020家个体工商户，74家农民专业合作社，依法列入经营异常名录。多次开展企业信息公示抽查工作，抽查企业435家，有效确保信息公示的及时性、完整性和准确性。完善县企业信用信息平台，全面整合县财税、环保等29个部门的190余万条企业信用数据，实现部门间企业信用信息的交换共享，促进信用监管工作。

【婚丧礼俗整治规范】 县市场监督管理局对全县丧葬用品市场进行全面清理和整顿。制订《关于开展婚丧用品市场专项整治工作的实施方案》，成立专项行动领导小组细化分工。各基层所对县局整理出的系统数据库中的85家丧葬（佛教）用品店名单进行比对，并对辖区内所有丧葬用品市场主体实地开展登记信息核查,全面掌握本地丧葬(佛教)用品店底数。共检查经营记100余家,及时下发对婚丧用品店(摊点)、花店的《告知书》,要求规范经营,不得超范围经营、无证经营,严禁售卖电子花圈和扎制的匾、塔、轿车、别墅、金银山等迷信用品。

【加强产品质量监管】 县市场监督管理局开展4个季度产品质量定期监督抽查,共抽查54批次,合格53批次,合格率98.1%。开展4个季度产品质量飞行监督抽查,共抽查15批次,合格15批次,合格率100%。根据上级局通知要求,组织开展 “纤维制品”春夏季专项执法、“儿童健康”产品质量检查、“清新居室”产品质量专项监督抽查、质量比对专项、省G20国际峰会相关产品质量专项等专项行动。全年产品质量专项监督抽查,共抽查37批次,合格30批次,合格率81.1%。对监督抽查不合格的企业,坚持查处与帮扶相结合的原则,帮助企业查明产品不合格原因,落实整改措施,对监督抽查中涉及安全、卫生等强制性标准规定的项目和主要性能指标不合格产品,严格执行整改复查、行政处罚等后处理措施。

【开展民生计量日常监管】 开展民生计量日常监管工作,共计巡查民生计量企业200余家,检查计量器具8600多台(件),强制检定6700多台(件),并深入敬老院、学校等地开展民生计量服务1500余人次。①开展集贸市场电子秤集中整治,对28家菜市场摊位上使用的5000多台电子秤进行集中检定。②组织开展“环境监测计量器具专项检查”“邮政快递行业计量器具专项检查”等专项整治行动,共检查相关使用摊位、单位上千家,共计检查电子秤5000余台,查处案件17起,检查快递公司9家,发现未经国家强制检定的电子秤23台,查处相关快递公司6家。③开展出租车计价器专项整治工作,全县共有客运出租车255辆,经检测252辆,3辆检测未通过(因为设备损坏需维修等原因),检测率基本上达到100%。④对全县37家加油站将要到期在用的加油机计量性能进行周期检定,共检定301支油枪。⑤对全县6家液化气站开展计量器具专项检定。确保县液化气站计量器具准确,规范瓶装液化气市场计量秩序,杜绝短尺少称现象。

【加强商标与广告监管】 强化商标监管,把打击商标侵权工作列为常态性工作,惩治、预防商标侵权行为,着力保护辖区商标知识产权免受不法侵犯,维护市场经济秩序。开展商标印制企业进行专项检查,规范商标印制企业管理,查处商标违法案件6起。完成广告业基础数据调查,开展违法广告专项整治,查处广告违法案件27起。

【规范网络市场】 开展“红盾网剑”和“甬剑”系列专项执法行动,坚决打击网络商标侵权、违规炒信、恶性竞争等违法行为,共依法查处各类网络违法案件65起。查获最大网络售假案件,涉案金额300余万元,依法移送公安机关,追究刑事责任。

【做好“一打三整治”工作】 伏季休渔期间,根据县委、县政府统一部署,会同海洋渔业、公安、商务等部门,集中时间、集中精力、全力以赴,加强农贸市场和餐饮单位的监管。共约谈市场举办方55家,签订责任状55份、承诺书1758份。累计检查餐饮单位7000余家次,农贸市场水产品经营户1.5万余家次,查扣违禁渔获物1700余斤。有效遏制农贸市场、海鲜排档和餐饮单位销售违禁渔获物的行为。

【加强消费维权效能】 强化法制维权教育,畅通投诉渠道,优化调解流程,有效维护消费者的合法权益。2016年,共受理举报投诉1500余件,处理率100%,投诉调解满意率达到95%,为消费者挽回经济损失134万元,一批群体性消费纠纷都得到有效处理,有力维护社会稳定。

【强化舆情应对处置】 高度重视网络舆情处置,及时回应、妥善解决涉及预付卡消费纠纷、无证无照、网络交易、食品安全等领域的咨询和投诉举报,牢牢掌握网络舆情的主动权。共受理县民情会办中心、县双联中心交办的各类舆情事件472起,办结459起,办结率99%,成功阻止多起保健品非法推销活动,保障老年人的合法权益。

【队伍建设卓有成效】 县市场监管局强化自身建设,狠抓作风效能提升,为全面推进市场监管工作提供强大的保障。①加强基层基础建设。以创建星级规范化基层所为契机，按照“精局强所”要求，在人、财、物等方面向一线倾斜。合理配置基层监管力量，完善基层考核评价和激励机制，突出规范化、科学化、制度化，有效激发基层干部的工作积极性。②加强干部教育培训。开展“两学一做”学习教育活动，组织各类学习教育活动24次，推进各项业务工作的开展。落实年度教育培训计划，举办“市场监管大讲堂”和业务培训会15期，参加上级部门组织的网络课堂和“四品一械”等业务培训，通过跟班学习、岗位大练兵和业务传帮带形式，有效提升干部职工的业务水平。③增强队伍依法行政能力。开展学法、守法、执法活动，严格执行权力清单和责任清单，完善执法机制，提高市场监管执法水平。去年全局共发生行政复议案件9起、行政应诉案件4起，没有发生败诉或被确认违法的案件。此外，工、青、妇、团等组织，围绕中心开展各类有益活动，在服务大局，推进工作等方面发挥较好作用。

（严 海）

物价管理

【概况】 2016年，象山县发改局价格管理工作按照省、市价格工作会议精神，把握《若干意见》确定的目标任务，转变观念，创新工作方法，增强做好价格监管工作的紧迫性和主动性。推进价格改革，深化清费减负，加强市场价格监管，优化价格服务，为“十三五”开局之年的价格工作奠定坚实基础。全年共查处价格违法案件3件、行政警告3件，下发责令整改通知书16份。受理各类价格投诉咨询举报56件，办结率为100%，查处举报案件2件，行政调解处理价格投诉6件。

【开展市场价格监管】 开展节日市场价格巡查。1月、4月、9月先后组织检查人员加强对元旦、春节和“五一”、国庆等节日市场的粮食、食用油、肉禽蛋菜奶、液化气等价格检查，营造欢乐祥和的节日氛围。6月，开展高考中考期间价格巡查，对县域内高、中考考点附近住宿、餐饮、文具店、停车场进行巡查，保障考试期间考生“吃、行、住、购”各方面的价格秩序，营造良好的考试环境。把握市场价格监管重点。强化电商、餐饮、停车场等重点市场价格热点问题监测，提高发现隐患的靶向性和精确度。结合日常监管、提醒告诫、案件查处等方式，引导经营者自觉规范价格行为。2016年，共检查各类店家982家，发放通知书及价格提醒函341份，明码标价签2.5万张，提醒、告诫、纠正涉嫌价格欺诈行为21件，发出责令整改通知书13份。完善明码标价工作。针对部分行业明码标价工作存在的问题，3月、5月、11月分别对10家农资经营单位、3家大型商场、3家农贸市场及10家液化气灌装站的瓶装液化气销售中存在的明码标价不规范情况开展督查，规范各经营业主的价格行为。规范旅游行业价格行为。在旅游旺季到来之际，分别于4月、9月对旅游餐饮、购物、宾馆等场所明码标价和价格欺诈行为开展检查，规范旅游市场价格行为。同时，加大巡查力度，规范新建商品房销售的价格行为。做好日常及应急情况下蔬菜、粮油等副食品市场价格监测工作，建立健全商品和服务价格的信息发布制度，细化明码标价、不规范促销行为等政策内容，促进价格公开透明，2016年共刊出价格政策等信息68期，确保市场价格基本稳定。

【落实民生价格政策】 制定出台管道LNG销售价格，其中居民生活用气和非居民用气销售价格分别为3.85元/立方米和4.75元/立方米，非居民气价实行政府指导价，上浮最高幅度为10%，下浮不限，对低保、困难家庭实行0.50元/立方米的价格优惠政策。落实省级部门电价政策，从2016年1月1日起，一般工商业用电价格每千瓦时降低4.47分。扩大差别水价优惠政策，对列入市战略性新兴产业高成长企业、“810实力工程”企业给予每立方米0.40元的优惠政策，并延长至2018年7月1日。降低非居民管道液化气销售价格，从2016年4月1日起执行7.50元/立方米的价格标准，下调1.00元/立方米。出台2016年小麦、早晚稻谷等粮食收购价格政策。自2016年11月1日起确定并执行欢乐家园和幸福苑公共租赁住房租金标准。欢乐家园多层和高层的公共租赁住房基本租金标准分别为7.50元/平方米·月和8.00元/平方米·月；石浦幸福苑多层公共租赁住房基本租金标准为6.50元/平方米·月。测定公布青草巷区块、塔山路区块和罐头厂区块改造项目征收补偿标准。重新编制《市场价格异常上涨应急预案操作手册》,有效预防突发公共事件引发的市场价格异常上涨。规范停车收费制度。出台象山县物价局《关于完善机动车停放服务收费政策的通知》(象价[2016]1号),明确政府定价停车场所收费标准,放开住宅小区停车,旅游景点等配套停车场,社会资本全额投资、政府和社会资本合作建设的停车场等服务收费。合理制定公办养老机构服务等级收费标准,明确养老机构基本服务收费的管理范围。做好景区门票收费专项清理整治工作,加强门票收费政策执行及对特定群体收费减免优惠等政策落实。落实完善跨省、市道路客运班车运价管理政策,放开站场收费(包括车票代售)、客运杂费、行包运输等部分道路客运有关收费项目。根据价格政策,结合象山县实际,从2016年11月1日起,象山县到宁波市内的跨县道路班车客运开始实行新的票价标准,明确道路班车运价实行最高限价管理。结合象山县实际,衔接毗邻县市,合理制定出台象山县公办幼儿园收费调整方案和民办学校收费政策。其中,公办四星级幼儿园小、中、大班保教费标准由现行每生每月350元调整为440元,小小班保教费按小、中、大班标准的120%收取,普惠性民办幼儿园保教费以同星级公办幼儿园收费标准上浮130%为最高收费标准。2017年1月16日起,调整起步价为主的出租车基础运价,起步价调整为2公里9元,同时取消现行每车次1元燃油附加费,超过起步里程后,每车每公里运价加2.00元。

【开展价费专项检查】 2016年1月至3月,开展景区门票价格执行情况的督查,重点督查中国渔村、象山影视城等4家AAAA旅游景区的门票价格、优惠减免政策落实及明码标价等价格执行情况。3月至5月,组织开展医疗行业价费专项检查,检查民办及公办医疗机构18家,立案查处4家,违法金额50余万元。4月,开展机动车停放服务收费专项检查。对公共场所、占用道路、旅游景点、车站等10家停车场的停车服务收费标准、收费公示、免费停车时间等执行情况进行检查,限期责令整改2家。3月至8月,开展涉农涉企及清费减负政策落实情况专项督查。对象山县国土资源局等12家部门的涉农涉企及清费减负政策落实情况进行检查,通过检查,落实行政事业性收费取消、停征和免征等政策举措,对某单位多收费进行责令退还,减轻企业特别是小微企业负担。9月26日至12月底,象山县发改局分成3个小组开展餐饮行业价格行为专项整治,共走访检查酒店、景区等71家,发放通知书及价格提醒函141份,明码标价签15000张。12月,对绿城兰园、保蓝集郡、印象江南等9家商品房售楼中心销售的在售商品房是否按规定明码标价等价格行为进行专项检查。向3家单位下发《责令整改通知书》。

【规范收费项目与标准】 指导、督促各相关部门和单位履行收费事项公示报告制度,对象山县93家单位开展2015年度行政事业性收费情况报告工作。做好收费统计和收费监管平台运行维护工作,全面做好象山县收费数据审核、统计汇总、收费分析及档案整理等工作,抓好"全国收费动态监管系统"和"宁波市行政事业性收费管理系统"平台有关运行维护工作。加强各项收费监督管理。编制行政事业性和政府定价经营服务性收费目录清单,明确收费项目、标准和政策依据等内容,其中行政事业性收费项目87个,政府定价或指导经营服务性收费项目43个,通过清单公示、动态调整、实时监管等途径,及时纠正违规收费问题,营造良好价格收费环境。全面清理价费政策。全面系统梳理行政规范性文件,确定现行有效的2016年1月1日前发布的价费规范性文件91件,并按有关规定对外公布。推行收费清单和政策文件的动态管理,实现清理、公开的常态化。开展收费清理专项行动。对全县行政事业性收费、强制垄断性涉企经营服务性收费等进行专项清理。通过排查审核、分类整合等方式,取消货物原产地证书费等收费项目22个,保留26个县级部门行政事业性收费等项目144个。落实涉企清费减负政策。2016年,完成取消被收容教育人员生活费和事业教育经费,以及暂停组织机构代码证书收费等9项行政事业性收费项目,推行规划测绘、地籍测绘、房产测绘的"三测合一"新体制,实行统一测绘、一次收费,在规定下浮20%的基础上再下浮5个百分点,全县每年减轻企业负担2千万元。

【价格社会监督】 2016年,象山县价格监督总站对石浦镇、西周镇等分站人员及时进行调整和补充。2016年,象山县价格监督总站邀请象山县物价局、象山县市场监管局等有关人员对职监人员进行案例剖析、检查操作、法律法规讲解等业务知识培训和有关法律法规学习，提高工作人员的市场应变能力和监管服务水平。利用各种载体，做好市场巡查、价格监测、信息报道、投诉处理等工作，规范市场秩序。2016年，共组织检查9次，参加检查人数228人次，检查摊店830多家，查处短斤缺两等违法行为31次，校验计量衡器590多台（支），收缴不合格计量器具15台（支），移交有关部门处理案件3件，发放宣传资料180份，在《今日象山》等各类报刊提供有价值新闻信息稿件12篇，象山广播电视台播出检查等各类新闻12次，受理各种投诉举报及有关政策咨询16件，解决消费争议2件，向有关部门反馈各种有价值信息5件。贯彻落实《价格认定规定》，健全价格认定工作制度客观公正地做好涉纪、涉案财物价格认定工作，2016年，完成各类价格鉴定252件，金额345.2万元。做好8大类48个重要民生商品和重要生产资料价格常规监测，优化监测点布局，完善监测品种及信息发布制度，2016年发布价格信息49次。启动智慧民生价格信息服务平台项目，实现象山县2家超市、2家农贸市场的价格信息服务平台与宁波市“智慧价格”民生价格信息服务平台商品价格信息数据的对接，为市民提供象山县大型超市、农贸市场、药店的商品价格查询和比价。

【价格改革】 推进以节水为导向的水价改革。在建立水价成本约束机制的基础上，完善差别水价政策政策，加大污水处理收费力度；推进以节电为导向的电价。完善差别电价政策，督促落实环保电价政策调整和农业生产用电分时电价政策；推进以节气为导向的气价改革。建立上下游气价联动机制，根据上游气价变动幅度，按价格联动额进行增减调整气价。推进以改善民生为重点的收费政策改革。通过差别化收费政策，构建合理的教育收费政策体系。对非营利性民办学校，区分教育条件等因素，采取普通与小班化两类政府指导价收费标准。对营利性民办学校和民办非学历教育收费实行学校自主确定标准；完善停车收费政策，提高停车资源配置效率。放开旅游景点等配套停车场、住宅小区停车、专业停车场、政府和社会资本合作建设的停车场等停车收费，鼓励引导社会资本建设停车设施；区分各类停车场所特点等因素分别制定明确政府定价管理的停车收费标准，完善停车收费规则。健全完善养老服务收费管理体制，助力养老事业改革发展。对公立养老机构除提供基本服务实行政府指导价外的其他收费、非公立养老机构各项服务收费，实行经营者自主定价；规范收费制定调整原则、程序及收费制度；合理制定全县公办养老机构基本服务收费标准，对床位费、护理费实施分等定价。推进以完善道路客运运价为目标的定价机制改革。改进出租汽车运价形成机制，维护市场有序运行。密切关注客运出租汽车市场及成品油价格等动态，通过适当调整起步价为主的基础运价，完善油运价格联动机制。改进道路客运班车运价管理，增强票价收费适应市场变化的弹性。落实对跨县以上道路客运班车运价管理政策的改进工作，政府指导价的运价管理由基准价和浮动幅度管理改为实行最高限价管理，并改进票价计价方式。放开站场收费、客运杂费、行包运输等部分道路客运有关收费项目，扩大经营者自主定价的范围。

【价格投诉举报】 以12358价格投诉举报平台，县网络民情会办中心，农村社会价格监督维权网络为体系，借力社会价格维权义工队伍，形成从城镇到农村的价格维权全覆盖的网络组织。2016年处理各类价格投诉举报56件，回复率为100%，满意率达98%以上。强化舆情监测分析。利用举报系统及县网络舆情平台等网络媒体，把握公共舆论脉搏，开启舆情应对模式，听民意、汇民智、排民怨。2016年解决网络价格纠纷39件，象山县发改局被评为象山县网络民情会办先进集体。建立市场价格监管应急处置预案及节假日、重点活动、自然灾害等特殊时期的应急值班制度，每月安排1名局分管领导带组值守。通过现场调解、主动服务、协调退款等方式，第一时间处置应急突发性价格投诉举报，全年现场化解价格纠纷8件。通过《价格法》宣传周、“3·15”消费者维权等载体，结合微信等网络自媒体，营造身边有展示、媒体有引导、网络有传播的良好氛围。做到受理调查、政策依据、答复处理公开透明，形成接听热心、办理用心、解答细心、结果开心的工作流程，提高群众满意度和社会公信力。

【价格形势预测】 2016年,象山县居民消费价格温和上涨,在合理的区间内运行。工业生产价格持续回暖,部分大宗商品价格波动较大。居民消费价格总水平涨幅总体出现明显的回升势头,处于温和上涨区间。从影响CPI的内部结构因素看,食品类价格涨势趋缓,贡献份额有所下降,工业品类价格由跌转涨,贡献持续扩大。同比涨幅"中间低两头高",月同比和去年"前低后高"的走势不同,2016年总体为"中间低两头高",7、8月份同比为全年最低,各月环比走势为前高后缓。从环比看,一季度受极端寒潮天气影响,食品价格上涨较大,但从下半年的走势观察,食品价格上涨趋于平稳。2016年象山县大米价格总体稳中趋强;受消费低迷,食用油销量难以提高以及全球油脂价格下跌等因素综合影响,2016年象山县花生油、菜籽油、大豆油(均为一级,5L桶装)等食用油集市平均零售价格同比平稳;受生猪市场供需变化影响,2016年象山县生猪及猪肉价格出现较明显的波动,全年平均价格同比有所上涨,生猪平均出场价格为9元/500克上下波动,精瘦肉、肋条肉集市平均零售价格每500克分别为16.00元、15.00元;受市场供应变化等因素影响,2016年全县鸡蛋价格总体平稳,同比基本持平,鸡蛋集市平均零售价格为5.2元/500克;2016年象山县内蔬菜价格基本随季节和节日等因素波动,全年平均价格同比有所上涨,列入监测的10种蔬菜集市零售价格波动较多,涨多跌少;工业品价格回暖。虽然从年度同比看工业品价格仍呈下跌,但从环比看,受上游工业生产者出厂价格回暖影响,工业品价格止跌上涨。四季度工业生产者价格持续回升,后期工业品价格继续上涨的可能性较大。列入监测的3种钢材价格与2015年比略有上涨,四季度上涨幅度较大;2016年全县农业生产资料价格运行总体平稳,受供需变化影响,三元复合肥、尿素、碳酸氢铵、过磷酸钙、氯化钾(均为国产)等化肥价格有所涨跌,总体小幅上涨。2016年瓶装液化气价格各月涨跌不一,总体运行走势呈上升趋势,零售价格基本维持在84元/瓶至92元/瓶的区间内。

【价格法制宣传】 利用象山县发改局网站这一宣传阵地,加大价格法律法规和规章制度等信息网上发布力度。编印《象山发改信息》,发往全县各个单位、企业,宣传物价工作新举措、新动态,提升价格新闻宣传的力度。加强与《今日象山》、象山县广播电视台等新闻媒体的联系,强化价格新闻宣传工作,2016年共发送各类稿件79件。以实施重要法规、规章和重要时点为契机,开展《价格法》及《浙江省价格条例》等宣传活动。通过"象山发改"微信公众号、"象山发改微博"等新媒体推送《公务员法》《行政机关公务员处分条例》等廉政建设法律法规、党纪条规学习材料50余篇。结合节假日市场巡查,对行业协会及相关企业和经营户,宣讲市场价格行为监管政策、法律法规。下发《提醒告诫书》15份,提醒告诫行业协会和经营者加强价格自律,规范市场价格秩序。通过走访、下访、接访、价格违法行为专项整治等活动,丰富宣传载体,全方位、多层次、广泛深入宣传价格法律法规和价格工作。同时结合"3·15"消费者权益保护日等重大活动,加大价格法律法规的宣传和广场咨询服务的力度,拓宽新闻宣传渠道,树立价格部门良好形象。

(陈海光)

审 计

【概况】 2016年,县审计局依法履行审计工作职责,创新审计工作,提升审计工作实效,全年共完成审计项目49个(其中财务项目23个,投资项目26个),查出管理不规范金额101950万元,投资送审金额40.8亿元,核减工程造价7863万元,提出审计建议被采纳57条。审计报告获县领导批示37篇次。7篇课题论文获得2015年度宁波市优秀审计论文奖。审计信息被县级以上媒体录用100余篇,其中审计署网站录用6篇。连续13年获评县先进党组理论学习中心组。在2016年象山县届末考核中,县审计局领导班子考核评定为优秀,局长蔡建鹤和副局长徐小平被评为个人优秀。

【跟踪审计政策措施落实情况】 2016年实施学前教育、"五水共治"、浙商回归、保障性住房、促进有效投资项目进展情况等5个政策措施落实跟踪审计。每个专项审计调查报告县委书记叶剑鸣、常务副县长分别作出批示，明确要求责任单位抓好整改落实并告知结果。县人大常委会主任金红旗亲自召集县水利局、县卫计局、县教育局等8个部门负责人，首次对饮用水源保护、医疗废弃物处置、保障性住房、促进有效投资项目进展情况等5个政策措施落实审计整改工作进行专项督促，列出整改清单和整改工作方案。

【抓好财政资金审计】 2016年，县“财政同级审”从全口径预算着手，以新预算法为导向，重点关注本级政府及部门预算执行情况，推动财政存量资金规范管理。2016年共有8.28亿元的社会保险基金定期存款实施竞争性存放，12家银行分别在1月和10月参与公开招投标，财政资金得到“规范”和“效益”双提升。

【深化经济责任审计】 落实经济责任审计“双清单”制度，年初，首次尝试对2015年度审结的9个乡镇部门的经济责任审计项目，涉及的12名领导干部进行“负面清单”打分。打分被评定为C、D等级的领导干部有4名，组织部长对4名领导干部进行约谈并要求他们加强工作的整改落实。开展新任正职领导干部经济责任面对面告知承诺，对2015年8月以来新提任的9名镇乡（街道）和县级部门党政正职领导干部进行经济责任审计“面对面”培训，并签订告知承诺书。编写《象山县领导干部经济责任相关知识读本（5）》，截至2016年12月发放《知识读本（1、2、3、4、5）》近千本，对规范经济责任审计行为，增强领导干部履职意识。全年完成经责审计项目16个，开展19家单位离任交接工作。

【加大政府投资项目审计力度】 2016年共完成投资项目审计26个，送审金额40.8亿元，核减工程额达7863万元。首次对PPP模式交通建设项目实施全程跟踪审计，重点对2个PPP项目，即石浦高速公路新桥连接线工程、盛宁线东陈至茅洋段改建工程进行全程跟踪审计。协审单位除负责建设期工程跟踪审计和竣工工程结算审核外，增加对建设期财务跟踪审计。分季度、年度向县审计局出具跟踪审计情况报告，监督力度更大。县审计局随时对工程跟踪审计进行检查，并对协审单位的跟踪审计进行年度考核。

【利用内审成果】 2009年至2016年，联合县农林局以1号文件的形式，对全县村级财务审计工作进行部署。全县各镇乡（街道）审计室按照文件要求，开展村级财务审计工作，计划项目175个，截止2016年10月底，完成177个。结合基层村级班子换届，年初内审科以《新常态下村级财务审计的实践及思考》作为内审课题进行调研，4月完成调研报告的编写，为县委开展村级班子换届考核提供参考。调研报告被浙江省审计科研所、《宁波审计》杂志等录用发表。

【审计整改督查】 开展“审计整改落实年”活动，2016年落实专人负责，全面启动审计整改工作。出台《象山县审计局审计整改督查工作实施细则》，规定整改挂销号的具体操作，明确审计整改结果的认定标准。开展审计整改大检查，12月初由县政府牵头，联合县纪委、县委组织部、财政局、审计局、县政府督查室组成5个小组，对17个审计项目170个问题进行整改大检查，各被检查单位高度重视。大多数问题得到整改，整改率达91%。向县府常务会议和人大汇报审计问题整改落实情况，县府办对审计整改联合检查情况进行通报。

【审计信息化建设】 投资跟踪审计采用信息化手段，在2011年开发建成的政府投资审计管理系统基础上，探索创新管理模式，借助“互联网+”技术，应用大数据平台管理，对投资审计管理系统进行二次开发，2016年新增跟踪审计模块、系统预警模块、协审考核模块、审计业务统计模块等4大建设内容，同时将信息化终端工具由电脑向智能手机延伸，实现对协审人员在跟踪审计过程中的出勤情况进行精确化管理，并实时上传项目管理的现场图片和影像资料，方便审计人员对项目的实施管理与把控。在信息人才培养方面，局信息科科长肖海波被评为浙江省计算机审计专业领军人才名单，宁波市有两位榜上有名。

【把握全面审计与突出重点关系】 针对审计干部普遍存在着审计内容面面俱到，重点不突出，工作辛苦但效果不明显现象，4月份开展“如何处理全面审计与突出重点关系”大讨论，全局每位干部结合自身的审计实例，亮观点，谈想法。通过大讨论，干部普遍感到审计重点意识得到强化,方法得到改进,压力得到缓解。

【探索解决人手少、任务重的思路】 审计机关面临着人手不足、审计业务重的现状,在2015年实行购买社会审计服务的基础上,2016年向县委县政府提出"年薪制"聘任审计人员的建议,即招聘熟悉审计业务的专业人员,不入编制,向全社会招聘工程类和财务类2名人员。

【打造廉洁高效审计队伍】 加强廉洁从审教育。年初制定《中共象山县审计局党组关于制定2016年度党风廉政建设和反腐败工作计划的通知》和《关于落实2016年党风廉政建设责任分工的通知》,明确班子成员、科室负责人"一岗双责"职责任务,"三书两报告"制度入心入脑。开展"两学一做"学习教育、正风肃纪检查行动,组织全体党员干部观看警示片、参观市廉政教育基地、赴四明山革命根据地开展组织活动,教育引导审计干部守住廉洁从审底线。加强日常监督管理。局班子成员深入财政"同级审"审计组、温岭浙商回归审计组、北仑公安局长审计组等审计一线,开展指导和督查,加强审计现场管理。开展结对帮扶工作。局班子成员多次到联系村走村入户,征求群众意见,为联系村争取资金25万元,党支部经常性开展文明劝导以及关爱少年儿童、法制宣传等党员志愿者活动,参与志愿服务常态化。重视审计文化建设。利用党支部、工会等组织登山活动、羽毛球赛、非遗课堂制作麦秆画等丰富多彩的活动,以建设服务型党组织和学习型机关等活动为抓手,树立先进典型,营造积极向上的审计机关文化氛围,提升审计干部干事创业的精气神。

【制度规范内部管理】 根据县里要求,修订并完善《象山县审计局工作人员"岗位对责、绩效对账"实施办法(试行)》和《象山县审计局2016年干部"岗位对责、绩效对账"考核细则》,明确每个岗位、每个机关工作人员的任务和责任,严格考勤管理制度,规范请假制度,建立日常监督机制。健全绩效考评机制,形成客观公正、奖惩分明的激励机制。

【发挥审计监督服务作用】 外出交叉审计常态化。2016年交叉审计项目特别多,圆满完成浙商回归政策审计、北仑公安局长经责审计、镇海公安局长经责审计配合工作、仙居县长经责审计配合工作和市局医疗保险审计配合工作,同时对外来审计组来象审计,也做到周到服务接待。配合县里工作。参与县巡查工作,县委巡查办抽调去审计局两名审计干部,对相关乡镇(街道)、部门单位开展检查工作。配合县廉政检查,开展"三公经费"审计检查。2016年对36家一级预算单位和24家二三级预算单位进行抽审,并延伸审计21家协会,达到三年轮审全覆盖的要求,从审计结果看,县"三公"经费、会议费和培训费等支出比2012年下降52.28%,下降趋势明显。

【提升审计队伍水平】 首次召开项目进度推进会,全局各科室负责人和各主审汇报审计项目完成情况并分析部分审计项目延期完成的原因。针对2015年没有优秀项目问题开展讨论,学习项目创优评分标准,按照"事前谋划、事中挖掘、事后包装"的要求,力求把重点项目做成优秀项目。组织业务学习培训。除年初的市局春季集中培训外,11月组织全体审计干部到南京审计学院培训一周,通过专家教授的上课,增强审计干部的业务能力,提高审计工作质量和水平。

【参加全省审计机关人财物管理改革试点工作视频会议】 7月21日,全省审计机关人财物管理改革试点工作动员部署视频会议召开,通报《浙江省审计机关人财物管理改革试点实施方案》主要内容,全面部署推进审计机关人财物管理改革试点工作。县委副书记、县长黄焕利,县审计局局长蔡建鹤,局领导班子和中层以上干部在象山分会场参加会议。

会议指出,扎实推进审计机关人财物管理改革试点工作,把思想和认识统一到党中央、国务院和省委、省政府的决策部署上来,增强做好管理改革试点工作的责任感、使命感和紧迫感,推进管理改革试点工作平稳有序进行。

【县审计局组织全体审计干部赴宁波接受廉政教育】 开展"两学一做"学习教育活动,增强审计干部廉洁自律意识,筑牢拒腐防变的思想道德防线,7月21日下午,县审计局组织全体审计干部赴宁波市廉政教育基地,接受廉政教育。

在廉政警示教育基地，审计干部通过观看视频、现场讲解的方式，聆听几代领导集体加强反腐倡廉建设的经典论述，回顾党的反腐工作历程，并以图片的形式，直观展示查处的系列反腐案，展示从古到今勤政廉洁楷模，使审计干部接受了一次要廉洁从政的洗礼。

7月21日，党员干部站在党旗下重新宣读党的誓词。（励芳芳　摄）

【督查饮用水源保护情况专项审计整改情况】　5月，开展饮用水源保护情况跟踪审计调查，象山县各级领导及相关部门高度重视审计发现的问题，并要求各部门抓好整改落实。10月6日，根据整改方案的时间节点，象山县审计局会同水利局、环保局及涉及的乡镇，到水源地实地察看整改情况，根据现场查看情况，垃圾中转站、标示标牌等部分审计反映问题按时间节点整改到位。

（戴伟光）

统　计

【概况】　2016年，县统计局在县委、县政府的正确领导下，认真贯彻落实党的十八届六中全会精神，贯彻落实全国、全省、全市统计工作会议精神，紧紧围绕县委、县政府中心工作，坚持开展"两学一做"学习教育，弘扬实践象山精神，发挥统计职能优势，做好服务发展、服务基层、服务群众工作，切实提高机关执行力，全体干部职工团结协作、开拓进取，较好地完成了各项工作任务。综合运用多种统计调查方法、手段，按季开展规模以上工业企业景气调查、小微工业企业走访问卷调查，准确把握工业经济状况、评估调控政策效果。此外，有序开展1%人口抽样、2016年市政府为民办十方面实事、宁波市城乡居民生活品质、法治宁波社会评价群众满意度、5‰人口变动、平安浙江群众满意度等专项调查工作，切实加强民生指数、收入分配、城乡统筹、基本公共服务均等化等领域的统计分析和监测评估。2016年，获象山县"2015年度工业经济服务先进单位"称号。

【发布统计信息200余篇】　2016年，面对象山县经济运行比较困难，经济形势比较严峻的现状，县统计局切实深化统计分析研究，全年撰写政务信息148条，编发统计简讯64篇，发布《统计与调研》42期。编印出版《2016象山概览》和《象山县2015年国民经济和社会发展统计公报》，定期以纸质、网络发布等形式对外公布相关统计信息，月度编发《象山统计信息》《象山经济信息快讯》等资料，季度编发《象山三农信息》，《适应引领新常态　凝心聚力谋发展——"十二五"时期象山经济社会发展综述》获得了县领导的重视。2016年对快讯进行了改版，对《象山统计月报》封面和内容进行了调整，增加了月度主要经济指标汇总、旅游和11个县市主要经济指标统计数据等。积极参与象山县"十三五"规划前期课题研究。确定完成9个不同经济领域的研究立项课题，为领导决策提供依据，服务社会各界。

【推进统计公开透明】　推进统计信息公开，及时公布统计资料，使统计成果惠及社会大众。积极推进统计方法制度和统计生产过程公开，及时公开统计标准、统计调查项目、统计调查方法，认真做好统计基础知识普及、统计数据诠释和解疑释惑工作，让社会各界正确认识和使用统计数据，正确理解和支持统计工作。

【排摸"四上"单位】　针对象山县企业单位多、变化快的特点，发动各镇乡（街道）开展调查排摸，加强对符合规上条件的企业单位的统计工作，全年共新增"四上"单位112家，其中工业76家、建筑业1家、批零住餐业17家、房地产8家、服务业10家；全年共退出单位77家，其中工业47家，建筑业4家，批零住餐业13家,房地产8家,服务业5家。为实现应统尽统,真实准确确立基础保障。

【片、镇联动互补优化格局】 加强乡镇(园区)统计规范化建设,积极开展网上网下继续教育,完善局内部协同办公共享平台,充分发挥职责,切实提高源头数据质量和统计工作水平。按照六必访的要求,根据专业人员提供的月度走访建议名单,开展基层统计单位走访,建立一企一档,深入基层,调研企业经济运行情况。2016年,片区工作站共编写统计动态和信息102条,走访基层统计单位489家,其中"三上"企业126家,服务业82家,规下203家,小微企业78家。此外,协助做好卫星城市石浦镇和对台经贸合作区的统计监测工作。

【部门统计指导管理】 加强对部门统计的依法管理,健全完善部门统计管理体系,有效整合部门统计资源,规范部门统计行为。积极支持行业主管部门依法履行统计职能,切实加大对部门统计的业务指导、数据审核、工作巡查力度,进一步规范部门统计信息发布。严格统计调查项目审批管理,对各级各部门统计调查制度的科学性、有效性、实用性等进行科学评估,依法规范统计调查行为。

【规范部门统计工作】 树立"大服务业""大统计"理念,构建政府综合统计与部门行业统计职责明晰、分工协作、数据共享的统计监测体系。组织对重点部门开展统计工作走访指导,建立与GDP核算重点部门的数据报送和工作督查制度,进一步强化部门协作。

【统计信息化建设】 根据上级部门统一要求,建立统计视频会议系统县级子系统,采用级联方式,与国家和省统计视频会议系统进行连接。结合各专业统计的业务需求,稳步拓展联网直报的业务应用范围,完善联网直报系统,减少中间环节,提高工作效率。加强对统计数据采集处理软件平台等信息系统的应用,确保核心业务系统正常稳定运行。启动建设涉密信息网络系统,强化信息系统的安全建设和管理,为统计数据和重要信息系统提供有效的安全防护。

【统计人员队伍建设】 局班子积极带队下基层指导调研,建立"一对一"联系企业制度,下企业达30余次。县局还着重抓好全县统计人员的业务知识更新培训,采取以会代训与专题培训相结合的方式,辅导和传授工业、能源、投资、劳动工资、科技、贸易业、服务业以及统计法律法规等方面的知识,一年来,累计培训各类统计人员达1380余人次。

【探索战略性新兴产业统计监测】 实现从行业系数法到企业系数法的转变,实施战略性新兴产业年度和季度统计监测分析,为有效监测战略性新兴产业发展进程和水平提供统计服务。

【文化产业统计监测】 做好文化产业核算工作。依据国家统计局指定的《文化及相关产业分类》标准,完成文化产业增加值核算工作。准确客观的掌握了我县文化产业发展规模和在全县经济中所占的比重及贡献,为进一步促进我县文化产业更快更好的发展提供依据。

【实施新产业、新业态、新商业模式的"三新"统计监测】 实施电子商务统计监测调查制度,加强调查分析,监测电子商务交易情况、企业经营情况、库存情况等,开展电子商务园区企业季报,扩大服务业产业经济研究范围,实现应统尽统。

【法制宣传】 县局法制宣传重点突出、形式创新,利用媒体、网络和法制宣传进基层等多形式全方位手段,滚动发布统计法制知识、实时更新统计最新动态、分析解读统计违法案例。通过统计走访调查、发放宣传资料《给企业负责人的一封信》《统计法律事务告知书》《统计严重失信企业信息公示暂行办法》等,使企业统计员充分了解在日常统计工作中依法统计的责任和义务。邀请法律顾问开展题为《经济新常态下法律疑难问题探讨》的培训,真正实现法律顾问在依法行政中的事前参谋、事中监控、事后补救、预防为主的实际效用。坚持"一事一信息、一事一上报"信息报送制度,全年共撰写28篇统计法制信息,为推动依法治统创造了良好的法制环境。

【统计执法稽查】 制发《象山县统计法制工作要点》《象山县统计执法稽查工作计划》和《象山县开

展“数据造假、以数谋私”专项治理实施方案》等相关制度并开展统计执法稽查，由局领导班子带队，组织人员力量，组建五个稽查小组，赴60家单位开展执法稽查，当场警告2家，警告并罚款1家。2016年，《象山县丹城第四小学提供不真实统计资料案》还被市局评为行政处罚优秀案卷。

【创新统计稽查方式】 为集中力量，进一步突出对重点对象的稽查，形成“重点抓、抓重点”的统计稽查机制，4月，研究出台了《象山县统计局统计稽查ABC管理办法》，改变以往每年都是18个镇乡(街道)遍地开花、全面出击的稽查方式，而是采用分类的方式，确定不同经济“体量”镇乡（街道）的稽查频率，《办法》同时规定，根据稽查中反映的统计数据质量高低、统计基础工作的完善程度等，可以适时调整稽查类别，用制度来“倒逼”镇乡（街道），进一步提高统计数据质量、完善统计基础。同时，出台《象山县统计诚信单位创建实施方案》，积极鼓励镇乡（街道）参与统计诚信单位的创建，对推荐上来的统计诚信单位联合各专业进行验收，一家企业获评市统计诚信单位称号。

【加大执法监督力度】 实施法律顾问制度，建立统计法制工作评价、网上行政执法、统计工作约谈、被执法企业回访等制度，进一步加强整改督导，巩固监督检查成效。组织局片区工作站8名工作人员参加行政执法辅助人员考试并全部通过。2016年，县局除另有规定的县管领导干部和未在执法岗位人员外，其余应领证人员均已领证，执证率达81%。切实做好《统计法》《浙江省统计违法违纪行为处分规定》等统计法律法规的学习宣传教育，提高政府统计的公信力。

【三农普人、财、物三落实】 我县由县府办牵头于2016年1月25日组建完成我县第三次农业普查领导小组及办公室，随后乡镇一级普查机构于4月中旬全部组建完成，10月20日前完成村级普查机构，共选聘指导员560人，普查员1150人，并在11月初完成了1278个普查小区的划分，为第三次农业普查提供了组织保障。通过上下结合、点面结合、城乡结合等多种方式，积极开展农普宣传工作。根据《国务院关于开展第三次农业普查的通知》及《第三次全国农业普查基本框架》，按照农业普查各个阶段工作要求，完成农业普查经费预算的编制工作，并上报县政府核准。

【落实党风廉政建设主体责任】 建立党政主要领导负总责、全体班子成员切实承担“一岗双责”的党风廉政建设责任体系；落实廉政谈话制度，及时谈话提醒、督促整改；坚持制度管权管人管事，制定完善局《党组工作规则》《数据质量核查办法》等30余项内控制度，进一步强化权力制约；推行“岗位对责、绩效对账”，突出“日考勤、周记录、月对账、季考评”，着力提高机关执行力；厉行勤俭节约、反对铺张浪费，进一步落实规范操办婚丧喜庆制度；严格控制“三公”消费。

【廉政宣传教育】 党政主要负责人坚持带头上廉政党课；深入开展讨论学习“四讲四有”、党规党章党纪、《廉洁自律准则》《纪律处分条例》，并撰写学习心得；认真参与“党纪在我心中”知识竞赛，获得优胜奖；积极开展“学习陈淑芳、争做好干部”活动，进行对标找差；结合“两学一做”，组织“喜迎建党95周年，手抄党章100天”活动；通过参观浙江省委党校四明山分校现场教学基地、烈士纪念馆、陈汉章故居、谢才华剪纸廉政教育基地、象山博物馆等，加强爱国主义思想教育；成功举办以“学总书记系列重要讲话 做合格统计干部”为主题的党课大比武；强化内部监管，积极开展“数据造假、以数谋私”专项治理活动，力求从源头上预防腐败；以孙茂芳“五小”服务精神为切入点，深入推进党员志愿者服务工作；继续完善深化结对共建系列活动，对“慈善一日捐”“七一慰问”等活动踊跃捐款，扶贫帮困，共计捐助款14550元。

（陈　琼）

海　关

【概况】 2016年，在宁波海关党组的正确领导下，象山海关全面贯彻两级关长会议精神及相关决策部署，圆满完成各项任务。2016年共监管进出境货物1.1万吨，同比下降2.6%；贸易额5.8亿元，同比增长1.2%;监管船舶253艘次,同比增长15.5%;审核进出口报关单1489票,同比增长24.2%;征收税款1320.2万元,同比增长2.3倍。

【提升通关效率】 支持新港码头临时开放,参与象山县口岸功能规划工作,为口岸进出口贸易提供政策指导,大力优化国际航行船舶进出境及船舶整体出口的监管工作;强化规范申报工作,将对台小额贸易报关单作为审单质量考核的重点,建立常见商品归类库,确保非首次报关商品归类无误,切实提高审单质量。推进通关无纸化、关检合作"三个一"等各项业务,完善"一次查验""一次放行"工作机制,简化中间作业环节,提高通关效率,全年共审放报关单1489份 ,其中进口563份,出口926份,通关无纸化达到96%。

【优化综合治税】 坚持量质效并举,强化综合治税,坚持依法征税、科学征管,全年未征一起"过头税";密切跟踪主要税源商品国内需求及国际市场价格变动趋势,加强税收日常预警、预测分析,严格保证金管理,提高税款支付效率,综合治税工作稳步扎实推进,实现年底零欠税;推进电子支付业务,便捷支付方式,缩短通关时间,全年吸引3家属地企业税源回流,共征收税款1320.2万元,同比增长2.3倍,其中加贸内销征税248.6万元,一般贸易征税855.2万元。

【助力地方经济发展格局】 走访有关部门进行调研,先后走访象山县县级领导及纪委、检察院、法院、浙台经贸合作区、检验检疫局等相关部门,密切沟通合作,为象山经济发展献计献策;搭建企业"一对一"帮扶平台,结对帮扶辖区内7家重点企业,多次走访、主动联系,引导企业提质增效,先后到造船、新材料等20余家企业进行重点调研,收集意见建议10余条,并逐条落实,帮助企业解决实际困难,做好辖区企业在宁波外口岸通关的相关协调工作。

【推进对台小额贸易健康、规范、有序发展】 跟踪对台小额贸易的新动向、新发展,引导企业顺应形势,提升效率,实现对台小额贸易正常货物"当天报关,当天放行",降低货物通关环节时间。年内宁波口岸对台小额贸易进出口总量1127.4吨,同比增长71.1%,贸易额2475.6万元,同比增长26.9%,其中,出口2028.3万元,货运量673.2吨(主要商品为冷冻鱼等水产品);进口447.3万元,货运量454.2吨(主要商品为糕点、面条、饮料、罐头等食品)。

【活海鱼出口】 针对"活海鱼"出口监管难度大即监管点无岸边设施、无办公场地、无适宜的交通工具等局限性,为帮助象山港海域活鲈鱼、活红鱼、真鲷、黑鲷的养殖户解决生计问题,县海关主动克服困难,加班加点,做到"即到、即报、即放",实现"一次申报、一次查验、一次放行",得到省市县三级政府有关部门、出口企业和广大象山湾水产养殖户的好评。海关全年节假日累计为活海鱼出口加班百余人次,预约加班率为100%,全年活海鱼出口63批次,货运量1740.1吨,贸易额8240.2万元,同比分别增长14.5%、1.6%、17.6%。

【远洋渔业发展】 送政策上门,为企业提供减免税政策和办理程序等政策辅导,把政策优势及时转化为远洋渔业发展的生产力;支持远洋渔船的船用关键设备鱿鱼钓机减免税进口,快速办理减免税税款担保手续,确保企业顺利办理船用关键设备鱿鱼钓机进口通关手续;针对春节五一等传统节假日前后远洋渔业企业集中进口自捕水产品情况,推出审批专窗,加快免表审核速度。全年共审批远洋渔业减免税项目19批次,减免关税679.3万元,同比下降62.8%,减免进口环节增值税969.9万元,下降63.1%。

【加工贸易发展】 简化加贸审批手续,开展小额边角余料集中处置和串料总量管理模式试点,支持企业开展外发加工和深加工结转;全面落实内销便利化措施,设立内销审批专门窗口,简化手续,加快单证流转速度;完善加工贸易综合管理机制,加强中后期监控,推动加工贸易核销与核查、稽查的紧密配合,实现风险快速发现、快速流转、快速处理。全年共备案手册124份,备案金额8310.8万美元,结案手册190份,结案金额14323.7万美元。

【以党建统领队伍建设】 树立党建统领队伍理念,将队伍建设所有要求纳入党建范畴,以此为抓手抓好队伍建设;分解党建目标量化管理要求,将宁波海关党建考评5方面39项考核要求一一分解落实到每位党员，做到人人有分工、定期有检查、事事有落实。

【推进学习型党组织建设】 以上率下，班子成员带头学、讲、写，带头逐篇学习《党章》《习近平总书记系列重要讲话读本》；带头讲党课，开设了9个专题党课，推动党内政治生活规范化开展；带头撰写学习心得，获关区优秀书评一等奖1篇；拓宽视野，走出去，请进来，强化成果共享，派员参加象山县组织的“两学一做”微演讲和学习调研活动20余人次，与招商局等单位联合举办“长征精神”讲座；学习实践互动，知行合一，抓住特色业务，扩大信息宣传，2篇稿件被海关总署金钥匙等平台录用；全关撰写论文14篇，其中1篇代表关区首次获宁波市直机关一等奖。

【探索“四单合一”清单管理】 开展岗位职责梳理，将每位关员的岗位、职责、工作量、风险点及风险要素等逐条细化，形成“四单合一”管理模式，共梳理岗位66个、职责105条、风险点22个、风险要素41点，确保职责明确、分工均衡、风险可控；建立廉政教育常态化机制，创办“清风微评”，每周通过短信方式发送廉政贴士给每位关员，全年共发送各类贴士40余条；抓早抓小抓苗头，强化廉政提醒，班子成员谈心谈话覆盖率达100%，真正做到“婆婆嘴常开，毛毛雨常下”。

【探索管理新模式】 针对象山海关业务科兼具口岸、属地海关特点，业务门类齐全且兼岗多的实际，眼睛向内，注重内部挖潜，积极探索此类型科室科学管理的新模式，寻找规范科室管理、优化人员配置、提升管理效能、有效防控风险的途径；以争创全国文明单位为契机，梳理各项制度规定，全面夯实基础工作，做到规章制度完善，各类台帐规范，检查落实有序，真正达到抓管理、打基础、提效率的目的；结合“两学一做”和“四好单位”创建，先后5次开展“找差距 明目标 做合格党员”大讨论，围绕宁波海关100余项考核要素，明确全关66个岗位的争先目标，我关“四好单位”考核提升5个名次。

【抓好凝聚力建设】 围绕象山海关“象心力”这一特色文化品牌，结合建党、建军、长征胜利纪念等主题，开展丰富多彩并兼具教育意义和趣味性的党工团活动，如参观殷夫等先烈故居、观看《关口浪尖》警示片、包饺子比赛、参观新农村建设成就等；结合留宿日，每月开展1次规范的组织生活日活动，营造既严肃紧张又轻松和悦的氛围，增强关员荣誉感、归属感；助推青年关员成才，提出“远学孙茂芳 近学金荣章”口号，搭建适合青年关员的“学习交流”平台，年内青年关员参加各类培训已达70余人次，1人当选宁波海关团委委员，1人当选“感动甬关”年度人物，通过树典型、立榜样，传播正能量，培养青年关员爱岗敬业精神。

【加强后勤保障建设】 完成办公用房改造及副楼维修工作，完善固定资产管理和政府采购工作，提高固定资产使用效率；加强车队管理，有效控制公务接待、水电油及会议等费用支出；加强设备服务保障，做好大楼空调、消防、安保等重点部位的日常巡查及运行服务工作；成立伙食协会，定期对食堂餐饮进行合理规划和改善。

（象山海关）

出入境检验检疫

【概况】 象山检验检疫局于2002年5月13日经中央机构编制委员会和国家质量监督检验检疫总局批准成立，2003年12月29日，正式开检运行。党组成员为：局长郭利平，副局长王新铎、魏四军。内设办公室、综合科、风险稽查科、检验检疫科4个科室和综合技术服务中心一个事业单位，承担着象山地区出入境的人员、货物、交通工具检验检疫监管工作、中央垂直管理的正处级涉外经济执法机关。全局干部职工40名，其中，行政编制14名、事业编制7名、合同制职工19名。（李莉）

【检验检疫业务概况】 2016年，共检验检疫出入境货物3576批、货值21701万美元，同比分别减少0.53%和21.24%。出境货物3219批、货值20403万美元，同比分别减少2.37%、19.4%，主要为农副产品，其中水产品1142批，货值14086.7万美元，同比分别减少6.1%和27.5%；水果罐头和木制品1670批，货值5193.5万美元。入境货物357批，货值1298

万美元,批次同比增长19.8%、货值同比减少41.9%,主要对台小额贸易和机械设备。共计检出不合格出入境货物142批次、货值262万美元,检出率3.9%,同比增长85.7%。

【进口鲅鱼通关放行】 1月25日,总计52箱进口鲅鱼经象山检验检疫局检验合格后通关放行,这是象山口岸2016年首次进口水产品,进口地为新加坡。

【王继蓬副局长在象山局调研】 3月24日,副局长王继蓬在象山海洋与渔业局调研,现场考察石浦新港码头、对台经贸海峡广场,听取工作汇报,并提出要发挥检验检疫职能优势,推进对台小额贸易、港口建设等工作,加强与地方各部门互动合作,共同推进地区经济社会发展。

【新造远洋捕捞渔船在象山口岸完成交接】 3月29日,总计10艘价值约1.3亿元的新造远洋捕捞渔船在象山口岸完成交接,驶向非洲刚果(布)黑角港,这是象山口岸首次出境目的港为非洲刚果(布)的国际航行船舶。

【孙志副局长一行在象山局调研】 4月22日,副局长孙志一行赴象山局调研,并实地走访调研华翔集团象山总部,并要求象山局做好示范区建设、口岸核心能力建设、行政风险防范等三项工作。

【针织服装从孟加拉国抵达象山】 5月10日,一批从孟加拉国进口、价值84219美元的针织服装抵达象山,这是象山地区首次进口针织服装。

【县消费品质量安全风险信息监测点正式挂牌】 5月25日,象山县消费品质量安全风险信息监测点正式挂牌启用,该检测点设立于塔山社区居委会,并对外开放。此后,广大市民若对购买的商品质量存有疑虑,可将消费品质量信息报送至监测点,届时可有工作人员在现场提供咨询服务。

【新疆自治区考察团考察学习象山国家级针织服装示范区建设工作】 7月1日,新疆自治区考察团一行到象山考察学习国家级针织服装示范区建设工作。考察团一行先行来到示范区代表企业—浙江巨鹰集团股份有限公司进行实地考察,接着对于考察情况进行会议交流。

【召开“三同”平台推进会】 7月22日,象山检验检疫局为推进“同线同标同质”平台,对辖区内符合要求的17家出口食品备案企业召开“三同”平台推进会。

【苹果酱罐头出口美国】 8月24日,宁波康德食品有限公司一批货值达1.04万美元的苹果酱罐头经象山检验检疫局检验检疫合格后出口美国,这也是宁波地区首次出口苹果酱罐头产品。

【宁波检验检疫局第六督导组督导检查】 10月14日,宁波检验检疫局第六督导组谭建明纪检组长一行对象山检验检疫局落实国务院和总局政策情况、贯彻中央八项规定精神情况进行督导检查。

【企业参展宁波国际服装节】 10月20日,象山检验检疫局、象山县经信局、象山县针织服装行业协会、象山出口针织服装示范区组织示范区内20余家企业参展宁波国际服装节。

【开展寨卡病毒防控知识宣传】 象山检验检疫局结合出入境船舶检疫和检务窗口日常宣教,开展寨卡病毒防控知识宣传,2016年,共发放宣传手册40余份,共检疫出入境人员50余人,未发现寨卡病毒和其他检疫传染病可疑病例。

【提升产地证签证利用率】 为帮助出口企业用好用足原产地政策,象山检验检疫局专门组建贸易便利“技术服务队”,有针对性地宣讲原产地政策,访求问需,同时,帮助提高企业对优惠原产地政策的利用技巧。2016年,象山局新增原产地证备案企业48家,签发原产地证5603批,签证金额26727.3万美元,同比分别增加44.9%和54.1%,签证数量和签证金额均创同期历史新高。

【开展知识产权宣传活动】 象山检验检疫局以“2016年全国知识产权宣传周”为契机,开展以“加强知识产权保护运用,加快知识产权强国建设”为主题的知识产权宣传活动。利用检务大厅显示屏、微信“象山国检先锋”平台以及走访企业等多种形式，重点宣传原产地、生态原产地产品保护等有关知识，增强企业对冒牌、违法贴牌等行为的认识，鼓励企业申报生态原产地产品保护产品，提升产品竞争力，扩大出口。

【“质量月”主题活动】 2016年，象山局围绕“提升供给质量，建设质量强国”主题，深入开展质量提升、质量宣传、质量整治等活动。期间，通过开展工业品质量管理体系以及食品农产品HACCP认证监督检查1次、走进社区宣传缺陷进口消费品召回知识2次、对进口汽车三包责任监督检查2次等工作活动，加强辖区企业的质量提升，强化质量整治，扩大民众对质量的认知面。

【促进对台小额贸易发展】 2016年，象山共出口对台小额贸易货物16批次，货值386.7万美元，同比增长14.29%，25.43%，进口对台小额贸易法检货物222批次，货值46.8万美元，同比分别增长231.3%，397.9%，创历史新高。服务对台小额贸易发展：一是放行快：实施“风险分析”+“重点抽检”+“快速施检”模式，对风险较低、进口商信誉较好的产品实施快速验放；对进出口鲜活农产品、养殖类水产品实行绿色通道放行；对于一些台商自用的微量食品、水果等产品，免于抽样检验直接放行；二是管得住：对重点产品进行风险分析，动态调整监管措施，2016年共新增重点高风险产品9个，共检出进口安全卫生不合格货物7批次，同时，检出中文标签不合格货物700批次；三是服务准：深入调研，以技术服务和信息服务为重点，主动登门进行政策解读和宣传，帮助企业进行预包装食品标签整改、了解重点敏感产品进口要求；督促指导企业按规定要求建造备案冷库，为水果进境做好前期准备。

【推进“同线同标同质”工作】 象山局作为“三同”工作重点推进单位，参与“同线同标同质”工程建设。①选定试点企业启动。通过走访调研，分别选中宁波天韵食品有限公司和象山宏海水产食品有限公司作为罐头和水产行业的试点企业，并通过集中帮扶这两家企业在平台推广应用，再作为成功案例在相关行业推广；②加快帮扶活动进度。帮助企业确定“三同”产品及生产线、明确产品标准，推动企业转型升级，对企业开展三同平台登入注册进行现场指导，邀请成功入驻平台的试点企业对其他企业开展培训指导，确保所有企业都成功入驻。截至2016年，象山辖区共有10家企业成功入驻“三同”平台；③发挥检测公共服务平台作用。象山局与入驻平台的企业签订委托检测协议，需要检测时象山局实时提供便利化的优质服务；④加大新闻宣传，扩大三同影响。2016年，召开出口食品内外销“同线同标同质”工作宣贯会、视频推进会、企业座谈会等3次，22家企业、67人次参与；⑤加强对“三同”企业的监管联动。对10家上线的三同企业进行监管，派员18人，累计监管工作时长8日。通过注册备案与食品农产品认证监管联动，对第三方认证机构认证活动开展9次的监管。

【组建系列技术服务队】 为落实“基础在学，关键在做”的要求，象山局开展“技术服务促经济发展”系列活动。组建工业提升、生态农业、口岸开放、品牌创建、标准提升、对台贸易、检验检测和贸易便利化等8个技术服务队。围绕象山县委县政府密切关注的工业旅游强县双突破、口岸开放和对台贸易等工作，成功帮助象山影视城进行全国知名品牌创建示范区申报推荐，完善口岸基础设施，对台贸易大幅增长。提升工作质量服务供给水平和地方美誉度，是“两学一做“学做结合的生动实践。

【创新党课形式】 为深入开展“两学一做”学习教育活动，增强学习的针对性和鲜活性，9月14日，象山局党支部开展主题为“讲道德、有品行，做合格党员”的微党课。每名党员上台发言3-5分钟，谈一谈前期学党章党规、学系列讲话的学习体会，晒一晒自查发现的《问题清单》，讲一讲如何在下一步做一名讲道德、有品行的合格党员。通过此次活动，营造良好学习氛围，使党员干部们认识到要将“两学一做”学习教育内化于心，外化于行，立足本职，做好表率，真正将“做合格党员”落实到行动上。

【“五小”服务品牌】 象山局在基层党组织建设上始终致力于转作风、强服务，构建“党群一家亲”，象山局党组织用心服务社区，主动与社区对接、将流动服务与集中服务相结合，热情开展项目特色服务。其中，象山局结合象山县推出的“孙茂芳

‘五小’服务先锋活动”,全面启动“五个小”的党员志愿活动,即做空巢老人的“小棉袄”,做残疾人的“小拐杖”,做有困难人的“小油灯”,做雷锋精神的“小广播”,做青少年成长的“小雨滴”。期间,他们组织开展结对帮扶困难户3次、质量宣传进社区2次、慰问老党员3次、送书传播文明进社区1次等活动,筑牢党的“基层堡垒”,为人民服务。

【象山县消费品质量安全风险信息监测点正式挂牌启用】 5月25日,象山县消费品质量安全风险信息监测点正式挂牌启用,该检测点设立于象山塔山社区居委会,并对外开放。此后,广大市民若对购买的商品质量存有疑虑,可将消费品质量信息报送至监测点,届时可有工作人员在现场提供咨询服务。

【象山检验检疫局成功上线试运行e -CIQ主干系统】 2016年9月20日,按照国家质检总局以及宁波检验检疫局的工作部署,象山局作为宁波局第一批上线试点局之一,成功上线试运行中国电子检验检疫主干系统(e-CIQ主干系统)。

【获得荣誉】 2016年,象山局农检科获得宁波市财贸金融工人先锋号荣誉称号。吴俊杰被评为宁波舟山港“同舟共济保增长、奋力突破9亿吨”立功竞赛服务标兵。象山局获得2016年度象山县开放型经济优胜服务单位。闫玉宵被评为“2011-2015年宁波检验检疫系统法治宣传教育”先进个人。殷嘉被评为“2011-2015年宁波检验检疫系统法治宣传教育”先进工作者。黄蔚被评为2016年宁波检验检疫系统信息宣传先进个人。

表55

2016年与2015年出口商品检验检疫业务比较一览

商品编码	商品名称	2016年		2015年		同比	
		批次	金额	批次	金额	批次	金额
0107、0204、0509	水产品	1451	18116.1	1522	24516.8	-0.05	-26.1
0403、07110101	木制品	311	629.9	514	824.5	-39.5	-23.6
414	植物性调料类	10	12.4	19	23.7	-47.4	-47.7
501	罐头	1675	5635	1534	5468.5	9.2	3
508	蔬菜水果制品	29	147	29	69.8	0	110.6
510	饮料	77	141.8	97	204	-20.6	-30.5
512	糖与糖果,巧克力和可可制品类	9	7.9	0	0	/	/
514	调味品	52	68.8	48	64.5	8.3	6.7
515	食品添加剂	13	34.6	2	0.5	550	6820
518	蜜饯类	15	18.5	0	0	/	/
708	玩具类	41	136	51	218.3	-19.6	-37.7
1002	有机化工产品	29	81.6	45	73.9	-35.6	10.4
11	机电产品	8	35.6	30	130.8	-73.3	-72.8

表56　　2016年与2015年进口商品检验检疫业务比较一览

商品编码	商品名称	2016年		2015年		同比	
		批次	金额	批次	金额	批次	金额
0204、0509	水产品	57	790.8	95	1502.1	-40	-47.4
403	木制品	3	0	2	3.2	50	-100
411	水果	7	11.4	0	0	/	/
417	粮食加工产品	3	0.1	1	0	200	10
501	罐头	27	21.7	2	0.1	1250	21600
506	干(坚)果、炒货类(熟制)	24	0.3	10	0.2	140	50
508	蔬菜水果制品	9	8.5	5	13.1	80	-35.1
510	饮料	31	83.4	18	31.8	72.2	162.3
512	糖与糖果,巧克力和可可制品类	23	75.5	12	27.5	91.7	174.5
513	茶叶	10	0.4	3	0.2	233.3	100
514	调味品	21	0.4	3	0	600	40
516	糕点饼干类	88	2.4	41	1.1	114.6	118.2
517	粮食制品类	89	5.4	36	13.6	147.2	-60.3
522	化妆品及化妆品原料	11	2.7	5	1.9	120	42.1
6	纺织品	9	24.6	15	10.5	-40	134.3
7	轻工品	12	0.4	18	7.1	-33.3	-94.4
9	金属及其制品	14	38	11	108.1	27.3	-64.8
10	化工品	10	45.9	37	96.9	-73	-52.6
11	机电产品	137	437.9	133	549.2	3	-20.3

（闫玉宵、李莉　王岗、余岚岚、谢芳、曾祥龙）

安全生产监督

【概况】　2015年8月10日,根据象山县机构编制委员会文件:象编[2015]16号《关于用人单位职业卫生监督检查相关职责划转等事项的通知》:将原象山县卫生局负责的用人单位职业卫生监督检查、建设项目职业病危害预评价审查、职业病防护设施设计审核、建设项目职业病防护设施竣工验收的监督管理、职业卫生技术服务机构资质认定和监督管理、用人单位职业危害项目申报的监督管理,组织查处职业危害事故和违法行为的职能划入象山县安全生产监督管理局。2016年1月20日依据象山县机构编制委员会文件:象编[2016]6号《关于县安全生产监督管理局有关机构编制事项的批复》增设"职业安全健康监督管理科",调整后,县安监局内设4个职能科室1个大队:办公室(行政许可科)、综合安全监督管理科、危险化学品安全监督管理科、职业安全健康监督管理科、安全生产监察大队,5月26日,出台象山县安监局《局内设机构、监察大队和公共安监所职业卫生监管职责分工》。强化安全生产监督队伍建设,18个镇乡(街道)公共安监所在规范化的基础上再创星级,创建五星级安监机构2家、四星级3家、三星级3家。

2016年,明确政府扶持政策、工作责任和目标,象山县财政每年出资300万元,全县开展社会化服务的企业有1041家。实现政府购买社会服务+安监所自主监管+企业自主购买社会服务叠加式的安全监管机制。全县创建安全生产一级标准化企业1家、二级标准化企业3家、三级标准化企业336家、四级标准化企业585家。

【县领导率队开展春节前安全生产大检查】 2016年1月12日,象山县委副书记、代县长黄焕利带领县安监局等相关部门负责人到县煤气公司,查看工作台账、危险源监控,应急管理、设备运行和消防设施等情况。黄焕利要求燃气管理部门与经营企业,严格规范安全技术,查找薄弱环节,有针对性地采取解决措施,安排专人跟踪落实,消除安全隐患。黄焕利一行到县汽车东站、墙头戴港高速收费站,查看安全设施配备、客运安检、超限运输检测、旅客发送和客运交通等情况。黄焕利指出,岁末年初,交通运输压力加大,交通、交警等部门要高度重视,重拳出击,查处违法违章行为,严禁超速、超员、疲劳驾驶,要确保车辆安全运行。在涌金广场,黄焕利对时代影院、广场监控室进行检查,强调要时刻保持安全警钟长鸣。黄焕利指出,安全生产责任重于泰山,要紧绷安全生产这根弦,增强红线意识,落实安全责任、强化防控,排查治理隐患。确保人民群众生命财产安全、百姓生活平安祥和。

1月12日,象山县副县长干维岳带领县农林局、县安监局、石浦镇等负责人检查安全生产工作,检查组一行到石浦镇敬老院、石浦镇永安路地质灾害点、渔政码头等场所检查安全生产工作。干维岳查看石浦敬老院的疏散通道、消防设施,检查渔业的安全生产情况后强调,各地各有关单位要严把安全生产这一"生命线",时刻绷紧安全之弦,绝不能有任何疏忽和麻痹,从源头上防范各类事故的发生。加强安全生产培训和演练,强化源头治理,做细做实每一个环节,严格监管,消除安全隐患,防范安全事故的发生,确保生产安全。

1月13日,象山县委书记叶剑鸣率县安监局等相关部门负责人到位于象山经济开发区的宁波三安制阀有限公司,检查消防设施配备、车间安全生产责任制落实情况。在县供销联社烟花爆竹南堡仓库,叶剑鸣一行听取安全情况汇报,了解各项安全措施的落实及烟花爆竹的进货、批发和销售等情况。在位于城市新中心区核心商圈的国际风情街,叶剑鸣实地查看宁波梅山保税区进口商品象山直销中心、华影国际影城等重点商贸文化企业安全生产情况,了解安全生产责任落实、消防设施配备运行、应急反应预案机制和商业业态布局等情况。在象山申怡广场项目建设现场,叶剑鸣一行检查工地施工安全情况。检查中,叶剑鸣强调,安全生产人命关天。对于企业来说,没有安全就没有效益。作为责任主体,企业要警钟长鸣,经常性地开展安全生产检查,消除各类安全隐患。

1月19日,象山县委常委、常务副县长励志纲率队到石浦开展春节安全生产检查工作。县府办、县安监局、县公安局、县经信局、县港航局、县消防大队等部门以及石浦镇主要领导陪同检查。检查组一行到石浦科技园区申菱电梯配件有限公司、石浦渔港古城、东门客运码头、骑士风采娱乐会所等人员密集场所检查安全生产工作。励志纲听取各单位企业负责人安全生产工作介绍,实地查看作业现场、安全设施等,了解安全生产责任体系、消防安全措施落实情况,励志纲指出,春节即将来临,出行人员相对集中,人流、车流、物流显著上升,各类生产经营活动明显增多,引发事故的不安全因素增加,是事故的易发期、多发期,安全监管任务十分繁重。他强调,超市等人员密集场所人流量大,各有关部门和责任单位一定要做好相关安全管理工作,确保群众出行安全。

1月26日,象山县副县长王安静带领县政府办、安监局、消防大队等部门负责人,到技工学校、丹城中学开展校园安全工作检查。实地查看学校存在的安全隐患,安全措施落实情况,了解学校安全管理工作。要求学校落实安全工作责任,健全各项安全管理制度,加强安全教育,在学生安全上做到家校无缝对接。王安静要求学校定期组织校园安全隐患大排查大整治,消除隐患,教育部门要起监管作用,相关部门要紧密配合,确保校园平安,维护社会稳定。

1月29日,象山县政府党组成员周坚栋率县交通、公安、住建、安监、消防等部门负责人,到高速戴港收费站、县客运中心、城乡公交公司、港航局、象山港文化一号广场、姚家山液化气储备站等地，检查指导春运及安全生产工作。检查组询问春运安全措施落实、各项应急预案以及应急物资安排等情况，对第一线的工作人员表示慰问。周坚栋要求各单位加强对各类运输工具和设施的监督检查，抓好客运车站、航运码头的安全管理，严禁带病行驶、违章超载、疲劳驾驶；严厉查处超载、超限、超速等“三超”车辆，杜绝旅客携带“三危品”（注：易燃、易爆、有毒有害物品）进站上车。

【烟花爆竹领域联合督查】 2016年春节，烟花爆竹进入销售燃放旺季，非法经营、运输、燃放烟花爆竹行为有所增加，为督促各地做好烟花爆竹安全管理工作,减少安全事故的发生，维护社会稳定。全县范围内开展烟花爆竹经营“两关闭”专项行动，对存在“下店上宅”“前店后宅”、集中连片经营、在超市内销售等零售店一律予以关闭，关闭烟花爆竹零售店183家。对象山县烟花爆竹零售点重新布点规划，实行专店经营，核发许可证54家。2016年1月28日至2月23日，由象山县安委办牵头，组织县公安局、县市场监督管理局、县交通运输局、县城管局、县安监局、县供销联社等相关部门开展联合督查。督查内容：各镇乡（街道）部署春节期间开展烟花爆竹安全管理工作情况；督促生产经营单位规范执行烟花爆竹流向登记管理等制度；督促生产经营单位建立健全各项安全生产管理规定，落实安全管理措施；督促生产经营单位合法经营烟花爆竹产品，杜绝非法产品、“三无”产品（无厂家 无生产日期 无合格证）、假冒伪劣产品流入市场，杜绝经营单位违规经营，确保消费者买到合格的烟花爆竹产品。对于督查过程发现的问题，督查组提出整改意见并要求检查企业及时整改。检查烟花爆竹经营单位63家次，发现安全隐患18条，下发《责令限期整改指令书》8份，没收非法查封烟花爆竹产品共305余箱，集中进行销毁。查处石浦1家无证经营点，当场查封扣押烟花爆竹产品200余箱，并作出罚款2万元行政处罚。确保春节元宵期间烟花爆竹燃放安全。

【市安监局到象山开展烟花爆竹安全专项督查】 加强烟花爆竹安全监管工作，确保象山县春节期间烟花爆竹生产、经营、运输、燃放安全，2016年2月3日，市安监局副调研员李振湖一行到象山县检查烟花爆竹安全监管工作，象山县安监局、西周镇安监所负责人参加检查活动。 检查组一行听取象山近期开展烟花爆竹整治工作情况汇报，检查西周镇振华烟花爆竹仓库安全措施落实情况，检查组认为，公司的仓库布局、建筑结构、安全距离、防静电等安全设施建设符合有关标准要求，指出防盗窗破损、室外灭火器未采取保护等安全生产隐患，责令该仓库负责人限期整改，并督促县安监局“回头看”检查。检查组一行到西周镇的两个烟花爆竹销售门店进行检查，了解烟花爆竹的销售及安全措施落实情况。通过检查，检查组肯定象山县在烟花爆竹安全监督管理方面所做的工作，要求提高安全监督管理工作认识，加强部门配合，强化措施，落实责任，打击非法违法生产经营行为，抓好春节期间的烟花爆竹安全督查检查工作，防范各类安全事故发生，确保全县安全生产形势稳定。

【签订安全生产责任书19068份】 2016年3月9日，象山县委、县政府召开全县安全生产暨消防安全工作会议，象山县县委副书记、县长黄焕利在会议上指出，安全是百姓最大的福祉，是各级政府最大的责任。全县上下要时刻紧绷安全生产这根弦，严格落实举措，把安全生产工作抓紧抓实抓好。并对全县安全生产和消防工作进行部署，黄焕利代表县政府与各分管副县长和18个镇（乡）街道签订2016年安全生产目标管理责任书，各副县长与分管的29个部门签订安全生产目标管理责任书。各级党委、政府对安全生产工作，构建“党政同责、一岗双责、齐抓共管、失职追责”的安全生产责任体系，全县层层落实安全生产责任制，签订安全生产目标管理责任书19068份。

【开展安全生产警示约谈】 落实企业安全生产主体责任和政府部门安全生产监管责任，有效防范和减少各类生产安全事故发生，促进全县安全生产形势持续好转，2016年4月20日象山县安委办出台《象山县生产安全事软警示通报制度》《象山县生产安全事故诫勉约谈制度》《象山县生产安全事故现场分析会制度》三项制度。并由县安委会副主任、安委办主任、县委组织部、县监察局、县安监局组成约谈小组，邀请县人大代表、政协委员参加，对2015

年1月至2016年6月份曾发生安全生产事故的县住建局等10个单位的安全生产警示约谈工作。

【安全生产协管员暨网格化管理集中培训】 2016年4月25日,象山县安监局对丹西街道、丹东街道举办为期半天的安全生产协管员暨网格化管理培训班,共有78人参加培训。培训围绕安全生产工作"加强安全法治、保障安全生产"的主题,以事故案例讲授安全生产有关法律法规、安全生产管理、隐患排查方式等安全监管知识,通过培训,提高协管人员对安全生产法律法规的认识,学员经培训考试合格取得资格证,持证上岗,提高网格员的整体素质。并将公共安全监管网络向村社区延伸,建立县、镇乡(街道)、村三级安全生产监管网格,全县600余名网格员通过专业培训考试持证上岗。

【县长率队引领"安全生产月"检查】 2016年6月20日,象山县委副书记、县长黄焕利,县政府党组成员石坚定、县安监局等相关部门随同检查。黄焕利到浙江新乐造船有限公司,深入生产一线,督促企业自觉做好安全隐患排查工作,船企业劳动环境复杂,作业面大,要将防坠落、触电、燃爆等重大事故发生作为安全生产管理的重中之重,做到防患未然。在贤庠镇大中庄围垦工程小海山矿山现场,黄焕利指出现场管理、施工人员要将各项安全生产举措监管到位、落实到位,注重防滑坡、防垮塌,确保石材开采"零事故"。

黄焕利到浙东表面处理有限公司检查危险化学品的经营、储存、运输、使用及防盗、防泄露等情况。要求安监、消防和镇乡各相关部门强化安全生产监管职责,落实企业的安全生产主体责任,构建全覆盖、无缝隙的安全生产责任体系。黄焕利在墙头亭溪炸药库,对报警、监控设施及巡查登记、警卫、消防、防爆等方面工作进行实地检查。黄焕利要求相关负责人落实涉爆物品的管理制度,落实各项安全防范措施与对策,加强安全隐患排查,确保炸药库的绝对安全和辖区的治安稳定。安全生产责任重于泰山,要牢固树立安全发展理念,紧绷安全生产之弦,尤其在G20杭州峰会的特殊背景下,更要把安全生产职责放在心上、扛在肩上、抓在手上,为G20峰会安全举办保驾护航。

【"6·20"安全生产咨询日广场活动】 树立安全生产"红线意识"和"底线思维",落实安全生产责任、普及安全知识、提高全民安全素质,为护航G20杭州国际峰会和世界互联网大会,促进全县安全生产状况稳定好转,6月20日,由象山县安监局牵头县委政法委、交通局、住建局等22家单位在丹城人民广场开展"强化安全发展观念、提升全民安全素质"为主题的安全生产月宣传咨询活动。活动以举办安全生产警示教育图片展览;播放安全事故警示教育片;赠送安全生产图书资料;开展安全生产政策法规咨询活动;开展有奖竞猜活动等形式,活动当日广场上悬挂的一幅幅安全知识谜牌吸引众多市民踊跃答题。大荧幕下,人头攒动,市民撑伞注目安全生产事故警示教育片。咨询台前,聚集许多观看询问的市民,22家单位的工作人员通过发放安全生产事故防范、交通安全、特种设备安全、消防安全、燃气安全使用常识等宣传资料,图文并茂地帮助群众解答在工作、生活中遇到的各行业安全问题。活动现场气氛热烈,宣传活动受到群众欢迎,起到宣传效果。

【危险化学品应急演练】 加强象山县应对大量突发液氨泄漏事故应急救援处置能力,提高县级各有关部门应对液氨泄漏事故应急救援协作能力,为"平安护航G20峰会"做好安全生产应急保障工作,2016年 6月27日,以危险化学品液氨泄漏为背景的一场突发环境事件应急演练在象山县宁波超星海洋生物制品有限公司举行。全县危险化学品企业主要负责人和安全管理人员共100多人到场观

6月27日,宁波超星海洋生物制品有限公司厂区内进行危险化学品应急演练。 (王嘉磊、徐圆圆)

摩，演练参演人员近百人，出动消防车2辆。象山县安监局相关负责人介绍，象山县每年都有液氨泄露事故发生，确保生产安全，县政府制定计划，要求各镇乡（街道）安监所和涉氨企业负责人参加，通过组织实兵、实装、实战式的综合演练和培训，旨在增强企业的责任意识和救援能力。各参与观摩单位安全意识和应急救援水平获得提升，表示受益匪浅。

【市安委办主任到象山调研遏制重特大事故试点工作】 2016年7月5日，宁波市安委办主任、市安监局局长项敏到象山调研标本兼治遏制重特大事故试点工作，市安监局副局长郑得军、象山县县长黄焕利、副县长石坚定、县安监局局长张洪成和宁波市局试点工作推进协调小组办公室有关成员陪同调研。张洪成就2016年全县安全生产工作具体情况向调研组做汇报，并对当前全县安全生产工作存在的重难点问题作全面的分析和部署。项敏肯定象山县2016年上半年在安全生产方面所做的工作和努力，介绍国务院安委办标本兼治遏制重特大事故工作背景以及宁波市试点工作进展。

【2016年安全生产知识竞赛活动】 2016年7月11日，由象山县安委办主办的安全生产知识竞赛决赛落下帷幕，围绕新修改《中华人民共和国安全生产法》《中华人民共和国职业病防治法》等法律法规，在全县范围开展安全生产知识竞赛，全县18个镇乡（街道）各组建一支队伍参加安全生产知识竞赛，通过预赛，选拔6支队伍进入决赛，并通过"象山安监"微信公众号在全县范围内组织安全生产法律法规有奖知识问答。涂茨镇、丹东街道、新桥镇、定塘镇、石浦镇、黄避岙乡6个乡镇（街道）代表队参加决赛，展开冠军角逐。安全生产知识竞赛是象山县"安全生产月"活动内容之一，既检验各生产、监管部门对安全生产知识的掌握程度，让场下的观众学到安全生产新知识，县安监局全体干部，各乡镇(街道)安监所和县企业代表共100余人到场观摩。竞赛试题形式多样，通过激烈的安全知识博弈，涂茨镇以200分的高分卫冕冠军，丹东街道办事处、石浦镇政府获得二等奖，定塘镇政府、黄避岙乡政府、新桥镇政府获得三等奖。竞赛结束后，县安委办主任、副主任给获奖乡镇（街道）颁奖。

【在建重点工程安全生产专项督查】 为落实重大项目安全生产监控措施，平安护航G20杭州国际峰会，2016年7月12日至14日，县安委办、县重点办联合牵头县住建局、县交通运输局、县水利局等相关行业专业人员分成3个工作组，采取听取汇报、查看台账资料、现场检查等方式，对71省道盛宁线东陈至茅洋段改建5个路建工程、大塘港防洪排涝5个水利工程、上吴城中村改造6个房建工程共16个项目的安全生产开展情况进行抽查，象山县对辖区内在建重点工程项目安全生产监管工作开展专项督查。这次被抽查的16个工程项目涉及责任单位12家，建设单位16家，施工单位14家，监理单位16家，发现隐患130余处（项），下发专项督查反馈意见16份，从检查情况看主要存在以下几个问题：部分在建项目建设管理单位未组织安全生产自查工作，部分监理单位人员落实不到位，更换监理人员缺少手续，且存在无证上岗、日常巡查记录不规范、缺少整改通知书等现象；部分施工单位安全教育培训不够，安全责任书不健全，施工现场未带安全帽，部分特种设备无使用记录，安全警示标志、标示不完善，无临边和防高措施，施工用电和气瓶使用存在安全隐患，安全专项费用和资金到位等相关台账资料不齐全等问题。对督查中发现的问题，责任单位要督促建设、施工、监理单位落实整改措施，参建单位要组织整改，行业监管部门要跟踪督促，确保发现的隐患都能及时整改到位，确保重点工程项目安全平稳推进。

10月26日至28日，象山县安委办、县发改局、交通、水利等部门对象山县辖区内在建重点工程项目安全生产开展突击检查。检查组先后到丹城至林善岙隧道二期工程、道人山土地开发项目、象山国际水产保税冷链物流基地、普思拓金属科技项目等17个在建重点建设项目进行专项督查。通过察看工地现场、安全资料和问卷调查等方式对工地安全工作制度、应急预案、隐患排查制度、安全操作规程、工人安全帽佩戴、工地电线布置、标识标牌悬挂等进行检查。从检查情况看主要存在以下几个问题：项目建设单位未组织安全生产自查工作，日常巡查记录不规范，施工现场部分工人未戴安全帽，部分档案资料不齐全；部分施工单位安全教育培训不够，安全警示标志、标示不完善等问题。检查组针对本次检查暴露出来的安全问题，要求项目建设单位要严格落实安全生产责任制，履行安全生产主体责任；要强化安全教育培训，提高和增强施工人员的安全意识；开展隐患排查治理，建立健全安全生产台账资料，确保象山县在建重点项目有序推进。

【非煤矿山安全生产专项检查】 2016年7月18日至26日，象山县安监、国土、环保等部门联合对全县26家经营性、工程性非煤矿山开展安全生产专项检查。抽调熟悉业务的精干人员16人分成4个组，通过“地毯式”隐患排查的方式，检查矿山开采是否按照“开发利用方案”要求实施开采，边坡、台阶是否达到设计要求，矿山安全管理是否达到要求等安全生产落实情况。检查中发现，两家许可证到期矿山企业仍在采掘施工，联合小组立刻责令其停止作业，撤出设施、设备和作业人员，并对矿山进行区域封闭和立案调查。检查整改完毕，上报宁波市安监局注销许可证到期矿山8家，发放执法文书5份，排查隐患32处。检查组强调，矿山企业要把防暑降温作为重点，合理调整作业时间，避开高温时段，要把爆破作业、挖掘作业、现场临时用电管理以及安全设施设备的安全运行作为安全监控的重点内容。确保象山县在G20峰会和高温汛期矿山生产安全。

【市安监局领导到象山督查危险化学品企业】 2016年7月21日，宁波市安监局副局长郑得军率领督察组对宁波海腾新材料有限公司的安全生产情况进行检查，县安监局副局长金立海等人随同检查。

督察组一行采取实地检查、座谈交流、查阅资料、现场提问等形式，对宁波海腾新材料有限公司安全生产隐患排查治理、安全生产应急管理、人员持证上岗、安全生产台账资料等情况进行检查。经检查发现，宁波海腾新材料有限公司存在车间内安全警示标志较少、消防设施不健全、日常通风不规范等安全生产隐患、问题，督导组当场下发隐患整改执法文书，责令企业限期整改。在检查过程中，督察组要求企业履行安全生产主体责任，做到消防规范、安全制度上墙，提高安全管理能力；象山县安监局要结合安全生产大检查、年度安全生产目标管理考核等工作，部署开展重点企业、重点单位安全生产明查暗访工作，确保G20期间辖区安全生产有效落实。

【县安监局开展“两学一做”党员活动】 2016年7月26日，县安监局组织党员干部及家属30人赴宁波市廉政教育基地和宁波四明山革命根据地瞻仰革命先烈，接受廉政警示教育。在廉政教育基地，大家参观学习反腐历程、廉韵宁波、贪腐鉴录、勤廉楷模等4个主题展厅。其中，党员领导干部违法违纪典型案件触目惊心，焦裕禄、杨善洲、江小金、俞复玲等楷模的先进事迹令人肃然起敬，全体党员干部在党旗前庄严宣誓，重温入党誓词，接受廉政警示教育洗礼。在宁波四明山革命根据地，参观鄞州革命烈士纪念馆。以丰富的展品展示鄞县各个革命斗争时期先烈们进行不屈斗争的历史。这种警示教育形式直观、生动，感染力强，深受教育，是一次心灵的洗礼。

2016年7月26日，县安监局组织党员干部在宁波市廉政教育基地参观 （王嘉磊、徐圆圆）

【风电场专用道路安全隐患专项检查】 2016年7月27日至28日，象山县安监局、县发改局、县交通局等7个部门联合对风电专用道路开展安全隐患专项检查。检查是在企业安全隐患自查的基础上，联合检查小组实地核查相结合的方式进行。检查小组会同中广核浙江象山风力发电公司、浙江东海德迦风力发电公司、象山花岙大佛山风力发电公司负责人，现场踏勘石浦檀头山风电场、高塘岛风电场、贤庠珠山风电场、涂茨风电场等4家风电场区内专用道路安全隐患，重点对道路和边坡的安全防护设施有效性、警示标志设置规范性、有否安全隐患等开展检查。联合小组要求各风电公司加强区内道路安全自查，对检查中发现的隐患和问题，落实防范措施，并对隐患限期整改。在总结座谈会中，各有关部门结合各自工作职责，对检查中发现的安全隐患书面材料及现场照片进行整理和反馈。相关乡镇政府将跟踪督促企业及时整改，消除安全隐患，确保高温汛期和G20期间风电场专用道路安全。

【职业危害专项整治】 落实《中华人民共和国职业病防治法》和《工作场所职业卫生监督管理规定》等法律和规章，有效预防、控制和消除职业病危害，落实用人单位职业病防治主体责任，结合象山县实际情况，自2016年7月底至2017年10月底在全县范围内对陶瓷生产、耐火材料制造、金属冶炼、船舶修造、通用设备制造、蔺草加工企业（以下统称“六类行业”）开展职业病危害专项治理，2016年7月底至8月底进行全面的摸底调查评估，存在职业危害“六类行业”企业1119家，其中危害严重企业56家、危害较重企业536家、一般危害企业527家。2016 年8月至2017 年5月底排查治理阶段，2016年企业进行职业健康体检人数2995人，疑似职业病人数2人，职业禁忌症人数14人。2016年未发生有职业危害事故。

【全县安全生产履职情况督查】 为促进各地、各相关部门安全生产监管责任的落实，2016年8月15日至23日，县安委办领导带队，“兵分四路”实地督查10个县专业安委办牵头部门、3个新增考核单位、18个镇乡（街道）、4个开发区管委会进行安全生产“十大行动”专项工作和上半年安全生产目标管理履职情况。督查以各单位自查与安委办实地核查相结合的方式进行，其中，督察组在核查属地政府的同时抽查2家存在重大安全隐患或因安全生产方面的问题可能导致较大社会不稳定因素的生产经营单位（场所、路段），核查主体责任及整改、管控措施落实情况。督查工作结束，县安委办汇总各单位自查上报情况和现场核查结果，并结合日常工作，对各单位上半年度工作情况进行书面通报。在督查部署阶段，象山县督察小组提出三项工作要求，①对照责任书和安全生产“十大行动”专项工作要求，在各地、县级相关部门开展自查自纠的基础上，总结经验、查补短板，提升安全生产管理工作水平。②实地核查要突出问题导向，坚持实事求是原则，既肯定成绩、又指出问题，确保督查工作取得实效。③组织实地核查要轻车简从，执行中央“八项规定”，遵守廉洁从政各项规定要求。

【市安全生产督查组到象山开展安全督查】 2016年8月23日，宁波市安监局党组成员吕鹏飞一行到象山县东陈乡督查安全生产“十大行动”专项工作落实情况，县安监局局长张洪成、副局长金立海陪同。吕鹏飞听取象山县东陈乡落实安全生产“十大行动”工作汇报后，对东陈乡在落实安全生产“十大行动”中所作出的努力表示肯定。督查组一行到象山维多利五金有限公司，了解和检查企业安全生产情况。吕鹏飞强调，①要强化企业的安全生产主体责任，加强企业安全生产管理，决不能以牺牲人的生命为代价来换取经济利益；②要加强法律法规的教育培训，提高企业广大员工的法律意识，以法律法规促进企业安全生产；③要抓企业薄弱环节，严格治理安全隐患，确保企业安全稳定，为职工的人身安全创造良好环境。

【油漆市场专项整治】 2016年10月11日，根据《象山县油漆经营安全专项整理工作方案》的统一部署，对辖区内经营危险化学品的种类、存放量、销售量、经营商店的数量以及安全现状开展全面排查。做到逐镇、逐村、逐路、逐巷、逐店全面摸底排查的工作，从检查情况来看，危险化学品经营店存在以下安全隐患，①无证经营，②无配备安全人员，③没有经过任何知识培训，④无采取任何安全设施，⑤上宅下店和安全间距未达要求。针对存在的问题检查组一方面及时告知经营户，在未得到上级统一整治、统一标准、统一培训的情况下，必须要求做到：①暂停进货、暂停销售，②必须独立存放，不得与其它货物混纺，③及时配备消防器材，改进安全措施，另一方面把检查情况和存在的问题及时上报上级安监部门。检查1276家次、复查452家次、发现隐患2314条，责令限期改正87家。对丹城油漆市场、西周、定塘、鹤浦等油漆经营比较集中区域专项检查；其中查处无证经营油漆案1起，没收船用油漆871桶、稀释剂66桶等共计937桶，18吨左右，行政处罚10万元，同时，移交国资进行公开拍卖10.2万元。

【遏制较大及以上事故试点工作】 象山县作为宁波市（全国试点城市）遏制重特大事故试点单位之一，抓牢控重点行业领域安全监管，组建了县安监、县海洋渔业等重点部门和乡镇成立专门领导小组，出台相应措施，根据《象山县安监局遏制危险化学品较大以上事故工作实施方案》和任务分解表提出要求,组织辖区内危险化学品生产经营单位抓好落实,每项工作完成后及时总结和上报工作情况,推广有效做法和典型经验,提高危险化学品安全保障能力。各地安监部门发挥广播、电视、报刊、网络及微博、微信等各类媒体的作用,向企业员工、社会群众宣传危险化学品危险特性、事故危害和应急防护知识,提升全社会安全防范意识和风险防控能力。加大遏制重特大事故工作成效在安全生产责任制考核中的比重,对工作开展不力、问题突出的地区和企业,进行通报批评和问责。10月12日,象山县召开全县安全生产警示约谈会议,对2015年至2016年6月份曾发生安全生产事故的10家有关镇(乡)政府、街道办事处、管委会、行业主管部门进行警示约谈。为推进试点工作筑牢底基。

【市安监局领导到象山讲解《浙江省安全生产条例》】 新修订的《浙江省安全生产条例》(注:以下称《条例》)2016年8月1日起正式施行。为准确学习和理解《条例》,10月21日,象山县安委办邀请市安监局法规处处长张仁义解读《条例》和优秀安监干部南振华的先进事迹报告,会议的参会对象县安监局机关全体干部职工,各镇乡、街道安监所全体人员,安委会有关成员单位联络员。张仁义从创新、体制、责任、监管、追责等五个重要方面入手,结合实际工作经验,抓住"责任""风险""制度"三个关键词,讲解《条例》修订的背景、修订的过程和思路、修订的主要内容以及相关精神,做好五项监管工作:①完善监管体制。②强化主体责任。③强化监管责任。④创新社会共治。⑤强化责任追究。慈溪市安监局工矿危化科科长南振华到场现身说法,结合自身监管工矿危化安全工作经历和案例,在南振华所举例的实际难题与案例处理过程中,使安监干部感受到他严谨的工作作风,严格把关,确保安全生产监管合民意、聚民心。会场中多次掌声雷鸣,参会人员纷纷点赞,受益匪浅。

【县政府民生实事工程项目】 2016年11月17日,新建的象山县公共安全宣教基地在象山县大目湾管委会办公大楼4楼竣工验收。公共安全宣教基地由县安监局牵头,县海洋与渔业局、县港航局、县市场监督管理局、县住建局、县消防大队、县交警大队、国网象山供电公司8个部门联合,投入150多万建成的县政府2016年民生实事工程。2016年,安全培训工作对生产经营单位主要负责人、安管员培训80期,培训主要负责人2443人,安全生产管理人员2855人,特种作业人员培训41期,培训人员1186人,培训各类人员65381人。工程对普及全县公民公共安全法律法规和相关安全知识,弘扬安全文化,增强公众安全意识和社会责任意识,提高全社会预防和处置公共安全事件的综合能力有意义。

【市安监局到象山督查安全生产监管责任和主体责任落实到位】 确保政府、企业两个层面安全生产大检查监管责任和主体责任落实到位,2016年11月29日,宁波市安监局副局长郑得军、副支队长邵俊贤一行到象山县督查安全生产大检查工作,县安监局副局长金立海、丹西街道安监所余乾龙陪同检查。督查组抽查象山县辖区内危化、工贸领域重点企业,了解政府部门是否将大检查要求传达到企业,企业是否开展自查自纠,安全生产隐患问题是否整改到位等。在象山县天韵食品有限公司(原名为"象山罐头厂"),督查组对督查发现的消防通道不畅通、氨机房外杂物堆积、安全警示标志不完善等安全隐患问题提出了整改意见,责令限期整改。督查组检查企业台账,要求厂区安全分管领导与安管员要强化安全生产意识,做好氨机房、仓库的日常安全管理工作,并做好相关应急准备。郑得军指出:安全无小事,龙头企业在生产旺季尤其不能掉以轻心,牢固树立责任意识,严守安全生产红线,做好日常安全监管工作。①要强化安全隐患自查,畅通消防安全通道;②要健全消防设施配备,做到防患于未然;③完善警示标志,确保进入厂区抬头可见;④建立人员管理和检查机制,加强生产秩序监管,确保应急到位。

【开展"三场所两企业"专项整治】 象山县安委会分区域分类别对辖区内的"三场所两企业"(有限空间作业场所、涉及可燃爆粉尘作业场所、喷涂作业场所、船舶修造企业、涉氨制冷企业)进行全面排查,做到"一企一档"并进行分类梳理,确定重点监管对象30家。对重点监管对象进行督查,检查可燃爆粉尘作业场所22家,喷涂作业场所36家,船舶修造企业30家,涉氨制冷企业328家次,排查出的隐患2517条,完成整改122家,整改的8家,取缔关闭不具备安全生产基本条件的非法违法企业63家。并联合县市场监管局、县消防大队对130余家涉氨制冷企业开展多频次检查,对27家企业实施整改情况验收检查。确定全县28家为重点管控企业。结合G20峰会,做到检查"全覆盖"。

【安全生产大检查工作】 贯彻落实全国安全生产紧急视频会议精神,县政府常务会议专门听取安全生产大检查工作情况汇报,县领导分别带队开展安全生产大检查,县安委办对乡镇和部门开展督查。全县上下10个牵头部门和18个镇乡(街道)依照本行业和本辖区的安全生产大检查方案开展安全生产执法检查,累计组织检查组577个,参加人员达到2947人次,组织检查企业2406家次,发现治理隐患2622个,关闭取缔16家,停产停业7家,拘留2人。全县安全生产大检查工作取得阶段性成效。

【全县安全生产形势保持稳定】 2016年,以平安护航G20和安全生产执法活动为抓手,落实各项安全生产举措,推进安全生产工作,全县安全生产形势保持稳定。全县共发生各类生产安全事故83起,死亡53人,受伤58人。其中,道路交通事故62起,死亡25人,受伤57人;渔业船舶事故12起,死亡19人,受伤1人;工矿商贸事故9起,死亡9人。

【单位集体和个人获得荣誉】 2016年度,象山县安监局获得县级安全生产先进集体称号,柳占君获得宁波市安全生产工作先进个人称号,王兴加获得县级安全生产先进个人称号。2016年11月3日,徐圆圆获得宁波市安监系统乒乓女子组一等奖。

(程舟群)

行政审批

【概述】 2016年,象山县行政审批管理办公室(县公共资源交易中心)加快行政审批制度改革步伐,推进"工业强县"建设,打好"互联网+政务服务"组合拳,全面完成年初确定的工作目标,实现"十三五"的良好开局。全年共办理各类行政审批事项1121979件次,其中即办件833488件次,承诺件288491件次,群众满意率达99.98%。完成各类交易419宗,总交易额达42.16亿元。政府采购438宗,预算资金73020.2万元,实际采购资金60745.72万元,节约资金12274.48万元,节约率16.81%。

【推出行政预审批微平台】 1月4日,微信号"象山县行政服务中心"在全市范围内率先推出行政预审批功能,23个部门的316项与企业、百姓生产生活密切相关的行政审批事项上线运行。公众可通过微信平台将审批材料逐项拍照上传,由办事窗口对所提交材料进行预审批,并给出预审批结果,即时推送至申请人。申请人依据窗口提示调整、补充、完善申报材料,确认合格后,携带原材料及复印件到窗口办理正式审批手续。推出首日即办理事项12件次。

【全县重点工程审批对接会】 3月18日,在县行政服务中心三楼会议室召开全县重点工程审批对接会,县重点办、县投资项目审批部门相关负责人及部分项目责任单位和建设单位参加。各审批部门对2016年度县重点工程项目进行逐个对接,详细了解项目的基本情况、审批进度、目标任务等,全面剖析存在的问题,并根据项目类别,科学定制审批流程,统筹安排时间节点,明确工作要求。

【全县工程建设领域中介机构行业主管部门工作会议】 3月25日,在县行政服务中心三楼会议室召开全县工程建设领域中介机构行业主管部门工作会议,16个工程建设领域中介机构的行业主管部门相关人员参会。会议回顾2015年度中介机构管理情况,总结分析存在的问题,并根据2016年管理工作的新变化、新形势提出思路和方向,降低准入门槛,创新管理方式,备案年检制向信用评级制转变,以业务管理代替机构管理。同时推进信息化建设,加快电子化评价系统建设。

【4月1日起实行基本建设项目"一窗式受理"】 出台《关于基本建设项目实行一窗式受理的操作细则》,4月1日起,对全县范围内未办理或正在办理前期审批手续的新建、改建、扩建、迁建基本建设项目实行"一窗式受理",以联办窗口为中心枢纽,依托

象山县基本建设联合审批系统，实行“批前指导、一窗登记、资料共享、全网审批、统一送达”。项目前期，联办窗口根据业主申请，提前介入，联合各审批部门对项目审批条件进行初步审查，并根据最终意见，将项目基本信息录入系统，生成项目编号和专属审批流程。审批阶段，联办窗口统一受理登记业主的申报申请，发送到相应窗口，并统一扫描可共享的部门共性资料至联审系统，同时引导业主到相应窗口申报。各审批窗口全部在联审系统内进行回退或审核、决定等操作，并将结果反馈至联办窗口，由联办窗口统一送达并做好下一阶段报批指导工作。“一窗式受理”模式采用网上登记方式作为进入整个审批阶段的“入场券”，县审管办借此模式，强化批前指导和对审批过程的跟踪和监督，实现项目审批全过程的掌控。

【率先打造微信版全景虚拟服务大厅】 以真实的行政服务中心办事大厅为模型，结合平面示意图，采用三维空间技术，在“县行政服务中心”微信公众号平台上率先打造360全景虚拟服务大厅。公众通过手机点击导航箭头实现在虚拟服务大厅内的自由走动，通过点击沙盘实现当前位置的随意切换，通过点击“场景选择”即可到达目标窗口，公众足不出户即可实景了解中心办事大厅的整体布局和窗口布局，并有真实的临场感觉。虚拟服务大厅与微信行政预审批平台有机结合，公众点击场景内的“办事指南”，选择办理事项，即可进入微信行政预审批平台页面，预先了解事项办理的基本条件和要素等，并可直接进行网上预申报。全景虚拟服务大厅是县审管办借鉴全景地图模式在政务服务大厅的成功应用，帮助公众更加方便地查找窗口位置、了解办证信息，为其提供拟真交互的办证体验。

【象山县颁发首张不动产权证】 4月19日上午，县不动产统一登记权证首发仪式在县行政服务中心二楼举行。县委副书记、县长黄焕利出席仪式，并向不动产权利人颁发首本证书，是宁波市下辖各县、市、区颁发的第一本不动产统一登记权证，标志着全县不动产统一登记工作实施，房产证、土地证开始两证合一。县委副书记、县长黄焕利在仪式上致辞，指出，实施不动产统一登记制度，是党中央、国务院作出的一项重大改革举措，也是当前推进政府机构改革、加快职能转变的一项重点任务。不动产统一登记工作，涉及全县每一个家庭和企业的切身利益，有利于推进简政放权、降低创业成本、保护公民合法权益。要求相关行政管理部门提高思想认识，形成工作合力，推动不动产登记工作有序开展；“窗口”工作人员要加强业务学习，强化工作创新，在全市树立标杆，形成可复制、可推广的经验模式。

4月19日上午，县委副书记、县长黄焕利向不动产权利人颁发首本不动产统一登记权证 （张奕莹）

【联合指导海景皇冠假日酒店项目竣工验收】 4月29日 组织县规划、住建、国土、消防、环保、水利等部门，前往半边山旅游度假区，对海景皇冠假日酒店项目进行竣工验收联合指导工作，此项目是首个联合验收项目。经现场踏勘、会商，综合项目实际情况，各相关部门对该项目的验收报批流程、验收前置条件、验收申报材料等方面对建设单位进行系统的指导。同时，县审管办明确参与本次竣工验收指导的人员为该项目专项竣工验收联系人，为下步专项工程联合验收和审批复核联合验收作好准备，精准服务重点工程。

【实行基本建设项目竣工联合验收】 出台《象山县推行基本建设项目竣工联合验收实施意见》，按照“咨询指导、一窗受理、联合踏勘、意见回复、整改复验、统一送达”的流程，把原由多个部门单独实施的验收环节进行有机整合，实行部门集中并联验收，且对每个环节实行限时承诺制。同时，针对工业建设项目推行单幢工程先验制度，建设单位主体(单幢)工程完成后，市政、绿化工程等附属设施尚在建设期间，满足规划设计条件约定容积率50%以上，并符合其他相关条件的，即可向联办窗口提出单幢工程先验申请，办理主体（单幢）工程质量竣工先验、防雷装置先验、规划竣工核实提前介入、环保设施预验收等。5月份至年底，有8家企业的建设项目通过单幢工程先测先验，办理不动产权登记。

【省政府督查调研组到象山对行政审批制度改革有关事项开展督查调研】 5月18日，省政府督查调研组组长施向前一行到象山对行政审批制度改革有关事项开展督查调研。县府办副主任胡向阳及县审管办党组书记、主任俞湛陪同。省政府督查调研组实地查看象山县行政服务中心的有关情况，重点了解“一窗式受理”和“中介机构管理”的情况，并听取俞湛关于行政服务中心和行政审批制度改革有关情况的介绍汇报。省督查调研组采取个别访谈、问卷调查的形式与全县16家企业的项目经办人进行交流，全面了解象山县企业申请开办情况、项目审批提速情况和方便群众办事情况。

【组织召开市重大项目审批代办服务对接会】 5月23日，组织召开市重大项目审批代办服务对接会，由市审管办副主任庄世勇带领的两名代办经理人，与县影视星光小镇、沿海南线滨海大道至金开路拓宽改建工程等9个市级重大项目进行审批代办服务对接。代办经理人详细了解各项目审批进度、总结分析存在的困难，并实地走访项目现场，明确下阶段工作的方向和重心。

【创新民营医疗机构设立“一体化”审批】 6月13日，出台《关于民营医疗机构设置执业许可实施“一体化”审批的通知》，实行“一窗受理、联合踏勘、一表申报、一网审批”。由综合窗口统一登记，并组织卫计、环保、消防等审批部门对场所的进行选址踏勘，从选址、布局、装修等方面一次性给予具体指导，并书面告知相关手续及注意事项，统一出具踏勘意见。待条件要求符合，进入“设置申请”审批阶段，综合窗口一次性接收、初步查验申报资料，并网上录入申报信息传输至相关审批部门，待卫计部门审批同意出具《设置医疗机构批准书》后，同步进行筹建、登记注册、执业三个环节，并组织相关部门进行第二次现场验收，查验筹建情况，验收合格出具审批结果并反馈至综合窗口，由窗口统一送达证照。

【牵头多部门合力助企破解历史遗留问题】 6月13日，组织国土、住建、规划、环保、消防、气象等审批部门，赴爵溪街道北塘工业区走访象山德昕纺织印花、象山森洋针织、象山恒发绣花、宁波南星针织等企业，就企业补办权证事宜进行实地踏勘、现场指导。根据《关于工业企业权证补办的实施意见》，联合踏勘后，县投资项目代办服务中心将结合各审批部门意见出具统一的整改意见。企业根据各部门意见整改，到位后补办权证。

【打造基本建设项目“一站式”服务专区】 7月1日起，县行政服务中心启动基本建设项目“一站式”服务专区。县审管办合理调整窗口设置，将发改、国土、规划、住建等7个涉及基本建设项目审批的窗口单位集中至中心三楼，并在入口处设置联办窗口，依托象山县基本建设项目联合审批系统，实行“批前指导、一窗登记、全网审批、统一送达”的工作机制。项目前期，业主可至联办窗口提出申请，窗口根据项目情况，联合各审批部门对项目准入条件进行初步审查，同时将项目基本信息录入系统，生成项目编号和专属审批流程。审批阶段，业主在联办窗口完成统一的受理登记，领取“入场券”，根据申请事项至相应窗口进行申报。各审批窗口全部在联审系统内进行受理、审核、审批、回退、挂起等操作，并将结果反馈至联办窗口，由联办窗口统一送达证照并做好下一阶段报批指导工作。该模式借鉴商业超市“统一进入、专人引导、最终结算、售后跟踪”的模式特点，方便业主单位在同一区域完成项目审批。强化批前指导和对审批过程的跟踪和监督，实现项目审批全过程的掌控，提高项目审批效率。2016年，共受理项目308个。

【创新民宿审批助推乡镇旅游升级】 出台《关于规范民宿审批的指导意见》，以“户”为单位，凡有民宿经营意向的满足相关审批条件即可直接提出申请。公安、消防、卫计、市场监管、环保等部门根据当前民宿的基本情况，提出必要申报条件和基本审批要求，并根据各个民宿的主题特点和风格设定，实行相应的审批标准。采用“一体化”审批模式，实行“一窗受理,联合审批,资料共享,统一送达”,由县行政服务中心综合窗口统一受理,并组织相关审批部门进行实地联合踏勘,书面告知整改意见,并提供审批指导;待整改到位,进入审批阶段,审核资料并组织实行联合验收,验收合格后,出具审批结果,综合窗口统一送达。

【县委常委、纪委书记胡杰一行到县行政服务中心调研】 8月3日,县委常委、纪委书记胡杰一行到县行政服务中心调研行政审批制度改革工作。县审管办党组书记、主任赵勇就中心运作基本情况以及行政审批制度改革和职能转变推进情况作汇报。县委常委、纪委书记胡杰对近几年行政审批制度改革工作取得的成绩表示肯定,强调县审管办班子要统一思想认识,继续深化职能归并改革,加大创新服务和便民利民惠民力度,推促行政审批质效提升。同时,要坚持问题为导向,主动查找县行政审批服务工作的短板,结合“两学一做”学习教育,全面落实中央全面从严治党和廉洁自律要求,管好干部,带好队伍,心往一处想,劲往一处使,为县现代化滨海休闲城市建设作出更大的贡献。

【象山县推行“三测合一”改革】 出台《象山县“三测合一”改革实施方案》和《象山县“三测合一”改革操作实施意见》,在明确规划测量、地籍测绘、房产测绘等三家政府下属的测绘中介机构合并,有序整合人、财、物及同类业务的基础上,优化测绘业务流程,在行政服务中心单设“三测合一”窗口,将基本建设项目从用地报批后到权证登记过程中涉及的委托第三方服务机构提供的规划放线、房产预测绘、建筑工程复测、用地竣工测绘、规划竣工测绘、房产实测绘等6项技术服务,按照审批复核和竣工验收二个阶段分阶段实行一窗受理、一次告知、统一测绘、统一送达、一次收费,全面实现测绘“一条龙”服务。同时压缩承诺时限,降低收费标准,收费额下降25%,总时间缩短50%以上。

【召开代办员工作座谈会】 为强化对镇乡(园区)代办服务站工作的监管,及时查找工作中存在的问题和不足,交流代办工作经验,促进代办服务工作健康发展,相继走访大徐镇、茅洋乡和石浦镇三个乡镇的代办服务站,与多名代办员座谈交流,了解代办服务站的组织建设、制度建设、工作进展和建档立卡等情况,详细了解代办服务过程中的困难与不足,并就如何做好代办服务工作、深化业务培训、提升审批质效等方面进行探讨交流。

【市发改委原党委委员、副主任楼剑刚一行到象山开展企业投资项目审批情况专题调研】 11月24日,市发改委原党委委员、副主任楼剑刚一行到象山开展企业投资项目审批情况专题调研。浙广影视基地、象山合作社大楼、日星制造、中石化天翼装备、日升电气和激智科技等6家企业负责人和项目代办员介绍项目的基本情况、审批进展和报批过程中的难点问题,并就当前企业投资项目审批提出意见建议。县审管办党组书记、主任赵勇,县审管办党组成员、副主任李红玲及县发改局副局级干部倪永康陪同调研。

【象山县创新农村集体公益建设项目审批模式】 出台《关于规范农民会所等农村集体公益建设项目审批的通知》,分类提出审批标准。针对2016年8月前未批先建的项目,优化审批流程,以乡镇为单位统一申请,通过初审、联合踏勘、整改落实、现状测绘和安全鉴定、部门审批5个阶段完成权证补办手续。针对2016年8月以后新建项目,简化审批环节,调整规划许可证审批前置,取消施工图图审、建筑节能审查等手续;优化审批服务,实行分阶段一窗式受理,实行联合会商、联合会审、联合测绘、联合验收,享受规费优惠政策。

【召开全县投资项目审批代办服务工作暨培训会议】 12月23日下午,在县行政服务中心三楼会议室召开全县2016年度投资项目审批代办服务工作会议,会议主要总结县基本建设项目快速审批机制建设情况和2016年度全县代办服务工作情况,各镇乡(街道)、园区代办员代表作工作交流,并选择近期完成审批手续且用时较少的宁波华恒水产有限公司新建项目作为典型案例,通过比对简化优化前审批用时、华恒水产项目审批实际用时、简化优化后理论用时三方面内容,进行针对性的培训,为代办员理清代办服务工作思路,分享加快报批小窍门。

【县电子化评标系统运行成效显著】 由县公共资源交易中心牵头研发的电子评标系统，自2015年投入运行以来成效显著。该评标系统由管理端、开标端、评标端、代理端4部分组成。评标前，由招标代理将招标文件导入系统，同步生成开评标人员用户密码。评标时，由开标员登录开标端，将投标单位的投标文件依次导入系统，输入招标控制价、最高限价、最低限价、暂列金等相关数值后进行唱标，传输至评标端由评标专家进行评审。评标结束后，招标代理进入代理端，将生成的各种报表进行打印并交至专家签字确认。所有评标环节均在网上操作，打破原有纸质评审的模式，降低经济和时间成本。2016年，累计电子评标项目109个，提速率达60%以上。

【推出“审批证照快递送达”服务】 借力邮政快递，采取自愿原则，凡是到窗口办理业务或者在网上申请的群众，只需在领取方式上选择“快递送达”，注明收件地址、联系人和联系方式，即可享受证照快递到家（公司）服务，快递资费在服务对象收到证照后直接支付给快递公司。申请人可以通过邮政统一客服热线11183或邮政EMS网站随时查询邮件处理状态。市场监管、不动产登记、公安等行政审批窗口全面开启“审批证照快递送达”便民服务。

【首创“潮汐式”窗口登记助推服务提速】 针对市场监管、不动产登记等窗口业务批量处理、业务高峰时段办理缓慢情况，率先推出“潮汐式”服务，根据窗口单项业务量变化，采取随时调整窗口功能、增开后台服务、抽调工作人员等方式，分流办事人员，缩短等候时间，当业务高峰过后恢复原有窗口设置。面对批量申请业务时，派专人在后台窗口进行处理，不占用前台资源，缓解登记服务压力。自4月初推行新模式以来，业务高峰时段办事人员取号等候时间由原来的20分钟平均缩短至10分钟，提速达50%以上，2016年，全年共快速办理事项6000余件次。

【县动态管理行政审批事项】 动态更新审批权力清单目录，确定行政许可事项253项，行政确认76项，审批转报69项，年检16项，备案121项，其他审批权106项，共计641项。继续深化职能归并，审批事项进中心率达98.5%，中心现场办结率达92.2%，承诺提前率为82.1%。全面推进象山县行政权力运行系统建设，完善规范行政权力事项库信息，实现所有行政审批权力全部入库。提高网上办理事项比例，四星级以上事项比例达38.7%。

【实施行政审批“瘦身”行动】 落实简政放权，自3月起，针对各部门行政审批权力事项的前置条件、材料及中介服务实施“瘦身”专项行动。取消缺乏规范性文件作为设定依据、与现实管理要求不相适应的审批环节、审批前置条件和材料等；对不宜取消，但实际运行中严重阻碍审批提速的前置条件予以优化。经部门自查、审管办审核、法制办复查三个阶段，共取消或转变管理方式410项。其中，取消或转变管理方式前置条件材料270项，取消或转变管理方式中介服务事项52项，取消前置条件材料中的兜底条款88项，精简率达40%。

【微信行政预审批荣获国家级奖项】 11月24日，象山县行政审批事项微信预审批平台荣获“第二届中国‘互联网+政务’优秀实践案例50强”。该模式是象山县为解决群众“少跑腿”问题，依托微信公众号“象山县行政服务中心”率先打造的全新行政审批办理模式。截至12月底，共涵盖23个部门的316项与企业、百姓生产生活密切相关的行政审批事项在预审批平台上线运行，共办理预审批事项359件次；整合26个查询类别271条回复信息供群众查询；导入832条次行政审批事项、42项中介服务事项的承诺时间、申报材料、办理流程、收费情况等信息和116家中介机构服务信息供公众查阅。

【象山县行政审批事项微信预审批平台项目简介】 象山县审管办自2014年1月开通政务微信公众平台后，依托微信平台、手机等移动智能终端，深化构建行政审批“微审批·云服务”，建立微审批事项目录清单，通过移动申报、即时沟通、网上预审核等云端服务，与云平台系统进行数据链接，实现微审批事项网上咨询、及时反馈、预审批办理，推进审批提质增效、更好服务企业和惠及百姓。

2016年，象山微信预审批平台共涵盖23个部门的316项与企业、百姓生产生活密切相关的行政审批事项上线运行，共办理预审批事项359件次；整合

26个查询类别271条回复信息供群众查询;导入832条次行政审批事项、42项中介服务事项的承诺时间、申报材料、办理流程、收费情况等信息和116家中介机构服务信息供公众查阅。具体做法如下:

强化政务公开,发挥政务微信的"宣传"功能。设置中心简介、规章制度、项目代办、窗口电话等栏目,将各部门审批事项的许可依据、申请材料、办理流程和审批时限等信息全部上传到微信平台公开,并在此基础上,增加中介超市的信息公开,将中介机构资质、收费标准、承诺时限、办理程序和信用等级等服务事项信息进行梳理整合,全部在政务微信上公开供公众查阅。同时为方便公众即时了解中心工作及相关政策信息,每月定期推送各类审批动态资讯,及时宣传和反映中心各窗口审批业务情况与最新审批改革动态。

强化互动交流,发挥政务微信的"沟通"功能。为方便群众咨询,中心推出咨询关键字查询回复功能。将历次咨询解答问题及常见问题进行梳理整合,设置"公安业务""住房公积金""车辆购置税"等26个关键字查询类别的咨询回复信息供群众查阅参考,公众通过输入"查询关键字"可以查阅不同类别问题的解答情况进行参考,例如输入"公安业务",则系统马上自动显示与此主题相关的解答信息。另外公众也可以在"咨询留言"中直接输入问题,中心建有"云服务"团队对问题进行人工回复;中心组织32个窗口与分中心的微信联络员建立微信工作交流服务群,专门解答公众的提问与投诉,对于一些涉及多部门的问题就直接在微信群中进行讨论、交流,提高解答的效率与质量。公众还可以在"窗口电话"中查阅各窗口部门的联系电话,直接进行电话联系。

强化微信预审批,发挥政务微信的"服务"功能。2016年1月搭建预审批平台,梳理23个部门的316项与企业、百姓生产生活密切相关的行政审批事项上线运行,并提供事项介绍、申请表下载、提交材料清单列表、材料样表等功能,公众一看后就可明白该事项如何办理,使公众对事项办理从一无所知、一知半解到心中有底,可提高办事的效率,材料提交的准确性、齐全性。另外,公众可通过微信将审批材料逐项拍照上传,窗口工作人员即时收到信息通知,窗口工作人员登陆后台对所提交材料图片进行"正确"或"错误"审批,并对审批进行说明注释,最终给出"通过"或"不通过"的预审批结果,信息即时推送至申请人。申请人依据窗口提示调整、补充、完善申报材料,确认合格后,携带原材料及复印件到窗口办理正式审批手续,使公众可以减少多次往返跑窗口的麻烦,在前期微信预审批后,只要来一次窗口就可以办理完毕,特别对于偏远乡镇、海岛等地的申报工作带来极大的便利。

推出虚拟服务大厅,方便群众移动边走边办。以真实的行政服务中心办事大厅为模型,结合平面示意图,采用三维空间技术,审管办于4月份率先推出360度全景虚拟服务大厅。公众通过手机点击导航箭头实现在虚拟服务大厅内的自由走动,通过点击沙盘实现当前位置的随意切换,通过点击"场景选择"即可到达目标窗口,公众足不出户即可实景了解中心办事大厅的整体布局和窗口布局,并有真实的临场感觉。该虚拟服务大厅与微信行政预审批平台有机结合,公众点击场景内的"办事指南",选择办理事项,即可进入微信行政预审批平台页面,预先了解事项办理的基本条件和要素等,并可直接进行网上预申报。

公共资源交易管理

【概述】 2016年,象山县公共资源交管办着力规范公共资源交易行为,提升交易程序、一线服务和干部行为的标准化、规范化水平,确保各项工作有序开展。2016年全年共完成各类交易832宗,总交易额达50.24亿元,其中工程类交易373宗,总交易额达44亿元。

【投标企业失信惩戒机制】 为加强象山县公共资源交易监督管理,规范公共资源交易当事人行为,象山县公共资源交管办出台《象山县公共资源交易黑名单管理实施细则》,将招标代理单位、造价咨询单位、设计单位、施工单位、监理单位等投标单位的违法违规行为,经行政主管部门行政处理后,上报象山县公共资源交管办汇总后列入黑名单记录,向当事人发出书面告知书。细则主要克服大而全、操作性和针对性不强的缺点,对现实存在的投标企业、中标企业违法违规和不良行为进行排摸分类,根据违规、违法行为性质轻重确定两个层级的惩戒措施，有效推进公共资源交易市场诚信体系建设，完善公共资源交易失信惩戒机制。

【中介机构管理】 象山县公共资源交管办通过公开征集、严格评审，产生新一轮(2016-2018)政府性投资工程招标代理机构20家、造价咨询机构35家，所有政府性投资项目造价咨询和招标代理服务一律在预选库中进行招标或抽签产生。完善《预选承包商库成员单位考核办法(试行)》，明确直接清退、暂停承接业务、停止承接原使用单位业务、直接入围下一周期预选库等情形的条件，对中介机构预选库成员单位进行专项检查，量化考核，规范中介机构市场行为。

【公共资源交易行为标准化建设】 象山县公共资源交管办从2014年开始按照"成熟一个、出台一个"的要求，制定一整套涵盖房建、市政、水利、公路等各个行业，涉及施工、监理、招标代理、造价咨询等各项类别、各种规模的招标文件范本和具体操作规范，明确投标人资质、类似业绩、资信分、技术标评分等设置的前提条件、具体操作、评委抽签和招标文件审核办法，尽量缩小建设单位和监管单位的自由裁量权，将权力关进制度的笼子里。截止2016年年底，先后制订水利工程施工招投标操作规范、政府投资项目监理招投标操作规范等12项操作办法。

【电子化招投标】 招投标电子化是一种利用计算机技术、网络通讯技术和安全技术，将招标投标过程中所涉及的业务处理及数据交换均以电子和网络的方式进行。2016年，象山县公共资源交管办完成电子招投标系统开发第一阶段工作，涉及电子编制招标文件和投标文件、电子唱标、电子评标、结果公示、电子归档等环节，覆盖房建、市政、水利、绿化等行业，CA加密系统完成谈判。依托电子评标辅助系统，推广网上递交、受理招投标文件模式，降低招投标交易成本。全年全县共有93个项目通过电子评标辅助系统评标，共节约投标成本32万元，缩短评标时间50%以上。

【村级工程招投标管理】 为补齐象山县村级工程建设招投标存在的短板，根据县委办、县府办《关于进一步推进农村基层权力规范运行工作的若干意见》的要求，象山县公共资源交管办牵头拟订并出台《象山县村级工程项目监督管理暂行办法》，对村级工程决策管理、施工管理、资金管理、回避与追责等作出明确规定，重点规范村级工程项目按投资金额和性质实行分类招投标：8万元以下的微型项目由村组织招投标或集体自建，8—200万元的项目进入镇乡、街道基层平台进行招投标，其中50万元以下的简易项目经批准后也可进行集体自建，200万元以上的项目进入县公共资源交易中心进行招投标。象山县纪委联合象山县公共资源交管办赴全县18个各镇乡街道开展村级工程监督管理工作巡回宣讲培训活动，接受业务培训人数达3000余人次。11月份，象山县纪委联合象山县公共资源交管办对推进农村基层权力运行规范化情况进行专项检查。尤其是对业务工作的难点问题将予以重点帮助和解答。

【优化公共资源交易环境】 象山县公共资源交管办①配合重点工程建设，做好服务和监管，对每个重点工程，明确专人联系，统筹安排招标文件会审、招标公告、开标的时间。对每个重点工程，均派人到开标现场监管，监督评标专家的评标行为，及时处理临场出现的问题，对规模较大的，实行办领导现场监管制度。提前与业主单位联系，了解工程前期进展，协助统筹安排各节点时间，提醒遗漏事项，尽量缩短前期准备时间。②减免工业企业投资进场交易费和其他交易费用。2016年，共为35家企业减免相关费用，减轻工业企业负担。打造工业固定资产投资交易绿色通道。2016年，对5个手续不完备的项目，在建设单位作出相关承诺后，允许其施工招标提前实施，即时办理《象山县公共资源交易平台直接发包交易成交表》，促使工业企业投资早日开工建设。③对涉及县旅游企业、旅游项目逐一落实联系责任人，定期不定期走访旅游项目，及时了解掌握旅游项目在工程招投标、施工期间的问题和要求，开通绿色通道。

【明确职责责任】 对每一招标项目都明确具体责任人，对其所负责招标任务再细化、再量化、再责任化，对每一个招标环节、每一项具体工作都制定目标计划，坚持每个交易环节有人把关，每个工作节点有人负责，环环紧扣抓落实，做到目标、重点、措施、进度、责任“五明确”。同时坚持不懈加大招投标服务工作监督检查力度，实行双周工作例会制度，及时督查各项工作的完成情况，实行每周一次的十分钟案例分析会，及时探讨分析工作中的难题，确保公共资源交易活动每个环节服务措施到位、责任追究有据。

【服务提升社会效应】 落实重大工程建设项目“提前介入、主动服务、绿色通道、特事特办”的服务措施，做好相关行政监管部门允许提前实施勘察、设计、监理、施工资格预审和施工招标的重大民生项目的服务保障工作。开展“接待咨询‘零推托’、受理业务‘零积压’、服务办理‘零差错’活动。对重点项目建设工程以及涉及三改一拆、五水共治等项目，按照目标任务的要求，细化招投标工作环节的具体时间和内容，对项目的招标条件备案做好容缺受理，先核后补，及时安排招投标的时间，进行预招标或模拟招标。参与协调重点实事工程推进中问题和困难。主动与建设单位联系与对接，虚心听取他们的意见和建议，改进工作方法，按照“能快则快、能简则简、能优则优”的原则，优化服务举措，提高工作效率，做到“主动办、现在办、马上办”，扎实推进项目的招投标和政府采购完成。全办人员强化服务意识，提高服务质量，靠前指导、现场解决。主动与重点建设加强沟通，如交通、住建、公建中心、浙江广电象山影视基地公司等单位沟通联系，听取意见、收集项目推进中存在的问题。重大问题立即研究，确定解决措施、落实具体责任人及完成时限；对涉及面广、职能范围无法解决的问题，及时提交主要领导研究确定。

【夯实基层平台建设】 ①严格考核。对基层平台交易和监管权限实行动态管理。以2014年基层平台专项检查考核为依据，确定各基层平台的交易和监管权限，对考核结果优秀的基层平台，适当扩大交易和监管权限；对考核结果差的基层平台，下发整改通知书，列为重点整改基层平台，并降低交易和监管权限。2016年8月底，组织相关部门对16家单位基层平台运行整改措施的落实情况进行“回头看”检查，现场反馈基层平台运行存在的不足之处，规范全县小型建设工程交易管理。新建县商务局、县文广新闻出版局(体育局)、县民政局、县公共建设管理中心等四家基层公共资源交易平台。②强化服务。县公共资源交管办落实专人，每天对基层平台发布的招标公告进行即时审核，对存在明显倾向性条款的，要求立刻纠正，重新发布。对存在问题较多的单位，加强上门指导，并参与到小型工程开标现场，以实际行动规范基层平台招投标程序。③加强指导。整体提升县基层平台建设水平。对相关经办人员进行招投标法律、法规知识现场培训，增强经办人员的招投标法律意识。对新建立的基层平台，通过专题辅导、经验交流、外出参观等形式，提升基层平台建设水平。

【召开“三严三实”专题民主生活会】 根据县纪委、县委组织部《关于开好“三严三实”专题民主生活会的通知》(县委组〔2015〕67号)精神要求，1月28日下午，象山县公共资源交管办党组召开“三严三实”专题民主生活会。会议紧扣“严以修身、严以律己、严以用权、谋事要实、创业要实、做人要实”主题，围绕坚守党的政治纪律、政治规矩、组织纪律和廉政纪律，在落实党风廉政建设主体责任和监督责任方面的问题，以及从理想信念、党性修养、权力观地位观和道德品行等方面，进行党性分析，深入剖析根源，深入查摆领导班子及成员存在的不严不实问题，开展批评和自我批评，制定整改措施。该次专题民主生活，既是“三严三实”专题教育的关键动作和重中之重，也是坚持从严治党、严格党内生活、加强领导班子建设的重要途径。为开好民主生活会，公共资源交管办党组按照县纪委、县委组织部《关于开好“三严三实”专题民主生活会的通知》(县委组〔2015〕67号)精神要求，做好深入学习、制定方案、征求意见、谈心谈话、撰写材料等重要环节的各项工作

【“以虚促实”推进“两学一做”教育活动】 象山县公共资源交管办党支部学习系列讲话、学习党章、学习先进典型和参观警示教育基地的基础上，查找影响县公共资源交易的“短板”，着力从制度上加以弥补。①从严规范村级工程建设。弥补县村级工程盲目举债建设、未经民主决策、招投标不公开不透明、合同不规范、变更不规范和档案不齐全及村干部等

问题，建议县委办、县府办出台《象山县村级工程项目监督管理暂行办法》，从村级项目的民主决策、招投标方式、工程管理、变更程序、资金拨付、验收、合同及回避与追责等各个环节进行全面规范，全面推进基层党风廉政建设。②从严推进公共资源交易诚信建设。弥补县工程建设安全生产、质量管理、违法分包、转包等公共资源交易诚信方面的问题，制订出台《象山县公共资源交易黑名单管理办法》，对投标行为、安全生产、施工质量、服务质量、农民工工资等行为进行扣分处理，营造“一次失信、半年受罚”的氛围，较好推进公共资源交易的诚信建设。③从优服务重点工程建设。弥补县重点工程建设单位业务不熟悉、项目推进偏慢等问题，贯彻落实《象山县公共资源交管办服务重点工程六项制度》，实行专人联系制、定期督查制、绿色通道制、AB岗位制、和承诺制，加快推进县重点项目建设。

【推进党风廉政建设】 ①教育谈话为先，提高廉政意识。6月18日组织党员干部前往谢才华剪纸馆和警示教育基地，开展正反典型教育，提高干部廉洁自律意识。开展中层干部集体廉政谈话和经常性廉政教育，反复提醒、警钟长鸣，筑牢拒腐防变的思想防线。②制度规范为本，强化全面防控。制定出台《象山县房建、市政施工招投标操作规范》等十多项操作规范，明确资质设置、类似业绩、资信加分、技术标评分等设置规定，把权力关进制度的笼子里。分析排摸每个干部的岗位廉政风险点，制订防控体系，确保招投标工作在“阳光”下公开、公平、公正运行。③监督检查为警，严查违规行为。签订《象山县公共资源交管办机关干部十不准》和《象山县文明婚丧承诺书》，公示全程服务事项、办理时限，方便企业办事。不定期开展正风肃纪活动，对个别未及时更换去向牌进行批评教育，全力打造讲责任、守纪律、敢担当、会奉献的公共资源交管办干部。

【完成县首个EPC项目招标】 9月8日，象山县石浦港海岸带综合整治修复工程作为县首个EPC项目完成招投标，中船第九设计院工程有限公司以4677.7777万元中标价成为第一中标候选人。该工程主要围绕象山县石浦镇铜瓦门大桥—环铜钱礁（沿渔港中路）—雷公山区域，涉及石浦港沿岸总长度约10公里，清淤面积约80.9万平方米。清淤范围包括：铜钱礁沿线码头、铜钱礁航道、铜钱礁西侧北浅滩、铜钱礁西侧南浅滩、和石浦港沿线码头等，总计清淤工程疏浚量约213.5万立方米，保证400马力渔船双向通航、渔船锚泊和石浦港各泊位船舶进港靠泊需要。总工期240日历天，预期2017年5月竣工。

表57　**2016年度1-12月份完成各类交易项目情况一览**

项目类别	宗　数（宗）	标底总造价（万元）	标底总中标价（万元）	节约资金（万元）	节约率(%)
房建	117	211648.0511	206766.5600	4881.49107	2.31%
市政	100	51951.4682	47099.8522	4851.6160	9.34%
交通	43	90213.4698	82154.3008	8059.1690	8.33%
水利	38	22252.0764	19702.6976	2549.3788	11.45%
其他	75	32514.9961	31146.0216	1368.9745	4.21%
工程项目小计	373	408580.0616	386869.4322	21710.6294	5.31%
土地拍卖及挂牌	19	总出让价：32472万元，增值：350万元			
产权交易	22	总出让价：1282.2万元，增值：392.62万元			
小　计	414	总交易总额为：442334.2616万元			
累　计	414	总交易总额为：442334.2616万元			

档 案 工 作

【概 况】 2016年1月，在县委、县政府重视下，县档案局迁入约1.1万平方米新档案馆。档案局加强民生档案为重点的档案安全监管体系建设，提升档案公共服务能力，加大档案执法力度，强化档案工作基础，促进全县档案事业快速健康发展。

【“十三五”档案事业发展规划编制工作】 为推动全县档案事业科学发展，更好地为高水平全面建成小康社会服务，依据《浙江省档案事业发展“十三五”规划》《宁波市档案事业发展“十三五”规划》《象山县国民经济和社会发展第十三个五年规划纲要》，结合档案工作实际，县档案局于2015年10月着手规划编制工作。广泛征求相关部门、镇乡街道意见；2016年8月，《规划(评审稿)》通过专家组论证，按专家组意见作修改，并与相关规划作衔接；10月，完成《规划(报批稿)》编制工作；12月，象山县“十三五”档案事业发展规划通过专家组论证，由县政府下发实施，为提高全县档案管理水平，建设“两美”象山的科学发展奠定扎实的基础。

【开展“千村档案”建档工作】 为完整记录、长久保存历史文化村落的基本信息和历史面貌，保护、弘扬历史文化传统，县档案局谋划及时，①加强组织领导，确保工作实施。成立工作领导小组，制定具体工作方案和实施细则，确定“千村档案”建设名单，分解落实相关工作任务和职责，健全完善相关工作推进机制，确保“千村档案”建设实施;②开展摸底调查，深入挖掘信息。按照村落基本信息、村落环境、村落建筑、历史要素、民俗文化、文献资料、人物事件、保护与发展等八个方面构成的框架，调查梳理档案馆、相关县级部门、镇乡街道、村、社会组织及有关个人现存的村落历史文化信息资源，明确其数量、内容及存放地点，并梳理形成相关的目录清单、建档方式、征集或拍摄办法;③围绕时间节点，扎实推进工作。重点围绕村落历史文化信息资源建档框架和要求，做好信息资源采集、数字化加工、整理建档和数据报送等工作。完成新桥镇东溪村试点和墙头镇溪里方村、晓塘乡黄埠村建档工作任务；④深入宣传发动，搞好协同合作。深入村落宣传建档工作，调动村级组织、农民群众积极性，深入挖掘、收集村落历史文化信息资源；加强与农办、财政局的协同合作,统筹规划、强化保障，落实每村工作经费3至5万元。

2016年8月，县档案局召开“千村档案”工作推进会

【创建省级登记备份中心】 根据年初安排，县档案局采取有力措施，开展创建准备工作。对照验收标准，分别从组织管理、软硬件设施建设、业务建设、应急管理和其他工作等5个方面进行查漏补缺。从改善功能、发挥安全保障、安全管理和容灾作用等方面入手，于12月2日开展应急备份恢复演练，为象山县档案信息安全保驾护航。12月底，通过省级规范性登记备份中心创建认定。

【提高档案公共服务能力】 以“6·9国际档案日”为契机，在丹城公园展出以“最美浙江人”陈淑芳、谢

6月9日“国际档案日”宣传活动现场，群众在观看“和美象山·档案记忆”档案图片展

才华剪纸等为内容的“和美象山·档案记忆”100余块图版，向过路群众分发小册子、宣传品等，共吸引前来观看群众5000余人，发放资料、宣传品1万余件，接待咨询群众200余名。加大档案馆开放力度，增强公民档案意识，县档案馆邀请广大市民走进档案馆。通过电话预约报名方式，50位幸运市民获得走进档案馆的机会，零距离接触档案工作，感受档案文化的独特魅力。

【推进精神文明建设】 自被省档案局命名为省级爱国主义教育基地后，利用档案馆当代雷锋孙茂芳、何志浩固定陈列展进行宣传，同时举办“最美浙江人陈淑芳”“谢才华剪纸”流动展板，赴各镇乡、有关部门进行巡展宣传，受教育干部、群众6000余人；加强与教育部门、老年大学等交流合作，采取与重大节日，即与“学雷锋日”“6·9国际档案日”相结合，邀请社会各界人士参观孙茂芳展馆，将档案馆爱国主义教育基地打造成精神文明的主阵地。据统计，2016年共接待参观爱国主义教育基地14家单位批次800余人。

2016年6月9日，市民参观孙茂芳馆

【开展“孙茂芳式‘五小’服务先锋活动”】 弘扬当代雷锋“孙茂芳‘五小’服务”精神，县档案局党支部每月组织党员开展“孙茂芳式‘五小’服务先锋”活动，深入赴丹西街道文昌社区和冷水潭村、黄避岙乡大林村敬老院等开展活动，了解他们的生活和家庭状况，为他们送上小礼物，鼓励和支持他们保持乐观的心态，战胜困难。据统计，2016年共开展送温暖、慰问困难户、环境整治等16次。

2016年9月开展“孙茂芳式‘五小’服务先锋行动”现场，党员志愿者为老人们准备午餐

【口述建档成效明显】 深入新桥镇东溪村、西周镇官山村开展实地走访，在村干部的支持和配合下，寻找知晓东溪、官山村历史故事的老前辈进行口述。挖掘资源，传承和利用村历史文化遗产，彰显该村落的地域特色和人文特点。完成新桥东溪村、西周官山村口述历史录音和拍摄工作，为后续省级历史文化村落的口述历史建档奠定基础。

【完成农村文化礼堂建档工作】 贯彻落实省农村文化礼堂建设工作领导小组办公室、省档案局《关于加强农村文化礼堂建档工作的通知》精神，8月，象山县档案局与县委宣传部联合发文，提出做好农村文化礼堂档案工作的具体归档要求和归档范围。截至12月底，共收集到农村文化礼堂陈列展览版面电子设计稿和村规家训、村史村志、大事记电子稿等5900件，刻录备份重要数据约为21.7G。

【提高档案规范化管理水平】 加大对“三改一拆”“五水共治”、全域旅游、棚户区改造等重大活动档案指导工作；下发《关于加强全县声像档案管理工作的通知》，加大对县级各部门、镇乡街道声像档案进行指导，2016年，完成67家机关事业单位建立照片数据库；协助县东海湾开发建设管理中心、县城投、县交投、县水务、县工投、县旅游等集团有限公司以及房屋征收办等新成立单位就如何开展档案管理工作进行指导；对新桥关头、泗洲头红星、涂茨跃进、贤庠西泽、茅洋台头等5家标准海塘维修加固工程、石浦渔港码头和茅洋乡农村饮用水安全工程、宁波合力模具公司热冲压模具技改项目等档案进行专项验收,使档案管理工作及时纳入规范化的轨道。做好行政权力事项及中介服务专项清理工作,完成政务服务网运行工作。

【档案文化建设建成体系】 启动名人馆建设,制订《象山名人档案征集实施方案》,系统整理象山籍在外人士周成启、最美浙江人陈淑芳个人档案200余卷、实物52件、照片1000余张,为建设象山名人馆奠定基础;启动《象山档案馆馆藏文献印谱》《画在山水间》编写工作,通过向全社会发布征集档案文献史料通告,征集到一批具有象山特色的档案资料:1500多万字的《陈汉章全集》稿件;北京大学林被甸教授个人藏书344册;著名书画家徐能海先生书画作品、证书、书稿等300余件;县18个镇乡街道美丽乡镇建设照片3000余张,丰富馆藏档案资源。

【加大档案接收力度】 及时修订调整县档案馆档案资料接收范围和内容,完善《象山县档案馆接收范围细则》,有关部门按程序做好移交前期准备工作。截至2016年底,33家立档单位完成2010年以前的文书档案移交工作。提高民生档案接收比重,新增民生档案、个人档案、家谱、音像、文书档案等各种档案资料2737卷1800多件。馆藏资源结构逐步优化,民生档案资源成倍增长,方便社会对档案的需求,共接待民生档案查阅2030人、3953卷5936张、出具证件1681件。

【开展档案年检和目标管理认定工作】 2016年9月至12月,县档案局通过"一听、二看、三议、四反馈"的形式,对全县90家镇乡街道和县级部门档案工作进行随机抽查。多数单位领导重视档案工作,落实分管领导和专(兼)职档案员,建立和完善各项档案管理制度和岗位职责,保障档案工作经费,档案管理软硬件设施改善。档案业务管理逐步规范,多数单位贯彻落实国家档案局8号令、《浙江省乡镇档案工作管理办法》和各类业务标准,按照本单位确定的《机关文件材料归档范围和保管期限表》进行收集整理,并在规定时间内完成各门类归档文件材料的整理工作,整理质量符合要求。同时,2016年,象山县档案局继续加强对有关单位的业务指导和督促,经局业务人员精心指导和申报单位的努力,县公路段通过省二级目标管理达标认定。

【档案干部队伍素质全面提升】 根据县委统一部署,坚持"规定动作做到位,自选动作有特色",创新学习教育活动和培训载体。4月,举办《归档文件整理规则》业务培训全县各部门、镇乡街道、部分企事业单位约130多人参加培训。9月,联合县农办、县财政局、县民政局、县农林局等部门组织开展为期4天的全县支农政策培训会,全县490个行政村的村文书、出纳共计1000余人参加培训;组织开展"两学一做"学习教育,领导带头上党课;以"找短补强"活动为契机,开展"学习陈淑芳,争做好干部"和"四讲四有"大讨论,使党员干部在学习中树立标杆,增强党员干部党性规矩。

人 民 生 活

民 族

【概况】 象山县是宁波市少数民族散杂居住地区之一。2016年，象山县有蒙古族、回族、藏族、维吾尔族、苗族、彝族、壮族、布依族、朝鲜族、满族、侗族、瑶族、白族、土家族、黎族、傈僳族、畲族、水族、土族、仡佬族、纳西(摩梭)族、毛南族、羌族、景颇族、佤族、塔塔尔族、普米族、运斡尔族、拉祜族、傣族、哈尼族等32个少数民族。有常住六个月以上的少数民族人口4900余人，其中有象山户籍及长期定居的少数民族人口为1400人，人口数排前三位的是苗族、土家族、布依族。县民宗局全年为27名参加中考、9名参加高考的少数民族学生办理加分证明。

【开展少数民族帮困扶贫工作】 2016年，市民宗局发放少数民族发展专项资金7万元，县财政配套安排少数民族困难家庭补助资金3万元。政府为100户少数民族困难家庭发放扶贫补助金6万元，向2户具有规模种植的少数民族贫困户发放生产扶助资金4万元。县民宗局为1名蒙古族大学生申请民族教育专项助学资金3000元。开展政策技术扶贫，支持少数民族人员参加镇乡(街道)各项工农业生产的技术培训40人次。

【高塘岛乡成立少数民族联谊小组】 9月22日，在象山县民宗局、县少数民族联谊会指导下，高塘岛乡少数民族联谊小组在高塘岛乡人民政府会议室正式组建成立。县民宗局、高塘岛乡、县少数民族联谊会等有关负责人出席，来自全乡的40名少数民族代表参加乡少数民族联谊小组成立会议，会议选举张利梅为联谊小组组长。联谊小组的成立为该乡广泛联系和团结少数民族群众搭建一个新的工作平台和有效载体。

【召开少数民族代表人士学习会】 1月27日，县民宗局在海洋酒店召开全县少数民族代表人士学习会，来自苗族、满族、回族、壮族、朝鲜族等12个兄弟民族的22名代表出席会议。会议学习传达党的十八届五中全会和中央民族工作会议精神，总结回顾2015年民族工作情况，部署2016年工作。

【举办第十届全县民族和睦邻里节】 7月23日，象山县第十届民族和睦邻里节在晓塘乡西边塘村旅游服务中心广场开幕。县委常委、统战部长黄敏求，市民宗局副局长李伟波、县民宗局局长朱兴宝等领导出席开幕式。活动安排一系列富有地方民族特色的“民族歌舞表演、葡萄果园采风、手工艺品展陈、民族文化展览、清凉泼水大狂欢”等内容，吸引众多游客和少数民族群众参与，唱响民族大团结之歌。同日，县召开全县民族工作经验交流现场会。

【赴慈溪学习考察民族团结进步示范点创建工作】 11月16日，县少数民族联谊会在县民宗局副局级干部张巧、县民族联谊会会长郑燕女的带领下，一行12人赴慈溪市学习考察崇寿镇傅家路村少数民族帮扶基金、少数民族讲堂、邀请少数民族代表作为村级协商民主议事小组成员等方面工作经验做法，听取该村工作人员对本村民族工作开展情况的介绍，慈溪市民宗局副局长陪同考察。

宗 教

【概况】 2016年，象山县有佛教、基督教、天主教三大宗教，经政府依法登记的宗教活动场所186处。其中，佛教寺院130处，基督教堂48处，天主教堂8

处。宗教教职人员410人,其中佛教340人(僧302人,尼38人;含经省佛教协会备案登记的佛教教职人员86人),基督教68 人(牧师11人,教师9人,长老11人,专职传道员37人),天主教神甫2人。宗教界人士中有县政协委员5人、县人大代表1人。参加正常宗教活动的基督教信徒2.3万余人,天主教信徒700余人。全年探望慰问宗教界代表人士60余人次,引导宗教界开展社会公益慈善活动、支持新农村建设捐助款物共计25万元。

【全县佛教场所负责人会议】 1月12日,县民宗局在县安全培训中心召开全县佛教场所负责人工作会议暨安全工作培训会,全县118位佛教场所负责人及佛教协会工作人员参加会议。县民宗局局长朱兴宝总结回顾2015年度象山佛教工作情况,安排部署2016年佛教工作。并对佛教协会班子成员年度述职情况进行民主测评。会议还邀请县安全培训中心、消防大队专家为作佛教场所安全管理工作讲座。

【市民宗局副局长许伯强调研象山佛教工作】 3月7日,市民宗局副局长许伯强一行到象山调研佛教工作,就象山当前佛教工作面临的重点难点问题进行业务指导,县民宗局局长朱兴宝陪同调研。许伯强一行实地查看报德寺、等慈禅寺,分别听取报德寺、等慈禅寺负责人关于寺院日常管理工作、寺院规划布局及佛教文化建设等方面的介绍。下午,许伯强专题听取象山县佛教工作情况汇报,要求象山县民宗局把党和政府的宗教政策宣传好、贯彻好,加强佛教团体和教职人员队伍建设,帮助佛教场所解决实际问题,促进佛教工作健康发展。

【保宁讲寺举行建寺1050周年庆典法会活动】 3月19日,东陈乡保宁讲寺隆重举行建寺1050周年庆典法会活动。来自杭州、宁波等县内外200余名信众参加庆典法会活动,县民宗局副局长吴志敏出席庆典开幕式。

【召开全县佛教领域道风整治工作动员会】 5月6日,县民宗局在象山宾馆召开全县佛教领域道风整治工作动员会。全县各镇乡(街道)统战委员、佛教场所负责人共150余人参加会议,县委常委、统战部长黄敏求,县民宗局局长朱兴宝出席会议。会议要求各镇乡(街道)对所在辖区内场所负责人及常住僧尼的教职资格身份进行全面系统排查,完成《佛教教职人员基本情况登记表》,并部署佛教界道风专项整治工作任务。黄敏求部长强调,佛教界人士坚持爱国爱教,与党和政府同心同行,加强道风建设,提高信仰素质,强化持戒修行,增强群众意识,推进县佛教事业繁荣发展。

【举行首批民间信仰活动场所颁证授牌仪式】 5月16日,县民宗局在海洋酒店举行首批民间信仰活动场所集中颁证授牌仪式,各镇乡(街道)统战委员、宗教管理员,首批纳入登记编号管理的141处场所负责人共计190余人参加会议。县委常委、统战部长黄敏求,市民宗局副局长周悦德,省民宗委宗教三处副处长贺再军,县民宗局局长朱兴宝等领导出席会议。市民宗局副局长周悦德宣读象山县首批登记编号的民间信仰活动场所名单,首批纳入登记编号的18处场所负责人代表上台领牌,统战委员及场所负责人代表作表态发言。黄敏求要求以本次颁证授牌仪式为契机,推进民间信仰事务管理水平,挖掘提升民间信仰文化内涵,发挥民间信仰崇德、宽容、扶贫等道德教化作用,形成向上、向善的社会正气。集中颁证授牌后,贺再军就为什么要管民间信仰事务、如何规范民间信仰事务、登记编号文件解读3个方面内容为全体参会人员进行业务培训。

【基督教召开第九次代表会议】 5月18-19日,县基督教"三自"爱国运动委员会第九次代表会议暨象山县基督教协会第五次代表会议在象山宾馆召开,全县基督教界120位代表参加会议。县委常委、统战部长黄敏求,县民宗局局长朱兴宝,市基督教"三自"爱国会主席高建伟出席开幕式。会议选举产生新一届县基督教"两会"领导班子,史奇妙当选为县基督教"三自"爱国运动委员会主席,潘安平当选为县基督教协会会长。

【开展第二批民间信仰活动场所登记编号工作】 6月29日,县民宗局组织各镇乡(街道)宗教管理员18人赴路桥区学习考察民间信仰事务管理。听取路桥区在民间信仰活动场所规范化管理等方面的情况介绍，交流在推进民间信仰活动场所编号登记等方面经验做法，考察路桥区东岳庙和白枫桥2个民间信仰点。6月30日，县民宗局组织召开第二批民间信仰活动场所登记编号工作部署会，镇乡（街道）宗教管理人员、民宗局相关工作人员共22人参加会议，县民宗局局长朱兴宝主持会议。会议听取各镇乡（街道）开展民间信仰活动场所登记编号工作的情况汇报，交流民间信仰登记编号过程中存在的困难和问题，部署第二批民间信仰活动场所登记编号工作的目标任务、时间节点及注意事项。7月底，各地分别完成民间信仰活动场所登记编号工作“三年计划表”“规划布点表”“拟登记场所情况表”。9月–10月，县民宗局陆续对全县267家拟登记民间信仰活动场所进行逐一核实验收，对验收不合格的场所，要求限期整改。截至12月底，全县第二批226处民间信仰活动场所在省宗教信息管理系统平台中审核通过。

【督查民间信仰活动场所规范整治工作】 9月20–23日，县委办、县纪委、县民宗局、县三改一拆办组成3个督查组，通过听取汇报、查看台账资料、实地查看等方式，对全县各镇乡（街道）民间信仰活动场所规范整治工作情况进行专项督查。从督查情况来看，总体情况良好，各地通过“多点合一、整体提升”，建立管理组织，规范场所管理，使原有同一地域庙多、活动多、管理复杂等现象得到改善。

【做好G20期间民族宗教领域维稳工作】 6月7日，县民宗局出台《关于开展平安护航G20象山县宗教领域安全专项整治的实施方案》。6月13日，民宗局组织各宗教团体负责人及办公室主任在统战部四楼会议室专项部署G20期间县民族宗教领域安全维稳工作。7月11日，市民宗局副局长周悦德一行到象山检查平安护航G20宗教领域“三个专项行动”工作开展情况，县民宗局局长朱兴宝陪同检查。截至峰会结束，县民宗局共出动检查人员92人次，检查场所171处，排查隐患48处，发放《宗教（民间信仰）活动场所消防安全手册》450册，发送安全短信6000余条，赠送场所灭火器50余只；发动各地开展安全检查人员645人次，检查场所1332处，排查隐患215处，并全部整改到位；落实14处重点宗教活动场所视频监控建设联网工作（佛教8处，基督教4处，天主教2处），落实5处存在房屋安全隐患的宗教场所进行危房鉴定。

【举办国土政策法规培训】 11月3日下午，县民宗局组织全县宗教活动场所负责人共150余人在东谷湖酒店举办国土政策法规培训会，县民宗局局长朱兴宝出席会议。会议邀县国土局工作人员对县存在的土地违法行为、存在原因及相应的处置对策进行详细的分析与讲解，并对近几年宗教领域因新建、扩（迁）建行为造成违法占地的典型案例展开警示教育。各负责人表示此次国土政策培训会很有教育意义，加强依法用地建设的法治观念，了解房屋建设规范的审批程序。

【宗教界人士参与人大代表换届选举】 12月14日，县十八届人大代表换届选举第一选区工作人员带着流动投票箱分别到宝梵讲寺和等慈禅寺。寺院僧尼们领取选票填写，行使民主权利，投下庄严神圣的一票，选出自己信任的人大代表，整个投票现场井然有序。此次人大换届选举，象山2位宗教界人士经提名推荐为县人大代表候选人。

【华弼天圣诞节前夕检查基督教场所安全工作】 12月23日，副县长华弼天带领民宗、安监、公安、消防大队等部门，检查石浦灵潮堂、丹城信德堂等基督教场所圣诞节前夕消防安全工作。华弼天听取了教堂负责人关于圣诞节期间安全措施落实情况的汇报，查看消防设施配备、重点部位安全措施及应急预案等安全保障措施情况，要求场所负责人落实好各项安全措施，严防各类安全事故的发生，确保广大信教群众过一个平安祥和的圣诞节。

（徐大宗）

城乡居民生活

【概况】 2016年是“十三五”发展开局之年，县委、县政府积极适应新常态，坚持稳中求进工作总基调，统筹做好稳增长、促转型、抓改革、惠民生、防风险各项工作，城乡居民收入平稳增长，努力实现“十三五”发展良好开局。据城乡住户一体化抽样调查显示，2016年象山县城镇常住居民(以下简称城镇居民)人均可支配收入46836元，同比增长7.5%，增幅较上年收窄0.9个百分点；象山县农村常住居民(以下简称农村居民)人均可支配收入26113元，同比增长7.8%，增幅较上年收窄1.6个百分点。2016年城镇居民人均消费性支出23992元，同比增长13.6%；农村居民人均生活消费性支出15608元，同比增长6.1%。

【城镇居民四大类收入】 2016年象山县城镇居民人均工资性收入25481元，同比增长5.7%，占可支配收入的54.4%，拉动可支配收入增长3.1个百分点，是居民家庭收入最主要的来源；人均经营净收入9839元，同比增长8.4%，占可支配收入的21.0%，是居民家庭第二大收入来源；人均财产净收入6885元，同比增长13.9%，占可支配收入的14.7%，是居民收入的重要补充；人均转移净收入4631元，同比增长6.9%，占可支配收入的9.9%，拉动可支配收入增长0.7个百分点。政府转移支付政策的持续利好，社保覆盖范围进一步扩大，政策的“提低”作用逐渐显现。

【农村居民四大类收入】 2016年象山县农村居民人均工资性收入11995元，同比增长6.3%，占农村居民人均可支配收入的45.9%，拉动可支配收入增长2.9个百分点，是农民收入的主力军。人均家庭经营净收入9273元，同比增长7.0%，拉动可支配收入增长2.5个百分点，成为拉动可支配收入增长的主要动力。非经营性净收入人均4845元，同比增长13.3%，占农村居民人均可支配收入的18.6%。各项惠农补贴标准的提高落实，以及农村社会保障体系的不断完善，都有力的保障了农村居民财产净收入和转移净收入的增加。

【城乡居民八大类支出】 ①吃、住、行仍是城乡居民消费的三大主体。城乡住户一体化调查数据显示，2016年城镇居民人均食品烟酒、居住和交通通信分别为7189、7808、2575元，占生活消费支出的比重分别为30.0%、32.5%和10.7%，农村居民人均食品烟酒、居住和交通通讯分别为4678、5829、1122元，比重为27.4%、26.8%和20.0%。此三类消费支出总和均超过城乡居民消费总支出的七成，是拉动消费的主要动力；②教育文化娱乐是城乡居民消费的热点。2016年，象山县城乡居民人均教育文化娱乐消费分别为2797元和1186元，同比分别增16.9%和34.3%，从消费占比来看，城乡居民教育文化娱乐消费在生活消费总支出中的占比去年同期分别上涨0.4、1.6个百分点。随着城乡居民收入的逐年提高，消费需求不仅仅是满足于温饱，而是更多地倾向于素质发展和精神享受，人们更愿意把钱花在各类教育培训和娱乐等享受型消费中去，消费结构更趋合理；③网购支出成为城乡居民消费新的增长点。年内象山县城镇居民通过互联网购买的商品和服务支出人均为261.7元，较去年同期增加188.7元，增幅达72.1%；农村居民通过互联网购买的商品和服务支出为30.45元，较2015年同期增加23.18元，增幅达76.1%。网络消费以其价廉、质优、供销渠道短的特点正日益被居民所热捧，特别是农村居民，网购为他们提供了更多可供选择的商品和服务，成为拉动经济增长的有利因素。

【关注的问题】 ①收入结构没有明显变化，目前象山县城镇和农村居民收入主要以工薪收入为主，而工资提升主要依靠政策性增资，直接影响居民持续增收后劲；②工资收入增速回落。工资性收入经过近几年快速增长后，受实体经济增速下滑因素影响，企业经营效益下降，直接影响城乡居民收入状况，工资性收入持续增长较为困难，企业给职工继续大幅涨薪支撑力不足，涨薪幅度比往年收窄。2016年城镇居民人均工资性收入为25481元，增长5.7%，增速同比下降了2.8个百分点；农村居民人均工资性收入为11995元，增长6.3%，增速同比下降了1.2个百分点；③增速逐年回落已呈常态。年内象山县城乡居民收入增速呈逐年放缓态势，2011-2016年，象山县城镇居民和农村居民人均可支配收入增速分别从2011年的13.2%和17.1%，回落到2016年的7.5%和7.8%，回落幅度达到5.7和9.3个百分点。省、市的城乡居民收入均呈逐年明显回落态势，在此前提下，象山县城乡居民收入增速逐年走高的可能性不大。

(沈雪妃)

关心下一代工作

【概况】 2016年底，象山县关心下一代工作委员会下设18个镇乡（街道）关工委、教育局关工委、民营企业关工委，设立关爱团、宣讲团和网吧义务监督团，村、社区关工委组织实现全覆盖，建立规上民营企业关工委132家。开办"假日学校"81所，免费招收学生2800余人，全县共有"五老"、大学生和在职教师志愿者914名志愿者参加支教活动，"假日学校"真正成为让"孩子开心、家长放心、社会称心"的民生民心工程。全县关心下一代工作以此为起点，围绕中心，服务大局，发挥各级关工委组织和"五老"作用，抓载体、创品牌、抓基层、强基础。关心下一代工作特色鲜明，进展明显。

【开展社会主义核心价值观主体教育活动】 围绕建党95周年和红军长征胜利80周年等重大节日为契机，广泛开展"践行社会主义核心价值观""红领巾相约中国梦"等主题教育活动，引导未成年人牢记历史，心系祖国，热爱未来。培育践行社会主义核心价值观，在茅洋爱国主义教育基地设立红军长征80周年陈列馆，举办纪念活动，开展新四军进影视城讲长征故事等活动，引导未成年人将富强、民主、文明、和谐、自由、平等、公正、法治 爱国、敬业、诚信、友善 24字核心价值观内化于心、外化于行。

【开展青少年思想道德教育活动】 开展"孝德之星""美德少年""美德小达人"评选活动，共评选出县级美德少年100人，市级（含）以上美德少年20人。各学校开展"中华美文诵读"比赛，引导孩子们学习、传承传统文化。教育局关工委开展"老少"共筑中国梦系列活动，用党的光荣传统、优良作风和改革创新的时代精神教育青少年。要求各学校开设《弟子规》公益亲子实践课程，有260余个学员家庭参与，活动得到诸多省市媒体的关注、报道。

【开展爱国主义宣讲教育活动】 县关工委爱国主义教育宣讲团18名成员开展爱国主义和革命传统教育活动120余次。在县关工委和教育局关工委的组织下，清明节期间，全县参加教育活动的"五老"人员273名，受教育青少年学生达到1.8万人。其中县关工委宣讲团10名"五老"，历时一周对参加县革命烈士纪念、陈列馆瞻仰、祭奠烈士的50余所中小学、幼儿园及社会团体学生，少先队员共青团员和年轻党员群众进行40余场宣讲活动，各学校关工委举行庄严的祭扫、入队入团、宣誓等仪式，受教育青少年达到5800余人。爱国主义教育宣讲团成员老同志走进校园、社区、影视城、爱国主义教育基地等，讲述红色经典故事，弘扬革命前辈的光荣传统。各乡镇街道根据各自资源，开展祭扫革命烈士，进行革命传统教育。发挥日本侵略军在象罪行陈列馆"以史育人"的作用，2016年累计接待参观者1.2万多人。大徐镇邀请退休教师为学生讲《祖国在我心中》的故事。新桥镇关爱老小服务站史久恩老同志讲解 "中国梦"的内涵，提出实现"你的梦"该怎么做，将来成为社会主义建设的有用之才，为实现"你的梦"而努力，为实现"中国梦"作出贡献。

【开展"关爱明天，普法先行"法制宣传教育活动】 根据浙关工委联《关于在全省青少年中开展"七五"法治宣传活动的通知》精神，石浦、晓塘等乡镇街道聘请有关警官和干警兼任各中小学校法制副校长、法律宣讲员，开展 "关爱明天，普法先行""珍爱生命，文明出行""法在心中"等法制报告会25场次，家长学校法制讲座15场次，家长受教育达4300人次。在青少年学生中树立"学法、懂法、守法"意识，依法保护自己的合法权益。

【做好帮扶解困工作】 关工委坚持为青少年做好事、办实事、解难事，践行"想青少年所需"，增强自身影响力和感召力。全县各级关工委想法设法，为青少年办实事、做好事。据不完全统计，600余名贫困家庭青少年得到帮助，受助金额22.5 万元。

【实施未成年人立体关爱行动】 县关工委与县红十字会、县慈善总会对接，由关工委关爱团负责筹建全县特殊青少年档案库，多次入户走访，核实近况，重点收集孤儿、留守儿童、残障儿童和生活就学困难的青少年等急需帮扶、救助的青少年信息，将重点帮扶对象的家庭情况、学习情况、健康情况、联系方式详细记录在案，年初制定帮扶方案。在春节和“六一”节期间，关爱团全体人员赴墙头、高塘岛、鹤浦、晓塘等海岛山区看望、慰问寒门学子，残障、留守儿童。送上节日的祝福和助学慰问金。关爱团还与各镇乡、街道、企业关爱团密切合作，在全县范围内广泛开展 “结对送亲情”“助学献爱心”等活动。采取“一对一”“多对一”的方式，及时做到帮扶到人，关爱到心。

【成立县日杂百货商会石浦分会关工委】 2015年成立象山县日杂百货商会，2016年3月成立象山县日杂百货商会石浦分会关工委。县关工委会员单位达820余家，2万余人。象山日杂百货商会关工委看望、慰问启力学校李小冉、林海小学陈笑笑、林海幼儿园倪雨泽、石浦中心小学驰池、晓塘小学顾浩等同学，丹东街道赵岙村母亲智障，父亲行动不便、语言不利索的残疾家庭儿童葛栩捷同学，为他们送上书包、衣服等日常用品，米、油等生活必须用品，每人1000-3000元不等的慰问金，受到学校师生的好评。

【县关工委宣讲团结对帮教】 县关工委宣讲团利用退休教师协会平台，结对帮教近300对，对启力学校、白石三伟学校、洋心民工子弟学校，颁发奖学金1万元，受奖学生100名。

【镇乡、街道关工委助学帮困】 各镇乡街道根据实际，开展“彩虹助学，关爱留守儿童”“大手牵小手，关爱暖学子”“元灯教育基金”等助学帮困活动，如西周镇、新桥镇、定塘镇关工委为119名单亲家庭学生和123名留守儿童和143名“流动孩子”建立档案，包括父母工作地址、生活状况、联系方式，加强学校与学生家长及其监护人的联系，共同形成以学生为中心的关爱网络。爵溪街道关工委为解决低收入家庭青少年在就学、就医、就业等方面的困难，发动机关干部、企业家、慈善团体和社会爱心人士等各界力量开展结对帮扶，全年结对助学85人次，落实资金12万元，困难救助23人，捐款8.5万元。泗洲头镇关工委开展“元灯教育基金”贫困学子助学活动，对53名家庭困难学生进行800-1000元的助学补助，镇关工委和镇党外知识分子联谊会组建“知联”微信特色群，专门用来“知联”成员与孩子们进行交流，关心他们学习、家庭生活情况和身体健康状况等，勉励他们立志成才。

【特殊家庭子女解困行动】 个别家庭贫困，子女失学，关工委因事施策，针对不同情况采取不同措施，帮助未成年人。新桥镇兴海村特困生郑彦、郑龙姐弟俩，母亲土家族，智障残疾， 2008年父亲郑某突然去世，郑某夫妻未办理结婚登记手续，母女三人户籍没有落实，不能享受农村低保待遇，生活困难。关工委副主任应惠娟多方协调，解决母女三人的户籍问题，着手帮助解决学习和生活问题。2016年郑彦被浙江旅游职业学校录取，作为象山影视城管委会的委培生；郑龙考上宁波华茂外国语学校，得到宁波华贸教育基金的资助。县关爱团成员邵丹云帮助解决鹤浦镇高坎头村陈欢兄妹和泗洲头镇苏岙村张婷婷的户籍问题。

【关爱失足未成年人帮教行动】 深入县看守所，以关爱团成员的亲情优势帮助未成年被告人认清错误，感受社会温暖，重新走上正路，累计帮教未成年被告人49人次。县关爱团成员走进学校、社区开展法制讲座，创新宣教模式推进宣教载体的多样化演进。5月31日，关爱团联合县塔山志愿者协会赴县启力学校参与主办“心系未来，普法先行”未成年人权益保护文艺汇演。县法院未成年法庭实现未成年人犯罪案件均由关爱团成员作为人民陪审员，合适成年人参与庭审。2016年，二起未成年人盗窃案件，关爱团成员，原县妇联副局级退休干部黄燕作为合适成年人全面维护外地籍未成年被告人的诉讼权利，实现法律效果和社会效果的双赢。一起未成年人聚众斗殴案件，某未成年被告人桀骜不训，拒绝与承办法官深入沟通，关爱团心理咨询师林娅参与庭审，对未成年被告人进行心理干预，舒缓未成年人的抵触情绪，促使他更好地认罪、悔罪。开展创新型判后帮教。为加大未成年被告人的帮教力度，激发失足少年参与社会公益活动的热情，县关工委组织7名缓刑少年至象山培智学校开展“携手失足少年，关爱重塑心灵”慰问活动，发挥良好的教育作用。

【网吧义务巡查】 在县文广局指导下，开展县网吧义务监督工作。丹东、丹西、爵溪、石浦等网吧监督小组检查网吧383家次，参与监督检查的老同志288人次，累计劝阻未成年人146人次，提出网吧整改意见建议11条，有力地净化青少年健康成长的文化环境。6月4日，县关工委在各镇乡街道和文广局批准的前提下，充实全县4支网吧监督员的队伍，成员21名。

【抓好传统亮点工作】 县关工委把“假日学校”“家长学校”列为关心下一代工作的传统亮点工作。全年共开办假日学校81所，其中全日制学校有70所，免费招收学生2800余人，其中外来务工子女1568人，留守儿童457人，“小候鸟”334人，共投入35.3万元专项办学经费。全县共有914名志愿者参加，其中“五老”志愿者125人，大学生志愿者161人，在职教师志愿者207人，其他志愿者311人。

【创新办学模式】 整合社会、学校、家庭资源，探索“村校共建、联手育人”的新模式，形成村、校、家三位一体的教育体系。利用学校开办“假日学校”。86%的“假日学校”办在学校里，使“假日学校”作为学校教育的补充、延伸与发展，办出规模、办出特色。利用社区、村开办“假日学校”。借助社区、村的力量，利用社区、村文化活动场所，开辟“假日学校”阵地，使“假日学校”成为社区、村青少年教育的品牌。利用社会组织参与“假日学校”。按照1+X模式，建立起社会组织与街道结对、与社区结盟的制度，由街道和社区提供教学资源，社会组织提供师资力量，让办学模式多样化、灵活化。如绿丝带、衣重生等社会公益组织，有44名社会公益志愿者参与教学和管理，为学生提供午餐供应，组建家长微信群，每日发布教育动态，时时互动更新。探索社会助教团。如象山蓝盾水救队、宁波社安防火中心、慈善义工大队等9家单位参加教学，让孩子们学到课外知识和技能。

【特色教育】 突出主题教育。以纪念建党95周年和红军长征胜利80周年为主线开展党史国史教育。组织学生进行大型歌舞剧《中国共产党95岁生日》演出，让青少年切身体验，了解党的光辉历程，感受党的理想信念。由县政协副主席欧亚群开展国学《弟子规》特色教育，朗诵《弟子规》、践行《弟子规》，放学后帮助家长进行家务劳动，受到家长的一致好评，让青少年感受中华优秀传统文化魅力。突出特色教育。开设法律宣传、心理辅导、艺术培训、手工技艺、科普知识等课程，着力提升学生的综合素质。突出社会实践体验。开展“文化寻访”系列活动，挖掘本土历史资源，通过参观王家谟故居、寻访徐福隐迹处等活动，培养青少年爱国情怀；通过参观宁波科技馆、象山博物馆、谢才华剪纸馆等，激发青少年热爱家乡的质朴情怀；通过“垃圾去哪儿啦?”社会实践活动，让青少年和家长共同与环卫工人一起捡拾垃圾、走进垃圾中转站，亲赴垃圾填埋场，增强青少年的环保意识、文明意识。报纸、电台等新闻媒体多次报道“假日学校”，《今日象山》达到20篇，《宁波日报》《宁波晚报》进行系列报道，打响“假日学校”的品牌影响，扩大关工委的社会影响力。

【抓配备，强力量】 人员配备上，根据县关工委人事变动情况，县委办发文调整和充实县关工委领导班子，聘请相对年轻、热爱关心下一代工作的张来伟同志担任县关工委专职副主任，增强县关工委领导力量。在经费支持上，县财政逐年加大对关工委的投入，尤其是“假日学校”，追加5万元办学经费，推动全县关心下一代工作的开展。加强和相关部门的配合，发挥关工委在职副主任的作用。县红十字会出资参与关工委系统的帮困助学活动，提供物资，用于慰问和活动小奖品。县关工委和教育部门联合开展主题教育活动，和文化部门加强网吧监督工作，与公、检、法、司等部门合作开展失足青少年帮教工作，初步形成多方参与、齐抓共管的工作机制。

【抓基层，强基础】 县关工委对各镇乡街道开展关心下一代工作实行年度目标考核，出台《2016年度象山县镇乡(街道)关心下一代工作目标考核细则》,考核围绕领导重视、核心价值主题教育活动、办实事做好事关爱活动、"五老"队伍建设和自身建设等5个方面进行考核,细化关心下一代工作内容,明确工作职责。全县18个乡镇街道关工委常务副主任中正局级一名、副局级12名、中层正职5名。

【骨干队伍建设】 加强"五老"骨干队伍建设,注重"以老带新、以新帮老"工作方针。在"五老"骨干队伍中,重点吸收和聘请刚退休或5年内即将退休的新生代成员,储备"五老"骨干后备力量。全县关工委"五老"队伍中年龄70岁以下占到76%,其中宣讲团、关爱团、网吧监督团、校外辅导员骨干成员中,有一半人员年龄在55岁至60岁之间。为发挥"五老"作用,成立关工委志愿者协会,对"五老"骨干队伍实行"社团化管理",夯实相对独立的"队伍组合联谊化、团队管理社团化、工作运行项目化、服务开展专业化"关工委工作新格局。

(朱秋艳)

教　育

综　述

2016年10月，全县有幼儿园88所，早教中心1个；教育行政工作主要由教育局管理的学校82所，其中，小学29所，初中10所，九年一贯制学校13所，高级中学、完全中学、职业学校各3所，特殊教育学校、素质教育实践学校各1所；宁波广播电视大学象山分校、县级教师培训机构（学校）、县成人教育中心、县社区学院各1所，镇级社区学院2所、乡镇成人学校14所。县教育局管理的教职工、干部及退休者9312人，其中，在编专任教师5433人。还有“教育系统”各单位聘用的炊事员、安保员等820余人。在幼儿园注册的幼儿及婴儿20287人，全县中小学与职业学校学生62255人，成人高校学员2811人。学前3年入园率99.60%。九年制义务教育学龄人口入学率、完成率100.0%（个别正常儿童病休），“三残”儿童少年入学率、完成率各为99.1%。完成9年义务教育后的学生升入高中段学校的比例98.57%，普通高中与中等职业学校招生比例为49.95∶50.05。15年教育完成率99.24%。是年，县教育局，县级、镇乡级学校及二级以上幼儿园全面实施国务院制定的“互联网+”战略，运用互联网开展德育教学与管理工作。省教育厅确认象山县为“浙江省基本实现教育现代化县”。

学前教育

【概况】　2016年10月，在象山县88所幼儿园中，其中，公办幼儿园23所，民办幼儿园65所。三级及以上幼儿园75所。其中，一级园6所：象山县县级机关幼儿园、象山县春晖幼儿园、象山县石浦镇中心幼儿园、象山海韵幼儿园、象山县滨海幼儿园、象山县塔山幼儿园；二级园25所，三级园44所（不评四级以下园）。创办县早教指导中心1个。注册的幼儿及婴儿（简称幼婴儿）20287人，其中，入公办幼儿园的9332人，占46.0%；3～5周岁18176人、婴儿2111人；女幼婴儿9518人。学前3年幼儿入园率99.60%。省等级幼儿园招生覆盖率95.96%。在编教职工2459人，其中，园长89名、专任教师1320人、保健医生与医士93人、保育员575人。专任教师中有本科文凭的355人，专科毕业774人，不具备任职学历的1人，学历合格率100.0%。有副高级职务的5名、中级职务的116人。财政全额拨款、公益性事业编制的教师340人。专任教师持有幼儿教师资格证书的1257人，持证率95.23%。年初，省教育厅分管副厅长认为：象山学前教育继续“走在全省前列”。

【全县幼儿园布局】　10月，全县88所幼儿园，按幼儿园所在街道、镇乡统计：丹东街道14所，丹西街道21所，爵溪街道4所，石浦镇23所，西周镇7所，高塘岛乡3所，其他镇乡或2所，或1所；详见文后附表。县直属，各街道、镇乡的中心幼儿园有：

表58　**县直属，各街道、镇乡的中心幼儿园**

单位	幼儿园
县教育局直属	象山县县级机关幼儿园、象山县春晖幼儿园；

续表58

单位	幼儿园
县妇女联合会主管	象山县塔山幼儿园;丹东街道中心幼儿园:象山海韵幼儿园; 丹西街道中心幼儿园:象山县滨海幼儿园; 象山县爵溪街道中心幼儿园; 象山县石浦镇中心幼儿园;西周镇中心幼儿园:象山县西周镇华翔幼儿园; 象山县鹤浦镇中心幼儿园;象山县贤庠镇中心幼儿园; 象山县定塘镇中心幼儿园;象山县墙头镇中心幼儿园; 象山县涂茨镇中心幼儿园;象山县大徐镇中心幼儿园; 象山县新桥镇中心幼儿园;象山县泗洲头镇中心幼儿园; 象山县东陈乡中心幼儿园;象山县晓塘乡中心幼儿园; 象山县黄避乡中心幼儿园;象山县茅洋乡中心幼儿园; 象山县高塘岛乡中心幼儿园。 象山县浙师大幼教集团附属大目湾幼儿园。

【象山县早教指导中心成立】 5月23日,象山县早教指导中心成立暨揭牌仪式在县天安幼儿园举行。创办该中心旨在指导幼儿教育向婴儿教育延伸,探索婴儿教育的有效途径,逐步形成象山县早教服务体系,为0至3周岁婴儿的早教工作提供专业指导,为婴儿家长提供服务。县早教指导中心还将聘请县内外名师作指导,发挥早教师资培训、研究开发课程、引领保育与教育等多种功能。

【早教专家作专题讲座】 5月23日,应县教育局邀请,北京市早教专家魏颖老师以22至28个月年龄的婴儿为教育对象,展示一堂早教示范课。她把肢体律动、节奏训练、彩虹伞游戏等有机融合,培养婴儿的专注力、独立性和坚持性。听课的教师与专家交流早教的教学技巧。随后,魏颖老师作以《家长有智慧 孩子有未来》为主题的讲座。讲座从揭示家长亲子关系的角色入手,层层递进讲述家长应具备的教育智慧。

【大目湾幼儿园建成】 8月28日,象山县浙师大幼教集团附属大目湾幼儿园建成,幼儿园管理人员到职,教职工到岗。"资深园长"任该园园长。按计划招生。占地面积10666.7平方米,建筑面积10000.0平方米,绿化率33.8%,设计规模16个班。象山县大目湾开发管理委员会及县教育局按省教育厅制定的"一级幼儿园"各项标准,配置幼婴儿保育与教育所需的各种现代化设备及设施。其中,包括"营养餐"器具。 9月1日,准时开学。

【保育与教育活动】 按国务院批准的《幼儿园管理条例》第三章《幼儿园的保育和教育工作》之规定,4月11日至15日,西周镇下沈幼儿园举办为期一周的"竹笋文化节"。活动的内容是: 比笋王、品笋味、探竹趣、创竹意、制竹品。10月中旬,"2016年第十届全国(幼儿)音乐教育研讨会"在山西省太原市举行。县滨海幼儿园教师干静静代表浙江省幼儿教师展示一堂中班《劳动狂想曲》示范课。赢得与会专家及老师的一致好评。12月5日,县滨海幼儿园开展保育与教育开放日活动,邀请家长参与。该园还请家长评价教师工作,提出改善管理的意见和建议。

【幼儿安全教育】 12月初,象山县滨海幼儿园围绕"交通安全伴我行"这个主题,开展一系列"交通安全宣传教育月活动"。按幼儿身心发展的现状和规律组织活动。小班幼儿观看生动有趣的交通安全教育动漫视频,中班幼儿认识简单的交通标志,大班幼儿则进行交通安全知识竞赛。12月24日,该园管理者还在县中心城区涌金广场举行"交通安全伴我行"倡议签名活动。尔后,各个幼儿拿着倡议书到处宣传,诚恳、热忱的小脸,引得过往行人纷纷驻足聆听,有人在倡议壁纸上签下自己的承诺。这个活动既教育幼儿,又影响成人。

【教师保育员园内培训】 4月20日,爵溪街道中心幼儿园邀请边防派出所的武警战士为教师上"防身、擒拿格斗"课。武警战士从女性常遇的危险情况入手,传授各种防身、反击技巧。从观摩操作,到一对一指导练习,幼儿教师收获颇多。5月初,定塘镇中心幼儿园开展全体保育员"一日保育工作研讨交流活动",研讨保育员一日中规范的工作，以提升工作质量。12月7日，西周镇华翔幼儿园举办保育员“汽车”主题雪花片创意建构比赛活动。活动激励保育员参与教学的积极性，以提升保育水平。12月22日，大徐镇中心幼儿园举行保育员综合技能比赛。比赛的内容包括保育综合知识竞答、清洁消毒等操作。25日，城南幼儿园组织保育员岗位练兵活动，该活动分为理论测试与实践操作2个方面。

表59　　2016年10月全县局属各街道镇乡幼儿园情况一览

幼儿园	园址	园数（所）	班级（个）	注册幼儿人数	注册婴儿人数	在编教职工		占地面积（平方米）	建筑面积（平方米）	时任园长
						总数	教师			
全县总计		88	720	18176	2111	2459	1320	330257	203659	
丹东街道		14	157	4169	496	587	302	70705	44632	
县机关幼儿园	育才路5号		27	848		92	54	9241	8344	张珊珊
县塔山幼儿园	塔山路180号		17	509	49	73	44	12330	4719	吴素慧
含海韵幼儿园	文韵路42号		28	971		120	64	15666	7870	欧赛萍
林海幼儿园	大碶头自然村		12	304		47	24	5582	3882	徐　玮
欢乐家园幼儿园	欢乐家园小区		6	113	50	24	13	4093	2778	鲍惠红
天安幼儿园	丹南路东端		14	162	175	53	29	11308	3532	陈海丹
振兴幼儿园	东塘山路40号		12	327	60	49	26	4575	4148	陈思旻
大目湾幼儿园	大目湾新城		5	36	69	32	16	10667	10000	袁宇俊
丹西街道		21	164	4602	340	573	321	65420	54510	
县春晖幼儿园	文靖巷10号		27	971		97	58	14674	9656	陈喜玲
含滨海幼儿园	县城丰绕路		27	892		115	58	21150	16645	宋晓英
城南幼儿园	城南六升村		8	274		34	19	4300	2200	樊亚芬
丹瀛幼儿园	瀛洲小区内		10	279	26	35	21	1738	1772	李　今
金港幼儿园	丹西金港花园		9	222	48	34	18	2800	2738	方丽娜
爵溪街道		4	38	1128	105	124	67	8822	8315	
含中心幼儿园	环城路8号		19	614	75	75	42	6876	6674	夏　霓
石浦镇		23	141	3141	436	424	223	37218	30156	
含中心幼儿园	海宁路5号		33	933	180	123	79	19836	13396	叶晓瑜
城里幼儿园	人民路241号		8	210	44	32	23	4130	1465	陈维娜
昌国幼儿园	昌国昌桥村		8	185	51	30	18	3839	3530	陈丹丹
西周镇		7	53	1238	228	172	93	34493	13587	
含华翔幼儿园	镇医院南侧		22	560	97	82	46	19133	6799	周宏雄

续表59

幼儿园	园址	园数(所)	班级(个)	注册幼儿人数	注册婴儿人数	在编教职工		占地面积(平方米)	建筑面积(平方米)	时任园长
						总数	教师			
下沈幼儿园	下沈自然村		9	226	51	32	19	9006	3939	鲍丹敏
鹤浦镇		2	27	699	90	81	44	14086	8336	
含中心幼儿园	镇区中南侧		15	390	58	47	31	11993	7196	徐盈芝
贤庠镇		1	15	326	47	41	28	12446	5876	
中心幼儿园	中心小学旁		15	326	47	41	28	12446	5876	俞徐燕
定塘镇		1	20	457	54	72	43	26942	8242	
中心幼儿园	浮礁路80号		20	457	54	72	43	26942	8242	周爱爱
墙头镇		1	10	276	34	35	22	4725	1540	
中心幼儿园	墙头果育路		10	276	34	35	22	4725	1640	郑艳丹
泗洲头镇		1	7	171	13	32	17	3409	1126	
中心幼儿园	该镇希望路		7	171	13	32	17	3409	1126	姚　喜
涂茨镇		2	11	147	28	38	17	9736	4731	
含中心幼儿园	中心小学旁		7	115	22	30	15	8718	4448	郑　巧
大徐镇		2	12	229	18	39	22	4976	2662	
含中心幼儿园	该镇东街路		9	178	18	23	19	4476	2182	朱琦梅
新桥镇		1	15	387	43	52	31	9096	4798	
中心幼儿园	该镇新桥村		15	387	43	52	31	9096	4798	张赛亚
东陈乡		2	18	412	69	62	32	13807	8448	
含中心幼儿园	该乡沙岗村		13	346	59	52	28	13333	7892	顾裕娜
晓塘乡		1	5	109	19	26	12	8390	2180	
中心幼儿园	该乡顾家村		5	109	19	26	12	8390	2180	何也莹
黄避岙乡		1	4	85	4	16	9	761	1002	
中心幼儿园	该乡龙屿村		4	85	4	16	9	761	1002	张平安
茅洋乡		1	7	143	12	19	6	1528	533	
中心幼儿园	溪口和谐路		7	143	12	19	6	1528	533	黄君逑
高塘岛乡		3	16	457	75	59	25	4735	2985	
含中心幼儿园	该乡江南村		8	236	33	30	17	2379	1411	吴　亚

义务教育和普通高中教育

【概况】 2016年7月，象山县普通中小学毕业生人数：小学5892人、初中4535人、普通高中2431人。7月至8月，全县招生人数：小学6141人，初中5488人，普通高中2153人；小学、初中、普通高中招收的学生，分设为160、131、50个班。10月，象山县有小学29所，其中公办23所、外来务工人员子女小学6所；在校生36170人，其中，女学生16874人。初级中学10所、九年一贯制学校13所，完全中学初中部3个；在校生14783人，其中，女学生7039人。高级中学3所，完全中学高中部3个，注册学生6503人，其中，女学生3437人。普通中小学布局逐步规范，特殊教育体系形成，九年制义务段学校招生有序进行，"高考"取得好成绩。

【象山县小学的布局】 10月，全县23所公办小学按学校所在街道、镇乡统计：

表60　**公办小学按学校所在街道、镇乡统计**

街道、镇乡	小学学校
丹东街道	象山县丹城第二小学，象山县丹城第四小学，象山县丹城第五小学；
丹西街道	象山县实验小学，象山县丹城第三小学；
石浦镇	象山县石浦镇中心小学，象山县石浦镇新港小学，象山县石浦镇廷昌小学，象山县石浦镇番头小学，象山县石浦镇昌国小学（乡级小学）；
定塘镇	象山县定塘镇中心小学，象山县定塘镇大塘小学（联村级小学）；
西周镇	象山县西周镇中心小学，象山县西周镇下沈小学（联村级小学）；
泗洲头镇	象山县泗洲头镇中心小学，象山县泗洲头镇墩岙塘小学（村级小学）；
鹤浦镇	象山县鹤浦镇中心小学；墙头镇：象山县墙头镇亭溪小学（联村级）；
涂茨镇	象山县涂茨镇中心小学；　大徐镇：象山县大徐镇中心小学；
东陈乡	象山县汉章小学（乡级）；晓塘乡：象山县晓塘乡中心小学；
黄避岙乡	象山县黄避岙乡中心小学。

全县还有（民办）外来务工人员子女小学6所：象山县启力学校，象山县丹东街道梅溪小学，象山县丹西街道洋心学校，象山县丹西街道三伟学校，象山县北塘学校（校址爵溪街道），象山县石浦镇蓝天学校。

【九年一贯制学校的设置】 2016年10月，全县13所九年一贯制学校分别为：象山文峰学校（直属于县教育局），象山县林海学校（以上2所学校位于丹东街道）；象山县外国语学校（直属于县教育局），象山县城南学校（以上2所学校位于丹西街道）；象山县爵溪学校；象山县金星学校（位于石浦镇）；象山县贤庠学校；象山县墙头镇墙头学校；象山县新桥学校；象山县茅洋学校；象山县高塘学校。民办学校：象山县浙江师范大学附属大目湾实验学校，象山县社会职业学校（由职业高级中学改为招收外来务工人员子女的学校）。

还有直属于县教育局的：象山县培智学校（招收智力残疾的儿童少年）；象山县素质教育实践学校（下设中小学学生实践基地、渔文化艺术村，无全日制学生）。

【初中完中与普通高中的格局】 10月，全县10所初级中学分别为：象山县丹城中学（位于丹东街道）；象山县丹城第二中学，象山县丹城实验初级中学（以上2所学校位于丹西街道）；象山县石浦中学（校址金山路），象山荔港学校（校址石浦镇）；象山县鹤浦中学；象山县定塘中学；象山县殷夫中学（校址大徐镇）；象山县泗洲头镇初级中学；象山县东陈乡初级中学。3所完全中学：象山县西周中学，宁波滨海学校，象山港书院；后2所完全中学是民办中学。3所高级中学：浙江省象山中学，象山县第二中学，象山县第三中学。

【普通中小学办学规模】 10月,小学办学规模最大的是县实验小学,全校53个班,一至六年级的班数分别为10个、9个、10个、8个、8个、8个,各年级在校生数依次为435人、358人、414人、361人、360人、465人,合计2393人,其中,女学生1113人。该校教职工133人;其中,专任教师121人,行政编制2人,教辅与工勤人员10人。泗洲头镇墩岙塘小学,一至六年级各1个班,全校6个班123个学生;其中,女学生58人。教职工8人,专任教师亦8人。九年一贯制学校规模最大的是象山文峰学校,全校76个班,一至九年级的班数分别为8个、9个、10个、8个、9个、6个、10个、8个、8个,各年级在校生数依次为343人、369人、379人、353人、405人、310人、459人、328人、342人,合计3288人;其中,女学生1543人。该校教职工218人;其中,小学专任教师113人,初中专任教师84人,行政编制3人,教辅与工勤人员18人。茅洋学校一至九年级各为2个班,各年级在校生数依次为64人、42人、60人、51人、78人、60人、52人、50人、52人,合计509人;其中,女学生248人。该校教职工47人,其中,小学专任教师21人,初中专任教师19人,行政编制1人,教辅与工勤人员6人。初级中学规模最大的是校址金山路的石浦中学,全校40个班。初中一至三年级分别为14个、13个、13个班,各年级在校生数依次为633人、556人、557人,合计1746人;其中,女学生815人。该校教职工126人,其中,专任教师119人,行政编制1人,教辅与工勤人员6人。高级中学规模最大的是象山三中,全校40个班,高中一至三年级分别为14个、14个、12个班,各年级在校生数依次为628人、626人、477人,合计1731人;其中,女学生904人。该校教职工197人,其中,专任教师176人,行政编制10人,教辅与工勤人员11人。

【3所学校成为省标准化学校】 2016年12月,按《浙江省义务教育标准化学校基准标准》评估,省教育厅公布"浙江省2016年第二批义务教育标准化学校"名单,象山县丹东街道梅溪小学、象山县泗洲头镇墩岙塘小学、象山县浙师大附属大目湾实验学校名列其中。前2所小学按6个班级规模评定。

【特殊教育体系开始形成】 9月初,根据《象山县特殊教育三年行动计划》,象山县天安幼儿园特殊幼儿"卫星班"开班。该班有4名特殊幼儿,由幼儿园和特殊教育学校共同管理。幼儿园为每位孩子制定适合他们身心发展状况的"支架式"课程,建立专用教室,配备专业老师,一对一训练、一对二授课,常规课程与正常幼儿无异。是月,象山县培智学校在校生127人,分为10个年级、10个班。9月,随班就读的"三残"儿童、少年:小学17人、初中26人;象山县培智学校10年级这个班有13个学生,为职业高中班。从此,象山县开始形成从学前教育到高中段教育的特殊教育体系,标志着特殊教育架起从特殊幼儿到特殊儿童、少年与特殊青年教育的桥梁。

【象山县高考取得好成绩】 6月初,全县报考普通高等学校的考生2462人,同比增加110人。其中,报考文科类专业885人,报考理科类专业1576人,报考艺术类专业的124人,报考体育类专业的71人。6月22日,浙江省教育考试院"下传"象山县考生的高考成绩。全县考生上"一本"分数线的455人。其中,象山中学347人,该校上线率74.3%。象山三中考生上"一本"分数线的97人,比2015年增加20人。均创历史新高。

表61

2016年10月全县小学情况一览

面积单位:平方米

学　校	校　址	班级个数	在校生人数	教职工人数	占地面积	建筑面积	时任校长
全县小学(部)合计		902	36170	2008	476875	230731	
象山县实验小学	县中心城区丰饶路	53	2393	133	50963	24354	励安平
丹城第二小学	县中心城区建设路	26	1135	64	10978	8827	杨国平

续表61

学　校	校　址	班级个数	在校生人数	教职工人数	占地面积	建筑面积	时任校长
丹城第三小学	县中心城区来薰路	29	1257	81	16758	12958	王琰奎
丹城第四小学	县中心城区靖南路东	42	1893	108	36666	16189	蒋先律
丹城第五小学	中心城区万象路东	29	1196	65	36427	18607	孙忠心
外国语学校(小学部)	县中心城区丹井南	25	1369	78	9612	6151	翁宗元
象山文峰学校(小学部	县中心城区靖南路	50	2160	113	注	注	林德
林海学校(小学部	丹东街道大碶头	22	794	41	注	注	顾逢生
城南学校(小学部)	丹西街道六升村	23	896	46	注	注	吴　攀
爵溪学校(小学部)	爵溪街道十字西街	46	1889	80	注	注	方　敏
石浦镇中心小学	石浦镇人民路	36	1433	85	19766	12332	李峥嵘
石浦镇新港小学	石浦镇南屏路	41	1796	94	30208	15048	黄锡权
石浦镇延昌小学	石浦镇新塘岸路	23	906	50	9385	8623	张远洋
石浦镇番头小学	石浦镇金山路	33	1353	62	28116	14357	谢建国
石浦镇昌国小学	石浦镇昌国东南	11	340	21	12691	3256	鲍晓燕
金星学校(小学部)	石浦镇平阳厂村	11	388	22	注	注	史基宏
贤庠学校(小学部	贤庠镇育秀路	18	662	35	注	注	郑曙辉
黄避岙乡中心小学	黄避岙乡龙屿村	6	200	17	3995	1923	郑振兴
涂茨镇中心小学	涂茨镇涂茨村	11	371	24	10180	3003	孙培光
大徐镇中心小学	大徐镇大徐村	21	785	45	21804	9290	许海兵
象山县汉章小学	东陈乡沙岗村东	25	1026	59	20268	7607	陈春静
茅洋学校(小学部)	茅洋乡溪口街	12	353	21	注	注	管灵辉
墙头学校(小学部)	墙头镇墙头村	11	293	35	注	注	王振达
墙头镇亭溪小学	墙头镇大溪蒋村	11	333	18	10005	2848	蔡小峰
西周镇中心小学	西周镇嵩溪路	33	1420	67	21363	7795	奚赛强
西周镇下沈小学	西周镇下沈学士路	22	899	48	13340	7754	潘利群
泗洲头镇中心小学	泗洲头镇泗洲头村	11	314	26	25805	6730	黄胜厂
泗洲头镇墩岙塘小学	泗洲头镇墩岙塘	6	123	8	5280	1914	朱至法
新桥学校(小学部)	新桥镇关头村	13	528	40	注	注	戴蓉蓉
定塘镇中心小学	定塘镇渡头街	18	709	42	17090	7426	余　辉
定塘镇大塘小学	定塘镇中站村	7	184	8	10281	4914	白宏伟
晓塘乡中心小学	晓塘乡任家村	12	312	25	18343	6950	林辉剑

续表61

学　校	校　址	班级个数	在校生人数	教职工人数	占地面积	建筑面积	时任校长
鹤浦镇中心小学	鹤浦镇南田东路	37	1461	83	24657	13841	陈青松
高塘学校(小学部)	高塘岛乡江南村	24	974	54	注	注	谢振华
全县民办小学合计		85	3540	200	22506	14171	

注:小学部的占地、建筑面积计入下表。小学生均占地、建筑面积各为13.18、6.38平方米。

表62

2016年10月全县初中(部)基本情况

面积单位:平方米

学　校	校　址	班级个数	在校生人数	教职工人数	占地面积	建筑面积	时任校长
全县初中(部)合计		324	12735	1200	774507	356397	
象山县丹城中学	县中心城区丹阳路东	36	1586	124	47319	23612	仇加良
丹城第二中学	县中心城区新丰路	22	949	86	12678	10064	张爱萍
文峰学校(初中部)	县中心城区丹峰东路	26	1129	105	66500	31277	林　德
外国语学校(初中部)	县中心城区西街西	18	781	69	40917	22751	翁宗元
林海学校(初中部)	丹东街道大碶头	6	177	21	34133	10818	顾逢生
城南学校(初中部)	丹西街道六升村	11	338	48	41454	15593	吴　攀
丹城实验初级中学	县中心城区丹阳路西	22	951	72	48095	25331	陈秉忠
爵溪学校(初中部)	爵溪街道十字西街	12	430	32	56361	29820	方　敏
石浦中学	石浦镇金山路	40	1746	126	41297	20047	高延琛
荔港学校	石浦镇塘头港	20	718	76	31615	15416	李夏银
金星学校(初中部	石浦镇平阳厂村	5	171	17	16730	5222	史基宏
西周中学(初中部)	西周镇嵩溪路	19	822	66	注	注	何峰辉
贤庠学校(初中部)	贤庠镇西溪头	6	189	41	35340	14384	郑曙辉
殷夫中学	大徐镇东鹰山麓	12	410	50	30202	13309	张月位
东陈乡初级中学	东陈乡沙岗村	11	381	46	16978	5448	郑贵夫
茅洋学校(初中部)	茅洋乡溪口街	6	154	26	19474	7438	管灵辉
墙头学校(初中部)	墙头镇墙头村	6	197	29	22636	8379	王振达
泗洲头镇初级中学	泗洲头镇镇区	6	216	30	14011	4755	韩苏文
新桥学校(初中部)	新桥镇关头村	9	357	31	39074	14452	戴蓉蓉
定塘中学	定塘镇渡头街	11	547	40	31330	8568	朱炎君

续表62

学　校	校　址	班级个数	在校生人数	教职工人数	占地面积	建筑面积	时任校长
鹤浦中学	鹤浦镇南田路	15	554	50	21363	8174	陈　荣
高塘学校(初中部)	高塘岛乡江南村	12	472	41	47416	11589	谢振华
滨海学校(初中部)	县中心城区丹阳路	18	815	62	注	注	舒敏芳
象山港书院(初中部)	县中心城区兴盛路	8	418	35	注	注	张宗余
大目湾实验学校初中部	象山大目湾新城	8	264	34	53084	47613	邱争光
县职业学校(初中部)	县中心城区西澄河路	4	199	17	6500	2307	许家豪

注：完中初中部教辅与职工人数、占地面积、建筑面积计入下表2—3，象山港书院无初一学生。初中学生生均占地、建筑面积各为52.39、24.11平方米。

表63　2016年10月象山县普通高中办学情况

学校	校址	班级个数	在校生人数	教职工人数	占地面积(平方米)	建筑面积(平方米)	时任校长
全县合计		154	6503	1027	407919	221997	
浙江省象山中学	县中心城区靖南大街485号	40	1574	247	76246	48326	王增良
象山县第二中学	石浦镇五爱桥羊下山南麓	32	1388	149	73657	29900	贺贤敏
象山县第三中学	县中心城区丹西街道六升村	40	1731	197	84689	60729	韩兴旺
象山港书院	县中心城区兴盛路与闻学路相交处	7	278	79	30800	8840	张宗余
宁波滨海学校	县中心城区丹阳西路	23	1045	243	106268	53400	舒敏芳
象山县西周中学	西周镇嵩溪路226号	12	487	112	36259	20802	何峰辉

注：表中象山港书院、宁波滨海学校、县西周中学的教辅与职工人数、占地面积、建筑面积包含初中部。象山港书院无高一学生。高中学生生均占地、建筑面积各为62.72、34.14平方米。

职业教育

【概况】　2016年7月，全县中等职业学校毕业生1707人；7月至8月，招生1439人（少部分初中毕业生去县外职业学校就读）。10月，象山县有宁波建设工程学校（象山县职业高级中学）、象山县技工学校（增象山港高级技工学校校牌）、宁波海洋职业技术学校3所，均独立"法人"。在校生4790人，其中，女学生1729人，分设135个班。其中，"高职"班11个，429人。各所职业学校推进职业教育与产业协同发展，改革育人模式，以提升教育质量。

【创新创业园建设】　3所职业学校整合已有的教育资源，建立"产学研"一体化的创新创业园。宁波建设工程学校以文化创意为核心,建立"职高创新创业园"。象山县技工学校完善校内创新工作室、做强校外"创业孵化园"。宁波海洋职业技术学校开办"实训室——实体店——实创空间"。这些举措为职业学校学生以科学理论为指导、以实践为基础的创新创业提供平台。

【建立现代学徒制育人模式】 是年,象山县教育部门申报成功,成为浙江省现代学徒制育人试点单位,开展"五融合推进现代学徒制人才培养模式的实践研究"。县教育局制定出台《象山县域推进现代学徒制试点工作实施方案》,成立现代学徒制试点工作领导小组和专家咨询委员会;确定建筑、模具、烹饪3 个专业为首批试点专业,参加学生100名。合作部门为县建管局,合作企业为宁波合力模具有限公司、象山东谷湖度假酒店。计划以点带面,稳步推进现代学徒制育人进程。

【2所职业学校获荣誉】 2月,中国计生协会授予宁波建设工程学校(象山县职业高级中学)"中国计生协会青春健康教育示范基地"称号。5月,省教育厅发文,县技工学校成为首批"浙江省中职教育改革发展示范学校"(宁波全大市仅2所)。

【职业学校学生获奖牌】 2016年,国家、省及市教育业务部门举办若干项目的中等职业学校学生竞赛。象山县3 所职业学校学生参加全国中等职业学校学生4项技能大赛,获得3枚金牌、1枚铜牌。学生参加第十二届全国"文明风采"竞赛活动,获得2枚金牌、2枚银牌、2枚铜牌。学生参加浙江省职业教育系统有关竞赛活动,获得1枚金牌、4枚银牌、6枚铜牌。在宁波市中等职业学校学生创新创业大赛中,象山县技工学校的总成绩列全大市第二。

【职业教育宣传工作加强】 2016年,县教育局及各所职业学校宣传职业技术教育对国民经济与社会发展的促进作用。举办2场校园招聘会,80多家企业进校园开展"校企合作活动",30多个部门、行业协会参与职业教育调研,200多名初中教师观摩、体验职业教育的风采。县教育局职业教育职能科室与职业学校出版3期职业教育专刊,刊发职业教育成果的文章,使社会各界认可象山县的职业教育,吸引初中毕业生报考职业学校。

【中职毕业生升学情况】 2016年,中等职业学校毕业生升入高等职业学校的主要途径是:参加高等职业学校入学考试并被录取、通过"3+2"(在中等职业学校学习3年,在高等职业学校学习2年)和5年一贯制办学模式,进入高等职业学校继续学习。是年,全县共有620名中等职业学校毕业生升入高等学校。通过高等职业学校"单招单考"升学的有299人。其中,8个考生被本科院校录取。应届毕业生的升学率为37.4%。

表64　**2016年10月全县职业教育一览**

学　校	校　址	班级个数	注册学生人数	教职工人数	占地面积(平方米)	校舍面积(平方米)	时任校长
全县合计		136	4780	408	176923	91189	
宁波建设工程学校.县职业高级中学	县教育园区南区	62	2439	198	99429	51555	陈　列
象山县技工学校.象山港高级技工学校	教育园区东北区	56	2013	159	45380	28552	张小珏
其中4年级高职		11	429				
宁波海洋职业技术学校(宁波水产技术学校)	石浦渔港古城北	17	338	51	32114	11082	杨冬德

注:职业学校学生生均占地、建筑面积各为37.01、19.08平方米。

成人与社区教育

【概况】 2016年10月,全县有县级成人教育中心、县社区学院1所,镇级社区学院(成人中等文化技术学校)2所,独立设置的镇级成人学校4所,镇乡成人教育干部与全日制中学合作举办的成人学校10所。各社区学院、街道、镇乡成人学校及专职成人教育干部开展扫盲、学历教育、“双证制”和各种类型的培训工作。全年完成学历教育2600人;非学历培训16.2万人次,占全县常住人口的32.2%。其中,930人获得“双证制”毕业证书,扫除文盲4010人,培训“后备劳动力”175人,“农村劳动力转移”培训2500人,农民、渔民实用技术培训76000人次,企业职工培训25000人次,外来民工培训16350人次,社会化职业技术培训12000人次,生活知识培训38500人次。社区教育蓬勃开展。(案:原国家教委成人教育司编印的《成人教育政策法规选编(上册)》和国务院批转的《国家教育委员会关于改革和发展成人教育的决定》界定:成人教育是指走上工作岗位及转岗人员的从业技能培训和学历培训。国务院发布的《扫除文盲工作条例》,扫除文盲属成人教育。梁春涛 叶立安主编的《中国社区教育导论》……等专著表述,“社区教育”的涵义有3说。社区教育与成人教育这2个概念是交叉关系,不是全同关系,成人教育没有“真包含”社区教育。)

【象山县成人学校的设置】 2016年10月,全县设有:象山县成人教育中心、县社区学院(这所学校.社区学院直属于县教育局),象山县石浦社区教育学院,象山县西周社区教育学院,象山县贤庠镇成人学校,象山县爵溪街道成人学校,象山县鹤浦镇成人学校,象山县定塘镇成人学校。墙头镇、泗洲头镇、涂茨镇、大徐镇、新桥镇、东陈乡、晓塘乡、黄避岙乡、茅洋乡、高塘岛乡与全日制中学(部)合作举办成人教育学校。县成人教育中心及部分成人学校在农业及渔业村、社区(原居民委员会)设立成人教学点416个。

【西周健康教育基地建立】 11月27日,宁波大学医学院附属医院在县西周社区教育学院建立“西周健康教育基地”。该基地是宁波市首家乡镇级健康教育基地,是西周镇政府打造“健康、实力西周”的组成部分。基地成立以后,宁波大学医学院附属医院将定期为居民提供健康讲座、健康咨询、互动体验等服务,引导居民学习掌握健身的知识,改变不合理的生活方式和饮食习惯,增强预防疾病的能力,提高居民的健康水平。

【成人扫除文盲教育】 西周社区学院按户籍档案,深入各村走访摸底,确定扫盲名单。3个村还有文盲120余人,年龄跨度大。2016年5月12至19日,学院教师来到该镇杭头村、荷欣村、尖岭头村,开展扫盲教育活动。6月3日,县成人教育中心组织的扫盲班在丹西街道白石村开班,57名村民参加学习。10月12日,县社区学院在丹西街道上吴村举办老年人扫盲教育班,120多名年近耄耋的老人参加学习。12月6日,贤庠镇成人学校举行老年人扫盲活动,50多人参加学习。该校自编的教材涵盖交通、银行单据、健康与安全、防盗防骗等知识。企望老年人学一点新知识。

【成人“双证制”教育】 “双证制”教育是指成人高中学历证书、与职业技能证书,同时进行的教育制度。4月24日,象山县成人教育中心(县社区学院)举办的2016年春成人“双证制”教育开班。本部、墙头、茅洋3个教学点160个学员参加培训。石浦社区教育学院、西周社区教育学院等成人教育机构,继续开展“双证制”教育。是年,全县成人学员930人获得“双证”书。

【成人从业技能培训】 4月28日至30日,县民政局组织社会工作者由电大象山分校培训,来自全县各乡镇、街道、社区、团委、慈善等社会服务机构中70名社会工作者参训。社会工作者职业水平考试由国家人事部、民政部共同实施。2016年,全县112名学员分别获得社会工作者初级、中级证书。4月,县运管所与县成人教育中心合作,又开展道路运输驾驶员培训工作,为期6个月。此前,培训对象为持有各种从业资格证的驾驶员。至10月23日,举办培训班9期,培训从业人员1766名。培训内容包括道路运输的政策法规、职业道德、运输安全和节能减排,以安全驾驶、恶劣天气和复杂道路驾驶常识、紧急避险为教育重点。7月6日,县成人教育中心举办"农家乐"从业人员培训班。专业教师讲授各种服务礼仪,并与学员互动。10月25日,西周社区学院举办电焊、气焊等特种作业人员培训,100多人参训。11月12日至18日,县成人教育中心举办电商销售操作培训班,50位乡、村妇女主任和企业主参加培训。

【社区"月嫂"培训】 11月,石浦社区教育学院举办为期10天的母婴护理"月嫂"培训班,来自石浦镇8个社区和农业渔业村的 90位妇女参加培训。老师详细讲解新生儿的护理、小儿营养与喂养、产妇护理等专业知识,并利用模型做示范,让学员动手操作。经考核合格,参训学员取得相应的从业资格证书。

【社区面点师培训】 12月22日晚,应社区居民的要求,贤庠镇成人学校精心组织面点师培训进社区活动,60余名社区居民参与此次学习。该校聘请高级面点师为学员授课,传授馒头、包子、馄饨、饺子、蛋黄酥等中式面点的制作技巧和相关理论。面点师在讲解过程中,进行详尽的演示,包括多种面点馅的配方和制作过程,揉面团的动作要领以及蒸法。学员们边看面点师演示,边实践操作,脸上洋溢着笑容。

【社区老年人继续教育】 2016年,县社区学院安排经验丰富的老师为老年人作健康知识讲座、传授浅易的"互联网络+"、移动互联网络知识。是年,西周社区学院继续整合各个方面的社会资源,开办老年系列培训班3期,培训的内容有身体保健、艺术娱乐、文化历史,以提高老年人的生活质量,为他们营造幸福的生活氛围。

【县社区学院成为省示范学校】 是年,通过评估验收,象山县社区学院(县成教中心)成为浙江省县级社区教育示范学校。该院是县教育局直属的集社区教育、高等学历教育、非学历教育于一体的综合性、社区性教育机构。占地面积21000平方米,建筑面积6552平方米,拥有标准教室、多媒体教室、电子阅览室、计算机房、多功能报告厅等现代化教学设施。学院师资力量雄厚,现有专任教师20人,其中,具有中级、副高级职务的教师占60%。与省内外几所高等学校联合办学,形成"专职队伍精,兼职队伍强,志愿者队伍广"的优质的学院人才库。

【专题研讨"家校合作"】 3月16日,县教育业务管理部门专题研讨"家校合作"工作。"中小学、幼儿园家校合作专题研修班"成员、部分校长、县家庭教育工作兼职研究员等60人参加。研讨组织者邀请华东师范大学教授、博士生导师李家成等教授指导。与会人员听取常州市龙虎塘实验小学和上海市闵行区育苗小学介绍的有关经验。分组讨论交流:家长的理念有没有变化,家长的参与度有没有变化,家长的学习模式有没有变化。 随后,李家成教授引导参与人员深度提炼象山县家庭教育工作的成功经验,以形成一套成熟的家庭教育工作体系和模式,并加以推广。

【家长学校培训家长】 3月27日,县社会职业学校的家长学校举行首届"我谈家风"家庭教育培训活动,80名家长参训。4月1日,定塘中学家长学校邀请复旦大学老师米波博士,为全校学生家长作《培养孩子卓越学习力》的讲座。4月15日,丹城中学家长学校组织"青春健康教育家长培训"活动。初一、初二年级50名家长参训。4月16日,西周镇中心小学家委会组织各班的家委会主任与其孩子一起在奉化开展为期一天的培训。5月6日,启力学校举办主题为"关爱生命"的家长培训活动,一至六年级14个班的家长都参与。5月7日,宁波滨海学校邀请知名青年励志演讲家刘成刚老师在校体育馆为全体高三学生和家长作《挑战高考极限》的主题感恩励志演讲。11月16日,定塘中学及其家长学校邀请宁波市网上家长学校执行校长杨巧波到校为全校家长作"家长是孩子的参照物,孩子是家长的镜子"主题讲座。300余名家长听讲座。

【家庭教育研究出成果】 6月初,省"十二五"家庭教育规划课题评比结果揭晓,爵溪学校的课题《城市化进程中的农民工子弟家庭教育研究》获省优秀课题二等奖,县家教所与县妇联的研究课题《县域家长学校的课程与教材建设研究》获省优秀课题三等奖(宁波市仅这2项课题获奖)。此前,中国教育学会家庭教育专业委员会秘书处发来《文字作品使用许可授权许可协议》,象山县6篇家庭教育论文被

《2015年家庭教育国际论坛论文集》收录。9月24日至25日，中国教育学会家庭教育专业委员会主办的“2016家校合作经验交流会议”在山东省济南市举行。丹城第二小学受邀派副校长李敏参加会议。李敏代表学校作《父亲联盟行动，助推二小孝雅教育》的经验介绍，受到20个省区市近千名与会代表的好评。这表明象山县家庭教育的实践与理论研究成果，又引起国内社会关注，并获得国家专业机构认可。

高等教育

【概况】 2016年，象山县高等教育的办学形式主要有：职业学校举办全日制大专班，广播电视教学，网络高等教学，高等教育自学考试及成人“双证”教育。其中，全日制大专学生429人，分设11个班；广播电视开放教学、网络高等教学注册学员2805人。宁波广播电视大学象山分校有教职工45人，其中：专任教师43人，具有本科学历38人、硕士学历5人，有副高职务的12人，中级职务的29人。

【象山港高级技工学校举办高职班】 为深化职业教育改革，探索象山县高等职业教育的新路子，象山港高级技工学校（象山县技工学校）在宁波工程学院的支持下，在3年制中等职业教育的基础上举办电器技术工程、机械工程、汽车制造与检测等3个大专专业。9月，在校生11个班、429人。

【象山电大的专业和学生】 9月，电大象山分校举办“职高校企合作”建筑专业定向班，学生25人。11月，“电大”开设专科起点的本科专业26个。其中，包括金融学、社会工作、教育技术学（教学资源开发方向、校园网开发与维护方向、信息技术教育方向）、英语（教育、商务方向）、数学与应用数学、计算机科学与技术、软件工程、土木工程（建筑工程、建筑管理、道路桥梁方向）、水利水电工程、园艺、护理学、工商管理、会计学、物流管理、学前教育（学前教师教育、学前教育管理方向）。开设专科专业66个，包括“一村一名大学生计划”专业18个。其中，开放教育在读本科学员632人，专科学员985人。

【电大继续举办建筑双证班】 电大象山分校与县建管局继续联合举办土木工程本科、建筑施工与管理专科2 个层次的“双证班”（文凭与技能证书“双证”），至2016年9月，形成“企业下单、电大接单、政府埋单，打造建筑业人才高地”的合作办学新模式。这为象山县建筑业培养应用型人才，以增强建筑业的发展后劲，提高竞争力。11月5日，又一期“双证班”开学，本科学员59人、专科学员22人。

【县成教中心与高校合作办班】 象山县成人教育中心（县社区学院）与西南大学、东北财政大学等全日制高等学校合作，举办网络教育本科、专科教学班。开设会计学、计算机科学与技术、工程管理、行政管理、市场营销、英语等本科专业51个，专科专业45个，在读本科学员445人，专科学员643人。县成人教育中心负责招生与学员的日常教学管理工作，有关高等学校制定与实施教学计划、颁发毕业证书。

【高等教育自学考试】 4月16日至17日，高等教育自学考试报考人数57人，计153课次。其中，实践科目10课次。10月22日至23日，高等教育自学考试报考人数82人，计206课次。其中，实践科目9课次。

民办教育

【概况】 2016年10月，象山县有2 所民办（原称社会力量举办）完全中学：宁波滨海学校、象山港书院。有民办外来务工人员子女小学6所：象山县启力学校，象山县丹西街道洋心学校，象山县丹西街道三伟学校，象山县石浦镇蓝天学校，象山县丹东街道梅溪小学，象山县北塘学校（校址爵溪街道）。象山县浙江师范大学附属大目湾实验学校建成，象山县社会职业学校改为只招收外来务工人员子女的九年一贯制学校。是月，民办学校有注册小学生3540人，初中生1689人，高中生1323人，教职工573人，合计占地面积229185.0平方米，建筑面积126091.0平方米。县政府及县教育局依据《中华人民共和国民办教育促进法》，扶持民办学校。

（案：1997年10月1日，国务院发布的《社会力量办学条例》施行。“社会力量办学”是指“具有法人资格的国家企事业组织、民主党派、人民团体、集体经济组织、社会团体、学术团体,以及经国家批准的私人办学者”利用非国家财政经费,举办面向社会的幼儿园、普通中小学(包括来象务工人员子女学校)、中等职业学校,以及各种培训机构。《中华人民共和国民办教育促进法》2003年9月1日施行后,“社会力量办学”改称为“民办教育”。)

【县政府扶持民办教育】 是年,县政府及县教育局继续扶持民办教育,向象山县浙江师范大学附属大目湾实验学校等上规模的民办普通中小学委派校长、书记和教师。受委派者,保留其财政全额拨款公益事业编制待遇。按民办学校的办学条件,部分受委派者的工资及年度考核奖金由县财政全额支出。民办学校招聘的具有专业技术职称的教师,可按规定参加事业单位养老保险,其经费由县财政给予补助。在职称评定时,民办学校教师与公办学校教师一视同仁。民办学校新建、扩建校舍,县政府按公益事业用地的规定给予优惠。民办学校用电、用水等享受公办学校同等待遇。

【县浙师大附属大目湾实验学校建成】 2016年8月28日,象山县浙江师范大学附属大目湾实验学校建成,中层管理人员到职,教职工到岗。学校用地、用房和建筑面积、师资队伍、教育装备、校园环境和安保设施等均按《浙江省义务教育标准化学校基准标准》一级最高的指标建设。占地面积53084.0平方米,建筑面积47642.8平方米,绿化率31.8%,设计规模54个班。9月1日,按时开学。一至六年级学生321人,分设12个班,八年级学生264人,设8个班,实行“小班化教学”。省特级教师、象山中学原校长、副局级干部邱争光任校长兼中共支部书记,县教育局抽调名教师为该校教育骨干。在编教职工62人。专任教师50人,其中,小学28人、初中22人。学校将为学生“量身定制”教学内容,发出“双语、双脑”等办学亮点。

【毕业生与招生人数】 7月,全县民办学校毕业生:小学333人,初中405人,普通高中608人。7月至8月,滨海学校、大目湾实验学校主要招收象山户籍及常住象山人员的子女,启力学校、洋心学校、三伟学校、石浦镇蓝天学校、梅溪小学、北塘学校和县社会职业学校招收来象务工人员子女。招生人数:小学725人,初中648人,普通高中315人。

【注册的学生人数】 10月,启力学校,洋心学校,三伟学校,石浦镇蓝天学校,梅溪小学,北塘学校、大目湾实验学校、县社会职业学校,有注册小学生3540人。宁波滨海学校、大目湾实验学校、县社会职业学校有注册初中学生1689人。宁波滨海学校、象山港书院有高中学生1323人。

【民间捐资兴学】 毕业于象山中学的爱心人士张先生,于2016年2月,捐赠200万元人民币,设立“兰香教育基金”,资助象山中学家庭经济困难的学生。5月,张先生又捐赠100万元人民币,资助新桥中学贫困学生。象山倪氏堂医学科技有限公司出资100万元,成立“象山老倪教育基金”,用于奖励和资助殷夫中学师生。2016年3月10日,公司负责人倪海杉又捐款100万元扩充该教育基金,用于支持大徐镇中心小学、镇中心幼儿园的奖教、奖学和助学,以达到其家乡大徐镇所有公办学校捐资兴学全覆盖。9月26日,象山县人民教育基金会又接受100万元的冠名基金。至是日,县人民教育基金总量突破5000万元。

表65　**2016年10月象山县民办中小学一览**

面积单位:平方米

校名	校址	班级个数	注册学生数	教职工人数	占地面积	建筑面积	时任校长
宁波滨海学校	县中心城区丹阳路	41	1860	243	106268	53400	舒敏芳
其中:高中部		23	1045				

续表65

校　名	校　址	班级个数	注册学生数	教职工人数	占地面积	建筑面积	时任校长
初中部		18	815				
象山港书院	县中心城区兴盛路	16	689	79	30800	8840	张宗余
其中:高中部		7	278				
初中部		9	411				
县大目湾实验学校	象山县大目湾新城	20	585	62	53084	47643	邱争光
其中:初中部		8	264				
小学部		12	321				
县社会职业学校	中心城区西澄河路	16	686	35	6500	2307	许家豪
其中:初中部		4	199				
小学部		12	487				
象山县启力学校	原工业园区创业路	16	633	55	4490	6220	周如盛
象山县梅溪小学	丹东街道梅溪村	7	296	12	3126	1701	
县丹西街道洋心学校	丹西街道洋心村	12	598	27	4530	1800	程正华
县丹西街道三伟学校	丹西街道白石村	12	572	24	3200	1650	王伟
象山县北塘学校	爵溪街道新瀛路东	8	421	20	3560	1200	
县石浦镇蓝天学校	石浦镇昌国东卫村	8	212	16	3600	1600	臧德贝

师资队伍建设

【概况】 2016年10月,县教育局管理的教职工及干部9312人,还有"教育系统"各单位聘用的炊事员、安保员、打字员、保洁员、驾驶员等820余人。其中:在编教职工:学前教育2459人,小学2008人,普通中学2210人,职业学校410人,特殊教育21人,宁波电大象山分校45人,成人教育43人,局教科研中心69人,局考试中心、教育服务中心、会计核算中心及局机关事业编制的干部共33人。离退休人员2020人;其中:离休干部5位,退休行政人员(今称公务员)21人,退休公办教职工1994人。县教育部门学校与幼儿园在编的专任教师合计5433人。专任教师中有硕士研究生学历的98人;其中,小学9人、初中21人、普通高中62人,职业学校6人。在全县专任教师中,有副高级职称的625人(含享受正高级待遇的2人);其中,学前教育5人、小学42人、初中252人、普通高中242人,职业高中84人;有中级职称的2085人,其中,学前教育116人、小学1018人、初级中学546人、普通高中238人,职业学校164人,特殊教育3人。(注:2016年评上职称,并聘任晋升中级、副高职务的,翌年1月前后公布,未计入。)

【录用退出教师】 2016年,"依法依规"招聘录用县财政全额拨款公益性事业编制教师186人,从县外调入9人,合计195人。其中,学前教育35人,九年制义务教育段130人(含定向海岛、相对贫困乡镇46人),普通高中13人,职业学校13人。公办教师到达国家法律、"部门规章"确定的退休年龄退休的94人。九年制义务教育段代课教师调出、辞职48人。

【教师与校长培训】 3月20日,象山县名师名校长高端研修班开班仪式在杭州师范大学教育学院举行。学员30名,计划在职学习3年。杭州师范大学教育学院为每位象山学员量身定制专业导师,"用名师引领未来的名师",尽全力为象山打造一支名师队伍。4月23日,局教科研中心开始承办特殊教育随班就读"资源教师"培训;县特殊教育指导中心巡回指导老师、各中小学"资源教师"31人参训。该培训旨在加强特殊教育随班就读师资队伍建设,使镇乡、街道的中小学各有一名特殊教育教师。是年,局教科研中心承办9个培训班,组织校长及教育干部参加培训307人次。同时实施新教师"雏鹰工程",经过县与校两级培训、研修、考核、展示四个环节,通过写读书心得、教学设计、试卷设计、德育案例、教学案例等五项常规,培养新教师。

【评选教坛新秀名优教师】 2016年,局教科研中心与局组织人事科继续实施评选教坛新秀。经县教育局批准,评出的教坛新秀:幼儿园教师30名,小学教师139名,初中教师90名,普通高中教师71名,职业学校教师26名。评出县骨干教师95名。上级批准县名教师29名。县教育局推荐,市教育局评定象山县市级骨干教师8名,市教育局评定、市政府批准象山县市级名校长2名。

【名师工作室与"俱乐部"】 2016学年初,鹤浦镇政府支持鹤浦中学成立名师工作室,培养海岛初中教师;12月5日,市信息技术教研员王劲松等5位名教师到鹤浦中学开展送教活动。该活动由鹤浦中学的青年教师上展示课,名教师们听课后作指导;其次组织校青年教师与市名教师结对拜师;各位名教师辅导青年教师开展教学工作。4月15日,丹城第三小学"青年教师成长俱乐部"成立。俱乐部将开展一系列活动,在活动中发挥骨干教师的示范作用,促进青年教师的专业发展。

【王葵红拟晋升正高级教师职称】 经学校、县、市教育局逐级考核,又经过省组织的论文鉴定、面试考核、学科组评议推荐和省中小学正高级教师职称评审工作委员会投票表决,县丹城中学教师王葵红通过浙江省"2016年中小学正高级教师职称"评审公示。王葵红,女,1969年12月生,1991年7月毕业于宁波师范学院地理系,中共党员。2005年11月,被评聘为中学高级教师,曾任象山文峰学校教科室主任、象山港书院教导主任等职务。2008年,被评为宁波市中小学学科骨干教师,旋获得宁波市名师、全国优秀科技辅导员称号。有20多篇论文在省部级专业刊物及核心期刊发表。探索信息技术与学科整合的教学改革模式,在中央电化教育馆组织的ET峰会说课比赛中获全国一等奖。她信奉"教育不是牺牲而是享受,教育不是谋生手段,而是生活本身!"做幸福的教师,幸福地做教师,这是她的人生追求。

经费校舍装备

【概况】 2016年,全县预算资金102448.47万元,比上年增长6.9%。争取市局补助资金8132.0万元,县教育投资公司自我融资8000万元。安排教育投资16535.0万元,完成投资16230.0万元,"占比"98.2%。改造6所中小学的部分校舍,5所中小学的运动场铺设塑胶,完成或基本完成5所幼儿园建设项目。投入3000万元改善学校及公办幼儿园的装备,其中,中小学1530万元(含乡镇学校自筹资金280万元)。

【排查与改造校舍】 2016年,县教育局委托浙江核力建筑特种技术有限公司对全县53所中小学、5所幼儿园的584幢教学用房、773977平方米建筑面积进行排查,并出具房屋质量等级,为改造旧教育用房提供依据。是年,县教育局完成西周镇下沈小学、县培智学校、石浦镇番头小学、西周中学部分校舍的改建,包括学生宿舍、体艺楼、食堂。象山中学改建校门、警务室,维修近3万平方米的校舍。

【新建中小学教学楼】 8月,大目湾实验学校建成,建筑面积47642.8平方米。县教育局新建泗洲头镇墩岙塘小学教学楼,扩建梅溪小学的教学用房。12月,这3所中小学都达到《浙江省义务教育标准化学校基准标准》,成为省标准化学校之一。

【部分中小学运动场改建】 2016年初，象山三中，东陈乡初中运动场扩建工程完工。西周镇下沈小学、石浦镇昌国小学、定塘镇中心小学、定塘镇大塘小学、县实验初中、梅溪小学的运动场铺设塑胶。鹤浦镇中心小学运动场的改建工程完工。

【实施阳光厨房改造工程】 是年，县教育局继续实施“阳光厨房”改造工程，经过统一招标，分校实施，17所公办学校的食堂完成改造。其中，包括县实验小学、西周镇下沈小学、高塘学校的食堂。至12月，在全县公办中小学中，52所学校设有食堂，其中“阳光厨房”50家，占96.2%。

【改换中小学课桌椅】 中小学课桌凳的部分破旧。2016年县财政投入483.0万元，采购标准课桌椅19630套，更换破旧的课桌凳，部分小学学生坐上新的椅子。

【职业学校教育装备】 2016年，按象山职业学校专业发展的需要，县财政投入800.0万元完成3所职业学校的模具、建筑、旅游等10个专业的实训室升级改造，改善象山影视城、合力模具有限公司2个校外实习基地。12月23日，宁波海洋职业技术学校的渔业船员培训“驾驶和轮机模拟设备”配备项目，通过省海洋与渔业局等单位组织的专家组评估验收。

【配置其他教育设备】 5月起，县教育部门为特殊教育需要的儿童、少年建设集教具、学具、康复训练器材的“资源教室”。县教育局通过招标采购“烟监器”5000只，安装在学校寝室、实验室，防控学生吸烟。继续为中小学配置多媒体、微格教室、笔记本电脑、体育器材。设置高中创新实验室。

教育业务工作

【概况】 在县教育局相关科室的指导下，象山县各所中小学继续开展学生思想道德教育和社会实践活动，加强德育基地和校园文化建设，深入开展教学改革工作，继续进行教学研究与教学科学研究，并取得丰硕成果。中小学学生的体育与科技活动活跃，并取得显著成绩。

【学生行为规范教育】 3月，丹城第五小学根据中华民族传统礼仪、《小学生日常行为规范》及《五小行为纲要》编成《学五礼 养正童》德育实践课程，学生的动作都要对应每一个口令。如教师下集合令：“上下楼梯！”学生会立刻回答：“靠右行走！”且声音响亮，动作正确，以此使学生养成良好的行习惯。该自编课程从是月起实行。3月初，宁波滨海学校评定“学期校园之星”并表彰。“学期校园之星”由班级、年级组推荐，德育处审核。最终评出诚信之星、文明之星、慈孝之星、奉献之星、进步之星、自强之星等星120名。此举旨在拓宽行为规范多元化评价方式，使学生养成良好的行为习惯。

【学生垃圾分类教育】 3月2日，林海学校率先按中共中央领导人的意旨，开展“学习垃圾分类 环保从我做起”活动。象山县环卫处徐旭等同志为林海学校三、四年级的学生开展垃圾分类环保知识讲座。 徐旭向学生详细地讲解为什么要进行垃圾分类，如何分类，介绍国内外一些先进的垃圾分类经验。讲座后，并与学生一起互动，让学生加深对垃圾分类重要性和分类知识的了解，掌握垃圾分类的方法。

【专家指导中小学德育工作】 3月24日，杭州师范大学严从根、王凯教授，宁波大学汪明帅教授一行到涂茨镇中心小学，对学校的《日行一善 善行一生》研究项目进行指导。王凯教授认为“行善”与“思善”要共同推进，互相促进，形成道德的善与行的共同体。严从根教授就整合善行实践提出《校园中的村落——善行培养的乡土路径》，构建学校善育文化。3月29日，杭州师范大学专家组来到番头小学，为该校“经典引领，建设静·和的德育校本课程”项目出谋划策。3月30日，大徐镇中心小学邀请中国感恩励志教育讲师团的老师为全体师生、家长作“感恩励志”讲座。激情澎湃、发人深省的演讲，让学生、老师、家长的心灵震撼。感恩父母，感恩老师，引起共鸣，所有的听众都沉浸在激动之中。许多老师和家长都拭着眼泪说：“这样的讲座确实感人，让孩子受这样的教育，太及时了！”

【普通中小学学生社会实践】 4月13日,以“珍爱生命、绽放生命”为主题的定塘中学第三届蔬菜雕刻比赛在校食堂举行。下午第三节课,各班学生以小组为单位组建雕刻团队,用雕刻工具对萝卜、黄瓜、西红柿、南瓜等进行细心的雕琢和搭配。近一个小时雕刻比赛,参赛学生创作出20多件作品。4月15日,石浦镇延昌小学组织全体师生赴中国渔村开展“海之帆沙雕节”实践活动。通过实际操作,螃蟹爬、海龟游、海马跳、海豚跃等一件件富有海洋气息的沙雕作品呈现。5月25日至26日,宁波滨海学校全体初一师生来到石浦镇东门渔文化村开展为期两天的“走进东门岛,体验渔文化”社会实践活动。

【林海学校2所高中校园文化】 9月至12月,林海学校开展“唱爱国歌曲助力‘五水共治’”活动;12月14日,该活动达到高潮,全校千余名师生再一次齐声高唱《大禹纪念歌》,大禹治水公而忘私、科学创新的精神深入师生的心中。11月,省教育厅公布“浙江省中小学美丽校园”入围名单,墙头镇墙头学校榜上有名。12月上旬,县音乐家协会主办神马乐队“民谣进校园”活动,表演民谣乐团校园音乐。表演先后在象山二中、象山中学进行,形式多种多样。象山中学学子组建的无畏乐队亦倾情献唱。2 所高中4000名师生观看演出。“民谣进校园”促进校园文化的发展。

【教学常规研究】 2月下旬,杭州师范大学戎庭伟教授一行到石浦镇延昌小学,就“基于海洋文化课程的实践活动课程的研究”作指导。专家组考察延昌小学为该项目建立的海洋文化实践馆、渔灯长廊、开心农场等设施,研究课题设计。尔后,对课程改革项目提出建议。5月13日,丹城二中举办“智慧大课堂 教育无边界”电子书包教学开放研讨活动。省内10个地区20所学校近100名专家、校长参加研讨。磐安实验初级中学、余杭塘栖第二中学等电子书包项目组成员展示教学成果。5月25日,杭州师范大学教育学院高振宇博士一行莅临石浦镇中心小学指导《快乐读写课程建设》教研项目,并作《快乐读写课程建设》专题讲座。

【中小学学科拓展研究】 3月28日,丹城中学举行“基于学科拓展的学生阅读研究”课改研讨会。杭州师范大学高振宇博士一行参加研讨。经研讨,校长为项目定调:行政推动、制度保障;确定框架、分解任务;全线推进、全员参与。5月19日,杭州师范大学王凯教授等专家一行到鹤浦镇中心小学,指导该校的拓展性课程建设。12月14日,象山县初中语文“拓展性课程”教学研讨活动在丹城中学举行。该次活动旨在探讨初中语文拓展性课程的开发与建设,推动初中语文拓展性课程的发展。全县100余名初中语文教师参加活动。丹城中学韦法初老师展示一堂拓展性课例——《第三只眼看李逵》。12月27日,象山县“拓展性课程”现场观摩会在延昌小学举行。观摩会的主题为“活力课堂 让每一朵浪花尽情欢腾”。与会人员观摩九位老师开设的沙画、鱼拓、贝雕等富有海洋文化特色的拓展性课程。

【中小学教学科学研究】 9月28日,杭州师范大学杨燕燕教授来到西周中学,指导该校“普通中学推进生涯教育的实践研究”课改项目。杨燕燕教授认为该项目研究跳出传统生涯教育的框架,在实践和理论的结合中有重大突破。2016年,局教科研中心、象山中学及文峰学校等单位的部分教师全面应用“互联网+”“移动互联网”备课、开展教学研究,尝试开设“网课”。9月起,应用“互联网+”开展教学研究的工作,迅速在全县各乡级以上学校展开。

【开设智慧课堂改进教学】 9月,石浦中学(原新港中学)引入“平板——智慧”教学,探索“互联网+”时代的教学方式转变和学习环境的构建,在初一年级成功部署智慧课堂硬件环境。从10月份开始在各学科陆续推出基于平板电脑的“智慧课堂”教学研究课。22日,象山县“平板智慧课堂展示研讨会”在石浦中学举行,全省20多所学校,200多名专家和教师参加研讨会。研讨活动中,语文、数学、外语、科学、历史与社会等五大学科、11位教师开设精彩的平板电脑教学展示课。课后,各学科分组进行研讨交流。下午,与会人员听取石浦中学关于智慧课堂建设情况的汇报,“施强”集团介绍 “乐课网”,杭州师范大学钱旭鸯博士阐述智慧课堂推进教学发展的新理念。

【推广“整理教学”研究成果】 5月16日,宁波市“整理教学”课题成果推广展示活动象山港书院举行,宁波市教科所所长沈海驯、各县(市)区教科所所长、教师代表100余人参与。"整理教学"是以学业整理为内容,以学生自我梳理、同伴互助、教师点拨为主要形式,建立个性化学习策略和养成可持续发展的学习习惯为主要目标的一种教学方式。复习整理课是整理教学的主要形式之一,它主要以精选的习题为载体,构建知识网络,发展思维,提升知识"迁移"的能力。象山港书院院长张宗余、教导主任王葵红分别介绍"整理教学"发展的历程及成果、"整理教学"的基本流程、整理方法等内容,并播放"整理教学"指导视频。与会教师深入初中各教室观察学生如何开展"整理学习",并与师生交流。随后,沈海驯所长认为象山港书院的创新教学法,是近几年宁波市初中不可多得的课改成果,要在全大市各初中推广。

【新港小学汉字大赛获荣誉】 因石浦镇新港小学学生在省级"汉字大赛"中取得好成绩。10月16日,宁波电视台"汉字大赛"节目组到新港小学,进行"汉字大赛"节目录制。新港小学四至六年级学生热情参与看图猜成语、成语书写、成语大战的节目录制。随后,节目录制组到操场随机采访,被采访的学生认真答题,围观的学生不时地送上鼓励的掌声,有的还调皮地进行提示。

【专家为师生作科普讲座】 5月16日,中国科学院动物研究所博士、高级工程师、中国科普作家协会会员张劲硕博士到鹤浦中学,为初一年级170余名师生作题为《动物,动之美——动物行为漫谈》的科普知识讲座。科学家进校园,传授科普知识,唤起学生热爱科学、崇尚科学的热情。

【丹城三小学生科技活动】 9月28日,丹城第三小学开展"走近创客 体验创新"科技教育日活动。全校学生参观暑期科技作品展,低年级学生开展科技观影活动,中高年级的科技爱好者聆听全国特色教育先进个人江华国老师面授的"走近创客"科学一堂课,高年级学生参加"火箭发射"和"快递薯片"科普体验项目。五六年级各班小创客代表在实验室进行现场设计和制作,随后比赛。赛后评奖。在"走近创客"科学一堂课中,150多名"小创客"学习县内近几年在全国、省市获奖的小发明项目。课堂中,"小创客"们参与提问互动,开启创新思维模式。

【中小学科技作品获奖】 1月开始,中国(象山)渔文化艺术村策划的"2016年全国鱼拓书法邀请赛及全国展"获浙江省企业组金奖。12月10日,创办的大目湾实验学校(代表队)获得"2016年DI北京国际邀请赛暨第十一届DI创新思维中国区总决赛"特别奖。12月30日,县教育局业务部门收到"全县青少年科技创新比赛"参赛的创新发明作品77件、实践总结及创新论文251篇、科幻画343幅。此日后,组织专家评奖,并选送优秀的作品参加省市比赛。

【社会职业学校的特色运动会】 11月28日,县社会职业学校举办第三届多民族学生运动会。288名运动员参加比赛,其中少数民族运动员38名,分别来自苗族、彝族、布依族等10个民族。开幕式,12人组成的少数民族方阵,学生穿着本民族的服装经过主席台前时,引来一片片喝彩;少数民族学生表演的"爱我中华"舞蹈,边防战士的擒拿格斗,业余武术学校学生表演的武术,把开幕式一次次推向高潮。

【鹤浦小学手球队成绩优秀】 5月24日,宁波《东南商报》报道:(从2009年开始)鹤浦镇中心小学引入手球,建立象山县第一支手球队,并多次登上"国赛"奖台;手球成为全校学生必学的体育项目。这所海岛小学用7年时间,完成体育特色立校之路:从无到有,从有到优。回顾象山县鹤浦镇中心小学手球特色活动之路,其中有体育老师的大胆创新,也有校长特色立校的独到眼光。7月20日至27日 国家体育总局手曲棒垒球运动管理中心、中国手球协会联合主办的2016年全国中小学学生手球锦标赛在江苏金湖举行。鹤浦镇中心小学代表队取得小学组男子乙组全国第二、女子乙组全国第四的优秀成绩。

【国内中小学教学交流】 3月3日,台湾省高雄市教育参访团19人到访象山县,以"开展教育合作,促进两岸交流"。县台办主任陆新学、县教育局副局长奚际曹介绍象山县的经济、社会、教育等情况。参访团考察象山文峰学校、丹城中学、丹城第四小学。两岸校长介绍各自的办学理念与学校情况,并交流和探讨课程建设、教育教学等议题。4月12日,宁波教育学院新疆校长培训班一行52人,到贤庠学校参观,该校富有特色的泡塑作品、风筝、三模、税收宣传、农场等引起校长们的赞叹。5月16日,新疆维吾尔自治区库车县第四中学校长一行15人,来到象山三中交流学习,双方协商签约确立帮扶、联谊关系。9月22日,台湾省高雄市英明中学校长洪杏杰等一行人到丹城中学考察、交流,双方结为友好学校。12月1日,上海市吴迅中学、江苏省苏州市第二十四中学、安徽省芜湖市第二十九中学等3所"长三角千校网络结对联盟学校"的校长及教育团队,来到文峰学校开展教学交流活动。

【国际教学交流】 3月23日,韩国海洋学院院长一行六人到石浦镇延昌小学考察校园海洋文化建设,在校海洋文化实践馆、鱼拓馆,他们被丰富的内容所吸引,看到学生制作的沙画和贝雕作品时竖起大拇指,并拍照留念。韩国崔院长还参与学生的鱼拓制作过程。4月,"2016年中美渔业双边会谈"工作小组来到宁波海洋职业技术学校参观。该小组中方代表团14人和美国商务部海洋大气局负责人罗素.史密斯团长带领的美方代表团7人。宁波海洋职业技术学校向来宾介绍渔业船员培训工作。美方代表团就渔业培训科目与内容等问题提问,中方代表团及学校给出专业、准确的回答。 10月27日至11月3日,德国劳腾巴赫市亚历山大-冯-洪堡高级文理中学的师生一行42人,在象山三中开展为期一周的中德高中学生文化交流活动。德国师生参观象山主要景区。象山三中为德国师生安排包括京剧、剪纸、书法等中国文化课程。德国学生对京剧尤感兴趣,学得有板有眼。这些在德国师生心中留下美丽的象山形象。

教育管理

【概况】 2016年,中共象山县委、县人民政府及县教育局"依法依规"管理全县各级各类学校、幼儿园。县教育局是主管全县教育事业和语言文字工作的县政府部门。各所学校、幼儿园按"教育政策法规"管理德育、教学与后勤工作。是年,经省教育厅评估验收,确认象山县为基本实现现代化县。

【县教育局内设机构】 县教育局内设:办公室、组织人事科、计划财务科(增挂审计监察室、基建办公室牌子)、普通教育科、职教成教科、督导科(增挂行政许可科牌子)、安全监督管理科(增挂综合治理办公室牌子)、学前教育管理办公室。县教育局机关按"县编委"下达的编制,配备干部和领导职数。县教育局机关行政与事业编制干部并存(内有公务员17名)。其中,局长1名,副局长4名。中共象山县教育局委员会委员5名,胡海峥任委员、党委书记。县教育局直属的行政性、公益性事业单位4家:县教育局会计核算中心、县教育局考试中心、县教育局教科研中心、县教育服务中心,编制内干部、专业技术人员及专任教师合计83人。

【教育管理体制】 2016年,中共象山县委、县人民政府继续执行国务院的指示,县、镇乡实行"分级办学以县为主"的教育行政管理体制。县教育局管理的"公办教职工",其"人员经费"县财政全额拨款、按月足额发放。县委、县政府决定,公办九年制义务教育学校基本建设及设备购置经费由县、镇乡财政按7:3比例分担,即县财政出资比例占70%;丹东、丹西街道公办小学与初级中学的招生工作,统一由县教育局负责。县教育局管理的直属学校有:电大象山分校、象山中学、象山二中、象山三中、宁波建设工程学校(县职业高级中学)、县技工学校(象山港高级技工学校)、宁波海洋职业技术学校、县外国语学校、象山文峰学校、县培智学校、县成人教育中心(县社区学院)、县素质教育实践学校。镇乡级中小学由县政府及教育局与镇乡共管 ,以县政府及教育局管理为主。

【学校管理体制】 2016年,全县各公办中小学继续实行校长负责制,校长是法人代表。中学设校长室、教务处、政教处(有的称德育处)、总务处及教科室(有的学校设研训处)。根据学校规模,设副校长1至3名。规模大的学校设校务办公室,下设年级段或年级组。年级段主任或组长负责协调本年级各项教育教学工作。民办学校,由举办者委任或自任校长,个别学校建立董事会,聘请人员管理。宁波滨海学校继续实行校董事会领导下的校长分工负责制,校内高中部、初中部分设与管理。

【校长队伍建设】 2016年，县教育局继续加强校长队伍建设，因年龄偏大，免去2所县教育局直属学校校长的职务，任命2 位较年轻的新校长。1所县教育局直属学校、4所镇乡、街道中小学校长"轮岗"。交流正副校长13人，占符合交流条件校长的100%。县教育局实施"中青年培训班——教育中坚培训班——新任校长培训班——名优校长培训班"，四级阶梯培训。通过在职培训，提高校长的素质。

【教师队伍建设】 县教育局按《中华人民共和国教师法》，完善教师招聘录用制度，制定《象山县教育局公开招聘教师工作规程》。县教育局按省、市政府人事管理部门印发的政策，实行"一校一核"的方法，再一次核定各所学校教职工的编制数，按编制数调配、交流公办教职工，使专任教师均衡配置、有序流动。是年，交流公办教师151人，其中，市县名优教师7人。分流象山港书院教师16人。一位在县中心城区后勤工作的教师主动交流到农村学校任教。依法依规跨系统、跨县（市）区调入调出教师。同时，加强师德师风建设，全员正面教育，巡查18个镇乡、街道的学校，查处违规教师9人，并通报批评有关学校。

【教育党员完善其电子信息】 5月10日，县教育局党委部署"两学一做"活动。 局党委书记、局长胡海峥强调："两学一做"，基础在学，关键在做；"学"要带着问题学，"做"要针对问题改；学得怎么样，做得是否合格，最终还要体现在推动中心工作、促进各项教育事业发展上。学校、幼儿园党组织开展"两学一做"活动。10月6日，石浦镇中心小学党支部组织"党员干部树标杆，校级干部上示范课"活动。10月12 日，石浦中学（原新港中学）党支部书记带领党员及部分非党教师开展"无偿献血活动"，该次献血3000毫升。县教育局党委完善840名中共党员的电子信息。

【学前教育行政管理】 1月，县教育局按《象山县普惠性民办幼儿园认定标准》对申报的5 所幼儿园进行考评，认定县欢乐家园幼儿园、丹东街道欢欢幼儿园为普惠性民办幼儿园。2月至6月，县教育局配合上级教育行政部门（下同）复评1所一级幼儿园（简称园）、7所二级园；其中，整改1 所民办二级园。9月至12月，复评16所三级园，初次评定县欢乐家园幼儿园、石浦镇昌国幼儿园为二级园。8月后，县教育局加强全县幼儿园尤其是民办幼儿园的安全保卫工作。县教育局要求幼儿园园长牢固树立安保意识，完善安保制度，加强日常保育与教育、膳食管理，确保在园幼儿安全。11月10日，县教育局在西周培育幼儿园举办优秀民办园开放日活动。各镇乡中心幼儿园分管辅导工作的副园长、辅导干部、各民办幼儿园园长、教师等90人参加。全体与会人员考察培育幼儿园的园所、环境，观看并研讨教育课，专题学习民办幼儿园财务及档案管理的规章。12月28日，县教育局公布"象山县三级及以下民办幼儿园"迎新年幼儿诗歌朗诵比赛获奖名单"。

【省教育厅副厅长到象山调研】 2016年1月4日至6日，省教育厅副厅长于永明一行到达象山，对象山县创建"浙江省基本实现教育现代化县"的达标情况进行督导评估。此后，省教育厅确认象山县为"浙江省基本实现教育现代化县"。

【义务段招生工作】 县教育局按《中华人民共和国义务教育法》及象山县《2016年城区小学、初中招生工作实施意见》，4月至8月，分批组织县城户籍生、家长在县城城区有住房的"房产生"、持有绿卡、营业执照、务工社保证明的子女报名登记，经审核后符合条件的予以报名入学。至8月31日，入丹城小学一年级的学生2420人；其中，户籍生1105人，"房产生"1065人。入丹城公办初中一年级的学生2032人；其中，原城区小学毕业生1851人，"房产生"113人，回城就读的37人。安排符合条件的插班生：小学150人，初中14人。招生工作"依法依规"进行。

【教育厅派组调研象山中学】 10月26日，省教育厅调研组一行6人，赴象山中学进行"省一级特色示范普通高中学校适应新高考情况"专项调研。调研组听取象山中学校长"适应新高考课程改革实践"的做法和成果汇报。随后，通过各种形式的调研后，与象山中学领导班子成员就新高考改革中遇到的困惑和问题作深入探讨。

【应用"互联网+"等技术管理】 1月，县教育局各科室、直属单位、全县乡镇级以上学校及一级幼儿园全面实施国务院颁布"互联网+"战略,应用"互联网+"管理教育行政事务、学校德育、教学与后勤工作,管理幼儿及婴儿的保育、教育工作,包括应用互联网采购部分物品。县教育局有关科室采用"云计算",各科室全面使用"大数据",应用现代信息技术管理教育与财务工作。

【中小学德育模式受肯定】 2016年,县教育局成功创建"大课程育人——中小学德育的象山模式":坚持环境育人、课程育人、队伍育人、评价育人的4种德育途径,将学生社会主义核心价值观的培育和践行工作落细、落小、落实。随后,宁波市各大媒体相继报道象山县中小学的德育成果。市委常委、宣传部部长万亚伟在《宁波日报》的一篇关于象山县中小学德育的专题报道上批示,高度肯定象山的德育模式。5月,部长万亚伟专程走访有关学校。6月,宁波市中小学德育工作现场会在象山召开,象山县在会上作典型发言。

【县教育局确认拓展性课程】 11月,全县大部分中小学开发并实施"拓展性课程"。在此基础上,经评审,县教育局确认"2016年度象山县九年义务教育学校研究开发的拓展性精品课程"26门。其中,小学课程8门,即鹤浦镇中心小学陈青松等6个教师研发的《小手球,大世界》,外国语学校方利民等5个教师的《个性快乐作文》,石浦镇中心小学叶育苗等5个教师的《我探我秀》,县实验小学董赛飞、励赛斐等教师的《乐在真味坊》,丹城第五小学高素姬、孙忠心等教师的《七彩粘土》;初中课程18门,即局教科研中心张正菲等5个教师的《PIPE阶梯语音》,余文一等5个教师的《我的家乡在大海边》,丹城中学王葵红等4个教师的《我省我学》,墙头镇墙头学校彭朋玲、章建敏的《玩转风筝》,丹城二中周林建等5个教师的《我们的节日》等等。

【中国工程院院士作讲座】 5月6日,县教育局邀请中国工程院院士、浙江大学博士生导师、软件学院院长、象山二中1973届毕业生陈纯作讲座。象山中学、象山二中、象山三中全体高三学生聆听。副县长王安静、县教育局局长胡海峥等。陈纯院士先介绍他在计算机应用领域取得的研究成果,并展示计算机嵌入式系统开发、纺织数码喷印、地毯混色数码喷印系统等研究成果。随后,他发表自己对"成功学"的思考与见解:1个人无论出生在何家庭,无论财富有多少,坚信不懈努力,一定会成为一个有成就的人。他勉励高三学生要立志如山,行事如水,与时俱进,把握住自己人生的机会,就会实现心中的梦想!

【基础教育创新发展】 1月8日,象山县基础教育创新发展的实践与理论研究工程项目启动。该项目包括课程、教法、评价、特色构建、"互联网+"、名师名校长培养等10个子课题,研究时间为3年,每年举办一次展示成果活动。该项目以合约的形式县教育局委托杭州师范大学成立项目组,对象山县的课程改革、育人模式创新、学校特色发展、名优教师培养等方面开展全面研究,把校长队伍和名优教师队伍"两支队伍"建设作为实现象山县"十三五"优质教育的重点,在"十三五"期间力求把全县的学校办得更有特色,实现教育品质和内涵飞跃发展。杭州师范大学教育学院院长童富勇及其专家团队成员、县教育局局长胡海峥及 "一校一课改"成员学校校长等70余人参加启动仪式。

【举办中小学教学展示活动】 10月13日至14日,杭州师范大学教育学院和县教育局联合举办"浙派名师进象山暨象山县名师名校长高端班"教学展示活动。18位小学、初中名教师汇教,9位专家点评,千名教师观摩、学习。10月20日至21日,浙江省名教师名校长工作站、浙派名校长发展联盟与县教育局主办,县实验小学承办的"学为中心:基于语文核心素养的阅读教学"活动在象山举行。全省各市的小学语文名教师代表及象山县语文核心素养培训班学员300人参加该次活动。参与者通过课堂教学观摩、课例研讨、专题讲座、教学论坛等途径,着力探索小学课堂教学中语文素养的发展。

【研究发展特殊教育】 10月25日,宁波市"南三县"特殊教育教学展示活动在象山县培智学校举行。活动中,县培智学校3位教师分别执教语文、数学和自闭症个训等学科。课后,交流探讨。12月8日至10日,由县培智学校承办的"宁波市特殊教育学会2016年学术年会"在象山召开。年会以"开启融合教育新征程，谱写宁波特教新发展”为主题，议程包括特殊教育经验交流、专题讲座、特殊教育发展论证等。

【落实学校安全责任与措施】 3月，县教育局与95所乡镇级以上学校及幼儿园法人代表签订《学校安全稳定综合工作目标管理责任书》和《反恐怖工作责任书》。各所学校与幼儿园层层落实工作职责。是年，为全力保障4210个学生上下学乘车安全，县、乡镇2级财政投入900万元，投入非专用校车126辆，除7辆公交专车外，119辆学生及幼儿接送车完成校车许可审秕。配齐、配全中小学与幼儿园的“物防器械”。县教育局继续加强学校与幼儿园食堂的改善升级工作，在159家学校食堂中，有144家食堂达到A、B级；推进学校食堂“阳光厨房”建设，至10月底有62家食堂达标。学校与幼儿园食堂严格把握食品采购第一关，83所食堂实行大宗物品统一配送或定点采购。

【加强安保教育与检查】 6月，县教育局再一次组织各所学校开展安全教育工作，向学生家长发出安全教育的“一封信”，邀请县红十字会干部作安全知识讲座。县教育局利用信息平台，推动安全教育实验区工作，开通学校“账号”87个，班级“账号”1872个，教师“账号”2140个。各所学校举办安全教育培训班80个，并开展“中小学学生安全千万家”教师家访活动。8月15日至19日，县教育局与乡镇、街道组成检查组，对丹东街道、丹西街道及乡镇的40所民办幼儿园进行检查，发现安全隐患122个，及时整改99个，计划整改23个，以确保幼儿园安全工作落实。

科学技术

综述

【概况】 全县科技工作树立创新、协调、绿色、开放、共享的发展理念,优化创新平台、创新主体、创新人才和创新生态,促进科技创新向现实生产力转化,完成创新型城市建设目标任务。全社会研发投入持续增加,高新技术产业发展加快,专利结构明显改善。2016年有R&D活动的企业为263家,R&D投入从2015年的9.7亿元增加到2016年的10.94亿元,同比上升12.78%。规上企业开展的科技项目数791项,全部科技项目经费支出8.25亿。2016年新增国家高新技术企业9家、市级创新型初创企业133家、县科技型小微企业48家。实现高新技术产值206.6亿元;高新技术产值增速高于规上工业产值增速2.4个百分点。完成高新技术产业增加值40.96亿元,高新技术产业增加值增速高于规上工业产值增加值增速1.4个百分点。县高新技术产业产值占工业总产值比重达35.4%。新增省级企业工程技术中心3家,市级以上企业研究院3家,市级企业工程技术中心8家,县级企业工程技术中心37家。申请专利3606件,授权专利2175件;其中申请发明专利434件,授权发明专利134件。专利授权总量减少,发明专利授权量增加,知识产权结构逐步优化。

完成"科技创新与人才"一号课题调研,召开科技创新与人才工作会议,表彰奖励2014-2015年县科学技术奖16项。县主要领导多次赴科技局及县科创中心开展调研指导,加大政策扶持力度,出台《关于实施创新驱动战略推进大众创业万众创新的若干意见》及《象山县科技金融专项资金使用管理办法》《象山县科技创新券推广应用实施办法(试行)》等配套政策。针对科技资金碎片化和科技项目聚焦不够等问题,建立科技项目经费后补助制度,出台《象山县科技计划项目经费后补助管理办法》。按照环境托起平台、平台聚集要素、要素吸引人才的思路,2016年,科技孵化用房整体达到3万平方米以上,在孵企业150家,出园企业12家。依托县现有优势条件以及广泛的社会资源,吸纳集聚一批创客服务机构和专业人才,新建"橙堡""千象"服装设计创客空间正式运营。其中"橙堡"创客空间,从11月份正式运行以来,聚集科技项目18个,其中5个项目注册公司,3个转入孵化器孵化。

【召开全县科技创新暨人才工作会议】 11月28日,县隆重召开全县科技创新暨人才工作会议。县委书记叶剑鸣在会上强调,要把科技创新和人才工作摆在经济发展全局的核心位置,深入实施创新驱动发展战略,海纳百川聚人才,勇立潮头强创新,为象山振兴崛起提供强大动力和根本支撑。县委副书记、县长黄焕利主持会议。会议表彰县科技创新和人才工作各类先进。西周镇、经济开发区和乐惠国际、宏润建设、旭文海藻、云朵网络等4家公司在会上作交流发言。县领导,县法检两长,县人大、政协委办主任,县级各部门主要负责人;县科技局、人力社保局、经信局班子成员;各镇乡党委(街道党工委)书记,镇乡长(办事处主任),分管工业、农(渔)业负责人;县各类企业及人才代表等参加会议。

表66　2016年象山县科技创新暨人才获奖名单一览

序号	获 奖 名 单	奖 项 类 别
1	"红美人"柑橘研发及产业化推广团队(陈子敏、顾明祥、徐阳、杨荣曦、洪丹丹)	象山县科技创新特别奖
2	宁波锦浪新能源科技股份有限公司(王一鸣)	象山县科技创新特别奖
3	宁波华翔电子股份有限公司	象山县科技创新领军企业
4	宁波申菱电梯配件有限公司	象山县科技创新领军企业
5	宁波天安(集团)股份有限公司	象山县科技创新领军企业
6	宁波日星铸业有限公司	象山县科技创新领军企业
7	宁波合力模具科技股份有限公司	象山县科技创新领军企业
8	宁波戴维医疗器械股份有限公司	象山县科技创新领军企业
9	宁波乐惠国际工程装备股份有限公司	象山县科技创新领军企业
10	浙江启鑫新能源科技股份有限公司	象山县科技创新领军企业
11	宁波锦浪新能源科技股份有限公司	象山县科技创新领军企业
12	浙江钰烯腐蚀控制股份有限公司	象山县科技创新领军企业
13	龙元建设集团股份有限公司	象山县科技创新领军企业
14	宏润建设集团股份有限公司	象山县科技创新领军企业
15	高效单/多晶硅太阳能电池组件(浙江启鑫新能源科技股份有限公司)	象山县科技创新十大新产品
16	19900吨双相不锈钢化学品船(浙江新乐造船有限公司)	象山县科技创新十大新产品
17	船用导航探测雷达(宁波盛洋电子科技有限公司)	象山县科技创新十大新产品
18	7070贴片光引擎模组(宁波美亚光电科技有限公司)	象山县科技创新十大新产品
19	YP-3000婴儿培养箱(宁波戴维医疗器械股份有限公司)	象山县科技创新十大新产品
20	光伏发电用组合式变压器(宁波天安(集团)股份有限公司)	象山县科技创新十大新产品
21	光学扩散基膜(宁波勤邦新材料科技有限公司)	象山县科技创新十大新产品
22	卧式螺旋卸料沉降离心机(海申机电总厂)	象山县科技创新十大新产品
23	大黄鱼"东海1号"(象山港湾水产育种有限公司)	象山县科技创新十大新产品
24	象山白鹅及深加工系列产品(象山曙海大白鹅食品有限公司)	象山县科技创新十大新产品
25	浙江高校产学研联盟象山中心	象山县科技创新先进服务单位
26	浙江大学象山技术转移中心	象山县科技创新先进服务单位
27	宁波工程学院象山研究院	象山县科技创新先进服务单位
28	象山众汇科技咨询有限公司	象山县科技创新先进服务单位
29	中国银行象山支行	象山县科技创新先进服务单位

续表66

序号	获奖名单		奖项类别
30	县水产技术推广站		象山县科技创新先进服务单位
31	县林业特产技术推广中心		象山县科技创新先进服务单位
32	许　颇	宁波锦浪新能源科技股份有限公司	半岛英才—杰出科技人才
33	李涵军	宏润建设集团股份有限公司	半岛英才—杰出科技人才
34	朱文荣	象山旭文海藻开发有限公司	半岛英才—杰出科技人才
35	戴晓勇	宁波沪港食品机械制造有限公司	半岛英才—杰出科技人才
36	刘长军	县水产技术推广站	半岛英才—杰出科技人才
37	陈淑芳	县畜牧兽医总站	半岛英才—杰出科技人才
38	陆世栋	宁波云朵网络科技股份有限公司	半岛英才—杰出科技人才
39	陈家伦	宁波华翔东方电力机具有限公司	半岛英才—杰出科技人才
40	吴喜海	宁波骏嘉重型机械制造有限公司	半岛英才—杰出科技人才
41	石瑞君	宁波三安制阀有限公司	半岛英才—杰出科技人才
42	姚　杰	宁波合力模具科技股份有限公司	半岛英才—杰出科技人才
43	耿前程	宁波强盛机械模具有限公司	半岛英才—杰出科技人才
44	张林楠	宁波飞润海洋生物科技股份有限公司	半岛英才—杰出科技人才
45	王兆伟	宁波浮田生物技术有限公司	半岛英才—创业新秀
46	王晓娟	宁波格鲁康生物科技有限公司	半岛英才—创业新秀
47	潘承志	宁波英马信息科技有限公司	半岛英才—创业新秀
48	诸　辉	宁波希诺亚生物科技有限公司	半岛英才—创业新秀
49	周剑敏	宁波润德机械制造有限公司	半岛英才—创业新秀
50	陈雷光	宁波翔神生化有限公司	半岛英才—创业新秀
51	聂文华	宁波目的地旅行社有限公司	半岛英才—创业新秀
52	胡祖广	宁波莫宁森家庭农场有限公司	半岛英才—创业新秀
53	李中祥	宁波凯勒电气有限公司	半岛英才—创业新秀
54	李秀亮	宁波三泰照明电器有限公司	半岛英才—创业新秀
55	曹　欢	宁波橙堡品牌管理有限公司	半岛英才—创业新秀
56	李　科	宁波弗凡科技有限公司	半岛英才—创业新秀
57	姬海鹰	宁波时光坐标影视传媒有限公司	半岛英才—创业新秀
58	周林东	宁波合力模具科技股份有限公司	半岛英才—经营管理优秀人才
59	张建中	宁波日星铸业有限公司	半岛英才—经营管理优秀人才
60	杨祥之	宁波申菱电梯配件有限公司	半岛英才—经营管理优秀人才
61	石　磊	宁波三安制阀有限公司	半岛英才—经营管理优秀人才

续表66

序号	获奖名单		奖项类别
62	胡建雄	宁波诗兰姆汽车零部件有限公司	半岛英才—经营管理优秀人才
63	涂序斌	宁波威霖住宅设施有限公司	半岛英才—经营管理优秀人才
64	刘文忠	浙江新乐造船有限公司	半岛英才—经营管理优秀人才
65	鲁永江	浙江良和建设有限公司	半岛英才—经营管理优秀人才
66	周可刚	宁波松兰山海景大酒店有限公司	半岛英才—经营管理优秀人才
67	马至聪	宁波劳伦斯表面有限公司	半岛英才—经营管理优秀人才
68	石维坚	日升集团有限公司	半岛英才—经营管理优秀人才
69	吴海鹰	宁波中瑞进出口有限公司	半岛英才—经营管理优秀人才
70	谢光辉	宁波飞日水产实业有限公司	半岛英才—经营管理优秀人才
71	林　营	宁波甬南针织有限公司	半岛英才—经营管理优秀人才

【“科技创新与人才”作为县委一号调研课题】 2016年，“科技创新与人才”作为县委一号调研课题进行重点研究。根据方案安排，整个调研活动分为前期调研、政策研究、召开大会3个阶段，通过对全县科技创新与人才的资源、政策、制度、环境等方面进行系统梳理，研究提出新形势下科技创新与人才工作的政策举措。其中前期调研阶段，共抽调有关单位精干力量及专家学者60余人，分全面创新改革试验、产教融合发展、科技创新平台、优化人才生态环境等7个调研小组对县科技创新与人才进行全面调查分析，为下步制定政策做好准备。

科技组织

【新认定高新技术企业】 通过实施“智团创业”计划、高新技术企业培育、科技型小微企业培育、企业研发机构建设等各种有效手段，推进以企业为主体的科技创新体系建设。2016年新增9家高新技术企业。

表67

序号	企业名称	认定文件
1	宁波天顺电气有限公司	甬高企认领[2016]2号
2	象山博宇汽车模塑制造有限公司	甬高企认领[2016]2号
3	宁波枫康生物科技有限公司	甬高企认领[2016]2号
4	象山同家模具制造有限公司	甬高企认领[2016]2号
5	宁波华众塑料制品有限公司	甬高企认领[2016]2号
6	宁波和信制药设备有限公司	甬高企认领[2016]2号
7	宁波亚大金属表面处理有限公司	甬高企认领[2016]2号
8	宁波高盛模具制造有限公司	甬高企认领[2016]2号
9	宁波象山华盛塑胶制品有限公司	甬高企认领[2016]2号

【新批准133家市级创新型初创企业】 结合"大众创业、万众创新"新形势及当地实际,支持创新型初创企业发展,为调整和优化县产业结构,新增市级创新型初创企业133家。

表68

序号	企业名称	认定文件
1	宁波明欣模具科技有限公司	甬科高〔2016〕49号
2	宁波德克尔运输设备有限公司	甬科高〔2016〕49号
3	宁波裕天海洋生物科技有限公司	甬科高〔2016〕49号
4	象山蓝尚海洋科技有限公司	甬科高〔2016〕49号
5	浙江中星海洋生物科技有限公司	甬科高〔2016〕49号
6	宁波龙康塑料科技有限公司	甬科高〔2016〕49号
7	宁波大舜传动机械有限公司	甬科高〔2016〕49号
8	宁波维楷化学有限公司	甬科高〔2016〕49号
9	宁波顺和模具制造有限公司	甬科高〔2016〕49号
10	宁波畅易行电动车科技有限公司	甬科高〔2016〕49号
11	宁波格鲁康生物科技有限公司	甬科高〔2016〕49号
12	象山海恒塑业有限公司	甬科高〔2016〕49号
13	宁波兴永汽车部件有限公司	甬科高〔2016〕49号
14	宁波立翔汽车零部件有限公司	甬科高〔2016〕82号
15	宁波嘉亿环保科技有限公司	甬科高〔2016〕82号
16	象山酋赞工艺制品有限公司	甬科高〔2016〕82号
17	象山盛发海绵复合有限公司	甬科高〔2016〕82号
18	宁波楚博通用科技有限公司	甬科高〔2016〕82号
19	宁波力拓普传动科技有限公司	甬科高〔2016〕82号
20	宁波新龙泰文具有限公司	甬科高〔2016〕82号
21	象山卓盛汽车零部件有限公司	甬科高〔2016〕82号
22	宁波沪泰食品机械制造有限公司	甬科高〔2016〕82号
23	宁波飞洋渔具有限公司	甬科高〔2016〕82号
24	象山宁越模具有限公司	甬科高〔2016〕82号
25	宁波瑞德能源股份有限公司	甬科高〔2016〕82号
26	象山东翔机电有限公司	甬科高〔2016〕82号
27	象山康源模塑有限公司	甬科高〔2016〕82号
28	象山润泽交通设施有限公司	甬科高〔2016〕82号
29	宁波博登汽车零部件制造有限公司	甬科高〔2016〕82号

续表68

序号	企业名称	认定文件
30	象山县西周溢雄模塑厂	甬科高〔2016〕82号
31	象山成添数控机械厂	甬科高〔2016〕82号
32	宁波海之源生物科技有限公司	甬科高〔2016〕82号
33	宁波博报门窗有限公司	甬科高〔2016〕82号
34	象山时利模塑有限公司	甬科高〔2016〕82号
35	宁波盛韵汽配科技有限公司	甬科高〔2016〕82号
36	宁波华翔东方电力机具有限公司	甬科高〔2016〕82号
37	宁波钜亿利实业有限公司	甬科高〔2016〕82号
38	宁波博琤家居制品有限公司	甬科高〔2016〕82号
39	象山科瑞德液压有限公司	甬科高〔2016〕82号
40	象山涂茨翔鹰母粒厂	甬科高〔2016〕82号
41	宁波建东电器有限公司	甬科高〔2016〕82号
42	宁波欣美医疗器械有限公司	甬科高〔2016〕82号
43	宁波管康智能科技有限公司	甬科高〔2016〕82号
44	宁波稳泰机械制造有限公司	甬科高〔2016〕82号
45	宁波百声特电子有限公司	甬科高〔2016〕82号
46	象山众汇科技咨询有限公司	甬科高〔2016〕82号
47	象山一方环保设备有限公司	甬科高〔2016〕82号
48	宁波擎世机械科技有限公司	甬科高〔2016〕82号
49	象山银龙泵阀有限公司	甬科高〔2016〕82号
50	宁波海鼎水产饲料有限公司	甬科高〔2016〕82号
51	象山跨海机械有限公司	甬科高〔2016〕82号
52	宁波欧亿泵业制造有限公司	甬科高〔2016〕82号
53	宁波晨升光电科技有限公司	甬科高〔2016〕82号
54	象山安翔源机械制造有限公司	甬科高〔2016〕82号
55	宁波吉聚生物科技有限公司	甬科高〔2016〕82号
56	宁波鑫舒机械设备制造有限公司	甬科高〔2016〕82号
57	宁波车佳轩停车设备有限公司	甬科高〔2016〕82号
58	宁波天科微新风智能科技有限公司	甬科高〔2016〕82号
59	宁波力康节能科技有限公司	甬科高〔2016〕82号
60	浙江博华德高铁线缆有限公司	甬科高〔2016〕82号

续表68

序号	企业名称	认定文件
61	宁波海博士特医食品科技有限公司	甬科高〔2016〕82号
62	宁波弗凡科技有限公司	甬科高〔2016〕82号
63	宁波天胜智能科技有限公司	甬科高〔2016〕82号
64	浙江瑞科环保科技有限公司	甬科高〔2016〕82号
65	象山腾豹电子有限公司	甬科高〔2016〕82号
66	宁波立翔交通设施有限公司	甬科高〔2016〕82号
67	浙江孚邦科技有限公司	甬科高〔2016〕82号
68	象山日顺机械有限公司	甬科高〔2016〕82号
69	宁波众兴液压机械有限公司	甬科高〔2016〕82号
70	宁波象山甬恒专利代理事务所(普通合伙)	甬科高〔2016〕82号
71	宁波能塑汽车部件有限公司	甬科高〔2016〕82号
72	宁波澳谷农业发展有限公司	甬科高〔2016〕82号
73	宁波华启轴承有限公司	甬科高〔2016〕82号
74	宁波金钇通信科技有限公司	甬科高〔2016〕87号
75	象山广源船舶配件有限公司	甬科高〔2016〕87号
76	象山汇力塑业有限公司	甬科高〔2016〕87号
77	象山明达缝纫设备有限公司	甬科高〔2016〕87号
78	宁波鑫泽电器有限公司	甬科高〔2016〕87号
79	象山同茂灯饰制品厂	甬科高〔2016〕87号
80	宁波壁美建材有限公司	甬科高〔2016〕87号
81	宁波德远洁具有限公司	甬科高〔2016〕87号
82	宁波联航消防器材有限公司	甬科高〔2016〕87号
83	宁波森业制衣有限公司	甬科高〔2016〕87号
84	象山新晶美义齿加工厂	甬科高〔2016〕87号
85	象山宏吉机械制造有限公司	甬科高〔2016〕87号
86	宁波汇能机械设备有限公司	甬科高〔2016〕87号
87	宁波永升炭素科技有限公司	甬科高〔2016〕87号
88	宁波中啤机械有限公司	甬科高〔2016〕87号
89	宁波达浦机电有限公司	甬科高〔2016〕87号
90	象山同舟塑料制品有限公司	甬科高〔2016〕87号
91	宁波开员塑业科技有限公司	甬科高〔2016〕87号

续表68

序号	企业名称	认定文件
92	宁波夏腾电镀有限公司	甬科高〔2016〕87号
93	象山超普渔具配件厂	甬科高〔2016〕87号
94	宁波鑫通电镀有限公司	甬科高〔2016〕87号
95	象山华青电力机具厂	甬科高〔2016〕87号
96	宁波虎符滚塑科技有限公司	甬科高〔2016〕87号
97	象山中旭涂料有限公司	甬科高〔2016〕87号
98	象山鹤浦万国船用设备厂	甬科高〔2016〕87号
99	象山金煜橡胶制品有限公司	甬科高〔2016〕87号
100	象山安信钢丝绳有限公司	甬科高〔2016〕87号
101	象山金前机械有限公司	甬科高〔2016〕87号
102	象山西周海达塑料制品厂	甬科高〔2016〕87号
103	宁波市鼎力引达电池配件有限公司	甬科高〔2016〕87号
104	宁波君联电子有限公司	甬科高〔2016〕87号
105	宁波双人装饰有限公司	甬科高〔2016〕87号
106	宁波凯博塑业有限公司	甬科高〔2016〕87号
107	宁波安丰化工有限公司	甬科高〔2016〕87号
108	宁波顺能机械有限公司	甬科高〔2016〕87号
109	宁波绿和盛环保科技有限公司	甬科高〔2016〕87号
110	宁波法纳默尔控制科技有限公司	甬科高〔2016〕87号
111	宁波伟松船舶机械有限公司	甬科高〔2016〕87号
112	象山明利金属制品有限公司	甬科高〔2016〕87号
113	宁波天晟照明电器有限公司	甬科高〔2016〕87号
114	宁波国利家居有限公司	甬科高〔2016〕87号
115	宁波日恒食品有限公司	甬科高〔2016〕87号
116	象山俊析模具厂	甬科高〔2016〕87号
117	宁波五定澳谷钢结构有限公司	甬科高〔2016〕87号
118	象山艺成电气有限公司	甬科高〔2016〕87号
119	象山永乐通信科技有限公司	甬科高〔2016〕87号
120	宁波新金节能设备有限公司	甬科高〔2016〕87号
121	象山开禧门业制造厂	甬科高〔2016〕87号
122	宁波科锂特电池配件有限公司	甬科高〔2016〕87号

续表68

序号	企业名称	认定文件
123	宁波石原金牛化工有限公司	甬科高〔2016〕87号
124	飞科达理智能科技股份有限公司	甬科高〔2016〕87号
125	宁波润烨机械有限公司	甬科高〔2016〕87号
126	宁波恒劲联合工程装备发展有限公司	甬科高〔2016〕87号
127	象山科墨电子有限公司	甬科高〔2016〕87号
128	象山建生堂医学研究院	甬科高〔2016〕87号
129	宁波忠建环保科技有限公司	甬科高〔2016〕87号
130	宁波威德湃机械制造有限公司	甬科高〔2016〕87号
131	浙江子居坊科技有限公司	甬科高〔2016〕87号
132	象山鹤浦忠宏纸箱厂	甬科高〔2016〕87号
133	象山锐工机械厂	甬科高〔2016〕87号

【新批准48家县科技型小微企业】 贯彻落实国家和省、市支持科技型小微企业健康发展的各项政策,县新增科技型小微企业48家。

表69

序号	企业名称	认定文件
1	宁波德永机械有限公司	象科〔2016〕23号
2	宁波耐森电气科技有限公司	象科〔2016〕23号
3	宁波宏普机械制造有限公司	象科〔2016〕23号
4	宁波维楷化学有限公司	象科〔2016〕23号
5	浙江忠建消防科技有限公司	象科〔2016〕23号
6	宁波明欣模具科技有限公司	象科〔2016〕23号
7	象山欧沃得电子有限公司	象科〔2016〕23号
8	宁波裕兰信息科技有限公司	象科〔2016〕23号
9	宁波双人新材料有限公司	象科〔2016〕23号
10	宁波众发机械模具有限公司	象科〔2016〕23号
11	宁波润德机械制造有限公司	象科〔2016〕23号
12	宁波才宝家居科技有限公司	象科〔2016〕23号
13	象山荣升智能科技有限公司	象科〔2016〕23号
14	宁波市乾图机电科技有限公司	象科〔2016〕23号
15	象山天鱼机械设备有限公司	象科〔2016〕23号

续表69

序号	企 业 名 称	认 定 文 件
16	宁波凯元自动化设备有限公司	象科〔2016〕23号
17	宁波欧乐机械有限公司	象科〔2016〕23号
18	宁波伟辉磁业有限公司	象科〔2016〕23号
19	宁波海腾新材料有限公司	象科〔2016〕23号
20	象山医疗精密仪器有限公司	象科〔2016〕23号
21	象山中宇模具有限公司	象科〔2016〕23号
22	宁波搏莱电子有限公司	象科〔2016〕23号
23	宁波美亚光电科技有限公司	象科〔2016〕23号
24	象山美久装饰有限公司	象科〔2016〕23号
25	宁波高盛模具制造有限公司	象科〔2016〕23号
26	象山蓝越食品机械制造有限公司	象科〔2016〕36号
27	宁波市诚邦创意汽车用品有限公司	象科〔2016〕36号
28	宁波华子制药设备制造有限公司	象科〔2016〕36号
29	宁波百易汽车部件有限公司	象科〔2016〕36号
30	宁波凯利汽车部件制造有限公司	象科〔2016〕36号
31	宁波科镭汽车零部件有限公司	象科〔2016〕36号
32	宁波博金电力设备有限公司	象科〔2016〕36号
33	宁波肯菲特电子科技有限公司	象科〔2016〕36号
34	象山易锻精密机械有限公司	象科〔2016〕36号
35	宁波欧特传动技术有限公司	象科〔2016〕36号
36	朗亿德电气股份有限公司	象科〔2016〕36号
37	宁波艾文特汽车零部件有限公司	象科〔2016〕36号
38	宁波依本立流体装备制造有限公司	象科〔2016〕36号
39	宁波易捷环卫设备有限公司	象科〔2016〕36号
40	象山鼎基机械制造有限公司	象科〔2016〕36号
41	宁波龙康塑料科技有限公司	象科〔2016〕36号
42	宁波明宇汽车部件有限公司	象科〔2016〕36号
43	宁波诚铭模具有限公司	象科〔2016〕36号
44	象山锦佳模业有限公司	象科〔2016〕36号
45	宁波锐智电力设备制造有限公司	象科〔2016〕36号
46	象山县海达机械制造有限公司	象科〔2016〕36号

续表69

序号	企业名称	认定文件
47	宁波盛洋电子科技有限公司	象科〔2016〕36号
48	宁波海辰液压有限公司	象科〔2016〕36号

【新批准3家省级企业工程技术中心】 县贯彻落实支持企业研发机构建设的方针，2016年，建立研发机构—省级企业工程技术中心3家。

表70

序号	企业名称	认定文件
1	日星铸业大型风电关键零部件铸造省级高新技术企业研究开发中心(宁波日星铸业有限公司)	浙科发条〔2016〕225号
2	宁波乐惠啤酒饮料工程装备省级高新技术企业研究开发中心(宁波乐惠国际工程装备股份有限公司)	浙科发条〔2016〕225号
3	钰烯电化学腐蚀控制省级高新技术企业研究开发中心(浙江钰烯腐蚀控制股份有限公司)	浙科发条〔2016〕225号

【新批准3家市级以上企业研究院】

表71

序号	企业名称	认定文件
1	宁波申菱智能电梯部件研究院(宁波申菱电梯配件有限公司)	甬科高〔2017〕11号
2	宁波乐惠饮料工程装备研究院(宁波乐惠国际工程装备股份有限公司)	甬科高〔2017〕11号
3	宁波合力铸造模具设计研究院(宁波合力模具科技股份有限公司)	甬科高〔2017〕11号

【新批准8家市级企业工程技术中心】

表72

序号	企业名称	认定文件
1	宁波同家精密铸造模具工程(技术)中心(象山同家模具制造有限公司)	甬科高〔2017〕12号
2	宁波天星汽配工程(技术)中心(象山天星汽配有限责任公司)	甬科高〔2017〕12号
3	宁波双鱼食品机械工程(技术)中心(象山双鱼轻工机械有限公司)	甬科高〔2017〕12号
4	宁波运生汽车零部件工程(技术)中心(宁波运生工贸有限公司)	甬科高〔2017〕12号
5	宁波天互电器工程(技术)中心(宁波天互电器有限公司)	甬科高〔2017〕12号
6	宁波康达电子工程(技术)中心(宁波康达电子有限公司)	甬科高〔2017〕12号
7	宁波华翔汽车饰件工程(技术)中心(宁波华翔汽车饰件有限公司)	甬科高〔2017〕12号
8	宁波贝德尔电讯电机工程(技术)中心(宁波贝德尔电讯电机有限公司)	甬科高〔2017〕12号

【新批准37家县级企业工程技术中心】

表73

序号	企 业 名 称	认 定 文 件
1	宁波盛洋导航雷达工程(技术)中心(宁波盛洋电子科技有限公司)	象科〔2016〕24号
2	浙江新乐特种船舶工程(技术)中心(浙江新乐造船有限公司)	象科〔2016〕24号
3	宁波希诺亚海洋生物工程(技术)中心(宁波希诺亚海洋生物科技有限公司)	象科〔2016〕24号
4	宁波裕天海洋生物工程(技术)中心(宁波裕天海洋生物科技有限公司)	象科〔2016〕24号
5	宁波天顺电气工程(技术)中心(宁波天顺电气有限公司)	象科〔2016〕24号
6	宁波华昊汽车饰件工程(技术)中心(宁波华昊汽车饰件有限公司)	象科〔2016〕24号
7	宁波耐森电气工程(技术)中心(宁波耐森电气科技有限公司)	象科〔2016〕24号
8	宁波甬菲特电子工程(技术)中心(宁波甬菲特电子科技有限公司)	象科〔2016〕24号
9	宁波尚谢恩工具工程(技术)中心(宁波尚谢恩工具制造有限公司)	象科〔2016〕24号
10	宁波镭纳涂层工程(技术)中心(宁波镭纳涂层技术有限公司)	象科〔2016〕24号
11	宁波劳伦斯表面技术工程(技术)中心(宁波劳伦斯表面技术有限公司)	象科〔2016〕24号
12	宁波东方盛大废气处理工程(技术)中心(宁波东方盛大环保科技有限公司)	象科〔2016〕24号
13	象山蓝尚水产养殖工程(技术)中心(象山蓝尚海洋科技有限公司)	象科〔2016〕24号
14	象山勤邦新材料工程(技术)中心(宁波勤邦新材料科技有限公司)	象科〔2016〕47号
15	宁波明宇汽车部件工程(技术)中心(宁波明宇汽车部件有限公司)	象科〔2016〕47号
16	象山德克尔运输设备工程(技术)中心(宁波德克尔运输设备有限公司)	象科〔2016〕47号
17	宁波卓艺家纺工程(技术)中心(宁波卓艺家纺有限公司)	象科〔2016〕47号
18	象山松亚汽车模塑工程(技术)中心(宁波松亚汽车模塑有限公司)	象科〔2016〕47号
19	宁波泉水生物科技工程(技术)中心(宁波泉水生物科技有限公司)	象科〔2016〕47号
20	象山求新汽车零部件工程(技术)中心(象山求新机械实业有限公司)	象科〔2016〕47号
21	宁波欧特传动工程(技术)中心(宁波欧特传动技术有限公司)	象科〔2016〕47号
22	象山百宏模具工程(技术)中心 (宁波百宏模具有限公司)	象科〔2016〕47号
23	宁波振和墙体材料工程(技术)中心(宁波振和新型墙体材料有限公司)	象科〔2016〕47号
24	宁波德永机械工程(技术)中心(宁波德永机械有限公司)	象科〔2016〕47号
25	宁波明欣模具工程(技术)中心(宁波明欣模具科技有限公司)	象科〔2016〕47号
26	宁波远翔食品工程(技术)中心(宁波远翔食品有限公司)	象科〔2016〕47号
27	宁波宏普机械制造工程(技术)中心(宁波宏普机械制造有限公司)	象科〔2016〕47号
28	象山兴驰液压润滑工程(技术)中心(象山兴驰液压润滑有限公司)	象科〔2016〕47号
29	浙江忠建消防器具工程(技术)中心(浙江忠建消防科技有限公司)	象科〔2016〕47号

续表73

序号	企业名称	认定文件
30	宁波三耀照明(工程)技术中心(宁波三耀照明电器有限公司)	象科〔2016〕47号
31	宁波锐智电力设备工程(技术)中心(宁波锐智电力设备制造有限公司)	象科〔2016〕47号
32	宁波依本立流体装备工程(技术)中心(宁波依本立流体装备制造有限公司)	象科〔2016〕47号
33	象山华洋机床附件工程(技术)中心(象山华洋机床附件厂)	象科〔2016〕47号
34	宁波畅易行电动车工程(技术)中心(宁波畅易行电动车科技有限公司)	象科〔2016〕47号
35	宁波凯元电器科技工程(技术)中心(宁波凯元电器有限公司)	象科〔2016〕47号
36	宁波博生机电工程(技术)中心(宁波博生机电科技有限公司)	象科〔2016〕47号
37	宁波翔神生化工程(技术)中心(宁波翔神生化有限公司)	象科〔2016〕47号

【列入宁波市重大(重点)科技专项】 为协同攻关的方式开展研发创新,支撑和引领经济转型升级,2家企业的2个项目被列入宁波市重大科技专项(项目)。

表74

序号	项目名称	企业名称	认定文件
1	N型双面高效单晶硅太阳电池的研发和产业化应用	浙江启鑫新能源科技股份有限公司	甬科计〔2016〕60号
2	基于循环水设施的石斑鱼工厂化养殖关键技术集成与示范	象山牧渔人水产有限公司 省海洋水产研究所 等	甬科计〔2016〕29号

科学技术

【获得市级以上科技经费补助1738万元】 通过调研、走访企业,制定完善科技创新政策,发挥政策杠杆作用,最大限度激发全社会的创新创业活力。针对科技资金碎片化和科技项目聚焦不够等问题,建立科技项目经费后补助制度,出台《象山县科技计划项目经费后补助管理办法》,调整优化科技项目过程管理,把创新资源与要素聚焦主导产业、聚焦主攻方向,实现科技资金绩效最大化。2016年共实施后补助的项目70项,补助金额503万元。全年实施科技项目106项,争取到市级以上科技经费1738万元。

【获得国家授权专利】 围绕"创新"二字在技术以及管理层面上改进,定期组织企业负责人、技术部门负责人、专利管理人员展开科技项目申报、科技统计、知识产权服务平台推广应用等培训及讲座,落实专利扶持政策,提高企业科技专利意识,做好专利维权等工作。通过加强镇乡街道科技联络员队伍建设,发挥科技联络员作用,摸清企业的技术难题和对科技项目的实际需求等,帮助企业解决项目申报、查询、专利申请、各类重大专项申报中遇到的困难和问题,开展企业产学研对接等工作。2016年,全年申请专利3606件,授权专利2175件;其中申请发明专利434件,授权发明专利134件,同比分别增长24.4%和34.0%。专利授权总量减少,发明专利授权量增加,这表明县知识产权结构逐步优化。

表75　　2016年象山县获国家、省、市际科技计划项目一览

序号	企 业 名 称	承 担 单 位	项 目 类 别	文　号
1	工业化与信息化融合的南美白对虾优质养殖共性关键技术研究	象山红升水产养殖有限公司 浙江工商大学等	2015市农业攻关-结转	甬科计〔2016〕27号
2	蝇蛆优化处理生活垃圾技术的应用与示范	象山骏鑫生态农业有限公司	农业创新创业验收项目	甬科计〔2016〕27号
3	杨梅产地快速预冷及低碳贮运产业化示范	象山智永果蔬专业合作社	农业创新创业验收项目	甬科计〔2016〕27号
4	“上野”蜜橘完熟栽培技术推广及产业化示范	象山青杲水果专业合作社	农业创新创业验收项目	甬科计〔2016〕27号
5	柑橘皮渣制备纳塔关键技术研究与示范	宁波紫源食品有限公司	农业创新创业验收项目	甬科计〔2016〕27号
6	根域限制技术栽培“鄞红”葡萄研究与示范	宁波绿苑农业开发有限公司	农业创新创业验收项目	甬科计〔2016〕27号
7	蜜蜂优质高产技术示范与推广	象山农晶果蔬专业合作社	农业创新创业验收项目	甬科计〔2016〕27号
8	浒苔产业化利用关键技术研究与示范	象山旭文海藻开发有限公司	农业创新创业验收项目	甬科计〔2016〕27号
9	规模猪场猪舍环境调控关键技术集成与示范	象山王世登生猪养殖基地	农业创新创业验收项目	甬科计〔2016〕27号
10	亚临界流体萃取与酶解耦合法生产鱼油鱼膏产业化示范	宁波飞润海洋生物科技有限公司	农业创新创业验收项目	甬科计〔2016〕27号
11	缢蛏高产良种培育及优质苗种规模化生产技术开发与示范	宁波甬盛水产种业有限公司	富民两创项目验收结转	甬科计〔2016〕27号
12	“晴姬”杂柑优质栽培技术推广及产业化示范	象山合心果蔬专业合作社	富民两创项目验收结转	甬科计〔2016〕27号
13	鹅肉深加工及其副产物综合利用技术示范	象山曙海大白鹅食品有限公司	富民两创项目验收结转	甬科计〔2016〕27号
14	城镇生活污泥林业利用关键技术研究与示范	象山盛翔果业科技有限公司	富民两创项目验收结转	甬科计〔2016〕27号
15	杨梅避雨栽培关键技术研究及产业化应用示范	宁波蓬莱珠光生态农业有限公司	2016科技富民	甬科计〔2016〕29号
16	日本鬼鲉苗种繁育关键技术研发	象山港湾水产苗种有限公司	2016科技富民	甬科计〔2016〕29号
17	设施化养殖浒苔系统的研究与示范	象山旭文海藻开发有限公司	科技富民	甬科计〔2016〕29号
18	“春香”等优质杂柑新品种引种及示范推广	象山晓塘兴达果蔬专业合作社	科技富民	甬科计〔2016〕29号
19	功能益生菌发酵风味海产品关键技术攻关及示范	宁波飞润海洋生物科技有限公司	科技富民	甬科计〔2016〕29号

续表75

序号	企业名称	承担单位	项目类别	文号
20	“甬越1号”等早熟新品甜瓜及其配套栽培技术研究与示范	象山秋红果蔬专业合作社	科技富民	甬科计〔2016〕29号
21	配方肥料研制及示范推广	象山龙邦生态农业有限公司	科技富民	甬科计〔2016〕29号
22	铁皮石斛的培育繁殖技术引进及铁皮枫斗药制产品应用	宁波神乙草生物科技有限公司	科技富民	甬科计〔2016〕29号
23	南美白对虾肠孢虫病诊断、危害及防控技术研究	象山蓝尚海洋科技有限公司 宁波大学等	2016科技富民	甬科计〔2016〕29号
24	小黄鱼人工繁育及网箱养殖技术开发与示范	象山一桥水产养殖专业合作社、省海洋水产研究所 等	2016科技富民	甬科计〔2016〕29号
25	基于循环水设施的石斑鱼工厂化养殖关键技术集成与示范	象山牧渔人水产有限公司 浙江省海洋水产研究所 等	农业重大项目	甬科计〔2016〕29号
26	东溪小仙	象山县林业特产技术推广中心	新品种	甬科计〔2016〕29号
27	红心火龙果完熟栽培及产品开发研究与示范/藕稻鱼共生技术研究与应用/海岛早熟枇杷筛选及栽培技术研究/典型集约化海水养殖废水处理技术研究	象山雅岛果蔬专业合作社 象山新桥农业服务有限公司 象山鹤浦南绿家庭农场 象山红升水产养殖有限公司	科技特派员项目	甬科计〔2016〕43号
28	柑橘品种选育及优质安全生产特派员团队/海水养殖产业提升特派员团队/白鹅产业技术提升特派员团队	象山县林业特产技术推广中心 象山县水产技术推广站 象山县浙东白鹅研究所	特派员团队经费	甬科计〔2016〕43号
29	象山生活垃圾焚烧发电技术应用示范	象山中节能泰来环保能源有限公司、县城市管理局等	公益类重大专项-结转	甬科计〔2016〕27号
30	内镜下同步联合治疗食管胃底静脉曲张	象山县第一人民医院	2016科技惠民	甬科计〔2016〕29号
31	负性情绪相关因子神经内分泌网络机制在酒依赖攻击行为中的作用	象山县第一人民医院	2016自然基金	甬科计〔2016〕29号
32	FGF-21通过Sirt-1途径对酒精诱导肝脏脂肪堆积改善作用的机制研究	象山县第一人民医院	2016自然基金	甬科计〔2016〕29号
33	不同活检方式患者不良及应激反应情况比较与局部外用药物在活检创口愈合中的应用	象山县第一人民医院	2016自然基金	甬科计〔2016〕29号
34	橘子囊胞生产线	象山双鱼轻工机械有限公司	国家中小企业创新资金配套	甬科计〔2016〕27号
35	NICU用二合一婴儿培养箱关键技术及其应用研究	宁波戴维医疗器械股份有限公司	生命健康产业专项-结转	甬科计〔2016〕27号
36	宁波天安(集团)股份有限公司技术中心	宁波天安(集团)股份有限公司	国家级企业技术中心	甬科计〔2016〕27号
37	宁波博禄德电子设备配件工程(技术)中心	宁波博禄德电子有限公司	2015市级工程技术中心	甬科计〔2016〕27号

续表75

序号	企业名称	承担单位	项目类别	文号
38	宁波华众汽车零部件工程(技术)中心	宁波华众塑料制品有限公司	2015市级工程技术中心	甬科计〔2016〕27号
39	宁波盛和照明灯饰工程(技术)中心	宁波盛和灯饰有限公司	2015市级工程技术中心	甬科计〔2016〕27号
40	宁波华盛塑胶制品工程(技术)中心	宁波象山华盛塑胶制品有限公司	2015市级工程技术中心	甬科计〔2016〕27号
41	宁波信成自动化设备工程(技术)中心	宁波信成机械制造有限公司	2015市级工程技术中心	甬科计〔2016〕27号
42	宁波启鑫光电工程(技术)中心	浙江启鑫新能源科技股份有限公司	2015市级工程技术中心	甬科计〔2016〕27号
43	宁波威霖住宅设施研究院	宁波威霖住宅设施有限公司	2015市级 企业研究院	甬科计〔2016〕29号
44	戴维婴儿保育设备研究院	宁波戴维医疗器械股份有限公司	2014年省级重点企业研究院	甬科计〔2016〕29号
45	60KW智能固态变压器研发 (产业技术创新重点专项)	日升集团有限公司	科技创新团队-结转	甬科计〔2016〕29号
46	N型双面高效单晶硅太阳电池的研发和产业化应用	浙江启鑫新能源科技股份有限公司	2016产业技术应用重大专项	甬科计〔2016〕60号
47	日星铸业大型风电关键零部件铸造省级高新技术企业研究开发中心/ 宁波乐惠啤酒饮料工程装备省级高新技术企业研究开发中心/ 钰烯电化学腐蚀控制省级高新技术企业研究开发中心	宁波日星铸业有限公司 宁波乐惠国际工程装备股份有限公司 浙江钰烯腐蚀控制股份有限公司	2016年省级高新技术企业研究开发中心 (3家)	浙科发条〔2016〕225号
48	2016年宁波市专利示范企业	宁波威霖住宅设施有限公司	专利示范企业	甬科知〔2017〕8号

表76　　**获浙江省、宁波市科学技术进步奖项目**

序号	企业名称	承担单位	获奖等级	文号
1	基于可控化南美白对虾全大棚高效养殖技术研究与示范	象山红升水产养殖有限公司 象山县水产技术推广站 宁波能大南美白对虾产业专业合作社	市三等奖	甬政发〔2016〕8号
2	光伏发电用组合式变压器的研发及产业化	宁波天安(集团)股份有限公司 国网浙江象山县供电公司	市三等奖	甬政发〔2016〕8号
3	滩涂贝类种质资源保护与利用	浙江万里学院,…宁波甬盛水产种业有限公司(第三完成单位)	市一等奖	甬政发〔2016〕8号

续表76

序号	企业名称	承担单位	获奖等级	文号
4	三疣梭子蟹"科甬1号"新品种选育与养殖新技术	宁波大学 中国科学院海洋研究所 宁波鑫亿鲜活水产有限公司 宁波天邦股份有限公司 象山县水产技术推广站	市二等奖	甬政发〔2016〕8号

科技合作与服务

【高校产学研科技合作深化】 加强与高校院所合作,举办"2016象山县-高校科技成果对接会",促成一批科技项目落地转化;先后与浙江大学、浙大宁波理工学院、中科院宁波材料所等一批重点高校院所建立全面合作关系。发挥宁波工程学院象山研究院的作用,帮助企业解决技术难题。首次组织企业参加技术难题竞标,以企业出题、院校竞标的方式开展技术攻关。2016年共收集和对接企业技术难题120余项,网上技术市场象山分会场签约技术合同签约数90项,发生技术成果交易金额5600万元,同比增长211%。

【科技创新创业交流合作渠道多样化】 成功举办第二届"中国创翼"文创大赛华东区域总决赛暨首届浙江互联网生态峰会"中国创翼"旨在通过全国八大赛区的比赛,选拔出一批优秀的青年创业项目,利用政府资源和其他社会资源,为创业项目提供专业培训、风险投资、孵化等服务,鼓励大众创业创新。在首届浙江互联网生态峰会上,20位国内外电商大咖、25个互联网创业黑马企业代表与象山本地企业代表齐聚一堂,围绕重构新的外贸商业模式、传统企业如何打造自己的品牌等议题进行分享与探讨。

【科技和金融合作紧密化】 由宁波市科技局、象山县政府和中国银行三方共建的科技信贷风险池,实现科技金融贷款"零突破";并与县信用联社、宁波银行、中保公司宁波分公司等金融机构合作开展"科银保"业务,支持科技型小微企业科技贷款业务。2016年共发放科技贷款3180万元,有效地解决科技型企业融资难题。同时,广开渠道设立科技创业投资基金,与北京博伟智鸿投资有限公司共同建立科技创业基金,基金规模1个亿,在象山注册成立公司,基金一期投向户外星球、仙踪航空科技等科技、文化创新类项目。

【科技政策完善化】 出台《关于实施创新驱动战略推进大众创业万众创新的若干意见》及《象山县科技金融专项资金使用管理办法》《象山县科技创新券推广应用实施办法(试行)》等配套政策,在全县营造有利于自主创新的政策环境。与此同时,针对科技资金碎片化和科技项目聚焦不够等问题,建立科技项目经费后补助制度,出台《象山县科技计划项目经费后补助管理办法》,调整优化科技项目过程管理,把创新资源与要素聚焦主导产业、聚焦主攻方向,实现科技资金绩效最大化。制定出台《象山县科技创新券推广应用实施办法(试行)》,以政府购买服务方式,通过"以券代补",推进科技资源开放共享,当年发放"科技创新券"260万元,30家企业受惠。

【科技平台载体多样化】 优化平台结构,提升平台建设水平,着力构建创客空间、孵化器、加速器和产业化基地为一体的创新创业平台体系。整合现有孵化器,对入驻企业委托专业机构进行管理。以县科技创新服务平台列入省级众创空间为契机,加快推进象山留学人员创业园、象山青年大学生创业园等孵化平台建设。2016年,科技孵化用房整体达到3万平方米以上,在孵企业150家,出园企业12家。依托县现有优势条件以及广泛的社会资源,吸纳集聚一批创客服务机构和专业人才,新建"橙堡""千象"服装设计创客空间正式运营。其中"橙堡"创客空间，从11月份正式运行以来，聚集科技项目18个，其中5个项目注册公司，3个转入孵化器孵化。

科技普及和推广

【概况】 2016年，科技工作以服务企业、发展科技、不忘初心的精神，服务发展大局，引进高端智力、科技人才、科技型企业，做好排查摸底扶持工作，为县科技经济全面发展做出成绩，获评2015年度市县党政领导科技进步目标责任制考核优秀单位、浙江省(县级)防震减灾工作先进单位。

【打造科普活动品牌】 打造科技活动周、全国科普日、防震减灾宣传周活动等科普活动品牌，将普法活动、橙堡活动等推而广之。2016年，开展以“创新引领·共享发展”为主题的科技活动周宣传，举办科技知识进企业、进农村、进社区、进校园等一系列科普活动；改善建设“地震烈度预警台”，筹建“防震减灾科普馆”；依托现有优势条件以及广泛的社会资源，吸纳集聚一批创客服务机构和专业人才，新建“橙堡”“千象”服装设计创客空间，并正式运营。

【农社科技成果转化应用】 围绕县农业优势产业和社会科技热点，以科技项目为抓手，着力开展技术攻关，加快科技成果转化，提升农业科技创新能力，促进农业和社会科技发展，加快农社科技成果转化应用。以获批国家级农业科技园区为契机，新实施市农业重大专项“基于循环水设施的石斑鱼工厂化养殖关键技术集成与示范”，推进农业科技园区建设。注重市级农业科技项目的实施，10个项目列入市科技富民专项。组织开展“基于‘水稻 +’的高效生态新型模式集成研究与示范”的县农业科技(重大)专项的实施。

【引进高端智力】 通过加强与高等院校、科研院所的交流合作，引进高科技项目、高科技人才，使之落地生根、开花结果，促进县经济的转型升级。为提升产学研融合水平，加强与高校院所合作，举办“2016象山县-高校科技成果对接会”，促成一批科技项目在县落地转化；先后与浙江大学、浙大宁波理工学院、中科院宁波材料所等一批重点高校院所建立全面合作关系。发挥宁波工程学院象山研究院的作用，帮助企业解决技术难题。同时，首次组织企业参加技术难题竞标，以企业出题、院校竞标的方式开展技术攻关。

【科技人才家园建设】 通过加强与高等院校、科研院所的交流合作，引进高科技项目、高科技人才，使之落地生根、开花结果，促进县经济的转型升级。定期举办科技人才俱乐部活动，为科技人才营造一个温馨融洽的交流环境。走向一线工人，把“关怀人才”落实到位。定期举办科技讲座，做好科技衔接，科技思想的衔接工作。在“橙堡”创客空间定期举办兴趣小组学习活动，拓鱼、鱼骨雕、竹根雕等具有县传统特色的手工艺人开班上课，把县的优良传统文化传承传播。

【科技管理体制改革】 针对县科技创新短板，抓住科技体制改革“牛鼻子”，理顺管理体制，健全管理网络，完善组织功能，形成广泛参与、齐心协力、共同推进的良好局面。完成“科技创新与人才”一号课题调研。2016年，将“科技创新与人才”作为县委一号调研课题进行重点研究，下设7个子课题，分别由县领导带队分组展开调研，形成详实的调研报告，为新形势下如何做好科技创新与人才工作提供决策依据。召开全县科技创新与人才大会。11月初，召开科技创新与人才工作会议，明确目标，落实措施，营造氛围。表彰奖励2014-2015年县科学技术奖16项。改革科技部门机构设置。针对科技部门机构设置不合理的情况，调整内设机构，增加人员编制。

文化艺术

【2016年象山新年文化周】 12月30日至1月9日,象山县举办“七彩文化之旅” 2016年象山新年文化周活动。活动有江苏女子民族乐团演奏的“华韵四季”视听民族音乐会,半岛京剧艺社演出的“中华神韵”,象山星艺越剧团演出的越剧《梁秋雁》,象山神马乐队俱乐部演出的“终于等到你”——象山县首届原创流行音乐演唱会。象山县“文化杯”手机随手拍优秀作品展和“我爱我家”象山县“文化杯”农民画大赛作品展、象山县首届当代艺术展及开启复兴伟业新征程——描绘“十三五”蓝图图片展,迎新春“暖村”诵读会、亲子绘本阅读。方言培训、微电影自助学开麦,“开蒙养正”小学堂。公益讲堂等,新年文化周活动由象山县文化广电新闻出版局、象山县文学艺术界联合会主办,象山县文化馆、象山县图书馆、象山县文物管理委员会办公室、石浦文化馆、象山县文化活动中心、象山剧院承办。

12月30日,2017年象山县首届群众文化艺术节开幕式

【文保单位春节前安全专项检查】 1月30日,市文广新局文物处、经文保大队、市文保所、市执法总队一行来象开展文保单位春节前安全专项检查行动,对县博物馆、文保单位殷夫故居开展检查,提出检查意见。

1月30日,市文广新局等单位检查文保单位殷夫故居

【“我爱我家”象山县“文化杯”农民画作品展】 2016年1月12日,“我爱我家”象山县“文化杯”农民画大赛作品在县文化馆一楼群星展厅展出,展出作品21幅,展览将在2月13日结束。

【全国农广小分队走村大行动】 1月12日下午,“广播惠农面对面——全国农广小分队走村大行动”宁波市首站在县樟岙村文化礼堂启动,由中央人民广播电台中国乡村之声与宁波市委宣传部共同主办,县文化馆承办,中央人民广播电台副总编辑史敏,县委常委、宣传部长罗来兴出席活动。

中国社科院研究员李国祥在现场讲解十八届五中全会和“十三五”规划建议精神。相声演员马星野,农民歌手、“卖菜大妈”张学敏的快板《送梨》《数数文峰塔,看看象山城》以及歌曲串烧。还有宁波小百花越剧团、县戏迷协会、县知名艺术家谢才华等上台献艺。

3月11日下午,浙江电视台公共新农村频道《流动大舞台》走进定塘镇田洋湖村,定塘镇文化站、象山曲艺家协会、石浦海宁社区舞蹈队、石浦星海艺术中心、石浦延昌民乐队、宁波小百花越剧团、宁波甬剧团等十余个表演队伍,表演舞蹈、走书、京剧、高腔、甬剧、越剧等节目。

【县长带队检查节前文化市场】 1月14日，县长黄焕利带领公安、消防、文化、卫生、工商、城管等部门分别对丹城晨光网吧、协力网吧、神采奕奕游艺娱乐场所、时代影院等公共经营场所进行安全生产，要求娱乐场所经营管理人员要重视安全生产。让大家度过一个安定和谐的春节。

【县图书馆在农村开展“冬季暖村”活动】 1月17-20日，县图书馆在西周镇山后胡村开展中国年画展览、猜灯谜、现场送春联、知识竞猜、冬季诵读会等活动。

【象山县文化市场安全生产工作会议 】 1月20日下午，县文体局、消防大队、文化市场综合执法大队组织召开全县文化经营单位安全生产工作会议，会议要求各经营单位抓好整改落实。落实安全生产承诺制，确保不发生安全生产事故。营造健康、文明、安全的文化市场环境。

【象山公益书场新春座谈会 】 1月26日上午，象山公益书场新春座谈会在县文化馆召开，县文广新局党委委员、副局长吴健、县公益书场负责人及走书艺人等参加本次会议。

【“送春联进军营”活动】 1月26日下午，县文化广电新闻出版局、县文化馆组织县知名书法家一行17人，分成五组，到驻象山海军某部开展“送春联进军营”拥军活动，为官兵写春联送祝福。

【“相约文化礼堂，共建精神家园”文艺晚会】 1月19日、21日、26日、27日晚，分别在西周镇陈隘村、新桥镇上盘村、茅洋乡文山村、泗洲头镇塘岸村文化礼堂举行文艺晚会，节目有歌曲、舞蹈、小品、模仿秀、越剧、乐器伴奏等。象山戏迷加油站、石浦网络戏迷联谊会、陈隘村、上盘村、文山村、塘岸村文艺队联袂上演喜迎新年大联欢。由县委宣传部、县文广新局主办，县文化馆、西周镇、新桥镇、茅洋乡、泗洲头镇文化站承办。

【2016首次农民画创作培训】 1月26日，新年首次农民画创作培训县文化馆举行，全县18名农（渔）民学员参与。县文化馆美术干部及书画院院长卢圣贵、老画家徐忠杰老师作培训主讲，吴蒙蒙、马震老师对学员具体小稿创作进行点评指导，并对参加“朵云轩杯”首届全国农民画选展创作作品进行辅导。

【县图书馆开展春节慰问活动】 1月29日，县图书馆开展“迎新春 送温暖”慰问活动，送图书慰问五狮山部队，慰问新桥镇江东村的郑彦一家。

【非遗工作年会】 1月29日上午，县文广新局召开2016年“非遗”工作年会。党委委员、副局长吴健，文广科科长奚斌辉、全县18个镇乡街道文化站（馆）长及县非遗保护中心全体工作人员参加本次会议。

【象山县文化馆、图书馆理事会成立】 2月2日下午，象山县图书馆、文化馆理事会成立大会暨第一届理事会会议在县图书馆报告厅举行。县人民政府办公室副主任陈海波、县委宣传部常务副部长陈淑萍、县文广新局领导及各文化站站长、县图书馆和县文化馆全体职工出席本次会议。

县文广新局党委委员、副局长董云介绍理事成员招募的情况，县文广新局党委委员、副局长郑华华宣读理事会任命文件。出席领导为各位理事颁发理事聘书。县委宣传部常务副部长陈淑萍为象山县图书馆理事会和象山县文化馆理事会授牌。理事会选举产生文化馆、图书馆第一届理事会理事长，通过各项理事会规章制度。

【国家水下考古中心来象水下调查】 2月2日，国家水下考古中心宁波基地一行来三门湾沿海高速象山境内水下调查。

【县体彩站寒冬送温暖活动】 2月3日，县体育局党委委员、副局长许曙敏带领县体彩站工作人员，走访县多家体彩网点，向他们送去大米、食用油等慰问品。

【局年度工作会议】 2月3日下午，县文广新局召开年度工作会议，会议由副局长董云主持，局长任先顺简要回顾2015年工作和文体工作发展新常态，重点部署2016年工作。全体机关干部职工、局下属班子成员、文化站长参加会议。

【王安静副县长考察历史文化名村】 2月19日，副县长王安静考察儒雅洋历史文化名村。

【县“闹元宵”乒协杯团体赛】 2月19日—21日，县举行“闹元宵”乒协杯团体赛，有112位乒协会员及乒乓球爱好者组成的26支队伍参加比赛。石浦镇、国税和丹东街道代表队获得前3名。

【象山“母子龙”参加全国“龙腾狮跃闹元宵”大联动启动仪式】 2月22日，县丹西街道珠水溪村的“母子龙”参加在奉化举行的2016年全国“龙腾狮跃闹元宵”大联动启动仪式暨宁波市舞龙表演大赛，有40多支舞龙队参加，县“母子龙”舞龙队获优秀表演奖。

该活动由国家体育总局社体中心、中国龙狮协会主办，浙江省体育局、宁波市体育局、奉化市人民政府承办。

【非遗专家苑利一行来象山调研】 2月24日，中国艺术研究院、博导、民俗学博士苑利，中国音乐学院研究生院副院长黄虎等5人到象山开展海洋渔文化生态保护区的调研。分别到石浦、象山公益书场、春荣竹刻艺术馆、鹤浦等地，了解石浦十四夜、细十番、竹根雕等非遗项目，2月24日下午召开石浦十四夜座谈会。象山县副县长王安静、象山县文广新局党委委员、副局长吴健陪同调研。

【象山走书唱红乡村文化礼堂】 2月27日，象山走书走进黄避岙乡大林村文化礼堂，表演者陈亚娟讲述《海瑞被擒白雀寺》，连续唱7天，深受村民欢迎。

2月27日，陈亚娟在黄避岙乡大林村唱走书

【拥军慰问演出】 3月4日，象山星艺越剧团慰问小网巾海军部队，演出以越剧为主，穿插京剧、二胡独奏、独舞等节目，博得部队官兵、岛上周边村民的阵阵掌声。本次慰问演出由象山县文化广电新闻出版局主办，象山县石浦文化馆承办。

3月4日，象山星艺越剧团慰问小网巾海军部队

【旧书换绿植 图书送温暖】 3月5日，县图书馆联合水滴爱心慈善基金会分别在涌金广场和国际风情街开展图书换绿植活动。每五本图书可以换取一盆绿植，当天共收到7000余本图书，1000多盆绿植也发放到市民手中，让他们带回低碳环保的绿色生活理念。

【象山县“三八”女子门球赛】 3月6日，象山县举行“庆三八”女子门球赛，全县共有14个女子门球队，109名老年妇女参加。这是县举行“庆三八”门球赛规模最大、人数最多的一次。

【象山县第十届陈汉章读书节启幕】 3月7日晚，象山县第十届陈汉章读书节活动现场，县图书馆向东陈中学、小学、中心幼儿园以及东陈村捐赠500余册图书。第十届陈汉章读书节有专题讲座、文化科技下乡活动、企业工会文化活动周、优秀农家书屋评选、东陈乡三所学校“汉章读书节”等系列活动。

【开展文化生态保护区知识讲座】 3月13日，县文广新局党委委员、副局长吴健在全县非物质文化保护志愿者《美丽非遗，你我同行——象山海洋渔文化生态保护区建设现状》的知识讲座。60余名非遗志愿者到场参加。

【举办县“十三五”规划解读和《廉洁自律准则》《纪律处分条例》讲座】 3月18日下午，县文化广电新闻出版局在南部商务楼3号楼13层会议室举办县“十三五”规划解读和《中国共产党廉洁自律准则》《中国共产党纪律处分条例》讲座，全体机关干部职工、局下属班子成员参加。

【象山·婺城文化走亲】 3月22—26日，由象山县文化广电新闻出版局、金华市婺城区文化体育新闻出版局主办，象山县文化馆、金华市婺城区文化馆承办的“山海情”宁波象山、金华婺城两地画家、摄影家文化走亲采风交流“青山绿水箬阳”活动。

该次活动是象山、婺城两地画家和摄影家10余人参加的为期5天，以婺城区箬阳乡琴坛村为主、还有瀛头村、茶园村的写生创作活动。

【县第十二届中小学生棋类比赛】 3月26-27日，县第十二届中小学生棋类比赛在文峰学校举行。由县教育局、体育局联合主办。共设中国象棋、围棋、国际象棋三大比赛项目，分小学、初中、高中27个组别进行，采用积分循环赛制。全县46个中小学代表队，943名棋手参加比赛。经过两天的比赛，决出初中组、小学组各棋种混合团体金牌共8枚。

【象山县第一届风筝文化节】 3月27日，由象山县非遗中心主办，半岛风筝俱乐部承办，象山县社会组织服务中心协办的“感受渔文化·放飞中国梦”第一届象山风筝文化节在人民广场举行。80户亲子家庭参加本次活动。

【“最美象山”2015年度人物颁奖】 3月28日晚上，“最美象山”2015年度人物颁奖典礼在县广播电视台演播大厅举行。11个获得“最美象山人”称号的个人或集体依次上台领奖。

颁奖典礼上揭晓的2015年11个“最美象山人”分别是：“最美浙江人”荣誉称号获得者、县农林局畜牧兽医总站站长陈淑芳，黄避岙乡龙屿村村民干根才，爵溪街道敬老院院长冯匡民，县第三人民医院护理部主任石辉东，大徐镇陈山村人、上海解放军八五医院医生石华铮，西周镇蚶岙村村民何宏女，鹤浦镇蟹厂村村民金彩花，松兰山海景大酒店总经理周可刚，贤庠镇退休教师贺耀峰，鹤浦镇双下湾村村民戴福林，新桥镇关爱老小服务站。

此外，获得“最美象山”2015年度人物提名奖的有：象山芳婷丝美容美发会所总经理陈孝敏、县职业高级中学14级网络班学生杨铜文、县第二中学教师张梅、大徐镇大磊头村村民张伟菊、高塘岛乡花岙岛村村民罗斌蒋、县公路运输有限责任公司驾驶员袁天明。

该次活动由县精神文明建设委员会、县委宣传部、县广播电视台联合主办。市委宣传部副部长、市文明办主任李正平应邀参加。叶剑鸣、黄焕利、金红旗、白国璋等县四套班子领导，各镇乡(街道)和各部门相关负责人，以及颁奖嘉宾和部分市民代表在现场观看颁奖典礼。

【象山非遗在韩国】 4月7日，韩国济州举行“东亚文化之都·2016济州”开幕式。象山“非遗”传承人谢才华、卢圣贵一行受邀参加，在济州国际会展中心举行的城市文化体验区中，展示中国宁波“非遗”传承千年的匠人风采。

独具象山特色的剪纸、栩栩如生的鱼拓画，吸引韩国游客驻足观看，现场展示的谢才华老师高超剪纸技艺和卢圣贵老师的神奇鱼拓让游客赞叹不绝，吸引韩国济州电视的采访。

【2016年象山县中小学生乒乓球锦标赛】 4月8日下午，2016年象山县中小学生乒乓球锦标赛开赛。全县40支高中、初中、小学代表队参赛。

锦标赛由县教育局、体育局联合主办，丹城四小、县乒乓球协会协办。比赛从4月8日开始至17日结束，其中8日至10日为初中、小学组比赛，16日至17日为高中组比赛。

【三月三，数万民众“踏沙滩”】 4月9日，石浦地区一年一度的“三月三·踏沙滩”民俗文化节在皇城沙滩举行。

下午1点30分，石浦群众文艺团队和民俗队伍装在沙滩打起“擂台”。渔家舞、渔家曲、辣螺姑娘抛绣球，舞龙、走马灯、长矛长枪大比武。此外，渔家女技能大比武、渔家沙滩趣味三项以及“潮涌春色”盆景展也吸引大批游客。

【象山非遗在东亚非遗博览会】 4月15-18日，“东亚文化之都·2016宁波活动年”在宁波国际会展中心举行，来自中国、日本、韩国的非物质文化遗产交相辉映。此次“东亚文化之都·2016宁波活动年”包含东亚非物质文化遗产博览会、东亚非物质文化遗产保护论坛、浙江省非物质文化相关传统工艺品及衍生品设计大赛等活动。

大塘车灯剧照

鱼拓、农民画、船模、剪纸、竹根雕、织网技艺等五个象山“非遗”项目在1号文都馆展出。织网技艺、农民画、剪纸、竹根雕、鱼灯、船模5个非遗项目的传承人在6号“非遗”馆现场活态展示，剪纸传承人谢才华亮相央视的《新闻联播》，宁波电台、宁波98.6音乐广播等媒体采访报道。在5号馆象山的田园定塘展区，展览定塘的茶山老龙、大塘车灯、少儿传统游艺等“非遗”项目，在现场品尝到田园的大塘麦糕和麻糍等特色美味。

【“读书日”送书上船头】 4月20日，石浦荔港图书馆、宁波市图书馆、象山县图书馆在《世界读书日》前一起送书上船头。受到渔民们的称赞。

【象山渔村开启央视《海上新丝路》第一幕】 4月21日，中央电视台中文国际频道（CCTV-4）《远方的家》栏目组走进县墙头镇下沙村和墙头村摄制取景。录制之后在CCTV-4作为《海上新丝路》的第一期节目播出。

下沙村是一个地靠西沪港的小村落，渔民以落小海打渔为生，依然用木海马、扳罾等传统捕鱼工具打渔。《远方的家》栏目采风、取景拍摄该村渔民的骑海马、抲望潮、捉跳鱼、采海苔、捉沙蛏等传统近海作业方式，体验渔民生活，记录时代变迁。

【“换书夜市”倡导全民阅读】 4月23日晚，县图书馆联合“水滴爱心慈善基金”在丹城风情街广场共同举办换书夜市活动，上千本图书沿着灯带铺展开。这场由以书会友、以书换书、用书献爱的文化夜市在世界读书日当天拉开帷幕。

“换书夜市”是倡导全民阅读从“3·5”学雷锋日开始，面向全县用绿植换旧书，并在3月12日植树节走进校园，累计兑换到近3万余册旧书。在2个月内，完成所有旧书征集、分类、打包，一部分送往全县各所民工子弟学校，一部分流动到农家书屋，还有一部分精选书籍用于4月23日的换书夜市。

【戏曲走亲】 4月16日下午，石浦网络戏迷联谊会赴乐清市南岳镇表演小品《酒驾》、折子戏《打金枝》以及越剧联唱《观灯》等节目，该次活动由乐清市南岳镇人民政府主办。

【省人大常委会副主任姒健敏考察影视文化产业】 5月12日，省人大常委会副主任姒健敏一行到象山考察影视文化产业。县人大常委会主任金红旗、副主任励茂平陪同考察。

姒健敏一行实地考察象山影视城襄阳城街道、拟音馆、民国城、3号水下摄影棚、2号数字摄影棚等景区，听取影视文化产业区的整体规划情况介绍。

【象山国际博物馆日活动】 5月18日，象山县文管会（博物馆）联合团县委、象山港网站、今日象山、人行宁波中心支行等单位，在人民广场、丹城公园开展第39个“国际博物馆日”一系列宣传活动：悬挂宣传横幅，展示相关知识图板，并向群众发放《象山文博》《国博日知识》等相关宣传资料。参观人数达500人次。

【“小白礁Ⅰ号”水下考古项目获中国考古学界最高质量奖】 5月21日，在河南郑州举办的首届中国考古学大会上，象山“小白礁Ⅰ号”水下考古发掘项目等全国21个考古项目获得中国考古学界最高质量奖——“田野考古奖”(奖励在野外考古工作中做出突出成绩的考古研究单位和个人)。

“小白礁Ⅰ号”位于县渔山列岛海域，埋藏在水下24米。该沉船遗址于2008年发现，是一艘清代道光年间（1821-1850年）的远洋木质商船，船体长20.35米、宽7.85米。打捞出水有龙骨、肋骨、船壳板等船体构件共244件，船体构件于2014年打捞出海。船体构造具有中国典型的古代造船工艺特征，保留一些国外的造船传统。这在国内的沉船考古中系首次发现，被专家誉为是“古代造船技术中西合璧的首列实证”。出水船载文物包括青花瓷碗、紫砂壶、玉石印章、越南铜钱,西班牙银币以及宁波本地特产的石板材等,共计1060件。船体构造和出水文物,有力佐证象山海域是古代海丝之路的重要航道。

【石浦第二届渔民谢洋节活动】 5月22日下午,随着老渔民代表的致辞,第二届渔民谢洋节祭祀仪式在石浦海峡广场正式拉开帷幕。仪式紧扣“千舟进港·休渔谢洋”这一主题,主场仪式由民间队伍表演助兴、巡游17个项目组成。秉承传统的祭祀习俗,以民祭的形式展现石浦渔民的生活场景。

象山渔民谢洋节活动有一千多年历史,清雍正年间到民国期间达到鼎盛时期,谢洋节活动承载着象山渔民许多重大的历史文化信息和原始记忆,使大量的原始祭祀礼仪和民族民间文化艺术表演形式被保留下来。民俗专家认为,象山渔民谢洋节是中国沿海比较有代表性的祭祀现存,对中国沿海地区祭祀历史有较高的学术研究价值。

【呼伦贝尔非遗专家来象山调研】 5月23日,内蒙古自治区呼伦贝尔市文化局、文化馆、“非遗”中心等领导一行3人来象山对海洋渔文化生态保护区的工作进行调研。由县文广新局党委委员、副局长吴健,象山县“非遗”中心主任张艳陪同,分别到德和根艺美术馆、才华剪纸艺术馆等单位进行考察调研。

【“天然舞台”文化惠民演出活动】 5月23日、24日晚,宁波市文化广电新闻出版局与象山县文广新闻出版局联合主办的“天然舞台”文化惠民演出活动走进象山文化活动中心,杭州杂技总团演出两杂技魔幻剧。

【史奇涛故居维修】 3月至5月,县文管办组织对县级文物保护单位史奇涛故居实施维修。史奇涛故居具有较高的建筑工艺价值,是象山一处重要的抗战历史文化遗产。

【2016年宁波市青少年田径比赛在象举行】 5月30日,2016年宁波市青少年田径比赛在县职业高级中学田径场落幕。全市10支队伍,323名运动员参加跳远、铅球、4×100米等10个项目的比赛。象山代表队夺得11金8银12铜,以207分的优异成绩列团体总分第一名。慈溪、北仑分获团体总分二、三名。

【省市专家组考评象山省保申报单位】 5月31日,由省文物考古研究所副所长黄斌、市文物保护管理所所长徐炯明带队的专家组,对象山县推荐的第七批省保单位进行现场考察评估。

专家组对象山县茅洋“日寇华中矿业公司”遗址、高塘潮汐水电站等5处文保单位进行实地考察。

【盛城烈士故居修缮】 4月初至5月底,在象山县文物办、象山县党史办、泗洲头镇人民政府以及盛城后人共同资助下,开展盛城故居修缮。盛城烈士故居是象山县重要的爱国主义教育基地。

【绘本作家敖德来象讲座】 “六一”前夕,著名儿童绘本作家敖德应县新华书店的邀请,再次到象山作《美与哲学》《在绘本中学会如何做父母》《喂图画书长大的孩子》等4场绘本阅读讲座。

【矶钓会内赛】 5月28日,象山海钓协会矶钓会内赛在南韭山海域举行,38位会员参加比赛。大赛采用2人为1组，使用矶钓竿，浮游矶钓鱼为鲷类。方峥和陈继光以一条3.75公斤的黑鲷夺魁。

【馆藏古书画精品展】 6月7日，县博物馆和县文物管理委员会办公室开展馆藏古书画精品展，展出馆藏古书画作品近百件，包括徐悲鸿、任伯年、吴湖帆等大家之作，象山才俊陈畲的作品。该次书画展9月18日结束。

【贤庠镇碶头陈村"粽"情端午文化节】 6月9日，贤庠镇碶头陈村"粽"情端午文化节在"七彩花田"拉开帷幕。活动有陶艺制作、手工皂制作、稻田捉鱼、包粽子比赛，龙舟比赛，活动吸引大量村民参与，许多游客前来观光。

【县举办文化遗产日活动】 6月11日晚，县文管办(博物馆)在县人民广场举行第十一个文化遗产日活动，有"让文化遗产融入现代生活"的有奖知识竞赛，《象山文博》微信公众号推广，文保单位、文化名村展板展示，象山文博各类宣传资料，文博知识现场答疑等环节构成。让更多市民了解象山的文化遗产及其文化内涵。

【文化部原副部长周和平到象山考察】 6月14日，文化部原副部长、国家图书馆名誉馆长周和平来象参加2016中日韩徐福文化象山研讨会。会议期间，周部长一行参观石浦渔港古城、才华剪纸艺术馆、象山县博物馆等地。象山县委常委、宣传部长罗来兴，副县长王安静陪同考察。周部长考察象山渔民号子、唱新闻、船模艺术、象山剪纸、宁波走书、石浦鱼灯、细十番、鱼拓等"非遗"项目。详细了解每个项目的传承存续状况，并和传承人进行亲切的交谈，鼓励传承人将自己的手艺传承下去。

【中日韩徐福文化研讨会在象举行】 6月15日下午，2016中日韩徐福文化研讨会在县举行。该次研讨会以"徐福东渡与东亚文化"为主题，来自中日韩三国的百余位徐福文化研究专家围绕"徐福精神与东亚价值""徐福东渡文化资源的当代价值""徐福文化与象山海洋文化建设"等专题展开研究和探讨。

文化部原副部长、国家图书馆名誉馆长周和平，副市长张明华，省文化厅党组副书记、副厅长陈瑶，中国徐福会会长张云方，市文化广电新闻出版局局长赵慧峰；日本前首相羽田孜的次子、日本羽田孜事务所秘书羽田次郎，韩国前驻华大使馆总领事、驻日本名古屋总领事柳洲烈等日韩嘉宾；叶剑鸣、黄焕利、白国璋、俞骏等县四套班子领导出席开幕式。

县委书记叶剑鸣作欢迎辞，张明华、陈瑶、张云方等领导，羽田次郎、柳洲烈分别在开幕式上致辞。

会议发表《象山倡议》，倡议设立"徐福文化研究象山奖"，以激励为徐福研究做出贡献的专家学者和研究新秀。会议表彰获得首届徐福文化研究象山奖的团体和个人。

开幕式后，举行主旨演讲。县委常委、宣传部长罗来兴，中国国际问题研究院世界经济研究所所长、研究员姜跃春，中国社科院荣誉学部委员、国家非遗专家委员会副主任刘魁立，中国社科院世界史所研究员、博士生导师汤重南，日本爱知县立大学讲师、博士逵志保及柳洲烈分别作主旨演讲。

该次研讨会由中国徐福会、象山县人民政府、宁波市文化广电新闻出版局共同主办

【曲艺进文化礼堂工作会】 6月22日，县召开2016曲艺进文化礼堂工作会议。县文广新局副局长吴

健、县非遗中心主任张艳、丹城公园负责人及公益书场走书艺人参加本次会议。会议回顾总结上半年公益书场开展情况，布置下半年公益书场唱书计划及走书进文化礼堂工作。

【宁波文保专家到象调研古村古戏台】 6月25日，由宁波工艺美术学会组织的宁波文保知名人士杨古城、陈英杰、谢国旗等专家到象考察调研古村古戏台。调研团分别对岳头、徐家岙、溪东、陈家、文山、花墙等村的祠堂、庙宇进行调查，并与县文管办（博物馆）开展文物保护的业务知识和经验进行交流。

【"献礼建党95周年"公益文艺晚会】 6月27日晚，"献礼建党95周年"公益文艺晚会在县文化活动中心举行。象山蓝天救援、绿丝带、雄鹰、海豚水上、衣重生等各界公益组织，丹东街道、丹西街道、县供电局等相关部门的公益服务中心，瑶琳、塔山等社区公益志愿者队伍同台献演，庆祝党的生日。县委常委、组织部长陈兴立，县人大常委会副主任郑亚红，县政协副主席欧亚群等出席晚会。

【举行宁波市老年人健身球操比赛】 宁波市老年人健身球操比赛在县体育馆举行。来自全市各地的13支代表队参加比赛。县丹东街道女子代表队等6支代表队分别获得男、女队金奖，县男子代表队获最佳创编奖。县人大常委会副主任、县老年人体育协会主席林胜国出席颁奖仪式。

【婺城、象山两地艺术家作品联展】 6月28日下午，"山海情"婺城、象山文化走亲画家、摄影家写生采风作品联展在婺城区举行。共展出两地艺术家油画、水彩、国画以及摄影作品80余幅，展览作品还将于下个月在象山县文化活动中心展出。展览由金华市婺城区文化体育新闻出版局、象山县文化广电新闻出版局主办，金华市婺城区文化馆、象山县文化馆承办，举行开幕式。

【文化惠民进礼堂】 6月28日晚上，石浦文化馆在石浦镇鸡鸣村举行"文化惠民庆建党，文明新风进礼堂"文艺演出，节目有《舞动中国》鸡鸣村的三坑班《芦花塘》等，宣传婚丧礼俗整治，倡导健康向上的文明乡风和文化遗产保护。

【盐文化展示体验馆设计方案初步论证】 7月5日，象山盐文化展示体验馆设计方案初步论证在县文广新局会议室召开。县盐业局局长唐国希、县文广新局副局长吴健、国家级传承人史奇刚（海盐晒制技艺传承人）、县"非遗"本土专家、县"非遗"中心、宁波东都文化有限公司（建设单位）及上海延华多媒体有限公司（设计单位）参加本次会议。

会上，宁波东都文化有限公司负责人介绍盐文化展示体验馆建设情况，展示馆整体以盐罐为设计原型，与会者提出展示馆应突出象山盐文化的特色，重点做好体验区域，并希望能够增设盐文化创意产业等建设性意见。

盐文化展示体验馆于2015年11月动工，8月份结顶，在春节期间对外开放运营。盐文化展示体验馆不仅保留原有的0.4公顷盐田，聘请传承人史奇刚传承县国家级"非遗"项目海盐晒制技艺，同时还设置晒盐技艺体验区域，让参观者了解晒盐技艺各项工序流程。

【六月六民俗庙会】 7月9日，一年一度的石浦六月六庙会在海峡广场热闹举行，船鼓队、鱼灯队、舞龙队等20余支民俗文化队伍跟随戚继光坐像环港巡游，上万市民夹道观看。

六月六民俗庙会是石浦渔区的传统文化节目，渔民们敬神、礼佛，祈求出入平安、鱼虾满舱。

【非遗、戏曲走亲】 7月11-13日晚，象山、宁海、新昌非遗传统戏剧“文化走亲”象山专场演出在县文化活动中心举行。

该次“文化走亲”表演节目以象山、宁海、新昌三地特色文化表演为主要内容，包括象山鸡鸣三坑班（调腔）《西游记 龙宫借宝》、宁海乱弹《闹九江火烧陈友谅》和新昌调腔《北西厢 游寺》等5个传统戏剧节目。

【图书进渔村】 7月14日，县图书馆走进高塘岛乡林港村、鹤浦镇大沙村和后龙头村、石浦镇东门渔村和沙塘湾村，开展“保护海洋与渔业资源”宣传活动，为渔民送上1500余册图书，帮助渔民学习渔业知识。

【象山非遗节目休渔宣传】 7月14日晚，“保护幼鱼、珍爱海洋”象山县遵守渔业法规、保护渔业资源宣传演出首站在石浦镇圆满落下帷幕。“非遗”类节目唱新闻《保护海洋大环境》、走书《善待海洋 人人有责》等，用群众喜闻乐见的说唱、走书、三句半等艺术表现形式，向渔民宣传“一打三整治”“海上安全生产”等内容的政策法规。象山县遵守渔业法规、保护渔业资源宣传演出还将在鹤浦镇、高塘岛乡等渔区上演，宣传演出活动由县文广新局承办。

【余杭.象山文化走亲】 7月15日晚，2016余杭·象山“文化走亲”专场文艺演出在县文化活动中心举行。有4只全国群星奖的节目上演，曲艺类象山曲艺唱新闻《长年葱》、余杭区的杭摊《西湖春秋》，舞蹈类广场舞象山渔鼓。余杭区的三人舞《芙蓉镇印象》。排舞《妈妈恰恰》，音乐《弹起我心爱的土琵琶》，小品《汇报咏叹调》等。两地文化走亲活动，实现象山和余杭地域间文化、艺术的取长补短、互通共融。该次演出由象山县文化广电新闻出版局、余杭区文化广电新闻出版局主办，象山县文化馆、余杭区文化馆承办。

【海洋渔文化农民画创作活动】 7月11日-22日，县文化馆举办2016年象山县海洋渔文化及地方传统文化系列农民画集中创作活动。县文化馆美术干部周万能、童芬芳、卢圣耀及农民画作者王亚红、黄竹青、宋祥林等16人参加创作培训。

【金山书院修缮】 5月至7月，县文物办完成县级文物保护单位金山书院保养性修缮。金山书院是县现存保存最为完整的古书院。

【县图书馆首届职工技能赛】 7月21日晚，象山县图书馆组织20名图书馆员进行业务技能比赛。比赛分为个人赛和团体赛，比赛内容有办公室软件office演练操作,图书馆专业技能知识演练,包括word实际应用、OPAC检索查询以及信息的识别、筛选和评价能力、图书分类排架等项目。采取抽签的方式抽取参赛队员及参赛题目,决出个人赛和团体赛各一二三等奖。

【全国象棋男子甲级联赛在象举行】 7月23日,“腾讯棋牌·天天象棋”2016全国象棋男子甲级联赛第十轮浙江主场区比赛在西周举行。该次比赛实行全球直播,采取20分钟包干,每走一步加5秒,最终浙江队以3:5的成绩败给广东队。

【图书进军营活动】 7月25日,县图书馆走进五狮山部队开展拥军优属活动。20多年来,县图书馆一直坚持“以书为媒”,利用图书和文化资源开展拥军优属活动,拓展图书馆服务领域。

【局领导人事变动】 7月28日,县委干[2016]51号,俞湛任县文化广电新闻出版局(体育局)党委书记、吴健任副书记,免去任先顺党委书记职务和许曙敏党委委员职务。县委干[2016]85号,免去董云县文化广电新闻出版局(体育局)党委委员职务。县委组干[2016]7号奚斌辉任县文化广电新闻出版局(体育局)党委委员。

8月3日,象政干[2016]16号,史济一为县文化广电新闻出版局(体育局)副局长,免去董云、许曙敏副局长职务。

8月11日,浙象人大[2016]22号,俞湛为县文化广电新闻出版局(体育局)局长,免去任先顺局长职务。

11月30日,象政干[2016]25号,邵叶茂为县文化广电新闻出版局(体育局)副局长。

【历史文化名村挂匾活动】 8月2日上午,省级历史文化名村东陈村古建筑挂匾仪式在陈汉章故居缀学堂举行。有百余名嘉宾、代表和村民参加,对国学大师陈汉章故居“缀学堂”以及村内的“怡经堂”“老柴门”“兰房”等有代表性的10幢古建筑新挂上匾额,承袭历史文脉挖掘村落乡俗。

【象山谢才华剪纸在中国美术馆展出】 8月3日,“山海风华”谢才华民间剪纸艺术展在中国美术馆开幕展出。展览分为青莲韵、中国梦、渔乡情、海洋风等四个系列,共展出谢才华200余幅作品。本次展览由中共宁波市委宣传部(文明办)、宁波市文联、宁波市对外文化交流协会主办,中共象山县委宣传部、象山县文联、宁波美术馆等协办。展览将展至8月9日。

中国文联党组成员、书记处书记陈建文,中国文联国内联络部副巡视员罗江华,中国民间文艺家协会副主席、秘书长周燕屏,中国美术家协会秘书长徐里,中国美术馆副馆长胡伟,市委常委、宣传部长万亚伟,县委书记叶剑鸣,县委常委、宣传部长罗来兴等出席开幕式。

【象山县“文化杯”第三届器乐大赛】 8月10日晚上,县“文化杯”第三届器乐大赛决赛在县文化活动中心举行。比赛项目包括古筝、笛子、二胡、葫芦丝等民族乐器和钢琴、萨克斯、小提琴等西洋乐器,共有106名选手报名,19名选手进入决赛。韩潇、吴依娴分获民族乐器和西洋乐器金奖。

【县孙平华家庭入选“省全民阅读示范家庭”】 8月10日,在全省全民阅读工作座谈会上,首批39个“浙江省全民阅读示范家庭”的名单出炉,县孙平华家庭入选。孙平华是国家主任播音员,象山县广播电视台工作,家有藏书2000余册。平时在广播、新媒体公众号等平台推广阅读,全家参加县“四季经典美文诵读会”等。2015年孙平华家庭入选国家“书香之家”。

【“天然舞台”走进象山】 8月15日至16日晚上,宁波市“天然舞台”文化惠民演出在县文化活动中心举行。该次演出由杭州滑稽剧团担纲，现场座无虚席。

【县非遗志愿者会议】 8月21日上午，象山县“非遗”志愿者保护团队一周年工作会议在县文化活动中心召开。县文广新局党委副书记、副局长吴健出席会议。

象山县“非遗”志愿者保护团队于去年8月成立以来，组织10余场“非遗”保护大型活动，参与县“非遗”中心的“非遗”课堂等各类活动，策划白药、蓑衣制作等调研项目。县“非遗”志愿者71名，保护团队设一名团长，三名副团长，下设调研部、组织部、策划部、宣传部四个部门。

【县领导检查文化市场安全生产】 8月23日，副县长王安静带领县文广新局、公安局、消防大队、市场监管局等部门负责人，检查G20期间县文化市场经营场所的安全生产落实情况。王安静分别对象山华影影城、盒子网咖、城市猎人游艺厅、四合网苑、金煌娱乐城等场所进行安全生产检查，要求经营场所抓好各项安全措施落实。

【“半岛风”象山县绘画大展作品集首发式开幕】 8月30日，县委宣传部、县文化广电新闻出版局、县文学艺术界联合会主办，县文化馆、县非遗中心承办的“半岛风”象山县绘画大展作品集首发式在县文化活动中心开幕。

著名画家、原宁波市人大常委会副主任陈继武，宁波市文学艺术界联合会副主席、市美术馆馆长韩利诚，县人民政府副县长王安静，杭州师范大学花鸟研究室主任、教授彭德，象山县委宣传部副部长钱江，县文化广电新闻出版局(体育局)局长俞湛，县文学艺术界联合会主席郑辉，县文化广电新闻出版局(体育局)副局长吴健，县文学艺术界联合会副主席杨晟，县文化广电新闻出版局(体育局)党委委员奚斌辉，以及县内美术作者代表60余人参加首发式。

“半岛风”象山绘画大展创作活动始于2014年。2015年2月，“半岛风”象山县绘画作品在宁波美术馆成功展出。

【象山“流动博物馆”进社区】 9月3日，县博物馆进丹西街道瀛洲小区，展示文化遗产知识宣传展牌，发放象山文博知识宣传资料，文物政策法规宣传等。该次活动是象山县博物馆承办的惠民实事工程之一。通过“流动博物馆”进社区活动，让更多市民走进博物馆，接触历史、亲近文化。

【县“农信杯”书法展】 9月6日，县“农信杯”书法展在县文化活动中心开展。县委常委、宣传部长罗来兴出席开幕式。该次书法展共征集到参赛作品450余件，参赛者年龄最小6岁、最大75岁，入展作品137件，包括特邀作品和成年组、少年组、儿童组作品。该次书法展将9月11日结束。

【“善行象山”义演】 9月9日晚上，“善行象山”第二届慈善义演在县人民广场举行。该次义演主题为“助学帮困”，绿丝带志愿者协会早在7月上旬向全县市民发出“征集令”，希望市民自愿报名参与本次义演活动。37个报名节目，13个节目当晚上演。“绿丝带”共筹集善款40余万元。县委常委、统战部长黄敏求出席观看演出。

【县文化产品创意园开园】 9月11日上午,县文化产品创意园在象山书城揭牌开园。县委副书记、县长黄焕利出席开园仪式并宣布开园,县领导罗来兴、王安静、石坚定出席活动。

县文化产品创意园位于象山书城北楼,占地面积1500平方米,集文创品牌展示、创客互动、文化休闲于一体,内设"县非物质文化遗产传习中心",展示传统手工制作技艺、民间艺术、民间文学、民俗活动、传统曲艺等"非遗"重点项目。

【第十九届中国(象山)开渔节祭海仪式举行】 9月12日下午,第十九届中国(象山)开渔节祭海仪式在中国渔村举行,14时18分,升帆号响起,祭海典礼正式开始。在主祭团的带领下,8名船老大抬起全猪、全羊,20名渔嫂献上五谷、五果,两名渔姑托起祭酒,依次走向祭台,共同向大海敬献供品、再三鞠躬。在司仪的引导下,由16个渔村的渔民代表组成的陪祭团手捧高香,依次来到祭坛前敬香,表达祈福感恩之情。78名渔家汉子托起一口口海碗,面朝大海,平膝单跪,高声喊诵。

县委副书记、县长黄焕利担任本次祭海仪式主祭人。他面对大海恭读祭海文,读毕后,32名身着传统服饰的渔姑渔嫂面海跪拜,祈求渔民兄弟出入平安、一帆风顺、满载而归。"放海生喽——"只听司仪发一声喊,在主祭人、陪祭人的带领下,白发船老大、渔童等有渔区父老乡亲相随把6个鱼缸中的鱼、蟹、虾幼苗放归大海,再现象山渔区古老而又隆重的民俗盛典。

【"中国创翼"华东区文创大赛】 9月13日上午,第十九届中国(象山)开渔节活动之一的第二届"中国创翼"文创大赛华东区域总决赛落下帷幕。"海上鲜""未来影业""橙堡""听画""天空农场"从26个路演项目中,分别获得区域总决赛前五名。大赛组委会还授予县"创翼"文创大赛优质双创城市称号。该次文创大赛是第二届"中国创翼"青年创业创新大赛的专项赛,由中国宋庆龄基金会和人力资源社会保障部主办。

【中国渔业协会渔文化分会落户象山】 9月15日,中国渔业协会渔文化分会成立大会在象山召开。中国渔业协会常务副会长兼秘书长林毅,中国渔业协会专家委员会主任王德芬,中国渔业协会秘书长助理刘维,宁波市商务委员会主任陈秀忠,宁波市海洋与渔业局副局长吴建义与会。县委常委、统战部长黄敏求出席。中国渔业协会渔文化分会现有58名成员申请成为第一批会员。会议审议通过《中国渔业协会渔文化分会管理办法》及相关规定,选举产生第一届理事会理事,以及会长、副会长、秘书长和顾问。中国渔业协会渔文化分会在象山成立,标志着县渔文化事业进入一个新的发展阶段。

【第十九届中国开渔节举行新闻发布会】 9月15日下午,第十九届中国(象山)开渔节暨第十二届中国海洋论坛新闻发布会举行。县委常委、宣传部长罗来兴致欢迎辞,通报该届开渔节的活动安排,并就有关情况回答记者提问。

人民网、经济日报、浙江日报、宁波日报等多家中央、省、市媒体的记者参加新闻发布会。

【非遗传承人口述史编写专题讲座】 9月16日,县"非遗"中心举办"非遗"培训班。由中国艺术研究院研究员、博士生导师,中国民间文艺家协会副主席，中国人类学民族学研究会民族文化遗产保护委员会主任苑利作“非遗”传承人口述史编写专题讲座。全县各乡镇街道文化站（馆）长、县“非遗”中心、县志办、县作协、县“非遗”保护志愿者参加本次讲座。

【县举办首届青少年游泳锦标赛】 9月17日上午，县首届青少年游泳锦标赛在县游泳馆举行，来自全县各中小学的500余名学生参加比赛。

【省体育局局长孙光明来象考察】 9月22日下午，省体育局局长孙光明、副局长李华一行到象山考察。县委书记叶剑鸣、市体育局局长陈瑜、副县长王安静等陪同考察。孙光明一行到松兰山，乘船察看周边海域岸线、水深等情况。随后，他来到省帆船帆板训练基地看望运动员、教练员，还考察国家海洋局潮水观测站。

【县长检查文化市场安全生产工作】 9月29日上午，由象山县县长黄焕利带队，县文广新局、公安、消防、安监、工商等多个部门，分别对盒子网吧、华影国际影城等文化市场重点场所的安全生产工作进行检查。县长黄焕利要求经营场所加强排查，强化监管，消除隐患，做好国庆期间“保安全、保畅通”各项工作，防范安全事故发生。

【石浦民乐队参加第三批市优秀基层业余文艺团队、文化志愿者节目汇演】 10月5日，石浦民乐队的器乐合奏乐曲《渔港春潮》参加在宁波市文化广场举行的第三批宁波市优秀基层业余文艺团队、文化志愿者节目汇演。

【县首场广场舞达人秀展演】 10月9日晚上，县老年人体育协会成立30周年暨广场舞达人秀首场展示大会在人民广场举行。由丹东、丹西、大徐、涂茨、贤庠、黄避岙各镇乡(街道)及老体协退教协会参加。县人大常委会副主任林胜国出席活动。

【石浦中老年业余舞蹈队荣获省一、二等奖】 10月10—12日，石浦中老年业余舞蹈队参加浙江省第二届女子体育节健身排舞大赛暨浙江省第五届健身排舞总决赛，荣获甲组自选套路一等奖、规定套路二等奖，团体二等奖。

【“文体进企”系列活动启动】 10月12日晚，文化惠民半岛行“文体进企”系列活动在正业集团正式启动。随后，县文广新局组织主办的大型文艺晚会在正业集团演出。“文化惠民半岛行”文体进企系列活动是县委、县政府实施文化惠民工程的重要举措。通过开展“文化惠民半岛行”文体进企系列活动，丰富广大企业员工业余文化生活，促进企业和谐发展。

【《诱惑》获省排舞比赛金奖】 10月12日晚，县文化馆中青年舞蹈团在浙江省第十届排舞比赛中，排舞《诱惑》获中年组金奖。该次排舞大赛全省共有86支队伍近2000人参加，分为少儿、青年、中年、老年以及系统行业、新创、串烧7个组别。排舞《诱惑》的灵感来源于《白蛇传》中的“青蛇”形象，将热烈的现代舞曲和柔和的古典舞姿结合，赋予固定曲目与众不同的视觉观感。

【2016年县中小学生田径运动会】 10月20日上午，为期三天的2016年县中小学生田径运动会隆重开幕。全县中小学的800多名运动员分别参加18个项目比赛。

【黄避岙走书“微巡演”】 10月21日，黄避岙走书“微巡演”在黄避岙村拉开序幕。“走书”是黄避岙乡的品牌文化，是国家非物质文化遗产名录项目，采取说唱的形式，将新闻唱出来，用喜闻乐见的方式让老百姓了解新闻。该次微巡演由黄避岙乡文化站组织，除了黄避岙乡走书外，还有村民自编自导的舞蹈。用一年时间让黄避岙走书走遍黄避岙乡的每一个村庄、角落，满足村民的精神文化需求。

【南田县署修复工程设计方案评审会】 10月21日上午，象山县文管办召开县级文保点——南田县署修复工程设计方案评审会。宁波市文物保护管理所，象山县文广新局、县规划局等有关单位、专家领导应邀参加。

与会专家和代表听取浙江华策规划建筑设计有限公司的规划设计介绍，进行审查和讨论。原则上同意通过评审。

南田县署监狱旧址，对研究当时的政府职能划分以及南田县历史是重要的实物考证，补充南田县在民国时期政府部门行为活动的空白，具有重要的历史价值。

【象山县第三届苍水文化节】 10月24日、25日，象山县第三届苍水文化节在鹤浦、高塘岛两地举行。全省各地的80余名专家、学者探讨苍水文化如何与地方旅游经济融合发展等课题。县委常委、宣传部部长罗来兴，宁波市滨海城市文化研究院院长徐定宝等出席相关活动。

24日上午，在鹤浦镇樊岙村张忠烈公祠，百余名群众向民族英雄进香鞠躬，举行祭祀仪式。下午举行专家、学者座谈会。晚上，在鹤浦滨海广场举行文化夜市。

25日上午，在花岙岛张苍水纪念馆，县艺术家现场创作一批书画作品，举行英雄缅怀及书画作品捐赠仪式。

【县图书馆获县“双拥工作先进单位”称号】 10月27日，召开象山县拥军优属拥政爱民工作先进单位和先进个人表彰大会，县图书馆荣获2016年度全县“双拥工作先进单位”称号。县图书馆28年来一直开展拥军优属活动，以书为媒，上高山下海岛，每年两次为军营更换流转图书，累计开展拥军优属活动达100余次，赠送图书5万余册，拥军物资和慰问金近6万元，丰富军营文化，还先后帮助18人考上军校，30余人取得自考、函授中专以上文凭。

【象山召开非遗传承教学座谈会】 10月26日，象山县召开非物质文化遗产教学基地建设座谈会，就传承教学基地应与办学理念、主题文化、地域文化相融合进行交流，对11个传承教学基地进行颁牌。县文化广电新闻出版局副局长吴健、县教育局副局长奚际曹、县非物质文化遗产保护中心主任张艳、象山县教育局普教科副科长陈嘉裕以及11个传承教学基地的代表等出席本次会议。

【金秋诗歌朗诵会】 10月30日晚，“半岛诗韵”——2016象山县金秋诗歌朗诵会在县文化活动中心举行，音律优美的诗歌，回味悠长的宫商清韵，倾倒全场观众。县委常委、宣传部长罗来兴，县人大常委会副主任林胜国，副县长王安静，县政协副主席欧亚群、胡建萍出席活动。

【爵溪街道第30届文化艺术节】 爵溪街道第30届文化艺术节从9月29日开始至10月30日结束，历时近一个月。文化节通过舞蹈大赛、桥牌邀请赛、“走书”进社区、职工技能大赛、文艺晚会等一系列文体活动，集中展现街道居民的时代风貌。

【象山60家惠民阅读点全面建成】 11月2日，全县60家惠民阅读点建成。

惠民阅读点提供“零门槛”全免费服务，实行一架一书形式，率先推行免押金实名诚信借阅图书，全面实行精细借阅服务化管理。惠民阅读点分别设于丹东街道22家、丹西街道20家、爵溪街道5家、西周镇3家、石浦10家，共送书1.2万余册，书架50个。全县形成10分钟惠民阅读圈。

【县冬泳运动协会成立】 11月20日，县冬泳运动协会成立大会举行。县130余名冬泳爱好者参加成立大会。大会通过协会章程，选举产生第一届理事会会长、副会长、秘书长。会员人数为118人。

【六小龄童做客“塔山讲堂”】 11月26日晚，著名表演艺术家、国家一级演员六小龄童做客“塔山讲堂”，作题为《惊世美猴王》的讲座，并与广大市民进行交流。

11月26日，六小龄童做客“塔山讲堂”

【象山县民间古钱币收藏展】 11月26日，由县文广新局、中国人民银行象山支行主办，县博物馆、县钱币学会承办的“象山县民间古钱币收藏展”在县博物馆举行。该次展览共展出478个品种上千枚铜钱，展示中国古钱币从先秦到民国的发展历程，反映了不同时期钱币主要特征及其经济文化内涵。展览2017年1月10日结束。

【衢江.象山“文化走亲”】 12月7日晚，以“五养衢江美丽象山”为主题的“文化走亲”活动在县文化活动中心举行。有《共筑中国梦》、魔术《幻》、婺剧表演唱《巡营》、小品《小家与大家》，随后，朗诵、民族舞、独唱、杂耍等节目上演。

【第三届“东方大港杯”全国业余围棋公开赛】 12月11–15日，由中国围棋协会、宁波市体育局主办，宁波市围棋协会、宁波市体育竞赛中心、象山县体育局承办的第三届“东方大港杯”全国业余围棋公开赛在松兰山景区举行，来自浙江、河北、河南、上海、北京等10余个省市以及包括来自韩国、以色列、波兰、德国、俄罗斯、西班牙8个外籍选手、10位职业女选手在内的共144位选手参加此次大赛。团体前三名分别由金华金马队、宁波象山队和北京腾云道场北京十八中代表队夺得；个人前三名分别由北京腾云道场的韩国籍选手张炫圭、宁波象山队的唐崇哲和金华金马队的马天放夺得；另外北京腾云道场的业余选手李鑫怡夺得女子个人第一名。

【《鸡鸣三坑班戏纲》出版】 12月21日，由吴健、沈学东主编的《鸡鸣三坑班戏纲》一书，由中国戏剧出版社出版。该书阐述石浦镇鸡鸣村剧种三坑班的沿革和发展，整理《狄青比武》《王莽篡位》《辕门斩子》等17部剧本。剧本保留大量俗话，承载象山近百年的社会形态、风俗习惯及民生状态，是历史文化厚重的记忆。鸡鸣三坑班是象山曲艺中的一朵“奇葩”，既继承南戏戏剧文化，又具有自身独特的文化特征。鸡鸣三坑班的剧本靠的是师傅和徒弟之间的口耳相传，一旦传人离世，该剧种随时都有可能消亡。《鸡鸣三坑班戏纲》的整理出版，将实现对这项民间瑰宝的抢救性保护。

【纪念尹瑞芳老师从艺72周年座谈会】 县委宣传部、县文广新局、县文联共同举办纪念尹瑞芳老师从艺72周年座谈会。省文联书记处书记张均林、省戏剧家协会主席黄先钢、省戏剧家协会秘书长谢丽泓，市政协原副主席、市文促会会长傅丹，市文联副主席韩利诚，县领导罗来兴出席活动。

座谈会上，专家学者们回顾尹瑞芳老师生前为我国戏剧事业作出的贡献。当晚，浙江省小百花越剧团为纪念尹瑞芳老师从艺72周年举行惠民演出。

【象山县举行2016年浙江省冬泳系列赛】 12月31日，由浙江省游泳协会、宁波市体育总会等单位主办的2016年浙江省冬泳系列赛(象山站)暨石浦第十一届冬泳节，在象山县石浦镇里山水库隆重举行，来自宁波、诸暨、义乌、乐清和苍南等省内12支冬泳队参加比赛，最后象山游泳协会、乐清长游俱乐部和奉化区游泳协会获得团体前三名。

【象山县首届群众文化艺术节】 12月26日，宁波市交响乐团在象山剧院开演，拉开2017年象山县首届群众文化艺术节的序幕。

首届艺术节活动分县级、镇乡(街道)级和村(社区)三个层面展开，以县中心城区为核心，以各镇乡(街道)、村(社区)为辐射，实现三级联动。同时，县级层面和镇乡(街道)、村(社区)级层面互相补充，以群众“唱主角”的形式，调动居民参与社区文化活动的热情。其中，县级层面“文化大餐”共设有歌舞飞扬、印象象山、书香半岛、好戏连台等四大系列95场活动，文化惠民演出、原创歌曲音乐会、摄影作品展、剪窗花、猜灯谜等活动将一一呈现。届时，市民可在“歌舞飞扬”系列中体味音乐的律动，在“印象象山”系列中感受图片的魅力，在“书香半岛”系列中品尝书香的味道，在“好戏连台”系列中领略戏曲的奥秘……镇乡(街道)和村(社区)级层面将举办134场活动，内容涵盖各类文艺赛事、书画摄影展、民俗文化节庆及文艺展演等。

2017年象山县首届群众文化艺术节2017年2月14日结束，市民可以尽享新年“文化盛宴”。县首届群众文化艺术节由县委宣传部、县文化广电新闻出版局(体育局)、县文联联合举办。

【新年音乐会】 12月26日晚，由宁波交响乐团倾情奉献的新年音乐会在象山剧院奏响，掀开“2017象山县首届群众文化艺术节”的序幕。

中国新年风格的《春节序曲》《闲聊波尔卡》《卡门组曲》《天鹅湖组曲》等曲目，中国经典旋律《梁祝》以越剧曲调为素材，采用奏鸣曲式结构，演绎一段凄美的爱情故事，让现场观众听得如痴如醉。县领导罗来兴、励茂平、胡建萍出席活动。

"象山县原创歌曲音乐会" 2016年12月30日，由县委宣传部、县文化广电新闻出版局（体育局）、县文学艺术界联合会主办，县文化馆、县音乐家协会承办的"象山县原创歌曲音乐会"在县文化活动中心激情唱响。

音乐会现场，歌手时而婉转低吟，时而激情澎湃，加上精彩的舞蹈表演，引起台下观众阵阵掌声。"今天这场音乐会，许多歌曲内容写象山风情面貌，每首歌都与我们息息相关，这样的歌曲听起来很亲切。"台下观众张女士说，能作出这样高端的歌曲，感觉很自豪。

据了解，象山县面向全县开展原创歌曲征集评选活动，先后收到100余首歌曲，歌曲内容反映象山的民俗，赞颂象山的好人好事，传播正能量。最终评选出50余首歌曲入选，演出当晚共演唱16首原创歌曲。

艺术创作

【概述】 2016年，县文联贯彻习近平总书记文艺工作座谈会重要讲话精神，以开展"两学一做"专题教育活动为契机，以"出作品、出人才，出影响、出形象"为目标，团结带领各文艺家协会和广大文艺工作者，围绕中心，服务大局，创新工作思路和工作举措，文艺事业取得新成果。相继成立朗诵协会、影视家协会、乡镇街道文联、公安文联和华翔文联，被县委宣传部评为宣传思想工作先进集体，文联"一会一品"活动被评为全县宣传思想文化工作创新奖。

【《破晓——象山首届当代艺术展》在象山文化中心展出】 1月1日上午，由象山县文学艺术界联合会、象山县文化广电新闻出版局联合主办，象山县美术家协会承办的《破晓——象山首届当代艺术展》在象山文化中心开展。艺术展以"破晓"为主题，汇集多位艺术家40余件作品，有水墨、综合材料、油画、漆画、摄影、书法等。

【县曲艺家协会新春农村送欢笑】 1月10日，象山县曲艺家协会带领50多位曲艺艺术家深入丹东街道下余村文化礼堂，为村民送去新年文化大餐。小品《酒驾》、快板《说点》不时地引得观众开怀大笑。走书《河边人家》引发新农村"五水共治"的激情。两个小时的精采演出，吸引下余村及周边村庄数百村民的阵阵掌声。

【艺术家们涌献爱心 重症儿童倍感温暖】 1月28日，"爱让我们在一起"系列慈善活动之县艺术家作品慈善拍卖会在县电视台演播大厅举行。100余位爱心人士参与慈善拍卖，共有47幅艺术家捐赠的作品成功拍卖，成交总金额达3万多元，慈善拍卖所得善款全部纳入县"重症关爱儿童基金"。

【县新增3名中摄协会员】 2月3日，县摄影家协会的尹建成、杨善忠、吴艳通过中国摄影家协会评审委员会的评审，成为中国摄影家协会2016年度首批新会员。全县中国摄影家协会会员增至25名。

【县文艺工作者迎新春展新风】 1月29日下午，县文艺界新春联谊会在一篇"诗体工作报告"中拉开帷幕，县10个文艺家协会的近100位文艺工作者欢聚一堂、各展才艺。

【举办元宵茶话会】 2月19日下午，象山县文联组织元宵茶会，邀请一批文艺界老中青代表参加分享元宵节快乐活动。渔文化研究专家郦伟山、象山民间文艺家协会灯艺制作大师包基勤、县舞蹈家协会会员王煦怀等参加茶会。

【文艺"快闪"温暖返乡人】 2月2日，在县新客运中心候车大厅里，县文艺志愿者为旅客们上演一场迎春节文艺"快闪"行动。文艺志愿者们送上《祝福你》《欢乐中国年》《常回家看看》《回家过年》《相亲相爱》等歌曲，祝福回家的旅客平安返乡。文艺"快闪"行动由县文联、交通局、团县委联合举办，主题为"快闪，伴您回家过年"，共有40多位文艺志愿者参与。

【文艺志愿者走进老干部局】 2月4日下午，县文联文艺志愿者走进老干部局，为老干部们上演一场迎新会。县委常委，组织部长陈兴立致欢迎词。

【公安文联成立】 1月28日晚，县公安局在县广播电视台演播大厅举办文联成立大会暨第二届警营好声音决赛。县委常委、公安局长余承嗣出席并致开幕词。县文联主席郑辉，局党委委员、政治处主任、县局第一届文联主席贾虹分别致辞，宣布县局文联的正式成立。第二届"警营好声音" 2015年12月预赛，进入决赛的20名选手，由4名导师进行专业辅导。决赛分为组合PK和个人PK两个板块，由100名大众评审决定最终名次。全新的赛制、真情的演绎，现场的300余名观众带来了一场难忘的视听盛宴。市公安局文联秘书长、宣传处处长王晴宇，团县委书记俞欢欢，县妇联副主席赵菊香等领导出席。

【"我们的村晚"在海墩村华丽上演】 1月28日晚上，宁波市农村文化礼堂迎春晚会"我们的村晚"，在贤庠镇海墩村文化礼堂华丽上演。市领导万亚伟、苏利冕、林静国，县领导叶剑鸣、黄焕利、罗来兴等与广大村民一起观看晚会。来自11个县(市)区的表演者相聚一堂，献上一个个自创自演的精彩节目，彰显宁波农村文化魅力。千里之外的新疆库车县齐满镇渭干村文化礼堂的村民，送来极具当地特色的表演，作为东道主，海墩村文化志愿艺术团的演员们送上一段红红火火的排舞表演，舞出了过年的热闹劲。

【杨忠华80余幅作品在首届宁波十个优秀专题摄影系列展展出】 3月1日，"首届宁波十个优秀专题摄影展览"系列展最后两个系列专题展在中国摄影家协会宁波艺术中心开幕，该次展览是去年10个优秀专题摄影展的延续，是艺术中心新年举办的第一个摄影艺术展览。象山摄影家协会原主席杨忠华的80余幅作品和北仑摄影家协会副主席冯毅的《未裁剪》系列在展厅展出。

【黄焕利县长调研文联工作】 3月18日下午，县委副书记、县长黄焕利，县委常委、宣传部长罗来兴，县政府副县长王安静一行到县文联调研县文联文艺工作。黄县长参观新建成的文艺之家及展出的本土作家、艺术家的作品。县文联党组书记、主席郑辉介绍文联基本情况和工作亮点及工作思路。副县长王安静指出县文联和文艺工作的环境好，广大文艺工作者要多出人才多出精品。罗来兴部长肯定县文联工作的成绩。文联围绕"出作品、出人才、出影响、出形象"的工作目标，作出努力，工作有新起色。黄县长认为要把握文艺创作规律，要描准方向，打好基础，不停地训练、研究和创作，开发个人潜能，创作好作品。要创造条件，加强交流学习，体验生活。要创造条件，参与竞争。要积极参加各类比赛展览来展示自己；要加大文艺精品奖励力度，特别对获得全国性奖项的作品要重奖。县政府党组成员、办公室主任奚海峰、副主任陈海波随同调研。县文联班子成员、县10个文艺家协会及公安文联副主席参加座谈会。

【民间文艺乡村行——文艺志愿者服务活动】 3月23日，浙江省民间文艺家协会(省民协)联合宁波市民协、象山县文联，赴象山县石浦镇南向村开展2016年"民间文艺乡村行——文艺志愿者服务"活动。展演项目丰富，表演者有鲁立清的糖人、郑仙云的剪纸、康春梅的内画、徐士军的面人、徐远渭的泥塑、王力的草编、卢圣贵的鱼拓、王羽的贝雕等。晚上，傣家舞蹈《雨竹林》、戏曲《天女散花》、杂技《力量》、快板《仨拉机》、魔术表演等12个节目引起观众喝彩。

【省民间文艺家协会来象采风】 3月24日上午，在县文联郑辉主席的陪同下，浙江省民间文艺家协会副主席兼秘书长郑蓉、宁波市民间文艺家协会主席周静书和文艺家们一起到石浦渔港古城、德和根艺美术馆进行民间文艺采风，感受象山渔港的风采和根艺雕刻的魅力。

【获奖人数位列市书法小品展之首】 3月25日，据“书写时代”首届宁波市书法小品展评选结果，县书协会员史荣欣、陈宜、吕茂盛喜获优秀作品奖，获奖人数位列宁波市各县市区之首，另有5名会员入展。该次展览是由宁波市书法家协会主办的一项书法赛事，共收到应征作品628件，经过初评、复评、终评，最终评选出优秀作品15件，入展作品184件。

【“象山大男孩”陈琪 家乡签售新书】 4月10日下午，象山籍青年作家陈琪的第三部新书暨个人第一部自传体小说《再见，小镇少年》签售活动走进宁波象山站，陈琪本人与读者进行零距离接触和交流。这是自《行走的青春》后，他第二次在家乡进行签售。当天，华语乐坛甜歌天后金莎和中国原创歌手后弦到场助阵，场面温馨感人。陈琪出生于1989年，已出版自传《娱乐圈儿：琪实很幸福》和青春励志书《行走的青春》。《再见，小镇少年》以自传体的形式讲述十年“北漂”历程，对个人成长和人生的深层次思考。

【著名作家叶辛来象授课】 4月1日，中国作家协会副主席，复旦大学中文系教授、著名作家叶辛到县《塔山讲堂》讲一堂《我们曾经年轻》的讲座，讲叙他创作《孽债》《蹉跎岁月》等作品的经过和人物原型。讲座由副县长王安静主持。

【公安“快闪”献礼五四青年节】 5月4日，190余位县人民警察在县人民广场以“快闪”的形式展现风采，献礼五四青年节。

【县曲协文化走亲进温州乐清杏湾文化礼堂】 5月18日，象山县曲艺家协会以曲艺走亲的形式走进温州乐清市南岳镇杏湾村文化礼堂。演出阵容强大，由中国曲协会员、象山唱新闻艺术家、中国群星奖、牡丹奖得主李素琴领衔，节目内容有曲艺、小品、戏曲、歌曲、歌舞等。县曲艺家协会在1952年成立。

【学童传唱“孺子歌”】 “榆树高，槐树壮，枫树叶子红又黄……”5月6日下午，县文艺工作者李荣明老师走进第五小学，在课堂上欣赏、点评孩子们自己创作的童谣。童谣句子匀称、节奏明快，以“问答歌”“连锁调”“颠倒歌”等形式将孩子们眼中的生活趣事宣之于口，在师生之间口耳相传。2016年，文联牵手县第四、第五小学，组织推进“童谣创作进课堂”活动，指导孩子们动手创作、动口传唱，撒播中华优秀文化种子，传播社会正能量。

【《原则诗选》首发式举行】 5月14日，举行《原则诗选》首发式暨乱礁洋·原则诗群创作基地授牌仪式，60多名来自江浙地区和象山本地的诗人参加活动。早上，在象山书城举行的《原则诗选》首发式，韩高琦、俞强、李郁葱、史一帆、吴伟峰等《原则诗选》编委会成员联袂签售新书，举行作品讨论会。下午，诗人们到涂茨镇大岭后村，举行乱礁洋·原则诗群创作基地授牌仪式。晚上，诗人们在大岭后村举行诗歌朗诵活动。

【“文艺快闪” 我闪故我在】 六一儿童节，象山县文联指导的“文艺快闪”出现在丹城第五小学的文艺汇演上，吸引广大师生的眼球。这次“快闪”是学生、家长和老师们共同参与完成的，以歌曲演唱的方式呈现在在座师生和家长面前。

【“两学一做”新形式 曲艺表演展新风】 5月26日下午，象山县文联召开曲艺创作骨干座谈会，就如何把连续四届“最美象山人”的好人好事作为创作素材，创作出老百姓喜闻乐见的小品、快板、走书、唱新闻等具有象山本土特色的曲艺作品，进行了深入探讨。

【下渔村上党课、送温暖入民心——县文联“七一”海岛慰问】 6月27日，县文联党员干部到鹤浦镇鹤渔村党支部，开展“七一”慰问和上党课活动。主席郑辉走访慰问部分老党员和困难党员，送去慰问金和夏令用品，送上亲切问候和崇高敬意。

【县美协3幅作品入选宁波市首届水彩粉画艺术大展】 6月16日,县美术家协会顾成的作品《螺》、吴蒙蒙作品《收获》、周万能作品《卫士》成功入选“宁波市首届水彩粉画艺术大展”。

【著名作家赵柏田来象与作家交流互动】 6月22日,当代著名作家、宁波市文联创研室主任赵柏田,宁波市文联创研室调研员冯国祥,举行贯彻落实习近平总书记文艺讲话精神座谈,与县作家们进行交流互动。

【象山3件画作亮相省墨竹画展】 7月4日,《高节清风—浙江省墨竹画展》在杭州国画院美术馆开展。县美术家协会的董根友写意画《高风》、钱松虎工笔画《朗月清风》和范红工笔画《疏影》入展。

【首届全国农民画选展评比揭晓 象山4位作者榜上有名】 7月8日,由上海市文史研究馆、中央文史研究馆书画院主办的“朵云轩杯”首届全国农民画选展评比揭晓,县4位作者榜上有名,徐会永的《渔家女》和卢圣贵的《渔山时节》获优秀作品奖,黄竹青的《情满葡萄园》、何萍青的《码头渔事》获入展奖。

【两幅作品入选中国农民画作品展】 7月15日,翰墨青州·2016中国农民画作品展评比揭晓,县美术家协会徐忠杰的《夫妻烧饼摊》、周万能的《码头渔事》两幅作品入选。

【曲艺创作讴歌“最美象山人”】 7月9日,象山县文联举行“最美象山人”曲艺作品加工会。以四届“最美象山人”的感人事迹作为创作题材的曲艺作品,进行深入探讨。作协、曲协的三十余位创作骨干和表演骨干参加加工会,共征集到三句半、快板、走书、唱新闻等老百姓喜闻乐见具有象山本土特色的曲艺作品24件。

【县广播电视台和县文联联袂打造“象山好歌”】 7月17日,象山县广播电视台和象山县文联联袂打造象山本土原创歌曲推送栏目“象山好歌”,旨在挖掘文艺精品,打造有影响力,有吸引力,有号召力的文化品牌,提升象山文化创作和音乐艺术水准的基础上,把我们独一的艺术作品推向社会,打造代表象山滨海旅游城市形象的声音名片,发出最响亮的象山好声音。

【“军民鱼水情,共铸强军梦”象山县文艺界走进部队演出】 中国人民解放军建军89周年,7月27日,象山县民政局、象山县文学艺术界联合会组织县文艺志愿者走进73022部队,给部队官兵奉献一场精彩的文艺演出。孙小雄、林胜国、王安静、赖明和、张学军等县领导出席演出,参加活动的有县民政局、县文联、石浦镇、新桥镇、东陈乡的相关领导。

【谢才华剪纸艺术亮相中国美术馆】 8月3日上午,“山海风华”谢才华民间剪纸艺术展在中国美术馆隆重开幕。这是改革开放30年间,象山县民间文化艺术家第一次进入国家艺术殿堂进行展览。中国文联党组成员、书记处书记陈建文,中国文联国内联络部副巡视员罗江华,中国民间文艺家协会副主席、秘书长周燕屏,中国美术家协会秘书长徐里,中国美术馆副馆长胡伟,宁波市委常委、宣传部长万亚伟,象山县委书记叶剑鸣,象山县委常委、宣传部长罗来兴等出席开幕式。艺术展由宁波市委宣传部、宁波市文联、宁波市对外文化交流协会主办;象山县委宣传部、象山县文联、宁波美术馆承办。从谢才华创作的1.5万余幅作品中精心挑选出近200幅作品,分为中国梦、海洋风、渔乡情、清莲韵等四个系列进行展出。

【象山县朗诵协会成立】 8月20日上午,象山县朗诵协会成立大会暨第一次会员代表大会于县文联四楼会议室举行。大会听取《象山县朗诵协会筹备工作报告》,通过《象山县朗诵协会章程》和《象山县朗诵协会第一届会员大会选举办法》,选举产生孙忠心、孙平华、王潇等17名理事会成员。

【县影视家协会成立】 8月22日晚上,县影视家协会成立暨第一次会员代表大会在县文联四楼会议室召开。大会听取《象山县影视家协会筹备工作报告》,通过《象山县影视家协会章程》和《象山县影视家协会第一届会员大会选举办法》,产生王笑龙、陆世栋、金旭东、周斌杰等17名理事会成员。会议当天县影视家协会成为宁波市电视艺术家协会的团体会员。

【县"农信杯"书法大赛作品展开幕】 9月6日，象山县"农信杯"书法大赛颁奖仪式暨作品展开幕式于县文化活动中心举行。县委常委、宣传部长罗来兴，县文联主席郑辉，县教育局副局长奚际曹，县农村信用联社主任郑仲华等出席开幕式。书法大赛由第十九届中国(象山)开渔节组委会办公室、象山县文联、象山县教育局主办；象山县农村信用联社、象山县书法家协会、象山县政协书画院、象山青年画院、象山县文化活动中心承办。该次书法大赛分"儿童组""少年组""成年组"三个组别，共收到参赛作品450余件，经过宁波市书法协会专家评审，共评出入展作品135件，从中再评出获奖作品30件。

【第五届竹根雕精品展启幕 40名竹根雕青年艺人同台竞技】 9月12日上午，象山县第五届竹根雕精品展和第三届竹根雕青年艺人技艺大赛分别在县文化活动中心和教育园区实训大楼热闹启幕，200余件竹根雕作品在展览区陈列，40名竹根雕青年艺人同台竞技、角逐"艺术家"称号。

【享受海洋文化夜市中的文艺盛宴】 9月12日晚，中国开渔节文化夜市文艺专场于县人民广场上演，专场分舞台演出和民间工艺展示两个部分。象山县音乐家协会、县舞蹈家协会、县书法家协会、县美术家协会、县工艺美术家协会、县民间文艺家协会、县戏剧家协会纷纷派出文艺工作者队伍参加海洋文化夜市文艺专场的演出。文艺专场得到浙江省文联和宁波市文联的大力支持。

【著名词曲作家付林到象山采风】 9月15日，著名词曲作家、中国音乐家协会理事付林到象山县考察采风。县政协副主席胡建萍等陪同。付林先后来到德和根艺美术馆、石浦渔港古城、中国渔村等地，了解县渔区文化遗存，体验渔村渔家风情。他对象山独特的海洋文化、渔文化以及渔民在生产生活中衍生出来的渔家号子大加赞赏，与象山县音乐家协会主席邵叶茂及几位会员就象山海洋音乐作品的创作与发展进行深入交流，把自己从军从艺50周年的纪念音乐作品赠送给县音乐家协会。

【第十二届中国海洋论坛之"海洋渔文化保护与乡村旅游协同发展"分论坛举行】 9月16日下午，第十二届中国海洋论坛在石浦半岛酒店举行，"海洋渔文化保护与乡村旅游协同发展"分论坛由中国民间文艺家协会和第十九届中国开渔节组委会联合主办，浙江省民间文艺家协会、宁波市文学艺术界联合会协办，象山县文学艺术界联合会、象山县风景旅游局承办。中国民协主席潘鲁生，中国民协顾问曹保明，中国民协副主席苑利，中国民协分党组成员、副秘书长周燕屏，浙江省民协副主席兼秘书长郑蓉，宁波市人大常委会副主任、文联主席翁鲁敏，宁波市文联党组书记林崇建，象山县委常委、副县长蔡特等领导以及一批民协专家出席会议。该次论坛主要是通过各民协和民宿专家的经验交流，深度挖掘和开发象山渔文化，促进渔文化常态化、主题活动系列化。象山县人大常委会副主任励茂平，县政协副主席胡建萍等领导陪同调研。省市县文联和民协有关领导，县有关部门负责人和镇乡(街道)分管旅游负责人，旅游企业和民宿专家等参加了该次会议。

【"笔赋氤氲"——浙东、皖南中国画雅集在象山举行】 9月19日上午，"笔赋氤氲"——浙东、皖南中国画雅集在县文化活动中心开幕。展览由象山县文联主办，象山县美术家协会、象山文化活动中心承办。作品展共展出浙江、安徽、江苏三地19位画家共74幅作品，作品以中国水墨画为主，包括山水、花鸟及人物作品。其中，展出象山3位画家共12幅作品。展品中既有研习中国传统绘画的作品，又有探索性的创新之作。很多作品中可见传统笔墨韵味，又见现今生活的情趣。

【民国风快闪唱响红色经典】 10月1日下午，民国风快闪在象山影视城举行。该次象山影视城民国风快闪活动由宁波影视文化产业区管委会、象山县文联、象山影视城开发有限公司主办，象山县音乐家协会承办。《毕业歌》《码头工人》《梅娘曲》《矿工万岁》《天涯歌女》《新四军军歌》《歌唱祖国》等歌曲响彻民国城，打动在场观众，五星红旗汇聚成红色的海洋，爱国热潮一浪高过一浪。

【为老人们送上描摹画册】 10月7日，一群小朋友带着《高妙兰农民画》描摹画册到县老年公寓，为老人们送上重阳节的节日礼物和祝福。描摹画册由象山县文学艺术界联合会、象山县文化广电新闻出版局、象山县女企业家协会编印,旨在让老人们欣赏农民画,描摹学习画农民画,唤起丰富多彩的农家生活的美好回忆,享受审美愉悦,丰富文化生活。

【县文联参与第三届苍水文化节活动】 10月24日、25日,象山县第三届苍水文化节在鹤浦镇和高塘岛乡举行。苍水文化节活动内容包括文化节开幕式暨文化集市开集仪式、祭祀仪式、苍水文化与地方旅游经济融合发展座谈会、文化夜市、英雄缅怀及书画作品赠送仪式。县民间文艺家协会、县书法家协会、县美术家协会的众多艺术家参与该次活动,宣扬苍水文化,传承苍水精神。

【市、县文联"送欢乐下基层"文艺演出】 10月26日、27日晚上,宁波市文联和象山县文联共同组织文艺志愿者先后走进东陈乡樟岙村和黄避岙乡龙屿村开展"送欢乐下基层"文艺演出。

【"半岛诗韵"2016象山县金秋诗歌朗诵会】 10月30日晚上,"半岛诗韵"——2016象山县金秋诗歌朗诵会于县文化活动中心举行。朗诵会由象山县文化广电新闻出版局、象山县文学艺术界联合主办,象山县朗诵协会、象山县阅读学会、象山县文化馆、象山县文化活动中心承办。象山县委常委、宣传部长罗来兴,象山县人大常委会副主任林胜国,象山县人民政府副县长王安静,象山县政协党组副书记、副主席欧亚群,象山县政协副主席胡建萍以及县级有关部门负责人出席了该次活动。朗诵会先后有《少年中国说》《象山不一般》《我们这一代老年人》《美丽中国梦》等15个节目登场,演员们或婉约或激昂或庄严或动情的朗诵,赢得观众阵阵掌声和连连赞叹。

【象山县新桥镇文联成立大会暨"最美象山人"先进事迹巡演举行】 11月4日下午,象山县新桥镇文联成立大会暨"最美象山人"先进事迹巡演活动在新桥镇洋坑村举行。县委宣传部副部长钱江出席大会并讲话,县文联党组书记、主席郑辉向新桥镇文联授牌。新桥镇党委书记孙华军、宣传委员宓盈等出席,全镇文联会员代表100人参加会议。全县各镇乡(街道)宣传委员列席。大会听取《象山县新桥镇文联筹备工作报告》,通过《象山县新桥镇文联章程》和《象山县新桥镇文联第一次代表大会选举办法》,选举产生11名新桥镇文联委员会委员。举行"最美象山人"先进事迹巡演。

【象山县"浙江省非遗传承技能人才根雕制作技艺培训班"结业典礼暨"第三届竹根雕青年艺术家、象山县技术操作能手"称号颁发仪式举行】 11月8日上午,象山县"浙江省非遗传承技能人才根雕制作技艺培训班"结业典礼暨"第三届竹根雕青年艺术家、象山县技术操作能手"称号颁发仪式在县图书馆举行。县委宣传部副部长钱江出席活动并讲话,县文广局党组副书记、副局长吴健,县人社局副局长张岳忠,县经信局副局长黄君芬,县总工会副主席翁雅丹,宁波建设工程学校党组书记赖国爱,县工艺美术协会主席郑振本等出席。仪式由县文联党组书记、主席郑辉主持。县文联有关干部和县工艺美术家协会骨干会员60余人参加。活动评出特等奖1名、一等奖1名、二等奖4人、三等奖6人、优胜奖8人,51名根雕艺人通过培训获得结业证书。本次培训和评选活动由中共象山县委宣传部指导,县人社局、县经信局、县文广局、县总工会、县文联主办,县工艺美术家协会、县非遗中心、宁波建设工程学校承办。

【象山县石浦镇文联成立】 11月11日下午,象山县石浦镇文联成立大会在石浦举行。县委常委、宣传部长罗来兴出席大会并讲话。石铺镇党委书记奚海峰,县委宣传部副部长钱江,县文广局局长俞湛,县文联党组书记、主席郑辉,石铺镇宣传委员贺贤等出席。大会由石浦镇党委副书记张浩主持。全镇文联会员代表80余人参加会议。大会听取《象山县石浦镇文联筹备工作报告》,通过《象山县石浦镇文联章程》和《象山县石浦镇文联选举办法》,选举产生21名石浦镇文联第一届全委会委员,贺贤任石浦镇文联主席,黄恩荣、苏文伟、杨雪峰、吴蒙蒙任副主席,童丹艳任秘书长。

【爵溪街道文联成立】 12月9日,爵溪街道文学艺术界联合会成立,72名街道文艺工作者成功选举产生文联第一届主席、副主席、秘书长等。街道相关负责人表示,街道文联的成立将对推动全街道文艺事业的发展与繁荣、加快街道精神文明建设产生深远影响和重大意义。

【东陈乡文联、涂茨镇文联、大徐镇文联、贤庠镇文联成立】 12月16日，东陈乡、涂茨镇、大徐镇、贤庠镇相继成立文学艺术界联合会。大徐镇文联现有注册会员89名，涂茨镇文联共有会员62名，贤庠镇文联现有会员152名，东陈乡文联现有会员135名，分工艺美术、戏曲、舞蹈、曲艺等协会。乡镇文联成立后，努力发挥文联作用，挖掘会员文艺潜能，丰富群众文化生活，为乡镇经济、精神文明建设作出新的更大贡献。

【华翔成立县首家企业文联】 12月17日，华翔集团成立文学艺术界联合会，象山县文联党组书记、主席郑辉，象山县华翔集团董事局主席周辞美出席会议。大会通过《华翔集团文学艺术界联合会章程》和《华翔集团文学艺术界联合会第一届会员大会选举办法》，选举产生华翔文联第一届委员会委员10名，吸收首批会员32人，杨仲湘当选为华翔文联主席。这是县首家非公企业文联。

【茅洋乡顺利召开文联成立大会】 12月20日上午，象山县茅洋乡文学艺术界联合会成立暨第一次代表大会在乡四楼会议室召开。全乡65名文艺工作者参加会议。大会通过《茅洋乡文学艺术界联合会章程》和《茅洋乡文学艺术界联合会选举办法》，选举产生茅洋乡文联第一届委员会委员13名。截至年末茅洋乡文联共有会员86人，设有书画协会、摄影协会、戏曲协会、音乐舞蹈协会和民间团队。成立大会后，进行了精彩的文艺表演。

【象山县文联组织学习习近平总书记在文代会作代会上重要讲话精神】 12月20日，象山县文联组织文联全体干部、文联下属作家、美术、书法、摄影等12个协会主席和秘书长，认真学习习近平总书记在中国文联第十次全国代表大会、中国作协第九次全国代表会上重要讲话精神。县文联党组书记、主席郑辉就如何贯彻落实习近平总书记在全国文代会开幕式上的重要讲话精神，繁荣发展我县社会主义文艺，结合文联工作实际要求，各协会组织会员迅速掀起学习高潮，全面把握文艺工作重点方向，以实际行动落实中央、省委和中国文联的决策部署。各协会负责人还分别汇报了2016年来的工作情况，以及协会下一步的工作打算。

【作协会员沈学东出版多部作品】 象山县作协理事、浙江省作协会员、浙江省散文学会会员沈学东出版多部作品。《抱泉山馆诗文集》点校本由团结出版社出版。象山丹西街道《杨家史话》作为内部资料印刷。和他人合著的《鸡鸣三坑班戏纲》由中国戏剧出版社出版。整理何元均等人的《研香室诗存》校注本，并由团结出版社出版。

表77　**各个艺术门类创作获奖一览**

序号	类别	作　家	内　容(名称)	获奖级别
1	文学类	赖赛飞	散文集《后离别时代》	获第十五届中国人口文化奖三等奖
		沈学东	散文《琴诗岙塘》	获宁波市文学期刊联盟年度优秀作品
		陈　超	组诗《小镇纪事》	获宁波市文学期刊联盟年度优秀作品
		陈维娜	小说《摇啊摇》	获宁波文学期刊联盟年度优秀作品
		顾宝凯	组诗《给无地址的人写一封信》	获宁波市文学期刊联盟优秀作品
		顾宝凯	小说《浦阳》	获宁波市文学期刊联盟优秀作品
2	美术书法	周万能	《日记之一》	市美术书画摄影展铜奖
		吕茂盛	行书小品	首届宁波市书法小品展优秀作品奖(最高奖)
		史荣欣	行书小品	首届宁波市书法小品展优秀作品奖(最高奖)
		陈　宜	行书小品	首届宁波市书法小品展优秀作品奖(最高奖)

续表77

序号	类别	作家	内容(名称)	获奖级别
3	摄影	许铭	《酒埕岩夜色》、《拓展训练之跨越》	入展第三届中国好风光摄影大展
		沈洋	沈洋《福船画意》	获第十六届国际展艺术类优秀奖
		纪申浦	《老街》、《轨道施工》	获中国摄影家协会图片社“2016年度周榜”优胜作品
			《浩荡出海》、《地铁工地》	入展“一路一带”国内地名文化摄影展
			《璀璨奇葩》、《璀璨夜色(组)》	入展《大众摄影》第三届中国好风光全国摄影大展。
4	工艺美术	周秉益	《清风和韵》》	荣获2016年中国工艺美术“百花奖”(莆田)评比金奖
		王永平	《十八罗汉》	荣获2016年中国工艺美术“百花奖”(莆田)评比金奖
		陈青通	《志在林泉》	荣获2016年中国工艺美术“百花奖”(莆田)评比银奖
		章飞龙	《乐女》	荣获2016年中国工艺美术“百花奖”(莆田)评比优秀奖
		肖吉方	《钓鑫蟾宫折桂》	荣获“第六届中国(浙江)工艺美术精品博览会”银奖
5	戏剧曲艺类	韩晓芬、钱新宇		浙江省少儿戏曲小金桂奖
		倪双双	《孩子该姓谁》	省民协讲故事大赛二等奖
		韩晓芬、钱薪宇		宁波市第六届“相约梨园”少儿戏曲大赛中获得二等奖
6	影视类	金旭东、金宇、夏琪磊	《风从东海来》	获2016年浙江省“绿水青山、美丽浙江”农村电视专题片三等奖
7	重点创作项目	赖赛飞	散文集《生活的序列号》	列入宁波市文艺精品创作三年计划项目

广播电视宣传

【概况】 2016年,象山县广播电视台被评为2016年度全县宣传思想文化工作先进集体,获得浙江省新闻协作先进集体三等奖、宁波市新闻协作先进集体二等奖。

【突出主题报道】 突出《象山新闻》时政新闻报道功能,通过改进与重点部门的新闻协作机制,完善报道策划体系,优化报道形式,做好主题报道。年初推出工业主题“转型升级 创业创新”“四创四强 跻身一流”,重大战略主题“双突破 双驱动 打造一城四地”“改革攻坚 勇立潮头”“喜迎党代会一把手访谈”,重点工程主题“建设大项目 打造大平台”,重点工作主题“棚改进行时”“创建美丽新农村”“婚丧礼俗整治”“两学一做 争创一流”“万众创新补短板”“织好平安网 护航G20”“保护蓝色粮仓、振兴东海渔场”“全域旅游 行进象山”等36组主题报道、系列报道,共播出相关稿件700余篇,为舆论引导、凝聚人心、推进重点工作发挥重要作用。针对两会、开渔节、中日韩国际徐福文化大会、最美象山人评选等重大会议和活动进行宣传策划，采制播出相关报道232篇，营造良好舆论氛围。

【做强民生新闻】 将《小刘热线》从《象山新闻》剥离充实到方言节目，侧重报道具有公共意义的社会性热点，并注重报道的连续性、系列性和点评功能，拓展民生新闻的深度。调整方言节目功能定位，强化民生服务功能，对一些重点工作进行民生化解读，如推出“户籍制度改革”“棚户区改造”“创建森林乡镇”“休渔相关法律法规”等政策解读，让群众及时获得有用资讯信息。

【“两学一做”宣传报道】 发挥主流媒体作用，在《象山新闻》开设“两学一做 争创一流”专栏，新闻部落实专人任责任记者，运用高清拍摄、航拍等模式，加强荧屏表现力。《夜到讲白搭》方言节目则注重以民生化的角度解读“两学一做”学习教育关键词。与县纪委联合推出5期《书记讲堂》，以访谈形式讲述村里致富领头人的风采，突出农村党支部的堡垒先锋作用，以电视艺术的表达形式，服务农业农村农民。“七一”期间，象山县广播电视台推出建党95周年系列报道，播出革命主题相关的《大秧歌》《殊死七日》等电视剧、电影，在全县营造爱国主义氛围。并在门户网站和手机客户端同步刊发相关信息，以多渠道促进宣传效果。结合时间节点，推出纪念“长征胜利80周年”和“继续推出喜迎党代会一把手访谈”等宣传报道，累计播发“两学一做”学习教育相关报道80篇。

【第十九届中国开渔节电视新闻宣传报道】 象山县广播电视台提前策划，在开渔主题活动启动前，《象山新闻》栏目开设“开渔好故事”系列专栏，用电视画面讲述跟开渔密切相关的人群和他们背后的故事，共播出报道13篇。根据开渔节活动的总体安排，深挖活动新闻内涵，在报道好“‘我们的村歌’总决赛”“志愿者蓝色护海行动”“渔文化分会成立”等动态活动的同时，配发主题报道，总结报道我县在推动农村精神文化生活、保护海洋资源、发展渔文化事业等领域取得的丰硕成果，为创新开渔节新闻报道的形式内容，营造浓厚的开渔氛围。开渔节期间，电视栏目《象山新闻》和《夜到讲白搭》共播出开渔节相关的电视新闻报道51篇，广播在《象山新闻》《和美新农村》和《小康之声》3档节目中，一共播出开渔节报道48条，上级台录用稿件37篇。

【渔业“一打三整治”宣传报道】 7月11日起《象山新闻》开设“保护蓝色粮仓，振兴东海渔场”专栏，方言类栏目《夜到讲白搭》强化相关政策的系列解读。安排5名专职记者与公安、市场监督、海洋渔业等责任部门全天候无缝衔接，第一时间掌握第一手信息，当日刊发《县市场监管局凌晨突检 查获市场违禁渔获物200余斤》系列组稿和《东海禁渔，所有休渔渔船必须严格遵守伏休规定》等稿件6篇，全面掀起我县伏季休渔管理工作的宣传热潮。利用《每周聚焦》现有采编力量，走访码头、渔村，掌握象山县休渔期违规捕捞，非法收购、冷藏、销售违禁渔获物、三无船舶等问题现象，通过媒体力量敦促相关监督执法单位从严执法。电视频道全天候7个时段、广播全天候12个时段插播“一打三整治”公益宣传，电视每过15分钟滚动字幕一次，并在半岛广电网站、手机客户端做好同步宣传，多途径保障宣传效果。

【棚户区改造宣传报道】 《象山新闻》开设《棚改进行时》专栏，对棚改各个重要节点和进度进行跟踪报道，同时关注棚改推进过程中的正面新闻事件，进行正面舆论引导，并分阶段进行综述回顾，总结工作经验，前期共播发相关动态消息48篇。方言节目配合象山新闻对棚改相关政策进行同步系列解读，播发棚改政策解读12篇。10月19号全县棚户区二期改造工作推进会召开后，广播电视新开设“棚改一把手访谈”专栏，对棚改办、石浦镇、丹东街道、丹西街道、爵溪街道等单位的一把手进行专访，回顾总结前阶段棚改推进情况，分析难点、明确重点，提出下一步棚改工作思路。开设“棚改进行时”专栏基础上，增设“棚改快讯”版块，加大棚改报道密度。

【安保新闻宣传】 象山县广播电视台在《象山新闻》推出“织好‘平安网’护航G20”系列报道，安排责任记者盯紧安防重点部门，及时关注相关部门G20护航动态，做到重点工作重点宣传，做到每周报道3

期。利用广播电视自有媒体优势,在半岛广电网站、手机客户端等新媒体上做好相关宣传工作,多途径为护航G20造势。

【《每周聚焦》节目】 栏目组强化记者新闻调查的现场感,采用高清拍摄和高空无人机航拍,提升节目的可看性,在选题上紧扣县委县政府中心工作,对“清三河”“三改一拆”“农村环境卫生”等方面存在的突出问题进行重点曝光,并继续落实“曝光问题+追踪回访”机制,力求推进问题整改更加有力。节目从2015年5月6日开播至2016年底,除“回头看”2期外,共曝光各类问题68个,整改完成64个,取得良好的节目效果和社会效果。2016年5月13日,象山县委、象山县政府对象山县广播电视台《每周聚焦》栏目组全体人员进行通报表彰。

【外宣作品】 象山县广播电视台通过为中央经济生活频道、香港凤凰卫视、浙江卫视等10余家知名媒体提供节目协作,专栏设置接轨上级台,完善报题选题制度,增加节假日值班记者等措施,外宣的数量和质量都呈提升态势。2016年象山县广播电视台广播电视1721条稿件被央视和省市台录用,其中广播电台独立采写的《象山渔民号子传承人叶俊杰》《海盐晒制技艺传承人史奇刚》等3篇国家级非遗稿件在《中国之声》连续播出,创宁波市县级台先例;根据《海鲜总动员》与《象山味道》拍摄素材加工的《舌尖上的海鲜》在《宁波新闻》和《看看看》栏目播出9期;电视报道《象山给人情风套上紧箍咒》以1分18秒在央视新闻联播播出;对农专题《海水养鹅》《滩涂种稻》在央视经济半小时播出。

【精品创优】 2016年,象山县广播电视台选送的18件作品获得宁波市广播电视政府奖和新闻奖。电视专题片《守望剡溪》获宁波市专题片大赛评委会大奖;广播电台节目《为象山喝彩——象山好歌》在“十月放歌——宁波广播精品节目展播”中获得一等奖;专题片《风从东海来》获2016浙江省“绿水青山·美丽浙江”农村电视专题片三等奖,并被省电视协会推荐参加广州的全国纪录片大赛,荣获三等奖。

【《经典时段》栏目】 《经典时段》栏目于2016年元宵节在网络服务频道开播,旨在弘扬国学文化,集中传播社会主义核心价值观,打造文化品质栏目。栏目下设塔山讲堂、养生堂、今日书简、经典纪录、经典动漫等5个版块,主要内容包括中华传统故事、弟子规解读、论语三百讲、经典书籍介绍、纪录片等。播出时间:每晚18:00-20:00首播,次日重播。

【改版广播电台节目】 4月起,象山人民广播电台103.9和107.3兆赫节目全面改版。电台以“专注交通服务、打造海洋旅游、权威发布平台、政府应急广播”为定位,邀请国家一级演员鲍国安录制新版节目片头,打造好听、有用的广播传媒。此次改版,实施节目包干制,播音模式改单播为双人对播,上午时段主打《爱象山爱旅游》《路况即时播报》等交通旅游节目、下午主推《为您读诗》《张网捕鱼》等文化节目,弱化情感类节目,同时加大与县风景旅游局、县安监局等单位的合作力度,着力打响品牌栏目。

【本土原创音乐节目《象山好歌》】 《象山好歌》是象山电台携手象山县音乐家协会会员联袂打造的一档本土原创音乐节目,由象山电台主播和本土音乐人共同主持。节目通过直播互动、现场演奏演唱的方式,介绍原创歌曲的艺术特色,推介象山县独特的渔歌文化。首推歌曲为象山县本土音乐人奚斌辉创作的《如意吉祥》,自2016年7月17日首播至年底,先后推出伊耀宽、周雷达、邵一茂、朱衡等新老音乐人近60首原创歌曲,深受听众好评。节目播出时间为每天上午8:35-8:45,时长10分钟。

【第二届少儿慈善春晚】 “爱让我们在一起—— 象山第二届少儿慈善春晚”由象山县广播电视台、象山县教育局、共青团县委、象山县妇联和象山县慈善总会等8家单位共同打造,于2016年2月1日在象山县文化活动中心举行,正月初一在象山电视台播出。晚会设有歌曲、舞蹈、器乐、相声、快板、戏曲等节目,还设置慈善拍卖环节。门票销售、作品拍卖所得全部捐赠用于建立“关爱重症儿童基金”,倡导“大爱从小事做起”,传递“微公益”的力量。该晚会参演小朋友592个，主持人16个，展示象山县少年儿童艺术教育成果和全县少年儿童的精神风貌。

【"主播走基层"系列公益活动】 象山县广播电视台以"两学一做"为抓手，结合"孙茂芳式五小服务先锋"活动，以深入群众为着力点，组织全台12名主播开展"主播走基层"系列公益活动，送上精彩的节目，强化与民众零距离互动，发挥媒体成风化人的功能。主播们通过"走进老年公寓""走进部队"，参加"红色领航·益暖象山"献礼建党95周年公益文艺晚会等活动，赢得广大观众和听众的好评，还将走进中小学校、企业、乡镇农村等地，打通服务群众的最后"一公里"。

【全县广电系统技能比赛活动】 象山县广播电视台以"提服务功力，展广电风采"为主题，象山县劳动竞赛委员会、象山县总工会联合开展全县广电系统技能大比武活动。象山县广播电视台播音、制作、摄像等五大创新团队87名成员参加比赛，5名职工获得"象山县职工技术操作能手"荣誉称号。

【健全节目抽评机制】 由象山县广播电视台总编办牵头，象山县广播电视台编委和社会评议员每月召开一次节目抽评会议，对广播、电视自办节目进行抽查评议，分别从编导、播音、摄像、制作等环节进行量化评分，对存在问题的作品进行分析讨论，并汇编成《视听评议》简报，增强采编摄制人员的精品意识，提升节目品质。

【调整内部考核办法】 为激励全台干部职工创业创新的积极性，象山县广播电视台党委制定完善内部考核办法。办法明确干部职工一年内部考核奖基数，并向新闻采编一线人员倾斜，由各科室坚持奖优罚劣原则，根据干部职工履行岗位职责情况，确定奖金分发额度。实施一年来，全台新闻质量和外宣水平都有显著的提升。

广播电视事业建设

【概况】 2016年，象山县广播电视台加大投入，着力做实事业基础，推进高清化改造和中央广播电视节目无线数字化覆盖工程，完善惠民政策提高广电服务水平，强化技术保障确保安全播出零事故。面对电信、移动、联通等各大运营商的竞争压力，象山县广播电视台积极开拓业务领域提高广电网络竞争力。1-12月份，全台共创收6081万元。

【网络建设和改造】 2016年，象山县广播电视台东方大厦、保集蓝郡、学府名园、嘉怡景苑、东湖名园、奥林公馆等新建小区或建筑开通数字电视信号，完成后洋村、白石村、小厅村、路下林村、夏家村、上吴村、胡家碶、东门外村、九顷村、赤坎村等村庄的架空线路改地埋工程，并对金都花园进行光纤化改造。

【开拓网络新业务】 面对电信、移动、联通等各大运营商的竞争压力，县广播电视台开拓业务领域提高广电网络竞争力，在做好传统业务的基础上，加强社会治安监控推广力度，力争拓展电子政务网络市场。2016年以来，新安装社区视频监控2730个点，创收525万元，为县烟草局、县财政等单位完成网络安装。同时主动融入智慧城市建设，成为县政府指定网络集成单位，截至2016年，参与智慧城管、象山智慧公路前期项目和数字公路维修工程等项目，为全面推进象山县智慧城市建设打下重要基础。

【高清化改造】 为提升电视节目视听效果，象山县广播电视台自2015年起，投入资金400多万元，逐步完成对新闻中心、节目中心、产业中心等科室部门摄、录、编、播设备的升级改造工作，同时加强一线采编播人员的专业技术培训，做到在标清向高清转换进程中，内容更新颖、制作更精良、编排更合理，用户获得更好的视听体验。截止2016年底象山县广播电视台本地两频道高清节目播出系统建设完成。

【中央广播电视节目无线数字化覆盖工程】 县中央广播电视节目无线数字化覆盖工程于2015年8月份正式实施，截止2016年底，重新铺设光缆212.4公里，完成全县1个主发射台和14个补点站的建设任务，形成独立的数据网络并开始试播，城区和农村居民可免费收看到包括中央台、浙江卫视、宁波一套、象山综合频道在内的15套无线数字电视节目。无线数字化覆盖工程实施后,象山县无线电视覆盖全县县域达80%以上,可覆盖有线电视无法覆盖的渔船、海塘、山顶孤点等区域,为以后无线应急广播建设打好基础,对满足全县偏远家庭的文化娱乐需求,构建全县公共文化服务体系,拓展广播电视宣传阵地,提升广播电视转播和影响力,具有重要意义。

【技术保障护航G20】 完善安全播出应急预案,制定落实《象山县广播电视安全播出协调领导小组关于开展保障G20安全播出专项检查的方案》。7月19日~20日,象山县广播电视安全播出协调领导小组对广电大楼、各基层广电站办公场所,播出机房、录播室、制作室等重要场所及广电其它设施设备进行排查,提出整改意见并督促所有项目得到整改。在五狮山、千丈岩、机房等处新安装监控点65个,实现重点区域无缝覆盖,把耗资50万元的信息系统安全等级保护设备用于门户网站,确保网站信息安全。完成县农村应急广播体系与市级平台的对接和市广播电视监测中心应急广播监测设备的安装运行,实现市县应急广播联动,有效提升政府应急管理能力。

【广电惠民措施】 在扎实推进广电低保数字化提升、养老服务机构电视数字化等广电惠民工程的基础上,加大惠民力度。实施全县村老协会、农民会所、文化礼堂和社区公共活动中心免费收看有线数字电视工程,对宾馆(含农家乐)、医院住院部、终端数30台以上的企业职工宿舍等用户减半收取基本收视费,全年共计减免基本收视费近100万元。4月1日起将高清机顶盒售价从原380元/台降至280元/台,减轻有线数字电视用户的经济负担。象山县召开旅游发展大会暨创建国家全域旅游示范区动员大会后,象山数字电视有限公司在宾馆、洗浴中心、农家乐等地推出每月40元的套餐(包括数字电视、无线WIFI、有线宽带、点播四项业务每项10元/月),套餐可任意选择,房间100间以上的,数字电视、有线宽带两项业务各5元/月,价格低于电信等运营商。

【便民缴费】 在营业厅缴费的基础上,统筹考虑城乡区域差异性,与城区各大金融机构合作开通托收业务的同时,与县邮政局、农村超市等签订代收合作协议,推行邮政营业网点、村邮站、社会代收点代扣农村用户收视费业务,截至2016年底,发展邮政营业网点20个、村邮站205个、社会代收点210个。8月份起开通微信支付功能,用户通过微信钱包即可支付数字电视月租费,最大限度方便用户缴费。

【健全“三务”公开平台】 为贯彻落实全面从严治党向基层延伸的新要求,巩固深化农村党风廉政建设和“三资”管理“双达标、双示范”活动创建成果,规范和保障村级组织、干部权力运行,全面提升基层党风廉政建设水平,象山县广播电视台按照县委、县纪委统一部署,通过推动平台维护专业化、公开形式规范化,扩大公开内容和范围,健全村级党务、政务、财务公开平台。象山县广播电视台于8月份启动项目后,以服务外包形式由宁波华数全资子公司浙江广业软件科技有限公司负责平台专业维护,公开范围从全县行政村扩大到全县所有乡镇和539个社区,扩大群众监督对象、强化群众监督力度。平台于11月1日正式实施,用户在数字电视首页点击“便民服务”“三务公开”,即可查询车站时刻表、医院专家门诊、招工信息等便民信息以及本村党务、村务、财务状况。

【开展黄避岙横塘村无线WiFi全覆盖试点工程】 象山县广播电视台依托美丽象山、智慧象山建设,按照 “互联网+”基本理念,拓展广电网络作用,参与智慧乡村建设。截至2月底,象山县广播电视台为黄避岙乡横塘村安装无线发射设备13台,铺设信号传输主干线路1000余米,完成全村无线WiFi覆盖试点工程,为有上网需求的村民节省网络资费每年10万元,计划将逐步向全县推广。该WiFi网络通过登录手机号认证的方式,实现网络信息的可管可控,通过后期升级,网络界面可发布农产品销售、特色“农家乐”旅游等信息,为推动农村旅游经济发展发挥重要作用。

(杨增艳)

新 闻 传 媒

新闻宣传报道

【概况】 2016年，象山新闻中心锐意进取，提高新闻媒体的宣传影响力、机制创新力和队伍战斗力，提升舆论阵地建设水平，稳定全县发展舆论环境、丰富文化强县建设内涵。全年21篇作品获得2015年度浙江省县市区域报好新闻奖、中国县市传媒新闻奖（新闻摄影类）、宁波新闻奖、宁波新闻奖（县市报作品）新闻奖。

【传达重要会议精神】 党的十八届六中全会后，象山新闻中心第一时间安排记者跟进采访全县上下学习动态，推出"学习贯彻十八届六中全会精神"专栏，并在国际国内版面、理论专版深度解析十八届六中全会精神内涵。梳理县委十三届十一次全会的新观点、新理念、新论断，及时组织采访活动推出《科技创新"新引擎"催生跨越发展"新动能"》《迅速行动强声势 精准发力补短板 全力创建国家全域旅游示范县》等系列报道，全文刊登《中共象山县委关于精准发力补短板全力以赴促发展的实施意见》，连发五篇评论员文章，找准县经济社会发展短板，清晰勾画出发展蓝图。贯彻全县"两会"精神，策划推出"迎接两会特稿""代表委员风采"专栏，让代表委员"发声"，推出图解政府工作报告专版，多层次、多角度报道县"两会"盛况。

【为打赢工业强县攻坚战鼓与呼】 象山新闻中心发挥媒体传播功能，组织记者编辑联系企业、部门，了解政策、深入采访、研究基层，《今日象山》开设"打赢工业强县攻坚战""打赢工业强县攻坚战 聚焦科技创新与人才"栏目，开展"工业强县誓师大会一周年系列报道"，《西周奏响工业 提档升级"最强音"》《 县财税部门助推企业"轻装快跑"》《天安再次上榜 "中国电气工业100强"》《 我县助力传统产业"老树开新花"》等专栏报道70多篇，做到及时宣传报道县委、县政府提信心、保增长、促发展的重大举措，各地各部门帮企业、促转型的具体行动，以及企业开发产品、开拓市场、调整结构、创业创新的先进典型。

【营造全域旅游氛围】 将旅游宣传报道工作作为象山新闻中心的年度重点工作任务，每周刊发"休闲象山"专版4个，落实专门记者采写版面稿件，确保版面供稿，提高版面可读性。《象山县创建国家全域旅游示范区三年行动计划》发布后，中心迅速反应，头版开设"争创国家全域旅游示范区"专栏。据不完全统计，全年刊发相关稿件150多篇，并安排专版报道国内全域旅游的典型经验、专家的研究报告及对策，有很强的针对性与指导性，为旅游宣传营造良好的舆论氛围。

【新农村建设报道】 强化"三农"动态信息报道，2016年，《今日象山》共刊发相关动态信息300多篇；坚持做好"新农村"专版，每周一期，全年共刊发新农村版面约40个；推进专栏报道常态化，开设"农村环境卫生集中整治""打造美丽乡村升级版""创建省美丽乡村示范县一把手专访""美丽乡村 示范创建""农村文化礼堂巡礼""提升城乡品质 建设美丽象山 农村三居在行动"等专栏，在"新农村"专版开设"人物速写""田野走笔"专栏，中心编辑记者供稿，保证在相应的版面，相应的时间，刊发相应风格的文章，延续专栏风格，扩大专栏影响力。重视"一打三整治"宣传报道，开设"浙江渔场修复振兴一打三整治"专栏，刊发《我县严打幼鱼滥捕行为》《高速口设卡:一夜查获600公斤违禁渔获物》《力度不减 劲头不松 节奏不变 持续保持“一打三整治”高压态势》《县“一打三整治”督查组开展工作督查》专栏稿件约30多篇,宣传报道专项行动有关法律法规、政策措施和工作动态。

【“智慧城市”宣传报道】 为助力“工业强县”建设,完成2016年度智慧城市建设目标,《今日象山》刊发《以“3+1”模式助推旅游全域化发展》《宁波市第四医院接轨国际 通过第二轮JCI认证》《打造生态化精品化 休闲化农业新格局》《宁波航天智慧科技城落户象山》《“十三五”期间 “五大理念”引领教育改革发展》《爵溪餐饮监管开启智慧模式》《我县推行餐饮智慧监管 守护舌尖安全》《县市场监管局推进医疗器械信息化监管》《我县四个项目 在智博会签约》等约80篇相关图文报道,内容涉及智慧城管、智慧交通、智慧医疗、智慧旅游、智慧农业、智慧教育等各个方面,提高“智慧城市”建设的社会影响力和知晓率。

【宣传报道重点工程】 为保障重点工程项目建设报道,象山新闻中心要求记者加强与相关部门联系,及时了解重点工程的建设思路、建设目标、主要任务、建设进度和成就,以及建设过程中的热点、难点问题,精心策划、周密组织,在《今日象山》一版开设“重点工程进行时”“蔚蓝大目湾 低碳健康城”“学习贯彻党的十八届六中全会精神”等栏目,推出《道人山围涂造地二期工程铺开》《我县首个“钢筋模块化”施工交通项目投产》《半边山旅游度假区一期工程完成过半》等专栏、非专栏重点工程相关图文稿件60多篇。稿件挖掘宣传先进典型事例,反映县各地各部门在重点工程建设中展示的良好的精神风貌和取得的各项成就。

【棚户区改造报道中发挥媒体引导作用】 为做好危旧房解危和棚户区改造宣传报道工作,象山新闻中心制定宣传报道计划,落实专门记者,《今日象山》开设“加快推进棚户区(危旧房)改造”专栏,及时做好工作动态跟踪报道,2016年刊发专栏、非专栏稿件60多篇,《把民生工程做成“贴心工程”》《 以人为本 保质保量推进棚改工作》《我县二期棚改力推货币化安置》《爵溪街道 27天完成棚改签约》等报道解读相关政策,及时宣传先进典型、经验做法,发挥媒体应有的引导推动作用。中国象山港网站以及其微信公众账号、新闻客户端推送《今日象山》相关报道内容,实现对纸媒采编新闻的二次传播,扩大新闻稿件的传播范围和社会影响力。

【护航G20织好平安综治宣传网】 象山新闻中心组织开展网络环境净化行动,中国象山港网站24小时安排人员值班,加强与上级网络监管部门的协作,强化舆论监测监管,G20和第三届互联网大会期间,网站没有受到攻击,没有出现负面舆情。《今日象山》开设“织好平安网 护航G20”专栏,刊发《全县平安综治工作 述职点评会议召开》《全县平安综治工作例会召开》《平安综治宣传进村入户》等新闻稿件,内容涉及社会治理创新、安全生产、食品卫生、药品安全等多个方面。

【深化专项行动报道】 《象山县党员、干部操办婚丧喜庆事宜若干规定》印发后,象山新闻中心迅速行动,紧锣密鼓的开展婚丧礼俗整治宣传报道工作,2016年共刊发相关报道约100篇,其中《关头村自拟<约定书>树文明婚丧新风》是非常有代表性的稿子之一,在《浙江日报》《宁波日报》等省、市主流媒体刊发,广泛的传播引起巨大的社会反响,新桥镇的做法登上央视新闻联播,受到全国关注,为象山整治婚丧礼俗工作营造良好的舆论氛围,为党委政府全面施行《象山县党员、干部操办婚丧喜庆事宜若干规定》起到推动作用。推出 “三改一拆在行动”专项整治专栏,刊发消息、图片、评论等新闻报道约200篇,宣传“三改一拆”的背景及意义。开设“五水共治进行时”“清三河进行时”等专栏,刊发专栏图文报道约60篇。确定《今日象山》三版为“曝光监督性报道”平台,不定时刊发“曝光台”专版,发挥好“政协民情热线”专栏作用,加强与有关部门、人大代表、政协委员的联系,对各类城市乱象进行曝光。

【挖掘典型】 挖掘“最美浙江人”陈淑芳的感人事迹,采写“学习最美浙江人陈淑芳系列报道”,编发《“畜牧天使”陈淑芳》长篇通讯,配发五篇评论员文章。陈淑芳典型人物的宣传报道上,运用平民视角,融入人文关怀,雕琢刻画细节,讲述百姓故事;

在典型传播手段上，跟踪报道关注典型，真实之中塑造典型，媒体联合宣传典型。让一个充满鲜明个性特征的小人物在这个大时代中发光。策划“善行象山”“行进象山精彩故事”“我的入党故事”“文明创建进行时”“创业故事汇”“烽火岁月红色记忆”专栏，突出报道《他捐献的器官，救五个人 李永存：让生命和爱心永存》《除夕夜一场爱与生命的接力》《西周“90后”妈妈割肝救子》《380公里的生命传递 海军上士陈书彭成我县造血干细胞捐献第四人》等文章，颂扬践行社会主义核心价值观的先进典型，传递正能量。

【推出更有温度的民生新闻报道】 2016年，《今日象山》以社会版面为载体，加大对民生热点的关注，真实反映基层生产生活遇到的难题，及时传递关系群众利益的重点资讯，发挥民生新闻的媒体引导、推动和监督作用。《城乡公交要依据实情加以完善》《“全面二孩”正式开放 元旦后出生的“二孩”都合法》《砍伐林木搭棚种菜 山坡竟成“五彩”菜地 茗山东南坡滥垦滥种煞风景》《我县未流入“问题疫苗”》等新闻，用“平民视觉”关注民生民情，用“深度客观”来传递和表达人文关怀，让民生新闻有“情怀”有“温度”。推出“政协民情热线”13期，都涉及民生难事实事方面的舆论监督。

【从业队伍建设】 加强领导班子建设。按照制度化、系统化、经常化的要求，抓好政治学习和业务学习，开展“两学一做”专项教育活动，集中学习党的十八届五中、六中全会精神以及习近平总书记系列重要讲话精神，“七一”讲话精神，开展“家风家训”党组中心主专题学习讨论，倡导敬业奉献和真抓实干，加强廉政勤政教育，落实党风廉政建设责任制，确保不发生任何违法违纪的人和事。加强内部制度建设。梳理规章制度，加强薄弱环节管理，明确考勤办法。开展双对考核工作，出台《象山新闻中心工作人员“岗位对责、绩效对账”考核实施办法》，明确全体工作人员的岗位职责，提高工作效率。制定《2016年象山新闻中心正风肃纪检查工作方案》，开展正风肃纪，从严规范职业行为，加强新闻工作者职业道德建设、行业作风建设，坚决防止虚假新闻、失实报道、有偿新闻。加强人才队伍建设。改变《今日象山》、新媒体部人员“各扫门前雪”的局面，鼓励记者采写新媒体相关稿件，并将稿分计入报纸考核，促进报网融合，探索打造“全媒体”新闻队伍。同时，以培养名记者、名编辑、新媒体人才和经营管理专才为目标，多措并举抓好骨干人才培养，建立健全人才队伍建设的长效机制。组织开展第十七个记者节庆祝活动，活跃工作氛围，增强干部职工的团队意识。

（郭媛媛）

网络宣传工作

【概况】 2016年，中国象山港网站紧密配合县委、县政府中心工作，围绕“工业强县”“婚丧礼俗整治”“五水共治”“全域旅游”等重大主题，精心策划，灵活运用视频、文字、图片方式组织网上专题宣传报道。加快传统媒体与新兴媒体的融合发展，以“中国象山港网站”微信公众账号、“中国象山”新闻客户端为载体，推送丰富多彩的新闻内容，与网友互动，在提高党媒传播水平和影响力上下功夫，拓展新闻报道的新形式、新阵地，发挥新媒体的舆论引导功能。

【县编办批复同意设新媒体部】 1月20日，象编〔2016〕5号《关于同意县新闻中心增设新媒体部的批复》，同意象山新闻中心增设新媒体部，增加中层职数1名。2016年2月，象山新闻中心严格按照中层干部选拔任用程序，决定聘任郑丹凤为新媒体部副主任，为新媒体部建设提供有力的人才保障、组织保障。

【新媒体改版】 新媒体部正式成立之后，“中国象山”新闻客户端、“中国象山港网站”微信公众号，“中国象山港网站”微博，“两微一端”实行集中办公，推进资源共享、实现通道整合。完成“中国象山”新闻客户端改版，对登录功能、新闻界面、互动评论等完善和优化，充实推送内容。全面整合微信公众号功能，优化选择界面。提升新媒体影响力，2016年，“中国象山”新闻客户端用户量超过2万个，与报纸发行数量相同。“中国象山港网站”微信公众号用户数达到10.9万个。

【丰富新媒体内容】 “中国象山”新闻客户端以原创新闻立端，开设综合要闻、综合新闻、社会新闻、国内国际、开渔节等十多个新闻频道，每天早8时至晚20时，不间断发布图文、视频等资讯，2016年推送新闻约2万篇，实现重要报道不过夜。以开渔节为例，在开渔节期间，客户端平均每天推送开渔节相关报道4篇，及时报道开渔节各项活动盛况。因遭遇台风，妈祖巡安、开船仪式取消，新闻客户端更是第一时间发声，推送得到大量转发，及时向社会各界传递出这一信息。“中国象山港网站”微信公众号，以每天一期、每期5篇图文进行推送，做好权威发布、天气预警、五水共治、拆违拆旧相关新闻报道，深受老百姓喜欢，开通评论功能，及时获取网民反馈，设置电子报、论坛、公共资讯查询入口，为用户提供服务。

【全媒体融合】 《今日象山》、中国象山港网站、中国象山新闻客户端、微信公众号、微博，“一报一网、两微一端”构成象山新闻中心的全媒体矩阵，在重大主题、重大活动、重大事件期间，不同媒介协同作战、传统媒体和新兴媒体互动宣传。两会、开渔节、防御台风等报道中，通过现场直播、新闻专题、在线互动等多种传播形态，实现报道不过夜；文字、图片、视频的多种表现手段，让呈现的新闻更加活泼。在婚丧礼俗整治、“五水共治”“三改一拆”“最美象山人”评选等报道中，一报一网、两微一端各显所长，优势互补，发挥象山新闻中心全媒体矩阵的宣传影响力。

（郭媛媛）

卫　生

综　述

2016年末，象山县共有医疗卫生计生机构324家，其中县级医院3家、县级专科医院2家、康复专科医院1家、公共卫生单位6家、计生指导站1家、乡镇卫生院17家、卫生院下延的社区卫生服务站31家、村卫生室184家、部队职工医院1家、老干部诊所2家、民营医院5家、医务室3家、卫生所1家、个体诊所67家。2016年，全县医疗机构核定床位2198张，实际开放床位1833张，每千人口核定床位3.99张，其中四家县级医院核定床位1233张，实际开放床位达到1472张，17家卫生院核定床位318张，实际开放166张，民营医院核定床位585张，实际开放195张。全县卫生人员约3826人(系统内含编外)，其中在编2873人，在编人数同比增加98人。卫技人员中有本科及以上学历1834人，同比增加12.58%；副高及以上395人，同比增加15.84%。每千人口执业(助理)医师3.26人、注册护士2.76人。

2016年，各级财政总投入3.94亿元，其中县财政投入3.54亿元，增幅16.71个百分点，占财政总收入4.94%。全县卫生固定资产8.78亿元，同比增加6.26%。2016年，县级医院门急诊病人217万人次，同比下降2.69%，出院病人4.93万人次，同比下降1.14%，下派专家坐诊2000余人次；乡镇卫生院门急诊病人197.64万人次，同比增长3.11%，出院病人2241人次，同比增长5.66%。医疗业务收入10.67亿元，同比增长1.65%，其中县级8.29亿元、乡镇及以下2.38亿元。

2016年，全县卫生计生工作以建设“健康象山”为引领，深化医药卫生体制改革，稳妥实施全面两孩政策，优先发展公共卫生事业，扎实推进全县卫生计生事业的全面健康协调发展。医疗卫生服务能力增强，县第一人民医院拓宽内外合作领域，与上海、杭州、宁波等地多家三甲医院以设立分院、专家坐诊、科室托管等模式合作办医，深化温州医科大学非直属附属象山医院建设，通过国际JCI第二轮认证。县红十字台胞医院与宁波大学附属医院实施协同托管三周年，并以医院迁建为契机，重点发展二级专科，提高专科诊治水平。县中医医院、县第三人民医院分别与宁波市中医院、康宁医院对口合作发展，扎实推进中医科、精神学科等专科建设，并逐步拓展与宁波李惠利东部医院等其他医院的合作。县妇幼保健院深化与宁波市妇儿医院的合作领域，优化妇幼保健工作。加强基层医疗卫生服务体系建设，县域内医联体建设实现全覆盖。全县平均每2.96万城乡居民拥有1家社区卫生服务中心，每0.27万居民拥有1家社区卫生服务站(村卫生室)，形成布局合理的“二十分钟就医圈”，基本实现城乡社区卫生服务全覆盖。基本公共卫生服务均等化取得实质性突破，城乡居民人均基本公共卫生服务项目经费达60元。提高人群健康水平，居民平均期望寿命达80.32岁，未发生孕产妇死亡，婴儿、5岁以下儿童死亡率分别为1.98‰、3.22‰。居民就医体验有明显改善，群众就医满意度达到93.8%。

社区卫生

【概况】　2016年，结合各镇乡、街道基本公共卫生服务项目绩效考核情况足额拨付公共卫生专项资金3006.9万元，全县基本公共卫生服务经费达到60元/人。制定《象山县2016年基本公共卫生服务项目绩效考核实施办法》(象卫发〔2016〕45号),确立资金来源和用途、拨付程序、使用范围、监督管理等内容,按基层医疗机构实际所承担的工作任务量和考核实绩拨付,以契约式家庭医生制服务推进为主要抓手,不定期开展专项检查,规范和加强基本公共卫生专项资金管理,使公共卫生专项资金真正用于基本公共卫生服务项目,保障基本公共卫生服务均等化的有效落实。

【省级慢性病防控示范区创建】 2016年11月经专家评审组考核验收,象山县成功创建成为省级慢性病综合防控示范区。同步推进迎接国家卫生县城复查工作,加快慢性病信息化建设,增加慢性病防治宣传力度,以创建省级慢性病防控示范区为契机,提升我县慢性病防控综合水平,提高业务服务水平,为"健康象山"建设,铺垫基石。

【契约式"家庭医生"制服务】 以慢性病人、60岁以上老年人、孕产妇、0–6岁儿童、残疾人等为重点人群,推行契约式家庭医生制服务,基层医疗机构实施率达到100%,全年共组建签约家庭医生团队60个,签约家庭医生共248名,累计签约居民35963人,签约居民在家庭医生处就诊147225人次,共减免一般诊疗费1260640元。

【慢性病规范管理】 2016年,全县网络直报糖尿病5224例、肿瘤3426例、冠心病300例、脑卒中2884例,分别较2015年同期增长3.45%(5224/5050)、3.69%(3426/3304)、13.64%(300/264)、11.48%(2884/2587),慢性病监测的22项指标全部达到宁波市考核要求。2016年社区高血压登记人数67580人,规范管理人数40223人,规范管理率为61.08%(40223/65854)。糖尿病登记人数20083人,规范化管理人数达到11888人,规范化管理率为60.97%(11888/19497)。全县各镇乡(街道)卫生院35岁以上首诊病人测血压率为99.58%(555332/557693)。

【健康档案管理】 按照规范要求,各医疗单位将健康档案与日常开展的医疗服务、健康体检相结合,完善健康档案,保证电子健康档案信息的真实、完整,有效提高健康档案的数量、质量和使用率。截至2016年底,全县共建立城乡居民电子健康档案522972份,建档率达95.15%(人口基数为549655),档案合格率达94.76%,档案实时应用率达50.63%。

【重性精神疾患者社区管理】 截至2016年12月31日,全县严重精神障碍患者共2333人,检出率4.24‰,规范管理率为79.9%。重性精神病治疗率为67.69%(1579/2333),稳定率96.36%(2248/2333)。其中正常管理2276人,失访57人、死亡218人。重性精神疾病管制级别分布分别为一级管制214人、二级管制336人、三级管制860人、四级管制859人。2016年度象山县发生3起肇事肇祸事件。

【学生口腔保健服务项目】 在前期试点、推广的基础上,2015学年在全县所有乡镇开展小学二年级学生免费窝沟封闭项目,全县共有6227名学生接受免费口腔检查,3012名学生实施免费窝沟封闭术,封闭率达75.9%。

【卫生监督协管】 全县17家乡镇(街道)卫生院均设立卫生监督协管工作站,开展卫生监督协管服务工作,卫生监督协管覆盖率100%。全县共聘任卫生监督协管员39人,主要开展巡查巡访、信息收集、信息报告、协助宣传培训、许可初审等工作内容。各卫生协管站每季度开展一次卫生监督协查,全年累计开展卫生监督协管服务巡查4907家次,卫生监督协管信息报告数292条(截至12月14日),其中非法行医6条(立案查处2起),公共场所285条,生活饮用水1条。其中石浦、丹城卫生监督协管员配合县监督所完成创卫复查,通过省级考核。

卫生监督

【概况】 2016年,全县共有医疗机构294家(其中开展放射诊疗的医疗机构20家)、集中式供水单位16家、二次供水单位10家、公共场所经营单位1614家、学校62家、餐饮具集中消毒生产企业2家、消毒产品生产企业3家。

【公共场所卫生重点监督检查】 全县开展公共场所卫生监督量化分级工作,其中住宿场所应量化分级493家，量化分级493家，量化分级率100%；游泳场所应量化分级5家，量化分级5家，量化分级率100%；沐浴场所应量化分级76家，量化分级51家，量化分级率67%；美容美发场所应量化分级629家，量化分级511家，量化分级率81%；其他场所应量化分级77家，量化分级43家，量化分级率56%。

【“四小”行业专项整治】 对全县977家“四小”行业开展专项整治，其中小理发美容店432家，小浴室71家，小旅馆448家，小歌舞厅26家。重点对石浦镇、丹西街道和丹东街道公共场所进行包干到户，不留死角地毯式排摸，对问题单位开展“回头看”检查。共处罚17家经营单位，罚款2万元。

【游泳场所夏季保健康专项行动】 组织召开全县游泳场所负责人会议，发放《象山县游泳场所卫生管理台帐》，解读《游泳场所卫生规范》和《浙江省游泳场所管理办法》等法律法规，要求各经营单位必须配备并启用水质循环净化消毒设备中的自动加氯装置。共采水样120份，合格112份，合格率93%，对5家单位作出行政处罚，罚款2.8万元。

【放射诊疗机构CT检查规范化试点工作】 以象山县第一人民医院为试点单位，对该院有无配备360度包围防护的防护用品、配备种类和数量、是否规范使用等进行检查；并采集该院2014年度CT拍摄的所有原始数据文件、100个成人与100个儿童个例DICOM文件上报市所分析规范性。

【医疗机构放射防护管理规范化创建】 全县20家放射诊疗单位通过“放射防护管理规范化医院达标”要求，达标率100%，其中象山县第一人民医院连续三年符合市级规范化医院要求，报请市所“放射防护管理规范化示范医院”的评审验收。

【职业健康检查报告书质量监测和区域职业病防治信息分析报告工作】 监测象山县中医医院15份职业健康检查报告书质量，平均分9.67分。统计第一、第二、第三季度职业病防治情况，共收到职业健康检查机构出具的职业健康检查报告书129份，共计职业健康检查1393人次，检出疑似职业病2例，禁忌证28例。新增职业性尘肺病1例。对象山县中医医院和象山县丹城中心卫生院开展职业健康检查报告书质量监测和考核评分工作，结果良好。

【校园饮水质量提升工程建设】 对30家学校进行水质现场快速检测，30份样品均符合国家生活饮用水卫生标准（GB5749-2006）。60家学校配备直饮温水机400余台。春、秋季开学前完成自检，均符合国家生活饮用水卫生标准。

【打击非法行医】 强化与公安、市场等部门的联动，发挥卫生监督协管员的排摸作用，以投诉举报、信访等为线索，严厉打击非法行医，共立案16件，作出行政处罚15件，罚款5.83万、没收违法所得8.439万。

【沐浴场所、文化娱乐场所专项整治】 对全县范围内的75家沐浴场所（小型修脚店除外）开展专项整治，对3家未取得卫生许可证擅自营业单位和6家违反健康管理规定单位立案查处；对大脚板洗浴休闲中心等5家较大型沐浴场所的室内空气、微小气候、毛巾、浴巾、杯子、拖鞋等进行监督监测；同时检查46家娱乐场所，其中夜查KTV、歌舞厅18家，对4家违法情节较严重的娱乐场所进行行政处罚，2016年开展卫生知识培训1期。

【口腔诊所放射防护管理专项行动】 全县共有个体口腔诊所33家，其中开展放射诊疗14家。通过宣传培训、高频督查、整改指导，1家口腔诊所取得《放射诊疗许可证》，3家单位提交整改报告，未发现未取得《放射诊疗许可证》擅自开展放射诊疗活动的行为。

【重点公共场所监督抽检】 顾客用品用具消毒效果检测住宿场所10家，合格率100%；沐浴场所6家，合格率66.7%；美容美发场所12家，合格率100%。空气质量抽检住宿场所10家、沐浴场所6家、商场（超市）3家、体育场馆1家、候车（机、船）室1家，影剧院2家、游艺厅1家、歌舞厅2家，合格率92.3%；集中空调通风系统抽检3家单位，合格率33.3%。

【生活饮用水监督监测】 对集中式供水单位的水源保护、设施设备运行情况、消毒剂投加量控制、管道排污、涉水产品索证索票情况等进行监督检查。并对16家供水单位的出厂水、管网水及10家二次供水单位进行现场快速检测,共检测76份,合格64份,合格率84.21%。

【传染病防治监督抽检】 对3家二级以上医院、69家基层医疗机构注射室、10家二级病原微生物实验室安全管理情况进行检查。针对无菌液体未注明开启日期和时间、少数单位洗眼器不能正常使用、个人防护用品未及时更新、缺少生物安全柜维护记录等责令立即整改。对5家医疗机构医疗器械的消毒灭菌效果监测,共采样101份,其中抽检消毒后内镜2件,合格2件;牙科车针抽检12件,合格11件;抽检口腔科诊疗用水16件,合格5件;抽检口腔科或内镜室使用中的消毒液6件,合格6件;物体表面采样25份,合格25份;室内空气采样18份,合格15份;医护人员手采样22份,合格12份。

【餐饮具卫生监测】 对象山洁象餐具清洗服务部和象山石浦洁业餐具清洁包装服务站两家企业开展监督检查,重点查看并回放在线监控实施情况,发现生产流程中的高温消毒环节不合格,监督员责令立即改正。全年抽检消毒餐具80份,均合格。

【消毒产品卫生监测】 对全县消毒产品生产企业进行采样48份,对照一次性卫生用品检测标准(GB15979－2002),各项指标检测结果均合格。

【学校卫生监测】 对24家学校进行教学生活环境卫生检查,每家学校新增符合国家标准(GB/T3976-2014)的新课桌椅,共新增33591套;教室采光、灯管垂直黑板、控照式灯具等指标基本符合国家标准。但部分学校存在个别教室内课桌椅型号单一、灯管老化或灯管数量不足导致教室黑板照度及课桌面照度不符合国家标准。

【爱国卫生监督】 全县3家备案病媒生物防制单位的基本信息,并录入"宁波市卫生监督综合管理系统";开展病媒生物卫生监督检查,对62家学校开展病媒生物防控工作督查,要求建立制度,配备专(兼)职人员,与病媒生物防制公司签订协议,开展消杀工作。联合街道、疾控、市场等部门开展除四害大检查,共检查超市、社区、菜市场、五小行业、宾馆等30家单位;开展"拒绝烟草的危害"世界无烟日宣传及执法检查,并在《象山台》新闻时间播出。检查车站、星级宾馆、连锁旅店、美容美发场所等,发放宣传资料1000余份、"控烟巡查员"胸牌50个;要求各经营单位配备专兼职控烟劝导员,店内张贴醒目的禁烟标识。

【卫生县城(乡镇)创建】 助力国家卫生县城、石浦国家卫生镇考核实现"两通过"。共巡查城区公共场所600余家,检查覆盖率达80%,对违法情况严重的28家经营单位进行立案处罚。完成石浦镇公共场所排摸,共检查358家,覆盖率达100%,对13家经营单位进行立案处罚。同时,针对定塘镇申报创建市级卫生乡镇的情况,卫生监督员开展创建工作指导,发放《公共场所卫生管理信息公示栏》21家,皮肤病患者专用工具箱12只,防艾资料、布草间和消毒间标识等200余份,督促1家商场和3家理发店及时办理卫生许可证。

【卫生行政执法】 全年共作出行政处罚93件(包括91件一般行政处罚案件和2件简易程序案件),重大行政处罚案件7件,结案85件,警告72户次,罚款90户次,罚款24.59万元,没收违法所得9.24万元。其中,公共场所63件,罚款14.81万元,医疗卫生21件,罚款8.78万元,没收违法所得9.24万元,传染病卫生8件,罚款0.8万元;放射卫生1件,罚款0.2万元。

疾病预防

【概况】 2016年,全县报告甲、乙、丙类传染病5259例,总报告发病率1031.18/10万。无甲类传染病报告,乙类传染病共报告病例1412例,报告发病率276.86/10万。全县共报告聚集性疫情66起,传染病暴发疫情4起,均发生在学校和幼托机构,疫情均得到及时有效处置。

【结核病防制】 2016年,初诊病人308例,新登记活动性肺结核病人265例,其中涂阳病人105例,涂阴病人127例，结核性胸膜炎14例，未查痰15例，其它肺外结核4例，涂阳检出率34.09%(105/308)。新发现及可随访检查的HIV患者45例，接受结核病检查患者45例，筛查率100%(45/45)，发现1例肺结核病人，在常规治疗。结核病防治体系完善，中心的结核病门诊于3月份成功搬迁到县第一人民医院，结束省内疾控中心开设结核病门诊的历史。

【艾滋病防制】 2016年，全县新报告HIV阳性45例(其中HIV 32例，AIDS 13例)，较2015年同期(23例)增长95.7%，外省医疗机构报至本县9例，全县新发现病例共54例。对县报告的45例HIV/AIDS均进行阳性告知、随访，阳性告知率为100%。在管HIV/AIDS共151人，其中139人按照国家政策开展免费的抗病毒治疗，坚持抗病毒治疗137人。全县提供咨询、检测服务1140人次，初筛阳性19例，确证阳性11例。对全县289家宾馆等公共场所服务人员进行行为干预，共计4100人次，对849名性工作者进行HIV及RPR检测,发现梅毒双阳性20人，发现HIV阳性病例1例。1–12月份男男同性恋者提供艾滋病自愿咨询与检测107人次/数，2016年首次检测人数65人，发现HIV阳性者4例，检出阳性率为3.73%。

【H7N9禽流感防控】 在全县开展H7N9禽流感疫情风险评估，为政府和卫生行政部门全面部署我县人感染H7N9禽流感防控工作提供科学依据。加强禽类外环境监测。在疫情高发期间，中心共采集91份禽类外环境标本，检测结果均为阴性。加强对医疗机构防控指导。开展业务培训，提高全县疾控人员现场处置能力。开展健康教育宣传。及时下发H7N9禽流感宣传画报到各乡镇，做到每个活禽交易场所、活禽经营户、养殖户都有人感染H7N9禽流感宣传资料，从源头上减少被感染的机会。

【霍乱为主的肠道传染病防控】 5月初完成对各医疗卫生单位的以霍乱为重点的肠道传染病防治知识培训及消杀药品和采样试管的铺底；5月中旬对县第一人民医院和县红十字台胞医院肠道门诊进行督导检查；5–10月开展霍乱外环境监测工作，采集水样90份，水产品样品32份，肠道门诊检索374人，重点人群筛查11470人，检测结果均为阴性。

【夏秋季虫媒传染病防控】 先后举办寨卡病毒病、登革热、黄热病等虫媒传染病防控知识培训班。并对各单位夏秋季重点传染病防控工作进行督导检查，要求各单位加强业务培训，规范开展预检分诊和发热门诊。 4月份开始进行象山县登革热白蚊伊蚊幼蚊密度监测，并对象山县夏秋季重点传染病发病情况开展风险评估，为卫生行政部门提供防控决策。

【狂犬病防控】 分别组织189名医护人员参加由宁波市疾控中心和县疾控中心举办的犬伤暴露处置培训，并对部分单位的犬伤门诊建设进行督导检查。共有19家医疗卫生单位开设犬伤门诊并正常运行。

【疟疾防制】 开展“三热”病人监测，20家监测单位共监测“三热”病人1717人，未发现疟原虫阳性病人。1–6月份共报告4例恶性疟病人,均为境外务工人员，归国后一周内发病，经治疗后均痊愈。据流行病学调查判断，4例病人均为输入性病例，随后对病人所在村庄进行灭蚊处置。通过宁波市接受浙江省卫计委消除疟疾的考核，

【碘缺乏病防治】 对5个镇乡5所学校的2–4年级200名学生进行食用盐和尿样的采集，并进行甲状腺B超检查，还对5个乡镇的20名孕妇进行食用盐、尿样和血样的采集。开展成人碘营养监测。在“防治碘缺乏病日”开展“坚持科学补碘，建设健康中国”为主题的宣传活动。

【免疫规划】 2016年全县满周岁内儿童共有5619人，其中常住儿童3568人，流动儿童2048人；建卡5619人，建证5619人，建卡、建证率均为100%。全县常住儿童、流动儿童的卡介苗、脊灰疫苗、百白破、麻风疫苗、乙肝疫苗、流脑疫苗、乙脑疫苗的七苗单苗接种率均在95%以上，全年对象山县17家预防接种门诊开展专项督导，内容涵盖预防接种管理规范专项活动、三价脊灰疫苗停用相关工作、流动儿童免疫规划管理工作、免疫规划信息化管理情况等。2016年5月1日，全国实施新的脊髓灰质炎(脊灰)疫苗免疫策略，全面停用三价脊灰减毒活疫苗，用二价脊灰减毒活疫苗替代三价脊灰减毒活疫苗，

并将脊灰灭活疫苗(IPV)纳入国家免疫规划。开展针对学校的流感疫苗接种工作,截至12月底,接种流感疫苗3000余支,全县所有接种门诊均配备EV71疫苗,为全县儿童提供疫苗接种。

妇幼保健

【概况】 2016年,县妇幼保健工作以母婴健康安全为中心,强化医疗服务质量建设;以满足群众需求为目标,优化服务模式;以项目创建为切入点,提升整体服务能力;以实施重大公共卫生项目为平台,让百姓受惠。全年户籍地共有3988例产妇分娩,活产数4034例。非户籍地产妇1225例,活产1225例。未发生孕产妇死亡,围产儿、婴儿、5岁以下儿童死亡率分别为4.55‰、1.98‰、3.22‰。

【重大公共卫生服务项目】 共完成农村孕产妇住院分娩补助人数2607例。补助金额156.42万元,补助率达92.12%。完成全县范围内待孕妇女和孕早期妇女免费发放叶酸累计4005人、8832瓶,当地农村户籍服用率95.4%,叶酸服用依从率95%,知晓率95.9%。完成妇女常见病普查及"两癌"筛查54437人,筛查率86.33%,疾病检出率为39.61%,查出4例乳腺癌,6例宫颈癌,卵巢癌1例。同时,县妇幼保健院和石浦中心卫生院分别是乳腺癌和宫颈癌筛查单位,均圆满完成国家任务数。实行婚前医学检查共5054人,婚检率95%,查出疾病674例,患病率13.3%,其中生殖系统疾病537例,发病率占首位,1例HIV阳性,医学指导意见尊重受检者意愿,异常病例均进行相应的治疗及医学指导。

【基本公共卫生妇幼免费项目】 着力实施基本公共卫生妇幼免费项目。在实施中资金做到很好地"保驾护航"。年初,由县卫计局对相关医疗机构进行免费项目资金预拨款,项目包括新生儿疾病筛查、产前筛查、分娩补助等。年底,由各单位统计上报最终补助金额,再由县卫计局进行核算拨发。继续推进妇幼家庭医生签约服务项目,并纳入常规性工作开展。全年孕产妇保健签约4379例,签约率99%;0-2岁儿童签约3891人,签约率95.25%。

【儿童营养性疾病监测】 全县共监测儿童12540人,实查12184人,营养不良、维生素D缺乏性佝偻病、缺铁性贫血、肥胖发生率分别为5.21%、0.08%、6.85%、2.15%。监测中发现我县0—2岁儿童贫血发生率较高,与幼儿未及时添加含铁类食物有关。全年儿童中医调养服务共有5158名接受指导,服务率41.43%。

【出生缺陷监测】 继续推进产前筛查和产前诊断工作,提高孕期出生缺陷发现率并实施早期干预,户籍地孕妇产前血清学筛查率达到94.3%。始于从2015年的县妇幼保健院在中孕筛查的基础上启动早中孕联合筛查项目,需求强劲,成效明显,但碍于B超有限,制约筛查人数,共筛查632例。新生儿疾病筛查四病筛查数为4566例,29项疾病筛查数为1758例,筛查率为99.8%,确诊THS增高6例,先天性肾上腺皮质增生症1例,甲低4例,蚕豆病21例,均在随访治疗。全年新生儿听力筛查4563人,筛查率99.74%,确诊听力障碍18例,其中3例为听力残疾儿童。县成立听力筛查管理中心,专人负责听力筛查异常儿童的追踪、随访工作。

【儿童健康管理】 强化体弱儿管理,利用例会等开展基层儿保医生的专项培训,提高基层儿保人员的业务素质和实际操作能力。全县全年共筛查体弱儿1142例,专案管理1142例。往年继续在管1184例,经干预结案893例。同时多家卫生院还相继开设儿童中医推拿门诊,将中医调养保健服务的模式延伸。全年共筛查高危新生儿565例,均纳入专案管理,结案369例,尚有196例因高危因素未消除而转入体弱儿管理。进行满6个月婴儿母乳喂养率的调查,母乳喂养率92.44%,仍需加强宣教工作,倡导优育。发育性髋关节发育不良筛查1506人,筛查阳性49人,确诊16人。其中单髋3人,双髋13人。全年监测发生出生缺陷183人。完成托幼机构在园儿童体检工作,共体检22468人,体检率97.37%。入园新生体检7921名,体检率98.95%,发现2例异常暂缓入园。工作人员体检2180人,体检率100%,体检中发现3例不合要求进行干预。

【儿童疾病防治】 做好婴儿先天性心脏病进行监测管理,实行谁发现、谁诊断、谁报告的原则。全年共监测发现5岁以下儿童先天性心脏病190例，发生率3.61%，均纳入专案管理，管理率100%。其中当年自愈98例，8例经手术治疗，死亡1例。针对家庭确实有困难的先心儿童我们帮助家长联系慈善总会，进行免费救助。开展儿童孤独症筛查2272名，其中可疑4人，确诊1人。对确诊儿童均进行专案管理。协助民政部门做好智力残疾儿童鉴定6人，其中鉴定为二级智力残疾2人，三级智力残疾3人，四级智力残疾1人。

【星级门诊创建】 象山县石浦、爵溪、黄避岙、大徐、涂茨及高塘等创建三星级孕产妇(儿童)儿保门诊评估验收，截至12月底，县星级门诊创建完毕。

【围产儿死亡评审】 全年共评审24例围产儿死亡，其中死胎19例，早期新生儿死亡5例，围产儿死亡率4.55 ‰，其中全年户籍地围产儿死亡率4.20‰。经县级评审得出：19例死胎15例为不可避免，4例创造条件可以避免。5例新生儿死亡中，创造条件可以避免4例，不可避免1例。

【5岁以下儿童死亡评审】 5岁以下儿童死亡评审。全县本地户籍5岁以下儿童死亡13例，婴儿死亡8例，新生儿死亡3例，死亡率分别是3.22‰、1.98‰、0.74‰。非本地户口5岁以下儿童死亡7例，婴儿死亡6例，新生儿死亡6例，死亡率分别是5.71‰、4.90‰、4.90‰。经县级评审，创造条件可能避免死亡10例，不可避免死亡10例。

医院管理

【概况】 2016年，继续推进县级公立医院综合改革，以提高医疗服务质量、保障医疗安全为主线，继续推进医疗服务体系建设、县域内医疗卫生联合体建设，完善院前急救运行机制，县急救站建成运行。县第一人民医院深化温州医科大学附属象山分院建设，通过第二轮国际JCI认证；县红十字台胞医院与宁波大学附属医院“托管”三周年，搬迁新址，医院管理水平和服务质量得到有效提升。

【县级医院加强外引内联】 实行“上引下联”政策，县第一人民医院引进省、市优质医疗资源，分别采用科室托管、院际合作模式与上海同济医科大学附属十院、上海复旦大学附属妇产科医院、上海皮肤病医院、浙江邵逸夫医院、宁波一院建立对口支援关系；县红十字台胞医院与宁大医学院附属医院建立全面托管关系；县中医院、县第三人民医院与宁波市中医院、宁波市康宁医院建立科室共建关系。县每周有30余名省市专家坐诊、查房、讲座，短板科室如胸外科、骨科等服务能力得到较快提升，门诊人次、住院人次、床位使用率均得到提高。

【医联体建设】 县域内建设以县第一人民医院、中医院、县红十字台胞医院为龙头的医联体，在茅洋召开“双下沉、两提升”现场动员会，在下联西周、定塘、贤庠、鹤浦、晓塘等7家基层医疗机构的基础上实现县级医院支援乡镇卫生院全覆盖。每月县级医院专家近170人次到乡镇卫生院坐诊、查房、讲课，60名乡镇卫生院医生到县级医院进行轮训，基层服务能力得到较大提高。

【社会办医规模扩大】 2016年，社会资本举办医疗机构得到发展，投资规模逐渐增大，举办机构向专科方向发展。全县民营医院共585张床位，占总床位的26.62%。同时针对民营医疗机构的监管也在加强，并将民营医院纳入全县医疗质量考核、管理体系定期指导与督查，有利保障和促进民营医院的健康发展。

【分级诊疗工作】 实现县域内药品尤其是慢性病药品统一对接，加强对基层医疗机构人员进行培训，采用轮训及举办培训班等方式对全县200余名基层医生进行慢病防治知识培训；加强基层医疗机构的科室建设，县17家乡镇卫生院完成中医科、口腔科建设，其中6家中心卫生院建设五官科、儿科，丹城中心卫生院儿科、石浦中心卫生院眼科被纳入县基层重点扶持专科，予以人才、资金支持。

【重点学科建设】 根据《象山县重点学科(基层重点专科)建设办法》，开展第三轮县重点学科(基层重点专科)评选，对前两轮重点学科(基层重点学科)进行中期评估，全系统参与科研的氛围逐渐形成,共计申报科研项目24项,其中县级项目20项、市级项目4项。

【智慧健康保障体系建设】 根据《宁波市医疗机构远程医疗服务体系建设实施方案》要求,上半年完成鹤浦中心卫生院基层云诊室试点建设,并在全县推广,共建成3个远程医疗服务中心和28个基层云诊室,于12月份开通远程医疗服务。在县第一人民医院实行实名制分时段预约挂号诊疗和诊间预约服务,门诊科室覆盖率达到100%。创新移动医疗服务模式,开通"健康象山"官方微信挂号,平均每月通过微信预约挂号达到1000人次。电子健康档案、电子病历等数据上传下行量在全大市前列。

【无偿献血管理】 做好献血管理工作,做好无偿献血的公益宣传,提高无偿献血知晓率,扩大无偿献血职员制队伍,保障全县临床用血来自无偿献血。加强临床用血管理,依托用血质控小组,对用血单位进行二次以上的用血检查,推动自体输血、限制性输血等保护技术应用。加强输血管理规范化建设与从业人员管理,做好血液从采供血机构到患者输入前的全程监控。2016年1-10月,全县完成血液采集6110单位,市级要求是5100单位,完成率119.8%,用血4010单位,献血屋运作正常。

【平安医院建设】 县级医院、乡镇卫生院完成省、市平安医院复评,县老年医院创建县平安医院,50张床位以上民营医疗机构自主创建县平安医院。

【县急救中心完成独立建制】 根据《关于加强象山县院前急救体系建设的实施意见》文件要求,对院前急救体系进行统一规划、统一设置、统一管理,上半年,县急救中心机构科室、办公场地、人员车辆配置筹建,11月23日正式运行,台胞医院、西周、贤庠、鹤浦、定塘5个急救点运行模式不变,原120急救报警程序不变,运行情况良好。

【继续教育工作】 开展宁波市基层卫技人员继续教育培训工作,共有806名基层卫技人员参加培训。全年近千名卫技人员完成远程继续教育,举办各类学习培训班11次,700余名医务人员参加学习,确保继续教育覆盖率在95%以上。

【推进省卫生援青工作】 县第一人民医院组织援青工作组赴青海省天峻县开展为期1个月的帮扶,开展基础生命支持课程及技能操作培训,共接待门诊病人200余人次,开展手术18例,组织一次大型义诊,并为天峻县人民医院带去价值近4万元的技能模拟设备。

【医院信息化建设】 县级医院全面实施电子病历,县一院还开展临床路径、网药监测、手术权限、麻醉管理、血液管理、院感管理、医务人员技术档案和绩效数据、后勤管理等系统建设,实施临床路径59个病种,涉及22个专业;红十字台胞医院实施临床路径7个病种,涉及13个专业。

医疗科研与交流

【概况】 根据《象山县重点学科(基层重点专科)建设办法》,开展第三轮县重点学科(基层重点专科)评选,县第一人民医院的感染科、重症医学、检验医学、泌尿外科,县中医院儿科为县第三批医学重点学科,石浦中心卫生院中医科为县第三批基层重点专科,学科建设周期为3年,并落实专项补助经费。全县共有省县级龙头学科2个、省基层中医重点学科1个、市县级医院龙头学科1个,县医学重点学科9个、县基层重点专科3个。2016年申报县科技局科技项目30项、市医学科技项目6项,奖励县医学科研项目7项。县第一人民医院编写的《JCI认证经验集》和《JCI评审应知应会》由浙江大学出版社首次出版发行。县卫生进修学校全年招收全日制护理学生50名,依托杭州师范大学开办成人学历教育,包括护理、临床专业,涵盖大专、本科层次,年度招生100人,其中大专46人、本科54人。

【人纤维蛋白原在脑外伤合并创伤性凝血病中的临床研究】 浙江省医学会牵头立项,由县第一人民医院陈晨松主持,研究起止时2016年12月至2018年12月。颅脑是人体组织器官中含有组织促凝血酶原激酶较高的器官之一。凝血功能紊乱是颅脑损伤后常见的并发症,也是构成患者二次脑损伤和影响预后的主要因素之一。Brohi的研究表明

1/4～1/3 的创伤患者在入院时存在凝血功能障碍，急性颅脑损伤后会促使脑组织释放促凝血酶原激酶，启动凝血和抗凝血过程，并发展成为创伤性凝血病，而合并凝血病的患者死亡率比未患凝血病的患者高4～6倍，因此，需要尽早识别和及时处理。研究表明，纤维蛋白原比其他凝血因子在更早期就已经缺乏，所以当纤维蛋白原下降到1.0 g/L时就可以给予冷沉淀或浓缩纤维蛋白原进行补充治疗。本课题使用纤维蛋白原在早期干预脑外伤合并创伤性凝血病的患者，通过观察其脑神经功能和凝血功能水平的变化，评价其对颅脑外伤合并创伤性凝血病患者的干预是否能降低死亡率，以及减少迟发性颅内出血的不良事件中是否存在正面意义。

【浙江省海岛地区农村乳腺癌筛查优化实施方案与策略研究】 浙江省医学会牵头立项，由县第一人民医院陆振一主持，研究起止时2016年12月至2018年12月。乳腺癌是全世界女性最常见的恶性肿瘤。据世界卫生组织国际癌症研究中心（International Agency for Research on Cancer，IARC）统计，2008年全球女性乳腺癌新发病例达138万，占全部女性恶性肿瘤发病的22.9%；46万女性因乳腺癌死亡，占所有女性恶性肿瘤死亡的13.7%，占所有女性死亡的1.7%。据统计，中国每年女性乳腺癌发病16.9万，是女性第二位最常见恶性肿瘤；中国女性乳腺癌死亡约4.5万，是女性第六位最常见的恶性肿瘤死亡原因。2015年全球肿瘤流行病学统计表明，乳腺癌均为女性发病率及死亡率最高的恶性肿瘤的发生与环境、生活方式密切相关，营养干预、减少超重和肥胖被证实是有效的一级预防措施。也可以通过人群筛查有效降低乳腺癌死亡率，改善生存。了解中国妇女乳腺癌的流行状况和疾病特征，对于制定实施预防控制乳腺癌的策略至关重要。

【FGF21在酒依赖戒断状态血脂代谢改变中的作用】 宁波市科技局牵头立项，由县第一人民医院谢龙腾主持，研究起止时2016年1月至2017年12月。酒依赖是我国严重的社会问题之一，酒依赖人口占15岁以上总人口的3%，由酒依赖引起的一系列并发症严重威胁人们的健康。临床研究表明，酒依赖患者的血脂代谢存在不同程度的改变。酒依赖患者血清总胆固醇(TC)、甘油三酯(TG)、低密度脂蛋白(LDL)较正常人群显著升高，高密度脂蛋白(HDL)、葡萄糖(GLU)、总蛋白(TP)、白蛋白(ALB)较正常人群显著降低。我们前期研究发现FGF21在酒精诱导的肝脏脂肪堆积和血脂改变中发挥重要作用，外周血FGF21水平与DNA启动子甲基化变化在酒依赖戒断状态血脂代谢改变中可能有重要的作用，但具体的机制不明。本项目将以患者戒断前后身高、体重、腰围、臀围、腹围测量值和临床生化指标为依据，评估酒依赖戒断状态血脂代谢的变化，应用包括数量性状分析与关联分析、采用DNA甲基化测序技术等方法，从基因-环境的交互作用入手研究，探求FGF21基因影响酒依赖戒断状态血脂代谢改变的神经生物学机制，从而为酒依赖治疗药物作用靶点提供一定的科学依据，同时实现酒精戒断状态风险预测、针对不同酒依赖戒断状态血脂代谢异常个体差异性用药产生一定作用，并指导酒依赖戒断综合症的早期预防和临床治疗。

【DPL500nm精准脉冲光治疗痤疮红斑疗效观察及冻干重组人角质细胞生长因子-2治疗浅Ⅱ°烧伤的海外注册等项目转化医学研究】 国家卫生计生委医药卫生科技发展研究中心牵头立项，由县第一人民医院陈晓燕主持，研究起止时2016年1月至2018年12月。痤疮好发于青少年，是一种皮脂腺慢性炎症性皮肤病。痤疮研究大多集中于炎症控制及痤疮后瘢痕的研究，但痤疮消退后红斑少有报道。医学领域专家Yoon学者提出以痤疮红斑定义此类患者，常规药物或治疗对红斑治疗效果不佳，考虑发病原因为炎症皮疹消退后局部毛细血管扩张，所以理论上用于治疗毛细血管扩张的DPL激光治疗仪500nm精准强脉冲光进行血管治疗。该病虽然对患者健康无影响，但遇热，情绪激动和饮酒都会加重病情，患者有皮潮热和局部紧绷感，对身心和美容影响较大，严重者会直接影响工作信心和生活质量。根据医学领域专家Anderson提出的选择性光热作用原理不同的激光作用不同的靶组织（水，血红蛋白，和黑素）其原理为特点的波长选择性作用于靶组织，利用脉宽小于或等于其热驰豫时间从而降低周围组织的损伤，全固态激光器（DPL，Diode Pumped solid state Laser）是一种高强度，非相关，多光谱的光源，其原理主要是利用光热分解作用，在不破坏正常皮肤的前提下满足作用光对靶组织的作用时间小于或等于靶目标的热弛豫时间,并且具有足够能量密度使靶目标破坏,分解,从而达到治疗效果。通过强脉冲光照射,血红蛋白优先吸收特定光源,内皮细胞肿胀,管壁痉挛导致组织不同层次的血管闭塞,退化。

【内镜下同步联合治疗食管胃底静脉曲张】 宁波市科技局牵头立项,由县第一人民医院黄立江、盛红主持,研究起止时2015年8月至2017年7月。食管胃底曲张静脉破裂出血是肝硬化门脉高压症最常见和最危险的严重并发症,如不及时抢救治疗,可因急性大出血发生休克而导致死亡,出血后可致肝功能恶化,并发感染、肝性脑病及肝肾综合征等难治性并发症,病死率可高达40%以上。有效预防和治疗食管胃底静脉曲张出血具有重要的临床意义。临床上往往食管静脉曲张、胃底静脉曲张同时合并存在,有研究表明,单纯处理食管曲张静脉会导致胃底曲张静脉加重,内镜下同步联合治疗食管胃底静脉曲张可减少再出血率,临床疗效显著,且不增加相关并发症的发生。结合本县区域是肝硬化食管胃底静脉曲张破裂出血的高发区,同步联合治疗具有极其重要的意义。

【负性情绪相关因子神经内分泌网络机制在酒依赖攻击行为中的作用】 宁波市科技局牵头立项,由县第一人民医院王爱菊主持,研究起止时2016年1月至2017年12月。酒依赖是一种反复发作的慢性脑病,极易引发冲动行为,部分冲动行为易升级为攻击行为,部分攻击行为可能激化为暴力行为并且导致暴力犯罪。负性情绪相关因子,神经肽Y(NPY)和瘦素(Leptin)与酒依赖密切相关。并且NPY水平受Leptin的调控,二者处于动态平衡中。但负性情绪因子NPY/R与Leptin/R是否在酒依赖攻击行为产生过程中形成神经内分泌网络发挥重要作用尚不明确。该课题用心理量表测查酒依赖患者的攻击行为,并检测酒依赖患者戒断前后所有被试的NPY/R与Leptin/R的mRNA表达水平和基因遗传多态性;确定NPY/R与Leptin/R基因与攻击行为的关联,构建调节酒依赖攻击行为的神经内分泌网络,探索负性情绪相关因子的分子调控机制在酒依赖攻击行为中的作用。

【FGF-21通过Sirt-1途径对酒精诱导肝脏脂肪堆积改善作用的机制研究】 宁波市科技局牵头立项,由县第一人民医院谢龙腾主持,研究起止时2016年1月至2017年12月。成纤维细胞生长因子21是新发现的调节糖脂代谢的细胞因子。研究表明:FGF-21对非酒精性脂肪肝具有明显的治疗作用,而酒精性脂肪肝和非酒精性脂肪肝具有相同的病理变化过程。另外,给酒精性脂肪肝小鼠注射重组人FGF-21可以显著减轻肝脏的脂肪堆积,改善酒精对肝脏的损伤。因此,研究者将研究FGF-21对酒精性脂肪肝改善作用的分子生物学机制,探讨FGF-21逆转酒精性肝病发展过程的可能性。研究者将通过给酒精性脂肪肝小鼠注射FGF21研究FGF-21发挥作用的分子生物学机制,同时利用酒精处理肝细胞系H4IIE阐明Sirt-1途径在FGF21改善酒精诱导肝脏脂肪堆积中的作用。该研究的完成,阐明FGF-21的药理学作用,同时为开发治疗酒精性肝病的药物提供理论和前期基础。

【NOSIP 和KIF3B分子网络调控在SCI过程中的作用机制】 省卫生与计划生育委员会牵头立项,由县第一人民医院周黎辉主持,研究起止时2017年1月至2019年12月。随着社会经济和交通事业发展,交通事故、高空坠落、暴力、运动引起脊髓损伤(spinal cord injury,SCI)的发生率大大提高,常导致患者运动、感觉障碍,严重时可致瘫、致残甚至死亡。最新研究显示,中国大陆的SCI人数逐年增加;据不完全统计,我国的SCI人数突破百万,并以每年12万的速度剧增。一旦SCI,很难恢复;多中心、前瞻性研究显示,仅有42.1%患者伤后恢复部分工作或学习,给社会和家庭带来沉重的负担。如何更大限度地使受损脊髓得以再生及功能恢复具有重大的经济及社会价值,也是当前骨科研究的热点。SCI包括原发性损伤和继发性损伤两个过程。原发性损伤是机械性暴力引起的组织结构性损伤、坏死;继发性损伤则是创伤后继发的迟发性损害,包括血管异常、缺血再灌注、兴奋性氨基酸毒作用、氧化应激和炎症反应;并引起的一系列病理过程,其中包括神经元细胞、少突神经胶质细胞的凋亡,星形胶质细胞增殖,小胶质细胞活化等。最终,脱髓鞘、空腔或囊肿、胶质瘢痕的形成。因此,在SCI

的早期,通过干预手段来抑制脊髓病灶周围炎症反应,可降低脊髓继发性损伤程度,对患者功能恢复具有意义。

【同伴支持在糖尿病教育中效果评价】 宁波市卫生和计划生育委员会牵头立项,由县第一人民医院鲍红丹主持,研究起止时2016年11月至2018年10月。通过筛选组长及网络平台的建立,并对组长进行系统培训,由组长通过网络、电话,组织同组患者进行交流、组织相应活动,并指导患者自我管理,将患者、社区医院和专科医院连接起来,多方面地引导和鼓励其他患者;而且让患者有更多的途径和人群了解疾病,熟悉疾病的防治,了解该教育模式是否能使患者树立信心,更好的完成自我行为管理,从而更好的完成血糖的达标率,延缓并发症的出现。

【多学科合作(MDT)在产妇分娩管理中的应用研究】 象山县科技局牵头立项,由县第一人民医院吴红波主持,研究时间为2016年1月至2019年3月。多学科合作模式(Multidisciplinary team,MDT)是医疗机构探索与发展的新方向。多学科合作诊疗是指临床多个学科针对一个临床疾病,依托多学科团队,通过多学科的合作,制定最合理的规范化、个体化、连续性的综合治疗方案。通过MDT,与患者沟通,为患者找到最适合病情的科学合理的综合诊疗方案,在保证医疗安全的前提下使患者获得最佳疗效。在分娩管理中,由产科医生、麻醉科医生、助产士、新生儿科医生、影像科医生等组成多学科合作团队有明显的优越性,能明显提高分娩安全和分娩舒适,确保分娩质量,使产妇真正享受到分娩得子的喜悦和快乐。

【微创小切口加可吸收螺钉内固定治疗跟骨骨折】 象山县科技局立项,由县中医医院黄宁主持,研究起止时2016年6月至2018年5月。跟骨骨折在临床中属于常见病,发病率高,占跗骨骨折60%,全身骨折2%。传统保守治疗致残率非常高,近几年采取手术治疗。但跟骨骨折传统手术方式有诸多的手术并发症及不良的社会效应。通过微创小切口加可吸收螺钉内固定的手术方式,提高跟骨骨折手术治疗的治疗效果,减少手术并发症,加快病房周转,避免二次内固定拆除手术,降低住院费用,减少政府和个人医疗费用支出。

【五步复位法联合腰神经根注射治疗腰椎间盘突出症】 象山县科技局立项,由县中医医院黄颂敏主持,研究起止时2016年5月至2018年4月 五步复位法根据腰椎解剖学特点及腰椎三维力学特点,在前人整骨手法的基础上,吸取众家手法之长,对治疗腰椎间盘突出症有独到的治疗效果。包括放松法,牵引法,卷腰法,旋转法,理筋法。腰神经根注射包括椎间孔注射和骶管注射。采用传统中医和现代医学相结合的治疗方法,弥补传统中医治疗的不足,具有微创、安全、有效的特点。关键技术:五步复位法、腰神经根注射疗法该技术的将有利于推动、深化专科建设,提高专科竞争力,更好得服务广大患者。

【高同型半胱氨酸水平对精神分裂症患者生存质量影响的研究】 象山县科技局立项,由象山县第三人民医院易鹏程、戴天刚、张敏桥等主持,研究期限2016.4.1-2018.3.31。其主要研究内容为通过比较年龄、病史时间、精神症状等基本类似的伴有高同型半胱氨酸血症的精神分裂症患者与不伴有高同型半胱氨酸血症的精神分裂症患者的生存质量,来探讨高同型半胱氨酸血症对精神分裂症患者的生存质量的影响及同型半胱氨酸水平、精神症状量表及生存质量的相互关系。

爱国卫生

【概况】 巩固发展国家卫生县城,加强爱国卫生工作,发挥爱卫会的组织协调作用,开展除害防病和健康教育,增强社会卫生意识,改善环境卫生,提高全县爱国卫生工作水平。

【卫生单位创建】 开展各级卫生村、卫生先进单位创建(复查)活动,2016年申报创建省、市级卫生村分别6、20个,申报创建市级卫生先进单位9家,相关的申报资料正在上报之中,圆满完成石浦镇国家卫生镇的创建工作和西周镇省级卫生镇复评迎检工作。

【开展“除四害”工作】 开展春秋季以灭鼠为重点、夏季以灭蚊蝇蟑为重点的除四害活动。县疾控中心在5月份安排相关人员对全县镇乡街道的蚊密度进行检测，此次检测出个别乡镇登革热有区域流行风险(高度风险)，说明全县的四害的控制水平有待加强。继续推行四害消杀服务外包续标工作，加强孳生地调查。丹东街道、丹西街道、爵溪街道、石浦镇、西周镇、鹤浦镇、贤庠镇都完成四害消杀市场化运作。同时，各地开展病媒生物滋生地的清理工作。据统计，各地共清理卫生死角4652处，清理滋生地3739处，鼠痕迹1036处，小型积水997处。

【健康教育】 对健康教育讲师团组织网络进行调整，使之更能保障讲师团高效运作和更符合基层的需求。据统计，截至2016年12月，全县开展讲座223 余次。以“世界无烟日”为契机，全县开展以“拒绝烟草危害”宣传活动，共发放宣传画和折页1万余份，控烟标志0.5万余份，并通过《今日象山》、电视台和电信电子屏进行宣传。深入推进机关企事业单位工间操活动，经过各单位的报名、教练培训、单位推广等环节，工间操活动在全县的机关单位正有序的开展，相对来说企业开展较为缓慢。此外，丹东、丹西、爵溪等街道对所辖社区(村)宣传栏进行统一定制、统一更新内容，各镇乡街道利用“人口生育文化园”，推进村级健康主题公园的建设，保证健康教育知识及时深入到基层。

【爱国卫生月活动】 结合“五水共治”“小城镇环境卫生整治活动”，开展以“美丽家园　品质城市　健康生活”为主题的第28个爱卫月活动。活动期间，全县各地共展出各类爱国卫生展板60块、宣传横幅50余条，发放健康宣传资料2.3万余份；开展环境卫生整洁行动，加强病媒生物消杀。

【公共场所控烟活动】 组织开展第29个世界无烟日系列控烟活动，通过在城区中心地段大型彩屏等媒体宣传、控烟知识微信有奖答题竞赛、联合对学校医院网吧等公共场所控烟工作暗访督查等系列行动，促进县控烟工作。强化日常公共场所控烟宣传及督查，全年发放控烟标志2万余份。

【健康支持性环境建设】 至2016年年底，全县累计建成健康主题公园1个、健康步道21条141.5公里，创建健康示范单位、健康示范食堂等20余家，新创建健康促进学校11所。健康教育和健康促进广泛开展，联合县体育局、总工会、机关事务局在机关单位推广工间操活动，居民重点卫生防病健康知识知晓率达到82.88%。

人口和计划生育工作

【概况】 2016年，深入贯彻党的十八大精神和全面推进“十三五”人口发展规划，确保全面二孩政策平稳落地实施，全县计划生育形势总体发展态势平稳有序。2016年全县共出生4872人，比2015年同期增加335人，其中出生补报128人、计划外生育115人，计划生育率97.64%(市评估指标≥95%)，其中计划外补报56人，占计划外出生总数的43.75%；违法出生多孩39人，统计误差率控制在1%以内，流动育龄妇女登记管理率达到85%以上，流动育龄妇女的生孕信息通报率达到80%以上。

【全面两孩政策】 开展怀孕、出生情况排摸，对新婚、怀孕、出生数量进行科学预测。引导群众按政策有序生育，确保全面二孩政策平稳落地实施。2016年1月1日起全县统一启动一孩、二孩生育登记服务工作。2016年全县共发放生育登记服务卡4473本，其中一孩生育登记服务卡发放2392本，二孩育登记服务卡发放2081本，实现全县生育登记信息网上共享和反馈。全年，再生育审批179例。

【基层队伍建设】 开展计划生育基层基础工作培训，做好计划生育业务指导，提高计划生育基层队伍的业务水平。2016年3月份对全县乡镇和村(居)计划生育队伍情况进行调查并建立数据库，探索基层计生综合管理服务平台。同时，在4月份分别开展计生统计人员业务培训、全面二孩政策培训和流动人口管理人员业务培训，提高计划生育基层队伍的业务水平。2016年对全县772名村、社区级计生管理员发放报酬,共295.46万元。

【计生奖扶政策】 2016年共新增奖扶对象967人，

退出奖扶对象494人。全县共有5622个独生子女家庭享受奖励扶助，524个独生子女伤残死亡家庭享受计划生育特殊困难家庭奖励扶助，35个计划生育并发症对象享受补助，全县共发放奖励扶助经费1087.056万元。对女方年满49周岁未满60周岁的独生子女伤残死亡家庭中夫妻一方或双方失能、失智等生活不能自理的对象排摸共14人，给予每人1200元的经费补助。

【特殊困难家庭帮扶】 建立计划生育特殊家庭档案，共录入580人。对全县9453个独生子女父母和676个双农独女户的参保补助对象共发放资金60.785万元。

【流动人口计生管理】 2016年，共免费开展流动育龄妇女健康体检11351人，免费孕前优生检查62例，免费享受计划生育四项手术等其他服务7470例，流动孕产妇住院分娩补助50人，共计补助经费2万元。

【宣传教育阵地建设】 2016年，以贯彻落实"全面两孩"政策为主线，突出做好新修订的省条例的宣传工作，引导群众合法生育、有序生育。继续做好"三优"中心建设，乡镇级"三优"指导中心新建4个，实现全县50%以上乡镇建有"三优"指导中心，目标人群"三优"受训面80%以上。继续巩固电视媒介宣传阵地，拍摄制作电视专题片24期。创新联合"健康象山"微信公众号等新媒体宣传平台，每周推出一期及以上宣教专题信息。

【出生人口性别比综合治理】 全县落实"严打+严管"的工作思路，采取法律、经济、行政等综合手段，治理出生人口性别比偏高问题。全年含补报的出生性别比为107.23，同比下降3.99个百分点，不含补报的出生性别比为108.34，同比下降4.45个百分点。全县2015年10月份到三季度出生人口性别比为107.99，同比降低0.057个百分点，在市评估指标(≤108.05)范围内。从分孩次的出生性别比看，无论是含补报或是不含补报，一孩、二孩出生性别比处于正常水平，多孩出生性别比分别明显偏高。此外，合法出生性别比为107.09，违法出生性别比为112.96，相比之下，违法出生性别比偏高。

【综合避孕率稳定】 全县已婚育龄妇女采取避孕措施的有79474人，综合避孕率84.63%，同比下降2.64个百分点。长效节育率为61.99%，同比下降2.8个百分点，近几年全县综合避孕率及长效节育率均呈逐年下降的态势。

【违法生育查处】 全年共办理案件206件，其中当年案件86件，申请法院执行120件，结案30件，其中法院结案14件，乡镇(街道)自行结案16件，征标202万元。

【计划生育案件行政诉讼复议】 2016年，未有计划生育案件行政诉讼或行政复议情况。

【推广家庭发展项目】 发展县家庭旅游项目，市级西周掏笋山、泗洲头西洋村杨梅基地2个项目惠及多个计生家庭和协会会员。县级涂茨镇中堡村会员花木大棚、大徐计生协桑果园、高塘梭子蟹等基地示范作用，带动更多的计生困难家庭增加经济收入。在推进致富的同时，各地围绕家庭需求，创建各类温情项目，如墙头镇开展"关爱老人、情暖墙头"为主题的老年关爱工程，鹤浦镇设立"生育关怀、情系海岛"五关怀项目。丹东街道梅园社区计生协"义务红娘"志愿者项目，石浦镇名医志愿者队伍开展送医惠民生服务，受到群众的普遍欢迎。2016年，发放项目扶助资金30万元，为致富项目和温馨项目的发展注入新活力。

【推进国家计生协计划生育基层群众自治项目】 2015年2月，我县被确定为国家计生协基层群众示范县项目试点单位。2016年，在原有基础上推进发展，资金上按照1∶1安排5万元用于项目经费，制作2万元自治宣传品及部分有关二孩生育政策及相关服务内容的宣传手册。将全面二孩后村规明约的修改制定列为项目重点工作，经年初对丹东街道南门村、大徐镇虎啸铺村的调研，出台新政后村规明约初稿，特别针对全面二孩政策出台前违法生育的家庭惩罚条款、领取独生子女父母光荣证后再生育家庭的奖励条款等内容进行妥善修改。计划生育基层群众自治工作取得成效，全县18个镇乡街道村规民约修订率在90%以上。

【青春健康教育】 全县54所中小学（包括职技校和外来民工子弟学校）分别落实青春健康教育，其中21个市级项目点的学校、企业、社区开展PLA活动260课次普及7000人。县丹城中学开展青春健康家长培训2期，130余名家长参加8课时学习，西周中学和东陈中学于下半年相继开展青春健康家长培训；爵溪街道巨鹰集团青春健康教育点利用晚上休息时间组织100多名外来家长及学生举办2期培训讲座活动；暑期制作青春健康活动剪影电视专题一部，在县电视台播出，普及全县对象。县职业高中青春健康教育基地被认定为国家级青春健康俱乐部，东陈中学被认定为市级青春健康俱乐部。

（范黎斌 ）

红 十 字 会

【概况】 象山县红十字会自2009年根据县编委文件《关于调整象山县红十字会管理体制的通知》（象编[2009]21号）精神机构单设以来，履行《中华人民共和国红十字会法》赋予的职责，坚持以保护人的生命和健康为宗旨，弘扬“人道、博爱、奉献”的红十字精神，奉行“人道、公正、中立、独立、志愿服务、统一和普遍”7项基本原则，扎实推进“三救”（备灾救灾、社会救助、现场救护培训）“三献”（无偿献血、造血干细胞和器官遗体捐献）工作，并取得重要的成绩。2016年，县红十字会由县政府副县长王安静任会长，陈琴任专职副会长。截至11月底止，共完成红十字救护员培训13390人、普及培训 30690人，全县有造血干细胞志愿者707名，发放各类红十字宣传资料2.5万份，有红十字会员单位208个，志愿服务队10支，发展红十字志愿者超过2800人。

【红十字组织建设】 全县红十字工作连续5年列入县委年度工作考核，基层组织建设稳步开展，完善县、镇、村三级组织网络；以新农村建设和社区建设为契机，开展村（社区）红十字组织建设。以丹西街道北路社区为社区建设示范点，组建社区红十字学雷锋志愿者队伍，开展“庆九九重阳 红十字伴你行”广场宣传活动、开展社区应急救护知识普及培训、做好社区人道救助等工作，夯实红十字事业发展基础。

【红十字宣传工作显成效】 以“5.8”红十字博爱周等节日活动为载体，采用新媒体和传统媒体相结合的方式开展宣传。2016年“5月应急宣传教育月”活动中，红十字会组织志愿者在县人民广场开展设摊发放宣传册1500多份。向年轻市民推荐博爱甬城APP。组织有救护师资格的志愿者进行现场心肺复苏演练活动。通过对器官捐献等工作的宣传，2016年国际志愿者日出现25名志愿者组团登记的情况。采用新媒体和传统媒体相结合的方式开展活动宣传。推广红十字急救知识“掌上学堂”。全年共在各类媒体、网站刊发各类报道50余篇。编写分发简报共12期 2500多份。开展救护知识公益讲座“五进”活动进行面对面宣传，受益人群近万人。

【推进“三救三献”工作】 发挥在人道领域的助手作用，全年捐赠收入1846357.39元。走访慰问困难群众2860多人次，送去慰问款物共计68万元。开展红十字 “博爱送万家”“红十字博爱周”活动。对器官捐献家属、造血干细胞捐献者、困难群众、贫困优秀志愿者代表等进行走访慰问。开展红十字庆“六一”助学慰问活动。发挥6个红十字博爱基金的救助功能。开展应急救护培训工作。实现救护培训在职高学生的全覆盖。自 2014年“5·8”博爱周活动中应急救护知识培训在职高教育中全面启动以来，对全县3所高级中学、职业高中3000余名学生进行救护员培训。开展救护培训“五进”活动，全年共举办红十字救护员培训班37场次、普及培训班60余场次，培训红十字救护员2225人、普及培训7700余人次，合计9925人。 “三献”工作稳步推进。完成造血干细胞志愿者招募考核任务100%。截至2016年11底止，全年有造血干细胞志愿者707名。并在7月份成功实现一例捐赠。驻象山某部战士27岁小伙子陈书彭为一名3岁地中海贫血症病患男童成功捐献造血干细胞混悬液155毫升。

“三捐”志愿者人数稳步增长。2016年新增器官捐献登记8 人，遗体捐献登记6人，角膜捐献登记14人。

【志愿活动创新开展】 象山县红十字会有10支志愿服务队。志愿者们实现志愿活动“周周见”“时时见”。县红十字水上安全救援志愿服务实现急救知识宣传创新。组建假期防溺水“讲师团”，开展大小讲座近30余场次，听众达6000多人次。红十字无偿献血志愿服务截至9月底止，无偿献血总量超29万多毫升。队长陈晗献血总量超28000毫升，获全国性无偿献血奉献奖金奖一次、银奖二次和铜奖一次。县红十字会克服资金短缺的制约，筹资为志愿服务队添置装备。2016年为户外救援队购买救援队春秋冲锋服21套，T恤25件，多功能马甲20件、携行马甲50件，共计34008元，为水上救援队配备电脑等1万多元的讲课设备。

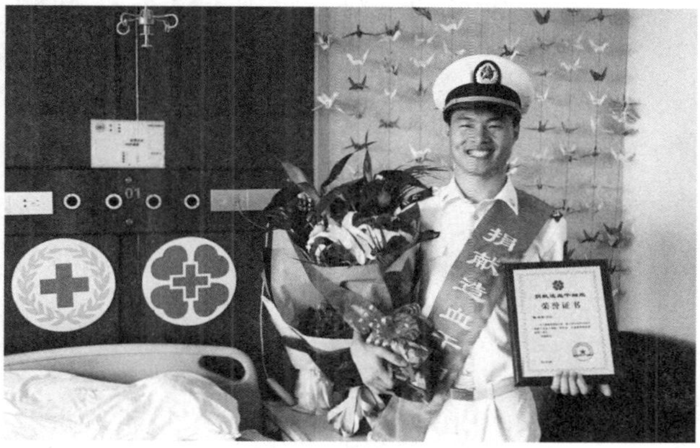

2016年7月4日，陈书彭为3岁患儿捐献造血干细胞，获省红会颁发的荣誉证书

街道镇乡

丹东街道

【概况】 丹东街道地处象山半岛偏东北部,地形北高南低,北隔沙地岗山、梅溪山与大徐镇连接,东依东山山脉与爵溪街道相连,西大致以天安路、南大河为界,与丹西街道毗邻,南濒大目涂,陆域面积38平方公里。丹东街道下辖26个建制村(37个自然村)、10个社区。2016年总常住户35261户,总常住人口106443人。

丹东街道地处象山县中心城区,是工商居混合型区域,工业以机械、针织、电器、气动件、汽车模具等为支柱,农业以蔬菜、橘苗、鱼苗、水稻、小海鲜为主品,三产以房地产、楼宇(写字、公寓楼)、餐饮、旅游、超市、中介、物流等为主业。丹东街道因地制宜,以培内引外、培强扶弱、培新补短为举措,引导工贸经济转型升级,健康发展;以治水、治路、治园为内容,实施四城联创、五水共治、三改一拆,开展婚丧礼俗大整治,提升城乡环境质量和良好风气,打造品质丹东、品位街道,创建美丽乡村、美丽庭院。全街道规模以上企业实现总产值46.51亿元;财政总收入11.51亿元。被评为宁波市军事训练先进单位、市安全生产先进集体、市农机管理先进集体、市平安护航G20杭州峰会先进集体,象山县宣传思想文化工作先进集体、县宣传思想文化工作创新奖、县统战工作先进集体、县统战工作创新创优奖、县侨联工作先进集体、县先进政协联委会、县先进团组织、县森林防火工作先进集体、县人力资源和社会保障工作先进单位、县人口与计生目标管理优胜单位、县爱国卫生工作先进集体、县无偿献血工作先进集体。

【"两学一做"学以致用】 2016年,丹东街道党建工作围绕"学习党章、学习习近平系列讲话,做合格党员"主题,结合实际学以致用,查找补齐短板,提升党组织凝聚力和党员战斗力。借助网络媒体传播,广泛运用网络和新媒体平台,通过开设微信、短信、流动党员QQ群平台、短信等平台提示学,通过印发宣传册、购买书籍、宣传图片、文化墙等概念学,丰富学习教育内容。制定出台《重点工作任务责任分解表》,明确全年目标任务并分解细化、落实到人,突出项目征迁、危房解危等重点工作,班子成员带头认领,倒排时间表。在37个村推行星级考核管理,年初定目标,年中检查交流,年底集中评定,星级升降与奖金等级挂钩。

【"五水共治"实施】 落实河长责任制,继续治理上余河、秀才江、下余河、门前涂河、后门塘河、西林河、河西河、河东河、邱家河9条河道;逐步拆除蒋家村、南方公司等54家畜禽养殖场,完成24个村生活污水纳管工程,整修赤坎、梅岙、松兰山、荷花塘、刘家岙、田洋里水库,开挖瑞龙寺河。全街道11条重点河道各配备1至2名保洁员,进行全天候保洁。街道五水办坚持每周巡查河道一次,并委托第三方每月一次河道巡查拍照测评。

2016年,整治一新的史家井河

【发展集体经济】 丹东街道有37个自然村，地处中心城区，城乡村差别大，集体经济发展不平衡。街道借助城市化、全域旅游东风，引导各村抢抓发展机遇，因地制宜整合资源，主动对接辐射项目，兴办第三产业，发展壮大村集体经济。在城区、近郊村，街道指导利用区位优势，规范商业用房租赁合同，设法提高承包基数，增加集体收入。南门村因户分类妥善对策，当年陆续追讨回数百万元欠费，减少集体损失。姚家山自然村调整房租策略，确保租金到位率，到年底村集体收益从上年的90万元增至130万元。袁家自然村招商引资开发留地，2016年村集体收益12万元。在远郊、偏远村，丹东街道鼓励干部开动脑筋，打好土地牌，盘活留地资源，促进集体资产保值升值。岙里建成6000平方米的四层楼，下半河在丹南路边投资建成3层、1300平方米的农民会所，招租进帐80万元。桥头林村利用东山脚3.33公顷空地，建造丹东废品集聚点。2016年集体租金收缴65万元。据统计，2016年丹东街道37个村，集体经营性收入累计达到4065.76万元。

【科技创新培育工业新增长点】 2016年，丹东街道推行“培内引外、培新补短、培优促强”发展策略，全街道40家规模以上企业实现工业总产值46.51亿元；实现利润1.91亿元；工业增长值6.3亿元。新产品产值13.24亿元，贡献率超过35%。天安集团投资进军新能源领域，同家公司开发高技术汽车发动机模具，华辰机械与杭州总部联手打造升级版气垫式K型造纸流浆箱和水力式新月型流浆箱，永久电力、胜利汽配等添置多台龙门机床、精密数控，新工艺新设备提升产品质量和档次；盛和灯饰、兄弟服饰嫁接精细化管理流程，最大限度降低成本提高效益。全年新建市级企业工程技术中心2家，新增市、县级科技项目2个，新增初创型、科技型小微企业17家。通过“小升规、规上亿”培育计划，全年新增规上企业9家、亿元企业1家、上市新三板企业1家。

【外贸经济闯出大市场】 2016年，丹东街道43家外贸及对港澳台贸易企业完成自营进出口总额6.11亿美元，其中出口5.99亿美元。街道出台扶持外贸发展优惠措施，设立外经外贸奖、招商引资奖、展销设摊奖、新办企业奖，助推外贸企业管理精细化、产品优质化。丹东街道推进外贸经济市场多元化、产销集团化，外贸产品除部分本地厂家直销外，大部分通过19家国际贸易公司代理组合，总部设在象山、宁波，产地基地遍布全国各地，形成分工有序的外贸产业链，各类产品源源销往五大洲、100多个国家和地区。中瑞公司是丹东街道外贸大户，2016年总公司与子公司累计进出口5.2亿美元，增幅达到两位数，成为全县外贸经济领头羊。

【创建无违建街道】 创新“三改一拆”办法，采取所有权、使用权分离的方式，引导农户自行清理合法“一户多宅”(清理后宅基地换套房使用权)。全年陆续拆除非法“一户多宅”246户、2.83万平方米。结合“两路两侧”“四边三化”、农村“三居”专项行动，整治主干道两侧蓝色屋面(立面)35处、整治面积12万平方米，完成松兰山风景区通景道路两侧1000米可视范围内17处整治点的整治工作。会同县住建、规划等部门，拆改结合，先后拆除老旧建筑9处、1.17万平方米，建成停车位380个，投资230万元改造背街小巷19条，老城区居民生活环境得到有效改善。3年来，累计拆除违法建筑69.5万平方米，完成旧住宅区改造2029户，改造面积29.07万平方米。

【重点工程全面推进】 2016年，丹东街道共有县重点工程项目50个，涉及20多个村。该街道成立重点工程领导小组和征迁办公室，15位党政领导分别挂钩领衔，安排60多位干部参与征迁工作组，包干政策处理施工秩序。街道主要领导紧盯工期节点，深入现场走访检查，每月召开专题会议，听取各组汇报交流。针对征迁工作中出现的新情况新问题，该街道及时联系有关部门，研究分析对策措施，统一政策兑现口径；与公安机关通力合作，加强法律法规宣传教育，协调机械人力，加快施工进度。该街道还制作征迁工程宣传图版和大型电子屏幕版，定期公布政策处理进展，滚动刷新进展数据，开展组与组、项目与项目立功竞赛，调动各组主动性和积极性。在政策处理、跟踪服务的有力保障下，2016年丹东街道50个重点工程全面开工续建，平稳推进。老城区棚改征迁和危房解危是两项重点工程，街道动员40多位干部充实一线，面对面开展政策宣传，通过大量艰苦耐心工作，终于完成金鹰路

22弄9号等11处危房解危,涉及329户,建筑面积19240平方米。棚改征迁老城区园西路、象山宾馆区块335户,共计建筑面积5.7万平方米。

【政协联谊创新四项制度】 2016年,政协丹东街道联委会创新"闭会期间"监督工作,提升参政议政实效。①"委员工作日"制度。选定每月半天,由3名委员、1名社区信息员轮流值班。全年接待6批15人次,梳理问题8条,针对性视察7次。②民情联系点制度。在9个社区分设4个联系点,分设社情民意信箱,物色1名社区工作者为政协信息员。2016年递交提案11件,被各级政协内刊录用信息22篇,被新闻媒体采用稿件16篇。③爱心基金制度。2012至2016年,11位政协委员累计募集7万元, 每年选择10多个特困家庭,上门慰问送温暖。跟踪监督制度。④跟踪监督提案办理。2016年按照"提出一个,解决一个"的要求,安排委员与有关部门单位对接,面对面讨论协调,督促行动,16件提案建议及时落实,件件获得回音。该街道连续5年获评为县政协先进联委会。

【社区建设管理扎实推进】 2016年,丹东街道10个社区、48个住宅小区,6座大厦,其中300户以上与以下的住宅小区各一半,成立41个住宅小区业主委员会,成员334名,管理工作有序进行,当年小区物业收费率达到94%以上。在梅园、丹河社区析出万象社区,新增加10位社工,改善社区办公、活动条件,投入300多万元,装修7个社区场所,面积4500平方米。指导小区业委会换届选举,鼓励探索物业管理新办法,配合两城创建、清三河工作,清理改造580只楼道,在中央花城、丽景一期等小区实施雨污分流,金域华府、紫悦馨园小区尝试地面停车位招标收费,金秋小区自发成立夜间治安巡逻队,水木华庭等小区修复消防设施设备,新华、宏润、大红鹰小区实施绿化道路全面改造。

【完善社会保障体系】 增就业,全年调查就业状况33199人次,失业人员验证524人次,登记招聘单位数41家,单位登记招聘人数1314人,求职登记103人次,职业介绍94人次,就业登记395人次,城镇新增就业人员1602人,城镇登记失业率控制在3.1%。开发城乡各类公益性岗位、灵活就业450人,失业援助1468户,发放政策性补助金614.39万元,就业担保贴息114.7万元。扩保险,新增各类养老保险985人,完成率达140 %;新增基本养老保险完成2750人;工伤净增286人;生育净增249人。城乡居民医疗参保 14440人次,缴费金额达696.3万元。慰老人,丹东街道现有退休人员9055人,当年新接收纳入社会化管理的退休人员共计1461人,走访慰问8730人次。

【抓安全生产】 加强安全生产业务培训,当年集训企业负责人195人,安全管理员230人,特种作业人员95人,生产经营单位自我教育培训4000人。组织参加县"安康杯"知识竞赛,获得二等奖。街道与村、社、企业签订安全生产责任书,全面检查企业、渔业、学校、出租房、烟花爆竹、养老院、宗教场所、废品回收站等重点领域;探索企业安全监管新模式,投入70余万元,委托宁波甬安科技有限公司定期检查100家年产值500万元以上企业和4家烟花爆竹门市部,100家低、小、散企业,查处整改事故隐患50处。杭州G20大会期间,与相关部门合作,开展专项大整治,动员218人次,检查企业525家。当年无发生重大安全责任事故。

【做好调解帮教禁毒工作】 依法调处、调防结合,全年排查各类矛盾纠纷422起,涉及人数970余人,调处422起,调处成功率99.7%,履行率100%。 开展社区矫正和刑满释放人员帮教工作,当年接收社区服刑人员62人,按期解除矫正50名,在册接受矫正40名,完成审前调查30人,警告处罚8人次,重新犯罪1人,无脱漏管现象发生。开展多种形式禁毒宣传,争创戒毒康复示范单位;加大尿检力度,实时监控重点对象,提高戒毒效果,全年累计尿检237人次。落实社会帮教措施,复吸率控制在5%以下。深入排查390名刑满释放人员,共查出涉毒37人。经过调查,辖区现有吸毒人员259人,登记在册戒毒人员30人,康复人员16人。

【民政救助惠及弱势群体】 主动发现事实困难家庭,全年支助51例、76500元,发放困难群众生活保障经费160余万;免费检查白内障老人78人;发放重点优抚对象生活定补经费近108万元,发放义务兵家属优待金及义务兵一次性补助50万元。走访调查残疾群体，登记扶残残联信息。各村社区共有各类残疾人968位，需要护理帮助的376人，其中完全不能自理88人，基本不能自理187人，部分不能自理101人；符合困难残疾人生活补贴282人。成立向日葵志愿助残分队，结对帮扶残疾家庭。助学19人次，发放学资38000元。为残疾人提供精准服务，发放盲表39只，闪光门铃44只，轮椅、拐杖等辅助器具30余件。

【群众文化精彩纷呈】 丹东街道现有各类文体队伍200多支，常练成员近5000人，街道党工委、办事处把群众文化事业作为打造“品质丹东、品位街道”重要内容和载体。街道出台发展群众文化事业激励措施，支持扩建基层文体团队，奖励开展各类文体赛事，重点扶植后山村文艺队、河东村乌龙队、塔山社区舞蹈队、丹峰文峰社区戏迷阁、梅园社区“绿城好声音”等“种”文化队伍。街道还投资建立综合文化活动中心，装修面积500多平方米，安排专业人员坐班辅导，集中排练。丹东街道现有文化礼堂村社区9个，后山、梅溪、岙里、后洋、河东、陆家、上余、下余、桥头林、田洋里、大碶头等村先后举办农民文化节，梅溪片挖掘传统习俗，举办九月三节，大碶头、河东、上余、桥头胡等村一年一度庙会节逐渐演变为自编自演的文艺大联欢。塔山社区邻里节创出品牌，社区文艺队曾两次获得市舞蹈大赛金奖。林海登山队十年如一日，每天攀登瑞龙山，队员发展到150多人。天安、宝鑫集团，兄弟、骏嘉公司等把企业文化融入员工生产、生活中，每年举行一两次大型文体活动。后山村投资600万元，建造400平方米的文化礼堂，每年邀演十多场大型文艺活动，被评为浙江省示范文化礼堂、宁波市十佳文化礼堂，村文艺队还代表象山县参加全省“文化礼堂杯”排舞大赛，并获得金奖。

【暖侨护侨】 丹东街道现有各类侨户363户，涉侨对象406人，为全县侨源密集区。该街道总结推广塔山社区创建“暖侨护侨示范社区”典型经验，引导加盟社区发挥侨力，温暖侨心，公益互动，奉献侨智。各社区将侨联工作纳入议事日程，物色推荐热心侨户担任小组长、志愿队负责人，所开展的各类走访慰问、公益行动文艺联欢活动中均显侨户身影。每年侨情调查是侨联小组的重点工作，登一次门，见一回面，打一个电话，发一条微(短)信，不忘一户，不漏一人，通过叙叙旧情、拉拉家常的联谊方式，随时掌握侨情动态，提供必要帮助。新华社区港胞叶某夫妇年迈患病、行动不便，社区志愿者经常登门打扫洗擦，代购陪聊；文峰社区志愿者裹粽子包饺子，首先想到留守老侨户，送去一份关爱。新西兰发生强地震，塔山社区主任、联络员第一时间电话问询本社区留学生，让海外游子备感慰藉。社区把侨户当亲人，激发侨户爱心奉献的积极性。文峰社区余增法不顾耄耋之年，经常登门看望侨属，宣传侨法侨规；丹峰社区李明珠牵头组建侨联文艺队，经常组织学戏排练，义务献艺；塔山社区王岳花、陈创国、朱吉华等结对贫困学子，省吃俭用赠送学资；该社区王岳花、张赛清等先后3次动员募集善款2.8万元，为遭急罹难的公厕保洁员、小区保安师傅及丹西街道罹患白血病青年送上帮助。

【“一区一品”关爱青少年成长】 丹东街道10个社区，拥有青少年3万多人。该街道关工委因势利导，鼓励各社区结合实际，创新“一区一品”关爱项目，设法调动社会力量，共同参与关心下一代成长。梅园社区建立社区功能室、绿城文化礼堂两个德育基地，利用节假日开班快乐耕墨轩、经典启蒙堂等，学生撰写春联赠居民，元宵节猜灯谜。还实施“海豚计划”，每年暑期举办游泳班，培训百余人。塔山社区发动党员志愿者结对助学，2015年通过爱心捐赠、爱心义卖，募集善款3.7万元，慰问资助贫困学生19人。丹峰社区以家风家规教育为主题，借助暑期假日学校、周末趣味聚会平台，邀请专家辅导《弟子规》，传授待人接物、吃饭坐姿、爱牙护眼等常识，让孩子在有趣的课堂上潜移默化。文峰社区在实施“七彩阳光”关爱工程的同时，还引进郑晓德红娘团，每周日集中接待，相亲联谊，帮助青年男女找对象，每年牵线搭桥100多对。金秋、新华、东街、公园社区位于老城区，离退休人员多。社区关工委动员50多位老同志，成立老少关爱团，分建助学、义卖、宣讲、网监、帮教队，大手牵小手，圆梦微心愿，将关爱触角伸向家家户户。据统计，2016年丹东街道各社区开办暑期假日学校8所，招收学生180人；举行益智培德及娱乐活动130场次，受益青少年6000多人次；筹集关爱助学基金8万元，走访慰问特困学生120人。

【新建万象社区】 11月，经县政府批准，丹东街道调整丹河、梅园社区管辖、代管区域，划出部分居民小区，新组建万象社区，因该区域纵向中心路万象路而得名。万象社区东及东山西麓，南至滨海大道，西到兴盛路，北连象山港路，包括紫汀盛园、上城公馆、丽景一期、丽景二期、山水人家一期、山水人家三期、巨和苑、和景府、欢乐家园等13个小区、8585户，已入住2578户、6400人。社区办公地坐落山水人家一期东首、巨鹰路西侧，办公用房4层，建筑面积1200平方米。

表78

2016年丹东街道各村经济情况一览

村名	户数	人口（人）	耕地（公顷）	山林（公顷）	渔船（艘）	集体总收入（万元）	集体经营收入（元）	村支书（负责人）	村主任（负责人）
东门外	465	1172	1.33	33.20		333.38	280.7	杨敏华	郑永林
起春	158	345	0.00	11.67		53.72	48.4	王国民	钱荣华
城东	248	646	2.67	26.13		368.68	346.1	黄全根	包永富
上进	240	498	0.00	28.20		223.52	204.15	陆福根	陈孝培
庄穆境	421	1113	0.00	59.80		248.05	233.57	虞金武	杜小定
南门	269	69959	0.00	26.40		1503.26	1463.29	史久明	钱志明
羊行街	44	59	0.00	23.00		2.58	2.39		葛永新
姚家山	82	310	0.67	29.73		140.17	132.73	葛瑞祥	任爱忠
梅溪	562	1448	4.00	129.80		121.28	76.58	葛永生	袁永祥
后山	416	1380	2.67	43.33		124.77	65.36	马伯骥	胡家挺
袁家	113	359	0.73	2.67		271.32	11.75	鲍英迪	陈财森
岙里	272	1119	7.67	74.20		50.85	4.01	潘海贤	周金德
赵岙	60	205	0.00	11.53		8.12	7.1	葛根法	李成浩
中家河	56	156	0.00	11.33		14.38	12.03	郑华海	杜才福
上半河	56	245	2.00	9.67		7.23	1.64	朱宏福	洪振云
下半河	370	1170	0.00	12.20		98.83	79.99	郑如杰	郑家雷
田洋里	205	730	0.00	27.87		77.98	18.4	钱万林	方惠娟
陆家	220	738	0.00	40.07		56.06	4.21	陆志根	陆文光
高俞	93	253	0.00	6.67		64.72	8.43	王良方	屠金林
夏家	67	208	7.80	17.33		32.96	29.72	徐久法	徐兴明
大碶头	448	1446	11.00	88.93		85.47	25.99	倪志良	钱家清
邱家	86	273	0.00	10.87		23.5	4.18	钱兴国	邱财岳
河西	99	330	8.00	20.60		15.23	9.17	谢德勇	陈　琪
河东	341	902	18.67	61.33	1	75.72	40.41	余根宝	余明清
后洋	335	1060	43.27	128.00		114.43	84.03	吴家财	吴善根

续表78

村 名	户 数	人口（人）	耕地（公顷）	山林（公顷）	渔船（艘）	集体总收入（万元）	集体经营收入（元）	村支书（负责人）	村主任（负责人）
桥头林	350	1050	39.20	101.53		124.3	65.3	欧志明	林世明
桥头胡	242	695	34.67	203.87		362.59	40.9	胡柯柯	胡金祥
蒋家	186	596	16.00	21.60		93.85	45.99	蒋建光	蒋成国
西林	168	550	21.87	50.93		37.36	0.3	张世跃	吴建军
上余	383	1342	19.20	125.53		106.31	57.48	张灵敏	余可成
李家	35	157	0.00	4.27		32.27	0	钱林忠	石友谊
下余	315	989	55.00	195.27	7	558.19	330	余宗珠	余忠林
东塘	18	69	1.33	4.33		6.04	0.7	石孝尧	石　敏
门前涂	16	61	12.67	0.00		15.36	0.83	陈绍雷	陈光
赤坎	173	641	0.00	65.47	5	257.18	0	陈新康	姚文职
寨里	126	388	2.13	28.27	3	60.7	0	吴振国	钮耀辉
梅岙	66	226	0.00	31.27	7	784.3	59.36	刘道富	余　平
合　计	7795	23628	312.53	1766.87	24	6554.78	4065.76		

表79

2016年丹东街道规模工业企业经济情况一览

单位：万元

企 业	全年产值	完成计划	同比+%	全年销售	完成计划	同比+%	全年利润	完成计划	同比+%
天安股份公司	185676	92.8	7.0	184394	97.0	4.4	5095	67.9	−21.4
天安特变公司	32120	76.5	−11.7	23041	69.8	−18.6			
天安开关公司	24411	97.6	11.5	15422	77.1	−14.7			
天安汽车零部件	11399	103.6	19.6	9684	96.8	15.4	1744	87.2	7.8
天安智能公司	17428	99.6	14.9	13990	90.3	3.9	729	72.9	19.1
天安集团小计	271034	91.7	5.6	246531	91.8	1.0	7084	56.7	−19.9
盛和灯饰公司	37918	94.8	12.3	37896	97.2	11.4	7673	95.9	−2.4
兄弟服饰公司	40922	102.3	19.3	40369	103.5	19.8	1936	96.8	22.2
同家模具公司	9267	88.3	1.6	9156	82.5	8.9	611	101.8	22.9
海滨化工厂	7463	71.1	4.6	6739	68.1	−6.5	85	14.2	−27.4
一漂印染公司	7160	87.3	0.6	7160	87.3	0.6	403	80.6	1.3

续表79

企业	全年产值	完成计划	同比+%	全年销售	完成计划	同比+%	全年利润	完成计划	同比+%
弗凡科技公司	5739			5739			183		
骏嘉机械公司	4447	80.9	-5.5	3656	73.1	-3.8	228	114.0	53.0
宝鑫集团	10795	76.6	-12.4	9571	73.6	-16.6	108	12.0	-32.9
天元电气	7216	72.2	-18.4	3181	35.3	-59.6	39	39	-15.2
探索机械公司	3492	139.7	65.1	3492	139.7	65.1	-42		
和泰电气公司	5079	56.4	-33.8	3703	52.9	-38.4	25	8.3	-89.5
新大通电机公司	2139	71.3	-15.8	2000	74.1	-13.8			
自来水公司	6616	94.5	8.2	6616	94.5	8.2	199	199	
佳田时装公司	3879	86.3	1.4	3847	87.4	1.9	102	51	-15.7
晨南制衣公司	2342	46.8	-44.2	2065	43	-50.2	-33		
胜利汽配公司	3681	105.2	22	3681	108.3	22	60	60	566.7
宏强电器厂	3380	93.9	8.1	3380	563.3	8.1	-16		
凯勒电器公司	3379	146.9	58.1	3318	414.8	52.6	3	3	
宇翔机械公司	2122	81.6	-4.6	2107	84.3	-2.7	29	29	163.6
神迪制衣公司	2334	66.7	-22	2209	65	-24.1	11	11	22.2
达胜针织公司	2186	75.4	-12.6	2186	81	-12.6	-15		
至远服饰公司	2323	83	8.4	2081	74.3	3.9	70	70	536.4
根本服饰公司	3355	111.8	61.9	3355	119.8	63.2	56	56	273.3
环安针织公司	1384	51.3	-40.8	1384	51.3	-40.8	102	102	218.8
东风制衣公司	1801	78.3	-10	1802	81.9	-10	178	178	72.8
凯玛服饰公司	1806	75.3	-9.8	1806	75.3	-9.8	-97		
林敏针织厂	1901	54.3	-37.1	1901	55.9	-37.1	-10		
福大制衣公司	2001	80	-8.3	1942	80.9	-2	29	29	20.8
昌佳服饰公司	2062	85.9	1.7	1962	98.1	-3.2	19	19	46.2
集瑞服饰公司	2860	57.2	-35	1984	41.3	-54.9	21		50
森杰服饰公司	1140	21.5		1140	22.8		114	114	
锦和针织公司	1925	68.8	-20	1925	77	-18.2	-8		
2000万元企业总计	465145	89.7	5.5	429882	91.2	1.8	19135	67.9	-4.6

表80　　2016年丹东街道工业企业自营进出口情况一览

单位:万美元

企 业	累计出口	同比增减	累计进出口	同比增减
合 计	59970	8.46%	61100	7.77%
宝鑫铁路信号	46	19.25%	46	19.25%
盛和有限公司	5626	6.18%	6686	2.99%
甬侨气动液压	34	20.19%	34	20.19%
至宝进出口公司	163	-61.48%	163	-61.48%
食品设备厂	91	38.75%	91	38.75%
天安集团	2	-86.73%	2	-86.68%
天安汽车零部件	197	39.87%	197	39.87%
中瑞进出口公司	30770	9.07%	30801	9.04%
华瑞进出口公司	2069	271.88%	2076	273.07%
世纪华瑞进出口	9784	1.9%	9784	1.9%
中瑞如意进出口	586		586	
林氏进出口公司	5	-37.31%	5	-37.31%
同家模具制造公司	401	-12.32%	402	-17.52%
永发制衣公司	76	75.68%	76	75.68%
晨南制衣公司	298	-51.68%	298	-51.68%
兄弟服饰公司	6197	8.7%	621.3	7.25%
福大制衣公司	212	41.48%	212	41.48%
挺宏针织厂	69	5.74%	69	5.74%
三泰照明公司	1118	29.83%	1118	29.83%
伟博制衣厂	50	-13.36%	50	-13.36%
宇翔机械公司			11	27.75%
游子园服饰公司	27	2924.46%	27	2924.46%
环安针织公司	74	-55.84%	74	-55.22%
锦泰晟运贸易	482	5.82%	482	5.82%
富登进出口公司	8	7.23%	8	7.23%
威宇宙服饰公司	9	-10.45%	9	-10.45%
达雅进出口公司	267	38.74%	267	38.74%
凯勒电气公司	463	23.04%	463	23.04%

续表80

企 业	累计出口	同比增减	累计进出口	同比增减
金沃进出口公司	11	-39.16%	11	-39.16%
佳灵服饰公司	216	10.8%	216	10.8%
佳滨制衣公司	1	86.82%	1	86.82%
根本服饰公司	81	-60.23	81	-60.23
帆帆服饰公司	128	68.92%	128	68.92%
盈多服饰公司	40	-68.92%	40	-68.92%
蓝腾进出口公司	70	114.46%	70	114.46%
依伦斯服饰公司	1	-52.26%	20	84.06%
恒金国际贸易公司	20	84.06%	20	84.06%
鸿源制衣公司	16	77.68	16	77.68
胜利汽配公司			4	-44.88%
森惠针织公司	166		166	
优尼沃进出口	7		7	
卡特索贸易	156		156	
晓清星贸易	13		13	
信豪德森贸易	92		92	

表81

2016年丹东街道社会经济一览

指标名称	单 位	数 量	指标名称	单 位	数 量	指标名称	单 位	数 量
一、基本情况			四、经济			六、社会保障		
行政区域面积	公顷	3800	公共财政收入	万元	115125.81	福利收养单位	个	1
居民委员会个数	个	9	公共财政支出	万元	120186	街道敬老院	个	1
村民委员会个数	个	26	资产总额	万元	26097.37	福利收养床位	张	60
二、人口			债务总额	万元	26080.22.	福利收养人数	个	16
户籍户数	户	20153	企业个数	个	1852	城乡老保	人	5348
户籍人口	人	61314	企业从业人员	人	163484	城乡医保	人	22863
全家外出户数	户	289	企业实交税金	万元	25057	城乡低保	人	545
全家外出人口	人	862	企业单位数	个	384	七、公用事业		
常住户数	户	35261	其中:规上工业	个	18	自来水用户	户	33689
常住人口	人	106443	工业总产值	个	519900	燃气用户	户	16673

续表81

指标名称	单 位	数 量	指标名称	单 位	数 量	指标名称	单 位	数 量
其中:外来人口	人	16317	其中:规上工业	万元	469500	金融网点	个	78
三、文教卫生			建筑单位数	家	53	公园 广场	个	32
幼儿园托儿所	个	14	建筑业总产值	万元	8295253.9	生活垃圾日均处理量	吨	37.5
小学	个	4	餐宿业数	家	31	1.卫生填埋	吨	15
小学教师	人	375	餐宿总收入	万元	3800	2.集中焚烧	吨	0
在校小学生	人	7178	三、贸易、市场			3.转运处理厂	吨	10
图书文化站	个	3	消费零售总额	万元	533675.6			
剧场影院	个	4	其中限额以上	万元	90845.7			
体育场馆	个	2	交易市场	个	3			
医卫机构	个	88	其中蔬菜市场	个	3			
医院床位	张	712	蔬菜市场交易额	万元	2350			
执业医师	人	385	50平米商店	个	72			

丹西街道

【概况】 丹西街道地处中心城区，总面积42平方公里，下设29个行政村和8个社区，共有户籍人口45883人，其中居民人口19791人，农业人口26092人，外来人口36078人，区域总人口达81961人。2016年，实现规模以上工业企业总产值41.02亿元，农业总产值6737万元，公共财政收入4.9亿元。辖北路、新建、文昌、蓬莱、瑶琳、丹瀛、丹桂、白鹤8个社区，北门、西门、五丰、杨家、方井头、秧田头、上吴、小厅、六升、西港、上街头、菱河头、小河头、仇家山、杨蓬岙、九顷、三岔路、白石、韩家、洋心、横墙弄、横塘欧、樟树下、小东洋、新碶头、珠水溪、南沙、路下林、董何碶29个行政村。办事处驻南街9号。辖区内拥有幼儿园21所，小学8所，中学5所，各级各类医疗卫生机构，公共图书馆(室)36个。有专业特色街3条，专业市场4个，服务网点1100个，营业面积达4.2万平方米。超市、连锁等新的经营业态发展迅速，总代理、总经销、特约经营等新颖销售方式快速崛起。街道依山傍海，山清水秀，风光旖旎，人文荟萃，远有著名政治家杨王伓、俞述祖、俞士吉，近有农民画家高妙兰、芦鸣治；西坛庵、等慈禅寺、丹山石刻、蓬莱石屋、丹山井等文物和遗址保存完好。

【工业经济】 全年规模以上工业企业产销利分别达到41.02亿元、34.65亿元、1.29亿元，均实现正增长。新上规模企业10家，净增6家，规模企业总数，达到52家。全年实际到位内资8.2亿元，完成年度指标341.67%；完成协议外资1500万美元，实际外资720万美元，浙商回归完成1.09亿元，自营进出口额达到2.1亿美元。外经工作取得历史性突破，在非洲注册境外企业1家(好家电子商务有限公司)。投资3000万元的康复机器人项目，完成临床实验。投资5000万元的浙江利玥人防设备有限公司项目正式落户并生产；投资1亿元的牦牛控股与街道签订正式的投资合同。共有10余家企业投入技改项目，累计完成技改数2.02亿元。全年开发电子信息、机械、新材料等市级以上新产品项目15个，全部投入生产。合力模具项目被国家工信部确定为强基项目，宁波合力铸造模具设计研究院被评为宁波市企业研究院，宁波创裕制衣被评为县创新型高成长培育企业,象山鼎基机械制造等4家企业被评为县科技型小微企业。完成合力模具和东坡文创股改工作。为丹西实现转型升级以及产业多元化、高端化,奠定扎实基础。

【农村经济】 2016年,“五水共治”“清三河”成效显著。继续推进污水纳管工作,完成26个村污水纳管。安排4个河道整治项目,九顷支河完成清淤工作,西港内河生态河道建设完成政策处理,洋心内河通过周边环境卫生集中治理,水面种植水生植物,水环境得到改善。畜禽整治反弹可控,辖区内95家养殖场全部进行拆除,仅一家出现反弹。严格落实“河长制”,建立健全河道长效保洁机制,通过“清三河”达标县创建省级验收。新农村工作推进,完成新碶头、仇家山一村一树项目。城郊型农业得到发展,落实粮食种植面积319.4公顷,落实粮食实际售粮数947吨,加大对专业合作社的扶持力度,共有农业专业合作社22家,其中县市级以上规范化合作社8家,无公害农产品基地3个。

【重点工程】 2016年,全年共承担征迁项目49项,其中县重点工程征迁任务22项,路网工程10条,棚改工程2项,共涉及征地面积73.33余公顷,拆迁户950余户。22个县重点工程项目完成政策处理18个,环城西路、来薰路、丹河路、象山河路等几条主轴路线均取得重大突破,上吴、仇家山、路下林、山头董等村,配合重点工程推进过程,敢于担当,共同攻坚破难,取得工作实效。

【专项工作】 推进“三改一拆”,开展“无违建”街道创建,累计拆违14.48万平方。安排丹西城管中队进行24小时对辖区7大片区进行精准巡查,严格控制新增违法建筑,成效明显。开展蓝色屋顶排摸23处,面积10.76万平方米。对潘家桥仓库地块及珠水溪周边地块内的蓝色屋面3万平方米进行拆除整改。推动城中村集中式污水改造。5个城中村中北门开始动工,西门、方井头、秧田头、五丰村改造图纸、概算经费全部完成。扎实推进危房解危工作,解危腾空房屋7幢,解危面积8200平方米。工程管理工作有序推进,完成梧桐御府东侧、西侧边坡地质灾害治理工程验收,完成工程款拨付130万元。完成田横山至黄土岭公路建设。杨蓬岙至九顷公路提升工程,完成立项,并进入招标程序。

【平安建设】 2016年,重点对白石及其周边区域进行社会治安重点整治,免费为出租房安装灭火器250余只,建立白石警务站和巡控中心。投资27万元,加强“社管E通”的运用,3名网格长及网格信息员均配备一部平安通手机,实时上报时间处理类信息360余条。圆满完成G20杭州峰会安保工作专项,严格按照上级各个时间节点部署工作,被评为市级G20峰会安保工作先进单位。化解矛盾纠纷,全年共受理信访案29件,结案率为100%。加强软硬件建设,每名网格管理员、信息员配备“平安通”手机,共161只,通过4次专题培训,全部掌握信息上报技能。共报送各类事件处置信息2000 余条。形成网上网下整体作战的基层社会治理工作体系。全年街道2349名党员干部完成婚丧礼俗整治承诺书签订,签订率达95%以上,收集婚丧事宜信息165条,查处违规操办婚丧事宜1起,处置党员1名,倡导弘扬文明新风,推进移风易俗。

【民生事业】 街道卫生计生考核连续四年全县第一,食品药品工作考核获得全县第二,“亲情服务,乐活丹西”项目获得县卫生计生创新项目一等奖。2016年,共出生315 人,征收社会抚养费11万元。完善流动人口管理,流动人口管理服务率达85%以上。继续对失独家庭、计生困难家庭的底数排摸,慰问计划生育困难家庭39户,发放慰问金23400元。做好“全面二孩”宣传工作,把新的生育政策及时、准确地传达给群众,理清群众政策认识误区。全面抓好教育、卫生、食品药品等各项关乎民生的工作,高度关注弱势群体,注重解决好低保户、残疾人等困难群众的生活问题,累计发放各类补助资金280余万元。全年街道新增就业人数1501人,公益性岗位开发人数98人,城镇失业人员再就业1068人,其中困难人员实现再就业225人,本地户籍参加各类养老保险人数新增1081人,城乡居民医保参保率在98%以上,登记失业人员始终控制在3%以内。

【打造志愿服务社区】 ,以北路社区为先行示范点,针对不同群体需求,推出近50项公益服务,创建先锋示范岗、爱心服务岗等29支服务团队，定期或不定期开展教育文化、法律援助、守望相助等志愿服务。各社区结合"两学一做"，开展接地气和顺民意的志愿服务活动，满足社区居民的需求。实施"政府购买服务"改革创新项目，通过"蒲公英"行动，加强对社区志愿服务常态化探索。创新理论宣讲新模式，通过北路社区"百姓讲白搭"、瀛洲小区"月光论坛"等宣讲平台，各类群团组织有效开展活动，尤其是"蒲公英行动""孙茂芳储爱超市""社区居家养老中心"等几个特色项目，均在县内具有较高知名度。

【安全生产】 围绕"强化安全发展观念，提升全民安全素质"主题，落实安全生产责任，开展安全生产宣传教育、安全生产监督检查。与各村、社区、企业部门签订社会管理综合治理、安全生产等目标责任书，层层落实责任。扎实推进"安全生产月"活动，共张贴宣传画报52套，悬挂横幅28幅，发放安全生产各类宣传资料500多份，开展消防、逃生等应急演练3次，出动宣传车2次，受教育达2526人次，推动安全文化、安全知识进企业、进社区、进农村。鼓励企业安全生产服务外包，提高企业安全生产管理水平，有60家企业与象山豪兴安全技术服务有限公司签订安全生产委托管理服务合同，该公司共累计开展排查隐患84次，排查隐患356处，整改348处；开展员工安全生产培训12次，培训人员700余人。

【基层党建工作】 以推进基层党建全面提升三年计划为重点，以"两学一做"专题教育活动为契机，以"书记帐本"为抓手，以帐本形式推促责任细化到人、量化到岗。建立街道党员联村干部抓基层党建责任清单，明确 "基层党建督导员"职责，重点帮助联系村理清党建工作思路。围绕特色工作，打造亮点服务品牌。打造"丹山志愿者"服务品牌，建立"丹山志愿者"服务队。共有29家企(事)业单位党组织与社区结对开展活动，共为社区居民提供各类服务180余次，受惠居民3500人次以上。推进党建资源统筹整合，坚持把"五大发展理念"贯彻落实到"党建+"工作的全过程、全领域，打造仇家山村"党建+美丽乡村"示范带。全面提升基层党建工作科学化水平，逐步形成以城带乡、城乡共建、城乡统筹的良好发展格局。

【党风廉政建设】 以问题导向为重点，突出"三个落实"(责任落实、制度落实、监督落实)，履行主体责任，深入推进党风廉政建设工作。制定《丹西街道2016年党风廉政建设和反腐败工作责任制分工》，明确党工委主体责任和纪工委监督责任，在班子内部形成"一岗双责"的责任体系和工作机制，严格按照"三书两报告"要求。与各部门、村、社区签订《丹西街道2016年度党风廉政建设和反腐败工作责任书》，与各村四套班子成员签订廉洁履职承诺书242份。分层次组织开展廉政谈话教育活动，全年共落实层层谈话372人次。全年受理信访案件3件，办结3件，信访案件比去年同期下降50%；处理违纪党员9件9人，问责干部5件7人。规范制度建设，制定出台《丹西街道使用资金管理办法》，使用资金在一万元以上的各科室都要事前申报并向纪工委备案，使用资金5万元以上的在党政班子会议通过，有效监督本单位的资金使用情况。规范权力运行，对40个村理清权力清单，规范办事流程，确定村级重大事务决策报备、村级工程项目的责任人和"三务"电视公开的报送员。出台《丹西街道农村基层权力规范运行实施细则》《丹西街道进一步规范村级集体债务管理工作的意见》，严格要求各基层组织上报《村级重大事务决策申报表》和《村级重大事务决策报备表》。

【强抓文明创建】 强化宣传教育，营造文明创建氛围，重点对辖区内中心城区未利用地块整治提升、城郊村卫生保洁长效机制、"三居"工作整治、文化墙提升等重难点问题作专题梳理。对24个城郊村实施一日二清扫制度，实施服务外包月督查、季考评、年考核制度，出台激励考核制度。年均投入85万元优化城郊村环卫清运一条龙服务；投入50万元将环城西路等路段两侧纳入保洁范围，加大"三不管"地带保洁工作；投入12万元清理牛皮癣实行服务外包；投入26万实施病媒生物防治工作外包；投入20万元对河道及两侧进行保洁；投入150万元对滨海大道、沿海南线、象山港路、环城西路等四条主干道路、两侧进行"三居"整治工作，投入54万元对两路两侧、二周边二区域进行整治，投入160万元对未利用土地进行提升，投入12万元对区域文化墙进行全面提升，通过国家卫生县城复评省级验收及市文明指数测评工作。共创建省级文明村1个，市级文明村4个，县级以上文明村创建率达65%以上。全年建设文化礼堂3个，培育种文化工程，丰富居民精神文明生活，共开展文化活动50余次，珠水溪的母子龙获宁波市一品龙称号，象山徐福东渡传说获象山非遗节目精品奖。

【婚丧礼俗整治】 3月，制定出台《丹西街道婚丧礼俗整治工作实施方案》，明确工作重点和难点，细化工作方案。利用街道微信公众平台推送、下发通告、悬挂横幅、制作宣传橱窗、发放宣传手册、宣传车巡回宣传，让“二倡导二禁止一规范”成为全民共识。借助群众基础平台进行精准宣传。召开村干部大会部署工作，将倡议书送到各家各户。借助老年大学、团工委两个平台，开展针对退休干部、老年学员、青年人等不同群体的政策宣传。联合市场监督所加大对花圈店规范经营检查力度，结合食品安全卫生工作加强对承接酒宴操办厨师的培训，抽调丹西城管队员加大巡查力度，对违规治丧行为及时劝阻，让文明婚丧之风深入人心。

【开展春送养生活动】 丹西街道计生协为辖区内17户失独家庭送上的“春送养生”—免费健康体检活动。本次体检包括验血、B超、CT等项目，目的是让失独父母对自身健康状况有一个基本了解，做到有病早治、无病预防。

【迎接G20，人人讲文明活动】 6月17日，在县府广场举行“迎接G20 人人讲文明——做文明礼让丹西人暨志愿者招募”启动仪式，街道机关干部、居民代表等120余人参加此次仪式。以迎接G20杭州峰会为契机，做好“礼让斑马线、文明过马路、排队守秩序、礼仪待宾客”四大内容，在全社会形成向上向善的正向力量。

【“悦兰庭杯”运动会】 7月2日，“悦兰庭杯”年全民运动会在县实验小学举行，来自街道各村、各社区、各行业的53个代表队共822名运动员在运动场上展开角逐。共有中国象棋、乒乓球、羽毛球、兜球、游泳、拔河、佳木斯健身操等7个竞技项目，推进丹西街道体育事业发展注入新的活力。

【“两非”整治专项行动】 7月，召开2016年度伏季休渔期间“两非”整治行动专题推进会议，11艘管控渔船责任人参加会议并签订依法依规生产责任书。制定出台“两非”整治专项行动实施方案。落实定人联船机制，严厉打击涉渔“三无”船舶与违法违规生产经营行为。悬挂横幅49条，发放告知书50份，通过张贴及发放告知书，借助微信、电子屏等新媒体平台对广大群众进行政策宣传，做到家喻户晓、深入人心。

【守护舌尖上的安全】 8月，从辖区600余名餐饮业主中精心遴选15名有较强诚信自律意识，且在消费者中有一定信誉和口碑，热衷于公益事业的餐饮业主代表，创建一支餐饮行业自律员队伍，要求他们发挥自身的优势，整合街道食品行业资源，做好区域范围内宣传动员、行业自查、信息通报以及示范创建等工作，并对周边餐饮单位起到引领、带动和辐射的作用。构建政府监管、市场协管、行业自律三驾齐驱的社会化监管格局。

【召开非公有制企业党组织“两学一做”推进会】 8月5日下午，丹西街道党工委召开非公有制企业党组织“两学一做”推进会，从严从实推进非公有制企业党组织“两学一做”学习教育稳步开展，40余名“两新”党组织负责人参加会议 。部署下阶段非公有制企业党组织“两学一做”工作，切实抓好“两学一做”学习教育专题辅导。

【推进棚户区改造】 10月，油车巷区块改造项目启动。油车巷区块改造项目的征收范围为：丹西街道油车巷两侧及建设路62号到88号、天安路2—4号部分建筑，具体以规划红线图为准。征收房屋总建筑面积约15800平方米，征收总户数184户。10月12日启动签约，期限36天，11月16日24时结束，逾期将不再享受奖励政策。截至11月12日上午十时丹西油车巷区块完成签约181户签约率98.9%。

【做好“两学一做”教育】 5月13日，召开“两学一做”学习教育动员部署会议，街道全体机关干部，各村党支部书记、社区书记及企、事业单位党组织负责人等120余人参加会议。下发《关于在全街道党员中开展“学党章党规、学系列讲话，做合格党员”

学习教育的实施方案》，街道开展“领导带头学、支部集中学、党员自主学”活动，组织全体党员围绕“四讲四有”分专题进行学习讨论；开展“三对三找”活动，引导广大党员对照标准，找准短板；针对“不像党员、不在组织、不重学习、不起作用、不守规矩”等问题，开展多项整治活动。深化“两学一做”，加强党员思想政治建设。

【民主协商危房解危】 10月26日，丹西街道危房解危工作组在北路社区会议室召开桃园路5、7、9号危房解危民主协商会，28户居民参与此次民主协商。向居民解读《象山县人民政府办公室关于印发象山县城镇危险房屋异地安置实施细则（补充意见）的通知》、意见征询等让居民们了解危房解危的整个流程和政策。27户居民签字同意危房解危，同意率达90%以上，开始进入危房解危房屋评估阶段。

【成立农民合作经济组织联合会】 11月，街道召开农民合作经济组织联合会成立大会暨第一次会员大会，街道农民专业合作社负责人和农业大户、农技人员等41名代表参加会议，大会审议并通过《象山县丹西街道农民合作经济组织联合会章程》（草案）和选举办法，通过理事会、监事会和参加县农合联会员代表候选名单，选举产生丹西街道农民合作经济组织联合会理事长、副理事长、监事长，圆满完成农合联大会各项议程。

【成立丹西街道文联】 12月22日，街道文联成立大会召开，共有73名文艺工作者代表参加大会。县委宣传部副部长钱江、县文联主席郑辉、街道党工委书记史欣荣、街道宣传委员郑伟东，妇联主席忻海霞等出席会议。街道党工委副书记杨志国主持会议；大会审议通过《象山县丹西街道文联章程》《象山县丹西街道文联成立大会选举办法》，大会选举产生郑伟东为丹西街道文联主席、副主席忻海霞、屠旭东、胡叶燕；秘书长屠旭东，委员史希平 、吴伟峰 、何颖颖、陈潇、欧鑫、俞支梅、顾明辉。经委员会提名聘请董根友为丹西街道文联顾问。共有会员200余名，分为文学创作协会，戏曲协会，摄影协会，音乐舞蹈协会，美术书法协会。为广大文艺爱好者找到“家”，推动丹西街道文化事业的发展。

【开启假日学校新模式】 7月5日，象山绿丝带假日学校第一期正式开课。绿丝带假日学校主要招收丹西街道外来务工的小候鸟、留守儿童以及志愿者的子女，解决暑假“看护难”问题，共招收26名学生。假日学校课程作业以辅导为主，并结合自我训练、文明礼仪、完善文化、科学普及、读书赏析和实验、益智游戏等内容开展丰富的互动课程。学校配备辅导员1名，志愿者教员4-5名，由在读大学生和社会组织志愿者等担任。丹西街道还牵手衣重生社会组织和新建社区、北路社区与绿丝带开展合作办学，开启假日学校新模式。

表82　　2016年丹西街道行政村经济情况一览

村 名	户数（户）	人口（人）	水田（公顷）	旱地（公顷）	水产养殖（公顷）	渔船（艘）	村级资产（万元）	村集体年收入（万元）	村集体年支出（万元）	书记 主任
五丰村	396	912					1232.36	553.54	35.9	余海峰　蒋兴国
秧田头村	313	790					2473.91	246.81	46.52	史市潮　史济康
西门村	355	896					1578.91	573.16	65.71	蒋喜忠　赵国定
方井头村	441	1097	3.47				2269.31	367.93	24.49	史志财　陈力强
北门村	398	722	2.33				2427.92	949.28	70.45	三增良　李兆方
路下林村	420	721					410.16	249.43	28.37	陈健健　王才土
白石村	224	1506					843.06	655.09	50.08	张贺荣　郑　光

续表82

村名	户数(户)	人口(人)	水田(公顷)	旱地(公顷)	水产养殖(公顷)	渔船(艘)	村级资产(万元)	村集体年收入(万元)	村集体年支出(万元)	书记 主任
珠水溪村	506	802	8.67	1.89			788.53	179.39	126.41	谢水苗　朱富财
三叉路村	219	519	15.54	0.8			502.97	121.92	28.34	王章明　胡继光
九顷村	172	2338	19.18	3.5	36		2360.93	823.06	29	陈银阳
杨蓬岙村	764	383	4.93	1.2	60		373.73	133.86	7.94	方兵松　王良明
杨家村	222	931					957.5	244.15	27.29	杨国定　杨志永
上吴村	487	793	4.67				2554.41	224.52	42.08	吴存乐　吴科登
小厅村	223	740					2398.81	147.67	6.86	张建平　张章钱
樟树下村	164	548	14.67				1635.74	573.36	36.98	张云法　屠伟金
六升村	675	999	16.37				836.24	266.38	24.59	张松国　张克康
上街头村	118	749	3.33				721.41	165.68	6.82	张国登　张世定
菱河头村	127	454					603.66	185.53	2.33	张贤达　柴利民
小河头村	167	588					340.89	76.67	3.34	张可存　张云来
横墙弄村	163	562	2.53				174.61	28.61	3.04	张有春　吴存国
横塘欧村	73	262					237.31	36.73	0.35	蒋卫康　罗真钱
南沙村	204	754					506.49	116.66	7.36	吴存朋　戴兴和
小东洋村	91	285					341.44	35.86	5.64	张惠贤　张　略
韩家村	98	358	23.07				188.96	53.31	8.21	宋祖良　俞　盛
洋心村	447	1556	53.33				1155.99	142.17	19.43	宋立明　宋祖益
仇家山村	398	1443	57.87	2.23	200		2673.99	2828.39	68.57	王世新　仇孝杏
西港村	202	686	30.07	6.4	208	2	277.44	88.36	16.12	章才良　朱红祥
新碶头村	173	616	32	9.48	86	1	633.12	159.47	15.2	吴贤宝　黄云定
董何碶村	512	1758	42.93		120		2266.53	415.82	39.33	董传王　董家庭

表83　　**2016年丹西街道基本情况一览**

指标名称	计量单位	代码	数量
甲	乙	丙	1
一、基本情况	—	—	—
行政区域面积	公顷	Z10	42000

续表83

指 标 名 称	计量单位	代 码	数 量
居民委员会(社区)个数	个	Z11	7
村民委员会个数	个	Z12	29
二、人口	—	—	—
户籍户数(派出所户籍统计数)	户	Z13	16636
户籍人口(派出所户籍统计数)	人	Z14	45883
全家外出户数	户	Z15	555
全家外出人口	人	Z16	1587
常住户数	户	Z17	32894
常住人口	人	Z18	83074
其中:外来人口	人	Z19	36078
三、经济	—	—	—
公共财政收入	万元	Z20	49383
公共财政支出	万元	Z21	4614
资产总额	万元	Z22	7069
债务总额	万元	Z23	42000
企业个数	个	Z24	2605
企业从业人员	人	Z25	80098
企业实交税金	万元	Z26	31300
工业企业单位数	个	Z27	1206
其中:规模以上工业	个	Z28	52
工业总产值	万元	Z29	519212
其中:规模以上工业	万元	Z30	412000
建筑业企业单位数	个	Z31	15
建筑业总产值	万元	Z32	3424024.4
住宿餐饮业企业个数	个	Z33	23
住宿餐饮业企业营业总收入	万元	Z34	2763
四、贸易、市场	—	—	—
社会消费品零售总额	万元	Z35	561719.2
其中:限上社会消费品零售总额	万元	Z36	96931.9
商品交易市场个数	个	Z37	5

续表

指标名称	计量单位	代码	数量
商品交易市场交易额	万元	Z38	354230
其中:以粮油、蔬菜、水果为主的专业市场个数	个	Z39	
以粮油、蔬菜、水果为主的专业市场年交易额	万元	Z40	
以畜禽为主的专业市场个数	个	Z41	
以畜禽为主的专业市场年交易额	万元	Z42	
以水产为主的专业市场个数	个	Z43	
以水产为主的专业市场年交易额	万元	Z44	
营业面积50平米以上的综合商店或超市个数	个	Z45	64
五、教育、文化、卫生	—	—	—
幼儿园、托儿所个数	个	Z46	21
小学校数	所	Z47	8
小学专任教师数	人	Z48	460
小学在校学生数	人	Z49	8484
图书馆、文化站个数	个	Z50	5
剧场、影剧院个数	个	Z51	0
体育场馆个数	个	Z52	1
医疗卫生机构个数	所	Z53	9
医疗卫生机构床位数	床	Z54	170
执业(助理)医师数	人	Z55	82
六、生活保障	—	—	—
各种社会福利收养性单位数	个	Z56	1
其中:本级政府创办的敬老院个数	个	Z57	0
各种社会福利收养性单位床位数	床	Z58	50
各种社会福利收养性单位收养人数	人	Z59	20
城乡居民基本养老保险参保人数	人	Z60	19788
城乡居民基本医疗保险参保人数	人	Z61	44598
城乡居民最低生活保障人数	人	Z62	361
七、公用事业	—	—	—
自来水用水户数	户	Z63	32894
管道燃气用气户数	户	Z64	4391

续表83

指 标 名 称	计量单位	代 码	数 量
金融机构网点数	个	Z65	18
公园及休闲健身广场个数	个	Z66	53
生活垃圾月均处理量	吨/月	Z67	707
1. 卫生填埋	吨/月	Z68	0

爵溪街道

【概况】 爵溪街道位于象山沿海中部偏北，临大目洋，由大陆和沿海岛礁组成，总面积31.8平方公里，其中大陆面积20.6平方公里，岛礁11.2平方公里，海域宽阔，面积千余平方公里。

宋属游仙乡雀溪保。明建爵溪千户所，为抗倭重镇。清至民国为著名渔乡。1951年设镇，2001年撤镇设街道，成为县中心城区的组成部分。辖前岙、牛丈岙、白沙湾、公屿农村、公屿渔村和地厂村6个行政村；城区设瀛海、玉泉、龙溪三个社区，建有爵溪农村、爵溪渔村、南韭山村、甸平山村4个股份经济合作社。常住人口1.4万人，有外来流动人口近2万人。

爵溪街道以工业经济为主导，形成以针织产品为特色，外向型经济为优势的发展格局，各类工业企业500余家，其中规模和2000万产值企业92家。2016年，实现全社会总产值125亿元，其中工业总产值112亿元，规模以上企业完成工业总产值56.2亿元。

2016年，街道党工委、办事处进行换届，组成新的领导班子。按照县委、县人民政府实施的“双突破双驱动”发展战略部署，团结和带领全街道党员干部，主动适应新常态，围绕“建设小而精，特而美滨海新城”发展目标，聚精会神、凝心聚力、克坚攻难、砥砺奋进。实现经济平稳发展，保持社会大局的和谐稳定。

【燕山河变清】 爵溪是国内知名的针织名城，辖区内的燕山河却是由于30年的粗放型针织产业发展的历史欠账，是一条闻名全市的脏河、臭河。“掘地三尺，都是黑水”被省、市媒体曝光，称之为“全省最难治的河道之一”。群众的期盼，成为街道方向“五水共治”以来，在县委县政府的高度重视和支持下，把燕山河作为“清三河”的头号工程来抓。燕山河长约2公里，周边有50余家印染印花企业，这些企业的工业污水不经处理直排燕山河道。在河道治理过程中，先后实施截污、泵站建设，防渗灌浆、生态净化等多项措施，修复主管网道，明管改造，清淤20万余立方米，在上游铺设一根DN300引水管道，将军民塘工业用水引入燕山河作日常补水，并采用宁波市首创CIPP非开挖翻转修复技术，同时清理河岸垃圾及乱搭建棚屋，两岸种上花木。使燕山河30年后涅槃重生，变成水清岸秀，通过省、市、县“清三河”验收，燕山河水清得可以洗衣物，成为“样板河”。《浙江日报》11月25日头版进行题为“黑臭30年的燕山河变清了”的报道。

【拆除违法建设2.46万平方米】 从6月份开始，爵溪街道联合国土、规划、城管、边防等部门，开展“三改一拆”集中整治，对前岙村公路两侧，石城山道两侧以及白沙湾村等多处违法搭建进行强制拆除，共拆除2.46万平方米，完成全年计划的163.8%，拆违率居全县第一。拆除后，将根据相关规划进行道路建设、复垦等工作。

【二期棚户区改造创全县第一个完成100%签约项目】 爵溪街道的昌盛路、昌欣路一带的居民住房，是始建于20世纪80年代的农村商品房，由于历史的原因，多成为漏水、墙裂缝的危房，属于棚户区改造重点工程，而棚户区改造牵连到一百多户人家，难度大。为此，街道组成棚户区改造领导小组，动员社会力量，深入到棚户区每家每户，了解情况，征求意见，进行协商交流，广泛听取群众意见，最后形成共识。签订棚户区改造项目补偿协议第一日，就成功签约104套，创全县棚户区改造项目单日签约户数之最，提前三天完成全部签约，为全县二期棚改项目中首个完成100%签约项目，达到用时短、民意平、社会稳的最好效果。

【农村环卫从垫底跃居乡镇第二】 爵溪外来流动人口多，出租房多，加之自然环境条件较差，脏乱差一直是爵溪最难治的问题，历次卫生检查，爵溪是排名垫底。为此，街道党工委、办事处，下大决心彻底根治脏乱差疑难症，加强环境卫生管理力度，集中力量整治30余次，层层包干落实，定时开展监管检查，使环境卫生保持常态化。同时开展"美丽庭院"评比活动，环境卫生从每家每户做起、人人做起。使全街道面貌焕然一新。在全县各镇乡街道环境卫生评比中，跃居全县第二位。

【工业经济】 街道规上工业企业实现总值56.27亿元，同比增长1.7%，完成指标93.8%；可实现工业增加值9.2亿元，完成指标95%；创利润总额8683万元，完成指标96.5%；实缴税金3.64亿元，完成指标101.1%；外贸进出口3.9亿美元，完成指标100%。"小升规"培训企业完成16家，超额完成指标任务。排摸"小巨人"企业2家：安丰化工公司(上亿元)、维楷化学公司(5000万元)。

【招商引资】 全年完成协议外资2000万美元，实际外资任务指标。签约项目4个，实际内资5.35亿元，全部超额完成年度任务指标。签约项目4个，分别为韩国客商宁波金曙贸易有限公司新注册进出口量3000万美元，弘伟泡沫制品有限公司新注册总投资2000万元，甬南集团和启跃光伏公司合作，总投资3000万元的光伏电站项目，鼎力引达公司引进香港先进设备，年增2000万元产值。在谈项目5个，分别为总投资5000万元的影视文化及其器材设备加工项目、浙江南塑和新加坡太尔集团的合作项目、台商投资1000万美元的生物发酵项目、宁波三立融城置业有限公司增资1000万美元和总投资3500万元的海洋生物科技项目。

【工业新增投资4.05亿元】 全年实现工业投资4.05亿元，完成指标101%。其中，宁波正源热电联产改扩建项目完成投资11796万元，完成年度投资任务的107%。7家印染企业投资3600万元，明管改造工程及15家印花、水洗企业污水池改造项目。海硕生物公司总投资1亿元的L-半胱氨酸生产线迁建项目完成3657万元。志华化学公司投资1050万元，引进美国技术和生产工艺的流平剂、增光剂等粉末涂料系列助剂，列入县战略性新兴产业。中意织造企业投资600万元，新建厂房4500平方，申报通过空间换地项目。昌荣针织、森泰印花和金日印花分别投资上百万元，实施机器换人项目。

【科技创新】 全年申报通过市级工业新产品试产项目20个，授权专利36项(其中发明专利5项)，市级工程技术中心1家，县级工程技术中心4家，县级科研攻关项目2个；7家科技型小微企业完成复审或新认定工作；3家企业开展实施6S现场管理提升项目或精益生产管理项目。开展清洁生产项目企业5家；实施淘汰落后产能(设备)项目企业4家。谊胜服装设计中心全年设计服装500余款。

【投资11.6亿元推动重点民生工程建设】 2016年，街道投入11.6亿元着力推进县级重点工程建设。其中东海铭城项目完成投资2.6亿元，项目为希尔顿大酒店结顶，海鲜街竣工试营业。正源热电厂联产改扩建项目完成投资1.35亿元。此外尚有白沙湾度假村项目，一兆韦德体育广场项目正加快推进建设。民生工程有牛丈岙、南韭山、旬平山三村的新村建设项目，牛丈岙15幢住宅楼全面结顶。南韭山、旬平山新村项目主体结顶，并完成外墙粉刷。

【改善民生，社会事业全面发展】 街道融入推进文化惠民活动，连续成功举办第30届文化艺术节。开展婚丧礼俗整治工作，基本遏制婚丧事宜大操大办，铺张浪费现象。推进墓葬整治，完成坟墓迁移384座，完成达100%，被县政府评为墓葬专项整治工作先进单位。教育事业优质发展，爵溪学校普高录取率为43%，创历史最好成绩。

【王剑波到爵溪调研河道整治工作】 3月25日，市委常委、秘书长王剑波到爵溪调研河道整治工作，县领导叶剑鸣等随同调研。王剑波是爵溪燕山河道的市级河长，十分关心燕山河道的整治，曾多次到现场指导工作。燕山河道经过雨水管道及企业支管网检修，由截污纳管，防渗灌浆，底泥清淤，绿化修复等四个部分组成整治项目，使昔日的黑水河变成水清岸绿。王剑波调研后十分满意，并希望继续紧扣时间节点，按照整治方案有序推进，为全县乃至全市河道治理打造示范样板。

【女企业家“抱团”尝试主体电商销售模式】 由瀚坤针纺公司、云润制衣公司、名苑针织等3家企业的女企业家联合主导，推出的“体验馆+PC端+移动端”主体电商销售模式，成为爵溪针织业界关注的热点。3家企业甄选近百款时装，整合线下时装体验馆、淘宝网、巾帼服装店和手机微商三家渠道，“抱团”销售时装产品，这是拓宽爵溪针织品内销渠道的成功尝试。体验馆经过精心设计，承担产品展示，供客商和消费者体验。体验馆有陈列简约、田园、波西米亚等风格的服饰，由3家企业精选汇集。在淘宝网搜索“巾帼服装店”即可选购，标价在10–100元之间，主体由电商销售模式吸引江浙沪一带消费者下单选购。开业不到一个月，网上销售时装500多件，累计销售额达1.2万元。

【爵溪“癌友”自制葛根粉探索保健路】 县抗癌康复协会爵溪分会的“癌友”们有自己的小“工厂”，他们穿着白色工作服，在小“工厂”里自制葛粉产品，探索保健之路。爵溪一姓罗的癌友常去上海一家药店购买野生葛根粉来保健，服用后效果较好。便向癌友推广，但从药店购药价格较高，有些癌友家中经济收入不高，无法常去购药。老罗便想到爵溪山上野生葛藤很多，可以挖来自制加工，于是他组织体力较好癌友上山采挖，然后洗净、切片、烘干、制粉，癌友服用后发现血糖降低，抗癌效果较好。由于需求量大，在征得政府和相关部门批准和支持下，扩大生产规模。

【爵溪学校毽球获省锦标赛2金4银4铜】 6月16日至17日，爵溪学校毽球队在第五届浙江省毽球锦标赛中，获得2金4银4铜奖的优异成绩。全省有11个市区代表队参加比赛，爵溪学校毽球队代表宁波市和象山县参加乙组比赛。爵溪学校组建毽球队仅一年半时间，曾参加全国中小学毽球锦标赛并取得佳绩。

【“爱心超市”送爱心】 每日里，陆续有人到街道社区的“爱心超市”来选购生活用品，而社区的干部总是热情地把他们挑选的油、大米搬到三轮车上，如遇行动不便者就帮他们送到家，爱心超市为社区60多户贫困家庭送上爱心物资。每天早晨，“爱心超市”的货架上摆满由街道、部门、企业及个人等捐赠的爱心物资，居民从“爱心超市”工作人员手中接过免费发放的各种生活用品，总是充满感激之情。“爱心超市”由爵溪街道发起筹建，于2015年1月正式营运，迄今为止，为辖区950余人次困难群众，免费发放10万余元的生活用品。

（谢立光）

表84

2016年爵溪街道行政村经济情况一览

村　名	户数（户）	人口（人）	林地（公顷）	耕地（公顷）	水产养殖（公顷）	渔船（艘）	村级资产（万元）	村集体年收入（万元）	村集体年支出（万元）	书记主任
前岙村	226	524	70	2.3	35		1140	144	135	周祖元 倪志贝
白沙湾村	77	248	89			4	545	266	242	凌　祥 钱根星
公屿农村	460	1385	124	45.87	6	10	1105	401	409	杨必范 葛永建

续表84

村　名	户数(户)	人口(人)	林地(公顷)	耕地(公顷)	水产养殖(公顷)	渔船(艘)	村级资产(万元)	村集体年收入(万元)	村集体年支出(万元)	书记主任
公屿渔村	139	364	29			5	311	122	33	冯法乾 周亚平
地厂村	117	312	32	3	0.7	5	450	221	73	蔡正祥 柯阿忠
牛丈岙村	236	703	12	6.67			1402	167	1073	练敏春 郑林祥
爵农股份经济合作社	1395	4783	492			20	5271	1065	1553	郑　龙 蒋志康
爵渔股份经济合作社	1652	4540	618			29	7296	239	1905	郑建范 王伟海
南韭山村经济合作社	106	312				2	3110	182	1259	黄小祥 陈宏才
甸平山村经济合作社	33	103	12.8				639	68	342	叶旺迪
合　计	4441	13290	1478.8	57.84	41.7	75	21269	2875	7024	

表85　　2016年爵溪街道规模企业情况(包括2000万)一览

镇乡(街道)名称:爵溪　　　　单位:万元

序号	企业名称	法人代表	工业总产值	主营业务收入	利　润	利税总额	从业人员平均数	备注
	合　计							
1	浙江巨鹰集团股份有限公司	陈　照	74273	66471.7	1783.5	2818.5	1205	
2	宁波甬南时代制衣有限公司	林　营	37478.6	38244	581.4	2056.5	539	
3	宁波鹰星针纺有限公司	陈　照	27742	24920	389	1207	390	
4	宁波甬南针织有限公司	张承志	18178	17157	123	964	419	
5	宁波巨鹰凯蒂制衣有限公司	陈　照	16128	14591	136	296	348	
6	宁波谊胜针织有限公司	陈　胜	13581	9780	89	649	1000	
7	宁波海星针织染整有限公司	何　琪	12840	10862	485	1307	680	
8	象山恒大印染有限公司	郑建范	12000	12000	500	1131	275	
9	象山信成机械制造有限公司	朱兴杭	14571	8456	1090	1764	161	

续表85

序号	企 业 名 称	法人代表	工业总产值	主营业务收入	利　润	利税总额	从业人员平均数	备注
10	宁波恒大针织有限公司	郑建范	13642	13642	890	977	276	
11	象山旭佳针织厂	干国成	8671.5	5650	160	308	100	
12	象山谊胜制衣有限公司	陈　胜	11020.8	4938	14	28	260	
13	宁波正源电力有限公司	张勤乐	10199.4	8449.7	526	667.7	220	
14	宁波能通印染有限公司	周培良	9899	7531.7	174.7	688.9	290	
15	宁波辰德服饰有限公司	谢华敏	8323	6135.5	−122.8	73.9	200	
16	象山森诚制衣有限公司	谢振宇	8037	3721	−44.8	75.4	185	
17	宁波森富制衣有限公司	夏松富	6578.2	5314.1	−113.6	75.6	200	
18	象山汉林制衣有限公司	林炳红	9130.4	9191	169.1	535.1	101	
19	宁波雷其蒙纺织品有限公司	张勤乐	2737.9	5217.8	−1167	−1133.8	81	
20	浙江南塑合成材料有限公司	陈建德	8366.7	8356.3	10	178.2	41	
21	象山元华印染有限公司	谢立志	5537.3	5537.3	545.8	836.2	180	
22	象山巨鹰科技发展有限公司	陈　照	5492.4	5102.4	203.5	205.1	45	
23	象山鹏程工贸有限公司	赵志鹏	5784.6	5784.6	102.6	327.9	78	
24	宁波正阳针织有限公司	林　竺	3840.6	3864.1	2	124.5	201	
25	宁波瀚坤针纺织品有限公司	徐友义	5004.3	4982.3	27.2	224	112	
26	象山爵溪荣利针织厂	郑锡利	5878.9	5878.9	146.6	340.8	188	
27	宁波金旭针织品制造有限公司	陈能旭	2367	2367	−28	81	168	
28	象山天鱼机械设备有限公司	王义成	2137	2113	102	187	55	
29	宁波巨鹰化工有限公司	傅金国	3470	3448	85	115	6	
30	象山双鱼轻工机械有限公司	周玉林	5055	2256	6	176	75	
31	象山昌荣针织服饰有限公司	杨昌生	3502	3523	−61	75	130	
32	象山明邦矿业有限公司	祝邦泰	8082	5263	157	335	105	
33	宁波博瑞利特服饰有限公司	王　健	3334	3235	115	260	30	
34	宁波华雷针织有限公司	张旭平	3959	3634	54	229	140	
35	宁波市鼎力引达电池配件有限公司	王文烨	2904	2329	119	190	90	
36	象山大宇机械设备厂	谢旺勇	2033	2033	19	152	132	

续表85

序号	企业名称	法人代表	工业总产值	主营业务收入	利润	利税总额	从业人员平均数	备注
37	象山浩达制衣厂	谢声浩	2849	2679	14	33	80	
38	宁波云润制衣有限公司	王立波	4147	4018	1	50.3	100	
39	宁波中乳机械有限公司	周吉良	5336	3459	155	360	106	
40	宁波丽欣针织服饰有限公司	周惠良	3777	2974	128	147	150	
41	象山格瑞特制衣厂	周云杰	3162	2404	-317	-305	40	
42	宁波志华化学有限公司	夏志中	3574	3417	-1.1	108	20	
43	象山县爵溪自来水有限公司	王　惠	2876	2765	-4.2	104	45	
44	象山环亚针织有限公司	郑久飞	3454	3456	21	158	120	
45	宁波创和服饰有限公司	齐海伦	2942	2991	-54.6	32	80	
46	宁波向荣服饰有限公司	冯平良	3115	3115	1.2	79.3	120	
47	宁波嘉南针织有限公司	张玉池	2607	2606	82	193	105	
48	宁波甬南实业有限公司	王性林	2883	2226	-176.4	-93.3	93	
49	象山锦明制衣厂	陈秀珍	2452	2227	11	74	100	
50	象山县海联染整有限公司	何　琪	4058	4041	137	298	52	
51	象山德昕纺织印花有限公司	张　瑜	2608	2414	13	119	100	
52	象山日瀛针织有限公司	林云达	2431	2335	22	107	100	
53	宁波润德机械制造有限公司	周剑敏	2033	2033	97	198	55	
54	象山华甬针织有限公司	王信华	3388	2413	16	32	180	
55	象山永琪针织制衣有限公司	张永贺	2187	2102	-8	61	60	
56	象山爵溪污水处理有限公司	周国敏	2211	2013	216	563	26	
57	象山翔博制衣有限公司	陆礼仙	2012	2012	8.3	63	75	
58	宁波步达服饰有限公司	刘文辉	3903	3959	34	230	40	
59	宁波华荣针织厂	赵洪杰	2009	2009	-61	-58	25	
60	宁波海硕生物科技有限公司	竺东海	11068	11210	283	464	35	
61	宁波名苑针织服饰有限公司	郁会青	4039	3782	29	172	113	
62	象山双晨针织制衣厂	沈达文	4177	4155	21	158	80	
63	宁波安丰化工有限公司	徐国安	14249	12784	57	100	17	

续表85

序号	企 业 名 称	法人代表	工业总产值	主营业务收入	利　润	利税总额	从业人员平均数	备注
64	宁波双鱼食品机械有限公司	周玉林	3879	2030	−72.8	−57	10	
65	象山佳程针织厂	钱建东	2081	2017	14	32	65	
66	象山菲尔服饰有限公司	谢康华	2354	2036	21	133	60	
67	宁波翔羚机械有限公司	谢华东	3632	2327	−1.5	98.3	45	
68	宁波森丹服饰有限公司	杨　东	3946	3879	47	188	100	
69	象山博骋针织厂(普通合伙)	吴红兆	4215	3703	11	111	60	
70	宁波森建服饰有限公司	徐云跃	2085	2085	20	91	80	
71	象山旌奥针织有限公司	周金梅	2013	2013	−44.1	39.6	77	
72	象山浩诺服饰有限公司	包敏良	3936	3936	−15	112.2	124	
73	宁波丰衣针织有限公司	谢锋勇	2183	2008	−72	−3.9	80	
74	象山绿缘轻工机械制造厂	娄小侠	2133	2033	439	547	26	
75	宁波星海蓝食品有限公司	郑　挺	6407	5858	59	106	51	
76	宁波大宇食品有限公司	林培忠	9427	9127	19.5	27	60	
77	象山耀盛服饰有限公司	武锦涛	3076	3076	11.5	119	105	
78	象山锦瑞服饰有限公司	叶丹颖	2610	2600	6.6	19	91	
79	宁波天鱼机械有限公司	王义成	2669	2456	265	410	55	
80	宁波森业制衣有限公司	陈林海	2286	2286	−19	65	95	
81	象山美福特制衣厂	张洪章	2007	2007	23	88	80	
82	象山文元制衣有限公司	周文元	3137	3137	54	201	90	
83	宁波维楷化学有限公司	蒋超军	3084	2747	20	23	49	
84	象山裕达服饰有限公司	林卫国	2453	2403	−2	114	100	
85	宁波天美针织有限公司	黄惠国	2597	2545	4	96	80	
86	象山汉唐服饰有限公司	袁敬东	2485	2485	−50	17	149	
87	宁波象山合富制衣有限公司	张　奇	2001	2001	−4	62	70	
88	象山瑛利针织有限公司	刘瑛瑛	2050	2050	−27	15	35	
89	宁波碧海服饰有限公司	林海挺	2773	2383	−1	104	85	
90	象山宝鹰服饰有限公司	韩志文	2011	2011	−15	57	65	
91	宁波翔神生化有限公司	陈雷光	2092	2042	85	197	43	
92	宁波爱瑞门业有限公司	张林贵	2385	2385	5	103	48	

石浦镇

【概况】 石浦镇位于象山半岛南端,镇域面积126平方公里,由镇本土和178个岛礁组成,下辖54个行政村、10个居民点、8个社区,是环三门湾地区重要的区域发展中心和象山南部中心,辐射周边5个镇乡10多万人口。2016年,实现地区生产总值76.02亿元,增长9.3%;完成固定资产投资20.1亿元,增长12.3%;城镇居民人均可支配收入42070元,农渔民人均纯收入29600元,分别年均增长11.33%和15.98%。2016年,获评宁波市"五水共治"(清三河)工作先进集体 、宁波市平安护航G20杭州峰会先进集体、县级森林消防工作先进单位、现代农业强镇、农村环境卫生整治先进乡镇、全县应急联动工作先进集体、党管武装先进单位、县级维护社会稳定先进集体、2016年度全县棚改区改造工作先进单位、共青团强镇(示范街道)等称号,镇团委获评"宁波市先进团组织"、象山县信息工作先进单位等称号。

【工业经济】 2016年,实现规上工业产值61.69亿元,累计实现利税36.49亿元,年均增长12.10%。园区建设有序推进,石浦科技园区、门前塘水产品园区集聚效应明显,入驻企业41家。企业培育力度加大,新增集团企业1家、亿元企业5家、规模企业9家,申菱产业链逐步完善,戴维医疗、飞润海洋科技成功上市。转型升级步伐加快,累计完成技改投入37亿元,新增国家高新技术企业2家、省级重点研究所1家、市级企业研究院1家,省市县级工程技术中心11家,获得专利授权171项。招商引资取得实效,累计实到内资31.84亿元、外资5100万元,浙商回归6.59亿元,引进激智、勤邦、佳必可、裕天、恒劲联合等一批优质工业项目。外经外贸平稳发展,实现外经投资477.9万美元,累计完成自营进出口额91015万美元。

【农渔经济】 2016年,实现农渔业总产值35.19亿元,年均增长1.5%。优化种养结构,引进"红美人"、水仙桃等粮经新品种8个。加强农业基础设施建设,实施高标准农田建设工程304.67公顷,累计投资1.2亿元建成强塘工程41个。扎实做好农产品质量安全管理、森林防火、防台防汛抗旱等工作。稳步发展现代渔业,水产品销售量保持年均30万吨以上。发展休闲渔业,创办休闲渔业公司3家、运营休闲渔船20艘。渔业电商快速发展,年网销渔货额突破亿元。改善渔港基础设施,实施石浦港疏浚工程,完成番西渔港、布袋海塘建设。推行渔业公司化管理,狠抓渔业安全,设立镇渔船安全救助信息中心。

【旅游商贸】 加快旅游项目建设,全力保障半边山景区工程推进,皇冠假日酒店试营业,市工人疗养院主体完工,实施渔港古城改造提升,启动檀头山岛初步开发,开通渔山岛旅游航线,启动沙塘湾民宿特色村打造,累计接待游客1773万人次,旅游总收入206.4亿元,年均增长11.01%。新兴业态持续升温,精品民宿、婚纱摄影、海岛露营、休闲捕捞成为旅游新时尚。坚持商旅互促,渔人码头、建材市场、石浦菜场、利民市场等一批商贸市场建成投用,申菱广场动建,累计实现社会消费品零售总额170.1亿元,年均增长11.38%,获省商贸示范镇称号。石浦港获批国家一类临时开放口岸,两岸渔业合作示范基地挂牌,累计实现对台小额贸易1729万美元。

【城乡建设】 完善城镇规划体系,完成总规、控规及城市设计,编制防洪、综合交通、给排水、历史文化名镇保护等专项规划。扎实推进东拓西延,累计投入4.72亿元,完成昌国科技园区、门前塘水产品加工园区配套设施建设,拉大城市框架,建成区面积扩大0.84平方公里。完善交通路网建设,累计投入6.28亿元,建成铜瓦门二路、渔港南路,实施兴港西路延伸、军民路改造工程,打通兴港东路、玉泉路等断头路9条,启动大金山隧道二期。推进危改棚改,累计完成危房解危8.2万平方米,实施临海路、金山路棚改项目。深化美丽乡村建设,东门渔村获首批中国传统村落称号,鸡鸣村、平阳厂村创建省级中心村,上金鸡村获评省级农房改造示范村,马盘村创建市级特色村,累计创建市级小康示范村5个、特色村2个。

【社会事业】 改善办学条件,累计投入1.08亿元,完成新港小学、石浦中学、象二中等教学楼建设,石浦小学、荔港学校体育场投入使用,推进昌国幼儿园竣工，城里幼儿园、海洋学校等项目。医疗卫生稳步提升，台胞医院创建二甲医院并搬迁，引进民资建成港湾医院，家庭医生契约式服务逐步推广。在单独二孩的基础上，落实全面二孩政策，计生服务转型提升。文化强镇深入推进，办好中国开淮节、“三月三”等节庆活动，新建荔港讲堂5所、文化礼堂12所，完成石浦镇志修编，成功创建省级文化强镇，获评市公共文化示范区。重视文化遗产保护，做好古城老街、昌国东门等地古居古院的保护与传承。

【社会保障】 加强就业创业工作，累计增加就业岗位5917个，开发公益性岗位517个。扩大社会保险覆盖面，新增五大基本保险参保2.6万人次，加大劳动监察力度，化解企业欠薪等劳动纠纷。强化城乡住房保障，完成保障性住房二期建设，建成经济适用房、廉租房、公租房1452套。重视老龄工作，落实一批社区老年活动中心，建成农村集中式居家养老服务中心14个。开展婚丧礼俗专项整治，倡导文明新风，提高助残帮困、慈善救助、殡葬服务等工作水平。

【社会治理】 建设法治石浦、平安石浦，“三感一率”明显提升。突出抓好道路交通、群租房等重点领域安全隐患整治。创新社会治理，全面完成村规民约、社区公约修订，建成乡贤工作室。完善社会治安防控体系，严厉打击各类违法犯罪活动，增加应急巡控、视频监控、重点管控投入，建立健全大排查大调解机制，圆满完成世界互联网大会、G20杭州峰会等重大节庆活动安保，获得“百日维稳”、G20杭州峰会维稳安保市级先进集体称号。健全应急管理和防灾减灾体系，高度重视安全生产，集中开展“打非治违”“八打八整治”等专项行动。

【依法行政】 加强法治政府建设，开展政府权力清单和责任清单建设，规范权力运行。健全科学民主决策机制，严格落实“五不直接分管”“三重一大”等制度，完善议事规则和决策程序；规范行政执法行为和自由裁量权，推进公正文明执法；推行政府法律顾问制度，扎实做好重大行政执法审查备案和行政复议、出庭应诉等工作。自觉接受人大、政协和社会各界监督，邀请“两代表一委员”监督中心工作，听取社会各界热心人士意见，办理县镇人大建议386件、政协提案43件。深化政府信息公开，发布信息3205条，建立“石浦发布”微信公众平台，发布微信2075条，政府依法行政行为规范透明。

【旧城改造】 稳步推进旧城改造、危房解危，同兴巷等近20处危房解危有序推进，力争启动凤凰新城15幢和锦河小区8幢危房解危工程。抢抓政策窗口期，全力攻坚番西区块棚改项目，历时40天，完成石浦镇首个集体土地棚改项目，签约率达99%。力争启动石浦老城区改造，全面完成2287户住户调查登记，近半完成测量。深入推进路网工程，新建城乡道路12条、15.7公里，打通断头路3条，完成凤栖路、兴港西路延伸工程，拉大城市框架。

【石浦镇第十七届人民代表大会第五次会议召开】 1月16日，石浦镇第十七届人民代表大会第五次会议召开，95名人大代表参加了会议。会议审议通过石浦镇《政府工作报告》《财政报告》和《主席团工作报告》的决议，通报2016年政府实事工程票决结果，并依法票选出政府班子成员。

【叶剑鸣、黄焕利调研石浦城镇建设】 3月8日，县委书记叶剑鸣，县委副书记、县长黄焕利率县级有关部门负责人前往石浦镇，集中调研城市建设和旅游开发工作，县领导励志纲、孙小雄、叶富兴、周坚栋一同参加。县领导实地走访石浦镇临海路、金山路延伸段等两个棚户区改造项目现场，察看项目进展情况，了解并研究项目推进中存在的问题。县领导还走访了渔港古城二期开发区块，召开座谈会，听取了石浦镇、渔港开发管委会对城市建设、棚户区改造(危旧房解危)和渔港古城二期开发建设工作的汇报，叶剑鸣书记和黄焕利县长围绕加快石浦建设与发展提出了意见和建议。

【台湾客商考察团考察石浦镇农业新品种种植】 4月30日，台湾客商考察团来石浦镇就农业新品种种植进行考察，镇长徐颖峰及相关部门陪同考察。考察团先后参观了石浦镇金星片井水村、马峙村和昌国片北门外塘高标准农田，并详细了解各片区经济发展规划，基础设施建设等情况。在座谈会上考察团听取了石浦镇的定位规划、区位发展优势以及农业区整体规划和产业发展的现状介绍。考察团表示,将着手制订详细的实施方案,加强与石浦镇的合作与交流,力争优势互补、互利共赢。

【石浦镇成立县造价分中心】 6月1日,县造价中心石浦分中心授牌仪式举行。县委常委、石浦镇党委书记孙小雄,县发改局、县财政局、县公共资源交易中心、县审计局、镇招投标小型交易平台、石浦镇渔港管委会、水产城管委会等相关部门领导参加授牌仪式。石浦镇造价分中心负责石浦行政区域内(包括石浦渔港旅游开发管委会、水产城管委会等,下同)政府投资项目概(估)算审核;负责石浦行政区域内国有投资项目招标控制价、中标价、结算价备案;参与协调石浦行政区域内建设工程的工程变更管理等事项。

【李关定副市长来石浦考察金旭养殖场】 6月21日,宁波市副市长李关定一行到石浦镇镜架山村实地考察金旭养殖场,镇长徐颖峰及相关部门负责人陪同考察。李关定现场考察了金旭养殖场的物联网技术,听取了养殖场内手机远程监控、水位传感器、新型饲料槽、自动化刮粪板和沼液池等总体情况,对于金旭养殖场"三省、三无、两增、零污染"的环保养殖模式表示赞同和认可,石浦镇加大宣传力度,宣传新型环保养猪的智能化模式,终结传统规模养殖污染,真正实现养猪业发展和环境保护的"双赢"。

6月21日,宁波市副市长李关定副市长实地走访

【石浦镇通过创建国家卫生镇复审】 7月7日,创建国家卫生镇省级复审小组对石浦镇创建国家卫生镇工作进行评估。省复审组对石浦在创建国家卫生镇工作上所取得的成绩表示肯定,宣布石浦镇通过省级复审考核并进行公示,公示结束后,石浦镇将成为象山县第一个国家卫生镇。

7月7日,汇报创建国家卫生镇工作成果

【《象山县石浦镇控制性详细规划》专题评审会】 8月13日,县规划管理中心召集县发改局、县国土局、县住建局等18个部门及部分人大代表、政协委员,在象山海洋酒店召开《象山县石浦镇控制性详细规划》专题评审会。会议邀请国际休闲协会副主席朱至珍、宁波规划局江北分局局长季贤昌、乡伴东方总经理付丛伟、中设设计集团上海分院副院长董丕灵、南京东南大学城市规划设计研究院所长刘红杰、象山县规划设计院注册规划师邱建人等6位专家参与评审。县委常委、石浦镇党委书记孙小雄,县规划局局长杨梓良,石浦镇镇长徐颖峰及该镇全体领导班子成员出席会议。

【中共石浦镇第十三次代表大会第一次会议召开】 10月26日,中共石浦镇第十三次代表大会第一次会议召开,会议审议通过了镇党委《实施工业旅游双突破 推动品质基础双提升 加快建设现代化渔港休闲城市》工作报告和镇纪委工作报告的决议。奚海峰同志代表中共石浦镇第十二届委员会作党委工作报告。《报告》指出,过去五年,在县委、县政府的正确领导下,镇党委团结带领全镇党员干部群众,深刻把握桥海机遇,主动融入"两区"建设,统筹抓好党建、经济、生态、平安、民生五张报表,较好地完成了各项目标任务,实现了全镇经济社会平稳向好发展。

中共石浦镇第十三次代表大会第一次会议召开

【开展石浦镇第十八届县、镇两级人大代表选举】12月14日，开展石浦镇第十八届县、镇两级人大代表选举工作。该次选举共设置了19个县人大代表选区和72个镇人大代表选区，全镇73051名选民参与投票，选举率达94.6%，共选举产生37名县人大代表和106名镇人大代表。石浦镇高度重视本次换届选举工作，自换届工作启动以来，多次组织召开会议进行专题研究，严明换届纪律、严肃资格审查、严格依法办事，做好选区划分、代表名额分配、选民登记、候选人提名、考察、公示、投票选举等各个环节工作，整个选举过程严格按照换届选举各项规定执行，选举氛围风清气正，确保完成换届选举工作。

（劳俊波）

表86　　2016年石浦镇基本情况一览

	指　标	计量单位	实　绩	增速%
综合	辖区面积	平方公里	126.1	0.0
	建成区面积	平方公里	9.34	0.0
	行政村数量	个	54	0.0
	城镇居民人均可支配收入	元	42070	7.5
	农民人均所得	元		
国民经济核算	地区生产总值	万元	760224	9.3
	其中：第一产业增加值	万元	186214	1.6
	第二产业增加值	万元	274655	5.6
	其中：工业增加值	万元	213117	6.6
	第三产业增加值	万元	299355	18.5
农业	农林牧渔业总产值	万元	351897	1.5
	其中：农业总产值	万元	9517	0.6
工业	规模以上工业企业单位数	个	47	6.8
	规模以上工业总产值	万元	616926	1.0
	其中：新产品产值	万元	181541	0.9
	规模以上工业销售产值	万元	559305	-0.6

续表86

	指　标	计量单位	实　绩	增速%
工业	其中:出口交货值	万元	145067	4.9
	规模以上工业主营业务收入	万元	522561	-4.7
	规模以上工业主营业务成本	万元	429305	-4.6
	规模以上工业利税总额	万元	66072	12.1
	其中:利润总额	万元	48581	16.3
	规模以上工业应收账款净额	万元	90412	10.1
	规模以上工业产成品存货	万元	72128	-13.3
	规模以上工业资产总计	万元	689521	-2.5
	规模以上工业负债总计	万元	351138	-10.2
	规模以上工业本年折旧	万元	14108	17.8
	规模以上工业从业人员劳动报酬	万元	27993	-0.3
	规模以上工业全部从业人员年平均人数	人	5899	-5.8
	规模以下工业企业单位数	个	236	-24.8
	规模以下工业总产值	万元	54061.2	13.6
	规模以下工业期末从业人员	人	2532	2.3
	个体工业企业单位数	个	506	
	个体工业期末从业人员	人	1408	
	个体工业营业收入	万元	23651.4	
服务业	商品销售总额	万元	332593	-32.0
	社会消费品零售总额	万元	403991	8.0
	其中:限额以上批发零售业零售额	万元	12481	-8.8
	限额以上住宿餐饮业零售额	万元	14432	31.1
	限额以上服务业企业营业收入	万元	85314	-35.6
	其中:交通运输、仓储和邮政业	万元	21342	-31.3
	信息传输、计算机服务和软件业	万元		
	批发和零售业	万元	44569	-29.8
	住宿和餐饮业	万元	3864	1.2

续表86

	指 标	计量单位	实 绩	增速%
服务业	金融业	万元		
	租赁和商务服务业	万元	2442	−36.3
	科学研究、技术服务与地质勘查业	万元		
	水利、环境和公共设施管理业	万元	13098	35.0
	居民服务和其他服务业	万元		
	文化、体育与娱乐业	万元		
	限额以上服务业企业利润总额	万元	−5122.9	
	其中:交通运输、仓储和邮政业	万元	−4393	
	信息传输、计算机服务和软件业	万元		
	批发和零售业	万元	383	−42.60
	住宿和餐饮业	万元	273	
	金融业	万元		
	租赁和商务服务业	万元	−2245	
	科学研究、技术服务与地质勘查业	万元		
	水利、环境和公共设施管理业	万元	859	149.0
	居民服务和其他服务业	万元		
	文化、体育与娱乐业	万元		
	接待旅游总人数	万人次	389	2.1
	旅游总收入	万元	453963	4.1
投资	固定资产投资	万元	195847	14.0
	其中:建筑工程	万元	142665	5.4
	安装工程	万元	6536	107.5
	其中:第一产业	万元	1005	104.3
	第二产业	万元	35061	−48.0
	其中:工业	万元	35061	−48.0
	第三产业	万元	159781	53.8
	其中:交通仓储邮政业	万元	23261	158.6

续表86

	指　标	计量单位	实　绩	增速%
投资	批发零售业	万元	1201	***
	住宿餐饮业	万元	1186	30.3
	水利、环境和公共设施管理业	万元	65904	55.3
	房地产开发投资	万元	18444	−32.5
	商品房施工面积	平方米	533978	−0.9
	商品房竣工面积	平方米	0	−100.0
	商品房销售面积	平方米	71673	6.3
	商品房销售额	万元	48430	22.5
	保障性住房施工面积	平方米	0	0.0
	保障性住房竣工面积	平方米	0	0.0
	市政公用设施建设项目完成投资	万元		
财政金融	财政总收入	万元	48207	−8.8
	一般预算收入	万元	48207	−8.8
	其中:地方财政一般预算收入	万元	26808	−15.9
	财政总支出	万元	62894	27.5
	一般预算支出	万元	28528	−5.7
	其中:教育	万元	10449	5.7
	社会保障与就业	万元	1856	−27.0
	文化体育与传媒	万元	149	−18.6
	医疗卫生	万元	237	−70.8
	环境保护	万元	236	−73.3
	金融机构个数(银行、信用社等)	个	13	8.3
	金融机构期末存款余额	万元	571418	8.7
	金融机构期末贷款余额	万元	730684	−4.7
能源	全社会用电量	万千瓦小时	31553	8.9
	其中:全行业用电量	万千瓦小时	22587	6.4
	其中:工业	万千瓦小时	14805	2.5
	城乡居民生活用电	万千瓦小时	89661	15.5
	规模以上工业综合能源消费量总计	吨标准煤	39311.95	10.0

续表86

	指　标	计量单位	实　绩	增速%
科学技术	高新技术企业数(以科技局认定)	个	4	0.0
	其中:年度新增高新技术企业数	个	0	0.0
	规模以上工业企业科技活动经费支出	万元	10530	−4.6
人口和劳动力	辖区常住人口	人	100297	0.0
	辖区户籍人口	人	81029	−0.3
	建成区常住人口	人	68442	0.1
	建成区户籍人口	人	48423	−0.7
	全社会从业人员数	人	77330	0.0
	其中:外来从业人员	人	21970	0.0
	二、三产业从业人员比重	%	86	0.6
	企业养老保险参保人数	人	6825	4.0
	企业医疗保险参保人数	人	8476	3.1
	企业失业保险参保人数	人	8298	3.1
	企业工伤保险参保人数	人	10515	8.3
	企业生育保险参保人数	人	8641	12.1
安全和市政	辖区安全生产事故死亡人数	个	17	88.9
	辖区万人治安案件受理数	个	49	−32.5
	建成区污水处理排放率	%	75	0.0
	城镇生活垃圾无害化处理率	%	99	0.0
	每千人拥有市容环卫专用车辆设备数	个	4	5.3
土地	耕地面积	公顷	1096	−32.9
	农保地	公顷	1111.78	−17.3
	可用建设用地	万平方米	50.78	−18.1
	新增建设用地年度计划指标	万平方米	20	−11.9

注:单位负责人:徐颖峰,填表人:王晓燕,报出日期:2016年1月22日

表87　　2016年象山石浦镇行政村经济情况一览表

单位：户、人、亩、艘、万元

序号	村名	户数（户）	户籍人口（人）	村股份经济合作社户数（户）	承包耕地（公顷）	海水养殖面积（公顷）	淡水养殖面积（公顷）	渔船数（艘）	村级资产（万元）	村集体年收入（万元）	村集体年支出（万元）
1	全　镇	26801	81029	18434	1026.38	784.64	310.34	1396	71944.13	5829.32	902.57
2	镜架山	338	1170	339	24.23				980.65	38.45	16.17
3	横路桥	215	701	220	32.13	200.00	2.67		776.99	29.9	14.79
4	鸡　鸣	607	2199	705	104.41	96.01	4.00		1975.83	93.1	23.11
5	马　盘	135	486	139	18.67	0	4.67		1121.67	21.4	12.01
6	金　丰	315	1081	325	25.39	13.33	10.00		379.47	21.69	11.95
7	昌　明	294	985	315	52.26	3.33	0		564.92	12.99	9.96
8	昌　桥	380	1301	393	43.67	2.67	3.33		1000.1	33.9	16.63
9	九　井	287	956	306	19.00		13.33		210.03	16.87	5.83
10	东　卫	408	1353	525	22.87	10.00	0		635.65	26.96	10.64
11	大　桥	295	997	310	16.64	0	1.67		466.15	29.45	6.03
12	新　鹤	363	1301	365	10.87	18.66		54	1176.21	15.26	12.35
13	蛟　龙	204	688	223	7.93	26.67	3.67	56	1295.13	21.78	8.32
14	上　湾	148	535	148	20.05	2.00	1.33		378.57	48.94	5.66
15	蒋家湾	139	518	138	10.89		6.33		268.02	44.62	6.49
16	横　农	179	645	179	20.13	4.53			682.10	42.92	10.41
17	下塘村	213	796	215			9.00	19	2512.39	157.17	21.68
18	西　边	145	509	148	3.20			6	869.69	97.29	4.75
19	中心村	169	631	216	11.80			5	570.53	32.97	6.17
20	北　山	214	755	216	4.00			2	14032.02	1183.26	20.59
21	东边村	226	751	255	3.67				769.93	134.67	14.01
22	番头岙	306	1099	312	13.40				787.96	42.57	8.72
23	凤上山	196	746	230	2.60				1792.54	205.03	71.51
24	延农村	212	527	220					1960.57	185.82	41.13
25	五　新	714	2232	714	19.33				1826.47	67.73	13.96

续表87

序号	村名	户数（户）	户籍人口（人）	村股份经济合作社户数（户）	承包耕地（公顷）	海水养殖面积（公顷）	淡水养殖面积（公顷）	渔船数（艘）	村级资产（万元）	村集体年收入（万元）	村集体年支出（万元）
26	蓝　家	358	1201	361	10.53			48	1021.38	85.77	36
27	向　浦	205	659	206				20	663.69	14.48	2.12
28	下金鸡	383	1290	430	24.47	32.00	10.67	18	1349.71	64.23	23.41
29	南　向	264	851	275	30.73	0	18.67		919.52	134.35	48.44
30	司　前	81	316	84	15.07	2.67	0.33		335.13	6	1.81
31	晓　湾	270	965	270	31.13	6.67	5.33	28	607.97	21.21	6.01
32	星　塘	236	771	249	14.80	2.00	44.00	1	509.28	20.5	5.26
33	低　峧	77	271	80	14.47	0	20.67	5	184.35	26.99	3.32
34	井　水	140	514	142	28.67	0	18.80		734.92	7.37	3.62
35	下洋墩	453	1552	520	65.40	9.80	25.87	1	1130.91	39.68	18.75
36	朝天门	201	707	202	32.00	3.00	38.33	1	798.71	18.29	4.74
37	上金鸡	326	1125	341	32.00	5.34	6.67	8	1739.65	44.71	15.12
38	雷公山	104	336	104	11.07	0	0	7	659.72	57.59	13.09
39	蒲　湾	127	436	119	16.53	8.67	0	5	481.14	20.23	3.54
40	马　峙	148	486	149	28.97	0	7.33		617.89	13.6	6.09
41	树桥头	194	738	205	46.40	10.25	15.67	9	634.78	23.65	4.8
42	坦　塘	276	987	306	53.33	53.33	20.00	1	1448.36	12.08	26.15
43	平阳厂	464	1637	472	43.33	25.67	18.00		1295.43	152.14	21.19
44	东门渔	1126	3727	1210				251	3229.99	88.97	47.19
45	南　汇	187	752	206				38	640.71	83.73	4.92
46	渔　山	103	338	208				48	428.26	197.65	12.85
47	东丰村	263	886	263	6.53	13.33		59	496.66	111.33	6.08
48	对面山	263	992	304	33.53	53.33		58	712.21	197.31	9.83
49	石　渔			976				162	981.58	205.08	33.78
50	沙塘湾	282	1016	283		30.00		69	300.7	110.8	4.62
51	平　岩	141	467	144				74	151.81	14.91	3.62
52	铜瓦门	213	667	212				44	573.09	60.55	6.08

续表87

序号	村名	户数(户)	户籍人口(人)	村股份经济合作社户数(户)	承包耕地(公顷)	海水养殖面积(公顷)	淡水养殖面积(公顷)	渔船数(艘)	村级资产(万元)	村集体年收入(万元)	村集体年支出(万元)
53	檀 兴	973	3479	1002		93.33		184	2476.96	159.39	28.36
54	金山村	193	703	205				42	915.25	33.37	3.64
55	横 渔	136	446	137				73	203.93	24.41	6.58
56	中央塘	1163	3014	215					1955.47	322.42	47.57
57	里 塘	1558	4015	104					588.28	18.27	4.65
58	邬 家	1484	3624	171					1698.22	290.01	10.16
59	半 岭	1073	2658	248					660.26	68.09	8.32
60	城 北	1710	4320	265					345.55	69.69	7.27
61	文昌阁	2030	5161	20	0.27				12.95	5.94	1.36
62	后岗山	1571	4025	98					337.78	43.71	11.25
63	东港村	846	2091	146					1027.45	67.16	2.4
64	上 塘	196	408	193					738.47	154.79	15
65	文旦港	70	122	153					1302.42	134.13	10.71
66	其 它	211	314			58.05					

注1:公共财政总收入4.8207亿元。54个村民委员会、8个社区、3个居委会、64个经济合作社;派出所户籍登记有26801户(行政村1889户、居民11912户)、81029人(行政村51277人、居民29752人);2010年第六次全国人口普查在石浦居住3个月以上的有133641人。

注2:此表一二七八九项按统计年报,户数人口含外来人员不含居民;山林按林业;渔船、养殖面积按渔业年报,其余的按农村经济年报。

注3:村集体收入为收益表中经营收入(部分)、发包及上交收入、上级补助、投资收益及其他收入五项之和;村集体支出为收益表中经营支出、管理费用、农业发展支出、其他支出以及财务收支表中社会福利事业支出五项之和。

注4:其他栏目:1. 户数人口指社区居委会;2. 山林面积为国有111.47公顷、半边山363.63公顷;3. 果园面积(象二中林场2.67公顷);4. 海水养殖面积(花岙46.67公顷,象山一桥水产养殖18.3公顷,兴海水产养殖3.08公顷)。

注5:邬家、文旦港属海宁社区,东港属凤凰社区,中央塘、里塘、上塘属荔港社区,城北、文昌阁、后岗山属九市曲社区,半岭属文澜社区。

西周镇

【概况】 西周镇以始祖周姓且位于象山西部而得名,东接墙头镇西沪港,南毗泗洲头镇,西与宁海县大佳河接壤,北濒象山深水良港,省一级公路象山连接线贯穿全境,素有“八山一水一分田”之称,总面积163平方公里,是象山面积最大的乡镇,下辖74个行政村,3个居委会,2个手工业社,常住人口5.2万人,流动人口2万余人。拥有11266.67公顷山林,1300余公顷淡海水养殖面积,1866.67公顷耕地,森林覆盖率达75%。儒雅洋片区建有库容2000万立方米的上张水库,以及库容均为1000万立方米的平潭、隔溪张水库,是县主要水源保护地。西周镇形成以汽车配件为龙头,家居装饰、食品机械等为支柱，电线电缆、电力器具、包装纸板为依托的产业群，全镇拥有规上企业51家、超亿元企业18家，超10亿元企业3家，上市企业2家。镇域综合实力跻身中国百强镇第44位，蝉联全省“百亿级”工业强镇综合评价全市第一位。系全国重点镇、省级中心镇，先后荣获省五好乡镇党委、省幸福小城镇、省级生态镇、省级体育强镇、省级教育强镇、省级文明镇和省级卫生镇等多项荣誉。2016年，全镇实现社会总产值315亿元，财政收入10.42亿元，农民人均纯收入2.1万元，同比增长10.14%、10.15%、9.97%。

【工业产业加速壮大】 2016年，实现工业总产值178.2亿元、规上工业产值133.2亿元、规上利润19.5亿元，分别比2010年增长3.0%、15.8%、152.7%。工业发展势头强劲，以华翔为龙头的骨干企业支撑明显，以小微企业集聚区为新起点，加强工业园区建设，企业家梯次队伍基本形成，招商引资成效明显，对外合作快速发展，兴工氛围日益浓厚，牢牢占据乡镇工业领军地位，连续五年获得县工业先进镇乡A类第一名。创新驱动硕果累累，累计培育高新技术企业17家、省三名企业1家、省市级名牌企业7家、各级工程技术中心35家，成功申请专利343个。

【现代农业后劲增强】 农业基础设施建设稳步推进，先后投入6000余万元完成600公顷养殖塘和215.73公顷标准农田改造，新建林道96公里。扩大农业经营队伍，专业合作社、家庭农场分别增至46家、94家，土地流转总量连续五年保持全县领先，粮食年总产量攻克7000吨。农业产业化布局渐趋合理，新增年销售500万元以上企业5家，新建工厂化节能养殖示范场1家，引进市级水产龙头企业1家。

【第三产业稳步增长】 传统商贸服务业提升较快，以昌明路、嵩溪路为主线的多元化现代商贸流通格局逐步形成，创建各级示范街、示范社区5个。房地产业快速发展，昌明路精品街建设启动，新开发房地产项目5个，面积达13万平方米。旅游开发进程加快，制定《儒雅洋旅游资源开发概念性规划》，以休闲养生度假为主题的旅游招商全面展开，精品民宿、农家客栈、佛教圣地等旅游产品开发有序启动。

【基础设施加快完善】 城建先后累计投入超过10亿元，新建、改造市政道路及网络公路12.4公里、桥梁3座，拆通西瀛大街，贯通峹港路，完成首期“农房两改”和中心城区防洪排涝工程，完善城镇功能。投入2000余万元新增亮化24公里、绿化美化11.7万平方米，城镇品位大幅提升。完成区域联网供水和50个村庄自来水改造工程，农村居民用水安全得到保障。

【新农村建设】 城镇管理力度加大，城管力量得到充实，环卫保洁机制创新，城乡环境明显改善。和美新农村建设加快推进，先后投入5.6亿元实施1300余个项目，35个村实施梳理式改造，创建市级全面小康村5个、省级历史文化名村和市级特色村各1个，连续实施两轮儒雅洋片区新农村建设三年发展计划，投入5000余万元完成153个项目建设，美丽西周显现新面貌。农村环境卫生集中整治行动累计清理各类垃圾3600余吨，整治脏乱点6280个，长效保洁机制逐步形成，通过市、县验收。

【专项行动成效】 “五水共治”攻坚有力，累计投入3亿元，完成长兴塘、大引河、嵩溪等河道，以及8条黑臭河、51座山塘整治，治理小流域30余公里，拆除畜禽养殖场131家5.8万平方米，建成城区污水主管网和58个村庄污水处理设施，获得市级农村污水治理先进表彰，通过省、市、县“清三河”达标镇验收。“三改一拆”扎实推进，拆除违法建筑1100余处49万平方米，整治蓝色屋面213处5.4万平方米，“无违建”镇创建工作通过市级验收。“一打三整治”强势出击，形成“海上打、港口堵、市场查”的全方位、立体式打控格局，共清理地笼网3050顶、串网5310米，成功实现鱼类资源保护“河海联动”。

【社会事业协调发展】 保障体系更加健全，新增农村集中式居家养老服务点22个，发放各类救助金3900余万元，城乡居民养老保险基本实现全覆盖。实施“科教兴镇”战略，提高教师待遇，改善办学条件，投入1.1亿元建成西周中学体艺馆、华翔幼儿园、下沈幼儿园，扩建西周小学、下沈小学，成功创建市级学前教育示范镇。医疗卫生事业加快发展，有效构建镇、村两级卫生服务网络，建成中心卫生院住院综合楼和17个标准化社区服务站，通过省级卫生镇复评,创建市卫生强镇、市卫生应急示范镇。转变群众婚育观念,计划生育符合率达到县控目标。

【文化事业蓬勃发展】 精神文明创建活动向广度和深度拓展,创建各级文明村、文明单位67个,涌现张瑜、张如旭、何宏女等一批道德模范,志愿者队伍蓬勃发展,弘扬时代精神。公共文化活力迸发,通过省体育强镇复评,组建基层文艺队伍63支,成功举办竹笋节等群众文体活动156场次。民族、宗教、征兵、老龄、统计、档案、镇志编纂等工作取得明显进步,工会、共青团、妇联、科协、残联、商会、巾帼联谊会、蓝天救援队在经济社会发展进程中发挥作用。

【社会管理取得实效】 "平安西周"建设稳步推进,加强社区警务建设和基层法庭建设,农村视频监控系统实现全覆盖,组建专职夜巡和巡控中队两支协辅警队伍,加强社会治安面上管控,十八大、G20峰会及重大节庆等安保任务圆满完成,刑事治安发案率逐年下降,"一张网"基层治理网格体系基本形成。加大安全生产和食品药品安全监管力度,创建市食品安全达标镇,健全应急管理和防灾减灾体系,连续两年获得县级先进。创新信访工作载体,落实村民说事制度,强化领导包案制度,延伸信访救济途径,矛盾纠纷调处成功率显著提高,社会环境和谐稳定。

【法治政府建设加快】 接受镇人大监督,严格执行镇人大主席团决议,负责办理人大代表建议、交办单共27件。听取社会各界的意见建议,接受舆论监督和社会监督。健全科学民主决策机制,落实"三重一大"议事规则。规范行政执法行为,促进公正文明执法。推行政务公开,加大反腐倡廉力度,强化对重点领域、重点行业的监管,坚持用制度管人管权管事。规范政府性债务管理和办公用房、编外用工管理,压缩一般性开支,"三公"经费实际支出大幅下降。

【党的建设全面加强】 加强党委自身建设,完善党委中心组学习制度,党委班子驾驭全局和引领发展的能力增强,执行民主集中制,健全党委议事制度,有效提高决策权威性和科学性,树立了"团结务实、廉洁高效"的党委新形象。全面落实党员发展预审制和农村党员"峰领指数"考评体系,探索不合格党员退出机制,2016年发展党员40名,规范处置不合格党员20名,提高党员管理科学化、规范化水平。

【行政效能有效提升】 制定实施"岗位对责、绩效对帐"考核细则,完善村主要干部绩效考核制度,强化目标考核和结果运用,机关、农村干部队伍敢于争先、争创一流的良好局面初步形成。实施月督查、季汇报,年中对帐、年末亮绩的方法,将政府工作全面纳入绩效考核内容,整治"慵懒散"现象,激发政府内在动力,增强机关执行力。

【西周镇人大十七届五次会议召开】 1月15日,西周镇第十七届人民代表大会第五次会议召开。会议审议并通过《政府工作报告》《镇2015年财政预算执行情况和2016年财政预算(草案)报告》《主席团工作报告》,并依法补选刘旭光为西周镇人民政府镇长、朱定良为西周镇人大主席、陈海龙为西周镇人民政府副镇长。

【全员防寒】 1月19日,面对罕见寒潮天气,西周镇党委、政府迅速成立寒潮及雨雪冰冻天气应对防范工作指挥部,动员全镇广大干部群众组建79支应急分队,设置77个应急避灾点,转移安置困难群众59人、海上作业人员36人,21只船只全部进港避风,全镇无人员伤亡情况。

【学雷锋志愿服务】 3月2日,西周镇团委联合个私协会组织社会志愿者30余人,到箬岭村、尖东村、西周敬老院及莲花敬老院提供理发、家电维修等志愿服务,弘扬雷锋精神。该镇机关、学校、医院等单位纷纷响应号召,投入到学雷锋志愿服务活动当中。

【婚丧礼俗改革】 3月4日上午,西周镇召开全镇婚丧礼俗整治工作部署动员会,开展"破陋习树新风,做文明婚丧践行者"主题宣传签名活动。与会各村党员、干部签署《象山县文明婚丧承诺书》。该镇通过公告张贴、短信群发、广播宣讲等方式,弘扬文明新风,破除陈规陋习。

【义务植树】 3月7日早上，西周镇联合县水利局、县国税局、上海银行等部门共200人在西周朝晖路两旁及大引河畔开展了义务植树活动，共种植桂花树、樟树、珊瑚树、白玉兰等各类树苗5000余株，为城区增添了一抹靓色。

【专项检查整顿人力资源市场秩序】 3月15日，西周镇联合县劳动监察大队开展人力资源市场专项检查工作，重点检查提供虚假就业信息、扣押劳动者居民证件和非法向劳动者收取财物等违法行为，以及45家用人单位劳动合同签订、合同文本交予劳动者等情况，有效促进辖区内各单位依法招工用工。

【象山县首本《食品经营许可证》落户西周】 3月16日，自《浙江省食品经营许可实施细则》实施以来，象山县首本《食品经营许可证》在西周镇出炉。新版《食品经营许可证》兼顾了原《食品流通许可证》《餐饮服务许可证》两证的许可登记内容，还新增了签发人、日常监管机构、日常监管责任人、投诉举报电话及二维码等信息，为群众共同监督提供了便利。

【勤丰村举办军民共建联欢晚会】 3月23日晚上，军民共建联欢晚会在西周镇勤丰村拉开帷幕，驻象海军4805工厂官兵、职工和村民自编自导自演的广场舞、吉他弹唱、戏曲联唱、哑剧等文艺节目轮番上演，推动军民共建、鱼水情深的优良传统长存。

【第八届象山（西周）竹笋节隆重举行】 4月9日，以“大美西周，魅力竹乡”为主题的第八届象山（西周）竹笋节在儒雅洋山区启幕。热气腾腾的“笋字号”系列美食、群众喜闻乐见的传统民俗节目、妙趣横生的竹乡非遗课堂和掏春笋、鸿麻糍、焙咸笋、包笋团等多彩节庆活动，吸引了县内外4000余名游客参与。

【政法信访暨安全生产工作会议】 4月5日，西周镇召开政法信访暨安全生产工作会议，全镇辖区内各企事业单位、相关部门负责人，各村党支部书记、主任、专职治保调解员参加了会议。会议回顾总结2015年政法信访和安全生产工作，研究部署2016年任务，表彰2015年度平安建设先进集体、先进个人和优秀调解干部。

【西周镇《文岙村志》获宁波市一等奖】 4月21日，西周镇《文岙村志》主撰人夏烈应邀参加宁波市地方志工作表彰会，《文岙村志》获市优秀志书（史）成果一等奖和“十佳”村志（史）第一名。两年来，主撰人夏烈到访过62个村，撰写90万字初稿。《西周乡土志·自然环境与资源篇》被评价称为“地理百科书，乡镇第一部”。

【“庆五一”职工象棋比赛】 4月28日，西周镇举办“庆五一”职工象棋个人（团体）锦标赛，来自全镇基层的8个代表队、20名选手参加了比赛。比赛为七轮积分赛，分别计算个人和团体成绩，最终分别产生团体、个人比赛结果。此次象棋比赛为职工提供了相互学习和交流的机会，活跃了身心、陶冶了情操，取得了圆满成功。

【省委书记夏宝龙考察西周华翔集团】 5月12日上午，浙江省委书记夏宝龙前来西周考察宁波华翔集团股份有限公司汽车实木内饰生产车间，了解企业

市场拓展、智能制造情况。夏宝龙对企业坚持科技创新,通过机器换人、精细管理,做大做强,开展海外并购,在开拓国际市场方面屡有新的创举表示赞赏。

【“两学一做”学习教育动员会】 5月13日下午,西周镇召开“两学一做”学习教育动员会。会议详细解读“两学一做”实施方案,以专题党课形式作动员,部署具体工作。全镇村党支部书记、企事业党组织负责人及全镇党员机关干部190余人参加了会议。

【晚稻种植技术培训会】 5月17日下午,西周镇举办晚稻种植技术培训会,各村的农业负责人、种粮大户、农业科技带头人等120余人参加会议。会议以集中授课方式,讲授2016年晚稻生产技术要点以及选用品种、种子处理、播种、肥水管理、病虫害防控关键技术等内容,并现场解答种植难题。

【禁毒宣传进校园活动】 6月21日下午,以“拒绝毒品,健康人生”为主题的禁毒宣传活动走进西周中学。活动以禁毒宣传画展、常见毒品模型展,禁毒知识小游戏、“扫一扫”获取禁毒知识等贴近青少年的互动方式,寓教于乐普及禁毒知识,为平安西周的奠定和谐的校园氛围。

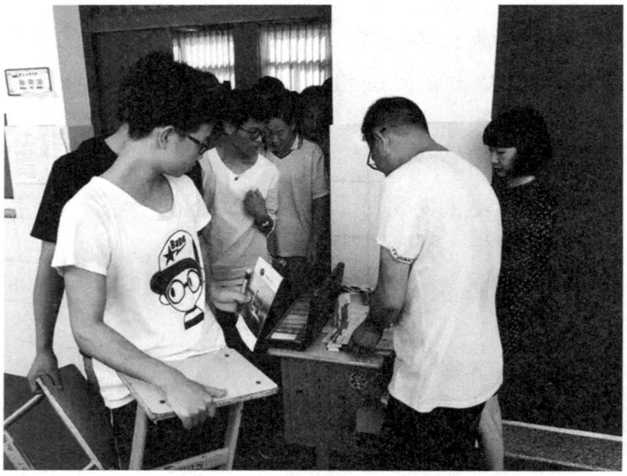

6月21日,西周中学举办禁毒宣传活动

【励志纲到西周镇开展“两学一做”专题党课】 6月23日,县委常委、常务副县长励志纲到西周给全镇机关干部上了一堂题为《守规矩 讲纪律 做合格党员》的“两学一做”专题党课,从四个方面阐述了合格党员标准、底线,为西周镇落实中央和省、市、县委决策部署,全面开展“两学一做”学习教育提供了基本遵循。

【庆祝中国共产党成立95周年大会】 7月9日上午,召开西周镇庆祝中国共产党成立95周年大会,全镇116个基层党组织近1500名党员参加了会议。全面回顾95年以来党的光辉历程和丰功伟绩,总结近五年西周镇在各项工作上取得的成绩,重温入党誓词,坚定广大党员干部理想信念,促进镇党建工作全面过硬。

【儒雅洋村成功创建省级历史文化名村】 7月12日,浙江省人民政府公布第五批浙江省历史文化名村名单,西周镇儒雅洋村位列其中。儒雅洋村保存有众多文化古迹,村东北有欧阳桥、西沙岭古驿道,村内有何恭房祠堂、友二房等。2013年以来,儒雅洋村围绕特色村建设任务,以环境、文化、古文物保护修缮等多方面的提升和完善为着力点,循序渐进,成功创建省历史文化名村。

【幼鱼保护联合执法行动】 7月13日开始,西周镇联合西周市场监管所、西周派出所、城管中队等部门,开展联合执法专项行动,重点检查西周中心菜市场、下沈菜场、农贸市场等区域。7月16日上午,对西周菜场、莲花菜场等大型农贸市场进行突击检查中,缴获非法销售白蟹9斤。

【浙江大学与威霖公司共建科技合作工作站】 8月5日下午,威霖公司、浙江大学双方本着“优势互补、互惠互利、共谋发展”的原则,达成合作共建“浙江大学技术转移中心——威霖科技合作工作站”。深化产学研究,发挥浙江大学人才、技术和信息优势,提高企业自主创新能力,加快企业转型升级,促进企业快速发展。

【“清三河”创建工作通过市级验收】 8月15日,市治水办考核组听取西周镇“清三河”创建工作汇报,并实地检查该镇的淡港、下沈港、利山直河、牌头直河,对西周镇“清三河”创建工作给予肯定。西周镇“清三河”创建工作通过市级验收。

【“三清一治理”统一行动】 8月30日,西周镇安监所联合西周派出所、消防工作站开展“三清一治理”统一行动，深入辖区内出租房、公众聚集场所，对居民住宅楼道、阳台堆放杂物、管道井电缆井堆放可燃物和公众聚集场所厨房油罩、油道油垢等进行清理，对电动自行车乱停放、乱充电的违规行为进行治理，保障了辖区火灾形势稳定。

【“一打三整治”再推进工作会议】 9月18日上午，西周镇召开“一打三整治”再推进工作部署会议，强调伏季休渔最新政策的具体要求、幼鱼保护的迫切需求、对于网具尺寸及禁用渔具相关处理方法，各村书记、联村干部等150余人参加了会议。截止当日落实19艘有证渔船的“定人联船”制度，没收66艘“三无”船只，开展2次沿海清网工作及每日市场巡查工作。

【西周镇工会第三次代表大会召开】 9月20日下午，西周镇总工会召开第三次代表大会，并进行换届选举，机关及企业工会代表共76人参加会议。会议审议并通过《坚持科学发展 凝聚职工力量为西周镇建设县域西部中心保驾护航》工作报告，选举产生周密益为镇总工会主席，林广、陈步平为镇总工会副主席，夏阿玲为经费审查委员会主任。

【叶剑鸣到西周镇调研镇乡换届及党建工作】 9月22日，县委书记叶剑鸣到西周镇调研镇乡换届及党建工作，先后深入西周镇夏叶村、车岭村，详细了解基层党建“整片建强”示范带创建、美丽乡村建设、特色产业发展等情况，看望慰问基层组工干部，对西周镇党委换届前期准备和基层党建工作给予肯定。

【西周镇农村基层权力规范运行工作推进会】 10月20日，西周镇农村基层权力规范运行工作推进会在土上村召开，全镇机关干部、各村四套班子负责人共300余人参加会议。会议邀请县委巡回宣讲团进行集中授课，以典型案例告诫与会人员要慎用权、善用权、用好权，规范农村基层权力运行。

【中共西周镇第十三次代表大会召开】 10月27日上午，中国共产党西周镇第十三次代表大会胜利召开，全镇115名党代表，54名列席人员参加了该次会议。会议回顾总结近五年工作，研究部署后五年任务，产生中共西周镇第十三届委员会委员、中共西周镇第十三届纪律检查委员会委员，为建设省级现代化生态型临港小城市打下坚实的基础。

【西周镇召开第三次全国农业普查动员会】 11月14日上午，西周镇第三次全国农业普查动员大会召开，全面部署全镇第三次农业普查工作，明确职责分工和工作要求。全镇各行政村指导员、普查员180人参加了会议。此次农业普查涉及全镇74个行政村，1万6千多农户共计4万多人口，200多家农业生产规模户，100多家农业经营法人单位。

【孙小雄到西周镇督查禁用网具取缔工作】 11月25日，县委常委孙小雄率海洋与渔业局、农机局、边防大队等相关部门负责人，踏看西周滩涂地笼网、串网的清理现场，重点督查禁用网具专项清理、滩长制落实、滩涂长效管理及科学化利用等工作推进情况。

【西周镇开展“12·4”国家宪法日宣传活动】 12月2日上午，以“加强法制宣传教育，服务经济社会发展”主题的“12·4”国家宪法日宣传活动在西周中心菜市场举行。活动通过现场咨询、展出宣传图版等形式与广大群众互动，并发放《中华人民共和国宪法》《宁波市人民调解条例》《消费者权益保护法》等法律手册，逐步增强广大群众法律意识。

【西周镇蝉联浙江省“百亿级”工业强镇宁波市首位】 11月9日，省经信委、省统计局联合公布了2015年度全省工业强镇综合评价结果，西周镇在67个“百亿级”工业强镇中位列第11位，继续蝉联宁波市首位。2015年，西周镇拥有工业企业400多家，实现工业总产值173亿元，继续占比全县工业总量1/3；其中51家规上企业总产值115.03亿元，完成工业销售100.18亿元，合计上缴税金5.9亿元。

【县委党代表分片活动在西周举行】 12月9日上午，县委副书记俞骏带队到西周开展党代表分片活动，通报党代会有关事项，征求党代会报告修改意见。西周、贤庠、墙头、泗洲头、黄避岙、茅洋等镇乡党代表结合各自工作实际，提出了意见和建议，并签订换届纪律承诺书,观看了警示教育片《镜鉴》。

【西周镇文学艺术界联合会成立】 12月30日上午,西周镇召开文学艺术界联合会成立大会暨第一次成员代表大会,42名代表参加会议。大会审议通过了《象山县西周镇文联章程》《象山县西周镇文联选举办法》,选举产生西周镇文联主席、副主席、秘书长,并聘请名誉主席、文联顾问及12位理事。

表88 2016年象山县西周镇各村基本情况一览

村名	村经济合作社数	村股份经济合作社数	村民小组数	农户总数	纯农户数	人口数	社员数	总收入(万元)	总支出(万元)
合计	2	72	387	14949	387	45237	45237	3755.98	1046.62
万金山	—	1	1	33	2	85	85	7.7	1.55
蒋家岙	—	1	4	61	4	215	215	21.88	1.83
柴溪	—	1	24	957	85	2992	2992	153.94	42.72
牌头	—	1	8	633	25	2057	2057	16.33	48.32
杭头	—	1	4	272	10	850	850	52.17	20.84
利山	—	1	2	65	1	176	176	1.67	3.97
下沈	—	1	10	606	10	1754	1754	199.23	67.01
八亩	—	1	1	49	1	149	149	5.87	0.7
官山	—	1	11	586	5	1906	1906	88.85	75.02
杰上	—	1	4	218	2	691	691	46.68	13.86
杰下	—	1	4	267	3	835	835	46.78	8.57
龙翔	—	1	5	165	1	422	422	27.85	23.4
荷欣	—	1	4	177	2	499	499	29.17	11.09
百贤	—	1	2	84	—	244	244	40.11	10.33
赖岙	—	1	5	294	—	1027	1027	39.42	15.35
田岙	—	1	5	246	4	703	703	7.16	3.82
东岙	—	1	8	122	1	415	415	32.27	4.63
寿丰	—	1	3	127	—	363	363	15.89	6.48
平台	—	1	1	24	—	68	68	29.02	1.04
扫基湾	—	1	1	35	—	101	101	6.51	1.46
上山	—	1	1	31	1	80	80	3.61	0.53
伊家	—	1	10	525	2	1394	1394	69.39	11.24
谢圣岙	—	1	2	62	—	178	178	55.01	1.73
蔡家田	—	1	8	263	—	715	715	20.15	8.12
上张	—	1	4	205	2	575	575	69.44	8.31

续表88

村 名	村经济合作社数	村股份经济合作社数	村民小组数	农户总数	纯农户数	人口数	社员数	总收入（万元）	总支出（万元）
陈隘	—	1	4	147	—	440	440	162.78	11.03
湖边	—	1	10	363	4	1170	1170	213.7	19.12
潘埠	—	1	6	172	3	510	510	53.75	15.16
杨岙	—	1	16	338	5	976	976	140.03	27.19
莲花	—	1	7	355	15	1117	1117	138.09	69.52
勤丰	1	—	5	232	4	721	721	87.45	77.73
蚶岙	—	1	10	246	6	746	746	71.85	6.7
岙岭下	—	1	4	94	1	304	304	20.99	2.61
尖岭头	—	1	4	172	—	582	582	39.08	4.14
横山	—	1	4	140	12	450	450	45.84	83.23
下芭蕉	—	1	7	285	8	786	786	44.22	7.83
上芭蕉	—	1	4	179	6	490	490	34.85	12.37
山后胡	—	1	8	172	4	546	546	53.39	5.93
半坑于	—	1	1	40	—	94	94	15.46	2.9
金竹坑	—	1	4	105	1	292	292	34.81	3.41
尖东	—	1	2	67	—	208	208	44.34	9.09
山顶岭	—	1	6	135	—	376	376	21.57	2.32
赖家	—	1	2	82	—	241	241	24.9	5.33
倪家	—	1	4	103	2	269	269	14.13	4.87
西岙郑	—	1	3	110	3	280	280	30.67	4.2
隔溪张	—	1	3	124	1	347	347	28.91	5.14
儒雅洋	—	1	18	417	15	1216	1216	61.99	15.75
大竹园	—	1	4	54	—	138	138	32.93	3.32
箬岭	—	1	6	208	11	518	518	64.62	8.81
栲树岭	—	1	2	104	2	248	248	26.93	11.13
伊家山	—	1	1	103	—	231	231	36.21	7.45
山头	—	1	1	74	1	207	207	27.46	3.48
沙泉	—	1	2	111	—	312	312	31.19	1.31
大岙	—	1	1	89	—	271	271	29.82	6.33
庆丰桥	—	1	5	129	—	402	402	36.44	10.16

续表88

村 名	村经济合作社数	村股份经济合作社数	村民小组数	农户总数	纯农户数	人口数	社员数	总收入（万元）	总支出（万元）
车岭	—	1	5	130	—	414	414	14.57	2.24
寒山	—	1	4	227	25	761	761	92.48	24.49
新屋	—	1	4	94	—	285	285	32.22	0.78
夏叶	—	1	3	133	7	417	417	76.66	12.55
初坑	—	1	2	112	—	346	346	63.19	0.87
土上	—	1	2	148	5	482	482	72.63	25.6
土下	—	1	5	193	6	572	572	60.05	9.68
上谢	—	1	7	99	—	303	303	0.1	2.52
白月岙	—	1	4	76	—	258	258	9.2	4.94
大坑	—	1	7	191	11	619	619	26.48	12.57
西前	—	1	1	45	—	133	133	1.68	1.96
瀛广	—	1	9	309	25	1030	1030	214.3	19.3
东瀛	—	1	7	370	10	1119	1119	3.94	22.8
弘瀛	—	1	10	467	19	1484	1484	119.27	36.27
瀛洲	—	1	5	307	—	941	941	28.85	11.23
虎山	—	1	4	74	—	245	245	71.5	0.13
乌沙	—	1	5	213	2	639	639	69.39	12.01
琴诗岙	—	1	4	139	4	424	424	44.87	7.2
文岙	1	—	13	565	8	1783	1783	—	—

表89　　2016年西周镇规模企业情况(包含2000万)一览

单位：万元

序号	企业名称	法人代表	联系地址	工业总产值	主营业务收入	利润	利税总额	从业人员平均数	备注
	合计			1690499	1476451	287141	344716	10957	
1	浙江大唐乌沙山发电有限责任公司	赵建军	西周镇乌沙村(西周工业园)	352518	369922	88891	113507	407	
2	宁波华翔电子股份有限公司	周晓峰	象西工业开发区	314422	220688	85037	85697	81	
3	宁波华众塑料制品有限公司	周敏峰	西周镇朝晖路108号	202528	137234	5645	8557	982	

续表89

序号	企业名称	法人代表	联系地址	工业总产值	主营业务收入	利润	利税总额	从业人员平均数	备注
4	宁波胜维德赫华翔汽车镜有限公司	徐文中	西周镇弘翔路	89325	96448	9447	12961	500	
5	宁波华翔特雷姆汽车饰件有限公司	顾　奕	西周镇弘翔路	83899	73862	16223	22146	578	
6	象山海螺水泥有限责任公司	桂印水	西周镇汇川路	121091	79219	3432	5921	194	
7	宁波诗兰姆汽车零部件有限公司	胡建雄	西周镇朝晖路8号	67920	59096	18622	20660	561	
8	宁波乐惠国际工程装备股份有限公司	黄粤宁	西周镇朝晖路1号	62192	61794	12341	14397	546	
9	宁波威霖住宅设施有限公司	吕理镇	西周镇汇川路	46872	44725	8418	8678	641	
10	宁波劳伦斯汽车内饰件有限公司	周辞美	西周镇弘翔路	52855	42160	11933	12962	740	
11	宁波华翔汽车饰件有限公司	管云台	西周镇弘翔路8号	20837	22542	1367	2104	280	
12	宁波华乐特汽车装饰布有限公司	朱柏芳	西周镇富源路	19210	17191	4523	6399	64	
13	宁波劳伦斯北方汽车内饰件有限公司	周辞美	西周镇弘翔路	18984	14601	3671	3716	258	
14	宁波恒富汽车部件发展有限公司	张春富	西周环城北路28号	13484	12803	832	1816	301	
15	宁波沪港食品机械制造有限公司	周东来	昌明路202号	12222	12218	1080	1864	234	
16	宁波新华泰模塑电器有限公司	朱照华	昌明路220号	11404	11068	813	1025	301	
17	象山华盛塑胶制品有限公司	鲍志昌	富源路9号	11893	10896	1562	1842	241	
18	宁波汉普塑业有限公司	王汉男	朝晖路2号	12001	9763	401	887	180	
19	象山华鹰塑料工程有限公司	赖荣钢	工业区富源路1号	9646	9637	499	1073	230	
20	象山博宇汽车模塑制造有限公司	张振海	东陈滨海工业区金商路349号	9863	9110	686	1401	180	
21	宁波华昊汽车饰件有限公司	孙云明	西周工业园	8502	8975	367	515	220	
22	象山华杰塑业有限公司	孙　杰	港东路237号	7454	7443	323	579	102	
23	宁波华众模具制造有限公司	周敏峰	西周工业园	7482	6073	777	1137	153	
24	宁波卓艺家纺有限公司	俞俐伶	象山城东二业园区宏图路17号	6360	6193	97	526	225	

续表89

序号	企业名称	法人代表	联系地址	工业总产值	主营业务收入	利润	利税总额	从业人员平均数	备注
25	象山天星汽配有限责任公司	周华平	峹港路13号	6437	6266	597	1032	155	
26	象山长路塑业有限公司	沈日升	朝晖路5号	4316	4316	55	327	98	
27	宁波春华汽配有限公司	张宏坚	环城北路22号	4069	4069	388	732	93	
28	宁波壹美家具有限公司	周渭明	西周工业园	4847	4826	368	718	120	
29	象山松亚汽车模塑有限公司	周松崎	西周工业区朝晖路7号	3357	3637	42	299	72	
30	象山科镭激光涂装有限公司	鲍国林	环城北路20号	3233	3173	112	274	138	
31	宁波昊光电器有限公司	陈满堂	昌明路226号	3138	3143	116	242	46	
32	宁波奔腾塑业有限公司	郑文涌	苏州工业园区	3663	3088	455	464	80	
33	宁波明宇汽车部件有限公司	盛水星	港西路7号	3119	3053	216	372	85	
34	朗亿德电气股份有限公司	郑和西	滨海工业园金兴路79号	3085	2958	-109	-37	71	
35	宁波振华电器有限公司	陶善国	峹港路111号	3329	2884	24	290	182	
36	象山蓝越食品机械制造有限公司	沈彦托	弘翔路3号	2720	2713	509	522	44	
37	宁波灵象电器有限公司	俞敏杰	嵩溪路220号	2356	2432	-11	109	150	
38	宁波华峰橡塑件有限公司	周敏峰	西周工业园	2063	2012	483	612	31	
39	海申机电总厂(象山)	徐昌红	西周工业园	53807	60211	2009	2493	955	
40	宁波松兰电气有限公司	陆伟定	西周工业园	1955	2024	86	101	27	
41	象山永欣橡塑有限公司	周　武	汇丰路1号	2093	2093	271	291	63	
42	宁波佳乐特橡塑机电有限公司	周旭初	西周工业园	2053	2053	321	547	81	
43	宁波天弘电力器具有限公司	吕伟宏	朝晖路4号	2516	2460	329	504	50	
44	浙江大唐天地环保科技有限公司	杨家勤	西周镇大唐乌沙山发电公司院内	6955	6955	2555	2555	5	新增
45	象山华民汽车配件有限公司	郑国民	富源路7号	2039	2039	713	889	15	新增
46	象山华丹塑业有限公司	孙秀群	安顺路10号	2023	2023	221	314	48	新增
47	宁波协华汽车配件制造有限公司	郑明亮	下沈丙寅塘	2155	2155	49	156	79	新增
48	宁波沪泰食品机械制造有限公司	赖安平	下沈丙寅塘	2207	2207	355	540	70	新增

鹤浦镇

【概况】 鹤浦镇地处象山最南端，北濒石浦港与石浦镇相望，西隔蜊门港与高塘岛相对。辖区由宁波市第一大岛——南田岛及周围40个岛礁组成，陆地面积102平方公里，其中南田本岛面积约90平方公里，下辖34个行政村，4个居民区，常住人口3.5万，外来人口近1万。海岛资源丰富，拥有78公里海岸线、1333.33余公顷耕地、5666.67公顷山林。隋唐时有人居住，曾立南田县，素有"南天十六福地"之称。鹤浦镇实施"工业强镇、海洋兴镇、商旅活镇、生态立镇"四大战略，成功创建省级文明镇、卫生镇和生态镇。2016年，全年生产总值突破60亿元，财政收入4500万元。

作为象山县第二大渔业乡镇，拥有大小渔船600艘。建有象山最大船舶制造基地——万寿塘船舶基地，年产值15亿元。大平台大项目建设进入快车道，中供销国际水产物流园、水湖涂二期围涂工程、镇污水处理厂、小微创业园、峙弄塘农光互补等重点工程相继开工落户，加快推进船舶修造基地、冷链物流基地和清洁能源基地的集聚建设。农业资源丰富，形成了紫菜、柑橘、枇杷、梭子蟹等4个万亩生产基地和南五片、四都片、湾塘片粮食生产功能区共478.67公顷。借助宁波市欠发达乡镇扶持政策，截至2016年共创建市级村庄环境整治提升村20个、小康村5个、中心村1个、旅游特色村1个。自然、人文资源相映成趣，原生态的大沙沙滩"潮来一排雪，潮去一片金"，风门口景区拥有306.667千公顷国家级生态公益林，是国内罕见的海滨森林公园，素有"天然氧吧"之称。金七门妈祖庙前的封禁碑见证了鹤浦"开禁""封禁"历史，大百丈16幅保存完整的岩画属全省考古界罕见。下一步将立足海岛生态保护与开发并重，继续推进"五水共治""三改一拆""一打三整治"等重点中心工作，挖掘海岛资源优势，做足海岛"渔、船、游"三字文章，做亮"海岛小城镇""海岛新农村"和"海岛特色游"3张名片，并以项目驱动发展，发展临港产业和清洁能源，打造船舶修造基地、冷链物流基地和清洁能源基地，开创现代化生态型海岛小城市建设新局面。

【工业经济】 鹤浦镇获得全县工业B类乡镇考核第一，县级招商引资工作银奖、外经工作银奖。全镇规上企业实现工业产值20.39亿元，同比增长14.2%，其中规模以上船舶企业实现工业产值18.68亿元，同比增加13.5%；实现利润8244万元，同比增加15.9%；工业增加值2.2亿元，同比增长20.8%；实缴税金5063万元，同比增长29.8%。船舶企业继续发挥支柱性产业作用，东红、博大在2016年分别纳税1285万、2433万，获得全县工业纳税三十强企业，进位县强势型培育企业。另外新增规上企业一家，为宁波逸朗船舶工贸有限公司。"三外"经济再度飘红。2016年，完成合同外资3821万美元，完成指标的955%；实际外资300万美元；实际内资32935万元，完成指标的412%；浙商回归完成30842万元，完成指标的771%。

【农业经济】 2016年，农渔业总产值超过25亿元，"藏红花+晚稻""早稻+松花菜"等新型循环高效农业轮作模式逐步成熟，成功探索"千斤粮万元钱"模式。逐步推广现代农业技术，与浙大等科研院所合作开展蔬菜气调保鲜、无人机农药喷洒、全自动水稻烘干等技术研发，并成功试验滩涂水稻种植。加快转变渔业发展方式，2016年度水产品总产量达到9万吨，产值达13亿元，海水养殖产量超过5000吨，产值达2亿元。新增紫菜加工厂一家，启动万亩坛紫菜"浙东1号"新品育苗基地，完成106.67公顷海水养殖保险工作，并引进文蛤养殖。

【新农村建设】 完成市级环境整治提升村4个，梳理式改造村5个，建设森林休闲公园2个，创建"一树一村"1个。落实鹤南村、文山前村等资源型机耕路建设扶贫项目7个，争取上级补助109万元，实施村道硬化5.5公里，建设机耕路10.7公里。申报村集体经济扶持项目5个，安排村级公益事业一事一议财政奖补项目4个。推进城乡环境卫生集中整治工作，全镇环境卫生状况明显改观。

【商贸旅游】 商贸企业经营稳中有升，社会消费零售额达到2个亿，创收2000余万元。以大沙沙滩景区开发为契机，挖掘周边村庄茶园、橘园、养殖塘、岩画、明代兵工厂遗址等资源，打造海岛旅游精品线。推进旅游基础设施建设,总投资共8280万元的两条汽渡码头至大沙景区的景观公路将于2017年6月完工通车,优化镇域内公交线路62条,新建改建精品民宿20家,引导开业农家菜馆15家,形成吃、住、游一条龙式海岛特色游,2016年全镇共接待游客8万人次,实现旅游经营收入470万元,分别同比增长13%、16%。

【社会保障】 注重以创业带动就业,新增就业岗位550个。健全社会保险体系,新增五险参保人员1378人,本地户籍人员养老参保率达87%,城乡居民医疗保险参保率达99.13%。做好低保、残保工作,核实低保628户、残保123户,发放补助资金472余万。新增计划生育家庭奖励扶助对象24人。发放计生关爱资金11余万元。"家庭医生"签约完成2613人,签约率7.7%。鹤浦中心卫生院二期工程准备动工。第二届海岛农民运动会成功举办,鹤浦小学手球队再获全国第二,各类文化惠民活动深入开展,省级体育强镇复评完毕。

【社会局面】 投入260万元新增301个监控点和1间综合指挥室。落实资金50余万元,配齐网格长队伍,配备宁波e通终端手机76台,全年共上报并办结各类事件处理信息4685条。围绕G20,全力做好稳控,镇调委会共受理并调处成功纠纷91起,镇信访办接待并化解群众来访共77起。落实企业、渔船和道路交通等安全生产责任制,开展查处无证无照经营、境外卫星电视非法落地专项整治等专项行动,重点加强船厂、涉氨制冷企业等安全生产监管,全镇安全形势稳定。

【专项治理】 "五水共治"全年投入治水资金9000多万,完成压脚河、鹤翔村河、鸭嘴头医院河等多条黑臭河、垃圾河整治;镇污水处理厂竣工验收,进行试水调试,市政管网工程累计完成14公里;完成3个集中式污水和4个分散式污水处理工程,通过"清三河"达标镇验收,获评2016年度县水利"大禹杯"银奖。开展"三改一拆"行动,全年拆除违建面积5.6万平方米,拆后利用面积4.7万平方米,利用率为83%。扎实推进渔业"一打三整治",做好全镇621艘渔船的"定人联船"工作。

【完成县镇两级党委换届选举工作试点】 9月1日正式启动,10月18日结束。9月28日选出81名镇党代表,全镇1217名党员参加民主投票,参选率为90.8%。于10月18日召开中国共产党鹤浦镇第十三次代表大会,会上党委书记张帮寸代表鹤浦镇党委作《凝心聚力促发展　真抓实干谋新篇　为建设两美三宜生态型海岛小城市而努力奋斗》讲话。会上选举产生新一届党委委员8人,纪委委员5人。于11月24日召开中国共产党鹤浦镇第十三届代表大会第二次全体会议,选举出席县第十四次党代会代表8人。

10月18日召开的中国共产党鹤浦镇第十三次代表大会

【完成县镇两级人大换届选举工作试点】 于9月13日正式启动,10月11日成功选举产生县第十八届人民代表大会代表15名和镇人大代表66名,参选选民29168人,参选率达96%。10月21日、22日,召开镇第十八届人民代表大会第一次会议,会上镇长洪海代表鹤浦镇政府作政府工作报告,报告回顾了"十二五"期间政府工作,明确今后五年的发展目标和工作任务,并对2017年政府工作进行建议。

【扎实开展“两学一做”学习教育活动】 从5月起，在鹤浦镇党员中开展“学党章党规、学系列讲话、做合格党员”学习教育活动，通过梳理任务、成立督导组、营造氛围、抓全覆盖参与率和引导做法等一系列做法来开展活动。同时，将“两学一做”结合到旅游中去，以大沙村、高坎头村为起点，在全镇范围内铺开营造“两学一做”氛围，采用“党建+旅游”特色活动，挖掘各村旅游潜力，实现以点带线，以线带面，共同致富的连带效应。

【荣获2016年度水利“大禹杯”银奖】 投入200多万元，对压脚河、鹤翔村河、鸭嘴头医院河等多条黑臭河、垃圾河进行专项治理。投资9041万元，完成水利项目22个。完成对45座海塘的水闸、节制闸和23座水库的启闭机等水利基础设施，落实汛前维修保养、汛后抢修维护。大河江整治二期完成鹤南、五利、鹤进村的土地政策处理及土地报批、项目立项。

【石门岭隧道正式通车】 石门岭隧道为鹤浦境内重要的交通枢纽，贯通四都片11个村。该工程于2015年6月底开工，预算资金1300余万元。4月29日，石门岭隧道扩建工程通过上级交通部门验收，4月30日上午8:00正式通车。按照施工要求，隧道在原有基础上拓宽近一倍，建成后，平均宽度9米，其中车道宽度7米，隧道全长296米。

【举行“红旗党支部”“标兵党小组”创建推进会】 6月17日，宁波市民兵“红旗党支部”“标兵党小组”创建推进会在鹤浦镇举行。会议深入学习贯彻习近平总书记关于加强民兵后备力量建设和基层党建工作的重要指示精神，总结经验成果，部署工作任务，在新的起点上全面提升民兵党组织建设水平。市委常委、组织部长、统战部长杨立平出席会议并讲话，市委常委、宁波军分区政委朱宝定作工作部署。县委书记叶剑鸣致辞。县领导孙小雄、刘国中、陈兴立参加会议或相关活动。

【峙弄塘光伏电站项目开工】 峙弄塘光伏项目总投资2.4亿元，装机30兆瓦，用地66.67公顷，由中核汇能有限公司负责前期工作。10月28日举行项目开工仪式，项目正式动工建设。预计在2017年10月份完成场区输电线路搭设、调试，通过项目验收后并网发电。

【举办象山县第三届苍水文化节】 10月24日、25日，象山县第三届苍水文化节在鹤浦、高塘岛两地举行。来自全省各地的80余名专家、学者汇聚海岛，共同缅怀民族英雄张苍水，探讨苍水文化如何与地方旅游经济融合发展等课题。县委常委、宣传部部长罗来兴，宁波市滨海城市文化研究院院长徐定宝等出席相关活动。24日上午，在鹤浦镇樊岙村张忠烈公祠，百余名群众向民族英雄进香鞠躬，举行了庄严肃穆的祭祀仪式，下午举行座谈会，与会专家、学者共同探讨如何将苍水文化与地方旅游经济融合发展，并提出很多意见和建议。当天晚上，在鹤浦滨海广场还举行了精彩的文化夜市。

10月有24日，象山县第三届苍水文化节开幕式暨文化集市开集仪式

【水湖涂二期围涂工程龙口合拢】 鹤浦镇水湖涂二期围涂工程是省、市、县重点推进工程，于2015年7月30日正式开工建设。围涂面积331.93公顷，新建海堤3515米，配套建设锚地一处，新建水闸2座8

工程堵口仪式

孔，总投资3.61亿元，其中工程投资1.6亿元。工程工期为36个月，截至12月18日完成投资1.1亿元，占总投资额的75%。于12月19日上午在施工现场举行工程堵口仪式，标志着该工程一个重要工程节点的完成，为完工奠定基础。

【鹤浦镇文联成立】 12月22日，鹤浦镇文联成立暨第一次会员代表大会召开，标志着鹤浦镇文联的成立，51名代表参加会议。县委宣传部副部长钱江、县文联主席郑辉、鹤浦镇镇长洪海等领导出席会议。与会代表讨论通过了《象山县鹤浦镇文联章程》《象山县鹤浦镇文联选举办法》。大会选举产生鹤浦镇文联第一届委员会委员9名，选举章朝华为鹤浦镇文联主席，陈荣、陈青松、杨平女为副主席，杨平女兼任秘书长。

【象山县民营企业协会、个体劳动者协会(民个协)南田岛分会成立】 12月30日，象山县民个协会南田岛分会第一次会员大会在鹤浦人民政府四楼会议室隆重召开，标志着象山县民营企业协会、个体劳动者协会(民个协)南田岛分会的成立。来自鹤浦、高塘两个乡镇的105名民营企业家和个体劳动者、多名职能部门领导应邀参加该次会议。大会审议通过了《象山县民个协南田岛分会第一次会员大会选举办法》《象山县民个协南田岛分会会费收取标准与财务管理办法》，投票选举产生了象山县民个协南田岛分会第一届理事会理事，选举产生了第一届理事会会长、常务副会长、副会长及秘书长。

表90　　**2016年鹤浦镇社会经济基本情况一览**

指标名称	计量单位	数量
甲	乙	1
一、基本情况	—	—
行政区域面积	公顷	10200
居民委员会(社区)个数	个	4
村民委员会个数	个	34
二、人口	—	—
户籍户数(派出所户籍统计数)	户	11030
户籍人口(派出所户籍统计数)	人	33997
全家外出户数	户	3217
全家外出人口	人	10304
常住户数	户	9945
常住人口	人	27434
其中:外来人口	人	3741
三、经济	—	—
公共财政收入	万元	4820
公共财政支出	万元	12840
资产总额	万元	2056

续表90

指标名称	计量单位	数量
债务总额	万元	67250
企业个数	个	259
企业从业人员	人	3713
企业实交税金	万元	5063
工业企业单位数	个	92
其中:规模以上工业	个	7
工业总产值	万元	248718
其中:规模以上工业	万元	203921
建筑业企业单位数	个	1
建筑业总产值	万元	0
住宿餐饮业企业个数	个	33
住宿餐饮业企业营业总收入	万元	3400
四、贸易、市场	—	—
社会消费品零售总额	万元	15649.2638
其中:限上社会消费品零售总额	万元	1843.7
商品交易市场个数	个	5
商品交易市场交易额	万元	15000
其中:以粮油、蔬菜、水果为主的专业市场个数	个	1
以粮油、蔬菜、水果为主的专业市场年交易额	万元	3000
以畜禽为主的专业市场个数	个	0
以畜禽为主的专业市场年交易额	万元	0
以水产为主的专业市场个数	个	0
以水产为主的专业市场年交易额	万元	0
营业面积50平米以上的综合商店或超市个数	个	3
五、教育、文化、卫生	—	—
幼儿园、托儿所个数	个	3
小学校数	所	1
小学专任教师数	人	91
小学在校学生数	人	1386
图书馆、文化站个数	个	1

续表90

指标名称	计量单位	数量
剧场、影剧院个数	个	0
体育场馆个数	个	0
医疗卫生机构个数	所	1
医疗卫生机构床位数	床	28
执业(助理)医师数	人	65
六、生活保障	—	—
各种社会福利收养性单位数	个	5
其中:本级政府创办的敬老院个数	个	1
各种社会福利收养性单位床位数	床	478
各种社会福利收养性单位收养人数	人	269
城乡居民基本养老保险参保人数	人	13587
城乡居民基本医疗保险参保人数	人	18221
城乡居民最低生活保障人数	人	853
七、公用事业	—	—
自来水用水户数	户	8590
管道燃气用气户数	户	0
金融机构网点数	个	6
公园及休闲健身广场个数	个	36
生活垃圾月均处理量	吨/月	1020
1. 卫生填埋	吨/月	0
2. 集中焚烧	吨/月	0
3. 转运至垃圾处理厂	吨/月	1020
八、镇区经济社会情况(仅限建制镇填报)	—	—
(一)面积与人口	—	—
建成区面积	公顷	880
常住户数	户	4120
常住人口	人	11209
其中:外来人口	人	3416
(二)经济	—	—
企业个数	个	259

续表90

指 标 名 称	计 量 单 位	数 量
企业从业人员	人	3713
工业企业单位数	个	92
其中:规模以上工业	个	7
工业总产值	万元	248718
其中:规模以上工业	万元	203921
批发和零售法人企业个数	个	120
批发和零售法人企业商品销售额	万元	12000
亿元以上商品交易市场个数	个	1
亿元以上商品交易市场交易额	亿元	1.1
住宿业法人企业个数	个	31
其中:星级饭店个数	个	0
住宿业法人企业客房数	间	1500
其中:星级饭店客房数	间	0
旅行社个数	个	0
(三)公用事业	—	—
集中供暖户数	户	0
公交车通车线路	条	11
金融机构网点数	个	6
绿化面积	公顷	14.5
公共卫生间	座	4

表91

2016年鹤浦镇行政村经济情况一览

村 名	户数(户)	人口(人)	水田(公顷)	旱地(公顷)	水产养(公顷)	渔船(艘)	农村经济总收入(万元)	村级资产(万元)	村集体年收入(万元)	村集体年支出(万元)	人均收入(元)	书 记	主 任
黄金坦	310	913	34.47	17.53	2.07	17		344.35	57.66	10.58	24950	郑宏金	金 华
蟹厂	518	1566	64.40	27.27	2.60	25		1038.8	96.51	88.66	10214	张金寿	张有夫
鸭嘴头	224	545	8.20		0.00	5		255.61	44.53	27.96	17412	郑仁川	郑文明
鹤翔	367	1106	31.00		6.33	7		691.27	27.62	13.64	12869	梅传土	陈国友
鹤进	445	1392	36.87	14.00	19.13	4		348.02	27.3	13.65	14034	郑爱娥	郑国庆

续表91

村 名	户数(户)	人口(人)	水田(公顷)	旱地(公顷)	水产养(公顷)	渔船(艘)	农村经济总收入(万元)	村级资产(万元)	村集体年收入(万元)	村集体年支出(万元)	人均收入(元)	书 记	主 任
鹤渔	181	468	20.00	0.93	0.00	14		114.51	19.64	13.56	41129	李万根	葛立青
鹤南	641	2037	69.07	27.07	5.87	11		619.01	22.91	20.18	11822	江财明	梁福传
湾塘	259	856	26.67	15.3	0.00			1361.83	40.08	32.29	11781	徐正国	应土传
后龙头	168	562	10.07	5.40	0.40	34		630.69	35.02	40.55	39210	江乐天	郭文永
前龙头	193	579	14.67	6.67	17.40	24		261.8	67.86	40.76	37073	芦卫国	张令虎
吉港	381	1174	38.67	26.0	75.67	26		532.52	90.27	39.27	13692	李由明	林周亮
小网巾	236	820	34.13	28.00	9.47	8		2633.04	131.88	39	13216	王加木	吕金根
流水岩	103	319	5.93	7.47	0.00	15		1900.2	211.95	9.37	13523	卢赛玉	葛琪明
鹤湾	124	397			44.20	5		743.91	458.19	29.45	16944	叶兴荣	倪阿强
双下湾	185	650		2.47	25.67	46		559.21	57.12	6.8	35193	谢才宝	王金堂
大百丈	372	1163	46.47	23.0	5.33	12		419.57	78.11	17.83	10146	陈长生	
小百丈	433	1323	61.07	45.9	2.27	5		974.78	43.8	28.89	14128	周瑞勤	金 国
大沙	220	767	13.80	13.3	0.00	25		739.86	146.84	25.41	22703	芦尚通	许国庆
文山前	283	864	27.47	21.87	5.73	/		804.57	50.35	14.94	9087	刘立红	冯万国
五利	701	2281	88.00	39.6	31.00	4		1521.81	211.5	25.99	10915	赖岳安	谢国会
螺蛳礁	447	1366	50.40	29.27	49.96	2		504.67	94.19	21.93	12718	梅大海	邱锡挺
樊岙	975	3019	68.00	43.5	120.96	11		1367.75	286.33	68.3	11536	周正贵	潘万尚
高坎头	274	936	30.67	1.40	13.63			617.61	161.01	46.85	16267	章罗永	金兴苗
谷桶	102	320	13.40	5.00	15.71	2		162.1	24.8	24.29	14961	奚小夫	王国强
马小坦	202	656	21.20	7.80	66.33	3		384.1	86.08	18.55	15180	叶显进	洪明会
南田墩	143	426	9.93	5.47	158.37	/		240.54	19.72	9.68	15484	李千畅	林田龙
凤凰山	107	331	12.67	2.13	4.80			340.67	14.2	5.34	16855	王根安	周仲会
大南田	454	1524	44.07	14.4	426.13	5		1151.59	194.62	60.92	13923	林咸友	俞青峰
小南田	367	1200	34.80	11.00	17.57	20		766.31	119.41	32.31	11656	陈维良	陶夏木
牧童岙	249	840	22.20	8.33	26.27	1		403.41	50.23	19.81	13464	林文泉	程增军
水湖涂	222	770	8.93	18.07	206.23	10		779.24	155.59	21.18	11563	金建华	金正贵
杨柳坑	211	723	10.00	4.67	13.53	48		773.65	282.2	22.56	33198	梁金善	任增富
金七门	61	243		9.40	13.27	38		28.67	3.22	3.8	15734	李永宝	张 兵

续表91

村 名	户数（户）	人口（人）	水田（公顷）	旱地（公顷）	水产养（公顷）	渔船（艘）	农村经济总收入（万元）	村级资产（万元）	村集体年收入（万元）	村集体年支出（万元）	人均收入（元）	书 记	主 任
金渔	117	468						189.02	42.87	19.15	36144	李永宝	陈万龙
合 计	10275	32604	957.20	494.47	1385.89	437							

墙头镇

【概况】 墙头镇位于象山县西北部，东接丹西街道，西连西周镇，南依茅洋乡，北濒西沪港，甬台温高速复线（S19）、快速通道和311省道穿境而过，镇域面积87平方公里，辖23个行政村和1个居委会，人口2.1万人，耕地面积1080公顷，山林3600公顷，可养殖海涂面积2266.67公顷，是全国贝类苗种繁殖基地、浙江省重点海水养殖区、象山县三大毛竹产地之一和草莓种植基地。

2016年，墙头镇经济健康发展，社会稳定，得到省委夏宝龙书记肯定。全镇实现地区社会生产总值41.5亿元，增长8%；财政总收入8439万元，增长11.8%；固定资产投资2.47亿元，增长42.6%；税收收入6892.88万元，农民人均可支配收入17308元，增长10%。相继荣获浙江省森林城镇、市钦寸水库移民安置工作先进单位、市共青团强镇、县新农村建设先进镇乡、县"一打三整治"专项行动先进集体、县防范处理邪教工作先进集体、县先进团组织、县对外宣传（网络宣传与管理）工作先进集体、县卫生和计划生育目标管理优胜单位、县药品安全工作先进单位、县外贸工作先进单位（铜奖）、县环卫行业竞赛——垃圾分类试点小区（村）运行管理奖等荣誉。

【工业经济】 全镇实现规上企业总产值20.54亿元，增长9.4%；规上利润4587万元，增长4.6%；实现规上工业增加值2.4亿元，增长3.8%；实现县外内资1.1亿元，完成率137.5%；实现累计进出口值6468万美元。项目推动平稳有序，"四海船舶"厂房由宁波精峰文具有限公司接手改造，主要生产教学仪器产品和办公用品，年产值预计达2000万元；金云工贸（0.53公顷）、鑫翔服饰（0.3公顷）处于项目动建阶段。招商引资步步推进，新落户的微新风智能科技有限公司投资2000万元生产第二代智能空气净化器产品，获得专利产品2个；中华多宝生物制药项目、无石棉奔驰刹车踏片项目签订意向协议，正在落实厂房事宜，预计总投资3亿元。狠抓企业帮扶培育，宝信化纤在县政府的支持下，企业转贷工作基本完成，恢复生产；引导云控电气进行科技型企业融资，申报明欣模具为县主体创新科技小微型企业。优化提升服务效能，出台工业经济奖励政策，落实班子成员联系企业制度，建立企业之家微信服务平台，定期召开工业例会为企业打气鼓劲提振信心，组织三安制阀、运生工贸、英海照明等企业参加德国工业展、俄罗斯灯具展等国际性行业展会。

【现代农业】 稳定粮食生产，落实粮食直补生产扶持政策，推广甬优系列为主的超级水稻良种达到216.67公顷，水稻政策性农业保险参保率100%。垦造开发耕地，实施下沙、桃湾、吊水岩、周家路、七里亭、盛王张、雷港、舫前等8个村土地开发项目，提升洋北村高标准基本农田面积25.81公顷。培育特色产业，发展香榧等经济林21.33公顷，红美人嫁接换种10公顷；百通家庭农场新型百合试种成功，将推广扩大种植基地；宏森源公司开展苗木规模化培育，年产值预计可达1亿元。建设经营主体，新增家庭农场4家，农民专业合作社1家，象山蓝尚科技有限公司雷港精品园通过验收，欢乐果蔬专业合作社打造集休闲、采摘为一体的现代蔬菜种植基地。加强农产品安全检测，完成全年抽检任务360余批次，建成生产主体追溯体系8家，落实农产品质量安全村级协管员队伍，开展农产品质量安全培训2期。

农村产权制度改革扎实推进,第三次农业普查和农村土地确权登记颁证工作进展顺利。

【全域旅游】 依托丰富山海人文资源和城郊区位优势,开发方家岙村自然生态、休闲度假,溪里方村慈孝文化、盆景古宅,墙头村果园花卉、采摘体验,舫前村佛教文化、影视拍摄等乡村旅游项目。方家岙村全力打造品质型乡村旅游度假区,推进樱花主题公园、观光长廊、水上廊桥、休憩凉亭、双龙潭改造、烧烤基地、亲子乐园建设,拥有农家客栈37家,床位总数达570余张;舫前村依托竹林、古寺庙宇,与象山影视城合作,打造影视外景拍摄旅游基地,全年共拍摄剧组8个。做好"以节促旅"文章,举办第四届樱桃采摘节、第四届萝卜团节、首届企业文化节暨第三届登大雷山旅游文化节等大型节庆活动5场次。开展旅游招商,签订方家岙村现实版QQ农场、四季果园项目合作协议,方家岙高端民宿项目及溪里方恭房、仁三房等古建筑民宿项目正在和投资方加紧洽谈中。创新营销手段,加强与各旅行社、景区的区域联合,推行"互联网+"经营模式,组团参加2016中国休闲博览会,拓展墙头旅游营销渠道。2016年,全镇接待游客人数突破12万人次,旅游经济综合收入突破1500万元。

【美丽集镇】 对接县域总体规划及其他专项规划,强化规划引领作用,按照"四纵四横"的建设格局,编制完成镇域总体规划、美丽集镇品质提升规划以及老电影院、老卫生院、海山公园等重要节点详细规划并完成初稿。象西线路灯改造亮化工程完成发改立项、造价审核、政府采购等工作,进入施工阶段。杏花路人行道改造工程完成图纸设计、发改立项,进入招投标阶段。镇区"五线入地"工程涉及的电力、广电、电信等部门完成管线设计,正在进行施工图纸会审;环城路建设完成了测量放样,土地政策处理完成了60%;原墙头供销社危旧房改造的9户居民有8户申请签字,另一处800平方米的商业用房完成拆除工作。

【美丽乡村】 编制村庄规划,除搬迁村以外各村均完成村庄整治规划初稿,县级"一事一议"项目实现镇域全覆盖。建设生态设施,在西沪、吊水岩、塔岭、白墩、亭岙等5村建设分散式污水处理设施,其中吊水岩、白墩、亭岙3村完工并通过验收。打造示范村庄,溪里方、方家岙精品村创建工作有序开展,成功创建浙江省住房改造建设示范村2个,市最洁美村庄2个,县美丽庭院示范村2个,溪里方、墙头分别获评省、市历史文化名村,成功创建溪里方省级美丽宜居示范村、市级历史文化保护特色村。强化环卫保洁,实施建筑垃圾和沿线环境整治服务外包,在西沪、下沙、孙家、盛王张等四个村推行垃圾分类,构建农村生活垃圾分类示范带,成片打造安居宜居美居乡村。公共基础设施日趋完善,建成文化礼堂2个、农村污水处理设施5个村,完成农村饮用水工程2个,建成县级森林公园2个。

【专项工作】 坚持"控增量、减存量",打好"三改一拆"组合拳,实现拆违面积4.36万平方米,完成年计划的125%,通过市"无违建镇"复核。开展"两路两侧""四边三化"行动,整治镇域范围蓝色屋面3万平方米,治理废弃石场2座,整改坟墓46座。深化"五水共治"行动,落实"河长制"及"四员合一"一体化管理模式,强化面源污染治理,拆除畜禽养殖场30余家,通过"清三河"达标镇复评。落实"一打三整治""定人定船"制度,加强"三无"渔船排查和海洋伏季休渔管理,基本完成亭溪片西沪港"地笼网"整治工作。

【公共基础设施】 提升联网公路,实施象西线-大周路、吊水岩-珓背丘山根俞、象西线-方家岙等联网公路提升工程3条,总里程4.7公里,均完成图纸设计、发改立项,进入招标阶段。深化治水强基,长垄山等四座山塘维修加固工程、下沙村节水灌溉工程均完工,大雷溪1公里段的溪坑整治工作进入招投标阶段,吊水岩、亭岙两村农村生活饮用水工程通过完工验收,实施塔岭、西沪村自来水管网改造工程。加强村镇绿化,开展义务植树活动,实现河道绿化2000米、农村道路4500米、中心城区绿化3500平方米,开展方家岙、舫前、岭下、塔岭四个村"一村一树"示范创建工作,建成方家岙、吊水岩两村县级森林公园,加强防火宣传,做好野外火源管控工作,森林抚育面积53.33公顷,完成省级森林城镇建设的申报及初验工作。

【计教文卫协调发展】 教育投入继续加大,墙头中心幼儿园迁建前期工程，涉及农房、土地的政策处理基本完成，上报“农转用”审批手续，设计方案正在完善中。健全教育教学奖励办法，墙头学校中考成绩优异，学校校长、幼儿园园长分别被评为优秀校长、优秀园长，墙头学校被评为浙江省中小学最美校园。文化阵地日益壮大，新增农村文化礼堂2个，下沙、西沪、塔岭等村文化礼堂举办了海边人讲渔故事、萝卜团节、“军民乒乓球友谊赛”、文化走亲等活动，《下沙村赞》在全县村歌比赛中获得第一名；文艺创作逐步活跃，成立墙头镇文联和亭溪戏剧艺社，整合文艺团队11支，举办了企业文化节、登山节、“村晚”、樱桃节、运动会、大糕节等农民文化艺术节。计生工作稳步推进，优化计生服务，做好全面二孩政策的宣传和落实，扎实推进“关爱老人活动”“折翼天使护航行动”，关注计生特殊家庭。文明创建深化推进，申报市级卫生村2个、市级无烟单位1个，组织溪里方、方家岙分别创建国家级、省级文明村，新增“春泥计划”实施村1个，开办假日学校兴趣班3个。

【社会保障】 农村低保应保尽保，城乡居民医疗保险率达98.5%，推进就业创业服务，办理就业、创业人员社保补贴13人、灵活就业登记10人、创业带动就业岗位补贴11人；开发公益性岗位11个，各村劳动力资源调查完成100%。扩展社保覆盖面，办理本地户籍各类养老保险230人、城镇居民医疗保险633人、被征地养老保险282人。强化劳资纠纷调处，开展对用工企业的日常巡查和专项检查，及时掌握动态信息，建立困难职工互助帮困机制和企业退休社会化管理新模式。养老服务体系日趋完善，新建集中式居家养老公寓、居家养老服务站各2个，全面完成墙头敬老院消防安全改造，关停无法消除安全隐患的家庭式民间养老院6家。加强救助体系建设，审核续保救助对象566名，发放各类低保、残保、救助、优抚资金580余万元。

【社会秩序和谐稳定】 以创建“平安墙头”“法治墙头”为目标，加强社会管理创新，全力维护社会稳定，圆满完成G20杭州峰会等重大活动的维稳安保工作。推进“两网融合”，深入开展“网格化管理、组团式服务”和平安信息系统建设，重新划分网格46个，调整各网格长、管理员70名，镇综合指挥室初步设计方案和效果图完成。深入开展重大安全隐患、矛盾纠纷和不稳定因素集中排查，年内开展各类矛盾纠纷排查26次，共排查出各类矛盾纠纷和不稳定因素24起，化解23起，受理办结群众来信来访52件、网络投诉59件。强化重点特殊人群管理，严密重点敏感时期和重大活动期间管理稳控。加强农家客栈、学校、养老机构等重点区域社会治安突出问题排查整治，严厉打击传销、邪教活动。加强专兼职巡防队伍等治安防控体系建设，安装高清视频监控22个村84只、独立烟感报警器1200个，招收专职巡控队员8名，新增配专业巡逻电瓶车5辆，健全社会治安防控体系。

【基层党建】 圆满完成镇党委、人大、政府和“两代表一委员”换届工作，党委换届试点经验在全市交流推广；科学制定基层党建三年行动计划，探索“党建+”发展模式，打造乡村旅游党建示范精品带；扎实推进“两学一做”学习教育、星级争创活动，规范农村基层权力运行工作，严格落实基层党建“对标落实”27条规定，全面实行村干部坐班值班制度，推行“和村惠民四步法”，规范村小微权力运行机制，确定农村五星党组织6个，四星10个，三星7个；实行村级干部“领头雁”、后备干部“春苗”培养工程，选派“第一书记”3名，完成软弱落后党组织整转提升行动；加强干部队伍建设，全面落实中央八项规定，开展正风肃纪检查，深化巩固作风建设成果。

【廉政建设】 坚持“党委主体领导，党政齐抓共管，纪委协调监督，部门各负其责”的领导体制和“一岗双责”工作机制，执行中央“八项规定”、省委“六个严禁”、《廉洁自律准则》《纪律处分条例》和《问责条例》，把纪律和规矩挺在前面，落实廉政建设“一岗双责”，严格用制度管权管事管人。坚持厉行勤俭节约，反对铺张浪费，严控“三公经费”。加强政府投资项目管理，完善政府采购制度、财务管理制度、工程建设保廉制度等廉政风险防控机制，推进“四风”整治和腐败惩治。加大纪检监察力度，共受理纪检信访举报28件，答复办结27件，办理党员违纪案件2个，县纪委转办直审案件5个。

【中共墙头镇第十二届代表大会第五次会议胜利召开】 1月15日，中国共产党墙头镇第十二届代表大会召开第五次会议,大会听取并讨论了镇党委工作报告和镇纪委工作报告,对领导班子总体工作情况及个人岗位胜任满意度进行了民主测评。

【墙头镇第十七届人民代表大会第五次会议胜利召开】 1月18日,墙头镇第十七届人民代表大会召开第五次会议,大会听取审议并通过了政府工作报告、2015年财政预算执行情况和2016年财政预算的报告、人大主席团工作报告,票决通过2016年实事工程项目。会议指出,墙头镇应深入贯彻落实党的十八大、十八届三中、四中、五中全会和习近平总书记系列重要讲话精神,坚持稳中求进工作总基调,围绕县委"双突破双驱动""一城四地"和镇党代会的部署要求,一心一意谋发展,一以贯之抓落实,统筹做好稳增长、调结构、优生态、惠民生、防风险等各项工作,推动经济社会平稳健康发展,为"十三五"开好局、起好步,奋力开启墙头经济社会发展新征程,为加快建设生态休闲桥海新墙头而努力奋斗。

【墙头镇方家岙村、溪里方村入选宁波十大"最洁美村庄"】 1月28日,方家岙村荣获宁波市首批"最洁美村庄"称号。11月24日,溪里方村荣获宁波市第二批"最洁美村庄"第一名,该镇连续两次获此殊荣。墙头镇在镇域范围内划片包干,强化监督检查,大力整治道路、村庄院落、乱堆乱放现象,通过采取辅导培训、横幅标语、LED显示屏、发放宣传资料等形式,提高村民参与"门前三包"责任制和门前屋后环境整治的积极性和主动性,营造"环境卫生,人人有责"的良好社会氛围,全力促使全镇农村环境卫生管理制度化、规范化、常态化,提升全镇农村环境卫生整体水平。

【举办首届企业文化节暨第三届登大雷山旅游文化节】 4月16日,墙头镇首届企业文化节暨第三届登大雷山旅游文化节在方家岙村开幕。来自全县企业及户外俱乐部的登山爱好者,共计3000余人徒步攀登大雷山。作为企业文化节的"开头戏",本次活动以"赏樱花、走古道、登大雷山、观映山红"为主题,主打休闲健身徒步行,线路总长8.3千米,途经方家岙水库、双龙潭、石鼓岭、映山红长廊、仙人洞、大雷山顶、天寿寺、樱花长廊。

【举办墙头村第四届樱桃采摘节】 4月24日,墙头村第四届樱桃采摘节开幕暨墙头镇优秀职工樱桃采摘活动在墙头村樱桃园举行。来自该镇43家企业的优秀职工代表和数百名游客一起,赏美丽山水、观精彩表演,进行了一场精彩纷呈的樱桃节游戏活动。通过筷子夹樱桃、蒙眼吃樱桃、吃樱桃比赛等新颖丰富的活动内容,丰富全镇广大职工精神文化生活,提升凝聚职工的归属感、认同感、自豪感,构建文明创建新格局,实现文化服务企业,企业带动旅游发展的目标。

【市委常委、组织部长杨立平到墙头镇调研】 4月26日,市委常委、组织部长杨立平一行到墙头镇调研乡镇换届试点工作,指出开展试点工作要落实好上级要求,研究透基层实际,发扬民主、依法办事,要深入考察掌握干部情况,从严做好人选把关,把党员干部思想政治工作做到位,把各项工作做实做细,为全市乡镇换届做好示范,确保圆满完成换届任务。杨立平还实地视察了墙头镇方家岙村、墙头

村基层党组织强村富民工作。县领导俞骏、陈兴立等陪同调研。

【省委书记夏宝龙到墙头调研民宿经济、新农村建设和古村落保护工作】 5月11日至12日，省委书记、省人大常委会主任夏宝龙到墙头镇调研民宿经济、新农村建设和古村落保护工作。11日晚，夏宝龙先后察看了方家岙村生态观光长廊、环溪观光游步道、露天健身广场、农村淘宝店等场所，对该镇美丽乡村建设取得的成绩表示肯定，他指出，方家岙正是通过“五水共治”“三改一拆”等专项行动，拆出了发展新空间，改出了村庄新面貌，治出了美丽新经济，实现了集体经济和群众收入的“双增收”，村庄通过环境治理走上了强村富民道路，继而又有财力继续发展建设，实现良性循环。次日，夏宝龙来到墙头镇溪里方村，实地察看该村创新试点垃圾分类、“厌氧+人工湿地”生活污水处理方式后，肯定农村源头治污、循环利用的模式，认为这种模式符合农村实际且低成本可复制，要求总结经验，抓好应用推广。省委常委、秘书长陈金彪，省委副秘书长、政研室主任李火林，省委副秘书长朱重烈、吴伟斌、吴伟平随同调研。市委副书记、代市长、市政协主席唐一军，市委副书记余红艺，市委常委、秘书长王剑波，市委副秘书长、办公厅主任朱金茂；县领导叶剑鸣、黄焕利、俞骏、余承嗣、干维岳等陪同调研。

【市委常委、宣传部长万亚伟到墙头镇调研】 5月18日，市委常委、宣传部长万亚伟到墙头镇溪里方、方家岙两村调研社会主义核心价值观培育和践行工作。万亚伟指出，农村是社会主义核心价值观落细落小落实的关键点，墙头镇溪里方、方家岙在“三美”乡村建设方面一直走在前列，发挥农村各项文化载体功能，依托家风家规家训、村风村规，挖掘传成好地域文化，在公共服务开展、村容村貌改善、文明素质提升等方面狠下功夫，把社会主义核心价值观呈现出来。县领导罗来兴、陈淑萍等陪同调研。

【中共墙头镇第十三次代表大会胜利召开】 5月24日，墙头镇作为全市乡镇党委换届的试点单位，胜利召开中国共产党墙头镇第十三次代表大会，大会听取并审议了中共墙头镇第十二届委员会工作报告和纪律检查委员会工作报告，选举产生中共墙头镇第十三届委员会委员7名，第十三届纪律检查委员会委员5名，圆满完成乡镇党委换届试点工作，为下半年全市乡镇党委集中换届打下了良好的基础。

【墙头镇举行“针织行业职工技能比武”】 5月25日，由墙头镇总工会主办、镇妇联协办、宁波荣志服饰有限公司承办的墙头镇针织行业职工技能比武在七里亭工业园区举行。来自全镇针织行业的5支企业代表队，共计32名针织技术工人参赛。比赛项目分设平车、拷边、花色车、包装四个项目，选手们各显身手。经过两个小时的紧张而有序的竞赛，最后，经过评委审核，程建平、王亚珍、伊彩亚、秦敬严四位同志分获平车项目、拷边项目、花色车项目、包装项目一等奖。

【墙头镇举行第二届综合运动会】 6月4日，墙头镇第二届综合运动会举行。来自全镇各村、各行业的22个代表团、近420名运动员展开激烈角逐。此次运动会以“全民健身，健康墙头”为主题，以“参与、健身、团结、奋斗”为宗旨，设有定点投篮、踢毽子、跳长绳、拔河等项目。综合运动会是展示墙头新形象的大舞台，有助于促进全镇体育工作和全民健身运动蓬勃开展，推动省体育强镇复评工作圆满成功。

【省委常委、纪委书记任泽民到墙头镇调研】 6月15日，省委常委、纪委书记任泽民到墙头镇调研换届纪律保障情况，任泽民一行还来到墙头镇方家岙村、溪里方村，详细了解基层组织建设、农村小微权力规范运行情况，并察看了垃圾分类、古村落保护、乡村旅游及民宿经济发展等情况。任泽民强调，要坚持以“零容忍”的态度严明换届纪律，向所有党员领导干部发出明确信号，对违反换届纪律的问题坚决做到发现一起、查处一起，确保换届纪律不折不扣执行，确保换届工作风清气正。市委副书记唐一军，省纪委常委、秘书长陈章永，市委常委、纪委书记李会光，市政府秘书长王建社，县领导叶剑鸣、黄焕利等陪同调研。

【庆祝中国共产党成立95周年暨“七一”表彰大会】 6月30日，墙头镇召开庆祝中国共产党成立95周年暨“七一”表彰大会，共有来自全镇40个基层党组织近700名党员参加会议,重温入党誓词。墙头镇党委对2015年度墙头镇五星级农村基层党组织、先进基层党组织、优秀党务工作者和部分优秀共产党员进行现场颁奖表彰。

【省委宣传部副部长黄明辉到墙头镇调研】 7月7日,省委宣传部副部长黄明辉到墙头调研精神文明建设工作。黄明辉一行实地走访溪里方村和方家岙村,对两个村整洁的村容村貌大为赞赏,并对家风家训建设成绩表示肯定。鼓励该镇结合美丽乡村建设和示范创建活动,发挥农村各项文化载体功能,依托家风家训、村风村规,挖掘传承好地域文化,在公共服务开展、村容村貌改善、文明素质提升等方面狠下功夫,推进乡风文明建设,深化拓展精神文明建设。市委宣传部副部长李正平,县领导罗来兴等陪同调研。

【省司法厅副厅长马时明到墙头镇调研】 8月3日,省司法厅副厅长马时明一行实地考察了墙头镇方家岙村民主法治示范村建设情况,参观了该村法治宣传长廊,了解基层法制宣传活动开展、法治文化建设推进等情况,要求创新丰富法治宣传的理念和教育形式,对不同群体、不同对象开展有针对性的普法宣传教育,发挥法律援助的作用,引导村民们学法用法;要利用好村级矛盾纠纷调解员的作用,尽量把矛盾纠纷化解在第一线。市司法局党委委员唐国平,县司法局局长贺挺等陪同调研。

【下沙村亮相央视特别节目《一带一路》】 8月30日,墙头镇下沙村作为"水韵宁波"的一个重要节点在中央电视台中文国际频道(CCTV-4)《远方的家》大型系列特别节目《一带一路》中的第二集《海定波宁 水韵宁波》中播出,展现象山港渔村的特有魅力。4月,《远方的家》栏目组赶赴下沙村为《海定波宁 水韵宁波》采风取景,在滩涂上拍摄渔民骑海马、抲望潮、捉跳跳鱼、采海苔、捉沙蛏等传统近海作业方式,记录时代变迁中,象山港渔区渔业生产方式的传承与发展。

【墙头镇推广农村垃圾分类处理】 9月21日,墙头镇西沪村举行农村垃圾分类处理启动仪式,洋北、下沙、孙家等4个实施村参加。仪式上,墙头镇对该村6个包干片区进行授牌,并邀请了试点村溪里方村的农村垃圾分类工作负责人对西沪村村民的垃圾种类的鉴别进行授课培训。从7月份起,为深入开展生活垃圾分类处理与循环利用工作,墙头镇成立垃圾分类工作领导小组,并出台实施方案、考核办法等相关文件,确定西沪、下沙、盛王张、孙家、洋北五个行政村为第一批示范村,实施农村垃圾分类处理推广工作。

【墙头镇县、镇两级人大换届选举】 12月13日-14日,墙头镇举行县、镇两级人大换届选举。本次墙头镇县、镇两级人大换届选举共分为5个大选区、35个小选区、77个选举单位,登记选民共计20612人,参选率为93.15%,共设置固定投票站3个、流动票箱123个,最终选出县人大代表10名、镇人大代表59名。

【召开墙头镇共青团第十八次代表大会】 12月22日,墙头镇共青团第十八次代表大会胜利召开,大会听取并审议通过了共青团墙头镇第十七届委员会工作报告，并成功选举产生共青团墙头镇第十八届委员会委员9名，创新进行了共青团墙头镇重点工作项目的票决，圆满完成乡镇团委换届试点工作。

表92　　2016年墙头镇行政村经济情况一览

村 名	户数（户）	人口（人）	耕地面积（公顷）	水产养殖（公顷）	渔船（艘）	村级资产（万元）	村集体年收入（万元）	村集体年支出（万元）	书记	主任
合心村	144	434	18.4			336.18	62.43	191.37	俞　东	钱兴仁
吊水岩村	236	670	46.67			1801.34	474.98	666.64	俞开方	韩卫成
亭岙村	235	712	69.27			286.41	205.12	240.91	陈　旭	林　光
七里亭村	250	725	168			448.14	135.78	213.53	冯赛龙	郑三定
洋北村	625	1735	117.73	230	11	380.57	125.12	152.4	俞光红	俞伟达
桃湾村	74	210	11.27	20	1	395.63	226.68	342.46	王建祥	王建立
白墩村	168	475	38.47	58	4	303.18	133.24	111.09	胡仁德	胡存浩
大溪蒋村	275	725	51			606.92	144.97	722.86	蒋全备	蒋铭凯
黄溪村	587	1685	189.87	308	5	2021.07	177.18	237.5	董邦祥	董国定
塔岭村	250	715	64.4	9	1	558.03	66.58	120.64	潘永财	任东益
雷港村	330	897	106.67	168	1	318.34	115.56	143.41	张严肃	俞元良
蔡家岙村	340	886	68.2			250.04	356.27	473.03	蔡　旭	蔡敏剑
周家路村	168	465	24.93			517.97	290.76	310.23	谢云德	蒋素丞
毛洋岭村	32	98	10			47.5	23.18	26.6	王新杏	陈瑞行
墙头村	1205	3380	600	158	8	2250.07	711.03	814.54	张国利	黄月明
方家岙村	660	1870	292.53	42	3	987.5	498.5	1119.37	欧昌伍	徐国荣
溪里方村	249	675	62.4			895.85	413.61	400.81	方岳兴	方国辉
岭下村	268	745	211.73	22		328.93	33.82	363.77	陈德振	黄世清
舫前村	508	1481	149.73	362		522.74	333.07	546.07	张海军	王宝成
盛王张村	116	320	21.6	28		151.59	65.01	67	盛服军	张林贵
孙家村	185	547	44.6	41	4	239.09	50.76	66.41	孙　斌	孙东初
下沙村	372	1010	210.87	121	2	548.13	427.34	662.43	何春前	何培法
西沪村	108	282	35	133	6	277.61	100.5	116.68	徐荣富	马旭东

贤庠镇

【概况】 贤庠镇为象山港大桥桥头堡,北濒象山港,与宁波隔港相望,离宁波市区40公里,南距县城15公里,是浙江省省级中心镇、全国重点镇。区域面积66平方公里,耕地面积1666.67公顷,山林3066.67公顷,海岸线12公里,浅海滩涂1666.67公顷,辖1个社区、28个行政村。2016年,全镇实现社会总产值51亿元,年均增长21.4%;财政一般预算收入1.05亿元,年均增长10.7%;农渔民人均年收入20092元,年均增长11.9%。

【发展工业经济】 实施工业强镇战略,强化工业经济主体地位。2016年,完成工业总产值40亿元,规模以上企业产值22亿元,实缴工业税收 9000万元。制定和完善产业规划,岙里弄、东风工业城、老虎口、西泽塘、大中庄等5个功能性平台形成,工业功能区规划总面积20.4平方公里。引进千万元以上项目29个,其中亿元以上项目11个,德克尔、普思拓、华翔东方、龙德润、中石化宁波天翼装备、金汇精密铸造、日星铸造、顺能机械、兴元25兆瓦农光互补、九龙紧固件和新篁生物等一批重大级项目成功落地。完成合同外资1.1亿美元,年均增长28%;实到外资5000万美元, 年均增长25%;实到内资15.28亿元,年均增长31%,实现县招商引资工作金奖三连冠。加强科技创新、低碳发展和品牌创建,开发市级以上新产品10只,2016年完成技改投入7.3亿元,年均增长46%。优化发展环境,建立部门季度联席会议、村企沟通、月度汇报等保障机制,营造亲商爱商的良好氛围。

【推进农业经济】 2016年,实现农业总产值4.32亿元,年均增长20%,荣获县农产品先进乡镇、县农产品质量安全监管工作先进镇等称号。加大农业投入,投入近2亿元完成东塘河等3条水系中小河流域治理、13个村庄水环境治理等工程,建成优质稻米制种基地100公顷。实施标准农田地力提升工程176公顷,农田水利基础设施建设逐步完善。发展特色农业,做大做强石斛、月季、桂花等观光型农业产业,创建精品园3个,枫康养生园争创AAAA景区。深化土地流转机制,累计流转土地1500公顷,流转率85.8%,位居全县前列。加大科技增效力度,成立省级院士工作站1个,引进新品种、新模式15个,创市级品牌2个,完成农业科技项目2个。壮大农村集体经济,2016年全镇村级资产3.65亿元,村集体年收入6373万元,比2011年分别增长了132%、241%。

【商贸旅游】 按照打造“农业特色小镇”和“精品农业旅游带”的发展目标,坚持点、线、面一体化建设,全面提升以“民俗文化、乡村休闲、山地观光”为内涵的多元化旅游体系服务功能。以枫康石斛基地、月季花基地、沈家洋村、章家墩村为核心,突出旅游养生功能,休闲农业规模达到433.33公顷,枫康养生节、桂花旅游文化节、石斛文化节等节庆活动渐成规模。立足碶头陈、珠山岙等四个村,重点开发登山烧烤、田野风光欣赏、古村落游玩,碶头陈村“七彩花田”享誉县内外。“民宿、民食、民游”开始起步,碶头陈村民宿初具规模,全年5月份以来吸引游客5万余人次。

【优化全镇人居环境】 城镇综合服务功能得到提升,投入1000万元,建成贤庠镇社会服务管理中心、贤庠镇国土所、贤庠镇交警中队等一批便民服务中心;投入1200万元,建成镇综合文化活动中心、贺威圣故居、威圣公园、珠溪休闲文化广场等镇村文体活动场所;投入2500万元完成威圣路、17条农村公路等道路建设,随着环港公路、盛宁线建成通车,完善镇村道路基础设施;投入1.35亿元,完成镇中心区农房“两改”、官司塘农房“两改”和珠溪农房“两改”等农民安居工程。专项行动扎实开展,深入实施“一打三整治”行动,取缔涉渔“三无”船舶91艘,收回地笼网4000顶、清理串网45000米,有力打击各类违法违规行为;实施“两路两侧”“四边三化”行动,完成坟墓迁移322支,开展路边、河边、山边等区域洁化、绿化、美化行动,实现村庄整治全覆盖。实施“三改一拆”行动,累计拆除违法建筑33万平方米,改造各类危旧房50处,通过基本无违建镇验收。深入实施“五水共治”行动,建成1万吨级污水处理厂、101个水利项目,村级污水处理工程全面推开,25个村污水处理工程基本建成或运行,拆除畜禽养殖场85家、整改5家,成功创建市级水环境整治示范乡镇。推进美丽乡村建设，碶头陈村荣获省级住房改造示范村，民洋村、塘花园村荣获市级小康示范村，海墩村荣获市级特色村，全镇绿化率达65%，成功创建国家级生态乡镇。

【社会事业】 坚持以人为本，把改善民生放在突出位置。教学硬件得到全面改善，投入近1亿元，建成贤庠学校、镇成人学校、镇中心幼儿园、珠溪幼儿园；社会保障体系日益健全，投入1500万元，扩建镇卫生院，设立珠溪服务站体检中心，建成养老服务站点19家、集中式居家养老机构3家、养老院1家。文体事业百花齐放，建成文化礼堂7个，农家书屋29家，成功举办全市农村文化礼堂“七岁开蒙”礼仪活动，承办2016市农村文化礼堂“我们的村晚”文艺晚会。加强社会综合治理，成立城管中队、镇专职消防工作站和贤庠交警中队，启用治安巡控中心，推行“挂销号”工作制度，设立“老娘舅”工作室，完善“一张网”基层治理网格体系。全面落实计划生育政策，开展计生特殊家庭帮扶活动。开展婚丧礼俗整治工作，农村大操大办等奢靡之风得到有效遏制。加强生产、交通、消防、食品药品、宗教和民间信仰等领域的安全监管，连续三年被评为县社会管理综合治理先进集体。

【加强党的建设】 巩固意识形态阵地，运用《大桥贤庠》刊物、“贤庠发布”微信和“贤庠宣传”微博，及时宣传党的路线方针政策，正面宣传镇的工作动态和典型事例，取得了良好的社会效果。深入开展党的群众路线教育实践活动和“两学一做”学习教育，践行“一线工作法”，开展“接地气、强宗旨”活动，密切党群、干群关系。深化机关干部执行力建设，开展“三严三实”活动，制定实施“岗位对责、绩效对账”考核细则，干事创业氛围更加浓厚。加强党的基层组织建设，开展农村党组织“星级争创”活动，规范村级重大事项“五议两公开”操作程序，推广落实“和村惠民四步法”，完成村级组织换届选举和村经济合作社股份制改革工作。落实党风廉政建设，学习贯彻《准则》《条例》，扎实推进惩防体系建设，严格落实《农村干部廉洁履职管理办法》，推行农村“小微权力”规范运行，开展农村党风廉政建设和“三资”管理双达标双示范活动。发挥人大、政协、工会、共青团、妇联、商会、人武、老龄、红十字等组织作用，凝聚发展“正能量”，促进社会和谐发展。

【贤庠镇召开述职述廉和民主评议会议】 1月13日上午，贤庠镇召开述职述廉和民主评议会议，镇党委书记汪成宏、县委第四检查组组长江立峰参会，会议由镇党委副书记、镇长鲍明灿主持。领导班子成员、机关干部、各村党支部及相关部门负责人共130余人参加会议。

1月13日上午，贤庠镇召开述职述廉和民主评议会议

【贤庠镇召开第十二届党代会第五次会议】 1月8日下午，贤庠镇召开中国共产党第十二届代表大会第五次会议，贤庠镇党委书记汪成宏代表中共贤庠镇委员会向大会作了工作报告，贤庠镇党委副书记、镇长鲍明灿主持大会并宣布大会开幕。会议回顾总结2015年主要工作，研究部署2016年重点任务，动员全镇上下立足当前、谋划长远，立足实际、精准发力，为贤庠省级中心镇发展注入强大动力。参会的有县、镇党代表，各党支部负责人及机关中层正职以上干部。

【“我们的村晚”在海墩村隆重开演】 1月28日，宁波市文化礼堂2016“我们的村晚”在海墩精彩上演。浓浓的年味集市，火一样的演出激情，热烈的观众气氛，又一次让海墩村沸腾。活动由宁波市农村文化礼堂建设工作领导小组、市委宣传部主办，象山县委宣传部、宁波广播电视集团经济生活频道承办，象山县贤庠镇政府、宁波歌乐文化传媒公司协办。整台晚会以“美丽家园我的梦”为主题，分为我们的乡村、我们的生活、我们的梦想三个篇章14个节目。节目全部由农民自创自演。

【开展节后环境卫生督查】 2月27日–28日，贤庠镇组织村妇女主任20人分5个小组利用双休日的时间分别对各村（社区）的道路保洁、垃圾箱管理、河道保洁、庭院整洁等方面的环境卫生进行全面检查。对督查中存在的问题，各督查组当即向各村（社区）主要负责人提出整改意见，要求他们抓紧整改，并通过镇妇联微信群进行通报，一方面引导群众规范日常行为，一方面督促各村加大环境卫生的管理力度，并常抓不懈，巩固环境卫生整治的成果，为迎接市环境卫生第二轮检查做好准备。

【庆祝“三八妇女节”活动】 为了纪念“三八”国际劳动妇女节106周年，营造良好的节日氛围，3月6日，贤庠镇妇联组织计生办、文化站等部门，举行“庆三八”妇女节文艺表演。整场展演共有越剧表演唱《游上林》、反串演唱《梁祝》等10个节目，吸引了周边众多观众慕名前来观看。活动在戏群舞《女驸马》中拉开帷幕。随后独唱《汉文皇后》将活动推向高潮，引来现场观众的阵阵掌声。活动现场，还通过有奖竞答环节开展宣传活动。重点宣传了婚丧礼俗、反家庭暴力法、食品安全、计生条例等与妇女生活密切相关的健康知识和政策。晚上，举行“云想衣裳花想容”旗袍专场展演。机关女干部、村

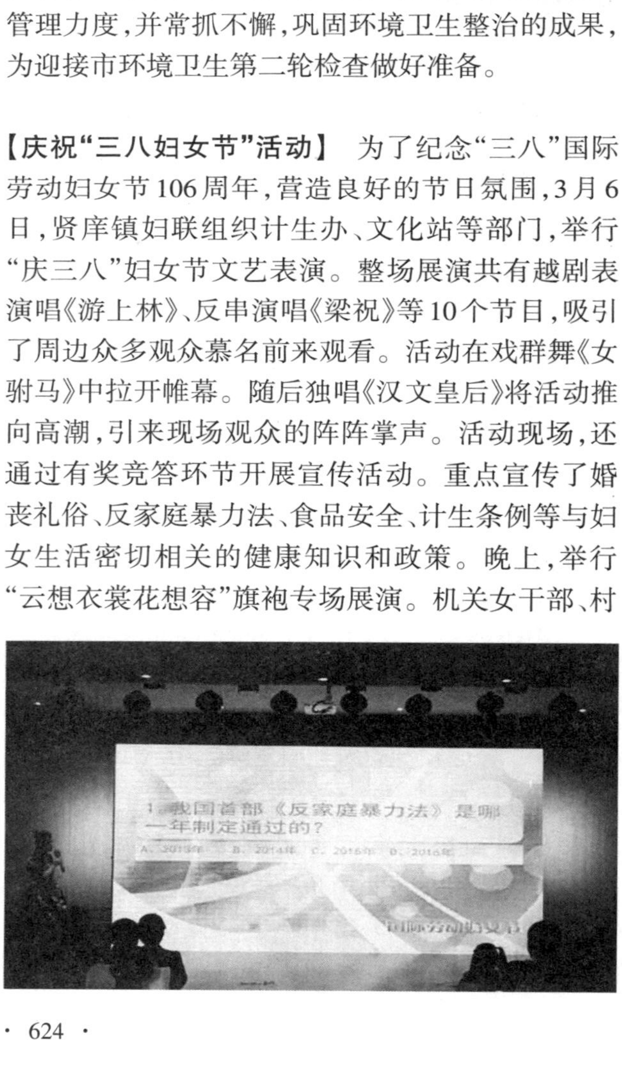

妇女主任以及各村文艺骨干换上一袭典雅的旗袍，优美的旋律配合着优雅的姿态赢得了在场观众的阵阵掌声，展示贤庠妇女传统的优雅、端庄和美丽，在带给人们视觉享受的同时，弘扬中国的传统文化。

【贤庠镇开展植树节活动】 大地回暖，万物复苏，又是植树好时节。3月7日上午，贤庠镇组织机关干部及所联系的县政法委、产业区、港航局等单位共计80余人来到彩虹家园北首，开展植树节集体义务植树播绿活动。

象山县委农办主任干文熙参与植树节活动

【工业经济暨开放型经济会议】 3月15日，在镇政府3号楼三楼会议室召开了全镇工业经济暨开放型经济会议，参加会议的有镇规模以上企业负责人、规模培育企业负责人、全镇各村党支部书记、镇属各有关部门、镇党政班子成员、镇工办全体成员，会议还特别邀请了县经信局、招商局、科技局、国税局、地税局的领导参加。顺能机械董事长葛贵文、贤庠信用社主任冯斌分别代表企业及部门进行了交流发言。县科技局副局长倪伟珍、县经信局副局长邱财学、县招商局副局长张富祥分别对镇工业经济的发展提出了指导意见。镇党委书记汪成宏进行讲话，肯定过去一年贤庠镇工业经济工作取得的成绩，提出2016年是“十三五”规划的开局之年，也是镇实现“三年升A类，五年破百亿”的关键之年，要以打造“临港装备产业带”“工业经济转型升级走廊”和“临港装备特色小镇”为抓手，全力构筑“一带一廊一小镇”工业新格局，实现贤庠工业特色发展、跨越发展。转变观念，适应新形式，以全新的思维去认识新常态、应新常态；加强研判，应对新挑战，

把握新形势、新政策，加快转型发展；稳中求进，迈上新台阶，企业要稳定传统市场，拓展新兴市场，提高市场份额和竞争力。

【贤庠镇举行陈淑芳同志先进事迹报告会】 3月22日，举行陈淑芳同志先进事迹报告会。县委宣传部宣讲团成员到贤庠镇作专题报告，全体机关干部和各村妇女主任聆听了这场报告会，陈淑芳也受邀来到现场。陈淑芳凭着对工作超乎寻常的热情、心怀对养殖户的深厚感情，在又脏又累的兽医岗位上勤勤恳恳工作了28年。她一边辛勤工作，一边刻苦自学，超越自我，从专科、本科到硕士研究生，2013年以46岁的"高龄"荣获扬州大学兽医学博士学位，成为浙江省畜牧兽医行业中的首位博士生。先后被评为省"三八"红旗手、省"五一"劳动奖章获得者、省首届"十佳兽医"，2016年1月当选为"最美宁波人""最美浙江人"，被誉为"畜牧天使"。该次报告会旨在通过陈淑芳同志的先进事迹，弘扬社会正能量，形成人人学先进的浓厚氛围，用身边人，身边事引导人，教育人，激励人。

【开展农村工作暨婚丧礼俗整治工作】 3月24日下午，贤庠镇召开农村工作会议，参加会议的对象有各村（社区）四套班子负责人、联村干部及相关单位负责人。会议由镇长鲍明灿同志主持。会议首先表彰2015年全镇新农村建设工作先进单位和个人。农业副镇长章剑威宣读《贤庠镇关于持续推进"两美贤庠"暨2016年新农村建设实施意见》和《贤庠镇关于持续推进"两美贤庠"幸福美丽新农村建设的奖励办法》。镇党委副书记王国辉同志就如何落实婚丧礼俗整治工作进行部署。要求落实责任，夯实基础、健全队伍、畅通渠道。在措施上更有力，厘清工作流程，严格监管和巡查，加大查处力度，让镇婚丧礼俗有较大改变、文明新风扑面而来。党委书记汪成宏肯定贤庠镇2015年度工作，指出2016年是实施"十三五"规划的开局之年，是推进中心镇转型发展三年行动计划的收官之年，围绕建设"现代化生态型临港装备工业中心镇"的总体目标，深化产城联动、产城融合，着力打造"两带一廊、两镇

一城"。强调：坚持用一二三产业融合发展的理念来发展农业，引入工商资本，加快发展精品休闲农业，着力构建"接二连三"的农业全产业链，提高农业现代化水平；深入开展专项行动整治，着力改变农村面貌，要以"背水一战"的决心和气势，一鼓作气、善作善成，继续抓好"三改一拆""五水共治"工作，推动城乡环境好转；壮大集体经济，促进农民增收"多条腿"走路，拓宽农民致富渠道；扎实推进"多彩贤庠、美丽乡村、幸福家园"建设，巩固成果，实施城乡品质提升行动，打造绿树成荫的生态线、多彩靓丽的风景线、特色彰显的观光线，建设美丽宜居新贤庠。

【贤庠镇"点、线、面"结合推进婚丧礼俗整治宣传工作】 自县婚丧礼俗整治工作会议召开后，贤庠镇

迅速成立婚丧礼俗整治领导小组，通过“点、线、面”结合的宣传方式，在全镇掀起宣传高潮，迅速推进婚丧礼俗整治工作。抓好关键“点”宣传。在每个自然村的公告栏或者人流密集处张贴《关于在全县范围内开展婚丧礼俗整治的通告》和《致广大市民朋友的倡议书》，并要求每个村的党员和四套班子成员签订《文明婚丧承诺书》，同时在各村落实相关人员及时上报本村婚丧事宜动态。联合两条“线”发力。民政线针对丧葬登记人员，发放婚丧礼俗宣传手册，并签订文明治丧承诺书，起到实打实的宣传警示效果。妇联组织发动各村妇女主任进行婚丧礼俗宣传，并利用“三八”妇女节文艺展演的机会开展婚丧礼俗知识竞答，让群众在问答中了解婚丧礼俗整治的相关内容。铺设全“面”宣传网络。通过“贤庠发布”微信公众号每周发布一期婚丧礼俗整治信息，报道整治行动相关内容及典型事例。通过应急广播在每周二、周四定时播放宣传录音。各村召开村民代表和党员会议，热议婚丧礼俗整治，并将文明婚丧条约写入村规民约中。

【东乡片四乡镇政协委员调研环港公路交通安全情况】 4月12日上午，贤庠、大徐、涂茨、黄避岙等4个乡镇的政协委员齐聚贤庠镇，对环港公路交通安全情况进行深入调研，提出建议。环港公路因其路况好，车辆少，频发交通事故，据统计，自开通以来，共发生69起交通事故，造成2人死亡、11人受伤。委员们认为，环港公路存在安全隐患较多，比如交通设施不够完善、道口太多、中间绿化带太高、接口落差太大等。建议：增加红绿灯，加装测速，并规范相应的标牌标识；在道口增加减速带；优化设置绿化带，避免遮挡视线；减少部分连接机耕路的道口。

【岑晁王氏举办首届宗亲联谊会暨领谱仪式】 4月24日早上，岑晁村农民会所喜气洋洋，舞台上“庆贺岑晁王氏宗亲首届联谊会暨领谱仪式”的横幅特别醒目，300多名王氏族人，齐聚一堂，共享盛宴。会上，岑晁王氏族长王东卿、联谊会发起人王庆华等人纷纷表示，举办联谊会，让宗亲们互相认识，加强沟通，加深感情。通过修订家谱，了解家族的历史和先辈们的奋斗事迹，可以激励后人本分做人，踏实做事。岑晁村王氏于宋末元初自福建泉州迁入，历28代，王氏在历史上是一个注重文化礼仪的家族，他们的先辈在这块土地上耕读传家，教化礼仪，绵延子孙有800余人，遍及北京、辽宁、定海等二十余地。2008年，由王庆华牵头、王永生主持对族谱进行重新修订，通过查阅大量历史资料、根据线索进行寻访，经过8年的时间整理成册。该次族谱的编撰，系中华人民共和国成立后第一次，书中收录了“岑晁王姓起源与发展”“岑晁村的演变”“王氏名人”等，为王氏的文化传承作出一点微薄之力。

【贤庠森盛月季花基地迎来大批赏花游客】 五一期间，在贤庠镇章家墩村，宁波森盛月季研究有限公司的9万余株树桩月季争奇斗艳，娉婷开放。慕名前来的观光客穿梭在花丛中，不停地拍照留念。树桩月季，又称月季树、玫瑰树，是由一个直立树干通过园艺手段（扦插、养根、育干、嫁接、修剪、整形等），培育出来的一种新型月季。3月底，树桩月季就陆续开花了，花期持续到12月份。树桩月季按树桩的树龄及造型标价，三四十年的直形树桩月季售价在500元至1000元之间，树龄上百年、造型又奇特的树桩月季，售价则要高达上万元。宁波森盛月季研究有限公司是县“浙商回归”引进项目，其公司总部苗圃基地在“中国月季之乡”——河南省内乡县。趁着“浙商回归”大潮，公司在章家墩和东风村流转18.67公顷山地，建成树桩月季种植基地。

【县“一下移两下沉”巾帼服务下基层暨国际家庭日主题活动在贤庠海墩村举行】 为迎接5·15国际家庭日的到来，5月12日下午，由县妇联、县文明办联合主办，贤庠镇人民政府承办的“一下移两下沉”巾帼服务下基层暨国际家庭日主题活动在贤庠镇海墩村举行。活动包括“我爱我家”文艺演出、“乡村厨娘”风采展、“美丽庭院”微景观展及妇女维权、妇幼保健知识咨询服务。由各个乡镇特色美食组成的“乡村厨娘”风采展展示了乡村厨娘巧手能干、热爱生活、热爱家乡的美丽风采。大院内小吃摊人头络绎不绝，各个摊主位马不停蹄地赶制美味。贤庠枫康的养生菜石斛花、土鸡蛋、黄避岙的花色点心、高塘的荷赖头等美食让人垂涎欲滴。

【第二批新疆校长到贤庠学校参观学习】 5月10日，第二批来自新疆库车地区农村学校的52位校长，在宁波教育学院老师的带领下，来到贤庠学校参观学习。在贤庠学校顾逢生校长的带领下，新疆校长们饶有兴趣地参观了该校的三模和风筝制作室、美术室、红领巾税校、贤丰苑农场、智贤楼大厅、图书馆、健贤楼等地方，富有特色的各式风筝、三模、美术作品、税收宣传活动和体验馆、农场种植、泡塑作品、贤文化布置等，引来新疆校长们的啧啧称赞，流连忘返。

【开展农产品消费安全宣传活动】 6月7日，贤庠镇食药安办汇同大徐市场监督所、农安、水产、畜牧、科普等9部门在岑晁菜场、珠溪菜场开展了以“创建省级农产品质量安全放心县，保障农产品消费安全”为主题的宣传活动。该次活动首次采用集中宣传和入户宣传相结合的模式，双管齐下加大宣传力度。集中宣传活动现场，工作人员通过悬挂横幅、咨询台、发放宣传资料等在人群密集区进行定点宣传。入户宣传，以市场监督管理所和农安为主，对重点食杂、农产品销售点进行深入宣传。该次活动共发放《创建农产品质量安全放心县宣传资料》《新食品安全法》等宣传资料1000余份，接受咨询20余人次，入户宣传30余户，营造了食品安全社会共治的良好氛围。

【定人联船工作】 贤庠镇落实定人联船工作，将工作人员分为6个小组，由班子成员担任组长，联村干部担任成员，对全镇84艘有证渔船进行分组检查，将分组情况在各村进行张贴公示。章剑威强调，“幼鱼保护攻坚战”和“伏季休渔保卫战”的关键阶段，镇政府将会同相关部门对使用、随船携带以及制造、销售、维修“一电四网”禁用渔具的行为予以打击，并对严重偏离最小网目尺寸标准的违规网具予以取缔。贤庠镇在继续加大对港口码头的全面排查管控之外，重点针对市场、饭店等场所开展巡查、突击检查等行动，做到全覆盖、不遗漏。各有证渔船船主还签订《渔船船主（船长）依法依规生产承诺书》。

【实施“清网”行动】 7月19日上午，贤庠镇联合有关部门实施“清网”行动，扎实推进渔具整治，狠抓源头管控，根据《浙江渔场渔具专项整治工作意见》相关规定，贤庠镇政府联合县海洋与渔业局、县渔业执法大队、西泽边防派出所等单位开展为期5天的“清网”行动。对小蔚庄到蒲门沿海15海里的滩涂的禁用网具进行清理，共涉及小蔚庄、海墩、岑晁、青莱等13个村。该次行动出动渔船2艘、渔政船1艘，工作人员30余人，当天，共清理地笼网、滩涂串网等浅海、滩涂禁用网具3000余米。

【开展专项整治行动】 8月16日,贤庠镇政府与县渔政执法大队、西泽边防派出所联合开展专项整治行动,中午12时,县渔政执法大队到达象山港海域进行巡逻,查看是否有违禁垂钓者,并蹲守于黄避岙基地布置下一步工作,晚上19:30分,联合行动组在小蔚庄5000吨码头、西泽渡轮码头、大桥桥墩处对非法营运与非法垂钓行为再一次进行突击检查,在这次突击检查中共扣押非法营运载客三无船舶2艘,有证捕捞渔船1艘,驱赶大桥底非法垂钓者80余名。11月29日,镇农办组织工作人员对全镇9个滩涂上的非法网具进行集中清理,此次行动共清理串网1000余米、砍断毛竹300余根(串网工具),清理地笼网1000余顶。

【象山县重大项目联动集中开工活动在贤庠镇举行】 8月10日上午,象山县重大项目联动集中开工活动在镇西泽塘区块举行。金汇精密制造项目、普思拓金属科技项目以及高塘岛乡直落岙地块太阳能发电项目、象山县农村信用合作联社综合办公大楼、象山申菱广场项目、石浦港海岸带综合整治及修复工程等6个项目集中开工。市委常委、秘书长王剑波宣布开工。县委书记叶剑鸣致辞。县委副书记、县长黄焕利主持开工仪式。金红旗、白国璋、俞骏等县四套班子领导出席仪式。

【县"十三五·话担当"微型党课巡回宣讲走进贤庠】 8月17日晚,县"十三五·话担当"微型党课宣讲团在贤庠镇三楼大会议室上党课。市场监管局罗军、丹城第五小学吴小燕、人力社保局樊梦娇、文峰学校魏巍、农林局张殷颖、气象局金靓、机关幼儿园张珊珊等七位老师用短短几分钟时间,从自身岗位出发,结合自身理解,谈人生理想,讲身边的优秀事迹,以小见大,阐述自己对"十三五·话担当"的理解,形象生动地展现了基层党员干部在日常工作中勇于担当的精神面貌。《放下,也是一种担当》《以手之式,为担当代言》《创新之路、担当起步》《真正的船长》《以梦为马》《"差不多"再见!》《最美的姿态》等7个微型党课主题鲜明、语言生动、内容充实、极富感染力。

【贤庠镇迎来省美丽乡村示范县创建核查】 8月30日,以省农办副主任严杰为组长的"省美丽乡村示范县创建"核查组,到碶头陈村开展核查验收工作。市委副秘书长、农办主任杨胜隽,县领导叶剑鸣、黄焕利、俞骏、干维岳等陪同考察。省、市领导详细考察农村生活污水处理、垃圾分类、"五水共治""四边三化"等工作开展情况,重点对碶头陈村,枫康石斛基地进行参观考察。核查组对镇示范创建工作予以肯定,镇党委书记汪成宏表示,镇将以此次考核验收为新起点,继续深化美丽乡村建设,拉高标准补短板,做好美丽乡村点、线、面文章,提升镇美丽乡村的美丽度,力争创出特色。

【中共贤庠镇第十三次代表大会胜利召开】 10月22日,中国共产党贤庠镇第十三次代表大会开幕。会议通过无记名投票选举产生汪成宏、鲍明灿、王国辉、钱钧、李萍、应爱玲、包艺峰、徐爱军等8位镇党委委员,应爱玲、史美挺、朱一林、张勇、谢晓腾等5位镇纪委委员。闭幕式上,县委副书记俞骏出席会议,他肯定贤庠镇过去五年所取得的成绩,并对新一届党委、纪委班子以及广大党员干部提出了4点要求:加强党委班子自身建设;推进经济社会各项事业;忠实履行代表职责,发挥代表作用;全面推进基层党建提质升级。

【贤庠镇开展“12·4”全国法制宣传日宣传活动】 12月2日上午，贤庠镇司法所、禁毒办、团委的工作人员来到岑晁菜市场、公交车站开展“12·4”法制日宣传活动，为全镇百姓提供法律咨询，营造浓厚的法治氛围。活动现场，设置法治宣传横幅、宣传展板等，工作人员向周边群众发放宣传手册并宣传法律援助等与村民生产生活密切相关的法律法规知识，现场为群众解答问题，教育引导大家牢固树立宪法意识、增强宪法观念。该次宣传活动共发放各类法律宣传资料共计200余份，解答群众法律咨询7人次，形成了良好的舆论宣传氛围，使“12·4”全国法制宣传日更加深入人心。

【“民间公益环岛行”走进贤庠】 12月9日上午，由县委两新工委、县民政局等多单位协同推进的“民间公益环岛行”活动于贤庠镇岑晁菜场开展，吸引大量村民。活动中，工作人员以图板展示的形式向村民们展示老妇女主任公益项目、婚姻家庭服务公益项目等全县部分优秀公益项目以及陈淑芳等最美象山人事迹，宣传公益理念。镇城建、计生等部门党员志愿者均发放宣传册宣传城乡规划法律法规和计生知识，为村民们提供咨询服务。

【贤庠镇第十八届人民代表大会第一次会议胜利召开】 12月22日-23日，贤庠镇召开第十八届人民代表大会第一次会议。大会应到代表64人，实到代表62人，符合法定人数。会议依法选举产生新一届贤庠镇人大和政府领导班子。王常员当选为镇人大主席，鲍明灿当选为镇人民政府镇长，鲍于钊当选为镇人大副主席，庞伟总、徐奇、王森栋、吴丹君当选为镇人民政府副镇长。当选人员向《宪法》进行庄严宣誓。

泗洲头镇

【概况】 泗洲头镇地处象山西南部，东濒茅洋乡，南临宁海县长街镇，西南连宁海胡陈乡，西北接西周镇。镇域面积74平方公里，人口1.8万人，下辖21个行政村，耕地1000公顷，山林5000公顷。镇内生态资源得天独厚，东临蟹钳港，生态湿地浅海小海鲜资源丰富。镇域森林覆盖率接近70%，坐拥两大名山，南有被誉为“浙东第一壮观”的灵岩山，海拔388米，北有空气负离子含量极高的“天然氧吧”白仙山，主峰540米，青山绿水碧野，是发展休闲养生、旅游度假之胜地。正在建设中的三门湾大桥及接线工程经过镇区域，建成后必将极大改变交通区域格局。是全国环境优美镇、省级生态镇，先后荣获市幸福美丽新家园创建先进镇乡、市级“无违建”创建首批先进乡镇、县工业经济先进单位、县现代农业强镇和县新农村建设先进镇乡等荣誉。2016年，泗洲头镇围绕“工业强镇、农业兴镇、生态立镇、旅游富镇、和谐稳镇”的战略重点，紧扣“保增长促转型、惠民生促和谐、强党建促发展”的工作主线，倾力打造现代化生态型美丽休闲乡镇，经济社会取得了平稳健康的发展。全镇实现社会生产总值26.9亿元，全社会固定资产投资2.5亿元，财政一般预算收入7117万元。

【工业经济】 坚持工业经济稳增促调，全年实现工业总产值21.4亿元，增长16%，其中规模以上企业产值19.7亿元，增长18%。企业培育成效明显，净增2000万元规上企业2家，完成合同外资745万美元,实际外资314万美元,实际内资1.03亿元,省外资金7967万元,均完成或超额完成县下达的目标任务。完成自营进出口额1.2亿美元,增长13%。服务企业力度加大,帮助企业解决两证补办、融资、用地、就学等各类问题54个。

【农业经济】 发展优势特色农业,提升水产、杨梅等万亩主导产业发展。开展农业基础建设,累计投入2475万元建成农业水利项目19个,其中完成生活污水、农民饮用水、穿村溪坑整治等项目9个,完成粮食功能区建设86.67公顷、海水标准池塘改造163.33公顷,杨梅产业示范园区项目基本建成。农民组织化水平提高,成立镇农民经济合作组织联合会。

【乡村旅游】 依托独特生态资源、丰富现代农业产业及新农村建设成果,"三位一体"发展乡村旅游,初步形成生态休闲、烧烤垂钓、花海艺术、林果采摘、户外运动等一批乡村旅游基地。以"赏农家景、住农家屋、吃农家菜"为核心,开展旅游系列活动,金家岙"爱情味稻"、横埕国学讲堂、灵岩山户外攀岩、肖胡花海观赏等一批新兴旅游项目渐成规模。农家乐、农家客栈量质齐升,全镇建有农家乐6家,农家客栈15家,床位达到250张,建成精品特色民宿1家,接待游客约15万人次。

【美丽乡村建设】 推进美丽乡村建设,完成西洋、大理2个提升村创建,共建成提升村17个、特色村3个、全面小康示范村5个。肖胡、何婆岭两村获得2016年度新农村建设先进集体。美丽集镇建设迈出实质性步伐,列入县首批试点乡镇,编制完成美丽集镇建设提升三年行动计划,完成核心区块拆迁,兴洲路及文化广场项目开工动建。

【专项行动】 打好"五水共治""四边三化""三改一拆""两路两侧""一打三整治"等专项行动组合拳,常态化、长效化工作机制初步建立。以"清三河"为重点,完成21个行政村的污水处理工程,实现全覆盖,拆除畜禽养殖场4家1271平方米,通过"清三河"达标县创建验收。继续巩固"三改一拆"成果,2016年新增拆违3.12万平方米,16个行政村1.2公顷完成村庄梳理式改造。深入推进农村环境卫生综合整治,做好人员、资金、区域、考核评比等"四整合"工作,实行10小时动态保洁制度,环境卫生状况大幅改善,全域化、常态化、长效化保洁机制基本建立。在县创建办2016年第三、四季度镇乡(街道)农村环境卫生环境评比中位列第二名、第一名。

【社会事业】 优先发展教育事业,完成墩岙塘小学教学楼重建、镇幼儿园户外场地改造、中心小学教学楼、镇幼儿园墩岙塘分部教室内外墙面修缮等工程,改善办学条件。加强镇卫生院信息化建设,强化公共卫生服务,开展老年人、妇女、学生等全年龄段免费健康体检,创建市级卫生村2个。抓好人口计生等各项管理,全面二孩政策得到全面落实,提升人口素质。推进"大调解"机制建设,发挥"和事佬"民间组织作用,社会大局保持和谐稳定。

【中共泗洲头镇第十二届代表大会第五次会议召开】 1月12日,中共泗洲头镇第十二届代表大会第五次会议召开,与会代表深入贯彻落实中共十八大和十八届三中、四中、五中全会以及习近平总书记系列重要讲话精神,按照县委的总体部署,总结回顾2015年工作,研究部署2016年任务,动员全镇广大党员干部群众围绕"建设美丽乡镇、创造美好生活"目标,抢抓机遇、攻坚克难,为加快建设"两美"泗洲头而奋斗。

【泗洲头镇第十七届人民代表大会第六次会议召开】 1月18日,泗洲头镇政府召开第十七届第六次人代会,会上,镇长周元能代表泗洲头镇作2016年政府工作报告。会议总结2015年的工作,对2016年工作做出部署。会议指出,全镇人民要在镇党委的领导下,坚持"创新、协调、绿色、开放、共享"五大发展理念,贯彻实施"双突破双驱动"发展战略,重点做好发展特色经济、加快镇村建设、保障和改善民生、构建和谐社会、坚持依法行政五项工作,深化改革创新,全力攻坚破难,加快实现"两美"泗洲头蓝图,促进经济社会平稳健康发展。

【举办泗洲头村首届"村晚"】 2月4日晚,泗洲头村首届"村晚"在泗洲头镇中心小学活动中心举办,活动现场人声鼎沸,曲艺歌舞、相声小品等节目异彩纷呈,使居民群众们提前感受到了春节的氛围。

【党风廉政建设工作会议】 3月9日，泗洲头镇召开党风廉政建设工作会议，由各村党支部书记、村主任、自然村负责人、全镇干部及基层站所党组织负责人参加。并与各村书记现场签订党风廉政建设责任状，与全体干部签订廉洁承诺书。

【植树活动】 3月10日上午，泗洲头镇携手县公安局、司法局、党校等部门单位，组织近百名乡镇干部和青年党员志愿者在西洋村开展义务植树活动，为西洋村溪坑两侧增绿添彩。下一步，泗洲头镇将继续推进绿化造林、水质治理、环境整治等各项工作，优化生态环境，提升人居生态环境水平。

【婚丧礼俗整治宣传进校园活动】 3月23日，泗洲头镇组织青年志愿者和智联分会成员到镇中小学开展婚丧礼俗整治宣传活动，向广大中小学生宣讲文明婚丧礼俗，并发放《破陋习树新风，做文明婚丧践行者——致广大家长朋友的倡议书》，以"小手牵大手"模式，带动家长树立婚丧礼俗文明新风，将依法、文明、节俭操办婚丧喜庆事宜的良好社会风尚落实到各村各人。

【民兵整组点验活动】 3月31日，泗洲头镇举行2016年度民兵整组点验活动。此次点验召集泗洲头镇海上侦察分队、扫雷船中队、补队、信息站分队等4支队伍，60余人。

【"游外婆家、吃外婆菜"乡村旅游活动】 4月2日，以"游外婆家、吃外婆菜"为主题的乡村旅游活动在何婆岭村隆重举行。一项项趣味横生的民俗体验活动，一道道鲜美的"舌尖美食"，吸引了上千名游客纷至沓来。

【"两学一做"学习教育动员会】 5月10日，泗洲头镇召开"两学一做"学习教育动员会，由全镇21个行政村党支部书记、企事业党组织负责人及全镇干部80余人参加。会议传达县"两学一做"动员部署会议精神，解读县"两学一做"实施方案。同时，镇党委书记张荣飞同志以专题党课形式作动员讲话，她表示，开展"两学一做"学习教育，就是要把问题意识、问题导向贯穿始终，聚焦问题、对标检视，抓住要害、精准发力，把存在的短板补起来、把合格的标尺立起来、把做人做事的底线划出来、把党员的先锋形象树起来。

【宁波职业技术学院知联会到泗洲头镇考察】 5月25日，宁波市职业技术学院知联会成员赴泗洲头镇何婆岭、金家岙、肖胡、横埕等新农村建设示范点考察。并与该镇知联会以座谈会形式开展交流沟通，建言献策新农村示范点建设规划、产业发展等相关内容，并畅谈双方"结亲"互助思路。根据前期思路，双方将创建一个"知联同心"基地，让结对共建有一个聚智平台，有一个宣传阵地，以实现"资源共享，人才共享"。同时，宁波红升水产、启鑫光电等知联会成员将开辟实践基地，为职业技术学院毕业生提供实践岗位。

【启鑫新能与国家电投签署战略合作协议】 6月3日，浙江启鑫新能源科技股份有限公司与国家电力投资集团公司浙江分公司就共同合作投资、开发、建设大型光伏电站项目达成长期战略合作协议。双方企业主要管理层以及象山县、镇政府相关领导均参与了此次签署大会。该协议的达成，标志着启鑫新能在光伏电站项目的融资战略上迈出了实质性的一步。

【"一打三整治"行动】 7月15日，泗洲头镇联合西周市场监督管理所、泗洲头派出所等部门开展无缝化联动，对菜市场、餐饮店、经营户等31个场所进行严格检查，均未发现任何违禁渔获物。自一打三整治专项行动打响后，泗洲头镇以敢打必胜的坚定信心，化压力为动力，制定实施"网格化管控、全域化宣传、台帐化管理、无缝化联动"等"四化"措施，坚决打赢"幼鱼保护攻坚战"和"伏季休渔保卫战"。

【黄焕利到泗洲头镇调研美丽集镇建设工作】 6月24日上午，县委副书记、县长黄焕利到泗洲头镇调研美丽集镇建设工作，先后实地考察何婆岭村民宿、横埕村中草药种植基地、肖胡村"美丽村庄"建设等项目，现场踏看了镇政府附近广场区块和兴洲路区块改造情况，并召开座谈会听取该镇关于美丽集镇建设情况的汇报。黄县长在调研中指出，美丽集镇建设以完善城镇功能、提升城镇面貌、优化人居环境为出发点，是助推"两美"象山建设、城乡一体化发展的迫切需要，要求结合当地工作实际，因地制宜、统筹谋划,深入挖掘历史文化内涵,精心打造地域特色鲜明的美丽新集镇。

【送家风入户活动】 5月13日,泗洲头镇横埕村开展"传承家风家训,构建和谐文明家庭"送家风入户活动。活动以访家入户形式,走进村内41位党员家庭中,主动向他们宣传良好家风家训的重要性,张贴家规家训,弘扬"夫妻和睦、尊老爱幼、勤俭节约、邻里互助"的良好家庭风尚,倡导家庭美德,传承传统文化,树立文明新风,践行社会主任核心价值观。

【副省长梁黎明到启鑫开展调研】 8月16日,副省长梁黎明、副市长王剑侯及县领导叶剑鸣、黄焕利、孙小雄、石坚定等一行到泗洲头镇启鑫新能源股份有限公司开展调研。副省长梁黎明对启鑫的外贸工作予以了肯定,她表示:光伏行业是国家扶持的新能源产业,是一项造福后世的伟大工程。要围绕目标抓落实,深入企业走访调研,掌握新情况新问题,对症下药,精准施策,帮助解决实际问题,调动企业的积极性。要全面落实降本减负系列政策,加大金融支持力度,改善营商环境,加快培育新业态,做深做实调结构促转型文章,推动传统外贸优化升级。

【泗洲头镇举办"爱情味稻等你来嗨"活动】 9月24日,泗洲头镇金家岙村举办"爱情味稻等你来嗨"乡村旅游活动,近千名游客在泗洲头镇金家岙村相会"爱情味稻",观稻田画、打板栗、挖番薯,乐趣无穷。当天,一对新人还在众人的见证和欢呼下,在多彩田畈中携手踏上"爱情之路"。

金家岙村开展"爱情味稻等你来嗨"活动现场

【泗洲头镇召开第十三届党代表业务培训会】 10月25日,泗洲头镇召开第十三届党代表业务培训会,由全镇29个选举单位选举产生的56名党代表参加。会上,全体与会代表观看了换届警示教育片《镜鉴》,并当场签订换届工作承诺书,党委副书记吴丹对泗洲头镇第十三次党代会代表提案征集工作进行培训与学习。镇党委书记周元能就新一届当选党代表业务培训会做重要讲话,希望全体党代表对照"增强三种意识,提高三种能力"的要求,正确履行代表职责,发挥代表作用,为"对接高速时代,推进创新转型",从而加快建设"两美"泗洲头而奋斗。

【第十三次代表大会】 10月29日,中共泗洲头镇第十三次代表大会胜利召开。大会回顾总结"十二五"取得的成绩、经验和不足,科学谋划部署"十三五"发展任务和目标,选举产生中共泗洲头镇第十三届委员会和纪律检查委员会,动员带领全镇广大党员和干部群众解放思想、坚定信心、抢抓机遇、克难奋进,全面对接高速时代,扎实推进创新转型,为加快建设美丽泗洲头、创造美好生活而奋斗。

【泗洲头镇召开县、镇两级人大换届工作动员会议】 11月10日,泗洲头镇召开县、镇两级人大代表换届工作动员会议,各行政村书记、主任、文书以及各自然村负责人、各职能部门负责人、镇机关全体干部等150余人参加会议。会议要求各村、企事业单位、部门要认识本次换届选举的重要意义,把广大干部和群众的思想统一到县委的要求上来,坚持党的领导,按照法律规定,精心组织,周密安排,确保整个环节选举按计划、有步骤、分阶段开展。

【罗来兴到泗洲头镇调研文化礼堂建设工作】 11月15日,县委常委、宣传部长罗来兴一行到泗洲头镇墩岙村调研文化礼堂建设工作,实地参观了家风家训馆、村史展览长廊、乡村大舞台和文化讲堂,并听取该村文化活动开展情况介绍。罗部长指出,建设农村文化礼堂的根本目的就是要"接地气、聚人气、扬正气"。文化礼堂是"实现精神富有、打造精神家园"的重要载体,是巩固农村思想文化阵地的重要保障,是提升农村文化建设水平的重要举措。墩岙村挖掘本村特色文化,注重文化人才培养,开展丰富多彩文化活动，为实现“两富”目标而不懈努力。

【墩岙村举办第四届村文化节暨村文化礼堂落成庆典】 11月12日，墩岙村举办第四届村文化节暨村文化礼堂落成庆典文艺晚会，通过一个个异彩纷呈的节目表演，让村民在家门口感受到一场“文化盛宴”。晚会最后还表彰了2016年度最美墩岙人、年度村级优秀共产党员、年度公益事业热心人、年度最美家庭和年度洁美庭院5个奖项。

【举办职工登山比赛】 11月20日，泗洲头镇总工会携手泗洲头镇妇联、团委举办“2016 年泗洲头镇职工登山比赛”。由辖区内的派出所、卫生院、信用社、启鑫、华中、长城等企事业单位及镇机关共14支队伍，75名运动员参加。该项活动旨在活跃和丰富广大泗洲头镇干部职工的文体生活，增进交流，增强体魄，调动积极性。

【峙前村举办农家客栈经营者技能比赛】 11月26日，泗洲头镇峙前村举办农家客栈经营者技能比赛，以“铺床”“厨艺”等内容为主的技能比拼，不仅展现了农家阿姨们的娴熟技艺，更体现了峙前村农家客栈成熟的接待能力。

表93　**2016年泗洲头镇行政村经济情况一览**

村 名	户数（户）	人口（人）	耕地（公顷）	林地（公顷）	村级资产（万元）	村集体年收入（万元）	村集体年支出（万元）	书 记	主 任
合 计	5810	17754	1062	4234.4	20623.69	757.63	464.63		
泗洲头	547	1466	79.2	380.8	2424.86	55	68.99	吴建民	柳承波
东联	398	1295	57.5	234.5	362.39	32.55	8.23	朱爱莲	朱财启
上峙后	130	429	22.5	183.0	463.09	4.82	4.02	陈青明	陈友根
下峙后	275	810	60.5	394.7	424.41	52.87	3.63	柳兴宏	袁保友
后王	126	279	17.2	81.7	741.33	7.5	20.77	朱孝忠	黄振球
塘岸	315	950	39.5	106.5	902.14	38.63	58.22	朱建成	朱仁根
肖胡	314	946	38.3	212.0	962.29	2.68	9.53	蒋小花	胡灵云
横埕	345	1016	54.8	127.7	1292.97	10.89	38.27	胡世考	朱交忠
张岙	317	790	27.7	369.0	749.46	12.5	17.26	张卫国	张小富
杨大场	270	790	42.0	189.1	865.34	4.53	11.09		柳志昂
金家岙	142	416	25.9	146.4	590.82	26.92	8.86		胡庆增
何婆岭	127	372	17.3	142.5	501.16	20.19	22.98	汤雄伟	张和青
西洋	292	827	60.4	165.2	1031.02	56.98	24.46	俞建方	朱裕敏
泗联	379	1272	53.5	299.1	1012.49	39.59	14.7	朱全明	朱至仁
峙前	189	615	42.6	291.9	980.16	34.16	16.63	黄新春	陈文忠
下马岙	253	877	72.1	239.3	1256.75	73.5	30.73		黄瑶军
上马岙	343	1136	47.1	307.5	1218.91	30.72	35.71	黄建夫	胡全富

续表93

村名	户数（户）	人口（人）	耕地（公顷）	林地（公顷）	村级资产（万元）	村集体年收入（万元）	村集体年支出（万元）	书记	主任
墩岙塘	130	364	34.7	13.6	607.22	18.35	8.13	陈增来	何光森
墩岙	247	860	35.3	83.2	977.74	29.96	18.12	鲍英钱	鲍英舜
苏岙	176	884	136.9	147.6	1602.09	134.11	20.79	张补田	张永富
大理	376	1260	97.1	119.1	1657.05	71.18	23.51	盛健海	盛大平

表94　　2016年泗洲头镇重点企业主要经济指标一览

单位：万元

企业名称	产值		销售		利润		税金	
	累计数	同期数	累计数	同期数	累计数	同期数	累计数	同期数
浙江启鑫新能源科技股份有限公司	109113	92902	105460	95270	4086	3848	4083	1219
浙江众达能源科技有限公司	18941	17069	16696	16901	1075	56	467	481
浙江长城玉士集团有限公司	12000	10019	10004	10019	163	3	277	126
宁波长城汽车部件发展有限公司	2223	2112	2223	2112	23	10	52	47
宁波汇祺汽车电子有限公司	1481	2082	1481	2082	19	40	1	8
宁波华中制衣有限公司	8860	10002	8860	10002	3	1	281	282
宁波海润制衣有限公司	11124	8269	11124	8269	175	28	464	485
宁波时升电器有限公司	3048	4418	2585	3567	98	84	32	127
象山汇鑫针织有限公司	3121	3016	3064	2735	-110	-129	123	87
宁波康联服饰有限公司	2005	2007	2005	2004	-17	52	38	117
宁波卓远服饰有限公司		4007		3838		69	1	178
宁波新龙泰文具有限公司	3946	2080	3926	2059	-68	-34	254	9
宁波中源模具有限公司		1942	81	2005		-4		29
宁波中纺海润制衣有限公司	6019	2571	5639	2140	-63	-29	227	109
宁波钜亿利实业有限公司	4482	3805	4482	3805	121	105	152	1
象山强能铝制品有限公司	3366		3366		29		35	
宁波盛昕能源有限公司	2492		2492		58		10	

续表94

企业名称	产值		销售		利润		税金	
	累计数	同期数	累计数	同期数	累计数	同期数	累计数	同期数
宁波艾文特汽车零部件有限公司	2072		2072		25		131	
宁波瑞德能源科技有限公司	5201		5201		32		104	

定塘镇

【概况】 定塘镇地处象山中南部，北连新桥镇，南邻晓塘乡，东靠石浦镇，西濒岳井洋，与宁海长街镇隔洋相望。1992年撤区设镇并乡由原定塘镇、中楼乡、大塘乡三个镇乡合并而成，是原定山区委所在地。全镇陆域面积59.5平方公里，人口3.6万，辖28个行政村，镇区地势平坦、气候湿润、土壤肥沃、水源丰富，拥有2666.66公顷耕地和120公里河网，全县最大的平原水库-大塘港水库穿越全镇，号称“下百万”（“上百万”为中心城区的南庄平原），是象山著名的“粮仓”。

2016年，以十八大精神和科学发展观为统领，团结带领全镇人民主动适应经济发展新常态，沉着应对转型升级新挑战，描绘社会和谐新蓝图，完成镇十七届人大历次会议确定的各项目标任务，实现社会生产总值31.19亿元，同比增长9.9%；财政收入4400万元，同比增长11%；全社会固定资产投资2.5亿元，同比增长8.7%。相继荣获省首批美丽乡村示范乡镇、省级森林城镇、市幸福美丽新家园建设先进镇、县新农村建设先进等各类荣誉。

【工业经济】 实施“工业富镇”战略，2016年实现工业经济总产值5.2亿元，同比增长4%；其中规上企业产值2.2亿元，与去年同期持平。深化企业梯队培育，5年间新增企业68家、500万元以上企业16家，其中引进海外高层次人才企业6家。加大招商引资力度，累计实际利用外资1360万美元、内资6.25亿元，其中浙商回归资金5.6亿元。推进“四换三名”，累计投入4.8亿元完成技改项目28个，振和墙体、同磐机械、博生机电等一批高新项目投入研发和生产。搭建企业发展平台，小微企业创业中心一期工程建成使用。强化合力兴工氛围，完善领导干部联系企业和重大项目中心制，出台工业经济发展政策，发放企业奖励资金166万元。

【现代农业】 粮食生产能力稳步提高，农业总产值位居全县前列，年均增长8%以上。深化农业“两区”建设，推进大塘港国家级现代农业园区建设，建成省级外销蔬菜主导产业示范园区、小湾塘县级生态循环农业示范园，地方粮食储备库建设稳步推进，全面完成“强塘固基”、中小河流域治理、水环境整治等水利工程，荣获县级水利“大禹杯”金奖，全市河湖库塘清淤“百日攻坚”现场会、全县农资废弃包装物处置现场会召开。提升农业产业化水平，新成立农业企业、农民专业合作社、家庭农场93家，规模化流转土地226.67公顷。加强农业品牌整合和塑造，打造“田园定塘”农产品公用品牌，新增“三品一标”8个、农产品专营店1家。

【特色经济】 实施乡村旅游发展战略，培育旅游度假、农事体验、乡村民宿等新业态，打造沙地农家客栈、中站亲子乐园、叶口山美丽乡村、田洋湖户外旅游等旅游特色村，沙地村被评为省老年养生旅游示范基地、市级民宿基地。着力提升旅游发展质量和效益，建成环大塘港生态绿道5.2公里、主题创意农业区块8.67公顷、室内摄影棚10000平方米。做足“以节促旅”文章，举办二月二龙抬头、五月廿七大塘庙会、大塘港渔耕风情节、镇首届灵岩登山节等民俗节庆活动。全镇农家客栈80家、床位2019张，年接待游客18万人次、收入突破1700万元。推动商贸集聚发展，建成家居市场10000平方米、建材装潢市场5600平方米,成为拉动镇域经济新的增长点。海运经济平稳过渡,2016年营运收入4亿元,实缴税金900余万元。

【城镇建设】 加快新型城镇化建设,完成镇域总体规划、控制性规划以及28个行政村村庄规划修编。加快中心镇区建设,先后投入3000余万元建成农民集聚区、休闲广场、生活污水处理系统,法庭、财税分局、派出所等行政大楼建成使用,峰北路、兴定路延伸段、环镇西路、客运中心改造等工程全面完成。率先开展美丽集镇建设,完成长塘河滨水景观一期、兴定路东侧临时景观围墙砌筑,启动中心停车场、工业园区道路建设等项目4个。加强城镇精细管理,新招聘城管队员10名,强化占道经营、违章停车等专项整治,规范中心菜市场、小商品市场经营秩序,实现镇区环境序化洁化美化。

【美丽乡村】 开展市级美丽乡村示范乡镇创建,全面打造"三村一线",深化"一村一品",成功创建马漕线幸福美丽新家园市级精品线,新增市级全面小康村4个、特色村2个、中心村3个,完成梳理式改造村28个,被评为市"美丽庭院"创建工作先进乡镇。提升农村基础设施互联互通水平,建成县重点工程湾山输变电,完成市县级"一事一议"项目24个、农村网络公路26.5公里、农排线路改造91个台区。加强农村综合改革,推进农村确权赋权活权工作,全面完成农村经济合作社股份制改革,激发发展活力。

【优化人居环境】 "五水共治"成效显著,全面推行"河长制",拆除畜禽养殖场100家、通过整改验收11家,完成河道清淤76万立方米、黑臭河整治4条,通过全县首批"清三河"达标乡镇验收。"三改一拆"纵深推进,狠抓"无违建"创建,拆除违法建筑22.5万平方米。宜居环境品质提升,迁移坟墓317支、淘汰黄标车80辆、拆解"三无"渔船85艘,完成"两路两侧""四边三化"整治17处。全面开展农村环境集中整治,推广垃圾减量化处理模式,市场化运作镇区环卫保洁,健全"四无一机制"长效保洁体系。

【科教文卫】 推进教育现代化,投入800余万元新建中心小学教学楼和中学塑胶跑道,启动成人学校、中心幼儿园二期项目前期工作,奖教惠师、"平安校园"建设、学生饮食放心工程扎实推进。增强医疗卫生服务能力,镇卫生院与县第一人民医院共建区域医疗联合体,乡村卫生服务一体化有效运行,新农合参保率达到97.1%。落实"单独两孩"生育政策,完善计生特殊家庭关爱机制,深入开展"失独关爱在行动",计划生育率达到92.46%。

【社会保障更趋完善】 实施积极的就业政策,鼓励以创业带动就业,新增就业岗位700余个,城镇登记失业率控制在3.1%以内。健全社会保险体系,全力推进养老保险扩面工作。提升社会救助水平,五年来累计发放各类低保、优抚、救助扶助金及基残、重残救助款4770万元,完成低收入农户危旧房改造和残疾人安居工程102户。加快养老服务体系建设,新增集中式居家养老公寓4处、居家养老服务点16个,投入70余万元改造镇敬老院。加强社会救助,深入慈善援助、红十字救助、无偿献血等工作。

【社会文化】 推进精神文明建设,新建成县级文明村2个、文化礼堂2个,成功承办宁波市"花港杯"象棋锦标赛、全县首届"讲渔故事·传播真善美"活动现场会、丙申大塘港诗会等活动。加强非遗文化传承,列入市级非物质文化遗产3项,车马灯表演荣获县非遗精品汇报演出优秀表演奖,并作为唯一乡镇参展东亚非物质文化遗产博览会。倡导文明新风,加强婚丧礼俗整治,规范民间信仰活动场所,新增挂牌编号10处。

【平安建设】 严厉打击各类违法犯罪活动,投入360万元建成镇级巡控中心、社会治安视频监控网络,完成24个行政村469个监控安装,加快建设综合指挥室,全力护航G20峰会,平安综治工作多次获得县级先进集体。落实安全生产责任制,深入开展安全生产系列整治。完善突发事件应急处置机制,强化防灾减灾体系建设,成功防御台风、寒潮等自然灾害。

【基层组织建设】 扎实开展农村党组织"五星管理",整转软弱落后党组织3个,建成标准化两新组织2个,完成村级组织换届选举和村经济合作社股份制改革。健全基层组织治理体系,全县率先推行“村事民评”制度,构建“和村惠民四步法”联系服务群众机制,落实村干部坐班值班、村级事务员整合管理工作。创新实施“五审三公示双票决”党员发展机制和农村党员“锋领指数”线上线下考评体系,全面开展“党员家庭户”挂牌和规范党员组织生活日。探索外出流动党员“双向管理”机制,被上级部门肯定。

【党风廉政建设】 抓好党风廉政建设党委主体责任和纪委监督责任“两个责任”的落实,贯彻执行《中国共产党纪律处分条例》《中国共产党廉洁自律准则》及中央“八项规定”、省委“六个严禁”等党纪党规,落实“三重一大”“三书两报告”等制度,把纪律和规矩挺在前面。严格落实村主要干部管理若干规定、村级“小微权力”清单、农村党风廉政建设和“三资”管理“双达标、双示范”,强化项目审计监督,严肃查处党员干部违纪违规案件。

【全镇婚丧礼俗动员会】 3月11日,定塘镇召开婚丧礼俗动员会议,成立以党委书记为组长的领导小组,同时与28个行政村签订责任状。会后,各村陆续召开党员会议、村民代表会议,对文明婚丧精神进行传达。以点带面、层层发动,全面铺开婚丧礼俗规范整治工作。

3月11日,党委书记张蕴与各村签订《婚丧礼俗整治责任书》

【浙江省“流动大舞台”走进定塘】 3月11日,浙江电视台公共新农村频道《流动大舞台》走进定塘镇田洋湖村,来自定塘镇文化站、象山曲艺家协会、宁波小百花越剧团、宁波甬剧团等十余个表演队给大家带来了精彩的节目,四邻八乡的千余乡亲齐聚一堂,观看了这场精彩纷呈的艺术盛宴。

流动大舞台走进定塘

【参加东亚非物质文化遗产博览会】 4月15-18日,定塘镇作为唯一的镇级单位参加东亚非物质文化遗产博览会。定塘展馆将以田园诗情的历史文化底蕴,展示充满田园风味的大塘红庙庙会、茶山老龙、车子灯、少儿游艺、二月二习俗、扎稻草人等“非遗”项目,与杭州、景德镇、巴黎艺术院、龙泉、贵州等“文化大家”一起亮相于该次博览会的主展馆,推广定塘的深厚的农耕文化遗产,宣传当地的乡村旅游。

“田园定塘”展馆

【宁波市“花港杯”象棋锦标赛】 5月14日—15日,“花港杯”2016年宁波市象棋锦标赛在定塘镇花港村文化礼堂举行,来自宁海、海曙、江北、象山儿童队等14个代表队共计120余名男女象棋选手参加比赛。

最终，江东区夺得本届象棋个人(团体)锦标赛团体冠军，鄞州区、定塘镇分列二三名。女子组、男子组、老年组冠军分别是：励娴、虞伟龙和严国平。

【定塘镇首届灵岩登山节】 5月22日，定塘镇首届灵岩登山节吸引县内外1600余名徒步爱好者参加。户外爱好者们从沙地村出发，途经周岙古道、黄猫洞岗、田洋湖古道、小湾塘清凉岗、灵岩山龙脊，最后到达中坭村，全程约12.8公里，历时3个多小时。

灵岩登山节

【花港村举办首届丙申大塘港诗会】 6月25日，定塘花港村举办首届丙申大塘港诗会。来自宁波市区、慈溪、余姚、奉化、宁海等地50余位诗人名家共聚花港，寄情田园，共抒乡情。该次诗歌朗读晚会，节目内容新颖丰富，歌伴赋诗、单人诵、双人诵、赋诗单舞等形式，共吸引数百位观众参与其中。通过诵读满蕴深情的名篇佳作，挖掘定塘深厚的文化内涵，展示定塘精神文明建设成就，感受诗词文化的魅力，弘扬中华传统文化。

丙申大塘港诗会

【建党95周年庆祝大会暨“两优一先”颁奖典礼】 7月1日，定塘镇举行建党95周年庆祝大会暨“两优一先”颁奖典礼，全镇各界600余名党员欢聚一堂，通过诗朗诵、歌舞、相声、合唱等艺术形式，回顾党的光辉历程，表达对党的无限热爱。

重温入党誓词

【叶口山村举行“鱼头厨王争霸赛”】 7月3日，定塘镇叶口山村文化礼堂上演“鱼头厨王争霸赛”。来自大塘区域叶口山、宁波站、花港、漕港等9支乡村代表队展开对决，吸引数百名来自沪杭甬地区的游客以及本地乡民围观助威。民间厨王及乡村厨娘各显神通，在规定时间内完成大塘港白鲢鱼“一鱼三吃”及12道“时令大塘”农家菜肴制作。经过大赛专业评委评定，礁横代表队获金爵奖，宁波站、花港代表队获银爵奖，叶口山代表队获招牌鱼头奖。

鱼头厨王争霸赛

【定塘镇“最美河道任我游”首届农民游泳运动会】 8月22日，象山定塘镇“最美河道任我游”首届农民游泳运动会在盛平山村举行，全镇28个村的8

0余名农民兄弟们激烈争夺着刻有“田园定塘”字样的金、银、铜牌，精彩的比赛场面吸引四邻八舍的乡亲。

农民游泳运动会

【全市河湖库塘清淤“百日攻坚”现场会在定塘镇召开】 10月21日，宁波市河湖库塘清淤“百日攻坚”现场会在定塘镇召开，宁波市副市长李关定出席会议并讲话。与会人员先后考察定塘镇盛平山村河道清淤工程、宁波振和墙体材料有限公司制砖现场。 李关定就在全市集中开展河湖库塘清淤“百日攻坚”行动进行了部署强调。要求各地各部门一定要在强化保障、因地制宜的基础上集中攻坚，全速推进河湖库塘清淤工作。

10月21日，与会人员考察宁波振和墙体材料有限公司制砖现场

【全县农资废弃物现场会在定塘镇召开】 10月28日，全县农资废弃物现场会在定塘镇召开，副县长干维岳要求提高认识，直面问题，增强做好工作的责任感和使命感；要主动作为，力求长效，坚决推进农资废弃包装物回收处置工作。会前观摩了定塘镇盛平山村、定塘镇集中收集点和县丰润农资经营网点的农资废弃包装物回收流程。会上，就农资废弃包装物回收处置工作，定塘镇作典型发言。

【定塘镇县、镇两级人大换届选举】 12月13日-14日，定塘镇进行县、镇两级人大换届选举。该次定塘镇县、镇两级人大换届选举分为6个大选区、31个小选区、50个选举单位，登记选民共计29647人。根据县委及县人大常委会的要求，选出县人大代表15名、镇人大代表61名。

【新岙村举办“好家风代代传，象山——宁海俞氏文化走亲活动”】 12月18日，定塘镇新岙村举办“好家风代代传，象山——宁海俞氏文化走亲活动”。宁海深甽马岙村70余位俞氏后人，来到定塘镇新岙村俞氏宗祠祭祖，传承千年家风。祭祖现场，马岙村带了銮驾巡游节目，定塘镇文化站组织精彩的文艺节目，舞蹈《祖国你好》、古筝合奏、走书《王茂生送“礼”》、小品《有你真好》、折子戏《玉堂春选段——游园》等10个节目轮番上演，引得台下俞氏族人拍手称赞。

【定塘镇文联成立】 12月25日，定塘镇隆重举行定塘文学艺术界联合会第一次代表大会开幕仪式。定塘文联将在镇党委、政府以及上级文联的领导下，依靠广大文艺工作者，创作出更多更好的优秀作品，为实现定塘镇文学艺术事业的繁荣作出新的更大贡献。

象山——宁海俞氏文化走亲活动

表95

2016年定塘镇农村经济基本情况表

单位:万元

村 别	户 数(户)	人 口(人)	土地面积(公顷)	山林面积(公顷)	村级经济收入(万元)	上级拨款收入(万元)
合 计	10351	34391	2095.56	2116.93	835.38	1731.02
渡头	355	1105	51.51	20.00	124.37	74.26
后洋塘	561	1873	121.20	75.80	42.25	91.97
葫芦门	146	477	37.45	51.33	8.44	10.19
大湾山	283	1023	69.53	84.20	17.9	51.51
下营	529	1770	136.83	253.53	38.58	170.56
方前	290	936	45.40	182.47	10.83	88.33
沙地	236	865	39.47	206.07	16.99	73.74
周岙	215	622	27.78	119.60	9.65	58.69
洋岙	360	1163	93.87	141.40	29.3	13.27
定山	271	891	49.53	58.80	68.36	111.74
灵雅舍	364	1116	92.27	45.93	15.3	31.19
台洞塘	262	968	68.53	11.20	4.01	31.52
中垊	1001	3455	203.47	73.27	22.33	190.09
新岙	440	1497	83.49	139.33	37.19	36.06
小湾塘	161	563	25.26	90.87	5.12	15.20
镜架岙	260	834	48.53	94.20	7.4	9.43
岙底	333	1125	65.03	142.77	0.24	63.49
田洋湖	438	1444	67.49	200.70	55.9	75.22
盛平山	394	1196	80.01	92.73	21.93	73.11
叶口山	432	1469	79.97	3.33	98.36	31.08
宁波站	437	1548	96.15		47.67	10.16
花港	619	1984	106.79	0.40	13.78	74.59
漕港	402	1301	79.05		20.56	46.79
英山	250	852	60.66	11.07	30.63	14.13

续表95

村　别	户　数（户）	人　口（人）	土地面积（公顷）	山林面积（公顷）	村级经济收入（万元）	上级拨款收入（万元）
白墩	410	1353	71.00	1.33	26.23	56.8
金牛港	260	891	45.66		9.08	64.52
礁横	358	1185	88.57		10.62	89.57
中站	284	885	61.07		42.36	73.81
镇				16.60		

涂茨镇

【概况】 涂茨镇位于象山县东北部，地处象山港口，东濒大目洋，与舟山群岛隔海相望，南融城东工业园，西倚珠山山脉与大徐接壤，北接临港装备工业区。环港公路贯穿全镇，交通便捷。镇域面积62平方公里，沿海岸线38公里，下辖21个行政村，人口2.2万。全镇有耕地847.67公顷，山林2572公顷，境内有“海山仙子国，万象画图里”的乱礁洋、东方不老岛—道人山、象山百里黄金海岸起始沙滩—长沙、象山港守护—外干门港、宁波最神秘山峰—珠山等自然景观，山海旅游资源丰富。2016年，涂茨镇贯彻落实十八届三中、四中、五中、六中全会精神，深入实施“工业强镇、产城融合、旅游惠民”发展战略，全力以赴稳增长、扩投资、治环境、惠民生，经济社会实现平稳健康发展。2016年，全镇实现社会总产值27.49亿元，税收收入7223万元，年均分别增长7.2%、15.1%，农渔民人均纯收入17670元；获得“象山县平安护航G20杭州峰会先进集体”“年度武装工作先进单位”等荣誉。

【工业经济】 2016年，实现全社会工业总产值19亿元、税收7223万元，分别同比增长11.8%、16.5%。全镇拥有规模以上企业12家，实现产值12.23亿元、利润6000万元、增加值3.25亿元，分别同比增长13.7%、42.3%、20.3%，其中，产值上亿企业2家，基本呈现船舶制造、汽车零部件、新能源、新材料、传统针织等多元发展态势。深化企业梯队培育，新增科技型企业2家、规模企业1家，新乐造船完成“新三板”上市股改，浮田生物等2家企业在宁波股权交易中心挂牌，劳伦斯表面技术产值近亿元，工业发展后劲有效加强。

【科技创新】 实施创新驱动发展战略，鼓励企业加大研发投入，提升企业创新活力。全年规上企业累计完成R&D经费投入1400万元，占主营业务收入1.8%，获得专利34个，浙江新乐19900吨双相不锈钢化学品船获县级科技创新十大新产品，新乐造船和劳伦斯表面技术获县级工程技术中心认定，劳伦斯技改项目2300万元入库备案，浮田生物荣登“宁波市最具投资价值企业”20强榜位，龙康塑料被列入县科技型小微企业。实现固定资产投资5.2亿元，其中工业投资1.7亿元，浙江新乐800万元宿舍楼工程、4650万元LNG附属厂房工程及中广核4010万元风机振动监测技改项目全部完工，豆制品项目象山德丰食品有限公司于年中正式营业，占据全县七成市场份额，全年新开办企业13家，扩大企业规模。

【招商引资】 抢抓发展机遇期，发挥“桥、路、港”乘数效应，成功引进创泉自动化科技、凯凯家居、真空洁具等企业，全年协议外资及港澳台资金901万美元，实到外资901万美元，利用内资9500万元，浙商回归资金4059万元，自营出口总额2660万美元。坚持理念创新、产业指引、服务企业和实现共赢，全力保障大中庄围涂工程、联围塘工程、道人山造地工程等海洋新兴产业区块建设，拓展新兴产业发展新空间。

【农业经济】 2016年,实现农业总产值3.28亿元,年均增长8%,新增农业企业8家、农民专业合作社16家、家庭农场15家,累计流转土地200余公顷,建成中堡花木、前山姚现代农业科普园等特色示范基地8个。引进日本现代生态农业种植模式,6个进口果蔬品种基本试种成功。完成油菜花种植基地40公顷,其中6.67公顷为观赏游玩区,2.4公顷为七彩造型摄影区。改造泊戈洋茶场8.67公顷进行茶叶品种升级。在道人山围垦区内成功试种咸水稻13.33公顷和海盘子20公顷。成立涂茨镇农民合作经济组织联合会。正式运行中堡互联网+花卉盆景+农旅产品基地。新增无公害农产品2个,成功创建农产品质量安全追溯体系企业3家,年累计抽测农产品样品300批次并全部合格;全年发放购机补贴18.37万元新增16台新型农机具,加大"农业机械换人"力度,从播种到收储机械化程度达80%以上,建设高标准农田53.33公顷。

【乡村旅游品牌逐步打响】 实施"旅游惠民"战略,统筹山海岛礁人文资源,高标准高起点规划全域旅游,打造"一带四组团"旅游发展主体框架。开发"民宿、民食、民游"项目,成功运作中堡生态农庄、乱礁洋原则诗群创作基地,落户滑翔伞海风训练基地,推介滨海垂钓、烧烤、野外露营、特色小水果采摘等休闲体验项目,举办象山首条户外登山步道开走仪式、重阳节登珠山等主题活动。完善基础设施,重点建设以长沙村为突破口的沿海线滨海特色乡村旅游精品带,邀请上海专业规划团队开展创意策划和长沙渔村风貌修建性详细规划,建成海景游步道1条以及户外登山步道2条(登山步道共计40公里),新增农家客栈14家、农家乐4家,滨海自行车绿道建设进入设计阶段,休闲渔船项目实质性启动。

珠山山顶风光

【萧家文化礼堂落成】 2016年12月21日,涂茨镇东港村萧家文化礼堂举行落成典礼。该文化礼堂于2009年开始修缮,设置大事记、名人名录、萧氏家训、历史沿革等展厅,以及舞台等设施,全面介绍了萧家家族发展史。

【探索诗创宣传新模式】 "乱礁洋·原则诗群创作基地"于2016年5月在该镇大岭后村正式挂牌,诗群包括诗人学者100余名,创作诗歌40余首。该诗群不定期于涂茨镇采风创作,用现代诗歌写意涂茨乱礁洋风光、山海奇观、田园风情以及其它自然和人文景观,尤其对中堡花木基地、长沙登山步道以及旭拱岙四合院3个在建项目的宣传推广。通过原则诗群的精品创作,挖掘该镇浓厚的文化底蕴,在推介该镇特色旅游线路的同时,实现旅游惠民和文化惠民的双突破。

【专项治理】 推进"一打三整治"工作,严格落实定人联船制度,开展逐船登记检查,实时掌握渔船动向。加强部门联动执法,对辖区内5家菜场、13家餐饮业、9个码头、2个小海鲜交易点做到"每日一巡查每日一报告"。全面开展违规渔具清理行动,清理地笼网894顶、串网1750米。加强"两路两侧""四边三化"整治,着重做好环港公路两侧坟墓整治,共迁移坟墓410座;加快推进白象头石塘、屿岙石塘等2处复绿工程。深化"三改一拆",开展"蓝色屋面"、临时工棚、涉港涉海违法建筑等五大专项整治,落实控制新增违建长效管理机制,累计拆违4.73万平方米,完成年计划的135%。其中拆除一户多宅39户,共7840平方米,整治蓝色屋面24处,共3.58万平方米,拆除临时工棚3处8400平方米,拆除码头1处。开展"五水共治",严格落实河长制、"一河一策"、河道保洁监管长效机制,全面完成畜牧场整治,推进泊戈洋河小流域治理、污水处理工程、河道清淤工程、屿岙河道整治工程和城乡联网供水改造工程等项目建设,完成中心河道整治工程,通过县"清三河"创建验收。

【美丽乡村建设】 深化美丽乡村建设,推进村庄示范创建,开展农村环境卫生集中整治,美丽庭院创建、月义务清扫、党员联户包干、门前三包等活动,中堡、珠山市县级特色村创建培育工作稳步推进，中堡村获选宁波十大魅力乡村。加强村级生态绿化建设，建成森林休闲公园2个，完成“一村一树”创建3个村，新增道路绿化5.5公里，河道绿化2公里，低效林改造8.67公顷。深化农村体制改革，启动农村土地确权登记颁证工作和农业普查工作。

【新型城镇建设】 坚持产城融合，新建旭拱岙、东港2个集中式居家养老中心，以及汤岙、庵后、前山姚、长沙、新塘5个居家养老服务站，推进中心小学扩建工程政策处理及前期工作，完成项目立项、办理供地手续、项目招投标。规范城乡发展，推进“多规融合”，完成涂茨镇永久基本农田划定和调整工作，同步调整村庄规划方案，对全镇21个行政村进行新一轮的村庄规划编制。优化交通路网，加强农村网络公路建设，完成汤鲁线至珠山、泊戈洋、庵后等3村通村公路提升工程。完善基础设施，落实涂茨镇至产业区污水总管建设，完成涂茨村、庵后村生活污水处理工程。加强立体治安防控体系建设，2016年新增安装视频监控159个，完成村级视频监控安装，构建覆盖全镇的农村电子视频监控系统。培育大岭后村舞蹈—渔家姑娘在海边，毛湾村唱新闻——张名片等特色精品文化节目，建成农村文化礼堂2个，举办各类文化活动38次。

【民生事业】 优化办学条件，中心小学扩建工程完成招投标，支持县培智学校改造师生宿舍楼和教学楼，中心小学荣获省“三育人”先进集体。推广家庭医生契约式服务，全年契约1980人次。加强各村卫生管理，创建市级卫生村2个。开展各类职业技能培训，城镇登记失业率控制在2%以内。新增各类养老保险295人次，本地户籍人员养老保险参保率达到88.7%，新型农村合作医疗纳入城乡居民医疗保险工作有序推进。健全弱势群体救助体系，发放助灾、助困、助残各类补助580万元，惠及1326人次。改造危旧房13户，新建农村集中式居家养老中心2个，建成居家养老服务站5个，政策性住房保险参保率达100%。举办中心小学首届善行文化节，创建省级文明村1个，推进婚丧礼俗整治工作，新规执行率达100%以上。加强人口计生管理与服务，开展5·29关爱生育大型文艺汇演，走访慰问计生困难户、失独家庭、基层计生工作者等73户。强化食品药品安全监管，2016年未发生食品药品安全事故，成功创建县食品示范乡镇。

【社会治理】 开展G20维稳安保“十大专项行动”，坚持问题导向，全面落实维稳措施，管控重点人员、特殊人群，加大矛盾纠纷化解力度，共化解信访难题11个。深化平安涂茨创建，加强立体治安防控体系建设，规范涂茨警务站值班巡查，新增12个重点村150个视频监控。强化“法治涂茨”建设，建成星级司法所，全面落实重大行政决策清单等制度，深入推进“两网融合”工作。严格落实安全生产责任，深入推进“三场所两企业”等重点领域专项整治，安全生产形势保持平稳。

【基层党建工作】 实施“点线建精、整片建强、整镇推进”基层党建全面提升三年行动计划，谋划培植“党建+文明+滨海旅游”的和美海滨党建精品线和“党建+环境提升+乡村旅游”的“党建同心圆”精品线，打造农村区域党建联合体。开展党建工作定期分析和专题研讨13次，召开村党支部书记党建工作汇报会4次，协商解决软弱落后党组织整转，基层党建工作基础保障等难题。继续推进党委成员领衔破解党建难题责任分解制度，明确每位党委委员领衔1项党建难题，出台基层党组织书记抓基层党建责任清单，逐一落实责任人，形成责任传递、互相压担的工作模式。对照书记帐本，细分镇村两级对帐，2016年初与全镇21个村分别签订《2016年度书记帐本工作对标对帐责任状》，层级施压，分类施策，全年完成河道清淤13.4公里，拆除违章建筑4.74万平方米，完成平安护航G20大会战，深化基层党建服务保障中心任务。

【基层干部服务合力】 重视“两学一做”专题教育活动，突出“实际、实用、实效”的教育管理理念，开展常态化、长效化学习活动机制，制定镇机关干部“精品党课+业务知识”的培训模式，推行机关干部摇号汇报，实施青年干部拜师带徒制度，全面形成

"互促互进提素质，从严从紧塑作风"的良好机关氛围。强化党员村干部常识、知识、见识、胆识等"四识"教育，镇级开展农村工作大讲堂5次，落实情境式远程教育312人次，带领村干部外出学习新农村新范式3次，搭建村干部创业指挥站，帮助解决干部干事创业过程中的疑难杂症35个；村级以支部书记上党课、党员领读领学、外请教师授课、理论知识研讨、村庄发展研讨等形式，力推两学一做学习教育内化于心、外化于行。开展村主要干部党委主要领导约谈制，落实村干部问责、承诺践诺、述职述廉、实绩考核等管理办法，镇党委书记约谈村主要干部42人次。强化党员干部红色教育，落实三会一课、党组织生活日，组织党委班子理论团、老干部宣讲团、青年干部志愿团送党课进支部，村干部会前一小时收看远程教育片等常规学习活动，开展党纪党规党章、廉洁自律准则、纪律处分条例等专题学习12次。

【诚信指数考评机制】 在2015年试点的基础上，扩大村民诚信积分能够享受权益的范围，督促党员干部和村民更加重视诚信建设，全力支持配合村庄建设发展。开展"基层大走访、大排查，深入找短板、补短板"活动，围绕各项工作收集意见，精准查找短板，在此基础上，对各条线、各联村片区提交的初步方案和存在问题进行科学精准地判断，形成一套系统性整改方案，列出整改事项、整改期限，明确责任到人。

【党员"四式管理"】 涂茨镇党委针对钱仓村党支部提出对党员进行分类管理的请求，采纳意见、完善制度，创新性提出农村党员"四式管理"法。按照党员的年龄、身体、经济、居住地等状况将党员分为四类管理。对有服务能力的中青年党员、身体健康的老龄党员、有回乡时间的流动党员，再科学划分党小组，实施"党小组+"服务群众模式，打造党建"微阵地"。同一产业中的党员以党小组为纽带，在党员产业带头人的带动下，通过帮联活动，在更大范围内加强了学习交流的机会。大坦村村党支部经过多方调研，促成渔业产业帮扶党小组。小组成立以来，组长傅从利带领小组成员调查渔业产业中效益较低的渔民，并通过帮助联系购买网具、带领他们到合适的渔场捕捞，两个月时间，低产渔民的产量有显著提高，产业帮扶取得了实际的成效。

【中共涂茨镇第十三次代表大会、第十八届人大代表会议】 10月26日，涂茨镇召开中共涂茨镇第十三次代表大会，会议听取党代会工作报告和纪律检查委员会工作报告。12月14日 召开涂茨镇第十八届人大代表会议 。两次会议均指明涂茨未来五年的发展方向，按照"两翼助推、中心集聚、一带优化"总体框架，以改革创新、转型发展为主线，以提高发展质量和效益为中心，深入实施"工业强镇、产城融合、旅游惠民"发展战略，着力构建"二带一区"新格局，推动镇域发展高标准振兴崛起，高水平全面建成小康社会，全力建设现代化海湾型特色城镇。

（孙　展）

表96　　**2016年涂茨镇行政村经济情况一览**

村名	户数（户）	人口（人）	水田（公顷）	旱地（公顷）	水产养殖（公顷）	渔船（艘）	农村经济总收入（万元）	村级资产（万元）	村集体年收入万元）	村集体年支出（万元）	人均收入（元）	书记	主任
珠山	311	1243	27.7	2.74	5.93	0	80.81	1154.47	78.95	13.12	16462	黎宏祥	刘林光
泊戈洋	530	1765	68.53	3.2	5.33	0	378.36	925.48	63.23	31.12	15579	吴永富	郑　恩
下盆岙	206	652	27.8	1.07	8.4	0	130.61	550.2	110.61	14.58	15177	黄彩英	许善平
涂茨	672	2265	74.93	10.07	45.66	5	658.98	1618.56	282.2	32.43	16492	董　敏	徐能贤
旭拱岙	340	1163	24.87	9	92.93	0	241.58	1223.62	241.58	37.23	17147	葛聪敏	杨永贵

续表96

村 名	户数（户）	人口（人）	水田（公顷）	旱地（公顷）	水产养殖（公顷）	渔船（艘）	农村经济总收入（万元）	村级资产（万元）	村集体年收入万元）	村集体年支出（万元）	人均收入（元）	书 记	主 任
庵后	239	793	13	0.47	1.33	0	193.78	386.74	56.33	20.14	13360	姚 斌	徐德宁
玉泉	255	821	26.17	4.96	1.33	0	67.71	597.39	67.71	10.05	14633	李先鹏	周 岳
永联	270	916	19.26	8.36	93.67	5	282	1055.45	43.6	32.88	15020	陈光明	殷立葵
东港	527	1542	61.33	20.53	5.67	0	84.08	700.73	80.08	25.46	13872	肖志豪	郑永定
里庵	240	708	29.93	7.27	10.33	0	74.32	427.25	51.07	8.31	14925	陈敬森	郑小兵
前山姚	251	693	19.37	1.1	0	0	56.31	332.5	30.31	10.68	14814	姚忠良	姚吉飞
毛湾	490	1423	9.53	4.53	106.73	46	192.87	449.87	192.64	109.44	16574	林松年	无
大岭后	228	687	15.2	4.33	39.53	24	31.05	915.84	31.05	11.56	17274	夏永青	夏国芳
长沙	77	221	1.4	0.53	12.67	16	74.87	337.45	54.87	4.52	23129	孙飞红	李海华
大坦	230	832	10.3	1	23.67	27	103.48	462.41	103.48	9.12	20881	陈忠国	洪凤展
中堡	238	809	26.21	5.88	1	0	307.82	1006.23	307.82	28.73	16937	钟真理	崔建国
钱仓	567	1967	90.03	6.7	124.67	51	275.67	968.92	160.69	75.75	19079	张才云	励正永
新塘	108	274	14.83	0.5	7.13	19	71.3	304.48	27.39	3.42	16881	茅全吉	陈祖根
汤岙	393	1384	82.73	8	56	3	184.3	653.1	70.85	25.17	16243	郎德敏	吴庆国
黄沙	309	962	42.87	13.33	63.4	1	112.05	864.11	112.05	26.88	19210	朱恩位	张国营
屿岙	293	949	14.97	0.37	23.27	19	198	986.23	40.2	17.06	19906	丁乐平	周明宗

表97　　**2016年涂茨镇工业主要经济指标完成情况一览**

单位：万元

序号	企业名称	工业总产值					工业销售产值					产销率%	
		指标	当年累计	上年累计	同比±%	完成比例	指标	当年累计	上年累计	同比±%	完成比例	当年累计	上年累计
	2000万以上	119000	122329	107557	13.7%	103%	95500	78485	76499	3%	82%	64%	71%
1	浙江新乐造船有限公司	66000	69281	60057	15%	105%	33500	28194	30049	-6%	84%	41%	50%
2	宁波劳伦斯表面技术有限公司	18000	19692	9959	98%	109%	18000	17599	9726	81%	98%	89%	98%

续表97

序号	企业名称	工业总产值					工业销售产值					产销率%	
		指标	当年累计	上年累计	同比±%	完成比例	指标	当年累计	上年累计	同比±%	完成比例	当年累计	上年累计
3	中广核(浙江象山)风力发电有限公司	9000	8563	8086	6%	95%	9000	8356	7859	6%	93%	98%	97%
4	象山县美亚混凝土制品有限公司	10000	8103	7908	2%	81%	10000	8103	7908	2%	81%	100%	100%
5	象山新港服饰有限公司	7000	2861	6762	-58%	41%	7000	2861	6673	-57%	41%	100%	99%
6	象山东闵服饰有限公司	4000	2050	3600	-43%	51%	4000	2050	3600	-43%	51%	100%	100%
7	宁波统富制衣有限公司	3000	3221	2877	12%	107%	3000	3221	2877	12%	107%	100%	100%
8	象山日升针织厂(普通合伙)	3000	2590	2268	14%	86%	3000	2247	2096	7%	75%	87%	92%
9	宁波森骏服饰有限公司	3000	2040	2206	-8%	68%	3000	2006	2013	0%	67%	98%	91%
10	宁波诚慧电气有限公司	2500	1841	1830	1%	74%	2500	1811	1695	7%	72%	98%	93%
11	象山欣丰针织厂	2500	2088	2005	4%	84%	2500	2038	2005	2%	82%	98%	100%

大徐镇

【概况】 大徐镇位于象山县东北部，是著名革命诗人殷夫的故乡，西南距县城5公里，面积56.6平方公里，辖24个行政村，人口1.92万人。全年实现社会生产总值47.42亿元，增长8.5%；财政收入1.23亿元；农民人均纯收入1.59万元，增长7.4%。

【工业经济】 在经济持续下行的压力下，通过分层培育、深度挖潜、内外并举等举措，实现工业经济逆境发展。2016年，共有工业企业197家，其中规模以上企业32家，销售上亿元企业5家。实现规上工业产值25.8亿元，同比增长5.2%。规上工业企业实缴税金1.5亿元，增长25.8%。

【创新转型】 全年共实施工业投资和技术改造项目26项，年度完成固定资产投资2.92亿元，其中完成设备投资1.29亿元。亚大金属通过国家高新技术企业认定；博禄德电子被评为县智造与创新先进企业；博禄德电子和凯捷生物的USB-C公转公连接线、KJ-1600S生物质气化供气系统通过市重点工业新产品项目认定；博禄德电子的“博禄德”牌USB2.0数据线获得市名牌产品；康达电子工程(技术)中心通过市级企业工程(技术)中心认定。

【招商引资】 挖掘招商资源，通过“以企引企、以外引企、乡情引企”等手段，提高招商引资的精准度和转化率。全年完成合同外资及港澳台资金1380万美元，实际利用外资及港澳台资金300万美元，实际内资9241万元，浙商回归资金5505万元。没有新批一亩土地，先后引进了11家企业和3个5000万以上工业投资项目。坚持去库存，能塑汽配、华启轴承等3家企业通过司法拍卖购置闲置厂房，金钇通讯、航锦机械、博华德高铁线缆等8家新企业租赁闲置厂房。

【农业经济】 全年实现农业总产值2.15亿元，同比增长9.1%。推广土地流转承包经营模式，流转土地11.67公顷。种植单季稻246.67公顷，完成县下达任务。推广机械插秧320公顷。继续实施地力提升工程，对下院、相思岭等6个村的垦造耕地进行土壤培肥。启动市级杨梅产业示范区建设项目，引进同盛餐厨垃圾废弃物综合利用技术开发基地，引进宁波扬百利农业开发公司，促使“农户+合作社”粗放模式向“农户+公司管理+技术支持”精细化模式转变。

【旅游经济】 初步完成杉木洋、相思岭村旅游规划和海口村亲子庄园策划。依托城郊区位优势，扩展乡村短线旅游新市场，逐步完善基础设施，雅林溪休闲农庄、林善塘瓜果种植基地、大娘庵高山四季果园、上岙及拾亩地蓝莓庄园等瓜果采摘基地游客络绎不绝，“前锋营”军事拓展基地知名度逐渐提高，总投资2000万元的海口村亲子庄园正在项目报批中。全年共接待游客2.5万人次，旅游经济收入达650余万元。

【规划编制】 《镇域总体规划》通过镇人大主席团审议及规划公示工作，并向县政府申报批复。完成土地利用总体规划中期调整工作，完成上岙村等16个村庄规划及大徐、杉木洋、下院等7个村庄建设规划。完成吉祥塑料等11个地块及镇政府所在地的控制性详细规划编制工作。

【美丽乡村建设】 以提升农村生态环境和居民生活质量为目标，有序做好“四村一线”的培育和创建工作，杉木洋村市级特色村通过验收，对下院村进行县级小康村培育，在下院、杉木洋、雅林溪村开展“一村一树”工程，在下院、虎啸铺、林善岙村打造“美丽庭院”。推进盛宁线精品线打造工程，投入100余万元完成海口、三角地景观节点设计，开展沿线环境卫生整治，打造景致贯通、景观相接的东北部靓丽主轴。

【治水拆违强势突破】 紧抓“三改一拆”行动，累计拆除违章建筑4.54万平方米，完成年度任务的151.3%。坚持每日巡查、控制在前，实现违建零新增。深化“五水共治”行动，共拆除畜禽养殖场9家，1821.74平方米，仅剩的2家规模养殖场中，1家签订拆除协议，1家予以保留，完成大徐溪小流域治理一期工程总工程量的92%，完成林善岙水库扩容加固工程总工程量的60%。

【农村环境改善】 推进“两路两侧”“四边三化”、农村环境卫生集中整治等行动，加大环卫设备投入力度，落实各村环卫保洁人员，建立卫生长效保洁机制，开展“美丽庭院”“洁美村庄”等评选活动。新增造林7.67公顷，镇域绿化6000平方米、村道绿化2292米，完成石塘复绿1处，创建森林公园3处。

【重点工程】 丹大线政策处理工作完成设计及土地测量、青苗清点，房屋征迁工作完成面积测量及房屋初步评估；镇中心幼儿园迁建工程、敬老院消防改造工程全面完成；镇卫生院迁建工程正在进行内部装修及外围场地施工；综合市场改建工程完成填塘渣；龙溪路拓宽工程基本完成路面浇筑；大徐街人行道二期工程及环港公路路灯亮化工程正在建设；文化休闲广场工程正在设计方案；9个村的“两水”改造工程进展，累计完成投资1100万，总体完成70%；虎啸铺农房两改工程正在进行主体工程竣工验收前期准备工作。

【义务植树活动】 3月11日上午，大徐镇联合县委统战部、县民政局、县安监局、象山地产房产公司、交通银行象山支行、泰隆银行象山支行等6家单位，组织全体机关干部和大学生村官共计90余人次，前往虎啸铺村进行义务植树绿化活动。当天共种香樟、红楠、紫玉兰、茶梅球等树木300余株，绿化里程约0.6公里。

【“两学一做”主题教育活动】 7月22日上午，大徐镇组织各村书记、村主任及全体机关干部共计80余人参加“两学一做”主题教育活动。该活动旨在通过先进示范、反面警示,有效提升了党员干部的向心力和凝聚力。当天,首先举行了陈淑芳同志先进事迹学习会,会上来自县宣讲团的3位成员用深入浅出、声情并茂的解说,展现了陈淑芳同志在工作中高尚情怀。会后,一行人前往象山县警示教育基地,触目惊心的图片展和警示视频向大家展示多名官员如何走上犯罪道路,镇村干部深受教育和启发。

【县微型党课巡回宣讲报告会走进大徐】 8月3日上午,县微型党课宣讲团的7位成员来到大徐镇,为全体机关干部、各村书记及主任、企业党支部书记上了一堂生动的党课。该次宣讲的主题为“十三五·话担当”,宣讲员们用生动的语言、鲜活的事例讲说着“十三五”期间应该拥有的品质。授课时间虽短,但以小见大,资料详实、深入浅出,生动活泼、引人入胜,具有很强的理论性、针对性和指导性,与会人员深受启发。

【工业企业环境保护工作会议】 7月29日上午,大徐镇召开工业企业环保工作会议,镇党委书记、工业副镇长、县环保局监察大队大队长,及大徐镇各企业负责人出席本次会议。 会议上,工业副镇长金波对近期发生在全镇的环境污染事件和百姓举报情况做了详细说明。监察大队大队长郑月飞对环保法律、法规做详细解读,系统分析了当前环境保护工作的新形式,以及当前国家生态文明建设改革发展的新方向和新思路;镇党委书记虞先兵做最后总结讲话,再次呼吁各企业认清环境保护工作的重要性,严格落实自查制度,配合政府工作,消除环保隐患,共同打造宜居和美大徐。

【森林消防演习活动】 为增强实战水平,提高应急能力,做好干燥期森林消防安保工作。8月4日上午,大徐镇联合县森林消防指挥部,在三角地村开展了一次森林消防演习,县、镇森林消防队共45名队员参加了本次演习。活动当天,杨梅山脚下一处草丛中燃起了大火,消防队员们使用泵给水灭火技术和传统灭火工具,快速扑灭了火源,消防演习活动圆满成功。

【水务员工作会议】 为迎接“清三河”创建市级验收,开展冲刺阶段工作。8月8日下午,大徐镇召开了全镇水务员会议。会前,该镇组织相关人员对各村河道、沟渠等水体环境进行了自查。会议中,镇农办水利员根据自查结果,逐村指出存在问题,督促整改落实,同时布置冲刺阶段河道保洁任务。随后,农业副镇长发表讲话,强调非常时期,全镇上下全力以赴,加密巡查保洁频次。

【叶剑鸣赴大徐镇调研】 8月10日上午,县委书记叶剑鸣率相关部门负责人赴大徐镇调研,县委常委、统战部长黄敏求,镇党委书记虞先兵、镇长杨雪娟陪同。一行人首先走访了宁波博禄德电子有限公司,详细了解企业生产经营状况。接着,又来到杉木洋村,实地踏看村容村貌,深入了解当地盐文化。随后,叶剑鸣专题听取了大徐镇工作情况汇报,对全年来该镇的各项工作给予肯定。他指出,大徐紧邻城区和开发区,要利用这一区位优势,把工业和旅游作为全镇工作的发力点、主抓手,顺势而为、借势借力,全力推动工业和旅游发展再上新台阶。

【镇两新党组织参观嘉兴南湖革命纪念馆】 8月13日,大徐镇“两新”党组织全体党员踏上红色之旅,赴嘉兴南湖革命纪念馆,瞻仰革命圣地,追溯红色记忆,重温党的历史,感受红船精神。纪念馆内一幅幅历史画卷生动地展示了共产党人为争取民族解放、国家独立而艰辛奋斗的革命战争史,更展示了共产党人为取得民族复兴、国家富强而不懈进取的建设奋斗史,使大家的心灵得到了深刻洗礼和升华,对红船精神有了更深刻的感悟。

【平安集中夜查行动】 强化镇区治安防控能力，维护人民群众的生命财产安全，给广大群众营造良好的治安环境。8月20日以来，大徐镇发动社会各界力量，组建平安志愿者治安巡逻队，建立了镇、村(企)两级夜间巡逻队，并配备了照明设备、送话器、袖标等夜间巡逻器材，对全镇进行不定期不定点突击夜间巡逻，并对巡逻情况进行拍照登记存档，及时解决遇到的各类问题。

【教师节慰问活动】 在第32个教师节即将到来之际，9月7日中午，大徐镇党委书记、镇长、社会事业副镇长冒雨来到殷夫中学、大徐镇中心小学、大徐镇中心幼儿园开展教师节慰问，亲切慰问在校教职工。他们一行先后参观了学校图书阅览室、教师办公室等，详细了解学校运作情况，并向学校发放慰问金，分别发放中学、小学各4.5万，幼儿园2.5万。

【杉木洋村村歌《我的家园我的村》获金奖】 9月8日晚，在县人民广场举行了第十九届中国(象山)开渔节系列活动之一的“一兆丰德”之夜象山县农村文化礼堂2016“我们的村歌”大赛决赛。比赛中，18个镇乡(街道)选送的18支村歌为现场近千名市民送上了一场乡村文化盛宴。比赛最终评出黄避岙乡塔头旺村《赶小海》、墙头镇下沙村《下沙村赞》和大徐镇杉木洋村《我的家园我的村》3个金奖，以及5个银奖、10个铜奖。

【黄焕利赴大徐镇调研】 9月19日下午，县委副书记、县长黄焕利率相关部门负责人赴大徐镇调研。一行人来到林善岙村，实地踏看村容村貌，详细了解村庄规划，要求加快提升村培育和特色村创建，打造区域精品线。同时，还沿途调研了丹大线工程的规划情况，要求相关部门尽快做好项目政策处理和评估工作，尽早启动工程建设。随后，又查看了大徐村小流域治理工作。最后，黄县长在座谈会上详细听取了大徐镇前阶段工作汇报，他指出要统筹谋划，整合力量，着力抓好招商引资、加快推动全域旅游、深化专项行动治理、全力做好村镇两级换届工作。

【党委换届选举动员会议】 9月21日上午，大徐镇召开党委换届选举动员会议。全体镇干部、两新组织、机关和企事业单位、各行政村党组织负责人等100余人参加。会议传达了上级关于乡镇党委换届工作会议精神，详细解读了代表选举工作流程，并就换届工作的时间节点、换届程序、工作要求等进行了集中培训。同时，会议组织学习了《关于严肃换届纪律确保党委换届工作顺利进行的通知》精神，再次严肃强调了中央“9个严肃、9个一律”换届纪律规定。该次镇第十三次党代会代表名额为73名，要求全面安排，统筹兼顾，使代表具有先进性和广泛性。

【迎国庆2016年“茂美杯”大徐好声音比赛圆满落幕】 9月27日晚，大徐镇举行了迎国庆2016年“大徐好声音”比赛决赛，共有17位选手参加。当晚一号选手一曲《忘情水》点燃了大家的激情，台上选手倾情表演，台下观众掌声如潮，那情景宛如一场明星演唱会。此后，《天路》《江山无限》等一首首脍炙人口的歌曲，将晚会推向一波又一波高潮。最终，经过激烈的角逐，评委们根据选手们的音色、音调、音准、节奏和台风进行总体打分，评选出1名一等奖、2名二等奖、3名三等奖，11名优胜奖。

【重阳节感恩活动】 为了弘扬中华民族的敬老、爱老、助老传统美德，10月29日，大徐镇团委联合各部门、镇妇联、幼儿园和镇中心小学等，用满腔热情为大家献上了一台精彩的视觉盛宴。舞蹈《最炫名族风》、越剧《我家有个小九妹》、歌曲《父亲》《京歌联唱》等节目，将整个演出推向一个个高潮，节目异彩纷呈，博得观众阵阵掌声。整场演出展现了老人们热爱生活、老有所学、老有所为、老有所乐的精神风貌。丰富老年人的精神文化生活,掀起关爱弱势群体和爱老、敬老的文明热潮,营造了孝亲敬老的社会氛围。

【宁波能塑汽车部件有限公司举行奠基仪式】 宁波亚大表面处理有限公司自落户大徐以来,为全镇工业经济发展作出了贡献。全年,该公司拍卖城东工业园神州立体车库原有厂房,将鄞州总部部分上游产业迁移象山,注册成立宁波能塑汽车部件有限公司,预计年产值将过亿。9月28日,隆重举行奠基仪式,新购置厂房将全面进入施工改造阶段。能塑汽配总投资1亿元,2016年计划投入5000万元,投产后年产值将达3亿元。

【中国共产党大徐镇第十三次代表大会胜利召开】 10月26日,中共大徐镇第十三次代表大会胜利召开,大会议程分为四项:听取和审议中共大徐镇第十二届委员会工作报告;听取和审议中共大徐镇第十二届纪律检查委员会工作报告;选举产生中共大徐镇第十三届委员会;选举产生中共大徐镇第十三届纪律检查委员会。该次会议圆满完成各项议程,明确了全镇未来五年的发展方向、理清了发展思路、找准了发展路径,提出了全力打造生态型和美城郊强镇的战略口号。

【县政协领导到大徐考证象山名人出生地】 11月2日下午,县政协领导王庆祥、欧亚群一行到大徐镇大徐村,根据象山名人汤式(字舜民,元末明初元曲大家)的作品内容实地考察了大徐镇大徐村龙岗岩水库、村庄、溪流等情况,并与部分村民座谈,根据大徐村徐氏族谱内容及作者作品内容与实地对照,初步认定:大徐镇大徐村是元末明初元曲大家汤式的出生地。

【召开县、镇两级人大换届工作动员会议】 11月8日上午,大徐镇召开县、镇两级人大代表换届工作动员会议,24个行政村书记、主任、文书,各职能部门负责人、全体机关干部等200余人参加会议。会议共有4项议程:观看《镜鉴》警示教育片;镇党群副书记周如江做“九个严禁、九个一律”换届纪律讲话;镇党委书记虞先兵作县镇两级人大换届选举工作及县第十四次党代会代表选举工作动员讲话;镇人大主席许俊梅组织进行选举工作业务培训。该次会议的召开,标志着大徐镇2016年人大换届选举工作正式启动,通过培训,一定程度上提高了换届选举工作人员的业务知识,为高质量、高标准、高要求完成大徐镇人大换届选举工作打下了坚实的基础。

【大徐镇农民合作经济组织联合会成立】 11月9日,大徐镇农民合作经济组织联合会成立大会暨第一次会员大会召开。会议由镇农业副镇长陈实主持,镇党委书记虞先兵,县供销社副主任李修瑞出席会议。农办主任章卫明作镇农合联筹备工作报告后,李修瑞向各位会员详细讲解了农合联的由来、运作方式和作用。会议通过大徐镇农合联章程、理事会及监事会选举办法,选举产生了理事、监事和县农合联代表。之后举行的第一届第一次理事会和监事会,选举陈实为理事长,章卫明为常务副理事长兼秘书长,象山军民塘农业综合开发有限公司鲍云初为副理事长,大徐信用社赵志斌为监事长。

【中共十八届六中全会精神学习会】 11月14日晚,大徐镇召开全体机关干部职工学习会,专题学习党的十八届六中全会精神。会议指出,中共十八届六中全会是党中央在关键时期召开的一次十分重要的会议。全会聚焦全面从严治党主题,确立习近平总书记为核心的党中央领导地位,通过的《准则》《条例》既是党章规定和要求的具体化,也是全面从严治党实践规定举措的系统化。会上,镇宣传委员秦旭辉组织学习《六中全会党员应知应会30题》。

【中共大徐镇第十三届代表大会第二次会议胜利召开】 11月25日上午,中国共产党大徐镇第十三届代表大会第二次全体会议胜利召开,共69名镇党代表参加会议。该会议主要目的为选举产生县第十四次党代会代表。会上,镇党委书记作《关于做好出席中国共产党象山县第十四次代表大会选举工作的讲话》。最后,经过各位与会代表的投票选举,该次大会共产生县第十四次党代会代表6名，分别为虞先兵、杨雪娟、史云彩、陈顶岳、李文阳、徐玉成。

【大徐镇文联成立】 12月16日下午，在大徐镇政府四楼会议室召开了“象山县大徐镇文联”成立大会，共有100余名文艺工作者参与大会，象山县文联党组成员韦元强同志出席。大会通过《象山县大徐镇文联章程》《象山县大徐镇文联成立大会选举办法》，选举产生新一届主席、副主席、秘书长。会上，韦元强代表象山县文联祝贺大徐镇文联的成立，并对工作提出了建议。镇党群副书记周如江代表镇党委对镇文联成立表示祝贺，并为今后工作提了要求。新当选文联主席秦旭辉对下一步如何组织开展文联工作进行了表态。大徐镇文联共有会员89名，分为音乐协会、舞蹈协会、戏曲协会、竹根雕协会、舞龙协会、手工艺协会。

【杉木洋村召开全县文明创建现场会】 12月30日，县委宣传部在大徐镇杉木洋村召开全县文明创建现场会，县委宣传部领导、18个乡镇街道宣传委员、41个村的村党支部书记参加。

当天，杉木洋村党支部书记徐玉成和大家分享了该村在开展旧房拆迁改造等工作中遇到的困难和解决办法，以及各庙山公园、文化礼堂、农民会所和文化长廊等建设经验。

【社会事业】 优化教育环境和教育质量，教育硬件设施及中考成绩名列全县乡镇前列。深入推进乡风文明建设，开展“家风家规”示范村创建。全面推进婚丧礼俗整治工作，实行“双报告”制度，跟踪监督婚丧事办理，逐渐形成肃清陈规陋习、树立婚丧新风的共识。扩大社会保险覆盖面，新增五险参保2610人、城乡居民养老保险235人，新农合参合率95%。加大帮扶救助力度，共下发各类社会救济金450万元。加强就业服务，开展农民技能培训16人次，新增城镇就业人员295人，开发公益性岗位12个。深化养老服务，建成居家养老服务站3个。

【社会治理】 推进“平安大徐”建设，全面深化“网格化管理、组团式服务”，开展全镇安全隐患、重点人员、矛盾纠纷、信访积案大排查，护航G20峰会。全镇共发生刑事案件73起，抓获犯罪嫌疑人12人，破获刑事案件11起；发生治安案件66起，查处37起，行政治安拘留5人，一般处理21人，发案率同比下降5.3%，破获和查处率同比上升1.6%和7%。共受理上访、信访案件53起，办结50起，其中县转访23件，自接信访30件，未发生越级上访、闹访缠访、赴省进京上访等。共受理各类矛盾纠纷90起，成功调解87起，调解成功率96.7%。非正常死亡11起，因处置及时到位未发生群体性事件。共落实不稳定因素包案责任26件，其中县挂牌督办2件，邪教重点人员8名，严重精神病12人，吸毒人员8名。

【改进作风效能】 全面落实从严治党要求，扎实开展“两学一做”专题学习教育。完善干部管理体系，推进正风肃纪检查，提升工作效能，促进便民服务。落实中央“八项规定”，精简会议、文件和各类评比，规范办公用房使用和编外用工管理，严格执行公务用车改革，压缩一般性开支，“三公”经费支出大幅下降。加大审计力度，规范财务管理，严格控制债务规模。健全科学民主决策机制，严格落实“三重一大”议事规则。坚持依法行政，规范行政执法行为，促进公正文明执法。推行政务公开，加大反腐倡廉力度，强化对重点领域、重点行业的监管，坚持用制度管人管权管事。

表98　2016年大徐镇行政村经济情况一览

村名	户数(户)	人口(人)	水田(公顷)	旱地(公顷)	水产养殖(公顷)	渔船(艘)	农村经济总收入(万元)	村级资产(万元)	村集体年收入(万元)	村集体年支出(万元)	人均收入(元)	书记	主任
相思岭	308	1046	36.9	3.3	17.6	0	5827	1536	132	21	14898	范为国	范景宝
大磊头	203	572	11.2	0	7.5	0	3190	1262	52	17	15065	沈世根	傅金位
黄盆岙	208	596	20.3	13.8	6.2	0	3553	943	41	11	15758	王才良	姚林国
林善岙	265	925	34.1	3.8	12.8	0	5795	1605	57	32	16018	沈财国	郑清和
章家弄	293	826	27.7	3.87	0	0	4981	1087	43	27	18461	沈功平	
雅林溪	226	738	23.7	1.2	0	0	4474	611	44	33	16991	陈旺云	徐光福
上岙	237	706	28	0	0	0	4312	361	34	8	14507	柴国平	岑成立
下岙	226	674	23.9	4.47	0	0	3010	426	20	7	13925	童卫莲	王国锋
新罗岙	212	626	18	7.7	0	0	2812	551	14	11	12505	罗宗兴	罗宗兴
虎啸铺	175	531	14.9	2.7	0	0	2970	1733	83	6	17446	王祥林	俞小良
夏雨岙	156	496	13.3	1.2	0	0	2687	240	5	3	14109	倪金岩	刘文成
里考坑	296	818	15.8	7.3	3.3	0	5642	460	11	8	16091	王爱兴	王久松
铁拾	367	1175	32.5	0	0	0	14761	1495	92	28	20194	李文阳	郑后补
海口	226	721	26.1	7.7	0	0	4713	1027	42	8	15281	胡振祥	徐东林
三角地	307	896	14.6	7.6	0	0	5496	630	39	11	16234	蒋建成	黄云华
安东	213	687	32.2	3.8	0	0	4179	587	26	5	14041	潘玉金	张成浩
陈山	385	1265	76.9	19.7	0	7	8914	954	60	13	15688	钱国林	王其国
塔幢	438	1342	39.6	9.47	0	0	6976	1124	66	11	15225	张利成	谢章云
下院	277	817	23.3	10.5	0	0	6897	866	87	9	14614	王城丹	冯成国
杉木洋	371	1068	43.1	4.2	0	0	8375	1196	119	13	15525	徐玉成	郎国位
甲田弄	311	843	23.4	4.7	0	0	7450	557	110	14	14461	练国财	王家兆
大徐	565	1672	31.5	4.1	0	0	10190	1831	506	241	16160	翁荣良	周哉飞
汤家店	225	647	21.5	2.1	0	0	3669	503	42	17	15608	郑国定	沈增国
后林	135	415	12.3	0	0	0	2743	649	19	3	14415	王国富	陈彩金

表99

2016年规模以上企业经济情况一览

单位:万元

企业名称	产 值	主营业务收入	利 润
宁波顺声通讯设备有限公司	14790	12937	1423
宁波博禄德电子有限公司	85407	42088	3957
宁波康达电子有限公司	17105	12271	926
宁波旭日灯饰有限公司	8581	8581	603
宁波华升灯饰有限公司	5501	4607	390
象山恒洲电子有限公司	5711	5711	505
(电子行业)合 计	137094	86194	7803
象山申达轿车配件厂	12582	12068	704
象山东方输煤设备厂	2567	2001	138
象山东方输煤设备有限公司	2567	2055	179
象山滨港机械厂	2498	2299	182
宁波仕莱特制动器有限公司	2272	2011	126
宁波永安机械制造有限公司	3681	3328	201
宁波珂翔电力机械有限公司	2945	2976	290
宁波锡安模具有限公司	2939	2677	541
象山创亿金属制品有限公司	2128	2071	208
宁波甬金防护设备有限公司	5294	4761	255
象山天吉电气有限公司	3049	2290	130
(制造行业)合 计	42521	38536	2954
象山兴泰色材有限公司	3364	2274	321
象山华龙塑料实业公司	3557	3557	309
象山争达塑料制品厂	3698	3698	474
(塑料行业)合 计	10620	9529	1104
宁波亿通服饰有限公司	2512	2283	78
宁波澳林服饰有限公司	2993	2818	49
象山紫荆服饰有限公司	6536	5554	38

续表99

企业名称	产　值	主营业务收入	利　润
宁波永栋服饰有限公司	2269	2269	134
宁波茂美服饰有限公司	3584	3227	152
(针织)合计	17893	16151	453
宁波象山宏鑫混凝土有限公司	16044	16044	854
宁波市浙东表面处理有限公司	7993	7993	279
宁波和民纸业有限公司	3097	3077	202
象山万邦电器有限公司	2202	2202	119
宁波德远洁具有限公司	6878	6878	150
宁波骏维金属表面处理有限公司	3410	3410	226
宁波亚大金属表面处理有限公司	10051	5000	841
(其他) 合　计	49674	44603	2671

(吴　爽)

新桥镇

【概况】 新桥镇地处象山半岛中部,北与茅洋乡接壤;东北连接东陈乡,东濒大目洋,南与石浦镇、定塘镇相邻,西临蟹钳港、马岙门,与宁海县、泗洲头镇隔港相望。辖28个行政村、1个居民委员会(新桥)、1个场管会(狮子山),常住户数9061户2.9万人。总面积126.28平方公里,林地3869.2公顷,耕地1597.4公顷,水田1560公顷,旱地297.53公顷,浅海滩涂38.28平方公里。

2016年,新桥镇以"创新、协调、绿色、开放、共享"发展理念为引领,围绕建设"影视休闲宜居新城"的总体目标,保障"两区"建设、推动"三线"并进、实施"四化"同步,加快培育发展新动能,全力以赴推进影视旅游特色小镇建设,实现"十三五"经济社会发展的良好开局。全年社会总产值25.63亿元,增长10.2%,财政总收入1.24亿元,增长9.7%,农渔民人均纯收入14061元,增长10.5%。2016年,该镇先后荣获市标准化农村集体三资管理服务中心、市级森林城镇、市平安护航G20杭州峰会先进集体等荣誉。

【平台开发】 主动服务象保合作区建设,全面完成400万平方平基工程任务,提前推进2017年120万平方平基工作,邻里中心部分楼主体结顶。促进影视文化产业区功能集聚,引进影视传媒企业185家,接待拍摄剧组77个,浙江广电象山影视基地土地清表、填方工作强势推进,狗盘山临时采石场完成报批并开展爆破钻孔作业,完成填方25万方,一期工程加快开园。

【项目建设】 加快畅通高速主动脉,落实三门湾大桥及接线工程各标段临时借地,确保无障碍施工,新桥段完成工程量45%。石浦高速新桥连接线工程完成土地征用款发放、清表、杆线迁移,力争完成17户房屋拆迁协议签订,实现工程进度25%。沈海高速石浦连接线完成初勘工作。东部沿海防洪(潮)工程完成前期政策处理及费用发放。盐文化旅游休闲园完成盐文化馆、别墅主体结构。

【优化基础要素】 完善镇域路网体系，投入200万元 完成东狮村—镇公墓区路面工程、茅石线至小白蛇公路路基硬化工程及里外岙隧道维修改造工程。抢抓平台优势，提升水电管网等级，实施5个村自来水管网改造工程，旦门—新桥水厂应急管网供水工程主体完工，茅石线韩升至海丰段、东旦线东溪段路灯提升工程完工。

【工业经济】 全年实现规上工业总产值7.65亿元，同比增长101%，工业实缴税金4700万元，同比增长7.55%。深化招商引资“一号工程”，引进汽车零部件、饮水净化设备等工业项目7个以及枇杷谷旅游主题酒店、鸿翔影视主题酒店等商贸旅游项目4个。完成合同外资1500万美元，实际外资300万美元，实际内资1.7亿元，浙商回归投资9457万元，均超额完成全年计划。抓好企业梯队培育，钰烯阴极保护材料公司于8月份实现新三板挂牌上市，新增规模企业1家、科技型小微企业3家。完成工业投资1.14亿元，增长12.9%，新增市工程技术中心1家、市级新产品37项、县级科技工业攻关项目2项、县级工程技术中心1家，发明专利9 项。深入开展精准服务企业活动，帮助解决两证补办、融资转贷等制约企业发展难题75个。

【农业经济】 发挥精品园区示范带动作用，投入1700万元完成大塘港国家级农业综合开发示范区和黄公岙农业综合开发项目。壮大主导农业产业，粮食规模多元化，南美白对虾、枇杷、草莓实现产业整合、产品提升。农旅结合加快发展，新建莲藕、垂钓、烧烤农业休闲基地3处，发挥休闲农业产业联盟优势，统一制作宣传册和标志标牌，形成休闲农业旅游路线图，全年吸引游客18万人次，增加收入2000余万元。完善基础设施，投入1.5亿元推进平岩头塘改造、东溪流域治理、新桥河道疏浚清淤以及7项面上水利工程。

【成立“休闲农业产业联盟”】 为加快发展休闲农业产业，延伸农业观光旅游功能，该镇16名种（养）殖、枇杷、草莓、火龙果、南美白对虾等农业大户联合成立“休闲农业产业联盟”，“抱团”发展休闲农业。以民国影视庄园为龙头，串联各个休闲农业基地，并统一设立标识标牌，形成休闲农业旅游路线图，通过微信、淘宝等线上推介和实地营销。

【旅游经济】 挖掘旅游资源、强化基础配套建设，深度拓展旅游市场，全年接待游客250万人次，商贸旅游综合收入突破5亿元。启动全镇旅游发展总体规划，扩大影视效益，乡村旅游提速发展，新增农家客栈15家300张床位，总数达到100家，56家完成治安系统安装。创建灵岙村市级农家客栈集中村、上盘村乡村旅游集聚村，完成影视城周边村庄停车场、公厕等基础设施建设。加快商贸服务业开发，培育农村淘宝服务站3个，培育餐饮、购物点30个。

【第十届枇杷节】 以第十届新桥枇杷节为契机，重点突出“招商”主题，通过“节庆搭台、经贸唱戏、论坛招商”的形式，加大对外宣传推介力度，提升招商质量，推动产业升级。该论坛活动分主论坛和分论坛分别在5月底和6月初举行，内容包括特色镇发展主题讲座、乡村旅游发展主题讲座以及旅游服务、庭院美化专题授课等，优化旅游项目品质，推进乡村旅游精品化发展。

【探索“互联网+”模式服务农家客栈】 为引导经营户进行自主管理，该镇探索“互联网+”模式，开展线上APP服务平台示范点建设，将所有农家客栈纳入服务平台，完善客栈地址、外部环境、内部装修、当日房价等信息，推进农家客栈提档升级。下步，将发展网上预订、在线支付等电子商务，开展网络营销，提升农家客栈服务品质。

【完善城镇功能】 发挥规划先导作用，完善镇区城市设计，村庄规划实现全覆盖。全面提升中心镇区，投入2亿元实施17项品质提升工程，市民广场全面完工，旅游服务中心主体完工，宁丰家园安置房基础设施、派出所业务技术用房完成招标并进场施工，对接新桥卫生院附属工程建设，完成图纸设计、工程概算等前期工作，拓展综合服务功能，加快服务配套一体化。

【村庄建设】 立足农村景区化发展理念，扎实推进美丽新农村建设。加快"三村一线"创建步伐，投入500余万元创建兴海、七林湾市级环境整治提升村，推进茅石线"影动山海、追梦田园"精品线建设，打造靓丽主轴。完成东狮村省农房改造示范村建设，梳理式改造6个村，完成危旧房解危5000平方米，全面提高村庄整治和农房"两改"整体效应。

【综合整治】 坚持"生态立镇"发展战略，投入500万元实施各类绿化项目32项，成功创建市级森林城镇。纵深推进"无违建"镇创建工作，"三改一拆"总拆违面积达4万平方米。新建5个村分散式污水处理工程，全镇污水处理设施覆盖率达到90%以上，累计拆除畜禽养殖场所168家，通过市"清三河"达标镇验收。开展"百日环保执法专项行动"，全面整改环境污染问题。整治"蓝色屋面" 51处4.8万余平方米，常态化开展农村环境卫生整治，提升村庄精细化建设水平。

【试点"路长制"长效保洁村庄环境】 为加快全域景区化建设，推进村庄环境卫生常态化管理，率先在上盘村试行"路长制" 环境卫生长效保洁机制。由该村5名村干部担任路长，一对一包干村内五条主要路段的卫生环境，每天不定时对包干路段进行检查，结合群众意见，及时解决路段内的卫生问题，保证村庄道路整洁干净。同时，建立每月环境卫生检查机制，从道路清洁、垃圾分类、庭院绿化、制度上墙等方面对各村进行打分，有效改善农村环境卫生。

【文化惠民】 注重思想建设，开展形势宣讲、文化普及、典型教育活动，凝聚发展合力。深化文明创建，新建上七里农村文化礼堂1家，打造上盘省级文明村、东溪市级历史文化名村，创建县级文明村4个、春泥计划示范点7个。深入实施基层文化共享工程，开展好家风故事巡演以及各类文化活动 40余场。重视文化素质提升，开展农民培训和各类素质教育培训1000余人次。

【民生事业】 坚持教育优先发展，重视基础建设，完成新桥学校扩建工程前期工作。健全医疗卫生服务体系，加快新桥卫生院附属工程建设前期工作，创建市级卫生村2个。抓好人口计生工作，夯实人口计生管理基础。做好社会保险扩面工作，争取完成各类保险参保730人次。加强保障性住房建设，完成敬老院扩建及消防改造工程，建成集中式居家养老公寓1个，改造低收入农户危旧房21户。扎实开展慈善援助、扶残助残、红十字等工作，累计发放各类救助金827万元。

【社会局面】 加强新形势下社会管理，投入160余万元用于交通设施改造、巡控中心建设、视频监控维护等，严厉打击各类盗窃犯罪行为。推进2家养老机构消防安全整治、关停转移2家。推广深化"网格化管理，组团式服务"，提升"平安三率"水平。健全矛盾纠纷排查调处机制，有效化解矛盾纠纷30起，实现化解率98%以上，圆满完成各项服务保障G20峰会任务。落实安全生产责任制，加强食品药品安全监管，整改各类安全隐患 处。高度重视武装工作，输送新兵12名。统战、工会、团委、妇联、老龄、档案等各项事业实现新进展。

【提升政府效能】 围绕深入学习贯彻习近平总书记系列重要讲话精神，扎实开展群众路线、"三严三实""两学一做"学习教育，解放思想，增强发展观念。完善周一住夜、周二下村、月中督查、摇号汇报、组团式服务等制度，扎实推进"双对"考核，转变作风，提升行政效能。自觉接受镇人大监督，严格执行镇人大主席团决议，五年来共办结建议、议案100余件，满意率达98%。健全科学民主决策机制，严格落实"三重一大"议事规则。强化政务公开、信息公开和办事公开，主动接受舆论监督和社会监督。坚持依法行政，全面落实廉政建设各项规定，完善主要领导"五不直接分管"制度，规范政府投资项目招投标和政府采购程序，推进农村基层权力规范运行。精简会议、文件和各类评比，规范公务接待、政府采购和办公用房使用，"三公"经费实际支出大幅下降。

表100　　2016年新桥镇行政村经济情况一览

村 名	户数（户）	人口（人）	水田（公顷）	旱地（公顷）	水产养殖（公顷）	农村经济总收入（万元）	村级资产（万元）	村集体年收入（万元）	村集体年支出（万元）	人均收入（元）	书记主任
合 计	9061	29303	1560	297.53	694	5872.96	35184.8	3028.43	926.45	13616	
乡镇企业											
七林湾	236	867	21.67	5.47	3	233.35	170.54	57.35	25.85	13878	卢小兵 张月年
高湾	644	2282	69.07	21.93	7	221.52	854.22	141.52	75.55	15225	袁祥夫 陈爱国
高塘	335	1005	30	8.6	0	135.41	397.07	77.95	61.24	12608	林社会 胡松建
东狮	197	637	14.47	2.27	0	213.83	17.51	143.21	25.33	12770	邵兴田 邵六一
石柱里	222	795	14.73	3.2	0	171.62	110.38	78.77	35.48	15433	史济春 史奇辉
石柱外	210	728	19.93	3.07	0	81.97	107.64	33.27	6.45	15310	史理程 陈炳辉
黄公岙	625	2355	111.27	12.33	13	372.69	112.22	172.18	47.09	12450	邵兴吉 史久东
上盘	230	780	39.6	4.67	5	281.57	80.97	58.57	25.51	9833	张忠清 曹善东
灵岙	223	659	26.53	4.93	24	64.72	49.47	63.52	21.89	13987	郑其堂 胡余明
上七里	191	631	25.93	2.73	21	321.32	136.48	83	30.92	11861	奚基苗 奚坚峰
下七里	388	1262	61.47	9.07	35	390.11	599.2	117.56	34.74	10161	励安国 奚银杏
黄吉岙	165	576	24.27	2.53	56	175.4	73.23	49.07	27.18	9604	林祥恩 王阿明
双岙	92	353	14.87	5.07	7	34.78	56.73	34.78	13.49	9753	吴增才 奚小高
崇埯	72	257	16.4	1.33	30	61.27	51.42	41.27	12.64	11508	汤有荣 叶小发
韩升	119	366	9.6	4	15	96.37	57.37	81.37	16.1	16327	宋罗平 韩 斌
海台	337	1250	39.87	6.67	45	336.33	21.69	292.53	76.88	13304	韩海祥 韩云才

续表100

村 名	户数(户)	人口(人)	水田(公顷)	旱地(公顷)	水产养殖(公顷)	农村经济总收入(万元)	村级资产(万元)	村集体年收入(万元)	村集体年支出(万元)	人均收入(元)	书记主任
山根	498	1282	37.4	4.27	60	225.01	3.88	188.51	46.69	11285	顾德照 顾福东
井头	286	1055	28.8	9.33	47	259.81	7.81	189.84	45.67	16030	顾才法 顾明夫
五兴	245	860	19.93	11.73	27	267.03	49.1	234.03	7.36	9407	郑志江 赵士育
东溪	1220	3365	52.87	131.73	113	275.55	184.44	172.15	72.47	9595	励茂坚 励超峰
庙前杨	216	768	18.87	5.8	10	29.92	26.65	29.92	15.93	9390	韩锡云 杨裕来
洋坑	287	827	25.87	5.93	17	174.62	30.73	90.12	9.86	12937	史益星 吴丙才
山头王	249	703	21.27	4.4	10	259.94	59	72.84	12.91	14632	王如金 王 锋
新桥	167	509	14.8	2.2	2	158.97	194.36	44.92	11.67	10806	葛阿明 史百良
关头	835	2786	111.53	15.6	39	470.48	1366.38	212.12	54.93	17764	史良法 史济代
海丰	203	734	23.13	4.33	40	151.08	17.54	97.58	46.44	12353	王纪四 叶云明
板岭	281	905	39.27	0.87	37	180.91	23.16	90.91	45.68	17766	陈杏成 陈瑞东
兴海	206	638	15.67	3.47	30	227.38	12.25	79.57	20.5	12355	金丛平 龚 平
狮子山	82	88	120								俞明康 石为明

东陈乡

【概况】 东陈乡位于象山半岛中部，县城南郊，东濒大目涂，南接新桥镇，西邻茅洋乡，北连中心城区。辖区总面积56平方公里，海岸线长32公里，现有耕地面积688.27公顷，全乡共有7499户、23566人，下辖20个行政村，乡政府驻地沙岗村。2016年，在县委、县政府的正确领导下，东陈乡以“工业发展的大平台、城市南拓的新空间、现代服务业的增长点、文明和谐的新福地”为目标，齐心协力，攻坚克难，有力促进全乡经济社会协调平稳发展，实现地区生产总值43亿元，财政总收入1.16亿元，农渔民人均收入20130元，比2015年分别增长10%、16%和10%。获得宁波市历史文化名城名镇名村保护工作先进集体、县棚户区改造工作先进单位、县“五水共治”(清三河)工作先进集体、县水利“大禹杯”竞赛活动铜奖、县级乡镇先进工会、县无偿献血工作先进集体、县环卫行业创新奖、县先进联委会、县村级水务员管理先进单位一等奖、县“安康杯”竞赛优秀组织单位、县工会信息新闻宣传先进单位二等奖等一系列荣誉称号。

【工业经济】 以经济建设为中心，加快经济结构调整，着力提升产业层次，实现经济快速发展，工业经济总量跻身全县“五强”，成功进入工业A类乡镇。2016年实现工业总产值58.3亿元、实缴税金1.26亿元，完成合同外资2502万美元，实到外资897万美元，实到内资1.6亿元，外贸自营出口额9000万美元。实施企业培育工程，现有工业企业300余家，其中上亿元企业9家、2000万元规模以上企业48家，2016年实现技改投入4.4亿元。优化产业结构，初步形成新能源及电力装备、汽车零部件及模具、包装及建筑新材料、针织服装等四大产业集群中心。

【招才引智】 实施人才强乡战略，把“招才引智”工作纳入经济发展的总体布局，设立了省级“院士工作站”“大学生实践基地”“产学研合作平台”，为产业结构调整和转型升级，提供了强有力的人才保障和智力支撑。共有博士3人、“国家千人计划”和国务院特聘专家1人、硕士12人，海归留学生创业人员5人、大学生创业人员13人。通过开拓多样化产业，扶持新兴产业发展，鼓励跨行业发展和狠抓产学研相结合等方式，改变工业产业结构问题，现有国家级高新技术企业2家，国家重点攻关项目1只，入选国家项目计划1个，市级以上企业技术研发中心6家。有105家企业通过6S验收，企业管理模式得到优化，提高了产品质量、生产效率和经济效益。

【农业经济】 坚持农业基础地位不动摇，发展现代农业，加强基础设施建设，2016年实现农业总产值1.8亿元。现有市、县农业龙头企业7家，2016年实现产值2.1亿元。培植精品型、城郊型、休闲型高效农业，以象山文杰大白鹅养殖有限公司为依托，做精“浙东白鹅精品园”；通过果蔬合作社开展旅游采摘，发展城郊型休闲农业；发展生态循环农业，以宁波龙兴生态农业科技开发有限公司、龙兴蔬菜标准园基地为依托，开发“三沼”服务配送业务，现合作大型猪场5个，沼液施用面积466.67公顷，年配送沼液5万吨，配送农户1000户，形成了农业废弃物再利用的生态循环农业。

【水利建设】 对照“大禹杯”要求，开展农田水利现代化建设。共开工水利项目11项，总投资1122万元，完成西庄杨梅喷滴管、东陈水环境整治、西庄山塘新建、小湾溪坑改建等面上工程4项，落实投资200万元，其他8万元以下应急工程21项，落实投资98万元；完成岳头咀节制闸改扩建工程，总投资460万元；完成船岙通河整治工程，总投资270万元；实施农民饮用水工程，投资42万元，对山头村、升岙村进行二次改水，受益人口830人，获得县水利“大禹杯”竞赛活动铜奖。

【第三产业】 随着城南高新创业园和滨海工业园的快速推进，汽车市场、租赁、物流、电子商务和农村淘宝等新型产业逐步兴起，汽车广场初具规模，入驻汽车4S店12家，2016年实现销售收入12.3亿元。乡村旅游蓬勃发展，依托自然风光、历史文化，推进休闲度假、旅游观光，拥有农家客栈床位200余张。2016年第三产业总收入达16亿元。

汽车广场

东旦沙滩

【项目建设】 以开展“大平台大项目建设推进年”“项目建设会战年”等活动为载体，2016年涉及县、乡级重点工程项目41个，完成固定资产投资12亿元。城南高新创业园、大目湾新城、滨海工业园、仁义涂、象保合作区、东海湾围垦等六大平台建设全面铺开，配合做好政策处理工作，全力保障工程无障碍施工。

【东湾征迁工作】 东湾征迁签约工作自2016年11月28日至12月31日止，共征用房屋107幢2.15万平方米、集体土地17.6公顷、山林60.67公顷，涉及115户491人。经过东陈乡干部33个日夜的不懈努力，12月29日，签约率成功突破95%，提前3天达到征迁签约成功的目标；12月31日，签约率达到100%，成为自棚户改以来全县唯一一个在规定期限内签约率达100%的纯集体土地征迁项目。

【美丽乡村建设】 推进美丽集镇建设，制定《美丽集镇建设三年行动计划（初稿）》，编制整体规划建设方案，启动前期政策处理工作。盛宁线延伸工程、兴岗路南段两侧人行道改造工程、沙岗东路延伸段道路工程有序推进；完成汽车4S店临时停车场、兴岗路雨水管道改造和新建路停车位建设。完成东陈村特色村和樟岙村精品村创建工作；开展洋里村、北山下村的垃圾分类试点工作，实现生活垃圾的减量化、资源化和无害化处置。

【深埋式垃圾桶全县首创】 推行垃圾清运新模式，根据垃圾桶作业半径、区块人口密度和日产垃圾量等数据，投入334余万元安排23个设置点，安装深埋式垃圾桶59个，分布20个行政村和工业园区。深埋式垃圾桶每个直径为1.8米、高2.7米，容量为5立方米，可容纳1吨垃圾。垃圾桶是由高密度聚乙烯制造而成的，密封性能好，且只有三分之一部分露在地表面，既减缓垃圾腐败发酵速度，也节约了大量地上空间。当垃圾将满时，垃圾桶结合可倒挂垃圾桶拖拉机和压缩转运车，形成“生活垃圾入桶，拖拉机转运生活垃圾到地埋式垃圾桶，配套专用垃圾压缩车压缩转运到县生活垃圾卫生填埋场”的生活垃圾收运处理新模式，大大减轻一线工人劳动强度，提高环卫机械化作业率。起吊垃圾桶内胆，将垃圾倾倒在车厢压缩后，再把空桶吊回，整个过程一般3至5分钟，而一台垃圾压缩车最多可压缩垃圾8吨，可实行垃圾直运，减少收运环节，防止垃圾抛洒滴漏。

【专项行动】 2016年，开展“五水共治”建设项目4大类7个，总投资704万元。抓好生活污水处理工程，实施旦门村分散式污水处理工程和岳头、南盘村集中式污水处理工程；投入100余万元抓清淤疏浚、垃圾清理，对东陈河、马岗河等5条河道进行清理、清淤，增加排涝能力。同时，对南堡河（亚飞商贸）城段、西洋河等2条河道进行全面清理，确保河面整洁无垃圾；“三改一拆”完成拆违面积4万平方米，完成拆违率108%，其中拆除畜禽养殖场13家，拆除栏舍面积6955.3平方米，下拨补助款217.9万元，超额完成任务；完成县“四边三化”“三居治乱”整改点81个，完成村道绿化600米，河道沿岸绿化1200米，低效林改造8公顷，创建森林公园3个，各村小公园绿化2万平方米。改造农房面积5576平方米，另自行完成梳理式改造6000平方米。开展“一打三整治”行动，落实“定人联船”责任人28人，查获“三无”渔船1只，清理地笼网652余顶，串网500余米。

【计生教卫事业】 计生工作稳步有力，强化计划生育宣传教育，做好“全面二孩”政策宣传，深化计生优质服务，加强流动人口服务和管理，规范依法行政，计划生育率保持在91.5%以上。教育事业健康发展，加强基础设施建设，中小学扩建工程有序推进，中学塑胶运动场工程竣工，小学教学楼扩建工程结顶。东陈中心幼儿园通过省二级复评，办园规模达到13个班。开展卫生单位创建，新型农村合作医疗农民参保率达96%以上，家庭医生契约式服务签约1456人。

【深化平安东陈】 完善社会管理综合治理工作机制和治安防控体系建设，深化“网格化管理、组团式服务”工作与“平安建设信息系统”的融合，推行“指导员+管理员+信息员”的操作模式。投入150万元对第一批114个农村视频监控进行维护，完成第二批164个农村视频监控踩点工作及松岙、旦门两村66只视频监控安装工作，实现村级视频监控全覆盖。高度重视信访维稳工作，共受理群众来信来访

63件次，上转48件，乡级接访15件，规定时限内办结率均为100%；化解各类矛盾纠纷101起，调处成功101件，调处成功率100%。发生非正常死亡事件10起，均未发生因调处不当而引发民转刑案件和群体性上访事件；全力保障"两会""世界互联网大会"和"G20"杭州峰会等重大会议、重要活动期间的社会稳定。

【"两学一做"教育实践活动】 营造"两学一做"氛围，张挂宣传标语1137幅，落实电子宣传屏幕3块，发放"两学一做"宣传学习笔记1200本，聘请志愿讲师4人，建立领导联系点43个，上党课140余堂次；开展"服务孤残我行动""美丽村庄我行动""分片担责我行动""重点工程我行动"4个党员系列活动，结对困难党员家庭89户，党员志愿清扫村道67条，党员分片包格124网格，完成县乡重点工程项目26只；开展"四讲四有"4个专题讨论，建立外出党员微信群，参与讨论党员达2500余人次，专题发言240余人次；开展婚丧礼俗、"百千万"信访专项督查、损害群众利益、"为官不为"、正风肃纪5个专项整治活动，无一起党员婚丧礼俗大操大办现象，解决信访问题65个，整治损害群众利益行为14起，处理违纪党员4人次，问责11人次，免职中层干部1人，开除临聘人员1人。支持市级示范性开放式组织生活基地——才华剪纸艺术馆对外开展培训，接待县内外党组织活动282次，受教育党员1.1万余人次。

【开展农村基层权力规范运行工作】 制定出台《关于进一步推进农村基层权力规范运行的实施方案》，按照制度建设、动员部署、全面落实、总结提高4个阶段，对村级重大事务决策报备、村级工程项目管理、"三资"管理、集体产权交易、信务管理等5项制度进行规范。自该文件实施以来，上报重大决策事项31项，上报道路硬化、溪坑整治、老年安置房等村级工程项目31个。做好农村党风廉政建设、"双达标、双示范"工作和村级财务审计工作，配合县委巡查组完成4个村的财务审计，审计金额2000万元，发现票据不规范、程序不到位、入账不及时等问题8个，村务招待费基本做到"零开支"。强化督查问责考核，开展联合督查6次，发现村级工程申报程序不规范、"三务"公开不及时等问题9个，下发整改通知书4份。

【中共东陈乡第十三次代表大会】 10月28日，中共东陈乡第十三次代表大会隆重召开，74名乡党代表和41名列席代表出席此次会议。会议听取、审议并通过了吴宇建同志代表中共东陈乡第十二届委员会所作的题为《开拓奋进 跨越赶超 打造重工兴业、产城融合新东陈》的工作报告，审议并通过了乡纪委工作报告。会议选举产生中共东陈乡第十三届委员会委员8名，纪律检查委员会5名。

（王 瑾）

表101　**2016年东陈乡各行政村经济情况一览表**

村名	户数（户）	人口（人）	耕地（公顷）	村级集体经营总收入（万元）	村级财务总收入（万元）	其中：土地征用收入（万元）	其中：上级拨款（万元）	其中：一事一议资金（万元）	集体净资产（万元）	书记　主任
合计	7425	23793	603.47	523.77	18204.54	13642.8	3977.97	60	22270.86	
北山下	80	243	11.07	21.59	109.13	7.4	80.14		516.16	史祖良　仇友福
岳头	685	2328	93.00	28.62	184.82	12.48	143.72		866.9	吴增产（书记）
东陈	276	912	30.00	2.14	453.01	59.44	391.43		1050.49	陈台生　陈增荣
大塔	228	817	40.67	30.35	104.23	25.63	48.25		740.08	武益华　王建国
西庄	170	522	5.33	21.86	268.61	10	216.75	20	709.93	胡珂祥　陈明伦
洋里	103	290	1.07	7.86	55.75	3.8	24.09	20	472.41	陈真民　陈明田
升岙	118	412	0.27	0.64	23.17		22.53		265.03	余启善　陈小云

续表101

村名	户数(户)	人口(人)	耕地(公顷)	村级集体经营总收入(万元)	村级财务总收入(万元)	其中 土地征用收入(万元)	上级拨款(万元)	一事一议资金(万元)	集体净资产(万元)	书记 主任
马岗	275	853	6.53	2.45	164.13	10.98	150.7		528.08	鲍明豪 虞幸裕
沙岗	695	2364	49.73	34.21	918.5	479.84	404.45		2145.3	俞善布(党务负责人) 林云建(村务负责人)
山头	127	330	21.00	1.09	40.74		39.65		164.5	张阿兴 陈建军
金井头	56	214	11.47	53.14	213.13	112.5	47.49		396.28	陈庆来 陈会祥
南盘	110	403	11.87	2.29	289.26	59.12	227.85		2370.88	吴昌定 俞志贵
樟岙	1004	3026	100.00	88.81	1303.42	701.69	512.92		3267.68	谢才华(书记)
南堡	646	2078	73.33	17.99	622.8	368.14	236.67		1370.3	王世潭 严积良 (村务负责人)
松岙	806	2230	36.67	48.41	2497.47	1593.65	855.41		1679.04	王志瑞 韩发苗 (村务负责人)
旦门	1105	3585	48.67	81.39	4129.78	3903.72	124.67	20	2571.12	杨再宽 李兆明
上周	245	775	19.27	14.94	1396.6	1323.75	57.91		611.03	谢定再 孔先红
王家兰	113	386	10.33	5.5	761.01	711.83	43.68		574.89	张永琪 郭福根
东旦	82	285	2.27	24.74	751.02	643.28	86		353.16	吴行良 王有苗
红岩	501	1740	30.93	35.75	3917.96	3615.55	266.66		1617.6	施朝飞 李小飞

晓塘乡

【概况】 晓塘乡位于象山县南，东邻石浦港，南濒高塘岛乡，西接岳井洋，北连定塘镇。行政区域总面积45.6平方公里，下辖19个行政村，乡政府驻地美礁碶村。2016年，全乡实现社会生产总值16.95亿，同比增长3.2%；农渔民人均收入达1.42万元，同比增长10.1%；财税总收入5519万元，同比增长29.8%；全社会实现固定资产投资1.61亿元。

【工业经济】 全年实现工业产值11.45亿元，同比增长8.1%。推进园区平台建设，投入1500万元，完成美礁碶工业小区整体规划、一二期管线路网等基础设施建设，引进入驻企业7家并已完成厂房主体建设。园区建设带动工业投资4亿元。加大招商引资力度，累计引进企业11家，其中规上优质项目3个、外资项目3个，新办企业38家。2016年合同利用外资615万美元，实际利用外资300万美元，利用内资8200万元，均完成年度目标任务。转型升级不断强化。累计实现工业投资3.3亿元，完成技改项目52个，向县级园区平台推送企业6家，实现小升规培育12家。为企服务持续开展。常态化组织企业走访活动，累计为企解决困难865次，完成三浪企业的破产重组，帮助中小企业解决短期周转资金10.58亿元，保障企业正常运行。

【特色农业】 立足特色农业优势和良好的生态环境，探索构建农旅融合发展新业态，拓宽群众增收致富渠道，全年实现农业产值3.5亿元，同比增长1.4%。建立健全基础设施，完成九龙江流域一期、施娘岙水源地、40座山塘水库治理或维修，完成1200公顷高标准农田、133.33公顷节水灌溉、100公顷旱改水、32公顷低丘缓坡改造等重点基础项目，连续三年荣获县水利"大禹杯"荣誉。凸显产业特色，加快产业转型升级，通过招商引资、政策扶持等措施，新增农业企业2家，建成农机示范园4个，推广钢质设施大棚40公顷，推进了大塘港国家级现代农业园区、四季果园水果基地、岭头菜篮子基地等3个百亩园区建设，开辟外拓农业基地2266.67公顷。增强支农力度，培育、引进、推广"红美人""象山青"、红心火龙果等特色品种80余公顷，新品种设施化水平达85%以上，带动农民增收2000余万元。为农服务更加惠民，发放金融支农贷款6.8亿元，组织农民技术培训3100余人次。

【乡村旅游】 打造乡村旅游休闲目的地，做强做精乡村休闲旅游，全年接待游客总数9.2万人次，同比增长8.6%。做深农旅结合文章。依托瓜果资源优势，成功举办葡萄节、柑橘节、民族和睦邻里节等农耕节庆，新建农家客栈15家(表1)，床位639个，惠及农民增收3500余万元。通过项目开发建设，初步形成了山岙老村、黄埠古居、月楼八景等生态涵养旅游区块。依托柑橘、火龙果、青柠檬等农业基地，启动打造环大塘港精品农业观光线。旅游基础设施逐步完善。建成白三湾3A级景区、四季兰花主题公园、27公里环乡登山步道，修缮黄埠明清古居10幢，西边塘村获"浙江省旅游特色村"称号，中岙村通过农家乐市级重点项目验收。

表102

2016年晓塘乡新建农家客栈一览

序号	村	客栈名称	农家客栈经营户	房 间 数	床位数
1	西边塘村(230)	白玉湾客栈	张计策	有卫生间标房22个，单间6个	61
2		小张客栈	张平安	有卫生间标房24个，三人间3个	57
3		游客中心	正在招租	有卫生间标房10个	20
4		四季果园客栈	四季果园	有卫生间三人间5个，标间9个	33
5		春暖花开客栈	干中才	标房2个，无卫生间标房4个	12
6		溢蒙客栈	朱邦火	拼卫间标房7个，三人间2个	16
7		美环客栈	孔美环	拼卫标间2个，三人间3个	13
8		孝飞客栈	贺孝飞	有卫生间标间2个，单间2个，拼卫标间1个	8
9		丰伶客栈	林催玲	标房4个，无卫生间标房1个	10
10	鹁鸪头(40)	汐上	奚海凯	标间12间，套房2间	26
11		以琳客栈		标房6个，无卫生间单房2个	14
12	中岙村(52)	继平客栈	史基平	标房8个，无卫生间标房2个	20

续表102

序号	村	客栈名称	农家客栈经营户	房间数	床位数
13		瑞堂客栈	陈瑞堂	标房7个,无卫生间标房2个	18
14		瑞茂客栈	陈瑞茂	无卫生间标房7个	14
15	晓塘村(317)	顾苑农庄		标房30个,单间8个,三人间3个,套房2个	82
16		晓塘海地四合院	陈高勇	标房89个,三人间19个	235

【城乡面貌】 坚持生态引领,统筹城乡协调发展,推进城镇品质提升和新农村建设,打造美丽乡村升级版。专项工作成效明显。推进“清三河”“无违建乡镇”创建,落实“五水共治”“三改一拆”“两路两侧”“一打三整治”、黄标车整治、婚丧礼俗整治等专项工作,累计拆除违法建筑11.93万平方米,整治畜禽养殖场155家、坟墓408座、黄标车107辆,通过县第一批“清三河”达标乡镇和市“无违建乡镇”验收。城镇形象初步树立。围绕产城结合发展思路,累计投入1.42亿元,建成“晓城故事”家园小区、中心卫生院、文化活动中心、龙头山休闲公园,改造提升敬老院、自来水厂、商贸街路面管网等一批基础设施。完善城乡交通服务,建成九龙江公交首末站,实现城乡公交一体化。农村面貌逐步改善。全面完成村庄规划制订,创建中心村1个、特色村2个、小康村3个。建成农村网络公路18条21.09公里、城乡联网供水32公里、路灯工程13公里等一批基础设施。完成村庄“一事一议”项目20个,实现全乡农村生活污水处理全覆盖。成功创建省级森林乡镇。

【民生事业】 坚持为民谋福祉,抓好民生实事,创新社会管理,优化公共服务,社会保障日趋完善。累计投入民生资金1.87亿元,完成市县乡三级民生实事工程。加强住房保障和养老服务体系建设,完成危旧房改造98户,新建集中式居家养老公寓7个,实现农村住房政策性保险、农村低保和五保应保尽保,新农合参保率连续第5年达98%以上。社会事业协调发展。实施文化惠民工程,成功创建省级文明乡镇、省级体育强镇。新建文化礼堂9个,创建省、市、县级文明村12个,春泥计划实施村19个,举办村干部运动会、企业文化节、迷你马拉松等活动。强化食品药品安全监管,完善人口计生管理服务,完成征兵工作,支持工青妇等群团组织工作。社会局面和谐稳定。设立社会管理服务中心、警务站、消防站、国土所等基层站所,社会治安管控能力不断提升。深化“网格化管理、组团式服务”,调整充实网格管理员、信息采集员2支队伍,安装治安视频监控253个,配备“平安通”系统,“平安三率”有效提升。落实安全生产责任制、领导包案化解制,逐步推进安全生产社会化服务工作,未发生较大以上安全责任事故。

【政府自身建设】 强化依法行政,建设法治政府、廉洁政府和服务型政府。完善制度建设,强化机关内部管理,严格落实“岗位对责、绩效对账”“三定一考”“书记帐本”等制度,乡领导班子进基层、理思路、促发展,乡村两级干部执行力明显提升。加强廉政建设,落实党风廉政主体责任和“一岗双责”,完善主要领导“五不直接分管”制度,加强重点领域、重点行业、重点岗位的风险监控,阳光操作中小型工程招投标平台,规范管理乡财政、村财务,“双达标、双示范”村达到90%以上。厉行勤俭节约、反对铺张浪费,“三公”经费支出逐年下降。推进法治建设,主动接受乡人大监督,严格执行乡人大主席团决议,广泛听取社会各界的意见建议,自觉接受舆论监督和社会监督,认真办理人大代表、政协委员意见、建议85件。贯彻落实“三重一大”决策机制,规范开展政府合同备案、民生回应和政府信息公开,依法行政水平明显提升。

【精神文明建设】 开展“文明示范村”创建活动,组建晓塘乡民乐社、民族风文艺队、走书宣讲团、好腰鼓队、健身舞队、乡村文艺队、月楼"草根"文娱队、茶山舞龙队等8支文艺队伍，征募选拔文联会员72名，以"晓塘走书"、三句半、戏曲、快板、器乐合奏等群众喜闻乐见的表演方式，编排《十八大精神传四方》《"五水共治"惠民生》《文明乡风晓塘行》《七彩果香古乐鸣》、婚俗改风节目《鸾凤和鸣》等弘扬主旋律题材节目，营造崇德向善、见贤思齐的良好氛围；大力实施乡村清洁工程，持续推进"以桶换桶""户集、村收、乡运"的生活垃圾处理和收运体系全覆盖。

【保姆式服务提能增效】 把招商引资作为全年工作的重中之重，晓塘乡致力打造"高标杆、高定位"工业集聚区，配套建设市政道路、公共绿地、污水处理站等配套设施，引导辖区企业合理产品结构，通过外联内引、帮办督促、政策撬动，指导企业突出品牌特色，帮助各项利企、便企政策文件走进企业、服务企业，消除政策文件与企业间的"最后一公里"障碍，推动处于国内同类产品领先水平的和信制药开发的"LD3000-6多效蒸馏水机"通过市级新产品投产鉴定，让创新型企业能真正地享受到"保姆式"的服务。晓塘乡拥有高新技术企业2家，科技型小微企业2家，实力型企业1家，潜力型企业3家，规模企业14家，共集聚工业企业120余家，去年完成产值5.5亿元，同比增长19.6%。

【五水共治纵深挺进】 提高农村水利环境治理成效，晓塘乡投入资金9200万元，实施重点水利及民生实事工程项目44个，顺利达成山塘水库标准化建设。以"五水共治""清三河""污水零直排区创建"等专项行动为抓手，聘请专家"地毯式"扫描踏勘、抽样、化验全乡76条主要河道水样。"人机结合"开展水利防汛防台应急演练，全面提升晓塘水利防汛水平。彻底消灭劣Ⅴ类水质，完成九龙江工程、大塘港青山头段护岸治理、青山头村竹峙水环境整治、新厂村水环境整治等4项县重点水利民生实事整治工程。已实现全乡防汛、治污体系规范化建设全覆盖，有效释放生态红利，形成保护与发展的和谐共赢局面。

【工业"安监+"管理】 晓塘乡全面落实安全生产责任制，实施包案化解制，以"安监+工会"2支队伍结对推进安全生产"三化"建设，合力推动美礁碶工业集聚区"网格化管理、组团式服务"。设立城管所等基层站所，加强城建、治安、消防、国土等巡查力度，抱团开展工程建设"地毯式"隐患排查，不断提高安全管理人防、技防水平，共出动检查人员36人次，开展安全隐患排查15次，排查隐患21起，隐患整改率达100%。美礁碶工业集聚区顺利完成一期园区基础设施建设，6家企业厂房主体工程通过安全验收。工业集聚区建成后，可持续引进30余家高产能低能耗的中小企业落户，能有效解决晓塘乡中小企业落户难问题。项目全部建成，每年新增产值4.5亿元，利税9000万元，安置就业900人。

【党风廉政建设】 开展"两学一做"、党的群众路线等主题教育实践活动，贯彻落实中央"八项规定"，省委"6个严禁"，市委"10项规定"和县委"正风肃纪10项规定"。落实党风廉政主体责任和"一岗双责"，完善主要领导"五不直接分管"制度，加强重点领域、重点行业、重点岗位的风险监控，阳光操作中小型工程招投标平台，规范管理乡财政、村财务。创新实施"分片担责""书记帐本""农家党校"等党建品牌工作，将群众的所思所想所盼记下来、回应好、服务实，增强基层组织凝聚力，开展集体经济薄弱村转化，合格村复审，青山头、里塘特色村打造、环大塘港市级精品线打造等惠民工程100余项，得到市、县有关部门的肯定。

【"旱地改水田"引领农业转型升级】 围绕现代农业发展新趋势，明确特色农业小镇发展定位，按照产业融合发展思路，坚持重点突破、典型带动，通过改造农田水利设施，将集中连片、具有一定建设规模的旱地改为水田，实现"占水补水"占补平衡，促进农业转型升级与农民转产增收。该乡晓塘村、中岙村、胡家峙村、里塘村、双连峙、西边塘等6个村的"旱地改水田"项目实施方案先后通过评审，中岙村后塘项目列入全省首批、全市最大的"旱地改水田"质量提升示范项目，全乡累计新增占水耕地指标100余公顷，项目实施村累计实现增收260余万元。

【打造"七彩果乡"全域旅游品牌】 坚持农旅结合发展思路，深度对接石浦渔港和象山影视城，打造环大塘港精品农业观光带和沿九龙江美丽乡村休闲带,全方位构筑特色项目、基础设施、旅游市场、景区管理四大板块,统筹推进“七彩果乡”全域旅游品牌建设。前三季度,该乡实施登山游步古道、景区游客服务中心等旅游基础设施建设项目6个,累计完成投资530万元,同比增长78.5%,实现旅游经济收入350余万元。

【汇编“书记账本”】 通过开展常态化走村连心活动,建档定责汇编成“书记帐本”,通过述职评帐、公开晒帐、考核结帐三个环节,将村级党务村务进行项目化管理,根据形势变化及时更新帐本相关项目内容,及时回应群众所想所盼,群众反映良好,村级组织凝聚力战斗力明显提升,农村社会治理水平显著提高。通过一线走亲、“三上三下”等工作机制进行审核定帐,全年共确定党建类项目3个,民生类、实事类项目76个;通过联村周对帐、片区月对帐、全乡季对帐三个步骤,协调各类问题103件,全乡项目启动率100%。

【社会事业】 实施文化惠民工程,成功创建月楼省级文明村,中岙、月楼县级文明示范村,后岭、东浦县级文明村,新建青山头、月楼、黄埠、晓塘、双连峙、中岙文化礼堂,创建春泥计划点12个。持续加大对文化事业发展的投入,开展文化三下乡、千场电影百场戏等活动,举办晓塘乡少数民族和睦邻里节、葡萄旅游节、农民文化节三大节庆活动,丰富群众文化生活。转变计生服务方式,提供孕前监测、体检、健康培训等计生优质服务。对育龄妇女进行免费健康检查,全年共53对夫妇参加孕前优生健康监测,完成率达到100%。开展生殖健康免费检查1360余人次,保障全乡育龄妇女生殖健康,群众生活更加便捷。

表103

2016年晓塘乡行政村经济情况一览

村名	户数(户)	人口(人)	水田(公顷)	旱地(公顷)	水产养殖(公顷)	农村经济总收入(万元)	村级资产(万元)	村集体年收入(万元)	村集体年支出(万元)	人均收入(元)	书记主任
岭头	121	393	0	88.7	1.87	14.2	202	9.55	3.34	10267	洪绍荣 洪文明
东浦	284	903	38.8	185.5	0.8	296.01	645	6.73	9.62	11829	王福根 吕存国
支坑	176	597	18.9	99.5	6.47	139.7	211	52.01	11.53	10858	黄永明 陈 毅
黄埠	387	1286	52.7	227.1	3.27	674.31	1282	326.82	19.89	13052	潘孝国 张学武
后岭	153	402	31.7	101.3	11.47	70.6	195	37.48	7.11	10608	潘仁跃 林永财
鹤洋	108	355	18.9	62.3	8	51.41	149	23.19	12.83	10308	潘阿生 洪秀成
美礁碶	356	1301	57.1	128.5	13.73	259.9	830	17.53	7.34	11971	潘建定 潘永光
月楼	478	1476	97.3	208	5.13	372.5	983	128	30.85	13405	黄和振 黄小友
做布厂	229	721	49.6	22.5	15.73	92.31	299	83.7	7.82	11377	周兴国 潘兆根

续表103

村 名	户数（户）	人口（人）	水田（公顷）	旱地（公顷）	水产养殖（公顷）	农村经济总收入（万元）	村级资产（万元）	村集体年收入（万元）	村集体年支出（万元）	人均收入（元）	书记主任
晓塘	502	1482	104.4	71.2	12.4	341.81	1079	292.98	230.88	10410	胡庆选 顾福灵
中岙	389	1268	122.8	9.5	9.67	692.68	855	908.7	627.14	13079	高良德 王云平
励家坪	468	1303	80.5	140.9	7.73	163.62	1006	13.55	35.32	11743	黄志成 郑 国
中央站	246	687	56.9	30.3	14.73	110.69	292	179.3	41.13	12810	徐文元 周祝平
胡家峙	489	1547	133.6	32.2	2	249.96	736	23.92	9.8	11436	任家福 徐君石
里塘	176	541	60.9	15.7	7.2	361.3	327	37.23	367.15	11879	麻万清 林国安
新厂	468	1418	103.7	11.1	28.2	170.31	619	103.55	33.65	11452	林李根 李永武
青山头	386	1254	94.2	73.5	3.87	173.93	579	77.33	26.41	12572	蒋秋军 赵加土
双连峙	276	911	76.6	58.7	10.53	104.57	897	285.04	38.66	11311	郭云水 张利文
西边塘	547	1787	138.4	60.4	1.87	332.38	2218	253.65	107.39	15037	许文明 黄兴常

黄避岙乡

【概况】 黄避岙乡地处象山北部，北离宁波80Km，南距县城18公里，三面环海，南临西沪港，北靠象山港，是象山港大桥门户乡镇。西北濒临象山港与奉化、鄞州隔港相望，南依西沪港与墙头、西周毗邻，东邻贤庠镇、大徐镇。全乡陆域面积43.6平方公里，海岸线长28.6公里。乡政府驻地龙屿村，辖16个行政村，辖区人口1.37万人。2016年，全年完成地区生产总值21.5亿元；财政总收入5124万元；实现税收收入12103万元，比上年实绩增长3.76%。

黄避岙乡位于东经121°8′，北纬29°57′，属于亚热带季风气候，温暖湿润，四季分明，光照充足，年平均气温16.5℃，最高气温39℃，最低气温-7℃，年平均降雨量1400.5毫米。属丘陵地貌，其山“孤悬海滨，蟠屈如龙”，西南黄大山海拔289.2米，为乡域内最高峰。平原耕地800公顷，低丘山林面积1000公顷，滩涂面积820公顷，浅海面积533公顷。物产丰富，盛产柑橘、杨梅、黄花梨、高菜、茭白等果蔬产品。乡域海岸线绵长，滩涂湿地及养殖捕捞资源丰富，是浙江省鲈鱼、黄鱼之乡，真鲷、黑鲷、海带、紫菜等水产品是全乡农渔业主打产品。水资源丰富，水网密布，以西沪港、象山港、横塘河为中心水系，逐步打造“蓝脉-绿廊-林溪杂间”特色水系。有河道、溪坑39条，水库六座，其中容量在100万立方米以上的水库有1座（大斜桥水库），容量在1万平方米至10万平方米的水库5座，总蓄水量310余万立方米。

黄避岙乡以原驻地黄避岙村名而得，据嘉靖《象山县志》注载，传小康王（宋高宗）归朝，金兵一路追捕,康王从现涂茨毛湾登岸,落荒逃至此村,幸遇村姑施计相救,掩送康王北渡象山港安全脱险,得名黄避岙。黄避岙历史悠久,春秋时即有居民生息,在乡境内存有大量的文化遗存,具有丰富的旅游资源。位于黄大山北麓陈岙唐初青瓷龙窑,发现于1974年,出土物器有碗、罐、盘、钵等,造型特点古朴、结实、耐用,属当时著名"越窑"之一,被著名陶瓷专家李知晏称为"在全国是第一次,在中国瓷器研究上有重要意义";大林村护境禅寺为县十八古刹之一,寺内的"赵构碑"印证了"皇避岙"的由来,护境禅寺建于宋建隆两年,留有"赵构碑",上刻有"如无神灵神福慧,何能指示寡人脱险;未知这福院何朝遗迹,今日观护镜寺重头"四行字;西沪港畔的高泥村,曾拟建军港及海军军官学校,清政府、国民党政府派要员到此筹建,但终成泡影,但遗留史迹可供建设海防文化纪念馆用。

黄避岙乡相继实施象山港大桥、环港公路、海监基地等市县级工程项目,以及全乡网络公路建设、联网供水、中心小学迁建、敬老院建设、中央塘区块开发等全乡重大工程项目和民生实事工程。基本完成全乡网络公路及配套安保设施建设,实现乡域内自来水供给全覆盖,敬老院通过市场化服务外包运行。随着象山港大桥的通车,黄避岙乡进入"宁波半小时"都市圈,乡内交通便捷性得到根本性改变。

【发展工业经济】 各类经济指标创历史新高,实现工业薄弱乡镇到全县B类乡镇第一的跨越发展。2016年,全乡规上企业实现总产值14.1亿元,销售13亿元,实现利润2.1亿元,税收1.2亿元,完成工业固定资产投入1.82亿元。完成规模企业培育二家,新增亿元企业一家,500万以上企业增加到21家,2000万以上企业10家。龙头骨干企业逆势奋进,日星铸业完成产值7.8亿元,象山港水泥、易锻精机紧随其后,分别贡献产值1.8亿元和1.3亿元,是乡经济的"主力军"。潜力企业逐渐发力,特别是甬菲特电子科技、月星机械、汉威服饰等,成为乡经济发展的强大后劲。甬菲特电子科技、瑞德森泵业于2015年成功上规模,亿特诺机械、海钧金属等规模下企业产值日益攀升,成为全年上规的"预备队"。

【科技创新日新月异】 科技创新一路高歌猛进,筹建国家级实验室2家,市县级工程技术中心2处,新申报县级科技型小微企业2家,获批专利技术9项、市级新产品研发4项,以新型机械制造、新能源装备、海洋生物科技为主导的工业架构初步建立,工业与第一、三产业跨界融合、新产业新业态崛起的态势逐渐明显,黄避岙乡建成"开放创新的工业小镇"的目标雏形初步实现。

【招商引资】 各项指标超额完成,全年完成实际内资2亿元,完成合同外资600万美元,完成实际外资300万美元,完成外贸进出口2000万美元。完善招商平台,大林工业集聚区200公顷土地经全部完成控规设计。成功引进日星二期机加工项目、三期数字化铸造厂、易锻高速冲床项目、甬菲特电动工具项目、行地汽配、瑞德森泵业等十余家企业落户。质优项目大量引进,日顺机械、澳谷农业、亿永机械科技、远大机械等项目已经基本谈成。深化浙商回归工程,全面完善象籍、黄避岙籍商人联系机制,以企引企、以商招商,多渠道展开招商引资。

【现代农业】 农业基础保障全面展开,完成湖头塘等粮功区建设6000公顷,改造标准化养殖池塘2000公顷,建成西沪港低碳健康养殖示范区和示范性畜牧小区,创建省市级森林村庄5个。产业化水平稳步提高,推进土地规模流转,建立渔业院士工作站。加强标准化建设,创建农产品质量安全示范乡。农业服务体系逐步改善,规范农村"三资"管理和产权交易,组建农民专业合作社联合会,实施金融普惠政策,评定"信用"乡镇。创建省市级森林村庄5个,市级小康示范村、市级产业特色村各1个。

【旅游服务】 成功举办宁波市"斑斓海岸"文明示范线启动仪式,挖掘象山港、西沪港滩涂湿地、港湾岸线以及养殖捕捞资源,引导产旅融合,高标准打造乡村旅游观光业。"斑斓西沪"观光游客人数破10万,农家乐营业收入超900万元。创建黄避岙本土旅游"西沪"品牌,申报注册"斑斓西沪""西沪三宝""西沪人家"等八大类涉及旅游、农产品、饮食等方面的商标,其中,黄避岙"西沪三宝"品牌完成相关包装、标志设计。聘请专业公司对紫菜、海带、藻类、贝类等特色产品进行包装设计,提升产品经济附加值。广泛发动沿线村民发展民宿产业,有高泥、塔头旺10余家民户开始转向民宿建设，由原先的第一产业向第三产业转移。建立专业讲解团队，将富有特色的军港文化、渔家文化、家风家训、非遗文化等特色文化传播出去，形成具有鲜明特征的“斑斓海岸”精神文明示范线，将品牌打响。

【专项工作】 开展“清三河”达标创建，健全“河长”责任制和河道保洁管理，清除农业重大污染源。全力推进畜禽整治，关停养殖场36家，通过达标验收。开展渔业“一打三整治”，拆解无证捕捞船只，拆除违禁网具，修复海洋生态。推进“三改一拆”和无违建乡镇创建，完成拆违11万余平方米，超额完成任务，村庄梳理式改造完成拆违面积约八万平方米。结合“五水共治”，完成“百座山塘”整治工程，维修加固长裕塘等标准海塘5.6公里，全面整治横塘河等主流域12公里。治理生态河道25公里，防洪排涝工作全面强化。开展“两城创建”“两路两侧”“四边三化”等工作。

【重点工程】 投入资金1100万基本完成全乡网络公路及配套安保设施建设；投入资金1000万实施全乡联网供水工程，实现乡域内自来水供给全覆盖；建设投资200万的乡中心菜场完工并投入使用；敬老院项目投入资金980万，通过市场化服务外包运行；完善中央塘区块开发项目整体规划设计前期土地征用迁移完成，公交场站建设立项批复。

【推进新农村建设】 累计实施新农村建设个性目标责任300余个，明确各村建设任务，落实《新农村建设实施意见》，强化管理考核，累计兑现发放新农村专项考核资金107万元。改善生态文明，实施12个村庄污水处理及集镇区主干道“美化亮化”等项目建设，组建“红马甲”志愿服务队，组织“洁美乡村”“美丽庭院”等评优活动，投入资金150余万强化农村市场化服务保洁机制，实现乡村环境品质升级。深化农村体制改革，启动农村土地确权登记颁证工作，全力推进农村“小微权力”清单制度规范运行。

【社会事业】 累计实施42项民生工程，全乡公共服务体系日益完善，社区卫生服务水平稳步提高。强化人口计生目标管理，促进人口均衡发展，累计处理违法生育案件60例，依法征收社会抚养费144.6万元。文化事业扎实推进，新建文化礼堂9个。全乡13个村级居家养老服务中心完成创建，注重以创业带动就业，新增就业岗位506个，增加五大保险参保人数，城乡居民医疗参保率达96%。累计发放低保、优抚、大病救助等各类民生资金1200万元，城乡基本社会保险覆盖率达90%，完善养老服务和社会救助体系。全乡实现联网供水，群众“喝好水难”的问题得到有效解决。

【社会局面】 推进平安黄避岙、法治黄避岙建设，深入开展网格化管理。领导定期包案接访等活动，完善社会治安立体化打防控体系，强化公共突发事件处置，社会大局继续保持和谐稳健。规范提升乡社会服务管理中心，全面完成乡警务站与乡消防队的组建，累计投入平安乡镇建设资金达700余万元，增配乡社会治安视频监控，开展夜间治安巡逻防控，狠抓社会治安突出问题，会同消防、安检等部门开展各类整治70余起。推行矛盾纠纷排查调处包案制，累计化解各类矛盾纠纷316起，调处率100%。处理各非正常死亡事件16起，处理信访案件12起，构筑基层稳定有力防线。

【县委书记叶剑鸣到黄避岙乡调研】 2月17日，县委书记叶剑鸣到黄避岙乡走访调研，县委常委、组织部长陈兴立，以及县委办、县府办、县委组织部、县委政研室、经信局、国土资源局相关领导一同参加调研。依次走访调研易锻机械、日星铸业、旭文海藻开发公司、高泥村居家养老中心和网箱养殖基地。叶剑鸣在乡政府召开的座谈会上，听取乡经济社会发展情况汇报，提出要“发挥桥头堡区位优势，当好振兴崛起生力军”的要求。

【全乡工业经济会议】 3月17日，黄避岙乡召开工业经济会议，总结2015年取得的工业成绩，理顺今后工业的发展思路，部署全年的相关工作，为企业家们提振信心、鼓舞干劲。

【全乡新农村会议】 3月29日，黄避岙乡召开新农村会议，会上通报表彰2015年度各类工作先进集体、个人和2015年度新农村建设政策激励获奖情况，学习县委办关于开展婚丧礼俗整治工作的实施意见，签订婚丧礼俗整治责任状，总结“十二五”“三农”工作，部署2016年农村改革发展任务。助推乡新农村建设工作再上新台阶。

【市委常委、宣传部长万亚伟一行到黄避岙乡调研】 3月30日上午，市委常委、宣传部长万亚伟一行到黄避岙乡调研“斑斓海岸”文明示范线打造工作和乡村文化旅游工作。县委副书记、县长黄焕利，县委常委、宣传部长罗来兴等陪同调研。

【推进“斑斓西沪”建设工程工作部署会议】 4月26日下午，黄避岙乡为推进“斑斓西沪”建设工程，召开工作部署会议，下发《“斑斓西沪”建设工作方案(指导稿)》，部署相关工作并做好动员。

【全乡“两学一做”动员部署会议】 5月9日，黄避岙乡召开“两学一做”动员部署会议，公布《关于在全乡党员中开展“学党章党规、学系列讲话，做合格党员”学习教育的实施方案》，并作出了具体部署。

【全乡“斑斓西沪港·和美黄避岙”美文诵读赛】 5月23日，黄避岙乡召开“斑斓西沪港·和美黄避岙”美文诵读赛，参加比赛的有乡机关各办和各部门同仁，共有15个参赛节目，最终产生一等奖1名、二等奖2名、三等奖5名。

【纪念中国共产党成立95周年暨“七一”表彰大会】 6月29日，黄避岙乡召开纪念中国共产党成立95周年暨“七一”表彰大会，对优秀基层党组织和优秀党员进行表彰，肯定全乡各线取得的成绩，通过提出未来的发展思路和工作举措。

【县政协主席白国璋到黄避岙乡调研】 7月6日，县政协主席白国璋到黄避岙乡调研，主要就乡幼儿园的相关情况和乡农村集体经济的相关情况作详细了解。

【县委书记叶剑鸣到黄避岙乡调研“斑斓西沪”建设情况】 7月28日，县委书记叶剑鸣到黄避岙乡调研“斑斓西沪”建设情况，县委常委、纪委书记胡杰，县委常委、宣传部部长罗来兴，以及各相关部门领导一同参加调研。叶剑鸣一行先是实地考察参观“斑斓西沪”的建设情况，随后在乡政府主持召开座谈会，听取各方意见建议、研究对策措施，指出要用全域旅游的理念规划建设“斑斓西沪”，要坚持市场化运作、项目化推进，以及要突出旅游惠民富民要求，表达希望通过各方努力早日将蓝图变为现实的美好愿景。

【农村基层权力规范运行工作推进会】 9月13日，县纪委副书记黄晟贤，县交管办主任杨胜昂、副主任张安祥，乡党委书记张茂豪以及宣讲团成员等出席，黄避岙乡全体联村干部、各村四套班子主要负责人等近百人参加会议。

【开展“12·4”国家宪法日宣传咨询活动】 12月6日上午，由司法所联合政法办、禁毒办、610、社会事业办等相关部门，在黄避岙菜市场开展法制宣传咨询互动。该次活动通过现场咨询、展出宣传图版、发放宣传资料等形式，与广大群众进行互动，提高村民的参与热情。活动期间共接待法律咨询20余人次，解答有关婚姻、劳动合同、纠纷调解等法律问题10余条，展出普法宣传图版2块，发放法律法规及其他各类宣传资料100余份。

【县乡两级人大代表选举工作】 黄避岙乡县乡两级人大代表选举工作于12月13日和14日两天举行，分为4个大选区、23个小选区进行。开展选举工作期间，依法做好选区划分、选民登记、确定和公布正式代表候选人名单、组织代表候选人同选民见面等各个环节的工作。在全乡人民的共同努力下，该次换届选举共登记选民13246人，参加投票选民12517人，参选率为94.50%，依法选举产生象山县十八届人大代表7名，黄避岙乡十八届人大代表45名。

【黄避岙乡第十八届人民代表大会第一次会议胜利召开】 12月29日、30日，黄避岙乡第十八届人民代表大会召开第一次会议，会议听取审议政府工作报告、人大主席团工作报告、关于黄避岙乡2016年财政预算执行情况和2017年财政预算(草案)的报告，审议并通过“加强黄避岙乡财政监督的决定和票决“黄避岙乡2017年度重点实事工程”。会议还依法选举产生新一届黄避岙乡人大和政府领导班子。

(冯　雯)

表104　　2016年象山县黄避岙乡行政村经济情况一览

村名	户数	人口	水田（公顷）	旱地（公顷）	水产养殖（公顷）	渔船（艘）	耕地（亩）	农村经济总收入（万元）	村级资产（万元）	村集体年收入（万元）	村集体年支出（万元）	书记	主任
龙屿	635	1995	107	1.3	85	0	1802	1090.17	1340.42	42.02	640.73	张伟兴	沈洪建
鲁家岙	192	532	23	2.2	30	3	378	283.77	1015.5	61.2	96.62	谢国生	陈裕宗
横里	203	612	17	4.7	64	2	293	199.51	831.03	38.41	170.35	沈贤松	沈三兴
横塘	260	692	40	0	7	0	597	477.5	717.35	17.55	329.66	陈春根	陈先尧
兵营	313	985	47	1.5	47	1	741	221.99	774.5	6.44	155.97	汪秀荣	
周家	177	610	32	2.1	37	9	507	72.46	540.23	57.37	49.64		石永银
谢家	272	798	37	4.0	30	0	599	190.03	868.75	49.07	77.5	谢月定	谢月定
大斜桥	133	383	16	6.7	15	0	322	90.78	462.31	13.82	31.66	谢贤华	应定玉
黄避岙	550	1627	71	3.8	0	0	728	743.95	1842.15	11.91	158.47	林先昌	林　达
大林	449	1383	62	4.3	0	1	706	248.177	1285.61	23.01	105.22	徐利兴	林喜千
鸭屿	176	602	15	5.4	57	2	266	242.07	1123.07	28.85	90.14	李爱定	杨有福
山夹岙	106	316	13	0.1	18	0	194	155.55	487.17	33.68	56.67	张永护	张志东
塔头旺	185	560	17	1.0	129	15	257	574.84	907.28	38.67	72.61	黄吉备	周斌权
白屿	342	1090	27	7.3	131	38	464	384.97	877.49	42.85	88.66	徐锡明	姚德庆
驿角岙	232	616	28	0.7	135	48	371	367.02	1099.72	68.47	57.2	李达震	邱孝和
高泥	262	847	39	0.0	198	100	654	823.85	2231.67	35.46	126.03	朱中华	钱德所

茅洋乡

【概况】 茅洋乡地处宁波市南端象山半岛中南部，三面环山，一面通海，省道盛宁线、茅石线穿境而过，整个地形成T字状，乡域面积47平方公里，现辖21个行政村，人口1.5万，拥有耕地面积630.67公顷，其中水田511.87公顷、旱地118.8公顷、山林3101.33公顷、滩涂53.33公顷。茅洋乡围绕"县城后花园、中部主通道"的发展定位，确立"工业强乡、农业稳乡、文化立乡、旅游兴乡"发展战略，全力打造富裕之乡、生态之乡、精致之乡、休闲之乡、和谐之乡。2016年，实现社会生产总值27.09亿元，财政总收入1.06亿元，农民人均收入16834元。先后被评为省级生态乡镇、省森林城镇、省级美丽乡村示范乡镇、市十年村庄整治建设十佳乡镇、市级幸福美丽新家园建设先进乡镇、市新农村建设标准化示范乡镇、市农房两改建设先进单位、市造林绿化先进单位、市森林城镇、市文明乡镇、县新农村建设先进镇乡、县水利"大禹杯"金奖等。

【工业经济】 面对严峻复杂的外部环境和经济下行压力，实施转型升级，调整结构、减量提质、做精做优。茅洋乡共有工业企业87家，其中规模企业35家，全年实现社会工业总产值12.10亿元，完成工业固定资产投资1.78万元，其中规模企业实现产值11.59亿元、应交税金4421万元。

【现代农业】 新增流转土地33.33公顷，花圃苗木、名优茶园、南美白对虾等规模种养殖面积达到400公顷,扩大文山鱼鲞、台头沙蛤、小白岩茶叶等特色农产品的品牌影响力,新推出的红美人、水蜜桃等一批优质农产品受到市场欢迎。

【乡村旅游】 形成花墙、文山、山下叶、屠家园4个农家客栈集聚地,其中花墙村、文山村评为省级农家乐集中村。全乡累计发展农家客栈66家,床位810张,累计接待团散游客达30余万人。"两环一带一片一中心"全域旅游格局日渐清晰,环乡游步道更新标识标牌,新增溪东、行者岭脚等支线副道8公里,管溪精品旅游带平桥头入口形象建设完成,泊心亭、花漾台等小品节点打造完工。溪东烧烤基地、银洋田乐园等一批旅游设施相继开门迎客,茅洋一日游格局初步形成。

【推进工程建设】 三门湾大桥及接线工程茅洋段全长8.2公里,共涉及茅洋乡杨家岙、山下叶等11个行政村的2000多户人家,茅洋乡党委将三门湾大桥及连接线工程和71省道盛宁线改扩建工程确定为"一号工程"。两大工程的政策处理基本完成,工程建设全面铺开,总体上实现了无障碍施工的良好效果。

【提升环境品质】 优化生态环境,按照"清三河"要求,全面治理农业面源污染,年内共拆除畜禽养殖场8家,处理各类养殖动物8560余只。巩固"森林茅洋",银洋、李家弄、溪东等10个村庄建设"一村一树"示范村,全乡完成村道绿化1.5公里,河道绿化2.7公里,城镇绿化1万平方米,防火林带2000米,并对100公顷林地实施封山育林。

【统筹发展社会事业】 改善教育条件,茅洋学校成功创建省级现代化标准学校,茅洋中心幼儿园实现市级现代化达纲,通过省二级幼儿园评审。优化医疗条件,乡中心卫生院获评为市三星级妇保门诊,8个村级卫生服务站实现一体化管理全面覆盖。丰富群众文体生活,成立台头龙狮队,组织开展"文化礼堂迎新闹春""《石氏宗谱》圆谱庆典""农家客栈文化节"等多个节庆活动。

【保障体系更加健全】 社会保障体系日益健全,年内新增城乡居民养老475人,被征地养老370人。提升社会救助水平,全年共计发放扶贫、济困、助残、救孤、助医等各类补助款350余万元。优化为老服务,全乡居家养老机构及老年活动室255个独立感烟探测报警器完成安装。

【社会大局保持稳定】 落实安全生产责任制,强化道路交通、食品药品等重点领域监管,消防工作站出警救火共10次。注重"平安茅洋"建设,深化"网格化管理、组团式服务"工作,建立农村专职事务员队伍,招募平安志愿者450名,调解纠纷118起,办结网络民情会办投诉咨询35件,提高平安三率和群众安全感。

【举办农家客栈文化节】 4月27日,茅洋乡花墙村农家客栈文化节热闹开办,围绕五一"劳动光荣"主题,结合乡村特色,开展铺床单、烹饪赛、花样水果拼盘、特色点心制作等农家客栈技艺大比拼活动,并在文艺晚会现场为各项技能比拼优胜奖获得者、花墙村最美党员、最美村民、最美庭院、最佳经营户等颁奖。

4月27日,茅洋乡农家客栈文化节技艺大比拼活动现场

【茅洋乡开展夏季食品安全检查】 为确保夏季群众的饮食安全,结合"食品安全宣传周"活动,6月23日,茅洋乡食安办联合县市场监督管理局丹西分所、政协、人大等多部门执法人员对辖区内的学校、农家乐等餐饮单位进行了一次拉网式清查。该次检查以现场抽查方式为主,对于存在的一些问题,现场下达了整改意见书,要求限期整改到位,保障茅洋乡夏季食品安全。

【"两学一做"主题宣讲比赛】 为庆祝建党95周年,深入开展"两学一做"学习教育活动,7月5日,茅洋乡组织开展了以“学党章党规、学系列讲话、做合格党员”为主题的宣讲比赛，全乡各基层党支部的10余名选手参加活动。比情的形象展示，从不同角度诠释了对“两学一做”的深刻理解，展示了党员干部良好的精神风貌。

【防御台风“尼伯特”】 7月7日，茅洋乡及时召开防汛工作会议，要求各村应急值守人员立即到岗到位，抓紧各项排查工作，密切关注台风动向。会后，乡长张冬青带队，前往兴坑水库、管溪流域、高速、一级公路等施工地段进行巡查，要求水库工作人员在台风来临前及时做好泄洪工作，高速、一级公路工作人员在台风来临时及时开挖涉河便道。

【开展“一打三整治”工作】 茅洋乡开展“一打三整治”暨“伏季休渔保卫战”和“幼鱼保护攻坚战”工作，共发放宣传资料50余份，与22名渔船船主签订承诺书。在蟹钳港区域开展违法网具清理收缴行动，主动上缴各类违法网具1200余张，对无法收上的2顶网具进行现场割毁。

蟹钳港区域开展违法网具清理收缴行动

【茅洋乡开展消防演练】 8月1日，茅洋消防中队联合县消防大队在超市和服饰公司开展了消防技能演练，整个演习从报警、接警、出动、灭火战斗持续一个半小时，程序严谨，层次分明，紧张有序。通过该次消防演习活动，提高了人民群众的消防安全意识，增强了人民群众的逃生自救能力。同时，茅洋消防中队通过模拟现场环境，总结训练经验，寻找不足以图改进，全面提高参演人员的实战水平。

【抗癌康复协会换届工作会议召开】 8月8日，象山县抗癌康复协会茅洋乡分会第二届会员大会召开，选举产生新一届理事会。协会于2012年成立，共有会员78人，协会通过树立正确的理念，开展各种康复活动，坚持科学抗癌、群体康复，为癌症病友建立起一个友爱互助、快乐康复的精神大乐园。截至2016年12月底，茅洋乡抗癌康复协会会员的总生存率在79%以上，其中最长的生命力有21年。

【成立全县首家农家客栈行业联合工会】 8月9日，茅洋乡农家客栈行业联合工会第一届会员代表大会在花墙村农民会所举行，30位农家客栈经营户代表投票选出工会主席和委员。成立农家客栈行业联合工会，促进农家客栈的规范发展，给职工“建娘家”，维护职工合法权益，为保障并规范农家客栈经营搭建良好的平台。

【市乡村全域旅游示范区创建工作会议在茅洋召开】 8月11日，宁波市旅游局召集余姚大岚镇、奉化大堰镇、宁海胡陈乡、宁波江北区、象山县茅洋乡5个创建单位及相关旅游行业部门在茅洋乡召开全市乡村全域旅游示范区创建工作汇报会。茅洋乡作为全县唯一一个创建单位以来，落实了15个具体建设项目，全面启动，其中有银洋亲子园、管溪小品节点、精品民宿、田园木屋、风情公园、乡旅游集散中心。同时加大多措并推，网媒合作，宣传茅洋旅游形象，做好“童画花乡，生态茅洋”旅游文章。

全域旅游示范区之“童画花乡，生态茅洋”听海长廊

（夏 雨 摄）

【厨余垃圾“零废弃”】 茅洋村作为茅洋乡垃圾分类试点村，从全年6月起，茅洋村将218户居民划分

为20个组，每组设立一个垃圾投放点，配备了4种颜色的垃圾桶。同时还购置了智能厨余垃圾处理设备，每天可处理厨余垃圾300千克，垃圾减量率达到85%，初步形成了户集、村收(村处理)、乡运、县处理的垃圾处理模式。餐厨垃圾经过机器粉碎、脱水，加入活性菌进行发酵，8小时以后就能变身成有机肥，厨余垃圾基本实现"零废弃"。

【中共茅洋乡第十三次代表大会】 10月28日，中共茅洋乡第十三次代表大会召开，会议听取并审议通过罗欣代表中共茅洋乡第十二届委员会的工作报告，审议通过了许伟忠代表中共茅洋乡第十二届纪律检查委员会作的纪委工作报告，选举产生中共茅洋乡第十三届委员会和纪律检查委员会。罗欣当选为新一届乡党委书记。会议回顾总结了过去5年所取得的成绩和存在的问题，确定未来5年发展的指导思想和主要目标。落实县委"双突破双驱动"战略，以对接高速为主线，以旅游发展为主抓手，强化工业主体地位，推动产业发展，优化人居环境，改善民生事业，着力打造富美茅洋升级版。

【参观"红军长征胜利80周年"图片展】 为纪念中国工农红军长征胜利80周年，弘扬优良传统，传承红色基因，茅洋乡组织党员干部参观《纪念红军长征胜利80周年图片展》，接受一次深刻的党性教育洗礼。

【日升集团11项新产品通过国家级鉴定】 11月12日，中国机械工业联合会在象山主持召开日升集团2016年新产品鉴定会，日升自主研制的11项新产品全部通过国家级鉴定，其中3大系列7项新产品填补了国内空白，技术性能指标达到国际领先水平；4项新产品技术性能指标达到国内领先水平；智能数字化集成空中箱式变电站属于国家首创，达到国际领先水平。

【黄焕利到茅洋调研】 11月16日，县委副书记、县长黄焕利到茅洋乡进行调研工作。黄焕利一行先后踏看银洋村3D彩绘及亲子乐园、文山村文麓雅苑民宿、花墙村听海长廊、溪口村美丽集镇建设，指出，茅洋乡要立足本地丰富的山海资源优势，牢牢抓住高速公路建成通车机遇，把茅洋打造成为全域景区化的精品乡村旅游目的地。深入力古机械车间了解生产经营、技术改造等情况，鼓励企业创新升级，做大做强。了解三门湾大桥及接线工程茅洋段互通桩基工程进度，强调在加快建设进度，确保质量安全，尽早发挥项目应有作用。

11月16日，县委副书记、县长黄焕利到茅洋乡调研工作现场

【象山首个乡镇游客集散中心动建】 茅洋乡为创建全域旅游在白岩下村东首，动建占地5000余平米的游客集散中心，设有游客问询处，医务室，旅游农产品展示区，旅游产品展示区，投诉受理处……等功能区，同时配有小车停车区与大巴停车区。

【送戏下乡走进小白岩村文化礼堂】 12月12日，县文广新局送戏下乡活动走进茅洋乡小白岩村文化礼堂，象山小百花越剧团为村民们送上一道丰盛的文化大餐，千余名村民观看了演出。

茅洋村民晾晒从虾塘、滩涂上采收来的海苔

(石　明　摄)

【茅洋乡第十八届人民代表大会第一次会议顺利闭幕】 12月23日，茅洋乡第十八届人民代表大会第一次会议胜利闭幕。大会期间，代表们听取和审议了《茅洋乡第十八届人民政府工作报告》《茅洋乡人大主席团工作报告》《关于2016年乡政府实事工程实施情况通报和2017年乡政府实事工程情况说明》和《财政工作报告》。该次会议通过无记名投票选举产生茅洋乡人民代表大会主席1名、副主席1名、乡人民政府乡长1名、副乡长4名。

表105　　**2016年茅洋乡基本情况一览**

指标名称	单位	数量	指标名称	单位	数量
一、基本情况	–	–	农民合作社个数	个	28
行政区域面积	公顷	4800	农民合作社成员	户	372
居民委员会个数	个	0	耕地流转面积	公顷	468.00
村民委员会个数	个	21	种植大户数	户	50
二、人口与就业	–	–	畜禽养殖大户数	户	1
常住户数	户	4681	五、工业及建筑业	–	–
常住人口	人	9835	工业企业单位数	个	87
户籍人口	人	14244	工业总产值	万元	121084.00
第一产业从业人员	人	1318	工业企业从业人员数	人	4884
第二产业从业人员	人	1916	六、贸易及餐饮	–	–
第三产业从业人员	人	4694	市场个数	个	2
外来从业人员数	人	584	50平米以上的超市个数	个	2
三、财政收支	–	–	住宿餐饮业企业个数	个	38
公共财政收入	万元	14135.50	住宿餐饮业企业营业总收入	万元	2900.0
企业实交税金	万元	5187.00	七、教育、文化、卫生	–	–
公共财政支出	万元	14135.50	小学数	所	1
年末债务总额	万元	19795.00	小学专任教师数	人	26
四、农业	–	–	小学在校学生数	人	330
耕地面积	公顷	644.00	幼儿园、托儿所个数	个	1
设施农业占地面积	公顷	–	图书馆、文化站个数	个	2
有效灌溉面积	公顷	320.00	剧场、影剧院个数	个	0
农作物播种面积	公顷	530.00	体育场馆个数	个	1
其中：粮食作物播种面积	公顷	234.00	医疗卫生机构个数	所	1
农业技术服务机构个数	个	2	医疗卫生机构床位数	床	3
农业技术服务机构从业人员数	人	4	执业(助理)医师数	人	10

续表105

指标名称	单位	数量	指标名称	单位	数量
八、居民收入及社会保障	–	–	燃气用气户数	户	0
各种社会福利收养性单位数	个	1	金融机构网点数	个	1
各种社会福利收养性单位床位数	床	100	公园及休闲健身广场个数	个	42
各种社会福利收养性单位收养人数	人	85	十、城镇基本情况	–	–
城乡居民基本医疗保险参保人数	人	10800	城镇规划区面积	公顷	357.00
城乡居民基本养老保险参保人数	人	487	城镇建成区面积	公顷	58.00
农村居民最低生活保障人数	人	407	城镇建成区总户数	户	443
九、公用事业及环境	–	–	城镇建成区总人口	人	1529
自来水用水户数	户	3763	城镇建成区绿化面积	公顷	5.60

表106

2016年茅洋乡行政村经济情况一览

村名	户数（户）	人口（人）	耕地（公顷）	林地（公顷）	村级资产（万元）	村集体年收入（万元）	村集体年支出（万元）	书记	主任
南充	569	1888	51.93	580.27	1236.99	104.32	239.56	郑振财	郑立成
屠家园	346	1169	44.87	316.6	970.8	89.45	59.66	屠尔飞	屠财孝
溪东	276	906	49.6	211.13	2237.6	447.12	243.8	石维坚	石夫产
银洋	110	391	26.27	72.27	675.45	123.28	45.55	丁道理	周基林
溪口	506	1645	54.2	132.2	1087.43	118.5	106.3	胡文表	周怀永
白岩下	349	1150	44.07	157.8	855.84	41.72	211.42	韩岳林	胡　凯
文山	242	802	28	90.67	1056.07	67.66	227.1	石中于	石生川
兴坑	142	494	17.07	164	521.23	68.81	5.99	石中祥	石海成
花墙	104	324	18	85.27	400.96	66.86	78.03	叶来定	陈小亚
洋岙山	116	345	8.13	17.33	406.51	114.04	23.38	何宗林	张利东
台头	272	869	43	140.13	986.67	218.07	125.79	石帮慈	陈兆根
李家弄	236	621	32.73	52.33	963.81	94.75	215.91	陈宝国	李增尧
茅洋	201	679	38.73	98.47	1235.07	216.44	168.66	顾小杰	葛兆丙
乌石岭	108	333	20.53	45.47	545.38	83.48	112.19	朱善忠	鲍斌昶
上缸厂	68	275	9.27	11	272.05	25.88	13.69	楼杏才	章福飞
小白岩	364	1168	58.47	248.47	1165.83	75.4	131.99	周怀玉	郑家水

续表106

村 名	户数（户）	人口（人）	耕地（公顷）	林地（公顷）	村级资产（万元）	村集体年收入（万元）	村集体年支出（万元）	书 记	主 任
郑家庄	120	407	14	46.7	337.86	30.47	60.17	郑振明	郑振刚
大地园	129	405	18.8	63.07	356.91	33.53	29.55	陈良法	陈伟理
徐家岙	144	460	19.4	78.07	405.4	18.7	12.44	徐行南	潘仁田
杨家岙	213	698	30.07	128.67	841.67	85.09	40.34	应根财	祝邦泰
山下叶	139	449	22.33	54.4	777.28	71.13	188.81	叶守源	顾有光

高塘岛乡

【概况】 高塘岛乡位于象山县境最南端，西临三门湾，北连中国六大中心渔港之一的石浦港。陆域面积52.8平方公里，分高塘和花岙两岛，其中高塘岛是宁波市第二大岛。海域面积38.2平方公里，共有大小岛礁52个。全乡辖18个行政村、1个居民区，总人口2.2万。

【总量规模】 2016年，实现地区生产总值 19.3亿元，是2011年的 1.57 倍；地方财政总收入年均递增8.8%，其中地方一般预算收入达到1.31亿元，与2011年不足7500万相比近翻番，与2015相比增长52%。5年间，优化企业投资经营环境，共引进投资项目15个，其中投资5000万以上项目6个、上亿项目4个；规模以上工业企业从无到有，2000万以上规模企业达到7家，500万以上企业14家，预计实现工业总产值2.3亿元，利税1000万元，分别是“十一五”末的6.5倍和3.2倍。

【特色产业】 农业经济提质增效。2016年，实现农业总产值9.5亿元，其中渔业总产值7.82亿元，分别比“十一五”末增长46.2%和60.8%。5年间，农业加速规模化、产业化、精品化，基本形成了柑橘、紫菜、梭子蟹、南美白对虾等四大万亩基地，高塘“红美人”柑橘、高塘西瓜、海鸭蛋、高塘紫菜在全县及至省、市享有美誉并有一定知名度。全乡流转土地400余公顷，建成各类规模种植基地35个，家庭农场54个，大棚设施农业面积达到310.67公顷，节水灌溉面积226.67公顷，其中高塘“红美人”柑橘达到103.33公顷，高塘西瓜88公顷，2016年名特优精品农业产值预计实现3500万元，亩均产值可达上万元。贯彻落实各项支农惠农政策，5年累计推广引进各类农业机械 1686台，资金补贴达 670万元。海岛旅游日趋凸显。五年累计接待游客86万人次，旅游总收入7500余万元，年均递增15%和20%。发展“民食、民宿、民游”农家乐，建成农家客栈特色村2个，发展农家客栈50户，开发梭子蟹垂钓、蓝莓采摘、海味烧烤、四季果园观光等休闲项目。同时，通过举办高塘“西瓜节”“苍水文化节”和“紫菜文化节”，以“美丽高塘”微信公众号、“象山港”网站的对外宣传，提高了高塘岛以及花岙石林的知名度。

【增强发展后劲】 5年累计完成全社会固定资产投资15.3亿元，是“十一五”期间的2.5倍，2016年预计完成3.6亿元，其中工业投入五年累计完成7.16亿元，是“十一五”期间的4.2倍，2016年完成3.3亿元，增速和完成比例名列全县第一位。2016年，实现实际外资及港澳台资金353万美元，实际内资9500万元，五年累计完成实际外资及港澳台资金2270万美元，实际内资5.2亿元，分别是“十一五”期间的2.5倍和3.1倍。新能源产业异军突起，投资1.7亿元建设的18兆瓦炮台山风力发电项目于2014年10月份并网发电，实现年发电量约3200万度，年产值2000万元；投资1.5亿元建设的20兆瓦“农光互补”光伏发电项目于2016年11月份完成并网发电，成为全市首个陆地电站并网运行的项目，将实现年发电量约2300万度，年产值2200万元。

【基础设施建设】 交通基础设施大幅投入，5年累计投资8600万元，新改扩建道路桥梁15公里，乡内农村公路网基本成形。其中，投入3500万元建成三门口大桥至金高椅码头长达3公里的旅游大道；投入4870万元新建6条农村公路计7.5公里；投入1000余万完成石三线沿线道路绿化及提升，新增建成区绿化面积4万平方米；投入350余万元完成高塘客运站建设；投入200余万元完成石三线三门口大桥至碶门头段、花岙隧道、林港隧道照明工程。

【城乡面貌】 坚持以规划为先导，规划体系日益完善。完成《高塘岛乡乡域总体规划》《高塘岛乡土地利用总体规划》以及全乡各村的《村庄建设规划》和《村庄整治规划》。推进江北、江南村公共服务设施建设和区域整治提升，5年累计投资3000余万元，建成环北路，完成人行道改造1800米，新建停车位220个，完成乡政府至高塘学校线路"上改下"工程，市政配套设施日益完善。推进环境综合整治，发挥城管、环卫职能作用，推进江北菜市场及市容一条街整治提升，着力解决违章搭建、占道经营等突出问题，改善市容环境。加强集镇环卫管理，建立户有垃圾收集箱，村有垃圾回购点、乡有垃圾中转处理站的基础设施网络，配齐村庄保洁员、垃圾清运员、水务员，落实专人负责，城乡环境卫生大幅改善。完成村庄整治提升村14个，创建市级小康示范村2个。

【生态文明建设】 推进"森林海岛"建设，5年累计投入 1.1亿余元，全乡新增村庄绿地面积20.8万平方米，新增村道、河道、公路和海塘绿化52公里，村庄公园绿地面积5万平方米，山地造林绿化56.67公顷，植树 5万多株，累计建成省市级森林村庄12个，森林覆盖率达46.7%。完成乌岩河滨水生态景观带、旅游大道海岛旅游风情带和环北路生态防护景观带建设，获评宁波市绿化建设先进单位、成功创建市级森林乡镇。开展"五水共治"，累计投入资金8800余万元，完成大乌岩水库、洗网塘、北面塘等防洪工程建设，完成农田水利、河塘清淤、河道水环境等水利工程82公里，清理河道垃圾760吨，截流排污口28个，河道清淤68公里，被评为县"五水共治"先进单位。17个行政村完成农村生活污水处理工程建设，完成率达94.4%。通过畜禽养殖专项整治行动，拆除养殖场24家。2016年10月通过省清三河考核验收。坚决执行"三改一拆"行动，全乡累计拆除各类违法建筑10.48万平方米，清理"一户多宅"920户，规范农村居民建房。拆后利用面积达8.38万平方米，盘活建设用地近9公顷，拆后利用率达80%以上，排名全县前列。扎实推进"一打三整治"工作，全乡共取缔"三无"船舶287艘，引导渔民转产转业从事紫菜养殖等产业200余名，创新强化渔区服务站的管理职责和细化"定人联船"新举措，得到省委主要领导及省海洋渔业局的批示肯定并在全省范围进行经验推广。

【社会事业】 教育事业全面发展，提升硬件，投入2700万元动建乡中心幼儿园迁建工程，投入1300余万元新建高塘学校教学楼2幢，投入1700万元的高塘学校食堂体艺馆开工建设；中心幼儿园先后被评为市规范性家长学校、县特色项目学校。提升教师待遇，专门出台"百万惠师"奖励办法，这一举措受到省、市级媒体的关注，分别在《浙江日报》《宁波日报》专题刊登，提高全体教师安于教学，扎根海岛的信心。5年间教学质量逐步提高，累计考入象山中学人数45名，普高上线率每年维持在50%左右。2014年，高塘学校中考平均分史无前例的位列全县所有学校的第四位，省教育厅厅长刘希平亲临高塘视察慰问。公共卫生和医疗服务体系日益健全，投入2500万元启动乡卫生院迁建工程，新增乡中心卫生院中医馆，成功创建市级平安医院。建成村级规范化社区卫生服务站7个，连续五年新农合参保率达95%以上，健全食品药品监管体系。严格执行计划生育一票否决制，实施全面两孩政策，计划生育各项指标稳中有升。文化体育事业繁荣发展。建成高塘图书馆、高塘灯光篮球场、7个农村文化礼堂。成立高塘岛乡文联、太极拳协会，组建排舞队、高塘学校民乐队。成功举办高塘岛乡西瓜节、苍水文化节、全民运动会等群众性活动。

【保障体系扩面提质】 2016年农民人均纯收入达10926元，比"十一五"末增加3903 元。加大农民转岗就业培训力度，5年间累计组织农民培训6728人次，开发就业岗位1258个，实现劳动力转移2115人次。扩大城乡居民社会养老保险覆盖面，累计实现社会保险扩面7342人，社会保险覆盖率达到85%。新型农村合作医疗实现全覆盖，政府人均补助额达600元。农村低保标准逐步提高，达到612元，累计发放低保资金2500万元，基本做到“应保尽保”。健全养老服务体系，五年以来新增居家养老服务站点15个，新增3个集中式居家养老站点，创新实行为孤寡老人提供政府购买上门养老服务模式，养老服务全岛覆盖率80%以上。加强社会救助，医疗救助、临时救助力度加大，累计发放帮扶救助资金160余万元，初步建立覆盖城乡、惠及全民的社会保障体系，构筑“以低保制度为基础、专项救助为重点、慈善事业为补充”的社会救助体系。

【社会治理】 深化“平安高塘”建设，完善网格化管理、组团式服务和基层信息平台建设。整合资源，构建“三中心合一”社会服务管理中心，设立开放式办事服务窗口，建成运行后累计为民服务3000余人次。狠抓重点区域治安环境整治及特殊人群监管，强化“打防管控”一体化建设，投入约200万元，设立了105个视频监控，完善全乡视频监控网建设。治安案件和刑事案件大幅下降，群众安全感显著提升，尤其是2016年杭州G20峰会期间，乡党委、政府树立“发现问题是智慧、解决问题是本领”的理念，着眼于可能影响峰会安全的“人、地、物、事”等要素，通过“5+2”“白+黑”工作机制，实行风险隐患清单式管理和深入开展拉网式、地毯式的滚动清查整治，以最高标准、最实作风、最严措施，圆满完成了G20峰会维稳安保工作，推动社会治理和平安建设水平全面提升。乡政府回应网络舆情，部分群众关心的信访积案得到有效化解，成功化解信访案件6起，及时化解各类矛盾纠纷和不稳定因素400余起。严格落实安全责任制，加强安全生产监管，过去五年，安全稳定形势总体良好。全乡未发生安全生产责任事故和重大安全事故，成功防御台风等自然灾害。开展民族宗教、对台外事侨务、双拥人武和对口帮扶工作，统计、档案、气象、科普、工会、妇女、青少年、老干部、红十字、关心下一代等事业。

索 引

说 明

一、本索引采用主题分析法编制。

二、本索引按主题词首字拼音字母顺序和音序排列，按标引词首字的汉语拼音音序排列，首字相同按第二字音序排列，以此类推。

三、《特载》《大事记》的内容不做索引。

四、标引词后的阿拉伯数字表示内容所在的页码。

数字 字母

A

B

C

D

E

F

G

H

J

K

L

M

N

P

Q

R

S

T

W

X

Y

Z